后浪出版公司

奥斯曼帝国
1299—1923

OSMAN'S DREAM

The Story of the Ottoman Empire

CAROLINE FINKEL

[英] 卡罗琳·芬克尔 —— 著

邓伯宸　徐大成　于丽 —— 译

民主与建设出版社
·北京·

目　录

致 谢

在写作《奥斯曼帝国 1299—1923》这本书漫长的数年时光中，许多同事和朋友都很慷慨地鼓励我，帮助我。他们有时会当面或回信答复我许多的问题，送给我未曾出版及已经出版的文章和书籍，帮我校对单章、数章甚至全部的手稿，帮助我尽力避免错误的出现。若是没有这些人毫无保留地和我分享他们的学术成果，我就没有办法着手写作这本书。

我要将最真诚的感谢献给土耳其美国研究所伊斯坦布尔分部的成员：安东尼·格林伍德主任与他的助理居尔登·居内里和塞姆林·科尔克马兹允许我在研究所逗留了数月，在此期间我得以阅读研究所收藏的奥斯曼相关文献——而且他们每天中午都和我共享午餐。如果不是每天早晨穿过博斯普鲁斯海峡的愉快航程和研究所安静的环境，我很可能早就放弃了。我在剑桥大学开始了写作的过程，斯基利特中心的凯特·弗利特给了我自由出入斯基利特图书馆的权利，它是奥斯曼帝国研究者的绿洲。我还要感谢伊斯坦布尔的法国安纳托利亚研究所和伊斯兰研究中心的图书馆，以及大英图书馆允许我查阅他们丰富的收藏。

还有许多人为我提供了大量的帮助，他们包括：Gábor Ágoston、Virginia Aksan、John Alexander、Jean-Louis Bacqué-Grammont、Marc Baer、Michele Bernardini、İdris Bostan、Gregory Bruess、Duncan Bull、Robert Dankoff、Caroline Davidson、Selim Deringil、Kathryn M. Ebel、Howard Eissenstadt、Y. Hakan Erdem、Selçuk Esenbel、Suraiya Faroqhi、Cornell Fleischer、Pál Fodor、John Freely、Fatma Müge Göçek、Daniel Goffman、Yasemin Gönen、Rossitsa Gradeva、Jane Hathaway、Colin Heywood、Frédéric Hitzel、M. Şükrü Hanioğlu、Colin Imber、

Robert Jones、Yavuz Selim Karakışla、Claire Ruoff Karaz、Michael Khodarkovsky、Machiel Kiel、Dariusz Kolodziejczyk、Klaus Kreiser、Donna Landry、Heath Lowry、Gerald MacLean、Andrew Mango、Nenad Moačanin、Rhoads Murphey、Oktay Özel、Burcu Özgüven、Oded Peri、Hedda Reindl-Kiel、Kahraman Şakul、Ariel Salzmann、Hamish Scott、Norman Stone、Frank Sysyn、Nabil al-Tikriti、Christine Thompson、Lucienne Thys-Şenocak、Gündüz Vassaf、Sara Nur Yıldız、Fehmi Yılmaz、Elizabeth Zachariadou 和 Fariba Zarinebaf-Shahr。这份名单难免有遗漏，也有很多其他人在这个过程中帮助过我。我还要感谢两个人：一位是乔伊斯·马修，他将许多奥斯曼土耳其语的诗歌和散文翻译为流畅的英文，并出色地保留了原文的风格；另一位是阿拉·居勒尔，他为我拍了许多宣传资料。

　　写作是艰难的，收集插图则更困难。我要特别感谢以下几位让我搜寻插图的过程不那么痛苦：托普卡帕宫图书馆的菲利兹·查曼、泽奈普·杰里克和居伦达姆·纳基普奥卢，艾德海姆·埃尔代姆，伊斯坦布尔埃伦出版公司的毛希丁·埃伦，《丰饶角杂志》的约翰·司各特，伊斯坦布尔建筑信贷银行的员工 F. 穆赫塔尔·卡特尔杰尔奥卢，大英博物馆印刷品与绘画部的茱莉亚·巴特朗，娜塔莉亚·克鲁利可夫斯基，克日什托夫·瓦夫日尼亚克。

　　约翰·默里出版社的策划编辑卡洛琳·诺克斯在这本书出版之前为我提供了帮助，我要感谢她和她的继任者戈登·怀斯，以及卡洛琳·威斯特摩尔对细节令人赞叹的专注，还有凯西·本维尔和尼基·巴罗。在这本书在美国出版的过程中，责任编辑拉拉·海默特与助理编辑戴维·舒梅克尔无限的热情与精力推动了这本书在美国的快速出版。我还要赞扬莉兹·罗宾森和伊丽莎白·道布森的编辑技巧，她们赋予了这本书本没有的流畅优美。菲利普·曼瑟尔将这本书推荐给约翰·默里出版社，他值得我专门的感谢，他启发我为普罗大众书写一部奥斯曼的历史，这是一般专业学者所没有的机会。我的经纪人安妮·恩格尔在我气馁时总是温柔地鼓舞我。本书的地图是由马丁·柯林斯绘制的，而索引是由道格拉斯·马修整理的。

我在前伦敦大学亚非学院土耳其语教授维克多·梅纳日的专业且精心的指导下开始了奥斯曼研究。许多年后的今天，我能够为他的智慧做出一些回报。维克多·奥斯塔丘克和我一样，对奥斯曼黑海地区和防卫这个地区免遭北方列强侵略的繁杂事务充满兴趣，他花了大量时间阅读了这本书的打印稿，并给予了充满深度与细节的评价（尽管他会在有关他的研究与职业的问题上劝说我改主意）。但最重要的是，我很幸运地嫁给了一位作家兼记者，或者说，是一位壮志未酬，不得不从学者转行的记者，他教会了我如何将曲高和寡的内容变得平易近人，并教会我如何用浅显易懂的文字讲述最深奥的问题。我将这本书献给我的丈夫安德鲁·芬克尔和我的女儿伊西，她的个性形成时期几乎都处在奥斯曼人的阴影之下。

序

卡罗琳·芬克尔

最近几年兴起了书写历史的热潮。在书店的书架上，于许多不同时代与不同地区的历史书籍里，我们都可以找到不同范围和不同主题的奥斯曼历史著作。有些书是写给学术界的读者看的，有些只涵盖有限时间段内的历史，有些则完全没有土耳其或奥斯曼材料做基础。而我的目的是要尽量为一般读者提供一本建立在最新研究成果基础上的完整的奥斯曼帝国史；我的目标则是要改变过去过度简化的观点，即我们仅仅需要知道奥斯曼帝国曾经崛起、衰败和陨落过，那就足够了。

和历史本身一样，历史研究也不会停滞不前，因而在过去的 10 至 15 年中，已经出现了许多令人兴奋的新观点和新诠释。虽然如此，人们目前对奥斯曼帝国的普遍认知仍然受到过去欧洲保存下来的大量资料的影响，这些资料都诞生于西方国家和奥斯曼之间的多次冲突之中，充满歧视和反感。例如，"东方专制主义"或"欧洲病夫"的特征不过是历史长河中的某个特殊时间点（尤其是这一小段"片段"刚好适用于自己某一特殊目的时）的特点。很不幸的是，这些"片段"被不断地重复运用和反复播放，似乎已然代表了这个古老帝国的整个历史，而被定调的片段也就理所当然成为众人认知的历史观。

许多被认为是有关奥斯曼帝国各个方面的通俗历史的著作实际上是非常缺乏"历史"的，他们将奥斯曼人以及他们的世界压缩成一出荒谬剧——荒淫无度的苏丹出巡、凶狠邪恶的帕夏、凄惨不幸的后宫女子、蒙昧无知的神职人员，但这不过是缺乏历史活力的陈旧背景中凝固的刻板人物而已。它们讲述关于外国人和有奇风异俗世界的没有时代背景的故事，却没有告诉读者那个世界是怎么形成的。这些书的畅销证明人们对奥斯曼帝国的普遍关注。然而，它们所根据的既不是最近的历史新发现，亦非原始的史料，这显示奥斯曼历史学家很少会想到为普通读者写一本奥斯曼历史。希望我的"新故事"不仅可以让普通读者喜欢，同时也能发挥一些最温和的修正作用，能促使我们真正了解过去与现在的联系，以及我们又是如何走到今天所处的世界的。

我亲近奥斯曼历史的过程必然受到了我在土耳其共和国长期居住的影响。在那个最终承续了奥斯曼帝国的国家，我已居住了约 15 年。在土耳其，与过去简直判若两个国家，1928 年，它把文字中的阿拉伯字母替换成了许多西方国家使用的罗马字母，剥夺了人民轻易阅读长年累积保留下来的文学和历史作品的可能性。与此同时，为了让词汇更土耳其化，它也有计划地删除了带有阿拉伯和波斯渊源的词汇，这是奥斯曼土耳其语的两个重要源头。而如今奥斯曼土耳其语已经像"死语言"拉丁语般濒临灭绝。不过换个角度看，奥斯曼时代的作品现在能够以平易的现代文字出版，也可以让现今的读者对陈年往事增加一些了解。这种情况出现在其他国家就悲惨了：试想一下，如果英国文学著作中所有 20 世纪 30 年代以前的作品都消失了会是什么样！

曾经有一段时间，在人们看来，等那些老一代学过字母改变前的奥斯曼土耳其语的人都离世之后，可能就没有多少人能够阅读研究奥斯曼历史上数量庞大的文件与手稿中的基本原始材料了。但是，不断有学生接受训练成为历史学家，学习奥斯曼土耳其语，他们与其他国家的奥斯曼专家在土耳其国内外的大学里拥有教职。然而，土耳其人想要摆脱学校里教授的"官方历史"也不是容易的事，这个版本的历史是"现代土耳其之父"穆斯塔法·凯末尔所领导的革命大力推广出来的。在共和国建立之初，奥斯曼的时代被认为是一个应加藐视的禁忌，好像和现在的人民没有任何关联，对他们而言，更遥远的突厥历史才更加重要。但是对奥斯曼时期的记忆淡薄之后，人们反而可以开放地仔细检视这段历史；而且，虽然土耳其人被教育大师教诲要视自己为一段只可描述但不可被质问的伟大过去的后继者，但现在这也改变了。因而官方历史现在也认同奥斯曼帝国强大无敌，苏丹拥有无上权威的观点——当然，那些以"酒鬼"或"疯子"为诨号的除外，但是从帝国诞生之初就经常发生的反对国家及其颁布的法令的事却被忽略掉了。不愿意承认反对意见存在的事实也是现代土耳其政治延续下来的特色。

然而，尽管存在种种阻止人们知晓奥斯曼的过去的障碍，现代的土耳其人民仍然对自己的历史好奇不已。政治话语也充斥着西方观察家很不熟悉的激烈辛辣的争辩：对历史的多种理解方式使政客和利益集团可以参酌丰富的典故，选用一套最有利于自己未来利益的历史的版本（而在土耳其，"未来"似乎总是比别的地方更加充满不确定性）。许多谈话中暗含的话题深深根植于奥斯曼的历史中。被陈年往事纠缠至今最鲜明的例子就是"亚美尼亚问题"——直到现在的亚美尼亚族抗议行动中，亚美尼亚人仍然要求各国政府宣布，第一次世界大战时在安纳托利亚发生的公然大屠杀是种族灭绝。另两个不为外人周知的土耳其议题是：军队在政治上扮演的角色，以及表达宗教信仰的适可尺度。这些主题充斥于奥斯曼历史中，是那个时代的政客和人民非常关注的国家大事，时至今日依然如此。历史学家的使命就是要引领众人，了解流逝的过去如何发展成我们生活其中的现在，或者说已经成为过去的现在。因此在土耳其，书写历史变成颇为严肃的事情，这是其他一些国家难以相比的，而书写奥斯曼历史的学者则必须花大篇幅进行历史解释，无暇在作品中增加有趣的细节。

习惯上，奥斯曼帝国的研究通常截止于苏丹制被废止的1922年，或者是土耳其共和国成立的1923年，又或者是连哈里发制度也被废止的1924年。我选择将研究时限延伸到共和国时期的1927年，这一年，穆斯塔法·凯末尔·阿塔图克发表了一篇伟大的演讲，诠释了他在推翻帝国及建立共和国中扮演的角色，并阐释了他的抱负，即对未来的梦想。这里涉及了本书书名中的比喻，它可以追溯到据说是第一位苏丹奥斯曼所做的一个梦，这个梦境被认为预言了一个帝国的诞生与成长，这也是我在本书中用心尽力述说的故事。将本书的终结点选在1927年也使我得以点出共和国和帝国历史之间的一些连续性：过去普遍被人们接受的观点是，共和国有若一张白纸，上面所有的一切都是凯末尔革命后的重大成果，但现在，这个观点正逐渐受到历史学家的挑战。

在雄心勃勃地书写这段长达几个世纪的历史的过程中，我曾不断面临艰难的抉择。我不能宣称这本书有多么完整——毕竟，那是不可能做到的事。一条清晰的叙事线条则是我要追求的。有时遇到一些大家不太熟悉的元素，例如禁卫军或后宫，读者可能会觉得，把它们从本书的叙事主线中剥离出来或许更有利于理解主线内容。不过我确信这些元素都是催生了它们的这个社会的有机组成元素，它们并不存在于真空中；艺术和建筑同样产生自社会的复杂性，难以解释成纯粹的创造力的孤立表达。若要单独以"伊斯兰"为标题专门列出一章分析宗教也并不合理，因为宗教是历史中一个重要的充满活力的力量，在任何时间或地点，信奉宗教的方式都会带来政治后果。若依"惯例"看历史，人们往往将注意力定格在戏剧化的场面，因而模糊了相关事件间的相互关联。它更严重的缺陷是，它会鼓励读者将注意力集中在奥斯曼历史中经常被贬损的某个事件或时段，却不解释那是怎么发生的，以及为什么会发展成那样。因此，任何以普遍标准看待奥斯曼历史的尝试都会受到阻碍，这段历史被人为改造成一段独特的历史。当然，每个国家的历史都有自己独特的地方；但是如果特别强调这些独特之处，而忽略了其他国家历史中类似的特征，在我看来会失之偏颇。

奥斯曼历史成为一个"黑洞"本身就是遗憾，也是造成遗憾的原因，但更令人遗憾的是西方和穆斯林之间因误解而存在的显而易见的"铁幕"。它很大程度上起源于西方关于奥斯曼历史的"传统叙述"，这种"传统叙述"及其外延就是西方在过去几个世纪中对伊斯兰历史的叙述。了解这些在文化上和历史上有异于我们的国家——而不是贴上"邪恶帝国""基要主义者"和"恐怖分子"的标签以掩饰我们的无知，是非常急迫的事情。最大的傲慢其实就是问为什么"他们"跟"我们"不一样，未加质疑就轻易接受我们文化上的偏见，且将问题简单地归纳为"哪里出了问题"。

因此，这是一本为不同读者写的书。我希望除了"传统叙述"外不了解奥斯曼的普通读者会觉得"新的叙述"的每一段都很有趣，而且相比

"传统叙述"的情节更复杂且令人满意，因为它解释了奥斯曼帝国及其人民是如何看待自己的，以及他们如何随着时间流逝而改变对自己的看法。我写了许多关于奥斯曼在东方和西方的邻居与敌手，所以书中也有一些内容可以吸引那些对奥斯曼边境或更远处的领土有兴趣的读者。这本书也是写给开始要研究奥斯曼历史，但现在手上没有单卷本英文奥斯曼史的学生的。我真心希望，所有受到奥斯曼史吸引的人都能从本书中获得乐趣。

奥斯曼政教职称说明

奥斯曼人使用的敬称的意义并不是在整个奥斯曼帝国时期都是凝固不变的。大体上来说，下面的定义一直通行到 18 世纪——有些甚至更晚。但我们不能指望这份列表详尽无缺。

大部分高阶奥斯曼官员都会得到绰号：有些绰号是根据明显的身体特征而来，有些则依个人声誉，但也有一些是表明出生地（大部分此类绰号的字尾为 -lı/li 或 -lu/lü）[①]。从当时的材料可以清楚地看出，有些绰号是在当事人还活着时被赐予的，其他一些则是身后获得的。后者的典型代表就是苏丹苏莱曼一世的绰号"立法者"，这个绰号在他死后才开始出现。

阿迦（Agha）： 用于苏丹部队指挥官，尤其是禁卫军总司令；也指苏丹个人寝宫的总管——黑人大太监。

拜洛（Bailo）： 威尼斯人对其特使或大使的称谓，特别指威尼斯派驻苏丹宫廷的代表。

贝伊（Bey）： 军队指挥官，埃米尔国的统治者；后来成为高级文职官员。

切莱比（Çelebi）： 对文人学者非正式的尊称。

专制君主（Despot）[②]： 拜占庭和巴尔干半岛的其他基督徒君主的

---

① 除已经约定俗成的部分人名，如柯普律吕家族，此类绰号本书均按意译处理。——译者注

② 此处的专制君主最初是拜占庭皇帝赐给自己的儿子（尤其是王储）的头衔，后来在中世纪晚期流传至巴尔干，成为拜占庭帝国影响下的小国的君主的头衔。它并非指拥有绝对权力进行独裁的君主，不含有现代意义上的专制主义（despotism）的含义。本书沿用学界通用的"专制君主"译法。——译者注

自称。

埃芬迪（Efendi）：与"切莱比"意义类似的尊称，也用于称呼宗教神职人员，到了 19 世纪用法等同于"先生"。

埃米尔（Emir）：穆斯林部落或小王国（埃米尔国）王侯的尊称。

海特曼（Hetman）：哥萨克酋长或领袖的头衔，或是波兰军事指挥官的称谓。

霍贾（Hoca）：用于宗教官员。

卡迪（Kadi）：法官和公证人。

可汗（Khan）：（尤其是克里米亚地区的）鞑靼人的统治者。

米尔扎（Mirza）：伊朗王室亲王或王子的头衔。

帕夏（Pasha）：颁给军队指挥官或政治人物的最高阶头衔。

雷斯（Reis）：海军指挥官的头衔。

苏丹（Sultan）：有最高权威的统治者，亦用于奥斯曼皇族王子和高阶妇女。

维齐尔（Vezir）：同时拥有军事和政治权的大臣的头衔，大维齐尔为其中最高阶者。

总督（Voyvode）：用于特兰西瓦尼亚、摩尔达维亚和瓦拉几亚的统治者。

关于地名、地图与引文的说明

奥斯曼地名的拼法比较复杂，再怎么引经据典证明这个拼法正确，人们也同样能引经据典证明另外那个拼法也正确。许多地方甚至不只有一个名字，中欧有些地方就有 4 个名字，比方说，新扎姆基可以被称为 Nové Zámky（现代拼法）、Uyvar（奥斯曼土耳其语拼法）、Érsekújvár（匈牙利语拼法）和 Neuhäusel（德语拼法）。奥斯曼地名（时至今日通常仍被土耳其人沿用）我已十分熟稔，但是会让英语读者十分困惑。因此我选择以《泰晤士综合世界地图集》（千禧年版，2000 年）的现代拼法为准，因为人们很容易就能找到这本书，尽管我也要冒一些出现年代错误的风险。但如果用现代名称称呼一些奥斯曼省份，似乎显得太不合时宜，我只能转而采用习惯译名（如新扎姆基）。而另一种可能更为熟悉的地名通常在正文中第一次提到这个地方时就给出了，在原书索引中也可以找到替代名称。

绘制奥斯曼帝国的地图是个非常浩巨的任务。这个帝国的国界从来不曾有过一个相对稳定的时期，国内的行政区划也一变再变。历史学家至今仍无法厘清各个行省存在的时间，更不要说搞清楚它们的边界了。所以，任何一张标示省界的地图都是主观的，不过，人们已经基本掌握了各省的行政中心。

此外，书中许多引用到的段落会被裁减缩短，我也改变了一些由其他人翻译为英语的材料的形式。

拜占庭帝国

通贯河

马里查河

齐尔门（1371）✗
季季莫蒂霍

埃迪尔内

维兹

君士坦丁堡

黑

埃诺斯
博拉耶尔
盖利博卢

马尔马拉海

巴菲乌斯（1301）✗
✗ 贝勒卡侬（1329）

伊兹米特
伊兹尼克

卡斯塔夏

桑达尔埃米尔国

达达尼尔海峡

卡雷西埃米尔国

布尔萨
耶尼谢希尔
瑟于特

埃德雷米
特湾

萨鲁汗埃米尔国

屈塔西亚

马尼萨

奥斯曼

埃斯基谢希尔

萨卡里亚河

安卡拉

格尔米扬埃米尔国

伊兹密尔

盖迪兹河

比尔吉

克孜勒

艾登

门德雷斯河

埃里迪尔湖

密列奥赛法隆（1176）✗

艾斯雷夫王朝

科尼亚

艾登埃米尔国

伊斯帕尔塔

贝伊谢希尔

门泰谢埃米尔国

哈米德埃米尔国

卡拉曼埃米尔国

帖克埃米尔国

安塔
利亚

埃尔梅内克

罗得岛（医院骑士团）

北
西 ✦ 东
南

0　　　　英里　　　　250

0　　　　千米　　　　400

塞浦路斯

地　中　海

14 世纪中期的
安纳托利亚与色雷斯

海

特拉布宗

特拉布宗帝国

卡尔斯

阿马西亚

巴伊布尔特

×克塞山（1243）

埃尔津詹

埃尔祖鲁姆

王朝

锡瓦斯

×曼齐刻尔特（1071）

埃尔比斯坦

凡湖

马拉蒂亚

杜尔卡得尔王朝

迪亚巴克尔

马穆鲁克苏丹国

底格里斯河

幼发拉底河

维也纳　多瑙河

新扎姆基
新扎姆基
（1664—1685）

德涅斯特河

卡缅

蒂米什瓦拉

特兰西
瓦尼亚

布达

布达佩斯

瓦拉几

德拉瓦河

蒂米什瓦拉

伊瓦河　萨拉热窝

贝尔格莱德

布加勒斯特

波斯尼亚

杜布罗夫尼克

尼什

索非亚

埃迪

鲁米利亚

萨洛尼卡

爱琴海群岛

雅典

伊拉克利

地　中　海

阿尔及尔

突尼斯

阿尔及尔

突尼斯

的黎波里

克里特

的黎波里

北

西　　东

南

0	英里	1000
0	千米	1600

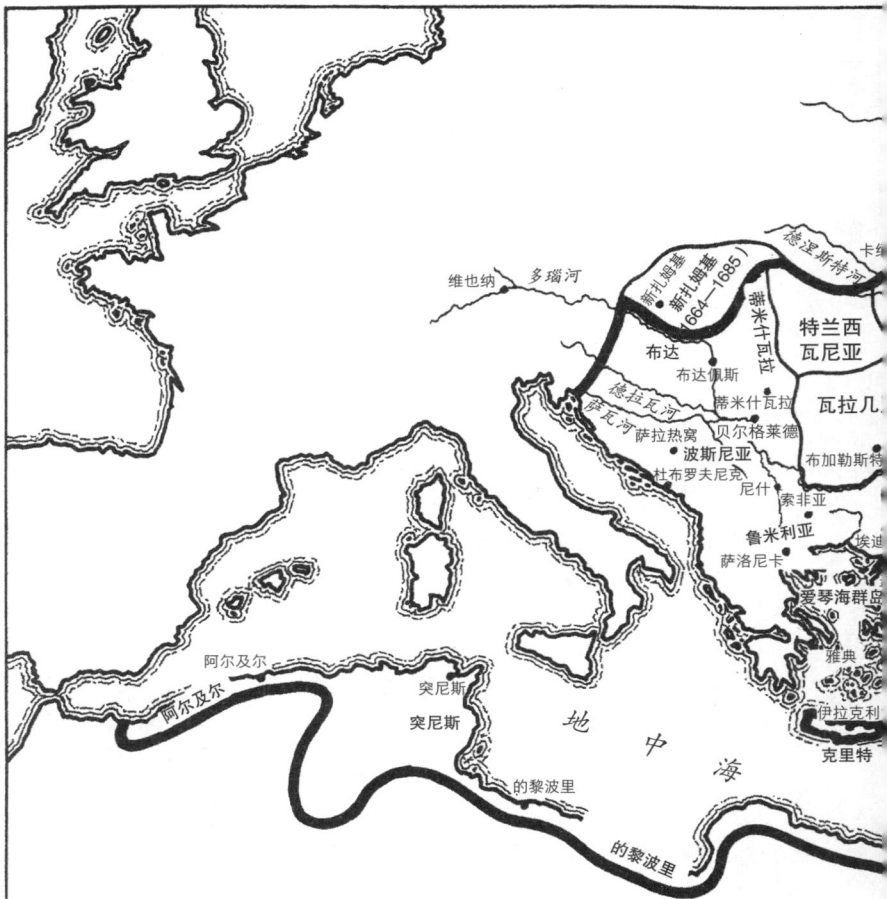

16—17 世纪的
奥斯曼帝国

多河

顿河

伏尔加河

克里米
亚汗国

亚速

亚速海

里海

费奥多西亚

卡法

捷列克河

黑海

第比利斯

特拉布宗

杰尔宾特
舍马哈

锡诺普

特拉布宗

埃尔祖鲁姆

埃里温

阿马西亚

鲁姆

埃尔祖鲁姆

锡瓦斯

凡城

马拉斯

迪亚巴克尔

凡城

大不里士

杜尔卡迪尔

迪亚巴克尔

乌法

拉卡

阿勒颇

摩苏尔

的黎波里

阿勒颇

摩苏尔

底格里斯河

的黎波里

幼发拉底河

大马士革

大马士革

巴格达

各撒冷

巴格达

耶路伊士

巴士拉

巴士拉

拉赫撒

汉志海

盖提夫

尼罗河

麦地那

汉志

红海

麦加

也门

萨瓦金

哈贝什

萨那

阿拉伯海

□	奥斯曼帝国
▨	被奥斯曼帝国短暂占领的萨法维领土
汉 志	奥斯曼帝国的半自治领土
巴士拉	奥斯曼行省（未完整标出）

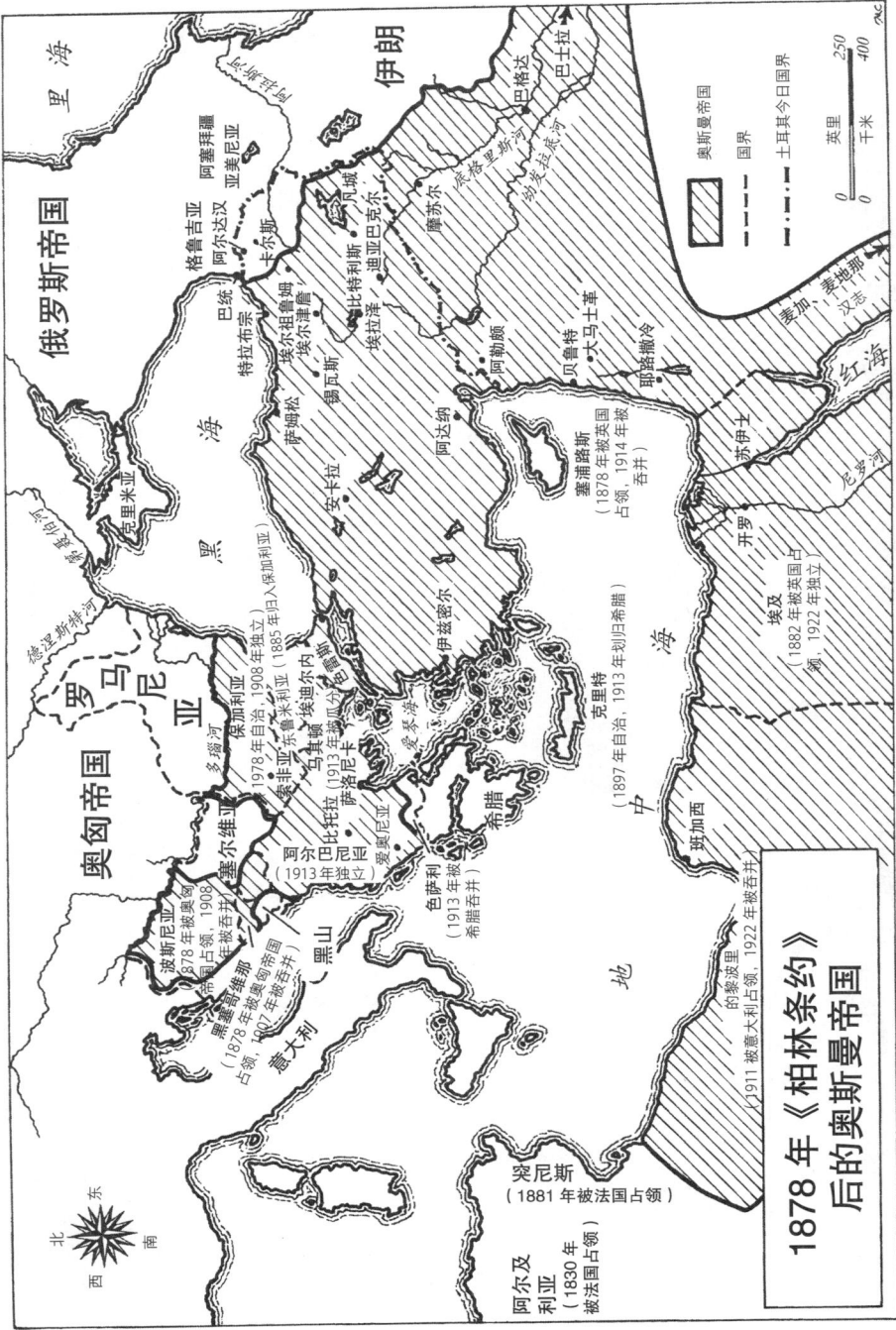

里海

俄罗斯帝国

伊朗

阿塞拜疆

亚美尼亚

格鲁吉亚

阿尔达汉

卡尔斯

巴统

特拉布宗

黑海

萨姆松

锡瓦斯

埃尔祖鲁姆

埃尔津詹

凡城

比特利斯

迪亚巴克尔

埃拉泽

摩苏尔

安卡拉

阿勒颇

阿达纳

大马士革

贝鲁特

耶路撒冷

苏伊士

开罗

埃及
（1882年被英国占领，
第⋯⋯1922年独立）

塞浦路斯
（1878年被英国
占领，1914年被
吞并）

尼罗河

红海

伊兹密尔

伊密尔

地中海

克里特
（1897年自治，1913年归还希腊）

班加西

罗

希腊

色萨利
（1913年独立）

色萨利
（1913年被
希腊吞并）

爱琴海

阿尔巴尼亚
（1913年独立）

巴尔托拉

萨洛尼卡

马其顿

塞尔维亚

保加利亚

东鲁米利亚（1885年归入保加利亚）

德涅斯特河

普鲁特河

比萨拉比亚

多瑙河

罗马尼亚

奥匈帝国

波斯尼亚
（1878年被奥匈
帝国占领，1908
年被奥匈帝国
吞并）

黑塞哥维那
（1878年被奥匈帝国
占领，1907年被吞并）

黑山

意大利

突尼斯
（1881年被法国占领）

阿尔及
利亚
（1830年
被法国占领）

的黎波里
（1911被意大利占领，1922年被吞并）

奥斯曼帝国

国界

土耳其今日国界

英里 250 400 千米

北 东 西 南

1878年《柏林条约》
后的奥斯曼帝国

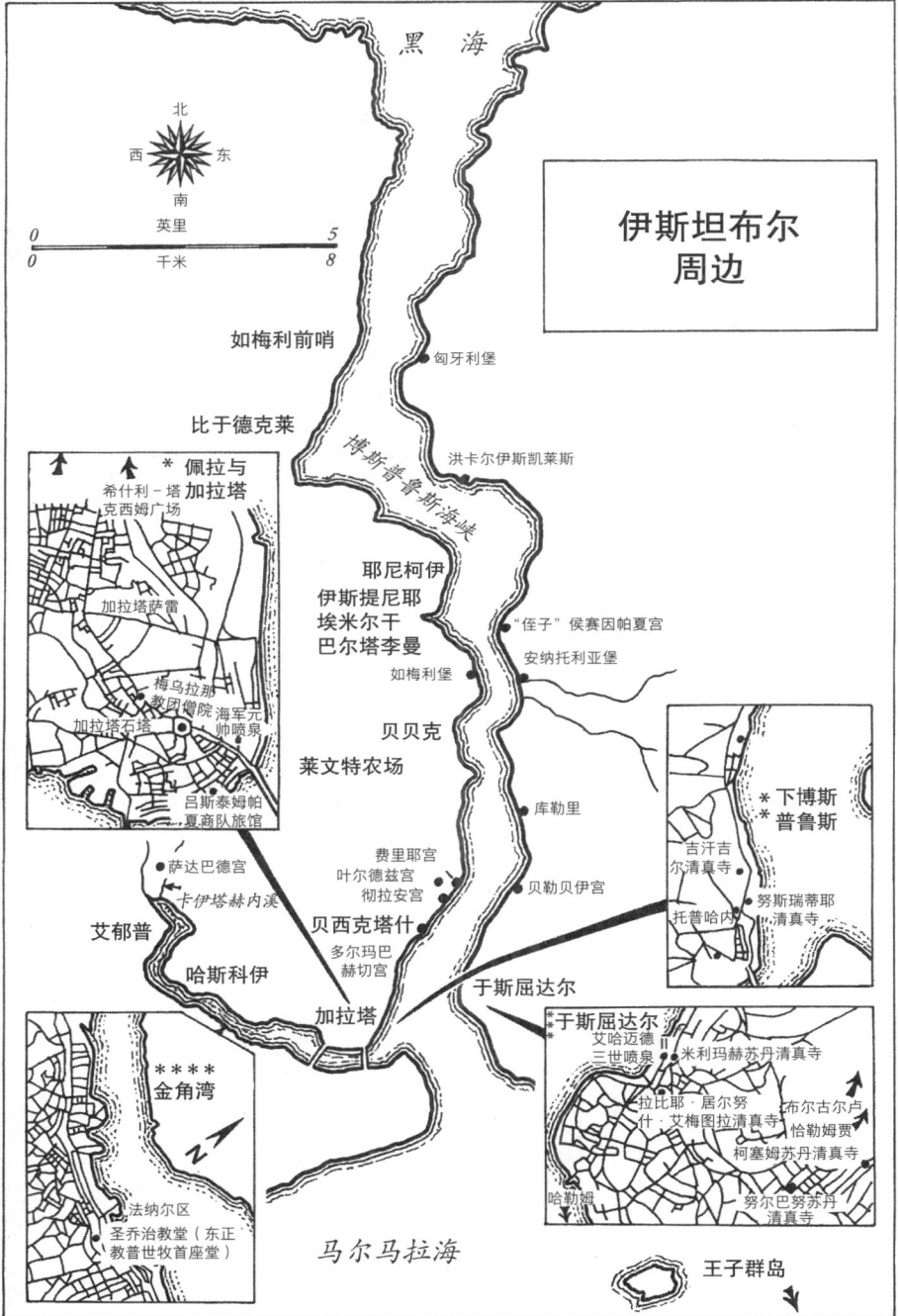

黑海

北
西 东
南

英里
0 ———— 5
0 ———— 8
千米

如梅利前哨

匈牙利堡

比于德克莱

博斯普鲁斯海峡

洪卡尔伊斯凯莱斯

* 佩拉与加拉塔

希什利－塔
克西姆广场

加拉塔萨雷

耶尼柯伊
伊斯提尼耶
埃米尔干
巴尔塔李曼

"侄子"侯赛因帕夏宫

如梅利堡

安纳托利亚堡

梅乌拉那
教团僧院 海军元
帅喷泉
加拉塔石塔

贝贝克

莱文特农场

吕斯泰姆帕
夏商队旅馆

费里耶宫
叶尔德兹宫
彻拉安宫

库勒里

* 下博斯
** 普鲁斯

吉汗吉
尔清真寺

努斯瑞蒂耶
清真寺
托普哈内

萨达巴德宫

卡伊塔赫内溪

艾郁普

哈斯科伊

贝西克塔什

多尔玛巴
赫切宫

加拉塔

贝勒贝伊宫

于斯屈达尔

于斯屈达尔

艾哈迈德
三世喷泉

米利玛赫苏丹清真寺

**** 金角湾

拉比耶·居尔努
什·艾梅图拉清真寺

布尔古尔卢
恰勒姆贾

柯塞姆苏丹清真寺

法纳尔区

努尔巴努苏丹
清真寺

圣乔治教堂（东正
教普世牧首座堂）

哈勒姆

马尔马拉海

王子群岛

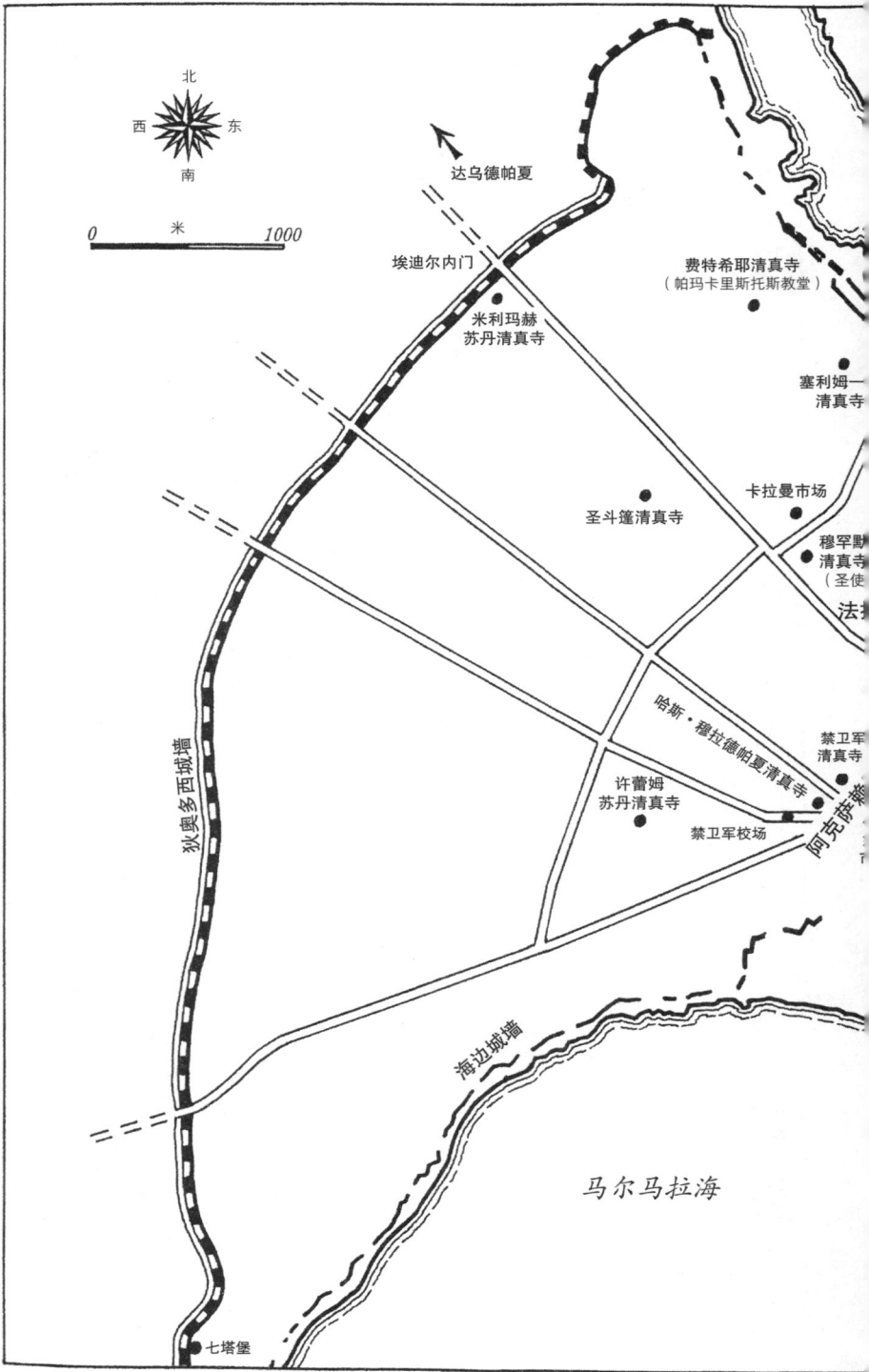

北
西　　　　东
南

0　　　米　　　1000

达乌德帕夏

埃迪尔内门

米利玛赫
苏丹清真寺

费特希耶清真寺
（帕玛卡里斯托斯教堂）

塞利姆一
清真寺

卡拉曼市场

圣斗篷清真寺

穆罕默
清真寺
（圣使

法

哈斯·穆拉德帕夏清真寺

禁卫军
清真寺

狄奥多西城墙

许蕾姆
苏丹清真寺

禁卫军校场

阿克萨赖

海边城墙

马尔马拉海

七塔堡

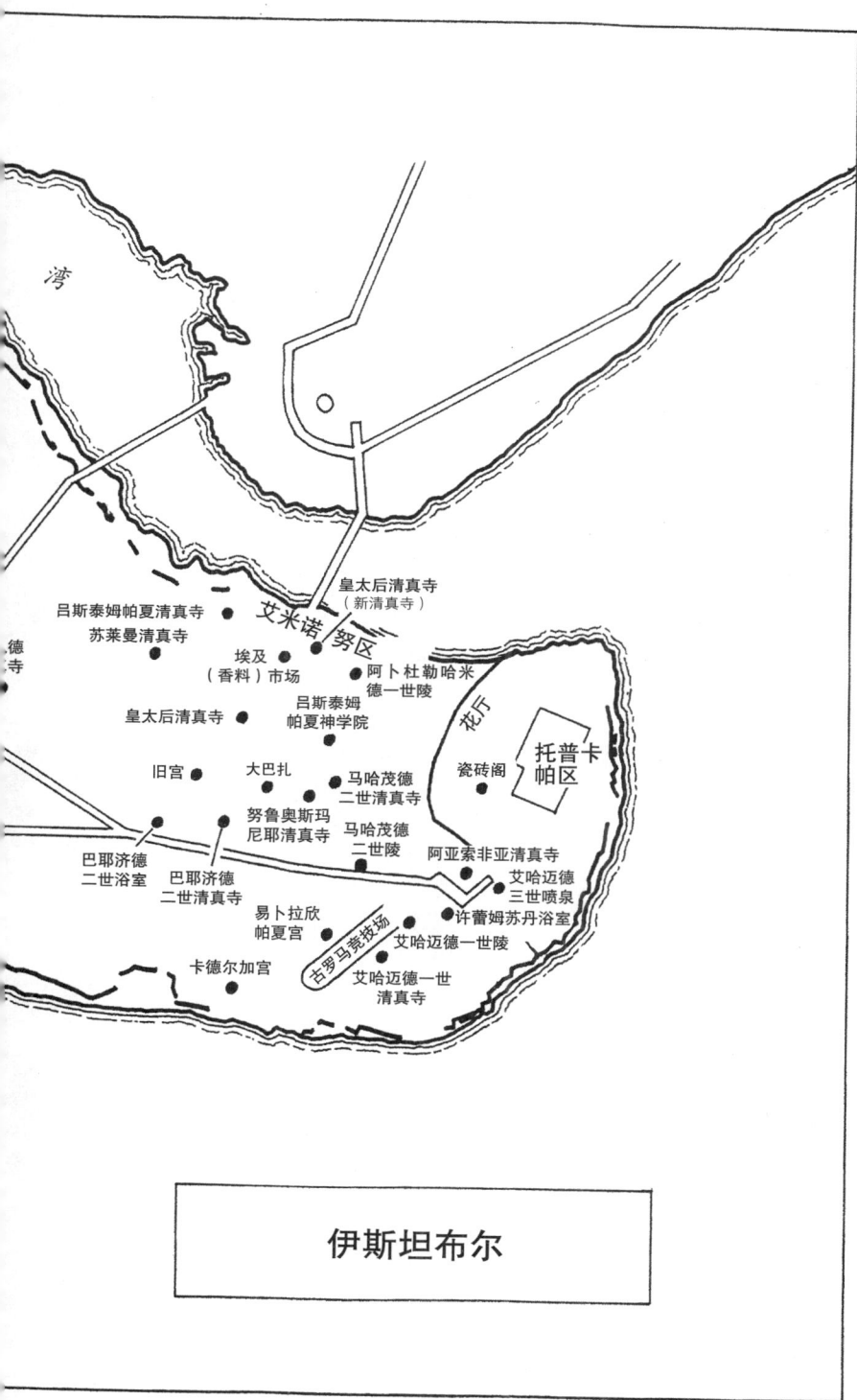

湾

吕斯泰姆帕夏清真寺
苏莱曼清真寺

德
寺

皇太后清真寺
（新清真寺）

艾米诺努区

埃及
（香料）市场

阿卜杜勒哈米
德一世陵

花厅

托普卡帕区

皇太后清真寺

吕斯泰姆
帕夏神学院

旧宫

大巴扎

马哈茂德
二世清真寺

瓷砖阁

努鲁奥斯玛
尼耶清真寺

马哈茂德
二世陵

阿亚索非亚清真寺

巴耶济德
二世浴室

巴耶济德
二世清真寺

易卜拉欣
帕夏宫

古罗马竞技场

艾哈迈德
三世喷泉

许蕾姆苏丹浴室

艾哈迈德一世陵

卡德尔加宫

艾哈迈德一世
清真寺

伊斯坦布尔

1

同侪之首

奥斯曼帝国终结的确切日期可以追溯，而奥斯曼的起源则被各种传说覆盖，人们难窥其原貌。

1923 年 10 月 29 日，穆斯塔法·凯末尔·阿塔图克就任土耳其共和国总统。土耳其共和国的合法性来自人民主权，其领土局限于国际认可的边界范围内。早在 1922 年 11 月 1 日，土耳其共和国的拥护者就已经推翻了奥斯曼帝国的苏丹，仅保留其作为哈里发的宗教职责；1924 年 3 月 3 日这一职务也被废除。随之，他们也就抛弃了这样一种观念，即他们正在塑造的这个国家的存在是基于帝国政治与天赋神权的。

1927 年 10 月 15 至 20 日之间，穆斯塔法·凯末尔在议会发表了冗长的演说。这场演说在土耳其无人不知，泛以"那个演说"称之。他在演说中阐述了他们这代人为什么拒绝承认奥斯曼帝国那段陈腐而无益的历史。凯末尔在掌权的头几年里致力于一系列的改革——他称之为"革命"，用以帮助土耳其人民摒弃前朝的帝国传统，摆脱神职人员的苛政，拥抱现代世界。

直至近年，土耳其才能正视自己的历史。在此之前，它的历史不过是一个伊斯兰帝国崛起和悲惨倾灭的古老故事。这个帝国在 16 世纪鼎盛时期，曾经拥有能与古罗马帝国抗衡的强大国力，但由于自身的内在缺陷，它未能跟上西方基督教世界发展的步伐。几个世纪以来，奥斯曼帝国的强大军事实力不仅对欧洲，同时也对伊朗和其他伊斯兰国家造成了军事上的威胁；奥斯曼的建筑师建造了雄伟的清真寺，它们的轮廓构成了伊斯坦布尔和其他许多城市的天际线；帝国的法律体系不断改变着巴尔干半岛和中东地区复杂的民族问题。为了确切地了解奥斯曼是如何经营管理如此庞大的帝国的，有独立思维的现代历史学家开始解读建筑师的大量账册和帝国的法律档案；新一代学者开始从获得胜利的苏丹委托编写的编年史的字里行间寻觅蛛丝马迹，意欲探索帝国的史实，而不只是当权家族的历史；或许最重要的是，他们开始严谨地审视被奥斯曼统治过的地区记录下来的历史，有时他们的专精素养不逊于西方学者。他们发现，这些记载往往是偏颇且不完整的，因为它们的作者总是雾里看花或是管中窥豹，要么将民族传说当作史实，要么在未了解奥斯曼人民的笔录口述的情况下凭空推断奥斯曼帝国的特点。

在 1998 年，土耳其共和国庆祝建国 75 周年之际，他们已经在志得意满地规划盛大庆典，要在公元第二个千禧年前夕纪念奥斯曼帝国建国 700 周年。为什么要把公元 1299 年看作奥斯曼帝国建国的时间点？这一年并没有发生特殊的战争，也没有宣布独立或占领哪个堡垒。其实，最简洁的解读常常最具说服力：1299 年刚好是伊斯兰教历①的第 699 至 700 年。基于罕见的数学巧合，基督教历法和伊斯兰教历法在同一时间迈进下一个世纪。还有哪个吉祥的年份比这一年更适合用来纪念一个横跨欧洲和中东的帝国的建立呢？

奥斯曼帝国草创时期，土耳其人正步履蹒跚地忙于建立权威，无暇顾及建国日期应是何时，他们更重视能巩固他们的统治权力的预兆。对他们而言，帝国的建立确实是源自一场大梦。第一位苏丹奥斯曼一日夜宿在圣人艾德巴利家中，在梦中：

奥斯曼望见一轮明月自圣人胸中冉冉升起，迎面飞来沉入自己胸中。一棵大树自他的肚脐长出，树荫笼罩全世界。树荫之下并有山岭，

① 伊斯兰教历是一种纯阴历历法，每年 354 天；新月初升之时就是每个月的第一天。本历法元年元旦为公元 622 年 7 月 15 日或 16 日，这一天是先知穆罕默德在争夺领导权的斗争中失去族人的支持，由麦加起程前往麦地那的那个阴历年份的第一天。

条条溪水自各山山脚流出。有人自潺潺溪流中取水而饮，有人径取溪水莳花弄草，亦有巧匠引水建造喷泉。奥斯曼醒后，他将梦中所见告知圣人，圣人答曰："奥斯曼，吾子，恭贺你！真主已将皇帝宝座赐给你和你的子孙后代。我的女儿玛尔红亦将成为你的妻子。"[1]

此类记述最早见于 15 世纪下半叶，与奥斯曼驾崩的时间（1323 至 1324 年间）相隔约一个半世纪之遥。这个梦境成为帝国最为人乐道的传说。它唤醒了世俗王权和宗教神权的概念，证明了奥斯曼和他的后代在巴尔干、安纳托利亚以及更远区域的诸多竞争者手中夺得的领土与权力等显著的成功是正当的。

*　　　*　　　*

无人能根据最初的奥斯曼历史预料到土耳其人在接下来几个世纪里获得的伟大成就。大约到 1300 年，他们仍不过是源自中亚地区的土库曼（或突厥）部落中的一支，极力争夺被黑海、地中海和爱琴海环绕的安纳托利亚地区的控制权。那里曾经是罗马帝国东部的一部分，日后因罗马帝国东西分裂演变成拜占庭帝国。君士坦丁大帝于公元 324 年掌权后，在博斯普鲁斯海峡沿岸建立了帝国的新首都君士坦丁堡（即今日的伊斯坦布尔），这里后来成为拜占庭帝国的首都。拜占庭在全盛时期的领土覆盖巴尔干半岛，并向东延伸至安纳托利亚以及现今的叙利亚和其他地区。但是自从君士坦丁堡在 1204 年被第四次十字军东征的骑士们攻陷劫掠，接着又经历了从 1204 到 1261 年的拉丁占领，拜占庭帝国的荣景一去不复返。14 世纪初叶，拜占庭帝国版图已经仅剩君士坦丁堡、色雷斯、马其顿、今日希腊的大部分，以及安纳托利亚西部的一些堡垒和安纳托利亚海港。

在奥斯曼崛起之前的几个世纪里，土库曼部落曾经是屡于拜占庭帝国东方边疆骚扰的野蛮掠夺者。在早期涌入的土库曼部族里，塞尔柱突厥人是其中最成功的一支。他们原仅是中亚的游牧民族，当远在君士坦丁堡的拜占庭政权因内部纷争而势微之时，他们随漫长的游牧民族迁徙的潮流逐渐向西移入中东和安纳托利亚地区。塞尔柱突厥人基本没有遇到什么反抗。1071 年，在他们的苏丹阿尔普·阿尔斯兰的带领下，塞尔柱突厥人在安纳托利亚东部的凡湖之北大败拜占庭皇帝罗曼努斯四世·戴奥吉尼斯亲自率领的拜占庭军队，这就是曼齐刻尔特战役。一条土库曼移民西迁的畅通无阻的大道就此打开。

伊斯兰教亦随着塞尔柱突厥人来到以基督教为主的安纳托利亚；有些土库曼人的先祖早在 9 世纪 —— 通常是作为雇佣兵 —— 就在阿拉伯核心地区接触到穆斯林，随后就皈依了伊斯兰教；而中亚突厥人大规模的信仰转变也只是一个世纪后的事情。他们迁徙至安纳托利亚是一桩大事。在阿尔普·阿尔斯兰的继任者们的带领下，塞尔柱人在安纳托利亚地区站稳了脚跟，并将他们的根据地建立在离君士坦丁堡不远的伊兹尼克（尼西亚），直到 1097 年该城被第一次十字军东征的军队攻陷，方才搬迁至安纳托利亚中部的科尼亚（以哥念）。大约在同一时期，达尼什曼德埃米尔国的势力比塞尔柱人更强，控制着安纳托利亚北部和中部的广袤土地；在东北部，萨尔图克王朝则占据着埃尔祖鲁姆，而门居切克人则统治着埃尔津詹；东南部则是在迪亚巴克尔（阿米德）的阿尔图克人的领土。土库曼人迁徙的目的地安纳托利亚地区的文化与民族构成很复杂，除了信奉伊斯兰教的土库曼人外，还有世居此地的库尔德人、阿拉伯人、希腊人及犹太人。拜占庭在西边，奇里乞亚及叙利亚北部的则是亚美尼亚人和十字军国家，南方则是立都开罗的伊斯兰国家马穆鲁克王朝。在接下来的一个世纪里，塞尔柱人接收了逐渐衰败的近邻土库曼人的领地，1176 年，苏丹基利杰·阿尔斯兰二世在密列奥塞法隆大败拜占庭皇帝曼努埃尔一世·科穆宁的军队，并将之驱赶至安纳托利亚西南地区的埃尔迪尔湖。土库曼人的领土不再局限于安纳托利亚高原后，他们开始朝海岸地区拓展，获得了进入环绕在国土四周的海上商路的入口。

13 世纪初叶是塞尔柱人自称的塞尔柱罗姆苏丹国的全盛时期（"罗姆"是一个地理概念，就是指拜占庭帝国的区域），他们取这个名字是为了与位于伊朗和伊拉克的塞尔柱帝国有所区分。拜占庭帝国和罗姆苏丹国之间的稳定关系让后者得以集中精力巩固东方疆土。但是当东方来的另一支入侵者——蒙古人在令人闻之丧胆的征服者成吉思汗的子孙带领下胜利西进时，这个平衡随即被破坏殆尽。蒙古大军过处，塞尔柱帝国分裂后建立的各个小王朝的领土均成了其囊中物。1071 年，塞尔柱人在曼齐刻尔特一战的胜利加速了拜占庭帝国在安纳托利亚地区统治的崩溃；同样，1243 年，蒙古大军在安纳托利亚中北部邻近锡瓦斯的克塞山击溃塞尔柱军队，也宣告了罗姆苏丹国独立地位的终结。科尼亚曾经权倾一时的苏丹，如今却沦落到向远在亚洲内陆哈拉和林的蒙古可汗进贡称臣的地步。接下来的岁月依然动荡不安，最后一位尚能掌权的塞尔柱苏丹凯霍斯鲁二世的众子阋墙争夺产业，且背后分别有土库曼及蒙古各路势力撑腰。虽然在 13 世纪末的 20 多年里，蒙古的伊利汗国直接管辖附庸国，但伊利汗在安纳托利亚的控制力并不强，因为他们和塞尔柱人一样，早已深陷暴戾内斗之中。安纳托利亚的土库曼人在抵抗伊利汗时，埃及和叙利亚的马穆鲁克人则从南方侵蚀伊利汗国的版图。不过伊利汗国更希望获得在通过安纳托利亚东北部的印度和欧洲之间贵重货物贸易通路上征收的关税，几乎将他们的"远西"地区拱手让给前塞尔柱西北边陲的土库曼边境贵族。[2]

到 14 世纪初，安纳托利亚已经出现了一批新的穆斯林土库曼埃米尔国。他们之间常会建立战略联盟，但也因为各自经济及政治目标的不同而产生不可避免的龃龉与冲突。在南部的安塔利亚（阿达利亚）附近的是帖克埃米尔国，安纳托利亚西南部是门泰谢，北部则是艾登。以伊斯帕尔塔为据点的则是内陆的哈米德埃米尔国，萨鲁汗则以马尼萨为首都，北方紧邻达达尼尔海峡的是卡雷西埃米尔国。格尔米扬的首都在屈塔西亚，而安纳托利亚中北部地区则为桑达尔王朝。卡拉曼埃米尔国占据了安纳托利亚中南部地区，最早建都于托罗斯山深处的埃尔梅内克，之后迁至卡拉曼，最后定都前塞尔柱罗姆苏丹国的首都科尼亚。到了 14 世纪中叶，拉马赞埃米尔国以阿达纳为核心在奇里乞亚建立了家园，东北方邻近的杜尔卡迪尔埃米尔国则以埃尔比斯坦为首都。在安纳托利亚西北部地区，与拜占庭残存领土相邻的是奥斯曼埃米尔国，即我们所认知的奥斯曼人。

我们第一次听闻奥斯曼大约是在 1300 年左右，同时代的一位拜占庭史家告诉我们，1301 年，拜占庭军队第一次与一个名为"奥斯曼"的人领导的军队交锋。这场战斗即巴法翁战役，它爆发的地点离君士坦丁堡不远，就在马尔马拉海的南岸。最终，拜占庭的军队溃败。[3] 但是，直到很多年后，奥斯曼人才真正与拜占庭势均力敌。各种神话传说将出现，试图解释这个似乎凭空出现的王朝的来历。

为什么奥斯曼家族能逐渐控制它的近邻？为什么在之后的几个世纪，奥斯曼埃米尔国能够从塞尔柱罗姆苏丹国与伊利汗国原有领土上的众多小国中脱颖而出，成为这些小国的唯一后继者，进而发展为一个功业伟大、历史长久、国土横跨三大洲的帝国？这些问题一直让历史学者着迷困惑，难下定论。原因之一是，中世纪安纳托利亚地区的历史一向少为人知。另一个原因是，这个区域内的诸多国家——塞尔柱、亚美尼亚、拜占庭、马穆鲁克和拉丁帝国当时的编年史家专注于各自国内的事务，所以他们与谁打仗，又与谁建立盟约的细节只会偶然列入其记述内。安纳托利亚的土库曼人传统上依靠口述历史，直到奥斯曼人将他们的大多对手从地图上抹去之后，他们才记录下这些对手的源流。他们主要记载自己的历史，而忽略了他们已经消失的对手们的历史，以及对手们注定失败的建立伟大国家的努力。

还有一些问题有待研究。那就是奥斯曼埃米尔国奋发向上是否主要受到"圣战"[4] 的使命感驱使，即相信所有信徒都背负有神圣天职，必须奋勇对抗非穆斯林？对穆斯林而言，这个世界在理论上划分为伊斯兰之地，即伊斯兰教占优势的地方，以及战争之地，即异教徒之地，那里有朝一日必将接纳伊斯兰教，而"圣战"是实现这个目标的必要工具。毕竟在较早的岁月中，在伊斯兰教作为新信仰努力扩张的年代，"圣战"曾激励了穆斯林群体，并且像基督教十字军的宣言一样鼓舞着从古至今的战士们。又或许，是那个时代边疆民族不稳定的天性驱使奥斯曼埃米尔国不断开疆辟土？会不会是因为奥斯曼埃米尔国地处拜占庭帝国防御薄弱的边境地带，在地理上具有战略优势，所以能够收服与之竞争的王朝？再或者奥斯曼版图的扩大是敏锐精准的政治谋略与福星高照的必然结果？现代历史学者致力于从后世奥斯曼编年史家记录的帝国源起神话传说中，从当时的碑铭、硬币、文件和史诗留下的蛛丝马迹中，以及除奥斯曼土耳其语以外的其他语言的记载里筛检出历史的真相。无论奥斯曼功成名就的原因到底何在，身处安纳托利亚强敌环伺的险恶环境中，奥斯曼在两个世纪里的奋斗必然步步惊心，处处动魄。

＊　　　＊　　　＊

作为土库曼埃米尔国的所在地，安纳托利亚广袤大地的地理和气候特质在造就帝国历史，以及扩张国土努力的成与败上都扮演着重要的角色。安纳托利亚大部分地区的地势都很高，中央部分是一片高原，四周环绕着海拔高达4000米的山岭，仅在西边留有一道缺口。西方地势和缓，高原边缘的山脚伸入爱琴海和马尔马拉海，形成一条宽阔肥沃的海岸平原。在东南部，高山则让位给伊朗、伊拉克和叙利亚的沙漠。北方和南方的海岸地带狭窄，一道道深谷在陡峭崎岖的山峰间穿过。高原上的大片草原为成群牛羊提供了丰盛牧草，同时这里也具有恶劣的气候。土库曼牧人如同今日许多安纳托利亚农民般，会在夏季的几个月里把牲畜带到高山草地上。他们也会和定居在西部低地与海岸地带的农民做点交易，那里土壤比较肥沃，气候也没那么差。海岸边的住民则是靠海吃饭。自然而然，大家开始货物交易，也结成了联盟。

根据历史资料，奥斯曼埃米尔国并非蒙古时代后第一波建立的穆斯林土库曼王朝。1239至1240年，我们听闻过格尔米扬王朝，[5] 远早于奥斯曼大战拜占庭的1301年。而得名于卡拉曼贝伊的卡拉曼王室则出现在1256年。[6] 当他们宣告在某地定居建国后，这些王朝会寻找新的方式展示他们的功绩，例如建立让潜在支持者敬佩的纪念建筑。这不是游牧民族或之前居住于此的农民会做的事情，而是长期定居的民族才会有的习俗，它展现了前游牧民族想要建立定居国家的野心。土库曼诸王朝的建造活动可以见于遗留下来的刻有日期的碑文：从小国埃什雷夫位于安纳托利亚西南部贝伊谢希尔湖区的清真寺可以看出，它建于伊斯兰教历696年（公元1296至1297年）；[7] 从安卡拉市已经拆毁的克泽尔贝伊清真寺可以看出，它里面的讲坛曾经被格尔米扬的统治者在伊斯兰教历699年（公元1298

至 1299 年）修葺过。[8] 根据碑文和地基，卡拉曼首领马哈茂德贝伊在埃尔梅内克建造的大清真寺始建于伊斯兰教历 702 年（公元 1302 至 1303 年）。[9] 奥斯曼可考据的最早建筑是伊兹尼克的哈吉·厄兹别克清真寺，地基上铭文的日期是伊斯兰教历 734 年（公元 1333 至 1334 年）。[10]

在奥斯曼传说中，一位名叫埃尔图鲁尔的部落领袖定居于安纳托利亚西北部的边陲之地，就在被伊利汗国控制的塞尔柱罗姆苏丹国和拜占庭帝国之间，科尼亚的塞尔柱罗姆苏丹赏赐给他瑟于特小镇附近的一块土地，就在现今埃斯基谢希尔（多里莱乌姆）的西北边，并赋予他在夏季时到瑟于特西南方的高地放牧的权利。如果从苏丹奥斯曼时期流传至今唯一的文物——一枚未铸明年份的钱币是真品的话，那就证明埃尔图鲁尔是真实存在的历史人物，因为钱币上有"埃尔图鲁尔之子铸造"的字样。[11] 由于铸造钱币在伊斯兰习俗中是君主的一项特权（在西方世界亦然），这就说明奥斯曼是一位君主级别的统治者，而不仅是一位部落领袖，也显示他已累积了足够的势力，敢于挑战伊利汗国对自己和他的子民拥有的宗主权——因为土库曼埃米尔国只要在名义上接受伊利汗国的宗主权，就不会以自己的埃米尔的名义铸造钱币。然而，现存最古老的奥斯曼钱币铸造于 1326 至 1327 年，即铸于奥斯曼死后，有人认为，这可以视为奥斯曼最早脱离伊利汗国，成为独立国家的时期。[12]

奥斯曼人所处的地理位置实在理想。奥斯曼的领土离君士坦丁堡不远，这让他有机会和安纳托利亚西北部拜占庭城市的总督们接触，与他们争夺影响力和他的追随者的牲畜所需的牧场。离君士坦丁堡不远的好处是，一旦君士坦丁堡沦陷，他们有近水楼台先得月的地利之便；但是反过来，奥斯曼人也必须承受来自拜占庭的巨大压力，因为拜占庭的军队正全力保卫尚能掌握的风雨飘摇的领土。奥斯曼早期向拜占庭进逼的目标似乎不是城镇，而是专注于乡间的小村落。这或许是因为城镇不易攻克，而且对他和部属而言，乡下的资源价值更大。当时一位拜占庭历史学者对这个地区的形容是繁荣、人口稠密及防卫严密，这一点得到了考古的证实。[13] 早在奥斯曼于 1301 年和拜占庭军队打了第一场有史可考的胜仗之前，他似乎已经控制了他父亲拥有的瑟于特和拜占庭人的伊兹尼克之间的草原，虽然1299至1301年间他对伊兹尼克漫长的围城战以失败告终。[14]

在1301年大胜拜占庭军队后，奥斯曼已成为不可轻视的人物。拜占庭皇帝安德洛尼卡二世·帕里奥洛格斯为了缔结特殊联盟以应付奥斯曼日益增长的威胁，打算将家族的一位公主嫁给奥斯曼名义上的宗主——伊利汗国的合赞可汗（他的首都位于伊朗西北部的大不里士），合赞逝世后，公主又嫁给了他的兄弟。但是伊利汗国许诺的人员与物资援助却始终没有到达，1303至1304年，安德洛尼卡皇帝雇佣西班牙投机分子加泰罗尼亚佣兵团，以保护领土免遭奥斯曼侵扰。不过和大多数佣兵一样，加泰罗尼亚人竟然掉头来反咬了付钱的那只手。[15]他们勾结土库曼战士——但不一定是奥斯曼手下的士兵，穿过达达尼尔海峡到巴尔干地区追逐自己的目标。塞尔维亚王国与拜占庭联手，[16]出兵打退了侵袭的土库曼人和加泰罗尼亚佣兵。

*　　　*　　　*

土库曼人来到安纳托利亚，破坏了原有的国家间的平静生活。一度强大的塞尔柱罗姆苏丹国、伊利汗国和拜占庭帝国的行政机构的权威已经无法控制他们之间动荡的地区。但边界地区居住的并不仅仅是战士。这些地区提供的机遇吸引着众多嗜好冒险的投机分子，以及无处可去只好随着边境变动迁徙的人们。当年奥斯曼家族起家的这块边界地带的环境曾被如此描述：

> ……此去彼来络绎不绝的是游牧民、半游牧民、抢劫者、途经此地打算加入佣兵团的志愿者、各种背景的奴隶、游走的穆斯林托钵僧、寻觅迷失羊群的基督教牧师和修士、寻找庇护的流浪农民和城市人、在圣地寻求救赎和抚慰的不宁静的灵魂、寻求赞助的穆斯林教师，以及中世纪晚期必然少不了的受风险驱动的欧亚商旅。[17]

托钵僧或穆斯林圣者的出现，是边境最引人瞩目的事情之一。和基督教修士一样，他们中的一些人选择漫游荒野，另一些人则生活在有信徒追随的部落城镇，他们的事迹与虔诚都被详述于叙事诗及圣徒传记中，成为源远流长的口述传统的一部分。早期的奥斯曼统治者与托钵僧的接触有现存最早的奥斯曼文件为证。奥斯曼的儿子奥尔汗一世于 1324 年批准将伊兹尼克以东的一片土地拨给托钵僧以建立僧院。[18] 这种僧院如同基督教圣徒的墓地，形成了吸引移民到新地区定居的核心点，也是收买人心最经济的工具。僧院象征着安纳托利亚地区繁荣的伊斯兰文化的通俗表达，与塞尔柱人的帝国文化中的逊尼派伊斯兰文化并行。奥斯曼本人或许并不熟谙逊尼派伊斯兰教义，但是奥尔汗一世却取其章法制度作为帝国建构的基础。他终其一生广设神学院 [19]，以推广他所追求的宗教学术模式；1324年批准土地使用许可文件的语言和风格也显示，奥尔汗一世的官员们十分熟悉古典伊斯兰文书传统。[20] 奥尔汗一世之后的奥斯曼苏丹们也总是加入某个托钵僧教团。不同宗教在信仰和习俗表现方式上的共存与妥协是奥斯曼历史中经常面对的重要事务之一。

许多僧院建立在安纳托利亚的西北部地区，边界地区本来就有人来人往的特点，因而吸引了勇往直前精力旺盛的托钵僧前来。14 世纪中叶以后，当奥斯曼人开始在巴尔干地区殖民时，托钵僧扮演了一个特别重要的角色。他们在随同边疆战士作战、鼓励他们前进的同时，传播了土库曼伊斯兰文化，并得到了夺自逃亡的人们的土地作为奖赏。[21] 托钵僧教团的多样性与他们的组织和改革的历史一样令人困惑。其中最为人所知的是拜克塔什教团，初时为小规模教派，后来因为和苏丹的精英步兵部队 —— 土耳其禁卫军的联系开始崭露头角。

上清真寺的教徒是可以和托钵僧在同一栋建筑内肩并肩一起礼拜的。今日许多奉行逊尼派教义的清真寺在过去有着更广泛的功能，例如当作托钵僧庇护所，或变成容纳更多信徒的礼拜大厅。第二任奥斯曼苏丹奥尔汗一世和他的儿子暨继承人穆拉德一世在布尔萨建造了几座清真寺，它们的捐款册上面确实注明它们就是僧院。[22] 欧洲留存下来的最早的奥斯曼建筑是位于今日希腊色雷斯地区科莫蒂尼的"战士"埃弗雷诺斯贝伊公共食堂，它和那个时代许多其他类似建筑一样，在一侧有圆顶的小房间，以供托钵僧聚会之用。[23]

奥尔汗一世于 1324 年批准的土地许可证显示，伊斯兰教从一开始就是奥斯曼首领们公共身份的重要组成部分，因为奥尔汗以无可争议的伊斯兰表达方式称自己是"信仰的守护者"，称他已过世的父亲奥斯曼为"信仰的荣耀"。[24] 至于奥斯曼怎么称呼他自己，没有文件遗留下来"亲口"告诉我们。不过在 13 世纪末叶，安纳托利亚西部地区的一些统治者已经开始给自己取伊斯兰别号，如"信仰凯旋者"或"信仰之剑"。[25] 这个时期第一位称自己是"战士"（gāzī）的土库曼君主出自艾登王室，这被记录在一段记载 1312 年安纳托利亚西部比尔吉一座清真寺的建造过程的碑文上。到 14 世纪 30 年代，门泰谢王朝的埃米尔和奥尔汗一世本人都在碑文中用"战士苏丹"称呼自己。[26]

当一个人被称为"gāzī"时，表示某人曾经参与过"gazā"，即"信仰之战""对异教徒之战"或"神圣之战"［gazā 几乎可以当成"圣战"（jihād）的同义词］。这个名号在塞尔柱时代或之前曾被授予穆斯林战士，但是在 14 世纪早期，并没有对抗性、反基督教的含义。这个词被奥斯曼人广泛使用，当他们的编年史和诗歌里尊称奥斯曼及他的武将为"gāzīs"时，这个词的意思是"战士"或"攻击者"，除了指每位穆斯林皆有与异教徒战斗的天职外，并不含有更多宗教训谕意味。[27] 凑巧的是，奥斯曼埃米尔国紧邻着的刚好是个基督教国家，但这也不足以证明它就是周边所有埃米尔国当中唯一接受"圣战"思想的国家，也不能说明拥抱"圣战"意识形态就足以解释奥斯曼人成就的功业。关于奥斯曼埃米尔国得以长存的原因，有个被广泛认同的看法是它有追求"圣战"的使命感，但最近重新探讨的结论是，他们只是个"掠夺联盟"，成员里有穆斯林战士，也有基督徒战士，"无论统治者使用什么华丽的修辞美化他们的目标，那也不过是战利品、财宝和奴隶"。[28] 据推测，在此联盟中，土库曼战士只占少数；征战的快节奏需要他们自愿接纳众多基督徒进入这个奥斯曼群体并一视同仁，以弥补要创设和管理成长中国家时出现的人力不足。[29]

早期奥斯曼穆斯林的宗教并无排他性。歌颂边界地区英雄事迹的口耳相传的故事中，不仅穆斯林战士和拜占庭基督徒经常密切合作，连通婚亦属司空见惯之事。[30] 安纳托利亚西北部边界地区的基督教徒如常自由礼拜，1354 年作为奥斯曼人的俘虏穿过此地的萨洛尼卡大主教格里高利·帕拉玛斯的信函印证了此事。[31] 此外，从奥尔汗一世时代起直至 16 世纪初叶，都有拜占庭杰出人士到奥斯曼宫廷任职。[32] 奥斯曼后期的编年史家在记载与巴尔干等地基督教国家长年的战争时，强调了宗教感召在帝国早期争战中的影响力，将土库曼边疆居民奋战不懈的唯一动力归结于传播伊斯兰的野心。那时，政治环境丕变，奥斯曼土耳其已成为政教一体的国家，逊尼派伊斯兰教已然成为国教，编年史家认为这些边界居民具有一种暴力的虔诚：他们认为，可以认定一直以来，这个国家是因为穆斯林战士对假想敌拜占庭及欧洲的基督教王国无眠无休的奋战才得以建立的。现代的历史学者通常太轻易地接受了编年史家眼中的奥斯曼历史。

*   *   *

等到人们准备将奥斯曼帝国崛起的故事记录下来时，得以寻觅到的仅是年代久远的回忆。奥斯曼王朝日后获得了显赫的功绩与成就，但其早期岁月也常隐蔽于神话的迷雾中，后人又添油加醋大力美化，企图增强其正统性。奥斯曼在世时，他已经被推崇为土库曼诸王朝中威胁拜占庭帝国的精力最旺盛的君主之一。虽然他未能攻下伊兹尼克城，但是他围困伊兹尼克的事迹和 1301 年大败拜占庭军队的功业必定带给他惊人的威望和声誉，鼓舞着更多战士带着人马投入其麾下。不过随着时代的变化，奥斯曼需要为他们的领土扩张和在土库曼诸王朝中的至尊地位提供更多的合法性证明，奥斯曼的个人声望也需要奥斯曼帝国更加稳固的至尊地位支撑。

几个世纪里，众多势力挑战过奥斯曼帝国的权柄与国力，因此，展现国威，令天下众生将奥斯曼的统治视同为自然法则极其重要。然而，奥斯曼帝国的传说显然无力化解所有挑战，他们需要更加切实有形的遗产，以巩固茁壮成长中的奥斯曼国家在这个地区政治史中的地位。15 世纪末，流传颇广的史诗声称，塞尔柱罗姆苏丹曾亲自将瑟于特附近的土地赏赐给奥斯曼的父亲埃尔图鲁尔，还为此附上了一则故事，即塞尔柱苏丹曾经把象征职位的标志赐予奥斯曼——一个马尾秃克①、一面鼓和一件大礼袍，以证明他作为塞尔柱继承人的合法性。又一个世纪之后的 1575 年，一位奥斯曼文书伪造了一份文件，宣称它是当年赏赐这些用具时留下的记录。33 这些故事解决了奥斯曼继承塞尔柱衣钵的合法性问题，但是巩固奥斯曼王权正统性需要拥有比它的竞争对手更尊贵的血统。从 15 世纪初叶起，与奥斯曼竞争的国家有帖木儿帝国，以及在奥斯曼部落参与的移民潮之后向西迁徙的土库曼部落同盟白羊王朝。奥斯曼人有着中亚突厥乌古斯人的血统，及大名鼎鼎的祖先先知挪亚，传说他把东方的土地给了他的儿子雅弗。34 流传至今的文本里有些线索，暗示奥斯曼的家族有段不怎么传奇的过往，即他只是个农民。另一个传说则说他的先祖乃是汉志地区的阿拉伯人，这就表示，有一段时间，奥斯曼人可能认为这样一份虚构的宗谱或许有助于维护他们的正统性。35 这个说法没多久就消失无影，而奥斯曼的梦境恰恰相反，流传颇久，甚至直到它预示的那个奥斯曼帝国的晚期还在被人传说。

除首任奥斯曼苏丹很可能是真实存在的历史人物，是一个安纳托利亚西北拜占庭边界地区的土库曼穆斯林贵族，他的父亲的名字可能是埃尔图鲁尔以外，留传下来的奥斯曼生平的信息并不多。但是他的梦境却意外地提供了一个有文件可以证明的细节：早期奥斯曼的地契资料显示，一位被称为谢赫②艾德巴利的圣者与奥斯曼生活在同一个时期，而且还有一些证据能证明他的女儿嫁给了奥斯曼，成为他两个妻子之一。36

在埃尔图鲁尔在瑟于特拥有的土地中央，有座以他名字命名的小清真寺，以及一块墓地。传说这是儿子奥斯曼为他造的开放式建筑，后来奥

---

① 秃克，又称纛，是一种中亚游牧民族用马尾和牦牛尾装饰的旗帜。这种旗帜在突厥－蒙古人中是权威的象征，最有名的是成吉思汗的九尾白纛。在奥斯曼帝国初期，埃米尔使用两条马尾组成的秃克，其他所有官员和贝伊的秃克只有一条马尾。后来奥斯曼苏丹的御用秃克有 7 条马尾，地位最高，大维齐尔 5 条，地方总督 3 条，贝伊和指挥官 1 条。——译者注

② 谢赫是阿拉伯语对长者的尊称，有时指部落首领或酋长。伊斯兰教兴起后，谢赫也是宗教造诣较高或德高望重者的尊称。——译者注

斯曼的儿子奥尔汗一世又为其加上了围墙。[37] 不过，这里的清真寺与墓葬经历过多次重建后，它们的原始建筑形制并没有保存下来，并且再也找不到任何后人可以证明与奥斯曼有关联的建筑物。虽然如此，在 19 世纪末叶，苏丹阿卜杜勒哈米德二世仍冀图通过增强功勋彪炳的伟大祖先与他的王朝的联系，给他暮气沉沉的衰败王朝振奋士气。他发现，将瑟于特推崇为奥斯曼的心脏地区非常有效，并在那里为奥斯曼帝国早期的英雄们建造了一座真正的墓地。他重建了埃尔图鲁尔的陵寝，并以大理石棺椁重葬了所谓的遗骸，另外他也为埃尔图鲁尔的妻子、奥斯曼（尽管奥斯曼的儿子奥尔汗一世早已在布尔萨重葬了父亲）以及奥斯曼的 25 名武士增建了陵墓。[38] 直到今天，瑟于特仍是一个圣地，也是纪念奥斯曼帝国光荣建国岁月的年度庆典的举办地。

　　奥斯曼很可能逝世于 1323 至 1324 年间，并已经为他的继承人获得了安纳托利亚西北部的大量领土，这片区域以瑟于特为核心，从耶尼谢希尔（即"新城"，又称美兰吉亚）延伸至埃斯基谢希尔（"旧城"）。耶尼谢希尔是位于伊兹尼克和布尔萨之间的战略要地，后两个地方是他有意占领却未能如愿之处。[39] 1326 年，奥斯曼的儿子奥尔汗一世拿下布尔萨，这个地理位置极重要的城市变成了奥斯曼权力的枢纽。和伊兹尼克及伊兹米特（尼可梅迪亚）一样，因为周遭的土地皆为奥斯曼所控制，布尔萨长期与君士坦丁堡隔绝。奥尔汗一世追随他的父亲，继续封锁布尔萨，直到城里的人难耐饥渴终于投降为止。摩洛哥旅行家伊本·白图泰于 1330 至 1332 年旅居安纳托利亚期间，记录下他参观诸王朝宫廷的印象，他说在土库曼诸埃米尔之中，奥尔汗一世是最有力也最富有的一位。他还说，奥尔汗一世从不在一个地方久待，他会在所拥有的 100 多个城堡间不断搬来搬去，以确保城池修缮完好。伊本·白图泰旅行到刚被奥斯曼人占领的布尔萨时，发现这个城市"市集繁华，街道宽广，四周围绕着花园和喷泉"。[40] 在这里，奥尔汗一世埋葬了他的父亲，或者说是把他的遗骨从瑟于特迁移到他的新国都重葬，当然这里埋葬的还有他母亲（可能不是那位谢赫艾德巴利的女儿，而是另一位）。后来奥尔汗一世自己，以及妻子阿丝珀尔恰与妮吕斐和众多皇室成员也葬于此地。[41] 奥尔汗一世的儿子暨继承人穆拉德一世在 1389 年战死于塞尔维亚境内的科索沃波尔耶后亦葬于此处。布尔萨在奥斯曼皇家记忆中永远占有着特殊的地位，之后的数代人仍将这里作为皇室成员墓葬的首选之处，纵使宫廷日后迁移至埃迪尔内（阿德里安堡）乃至之后的君士坦丁堡依然如此。

＊　　　＊　　　＊

公元 1327 年，拜占庭帝国色雷斯西边的疆域遭到保加利亚沙皇米哈伊尔·希什曼入侵。在和平谈判成功之前，希什曼的军队已经两次攻至埃迪尔内城的视野范围内。到了 1329 年，拜占庭人刚刚能够承受这种近在咫尺的威胁，拜占庭皇帝安德洛尼卡三世·帕里奥洛格斯（安德洛尼卡二世之子），以及他的军队总指挥官、首相约翰·坎塔库泽努斯（日后即位为约翰六世）又要面对东边更严峻的威胁。他们在伊兹米特西方的贝勒卡侬遭遇奥尔汗一世率领的军队。奥尔汗一世拒绝在伊兹米特湾北方的陡坡上大战，只派弓箭手攻击拜占庭的军队。安德洛尼卡三世见奥斯曼人无意开战，就准备撤退。然而他未能及时撤出，还受了伤，他的部队被迫回过头和追击他们的奥斯曼军队开战，战事最后陷入僵局。

1331 年，伊兹尼克城在被奥斯曼围困多年后终于投降。城中大部分居民已经逃至君士坦丁堡。城池沦陷 7 个月后，伊本·白图泰来到这里，发现伊兹尼克城已然"只剩断壁残垣，无人居住，仅有少许苏丹手下如鬼魅般游荡"。[42] 失去伊兹尼克让安德洛尼卡三世皇帝醒悟到，他很可能无法通过军事手段留住帝国仅存的江山 —— 尤其是君士坦丁堡。到了 1333 年，他终于纡尊降贵前去会见正在伊兹米特的奥尔汗一世。拜占庭帝国的皇帝和突然崛起的小国新君的第一次外交聚会是大事一桩。谈判的结果是，曾经尊贵至极的拜占庭人同意支付巨款给奥斯曼人，以换得后者的保证，让皇帝得以保留他在安纳托利亚的那块小小领土。

与伊兹尼克和布尔萨相同，伊兹米特城也易守难攻，可以承受敌人长时间的围困。一直到 1337 年，城里的居民才屈服于城外的全面封锁。长期的围城展现出奥斯曼人的实力：彼时他们尚未拥有火药枪炮技术，却能布下足够兵力，控制已经占领的土地，还可以派出军队在一座城外长时间扎营驻守。奥斯曼军队的攻击战术曾经非常适合他们游牧民族的特性，但是奥尔汗一世也开始逐渐学习定居民族的战术，建立常备军。

然而，威胁到拜占庭人的不只有奥斯曼人和保加利亚人。卡雷西埃米尔国几乎和奥斯曼一样靠近君士坦丁堡，到 14 世纪 30 年代，卡雷西占据了安纳托利亚北部爱琴海沿岸的土地，也就是由马尔马拉海至埃德雷米特湾一线以西的土地。卡雷西绵延的海岸线和出海口带给他们一项奥斯曼人所没有的战略优势，因为奥斯曼还只是个内陆国家。卡雷西控制了达达尼尔海峡，这给巴尔干半岛各处拜占庭飞地造成极大威胁。14 世纪 30 年代，卡雷西土库曼人两次渡过海峡，骑着马来到色雷斯，并攻击拜占庭内陆地区。十字军的有桨帆船赶到，摧毁了卡雷西的舰队，拯救了拜占庭。[43]

从 1054 年起，信奉天主教的西欧人指责信奉东正教的拜占庭人及他们的教会是导致教会分裂的罪魁祸首。1204 至 1261 年之间，西欧人占领君士坦丁堡，拜占庭人对此记忆犹新。在拜占庭皇帝左支右绌穷于应付之时，这种古老的敌意有死灰复燃之势。然而在 1337 年，东正教和天主教的基督教信仰之间的敌对却没有什么意义了，因为当时热那亚人联络上奥尔汗一世，从仅与君士坦丁堡隔着金角湾的加拉塔（即佩拉）贸易殖民地出发，支援奥尔汗攻打拜占庭首都的计划。拜占庭皇帝派遣使节团会见教宗，表示如果教宗能协助他对抗奥斯曼人，他极愿在东正教与天主教争议多年的问题上让步。[44]拜占庭人拒绝放弃东正教信仰并与罗马教会统一的问题太过敏感，且历任教宗与拜占庭皇帝间的歧见颇深，因此在此会谈前近 50 年的岁月里，双方几乎毫无沟通。

1341 年，安德洛尼卡三世驾崩，拜占庭陷入内战。艾登的乌穆尔贝伊和萨鲁汗的埃米尔曾经以自己的海军帮助他抵挡袭击拜占庭在爱琴海领土的西欧人。现在乌穆尔贝伊选择加入约翰六世·坎塔库泽努斯的阵营，后者是备受安德罗尼卡三世信任的顾问，也是安德洛尼卡三世幼子约翰五世的摄政。乌穆尔贝伊拥有越来越强大的陆军和海军，还有约翰六世这个盟友，这使他能够向巴尔干进军。但这引发了又一次十字军东征，十字军在 1344 年烧毁了他的出海口，即伊兹密尔的港口和堡垒（旧称士麦拿）。[45] 1346 年，奥尔汗一世举办了一场盛大的婚礼，迎娶约翰六世的女儿狄奥多拉，也和这位新皇帝建立了盟约。[46]

字面意义上的政治正确在奥斯曼早已存在：他们的编年史家既未提过奥尔汗一世和基督教拜占庭皇帝约翰六世的结盟，也未提到他和狄奥多拉公主的婚姻。实话实说可能会破坏掉他们正在构建的伊斯兰帝国的美丽图景。不过在 15 世纪，一位记载艾登王室（此时业已消失）历史的奥斯曼编年史家却毫不犹豫地写道，约翰六世请求乌穆尔贝伊大力援助，甚至也将自己的一个女儿许配给他。[47] 奥斯曼人和基督教之间联盟的分分合合已成为拜占庭最后 100 年历史的特点，即使在拜占庭灭亡后依旧存在。正如最初的奥斯曼战士在缔结战略联盟时不会顾虑宗教分歧，稳定成熟的奥斯曼帝国也会根据现实政治需要选择和某个基督教王国结盟以对付另外一国家。人们现在普遍认为，伊斯兰世界和基督教世界之间的分歧永久存在且无法调和，在那时，这却是无稽之谈。

依据同样的现实政治需要，正如奥斯曼人会选择性地与基督教国家结盟，他们也会攻击与他们信仰同一宗教的伊斯兰国家，毫不手软地吞并他们的土地。然而，如何征服安纳托利亚地区的其他伊斯兰国家却是个十分棘手的问题。侵略与征服基督教国家根本连理由都不需要编排，因为那些国家被看作"战争之地"，即非伊斯兰地区，将它们合并纳入伊斯兰国度——"伊斯兰之地"只是时间的问题。但攻击穆斯林兄弟国家的行为与教义不合，为了避免陷入不得不为这种行动进行辩护的泥淖，编年史家们费尽了心机，奥斯曼人侵占穆斯林对手领土进行扩张的动机通常也被掩饰美化了。土库曼诸埃米尔国中第一个被奥斯曼拿下的卡雷西就是一个范例：奥尔汗一世在 14 世纪 30 年代中期利用了卡雷西埃米尔国内的派系斗争，但是编年史上描述的情节却是当地居民和平归顺。

从 1350 年起，奥斯曼的军事行动开始对欧洲王国的利益造成直接冲击。1351 至 1355 年之间，热那亚和威尼斯卷入一场争夺有利可图的黑海贸易的战争之中。其实在 1204 年第四次东征的十字军到达君士坦丁堡之后，威尼斯就取得了亚速海最东北端的塔纳（亚速）作为殖民地，热那亚亦于黑海之滨建立了包括克里米亚的卡法（费奥多西亚）在内的数个殖民地。这些殖民地是向西输出诸如毛皮、丝绸、香料、宝石和珍珠等原料的枢纽。在热那亚和威尼斯的冲突中，奥尔汗一世选择支持前者，为它的舰队和在加拉塔的贸易殖民地提供支援，并于 1352 年与热那亚签订盟约。当加拉塔受到威尼斯和拜占庭军队攻击时，他也出兵相助。[48]

热那亚人出借船只供奥尔汗一世的军队渡过博斯普鲁斯海峡，[49]但在无意中帮助奥斯曼人于色雷斯站稳了脚跟的却是约翰·坎塔库泽努斯。1352 年，约翰·坎塔库泽努斯雇用了历史文献上称之为"土耳其人"的佣兵部队，驻守在达达尼尔海峡北岸盖利博卢城（加里波利）的东北方，博拉耶尔镇附近的拜占庭城堡锡姆沛。但是其后没多久，这些"土耳其人"宣布向奥尔汗一世之子苏莱曼帕夏效忠，奥斯曼人因此在巴尔干半岛获得了第一个要塞。[50]奥斯曼在色雷斯建立大本营是奥尔汗一世统治时期具有决定性的大事，编年史家对这件事的描述对后世的编年史书写也颇有启发性。在关于奥斯曼人在色雷斯扩张的记述里，苏莱曼是这一行动的设计师，而奥斯曼人在真主的庇佑与指引下依靠奥斯曼将士的战术和勇猛完成了这一使命；史官大笔一挥，就忽略了曾和他们并肩奋勇作战的卡雷西埃米尔国故土上的兵将在其中发挥的重要作用。[51]

编年史家甚至没有如实记载大自然的力量在奥斯曼征战中所扮演的角色。拜占庭的文献中却提道，1354 年，在奥斯曼军队首次越过海峡的两年后，发生了一场地震，震毁了盖利博卢城的城墙，也让马尔马拉海西北沿岸的许多城镇变成废墟，奥斯曼人和一些土库曼军队趁机占领了这些地方。拜占庭的编年史家在地震上大做文章，借以掩盖自己在强大敌人面前的软弱；奥斯曼史料则只字未提这场地震。[52]

色雷斯事件促使拜占庭帝国皇帝约翰六世·坎塔库泽努斯退位，传位于儿子马修，不过马修统治没多久，就被安德洛尼卡三世的儿子约翰五世·帕里奥洛格斯取代。1357 年，奥尔汗一世最小的儿子、年幼的哈利勒被热那亚的海盗掳走，新即位的皇帝投入棘手谈判，细心策划赎金等事宜，人质终于获释，拜占庭因此换得数年喘息时间：此后的两年里，奥斯曼边界无甚事端。约翰五世·帕里奥洛格斯渴望让拜占庭和奥斯曼的领土合而为一，故而让自己的女儿艾琳嫁给了哈利勒，希望哈利勒有朝一日能继承他父亲的王位 —— 这种可能性是存在的，因为按照奥斯曼的体制，每个儿子理论上都有均等的继承权。但是他的计划落空了，哈利勒的哥哥穆拉德一世继承了奥尔汗一世的衣钵。

奥尔汗一世和约翰五世·帕里奥洛格斯的和平相处最终不过是海市蜃楼。奥尔汗一世原希望长子苏莱曼帕夏继承王位，但是在哈利勒被掳走之后不久，苏莱曼于 1357 年自马背上跌落死亡；他和他骑乘的那匹骏马被一起葬在博拉耶尔，时至今日他们的墓园依然可供凭吊。[53] 穆拉德遂被派去接任苏莱曼在色雷斯边界的总指挥职务，在前方将领的拥戴下，立下无数战功。因此在 1362 年奥尔汗一世逝世时，奥斯曼人已经占据了色雷斯南部的大部分土地，以及拜占庭的重要城市、埃迪尔内南方的季季莫蒂霍。随着疆域的向西扩展，苏丹的王座和宫廷也向西迁移 —— 从耶尼谢希尔到布尔萨，然后到季季莫蒂霍，再到 14 世纪 60 年代夺下的埃迪尔内。奥尔汗一世逝世时，安纳托利亚北部爱琴海岸边的卡雷西的国土已经在奥斯曼人的掌控之中。奥斯曼人的版图向东已远至安卡拉（今天土耳其的首都），这座城市是苏莱曼帕夏从敌对的土库曼王朝手中打下来的。安卡拉的阿拉丁清真寺有块碑刻，[54] 年代可追溯至奥尔汗一世逝世时。碑文中第一次尊称奥尔汗一世为"苏丹"，这显示了奥斯曼对绝对权力的诉求。安纳托利亚西部的其他埃米尔们不甘示弱，亦纷纷给自己冠上"苏丹"头衔：格尔米扬和卡拉曼的埃米尔是在 1368 至 1369 年，艾登于 1374 年，萨鲁汗于 1376 年，门泰谢则是在 1377 年。[55]

奥尔汗一世统治下的奥斯曼的快速扩张可以在当时的建筑中找到痕迹。新王朝的统治在伊兹尼克和布尔萨等主要城市是最稳固的，但是安纳托利亚西北部的小镇与乡村中的 30 多座清真寺也都冠上了他的尊号。在城市里，他建造了清真寺、公共浴室、神学院、公共餐厅、桥梁、墓园和僧院，为这些城市打上了伊斯兰教及奥斯曼的印记。为了纪念他父亲的征战功勋，奥尔汗一世在他自己征伐得来的地方建造清真寺以及和穆斯林生活相关的建筑物，他的时代的许多建筑物也被冠上对奥斯曼发展壮大有贡献的知名人物的名字，既有圣人的名字，也有战士们的。安纳托利亚奥斯曼核心地区的清真寺、神学院和公共浴室用苏莱曼帕夏的名字命名作为纪念，还有一些建筑则用以彰显他在色雷斯的功绩，其中包括在维齐城（毕齐耶）被他改造成清真寺的小圣索菲亚教堂。[56] 类似改变建筑功能的事在奥斯曼征服中屡见不鲜，在拒绝投降后被武力攻下的城镇更是如此。跟随边界地区战士的脚步迁徙来的土耳其新移民逐渐给色雷斯带来繁荣的新气象。拜占庭封建统治的负担离间了当地的基督徒与地方贵族和君士坦丁堡的领主们之间的关系，14 世纪 40 年代早期的内战造成的严重破坏更加剧了这种事态。

不过君士坦丁堡的拜占庭皇帝仍然期望西方的基督教国家能从虎视眈眈的奥斯曼手中解救他们，而奥斯曼人既已攻到色雷斯，显然就没打算在此后与拜占庭人永久和解。但是不管拜占庭向西方什么国家或组织请求援助，得到的回答里都有同样的附加条件：信仰东正教的拜占庭必须放弃分裂宗教的行为，接受罗马教廷的管辖。真正送达君士坦丁堡的援助都被强制附加了与赠予国自身的政治、外交与经济利益有关的事项。1364 年，约翰五世·帕里奥洛格斯转向潜在的盟友塞尔维亚王国求救，他们同样信仰东正教，也受到奥斯曼扩张攻势的威胁；但是在 1355 年塞尔维亚国王斯特凡·杜尚去世后，他的继承人们忙于争权夺利，塞尔维亚国力衰弱。接着，约翰赶赴匈牙利请求拉约什一世的援助，但毫无收获。唯一让人宽心的正面消息是，1366 年，西欧的一支海军收复了色雷斯的重要港口盖利博卢，那是一小支十字军为解救被围困的拜占庭进行的第一次军事行动。1369 年，一个拜占庭特使团来到罗马，皇帝本人也随后赶到。在绝望中，他同意在拜占庭实行天主教会的崇拜仪式，以换取教宗的支持；不过教宗的空口许诺很快就被揭穿，因为拜占庭人没有收到任何援助。

对于奥斯曼在巴尔干半岛的蚕食活动，拜占庭并不是唯一感到恐惧的国家。在 14 世纪 60 年代埃迪尔内失守后，斯特凡·杜尚之后的塞尔维亚统治者均感受到奥斯曼对他们南方和东方疆域的压力。一些统治者意识到，如果奥斯曼人的攻势不能被遏止，后果不堪设想，所以他们联合起来，组织了一支军队。但是 1371 年埃迪尔内西边马里查河畔的齐尔门一役却让塞尔维亚贵族遭遇灭顶之灾：他们在溃败后都变成了奥斯曼的附庸，与他们一起作战的 3 个保加利亚统治者也成了附庸。至此，所有阻挡奥斯曼向马其顿进军的障碍被全数扫清。

奥斯曼疆域的扩大也有投入全部身家跟着奥斯曼人打仗的准独立战士的功劳。在奥斯曼进攻鲁米利亚（这是奥斯曼人对巴尔干半岛的称呼，意思是"罗马人的土地"）时，有四个穆斯林家族战功彪炳，他们是埃弗雷诺斯家族、米哈尔家族、图拉罕家族及马尔可齐家族。其中，前两个家族原来都是安纳托利亚西北部的基督徒战士，他们随着奥斯曼人越过海峡攻城略地，打到色雷斯，并且改信伊斯兰教，而马尔可齐家族通常被称作马尔可维齐，是来自塞尔维亚的基督徒；至于图拉罕家族源自何地则不得而知。[57]

在这些家族里，埃弗雷诺斯家族声望最高。据传，"战士"埃弗雷诺斯早先曾与卡雷西王朝结盟，后来跟随奥尔汗一世之子苏莱曼渡过达达尼尔海峡。[58] 自 1361 年他为奥斯曼打下科莫蒂尼后，他就以此地为大本营。那时，这座城市还处在塞尔维亚边界上。他还负责在鲁米利亚建造了一些最早期的奥斯曼建筑。帝国版图再扩大后，"战士"埃弗雷诺斯也将他的基地随之西迁，最后迁至亚尼察。这座城市就是他建立的，也是 1417 年他去世和埋葬的地方。[59]

1362 年，奥尔汗一世逝世后，继位的苏丹穆拉德一世继续留在鲁米利亚，直到 1373 年，他才渡过达达尼尔海峡逐鹿安纳托利亚。跟随着他的是约翰五世·帕里奥洛格斯，不久前他已成为穆拉德一世的附庸。穆拉德一世的儿子萨伏基以及约翰五世的儿子安德洛尼卡却选择在这个时间点发动叛乱，约翰五世只得回到君士坦丁堡，而穆拉德一世回到鲁米利亚。穆拉德一世处死了萨伏基和其余叛乱者；安德洛尼卡投降，但在穆拉德一世坚持下，他被囚禁起来，还被弄瞎了一只眼睛。除此之外，萨伏基的经历鲜为人知：奥斯曼编年史传统不会容忍挑战父亲权威的奥斯曼王子，何况他还跟身为基督徒的王子合谋起事。

真正的输家是约翰五世·帕里奥洛格斯的小儿子曼努埃尔，或说至少他也沉寂了一段时期。安德洛尼卡叛乱后，曼努埃尔迅速被指定为他父亲的继承人，但是 1381 年约翰五世和安德洛尼卡间的争执终于解决后，继承人就变成了安德洛尼卡的儿子约翰。曼努埃尔遂逃至萨洛尼卡，并在此建立了自己的独立王朝。萨洛尼卡是一个在拜占庭世界里非常重要的马其顿城市，以知识分子和艺术家云集知名。但这不符合奥斯曼的利益，穆拉德一世担心曼努埃尔会在此进行军事活动，阻碍奥斯曼军队在马其顿地区的推进，因而采取了行动。他的指挥官卡拉①·哈利勒·海雷丁·钱达尔勒夺下了马其顿南部的塞雷及其他城市，而且在被围困 4 年后，曼努埃尔于 1387 年离开了萨洛尼卡，这个城市自此归入奥斯曼治下。只不过，之后奥斯曼人一直忙于别的事务，在这次官方归顺 7 年后才将原有的拜占庭官吏遣散，实质占领城市和周边乡村，正式统治此地。萨洛尼卡沦陷后不久，曼努埃尔认清了他必须成为奥斯曼附庸的现实。约翰五世为了惩罚他弃守萨洛尼卡，将他流放至爱琴海北部的利姆诺斯岛，曼努埃尔可能在那里度过了 3 年时光。1390 年，他的父亲召他去君士坦丁堡讨伐安德洛尼卡的儿子约翰，因为他自立为皇帝，自称约翰七世（安德洛尼卡已经于 1385 年去世）。但是曼努埃尔说服他的侄子约翰去热那亚寻求帮助以对抗奥斯曼人。但是当约翰七世在同年回到拜占庭时，却被逐出了君士坦丁堡，只能投靠苏丹。1391 年约翰五世去世后，曼努埃尔继承王位，是为曼努埃尔二世·帕里奥洛格斯。[60]

卡拉·哈利勒·海雷丁·钱达尔勒是安纳托利亚的一个穆斯林家族的后裔，该家族后来为奥斯曼人培养了许多优秀的治国人才。纪念他的清真寺建于 1385 年，是塞雷有史可考的最古老的奥斯曼纪念建筑。[61]卡拉·哈利勒·海雷丁担任过的各种职位见证了奥斯曼土耳其是如何由游牧民族演变为一个在不断变动的国境线内以安全核心领土为根据地的国家的：穆拉德一世时代的重要性不仅在于开疆辟土，还在于行政方面的发展。卡拉·哈利勒·海雷丁除了军职，还担任过伊兹尼克和布尔萨的卡迪，后来变成穆拉德一世的第一位首席军事大法官以及他的首席大臣。身兼军队和行政职务让他实质上成为奥斯曼的首位大维齐尔。[62]

为了围攻萨洛尼卡，穆拉德一世调派大批军队到鲁米利亚，未参与封锁曼努埃尔二世要塞的部队则在这个政治上四分五裂的地区对付其余小

---

① 卡拉（Kara）在奥斯曼土耳其语中的意思为"黑色的，勇敢的"，在单独出现的情况下，本书均按音译处理。——译者注

领主。他们推进至伊庇鲁斯和阿尔巴尼亚，并于 1386 年从塞尔维亚大公拉扎尔手中夺下了尼什，为奥斯曼打开了通往摩拉瓦河谷的路，由此，奥斯曼人向西北可达贝尔格莱德及中欧心脏地区，向西可到亚得里亚海沿岸的波斯尼亚及杜布罗夫尼克（拉古萨）。随后不久，穆拉德一世之下的几个保加利亚附庸宣布脱离奥斯曼宗主国。这其中包括伊凡·希什曼，他是中世纪的保加利亚王国分裂后最大一块领土的统治者，统治中心在大特尔诺沃城，他也是穆拉德一世的姻亲。1388 年初，卡拉·哈利勒·海雷丁之子钱达尔勒·阿里帕夏率领一支军队强行通过巴尔干山脉积雪的隘口，伊凡·希什曼统治的保加利亚北部的城镇纷纷在奥斯曼军队推进时投降。穆拉德一世将这些城镇归还给希什曼，但毫无疑问，希什曼成了穆拉德一世的附庸。不过，1388 年，奥斯曼继续向塞尔维亚进军时，却在杜布罗夫尼克东北方的比莱恰一役中败在波斯尼亚王子领导的联军手下。[63]

穆拉德一世似乎认定塞尔维亚的拉扎尔大公也参与了比莱恰战役，因此在 1389 年亲自领军进攻塞尔维亚，显然意欲在向波斯尼亚推进前先给他一个教训。[64]6 月 15 日，穆拉德一世的军队在普里什蒂纳镇附近的科索沃波尔耶（即"黑鸟之地"）遭遇拉扎尔军。奥斯曼兵将共有 2.5 万人，而塞尔维亚 – 科索沃 – 波斯尼亚联军合计约 1.6 万人。鏖战 8 小时后，奥斯曼惨胜，参战双方的统帅都战死了。混战中，穆拉德一世脱离了他的军队的主体，一名拉扎尔手下的将领假装要向奥斯曼投降，等到够近时却将穆拉德一世刺死。拉扎尔随后被擒，并于穆拉德一世帐前被斩首。[65]

穆拉德一世身亡一事传至欧洲后，法国国王查理六世前往巴黎圣母院感谢上帝。[66]但是，期望奥斯曼或许从此停止入侵却是痴心妄想：穆拉德一世一死，他的儿子巴耶济德一世立即继承了苏丹之位，为了确保唯一继承权，还斩草除根将他弟弟雅各布杀死，这是奥斯曼帝国历史上第一桩有记载的手足相残事件。但是我们尚不确定雅各布是在战争混乱中被趁机谋杀，还是死于几个月后的行动。[67]塞尔维亚随后变成奥斯曼附庸国，需要向奥斯曼进贡并提供军队，拉扎尔的儿子斯特凡成为统治者。波斯尼亚则维持独立，科索沃在 1392 年之前也仍由领主武克·布兰科维齐掌政。

虽然科索沃波尔耶战役让奥斯曼的苏丹失去了生命，但是塞尔维亚付出的代价更大。巴耶济德一世的胜利标志着一个独立的塞尔维亚的灭亡，也巩固了奥斯曼在巴尔干半岛的地位。600 多年后的今天，在塞尔维亚的民族观念中，科索沃波尔耶战役作为这个民族关键性的历史时刻仍旧鲜明。从古至今的史诗戏剧化了这段基督徒国王在基督教心脏地区被穆斯林苏丹打败的故事，并使之不朽。在 20 世纪末这个地区爆发的残酷战争中，这些史诗增强了塞尔维亚基督徒内心深处的民族情绪：他们看到一个将生活在自己周围的穆斯林赶走的机会，虽然基督徒与穆斯林混居已数百年，后者仍被许多人视为外族。而穆斯林亦已准备好维护他们生于斯死于斯的权利。

2

王朝分裂

苏丹穆拉德一世死于自己王国的西部边陲后,他的儿子苏丹巴耶济德一世即位,并与塞尔维亚新的专制君主斯特凡·拉扎列维奇的姐姐奥利维拉结婚。巴耶济德一世希望塞尔维亚的疲弱与他的婚姻能够保证他统治的巴尔干地区不会再受到攻击,因为他在奥斯曼帝国的东方疆域正麻烦重重。他父亲领导下的奥斯曼领土扩张使他难免与安纳托利亚众多土库曼穆斯林埃米尔国发生冲突。巴耶济德一世为了拉拢各方所投入的精力为他赢得了"雷霆"的绰号。

巴耶济德一世的继位促使安纳托利亚的统治者组成了一个反奥斯曼联盟,联盟首领是巴耶济德一世的妹夫、卡拉曼的埃米尔阿拉丁贝伊,他是所有土库曼伊斯兰国家中最不屈不挠坚决对抗奥斯曼扩张主义的君主。在两国权力平衡失调之际,阿拉丁贝伊在1387年娶了巴耶济德一世的妹妹奈菲丝苏丹。王朝联姻可以是一个有用的外交工具,但并不是总能保证意图拉拢盟友的忠诚,也无法获得潜在敌人的效忠。因为女儿外嫁多少隐含了新娘家族低人一等的意味,奥斯曼皇族只会让公主嫁给穆斯林的王子,而不会嫁给基督徒(尽管基督徒王国和其他穆斯林统治者在奥斯曼早期会把他们的公主嫁给奥斯曼皇室成员,以婚姻关系换得结盟美事)。[1]他们也不会将公主下嫁给征服大业中的伙伴,如埃弗雷诺斯家族、米哈尔家族或图拉罕家族,担心这或许会导致这些奥斯曼边界领主觊觎奥斯曼家族的至尊地位。[2]1381年,巴耶济德拿下了格尔米扬埃米尔国,迎娶了格尔米杨公主苏丹可敦,这彰显了奥斯曼权威凌驾于竞争埃米尔国之上的地位。

为了取得帝国繁荣兴旺所必需的稳定财政收入，奥斯曼人渴望向南穿过格尔米扬和哈米德埃米尔国（后者据说于 14 世纪 80 年代被卖给了穆拉德），朝着地中海推进。与东方贸易的一条主要商路穿过地中海到安纳托利亚南部的安塔利亚港，再往北穿过哈米德和格尔米扬，到达黑海盆地或进入巴尔干半岛。[3] 不过卡拉曼准备和奥斯曼争夺这条商路，以及随之而来的关税及其他税收。两者之间的第一场冲突爆发于 1386 年，当时穆拉德一世仍在世。按照奥斯曼编年史的惯例，政治正确要求史家必须指责是卡拉曼的埃米尔阿拉丁挑起争端，因此编年史记载，阿拉丁因为穆拉德一世的女儿（也就是他的新娘）的哀求攻击奥斯曼的领土。穆拉德一世此时并未扩大事端。

在稳住西方疆域之后，苏丹巴耶济德一世迅速向东进军。他的军队收回了格尔米扬（显然是在和苏丹可敦结婚时期失掉的），还并吞了艾登，他也娶了艾登的公主。[4] 此时，巴耶济德一世征服了萨鲁汗和门泰谢两个埃米尔国，至此，奥斯曼人控制了整个安纳托利亚的西部地区，与控制安纳托利亚中南部的卡拉曼接壤。1391 年，巴耶济德一世召集他的附庸斯特凡·拉扎列维奇和已经成为拜占庭皇帝的曼努埃尔二世·帕里奥洛格斯联手东进，从桑达尔的埃米尔手中拿下了安纳托利亚中北部的卡斯塔莫努地区。除此之外，此役收获寥寥，他们同年 12 月就撤军返国。曼努埃尔二世·帕里奥洛格斯试图安抚巴耶济德一世，但他在行军中写的信也生动地传达了他的绝望及对自己扮演的尴尬角色的深深不安：

> 我们现在所处的这块小平原，罗马人在他们居住、统治这里时一定给它取过名字……这里有许多城市，但是它们缺乏构成一个真正城市繁荣景色的要素……那就是人类。现在大部分城市皆已荒芜……连名字都被遗忘了……我没办法说清楚我们到底在哪里……我实在难以承受这一切……物资短缺，严冬已至，病魔打倒了我们许多弟兄……这让我非常沮丧……这段时间我们看不到，听不到，也做不了任何能够振奋精神的事……这让人难以忍受。我们这些人

认为，最重要的是远离我们正在卷入的这个状况，以及与之相关的任何东西，不与这些发生任何关系，我们受过的教育不允许我们做这种事情，我们也无法享受它，何况那也不是我们的天性。但是这个可怕的压迫性时代并不会放过我们。要怪就得怪当前的情势，更别提这都是那个人（指巴耶济德一世）的错。[5]

1393 至 1394 年间的冬天，巴耶济德一世和曼努埃尔二世间的关系进入了一个新阶段。巴耶济德一世听闻，曼努埃尔二世提议与自己的侄子兼竞争对手约翰七世·帕里奥洛格斯讲和，后者在 1390 年很短的一段时间里当过皇帝，曼努埃尔二世希望他们或许能联手力抗奥斯曼人。约翰极希望获得巴耶济德一世的赏识，主动报告了曼努埃尔二世的计划。[6] 之后没多久，巴耶济德一世在马其顿的塞雷召见了他的基督教附庸国君主，其中包括曼努埃尔二世的兄弟、摩里亚（即伯罗奔尼撒）的专制君主西奥多，曼努埃尔二世的岳父、塞雷领主康斯坦丁·德拉加什，塞尔维亚的斯特凡·拉扎列维奇，以及约翰七世。他们到达塞雷的时间事先已安排妥当，每个人都在不同时候分别抵达，且不知道还有其他人要来。曼努埃尔的记载很明确地显示巴耶济德的邀请是无法拒绝的，而且他担心苏丹打算把他们全部杀掉：

> 那些跟着他的人多少都是基督徒们的领袖……他真希望把他们全部都杀掉。然而他们宁愿设法前往塞雷直面危险，而不是因为不服从他的命令而被押去塞雷。他们完全有理由认为，到他身边是非常危险的，特别是他们在同一时间一起面对他。[7]

曼努埃尔二世对自己安全的担忧被证明是缺乏根据的。巴耶济德一世严厉斥责他们对领地管理不当，这或许是为了未来侵略他们的领土寻找借口。然后他就打发他们回去了。然而 1394 年春天，苏丹准备围攻君士坦丁堡。他首先在博斯普鲁斯海峡最狭窄处，离君士坦丁堡北方约 5 公里的亚洲一侧海岸上建造了一座城堡，称之为古泽尔杰希萨尔，亦即"美丽的城堡"，就是今天的安纳托利亚堡垒。君士坦丁堡的城墙在过去的几个世纪中遭遇了无数次的攻击依旧巍峨耸立，这次也抵挡住了所有摧毁它的企图。

奥斯曼人并非仅对拜占庭人构成威胁。巴耶济德一世同时也计划削弱威尼斯。威尼斯当时仍是一个强大的海上力量，在爱琴海、达尔马提亚海岸线和伯罗奔尼撒半岛上有许多殖民地和产业。威尼斯的繁荣依赖贸易，他们长期在佛罗伦萨、加泰罗尼亚及那不勒斯地区驻军，而这几个地区都有着各自的商业与政治利益，这就导致它们之间的联盟并不稳定，奥斯曼势力的崛起更使它们的关系复杂化，因为基督教统治者各怀鬼胎，会利用奥斯曼的协助对付竞争敌手。苏丹穆拉德一世的整体策略偏向威尼斯阵营，巴耶济德一世的政策则接近他祖父奥尔汗一世的做法，即与热那亚结盟对付威尼斯。[8] 14 世纪 90 年代早期，巴耶济德一世对拜占庭在伯罗奔尼撒的堡垒构成威胁，在 1394 年占领萨洛尼卡，还围攻了君士坦丁堡，其中部分原因是他要先发制人，阻止拜占庭与威尼斯结盟。[9] 罗得岛上的耶路撒冷医院骑士团是这个地区的另一股军事力量。他们是 12 世纪十字军东征中在耶路撒冷成立的一个军事修会。1187 年耶路撒冷落入穆斯林手中后，他们在阿卡驻守了一个世纪，因阿卡于 1291 年沦陷，他们被迫迁至塞浦路斯，到了 1306 年才以罗得岛为大本营。14 世纪的最后几年，医院骑士团意欲占领伯罗奔尼撒，在 1397 年从摩里亚的专制君主西奥多手中取得科林斯，并保证他们会阻挡奥斯曼人来自北方的进攻。他们在 1400 年控制了米斯特拉斯（摩里亚的首都），但是他们对米斯特拉斯的占领引发了暴乱，到了 1404 年，骑士团同意撤离。

在巴尔干半岛上，巴耶济德一世最危险的敌人是匈牙利王国，是当时欧洲最大的王国之一。因为他们曾在 12 世纪中叶挡下蒙古人的入侵，并为教宗效命，派遣传教士消灭东正教会和波格米勒教派 ① 异端，被认为是天主教欧洲的东方堡垒。[10] 科索沃波尔耶之役后，匈牙利和奥斯曼的势力范围出现冲突，巴耶济德一世此时的目标是防止匈牙利团结它在巴尔干

---

① 波格米勒教派认为世界不是亚伯拉罕的上帝创造的，而是由一个邪恶造物者——魔鬼创造。他们抗拒国家和教会当局，不用十字架，不建教堂，喜于露天崇拜。——译者注

的盟友。1393 年，他吞并了造反的伊凡·希什曼在保加利亚多瑙河沿岸的土地，作为对匈牙利的附庸国瓦拉几亚的总督米尔恰向南越过多瑙河侵略一事的反击。1395 年，巴耶济德一世与米尔恰进行了一场战役，因为米尔恰此前和匈牙利签订防御协定。最终，米尔恰兵败逃亡。同年奥斯曼彻底征服马其顿。奥斯曼在巴尔干的胜利带给匈牙利人强烈的急迫感，促使他们向西方求援，然而就在此时，即将出征的十字军战士（主要是法国和英国骑士）罕见地决定与巴尔干诸政府合作。1396 年 9 月 25 日，十字军部队和巴耶济德一世率领的奥斯曼军队在多瑙河畔的尼科堡（尼科波利斯）遭遇。十字军战士的士气与其说受到宗教的鼓舞，不如说是受到先人过去的胜利的激励。渴望与敌人交锋的法国骑士拒绝承认面对灵活的奥斯曼骑兵，匈牙利国王西吉斯蒙德的盟友瓦拉几亚军比笨重的西方部队有更多经验，并剥夺了西吉斯蒙德对军队的统帅权。西吉斯蒙德仍然让自己的部队攻击，几乎打退了巴耶济德一世（尽管西吉斯蒙德勉强被自己的附庸斯特凡·拉扎列维奇救回一命）。但胜利的果实最终为奥斯曼所得。[11]

奥斯曼在尼科堡一战的胜利让巴耶济德一世控制了多瑙河以南的巴尔干半岛。战争结束后，他跨过多瑙河，生平第一次进入匈牙利，从此他的军队既深且广地侵入了欧洲大地。一名年轻的巴伐利亚十字军士兵约翰·希尔特贝格描述了他从死刑边缘侥幸存活一事：战后第二天，许多基督徒俘虏被残酷处死，他因为年幼免去一死，和一群贵族留下来当俘虏。[12] 他们的同侪折冲协调，并赠送给巴耶济德奢华的礼物和 30 万弗洛林的现金，跟他一起被抓的贵族才在 9 个月内被释放。① [13]

苏丹巴耶济德一世在巴尔干半岛取得的胜利并未被妹夫阿拉丁看在眼里。卡拉曼王朝的这位统治者拒绝承认自己是奥斯曼人的附庸。据希尔特贝格回忆，他说："我也是个伟大的国君，跟你一样！"[14] 巴耶济德一世在多瑙河胜利后率军攻打卡拉曼城市科尼亚，再次获胜，而希尔特贝格此时就在巴耶济德的随员中。阿拉丁为自己的傲慢付出了生命的代价，卡拉

---

① 希尔特贝格后来成为巴耶济德的随从。6 年后，蒙古征服者帖木儿在安卡拉大败奥斯曼军队，他又被蒙古人俘虏，遂成为帖木儿及其继承者的奴隶。多年后，他终于逃脱，回到离开 32 年之久的家园。

曼埃米尔国则失去了它的独立地位。

　　奥斯曼人对卡拉曼的占领消除了来自一个敌对国家的压力，但是奥斯曼的东方疆域仍然受到北边的卡得·布罕·阿尔丁·艾哈迈德威胁，在先前的一次战役中，他曾逃过了巴耶济德一世的攻击。卡得·布罕·阿尔丁是一个诗人，也是一个学识渊博的人，他篡夺了埃雷特纳王朝的王位，这个国家的首都在安纳托利亚北部的锡瓦斯。[15] 奥斯曼自认乃安纳托利亚塞尔柱罗姆苏丹国的后裔，抗拒他们统治的卡拉曼也是有同样的土库曼血统的国家，而卡得·布罕·阿尔丁则是成吉思汗的蒙古帝国下的伊利汗国的后裔。就像中亚河中地区 ① 有传奇色彩的蒙古统治者帖木儿的军队即将证明的那样，蒙古人才是最危险的。1391 年，曼努埃尔二世随着巴耶济德一世向东征战，他也注意到了奥斯曼人和卡得·布罕·阿尔丁的臣民的区别：他称安纳托利亚西部的土耳其人为"波斯人"，这是当时拜占庭的普遍用法，但是卡得·布罕·阿尔丁的臣民则被称为"斯基泰人"，这个词在当时指蒙古人。[16]

＊　　　＊　　　＊

　　到 1397 年，巴耶济德一世对君士坦丁堡的围攻已经变成了一场不达目的不罢休的持久封锁战，曼努埃尔二世再度向国外讨救兵，以解拜占庭首都之围。1399 年 6 月，经过巴黎、伦敦、罗马与君士坦丁堡之间的多次外交往还，法国国王查理六世派出一小支军队前去援助曼努埃尔二世。领军者法兰西元帅让·布锡考特之前在尼科堡战役被奥斯曼人俘虏、囚禁，后被以大笔赎金赎回。布锡考特强行打开了一条血路，冲破奥斯曼军封锁线后才见到曼努埃尔二世。他知道这支部队无法解君士坦丁堡围城之难，因此他说服皇帝和他一起前往西欧，请他亲自说明自己的困境。12 月，布锡考特带着曼努埃尔二世开始长途跋涉返回西欧，他们先走海路到威尼斯，再转陆路慢慢回到巴黎，皇帝在那里停留了 6 个月。1400 年 12

---

①　河中地区指锡尔河、阿姆河及泽拉夫尚河流域一带，即今日乌兹别克斯坦和哈萨克斯坦西南部地区，乃贯通欧亚大陆的丝路重要通道。——译者注

月 21 日，曼努埃尔二世抵达伦敦，在国王亨利四世的陪同下进城。曼努埃尔二世表现出来的虔敬和诚恳赢得了英国人的同情心，而他们在英国的两个月期间，无论他们走到哪里，他身边的大胡子牧师们穿着的异国风格服饰都让英国人感到惊奇。英国当时的编年史家阿斯克的亚当记载道：

> 皇帝所到之处，后面总有随从亦步亦趋地跟着，他们全都穿着一样的纯色衣服，即剪裁得像穿在铠甲外的无袖外套一样的白色长袍……牧师们都不用剃刀修剪头发和胡须。这些希腊人做礼拜仪式时态度非常虔诚，军人会和牧师一起参与仪式，他们整齐划一地以他们的母语咏唱诗歌。[17]

曼努埃尔二世受到了查理六世和亨利四世的盛大接见，一切仪式都照礼数进行，这使他深信，不管他需要什么援助以抗衡巴耶济德一世，都会如愿以偿。但是英国人为曼努埃尔筹集的钱好像凭空消失了（直到 1426 年，金钱失踪一事还在调查中）。[18]

1403 年初，曼努埃尔二世回到家园，发现他的世界情势大变。他的城池已经被一个事件从行将毁灭的命运中解救回来，而解救君士坦丁堡的这个事件似乎预示着奥斯曼气数将尽：帖木儿的军队在安卡拉大败巴耶济德一世的军队。这场败仗让安纳托利亚天翻地覆，也给巴尔干地区带来了严重的混乱。长远说来，这更让君士坦丁堡作为拜占庭帝国的首都多存活了长达半个世纪之久。

在这之前的 30 年里，帖木儿已然通过一系列战争从中国一路征战到伊朗，并且至少在奥斯曼人看来，这次远征在安卡拉战役达到高潮。帖木儿身为成吉思汗的继承者，理所当然也就是伊利汗国在安纳托利亚的附庸塞尔柱罗姆苏丹国领土的继承人，这让他处于有利的地位，可以利用它挑拨这些独立割据的王朝之间的分歧。但是，巴耶济德一世也盘踞在同一块土地上，尤其在 1398 年夏天，埃雷特纳王朝的埃米尔卡得·布罕·阿尔丁·艾哈迈德被谋杀，奥斯曼占领埃雷特纳王朝的首都锡瓦斯后，巴耶济德一世和帖木儿的势力范围在安纳托利亚东部发生了冲突。在一封颇具挑衅意味宣称自己独立于帖木儿的声明中，巴耶济德请求开罗的哈里发赐予他"罗姆苏丹"的头衔，这是安纳托利亚的塞尔柱罗姆苏丹国统治者的头衔。帖木儿则要求巴耶济德一世尊崇他的宗主身份，被巴耶济德一世一口回绝。[19] 以安纳托利亚东南地区的迪亚巴克尔为大本营的土库曼民族盟邦白羊王朝的首领，即谋杀卡得·布罕·阿尔丁的凶手求助于帖木儿，帖木儿的回应则是从 1399 年开始了他统治期间最长的远征。这一次征战延续了 7 年之久。

大约在同一时期，巴耶济德一世被他的盟友——巴格达札剌亦儿王朝的苏丹艾哈迈德和活动于安纳托利亚东部凡城一带的黑羊王朝的君主说服，派遣兵马攻打幼发拉底河以西数个马穆鲁克要塞。虽然他们并未获得成功，但这是与帖木儿的公然对抗。1400 年夏天，巴耶济德一世还在忙于君士坦丁堡围城行动时，帖木儿攻下了锡瓦斯，又沿着幼发拉底河向南推进，进入马穆鲁克的领土，直到大马士革才转向阿塞拜疆。[20]

1402 年 7 月 28 日，帖木儿和巴耶济德两军相遇于安卡拉附近。帖木儿共有 14 万兵马，巴耶济德一世兵力总共 8.5 万人。帖木儿的阵营中有许多心存不满的安纳托利亚西部的前统治者，当年巴耶济德一世继位后不久，他们的土地就被并进奥斯曼版图内。这些埃米尔国前统治者包括艾登、萨鲁汗、门泰谢和格尔米扬的埃米尔，他们全部都曾在帖木儿的宫廷寻求庇护，而那些曾向他们效忠的人现在却成为巴耶济德一世的臣民，在他的麾下打仗。巴耶济德一世的主力部队是他自己的骑兵和步兵，后者还包括土耳其禁卫军，土耳其语称为"耶尼切里"，意思是"新军"。这支步兵部队是苏丹穆拉德一世时期创立的，最早由巴尔干半岛抓来的基督徒战俘组成，到了巴耶济德一世时代已制度化，他为确保兵源，建立了在巴尔干半岛的基督徒少年臣民中征兵的"德夫希梅尔"制度。[①] 巴耶济德一世的阵营里还有塞尔维亚的斯特凡·拉扎列维奇，以及不久前被攻下的色

---

① 从那个时代直到 17 世纪初叶，奥斯曼官员会定时（后来偶尔会增加次数）至基督教村落（初期主要是巴尔干半岛的，安纳托利亚地区的较少）挑选青少年，对他们进行密集教育，以使他们成为士兵，或在行政部门任职，或于苏丹官殿及高阶朝官处服务。所有人被强迫改信伊斯兰教，进入军队者更是要受训成为只忠于苏丹的人。

萨利地区的瓦拉几亚人。另外还有一些"鞑靼人"军队，根据短暂目击战事，随即被抓变成帖木儿俘虏的约翰·希尔特贝格描述，这些人来自"白鞑靼"，共 3 万人，[21] 他还说他们在帖木儿的军队推进前就从里海和黑海以北的领地逃到了西边。不过此说最近颇有争议，看起来这些"鞑靼"人可能只是从安纳托利亚东部来的土库曼人。[22]

这场战斗进行了一整天。双方战队阵形相似，统帅居中，步兵围绕在统帅四周——巴耶济德一世四周就是土耳其禁卫军，骑兵护卫两翼。战斗的最早记载是和巴耶济德一世一同作战，却临阵脱逃的克里特岛人留下的：

> 巴耶济德一世的军队由 160 个连组成。一开始，帖木儿的军队就击败了其中 4 个连队，这其中 3 个连队的指挥官分别是伟大的穆斯林领袖塔米·科萨费洛·莫恰斯贝（即费鲁兹贝伊）、巴耶济德一世之子（即苏莱曼王子）和拉扎罗伯爵之子（即斯特凡·拉扎列维奇）……第 4 个连队由巴耶济德一世亲自领军。他的人马作战骁勇，导致帖木儿的部队大多数人相信帖木儿此战已败，并因此四散奔逃。但是帖木儿本人并不在队伍中，并且迅速从别处调来 10 万人马，反将巴耶济德一世的连队团团围困。俘虏了巴耶济德一世和他的两个儿子。巴耶济德一世的大军只有 6 个连加入战斗，其余各自逃离。帖木儿显然大胜。[23]

评论者注意到，帖木儿的军队先抵达安卡拉，并扎营于溪边，使巴耶济德一世的兵马无水可饮。希尔特贝格写道，帖木儿军中有 32 头训练过的大象 [24]，据说他从象背上对着奥斯曼军队发射有名的液体燃烧弹"希腊火"。[25] 这些烟火很可能误导了巴耶济德一世，让他认为自己打赢了，到头来却发现自己反而被困，最终败北。然而，奥斯曼的编年史作者一致认为，巴耶济德一世战败是因为他的很多士兵擅离军队，其中包括人数众多的"鞑靼人"和那些安纳托利亚西部过去独立的埃米尔国的部队。巴耶济德一世和他的儿子穆萨被俘，一起被俘的可能还有他的塞尔维亚妻子

和儿子穆斯塔法。其他的儿子伊萨、苏莱曼和穆罕默德逃走了。巴耶济德
一世的征战大业毁于一旦。帖木儿入侵之前，巴耶济德一世的领土从多瑙
河几乎可以延伸到幼发拉底河；现在，奥斯曼的领土大约退缩到 1389 年
他的父亲遗留给他时的大小。君士坦丁堡的八年围城也功亏一篑。帖木儿
把卡拉曼、格尔米扬、艾登、萨鲁汗和门泰谢的土地归还给它们的埃米尔
们，并且通过一整年的侵扰、袭击和掠夺巩固了他对巴耶济德的其他领土
的统治。

　　当编年史家要记录巴耶济德一世在安卡拉兵败一事时，他们需要思
索如何解释奥斯曼的这次灾难。15 世纪的编年史作者阿舍克帕夏扎德直
指巴耶济德一世，认为他要为战败负责，并且给他冠上纵欲者的帽子（这
个观点得到当时人的认同 [26]），更指责他的塞尔维亚妻子总是劝他喝酒；
他也批评巴耶济德一世的维齐尔钱达尔勒·阿里帕夏结交宗教信仰方面十
分可疑的圣者。[27] 帖木儿的大获全胜已令奥斯曼人羞愧万分，但对后代子
孙而言，更令人难堪的是才刚打了败仗，他的儿子们就开始激烈斗争抢夺
奥斯曼的统治权。安卡拉一战后，穆萨王子被俘，穆斯塔法可能也在帖木
儿手上，苏莱曼、穆罕默德和伊萨就立刻采取行动，寻求盟友支持自己继
承苏丹之位。他的另一个儿子优素福则寻得君士坦丁堡的庇护，改信基督
教，受洗后改名德米特里厄斯。[28] 接下来的 20 年，内战给奥斯曼人带来
了史无前例的骚乱与苦难。

　　这次如此耻辱的失败让曾经不可一世的统治者巴耶济德一世成了一
个悲剧人物。虽然安卡拉战役结束一个世纪后的奥斯曼编年史家同情他的
悲惨命运，写道，帖木儿把巴耶济德一世关在一个铁笼子里，在他于安纳
托利亚继续胜利行进时带着这位狼狈的苏丹，历史学家却觉得这不过是他
们的臆想。事发不久后的奥斯曼编年史作者声称，巴耶济德一世无法忍
受失败的屈辱，亲手结束了自己的生命。[29] 巴耶济德的真实命运相比之下
实在是平淡无奇：1403 年 3 月，他在安纳托利亚中西部的阿克谢希尔自
然死亡 —— 正如希尔特贝格当时的记述所言。[30] 他的尸体被制成木乃伊，
最先暂厝于一位塞尔柱圣者的墓穴。据当时的历史学家说，巴耶济德一
世的儿子穆萨很快获得帖木儿的许可，将尸体迁移至布尔萨。[31] 再据他儿

子苏莱曼在此建造的陵墓的碑文所载，他于 1406 年下葬。[32] 数十寒暑后，拜占庭历史学家杜卡斯记载，巴耶济德一世的坟墓后来被卡拉曼的阿拉丁的儿子破坏，骨骸亦被掘出，作为对巴耶济德一世在 1397 年将他父亲处死于科尼亚的报复。[33]

苏丹巴耶济德一世的惨败后来变成西方作家、作曲家和画家热衷的主题。他们喜欢他被帖木儿抓到撒马尔罕的这段传奇故事，并在其中加入了一些角色，创造出一个东方幻想故事，这个故事至今仍保有它的魅力。1578 年，剧作家克里斯托弗·马洛的剧本《帖木儿大帝》在伦敦首演，此时正好是威廉·哈伯恩作为黎凡特公司的特使前往伊斯坦布尔，英国与奥斯曼正式展开贸易关系 3 年后。让·马尼翁的剧本《帖木儿大帝与巴耶济德》完成于 1648 年；1725 年，亨德尔的《帖木儿》在伦敦首演；维瓦尔第的《巴耶济德一世》则写于 1735 年。马尼翁在剧中给巴耶济德一世虚构了一个絮絮叨叨的聒噪妻子和一个女儿；亨德尔和维瓦尔第的音乐诠释，不仅描写了帖木儿、巴耶济德一世及他的女儿，还穿插了一段拜占庭帝国的王子和特拉布宗帝国公主间炽烈感人的爱情故事。奥地利格拉兹市附近的埃根博格城堡里有一系列的画作，用另一种形式演绎了这个主题。画作完成于 17 世纪 70 年代，就在强大的奥斯曼军队攻打欧洲中部的哈布斯堡王朝之前。[34]

*　　　*　　　*

苏莱曼王子和包括巴耶济德一世的维齐尔钱达尔勒·阿里帕夏在内的追随者做出了一项战略决策，把安纳托利亚让给帖木儿，只留下他父亲在西方的领土。和奥斯曼一样，帖木儿有自己的编年史官，他们也记录下了某些对话。为了避免人们将帖木儿没有继续讨伐苏莱曼的行为解读为软弱，帖木儿的御用史官谢拉夫·阿尔丁·雅兹迪写道，帖木儿和苏莱曼曾互遣特使，后者承认帖木儿的宗主身份，帖木儿也放手让他控制鲁米利亚。[35] 苏莱曼开始和巴尔干地区的基督教王国进行谈判，试图让他们放弃他在鲁米利亚占领的领土，尽管这片土地在历史上归这些基督教王国所有。而且，苏莱曼的国家在这时虽然势弱，依旧是该区域最大的国家。他的迅速行动阻止了巴尔干半岛的附庸们——拜占庭人、塞尔维亚人和西欧人像之前安纳托利亚的众位埃米尔一样，趁此机会脱离奥斯曼势力范围。虽然如此，根据 1403 年在盖利博卢签订的条约内容，苏莱曼王子还是同意向拜占庭割让土地，这在几个月之前是不可思议的事情。除此之外，拜占庭和几个西欧人占领的地区不再居于附庸地位；若不是塞尔维亚贵族之间争执不休，塞尔维亚很可能也会摆脱附庸国的地位。曼努埃尔二世皇帝在与苏莱曼的谈判中获得了更多土地，包括黑海西南沿岸地区和萨洛尼卡，条件是如果帖木儿来袭，曼努埃尔二世会援助苏莱曼。拜占庭对奥斯曼的畏惧自此得以纾解，曼努埃尔二世鼓起勇气驱逐了在君士坦丁堡的奥斯曼商人，拆除了为方便他们礼拜而新建的清真寺。[36] 威尼斯和热那亚都在苏莱曼控制的区域范围获得了有利的贸易条件。[37] 根据威尼斯谈判代表彼得罗·泽诺的记述，奥斯曼皇族里有人要把"战士"埃弗雷诺斯贝伊和他手下边界贵族们共同打下来的江山拱手让人，埃弗雷诺斯强烈反对。[38]

至于接下来发生的事情，在相关记述中最著名的版本出自穆罕默德王子的一位无名崇拜者。穆罕默德王子是内战的最终胜利者。安卡拉战役后，穆罕默德回到安纳托利亚中北部的基地休养生息，在 1403 年帖木儿率部东归后重回战场。穆罕默德随后在马尔马拉海以南的一场战役中击败伊萨王子，进入原属于伊萨的布尔萨城。他的军队后来又与众多宣称已不再归属奥斯曼统治的地方贵族发生战争。伊萨王子可能也和帖木儿的军队在开塞利交战过，之后就退回到安纳托利亚西北部地区，直到 1403 年为苏莱曼所杀。[39] 苏莱曼王子签订的盖利博卢条约带给他的巴尔干地区一段平静的日子。1404 年，他穿越海峡，从穆罕默德王子手中夺得布尔萨和安卡拉，穆罕默德则撤退至安纳托利亚中北部的托卡特。苏莱曼王子统治了鲁米利亚，以及最远到安卡拉的安纳托利亚地区，继承他父亲的王座看来指日可待。有些历史学家认为他就是苏丹，并且称他为苏莱曼一世。

然而，1409 年，一个新角色登场，并且威胁到了苏莱曼的统治。1403 年，苏莱曼的弟弟穆萨王子被帖木儿交给格尔米扬的埃米尔看守，随后格尔米扬的埃米尔又把他交给了穆罕默德。他对苏莱曼的攻击来自完全料想不到的地方：穆萨从安纳托利亚北部的锡诺普港航行到瓦拉几亚，在那里，他和瓦拉几亚总督米尔恰的女儿成婚，从此获得一块立足之地。米尔恰把对巴耶济德一世的厌恶转移到了苏莱曼的身上，几经盘算之后认定，选择与穆萨结盟对自己比较有利。穆萨在鲁米利亚的军事行动并非一帆风顺，不过他在 1410 年 5 月占领了苏莱曼的都城埃迪尔内，且兵临盖利博卢，逼得苏莱曼急忙由安纳托利亚回防。曼努埃尔皇帝认为奥斯曼兄弟阋墙是自己脱离桎梏的大好时机，并努力延长他们之间争斗的时间：1403 年的协约使他重掌安纳托利亚和鲁米利亚间的海上通道并协助苏莱曼越过博斯普鲁斯海峡。但是苏莱曼不久后就在埃迪尔内附近被穆萨斩首——如果未署名的编年史工作者记述如实，苏莱曼当时烂醉如泥。争夺者只剩下穆罕默德和穆萨。

穆萨王子至此继承了他兄长苏莱曼在鲁米利亚和安纳托利亚的所有领地，但是随后的两年，他的日子并不太平。苏莱曼的儿子奥尔汗逃至君士坦丁堡寻求庇护，穆萨害怕该子日后成为反对他的中心，遂于 1411 年秋天兵围君士坦丁堡，但无功而返。他的顾问和将领逐渐弃他而去，他的哥哥穆罕默德王子则在曼努埃尔皇帝的协助下渡过博斯普鲁斯海峡，在色雷斯的恰塔尔贾和穆萨打了一仗。之后穆罕默德又回到安纳托利亚。虽然穆萨胜利了，但是他在鲁米利亚的领土的西北部却被先前的盟友斯特凡·拉扎列维奇的军队占据——第二年，拉扎列维奇便为此付出了代价，穆萨报复性地攻击了塞尔维亚许多堡垒。1413 年，奥尔汗在萨洛尼卡登陆。他可能是受到了曼努埃尔皇帝的怂恿，后者想把穆萨的注意力从塞尔维亚引开。[40] 穆萨俘获奥尔汗，但不知为何又放了他，且未能夺回萨洛尼卡。

邻近诸国认为背后有瓦拉几亚支持的穆萨王子的威胁性远大于穆罕默德王子。斯特凡·拉扎列维奇邀请穆罕默德组建联合部队对付穆萨；曼努埃尔也加入穆罕默德这边，不仅提供船只再次运送穆罕默德人马渡海到鲁米利亚，还派出军队参战。等到两军于索非亚之南交战时，穆罕默德的军队里已经有安纳托利亚东南部的杜尔卡迪尔王朝的部队，这得感谢穆罕默德和杜尔卡迪尔王朝埃米尔的女儿的婚姻关系；有拜占庭皇帝派出的军队；有斯特凡·拉扎列维奇率领的塞尔维亚、波斯尼亚和匈牙利联军；有艾登的军队，其埃米尔原本坚定地支持穆萨，直到战前突然转向；还有边界贵族"战士"埃弗雷诺斯贝伊率领的鲁米利亚军队。战斗中，穆萨的军队发动猛烈的攻击，最后却被迫逃窜。结果，他的马被绊倒后，他也跌下马来，被穆罕默德的一名将领当场杀死。[41]

随着 1413 年穆萨王子之死，内战又一次看起来结束了，苏丹之位落入了穆罕默德王子的手中，后世称其为穆罕默德一世。在内战中，安纳托利亚地区的众多埃米尔国对他进行了军事支持，但是这些国家又不想放弃它们在 1402 年帖木儿于安卡拉大胜后再次获得的独立。苏丹穆罕默德一世的第一要务就是赢得它们的效忠。穆罕默德一世遭受了来自卡拉曼的顽强抵抗。此外，他还面临艾登的埃米尔居内伊德的反抗。在来自希俄斯岛、莱斯博斯岛和福恰的热那亚人以及罗得岛上的医院骑士团联军支持下，居内伊德在伊兹密尔的堡垒最终被穆罕默德一世攻下。居内伊德被任命为多瑙河畔的尼科堡的总督，那里是 1396 年苏丹巴耶济德一世大胜十字军的地方。[42] 任命被打败的反抗者就任国家要职是奥斯曼早期就有的行政习惯。奥斯曼发现，比起冒着激起更多动荡的风险处死反叛的贵族，让他们分享政府资源是更明智的安抚战败地方贵族以及后来难以约束的政府官员的手法。

几年之内，苏丹穆罕默德一世收复了奥斯曼在安纳托利亚的大部分疆土，曼努埃尔二世发现自己的处境也日益艰难。在奥斯曼的大空位时期，通过有选择地支持奥斯曼苏丹国的权力争夺者，他获得了主动权。此时，他也不能失去这种主动权。他唯一能利用的只剩下苏莱曼的儿子奥尔汗。为了让奥斯曼皇室继续内部斗争，他孤注一掷，将奥尔汗送到瓦拉几亚，这里的总督米尔恰仍是奥斯曼人在这个地区最顽强的敌人。然而，奥尔汗还没走多远，穆罕默德就追上了他，并刺瞎了他的眼睛。奥尔汗因此无法再分割奥斯曼人对穆罕默德一世的忠诚，这也标志着奥尔汗的利用价值消失。接着，一件让人始料未及的事情在 1415 年发生，穆罕默德一世失踪已久的兄弟穆斯塔法王子经由安纳托利亚东北海岸边特拉布宗的拜占庭哨站，突然出现在瓦拉几亚。他有可能是一名几可乱真的顶替者，被人们称作"假"穆斯塔法。据说，穆斯塔法和他父亲以及弟弟穆萨在1402年被一同俘虏，此后十几年间他下落不明。[43] 我们很容易相信，他被帖木儿的宫廷当作了人质，而帖木儿（已于1405年去世）的儿子兼继承人沙哈鲁算准时机放了他，以再次激起奥斯曼继承权之争。[44] 1416年，沙哈鲁致信穆罕默德一世，对他杀死众兄弟一事提出抗议。穆罕默德一世则傲慢地辩驳道："一国不容二主——围绕我们的敌人总在等着出手的机会。"[45] 沙哈鲁自己也是历经十多年与诸多竞争者斗争才得以掌权的，跟他父亲一样，他不希望疆界以外仍有强国环伺。

穆罕默德一世才刚在鲁米利亚重新建立权威，看来又要面对自己兄弟穆斯塔法的挑战。穆斯塔法派出的特使已经在和曼努埃尔及威尼斯谈判。穆罕默德一世指派艾登的居内伊德守住多瑙河边境以对付瓦拉几亚的决策显然是不明智的，因为他这个先前的敌人很快就叛变，投靠了穆斯塔法。[46] 虽然如此，这两人仍被穆罕默德一世击溃，等到他们逃至拜占庭城市萨洛尼卡寻求庇护时，曼努埃尔二世接受劝告将这两人监禁，只要穆罕默德一世在世一天，这两人就不得获释。[47]

*　　　*　　　*

在经济与社会危机期间，魅力领袖的出现与他们收揽人心的能力是一大利器，这无论在奥斯曼还是欧洲都适用。就在穆罕默德一世打败兄弟穆斯塔法的1416年，穆罕默德一世致力于经营巴尔干半岛各省，但又一股反抗势力突然向他发起挑战。反抗的首领是谢赫贝德雷丁，他是伊斯兰教等级体系中的显赫人物，在埃迪尔内西南方的斯马夫内城（基普里诺斯）出生，其长辈既有信奉伊斯兰教的，也有信奉基督教的。谢赫贝德雷丁还是个神秘主义者。在科尼亚与开罗学习神学后，他前往帖木儿治下阿塞拜疆的阿尔达比勒，那里是神秘主义萨法维教团的发源地。他在这里找到了一个合适的环境发展他的泛神论思想，特别是"万有单一论"的教义。

"万有单一论"的教义追寻的是消弭那些束缚着在地球上生活的人们

的种种对立，如不同宗教之间的对立以及特权阶级与无权者之间的对立，它认为这些对立遏制了个体与真主的单一性。向"单一性"的努力使这位神秘主义者成为一个重要人物，因为拥有智慧，并负责引导人们与真主合一的人是他，而不是正统的神职人员。但是奥斯曼人希望通过武力征服建立一个以逊尼派为国教、以奥斯曼家族为核心的帝国，对他们而言，这样的教义当然具有极大的潜在颠覆力。[48]

　　在这种与苏丹穆罕默德一世对抗的氛围中，谢赫贝德雷丁必然看到了宣扬他的信条的机会。他曾在穆萨王子统治时期当过埃迪尔内的首席法官，穆萨王子死后，他就被放逐到了伊兹尼克。1415 年，他突然离开了伊兹尼克，经过黑海沿岸的锡诺普港到达瓦拉几亚。谢赫贝德雷丁成了一个领头人物，支持他的人与穆斯塔法和居内伊德的支持者一样，都是对穆罕默德一世失望的人。他的支持者主要集中在多瑙河三角洲以南的德里奥尔曼，俗称"野森林"地区。在这里，过去多年两败俱伤的恶斗让因奥斯曼征服而混乱不堪的情势更加恶化，谢赫贝德雷丁从这些心怀不满的边境贵族和他们的官员随从中吸收到追随者，这些人在地方上的势力已经被奥斯曼统治者的强征豪夺稀释甚至取代。其他神秘主义者和农民也成了他的追随者。穆罕默德一世废除了贝德雷丁做首席法官时以穆萨王子的名义授予的土地许可后，边境贵族们和他们官员随从的物质利益受到严重的损害。

　　谢赫贝德雷丁在宣扬他的调和论思想时，他的追随者伯尔可吕杰·穆斯塔法和托尔拉克·凯末尔把他的思想传到了安纳托利亚西部，这给奥斯曼政权带来了惊慌与不安。奥斯曼政府曾经容许它的成员信奉基督教，但是现在则要同化他们，在法令中使用轻侮言词描述那些以宗教语言表达不满的人。朝廷和编年史作者皆使用如"农民""无知者"和"可怜的人"来形容这些人，为当时和后来民众不满的爆发加上了"不合法"与"不可容忍"的恶名。民间抵抗的种种表现让穆罕默德一世不得不用大量资源和力量来压制它们，而他本希望将这些资源与力量用到更有意义的地方。

　　谢赫贝德雷丁在鲁米利亚的叛乱并没有持续多久：苏丹穆罕默德一世的手下很快就逮捕了他，将他送到塞雷。在那里他被审判，然后被送到市场处死，罪名是通过散播财产必须共有，以及各种宗教及其先知之间其实并无差异的思想扰乱公共秩序。然而，谢赫贝德雷丁的教诲还在继续发挥影响力。直到16世纪晚期，纵使他的教派仍被认为是对国家的威胁，[49] 他传播的教义仍在无政府主义的神秘教派中普遍流传，一直到帝国的终结。最特别的是，这个教义被与土耳其禁卫军关系密切的拜克塔什教团采纳了。

时至今日，谢赫贝德雷丁的名字仍然存在于现代土耳其人的心中，特别是在政治倾向上偏左的那些人。这要感谢《谢赫贝德雷丁史诗》，这是一首土耳其共产主义诗人纳齐姆·希克梅特写的长篇叙事诗，作者将自己在20世纪30年代参与反法西斯运动的动机与动力归于谢赫贝德雷丁。诗篇的高潮出现在谢赫贝德雷丁的信徒遭遇苏丹的军队时，他们仍不为所动继续宣扬他们的"单一论"信仰：

> 为了能同声欢唱着
> 协力从海中拉回渔网，
> 为了能同力锻钢轻易如编织，
> 为了同心耕耘共享的大地，
> 为了共食蜂蜜裹覆的无花果，
> 为了能大声吟唱：
> 无论于何时何地，
> 我们分享拥有的一切，
> 除了爱人的脸颊，
> 为了实现这个理想，
> 一万英雄奋战，八千英雄牺牲。[50]

谢赫贝德雷丁的现代信徒仍然小心翼翼，害怕土耳其当局对他们采取任何不利行动，所以在1924年，希腊与土耳其两国进行人口交换时，他的尸骨虽然被从希腊掘出带回，却一直没有重新下葬，直到1961年才被埋在苏丹马哈茂德二世陵墓附近的一个墓园里，那里离伊斯坦布尔的大巴扎不远。

随着谢赫贝德雷丁死亡，苏丹的兄弟穆斯塔法王子及其盟友居内伊德被安全地监禁在拜占庭，穆罕默德一世回到安纳托利亚，再次试图征服卡拉曼埃米尔国。不过卡拉曼已向强大的马穆鲁克王朝俯首称臣，穆罕默德一世没有别的选择，只好撤军。不过他还是兼并了安纳托利亚中北部的桑达尔王朝的领土，谢赫贝德雷丁前往瓦拉几亚时曾路过此地。穆罕默德一世还强迫瓦拉几亚的米尔恰进贡。遵循附庸国的惯例，米尔恰把 3 个儿子送到穆罕默德一世的宫廷当人质，作为他将安分守己的保证。其中一子是弗拉德·德拉库尔，此人的儿子后来以"穿刺公"的绰号为人所知，还是特兰西瓦尼亚民间传说中臭名昭著的吸血鬼。

*　　　*　　　*

1421 年，苏丹穆罕默德一世因骑马时的意外死亡，此时他仍未能成功收复他父亲巴耶济德一世在位时，奥斯曼所控制的安纳托利亚和鲁米利亚的土地。在他生命的最后几年里，病痛一直在折磨着他，所以他有足够的时间反复思量王位继承这个问题，他的终极目标就是避免出现像自己争夺权力时那样众子反目斗得不可开交的情况。因此他的死讯被身边的维齐尔们封锁，直到他未满 20 岁的儿子穆拉德在布尔萨宣告继承苏丹之位才公布。

当时的历史学家杜卡斯记载道，穆罕默德一世决定将两名幼子优素福和马哈茂德送到君士坦丁堡做皇帝曼努埃尔二世的人质。他希望以此确保他的兄弟"假"穆斯塔法继续被监禁，避免这三人中有任何一人争夺王位。然而，优素福和马哈茂德并未被交给曼努埃尔二世，因此，穆罕默德一世的死亡导致"假"穆斯塔法和居内伊德被释放。杜卡斯认为，穆罕默德一世的维齐尔巴耶济德帕夏要为没把两个男孩交给曼努埃尔负责，这位维齐尔认为"将穆斯林的孩童交给非信徒养育是不对的，并且有违先知的教诲"。[51] 在曼努埃尔二世协助下，穆斯塔法和居内伊德在鲁米利亚的盖利博卢登陆，在那里，他们受到该地区最显赫的边境贵族的支持，其中包括埃弗雷诺斯家族和图拉罕家族。但是还没到埃迪尔内，他们就遭遇了巴耶济德帕夏率领的军队。"假"穆斯塔法把自己的伤疤给巴耶济德帕夏的士兵看，把他们吓跑了——据说这些伤疤是在20年前的安卡拉战役中留下的。巴耶济德帕夏随即被逮捕并处死，穆斯塔法占领埃迪尔内作为都城。他还铸造钱币宣告自己的苏丹身份。在此之前，他的兄弟们苏莱曼、穆萨和穆罕默德也都这么做过。[52]鲁米利亚人迅速向穆斯塔法效忠，而不是将他们的忠诚献给苏丹穆罕默德之子、王位指定继承人穆拉德二世。这显示，虽然这些边境贵族协助奥斯曼人打下了这些土地，但是奥斯曼人想要建立统一中央集权政府的努力使他们非常不安。穆斯塔法6年前反对他的兄弟穆罕默德一世的活动已经证明他是他们的盟友，还有许多人对谢赫贝德雷丁领导的叛乱给予同情。

穆斯塔法攻击的下一个目标是布尔萨。苏丹穆拉德二世计划在布尔萨西北方一座横跨尼吕费尔河的桥边与他对阵，并下令先把桥破坏掉。两军遂隔河相望。穆拉德继而用计让穆斯塔法以为他要行军绕过河水流出的一座湖泊，却轻巧地修复桥梁，把他的叔叔打得措手不及。边境贵族们纷纷弃穆斯塔法于不顾，各自逃逸。许多关于他的结局的记载都说，1422年初，穆斯塔法于逃往瓦拉几亚的路上，在埃迪尔内的北方被苏丹穆拉德二世的人马捕获，跟之前的谢赫贝德雷丁一样，他被当作一名普通罪犯吊死，这也暗示穆拉德二世根本视他为冒名顶替者。另一则传说则是，他到达了瓦拉几亚，从那里去了克里米亚的卡法，后来又到拜占庭的萨洛尼卡寻求庇护。[53]他连自己是否会受到瓦拉几亚的欢迎都无法确定，因为此时瓦拉几亚成了奥斯曼人的附庸，他更无法奢望获得像上一次对抗穆罕默德一世时那种程度的支持。

这时，另一个穆斯塔法——穆拉德的弟弟"小"穆斯塔法成了竞争苏丹之位继承权的又一焦点。自从父亲穆罕默德一世逝世后，"小"穆斯塔法就躲藏在安纳托利亚一个反对奥斯曼的国家。1422年，这个年仅13岁的小男孩当上一支军队的统帅，出兵把布尔萨给包围了。等到穆拉德派出救兵解围时，"小"穆斯塔法和他的支持者逃到了君士坦丁堡。"小"穆斯塔法对苏丹继承权的要求很快就得到了奥斯曼治下大部分安纳托利亚人的认同，但是由于"小"穆斯塔法身边的维齐尔伊莱斯帕夏在此时背叛了自己的主人，穆拉德得以进军伊兹尼克，且在激烈的战斗后将"小"穆斯塔法勒毙。[54] 大约一个世纪后，编年史家穆罕默德·内什里为伊莱斯帕夏的叛变行为辩护，认为他最主要的目标是维持公共秩序，为了达到这个目标，什么样的代价都是值得的。[55]

苏丹穆拉德二世像他的父亲一样开始重建国家。这是一个艰巨的任务。直到统治晚期，他才成功地巩固了奥斯曼的领土。"假"穆斯塔法被打败后，他的同党艾登的居内伊德回到家乡，却发现自己的权位已遭篡夺。穆拉德二世许诺会保证居内伊德以及他家人的安全，随后却把他们全杀害了，艾登再度归属奥斯曼。与此同时，门泰谢也再度被吞并。1425年后的某一时期，格尔米扬也归附了。至此，奥斯曼再度控制了整个安纳托利亚西部。卡拉曼则维持独立——穆拉德二世暂时没打算进军这里，也没有什么出兵的契机。

*　　*　　*

1402 年，巴耶济德一世在安卡拉战役中遭遇惨败。随后的几年是奥斯曼历次继承斗争中最动荡的时期。这段难以磨灭的记忆带给苏丹穆拉德二世的儿子穆罕默德二世莫大的启示，他希望类此恐怖的流血事件不再发生，特别允许继承人杀害兄弟，以保证苏丹之位的继承得以和平进行。当年的奥斯曼以及接下来的几位继承者又是如何一步步走向宝座的呢？当时的记载付之阙如，世人自然难窥究竟。但是这个过程有可能同样鲜血淋漓：有些编年史家暗示，奥斯曼在父亲埃尔图鲁尔逝世后，宣告要继承王族的宝座时，他的叔叔丁达尔也出来争夺王位，奥斯曼就把他杀了。[56] 奥斯曼的儿子兼继承者奥尔汗一世有好几个兄弟，但是编年史家只提过一个，那就是阿拉丁，他在布尔萨修建的清真寺、公共浴室和僧院可以证明他的存在。[57] 据说，奥尔汗一世要将奥斯曼埃米尔国的统治权让与阿拉丁，但阿拉丁拒绝了，奥尔汗继承王位之路就再无阻碍了[58]——因此奥尔汗一世继承奥斯曼王位的过程得到了天衣无缝的解释。至于奥斯曼其他几个儿子的命运如何，世人就不得而知了。奥尔汗一世去世时，遗有穆拉德和哈利勒，可能还有另一个儿子易卜拉欣。如果他们之间发生过王位争夺战，那也很可能已被掩饰掉了。[59] 苏丹穆拉德一世在科索沃波尔耶战役身亡后，巴耶济德一世继承王位，如前所述，他杀害了自己的弟弟雅各布。

虽然依当时的拜占庭历史学家劳尼库斯·查尔克康迪拉斯的记述，苏丹穆罕默德一世的计划是将奥斯曼的国土一分为二，把鲁米利亚给穆拉德，安纳托利亚给"小"穆斯塔法，但是奥斯曼自建国以来都遵守着一个原则，那就是帝国的国土不可分割，应该完整传给下一代苏丹。他们仿效蒙古的习俗，王位的继承人不会限定于统治王朝的任何一位特定人士：到底应该由谁继承的问题要由真主来决定。统治权最重要的基础就是获得苏丹之位。[60] 苏丹巴耶济德一世生了许多儿子，他的儿子们也子孙众多，他的孙子们都宣称拥有继承权。他们先后作为王位觊觎者出现，在这背后则是唯恐天下不乱的拜占庭皇帝曼努埃尔二世的推波助澜，这些人为这一时期继承权的恶斗火上浇油。在奥斯曼的漫长历史中，无论是作为政治工具的兄弟相残，还是编年史家为将最初的苏丹们继承王位的过程写得平和顺利所做的努力，都无法阻止上一任苏丹死后常常出现的权力斗争。更重要的是，仅仅拥有王座仍不足以服人：哪怕已经成为真主选定的统治者，每位新就任的苏丹仍需要获得且维持那些能助他实行统治的人（他的大臣们，最重要的是国家的将士们）的拥戴，当然他还要抓住财政大权，因为这能给予他统治和保卫奥斯曼领土的手段。

奥斯曼家族需要赢得那些时而为敌、时而变成忠实伙伴的边境贵族们的忠心，并鼓励其他国家认同他们的征伐事业，这依赖于他们的成功，而成功却并不总与他们相伴。13 到 14 世纪的安纳托利亚现今被描绘为一个各种势力争夺权力的地方，参与竞争者包括"家族掌控的集权军阀……叛逆性强、派系倾轧的边境贵族与内心恐惧濒临败亡却仍沾沾自喜的小国君主"[61]。它也被拿来和其他中世纪王国比较，例如，盎格鲁-诺曼人建立的国家，它在 12 和 13 世纪时兼并了威尔士和爱尔兰，因为在这些国家，对一个王朝或某个个人的效忠会主宰政治发展的方向。强权政治是另外一个影响奥斯曼人的因素：即使是强烈反奥斯曼的卡拉曼王朝也不得不审时度势，在面对更强大的马穆鲁克威胁时，与奥斯曼人签订停战协定。

　　奥斯曼建国初期，国土恰巧紧邻古老垂死的帝国拜占庭，这使他们占据了实质上的优势。拜占庭帝国辽阔的疆土（君士坦丁堡、萨洛尼卡、摩里亚、特拉布宗）反倒使它在战略上非常虚弱。拜占庭国内，帕里奥洛格斯王朝和坎塔库泽努斯王朝内部和之间的斗争使他们两败俱伤，而欧洲西部的基督教信仰与拜占庭的信仰差异甚大，各王国间还为了各自利益冲突不断，拜占庭没能从它们那里获得援助，这使得这个帝国面对精力充沛、虎视眈眈的敌人时脆弱无助。在巴尔干地区，虽然任何群体 —— 无论是边境贵族、神职人员还是农民对奥斯曼家族的特定个人抱有的期望都会导致暴力冲突，但是总体上，奥斯曼人保住了在 14 世纪的征服与成功中归顺的人们的忠诚。奥斯曼人成功地利用了这个地区内各个国家的虚弱状态，而且在独立的塞尔维亚王国于 1389 年倾灭后，再也没有谁敢对奥斯曼在此的霸主地位说三道四了。此外，奥斯曼占领巴尔干半岛的活动也并非不受这里的百姓欢迎，因为新王朝奥斯曼反而免除了过去的封建贵族强加给他们的重税。不过，在安纳托利亚，除了奥斯曼，人们还有其他的效忠对象可以选择，当年帖木儿在安卡拉战役大胜后，允许治下被征服的安纳托利亚诸埃米尔国继续保留各自的独立地位。有一段时间，奥斯曼甚至说不上是诸埃米尔国中的首位，幸而他们之间受到地理上的限制，而且除了一致嫌恶奥斯曼外，没有其他共同利益，因此他们没有发起足以持续威胁奥斯曼扩张的挑战。

　　随着苏丹穆拉德二世逐渐巩固了他对奥斯曼的统治，奥斯曼内战带给威尼斯、拜占庭及这个地区其他受惠者的喘息之机也画下句点。威尼斯有充分的理由害怕自己的海外据点受到重生的奥斯曼的攻击，因而内战结束后，它为了守住自己的殖民地奋战不已。拜占庭的摩里亚专制君主国受到拉丁君主卡罗·托科的威胁，他是奥斯曼的附庸，领土在伯罗奔尼撒半岛的西北部。1422 年起，萨洛尼卡被奥斯曼人围攻，但是在 1423 年就被当地的专制君主安德洛尼卡（曼努埃尔二世之子）割让给威尼斯，条件是威尼斯人要尊重他们的东正教礼仪习俗。萨洛尼卡是商业和交通的重要枢纽，但是无论威尼斯对占领萨洛尼卡曾存何种幻想，它们全都被奥斯曼

的封锁迅速打消了。向这座城市提供粮食和必需品非常困难，占领它更是
对威尼斯的有限资源造成负担。威尼斯多次威胁要推出奥斯曼王位的竞争
者，但是这些竞争者与巴耶济德之间存在血缘关系的证据远弱于"假"穆
斯塔法与"小"穆斯塔法。其中一位是"一个叫伊斯玛仪的土耳其人"，他
被威尼斯人安置在埃维亚岛（内格罗蓬特）上，被当作是 1424 年针对穆拉
德的一次叛乱的首领，以转移穆拉德的注意力，使他不再封锁威尼斯人的
新领地萨洛尼卡。[62] 拜占庭的局势同样危急。1421 年，约翰八世·帕里奥
洛格斯登基为共治皇帝，以分担他身患疾病的父亲曼努埃尔二世的负荷。
1423 年，他从君士坦丁堡出发，到西欧求援，但和以往一样，仍然空手
而归。到了 1424 年，曼努埃尔二世通过和穆拉德二世签订合约获得了一
点喘息的机会，不过拜占庭要开始向奥斯曼进贡，并割让黑海沿岸的部分
领土。

　　威尼斯仍未能与奥斯曼达成共识，遂向匈牙利提议，只要匈牙利入
侵奥斯曼的领土，威尼斯愿意提供后勤支持。穆拉德二世分析了自己的附
庸国，认为瓦拉几亚和塞尔维亚很可能会加入反奥斯曼联盟，遂于 1425
年和 1426 年分别进攻了这两国，让威尼斯死了向此处求援的心。斯特
凡·拉扎列维奇死后的第二年，匈牙利国王西吉斯蒙德挫败了奥斯曼对这
个地区的野心，先下手为强，拿下了多瑙河和萨瓦河汇流处的战略要地贝
尔格莱德城堡。穆拉德二世只好拿下同样位于多瑙河边的巨大的格鲁拜克
要塞，它在贝尔格莱德东边稍远的地方。奥斯曼对这些新近被占领的土地
的统治在 1428 年与匈牙利签订的条约中正式确定下来。斯特凡·拉扎列
维奇在长达 35 年的时间里一直是奥斯曼非常忠诚可靠的附庸，他的死拉
近了匈牙利和奥斯曼的边境哨站之间的距离。

　　虽然威尼斯和奥斯曼在 1429 年才正式宣战，但是自从威尼斯从拜占
庭手中接收萨洛尼卡之后，两国间的关系就开始每况愈下。直到 1430 年
穆拉德夺下萨洛尼卡后，他才终于同意和威尼斯签订合约。一拿下萨洛尼
卡，穆拉德就命令军队不得大规模掠夺，并且迅速将他们调离城市。原有
的居民都得到重新安置，包括在围城早期逃出去的人。城市重建工作在上
级命令下展开，教会财产也被归还原主，只有两座教堂被迅速改建成清真

寺。这也表示此时的穆斯林人口尚不兴旺，很可能只有守卫部队是穆斯林。两年后，穆拉德回到萨洛尼卡，这次他征用了一些基督教建筑，并且开始调查城市的资源，准备将这里改造成伊斯兰中心。[63]

拿下萨洛尼卡之后，奥斯曼、威尼斯与匈牙利在巴尔干半岛的权力斗争成了穆拉德的当务之急。1428 年匈牙利和奥斯曼签署的和平条约在1431 年到期之前，穆拉德二世就已经开始在阿尔巴尼亚挑战威尼斯人。14 世纪 80 年代，在穆拉德一世统治时期，阿尔巴尼亚曾请奥斯曼的军队支持当地贵族对抗塞尔维亚贵族。他们成功挫败了塞尔维亚人的野心，但也使奥斯曼王朝在此建立了一定的权威，其权威在巴耶济德一世和穆罕默德一世统治期间还得到了加强。阿尔巴尼亚的统治者是许多利益有冲突的贵族，这个地区被纳入奥斯曼王朝的过程也是渐进的。1432 年在这里展开的地籍调查[64]更加强了奥斯曼的控制，凡有抗拒调查者立即遭到镇压。[65]1427 年，拉扎列维奇死后，塞尔维亚摇摆不定的立场导致奥斯曼在 15 世纪 30 年代中期对其发动攻击，塞尔维亚战败，专制君主杜拉德·布兰科维奇开始向奥斯曼进贡，还把自己的女儿马拉许配给穆拉德，正式成为奥斯曼（而不是匈牙利）的附庸。

奥斯曼深陷巴尔干地区后，卡拉曼的埃米尔易卜拉欣贝伊觉得机不可失，开始攻击奥斯曼在安纳托利亚的领土。多年征战让穆拉德一世获得了一些卡拉曼王朝西部的领土，[66]但是奥斯曼在此处投入的资源无法满足它在此处长期征服的需要。卡拉曼有两个重大优势：因为它的地理位置刚好处于奥斯曼和马穆鲁克之间，让它能够巧妙地游移于两大强权之间；同时，该国内的主要人口是游牧民，他们特别擅长在多山地区打乱奥斯曼军队的进攻。这个地区和巴尔干半岛类似，是强权进行长期权力斗争的地区。

1435 年，帖木儿的继承者沙哈鲁给包括奥斯曼苏丹在内安纳托利亚每一个国家的统治者送上一套大礼袍，要求他们穿上以示忠诚。穆拉德自知难以拒绝，但是他显然没有在正式场合穿着过。他还用宣传手段进行反击，铸造刻有中亚乌古斯突厥卡耶部落徽记的钱币——奥斯曼人将自己的祖先追溯至这个部落。这种附会被安纳托利亚中东部土库曼人建立的杜尔卡迪尔埃米尔国和黑羊王朝接纳，他们跟卡拉曼王朝和白羊王朝不一样，是奥斯曼的坚定拥护者。然而，和其他在安纳托利亚有战略利益的反奥斯曼王朝一样，沙哈鲁并不认同奥斯曼人与乌古斯突厥之间的联系，而认定奥斯曼不过是个傲慢的暴发户而已。[67]

维持巴尔干半岛上的权力平衡的活动在穆拉德统治后期占据了他所有的时间与精力。奥斯曼的政策变得更为强硬，它希望通过兼并长期的附庸国塞尔维亚巩固贝尔格莱德以西多瑙河和萨瓦河的防线，与匈牙利对峙。塞尔维亚的专制君主杜拉德·布兰科维奇与穆拉德二世之间的姻亲关系对政治现实也没有太大影响。奥斯曼人穿过其附庸国瓦拉几亚，对匈牙利的特兰西凡尼亚省进行了惩罚性的攻击，此后的 1438 和 1439 年，他们又入侵塞尔维亚，直到多瑙河畔新近建造的斯梅代雷沃城堡落入穆拉德一世手中。他的下一个目标是重要据点贝尔格莱德城堡，它禁不住 6 个月的围城，在 1440 年沦陷。

*   *   *

1425 年曼努埃尔二世死后，约翰八世·帕里奥洛格斯一直是君士坦丁堡的皇帝。1437 年，他在费拉拉公会议上要求重新探讨教会统一的棘手问题，这本就是召开这次会议的主要目的。天主教和东正教之间持续了几个世纪之久的教会分裂一直是西欧的基督教王国在拜占庭请求救援时迟迟不肯应允的一个借口。奥斯曼在重新占领萨洛尼卡后再度兴盛，这不仅使约翰自己面临疆土危机，也让威尼斯和匈牙利受到更直接的威胁，因此他希望天主教能够赞同他对教会统一的建议。造成两个教会分裂的最重大的神学议题包括：领圣餐礼时该使用发酵过的面包还是未发酵的面包；东正教不接受西欧人对炼狱的理论，也不承认教皇有至高无上的权威。人们进行了一年半断断续续的争论，其间因为鼠疫肆虐费拉拉，会议还迁至佛罗伦萨，最终在 1439 年 7 月，长达 375 年的教会分裂画下休止符，双方签署了教会统一的文件。

刚开始，约翰八世看起来打错了算盘。与罗马统一为他招来了东正教会组织和大部分拜占庭人的愤怒。这还导致他的兄弟、黑海西岸的墨森布瑞亚（内塞伯尔）的专制君主德米特里厄斯联合一支土耳其军队攻击君士坦丁堡。更离谱的是，被教宗任命为枢机主教的基辅主教伊西多尔到莫斯科访问时被免职且抓捕，他只好逃到意大利。亚历山大、耶路撒冷和安条克（安塔基亚）都不承认教会统一。东正教世界内部分裂了，但是对约翰而言，他的鲁莽作为得到了报偿，因为教宗实践了为反抗奥斯曼人派出十字军的承诺，正在进行动员。

　　欧洲此时乐观地认定，这次出征必然成功在望，奥斯曼势将被压制。潜在的收获是非常可观的 —— 匈牙利可以取得巴尔干半岛上的土地，塞尔维亚将重获独立，威尼斯在爱琴海和亚得里亚海受到的威胁也会解除，君士坦丁堡可以继续存在。而且各种兆头都是对他们有利的。英明的军队大将军、特兰西瓦尼亚总督匈雅提·亚诺什抵挡住了奥斯曼穿越瓦拉几亚而来的两次攻击，但在 1443 年末至 1444 年初的冬天，在索非亚之东，积雪的兹拉蒂察山口，他又被奥斯曼人击退。阿尔巴尼亚北部的"斯坎德贝格"（即伊斯坎德贝伊）发动了反奥斯曼人的抵抗活动，他出身于当地一个基督教军阀世家，在穆拉德的宫廷中被培养成穆斯林；同时，约翰八世的哥哥、以米斯特拉斯为根据地的摩里亚专制君主君士坦丁将拜占庭的疆域扩张至希腊中部：这些在欧洲人看来，都是他们即将胜利的预兆。君士坦丁最主要的成功之处在于，1444 年春天，他重建了跨越科林斯地峡的"六英里长城" —— 原有的长城在 1431 年被土耳其侵略者拆毁。[68] 担心基督教分裂的结束会给基督徒带来新的动力，奥斯曼认为西方的反奥斯曼势力很有可能联合起来，像帖木儿一样再给自己一次严重的打击。

　　虽然如此，中欧王国 —— 包括在年轻的国王瓦迪斯瓦夫三世（匈牙利称乌拉斯洛一世）统治下统一的匈牙利和波兰，以及杜拉德·布兰科维奇专制君主治下的塞尔维亚 —— 的核心利益与地中海的那些西欧人的利益显然存在冲突。对西欧人而言，十字军的使命时时萦绕心中，他们此刻的态度和 1396 年没有什么不同：当时，法国坚持从经验丰富的匈牙利国王西吉斯蒙德手中夺走了统帅权，这成为尼科堡大溃败的一个重大因素。匈牙利联军在 1443 到 1444 年的战事中痛苦而混乱的撤军是又一次痛苦的经历，它让奥斯曼在中欧的邻国们开始怀疑他们是否真能获得实质上的好处，从谈判中取得权力平衡是否对他们更有利。透过穆拉德二世的塞尔维亚妻子玛拉的协调安排，匈牙利 – 波兰统治者瓦迪斯瓦夫、特兰西瓦尼亚的匈雅提·亚诺什和塞尔维亚的杜拉德·布兰科维奇派出特使到埃迪尔内，并在 1444 年 6 月 12 日和穆拉德签订了为期 10 年的停战协定。大约同时，穆拉德召唤年幼的儿子穆罕默德从安纳托利亚西部的马尼萨城到埃迪尔内。马尼萨曾是萨鲁汗埃米尔国的首都，穆罕默德此时是这里的王子总督。穆拉德手下的军队将领们已经提醒他注意威尼斯人的东征舰队——他们 7 月中时已驶离伯罗奔尼撒[69]。但是出人意料的是，他竟然宣布要放弃王位。[70] 苏丹逊位在奥斯曼是史无前例的事。对于穆拉德二世 41 岁就退位的动机，我们只能做出一些猜测。在那几个月里，他内心十分痛苦。例如，他最大也最疼爱的儿子阿拉丁突然过世，他下令将阿拉丁葬在他为自己准备的墓葬旁。[71] 也或许，在辛勤统治 20 多年后，他只是觉得累了。

穆拉德的逊位和他 12 岁儿子的继位很自然地被西方世界解读为奥斯曼已疲弱的标志，他们理当善加利用。8 月，当瓦迪斯瓦夫、匈雅提和布兰科维奇在匈牙利确认与奥斯曼之间的埃迪尔内停战协定时，瓦迪斯瓦夫、匈雅提并非真心发誓，因为教宗派驻波西米亚、匈牙利和波兰的使节、枢机主教朱利亚诺·切萨里尼事先已赦免了他们的罪。[72] 1444 年 9 月 18 到 22 日之间，匈牙利十字军渡过多瑙河向东行军，很快就抵达了黑海边的瓦尔纳。只有杜拉德·布兰科维奇拒绝出兵攻击奥斯曼，因为塞尔维亚已经得到穆拉德的保证：保持塞尔维亚独立，并且归还多瑙河畔的斯梅代雷沃和格鲁拜克城堡。从瓦尔纳行军至埃迪尔内只需要 14 天，因此恐惧弥漫于埃迪尔内。匈牙利军队上一次穿过巴尔干半岛进入通往这座城市的河谷还不到一年。他们开挖壕沟、修补城墙进行防御。来自伊朗的苦行教派胡儒非派的托钵僧们加剧了紧张气氛，他们宣扬的宗教信仰和异端谢赫贝德雷丁的教导大同小异。为压制这些僧侣引发的骚动而进行的镇压活动带来了暴乱，导致很多公共建筑和私人房舍被毁坏。[73] 火上浇油的是，拜占庭皇帝约翰八世此时又释放了一个王位觊觎者试图搅乱奥斯曼宫廷。但这个人得不到色雷斯的支持，只能往北方转至多瑙河三角洲南方的"野森林"，向曾经反抗穆罕默德一世的谢赫贝德雷丁的盘踞地寻求支持。但是奥斯曼人从埃迪尔内调集军队过来攻击他，他只好逃回君士坦丁堡。[74]

在穆拉德指定穆罕默德继承苏丹之位后，他命令他信任的维齐尔钱达尔勒·哈利勒帕夏留在埃迪尔内陪伴他。钱达尔勒家族世代为官，从穆拉德一世在位时期开始几乎从未间断地担任奥斯曼朝廷的首席大臣。这种亲密的关系是经历过帖木儿劫难和苦涩内战的考验的，钱达尔勒·哈利勒在 15 世纪 30 年代中期接替了他的父亲钱达尔勒·易卜拉欣帕夏。钱达尔勒·哈利勒认为穆罕默德太年幼，身旁的人又不很可靠。像扎加诺斯·穆罕默德帕夏、萨鲁加帕夏和有才能的军队统帅西哈贝丁·沙欣帕夏这样的人都是"职业奥斯曼人"。他们不属于埃弗雷诺斯家族那样的边境贵族，也不属于钱达尔勒家族那样的安纳托利亚历史悠久的穆斯林家族。他们都是在穆拉德主政期开始得到重用的出身基督徒家庭的政治新贵，有的是拜占庭的变节者，有的是进入少年征兵制并皈依伊斯兰教的人。谢赫贝德雷丁的叛乱不仅揭露了奥斯曼的脆弱，也向穆拉德证明：他信奉的教理必须成为奥斯曼国家的支柱。穆拉德因此扩大少年征兵的规模，将其作为忠贞军队的可靠来源，因为这些皈依者都信奉他的王朝和宫廷的宗教。

钱达尔勒·哈利勒帕夏崇高的地位逐渐招致穆罕默德身边人士普遍的妒忌，而穆罕默德心中的奥斯曼王国，并不只是穆拉德和幕僚在安纳托利亚和鲁米利亚小心翼翼引导的权力平衡而已。钱达尔勒·哈利勒很不愿意让热情冲动的年轻苏丹率领军队与十字军作战，加上埃迪尔内内部亦不平静，因而他觉得他只有一个选择——请回在马尼萨的穆拉德。从安纳托利亚赶到埃迪尔内后，穆拉德没有进城，而是率领他的军队直接上前线与匈牙利对阵。11 月 10 日，在鲁米利亚黑海沿岸的瓦尔纳战役就此展开。虽然从西方运送十字军的舰队尚未抵达君士坦丁堡，仅有匈牙利 – 波兰的瓦迪斯瓦夫和特兰西瓦尼亚的匈雅提的军队和奥斯曼对阵，但战事一开始仍对奥斯曼军不利。然而到了黄昏时分，瓦迪斯瓦夫国王被杀，他的部队随即溃散。这个令人满意的战果主要归功于穆罕默德手下大将西哈贝丁·沙欣帕夏，他有效地守住了通往色雷斯平原的隘口，既挡住了敌人，也利于穆拉德充分发挥他的将才。事情至此尚未结束。第二年，另一支十字军舰队与匈雅提和瓦拉几亚总督的军队联合作战，攻打奥斯曼在多瑙河边的阵地，但是又被西哈贝丁·沙欣帕夏成功击退。

在统治的最初几个月里，穆罕默德已经证明了他的统治独立于他的父亲，他采取了一项前所未有的措施，将奥斯曼的货币阿斯皮尔银币贬值了 10% 以上。[75] 如此一来，同样数量的银子可以铸造更多的银币，以支付不断增加的防卫和管理奥斯曼领土所需的费用。但是贬值让财政收入增加的同时，也产生了难以预期的困境，即领薪酬的国家公仆们虽然领和过去一样多的钱币，但钱币的银含量减少，实际上的收入跟着减少了。在瓦尔纳大胜后，穆拉德又退回到马尼萨，不过第二次退位只比第一次稍久一些。对银币贬值影响最不满意的是土耳其禁卫军，1446 年埃迪尔内的禁卫军哗变很可能就是穆罕默德的银币政策引发的。钱达尔勒·哈利勒帕夏再次将老苏丹请到色雷斯。而西哈贝丁·沙欣帕夏成了代罪羔羊以及禁卫军愤怒的焦点，在老苏丹下令抓捕麻烦制造者时，他只好躲进了皇宫避难。在穆拉德二世因此重新树立了权威之后，他许诺给禁卫军加薪以弥补他们因财政措施而遭受的损失。[76]

当穆罕默德的父亲在马尼萨的时候，他到底有多大的独立自主权呢？这不仅让今日的历史学家争论不休，也使当时的评论家迷惑不已。无论在国内还是国外，都有人认为应该是穆罕默德统治鲁米利亚，他的父亲则是安纳托利亚的苏丹。卡拉曼王朝害怕穆罕默德会废除他们在 1444 年和穆拉德签订的和约，因为所有和前苏丹签订的条约都必须在新苏丹即位时重新签订。虽然穆罕默德在法理上是苏丹，并且试图发挥他的独立性，例如计划尽早攻克君士坦丁堡与实施银币贬值，但是他的实际权力确实是有限的，因为钱达尔勒·哈利勒帕夏成功地限制他和他手下一帮人的狂妄鲁莽，不过这也让他们和自己逐渐疏远。为了有理由请回穆拉德，钱达尔勒·哈利勒甚至有可能鼓动了禁卫军闹事。事实上，示威者大声疾呼的要求之一就是要穆罕默德下台。当禁卫军威胁要加入约翰八世在 1444 年放出的奥斯曼王位觊觎者（尽管他在此时已经逃回了君士坦丁堡）一党时，示威活动显然已经不受控制了。[77]

穆罕默德同意交出统治权，被迫灰头土脸地回到马尼萨。为了表示对父亲的反抗，他在安纳托利亚西部的一个造币厂铸造了有自己名字的钱币，并且违反停战协定攻打威尼斯人在爱琴海滨的据点。钱达尔勒·哈利勒随穆拉德留在了埃迪尔内。[78] 因此在安纳托利亚，不再有类似的国之重臣就近监管穆罕默德的作为。

　　苏丹穆拉德转而投入了急迫的加强边境防卫事宜。拜占庭皇帝的兄弟、摩里亚的专制君主君士坦丁不久之前击败当地西欧贵族和奥斯曼人，占领了阿提卡。穆拉德率领军队南行，和大将图拉罕一起攻破并摧毁了君士坦丁不久前重建的号称坚不可破的"六英里长城"。接着，他打算再次夺下阿尔巴尼亚，斯坎德贝格正在那里怂恿人们与奥斯曼当局对抗。1448年，奥斯曼打了一场非常漂亮的胜仗，他们在第二次科索沃波尔耶战役中击溃了一支在不屈不挠的匈雅提率领下主要由匈牙利人和瓦拉几亚人组成的军队，匈雅提的瓦拉几亚联军被打得四处逃窜，连他自己也逃亡了。

　　拜占庭皇帝约翰八世于 1448 年驾崩，他的兄弟君士坦丁继位，从 1449 年开始以君士坦丁十一世的名号统治拜占庭帝国。1451 年，穆拉德逝世，他的儿子全面继承苏丹王位，史称穆罕默德二世。他和臣子们现在可以大刀阔斧地追求伟大的胜利，以重新确立他们的权势和独立自主地位。

3

帝国视野

基于战略需求，奥斯曼人有充分的理由觊觎自公元 4 世纪开始就成为罗马帝国首都的君士坦丁堡。现在拜占庭掌控着博斯普鲁斯海峡，多次严重扰乱了奥斯曼苏丹（或"准"苏丹）和他们穿梭于鲁米利亚和安纳托利亚之间军队的后勤补给工作。更糟糕的是，征服活动和管理奥斯曼领土的开销也在不断增加，控制从黑海盆地到地中海和欧洲之间繁荣贸易征税获得的收入大大有助于支付奥斯曼的未来发展所需。东正教和天主教于 1439年的联合对奥斯曼产生了严重的负面影响，因为它不仅提高了未来十字军东征的可能性，还扩大了拉丁人对君士坦丁堡的影响力 —— 这对奥斯曼人和东正教会来说都是不受欢迎的。占领君士坦丁堡还具有强而有力的象征意义 —— 它证明了奥斯曼帝国的建立，也证实了伊斯兰信仰的胜利。这座城市在世俗与神圣的穆斯林传说中都有着重要意义，奥斯曼人攻克君士坦丁堡印证了先知穆罕默德的预言，其中一个脍炙人口的版本是："君士坦丁堡有朝一日必被攻克，一个英明的埃米尔和一支英勇的军队将会完成这个使命。"[1] 君士坦丁堡还是奥斯曼人的"红苹果" —— 奥斯曼人用它来指代他们极其渴望的事物。苏丹穆罕默德二世要通过攻占拜占庭帝国的首都，把自己国家心脏地区的异族清除掉。

* * *

穆罕默德二世于 1451 年继位，但在围攻君士坦丁堡之前，他得先巩固边境防卫。他更新了父亲与塞尔维亚的杜拉德·布兰科维奇签订的和约，并和匈牙利摄政匈雅提·亚诺什签订三年和平协议。为了避免腹背受敌，他通过再次确认父亲和威尼斯在 1446 年签署的条约，预先制止了一次可能的袭击。[2] 他也时时刻刻保持警戒，以守护他在安纳托利亚的领土，因为艾登、门泰谢和格尔米扬过去的埃米尔都在摩拳擦掌，准备从奥斯曼人手中夺回他们的独立自主权位，脱离奥斯曼统治。虽然卡拉曼实际上已是奥斯曼的附庸国，但它却屡次保护声称拥有这些土地的人，甚至还派兵强取被穆拉德二世占领的土地。但是当娶了穆罕默德二世姑姑的卡拉曼统治者易卜拉欣得知穆罕默德二世打算要出兵对付自己时，他立刻向奥斯曼求和。

穆罕默德在父亲过世时谋杀了唯一还活着的兄弟。此外他仅有的为人所知的男性亲属和潜在的王位竞争者只剩那个在君士坦丁堡的王位觊觎者，此人声称自己是穆罕默德二世的叔叔奥尔汗。此前王位觊觎者出现所造成的混乱在奥斯曼人心中记忆犹新，因此，穆罕默德二世同意付出金钱让拜占庭继续监管奥尔汗。但是当穆罕默德出兵对付卡拉曼时，拜占庭皇帝君士坦丁十一世派出特使，要求奥斯曼支付更多金钱以继续监管奥尔汗，并且暗示要是不送钱来，他们就可能会释放奥尔汗。穆罕默德准备等待良机再对这种挑衅做出回应，因为他认为君士坦丁明显违反了自己刚继位时与穆罕默德二世签订的条约。[3]

穆罕默德清楚地知道曾祖父巴耶济德一世围城 8 年尚未拿下君士坦丁堡的事实，但这并未使他灰心。他开始着手准备征服这座城市，这是他自 1444 至 1446 年，自己还是青少年时期，在他父亲的首都埃迪尔内初尝苏丹权位后就立下的心愿。[4] 围城的准备工作与具体进程是历史叙述中人们最熟悉的话题之一。当时的西方人用"陷落"来形容君士坦丁堡从基督教统治变成穆斯林统治的过程。但是对奥斯曼人而言，那是"征服"。

算起来，苏丹穆罕默德是第 13 个试图从拜占庭帝国手中夺下这座城市的穆斯林，公元 650 年，阿拉伯人就发动了第一次围城。[5] 他做了细致的准备：为了保持博斯普鲁斯海峡航道畅通，在 1451 到 1452 年间，他在君士坦丁堡城墙北边约 5 公里处迅速建造了"海峡封锁者"博阿兹克森堡。

这座堡垒今日被称为鲁米利亚堡垒，与苏丹巴耶济德一世为了攻打君士坦丁堡，于安纳托利亚海岸建造的另一座城堡隔海峡相对。博阿兹克森堡的功能与巴耶济德建造的城堡类似，它是围城中攻击部队的前进补给基地，并负责切断敌人从黑海盆地向南运送粮食补给的航线。就当时的堡垒建造标准而言，它是非常先进的，厚实的城墙足以应对火药枪炮技术的发展。[6] 它的塔楼则以穆罕默德在埃迪尔内时期的核心大臣之名命名，很有可能是他们出资捐建的，它们的名字分别是扎加诺斯·穆罕默德帕夏、萨鲁加帕夏和钱达尔勒·哈利勒帕夏。

被围困在君士坦丁堡的居民眼睁睁看着他们长久以来恐惧的事情逐步成为现实，同样被围困的皇帝像以往无数次一样，向西方可能出兵相救的盟国发出紧急求援信息。热那亚和威尼斯是商业上的竞争对手，谁都不想比对方多背负保卫君士坦丁堡的重担。热那亚派出一支军队，由骁勇的大将乔瓦尼·朱斯蒂尼亚尼·隆戈率领，君士坦丁将自己据守在靠陆地一侧的城墙外的军队一并交给他指挥；威尼斯则将自己的海军力量租给了拜占庭皇帝。君士坦丁把黑海西岸的城市内塞伯尔割让给匈雅提·亚诺什，另将爱琴海北部的利姆诺斯岛给了阿拉贡与那不勒斯国王阿方索，不过两者都没有打算在拜占庭大难临头时真正帮它一把。有可能出手援救的是君士坦丁的兄弟、米斯特拉斯的共主德米特里厄斯和托马斯，但是图拉罕帕夏在 1452 年秋天出兵攻打伯罗奔尼撒，他们自顾不暇，无力相助。不过，虽然各国统治者表现出了冷漠，仍有不少志愿者前来协助保卫拜占庭的君士坦丁堡。

教宗尼古拉五世出兵援救的条件是，拜占庭皇帝要保证东正教会更加坚定地保持和罗马教廷的宗教统一。他派出两名特使：前基辅主教、枢机主教伊西多尔和大主教希俄斯的莱昂纳多。他们在圣索非亚大教堂主持了一场弥撒，君士坦丁在弥撒中宣誓维护宗教统一。虽然皇帝终于认为，若要获得教宗支持，第一步必须支持两个教会统一——一旦他残存的领土面临的被撕裂的危机不再时，他还可以从容地重新考虑这个问题，但另一批人绝不愿意在信仰上妥协，就算是在生死存亡关头依然故我，君士坦丁堡街头还因此发生了暴乱。这类人的领袖是一名托钵僧，名叫乔治斯·斯科拉里乌斯，又被称为真纳迪乌斯，他对神的惩罚的恐惧远大于对被奥斯曼占领的恐惧。[①]对急需安抚的民众来说，这种内部意见的分歧无疑是雪上加霜。[7]

博阿兹克森堡垒一完工，苏丹穆罕默德就回到埃迪尔内亲自监督围城的最后准备工作，随即朝君士坦丁堡进军。根据在围城现场的威尼斯商人尼科洛·巴尔巴洛记载，他率领的军队约有 16 万人；拜占庭的官员乔治·斯弗兰齐斯估计守军不到 5000 人，外加数千名前来协助的拉丁人。1453 年 4 月 5 日，苏丹穆罕默德兵临城下，在他的海军的帮助下，从陆地和海上团团围住了君士坦丁堡，只留下了金角湾一处缺口，因为拜占庭人在此设下一道木栅阻挡奥斯曼海军进入。奥斯曼军不停地炮击城墙，终于击毁了靠陆地的那一侧。城里面，拉丁人和希腊人却为谁该防守这块城墙缺口而起了争执。奥斯曼军挖攻城地道的行动遇到守军的反击。陆地和海上不断进行的小规模战斗一直持续到 5 月 29 日。破晓前 3 个小时，致命的最后一击从陆地边的城墙缺口处展开。在第三波冲锋后，奥斯曼人终于大功告成。苏丹在禁卫军保护下登上了君士坦丁堡城墙上的一座外堡，之后又被迫撤出。随后更加密集的炮火将城墙炸开了一个大缺口，大胜的奥斯曼军队似潮水般蜂拥入城。

历史学者兼行政官员图尔松贝伊提供了当时人士唯一以奥斯曼土耳其语书写的详细围城经过：

> 当希腊火燃烧的烟（云）与崇拜火（即异教）的王子的灵魂"有若黑影般"飞越堡垒时，重要性就显现了出来：幸运的虔敬苏丹像真主一样"托起了山岭"，将其悬在这个信奉多神教且应当被毁灭的民族头上。因而，墙里墙外，大炮、滑膛枪和隼炮弹疾射，短箭、长箭和弩箭万箭飞驰，有若法老衣襟湿透流下的汗滴，亦若四月的春雨——仿若义人的信使从天而降——这是真主为他们降下的灾难。从最深的地道到最高的塔楼，从最高山头到平地空巷，赤手空拳的

[①]　君士坦丁堡陷落后，真纳迪乌斯被任命为牧首，成了信仰东正教的群体的精神领袖。

搏斗和冲锋与刀枪剑戟的碰撞在炮弹造成的废墟中同时发生。

城墙外是伊斯兰的英勇战士，城墙内是顽抗的敌人，他们长枪对长枪，双拳对双拳，进行殊死搏斗；

他们时而进逼，时而佯退，枪火四射，兵戎相见，无数人在战斗中身首异处；

异教徒扇动希腊火的浓烟，将它们的火星赶向伊斯兰战士；

敌人点燃了希腊火，猛烈地撞击城墙；

他们（即奥斯曼战士）现身角楼，手中紧握带钩长枪，将英勇的战士们击倒在地；

他们在最深的岩床中挖掘隧道突入城堡。

上午时分，激烈战斗已经停歇，冲突中的烟火也已消散。[8]

欧洲和拜占庭对围城的叙述似乎都集中描写了苏丹穆罕默德为了实现自己的目标采取的大胆措施：变节的匈牙利铸炮师在埃迪尔内为他们铸造了大炮；[①] 他们建造了比君士坦丁堡城墙还高的围城塔楼；他下令将他的桨帆船从博斯普鲁斯海峡接近今日多尔玛巴赫切宫的海岸拖上山丘，再延下坡拖入金角湾，以绕过拜占庭预先设置的拦截木栅；他们还建造了从加拉塔横跨海港连至君士坦丁堡的箱式浮桥，让奥斯曼军队能够从城池靠海一边攻城并完全包围君士坦丁堡。

对奥斯曼而言，苏丹精神上的导师谢赫阿克谢姆塞丁所扮演的角色对这个最终的胜利的贡献最大。奥斯曼曾在一次与 4 艘谷物船的对峙中损失了众多的军队。这 4 艘船中，有 3 艘来自热那亚，1 艘来自拜占庭，它们拼命冲破奥斯曼的封锁网，将船上的粮食运入金角湾。经历这次不幸后，阿克谢姆塞丁写信告诉苏丹，说他看见真主显示的胜利预兆，这缓解了穆罕默德的失望情绪，也鼓舞了围城军队的士气。[9]

攻击开始 54 天后，苏丹穆罕默德进入了这座因围城而破败，因劫掠

---

① 虽然奥斯曼人在 14 世纪结束之前就接触到了火药技术——学者已经证明，巴耶济德一世在围攻君士坦丁堡时就用到了火绳枪和大炮——但是直到 15 世纪穆罕默德征服君士坦丁堡时，他们才证明大炮比封锁更能摧毁一座堡垒。Ágoston, 'Ottoman Artillery' 24–5.

而荒芜的城市。皇帝君士坦丁不知去向。15 世纪大多数的编年史家，无论是来自东方还是西方，都认为他在战斗中被杀，但是因为人们没有找到他的尸体（和遗骸），关于他命运的传闻四起，城中的很多地方都被认为是他的陵墓。[10] 奥斯曼面临的重建任务十分艰巨。历史学者杜卡斯记载，苏丹穆罕默德召见了拜占庭官吏卢卡斯·诺塔拉斯大公，询问他皇帝为何不愿投降，将城池交予自己，以避免城内建筑物被破坏。[11]

＊　　　＊　　　＊

占领君士坦丁堡后的第一次周五礼拜由谢赫阿克谢姆塞丁主持，[12] 在皇帝查士丁尼的帝国教堂圣索非亚教堂举行，教堂现在已经改为清真寺。据说，苏丹穆罕默德在图尔松贝伊的陪同下第一次走进圣索非亚，后者目睹并记载下神圣和精致的内部装潢带给穆罕默德的敬畏与惊叹。把基督教拜占庭式教堂改造为奥斯曼人的伊斯兰清真寺非常简单，只需移走基督教仪式使用的十字架和钟，换上穆斯林崇拜用品 —— 礼拜用圣龛、讲坛和宣礼塔。穆罕默德还在这里设立了一所神学院。苏丹在围城时使用过的旗帜在此展出，以纪念他的伟大胜利，而传说中曾被先知穆罕默德使用过的礼拜毯则重新定义了这座教堂的宗教属性。[13] 19 世纪的编年史家艾哈迈德·路特斐埃芬迪说，穆罕默德二世曾下令保留圣索非亚大教堂里的"天使脸"画。[14] 而研究证明，像主圆顶上的"全能耶稣像"这样的有宗教意义的马赛克画被保留下来，直到 17 世纪初苏丹艾哈迈德一世统治时，在不能容忍偶像崇拜的时代，它们才被覆盖了。其他在中间祈祷区看不到的人像马赛克则躲过一劫，保留到了 18 世纪初叶。[15] 奥斯曼人甚至没有更改这座建筑物的名字，只是以土耳其语称之为"阿亚索非亚"清真寺。

在阿亚索非亚清真寺外面的立柱上，有一个公元 543 年皇帝查士丁尼手持金球骑马的巨型雕像。[16] 在拜占庭人眼中，这座雕像是帝国的护身符，若是雕像毁坏，那将是拜占庭帝国灭亡的凶兆。和大多数旅行者（包括被掳至东方多年终于得返家乡，在 1426 年途经君士坦丁堡停留 3 个月的约翰·希尔特贝格在内）一样，奥斯曼人认定这个金球就是萦绕他们心头久矣的"红苹果"的代表。[17]君士坦丁堡被征服未满 3 年，这座雕像就被拆掉了，作为防止已经被打败的帝国势力死灰复燃的象征性措施。16世纪 40 年代中期，法国人文主义者家皮埃尔·吉勒居住在伊斯坦布尔，他在托普卡帕宫里见过这座雕像的部分残骸："在那些残留物里有查士丁尼的腿，比我还高；还有他的鼻子，超过 9 英寸长。我不敢过去量散落在地上的马腿的长度，但是偷偷量了一只马蹄，发现它就有 9 英寸厚。"[18]

虽然如此，穆罕默德将拜占庭的君士坦丁堡再造成奥斯曼的伊斯坦布尔时，并不需要把之前所有时代的痕迹一一铲除。他试图通过赋予拜占庭的世俗与宗教建筑新的功能，使过去拥有新的意义。圣索非亚大教堂只是征服后 6 个改变为清真寺的基督教堂中的一个。[19]然而，这些保留下来的建筑，部分会令人想起这座城市的异教历史，因而苏丹需要为保存这些建筑提供充足理由。穆罕默德命人捏造了一段关于建造或重建过这座城市的皇帝们——所罗门、君士坦丁、查士丁尼的历史。这个文本（或者说这些文本，因为存在许多不同时期留存下来的版本）认为，先知穆罕默德预言了伊斯兰的现在，而谢赫阿克谢姆塞丁"发现"了阿尤卜·安撒里的坟墓更强化了这一点。阿尤卜·安撒里是先知穆罕默德的追随者，在公元668 年曾参与了阿拉伯人失败的君士坦丁堡围城战，并因此战死。这个奇迹让穆罕默德出师有名，具备了征战所需的宗教正当性。[20]

穆罕默德二世建造了许多能满足伊斯兰生活方式的大型建筑，为这个城市的结构打上了自己的烙印。这些建筑同时有着重要的意义，例如，在金角湾北部的城墙外，被土耳其人称为"艾郁普"的区域内，人们在发现阿尤卜·安撒里坟墓的地方建造了一座清真寺，在清真寺的庭院内为他重新建造了更加符合其身份的陵墓。①[21]君士坦丁堡城墙在拜占庭人称为"金门"的城门处延伸入马尔马拉海。1457 至 1458 年，人们在这里修建了耶迪库勒堡，又称"七塔堡"。连结西罗马帝国首都罗马和东罗马帝国首都君士坦丁堡之间的艾格纳提亚大道也穿过这道门。最初，耶迪库勒堡专用于拘禁有罪在身的奥斯曼权贵，16 世纪末开始成为声名狼藉的关押

① 这附近仍是一个朝圣地，但是阿尤卜·安撒里清真寺和他的墓园几个世纪来已发生许多变化。

外国使节的监狱。[22] 穆罕默德也下令于市中心的拜占庭公牛广场的原址建造一座皇宫，现在这里是巴耶济德广场和伊斯坦布尔大学。和雅蒂库勒堡一样，皇宫也完工于 1458 年。位于市中心的现在被称为"大巴扎"的格局凌乱的综合市集亦于 1460 至 1461 年开始兴建。向店铺收取的租金部分用于支付阿亚索非亚清真寺的维护费用。[23]

此外，他还下令兴建了两座建筑物，宣示伊斯坦布尔将取代埃迪尔内成为奥斯曼帝国的首都，同时昭告天下，苏丹穆罕默德就是帝国传统的继承人和英明的穆斯林统治者。1459 年，人们开始在著名的古拜占庭卫城原址上兴建一座美轮美奂的皇宫，取代公牛广场上刚刚建成的那座皇宫。后者现在被称为"旧宫"。[24] 1463 年，以苏丹穆罕默德之名为名的纪念性大清真寺奠基。

托普卡帕皇宫就是奥斯曼人口中的"新宫"——这个称呼一直用到 19 世纪。皇宫高墙环绕，墙内分成 3 处庭院，各有独具特色的大门，外层的花园里还散落着几个楼阁。前两处庭院可供公共庆典或宫廷仪式之用，第三座庭院则仅供苏丹及家眷专用。皇宫的格局与奥斯曼军营相似，苏丹的内宫处于核心地区，其他建筑则各依行政功能与等级高低布局。这种规划与同一时期的西方皇宫大不相同，从建筑设计上显示出苏丹与其臣民之间的隔离。虽然几个世纪来，人们进行过不少次重修工程，但是时至今日皇宫基本上依然保持着原本的结构。[25]

苏丹穆罕默德的皇宫让他能免于外界的喧扰。他在这里塑造出充满神秘感与权威性的皇家气势，在统治末期，他还颁布了许多法令来增强这种气势。新法令规定苏丹今后不像穆罕默德的先祖那样经常公开露面，要更少地出现在公众甚至廷臣面前。[26] 该法构成了一套宫廷礼仪规范，对苏丹手下的政治家和官员的阶级与地位，他们应当使用的头衔，以及在宗教庆典中上前亲吻苏丹手背的先后顺序等都有规定。没有任何要求苏丹出现在公众面前的条款：苏丹一个礼拜上朝四次，接受朝臣奏章，但要隐身于幕帘之后，避免接受朝臣凝视。[27] 迈入下个世纪后，苏丹一年更是只在两个宗教庆典时才现身朝廷。[28]

苏丹穆罕默德将他的新皇宫装潢出各种不同风格，反映了他之后征服的领土的特点。1464 年，卡拉曼统治者易卜拉欣贝伊去世，奥斯曼人在随后的战役中击败了卡拉曼，尤其是在白羊王朝的统治者乌宗·哈桑（"高大的"哈桑）那里占到了大便宜。为了纪念这次胜利，他们建造了一个贴有瓷砖的双层楼阁。战后定居于伊斯坦布尔的卡拉曼工匠负责装潢工程，它的精美华丽是许多优美诗篇的灵感来源。①29

穆罕默德的清真寺建筑群矗立于金角湾西方，为纪念他的功绩而被命名为"法提赫"（"征服者"）。圣使徒教堂原为拜占庭历代皇帝埋身之墓园，为修建这座清真寺也被拆除了。清真寺的大庭园内共设有 8 所神学院，寺北的 4 所以"黑海"命名，寺南的 4 所则以"地中海"（土耳其语称之为"白海"）为名。此外，这里还设有疗养院、僧院、商队旅馆，穆罕默德还建造了一个市场、一个公共浴室和大片商店区。商店租金不仅用于维护整个地区的运作，也为它们的慈善事业提供资金支持。为了能和阿亚索非亚清真寺一较高下，位于穆罕默德建筑群核心的清真寺的大圆顶和阿亚索非亚清真寺的圆顶一样，由许多穹隅支撑，使其高高悬在礼拜大厅之上。然而命运弄人的是，为了要超越阿亚索非亚清真寺，穆罕默德清真寺的建筑设计师过于大胆，结果牺牲了结构的坚固性，传说他最终被处死了。30 这片清真寺建筑群完工于 1470 年，并且成为 16 世纪奥斯曼"古典时代"的建筑典范。②

穆罕默德着手为君士坦丁堡引入新的居民。在有利的税收制度吸引下，也为了可以过更好的生活，不同宗教信仰的人们纷纷来到这个重新充满生机与机会的大都会。在税制及其他诱因不足的情况下，只要能满足奥斯曼经济与政治上的需求，奥斯曼人会毫不犹豫地强迫其他地区的居民离开原住地，安排他们到这里居住，而没有哪次重新安置的成效比向被征服后的伊斯坦布尔移民的成效更为显著。在接下来的几年中，许多完整的社群——穆斯林、犹太人、亚美尼亚人、希腊人和拉丁基督徒被强制迁入

---

① 如今，这座贴满瓷砖的楼阁周边原有的建筑都已不复存在，它面对着 19 世纪修建的庞大的伊斯坦布尔考古博物馆，而不是像过去那样身处皇宫的花园之中。

② 这个圆顶在 1766 年的一次毁灭性大地震中坍塌，全面重建活动在这之后展开。我们今日看到的清真寺就是那时建造的。

伊斯坦布尔。和当时奥斯曼人征服的步调一致，移民中的穆斯林全部来自安纳托利亚中部和西部，以及色雷斯，基督徒和犹太人则来自安纳托利亚和巴尔干半岛各地。拉丁基督徒则是一个相对独立的群体，1475 年，热那亚人在克里米亚的殖民地卡法被奥斯曼并吞后，他们被送到伊斯坦布尔。[31] 拜占庭时代君士坦丁堡的前希腊居民则被赐予房舍和土地，以鼓励他们返回。[32] 新增加的穆斯林人口都是被从帝国其他地区赶来的，而非原本的基督教徒或犹太教徒改变信仰而来。到穆罕默德统治期结束时，君士坦丁堡的人口数量达到了 7.5 万，[33] 仅为 1453 年这个饱受摧残的城市变成他的战利品时的人口数量的一半。

从 1459 年开始，苏丹穆罕默德二世采用高效的方法改变了伊斯坦布尔的城市面貌，让人一眼就能意识到自己身处一个伊斯兰城市。除了显眼的新建地标，例如他自己的清真寺和皇宫，以及他用以装饰阿亚索非亚清真寺的宣礼塔，他还下令臣子修建更多围清真寺而建的住宅区，为城市里的新穆斯林移民提供必要的生活基础设施。和他自己的清真寺建筑群一样，这些综合区除了清真寺，周边还有各式建筑物，或许是学校、神学院、公共食堂、公共浴室、商队旅馆，甚或给建筑群开发者保留的陵墓，它们都包括各种慈善机构和能够为社区维护提供资金的商业机构。[34] 例如，马哈茂德帕夏·安格洛维奇（一位前拜占庭塞尔维亚贵族，曾经两次被任命为大维齐尔）在俯瞰金角湾的斜坡上的大巴扎附近修建了一个这样的清真寺建筑群；穆罕默德二世的宠臣、帕里奥洛格斯王朝皈依伊斯兰教的哈斯·穆拉德帕夏在阿克萨赖也建了一个，就在今天的伊斯坦布尔大学所在地附近。穆罕默德的儿子兼继承人巴耶济德二世及往后的苏丹仍在迅速建造此类住宅区。[35] 新来的伊斯坦布尔移民会以他们所来之处的名字称呼现在居住的城市区块。穆罕默德二世清真寺附近区域有卡拉曼移民居住，至今仍被称为卡拉曼市场；阿克萨赖的名字得自安纳托利亚中部的一个地区，这里的居民是奥斯曼并吞了卡拉曼埃米尔国后从那里迁移过去的。

君士坦丁堡沦陷 2 天后，隔着金角湾与伊斯坦布尔相望的热那亚殖民地加拉塔投降。他们希望能保持与拜占庭时代一样的独立自主权，穆罕默德也保证他们的独立。但是城池一到手，穆罕默德立刻反悔。虽然这座城市获得了一定的特权，但殖民地的人们与奥斯曼其他非穆斯林人一样需要交人头税（其他伊斯兰国家的非穆斯林亦然）。在解释他改变政策的理由时，穆罕默德提醒加拉塔人一边，他们中的一些人在君士坦丁堡围城战中，居然站在拜占庭人一边。[36] 他也下令将加拉塔石塔降低 7.5 米，以使这种异族符号不再那么显眼。[37]

"君士坦丁堡"（Constantinople）这个拜占庭名字被土耳其化后，和新名"伊斯坦布尔"同时并用了数个世纪。① 而"伊斯坦布尔"（Istanbul）又被一语双关地转写成"伊斯兰堡"（Islambol），有"充满伊斯兰教"的含义，此外还有"幸福之门"或"幸福之地"等其他称谓。但是一直到 1930 年，"伊斯坦布尔"才被正式选定为这个城市的唯一官方名称。其名称一路的演变终于在一首歌曲中成为永恒：

> 伊斯坦布尔曾是君士坦丁堡
>
> 如今它是伊斯坦布尔
>
> 君士坦丁堡成陈年旧事
>
> 古老的君士坦丁堡依然有着土耳其的乐趣
>
> 在那月色朦胧的夜晚
>
> 君士坦丁堡的女孩
>
> 各个美若伊斯坦布尔小姐
>
> 却与君士坦丁堡无关
>
> 君若相约君士坦丁堡
>
> 伊人待于伊斯坦布尔
>
> 伊斯坦布尔！！
>
> 老纽约亦曾是新阿姆斯特丹
>
> 因何改变，吾亦无所知

---

① "伊斯坦布尔"这个名字源自古典希腊语"eis tin polin"，意即"进城去"，在希腊口语中为"stin poli"，同时表达了"进城去"和"在城中"（尤其是在有城墙的城中）的意思，后一个意思与它作为城名的关系更大，它强调的是在"市中心"，而不是在郊区。

（也许人们就是更喜欢这个名字）

带我回到君士坦丁堡吧

噢！你也回不去君士坦丁堡了

如今只有伊斯坦布尔

再也没有君士坦丁堡

君士坦丁堡何以过去遭受如此苦难？

这是土耳其人的事，与他人无关

伊斯坦布尔！！[38]

《伊斯坦布尔（不是君士坦丁堡）》
写于君士坦丁堡陷落 500 周年的 1953 年

君士坦丁堡落入奥斯曼人手中，对西方基督教世界来说实属令人惊恐至极的大事，他们害怕奥斯曼人会采取更加积极的侵略政策。教宗打算再度召集十字军为基督教国家收复失地。[39]虽然跟以前一样，他们永远无法组成团结的军事联盟以对付奥斯曼，却是苏丹穆罕默德在制定战略时必须考虑的因素。苏丹的胜利对西方世界的海洋经济造成严重的冲击。奥斯曼人控制了博斯普鲁斯海峡，犹如在涵盖了黑海、爱琴海和地中海的战略及贸易中心钉入一根楔子，为奥斯曼人打开了一座宝库。和君士坦丁堡时代的状况一样，穆罕默德的帝国新都亦需要源源不断的食物和物资供应，以滋养他设想的这个繁荣兴旺的社会，而绝大部分的补给来自黑海盆地。

对依靠黑海贸易生存的热那亚和威尼斯殖民地来说，他们的前景实在黯淡。就在攻克君士坦丁堡后的第二年，穆罕默德派遣一支 56 艘船的庞大舰队浩浩荡荡地巡弋于黑海之上，以"展示他们的旗帜"。奥斯曼舰队未能拿下德涅斯特河河口热那亚人的别尔哥罗德－德涅斯特罗夫斯基城堡（白城），又继续航行到克里米亚，在克里米亚汗国的鞑靼可汗哈吉·格莱的支持下，他们骚扰了热那亚在卡法的哨站；威尼斯人依靠每年向奥斯曼人朝贡，尚能维持一定程度上的独立，至少暂时无虞。[40]虽然失去了一条从黑海盆地运载粮食供应自己的城邦的重要商路的控制权，但是威尼斯人仍幸运地与穆罕默德在当年签下一纸和平协议。协议允许他们在伊斯坦布尔免缴关税进行贸易，并且在那里保留一块殖民地。[41]

　　针对热那亚的奥斯曼－鞑靼联合军事行动预示了未来他们之间密切但偶尔紧张的关系。在19世纪克里米亚被俄罗斯征服之前，鞑靼人建立的格莱王朝一直控制着这里，他们出现在15世纪，是从控制成吉思汗创建的蒙古帝国西部疆域的"钦察汗国"中独立出来的，它即将在奥斯曼历史中占有一席之地。格莱王朝将他们的血统追溯到成吉思汗，因此拥有政治上的正统性，那可是奥斯曼望之生叹的稀世珍宝：在中亚各王朝的权势等级排名中，克里米亚因而占有优越地位，在穆斯林王国中亦有特殊的声望，这自然引起奥斯曼人不少关注。[42]

　　征服君士坦丁堡后的头10年，苏丹穆罕默德几乎把所有的注意力都放在巴尔干半岛上。1453年后，他发起的第一场重大战役是攻打塞尔维亚，那是奥斯曼和匈牙利领土之间的缓冲地带，也是匈牙利影响力伸入巴尔干半岛，匈牙利军队威胁奥斯曼西北部边界的通道。奥斯曼人费时5年攻下塞尔维亚，并让他们完全臣服于苏丹穆罕默德的帝国统治之下。虽然1454年，奥斯曼攻下且短期占领了几个在摩拉瓦河谷的塞尔维亚要塞，却没能拿下斯梅代雷沃——那个扼守住贝尔格莱德东方多瑙河航道的重要堡垒。1455年的军事动向有了新的改变：奥斯曼军穿过塞尔维亚南部，攻下了新布尔多银矿区，获得了银这种基础资源的新来源，而银在他们掌控的地方是极为稀少的资源。1456年，穆罕默德率军围攻贝尔格莱德，这个堡垒位处具有战略地位的多瑙河和萨瓦河的交汇点，是进入匈牙利的必经之地。但是水陆两栖夺城战仍未成功，除了有为数众多的杂牌十字军前来救援外，更重要的原因是这座防御工事本身十分坚固。因而直到1522年以前，它仍在匈牙利人手中。

　　贝尔格莱德围城之战后不久，匈雅提·亚诺什死于鼠疫，他在贝尔格莱德保卫战中表现出不屈不挠的精神，为他在匈牙利历史中赢得了一席之地。他死后，匈牙利国内经历了一段混乱时期。1458年他的儿子匈雅提·马加什（西欧称为马蒂亚斯·科维努斯）终于继承了王位。塞尔维亚的杜拉德·布兰科维奇死于1456年，他的儿子拉扎尔不久亦随他而去，未能留下男性子嗣，权力真空自然引来匈牙利入侵。塞尔维亚在1389年的科索沃波尔耶战役后第一次成为奥斯曼的附庸国。统治者面对他们的宗主国采取了较为谨慎的政策，因为相较于信仰天主教的匈牙利，很多东正教贵族宁可被奥斯曼统治。

塞尔维亚亲奥斯曼派系的领袖是米哈伊尔·安格洛维奇，是最近被穆罕默德任命为大维齐尔的马哈茂德帕夏的兄弟。这两兄弟属于塞尔维亚王国统治家族的一个小分支。1427 年，苏丹穆罕默德的父亲穆拉德二世统治时期，马哈茂德被奥斯曼人抓走。很可能在那之后，他就开始为奥斯曼服务。拉扎尔死后，米哈伊尔·安格洛维奇就成为塞尔维亚的联合摄政，很可能就是他请来奥斯曼人介入，以挫败匈牙利人的阴谋，因为在 1458 年春天，马哈茂德帕夏前往斯梅代雷沃。同一时间，斯梅代雷沃的亲匈牙利派系叛乱，米哈伊尔被拉扎尔的妻子海伦（他的联合摄政之一）逮捕入狱，之后被送到匈牙利。斯梅代雷沃的守军拒绝投降，马哈茂德帕夏下令攻城，但他打下了城市，却未拿下堡垒。他还沿着多瑙河夺下了其他几个有战略价值的目标。在匈牙利攻击的威胁下，马哈茂德帕夏投奔人在马其顿斯科普里的苏丹 —— 在年初伯罗奔尼撒的军事行动后，穆罕默德从这里撤军了。在穆罕默德疲惫的军队的支持下，他们击退了匈牙利的一次攻击。[43]1459 年，斯梅代雷沃亲奥斯曼派系的代表将堡垒门的钥匙递交给穆罕默德，后者命令手下军队占领了这座堡垒。自此，塞尔维亚终于变成奥斯曼国土的一部分。[44]

因为奥斯曼的附庸国瓦拉几亚未如约向伊斯坦布尔进贡，加上"穿刺者"弗拉德·德拉库尔总督后来还做出一些挑衅行动，惹怒了穆罕默德，所以 1462 年，马哈茂德帕夏受命先行渡过多瑙河前去重建秩序。在奥斯曼成功的军事行动后，之前在伊斯坦布尔做人质、比弗拉德更愿意合作的兄弟拉杜尔被任命为总督，取代弗拉德。最后弗拉德只好逃到匈牙利。[45]

为了确保塞尔维亚不被匈牙利入侵，他们只能请奥斯曼人控制整个多瑙河 – 萨瓦河流域 —— 这条河从西边的亚得里亚海到东边的黑海，横贯整个巴尔干半岛。在塞尔维亚西北、萨瓦河以南的是奥斯曼的附庸国波斯尼亚，其国王斯特凡·托马舍维奇也拒绝向苏丹进贡。1463 年，斯特凡要求停战，并与奥斯曼人签署了一份 15 年停战协议，但是几乎一转眼，奥斯曼就派军由南方攻打波斯尼亚。斯特凡落荒而逃，却被马哈茂德帕夏在克柳奇擒获，马哈茂德帕夏许诺他可以毫发无伤离开后，他立即投降。跟塞尔维亚一样，波斯尼亚变成了奥斯曼的一个省——虽然第二年奥斯曼人就得在此抵抗匈牙利的攻击。马哈茂德帕夏接下来就占领了邻近的黑塞哥维那。[46] 奥斯曼人曾在有停战协定的情况下仍旧出兵攻打波斯尼亚，这种不守信用的行为再次出现：苏丹穆罕默德下令将波斯尼亚的斯特凡国王处死。但是斯特凡被俘的同父异母兄弟西吉斯蒙德皈依了伊斯兰教，并被赐名为"国王之子"伊沙克贝伊，还成为苏丹的随从。[47] 黑塞哥维那领主的儿子也改信伊斯兰教，被赐名为"亲王之子"艾哈迈德帕夏，在穆罕默德的儿子兼继承人巴耶济德二世（他把女儿嫁给了艾哈迈德帕夏）以及孙子塞利姆一世在位时担任大维齐尔。[48]

1455 年，奥斯曼取得热那亚在爱琴海的殖民地：在伊兹密尔北方安纳托利亚海岸边的新福恰和旧福恰，以及色雷斯马里查河口的埃诺斯（埃内兹）。前两者控制了蕴藏量颇大的矾矿，而矾是布料染色的必要原料，对欧洲布料贸易极为重要；而后者则靠海盐贸易赚钱。同一年，图拉罕帕夏的儿子、边境贵族厄梅尔贝伊从佛罗伦萨贵族手中夺得雅典。1458 年，威尼斯人手中的纳克索斯岛以及热那亚人手中的莱斯博斯岛和希俄斯岛都同意向苏丹进贡。1459 年征服塞尔维亚后，苏丹穆罕默德回到伊斯坦布尔，随后由陆路进军，在从伊斯坦布尔出发的海军协助下，镇压了热那亚在安纳托利亚黑海沿岸的殖民地阿玛斯特里斯（阿马斯拉）的叛乱。1462年，莱斯博斯岛在奥斯曼的围攻中投降，是时穆罕默德正忙于加强达达尼尔海峡的防御工事，以确保伊斯坦布尔的安全。他在那里建造了两座堡垒，一个在安纳托利亚一侧的恰纳卡莱，过去称为"皇家堡垒"，一个是位于海峡另一端鲁米利亚一侧的基利图尔巴赫尔（"大海之锁"）。至此，从南方抵达伊斯坦布尔的通道完全被奥斯曼掌控，这座城市已能够免受海上攻击的困扰。

纵使君士坦丁堡已然沦陷，拜占庭帝国仍有一小部分苟延残喘着。这些战乱时代的政权包括 1456 年成为奥斯曼附庸国的科穆宁家族统治的特拉布宗王国，以及由托马斯和德米特里厄斯·帕里奥洛格斯共治的摩里亚专制君主国（这两人即便在普通小事上都难以达成共识）。后者的统治者长期以来一直是奥斯曼人的附庸。1458 年，因为这两位专制君主连续 3 年没有进贡，奥斯曼人发动了入侵行动。他们事到临头才急急忙忙补缴欠款，却已无法改变穆罕默德出兵的决心与目标，他继续挥军南下。位于地峡处的科林斯在被围城 3 个月后有条件投降，奥斯曼势力范围已扩张至伯罗奔尼撒的大部分地区。托马斯专制君主并不怎么真心地出兵打算收复一些失土，却落得跟自己兄弟在战场上兵戎相见的窘境。1460 年，穆罕默德亲自领军征战，到了年底，除了少数威尼斯殖民地外，伯罗奔尼撒全部地区已为奥斯曼所控制。当时希腊的材料记载说，德米特里厄斯的女儿海伦进入苏丹的后宫，穆罕默德统治时期的编年史作者乔治·斯弗兰齐斯的女儿塔玛也进入了他的后宫。[49]

特拉布宗是白羊王朝的都城大布里士贸易的海运枢纽，而白羊王朝活跃的领袖是乌宗·哈桑，他娶了特拉布宗科穆宁王室的公主为妻。奥斯曼用于征服安纳托利亚穆斯林埃米尔国的心力，若与现在开始的控制安纳托利亚东部的努力相比，简直是微不足道。乌宗·哈桑认为特拉布宗属于自己的势力范围，因而在 1460 年末派遣侄子作为特使去拜见苏丹穆罕默德，警告他该王国乃自己的战利品，要苏丹不得打科穆宁王朝的主意。穆罕默德对此置若罔闻，在穆斯林附庸国卡斯塔莫努的桑达尔王朝和卡拉曼王朝的军队支持下，于 1461 年挥军东进，目标是吞并拜占庭帝国在安纳托利亚的残余势力（它势弱至此，竟仍以帝国自称）。乌宗·哈桑不甘示弱，随即出兵抵挡，虽然双方统治者雄心勃勃，第一回合却未分胜负。

特拉布宗国土与安纳托利亚腹地之间有高山峻岭隔绝。一名参与特拉布宗战役的奥斯曼禁卫军士兵回忆他们行军途中的困难：他们要在地势陡峭且被森林覆盖的地区长期行军，在这里，轻装备的士兵显然比全副武装的战士轻松；他们还要面对当地人的敌视，辘辘饥肠，以及因滂沱大雨而泥泞的山路。他描述道，一头驮负金币的骆驼跌倒在通往城市的山路上，金银财宝四处散落，苏丹穆罕默德下令任何人拾得的金币尽归拾获人所有。这却仍不足以鼓动人们采取行动：

……下山之前我们遇到了许多困难：路面泥泞得像燕麦粥一般，禁卫军得一路抬着皇帝（即苏丹）直至下山到达平原，驮负财宝的骆驼则留在山上。皇帝穆罕默德恳求禁卫军想办法把骆驼带下山，我们只好费尽力气回到山上，辛苦整夜才把它们带到平原。那一天皇帝原地休整，并赐 5 万枚金币给禁卫军分享，还给禁卫军百夫长加薪。[50]

在被奥斯曼的陆海军部队围攻 6 周后，特拉布宗终于投降。根据伊斯兰法典，在交战中投降者必须被释放，因此，特拉宗布皇帝和他的家族最初都被饶恕，并被扣留在埃迪尔内——不过（除他的女儿安娜进了穆罕默德的后宫外）[51] 两年后全被处死。奥斯曼轻松获得了胜利，有人为此责怪特拉布宗的财政大臣乔治·阿米罗特斯，是他出面与奥斯曼的大维齐尔马哈茂德帕夏谈判投降一事，而后者是他的表弟。[52] 随后，和其他希腊的博学多闻之士或拜占庭的贵族成员一样，阿米罗特斯在奥斯曼宫廷继续他的职业生涯。他成为苏丹的御用哲学家和文书官；他最主要的贡献是将古典时代的希腊地理学家托勒密的残篇和散落地图结集成册，这个成果后来成为伊斯兰和奥斯曼——以及后来的文艺复兴时期地图制作的基础。[53] 特拉布宗的科穆宁王朝被灭掉后，穆罕默德完成再统一大业，几乎所有拜占庭领土全数归于奥斯曼治下，仅有少数孤立地区除外，这些地方早年曾被拜占庭的君士坦丁堡统治过，在 1204 年第四次十字军东征时被分离出去。

君士坦丁堡沦陷后，威尼斯虽已无法对奥斯曼构成直接战略威胁，但是它强大海军的存在仍让人如芒在背，因此占领威尼斯的海上殖民地仍是奥斯曼的目标。奥斯曼与威尼斯之间的关系虽然一直掺杂着互不信任，但是双方通常也都能避开全面开战。出于商业考虑，以及认识到其他十字军势力会任由自己被孤立，威尼斯始终不愿招惹奥斯曼人，直到 1463 年奥斯曼打下波斯尼亚，对亚得里亚海周边的威尼斯领土造成威胁，他们才开始采取行动。纳夫帕克托斯（勒班陀）是威尼斯在亚得里亚海的重要海军作战基地，到奥斯曼军攻打这一带时，威尼斯的其他几处殖民地——主要是科孚岛、迈索尼、尤比亚岛和纳克索斯岛已经变得脆弱而不堪一击。1463 年 7 月，威尼斯向奥斯曼苏丹宣战，威尼斯人满心怀着匈牙利或许愿意和自己结盟的希望，因为失去波斯尼亚同样让他们的安全受到了威胁。

战争初期，伯罗奔尼撒的大部分土地再度回到威尼斯人的掌控中。1463 年秋天，匈牙利国王马加什出兵攻入波斯尼亚，第二年，他的军队打败穆罕默德率领的部队，穆罕默德听闻马加什要越过萨瓦河继续南进时选择了撤军。教宗和勃艮第公爵达成了一个为期 3 年的约定，要组织一支反奥斯曼的十字军（不过这次冒险很快就失败了：跟十字军历史上众多联盟的下场一样，到 1464 年底，它因为双方意见不合而崩溃）。[54] 虽然威尼斯没能在同一年从奥斯曼人手里再次夺回爱琴海北方的莱斯博斯岛，但在他们看来，这也不过是一次挫败而已，所以威尼斯并不打算接受大维齐尔马哈茂德帕夏提出的和平提议。[55]

因此，威尼斯仍是个问题，而且不只是对伯罗奔尼撒来说是这样。奥斯曼统治的马其顿和威尼斯的亚得里亚海海岸据点之间，是斯坎德贝格统治下的山岭重叠的阿尔巴尼亚。在再次皈依基督教，不再效忠奥斯曼，并发动针对穆拉德二世的叛乱后，斯坎德贝格多次寻求拉丁人的庇护，以保证阿尔巴尼亚能在不断扩张的奥斯曼面前保持独立。那不勒斯从 1451 年起一直是他的保护者，但是 1458 年阿方索国王逝世后，他再度承认奥斯曼的宗主国地位。1463 年威尼斯和奥斯曼爆发大战，又给了他脱离奥斯曼的机会，他转而向威尼斯效忠。在几年规模不大的地区性战争后，穆罕默德发动了对斯坎德贝格的全面战争。在 1466 年夏天，奥斯曼人只用了 25 天就建造完成了宏伟的爱尔巴桑堡，它位于从前连结奥斯曼统治的巴尔干半岛和亚得里亚海岸的艾格纳提亚大道与海岸平原的交汇处。斯坎德贝格的大本营克鲁亚孤悬于北方，无法通过陆路与海岸线上的威尼斯军队取得联系。冬天来临后，斯坎德贝格向意大利寻求物资援助，并在 1467 年攻打了围攻克鲁亚的奥斯曼军队。这让穆罕默德发动了第二次大战，使整个阿尔巴尼亚（除了少数几个威尼斯据点外）全都落入奥斯曼手中。长久以来一直在抵抗奥斯曼的阿尔巴尼亚领袖斯坎德贝格逃亡到威尼斯的领土，并于 1468 年死在那里。虽然奥斯曼政权在这片荒凉土地上的权威并不稳固，但是匈牙利和威尼斯也不再有能力利用阿尔巴尼亚小贵族的不稳定性为自己谋利。[56]

＊　　　＊　　　＊

　　虽然在西方历史学家眼中，穆罕默德二世是奥斯曼人攻入欧洲最主要的推手，但其实他统治的大部分时间都在防卫东方疆域。乌宗·哈桑在1460年为特拉布宗向穆罕默德发出警告，这被证明是更具侵略性的政策的先导，因为他随即派特使至威尼斯，提议加入威尼斯对奥斯曼的战争。他最大的筹码是，他承诺要重现帖木儿的成功，分裂奥斯曼的领土。威尼斯同意让他保有所有他能打下来的安纳托利亚土地。

　　到了15世纪中叶，奥斯曼和卡拉曼王朝之间漫长而剑拔弩张的关系已走至尽头。1464年，穆罕默德的附庸、卡拉曼的易卜拉欣贝伊去世，卡拉曼成为奥斯曼和白羊王朝竞相争夺的目标。乌宗·哈桑抓住这个机会先发制人，以易卜拉欣长子伊沙克的名义介入卡拉曼之争，并将这个国家托付给他。乌宗·哈桑和伊沙克都接受马穆鲁克的保护，希望能和马穆鲁克结成联盟以应付穆罕默德必然的反应。而果真没多久，穆罕默德就做出了反应：在穆罕默德的支持下，易卜拉欣另一个儿子皮尔·艾哈迈德迫使伊沙克向乌宗·哈桑寻求庇护。不久后，伊沙克就死了，这让乌宗·哈桑丧失了介入卡拉曼国事的借口，也暂时中止了他要效法帖木儿的计划。[57]

　　不过时隔未久，当奥斯曼的精英部队忙于帝国西方边界事务时，东方边界的乌宗·哈桑已在1467年通过吞并敌人黑羊王朝增加了一大块长条形领土。接下来的两年，他把阿塞拜疆、伊拉克、法尔斯和克尔曼，甚至更东边帖木儿帝国的核心地带都纳入他的统治范围内，彻底改变了安纳托利亚东部的权力平衡，让乌宗·哈桑脱胎换骨，从一个单纯的部落首领变成令人敬畏的强大对手。[58]

　　1468年，乌宗·哈桑派遣使团觐见马穆鲁克的新苏丹凯特贝，以确保马穆鲁克会保护他不受奥斯曼侵扰。[59] 两位当时的作者——威尼斯的历史学家多米尼科·马里皮耶洛和奥斯曼的图尔松贝伊都曾分别记载，苏丹穆罕默德计划在1468年进军马穆鲁克统治的叙利亚。[60] 但是附庸国卡拉曼的皮尔·艾哈迈德没有为他的出征提供应有的支持，穆罕默德遂下令部队转头攻打卡拉曼。我们不清楚是什么原因让皮尔·艾哈迈德做出如此愚蠢的决定，因为卡拉曼的军力远远不如穆罕默德的部队，后者轻而易举地将卡拉曼在托罗斯山脉以北大部分的领土纳入自己的控制中。乌宗·哈桑在东方忙于自己的帝国扩张计划，无力出手援救皮尔·艾哈迈德。

1469 年起，就在他将帖木儿帝国的统治者阿卜·赛义德杀死后，乌宗·哈桑就成为了这个地区领土最广阔的君主，也变成白羊王朝和帖木儿帝国的继承人。他的疆土涵盖今日伊朗和伊拉克的绝大部分，以及安纳托利亚东部的大多数地区，乌宗·哈桑已然成为一个足以与苏丹穆罕默德平起平坐的帝国的皇帝。是年 6 月，在一份致凯特贝的声明中，他公开宣称自己是唯一合法的伊斯兰教最高统治者。[61] 这是对凯特贝和穆罕默德两者的挑战书，因为马穆鲁克是所有穆斯林都必须去朝圣的伊斯兰教圣地麦加和麦地那的守护者，而穆罕默德一心渴望成为伊斯兰世界的领袖。纵使在攻克君士坦丁堡后，穆罕默德也只是心满意足地认定自己的天职仅限于世俗世界，在于扩展伊斯兰教的领土而已，至于朝圣相关事宜，则是马穆鲁克的天职。[62]

乌宗·哈桑发动了更加激烈的心理战。他处处要和苏丹穆罕默德竞争，不仅在精神性上争，在世俗事务上同样计较。在 1471 年写给苏丹的一封信中，他将自己新征服的伊朗南部的设拉子城称为"哈里发的宝座"。[63] 穆罕默德并不怎么忧心这件事情，因为哈里发这个职位空缺已久，但是乌宗·哈桑祭出帖木儿的阴魂，这更令奥斯曼人警惕。乌宗·哈桑的一名将军写信给奥斯曼的锡瓦斯总督，比较了白羊王朝君主和帖木儿。他发现乌宗·哈桑在 14 个项目上表现都优于帖木儿，包括这个地区的统治者的正统性所需要的各种特质。乌宗·哈桑对奥斯曼的种种施政措施的批判变成人们口中的热门话题，例如，他批评奥斯曼向穆斯林抽取人头税（那应该只是非穆斯林才需要缴纳的税项）并强迫游牧民族定点居住，让他们变成定居农民中的一分子，而这是奥斯曼征服安纳托利亚东部地区政策的重要部分。[64] 针对当时奥斯曼在历史写作中强调自己中亚血统的情况，乌宗·哈桑以宣扬自己拥有古老的突厥血统作为回应。[65]

1471 年，当苏丹穆罕默德派军攻打卡拉曼王朝的残存势力时，皮尔·艾哈迈德向乌宗·哈桑寻求庇护，但皮尔·艾哈迈德的土库曼盟国无法顶住奥斯曼的进攻，因而失去对托鲁斯山脉隘口的控制，同时一支奥斯曼舰队占领了安纳托利亚西南部阿拉尼亚港口附近卡拉曼王朝附庸的领土。次年，奥斯曼攻克了安纳托利亚南部海岸上的锡利夫凯以东的几座卡拉曼堡垒，不过它西边的安塔利亚港口（马里皮耶洛口中"亚洲最雄伟、最著名的海港"[66]）却被一支新近与乌宗·哈桑结盟的基督教舰队报复性地焚毁。奥斯曼在安纳托利亚西海岸的伊兹密尔港被一支威尼斯舰队烧毁，同一舰队也以奇袭攻破了穆罕默德不久前为保卫伊斯坦布尔而建造的达达尼尔的堡垒，放火烧毁了盖利博卢。

1472 年 7 月，乌宗·哈桑再次宣称要出面干涉，使卡拉曼剩余土地免受奥斯曼侵略，他要求穆罕默德撤军并且交出特拉布宗。跟帖木儿一样，乌宗·哈桑给失去领土的安纳托利亚君主们提供庇护，他们在强大的支持者的监督下计划要收复失去的山河：当时，卡拉曼的皮尔·艾哈迈德是其中之一，乌宗·哈桑的侄儿也是其中一员 —— 他是安纳托利亚北海岸的锡诺普的前统治者的儿子。当穆罕默德离开伊斯坦布尔时，他得知有一股军队在乌宗·哈桑的另一个侄儿优素福·米尔扎率领下，正朝奥斯曼的旧都布尔萨进逼，并且已经在穿过安纳托利亚时顺手取得了一大片土地。兵力更强的奥斯曼军队逼得敌军撤退，优素福·米尔扎被俘，同他一起的卡拉曼的皮尔·艾哈迈德落荒而逃。

1472 年底，乌宗·哈桑越过幼发拉底河入侵马穆鲁克的北方领土，反而促使马穆鲁克与奥斯曼联手对付他。而本次战役的最直接起因，很可能只是双方的一个分歧：在麦加举办的年度朝圣仪式中，究竟是谁的肩舆应该走在前面，是来自开罗的马穆鲁克人，还是乌宗·哈桑（他占领了过去哈里发的统治中心巴格达）。战争结果是乌宗·哈桑军暂时控制了通往地中海的托鲁斯山脉隘口，而地中海是他滨海的盟邦威尼斯活跃的地方。[67]乌宗·哈桑表现出来的侵略性姿态，让苏丹穆罕默德有理由担心威尼斯和白羊王朝的结盟，但是邀请威尼斯和匈牙利派特使到伊斯坦布尔商讨和平事宜的行为，可能不过是挑拨乌宗·哈桑与他的欧洲盟邦之间关系的虚假动作而已。

1472 年，乌宗·哈桑入侵马穆鲁克统治的叙利亚，这让苏丹穆罕默德认定，发动全面战争攻击白羊王朝的时机已经成熟。1473 年 8 月 4 日，两军相遇于埃尔津詹东方的幼发拉底河畔，这场战斗没有结果，却给奥斯曼军队造成了巨大损失。一周后的 8 月 11 日，两军于北部山区的巴什肯特再度交手。见到奥斯曼装备精良的军队后，乌宗·哈桑立即撤退，因为跟自己的军队相比，对方用的是大炮和手持火枪。随后，他的军队被彻底击溃。[68] 在超过 20 年的时间里，奥斯曼对火药时代武器装备的娴熟使用，让他们面对东方敌人时始终能保持优势地位。

虽然吃了败仗，乌宗·哈桑并没有失去多少领土，因为苏丹穆罕默德并未乘胜攻击。对奥斯曼人而言，他们不仅要面对敌人为了反对他们在此处的扩张而进行的坚决抵抗，还要面对到东方边境的荒凉地区打仗时严峻的后勤补给问题。奥斯曼的将领意识到他们在这个地区维护统治所面临的困难，将部队退回到较易防守的边界地区。乌宗·哈桑败在一位和他一样声称受真主启发的统治者手下，这对他的声望和主张造成极大的损害，而穆罕默德的声誉相对大幅提升。依循往例，打了胜仗后，他向伊斯兰世界的君主们发送了胜利宣告。这些信函是宣传战中的武器，当年乌宗·哈桑权势高涨时使用过的夸张的名号现在被穆罕默德据为己有。乌宗·哈桑的失败带来的最直接也最现实的后果是，内部反对势力又快又猛地迎面袭来。[69]

乌宗·哈桑从舞台上消失后，奥斯曼人有了可以一口吞并麻烦不断的卡拉曼的绝佳机会。1474 年，军队统帅"堡垒建造者"[70] 艾哈迈德帕夏受命率军征服在托鲁斯山脉中的卡拉曼王朝心脏地区，同时也夺回卡拉曼王朝以前在十字军盟友协助下占领的堡垒。奥斯曼试图将部落首领降为地方骑兵，并且鼓励他们的追随者定居于乡村和城镇，但是卡拉曼的部落民 —— 特别是图尔古德卢和瓦尔萨克土库曼人非常排斥这个新规定。他们很难被征服，宁可躲进山中的小堡垒顽抗（甚至躲到了 16 世纪初），以逃避奥斯曼派来的巡查人员，而后者会在当地情况许可时前来评估新省份的征税条件。

＊　　　＊　　　＊

苏丹穆罕默德把发展海军作为优先要务。在很早之前，奥斯曼人和其他安纳托利亚的埃米尔国就将大海当成屏障。14 世纪中叶，奥斯曼人首次获得马尔马拉海一处海岸线时，就在那里建造了船坞；之后他们跨海到达色雷斯时，因为需要保卫自己不受威尼斯人的攻击，更是迫切需要发展海军。14 世纪 90 年代，奥斯曼人在盖利博卢建造的大型船坞，[71] 是奥斯曼占领安纳托利亚爱琴海沿岸的埃米尔国后，由那里原有的船坞扩建而成的。虽然奥斯曼海军在沿岸水域遭遇威尼斯和热那亚人时，开始逐渐尝到胜利的果实，也可以长距离运载远征部队，但是仍难以在开阔海面上的近战中与那两个海上贸易强国的军舰匹敌。苏丹穆罕默德夺下君士坦丁堡后，在金角湾建立了一座大船坞，用在那里建造的军舰组成舰队控制黑海盆地，也载着他的雄心壮志穿过地中海远征他乡。新形成的力量平衡要求奥斯曼人拥有更全面的军事力量，穆罕默德不得不带领奥斯曼帝国接受全新的挑战，使帝国的军队不只在陆地上能千里跋涉，在海上也能远涉重洋开疆拓土。

1475 年，"堡垒建造者"艾哈迈德帕夏已经跃升为大维齐尔，他率领一支舰队驶向克里米亚，吞并了卡法和一些规模不大的热那亚属地，以及威尼斯在塔纳的港口。在克里米亚建立据点后，一支规模较小的舰队前往黑海东北部海域，夺下离亚速海出口不远的库巴堡，并从拉丁君主手中夺下克里米亚东海岸的阿纳帕。[72] 克里米亚半岛南部沿海地区自此成为奥斯曼的一个桑贾克 ①，管辖范围可能包括塔纳（如今的亚速）、库巴和阿纳帕。1478 年，哈吉·格莱可汗的诸子为王位继承权阋墙 12 年后终于有了结果，克里米亚半岛其余土地亦接受奥斯曼的统治，可汗之位则由猛利·格莱继承。[73]

奥斯曼附庸国的多位王位继承人争夺王位，最终导致奥斯曼帝国吞并该国，这种事情并不罕见，就像 1464 年，卡拉曼王朝的易卜拉欣贝伊

---

① 桑贾克是奥斯曼土耳其行省的下级行政区划，其管理者被称为桑贾克贝伊。——编者注

逝世，众王子为了继承权争斗，结果引来奥斯曼人的介入，加快了卡拉曼王朝失去独立自主权的脚步。独立国家的内斗也是献给区域内最强势力奥斯曼的一份大礼，使它有机会强行介入并将之纳为附庸国。克里米亚鞑靼人的祖先是成吉思汗，所以他们和奥斯曼诸附庸国完全不同：其他附庸国要向奥斯曼苏丹进贡，而克里米亚鞑靼可汗因其特殊地位，反而能获得一笔年金以及其他报酬。[74] 事实上，鞑靼人的贡献颇大：他们骑兵的速度和机敏人人称羡，在奥斯曼东西争战中扮演着重要角色。

自从征服君士坦丁堡，控制博斯普鲁斯海峡后，奥斯曼成为黑海盆地的超级强权。他们似乎也明白，试图去攻占黑海北方一望无际的贫瘠大草原是不值得的。在之后的几年里，他们迅速地拿下拉丁人在黑海沿岸战略要地设置的贸易殖民地，以控制往来经过的商业活动。在克里米亚成为奥斯曼的附庸国后，奥斯曼在黑海北部地区的影响力，和操控该地区事务以谋己利的能力日渐提高。[75]

当苏丹穆罕默德在西方逐渐实现了设定的战略目标后，奥斯曼不停扩张的领土已形成一个完整的大区块，仅有少数几个被孤立的堡垒还在敌人手中。虽然穆罕默德没能拿下纳夫帕克托斯，位于阿尔巴尼亚的克鲁亚和斯库台却分别于 1478 年和 1479 年向奥斯曼投降，后者更是在威尼斯守军坚决抵抗后还是投降了。为预先阻止威尼斯人进攻奥斯曼西北部边界，奥斯曼主动攻击威尼斯，但这些行动逐渐成为毁灭性的掠夺战，在 15 世纪 70 年代中期，奥斯曼人深入弗留利地区，直逼弗留利城。而乌宗·哈桑于 1478 年逝世，这促使威尼斯决心谋求和平，他们最终在 1479 年与奥斯曼签订和约。爱奥尼亚海上的凯法利尼亚岛、圣莫拉岛和桑特岛原属于那不勒斯国王的附庸托科家族，这些岛屿也在战争的最后阶段被奥斯曼占领。与威尼斯议和之后，奥斯曼找到了新的进攻方向，转而积极攻打特兰西瓦尼亚，以及今日奥地利的南部地区。他们派出的攻击部队是被称为"阿金吉"的非常规轻装骑兵队，他们常常能从掳掠到的战利品中拿走最好的部分。这是奥斯曼军队里很重要的一个部队，在穆罕默德统治时期人数约为 5 万，里面穆斯林和基督徒皆有。[76]

不过，他们最大胆的行动当属 1480 年夏天的两次海军行动，即攻打地中海东部的罗得岛医院骑士团和攻打那不勒斯王国在意大利本土的奥特朗托。罗得岛是奥斯曼南方海域仅存的拉丁据点中最危险的一个，而且是奥斯曼人眼中不合时宜的存在；更何况他们在近年奥斯曼与威尼斯的战争中屡次帮助威尼斯。权且不论他们从事海盗活动的恼人作为，光是他们盘踞在伊斯坦布尔到埃及的海路要道的战略位置上，就给了穆罕默德征服它的充分理由。此时在海洋上，奥斯曼人已和他们地中海的邻居们同样自信，而且根据图尔松贝伊的说法，穆罕默德正在筹划由陆路攻击马穆鲁克，铲除罗得岛上的势力是由海路夹击埃及和叙利亚的先决条件。[77] 但是海陆两路围攻罗得岛的行动也是对苏丹穆罕默德的海军真刀实枪的严酷测试，却以失败告终。骑士团早已预料到会被围攻，已经加强了全岛防御工事。奥斯曼的舰队由拜占庭投降过来的梅希赫帕夏率领。他先于5月23日到达安纳托利亚本土与罗得岛遥遥相望的马尔马里斯港，接着率领从伊斯坦布尔走陆路行军而来的6万士兵乘船跨海登岛，扎营于可俯瞰城镇处。在两次进攻失败后，奥斯曼的大炮和臼炮开始轰炸城堡，工兵也在挖掘战壕。守城者仍持续抵抗，并拒绝梅希赫帕夏的和谈条件。7月28日，奥斯曼人的又一轮攻击再度失败，围攻部队大量死伤，退下阵来。到8月中旬，那不勒斯国王费迪南一世派遣的两艘船到达罗得岛，并带来了教宗保证会派人支持的消息。梅希赫帕夏因此让部队登船，驶回了伊斯坦布尔。

在国王费迪南派出的两艘船正前往援助骑士团的同时，"堡垒建造者"艾哈迈德帕夏率领的奥斯曼舰队也从亚得里亚海南部港口发罗拉（瓦罗纳）出发进攻那不勒斯。距发罗拉仅一日航程的奥特朗托城堡不到两周就被攻下。奥斯曼人的大军开进意大利的土地，引发意大利各王国间疯狂的外交活动，他们似乎有意暂且放下彼此之间的敌对，团结一致共同抵御外侮。[78] 我们无法得知这次出兵攻打意大利南方疆土的行动是否只是计划中的第一步，以实现夺取罗马教宗的宝座的更大野心，因为苏丹穆罕默德尚未来得及表明他的意向就突然逝世。众多头衔中，苏丹穆罕默德自己最喜欢的称呼是"罗马帝国皇帝"，它显示他渴望有朝一日能继君士坦丁和查士丁尼之后，继承拜占庭帝国的衣钵，并将之推向顶峰。但这个头衔是否意味着他希望获得罗马城本身则颇有争议。继占领君士坦丁堡之后再拿下罗马对他来说是梦寐以求的最高奖赏。但坚定认同圣战的编年史家阿希克帕夏扎德却只字未提罗马，其他 15 世纪写就的编年史上也仅是顺带提到。如果罗马真是穆罕默德的目标，那以上事实实在令人惊讶。[79] 至少穆罕默德并未打算巩固他在意大利半岛获得的据点 —— 若是他真对罗马有所图谋，很可能会这么做。1481 年，他向东进军，而非向西。

1481 年 4 月最后一天，苏丹穆罕默德越过博斯普鲁斯海峡，到达于斯屈达尔的部队集结地，预备率军穿过安纳托利亚。5 月 3 日那天，这支军队只剩一小段路就可以抵达伊斯坦布尔，在马尔泰佩附近一个被称为"苏丹的牧场"的地方，他却驾崩了，享年 49 岁，可能是死于痛风引起的并发症。[80] 虽然他的健康状况一向不佳，但他的离世太过突然，他甚至来不及指定继承人选。不过，他对这件事情的想法都写在几年前颁布的一部法典中。在法典里，他正式认同了兄弟相残的做法，任何一个继承苏丹之位的儿子"为维持世界良好秩序"都可以除掉其他人。[81]

穆罕默德二世一共有 3 个儿子，排行第二的儿子穆斯塔法是苏丹穆罕默德最疼爱的一个，但是他却得了病，并于 1474 年过世，当时他在科尼亚管理新近征服的卡拉曼省。他的另外两个儿子活得比较久：巴耶济德是阿马西亚的王子总督，而杰姆则在科尼亚接管了穆斯塔法的职位。

*　　　*　　　*

苏丹穆罕默德在掌权的 30 年中，亲自率军出征 18 次。他一手建造的奥斯曼帝国拥有广袤无垠的疆土和海域，控制了当时最繁忙的贸易网络的枢纽。死气沉沉且人口流失的拜占庭君士坦丁堡被再造为一片繁荣兴旺的土地的首都，它统治的区域包括西至亚得里亚海、北至多瑙河－萨瓦河一线的巴尔干半岛，以及安纳托利亚的绝大部分。黑海沿岸算是相对安全无虞的边境地区，因为当时再往北并无任何国家有能力对奥斯曼强权造成威胁。仍有些敌人在国界东方和西方构成威胁，不过在穆罕默德的国境内，一种奥斯曼式和平却在一定程度上维持了国家内部的安定，只有一些地域性的土匪和海盗惹事生乱而已。

　　奥斯曼人控制了黑海的港口，也就控制了穿越广袤草原，一路延伸至波兰、立陶宛、莫斯科大公国和伊朗的内陆贸易网络，这些贸易是当年热那亚和威尼斯财富的重要来源，如今却已转变为奥斯曼富裕繁荣的源头。蚕丝被从伊朗北方的省份运送到奥斯曼的商业中心布尔萨，从那里，这些蚕丝要么作为生丝、要么织成布尔萨丝绸被运往意大利诸王国。另外一项意大利进口的奢侈品是安哥拉山羊毛制成的马海毛，同时，伊朗商人用卖蚕丝赚来的钱购买欧洲出口的毛料布。印度和阿拉伯生产的香料于此转运到西方或直接卖给奥斯曼人。[82]1484 年，奥斯曼从摩尔达维亚公国手中取得多瑙河流域的基利亚港和德涅斯特河流域的别尔哥罗德港，统治公国的总督已成为附庸。此后，黑海已然成为"奥斯曼湖"。一项针对苏丹穆罕默德死后不久克里米亚的费奥多西亚海关进出口货物清单的研究显示，贸易货物的品类有棉花、棉织物、丝织品、羊毛、谷物、水果、林产品、矿物原料、金属提炼物、毛皮、香料、糖、蜂蜜、染料和明矾。[83]

　　在拥有一座帝国都城后，奥斯曼发展出一套与之相适应的宫廷仪式。从莫斯科大公国主要经由费奥多西亚进口来的奢华的毛皮（例如黑貂、银貂、黑狐和猞猁毛皮）成为奥斯曼皇室形象的重要组成部分，用于给在宫廷里穿着的华丽礼袍镶边，或是由苏丹赏赐给权贵以表达恩宠。[84]驯鹰不仅是欧洲国王的爱好，也是苏丹们喜好的运动，这些鸟类都是从北方的大草原被带进奥斯曼宫廷的。奴隶贸易也变得繁荣起来：以前克里米亚鞑靼人偶一为之的掳掠行为现在变得更加频繁，特别是他们常常向北入侵波兰和立陶宛南部地区，以满足奥斯曼奴隶市场的需求，并获取巨额经济利益。例如，一个权威数据显示，克里米亚鞑靼人在 1468 年第一次入侵波兰所掳获的人口竟高达 1.8 万人，接下来的若干年中，人数更是成千上万地增加。[85]奥斯曼成为第一个和干草原民族建立友善关系的大国，因而有效地防止了它的北方邻居在往后的许多年进入黑海活动，他们在这个地区维持的稳定也让他们可以专注于其他边疆地区的问题。[86]

　　控制了地中海和黑海的商业网络让穆罕默德可以征收关税充裕国库。奥斯曼人有策略地征用代理人和中间商，向经过奥斯曼领土的货物和用于奥斯曼内部消费的商品课税。穆罕默德和前几任苏丹一样，赋予外国商人贸易特许权。那时的主要受益者是意大利诸王国。这种特许权在战时通常会受到干扰，衡量他们之间的敌对状况后，奥斯曼会再选择性地将其批给个别王国，这对苏丹而言是个绝佳的非战争武器。[87] 外国商人认为，为了获得奥斯曼广阔领土上的原材料，只要在特许权制度下向奥斯曼缴交一笔关税实在是很小的代价。奥斯曼人偏好一种观念上的"主导式经济"，即他们最大的责任就是极大化国家的财富，以及避免市场货物短缺 —— 特别是在伊斯坦布尔。虽然这个原则永远只能得到部分实践，但是它暗示了经济相对于政治与社会的从属地位，更强调了奥斯曼人与他们的欧洲贸易伙伴之间的不同：这些西方人抓紧一切机会增加他们的经济活动与利润。这两种互补的经济观点带给奥斯曼极大的不利，而奥斯曼却未能预见到，在之后的几个世纪里，西方国家对与他们签订特许权条约的渴望会对他们经济（以及政治）上的稳定造成伤害。

奥斯曼的经济过度依赖农业，而且一直到迈入 20 世纪后依然如此，即使在今天，土耳其共和国 40% 的人口生活在乡村。奥斯曼经济只部分完成了货币化，提供给代理人和国家的商品或服务难以用货币来计算。穆罕默德时期的税收来源是什么？当时的历史学者劳尼库斯·卡尔科孔迪拉斯认为，奥斯曼财政收入的最主要来源是向非穆斯林征收的人头税：允许臣民保留征服前的信仰的政策给奥斯曼带来了大量财政收入，同时也使穆斯林不愿意劝他们皈依伊斯兰教。他认为，其他有助于财政收支平衡的项目是牲畜和农产品，还有贸易和矿产上的税收。奥斯曼附庸国进贡的金钱以及贩卖奴隶的钱也都归财政部门管理。此外，伊斯兰教法给予统治者从任何在攻打异教徒战争中劫掠来的战利品中获取五分之一的权力。卡尔科孔迪拉斯指出，最后一项收入是每年春天苏丹率军出征时，军队和其他国家官员送给苏丹的"礼物"，这些收入会直接用于支付苏丹的精英部队、他的宫廷和政府官员的开销。[88]

军事行动以及在新近征服的土地上建立直接统治给奥斯曼财政带来了沉重的负担，奥斯曼帝国的版图不断扩张，国家治理的复杂度增大，治理国家所需的费用也随之攀高。甚至在苏丹穆罕默德登基之前，常备精英部队就已经包括属于步兵的禁卫军和 6 个骑兵团。根据当时的材料，1473 年在巴什肯特大败乌宗·哈桑的那场战役中，禁卫军的数量高达 1.2 万人，苏丹的骑兵团有 7500 人马。[89] 这些部队每 3 个月结薪一次，炮兵部队、军械工匠和运输部队亦然。另外还有地方骑兵，英语一般称之为蒂玛尔骑兵，他们被授权征收农民税，每个人都受封一块精确划定的土地或封地（"蒂玛尔"），受封的条件是他们有责任在战争时率领自己的人马参战。

奥斯曼在帝国各地建立治理机制时会因时因地制宜。他们不会与征服前的机制强行切割，而是通常会保留原有的组织机构。这个在新占领地区广泛使用的模式是建立在土地与资源调查的基础上的。这些资产理论上仍然是苏丹的财产，但是会分配给他的臣民使用。农民可以耕种农田，再根据收成缴税以维持地方骑兵团和慈善机构的运作。土地——更准确地说是从土地上获得的税收也是可以自由保有的：这种直接授予的土地通常是奥斯曼早期赐给僧院的，随着时间流逝，也越来越多地被赐给国家高级官员或者受宠的个人，他们又在这些获赠的土地上建立慈善机构。[90]

一些地方骑兵在苏丹穆罕默德频繁的军事行动中起了重要作用，穆罕默德没收了许多自由保有地，以及原本供慈善机构使用的土地，将其作为赏赐给地方骑兵的礼物。[91] 在巴尔干半岛，没收边境贵族以武力赢得的土地或国家赐予托钵僧使用的土地以犒赏地方骑兵的行为非常不得人心。这个改革在安纳托利亚的一些地方并未造成这么激烈的反应，因为在这些地区，原有的穆斯林贵族变成了地方骑兵，但收取土地税款的还是这些人。[92] 不过，穆罕默德的继承人巴耶济德二世后来又归还了这些土地。

穆罕默德新都的重建工程，以及物料和人力的供应，都是他的财政上的沉重负荷。为了筹集足够现款，他进行了 6 次钱币贬值。在 1444 到 1446 年间，即他父亲逊位，他短暂担任苏丹期间，他第一次贬值货币的行为引起了禁卫军的抗议。不过在此之后，并没有记录显示再出现过类似抗议。[93]

在奥斯曼帝国的全盛时期，奥斯曼帝国的管理阶层大部分是通过在苏丹的基督徒臣民中强制实行的少年征召制度成为奥斯曼公务人员的。少年征召制度最初仅限于在巴尔干半岛施行，到了 15 世纪末，已经推广到安纳托利亚。但有些地区则不实行这个制度，例如伊斯坦布尔和布尔萨。阿尔巴尼亚人、波斯尼亚人、希腊人、保加利亚人、塞尔维亚人和克罗地亚人的小男孩最受喜爱；凡有犹太人、土耳其人、库尔德人、波斯人、鲁塞尼亚人（基本就是乌克兰人）、莫斯科人和格鲁吉亚人血缘者不必被征召，而亚美尼亚人仅征召入皇宫服侍，但不能入部队。[94]"奥斯曼人"（Ottoman）这个词最早意指奥斯曼家族成员及其追随者，后来表示统治阶层的一分子，"苏丹的仆人"中的一员，他们接受教育成为在战争与和平时为国家服务的人。不管信仰什么宗教的农民和外地人口都是这个国家的子民，被称为"羊群"（re'aya，源自阿拉伯语）。

虽然少年征召制度化的功劳被归于苏丹巴耶济德一世，人们认为是他将它当作军队和官僚系统招募人才的一种方式，不过新证据显示，征召制度可能在他父亲穆拉德一世统治时期就已出现，但是实施者并非苏丹本人，而是始于边境贵族"战士"埃弗雷诺斯贝伊，他于14世纪80年代统领边疆武力打下马其顿地区时使用了这种方式。[95]在苏丹们采用了这种措施后，他们成功地建立了一支对自己及王朝效忠的专职受薪军队，却也损害了原先一向在讨伐征战时打前锋的鲁米利亚穆斯林贵族（如"战士"埃弗雷诺斯本人）以及他们的军队的利益。常备部队里的步兵团被命名为"新军"（即土耳其禁卫军），这暗示了当时正在进行的激进的改革。随着时光流逝，奥斯曼帝国的管理阶层变成了主要由这些出生于基督徒家庭的非土耳其人组成，它的特点也发生了变化。

虽然如此，直到苏丹穆罕默德二世统治期间，穆斯林的边境贵族们在奥斯曼帝国的攻城略地中仍继续扮演着领导角色，特别是在巴尔干半岛地区。在萨洛尼卡西北部，埃弗雷诺斯家族管理的马其顿南部和色雷斯西部的核心地区，是这个家族所在的亚尼察城。虽然"战士"埃弗雷诺斯的儿子在巴耶济德一世之后的王位之争中曾支持"假"穆斯塔法，他们还是被最后的赢家苏丹穆罕默德一世赦免，"战士"埃弗雷诺斯的孙子们在之后的很多战役中都扮演着统帅的重要角色。[96]在图拉罕贝伊建立的拉里萨城所在的色萨利地区，图拉罕家族是奥斯曼征服事业的规划者。图拉罕贝伊、他的儿子厄梅尔贝伊和孙子哈桑贝伊为色萨利的慈善机构留下了丰富的建筑遗产，约建有 60 栋建筑物，包括 19 座清真寺、12 栋僧院、8 座公共浴室和 3 栋大众食堂。[97]色雷斯是另外一个在奥斯曼帝国早期杰出的家族——米哈尔家族的所在地。这个家族的子孙后代的名字常出现在攻伐巴尔干半岛的记载中。和"战士"埃弗雷诺斯的儿子们一样，这个家族的建立者柯塞·米哈尔的儿子们之中，亦有一个于 15 世纪初叶王位之争时支持了落败的穆萨王子。[98]虽然这些为奥斯曼建立了伟大功勋的战士家族的成员继续在巴尔干半岛拥有地方职务，并且享有向自己下属分封可继承封地的特权，[99]但随着少年征召制度的扩展，他们往日的荣耀亦逐渐褪色。

苏丹穆罕默德统治时期影响力式微的还有安纳托利亚的土耳其裔宗教学者－贵族，其中钱达尔勒家族最具代表性。苏丹奥尔汗统治时期之后的一个世纪里，钱达尔勒家族一直都是奥斯曼苏丹的亲信。卡拉·哈利勒·海雷丁·钱达尔勒是穆拉德一世的大维齐尔，他的两个儿子也都担任过这个职位。1443 年，穆拉德二世将大维齐尔一职指派给卡拉·哈利勒的孙子哈利勒帕夏。穆拉德逝世后，穆罕默德二世让钱达尔勒·哈利勒继续担任大维齐尔职务，但是他企图劝阻穆罕默德围攻君士坦丁堡一事加速了他的灭亡：穆斯林和基督徒作家异口同声地认为他与守城的敌人暗通款曲，[100]在奥斯曼人夺下城池后，他很快就被处决。现在看来，他不合时宜的死亡象征着古老的土耳其家族在未来奥斯曼国家中扮演的角色正在逐渐被削弱。穆罕默德的 7 个大维齐尔当中，一个是土耳其裔的穆斯林，两个出生于基督徒家庭，年少被征召、培养并皈依伊斯兰教，另两个乃拜占庭或拜占庭－塞尔维亚基督徒贵族的后裔，最后一个仅知出生于基督徒家庭，其他详情不可考。[101]

钱达尔勒·哈利勒帕夏职业生涯的一个次要事件就是王位觊觎者"巴耶济德·奥斯曼"那段古怪的插曲。[102]1456 年 6 月，米兰公爵弗朗切科·斯福尔扎接到一份报告，事关号称是苏丹穆罕默德的兄弟的一个男孩，据说他被穆拉德二世托付给一名叫乔凡尼·托尔切洛的拉丁骑士照顾。这个男孩后来落入教宗加里斯都三世的密探手中，且于 1456 年春天抵达威尼斯，再从威尼斯被带到亚平宁半岛的斯波莱托城堡。一份 1458

年出现的文件认为，钱达尔勒·哈利勒帕夏曾参与了把小男孩送到意大利一事。这个主张的真实性或其他详情仍然不为人知，但是"巴耶济德·奥斯曼"接下来的历险非常有趣。不管他落到欧洲哪一个统治者手中，这些君主看来都没有费力去把小男孩推上据说属于他的奥斯曼宝座。"巴耶济德·奥斯曼"就此待在斯波莱托，1459 年教宗庇护二世在意大利巡行时将他带在身边，这次巡行促成了曼图瓦会议，会议上宣告一支十字军将誓师攻打奥斯曼。1464 年教宗再一次公开出巡时，他让已 16 岁的男孩为从安科纳启程攻打奥斯曼的舰队祝祷送行，锡耶纳大教堂的一组纪念庇护二世的湿壁画中的一幅描绘了这个盛大场景。1465 年，"巴耶济德·奥斯曼"到了威尼斯，随后又出现在位于布达的国王匈雅提·马加什一世的宫廷。到 1473 年，他又到了神圣罗马帝国皇帝腓特烈三世在威尼斯的宫廷，后者似乎喜好穿着奥斯曼式的服饰，还让"巴耶济德·奥斯曼"和他的随从一起跟着他在国境内四处巡行。1474 年，"巴耶济德·奥斯曼"和一位奥地利贵族女性结婚，从此消失于历史的舞台。天主教的君主们和已经踪消影灭的拜占庭皇帝一样，总是喜欢充当苏丹王位觊觎者的保护人和操纵者，作为对奥斯曼帝国的威胁恐吓。

* * *

苏丹穆罕默德二世着手建造的帝国和他先祖们花费精力建立的国家大不相同，在那时，奥斯曼不过是安纳托利亚众多土库曼伊斯兰国家中为首的一个。招募由基督徒皈依为穆斯林的人才进入奥斯曼统治阶层，显然符合他对奥斯曼帝国未来新颖且野心勃勃的设想。作为苏丹手下的最高行政官员，大维齐尔们拥有的权柄亦日益增多 —— 尽管苏丹手中握有免职及处死他们的最高权力。在穆罕默德二世治下，宗教权力集团的地位也得到了巩固。他将他的清真寺建筑群中的大片土地拨给神学院，并将神学院建在清真寺两侧 —— 有如环抱，这可以视为苏丹有意让宗教权力集团享有显赫地位的象征。同理，让僧院和清真寺实质上拉开距离（过去会在同一建筑内分别为托钵僧和正统伊斯兰教徒提供相邻空间供宗教仪式之用）

可以解读为托钵僧在宗教仪式中的核心地位已然被削弱。[103]穆罕默德限制了那些反对国家推动集权化的托钵僧的活动，那些预备支持他政策的托钵僧则可以享有较多的活动自由。

从苏丹穆罕默德二世开始，禁卫军和其他常备军成为保卫和扩张奥斯曼领土的主力。他们的领袖则是苏丹本人，虽然他对建立中央集权的官僚国家的渴望损害了他最伟大的"信仰战士"的积极形象。他的父亲穆拉德二世在世时，钱达尔勒·哈利勒帕夏在埃迪尔内操控禁卫军的行为给了他启发，穆罕默德努力施展权威控制他们，不过他从未能完全使他们屈从于他的意志。1451年即位时，他发现必须向禁卫军要求妥协，为他们发放津贴以示庆祝，显然这种津贴在巴耶济德一世时期就出现了，但是这时成为禁卫军认为理应得到的酬劳。[104]1455年冬天，禁卫军在试图夺取热那亚人在马里查河口的埃内兹港时发生兵变，1456年失败的贝尔格莱德围城战时，兵变再次发生。[105]穆罕默德的继任苏丹也没有多幸运，在奥斯曼几个世纪的岁月中，不能有效约束禁卫军的严重后果是明显的。

在穆罕默德在位的最后几年，他致力于建立一套立法统一和中央集权的制度。这套制度的设计人是卡拉玛尼·穆罕默德帕夏，他大约于1476年起开始担任大维齐尔，直到穆罕默德过世（穆罕默德的大维齐尔们被任命和解职的准确时间争议颇多）。他在帝国的行政机构中享有极大的权势。和钱达尔勒家族的人一样，他来自一个土耳其贵族世家，是梅乌拉那教团的创始人、神秘的梅乌拉那·贾拉勒·阿尔丁·鲁米的后裔。[106]穆罕默德统治时期流传下来两部法典：第一部包括刑罚条文和有关平民百姓缴税的规章，第二部则是有关政府组织和各部门间关系的界定。法条中多处援引"古代法律"或"古代习俗"，这显示他们将许多现行规定变成了正式的法条。这两部法典的现存版本中，哪些条款是真正在穆罕默德统治时期制定的，又有哪些是之后修订条文时添加进去的，这个问题就属于学术争论的范畴了。穆罕默德是第一个颁布有关宗教法律未涉及的国家生活事宜（如公共管理）的法律的苏丹。虽然这两部法典并未涉及宗教法律，而且法典的合法性也直接取决于苏丹的意愿，但它们的条文与宗教法律并不矛盾。[107]爱好争辩、偏袒托钵僧的编年史家阿希克帕夏扎德记载了1476

至 1502 年间的历史。在评价苏丹穆罕默德的政策时，他认为，因为卡拉玛尼·穆罕默德将国家的税收交给中央政府统筹管理，所以他要为托钵僧和边境贵族境遇的变差负责。[108]

穆罕默德二世统治时期的另一个变化是，出现了一种缔结联盟的新模式，那就是政府最高职位的拥有者通过婚姻关系和奥斯曼皇室建立联系——该模式一直延续至帝国灭亡。奥斯曼过去曾与许多国家的统治家族通婚，希望在当时那个效忠对象可以随时变化的世界中，获得高度的忠诚，但此时，这些国家都已经被奥斯曼吞并，如拜占庭、塞尔维亚和卡拉曼，所以苏丹和他的家族成员非常缺少适合的联姻对象。在穆罕默德的第一任大维齐尔钱达尔勒·哈利勒帕夏被处死后，这个职位似乎落入了扎加诺斯·穆罕默德帕夏之手，他是穆罕默德从孩童时期起的良师与密友，自始至终坚信君士坦丁堡会落入他主子手中。他原是基督徒，后改信了伊斯兰教，他的女儿嫁给了穆罕默德。[109] 接替扎加诺斯·穆罕默德帕夏担任大维齐尔一职的是前塞尔维亚战俘马哈茂德帕夏·安格洛维奇，他娶了苏丹的一个女儿。1456 年贝尔格莱德围城一役虽以失败收场，但是他冲锋陷阵英勇直前，所以被任命为大维齐尔。他一直担任该职务，直到 1468 年，他成为他的竞争对手罗姆·穆罕默德帕夏的阴谋的受害者而被解职，后者有可能是在奥斯曼攻克君士坦丁堡时被俘的。马哈茂德帕夏是一位极有天赋的将领，苏丹穆罕默德在打过的诸多胜仗中，皆有他陪伴左右。[110]15 世纪末 16 世纪初的编年史家穆罕默德·内什里写道，当时的情形就像是苏丹将他的权位让给了他的大维齐尔一样。[111] 将马哈茂德帕夏解职的借口是，他在执行 1468 年战争后将卡拉曼王朝人口驱逐至伊斯坦布尔命令时，滥用职权私自取舍，让富人留下不迁。他似乎也过度善待不顺从的卡拉曼王子皮尔·艾哈迈德。[112] 关于罗姆·穆罕默德的记载大多是编年史家阿希克帕夏扎德透过仇恨的双眼记录下的，因为他的家人受到了在伊斯坦布尔抽取财产税的不利影响，而在刚刚征服了这座城市后，为恢复城市的活力，苏丹穆罕默德曾下令应当免除这项财产税。在讨论罗姆·穆罕默德帕夏的动机时，阿希克帕夏扎德采取了别人诽谤他时的说法，即他是拜占庭的密探。在穆罕默德的儿子巴耶济德二世继位后，这些税捐中的一部分于修订政策时被取消。[113]

　　1472 年，马哈茂德帕夏恢复大维齐尔职务，但再也得不到苏丹的完全信任。1473 年攻打乌宗·哈桑及其部队时，他又做出一些引起争议的事情因而被解职，接替者是野心很强的竞争对手、另一名海战陆战皆擅长的干练将军"堡垒建造者"艾哈迈德帕夏，他也出身于拜占庭或拜占庭－塞尔维亚贵族。[114] 他被任命为大维齐尔，取代了马哈茂德帕夏，但是差不多同一时代的观察者认为，马哈茂德帕夏最终被解职是因为他与苏丹穆罕默德的儿子穆斯塔法王子不和。当时的编年史作家并未记载王子和大维齐尔之间不和的原因，以及穆罕默德为什么在 1474 年决心处决多年以来他的征服计划的执行者。后来的人回忆道，也是在 1474 年，穆斯塔法王子生病并逝世。一个世纪后，有人暗示是马哈茂德帕夏下毒谋害了王子，为了报复后者侵害了他的妻妾。事件发生 500 年后，一份当时的文件被人发现，揭露了马哈茂德帕夏第一位和第二位妻子生的女儿们为了他的遗嘱对簿公堂的细节。第二位妻子显然是在 1474 年，马哈茂德帕夏攻打乌宗·哈桑回来后被休掉了，因为听说她让他的声誉受损 —— 她居然在穆斯塔法王子的母亲家中过夜，而王子也在：丈夫出门在外，她夜晚还要去王子母亲住处，如此行径难免被解读成一桩丑闻。[115] 马哈茂德帕夏本是事件的受害者，却因为未能让妻子遵守妇道赔上了自己的生命。帝国里最高阶的大臣常是朝不保夕，纵使他是苏丹的爱臣亦然。

　　苏丹穆罕默德的先祖们建立了一个新的国家，这个国家接受一个绝对君主的统治，由一个一心服务苏丹、被称为"苏丹的仆人"的奴隶阶层保卫和管理。穆罕默德宏大的愿望和充满野心的设想更使这个观念得到了发展。他视自己为拜占庭的法理继承人，实现了有朝一日将无与伦比的君士坦丁堡变成穆斯林的世界的传说；他还是古典世界中英雄人物的后继者。他认识一些希腊文，他对古人的兴趣必然在当时的政治圈内广为人知。与他同一时代、生于尤比亚岛的威尼斯人尼可洛·萨古恩迪诺对奥斯曼的描绘中曾提到过这些事情。萨古恩迪诺写道，穆罕默德对斯巴达人、雅典人、罗马人和迦太基人十分着迷，但他最崇拜的是马其顿的亚历山大和盖乌斯·尤利乌斯·恺撒。[116] 拜占庭印布罗斯（格克切达）的克里托布洛斯为穆罕默德写了一部歌功颂德的传记，他在序言中写道，穆罕默德的伟大功绩可与亚历山大大帝媲美：

> 你是难计其数的伟大功绩的创造者……我衷心相信，不仅波斯和希腊人，自古至今没有将军和国王在荣耀、英勇和刚毅方面可与你相比，我不认为在他们的功绩与成就……如此受人庆祝钦佩的同时……你的功绩未来会无人所知……也不认为他人的功绩……为人知晓赞颂……而你的成就……虽然毫不逊色于马其顿的亚历山大……却既不再流传……不被子孙后代传颂。[117]

穆罕默德加强了这种将自己与过去的伟大战士相提并论的看法。1462 年率军征伐威尼斯的莱斯博斯岛途中，他去了特洛伊，凭吊了历史遗迹。他注意到它在地理位置上的战略优势，询问围城战役英雄阿基里斯和埃阿斯等人的墓地的情况，也谈到他们能得到像荷马一样的诗人的赞颂是多么的幸运。[118] 他复制了《伊利亚特》和记述亚历山大的生平的阿里安写的《亚历山大远征记》，存放于自己的图书馆内。[119] 苏丹穆罕默德希望保存并成为其中一部分的历史传统早已存在，但是他的双眼凝望着帝国灿烂的未来。

4

信徒之王

　　苏丹穆罕默德二世在奥斯曼疆土上建立起稳固的政权，却无法在自己家里施展同样的权威。他死后，他的两个儿子巴耶济德和杰姆（即杰姆苏丹）之间的敌对关系大大扰乱了国家的平静。虽然巴耶济德最终取得了王座，却无法解决他魅力十足的弟弟对他统治权正当性所提出的质疑与挑战，斗争一直持续到 1495 年杰姆死亡为止。

　　第二个挑战更不容易应付，既折磨着巴耶济德，也折磨着他的儿子（也是继承人）塞利姆一世：虽然对西方王国而言，屡战屡胜的奥斯曼似乎是个永久的威胁，可是奥斯曼却要全力投入应对来自东方的危险，具体而言就是伊朗的萨法维王朝，以及他们带给安纳托利亚东部的土库曼人的影响力 —— 而安纳托利亚东部是穆罕默德二世曾经试图以武力纳入帝国版图内的地区。

＊　　　＊　　　＊

　　在苏丹穆罕默德过世的时候，杰姆是位于科尼亚的卡拉曼省的王子总督，而巴耶济德则在阿马西亚，这是他自 1454 年就开始统治的边境省份罗姆的行政中心 —— 虽然在他童年时期，这种统治仅仅是名义上的。在他父亲统治时，他当过安纳托利亚东部边境地区的军队将领，并于攻打乌宗·哈桑的白羊王朝时崭露锋芒。他在阿马西亚的小朝廷是那些反对他父亲的人的庇护所，特别是在穆罕默德统治的最后几年，大维齐尔卡拉玛尼·穆罕默德帕夏将大权由地方政府集中至中央政府时期。穆罕默德钻研那些他认为需由他继承的古典时代和拜占庭的遗产，巴耶济德则是找来精通伊斯兰科学、哲学、诗歌和神秘主义的老师，这些人智慧的根基在东方。[1]

　　按照伊斯兰习俗，遗体必须尽快埋葬，但是穆罕默德二世的遗体在死亡当晚秘密运进伊斯坦布尔后却被遗忘了，三天后，人们才在尸体四周点燃香烛以遮掩尸臭。[2] 卡拉玛尼·穆罕默德帕夏打算实现他所认为的前苏丹的遗愿，让王子杰姆继位而不是巴耶济德：他将穆罕默德二世的死讯通知两兄弟，因为科尼亚离首都比阿马西亚近，他希望杰姆会比巴耶济德先赶到宣布继承王位。但是禁卫军却支持巴耶济德，而且卡拉玛尼·穆罕默德要的手段让他们非常愤怒。虽说是机密，穆罕默德的死讯还是迅速传开。当卡拉玛尼·穆罕默德要制止禁卫军回到伊斯坦布尔时（他们向来被禁止进城），他们干脆杀了他。他被谋杀一事清楚地显示，禁卫军——这支被奥斯曼苏丹打造出来的忠诚护卫，军队中的精英分子，只不过是个野性难驯的怪兽，他们会把自身利益摆在他们主人的利益之上。

　　苏丹的遗体运抵首都，以及卡拉玛尼·穆罕默德帕夏在此刻被谋杀，这两件事增加了事态的不确定性，引发了连续多日的暴动。前大维齐尔伊沙克帕夏是苏丹和大维齐尔出征时留守伊斯坦布尔的人，他知道正在上演的戏剧性事件的重要性，因而写信恳求巴耶济德赶紧行动，并抢先宣布巴耶济德 11 岁的儿子科尔库德王子为摄政，直到他父亲抵达首都。在穆罕默德执政的最后几年，他害怕自己家庭中出现可以与他竞争的人，才让科尔库德留在伊斯坦布尔，以防孙子变成反对他的阵营效忠的对象。宣布科尔库德为摄政的行为缓和了城中的劫掠和混乱，亲巴耶济德的派系赶紧出动，阻止杰姆进城。巴耶济德的支持者包括他的两个女婿，即鲁米利亚的总督"亲王之子"艾哈迈德帕夏和阿纳多卢总督希南帕夏，他们都在统治圈内拥有各自的影响力，后者受命阻断由科尼亚前往首都的道路。希南帕夏似乎拦截了霉运当头的卡拉玛尼·穆罕默德派遣出城前往科尼亚送信给杰姆的信差。

　　虽然巴耶济德确定自己抵达伊斯坦布尔时一定会受到热情的欢迎，但是杰姆在安纳托利亚所拥有的强大支持力量不容小觑。杰姆的部队开始朝奥斯曼的旧都城布尔萨前进，一路遭遇巴耶济德党羽的拦截。巴耶济德为了拿下王位从阿马西亚出发，怀着忐忑的心情进入伊斯坦布尔，并于1481年5月22日宣布继承苏丹之位。穆罕默德被香料处理过的遗体原先被安置于托普卡帕皇宫。巴耶济德来了后，它终于被送到他的清真寺下葬。[3]一份未署名但可能出自当时法国的记载描绘了葬礼的过程，其中有一个让人好奇的细节，就是奥斯曼人在棺木上面放置了一幅苏丹的黄铜浮雕。有现代人比较了穆罕默德的葬礼与337年君士坦丁堡君士坦丁大帝丧礼的仪式，得出了一个结论，那就是穆罕默德至死都念念不忘自己是拜占庭帝国及首都的法理继承者。[4]在过去，苏丹和奥斯曼王朝的高阶重臣都会被安葬于布尔萨，此后，穆罕默德所建帝国的首都伊斯坦布尔已然是苏丹的埋身处，无论他们死于何处。[5]

击退兄长的军队后，杰姆在布尔萨安顿下来。在那里，他铸造钱币，并命人以自己的名义在周五的礼拜仪式上读讲道词，继续争取他的王位继承权。但是他也明白自己处于不利的地位，因此请他的姑姑当密使，向巴耶济德提议将帝国一分为二由两人分治。[6]苏丹巴耶济德拒绝，并且开始慎重考虑杰姆的声望可能对自己在安纳托利亚的统治造成的危害，他从奥特朗托召来了经验丰富的将军"堡垒建造者"艾哈迈德帕夏。后者帮助巴耶济德在布尔萨东方的耶尼谢希尔与杰姆进行了一场战斗。杰姆被迫向科尼亚撤退，在巴耶济德一路追逐下，于6月25日抵达科尼亚。虽然杰姆的军队里有卡拉曼士兵和憎恨奥斯曼吞并卡拉曼的部落民，[7]但安纳托利亚显非久留之地，杰姆只好携带家眷以及顾问们往南迁移，跨越托罗斯山脉到达阿达纳，那是马穆鲁克的附庸拉马赞王朝的王座所在。[8]

巴耶济德遂恳请岳父、邻近的杜尔卡迪尔王朝的统治者阿劳德夫勒缉拿杰姆。但是这个请求被置之不理，这显示杰姆被看作一个真正的王位挑战者，而杜尔卡迪尔王朝和拉马赞王朝只是奥斯曼和马穆鲁克两大国之间缓冲区的小国而已，他们必须看大国的脸色行事，谁都得罪不起。杰姆离开阿达纳继续前行，经过安塔基亚，到达阿勒颇。至此，他已进入马穆鲁克的国境，并于9月底抵达开罗。[9]

杰姆与他的母亲奇切克可敦、妻子和其他近亲[10]在开罗受到苏丹凯

特贝极热情的欢迎和款待。杰姆到麦加朝圣，等他再回到开罗时，卡拉曼
王朝的王子、受到乌宗·哈桑保护的皮尔·艾哈迈德的兄弟卡西姆前来拜
访。跟许多被驱逐的王子一样，卡西姆从王位继承冲突中看到一丝机会，
希望能借此拿回祖先拥有的领土，他提议和杰姆结成军事联盟，共同对抗
巴耶济德。因此在 1482 年初，杰姆回到安纳托利亚，到阿达纳与卡西姆
和他的军队汇合。他们联手围攻科尼亚，巴耶济德的长子阿卜杜拉已经被
任命为这里的王子总督，接替了杰姆的职位。围攻却被阿卜杜拉和"堡垒
建造者"阿哈迈德帕夏击退。杰姆和卡西姆又向安卡拉前进，但是巴耶济
德已从伊斯坦布尔领军亲征的消息传来，他们只好撤退到奇里乞亚。在这
里，杰姆见到了巴耶济德的特使，巴耶济德要送他一笔黄金和退隐耶路撒
冷的机会，但是杰姆无意就此收手。[11]

　　我们不清楚为什么巴耶济德认为杰姆或许会同意到深处马穆鲁克境
内的耶路撒冷定居。不仅马穆鲁克和奥斯曼的关系不甚融洽，西方君主们
更是怀抱着让十字军继续在大叙利亚地区东征的梦想，还一直声称拥有耶
路撒冷。1481 到 1482 年间，那不勒斯国王费迪南在写信给苏丹巴耶济德
谈判奥斯曼从奥德朗托撤退一事时，称呼自己为"耶路撒冷国王"。[12] 而
1483 年继任法国国王的查理八世更有野心：他不仅使用"耶路撒冷国王"
的封号，还和穆罕默德一样，认为自己就是拜占庭皇帝的继承人。[13]

　　自 1402 年帖木儿大败同名的苏丹巴耶济德一世后，奥斯曼帝国再次
面临分裂危机。卡拉曼的卡西姆贝伊没有杰姆那么乐观，不确定他们可以
成功将巴耶济德赶出安纳托利亚，因此建议杰姆应乘船前往鲁米利亚，在
那里集结反抗势力（或许他仍记得 70 多年前巴耶济德一世的儿子穆萨的
故事）。但是在鲁米利亚，杰姆没有天然的支持者可依靠，也并不打算从
那里继续未竟的事业。他的支持者都在安纳托利亚。在这个地区之外，巴
耶济德身为法理上的苏丹，已掌握了常备部队的全部人力物力，杰姆将受
到他们的全力攻击。[14] 在得到罗得岛上圣约翰医院骑士团给予的安全通行
许可后，杰姆带着 30 名仆人和随从由安纳托利亚南部的地中海港口科里
可斯启航，于 1482 年 7 月 29 日抵达罗得岛。卡西姆恳请医院骑士团为他
们提供武器，以继续在鲁米利亚进行军事行动，但是对方不愿公开与巴耶

济德对立，拒绝了他们的请求。[15] 杰姆在罗得岛上待了一个月，并且授权骑士团的大团长奥布森的皮埃尔代表他和巴耶济德谈判。[16] 之后，他便启程航向法国，在那里，骑士团可以保护他不被哥哥伤害。

在此期间，杰姆写了一首两行诗给巴耶济德，表达对世事不公及处身现况的悲伤心境：

> 你满心喜乐笑卧玫瑰榻，
>
> 我却满心悲苦身困厨房灰堆 —— 为什么？

巴耶济德回复道：

> 真主已将这个帝国永久托付给我，
>
> 你却不肯屈服于命运 —— 为什么？
>
> 你宣称："我是走向圣地的朝圣者。"
>
> 但你却是为了世俗的苏丹之位朝圣 —— 为什么？ [17]

就在杰姆挥别罗得岛前往法国的当天，医院骑士团的大使亦离岛前往奥斯曼宫廷。骑士团正在计划趁苏丹因内讧而脆弱之时召集同盟再次东征，终因无人支持而作罢，他们转而迅速派使者与奥斯曼延长和平条约。条约在年底签订，内容大致与穆罕默德初即位时的条约一样。医院骑士团把杰姆掌握在手中，这使他们能够对巴耶济德产生巨大的影响力，并使他们相信 1480 年的围岛战役不会重演，至少现在不会。还有，他们必要时可以辜负杰姆的信任：道布森并没有保护杰姆免受巴耶济德的伤害，他在一份秘密备忘录中交代特使，让他们暗示巴耶济德，自己愿意讨论杰姆的问题。其实，杰姆只是基督教攻击巴耶济德帝国的活动的名义上的领袖，巴耶济德对杰姆能造成怎样的破坏心知肚明了。正如骑士团的秘密备忘录许诺的那样，当巴耶济德派遣的特使带着和平协约回罗得岛让大团长签字的同时，他们还与医院骑士团签订了进一步的条约：它重现了当年穆罕默德二世和拜占庭皇帝君士坦丁十一世为了王位觊觎者奥尔汗所达成的共识，那就是骑士团要派人在法国监管杰姆，这么做的回报是巴耶济德每年支付 4 万枚杜卡特金币。[18]

杰姆于 1482 年 10 月 17 日抵达尼斯，据说他惊艳于异国风情，将感触以两行诗记录如下：

> 尼斯城，如此艳丽美好的城市，
>
> 无论你多么反复无常，都不会质疑它的美！ [19]

杰姆前往西方之后，有两个人被处死。前任大维齐尔及前海军元帅"堡垒建造者"艾哈迈德帕夏，未能于杰姆逃往埃及的路上拦截他，惹得巴耶济德极为不满。如今因杰姆造成的直接威胁已经解除，巴耶济德将"堡垒建造者"艾哈迈德杀害于埃迪尔内。在伊斯坦布尔，城里的行政长官伊斯坎德尔帕夏受命勒毙杰姆的幼子奥乌兹（跟科尔库德一样，他在穆罕默德二世在世时被留在伊斯坦布尔当人质），但他无法亲手执行如此残忍的谋杀，最终毒杀了奥乌兹。[20]

巴耶济德担心杰姆亲自举事图谋不轨，或（更糟的是）被敌人利用。但是杰姆被迫前往法兰西，只是让他离王座愈来愈远而已。他知道，卡西姆从鲁米利亚发动的任何攻击都会被奥斯曼舰队挫败，因为这支舰队已经在巴耶济德掌控之中。杰姆也知道想要获得西方的帮助只是痴心妄想而已。意大利的几个国家都不愿招惹宿敌。那不勒斯现已夺回奥特朗托，但 1480 年奥斯曼占领这座堡垒给他们带来的震撼让国王宁愿打和平牌[21]。虽然还在罗得岛上时，杰姆可能曾觉得法国国王路易十一世或许会助他一臂之力，但实际上法兰西却对推动十字军征讨巴耶济德一事兴致缺缺。[22]

巴耶济德二世每年给杰姆的看管者大笔年金以保证他被囚禁，杰姆的看管者受到这笔钱的驱使，把杰姆从尼斯送往内陆，在法国东南地区的城堡与城堡之间转移。巴耶济德还派出各类密探确认他弟弟何在以及最近在做什么。[23] 其中一人是一个名为巴拉克的水手，他于 1486 年从伊斯坦布尔出发，穿越意大利旅行至法兰西，一路经历险境甚至被抢。他抵达热那亚后，被人带到都灵见萨伏依公爵查理。前不久查理才见过杰姆，并且想要帮杰姆逃脱。一开始他怀疑巴拉克，但是如果巴拉克能付一笔钱，他同意给些指点。结果巴拉克没能筹集足够多的钱，到热那亚搭船打算回伊斯坦布尔。在热那亚南方的拉帕洛沿岸下船歇脚时，他偷听到一段重要的谈话——可能就是那种酒馆闲话：杰姆要被骑士团送回意大利了。这让巴拉克决定重回热那亚，并筹集了足够的钱换取萨伏依公爵的指引。根据公爵给的指引，他离开都灵往西走，从塞尼山口穿过阿尔卑斯山，再依当地人的通报一路跟着"土耳其人"的踪迹，最终到达法国中部偏僻的布尔加纳堡垒，它在圣约翰医院骑士团大团长奥布森的皮埃尔的出生地奥布森城以西40公里处。下面是巴拉克返回伊斯坦布尔后给讯问人员的报告：

> 我们问酒馆酒保："弥撒的时间到了吗？"……他说："到了。"他（即巴拉克的向导）就带我到教堂去。进教堂的时候，我们看到许多医院骑士团成员，每个人都在读手中的书。我站在一个隐秘的角落。指引我的人走到我面前还拉着我的肩膀，我们走到教堂外面。我们看到城堡外的壕沟旁有好几个戴着头巾的男子。我看到6个人戴着头巾。他自己（即杰姆）穿着一件黑丝绒衣裳，正跟一个留着大胡子的人聊天——他看起来像是个平民。他自己的络腮胡已剪短，倒是八字胡长长了，还有就是脸色苍白：我也问过（我的向导），他那个时候好像是大病初愈。[24]

这是他离杰姆最近的时候。除此之外，萨伏依的查理没再提供其他帮助，因为他要处理自己领地内的叛乱，巴耶济德的密探巴拉克似乎就此返回了伊斯坦布尔。[25]

杰姆的母亲奇切克可敦在儿子离开后还留在埃及，在她不断的催促下，在巴耶济德即位头几个月里，马穆鲁克苏丹凯特贝在与医院骑士团的书信中多次提到可否将杰姆送回开罗，但每次都被拒绝了。[26]1485年之后，凯特贝更加紧要人，因为马穆鲁克与奥斯曼已经开战。1487到1488年间，他透过洛伦佐·德·美第奇的使者向法国国王查理八世要人，并表示愿意支付10万枚杜卡特金币。[27]在同一时间点，巴拉克偷听到的谈判也正在进行：教宗英诺森八世正在想办法说服查理八世，使查理相信把杰姆交给他才最符合基督教王国的利益。1489 年 3 月，杰姆到了罗马和梵蒂冈，这时他已 29 岁。

有杰姆在手中，教宗开始四处游说，争取各国支持组织十字军攻打巴耶济德。1489 年秋天，他派遣特使觐见凯特贝，谈判马穆鲁克出兵支援一事。[28] 还在期待杰姆回到他这里的凯特贝答应，如果英诺森八世把杰姆送回埃及，他就同意重建以前的十字军国家耶路撒冷王国。[29] 匈牙利国王匈雅提·马加什也一直在争取杰姆的监管权，由他自己监管或凯特贝监管都可以。[30] 但是 1490 年，他逝世了，一个新的外交时代来临。巴耶济德和教宗互派了大使，最后双方达成协议。其实这个协议跟之前医院骑士团与巴耶济德签署的协定基本一致。教宗担当杰姆的监管人，并且保证不会利用他对付巴耶济德，同时教宗则可以获得每年 4 万枚杜卡特金币作为回报，他还获得了君士坦丁堡陷落后保存在伊斯坦布尔的基督教圣物，例如耶稣被钉在十字架上时，刺穿他肋骨的长矛的矛头。这次交易最终在双方的互不信任中达成。[31]

杰姆在被监管的漫长日子里度日如年，枯燥烦闷分分秒秒腐蚀着他的心。他被监禁在布尔加纳堡特别为他建造的坚固塔楼里（这座塔楼保留至今），只有几名仆人陪伴着他的放逐岁月开始变味，和哥哥争执的冲劲已经迅速减弱。[32] 到达罗马后，虽然用于让他过得舒服些的钱大笔增加，杰姆却什么都不在意，一心只想回到自己的家乡。若是办不到，他写道，就让他在伊朗度此余生吧，要不在任何阿拉伯的土地甚至到印度都可以。[33] 随着新一次十字军东征的临近，他告诉教宗，"即使让我统治全世界"，他也不会放弃自己的信仰。[34] 从罗马带给巴耶济德的信里，杰姆表明他最大的心愿就是结束牢狱生活，他说自己已经快忘掉还有什么歧见了，他发誓一定会效忠哥哥，他这么说时一定是满心诚意的。[35]

*　　　*　　　*

身为罗马阶下囚，杰姆或许听闻了一出正在遥远的地方上演的大戏，它影响到他的家乡。西班牙南方安达卢西亚的格拉纳达城是伊斯兰纳斯里德王朝的都城所在地，1492 年 1 月 2 日，它落入阿拉贡王国的费迪南二世和卡斯蒂利亚王国的女王伊莎贝拉手中。一个月后，盛大的华丽庆典在罗马举行以庆祝西班牙胜利。君士坦丁堡的沦陷在基督教世界中仍是淌血的未愈伤口，打败信奉伊斯兰教的"摩尔人"被看作是对奥斯曼人带来的苦难的报复，受到欧洲人的欢迎。[36]1477 年，西班牙宗教裁判所开始正式运作的前一年，安达卢西亚穆斯林的代表曾经向苏丹穆罕默德二世请求保护。[37]格拉纳达城沦陷后，巴耶济德给予他们庇护。虽然在 1501 年之前，西班牙人并未强制要他们在转变信仰和移民之间做选择，但许多人接受了庇护。短短几年内，萨洛尼卡的三座大教堂都被改成清真寺，好让来奥斯曼寻求庇护的人们使用。[38]经过多次变迁，留在安达卢西亚的穆斯林社群在 1609 到 1614 年之间还是被驱逐出伊比利亚半岛。[39]

被称为塞法迪人的西班牙犹太人就没有那么幸运了。早在宗教裁判制度实施前，他们早已饱受压迫，许多人改信天主教。但是，宗教裁判所会测试他们皈依的虔诚度，许多人因为被发现不够虔诚被处死。1492 年，犹太神职人员被驱离西班牙，移民至葡萄牙、法国及欧洲其他国家。许多人迁移到奥斯曼帝国，那里已经聚集了讲希腊语的希腊犹太人和被称为"阿什肯纳兹人"的德国犹太人，这些人都被驱逐出自己的家乡。苏丹巴耶济德欢迎这些西班牙犹太人，据传他还评论道："你还能说这种国王（指费迪南）是聪明有智慧的吗？他根本是穷了自己的国家，富了我的王国。"[40]1492 到 1512 年之间，宗教迫害肆虐整个欧洲大地，最大一波犹太移民也随之涌入奥斯曼。巴耶济德希望这些移民集中在省会，帝国的许多城镇迅即冒出大量塞法迪人社区。不过，伊斯坦布尔并不欢迎他们，首都内新成立的犹太会堂被关闭，杰出的犹太人被劝导改信伊斯兰教。[41]

英诺森八世和巴耶济德在 1490 年因为杰姆而建立的和平关系并未维持多久。查理八世企图继承那不勒斯王国时，将杰姆当作一枚棋子。[42]1492 年，亚历山大六世继英诺森八世之位成为教宗，新教宗急需和巴耶济德续定新约，他在给巴耶济德的信中揭露了法国国王的计划：

> ……法国国王正率领最庞大的陆海重兵向罗马推进，出兵支援的有米兰人、布列塔尼人、葡萄牙人、诺曼人及其他人，意图从我手中夺走你的弟弟杰姆苏丹，并拿下那不勒斯王国和国王阿方索。[43]

巴耶济德回复教宗的信函和支付给罗马监管杰姆的费用却在半路被拦截，信件被公之于世，教宗居然与基督教的共同敌人结为盟友，因而饱受咒骂和指责。人在佛罗伦萨的查理八世挥军南下，穿越意大利，于1494 年最后一天兵临惊恐万分的罗马城。他要求把杰姆交到他手上。教宗亚历山大被迫同意交人，但查理八世只能监管杰姆 6 个月，而且教宗拒绝交纳保证金。杰姆遂被转交给查理，并随着国王的军队朝那不勒斯前进。[44]

那不勒斯的国王、费迪南的继承人阿方索转而向巴耶济德求助。根据当时的一名威尼斯作家的记述，苏丹满心担忧查理会把杰姆带到巴尔干半岛，让他在那个地区鼓动人民起来反抗自己。然而据奥斯曼驻威尼斯大使的记载，法兰西国王却指望失去继承权的拜占庭和塞尔维亚王室后裔，以及斯坎德贝格的卡斯特里奥塔家族出手相助。苏丹因而加强达达尼尔海峡的防务，要求海军舰队备战。恐慌气氛开始在伊斯坦布尔四处飘散，在那里，他巡视了城墙，设好大炮的炮位，准备保卫城池。[45]

1495 年 2 月 24 日夜至 25 日凌晨，查理率领部队抵达那不勒斯两天后，杰姆逝世了，享年 36 岁，此时他已流亡了 13 年。有谣言说是毒药让他走向死亡的，但是看起来他应该是自然死亡。不过他就算死了也不得安宁。巴耶济德派出信要遗体，以交换他拥有的在伊斯坦布尔的基督教圣物。他说，没有遗体，他无法确认杰姆真的死了。查理把遗体运到那不勒斯北部海岸上的一个坚固的堡垒加埃塔，1496 年 11 月，法国从加埃塔撤退时，杰姆的棺木就被交给那不勒斯的王子弗雷德里克，以换取那不勒斯人手中的法国俘虏。那不勒斯需要苏丹的支持对付敌人，而且巴耶济德威胁他们，如果那不勒斯不把遗体送到伊斯坦布尔，他就要废除签订的和约。进一步的威胁终于产生了效果，到 1499 年初，杰姆的遗体已经从位处意大利踵部的圣卡塔尔多渡过亚得里亚海，抵达阿尔巴尼亚海滨的发罗拉，在前往伊斯坦布尔的路上。它从那里被带回了家，走的应该是海路，航行过盖利博卢时受到了人群的围观，最后到了布尔萨。杰姆终于回到家乡，被葬在他祖父苏丹穆拉德二世的墓园里，就在他大哥穆斯塔法旁。他的墓冢至今仍可供人凭吊。[46] 杰姆离奇的一生激起了无数东西方作家的遐想，时至今日也仍然为他们提供不竭的灵感。[47] 他被塑造为一个史诗意义上的悲剧人物，一个真正的文艺复兴式的王子：他受过良好教育，口才极佳，写过颇受好评的诗篇，却太晚意识到自己的政治野心是多么愚蠢，没能挽救自己，导致自己被软禁起来，最终神秘地死亡。

*　　*　　*

杰姆下葬后，苏丹巴耶济德心头的大石终于得以放下。不过奥斯曼历史上的这一章值得我们注意，因为它预示着奥斯曼与基督教势力之间外交模式的改变。过去的外交模式是外交共识，总有一个国家代表利益相关的其他王国和奥斯曼谈判，但到了商讨杰姆监管相关事宜时，则是奥斯曼和每一个国家分别谈判。巴耶济德因而得以利用各国之间的矛盾取得谈判优势，从 15 世纪 80 年代中期开始，与欧洲各国直接的双边关系开始取代过去的集体协议。奥斯曼最早的特使就是在这个时期前往欧洲各宫廷的，如 1483 年到法国的特使，1495 年到莫斯科大公国的特使，1496 至 1497 年派往神圣罗马帝国的特使。[48] 虽然基督教和伊斯兰国家均宣称和对方永远心怀敌意，但是从杰姆长期的流亡过程中可以看出来，政治上的权宜措施比宗教上的意识形态更能主导处理事情的态度。所有人都能看出，与奥斯曼相比，查理八世统治的法国对意大利的和平具有更大更直接的威胁，奥斯曼对此自是善加利用。

多年来，巴耶济德的精力全被杰姆的生死与进退占据，这显示，不管穆罕默德二世有多么非凡的功绩，奥斯曼帝国领土的完整并不是理所当然的事。杰姆在 1482 年 7 月前往罗得岛，让巴耶济德在国内的混乱中得到一个喘息机会。卡拉曼的王子卡西姆曾经为了共同的利益与杰姆合作，现在却获得了苏丹的原谅，在放弃独立自主的要求后，被任命为安纳托利亚南部的厄齐勒省（大约是今天的奇里乞亚）的总督，那里过去曾是卡拉曼埃米尔国一部分。但他年事已高，于 1483 年逝世。[49] 卡拉曼此时终于成为奥斯曼领土中不可分割的一部分，不过局势仍然紧张。晚至 1500 年，巴耶济德被迫出兵攻打另外一个号称有权统治卡拉曼的人，即卡西姆的侄子穆斯塔法。他统领着军队出现在伊朗，支持那里的反抗势力。[50]

在争取居住在奥斯曼和马穆鲁克缓冲地区的土库曼部落的效忠时，马穆鲁克苏丹凯特贝也抑制住了把杰姆当棋子利用的诱惑，但是在 1481 年，杰姆在马穆鲁克避难已经成为未来冲突的征兆。虽然心有不甘，但是卡拉曼王朝至少现在名义上已经归入奥斯曼之下。然而除了卡拉曼王朝外，尚有依然独立的杜尔卡迪尔王朝和拉马赞王朝，他们分别以埃尔比斯坦和阿达纳为核心，控制着边界不断变化的领土，他们的存在依靠马穆鲁克和奥斯曼人的支持。

第一次奥斯曼 – 马穆鲁克战争爆发于 1485 年，杜尔卡迪尔王朝的阿劳德夫勒仗着有女婿巴耶济德撑腰，围攻了马穆鲁克在安纳托利亚东南部、幼发拉底河以西的城市马拉蒂亚。当马穆鲁克反击时，巴耶济德派出增援部队支持阿劳德夫勒，马穆鲁克落败，但随后在第二次遭遇战中取得胜利。[51] 马穆鲁克统治者想尽办法羞辱巴耶济德，在巴赫曼尼苏丹国（位于印度半岛的德干高原）的沙赫赠给巴耶济德的礼物途经马穆鲁克领土时，他没收了这些礼物。[52]1485 年夏天，巴耶济德派新上任的卡拉曼总督"黑眼睛"穆罕默德帕夏率领一支军队，攻打土库曼部落图尔古德卢和瓦尔萨克。这两个部落在奥斯曼占领卡拉曼时反抗最激烈，1481 年杰姆试图进军伊斯坦布尔时，他们也派军支援。"黑眼睛"穆罕默德占据了塔尔苏斯 – 阿达纳地区的堡垒，这个地区控制着安纳托利亚前往叙利亚的道路，具有战略地位，因此得到了"通往阿拉伯大地的钥匙"的称谓。[53]

马穆鲁克苏丹凯特贝果断行动，要减轻奥斯曼对他的领土的威胁。1486 年 3 月，马穆鲁克军在阿达纳附近一处战场遭遇一支联军，联军的一部分是卡拉曼来的"黑眼睛"穆罕默德率领的部队，另一部分则是从伊斯坦布尔来的，由巴耶济德的女婿、阿纳多卢总督"亲王之子"艾哈迈德帕夏率领。"黑眼睛"穆罕默德带着人马从战场上逃走（后来被捕并处死），"亲王之子"艾哈迈德被俘，送往开罗。马穆鲁克控制了阿达纳、塔尔苏斯和奇里乞亚平原。[54] 第二年，大维齐尔达乌德帕夏率领帝国军队上了战场，这次还有杜尔卡迪尔王朝的阿劳德夫勒的军队加入作战。原本阿劳德夫勒建议让部队迎头攻打马穆鲁克，但这个计划被放弃，军队转而去镇压反抗的瓦尔萨和图尔古德卢部落。完成任务后，达乌德帕夏撤军回国，他清楚地知道，日后奥斯曼若再攻打马穆鲁克，后方遭遇突袭的风险已大幅降低。[55]

1488年，奥斯曼从陆海两路进军马穆鲁克。刚刚被从开罗释放的"亲王之子"艾哈迈德帕夏率领一支舰队支持陆地战斗，陆军则由鲁米利亚总督"太监"阿里帕夏率领。大军开进争议领土时，部队从马穆鲁克及其附庸手中夺下不少堡垒。敌对双方都想获得西方国家的协助——因为与马穆鲁克有协议，威尼斯拒绝让巴耶济德将塞浦路斯作为基地，凯特贝与其他意大利国家接触时同样碰了钉子。[56] 奥斯曼舰队驶过罗得岛附近海面时，没有提出任何要求，这让医院骑士团松了一口气，因为虽然医院骑士团跟马穆鲁克维持着外交和商业上的关系，他们畏惧的却是奥斯曼。[57] 威尼斯派遣一支舰队到塞浦路斯，以阻止"亲王之子"艾哈迈德的庞大舰队登岸；不过舰队却停泊于安纳托利亚海岸边的伊斯肯德伦，以阻止马穆鲁克军由叙利亚穿越山口北上。但是天公不作美，一场巨大的风暴使奥斯曼舰队沉没，马穆鲁克军毫未受阻，继续朝阿达纳前进。"太监"阿里的军队在接下来的一场战斗中大败溃逃，被土库曼部落军队一路追击。令人稍感欣慰的是，一支马穆鲁克军队在退回阿勒颇的路上被"亲王之子"艾哈迈德歼灭。"太监"阿里撤退到卡拉曼，试图整编他散乱的部队。许多从战场上败逃的奥斯曼地方将领被带到伊斯坦布尔，关进博斯普鲁斯海峡边的如梅利堡垒。阿达纳堡在围城战中抵抗了三个月后，还是被守备部队交给了马穆鲁克。战败让奥斯曼失去了几个原本还有些影响力的土库曼部落的支持，而且因马穆鲁克已经成为本地区更加强大的国家，杜尔卡迪尔的阿劳德夫勒也更公开地表现出变节倾向。奥斯曼的反应是打算让他的兄弟沙赫布达克接任杜尔卡迪尔贝伊。不过他们无法通过强力使他继位，他还被阿劳德夫勒当成俘虏送到埃及，在那里，他也选择投靠了马穆鲁克。[58]

但是马穆鲁克却无法利用自己的优势。1490年，他们的军队开进卡拉曼，围攻安纳托利亚中部的开塞利，但是一听说"亲王之子"艾哈迈德帕夏正朝他们进军，他们就即刻撤退了。马穆鲁克无力再负担这场陷入僵局的冲突的开销，何况他们还得面对国内反对战争的呼声。奥斯曼也意识到，自己的军力还得用于防备西方的十字军征战，因此双方在各有盘算的情况下一拍即合，和平协议第二年就签订了：两方国界定于扼守东托罗斯山脉中道路的居莱克山口，至于阿达纳地区则仍是马穆鲁克势力范围。[59]

1495 年杰姆辞世时，未分胜负的奥斯曼－马穆鲁克战争早已终止，巴耶济德将自己的注意力转向西方。1499 年，威尼斯派到伊斯坦布尔的特使见到金角湾的军工厂在加强生产，却不相信自己的王国或海外殖民地是奥斯曼的目标：在杰姆被囚禁的那几年，威尼斯小心翼翼地与任何十字军东征的计划保持距离，并且从 1479 年起就一直和奥斯曼维持着和平稳定的关系。它和医院骑士团一样，认为舰队一定是在准备攻打罗得岛。[60]

看起来，巴耶济德一心要完成父亲的伟大计划，把威尼斯人赶出他们仅剩的海外据点。1499 年 8 月 29 日，纳夫帕克托斯在遭受海陆夹击后投降，奥斯曼采用了加强博斯普鲁斯和达达尼尔海峡防御的相同手法，在科林斯海湾向西航行的狭窄入口处建立了相对的两座堡垒。威尼斯本身也在 10 月受到侵略，敌军距离城市仅有 3 公里。1500 年初，一名威尼斯密使在奥斯曼宫廷觐见苏丹，以讨回纳夫帕克托斯，却被告知苏丹连威尼斯在亚得里亚海沿岸的据点也要一并取得，并且把亚得里亚海当作与威尼斯的边境地区。同年稍晚，伯罗奔尼撒西南部沿海地区的迈索尼、科罗尼和皮洛斯（纳瓦里诺）皆被奥斯曼海军攻下。[61]

1501 年 5 月，威尼斯、教宗和匈牙利同意暂且搁置各方的争议，在许多外交上的争执后结成反奥斯曼联盟。威尼斯仍旧保有塞浦路斯、克里特岛和科孚岛，不过海外小型据点的数量已经减少了一些。它开始加紧攻击奥斯曼领土。同年稍晚时候，一支法兰西和威尼斯的联合部队在安纳托利亚西北方海上的莱斯博斯岛登陆，不过遭到击退。[62] 第二年，威尼斯军队在安纳托利亚西南海岸的费特希耶（马克里）再次登陆，并于附近地区大肆劫掠。[63] 纵然有盟军相助，威尼斯也只能做出这种没什么价值的力量展示活动。它再次试图讲和，1503 年签订的和平协议显示，巴耶济德离把威尼斯赶出巴尔干半岛的目标更近了一步。

强大的海军战力让巴耶济德赢得了与威尼斯的战争。在战争即将结束时，他开始大幅改造海军。奥斯曼人建造了更轻巧、机动性更强的舰船，海军兵员亦大幅增加。往后数年虽无大规模海战，但是舰队仍然存在，以发挥保证海上运输网络畅通的功能，也保护商船和其他船舶免受活跃于地中海东部的国内外海盗的攻击。[64]

拥有强大的海军力量后，奥斯曼和其他欧洲王国一样获得了全新的视野。随着 1497 年 11 月瓦斯科·达·伽马绕过非洲好望角，并于第二年春天抵达印度，葡萄牙的商业利益开始威胁阿拉伯人在印度洋维持若干世纪之久的贸易网络，特别是他们已经威胁到马穆鲁克所控制的南亚和东南亚香料贸易。马穆鲁克的海军被证明不足以保护这些贸易线，甚至对近海贸易都无能为力。就在葡萄牙人在印度洋大显身手的同时，地中海东部的罗得岛海盗变得更加猖獗。1508 年，一支从叙利亚北方海岸驶出的载运木头的马穆鲁克船队被罗得岛舰队击败，暴露出马穆鲁克在海上是多么不堪一击。马穆鲁克被迫低下头恳求巴耶济德出手相助，巴耶济德通过友好关系做到了过去武力做不到的事情：马穆鲁克承认在中东的势力角逐中，奥斯曼比它占优势。1510 年，派到奥斯曼宫廷的使团为马穆鲁克的海军争取到大量的原料和补给。奥斯曼不仅拥有先进的海军技术与知识，还拥有欧洲人同样在使用的火药枪炮。他们供应大炮给马穆鲁克以对付葡萄牙人，甚至派遣自己的军官指挥马穆鲁克的海军。[65]

马穆鲁克无力保护自己的海运免遭葡萄牙侵害，这给了巴耶济德大好机会介入马穆鲁克的国家事务，同时扩大自己的利益。他的动机是复杂的：奥斯曼进入印度洋可以使他在暴利的香料贸易中分一杯羹；同时，马穆鲁克有了他的支持，就不再与出现在自己疆域东方的敌人（萨法维的沙赫伊斯玛仪）缔结盟约；这还能消解任何马穆鲁克帮助他儿子科尔库德的可能性，后者在 1509 年因为不满意他父亲分配给他管理的桑贾克，跑到了开罗，可能准备夺取巴耶济德的统治权。无论如何，巴耶济德的算计成果丰硕。

虽然葡萄牙人进入印度洋以及奥斯曼人后来介入使这两个国家之间

爆发了一场漫长的冲突，但是双方都在他们之前不曾注意的世界获得了可观的经济与战略利益。更重要的是，巴耶济德介入马穆鲁克事务，已预先为他儿子塞利姆打开了几年后征服叙利亚和埃及的大门。不过在那之前，伊朗的萨法维王朝对奥斯曼正统性的根基提出了不逊于之前任何国家的挑战。在伊斯兰世界内出人头地的努力和与基督教世界间的敌对一样容易引起争端，奥斯曼帝国建立 300 年来头一次遭逢如此危机。

＊　　　＊　　　＊

如果说巴耶济德统治的早期是由兄弟杰姆的命运主宰，那么他统治期的后几年则饱受奇兹巴什（"红头"）现象的折磨。"奇兹巴什"是指那些戴着有 12 层红色高帽子的人，他们以这种形式表达对伊斯兰教什叶派十二伊玛目 ① 的崇敬。卡拉曼王朝和白羊王朝跟马穆鲁克和奥斯曼一样，都信奉逊尼派伊斯兰教，而这股崛起于奥斯曼东方边境外的新势力 —— 新生的萨法维王朝执意建立一种以伊斯兰教里仅占少数的什叶派思想为基础的意识形态。

萨法维王朝国名取自谢赫萨菲丁·伊沙克，他是在伊朗西北部的阿尔达比勒地区出现的萨法维教团的创始人。谢赫萨菲丁·伊沙克于 1334 年逝世，而历史上，人们常常将由他启发所建立的萨法维王朝建立的时间定于 1501 年，当时 14 岁的萨法维沙赫伊斯玛仪率领一支军队攻打残余的白羊王朝的首都大不里士，从统治者他的表兄弟手上夺下了这座城市。这是白羊王朝王子间的王位继承持久战中具有决定性的一战，这场继承战争爆发于伊斯玛仪尚未出世的 1474 年，即乌宗·哈桑（伊斯玛仪的外祖父）逝世的那一年，并且在 15 世纪末的那几年，战况变得愈来愈激烈。对于萨法维教派从谢赫萨菲丁·伊沙克时代至伊斯玛仪时期的转变，世人始终一

---

① 十二伊玛目是伊斯兰教什叶派的十二伊玛目派推崇的先知穆罕默德在政治与精神上的继承人。他们是先知的女婿阿里及其直系后裔共 12 人，被认为是政治与宗教上的最高领袖。十二伊玛目派相信第 12 位伊玛目依旧在世，只是隐遁起来，他会在世界末日时再次现世，在人间建立公平盛世。——译者注

知半解。从一位现代历史学家所归纳出的特征看来，它原是"一个传统的逊尼苏菲派组织，逐渐用不那么脱俗的方式吸收了众多信徒，也获得了不少资产"[67]，转变成一个对奥斯曼人展现出极度憎恶的国家，同时还表现出对被看作"正统派"的逊尼派的激进反对立场。在这个地区，在各地强制实行"正确"的教义与仪式的机构才刚刚建立，民间的信仰尚未受到学究气的伊斯兰教的影响。将奥斯曼人信仰的伊斯兰教称作"正统"，将萨法维称为"异端"的做法，确实没有适当地表达出这个地区里宗教仪式的多样化。

萨法维教团建立于安纳托利亚的崎岖高原与伊朗西部，那时候，还没有有效的中央权力在那个文化多元的区域强制推行阿拉伯核心地区的逊尼派教义。阿尔达比勒的萨法维教团的谢赫的教导，最初跟逊尼派的教义差异并不大。萨法维派思想转变的一个关键人物是伊斯玛仪的祖父谢赫祖乃德，他在1447年成为萨法维教派的领袖。他的好战强硬教义震撼了当时伊斯兰教里逊尼派和十二伊玛目什叶派双方的信徒。[68] 祖乃德变成了极具影响力的人物，后来被阿尔达比勒所在的黑羊王朝的领袖、也信奉什叶派的贾汉沙赫驱逐，于是他到贾汉沙赫的敌人乌宗·哈桑处寻得庇护。[69] 就在奥斯曼势力伸入安纳托利亚东部、叙利亚北部和阿塞拜疆的时候，祖乃德在这些地区的土库曼的部落中迅速赢得了信徒。除此之外他还吸引了其他群体，包括谢赫贝德雷丁追随者的后裔——大约50年前，他们为奥斯曼的内战增添了许多变数。[70] 不过反常的是，祖乃德居然名列穆拉德二世致赠金钱和礼物的圣者名单，而将谢赫贝德雷丁处死的就是他父亲穆罕默德一世。[71]

祖乃德在1447年成为萨法维教团领袖，穆罕默德二世于1453年占领君士坦丁堡，但在大约半个世纪前的1402年，帖木儿打败了巴耶济德一世，在班师回撒马尔罕时路过阿尔达比勒。当时的谢赫劝说帖木儿释放了他在安纳托利亚征战时捕获的俘虏，帖木儿同时写信给安纳托利亚地区重新即位的埃米尔们，要他们免除这些前俘虏的税金。估计这也成为他们以及后代子孙偏爱萨法维教派的原因。[72]

跟早于自己的穆罕默德二世一样，伊斯玛仪很年轻的时候就登上了王位，且跟穆罕默德一样都受到顾问的鼓励，坚定地走他选定的方向。他迅速地为萨法维王朝选择了与奥斯曼迥异的意识形态，这是带着明显宗教色彩的政治行动，不仅使两个国家对立，更使他们在安纳托利亚东部的领土纷争加剧。而乌宗·哈桑对苏丹穆罕默德二世的宗教挑战仅仅是对他在逊尼派伊斯兰世界至尊地位的挑战。安纳托利亚东部和周边地区的权力竞争势将变得前所未有地激烈与残酷。此地的非逊尼派教徒视奥斯曼为一个以西方为目标的拜占庭 – 巴尔干半岛势力[73]（在奥斯曼攻下君士坦丁堡之后尤其如此），并转向东方寻求救赎。伊斯玛仪释放出来的信息给那些苏丹治下的不情愿臣民提供了一个可以表达不满的渠道，让他们表达对一个颂扬反抗精神的国家的偏爱 —— 特别是安纳托利亚高原边缘山区的土库曼游牧民族，他们对奥斯曼的效忠只不过是意外被征服又无力拒绝时的选择。奥斯曼面临的危险在于，伊斯玛仪全新的平民化教条轻易吸引了自己的一部分臣民，他们并没有明确的宗教信仰和政治倾向，昨日看似欣欣向荣的安纳托利亚地区的其他埃米尔国今日却变成废墟一片，而建立其上的中央集权的奥斯曼，却没有他们立足之地。对奥斯曼而言，奥斯曼 – 伊朗边界地区被夺去权利的部落民是个负担，奥斯曼既不愿他们参与国事，又不愿让他们落入萨法维王朝手中，因为后者势将利用他们扩大自己的军事和政治利益。[74]

萨法维教义宣称沙赫是先知穆罕默德的侄儿兼女婿伊玛目阿里的化身，而阿里就是真主在人间的化身 —— 成为阿里的继承者是继承什叶派教长国的必要条件，[75]16 世纪初到伊朗的西方旅行者记录道，伊斯玛仪被他的追随者当成真主一样崇拜。[76] "奇兹巴什"一词就是在伊斯玛仪的父亲谢赫海达尔的时期开始使用的。沙赫伊斯玛仪宣称，随着萨法维王朝的建立，他的信徒们终于寻找到一块属于自己的领土，引得成千上万人涌到他身边，期待第十二位伊玛目立刻再次现身。他对他的追随者写道："只有当一个人有一颗纯洁的心，他充满鲜血的内脏像红宝石一般，他才有资格成为奇兹巴什。"[77]1502 年，一则谣言说伊斯坦布尔城内有大约5000 名奇兹巴什，这使苏丹巴耶济德立刻采取镇压措施，关闭城门拘捕可疑分子。他还担心奇兹巴什的同情者会向伊斯玛仪寻求庇护，因此禁止人

们穿越奥斯曼 – 萨法维边界，但是成效并不显著。[78]

当巴耶济德还是阿马西亚的王子总督时，他曾经资助过新成立的哈尔瓦提教团，他们的谢赫和乌宗·哈桑有来往，他们的教义也跟萨法维教义颇相似。穆罕默德二世曾经怀疑从东部省份来的圣者，所以驱逐了一位在伊斯坦布尔有影响力的哈尔瓦提教团的谢赫，不过等巴耶济德继位后，他又邀请这位谢赫最有名的一位学生定居首都，哈尔瓦提教团也壮大起来。[79]巴耶济德自己的神秘主义倾向至少可以部分解释，为何他急于避免与新的邻国萨法维发生公然冲突。1504 至 1505 年冬天，他写信给伊斯玛仪，指责他对逊尼派穆斯林处置不当，警告他只有停止迫害，两国才能发展良好关系。[80]1505 年，巴耶济德的儿子塞利姆入侵萨法维的领土，但伊斯玛仪仅做出了温和的反应。伊斯玛仪和巴耶济德双方的克制到了 1507 年仍然明显，这一年，巴耶济德允许伊斯玛仪带兵穿过奥斯曼领土攻打杜卡尔德，并给予伊斯玛仪默默的祝福。[81]跟之前的乌宗·哈桑类似，伊斯玛仪有一段时间一直与威尼斯接触，[82]希望能建立反奥斯曼联盟，但都不成功。例如，1508 年，当他再次建议结盟时遭威尼斯反对，理由是威尼斯必须尊重与奥斯曼签订的和平协议。[83]沙赫伊斯玛仪蚕食鲸吞，逐步把白羊王朝的领土纳入自己统治之下，到了 1508 年，他已经打到了伊拉克，夺下了哈里发以前的宝座所在地巴格达。

巴耶济德无意招惹沙赫伊斯玛仪，与此相反，他的儿子塞利姆王子却认定他们必须迎头痛击奇兹巴什。塞利姆是巴耶济德四个存活儿子中的第三个 ①，多年来担任帝国边陲贫穷落后的特拉布宗省王子总督。奇兹巴什已威胁到奥斯曼疆土的完整，而父亲竟毫不作为，他心中自是愤怒不已。[84]1510 年，父子间的紧张关系恶化，巴耶济德指责塞利姆，他不应该把伊斯玛仪兄弟率领的正朝特拉布宗进军的军队打得落荒而逃。[85]同年，塞利姆写信给父亲，沉重地抱怨特拉布宗的境况 —— 它十分荒凉、缺乏现成的物资，而巴耶济德分配给他以提供物资的土地也没有生产力：

---

① 苏丹巴耶济德二世共有 8 个儿子和 17 个女儿。1511 年，他存活的儿子有艾哈迈德、科尔库德、塞利姆和谢辛沙赫；早逝的则是阿卜杜拉、马哈茂德、穆罕默德和阿莱马什。

> 这个省份的谷物不易成熟，物资匮乏，人民贫困，不管派谁来
> 做（王子总督）都难有表现，且孤单无助。物资都要由外面运进来。
> 自从我来到这里，谷物要么是用船运来的，要么就来自土库曼人。
> 这个地方实在没有什么留守价值，什么都不会改变。我连造艘船给
> 自己的条件都没有……此地的穷困实在难以形容。[86]

没多久，塞利姆就离开了特拉布宗，前往他儿子苏莱曼（未来的苏莱曼大帝）的宫廷。苏莱曼此时在费奥多西亚担任卡法省的王子总督，塞利姆的抗命行为得到岳父克里米亚可汗猛立·格莱的支持。[87]塞利姆对巴耶济德的不顺从以及对萨法维采取的激进政策，影响了之后几年奥斯曼的历史进程。

1511年，安纳托利亚西南部的帖克省爆发了奇兹巴什叛乱，领头的是沙赫伊斯玛仪所宣扬教义的信徒，还是苏丹巴耶济德长期救济的对象。[88]这位圣者是"黑胡子之子"哈桑·哈里夫，以"沙赫的奴仆"之名为众人所知。他的传教者们不仅在安纳托利亚鼓动人们反抗奥斯曼统治，并且在鲁米利亚挑起暴乱，其中一些人被捕。[89]1511年初，巴耶济德活着的儿子中年纪第二大的科尔库德王子结束流亡从埃及返回，并接掌帖克省，却得知塞利姆被任命为比帖克更令人羡慕、离首都更近的萨鲁汗的王子总督。科尔库德突然离开省首府安塔利亚，往北而去。"沙赫的奴仆"随即宣布，自己代表沙赫伊斯玛仪成为奥斯曼王座的合法继承人。这个暴乱的时间点并非巧合，因为这一天是4月9日，刚好是伊斯兰教历1月10日，什叶派的圣日，是伊玛目阿里的儿子伊玛目侯赛因殉教纪念日。[90]"沙赫的奴仆"被他的追随者称为马赫迪和先知，[91]对自认正统伊斯兰教捍卫者的国家的统治者来说，这是如同诅咒的字眼。奥斯曼自认是最强大的伊斯兰国家，这使他们认为"沙赫的奴仆"不仅是个叛乱者，更是个异端。

"沙赫的奴仆"却非常乐于接受这个角色。当科尔库德王子还在路上的时候，约有4500名追随"沙赫的奴仆"的奇兹巴什攻击了科尔库德的随行人员，杀死了他的一些人马。当地政府派出的军队被打得溃不成军，慌忙撤回安塔利亚城堡。若说"沙赫的奴仆"的追随者是宗教狂热分子，那

是绝对不公平的：因为这些人里除了农民和部落民，还包括贫困的失去土地的地方骑兵（他们的土地落入了政府官员和他们的随从手中，而严格来讲，这些人并没有资格拥有这些土地），以及失去产业的属于老土耳其穆斯林家族的地方骑兵，他们的土地也被赏赐给出身基督教家庭的穆斯林骑兵新贵，以奖励他们在战场上的骁勇善战。[92]

受到胜利的鼓舞，"沙赫的奴仆"率领这些失去产业的战士北上，沿途烧毁了路过的城镇和村庄——政府指控他们连清真寺、僧院甚至《古兰经》都照烧不误。他们的人数迅速膨胀到两万，这些人经过安纳托利亚西南部湖区的布尔杜尔，到达阿纳多卢的省府屈塔西亚。最开始，阿纳多卢的总督将他们打得落荒而逃。之后，他自己竟然落单并被"沙赫的奴仆"的军队俘虏，他们将他斩首，再以枪矛刺穿，最后架于铁叉上烤。一名目击奇兹巴什行径的军士报告说，他们在屈塔西亚市民的帮助中一路烧杀掳掠：

> 他们破坏一切——男人、女人、小孩，甚至连带不走的牛羊也不放过；猫和鸡都被杀光。他们抢走了屈塔西亚（各村庄）所有值钱的东西——地毯和一切找得到的物品，还把人集合起来放火烧死……你的仆人军士伊斯坎德目睹了这一切……屈塔西亚的镇民做得尤其恶劣，竟放任（奇兹巴什）毁掉所有（村民）维持生计的手段，一点都不（帮助他们）。[93]

科尔库德王子派出攻打奇兹巴什的军队铩羽而归，他只好躲到马尼萨城堡。前往布尔萨的路，还有之后继续通往伊斯坦布尔的道路皆已任叛军横行。1511 年 4 月 21 日，布尔萨的卡迪写信给禁卫军指挥官说，如果他和他的人马不能在两天之内赶到这里，奥斯曼就要完了。"沙赫的奴仆"似乎很快就可以将奥斯曼成功逐出安纳托利亚，再以沙赫伊斯玛仪之名建立自己的政权。[94] 奥斯曼的大维齐尔"太监"阿里帕夏被派领军攻打"沙赫的奴仆"及其追随者。快到屈塔西亚时，他与巴耶济德存活的长子阿哈迈德的部队会合，但在强行军穿越安纳托利亚冲到锡瓦斯后才追上叛军。

在随之而来的战役中，"沙赫的奴仆"和"太监"阿里双双战死。[95] 大批奇兹巴什向东逃至伊朗，[96] 落入奥斯曼手中的则被放逐至 1500 年巴耶济德与威尼斯战争后拿下的伯罗奔尼撒的迈索尼和科罗尼。[97]

*　　*　　*

"沙赫的奴仆"的反抗运动戏剧化地影响到巴耶济德争夺王位的儿子间的势力平衡。老迈年高的苏丹（他现在差不多 60 岁了）还有许多孙子，更是加剧了这次继位竞争。王子总督制度的逻辑是让王子远离伊斯坦布尔，减少他们挑战执政苏丹的机会；同时，也可以通过操纵任命，将苏丹中意的接班人选指派到离伊斯坦布尔较近的省份，等到自己死去，这个人可以比别人早点赶到首都以取得王位。1510 年放弃特拉布宗之前，塞利姆试图帮他儿子苏莱曼争取博卢省总督的职位，那里位于伊斯坦布尔东方不到 200 公里处，但是艾哈迈德王子在巴耶济德支持下（他中意艾哈迈德）阻止了他。[98] 不过塞利姆自己被派驻的萨鲁汗省比艾哈迈德的离首都更近，后者接任他父亲在阿马西亚的王子总督职位。但是塞利姆还是觉得不够近，在他被任命为萨鲁汗省王子总督之前，他曾要求担任鲁米利亚某个省份的总督，不过还是被拒绝了，理由是这么做不合法。[①][99]

塞利姆无意前往萨鲁汗。1511 年 3 月，他离开苏莱曼的卡法省，领军穿越鲁米利亚。到 6 月，他已经抵达埃迪尔内——因为 1509 年 9 月 10 日的一场大地震（当时的文献称之为"小审判日"）严重蹂躏了伊斯坦布尔和周边地区，巴耶济德已将朝廷迁移至此。为了避免父子兵刃相对自相残杀，巴耶济德推翻了他早期做出的决定，不再认为在安纳托利亚之外的省份担任王子总督不合法，并且指派塞利姆担任多瑙河边境的谢曼德尔省（首府于斯梅代雷沃）总督。更重要的是，他许诺塞利姆不会为了让阿

---

① 这套王子总督职务的机制只在安纳托利亚和黑海北端沿海的卡法省实施。在这些地区，穆斯林有压倒性的优势，至少从 14 世纪初内战爆发后就是如此，那时心怀鬼胎的奥斯曼王子们竞相拉拢巴尔干半岛心怀不满的边境贵族支持自己争夺王位。Lowry, The Nature of the Early Ottoman State, 141, 157。

哈迈德王子继承而退位。[100]

艾哈迈德王子重要的坚定支持者大维齐尔"太监"阿里帕夏在"沙赫的奴仆"战役中牺牲后，他意识到自己的地位也跟着被削弱许多。但是塞利姆王子怀疑他父亲的诚信，也不相信艾哈迈德会坐等自己被抛弃，遂调转军队朝伊斯坦布尔进逼，于8月初准备与父亲在色雷斯的乔尔卢附近开战，那就在埃迪尔内与伊斯坦布尔间。当巴耶济德下令部队开火时，塞利姆逃回鲁米利亚，再乘船顺着黑海沿岸到达多瑙河口的基利亚港。他接到父亲的命令回到卡法。巴耶济德也迁回了伊斯坦布尔。[101]

同一时间，艾哈迈德王子则忙于清剿"沙赫的奴仆"叛乱分子，事后他由锡瓦斯地区迁移至安纳托利亚中西部的阿菲永。听闻巴耶济德和塞利姆开战，他即刻兼程赶往伊斯坦布尔，他说他要拜见自己的父亲——是巴耶济德邀请他前来的。艾哈迈德集合了自己的大军，其中包括卡拉曼省的部落军队，他们之前非常乐意接受沙赫伊斯玛仪的传道，现在再度希望能够从奥斯曼宫廷的自相残杀中占得便宜。艾哈迈德写信告诉大维齐尔"伟大的"穆斯塔法帕夏准备迎接他的到来。出乎他的意料的是，当他于1511年9月21日到达伊斯坦布尔时，等待他的是禁卫军的反抗，他被迫停留在博斯普鲁斯海峡亚洲一侧的于斯屈达尔，无法过海进入首都，而他原本希望在那里宣告继承王位。[102]之后，大维齐尔"伟大的"穆斯塔法（曾当过巴耶济德的亲信特使，到罗马和教宗谈判监管杰姆的条件）被刺杀了。[103]至此，敌我形势已经分明：禁卫军支持塞利姆，沙赫伊斯玛仪的拥护者则支持艾哈迈德。

艾哈迈德撤军到安纳托利亚，目标是先扩军增援，再如风暴般拿下首都。但是取得宝座的期望受挫后，他开始公开挑战父亲的权威，以自己的名义任命地方官员。卡拉曼现任总督是巴耶济德之孙穆罕默德王子，这个职位继承自他亡故的父亲谢辛沙赫王子。在艾哈迈德一再争取这个职位却仍遭拒绝后，他成功地攻下了穆罕默德王子统治的首府科尼亚。当艾哈迈德胜利的消息传到伊斯坦布尔，禁卫军再度发动叛乱，并且要求塞利姆为争取苏丹宝座放手一搏，并向政府递交了最后通牒，再次打碎了艾哈迈德的希望。他们大声疾呼支持塞利姆，迫使巴耶济德采取行动。最后，巴耶济德在压力面前低头了，任命塞利姆为军队总司令。塞利姆再次从卡法出发，向伊斯坦布尔前进。[104]

此时，艾哈迈德在科尼亚，而塞利姆在卡法，轮到科尔库德王子觉得他有机会了——他只要第一个赶到伊斯坦布尔，就可以夺得宝座。他离开马尼萨，静悄悄地搭船进入伊斯坦布尔，他向巴耶济德请罪，求他饶恕自己过往的抗命行为，然后静待塞利姆的到达。科尔库德想通过分发黄金收买禁卫军。他们欣然接受，不过当 1512 年 4 月塞利姆抵达伊斯坦布尔时，他们转而支持塞利姆废黜自己的父亲。[105] 这是禁卫军第一次强迫在位的奥斯曼苏丹退位，但这绝不会是最后一次：不管理论上奥斯曼王位继承的习俗如何，到头来都是禁卫军决定让谁或不让谁当上苏丹。

巴耶济德一再姑息沙赫伊斯玛仪和追随伊斯玛仪的奇兹巴什，塞利姆对此表示无法忍受。苏丹穆罕默德二世提升了禁卫军的地位，塞利姆则继承了他的遗产，他的军队中的士兵大多不是一出生就是奥斯曼人，而是后天培养出来的奥斯曼人，他们需要一位坚毅果断的苏丹，能带领他们完成从小被教育要达成的使命。艾哈迈德恰好相反，他代表了那些早已被剥夺了过去财产地位的战士，他们在新的奥斯曼帝国看不到自己的未来。巴耶济德的兄弟杰姆当年吸引的也是这些人。

苏丹巴耶济德 1492 年在阿尔巴尼亚作战时逃过了一次刺客袭击。一名无政府主义的卡兰德里教派的托钵僧突然向他冲过来，这次袭击导致卡兰德里教派被驱逐出鲁米利亚。[106] 但是，他却没逃出被废黜的命运，并且一个月后，他于前往色雷斯他的出生地季季莫蒂霍度此余生的路上自然死亡。[107]

在听说他们的父亲被塞利姆废黜后，人在科尼亚的艾哈迈德王子立即宣告自己才是合法的苏丹。他派次子阿拉丁率军前往布尔萨，他们在 1512 年 6 月中旬进城，在城内大肆掠夺，导致人民四处逃窜。有消息说塞利姆计划从伊斯坦布尔度过马尔马拉海，据说是要打猎，这迫使阿拉丁撤军回到其父亲当时所在的阿菲永。艾哈迈德召集了所有的增援部队，让安纳托利亚陷入一片混乱。塞利姆让儿子苏莱曼当摄政留守伊斯坦布尔，自己率军进入安纳托利亚。艾哈迈德极不愿与自己兄弟在战场兵刃相对，遂由阿菲永撤退至安卡拉，继而朝自己以前统治的阿马西亚前进——但是当他到达后，却发现这里已经严阵以待，禁止他进入。他穿过安纳托利亚，所过之处留下一片毁灭和混乱，塞利姆已经为他贴上了叛乱者的标签。[108]

艾哈迈德接下来往南走，塞利姆派出的密探将他的一举一动全看在眼中，他们也将他的支持者的动向一一上报。艾哈迈德暗示塞利姆，若他到奥斯曼之外的地方寻求庇护，会使帝国脸上无光，他要求塞利姆分一些安纳托利亚领土给他。但是塞利姆不愿放弃任何一寸江山，反而建议他到其他伊斯兰国家寻求庇护。艾哈迈德的党羽鼓励他到沙赫伊斯玛仪处寻求庇护，塞利姆继位苏丹后，他已经在庇护艾哈迈德的长子穆拉德了；要不然他就应该到杜尔卡迪尔或埃及。不过马穆鲁克的新任苏丹坎苏·古里无意相助，所以这个冬天艾哈迈德只好暂时退居杜尔卡迪尔。塞利姆则驻在布尔萨。[109]

虽然塞利姆继承苏丹之位所引发的麻烦表面上似乎已经化解，但是兄弟之间互信不再。艾哈迈德害怕塞利姆会在春天回来攻击自己，而塞利姆则听闻艾哈迈德正和沙赫伊斯玛仪谈判。[110]艾哈迈德再度率军攻打阿马西亚。这一次，该城投降。在1513年的最初几天，他任命四子奥斯曼为摄政，留守这座城市。他收到许多信件鼓励他积极以待，苏丹之位迟早还是他的。或许他真的相信了这些信，殊不知这是塞利姆布下的陷阱。艾哈迈德满心期盼拿下布尔萨，遂率军穿越安纳托利亚北部，一路遇到了不少抵抗。[111]

巴耶济德死后，塞利姆逗弄了科尔库德好一阵子。塞利姆同意科尔库德回到马尼萨，在那里，他一再请求塞利姆派他到莱斯博斯岛，塞利姆一概拒绝。科尔库德又改求去帖克或阿拉尼亚港，仍然被拒；塞利姆考虑到这些地方都在安纳托利亚南部沿海，害怕他会跟叔叔杰姆一样逃到埃及，变成被欧洲十字军利用的傀儡。[112]1513年初，塞利姆以狩猎为托词前往南方，实则开始攻打马尼萨。科尔库德逃出城去，不久于藏身的洞穴被寻获。他被送往布尔萨，于3月13日被勒死，年仅40多岁。[113]

1513年4月4日，塞利姆率军由布尔萨出发，11日后在耶尼谢希尔与艾哈迈德交战。艾哈迈德落马后被俘，随后被勒死。塞利姆迅速从他儿子奥斯曼手中夺回阿马西亚，他的命运也跟他那些堂兄弟的命运一样——塞利姆的兄弟包括科尔库德、艾哈迈德，以及已经过世兄弟穆罕默德、阿莱姆沙赫和谢辛沙赫，他们幸存的儿子们不久前全被处死。[114]今天，人们还可以在布尔萨和阿马西亚看到巴耶济德孙子们的陵墓。

苏丹塞利姆一世现在终于稳坐宝座，可以放手用自己的方法解决部分导致了自己篡夺王位的奇兹巴什问题。在巴耶济德统治的最后几年中，塞利姆公开挑战他父亲的权威，这促使奥斯曼王朝其他一些成员选择支持奇兹巴什——他的兄弟谢辛沙赫似乎已经准备加入那些以"沙赫的奴仆"名义叛乱的集团，但是在他的想法变成行动之前，他已经去世。艾哈迈德王子的儿子穆拉德就非常同情奇兹巴什，以至于从1511年起，当艾哈迈德被派去清剿"沙赫的奴仆"，而穆拉德接替他担任阿马西亚总督时，他还戴过他们的红帽子。甚至在"沙赫的奴仆"的军队肆虐安纳托利亚西部的大片土地时，奇兹巴什的同情分子仍在安纳托利亚中北部宣扬他们的教义。反抗实际上也已扩散到这里。[115]

多年来，萨法维以及他们的支持者不断试图破坏奥斯曼在安纳托利亚的政治权威。塞利姆在处理完皇族内部的反对势力后，已经预备好把矛头对准沙赫伊斯玛仪本人。他全心全意地准备这次军事行动：军队跋涉距离甚远，一路荒无人烟，而奇兹巴什也充满敌意。1514年春天，他横渡博斯普鲁斯海峡，开始了向东的漫长旅程。

塞利姆一世效仿苏丹穆罕默德二世攻打君士坦丁堡前夕的做法，与欧洲的威尼斯和波兰以及马穆鲁克更新了和平协议，希望避免腹背受敌两面作战的危险。跟匈牙利签约的难度较高，哪怕双方很清楚和约签订能使双方受益。匈牙利的特使被挟持为人质，塞利姆带着他和他的随从攻打伊朗，以及接下来的叙利亚和埃及。为了展示塞利姆强大的力量，他把这名特使当作匈牙利国王展示给观察家们。[116]

在伊斯兰律法里，穆斯林对穆斯林发动战争唯一正当的理由是宗教上的，即"为了执行神圣的律法，或为了制止违背法典的行为"。[117] 因此，奥斯曼的军事行动需要得到宗教权威的认可，要他们谴责目标敌人已经偏离了真正的伊斯兰教义。当安纳托利亚的埃米尔国在领土争端中被奥斯曼吞并时，编年史作家乐于为征服者找到正当的理由。和萨法维的战争不仅会给奥斯曼后勤带来巨大负担，而且如果他们找不到教义上的支持，它显然将是违法的。奥斯曼为了师出有名而提供的论据充满了宗教修辞，他们强调奥斯曼才是"正确的宗教"的核心，用于与偏离伊斯兰正轨的萨法维教派有所区分。随着对萨法维教派发动的宣传攻势日渐猛烈，一组新词汇被用于形容伊斯玛仪的同党：

> ……根据伊斯兰教法规定……我们因而认为他们（即以阿尔达比勒的伊斯玛仪为首的奇兹巴什教派）是不信奉安拉的人，是异端。任何同情他们，接受他们的假宗教，或协助他们的人也都是不信奉安拉的人和异端。将他们彻底击败，驱散他们的社群既是一种必要，也是我们的神圣天职。[118]

历史学家凯末尔帕夏扎德（他在苏丹苏莱曼一世统治时期担任奥斯曼宗教等级中的最高职位，即教长）更强有力地阐明他对这件事的见解：攻击奇兹巴什算得上是"圣战"，其功绩等同于向伊斯兰教的非穆斯林敌人宣战。[119]奥斯曼的资料显示，他们十分露骨地谴责萨法维，而萨法维的历史学者在提到奥斯曼时，却令人讶异地使用尊崇的语句，认为他们是面对不信奉安拉的欧洲人的伊斯兰坚强堡垒。奥斯曼需要用他们宗教许可下最严厉的词句谴责萨法维王朝，为他们采取的强硬措施提供辩护。[120]

苏丹塞利姆冷酷而迅速地履行着他宗教上的职责。在有了法律上的解释为他与伊斯玛仪开战的行为背书后，他写了一封信给伊斯玛仪，指责他的敌人背离信仰：

> ……你支配着一个正派的穆罕默德社会……去实现你邪恶的愿望，（并）破坏了伊斯兰信仰的坚实基础；你高举着镇压的旗帜，却进行着侵略的行为，（并）不再奉行圣律的戒律和禁令；你煽动你那些可憎的什叶派党羽发展不圣洁的男女关系，造成了无辜的人流血牺牲。[121]

为了减少前往伊朗一路上的奇兹巴什骚扰的威胁，塞利姆派出官员到安纳托利亚中北部的罗姆省清查定居此处的奇兹巴什人口。在清查登记的 4 万人中，成千上万人被屠杀，更多的人被拘捕。[122] 结果，苏丹大军在远征路上不曾遭受奇兹巴什党羽的骚扰，以后 5 年也都平安无事。[123] 此外，塞利姆也关闭了与萨法维的边境，双方的商人一概禁止通行——这场贸易战的目的是要通过禁止萨法维的丝绸出口到西方，摧毁萨法维的经济，也防止武器、金属或硬币从西方运进伊朗。如此严厉的措施并非毫无先例，1512 到 1513 年塞利姆在布尔萨过冬时，就曾将所有伊朗商人驱逐出城。[124]

对塞利姆有利的是，在沙赫伊斯玛仪国境东方的是乌兹别克，他们也想要争夺落入萨法维之手的白羊王朝和帖木儿帝国的战利品，是萨法维的竞争对手。1510 年，伊斯玛仪曾经把乌兹别克人赶回阿姆河的另一边，但是 1512 年，他们再度入侵东北部的呼罗珊省，并打败一支萨法维军队。1514 年夏天，塞利姆率军从西方朝伊斯玛仪的领土进军，虽然早已收到塞利姆来袭的预警通报，但是伊斯玛仪无从准备，唯一能采取的战术就是在奥斯曼大军的前进路线上实施焦土政策。

奥斯曼大军长途跋涉，穿越安纳托利亚以与伊斯玛仪开战，此时早已兵惫马疲，粮草补给亦已匮乏，他们一直没能找到伊斯玛仪，更是让军队十分不满。虽然有教谕为他们的军事行动辩护，但是奥斯曼军中已有怨言，认为攻打同是穆斯林的萨法维是错误的。禁卫军从不隐藏他们的怒火，此时已濒临叛变，当他们在凡湖北方驻扎时，还朝苏丹的帐篷开火。未久，塞利姆接获通报，沙赫伊斯玛仪的军队于湖东北方的恰尔德兰集结，即将与敌军作战的事实缓和了禁卫军的情绪。1514 年 8 月 23 日，大战爆发，伊斯玛仪在战场布下 8 万名骑兵与弓箭手，许多是从塞利姆未来将征服的族群部落招募的，包括杜尔卡迪尔人和卡拉曼人。塞利姆军人数约有 10 万，其中 1.2 万为禁卫军的火枪兵。伊斯玛仪欠缺的不仅是火枪，他连大炮也没有，而奥斯曼却将 500 门大炮连在一起，阻止萨法维军前进。双方在随之而来的战斗中死伤惨重，尤其是高阶军官。[125] 伊斯玛仪的一个妻子被俘，被赐给一位奥斯曼政府官员。[126] 伊斯玛仪本人从战场脱逃，先奔至大不里士，继而向东南逃去。塞利姆一路追击最远到达大不里士，他在9月6日抵达后对城市进行大肆掠夺。天气出乎预料地变得奇冷；塞利姆大概本来有意在此过冬，以待来年春天继续攻击，但是包括地方骑兵在内的奥斯曼军队拒绝留在东方苦熬，他被迫调转大军到阿马西亚去。

为了缓和部队内不满的声音，塞利姆不得不找些替罪羔羊。其中包括大维齐尔"亲王之子"艾哈迈德帕夏，他在1474年被穆罕默德二世的军队从波斯尼亚家乡带到奥斯曼，已经在奥斯曼宫廷任职甚久。他被解职后，第二维齐尔"公爵之子"艾哈迈德帕夏接任（他父亲是阿尔巴尼亚贵族）。但后者很快就被处死，理由是1515年初他在阿马西亚与禁卫军勾结谋反，试图阻止塞利姆再次东征。"公爵之子"艾哈迈德还被怀疑暗通杜尔卡迪尔统治者阿劳德夫勒。阿劳德夫勒拒绝出兵与奥斯曼一起攻打伊斯玛仪，而且杜尔卡迪尔的军队曾在恰尔德兰与萨法维的沙赫并肩作战，后者还派出一支奇兹巴什部队协助阿劳德夫勒出兵穿越奥斯曼国界，以切断塞利姆的补给线。塞利姆决心要消灭杜尔卡迪尔。这一次，马穆鲁克没有帮助阿劳德夫勒。1515年6月，杜尔卡迪尔被塞利姆的军队消灭，通往叙利亚和埃及的大道从此向奥斯曼敞开。[127]

在恰尔德兰战役之后，奇兹巴什在幼发拉底河畔埃尔津詹西南方的庇护地凯马赫亦落入奥斯曼手中，包括底格里斯河畔的战略要地迪亚巴克尔在内的一些城市也相继沦陷。受到奥斯曼在恰尔德兰获得的胜利吸引，这个地区的库尔德部落的首领们将伊斯玛仪的官员们赶出了安纳托利亚东南部。随着塞利姆严加管制边境地区，奥斯曼势力范围已向东延伸至埃尔津詹至迪亚巴克尔一带，进入今日的伊拉克北部。塞利姆的"封闭边境"政策也随之延伸到此地，将大不里士完全隔绝于奇兹巴什势力范围之外，而且萨法维领土的重心也被迫往东迁移，形势对伊斯玛仪的土库曼支持者颇为不利。

但是塞利姆无法陷入自满情绪，因为又有新的麻烦冒出，即他自己军队的忠诚问题。一名来自阿马西亚的将领抱怨此地萧条的经济状况，分配给罗姆省骑兵用以养家糊口的土地收入微薄，导致日后若有用兵之需时，他们或有难以现身参战的困扰。在奥斯曼控制势力尚未延伸至安纳托利亚其他国家前，奥斯曼曾允许骑兵派人帮自己去打仗；现在，奥斯曼法律要求骑兵必须亲力亲为。更重要的是，以前可以被继承的土地权利如今在苏丹的一念之间就可以被赐予其他人。这位将领写道，这些改变是军队非常不满的原因。[128]

连续三代苏丹皆未能给地方骑兵带来稳定的生活，而他们却是战场上非常重要的兵种，也是承平时期乡村秩序的守护人。苏丹穆罕默德二世采取措施，将安纳托利亚家庭原有的土地财产重新分配给他栽培的基督徒家庭出身的骑兵，学者的研究尚不足以确定这个政策得到了多大程度的落实，至少这个制度始于他的统治时期。而巴耶济德二世却改变他父亲的政策，把这些土地财产又归还给原本的主人，这得罪了穆罕默德所重用的人。塞利姆则继承他祖父的政策，通过使苏丹成为恩赐的首要源头，以削弱地方的联系。以卡拉曼省为例，他把土地赏赐给他从鲁米利亚带来的骑兵，目的是瓦解旧的家族与部落忠诚的秩序，因为这种旧秩序比他意欲建立的帝国新秩序更能够收揽人心，博得忠诚。[129]奥斯曼针对农民采取了一些缓和措施，如在罗姆省保留了可追溯至白羊王朝时期的法律，[130]不过这些措施并不适用于地方骑兵。与此同时，对奇兹巴什的镇压和逐渐升起的对伊朗的敌意给人们带来了不确定感与不安感，塞利姆的改革则加重了这种感受。

在恰尔德兰吃了败仗后，伊斯玛仪推测塞利姆会在春天回来继续未完的战事，乌兹别克侵犯东方边境的行为更是加剧了他的焦虑不安。塞利姆拒绝了伊斯玛仪的求和，将数名到奥斯曼宫廷求和的萨法维特使逮捕下狱（其中包括阿塞拜疆的最高宗教领袖）。[131]伊斯玛仪开始在基督教势力中寻找盟友，但是对方充耳不闻。威尼斯在那个世纪的头几年已和伊斯玛仪建立起密切的关系，但是它在1513年才刚刚和奥斯曼更新了和平协议，因而不愿出手相助。1482年杰姆在罗得岛短暂逗留后，他的儿子穆拉德就一直留在岛上，但他从未以自己的身份寻求继承奥斯曼苏丹之位。似乎是为了表明心意，他皈依了天主教。但是伊斯玛仪仍不死心，要求骑士团把人交出来。1510年和1513年，伊斯玛仪曾两度请求印度总督阿方索·德·阿尔布克尔克（他是葡萄牙势力向印度洋扩张的设计师），希望与其联手攻打共同的敌人马穆鲁克，但皆未成功。恰尔德兰一役后，他再次恳求这位葡萄牙人，这次，阿尔布克尔克送给他 2 尊小炮和 6 把火绳枪 —— 这甚至连象征性姿态都算不上。伊斯玛仪向匈牙利、西班牙以及教宗发出的请求也都遭到拒绝。[132]

＊　　　＊　　　＊

奥斯曼有一长串出兵征服叙利亚和埃及的理由，而且显然现在就是最好的时机。在恰尔德兰战役前，马穆鲁克苏丹坎苏·古里为了保留自己选择的余地，拒绝加入塞利姆的联军攻打伊斯玛仪；1515 年恰尔德兰战役后，他没有和伊斯玛仪立约攻打奥斯曼。恰尔德兰战役之前，塞利姆对马穆鲁克的态度是温和的。但是恰尔德兰之后，奥斯曼占领了杜尔卡迪尔，使得马穆鲁克暴露在直接攻击范围内，何况苏丹塞利姆能承担更加公开的侵略行动的风险。为了表示对马穆鲁克的藐视，他任命阿劳德夫勒的侄儿兼对手阿里贝伊为新设置的杜尔卡迪尔省总督，并且把阿劳德夫勒的项上人头送到开罗。[133]

中东强权之间的外交关系极为复杂。奥斯曼、马穆鲁克和萨法维均派出间谍与密探进行永无止境的间谍游戏，不是进行宣传活动，就是传递假情报。1516 年，塞利姆的军队再次从伊斯坦布尔开拔朝东而去，整个冬天，他们都在为这场战争做准备，因为他们相信这将是一场大战。坎苏·古里相信这次攻击是冲着伊斯玛仪去的，伊斯玛仪自己也这么认为。[134]现代学术界对此尚有分歧，一种说法是，1516 年塞利姆确实有意攻打伊斯玛仪，只是中途才决定转向的。与这个论点相悖的是，塞利姆在 1514 年的战役十分艰辛，他的军队抗拒性地冷漠以对，此外，伊斯玛仪已因恰尔德兰战役大败而彻底蒙羞，没有能力再在伊斯兰世界妄自尊大。

奥斯曼的欺敌手法在马穆鲁克派驻阿勒颇的官员哈亚尔·巴克写的一封信中达到极致。1516 年春天，他写信给坎苏·古里，欺骗他说伊斯玛仪亲自率领大军攻进奥斯曼领土，击败了奥斯曼刚刚设置在马穆鲁克边境

附近的迪亚巴克尔戍卫部队。这激起了坎苏·古里亲自率军前往阿勒颇一
探究竟的兴致，而这次行军却被塞利姆刻意曲解为恶意挑衅。但是，马穆
鲁克人既是逊尼派穆斯林，也是伊斯兰教圣地麦加和麦地那的守护者，就
算是为了奥斯曼现实政治利益的需要，也很难为他们硬贴上异教徒的标
签，因此，出兵攻打他们的正当性要远小于攻打萨法维和他们的奇兹巴什
党羽。虽然坎苏·古里主动与伊斯玛仪密谋的证据并不比 1515 年伊斯玛
仪主动找上他的证据多，[135] 奥斯曼的宗教人士仍赞成出兵攻打马穆鲁克，
理由是"谁帮助异端，谁本身就是异端"，所以攻打这些人的战争应该被
认作是圣战。[136] 塞利姆无意因为托词有瑕而改变初衷。或许因为奥斯曼
编年史家很清楚，若依教规审视，苏丹开战的理由疑点重重，所以他们
费尽力气强调战事针对的是"异端"萨法维王朝，不是信仰逊尼派的马穆
鲁克。

　　在获得宗教方面的支持后，塞利姆由马拉蒂亚挥军南下进入叙利亚，
1516 年 8 月 24 日，奥斯曼和马穆鲁克两军交战于阿勒颇北方的达比克草
原。战斗在几个小时之后就结束了。虽然马穆鲁克兵力可能和塞利姆的军
队一样多，但是他们不久前才开始接触火药技术，面对奥斯曼的大炮和火
枪，他们几乎没有火器在手。坎苏·古里逃离战场后，恐慌在他的军队中
传播开来，他的脱逃也为马穆鲁克在叙利亚 250 多年的统治画下句点。马
穆鲁克的阿勒颇总督哈亚尔·巴克手下的军队逃往奥斯曼，也是这场重要
战役的决定性因素。奥斯曼的狡猾再次得到印证：原来哈亚尔·巴克投靠
奥斯曼苏丹已经有一段时间了。坎苏·古里未能活下来，且死因不明。[137]

　　阿勒颇的人民原本就不喜欢马穆鲁克，得知奥斯曼进兵的消息欢天
喜地。塞利姆的军队向南部的大马士革进军时未曾遭遇反抗，连大马士革
也投降了。斋月的第一个周五的礼拜仪式以苏丹塞利姆的名义，在大马士
革建造于 8 世纪初叶的倭马亚大清真寺举行。新的叙利亚统治者奥斯曼人
以这种方式向全世界宣告他们的胜利。塞利姆和他的顾问最初难以决定军
队是否应该前往开罗：适宜军事行动的季节行将结束，而马穆鲁克的首都
又远在沙漠彼端。但是很明显，只要埃及还掌握在马穆鲁克手中一日，叙
利亚现有的收获就不算牢牢抓在手中了，塞利姆因而接受了那些沐浴在辉

煌战绩中，渴望乘胜攻击的人的建议。在开罗，大人物们议论纷纷，争执
是否应该接受塞利姆的招降。马穆鲁克的新苏丹图曼贝伊倾向于和塞利姆
达成和解，但是好战派最终占了上风。在加沙南方的一场战役中，从大
马士革逃出来的前总督詹巴蒂·加扎利率领的马穆鲁克军队不仅武器不如
人，连战略也不是奥斯曼人的对手。塞利姆在继续向南进军的路上拜访了
耶路撒冷的穆斯林圣地，这个城市不仅对基督教和犹太教来说是神圣的，
也是伊斯兰教第三受尊崇的圣地 —— 在一些传说中，这里是先知穆罕默
德登入天堂的地点。在离开大马士革一周后，也就是 1517 年 1 月 23 日，
奥斯曼军于开罗城外的拉伊达尼亚大败马穆鲁克军队 —— 和恰尔德兰战
役中的萨法维军队一样，马穆鲁克军主要倚仗他们机动的骑兵弓箭手，但
他们完全不是奥斯曼大炮及火枪的对手。几天后，塞利姆曾短暂进入开罗
城，但遭受强烈抵抗，虽然他们抵挡住了攻击，但双方死伤惨重。马穆鲁
克将领们渡过尼罗河窜逃，直到两个月后才被俘虏。图曼贝伊也被抓获，
并于 3 月 31 日被送到塞利姆面前。他被处死后，尸首被放置于城墙大门
边示众。直到此时，奥斯曼苏丹才觉得开罗已是自己的囊中物，马穆鲁克
帝国已彻底灭亡。[138]

塞利姆征服马穆鲁克，占领它的大片疆土后，奥斯曼帝国的文化重
心和地理重心皆往东方转移了。他现在俨然已成伊斯兰发源的阿拉伯大地
的统治者，在帝国的历史上，穆斯林人口也第一次压倒性地占多数。塞利
姆明显已经是当时最成功的伊斯兰统治者。他在和奇兹巴什异端的斗争中
赢得了苏丹之位，也加强了奥斯曼在政治上和意识形态上对宗教正统的认
同。他成功地打败了马穆鲁克王朝，这让他成为圣地麦加和麦地那的守护
者，以及朝圣之路的保证人，那是 800 多年来虔诚的穆斯林前往与先知
穆罕默德有关圣地的必经之路。拥有这些正统伊斯兰教圣地使奥斯曼拥有
了更强的合法性。穆斯林突然成为奥斯曼帝国中的压倒性多数，使奥斯曼
可以更加完整地采用阿拉伯土地上的传统伊斯兰习俗。若用最近流行的说
法，"究竟是谁征服了谁是可以讨论的"。[139]

巴格达一直是伊斯兰教哈里发的统治中心，阿巴斯王朝在这里统治
了 5 个世纪之久，直到 1258 年蒙古帝国占领巴格达，并将阿巴斯王朝的

哈里发穆斯台绥木杀死为止。1260 年，马穆鲁克将军拜伯尔斯将阿巴斯的后裔带到开罗，但是哈里发已不复当年所享有的宗教权威 —— 在过去，伊斯兰的统治者还得为自己统治权的合法地位取得哈里发的认可。开罗的哈里发没有权力，只保留了过往影响力中的极小部分。马穆鲁克仅将他们当作登基大典中的装饰品，他们的头衔也被伊斯兰的统治者据为己有，当作建立合法地位的工具。例如，从穆拉德二世开始，奥斯曼苏丹就开始偶尔使用哈里发这个头衔，但是这仅仅是修辞意义上的，而不是直截了当地声明他在政治上和法律上已凌驾于穆斯林社会之上。塞利姆没有宣称他将行使哈里发残存的权力。最后一任哈里发穆塔瓦基勒被放逐到伊斯坦布尔，他在那里一直住到塞利姆的儿子苏莱曼继位。随着时光流逝，哈里发议题引起了奥斯曼知识分子的兴趣，不过，哈里发的权柄在塞利姆征服开罗后正式移转给他的说法 18 世纪时才出现，[140] 因为那时沙皇俄国宣称要保护奥斯曼的基督徒，作为反击，奥斯曼需要声称它在精神上在俄国穆斯林面前享有权威。

塞利姆征服埃及和叙利亚后，奥斯曼对伊朗的贸易封锁变得更容易执行。在此之前，商队会无视塞利姆的禁令绕过封锁线，由伊朗取道进入马穆鲁克领土，再由海路将商品运往西方国家。埃及和叙利亚被征服后，马穆鲁克的海上陆上贸易网完全落入奥斯曼的直接控制中。这看上去是令人满意的，但事实却是萨法维和奥斯曼的经济双双受到封锁的打击：因为经过商路运输的丝绸是伊朗经济的发动机，而布尔萨是奥斯曼帝国境内这个商品的主要市场。蚕丝短缺一定也被终端市场意大利敏锐地感受到了，丝绸在这里大受追捧，对诸城邦的经济而言，丝绸贸易赚取的利润影响巨大。驱逐商人是塞利姆用来对付萨法维的另一项武器。奥斯曼新占领的阿勒颇是丝绸贸易的中心，来自伊朗的丝绸由这里转卖至其他地区，尤其是威尼斯。阿勒颇的伊朗社群被怀疑和沙赫伊斯玛仪保持联络，因此在 1518 年，他们和之前布尔萨的伊朗社群一样被迁移到伊斯坦布尔。[141]

征服马穆鲁克疆土预示着奥斯曼将获得的威望与地缘政治的优势，更打开了奥斯曼继续扩张的新视野。塞利姆现在拥有了一条通向红海的道路，一个奥斯曼与对手葡萄牙在印度洋直接竞争的新纪元也就此开启。在

14 至 15 世纪的全盛时期，马穆鲁克王朝也曾和奥斯曼一样辉煌，这都得归功于控制在他们手中来自东方的香料贸易的收入，以及从当地生产的水稻、糖和棉花获得的税收。这些财富现在一定堆满了奥斯曼苏丹的宝库。1514 年，伊斯玛仪在恰尔德兰的惨败使奥斯曼人收服了奥斯曼东南方反复无常的部落民族，重划这个区域的政治地图时，他们中的许多人也归入奥斯曼统治。虽然因为他们的战士被打败，奇兹巴什处于势弱，但是在整个 16 世纪里，奥斯曼国内政治的一个要务仍是镇压奇兹巴什。

1517 年 9 月，塞利姆离开开罗，从容地往北行进。沙赫伊斯玛仪的特使携带丰厚的礼物抵达大马士革，以表达伊斯玛仪渴求和平的心意，但他却被处死了。1518 年 5 月，塞利姆的军队行进至幼发拉底河，显然是要朝伊朗进军，但是他们又毫无预警地突然掉头向西回到伊斯坦布尔。他改变方向的原因无人知晓，奥斯曼军队对再次攻击伊朗十分不满，这或许影响了他的决定，也或许是因为他怀疑他的后勤补给不能满足远征的需要。[142]

观察家不知塞利姆下一步将何去何从。在占领马穆鲁克后，帝国西方的邻居们开始心惊肉跳，怕他现在会继续攻击他们。与此同时，他又已征服叙利亚，这更给了他们主动攻击的理由，因为基督教世界的圣地伯利恒和耶路撒冷已经落入奥斯曼手中。虽然这些基督教圣地从 7 世纪开始就一直在穆斯林手中（除了 1099 至 1244 年之间被十字军占领外），但对西方王国而言，奥斯曼比马穆鲁克更具威胁性，他们占领这两个地方促使教宗利奥十世更积极地组织十字军。他授权他的枢机主教拟一份报告。1517 年 11 月，枢机主教回报说，敌人的目标在于摧毁基督教，此时他们除了组织十字军之外别无他法。法国国王弗朗索瓦一世和神圣罗马皇帝马克西米利安一世也都表达了意见，马克西米利安认为全欧洲需要维持和平，休养生息 5 年，才能开始考虑组织十字军。1518 年，教宗宣布基督教世界的君主们应该放弃歧见，因为过去多年不断的争执已阻碍了欧洲同心协力对付奥斯曼的努力。[143]

教宗随即展开一系列忙乱的外交活动，为这次十字军寻求支持，[144]这次东征若想获得成功，一些国家的参与不可或缺，但教宗在这些势力面前都碰了软钉子。威尼斯难以承担参与类似活动的后果：1513 年，它才刚和奥斯曼更新和平协议，并在恰尔德兰战役后拒绝了伊斯玛仪合作的要求；而且在 1517 年，奥斯曼同意让威尼斯继续保留塞浦路斯作为需要进贡的殖民地，和马穆鲁克统治塞浦路斯时一样。[145] 匈牙利与奥斯曼之间有绵延的国界线，过去多年不时发生边境拉锯战，但在 1513 年，匈牙利国王与奥斯曼签订了和平协议。[146] 波兰和奥斯曼帝国的和平协议也于 1519 年更新。[147] 但是组织十字军计划最重大的障碍，或许是法国的弗朗索瓦一世和神圣罗马帝国的查理五世之间的欧洲霸权争夺战。奥斯曼逐渐学会了如何操纵基督教国家间的敌对关系，十字军行动计划最后以失败告终。

　　1519 年，帝国兵工厂的活动范围显示，罗得岛似乎是奥斯曼扩张的下一个目标：在征服埃及后，攻打这个基督教堡垒不过是迟早之事，因为它就矗立于伊斯坦布尔到塞利姆建立的新省份的海运要道之上。但是沙赫伊斯玛仪担心最坏的事情会发生。虽然他已不再拥有当年的力量，但骚扰塞利姆的力量犹存，在 1520 年初，他给之后被称为沙赫韦利叛乱的奇兹巴什叛乱送上了祝福。这次叛乱的领导人沙赫韦利来自锡瓦斯，那里是 1511 年 "沙赫的奴仆" 在战斗中阵亡的地方。数年前，沙赫韦利的父亲谢赫杰拉勒聚集了数千人，宣称自己是救世主，对安纳托利亚中北部造成了严重的威胁。在 1516 年和 1518 年，沙赫韦利曾两度躲开奥斯曼的封锁进出伊朗。奥斯曼在锡瓦斯的总督写信给伊斯坦布尔，报告奇兹巴什如何蹂躏安纳托利亚，就连杜尔卡迪尔王朝的部分成员都同情他们，反对塞利姆的附庸阿里贝伊。苏丹动员军队清剿这股新的叛乱势力，在安纳托利亚中部和中北部进行了两场大战。阿里贝伊将沙赫韦利处死，并于众目睽睽之下将其分尸，以警告他的支持者，以及偏向奇兹巴什的奥斯曼人。[①] 这次剿乱行动后，奥斯曼军队的将军受命在夏天与部队留在安纳托利亚，准备新的军事行动。[148]

---

① 谢赫杰拉勒和沙赫韦利至今仍受敬重，两座据说属于他们的陵墓至今仍矗立在锡瓦斯省的西南部。

从伊斯坦布尔的宝座，我亲领大军前来伊朗；

我让那金色头颅（指奇兹巴什的）落地，深浸于耻辱的血泊中。

乐见埃及之主因我的决心沦为奴隶：

因此我高举皇族旗帜，直入九重天高。

信息从美丽的伊拉克飞传到汉志，

就在我于庆功宴上轻抚天助的竖琴时。

我的军刀落处，河中地区血流成河，尸横遍野；

我将伊斯法罕贵族的眼睛挖出来。

敌人因恐惧而冒出的冷汗如乌浒河般

沿他们的发丝流下 —— 如果我恰巧发现了他。

当我在国家的棋盘上进行帝国的象棋游戏时，

敌方的国王已被我高贵军队的主教将死。

噢，塞利密！当我在真主之爱中如黄金般熔化，

世界金币即以你的名义铸成。[149]

　　苏丹塞利姆以他的笔名"塞利密"写下的这首诗，塑造了一个狂暴的形象，印证了他为自己赢得的残酷的名声 —— 他不仅对待敌人如此（例如萨法维王朝沙赫伊斯玛仪派来的倒霉特使），对待国内的人亦是如此。他对待伊斯玛仪特使的凶狠方式可能是要报复沙赫早先对巴耶济德特使的虐待，据说他被强迫观看一名反对沙赫的逊尼派信徒受火焚之刑，以及吃下禁忌的猪肉。[150] 在对待他自己的大臣们时，塞利姆则是将他对这些"苏丹的仆人"拥有的生杀大权发挥到极致。在他父亲执政的 29 年中，曾有 7 个人先后担任大维齐尔一职，而塞利姆掌权 8 年，他的 6 个大维齐尔中有 3 个被处死。塞利姆被称为"冷酷者"：他以残暴手段登上苏丹之位，暴力是他统治时期的标志。1520 年 9 月 21 日夜至 22 日凌晨，他死于从埃迪尔内前往伊斯坦布尔的路上，只留下一个儿子苏莱曼，苏莱曼无风无雨平安地继承了王位。临死前，塞利姆命令首席书记官重申他的命令，攻打伊斯玛仪。[151]

　　征服君士坦丁堡让穆罕默德二世拥有了一个帝国城市带给他的无比

权势，这座城市若干个世纪以来一直散发着它的魅力，这也使得他能面无惭色地宣告，自己是拜占庭光辉的世俗传统的继承者和传人。而大胜马穆鲁克王朝，占领伊斯兰的圣地后，苏丹塞利姆让奥斯曼继承了一个同等荣耀的神圣传统。同时拥有世俗和神圣的传统让他的继承人们能维持着政权的合理性和权威。

5

万国之主

> （苏丹苏莱曼）已经十分接近（真主），那个拥有最高权威与全能力量的神、主权世界的创造者；（苏丹苏莱曼）是真主的奴隶，因真主的神力而全能，是世间的哈里发，因神圣的光辉而闪耀。他在一切有人的地方执行着神圣之书的命令与教义。苏丹苏莱曼在真主与他的常胜军队的帮助下征服了东西方的土地，是世上所有王国的所有者，所有民族面前真主的影子，所有阿拉伯人与波斯人中的万王之王，苏丹律法的发布者，第十位奥斯曼苏丹，成为苏丹的苏丹之子……愿苏丹血脉代代相传直到永远！[1]

如此浮夸的宣告被镌刻在苏莱曼一世在伊斯坦布尔建造的大清真寺的正门上，这座清真寺建造于16世纪60年代，苏莱曼统治的最后几年里。他与欧洲当时最富野心的文艺复兴君主是同时代的人——那个时期有哈布斯堡王朝的神圣罗马帝国皇帝查理五世，他的弟弟费迪南一世，查理的儿子西班牙国王菲利普二世；哈布斯堡王朝的对手、法国瓦卢瓦王朝的弗朗索瓦一世及他的儿子亨利二世；英国都铎王朝的亨利八世，及子女爱德华六世、玛丽一世和"童贞女王"伊丽莎白一世；还有莫斯科大公国的沙皇"恐怖的"伊凡四世。苏莱曼坐上宝座时，沙赫伊斯玛仪依旧统治着伊朗，而印度的莫卧儿帝国皇帝阿克巴则于1556年即位。包括驻奥斯曼宫廷的威尼斯大使在内的欧洲观察家将苏莱曼与上述君主相提并论，称他是"苏莱曼大帝"，或简单称为"伟大的土耳其人"。

这位威尼斯派驻伊斯坦布尔特使记载了 1520 年苏莱曼继位时的情形：

> ……他年仅 25 岁，外形颀长，但身体结实，脸型瘦削，轮廓分明。他留有胡须却不浓密。苏丹态度和善且心情很好。苏莱曼人如其名，[①] 喜好阅读，知识渊博，善辨是非。[2]

苏莱曼实在幸运，因为继承王位时他并无竞争者。但塞利姆有 6 个女儿，不太可能只有一个儿子，他可能还有其他兄弟，但他们在 1514 年被处死，以防止塞利姆进军萨法维时国内生乱 —— 但是没有任何文献资料提到他们。苏莱曼统治奥斯曼帝国共 46 年，时间比任何苏丹都长，并 13 次领军于国境线上征战。

欧洲各国惊叹于奥斯曼军队攻城略地的速度。许多在苏莱曼统治期到过奥斯曼帝国的人们，纷纷将自己丰富多彩的经历回报给好奇的家乡父老，并细述建筑的雄伟，宫廷仪式的繁复及外交折冲的威慑气势。但是这些并非最能打动当时的奥斯曼人以及之后的奥斯曼作家的事物。苏莱曼在继承苏丹之位时宣告，公正执法将是他执政期的标志，并且随即推翻了一部分他父亲做出的似乎与这个目标相悖的决策。他最初的措施包括赔偿布尔萨的伊朗商人，因为他们的蚕丝在塞利姆禁止与萨法维贸易时期被没收。大不里士和开罗沦陷后，许多工匠和学者被塞利姆驱逐，现在他们都可以回家乡了。滥用职权、辜负信任的总督则遭到惩处。[3] 被迫到伊斯坦布尔的哈里发穆塔瓦基勒被准予回到开罗。[4] 诸如此类的一连串措施，以及之后他对修订帝国的法律规章给予的关注，使 18 世纪和其后的奥斯曼作家称苏莱曼为"卡努尼"，即"立法者"[5]。"大帝"及"立法者"的名号点出了欧洲人和奥斯曼人对苏莱曼统治时期认知的差异，但是它们也表明了苏莱曼统治不同时期的不同特点：从他继位开始，直到 1536 年处死挚友大维齐尔易卜拉欣帕夏，苏丹过的是一种引人注目的公众人物生活；在此后 30 年统治岁月里，直到 1566 年过世，他却保持低调，极少露脸，他的

---

① 意即苏莱曼十分睿智。"苏莱曼"即"所罗门"的奥斯曼土耳其语说法。

臣民或外国访客都很难见到一面。1553年，一名威尼斯驻伊斯坦布尔特使记录道：

> ……（他）现已不再喝酒……因为疾病，他只饮白水。大家都知道他非常公正，只要有准确真实的案件细节，他从不冤枉任何人。他比之前任何一位苏丹都严格遵守他的信仰及其律法。[6]

　　苏莱曼执政后期的放权避世，应该和1591至1592年伊斯兰千禧年即将到来有关，他觉得自己应该调整好自己，以迎接即将到来的完美世界。[7]不过当时的君主无需千禧年的临近就已经产生了对末日降临的期盼，欧洲社会各个阶层的梦想家也受到天启观念的影响。以西班牙为例，在1492年消灭了伊斯兰教的格拉纳达王国后，15世纪末的十字军东征狂热丝毫未减，因为北非和新世界尚有众多灵魂等待救赎。克里斯托弗·哥伦布就有两个目标萦绕心头，一是要从穆斯林统治下收复耶路撒冷，二则是要让天主教一统世界，他视自己为世界末日的救世主。[8]

　　1530年，哈布斯堡王朝的皇帝查理五世重新使神圣罗马帝国成为一个世界帝国，并在博洛尼亚得到教宗的加冕：神圣罗马帝国是一个中世纪国家，涵盖意大利及欧洲中部的大部分地区，它幻想自己继承了罗马帝国的衣钵，自许要将所有（天主教）基督徒联合于单一的王权之下。不久后，在1547年一场精心策划的仪式中，伊凡四世加冕成为全罗斯的沙皇：他如此高调地宣示自己与欧洲的国王平等（而只有教皇才有权授予他们头衔），同时也宣告他继承了拜占庭帝国，他自己就是世界的君主。[9]

　　随着伊斯兰教历千禧年逐渐临近，各个伊斯兰统治者都有了更多的理由去推广与他们无限的野心相符的世界观，并为此采取了各种各样的方式。在印度，莫卧儿皇帝阿克巴采取的措施是，强调他的多民族的帝国有着世俗和宗教相互包容的特色，以及他"追求理性而不依赖传统"的特点。[10]萨法维的沙赫伊斯玛仪则要在他的奇兹巴什追随者中，将自己塑造为"公正"与"真宗教"的"重建者"。而他的对手苏丹苏莱曼也看到追求公正的关键性，不过他要依照正统伊斯兰教逊尼派的方式为之。

在如此残酷的竞争环境中，给自己冠上夸张的头衔，是公开声称自己是世界君主的有效方式。苏莱曼的敕令、信函和铸币与铭文一样，都是达到这个目的的适合工具。他的父亲塞利姆一世在 1516 至 1517 年征服了叙利亚和埃及后，自封为"世界征服者"，这个称号暗示他是这个世界不可辩驳的绝对权威。苏莱曼沿用了这个称号，并在帝国的档案文件中使用了这个称号，例如 1525 年在写给波兰立陶宛国王西吉斯蒙德一世的信中，他就以高调夸张的文字阐明了帝国的疆域，说他是：

> ……统治着白海（即地中海）和黑海，统治着鲁米利亚、安纳托利亚、卡拉曼，杜尔卡迪尔、迪亚巴克尔省，库尔德斯坦、阿塞拜疆、波斯、大马士革、阿勒颇、埃及、麦加、麦地那、耶路撒冷和所有阿拉伯土地，还有也门，以及被我尊贵的父亲和伟大的祖父以雷霆万钧之势征服的不计其数的土地的君主。[11]

他的父亲塞利姆征服了马穆鲁克，使苏莱曼获得了耶路撒冷，但他并不是唯一声称拥有这座城市的人：1495 年法国攻进那不勒斯后，查理八世就自称是耶路撒冷国王；西班牙的查理五世也自认为耶路撒冷国王（他的继任者菲利普二世亦如是），而他将征服这座城市的预言也在西方广为传播。

*　　　*　　　*

苏莱曼继任以来，撤军政策已经替代了他的父亲在东方积极用兵的政策：苏莱曼打算牵制伊朗，而不是征服它。特使被秘密派往大不里士的萨法维宫廷，以探明沙赫伊斯玛仪的威胁性。他们得知他正忙于在领土东方应对信仰逊尼派的乌兹别克汗国的军队，这些人再次威胁着萨法维的领土。这让新任苏丹得以放心地进行他的第一次军事行动[12]——他剑指西方，那里尚有未完成的事务待他处理。欧洲的君主们和沙赫伊斯玛仪一样各有各的麻烦——查理五世正忙于处理宗教改革的第一波热潮，法国的弗朗索瓦一世正在阻止查理五世争夺他在意大利的领土。所以在多年的和平后，他们未能对奥斯曼突然改变政策有所准备。苏莱曼的目标是拿下贝尔格莱德的雄伟堡垒，那个穆拉德二世和穆罕默德二世皆未能从匈牙利手中夺得的地方。匈牙利国势疲弱而且偏远孤悬，无力抵御奥斯曼的进攻，1521 年 8 月 29 日，在围城两个月后，贝尔格莱德投降。部分守城者希望留在城中，但被强制驱逐至伊斯坦布尔，定居于七塔堡一带；一些人原先定居于多瑙河与萨瓦河间舌状的希雷姆地区的村镇和堡垒，现在则被迁至盖利博卢半岛。[13] 匈牙利的其他数处重要据点亦落入奥斯曼手中，现在沿着萨瓦河西进的通道已然向奥斯曼敞开，萨瓦河也提供了水上运输的可能性。在 1440 年和 1456 年围城失败后，如今占领贝尔格莱德让奥斯曼拥有了一个强大的前进基地，使它随时可以打进匈牙利的心脏地带。

下一步就轮到罗得岛，这是穆罕默德二世没能打下的另一个据点，也是骑士团担心塞利姆处心积虑要攻打的地方。奥斯曼难以忍受的不是罗得岛庇护了许多攻击奥斯曼海运的海盗，而是骑士团在海盗活动中将许多前往麦加朝圣路上的穆斯林抓作奴隶。从罗得岛逃出来的人控诉他们受到的非人对待，那些逃不走的或缴不出赎金的人最后常惨死罗得岛。[14]

这一次，苏莱曼亲自领军。围攻持续了 5 个月，1522 年 12 月 20 日，奥斯曼接受了罗得岛的投降。骑士团损失惨重，但被允许自由离开。从巴尔干半岛和安纳托利亚来的移民立即抵达占据了这片地方。骑士们扬帆西去，却寻不得容身之处，直到 1530 年才在荒凉的马耳他岛落脚，那里"不过是一块软软的砂岩构成的礁石"，还是查理五世的恩赐，条件是他们要负责守卫西班牙在北非的黎波里的前哨站。[15] 征服罗得岛让奥斯曼离完全控制地中海东部地区更进了一步。但是他们却没能开发罗得岛在商业和战略上的可能性。威尼斯的特使彼得罗·泽诺几乎立刻就看出了这个疏失，在 1523 年写道，"苏丹没有好好利用罗得岛"。[16] 这个区域的大型岛屿里，现在只剩下塞浦路斯和克里特没有落入奥斯曼手中。

塞利姆一世攻打马穆鲁克大胜，给帝国带来了新的臣民，这些人的历史与之前奥斯曼征服的其他民族的历史都不同。奥斯曼攻击拜占庭和巴尔干半岛上的基督教王国，某种程度上是受到"圣战"这个概念的鼓舞，因为穆斯林的职责就是将伊斯兰的统治施加于非教徒身上。在安纳托利亚，奥斯曼占领的小国家跟奥斯曼一样，是有土库曼血统的穆斯林，分享着共同的文化。马穆鲁克则需要奥斯曼用不同的方式对待，因为大部分人口虽然都是穆斯林，但是这些奥斯曼的新国民却是阿拉伯人，他们的文化和传统较为古老，且与奥斯曼的大不相同。

马穆鲁克被征服后，迅速被改编成奥斯曼辖下的几个省份，目的是建构一种友善关系，鼓励他们的新臣民相信奥斯曼秩序的"自然性"。从1519 年颁布的叙利亚的黎波里省法典的前言，我们可以看到苏丹如何追求王朝法治化的端倪。法典声称，这个省过去由"暴君"（即马穆鲁克人）统治，但是真主将其手中的权力夺下，并交予更值得托付的统治者——奥斯曼。法典指责马穆鲁克辜负并滥用真主托付给他们的权力；相反地，奥斯曼的统治会在苏丹领导下进入一个法治的时代，苏丹已拥有许多伟大的真主通常才具备的特质。[17]

任命被征服国家的优秀人士担任管理工作，是奥斯曼为顺利接管权力采取的另一个手段。塞利姆挑选了一些曾配合奥斯曼的人掌管大马士革和埃及省：之前马穆鲁克的大马士革总督詹巴蒂·加扎利继续留任，前马穆鲁克的阿勒颇总督卡亚尔·巴克被派往开罗担任埃及总督。但是塞利姆一死，詹巴蒂·加扎利马上发动了一场叛乱，反抗他的新主子，宣称自己拥有主权，并和罗得岛的医院骑士团建立了外交关系，要求他们提供陆军和海军支援。[18]这暴露出奥斯曼在新近征服的马穆鲁克地区的软弱，而马穆鲁克在罗得岛东方，两地相距只有几天航程，这成为苏莱曼攻打罗得岛的另外一个诱因。他派出一支军队镇压叛乱，詹巴蒂被杀。卡亚尔·巴克死于 1522 年，苏莱曼的妹夫"牧羊人"穆斯塔法帕夏接任埃及总督。1524年，新一任奥斯曼总督艾哈迈德帕夏发动叛乱，企图重建马穆鲁克王朝，自己做统治者，穆斯塔法帕夏挫败了这次阴谋。苏莱曼认为这十分令人恐惧，特派他的宠臣、大维齐尔易卜拉欣帕夏（他是苏莱曼的姐夫，娶了苏莱曼的姐姐哈迪奇·苏丹）治理埃及，重建法律和秩序，并监督这个法典的制定。

易卜拉欣帕夏原本是威尼斯人，出生于爱奥尼亚海边与科孚岛隔海相对的帕尔加，后来被奥斯曼人抓走，在苏莱曼担任萨鲁汗王子总督时，于苏莱曼在马尼萨的家中服侍。苏莱曼继承苏丹之位后，几乎立刻表现出他对易卜拉欣的偏爱，为易卜拉欣在伊斯坦布尔古罗马竞技场的原址上建造了一座雄伟的宫殿。[①] 皮里·穆罕默德帕夏在塞利姆时期就开始担任大维齐尔，苏莱曼即位后，他又继续工作了几年，之后苏莱曼指派易卜拉欣接任大维齐尔一职。他只是苏丹家中一名高级职员，且从未做过维齐尔一职，如此擢升实在非比寻常。

叙利亚和埃及动乱之后，权力由马穆鲁克移交给奥斯曼的过程变得更谨慎周密。1525 年制订的埃及法典以安抚人心为基调，目的在于取悦本地人民，并保障他们不受外来奥斯曼军队过度的骚扰。[19] 内部情势得到稳定，可见的未来可能发表异议的人也被收买后，奥斯曼就可从埃及的税收中获益 —— 一位现代历史学家将其称为"奥斯曼皇冠上的宝石，也是维持财政稳定不可或缺的来源"。[20] 奥斯曼治下的埃及省和之前的马穆鲁克王朝一样，都要负责筹办每年穆斯林到麦加朝圣的活动，但即使要为此项活动和维护伊斯兰圣地花费大量税收，每年仍有让人眉开眼笑的税收盈余送往伊斯坦布尔的奥斯曼中央国库。

易卜拉欣帕夏为奥斯曼在埃及的统治打下稳固的基础之后，他们现在可以更加有力地保护帝国在阿拉伯海、红海和波斯湾的商业和领土利益，巴耶济德二世曾经给马穆鲁克提供海军援助，因此奥斯曼的船长们对这些水域并不陌生。在马穆鲁克还统治埃及的时候，葡萄牙曾经派遣舰队进入红海，由此带来的香料贸易上的税收损失沉重打击了埃及经济。易卜拉欣希望奥斯曼船只能在红海安全航行，因此命令塞尔曼雷斯在苏伊士准备好一支舰队，后者呈上一份报告，详述了葡萄牙人在印度洋沿岸的飞地，以及也门和红海沿岸港口的富裕资源，并建议积极出兵占领这些地区。[21]

另外一位赞成进军印度洋的航海家是海员兼地图绘制师皮里雷斯，在 1516 至 1517 年，塞利姆一世率军走陆路攻打埃及期间，他曾率领部

---

① 这座宫殿后来被改造，现为土耳其与伊斯兰艺术博物馆所在。

分舰队为其提供后勤补给。在 1524 年，他也是易卜拉欣帕夏赴埃及旅程中的领航员。皮里雷斯曾向塞利姆展示了一张他自己绘制的世界地图，以及他写作的一本海军手册《航海之书》。这本书详述了地中海周边各海域和沿岸的航海信息，序言是对葡萄牙人在印度洋的活动的分析。1525 年，易卜拉欣在埃及仅待了几个月就回到伊斯坦布尔，他将这本手册的最新版送给苏莱曼，期待苏丹也能和他一样希望在印度洋扩张。[22] 在易卜拉欣之后，精力充沛的"太监"苏莱曼帕夏接任埃及总督，并在这一职位上服务了 12 年。葡萄牙人经常攻击奥斯曼朝圣者和商船，这使奥斯曼人担心他们会占领圣地。虽然苏莱曼帕夏为此组建了一支苏伊士舰队，但是他们几度向伊斯坦布尔请求协助，得到的却只是不咸不淡的回应。奥斯曼人计划在 1531 年挑战葡萄牙人在印度洋的霸权，但这次行动却被推迟了，因为枪炮弹药要用于地中海的行动。[23] 无疑受到了"太监"苏莱曼的鼓动，奥斯曼于 1531 至 1532 年开始在红海和尼罗河之间挖一条运河，目的在于给香料贸易提供一个葡萄牙人伸手难及的航路。威尼斯当时的编年史家兼档案管理人马里诺·萨努多的日记提到，有几千人参与该工程，但它最终也没有完工。[24]

*　　　*　　　*

易卜拉欣帕夏从开罗返回伊斯坦布尔后，随即受命率领帝国军队攻打匈牙利。他和苏丹率军朝前线进发。1526 年 8 月 29 日，在匈牙利南方的莫哈奇湿地，奥斯曼在两小时鏖战后大败匈牙利 – 波希米亚国王拉约什二世。国王拉约什逃逸时溺毙，残余部队更是四处逃窜。奥斯曼的莫哈奇大捷影响深远，可与苏丹穆拉德一世 1389 年攻打中世纪塞尔维亚王国的科索沃波尔耶大捷相比，它引发了日后奥斯曼和哈布斯堡王朝在中欧长达 150 年的战争。

哈布斯堡王朝的核心领土涵盖大部分今日的奥地利，但是 15 世纪末，通过审慎而明智的联姻，王朝统治者逐步成为一个幅员广阔的帝国的统治者。1477 年，哈布斯堡未来的国王马克西米利安一世迎娶勃艮第公爵"大胆的"查理的继承人玛丽（查理还统治着低地国家）。接着于1496年，马克西米利安的儿子菲利普娶了胡安娜，她是阿拉贡国王费迪南和卡斯蒂利亚女王伊莎贝拉的女儿。虽然胡安娜是她父母联合王位的第六顺位继承人，但是排名在前的几位先后死亡，胡安娜继承了王位。1519年，马克西米利安逝世，他的继承人、菲利普和胡安娜的长子查理五世成为卡斯蒂利亚和阿拉贡王国的统治者，此外还统治了纳瓦拉、格拉纳达、那不勒斯、西西里、撒丁、西属美洲、勃艮第公国和荷兰，以及哈布斯堡在奥地利的领地。1521年，查理的弟弟费迪南娶了匈牙利－波希米亚的雅盖隆王朝的瓦迪斯瓦夫的女儿，第二年，查理的妹妹玛丽嫁给了瓦迪斯瓦夫的儿子拉约什（二世）。1521年起，哈布斯堡王朝将奥地利的领土交给费迪南，让他以大公的身份独立治理。[25]

苏莱曼和他的顾问并不认为费迪南大公治下的奥地利有任何直接威胁性，他们认为哈布斯堡的兵力主要被用于查理五世在西欧的战争，哈布斯堡王朝的主要敌人是法国的瓦卢瓦王朝。从1494年法国的查理八世占领那不勒斯王国，到1503年那不勒斯被西班牙夺走，他们的敌对行动一直集中在意大利南部。此后，战争的重心又移往意大利北部。1525年2月24日，一场被认为有决定性的战争爆发于米兰南方的帕维亚：法国军队溃败，国王弗朗索瓦一世在战场上被查理五世俘虏，带至西班牙监禁。一年后，弗朗索瓦一世在同意割让领土、放弃对意大利领土的要求后被释放，他还被迫同意联合对抗奥斯曼。在弗朗索瓦仍是阶下囚时，法国曾派特使请求苏莱曼营救国王，并要求苏丹帮助攻打查理，但是特使与他的随从全被波斯尼亚的总督谋害。不过弗朗索瓦的信件仍被送达伊斯坦布尔，苏莱曼也做出正面回应。被释后，弗朗索瓦不顾他对查理做出的保证，于1526年7月回函致谢，表示有朝一日必将回报。[26]

我们并不清楚，苏莱曼准备在多大程度上将对弗朗索瓦的友善关系转变为实际行动。苏丹在1526年进军匈牙利有他自己的理由。最近的学术研究认为，自从1521年成功夺下贝尔格莱德后，他已有这个打算。塞利姆的胜利已确保了奥斯曼东方边境的稳定，但无论如何，奥斯曼穆斯林兴兵攻打同一宗教的萨法维和马穆鲁克的行为在帝国军队中并不受欢迎。

在奥斯曼长久以来烦恼的对手医院骑士团于 1522 年被赶离罗得岛大本营后，顺着贝尔格莱德沦陷之势攻进匈牙利王国的可能性已变成现实的议题。[27]

莫哈奇大捷后，苏莱曼乘胜挥军进攻匈牙利首都布达，并于 9 月 11 日进城。与苏丹穆罕默德二世同一时期的国王匈雅提·马加什是一位慷慨的赞助人，也是经验老到的意大利艺术品收藏家，他收藏纺织品、瓷器、金器、玻璃艺术品和雕塑，并创办了一座无与伦比的知名图书馆。拥有已消失王国的战利品是权势的有力证明，征服者奥斯曼携带大量匈牙利战利品回到伊斯坦布尔。许多手抄本被掠夺：之后的几个世纪中，一些手抄本流传回欧洲，据说苏丹阿卜杜勒哈米德二世于 1887 年将剩余的手抄本归还匈牙利；不过，仍有少部分收藏于托普卡帕皇宫的图书馆。他们还从布达城堡圣母大教堂掠夺了一对具历史价值的青铜烛台，它们至今仍然放置在阿亚索非亚清真寺的圣龛旁。[28]

国王拉约什死后，哈布斯堡的两位继承人开始争夺匈牙利统治权，奥斯曼未来与奥地利的哈布斯堡冲突的轨迹也变得明显。特兰西瓦尼亚总督佐波尧·亚诺什与拉约什是姻亲，他被匈牙利议会选出继承王位，并于 1526 年 11 月加冕为匈牙利国王。与此同时，费迪南大公也依据妻子的继承权，要求继承匈牙利与波希米亚的王位，并于 1526 年 10 月被选为波希米亚国王。同年 11 月，费迪南还被一个亲查理五世的小集团选为匈牙利国王。对奥斯曼的恐惧为他扫清了即位之路的障碍——对诸多匈牙利贵族而言，哈布斯堡似乎是最能抵御奥斯曼威胁的王朝。1527 年 9 月，费迪南将佐波尧赶出布达城，并于 11 月 3 日加冕为匈牙利国王。[29]

对奥斯曼来说，拉约什死于莫哈奇改变了一切，他们发现自己现在面对的是一个和自己一样胸怀野心的王朝，而不是那个从匈雅提·马加什之后便国力日衰的独立的匈牙利。费迪南被看作奥斯曼在中欧的敌人。最近的研究认为，奥斯曼势必将投注更多心思与精力，跨过共同边界对付哈布斯堡王朝，一切只是时间问题。[30] 查理无暇为费迪南提供援助抵御奥斯曼，因为在 1527 年，他不得不率军抵御一支由法国领导的联军，他们已联合起来以阻止哈布斯堡独霸欧洲。罗马在当年 5 月被查理的军队劫掠，加入联军的教宗被俘虏。1528 年，法国围攻那不勒斯，1529 年，为了让自己空出手来处理宗教改革引起的麻烦，查理同意与弗朗索瓦签订《康布雷和约》，后者再度同意放弃他对意大利领土的要求。

　　费迪南获得匈牙利王位使奥斯曼政策转入新的方向。被打败的佐波尧撤出布达，先到了特兰西瓦尼亚，又进入波兰，之后他与苏莱曼展开谈判。1528 年 2 月，双方达成共识结为同盟。身为莫哈奇战役的胜利者，苏莱曼认为他有权处置匈牙利的王位，这是征服者的权力。他将王位许给了佐波尧——但不包括匈牙利的领土。从这点说，苏丹不甚厚道，在他眼中，让佐波尧担任国王仅是在他能直面费迪南之前，稳定匈牙利局势的临时措施。1529 年 5 月 10 日，苏莱曼率军朝维也纳前进。途经莫哈奇时，苏丹接见了佐波尧·亚诺什，之后从费迪南手中夺回了布达，因为费迪南在哈布斯堡的奥地利和匈牙利都筹不到足够的钱和人。1528 年春天，费迪南曾派特使前往伊斯坦布尔议和——不过他们空手而返。[31] 因为大雨和随后洪水的肆虐，这次远征饱受补给困难之苦。苏丹的军队耗时近 4 个月才从伊斯坦布尔走到布达，又花了两周才抵达维也纳，到达时刚好是 9 月的最后一天。奥斯曼在奥地利的军事行动总是困难重重。数条大河流经中欧的平原，其中最大的就是多瑙河，这导致许多土地在一年中的大部分时候都是泥泞不堪的，直到现代有了排水系统后，陆地交通才变得容易了一些。奥斯曼的补给线拉得太长，军队又疲惫不堪。维也纳的城池不过稍事整修居然就挺住了奥斯曼的攻击，围攻仅三个月后，苏莱曼就下令撤军了。他满身污泥的军队退回布达，在此，苏莱曼用圣斯蒂芬的王冠为佐波尧加冕（圣斯蒂芬是中世纪备受尊敬的匈牙利国王）。这是个象征性的行为，目的在于降低哈布斯堡对匈牙利王座主张的合法性。苏莱曼随即率军前往贝尔格莱德，然后回到伊斯坦布尔。这次围攻维也纳的行动（同 1683 年那次一样，当时的几场战争终结了奥斯曼在匈牙利的统治）成了当时人们和日后的评论人士心目中穆斯林攻打基督教世界的一种隐喻，影响了他们对西方穆斯林邻居的态度。

　　1532 年，苏莱曼再次领军进攻匈牙利。这一次，陆上部队最远抵达克塞格（金斯）小镇，它在维也纳南方约 80 公里处，在被围攻仅三周后有条件投降。苏莱曼同意让费迪南占有匈牙利北部和西部的土地（当时的人称之为"皇家匈牙利"），不过没有放弃他拥有那里统治权的主张。[32] 同一年的夏天，一支奥斯曼舰队在伯罗奔尼撒南方海面上遭到哈布斯堡舰队劫掠，后者的指挥官是查理五世手下干练的热那亚海军司令安德烈亚·多里亚，他还占领了纳夫帕克托斯和科罗尼两个港口。这次败北促使苏莱曼加快了强化舰队的速度，他还任命海雷丁雷斯为海军元帅。后者因为满脸红胡子被称为"巴巴罗萨"，是一名来自莱斯博斯的海盗，专门在阿尔及尔外海打劫，在塞利姆一世逝世不久前开始为其效力。此后，纳夫帕克托斯和科罗尼两个港口很快被奥斯曼夺回。[33]

*　　　*　　　*

在 1533 年与费迪南协商停战后，苏丹苏莱曼派易卜拉欣帕夏率军东征。萨法维的沙赫伊斯玛仪 —— 那个经常惹怒塞利姆一世的统治者已于 1524 年死亡，他的儿子兼继承人塔赫玛斯普才 10 岁，成了萨法维需要倚赖的奇兹巴什头目间权力斗争的受害者。内斗以及乌兹别克人对萨法维领土不断的侵扰耗弱了伊斯玛仪建立的国家，也降低了萨法维攻击奥斯曼人治下的安纳托利亚的可能性：奥斯曼和乌兹别克都认为，削弱萨法维的势力符合他们的共同利益。[34]1528 年，巴格达的奇兹巴什总督向苏莱曼表达了归顺之意，但他旋即被杀，萨法维再次树立了他们的权威。但奥斯曼和萨法维相邻的疆界发生了变化，因为萨法维的阿塞拜疆总督投靠苏丹，而凡湖之西比特利斯的库尔德埃米尔却归顺了沙赫，不过易卜拉欣帕夏在 1533 年底率军来到这个地区后，发现比特利斯又回到了奥斯曼阵营。[35]

易卜拉欣帕夏在阿勒颇度过了冬天。到了 1534 年夏天，他夺下了沙赫塔赫玛斯普的首都大不里士。塔赫玛斯普率军逃逸，未与奥斯曼交锋 —— 和他父亲一样，他避免正面对抗，这种战术增加了奥斯曼在伊朗作战的不确定性。在夏季暑热中行军三个月穿越安纳托利亚后，苏丹苏莱曼也来到大不里士，与易卜拉欣的人马汇合，他们决定继续追击沙赫。两个月后，在长途跋涉穿越伊朗西南部积雪的高原后，奥斯曼军抵达巴格达，这座城市投降了。从公元 8 世纪中叶起，直到 1258 年蒙古人谋害当时的哈里发为止，巴格达一直是哈里发统治的中心，它对奥斯曼颇为重要，因为它可以使奥斯曼在伊斯兰世界的霸主地位合法化。在苏莱曼驻跸巴格达的数月中，他有了一个奇妙的发现，堪与苏丹穆罕默德二世在占领君士坦丁堡时发现穆斯林圣人阿尤卜·安撒里之墓相比。宗教法学家艾卜·哈尼法是哈乃斐学派的创始人。他是四大逊尼派伊斯兰教法学派中，奥斯曼最推崇的学派的创始人 —— 其他三大学派为马利克学派、沙斐仪学派和罕百勒学派，当时这些学派仍在阿拉伯诸省和哈乃斐学派并存。公元 767 年，哈尼法逝世于巴格达。而苏莱曼"重新发现"了他的坟墓，确立了他在巴格达的神圣权威，修复了墓园，并增建了一座清真寺和济贫院。[①] 苏莱曼还为神学家和神秘主义者阿卜杜·卡迪尔·吉拉尼的陵墓造了一个圆顶，[36] 以此宣示他是正统伊斯兰教传统的圣人，并将沙赫伊斯玛仪未完工的清真寺[37]建造完成，将它变成逊尼教派而非什叶派的圣地。这次军事行动被称为"两伊拉克战争"（指"阿拉伯的伊拉克"，或称下美索不达米亚，与东方多山的"伊朗的伊拉克"）。在此次战争中，落入奥斯曼手中的还有什叶派伊斯兰教最神圣的圣地纳杰夫和卡尔巴拉，前者是先知的女婿阿里埋葬的地方，后者则是阿里的儿子侯赛因的埋身处。苏莱曼将到访这些圣地的事写信告诉了弗朗索瓦一世。[38] 苏莱曼在此以巴格达的名字建立了一个新的省份，他对巴格达的世俗权利在他为巴格达省颁布的新法典中确定下来。这部法典与萨法维原有的版本大同小异，只是减轻了税赋；此外，胜利者奥斯曼也删除了他们认为不应受法律管辖的惯例。他的目的是表明奥斯曼的司法制度要高于法治落败的萨法维王朝的司法制度。[39]

＊　　　＊　　　＊

　　奥斯曼和哈布斯堡的冲突不仅发生在匈牙利和伯罗奔尼撒，也出现在地中海西部。葡萄牙人在 15 世纪初就在北非沿岸建立了据点，西班牙人在占领了格拉纳达和它的港口后，立即依照自己的计划展开了对当地穆

---

① 　一顶据称是艾卜·哈尼法使用过的无边帽曾于 17 世纪初在托普卡帕宫的宝库中展出过。Necipoğlu, Architecture, Ceremonial and Power 141.

斯林的攻击行动。西班牙在北非的十字军行动被称为"光复运动"，因为这些北非土地曾经为基督教所有。[40]1530 年，查理五世加冕为神圣罗马帝国皇帝，他将此看作是对自己道德权威的加强，有利于继续巩固西班牙势力。被围困的北非穆斯林只能向奥斯曼苏丹（穆斯林社会的保护者）求助，激烈的争论随即在奥斯曼和哈布斯堡之间展开。奥斯曼海军在这个地区的策略是收服活跃于北非沿海、技术娴熟、经验丰富的海盗船长，让他们为奥斯曼帝国所用，再将他们的精力导向与西班牙人的战斗：巴巴罗萨只是他们之中最出名的一位罢了。不过，海盗们有时候反而会推翻雇用他们保护自己的对象。1534 年，巴巴罗萨就推翻穆斯林哈夫斯王朝，占领了突尼斯。（查理五世派出舰队想要收复突尼斯港，并在拉古莱特附近建造了一个巨大的堡垒以供他的基督徒卫戍部队使用。）奥斯曼势力逐渐向北非内陆扩张的同时，当地穆斯林统治者逐渐认识到，自己的独立自主权不仅可能受到马德里的侵害，同样可能受到伊斯坦布尔的影响。和过去安纳托利亚东部和东南部边界地区的人们一样，他们也不希望看到自己的国土被奥斯曼帝国吞并。

苏莱曼和他的顾问群已经可以娴熟地利用查理五世和弗朗索瓦一世之间长期的竞争与敌对关系。一位现代历史学家将这种敌对关系称为"对抗土耳其人的喜剧"，因为弗朗索瓦一世曾向欧洲其他君主许诺，如果奥斯曼人在意大利登陆，他会协助意大利进行防御。1536 年，奥斯曼人见证了这出"对抗土耳其的喜剧"的又一幕。[41]在占领君士坦丁堡前，奥斯曼已经赐予威尼斯和热那亚商人贸易特许权，他们被允许建立贸易社区。在马穆鲁克统治下（马穆鲁克灭亡后，在奥斯曼统治下），法国、威尼斯和加泰罗尼亚商人也在叙利亚和埃及享有这项特权。1536 年，法国与奥斯曼谈判，将法国商人享有的特许权延伸至整个奥斯曼帝国，奥斯曼商人在法国领土上也开始享有类似特权。与法国建立特殊友好关系是易卜拉欣帕夏制定的最后一项政策，因为一个月后他被处死。不过除了贸易利益之外，法国签订这项协议的目的在于拉拢奥斯曼对付哈布斯堡。[42]苏莱曼派遣特使前往威尼斯，建议威尼斯加入奥斯曼与法国的联盟，但遭到了拒绝[43]——威尼斯惧怕哈布斯堡远甚于惧怕奥斯曼。

整体而言，奥斯曼和威尼斯的关系并未受到欧洲政治横流的影响，但是发生在达尔马提亚与亚得里亚海的多次冲突显然预示着新时期的到来。更糟的是，易卜拉欣帕夏被处死，这让威尼斯失去了他们在奥斯曼宫廷中的这个朋友。1537年，苏丹朝亚得里亚海沿岸的发罗拉进军，显然，他们要在南方的巴巴罗萨舰队的帮助下，以钳形攻势攻打意大利。这或许是个征服罗马的机会。罗马的居民也忧心忡忡，害怕这里是苏莱曼宝刀所指之处：1531年，弗朗索瓦一世在法国宫廷对威尼斯大使说，苏丹的目标就是占领罗马。[44] 在苏丹苏莱曼攻打威尼斯的科孚岛时，巴巴罗萨在奥特朗托附近大肆蹂躏，但等到他们发现只有进行长期围攻，奥斯曼人才能夺下这座堡垒时，他们只好撤军了。威尼斯之前与奥斯曼的良好关系被破坏，威尼斯同意加入查理五世和教宗的神圣同盟，攻打奥斯曼。1538年9月27日，在科孚岛南端爱奥尼亚海沿岸的小镇普雷韦扎附近海域，安德里亚·多里亚率领的同盟舰队遭遇巴巴罗萨的奥斯曼舰队。巴巴罗萨胜利暴露了地中海西部其他海上力量的相对软弱。与奥斯曼的贸易对威尼斯的繁荣至关重要，如今却不得不中断，百姓填饱肚子必需的谷物更是面临短缺，1539年，威尼斯只好求和：他们原本期望与基督教国家建立联盟，长期保护自己脆弱的海岸据点免受奥斯曼攻击，如今这个希望也落空了，因为查理五世优先考虑的是保卫地中海西部和西班牙，以使它们免受巴巴罗萨煽动和资助的北非海盗的袭扰。威尼斯终于在1540年底签订了和平协议，代价是他们在伯罗奔尼撒仅存的堡垒被割让给奥斯曼，其中一些他们已占有了三个世纪之久，此外他们还要支付巨额赔款。[45]

虽然奥斯曼海军正在地中海开展军事行动，刚从"两伊拉克战争"返回的埃及总督"太监"苏莱曼帕夏还是横渡阿拉伯海，去援助一位穆斯林统治者。1553年，古吉拉特苏丹巴哈杜尔沙赫被莫卧儿皇帝胡马雍打败，向葡萄牙求援。他允许葡萄牙人在古吉拉特半岛南端的第乌建立堡垒，这里是香料经印度向西运输的转运站。但是等到胡马雍入侵的危机消失后，他又向奥斯曼求救，希望他们赶走葡萄牙人。"太监"苏莱曼率领一支拥有72艘船的舰队由苏伊士出发，航行19天后出现在古吉拉特海域。[46] 葡萄牙人在此期间杀死了巴哈杜尔沙赫，并抵挡住了奥斯曼火炮的攻击。

"太监"苏莱曼听说葡萄牙救援舰队即将赶到，便停止围城，撤军返航。虽然任务以失败告终，但这也证明奥斯曼和葡萄牙在这个区域的敌对关系已至转折点，它已经展现出奥斯曼舰队横渡阿拉伯海的能力。在前往第乌的路上，"太监"苏莱曼占领了亚丁港，并在阿拉伯半岛南端建立了极具战略价值的也门省——虽然奥斯曼对此处的控制并不强。但是外交上的行动很快确保了奥斯曼对通往红海航路的控制。1538 年的战争后，奥斯曼和葡萄牙互相派遣了特使，双方认可了对方的商业势力范围，并同意保护对方商人的安全。[47]

1532 年后，匈牙利问题陷入了僵局。奥斯曼进攻维也纳的行动再度失败，但费迪南亦无余力侵略奥斯曼。苏丹的附庸、摩尔达维亚公国的总督彼得鲁·拉雷斯被怀疑勾结哈布斯堡，因此，苏莱曼在 1538 年率军攻打彼得鲁，占领了摩尔达维亚旧都苏恰瓦，暂时推翻了彼得鲁。同时，他也占领了比萨拉比亚的南部，那是多瑙河口和德涅斯特河口间的一片宽阔的沿海地区，即奥斯曼人所称的布贾克；他还占领了黑海北岸从德涅斯特河到布格河之间的地区，包括第聂伯河河口的黑城堡垒（即今日奥恰基夫所在）——占领这个地区具有战略重要性，因为它扼守着克里米亚鞑靼骑兵进出克里米亚的道路，他们是奥斯曼军队攻城略地不可或缺的一支劲旅。在德涅斯特河上，静卧着宾杰里堡（蒂吉纳），那里有一块石碑，上面的文字非常大胆地宣示着苏莱曼对他已经征服或部分征服的国家（萨法维、拜占庭和马穆鲁克）拥有的权力："我是巴格达的沙赫，拜占庭的皇帝，埃及的苏丹。"[48]

1538 年，佐波尧·亚诺什和国王费迪南签署协议。他们同意双方皆可在各自拥有的匈牙利土地上享有国王的头衔，但是等到亚诺什逝世后，他的领土归费迪南所有。1540 年 7 月 22 日，佐波尧·亚诺什逝世，他的儿子出生才两个礼拜，被命名为亚诺什·西吉斯蒙德。费迪南趁着奥斯曼没来得及反应，出兵围攻布达城。费迪南是查理五世的兄弟，若他完整继承了匈牙利王座，就会让神圣罗马帝国的疆域跟着延伸至此。苏莱曼不愿见到这种局面，因而许诺要保护婴儿西吉斯蒙德·亚诺什的安全，并于 1541 年春天发兵，希望跟费迪南做个了结。他解除了哈布斯堡王朝对布达的围攻后，并把匈牙利中部地区纳入自己的统治之下。费迪南则继续保有原匈牙利王国的西部和北部地区，而亚诺什·西吉斯蒙德则作为奥斯曼的附庸统治特兰西瓦尼亚，由大瓦代恩主教捷尔吉·马丁努齐担任摄政。

伊斯坦布尔和奥斯曼附庸国特兰西瓦尼亚的关系，与它和其他长期附庸国摩尔达维亚和瓦拉几亚的关系并不一样。起初，在16世纪中叶，奥斯曼并未派军驻守特兰西瓦尼亚。特兰西瓦尼亚的总督是由当地议会选出，再由苏丹批准的，而摩尔达维亚和瓦拉几亚的总督则由苏丹任命。特兰西瓦尼亚的总督也不必送儿子到奥斯曼宫廷当人质。特兰西瓦尼亚每年进贡的额度也比多瑙河流域的其他附庸国都低，且无须像后者那样向伊斯坦布尔提供食物和人力服务。[49]

*　　　*　　　*

苏莱曼掌政的早期充满了毫无节制的挥霍炫耀和耀武扬威的胜利游行，在很多方面不同于之前奥斯曼的传统。伊斯坦布尔的古罗马竞技场再次成为全民娱乐和庆祝盛典的场所，仿佛回到了拜占庭时代。从皇家婚礼和割礼，到不信逊尼派的传道者的死刑，生活与死亡的各种重要仪式都在这里上演。第一次在此举办的类似活动，是1524年苏莱曼的姐姐哈迪奇与易卜拉欣帕夏的婚礼，公开的庆祝持续了15天。1530年，苏莱曼儿子穆斯塔法、穆罕默德和塞利姆（即后来的塞利姆二世）的割礼后，人们连续庆祝了40天。1530年的活动是一个清楚展示奥斯曼强盛国力的无与伦比的机会，因此，取自战败国家（白羊王朝、萨法维王朝和马穆鲁克王朝）的帐篷展现在大众面前，宴饮时，白羊王朝、马穆鲁克王朝和杜尔卡迪尔王朝被当人质的王子们炫耀般地被安排坐于苏丹身旁。[50]

身为大维齐尔与苏丹的姐夫，易卜拉欣帕夏既是这些花费巨大的活动的幕后策划者，也是痛饮狂欢的参与人。而在1525至1529年之间，他监督托普卡帕皇宫的改建工程，更是让他能随心所欲地奢靡挥霍。穆罕默德二世的议事厅和宝库被拆除，以便空出位置，连着正义之塔建造一个更大的拥有8个圆顶的宝库和一座3个圆顶的议事厅。最显眼的改变是皇宫第三庭院入口处的觐见大厅的重建工程，这是座独栋建筑，现今已不允许游客由此直接进入皇宫的核心地区。在当时见过它的人眼中，这栋大厅的奢华装潢和装饰可以说是金银珠宝、贵重织物和大理石的完美搭配。[51] 奥斯曼与法国签订特许权条约后不久，法国的古董收藏者皮埃尔·吉勒来到伊斯坦布尔。他说，苏丹坐在一张矮沙发上接见各国大使，他坐在"一个大理石建造并以金银、钻石和贵重宝石装饰的小房间里，贵宾接待厅四周全是柱廊，廊柱全由最好的大理石构成，柱顶和基座全部都是镀金的"。[52]

苏丹和大维齐尔非常了解西方的情况。1530 年，查理五世被教宗克莱门七世加冕为神圣罗马帝国皇帝后，他们很快就了解到详细情况，并迅速认为这应该是在加强查理五世的主张，即神圣罗马帝国皇帝是罗马帝国的皇帝再世。苏丹穆罕默德二世一直渴望成为世界君主，因而被当时中欧最有权势的匈雅提·马加什视为对手，他想象自己是新赫拉克勒斯或亚历山大大帝（穆罕默德也认为自己是亚历山大大帝，若根据一位 16 世纪的大使所言，塞利姆一世和苏莱曼亦然）。[53] 对于这样嚣张的挑衅，苏莱曼无法置之不理。易卜拉欣帕夏委托威尼斯制作了一顶金头盔，上面堆叠着4 个皇冠，顶部有羽毛装饰。1532 年 5 月，皇冠金盔经由位于亚得里亚海边需向奥斯曼纳贡的海港城市杜布罗夫尼克抵达埃迪尔内，此时，苏丹正率领军队前往匈牙利。苏莱曼在沿途进行了多次精心策划的胜利游行，皇冠金盔被特意公开展示，苏丹有意让外国使节和其他观察家感受到他的权柄。苏莱曼在尼什接见的哈布斯堡特使团似乎不知道这是苏丹的头饰，还以为这个华而不实的装饰只是奥斯曼的帝国皇冠。易卜拉欣帕夏委托特制的时间点或它的形制都不是偶然决定的。这个皇冠金盔的外观与神圣罗马帝国皇帝戴的皇冠和教宗戴的三重皇冠十分相似 —— 不过它比这两个皇冠还多出一两层，象征着对他们权力的挑战。[54]

易卜拉欣犹如苏丹的兄弟，是他最亲近的顾问和最高阶的帝国官员，但是如此亲密的关系为他树立了很多敌人。1525 年，他在竞技场的宅邸被伊斯坦布尔造反的禁卫军劫掠，这些人可能受到了他的政敌的煽动。[55] 帝国财政大臣更是批评他在一场花费庞大的战争期间挥霍无度制作皇冠金盔。奥斯曼当时并未留下皇冠金盔的相关文字记载或微缩画，可以看出当时的人并不赞成这笔花费。此外，帝国财政大臣也指责他把"两伊拉克战争"的战线延长到巴格达，增加了巨额财政负担，[56] 易卜拉欣则利用职务上的权力将这位财政大臣处死。

苏莱曼和易卜拉欣两人的关系使人联想到苏丹穆罕默德二世和他宠信的大维齐尔马哈茂德帕夏·安格洛维奇。苏莱曼的残酷可能不输他的曾祖父，而且，易卜拉欣也跟马哈茂德帕夏一样，在他主子一怒之下突然被处死——那是 1536 年 3 月，他刚从"两伊拉克战争"的战场返回。苏丹给了身为大维齐尔的他在公共和私人领域的一切自由，如今他却只能埋身于一处没有标志的墓地。在他生前，易卜拉欣常常被人们称为"马克布勒"（"宠儿"），但等他一死，人们就玩了个文字游戏，将他称为"马克土勒"（"被处死的人"）。没几个人为他哀伤：他死后，一群人捣毁了三尊在竞技场上他的宅邸外面的青铜古典人物雕像，那是他 1526 年从匈雅提·马加什在布达城的皇宫搬回来的。[57] 易卜拉欣的死刑为苏莱曼统治的第一阶段画下休止符。

在易卜拉欣帕夏担任大维齐尔的时候，有一个人与他争夺苏莱曼的宠爱——罗塞尼亚的女奴许蕾姆苏丹，苏莱曼的"宠儿"，西方人称之为罗克塞拉娜。她在 1521 年生下了他们的第一个孩子，1534 年，在她生了 6 个孩子（5 个是儿子）后，苏莱曼娶她为妻，并举办了盛大的仪式。一位欧洲的见证人描述了这场婚礼：

> 婚礼在内宫（即托普卡帕宫）举行，庆典前所未有地盛大豪华。赠送的礼物排成长龙。入夜之后，城市干道灯火璀璨，充满了优美的音乐与丰盛的美食。房子以花环彩带装饰，处处有人快乐地旋转起舞。在古罗马竞技场上，一个巨大的舞台已搭建好，专供皇后和她的女官使用的区域已经用镀金的栅栏围了起来。罗克塞拉娜和她的随从在此观赏了一场盛大的马上比武，参加者包括基督徒和穆斯林骑士，杂技演员和变戏法人，以及许多野兽和颈子长得好像碰到了天的长颈鹿。[58]

据一位威尼斯大使说，许蕾姆苏丹"年轻但不算美丽，不过优雅而小巧"。[59] 苏莱曼深深爱恋她，而且在她排挤掉其他得他欢心的人后，他就死心塌地仅忠于她了。他与恢复自由之身的奴隶结婚，和他迅速提拔易卜拉欣帕夏担任大维齐尔一样，皆属典型的打破常规的行为。[60]

为苏丹和有权有势的人家获取女性的方式与奥斯曼人为帝国募集士兵和行政人员的方式类似，要么是作为战利品获得，要么是通过奴隶贸易购买。这些贵族世家与苏丹的家庭被称为"后宫"（Harem），在阿拉伯语中的意思是"一个神圣并受保护的地方"，在那个时代既指皇宫与宅邸中划给女性居住的区域，又指所有女性本身。随着他们的帝国变得"越来越伊斯兰化"，奥斯曼也采用了其他穆斯林王朝的做法，允许他们的奴隶妃嫔而不是合法妻子为他们生育后代。不过奥斯曼的生育政治有一个特别之处，那就是至少从穆罕默德二世时代开始，每位妃嫔只准生一个儿子，若是生了女儿可以继续再生，直到生出儿子才被剥夺生育权。这大概是通过禁欲或避孕手段实现的，但是到底是使用什么方法，我们无从得知。出身卑微又"没有负担"的妃嫔和奥斯曼最早期的皇家新娘大不相同，她们没有任何政治抱负，也不可能成为外国势力或国内潜在敌人的密探。"一母一子"政策的逻辑是，苏丹过世后，他所有的儿子理论上都有相同的王位继承权，因此他们的母亲能在多大程度上提高他们继承苏丹之位的可能性就十分重要。在奥斯曼的王子们在各省担任王子总督时，他们的母亲则在为儿子登顶铺路。一个妃嫔若生下了两个儿子，她将不得不选择将在未来的王位继承斗争中支持哪个儿子。[61]

苏莱曼和妃嫔成婚已够震撼，他置"一母一子"传统于不顾更是如此。许蕾姆被指责用魔法蛊惑苏丹。婚礼后，她带着孩子由旧皇宫搬到托普卡帕皇宫，她在后宫的卧室与苏丹的寝宫相连——这又是一个令人蹙眉的创举。托普卡帕皇宫内之前分配给苏丹后宫的区域相对而言并不算大，易卜拉欣帕夏监督了扩大该区域的工程，以便容纳新的"皇室"和他们的随从。[62] 每遇分离，许蕾姆就会写感性的散文和诗句给苏莱曼，让他在征战之余能与皇宫里的事务维持宝贵的联系。她约于1525年写了下面这封信：

我的苏丹，分离的无穷痛楚不停灼烧着我。现在请宽恕饱受痛苦的我，更别珍惜您尊贵的宝墨。恳求您能让我的灵魂在您的书信中稍得安慰……在诵读你尊贵的信函时，您的仆人和儿子米尔·穆罕默德，还有您的奴隶和女儿米利玛赫因为思念您而哭泣号啕。他们不停地哭泣让我更是悲痛万分，因为这有若我们在守丧。我的苏丹，你的儿子米尔·穆罕默德、女儿米利玛赫，还有塞利姆·汗和阿卜杜拉送给您千千万万的祝福，并将自己的脸埋在您脚下的尘土中。[63]

　　虽然许蕾姆苏丹在苏莱曼心目中的地位无可取代，但是她仍然猜忌着易卜拉欣帕夏，因为他曾和苏莱曼的妃嫔玛希德夫兰关系密切，她是苏莱曼的长子穆斯塔法的生母。当许蕾姆得宠取代了玛希德夫兰后，穆斯塔法享有的皇储地位就转移到了她的儿子身上。苏莱曼和许蕾姆的婚礼决定了玛希德夫兰和穆斯塔法的命运，使易卜拉欣成了许蕾姆唯一的敌人。她被怀疑是促使易卜拉欣被处死的同谋，而且当时留下的间接证据也颇具说服力。

＊　　　＊　　　＊

　　奥斯曼在巴格达大败萨法维，在普雷韦扎打败神圣同盟，在第乌一役后与葡萄牙休战，并且占领了匈牙利的大部分疆土，但这一切只是让他们在战争中稍事喘息：几年内，战火在几条战线上重新燃起。1524 年，哈布斯堡王朝攻打与布达城隔多瑙河相望的佩斯城，被当地的奥斯曼守军击退。次年，苏莱曼再度率军西进，夺下了一连串具有战略意义的堡垒，并将它们全数并入布达省。奥斯曼屡战屡胜，迫使费迪南求和。1547 年，他与奥斯曼的大维齐尔吕斯泰姆帕夏签订了为期 5 年的停战协定（吕斯泰姆帕夏于 1539 年迎娶了苏莱曼的女儿米利玛赫）。虽然费迪南仍可保有前匈牙利王国北部和西部的领土，但是这项和约包含的羞辱性的条款却强迫他每年向苏丹进贡。

　　1547 年的和约维持了一段时间的和平，但 1551 年，特兰西瓦尼亚宝座后的实际掌权者主教马丁努齐密谋将特兰西瓦尼亚交给费迪南，使大片中世纪匈牙利王国的领土再次联合在一起，奥斯曼的报复也随即来临。鲁米利亚总督索库鲁·穆罕默德帕夏出兵围攻特兰西瓦尼亚的首都蒂米什瓦拉，一路上占领了许多重要堡垒。侥幸的是，援兵赶到，适合战争的季节又行将结束，这座城市暂时得以解围。但是在 1552 年，它还是落入了奥斯曼手中，成为奥斯曼新设立的蒂米什瓦拉省的中心，这个省涵盖了特兰西瓦尼亚的西部地区。同一年，奥斯曼虽然发动了猛烈的攻击，仍未攻下布达城西北方的埃格尔，但是他们攻下的其他几个城堡有助于巩固未来奥斯曼在此地的统治。布达和蒂米什瓦拉两个省现在都受到奥斯曼的直接管辖，奥斯曼统治下的匈牙利第一次成为一个紧凑的实体，它的四周被一连串堡垒守护着，这些堡垒中的一些是新建造的，但大部分夺自匈牙利人。[64]

　　哈布斯堡和奥斯曼在统治匈牙利时仍需要互相妥协。这两个帝国都没有能力独自承担兼并、统治与保卫匈牙利的后果，必须依靠莫哈奇战败后幸存的匈牙利贵族。在宗教改革中，许多匈牙利贵族已经成了新教徒，为了能联合他们共同抵御奥斯曼，费迪南和他的政府必须谨慎地对待这些人。奥斯曼能够操控天主教和新教间的分歧，就像他们之前挑拨天主教与东正教之间的矛盾那样，但是他们和哈布斯堡一样，也要拉拢这些掌握实权的贵族，他们就像过去在"皇家匈牙利"时那样管理着奥斯曼治下匈牙利的日常事务。[65]

　　因为 1547 年的和约，奥斯曼的西北方疆界稳定下来，所以在沙赫塔赫玛斯普的弟弟阿尔卡斯·米尔扎投靠奥斯曼后，苏莱曼开始了另一次针对伊朗的军事行动。阿尔卡斯·米尔扎本是萨法维王朝希尔凡省总督（该省在里海之西的高加索山脉中），他和哥哥的关系一直很紧张，后来塔赫玛斯普因他不服从命令派军镇压他，他经克里米亚的费奥多西亚港辗转逃至伊斯坦布尔。1548 年，苏莱曼派阿尔卡斯·米尔扎作为前锋出征，苏莱曼随后跟上，虽然奥斯曼军抵达大不里士，却因缺乏补给放弃了这座城市。显然，阿尔卡斯·米尔扎在当地既无影响力，亦无夺取塔赫玛斯普权力的野心。苏莱曼无功而返，只夺下边界城市凡城和一些值钱的战利品，其中包括沙赫伊斯玛仪托人制作的帐篷，那是塔赫玛斯普最珍贵的宝物之

▲ 1999 年土耳其发行的纪念奥斯曼帝国建国 700
周年的纪念币，面值为 400 万里拉，其背面图案为
奥斯曼第一枚钱币的图案

▶奥尔汗一世为某个僧院颁发的特许令。最顶部
为奥尔汗的花押，意为"奥尔汗，奥斯曼之子"。
这份特许令颁发于 1324 年，用波斯语写成，是奥
斯曼现存的最早文件

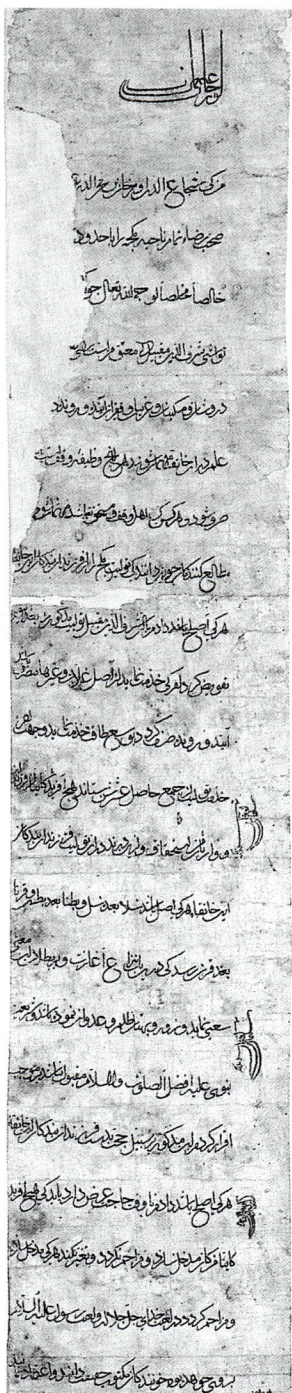

◀后世人想象中的苏丹
奥斯曼

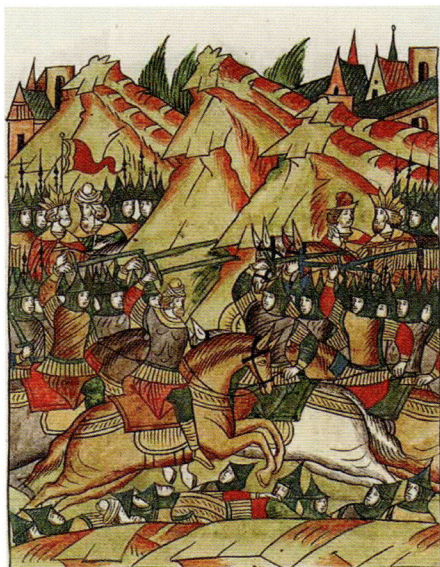

▶1389年，奥斯曼苏丹穆拉德一世
和奥斯曼军队在科索沃波尔耶遭遇
塞尔维亚－科索沃－波斯尼亚联军。
奥斯曼最终惨胜，但苏丹穆拉德被
刺死

▲ 1396 年 9 月 25 日，奥斯曼军队与匈牙利国王西吉斯蒙德率领的十字军在尼科堡会战

▲西方人想象中的巴耶济德一世被帖木儿囚禁的情景

◀拜占庭皇帝曼努埃尔二世（左二）和他的家人，左一是他的儿子、共治皇帝约翰八世

▲在前线的穆拉德二世和奥斯曼人想象中的被砍头的匈雅提·亚诺什

▲奥斯曼的波斯尼亚裔大臣、剑术家、航海家、数学家、历史学家、细密画家、地图绘制师马特拉克齐·纳苏赫在 16 世纪绘制的伊斯坦布尔地图

▲在前线的穆拉德二世和奥斯曼人想象中的被砍头的匈雅提·亚诺什

▲欧洲人想象中的穆罕默德二世进入君士坦丁堡的情景

▲穆罕默德二世进入君士坦丁堡后建造的大巴扎

▶奥斯曼手抄本中的
"征服者"穆罕默德二
世肖像

◄禁卫军接受了苏丹为他们举办的宴会。如果禁卫军拒绝接受苏丹提供的宴席，这就表示他们不接受苏丹的统治

▼奥斯曼人在巴尔干征召少年为奥斯曼皇室与政府服务。图中身着红衣的就是被征召的少年

▲医院骑士团在马耳他岛上的圣安杰洛堡垒

▲奥斯曼人在博斯普鲁斯海峡欧洲一侧建造的如梅利堡垒

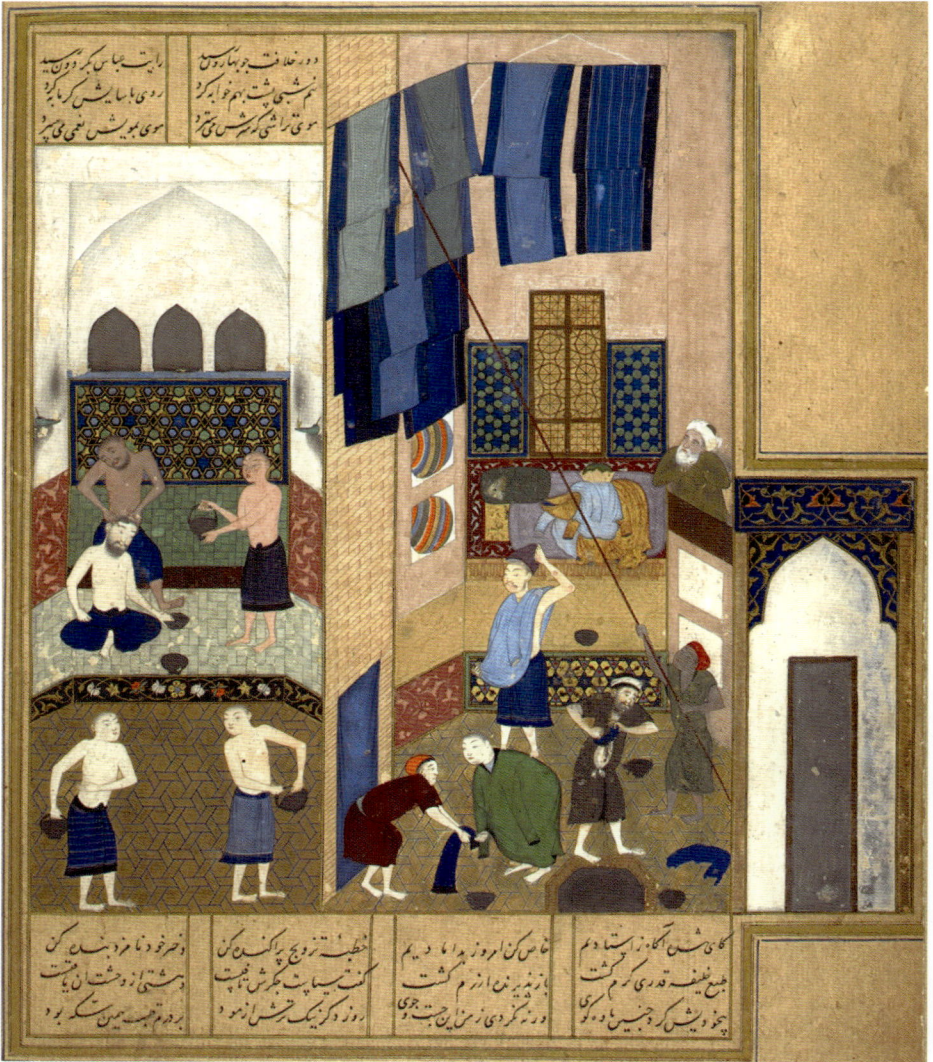

▲ 15 世纪的土耳其浴室内场景

وَاطْعَنْهُ فَإِنْ بَطَلَ فَاخْرُجْ مِنْهُ وَدُرْ عَلَيْهِ فَإِنْ دَخَلَ

عَلَيْكَ وَطَعَنَكَ فَبَطِّلْ وَاحْرِصْ أَنْ لَا يَصِلَ طَعْنُهُ إِلَيْكَ

وَلَا تَطْمَعْ فِي الطَّعْنِ وَكُنْ حَرِيصًا عَلَى تَطْوِيلِ طَعْنِهِ

وَانْظُرْ كَيْفَ تَفْعَلُ وَهُوَ لَا يُمْكِنُهُ أَنْ يَأْتِيَ بِالْعُقْبِ

بَعْدَ مَا جَرَى بَيْنَكُمْ ذَلِكَ فَافْهَمْهُ

بَابُ الْإِدْمَانِ بِالرُّمْحِ وَالْعَمَلِ بِهِ

وَهُوَ أَنَّكَ تُسَمِّرُ دَفَّةً عَلَيْهَا طُمَطْ مِنْ سَطْ أَوْ غَيْرِهِ حَتَّى

تَعْرِفَ الطَّعْنَ وَيَكُونُ طُولُ كَذَا الرَّجُلِ وَتَعْمَلُ فِيهَا

▲ 正在练习长枪突刺的马穆鲁克士兵

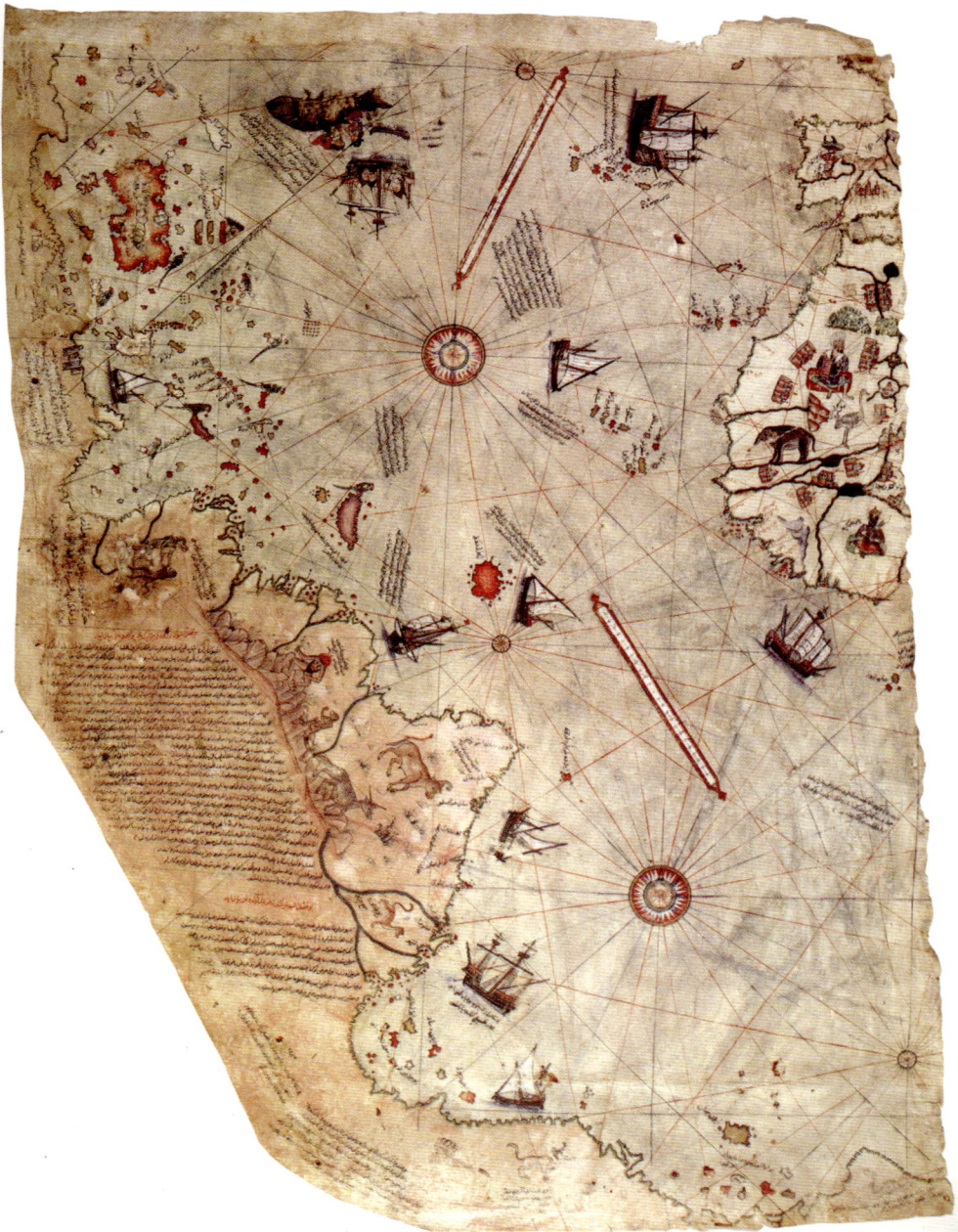

▲皮里雷斯在 1513 年绘制的世界地图。这张地图仅有一半保存到现在，被收藏在托普卡帕宫中。皮里雷斯在绘制地图时，参考了已经存在的 20 份地图，其中包括哥伦布绘制的新世界的地图

▲恰尔德兰战役中的沙赫伊斯玛仪

▲奥斯曼的波斯尼亚裔大臣、剑术家、航海家、数学家、历史学家、细密画家、地图绘制师马特拉克齐·纳苏赫在 16 世纪绘制的伊斯坦布尔地图

ROSA SOLYMANNI VXOR

CAMERIA SOLIMANI IMPERAT FILIA

ROSTANIS BASSAL VXOR 1541

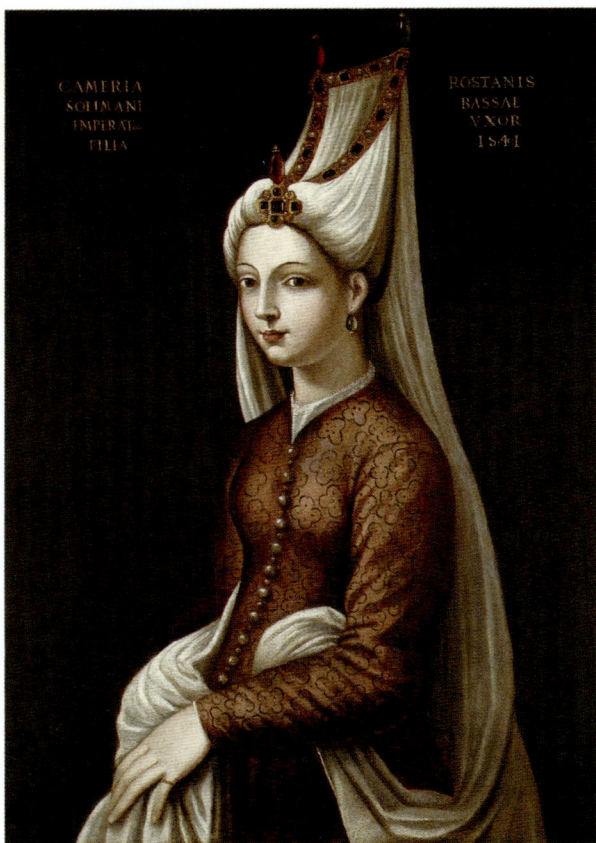

● 苏莱曼、许蕾姆与他们的女儿米利玛赫苏丹。其中苏莱曼的画像是一位匿名画家根据提香制作的苏莱曼浅浮雕胸像绘制的

一。虽然阿尔卡斯·米尔扎宣称信仰逊尼派伊斯兰教，但这不过是一个实用主义的姿态而已，因为他不久就返回萨法维——有人认为那是因为苏莱曼的大维齐尔吕斯泰姆帕夏质疑他对苏莱曼的忠诚，迫使他离去。阿尔卡斯·米尔扎写信给塔赫玛斯普请求原谅，但在 1549 年初，他还是被塔赫玛斯普下令处死。[66]

奥斯曼不愿意在疆域东方的荒凉地区用兵，塔赫玛斯普利用了这一点，迅速出兵把新近失去的领土夺了回来。1554 年，苏莱曼再度亲自领军出征，报复萨法维王朝。高加索南方的埃里温（今日亚美尼亚的首都）和纳希切万是他在这次军事行动中到达的最远的地方，战争中，奥斯曼人效法萨法维人，在他们袭掠的边境地区实行焦土政策。两个国家间的第一次正式和平条约——《阿马西亚条约》签署于 1555 年。根据条约，奥斯曼得以保留他们之前攻占的伊拉克的土地，不过苏莱曼的第二次和第三次伊朗军事行动并未带来任何永久性的收获，目前看来，和平共存是双方都最期望的状况。

在地中海，僵局仍难化解。1541 年，查理五世企图从巴巴罗萨的副手"太监"哈桑阿迦手中夺取阿尔及尔，西班牙无敌舰队的士兵人数远多于穆斯林守军，但一场突如其来的大风却破坏了他们的行动，拯救了无助的穆斯林守军。在奥斯曼与哈布斯堡王朝于地中海西部年年争战的同时，北非的奥斯曼将领频频对地中海北部沿岸地区发动毁灭性的攻击，例如在 1543 年，意大利诸多岛屿和那不勒斯的海岸就惨遭蹂躏。[67]

医院骑士团此时在马耳他建立了大本营，以查理的名义暂时管理的黎波里港。1551 年，奥斯曼帝国舰队却联合由另外一个知名海盗图尔古德雷斯率领的舰队成功围困了的黎波里。根据他们与查理签订的协议，马耳他医院骑士团有责任防卫的黎波里，所以他们对奥斯曼的围攻十分不安。1560 年春天，西班牙与医院骑士团的联合舰队抵达的黎波里西方的杰尔巴岛，并在此地建造了一座坚固的堡垒，作为将奥斯曼人驱离地中海这片区域的前进基地，一支伊斯坦布尔派来的舰队却围攻并占领了这座岛。奥斯曼在海上似乎充满了无坚不克的信心。这个地区的和平持续了几年。1565 年，奥斯曼攻打医院骑士团在马耳他的大本营，但这场战事以奥斯曼的失败告终，情势出人意料地开始逆转。[68] 这次失败与奥斯曼之前的失败一样，被当成基督教王国胜利在望的预兆，在西方国家试图为他们在地中海的战略失误寻找慰藉时，成为他们抓在手中的一根稻草。

*　　*　　*

管理阿拉伯海及其突出部分对奥斯曼人来说是一个艰巨的任务，这是对他们的野心的一次严苛检验，他们在海上的实力与极限也暴露无遗。奥斯曼的船舰仍旧劣于葡萄牙船只，适合沿岸航行而非跨越大洋。在远征第乌，并与葡萄牙人在阿拉伯海和解后，双方在离本土更近的地方爆发了冲突，主要是在波斯湾地区。在占领巴格达后，奥斯曼人又拿下了波斯湾最北端的巴士拉，这使他们获得了另一个由阿拉伯海到印度的门户，它比现有的苏伊士或亚丁港离印度更近，也是建造船坞的理想地点。但不幸的是，葡萄牙人从 1515 年起就占据着霍尔木兹岛的贸易中心，也因此控制着连接波斯湾与阿拉伯海的海峡，以及一条可以到达萨法维伊朗的南部海岸和传说中的"东方"的更不易受到攻击的道路。

1552 年，身经百战的海员皮里雷斯率领舰队由苏伊士出发，奉命攻打霍尔木兹岛和巴林岛，后者是珍珠产业的中心，也是葡萄牙的属地。他成功夺取了霍尔木兹城，但是一艘载有重要装备的船沉没了，少了这些装备，他无法攻下堡垒。他缩短了远征的行程，掳掠了附近的格什姆岛后，带着劫掠品回到巴士拉。[69] 皮里雷斯的职业生涯在易卜拉欣帕夏的资助下获得了巨大成功，但是易卜拉欣帕夏早已不在人世，皮里雷斯也无法说服统治阶层相信他所做贡献的价值。他在这次行动中的失败最后导致他被处死。他是那个时代最伟大的人物之一，却过早地结束了生命。这也显示，苏莱曼在他认为必要时随时可以狠下毒手。

皮里雷斯被处死后，奥斯曼在阿拉伯半岛南方波斯湾沿岸成立了拉赫撒省，为在海上对付葡萄牙人提供了一个陆上基地。1559 年，他们又同时由拉赫撒和巴士拉出发，陆海两军联合攻打巴林，巴林的统治者多年来在奥斯曼和葡萄牙之间举棋不定。从霍尔木兹岛开过来的葡萄牙舰队挫败了奥斯曼对巴林岛上的主要堡垒麦纳麦的攻势。不过，奥斯曼在危急关头获得了一点点安慰，双方同意同时战略性撤军，并从 1562 年起互换特使。双方在波斯湾也达成妥协：葡萄牙继续控制波斯湾航路，奥斯曼则控制通往阿勒颇的陆上商路。[70]

跟波斯湾海岸一样，红海海岸线漫长，且欠缺安全的锚地。在这个蛮荒之地长期驻扎给后勤补给带来了严峻的挑战。和帝国的其他边缘地区一样，奥斯曼在这里的司法权仅仅在几座堡垒及其周边地区有效。例如，新成立的拉赫撒省跟也门一样，最初只是"纸上省份"，在这些地方，奥斯曼经常受到当地阿拉伯部落的骚扰，他们不习惯受到强大的中央政权的管辖，会想尽办法阻止奥斯曼进行任何实际意义上的统治。不过奥斯曼也非常务实，并不期待他们会配合。在这些地区，帝国势力对特定区域外的当地生活并无影响力，但奥斯曼人仍要宣布将这里改建为省：这是一种姿态，目的是划分奥斯曼世界，并建立管理机制。奥斯曼时时担心过度扩张，而且在他们的战略目的所需的有限土地之外，还有广阔而"空旷"的偏远地区，他们深知自己无力直接管辖这些区域。

马穆鲁克统治的埃及南部边境以南是尼罗河畔的艾斯尤特，那里也是未知区域。在艾斯尤特和阿斯旺南边的第一瀑布之间是努比亚，努比亚以南是丰吉苏丹国，继续往南则是阿比西尼亚，那里的人们大部分是基督徒。1525 年，在一份有关葡萄牙在印度洋的活动的报告中，海军舰长塞尔曼雷斯建议奥斯曼控制阿比西尼亚，从葡萄牙人手中夺取香料贸易的控制权。阿比西尼亚被奥斯曼人称为"哈贝什"地区，塞尔曼雷斯在报告里指的是红海西岸、曼德海峡以及亚丁湾南岸。他指出，这个地区的部落既有穆斯林也有基督徒，他们都很软弱。他还建议征服萨瓦金和阿特巴拉之间的土地——前者是奥斯曼人在 16 世纪 20 年代起就占据的岛上堡垒，后者是尼罗河上的一个转口港，象牙和黄金贸易的中心。奥斯曼在当时并没有展开行动，但是在 1555 年，受到丰吉苏丹国向北进军的影响，奥斯曼改变了政策。也门桑贾克贝伊厄兹代米尔帕夏曾是马穆鲁克旧臣，他在 1555 年成为名义上的哈贝什省的总督。奥斯曼军从开罗出发顺着尼罗河南下，但这次军事行动失败了，因为到达第一瀑布后，军队拒绝继续向前行军。两年后，一支军队从苏伊士出发，先到萨瓦金，又南下到达内陆城市阿斯马拉通往红海的港口马萨瓦。虽然晚了许多年，塞尔曼雷斯把葡萄牙人阻隔于红海之外的目标终于实现，奥斯曼控制了高价货物通过沿岸港口时征收的关税。[71]

奥斯曼的盟友和他们同心协力，维护印度洋贸易航路的顺畅。其中最重要的盟友是苏门答腊岛西北部的亚齐苏丹国，那里是胡椒生产地，它受到葡萄牙扩张主义的威胁，遂向奥斯曼寻求军事援助。奥斯曼在1537年和1547年派兵协助亚齐苏丹抵抗葡萄牙，1566年，亚齐正式请求奥斯曼保护——亚齐苏丹认定奥斯曼苏丹是自己的宗主，并在周五的礼拜仪式中提到他的名字。第二年，一支奥斯曼舰队由苏伊士出发援助亚齐，奥斯曼的港口却被葡萄牙人封锁了。只有两艘装备了大炮和军火以及500名士兵的军舰驶抵目的地，规模远较之前设想的小很多。要用这么少的人员和装备把葡萄牙人赶离这些水域显然不切实际，但这股武装出现在这里，就像奥斯曼人在波斯湾的骚扰行为，显示葡萄牙人无法在这个地区顺利地行动。奥斯曼坚决保护自己的商业利益，所以从16世纪中叶开始，经埃及的香料贸易的商品价值总额开始回升。[72]

*　　　*　　　*

1547年，伊凡四世在莫斯科大公国的首都加冕成为"全罗斯的沙皇"，这个国家在黑海之北辽阔的大草原再向北，是四处劫掠的哥萨克人和众多由亚洲西迁的游牧民族的家园，也是个极不稳定的区域，在这里，奥斯曼选择与信仰伊斯兰教的克里米亚鞑靼汗国结盟。直到16世纪早期，克里米亚鞑靼汗国都是莫斯科大公国的忠实盟邦，为了维护他们共同的经济和领土利益，对抗波兰立陶宛联邦及它的草原盟友。同样地，奥斯曼和莫斯科大公国的经济利益有互补性，关系也比较密切：1489年，莫斯科大公国的商人获得了在奥斯曼帝国全境自由贸易的权利。塞利姆一世统治时期，莫斯科大公国意图与奥斯曼一起，在波兰立陶宛毛皮贸易中分得一杯羹，而克里米亚鞑靼人则担心莫斯科大公国会入侵穆斯林大地，所以两国特使因而在伊斯坦布尔展开了一系列争夺奥斯曼欢心的外交活动。[73] 克里米亚、喀山和阿斯特拉罕的统治者在血统上与成吉思汗的联系比伊凡四世要近，但伊凡四世的加冕则向他们发出信号，他与他们是平等的。[74]

奥斯曼和莫斯科大公国双方互利的贸易来往一直持续到伊凡四世加冕 5 年后的 1552 年，伊凡在这一年占领了伏尔加河旁的喀山汗国，4 年后又拿下了阿斯特拉罕汗国，它的首都阿斯特拉罕位于里海西北方海岸边的伏尔加河三角洲上。莫斯科的大公们早已介入喀山和阿斯特拉罕的政治，沙皇伊凡四世通过支持当地交战派系中的一方攻打另一方，最后完全占领了这两个汗国。奥斯曼会允许被占领的地方维持他们的宗教信仰（但是必须在限定的范围内），再逐渐加大直接管理的强度。而面对被他们占据的第一个非基督教、非斯拉夫语系地区的人民，莫斯科大公国则非常强硬，因为接受莫斯科大公国的统治就意味着接受东正教信仰。然而，强迫新穆斯林臣民改变信仰的政策遭遇到地方的反抗，有的时候，莫斯科大公国的传教士还要向奥斯曼和克里米亚汗国的不满低头，后两者认为他们损害了穆斯林的信仰。[75]

16 世纪 40 年代末，萨法维在高加索地区的希尔凡省与奥斯曼人结盟，1551 年，沙赫塔赫玛斯普又重新占领了希尔凡，这两件事促使奥斯曼人反思他们在外高加索地区的战略。而莫斯科大公国占据喀山和阿斯特拉罕是奥斯曼人收到的第一个警讯，这告诉他们，奥斯曼和莫斯科大公国的战略利益不会永远和谐一致。阿斯特拉罕落入莫斯科大公国之手，给奥斯曼的威望蒙上了一层阴影，因为那让苏丹无法保护穿过阿斯特拉罕的朝圣路——来自中亚的逊尼派穆斯林朝圣者要沿这条路到达黑海港口，再一路往南走前往麦加。安纳托利亚黑海沿岸锡诺普港的造船厂随即加紧建造加利战船，以迎接奥斯曼开始在这条边界上面临的挑战。[76]

* * *

苏莱曼的 5 个儿子活过了他执政的早期，即妃嫔玛希德夫兰的儿子穆斯塔法与许蕾姆苏丹生的穆罕默德、塞利姆、巴耶济德和吉汗吉尔。当时

的人认为，许蕾姆的长子穆罕默德是他父亲最疼爱的孩子，但是在 1543
年，他未及成年便过世了，可能死于天花。他没有像过去的王子那样被葬
在布尔萨，而是打破传统葬在了伊斯坦布尔。他被葬在那里的泽扎德清真
寺建筑群的花园里，这是苏莱曼为了纪念他而建造的清真寺，也是最早托
付给 16 世纪奥斯曼最伟大的建筑师希南的重大工程。希南在这项工程中
充分地发挥了他的建筑及装饰技巧，他在苏莱曼统治后期的建筑设计中谨
慎了很多。[77]

1553 年，苏莱曼的长子、还不到 40 岁的穆斯塔法王子被处死。第一个
处死成年王子的苏丹是 14 世纪末的穆拉德一世，他把谋反的萨伏基处死了。
穆斯塔法被处死的官方原因是他阴谋篡位，但是依据苏丹宠臣易卜拉欣帕
夏被处死的情况，人们大多指责许蕾姆苏丹，怀疑这是她勾结女婿和同谋
大维齐尔吕斯泰姆帕夏所为。不难想象，许蕾姆苏丹为了让自己儿子继承
父亲的王位无所不用其极，她可能怂恿年迈的苏丹怀疑颇受欢迎的穆斯塔
法要强迫他退位——就像当年苏莱曼自己的父亲塞利姆一世迫使他的祖父
巴耶济德二世退位那样。就在几年前穆罕默德死后，禁卫军曾经考虑过要
求苏莱曼退隐到埃迪尔内南方的季季莫蒂霍，他几乎落得和巴耶济德同样
的下场。[78] 不管穆斯塔法的意向如何，苏莱曼一点都不后悔自己采取的断然
措施，因为他还有别的儿子，他们谁都没有继承王位的确定权利。穆斯塔
法被葬于布尔萨，为了平息诸多对苏莱曼专横霸道的批评，吕斯泰姆帕夏
被暂时解职。穆斯塔法和同父异母的瘸腿弟弟吉汗吉尔王子比较亲近，吉
汗吉尔不久后在对伊朗的战事中死于阿勒颇。在皇宫里，人们可以清楚地
看见苏莱曼为他建造的清真寺：虽然这座清真寺的外观已经改变了很多（这
要归功于 19 世纪末苏丹阿卜杜勒哈米德二世对它的改建），但时至今日，
它依然矗立在与伊斯坦布尔老城仅一水之隔的吉汗吉尔区的一个山坡旁。

处死穆斯塔法王子并未给苏莱曼的家庭带来平静，因为旧事再次上
演：一个王位觊觎者打着他的旗号出现，这位"假穆斯塔法"在巴尔干半
岛领导了一场叛乱。费迪南在伊斯坦布尔的大使奥杰尔·吉斯兰·比斯贝
克男爵曾经参与过匈牙利漫长和谈，1556 年 7 月，他在伊斯坦布尔写信
报告说，许蕾姆最疼爱的儿子巴耶济德王子被怀疑发起了这次叛乱。"假

穆斯塔法"和他的跟随者被逮捕，送往伊斯坦布尔，在那里，他们被苏丹下令处死。许蕾姆苏丹用尽办法消除了巴耶济德被指控参与这件事的后果，[79] 但是她在1558年过世了。少了她对他们的野心起到的缓和作用，巴耶济德和他还活着的兄弟塞利姆之间很快爆发了冲突。

苏莱曼显然害怕出现政变，他把两人分别送去管理遥远的省份。塞利姆从他偏爱的马尼萨被调到了科尼亚省，离伊斯坦布尔更远。巴耶济德从埃迪尔内的部队指挥官一职调到阿马西亚省，穆斯塔法王子在他之前于此就任。他是被派到那里的最后一位王子总督，因为在16世纪结束的时候，让未来的苏丹通过治理一个行省获得治理国家经验的做法就不复存在了。巴耶济德明白，继承苏莱曼苏丹之位的竞争已然开始，在跨越安纳托利亚前往阿马西亚省的路上，他的身边渐渐聚集了一支由心怀不满的人组成的军队，包括地方骑兵、散兵游勇和安纳托利亚东南部地区的部落民，约有数千人，其中许多人曾是他哥哥穆斯塔法的支持者。[80]

苏莱曼唯恐巴耶济德会得到伊朗的支持，也征询教谕意见，问处死他是否合法，[81] 并下令安纳托利亚各省的总督集结军队听候塞利姆差遣；他许诺积极参与者会得到大笔加薪与快速升迁。两军相遇于科尼亚。塞利姆军兵力更多，武器也更加精良。第二天，巴耶济德逃离战场，朝阿马西亚而去，那里还有他的支持者。沙赫塔赫玛斯普虽然在1555年和苏丹签订了和平协议，但他依旧为巴耶济德在伊朗提供了庇护。听闻此事后，苏莱曼通令边境各省的总督拘留巴耶济德，当然，他还是得依靠利诱来获得他们的合作。1559年7月，巴耶济德带着4个儿子向东逃至伊朗。[82] 最后，他还是乞求得到原谅，但是苏莱曼不为所动。绝望之下，巴耶济德亲自写信给大维齐尔吕斯泰姆帕夏：

> 奉伟大慷慨的真主之名，我向显赫和万福的王、世界的救主宣誓，我从来无意给这个国家（带来）动乱、反抗、伤害和毁灭。我先前发自内心地懊悔并请求真主的宽恕，我承认自己（因为）大怒造成了冒犯。我不停寄上致歉的信函，乞求饶恕和恩典，发誓今后绝不会再违逆陛下的心意。[83]

巴耶济德在塔赫玛斯普的宫廷得到庇护，在沙赫看来，这是对苏莱曼在 1547 年利用他的弟弟阿尔卡斯·米尔扎对付他的报复。塞利姆亲自参与了索要巴耶济德的尝试，其后三年，连续有 7 个代表团被派往萨法维宫廷，意图说服塔赫玛斯普放弃手中的王子。1562 年，他终于屈服，同意用巴耶济德和他的儿子们交换大量金币和奢华礼物，当塞利姆收到消息，确认巴耶济德等人已经转交到他的特使手中后，其中的一把装饰华丽的剑、一支匕首、一条腰带、一匹栗色马和五匹阿拉伯种马就会被送到沙赫面前。但是在交接发生前，他们就在塔赫玛斯普的首都加兹温被塞利姆的一名亲信谋杀，萨法维王朝只能交出他们的尸体。跟他哥哥穆罕默德死后受到尊崇相反，谋反的巴耶济德和他的儿子被埋葬在安纳托利亚偏僻的锡瓦斯的城墙外。[84]

1555 年奥斯曼和萨法维通过阿马西亚和约实现的平衡关系一直延续到 1578 年，纵使沙赫塔赫玛斯普为巴耶济德王子提供庇护也没有破坏这种平衡。奥斯曼可以用一纸和约处理他们和外国势力的关系，却无法完全根绝国内的不满和动荡 —— 不管是否跟宗教有关联。

苏莱曼继承王位时，曾宣称他统治的时代将是公平正义的时代，但是在 1526 到 1527 年，安纳托利亚爆发了广泛的动乱。暴乱的直接原因是奥斯曼人进行了一项调查，以便评估在奇里乞亚税金征收的情况，但当地人民认定这项调查不公平。地方的军力又不足以平息混乱，故而奥斯曼人从迪亚巴克尔调来援军。但是动乱遍及安纳托利亚东部地区，而且带着明显的政治和宗教意味，卡兰德尔沙赫还号召人民武装起来 —— 他是一名卡兰德里教团的托钵僧，13 世纪受人尊敬的神秘主义者哈吉·贝克塔什的思想的追随者。苏莱曼下令封锁通往伊朗的逃亡路线，并派大维齐尔易卜拉欣帕夏亲自剿乱。然而，在他仍赶往东方的路上，奥斯曼的军队已经成功地驱散了叛乱者，有数名桑贾克贝伊于 1527 年 6 月 8 日在安纳托利亚中北部托卡特附近的小规模战斗中阵亡。6 月底，易卜拉欣帕夏和他的部队遭遇叛军并将之击溃。[85]

相对温和的不服从行为也被镇压了。1527 年，帝国最高宗教权威教长凯末尔帕夏扎德宣布判处学者莫拉·卡必兹死刑，因为后者认为，根据

《古兰经》和归于先知的传统，在精神上尔撒要高于穆罕默德。在帝国议事厅里，苏丹苏莱曼聆听了对铁栏杆后的卡必兹的初步审问，他斥责易卜拉欣帕夏居然把这种异端带到他的面前。卡必兹仍然拒绝放弃自己的信仰，在几次审问之后，他被处决。[86]1526年，凯末尔帕夏扎德做了类似的判决，受审者是一个名叫谢赫伊斯玛仪·玛束齐的年轻传道人。他的观点受到了普遍的欢迎，其中包括相信"人即真主"的"万有单一论"的神秘主义观点，这个观点最早在一个世纪以前的内战中由谢赫贝德雷丁提出。当年苏丹穆罕默德一世认为它具有高度颠覆性，如今苏丹苏莱曼的宗教权威仍旧认为这种观点令人十分不安。跟谢赫贝德雷丁一样，玛束齐被判定为异端，在竞技场和他12个追随者一起被处死。但是当时的社会普遍认为他是殉道者。一直到30年后，他的信众仍在活动，让奥斯曼政权烦恼不已。[87]

宗教表达在多大程度上偏离官方认可的信仰与仪式，会被认定为异端？这个判断是由掌握权力的人做出的，而不是那些"异端"本人。奥斯曼帝国认定某些信仰属于"异端"思想，认为它们会造成不利的政治后果，而另一些信仰则因为导致的政治后果不严重而被宽恕了。因此，由于奥斯曼和萨法维间的领土争端暂时趋缓，奇兹巴什"异端"问题不再需要通过对邻国采取军事行动解决，慢慢地被界定为国内事务。在1533到1535年，苏莱曼在东方发动的军事行动后，奇兹巴什大量移民到伊朗，那些留在奥斯曼边境内的人则受到了迫害。艾卜苏乌德在1545年接替凯末尔帕夏扎德成为教长，直到1574年去世。他认定他们是叛教者，依据教规，他们应当被判处死刑——凯末尔帕夏扎德对玛束齐传教的判决也得到艾卜苏乌德的支持。[88]在强制建立一种官方认可的伊斯兰教的过程中，奥斯曼政府没有给国内的异端留下任何生存空间。

* * *

苏丹苏莱曼执政早期，他完全依靠易卜拉欣帕夏和许蕾姆苏丹两人提供的建议。易卜拉欣帕夏被处死后，许蕾姆和他们的女儿米利玛赫继续扮演苏莱曼的亲密知己。米利玛赫的丈夫是吕斯泰姆帕夏，在1544至

1561 年间几乎不间断地担任大维齐尔职务。作为苏丹的女婿，吕斯泰姆帕夏既获得了大量的权力，又树立了众多敌人。他比易卜拉欣帕夏更了解宫廷内部的运作。虽然他和许蕾姆都被牵扯进穆斯塔法王子被处死的事件，但他只是短暂离职，以平息死去的王子支持者的愤怒，之后他就复职了。他通过操控钱币和谷物市场以及贩卖官职增加了国家收入，获得了一定声望。他更累积了大量个人财富，据当时的人说，在他任职期间，行贿成了一种常态。[89] 吕斯泰姆死后被埋葬在为纪念苏莱曼的儿子穆罕默德所建造的泽扎德清真寺，这清楚显示了苏莱曼对他的敬重。

吕斯泰姆帕夏的大量财富使他可以成为一个慷慨的慈善家。他资助建造了帝国内许多清真寺与其他宗教和世俗建筑，并通常会聘请建筑师希南，后者从 1538 年起就是首席帝国建筑师。吕斯泰姆自己的纪念清真寺位于伊斯坦布尔金角湾的主要港口区艾米诺努。由于此地土地稀缺，租金也高，他们拆除了一座从教堂改造过来的清真寺，希南设计的这座清真寺就盖在一楼商店的上方，附设的宗教学校建在稍远的港口上方的斜坡上，附设的商队旅馆则建在金角湾另一侧的加拉塔商业区，他们在那里还能赢得丰厚利润。吕斯泰姆还在安纳托利亚的主要商路上的埃尔祖鲁姆和科尼亚附近的埃雷利建造了大型商队旅馆，另外在色雷斯也建了两家。[90]

在吕斯泰姆帕夏的支持下，奥斯曼"古典"艺术和建筑发展到了极致。随着塞利姆一世四处征伐带回来的艺术大师逐渐凋零，他们的影响逐渐减小，取而代之的是通过少年征召制度召集、专门培养以服务奥斯曼皇室的人。选才与晋升的正规制度建立起来，艺术的表现（无论是纺织、瓷砖还是美术装饰）也变得越来越标准化。在更加有意识的正统伊斯兰教影响下，伊朗传统的精细抽象的设计开始居于主导地位，以不断变化重复的植物为主的大胆程式化设计也成为主流。除了细密画外，人物表现变得稀少。[91] 吕斯泰姆帕夏在艾米诺努的清真寺以瓷砖的奢华和花式多样闻名，这些瓷砖有钴蓝色、青绿色、绿色和茄红色，最上面覆着一层透明的亮釉，那是与伊斯坦布尔隔马尔马拉海相望的伊兹尼克工艺厂最好的产品，他们在超过一个世纪的时间里替朝廷制造瓷砖。

苏莱曼清真寺巍然屹立于山脊上，俯瞰着金角湾。它建于吕斯泰姆帕夏掌权时期，对于这位正统伊斯兰帝国的苏丹来说，这座清真寺恰到好处地壮观。[92] 苏莱曼晚年变得更加虔诚，需要教长艾卜苏乌德为他描绘出的奥斯曼王朝更清晰的景象，一个拥有基本固定的边界的伊斯兰世界强权应有的景象。他心中的自己并非是他的祖父穆罕默德二世那种充满传奇色彩的征服者，统治着一个以基督徒为主的国家，而是那种可以吸引生活在埃及、叙利亚和肥沃新月地带等古老伊斯兰大地上的臣民的统治者。在苏莱曼执政早期，易卜拉欣帕夏辅政时，奥斯曼推广的帝国形象针对的是查理五世，而现在，他针对的是萨法维王朝——就像他父亲在位时那样，只是奥斯曼的手段不再那么具有侵略性。在平衡奥斯曼帝国对世俗权力的要求与对伊斯兰世界领袖的追求方面，艾卜苏乌德是个非常有力的帮手。[93]

虽然塞利姆一世并不怎么重视哈里发这个头衔，但是在塞利姆征服马穆鲁克后，他也接下了守护伊斯兰教圣地的重责，艾卜苏乌德认为这要求苏丹给自己冠上这个头衔，接收哈里发的一切权力和地位。传统上，哈里发要由先知穆罕默德所属的古莱什部落的后裔担任，这一点倒并没有使艾卜苏乌德犯难：他直接捏造了奥斯曼人与古莱什部落的联系。为了使这个狡辩更有分量，他宣称这个头衔是世代相传的。艾卜苏乌德从历史学家的著作中找了支撑点：在塞利姆一世时期，穆罕默德·内什里已经将奥斯曼皇室塑造为先知穆罕默德的继承人，而在1539到1541年间担任大维齐尔的路特斐帕夏在16世纪40年代曾写过一篇文字，强调奥斯曼苏丹是伊斯兰教正统的唯一真正守护者。[94] 本章一开始引用的苏莱曼清真寺入口处夸张的碑文，就将苏莱曼宣称自己是哈里发的话永远留了下来。

人们还认为，艾卜苏乌德保证了奥斯曼行政法律（kânûn，苏莱曼的奥斯曼土耳其语绰号"卡努尼"就源自这个词）与伊斯兰教法的统一。王朝或世俗的法律很大程度上根据源自惯例的原则及苏丹施政的准则制定，但是伊斯兰教法在根本上并不关注实际的问题，它关注的是如何通过《古兰经》与先知穆罕默德和他的追随者的语录和行为发现真主的法律。法律执业者或法学家则试图通过探讨神学问题与法律体系时的推理与解读，寻找真主的法律。伊斯兰教法中处理的实际问题包括穆斯林的仪式义务（即礼拜与斋戒的规则）、刑事司法中的特定领域，以及根据已经存在的准则管理和维护社会平衡，这种社会平衡的准则是建立在男和女、穆斯林和非穆斯林、自由民与奴隶的二分法基础上的（每一组中的后一类人都拥有明确规定的从属性法律地位）。[95]

因此，在奥斯曼复杂的国家治理实践中，有大量伊斯兰教法没有管辖权的事务。穆罕默德二世第一次根据前任苏丹们的实践编撰了一部国家法律。苏莱曼约于 1540 年颁布了一部普遍性法典，它是穆罕默德二世法典和巴耶济德二世法典的修订版和加强版，包括帝国整体治理的立法原则，涉及地方骑兵管理、税收（奥斯曼帝国大部分税收来自农业税）和少数族裔事务等问题。[96]苏莱曼也像他的前任一样为新近征服的领土制定法典。一个依靠不断膨胀的官僚体系运作的国家需要一套与时俱进的法律规范，艾卜苏乌德努力让奥斯曼帝国的新监管机制和更古老、优越的伊斯兰教法和谐共荣。

帝国法律规范化的同时，宗教机构也被重组。这些机构的成员扮演着法官的角色，裁决宗教法律和国家法律涉及的事务。在苏莱曼时代，宗教机构扩大，且它的结构也得到调整，为帝国的法律和宗教机构提供了许多急需的受过良好训练的人。苏莱曼宣称奥斯曼帝国是唯一正统的伊斯兰国家，这需要奥斯曼在执行法律和倡导教义上保持一致性，两者都要对抗"异端"萨法维王朝的诱惑，并让它的非穆斯林臣民安于他们在伊斯兰法律体系中的应有地位。教长又被称为"穆夫提"，曾经只是伊斯坦布尔的宗教权威。此时，他的地位被提高，成为奥斯曼所有宗教机构的领袖，也是整个帝国的最高宗教领袖。然而，他的新职权现在包括了在宗教阶层中耗时耗力的奖励和任免工作，他更加接近宗教阶层中的混战，而他自己也不过是这个阶层中的一个产品，这让他在政治暗流中变得更加脆弱，期待公平正义根本是痴心妄想。在就各种问题向教长寻求法律见解时，苏莱曼和他的顾问们也有意进一步巩固苏丹作为伊斯兰世界的最高君主的合法性。然而，他们发现，他们开始将教长这个职位政治化了。[97]

在苏莱曼执政晚期留下名号的第三位高级大臣是他的掌玺大臣杰拉勒扎德·穆斯塔法。杰拉勒扎德·穆斯塔法曾于 1525 年作为帝国会议的秘书陪同易卜拉欣帕夏前往埃及。埃及法典可能就是他筹备的[98]。并且从 1536 年易卜拉欣帕夏被处死开始，他当了 20 多年掌玺大臣。他和艾卜苏乌德共同协调帝国法律与伊斯兰教法的关系，并使掌玺大臣成为帝国法律的最高权威。他也让官僚体系更加专业化，无论是在宗教还是艺术的机构里，储备人员都必须接受训练才能得到升迁。[99]艾卜苏乌德被当成未来教长的典范，而杰拉勒扎德·穆斯塔法则成为掌玺大臣的典型代表。

杰拉勒扎德·穆斯塔法也是一部不朽的历史著作的作者，这本书记载了 1557 年之前的苏莱曼统治时期的历史，那一年吕斯泰姆帕夏迫使他离任。他的著作为描绘苏丹与奥斯曼帝国确立了一个新的基调，他首次将苏莱曼描绘为守护公正和成熟的秩序的清醒统治者，[100]理想中的国君，而这个形象在设立宫廷史官后就渐渐程式化了。由史官撰写诗歌式赞颂文的传统源自伊朗，他们常常将统治者塑造为史诗式的英雄，这种传统渐渐因成就斐然的伊朗移民的作品在奥斯曼宫廷文化中盛行，如第一位宫廷史官阿里菲·费图拉切莱比，他在 1548 至 1549 年沙赫塔赫玛斯普的弟弟阿尔卡斯·米尔扎的叛乱期间来到伊斯坦布尔。苏丹是一个伊斯兰帝国的统治者，这一点在宗教建筑和文艺作品中得到公开展示，也在帝国法律执行的过程中得到体现，而他在历史作品中的形象则只有极少数人能够看到，他们要么是有钱雇人编写历史的人，要么是有机会阅读或听人朗诵这些作品的人 —— 在没有印刷机的时代，这些历史记述只能在有钱有权的人之间传阅。苏丹无法保证这些人永远忠诚，他们甚至还不如那些贫穷或文盲的人，而且他需要让他们也认识到苏丹的统治权力是与生俱来不可剥夺的。苏莱曼设置宫廷史官一职的另外一个目的是为他父亲恢复名誉，他残酷无情的名声与理想的穆斯林统治者形象大不吻合，为此，他命人写了一系列作品，专门歌颂塞利姆的功绩。到 16 世纪结束前，塞利姆已经被人们看作一个英雄人物，而不是残酷的统治者。[101]苏莱曼的教长凯末尔帕夏扎德在苏莱曼统治早期为塞利姆作了一首挽歌，它成为这个文学类型的先驱。它写道：

他是个深谋远虑的长者，也是充满力量的少年；
他的长剑所向无敌，他的话语永远正确。

智慧堪比阿谢夫（所罗门王的维齐尔），他的主人以他为荣；

他在战斗时无需维齐尔，无需将军。

他的手就是佩剑，他的舌头就是匕首；

他的手指如利箭，他的手臂若晶亮的长矛。

他在最短的时间内战功无数；

他的权力影响到世界的各个角落。[102]

奥斯曼人变成操纵各种符号以巩固他们至高无上地位的大师。穆罕默德二世编纂了宫廷礼仪，并为宫廷与政府官员的举止制定了严格的规范，苏莱曼则沿着这个逻辑，把这些规范发展到了极致。苏丹不再与侍臣一起进餐，也理所当然地不再亲自接受奏章。穆罕默德常常在帝国会议厅墙壁高处的格子窗后观察帝国会议的进行，而非亲自参与会议。而苏莱曼更将此作为规范，而非例外。为了强调来访的大使地位低下，他不会起身迎接他们，他们在事后记录下了他在觐见大殿接见他们时的沉默和静止。[103] 苏莱曼很少在臣民前露面，他只有在周五礼拜或出征时出现，但这些活动都经过精心策划，以增加他的神秘性。

征服活动不可能永无止境地持续下去，在他执政的后半段，苏莱曼不再把宴饮和胜利进军当作帝国伟大成就的象征，而开始用砖块与灰泥堆砌出永恒的遗产。皇家妇女第一次可以与苏丹和朝臣们一起向伊斯坦布尔的人民展示她们的虔诚：在苏莱曼执政期间，皇室成员在首都兴建的 6 座清真寺中，有 3 座与妇女有关 —— 以前她们只能在各个行省建设清真寺。和他的前任们相比，苏莱曼自己参与的宗教或世俗建筑工程类型十分广泛，从清真寺到供水系统都有。有些人以怀疑的态度看待如此浪费的公共支出。16 世纪末，官僚兼知识分子盖利博卢的穆斯塔法·阿里认为，在涉及宗教目的的公共事务方面，决策是不需要犹豫的，但重要的是，这些建设新建筑的资金并非取自大众的荷包，而是来自战争中获得的战利品。[104]

苏莱曼时期，皇室妇女参与的工程项目多是慈善性质而非商业性质的，包括医院或公共食堂等，而男性皇室成员赞助的建筑中常常不会有这些元素。苏莱曼担任萨鲁汗王子总督时，他的母亲哈芙莎苏丹和他一起住在马尼萨城，她建造了一处规模庞大的清真寺建筑群，工作人员超过 100人。除了清真寺，它还包括神学院、僧院、初级学校，以及一座公共食堂以供应穷人餐饭；苏莱曼后来又追加了一所医院和公共浴室。[105] 帝国建筑师希南为苏莱曼的女儿米利玛赫苏丹建造了一座清真寺，附设诊所和公共食堂，它就在与伊斯坦布尔隔博斯普鲁斯海峡相望的于斯屈达尔栈桥附近，那里是前往安纳托利亚作战道路上的第一站。他还在伊斯坦布尔的埃迪尔内门边的高台上为她建了另一座清真寺，而埃迪尔内门是帝国军队征战欧洲的必经之路。

许蕾姆苏丹的建筑有些是在她的建议下开始建造的，其他则是单纯以她的名义建造，它们确保了成千上万的人可以接受她的仁慈，并因此感激她（以及奥斯曼帝国）对他们幸福的关心。这些建筑都处于帝国的重要地点：奥斯曼帝国的核心伊斯坦布尔和埃迪尔内，穆斯林的圣地以及耶路撒冷。其中最早的是希南于 1537 到 1539 年之间为她在伊斯坦布尔建造的清真寺。那是他当时接到的最大的委托，也是第一个由皇室妇女赞助于伊斯坦布尔兴建的清真寺。以许蕾姆之名建造的清真寺刚好在易卜拉欣帕夏于 1536 年被处死后不久动工，其目的无疑是改善她的形象。这座清真寺建筑群包括一个公共食堂和一座医院。在 1558 年许蕾姆死前不久，希南建了一座以她的名字命名的大型双浴池，它就在竞技场的旁边，与阿亚索非亚清真寺仅一墙之隔。

在耶路撒冷的许蕾姆建筑是其中最华丽的，包含了一座清真寺、一个供朝圣者使用有 55 个房间的公寓、烘焙坊、公共食堂、地窖、谷仓、柴房、餐厅、厕所、旅馆和马厩。[106] 耶路撒冷与麦加和麦地那一样，是奥斯曼从马穆鲁克手中接管的，这里据说是先知穆罕默德登上天堂的地方。1537 到 1541 年间，苏莱曼以奥斯曼的方式重新装修了建于公元 7 世纪末的岩石清真寺的圆顶，并大规模重建了老城的城墙。[107]

在奥斯曼成为圣地麦加和麦地那的保护者后，他们延用马穆鲁克的惯例装饰这个地方。马穆鲁克王朝过去戒心十足地守卫着他们在此地的宗主权，拒绝接受伊斯兰教统治对手的捐献，害怕那会助长他们的威望。他们回绝了帖木儿的儿子暨继承人沙哈鲁赠送的礼物，也不收苏丹穆罕默德二世赠送的用于覆盖天房的布幔。塞利姆没有时间对圣地表达敬意，不过苏莱曼倒是对城市进行了大量的翻新。在麦加，他兴建了 4 所神学院，重建了麦加大清真寺的宣礼塔，并增建了第七座宣礼塔。他还修理了供水系统：朝圣者的数量不断增加，为他们供应斋戒沐浴和饮用的大量干净淡水比过去更加重要。苏莱曼也捐献了大蜡烛，在黄昏礼拜时为清真寺提供照明，并捐赠了天房使用的香油。[108] 他分别在麦加和麦地那两地以许蕾姆苏丹之名盖了公共食堂。

对他们接收过来的基督教宗教纪念建筑，奥斯曼的态度是将其视为竞争对象，而非直接毁灭它们。例如，穆罕默德二世就在伊斯坦布尔兴建了一座他自己的清真寺，与东正教的圣索非亚大教堂竞争。虽然耶路撒冷与先知穆罕默德有着密切联系，但它不过是一个地方小城。苏莱曼在这里投入的精力似乎超出了它的重要性，但他在这里却可以将自己的丰功伟绩展示给来自各地的人。他和许蕾姆捐助的公共建设告诉穆斯林观察家，耶路撒冷现在已经是奥斯曼城市了，虽然这座城市的辉煌很大程度上要归功于过去的伊斯兰统治者。当然，旅行至此的基督教朝圣者应该也注意到了这些变化，在之后的一个世纪里，平均每年有近 600 人旅行至此。[109] 但如果法国大使达拉蒙先生的评价具有代表性的话，他们显然认为苏莱曼对城市的改造不怎么样。为了解决在这座基督教圣城的方济会遇到的困难，达拉蒙于 1548 年来到巴勒斯坦，他们一行人显然对这座城市印象不佳：

> 耶路撒冷现在被土耳其人建造的城墙围住，但是他们既没在城墙上建角楼堡垒，也没在城墙外挖壕沟。这座城市规模中等，人口也不多，街道狭窄，地面裸露未铺地砖……所谓的所罗门神殿位于城市的核心……它是圆形的，上面覆盖铅包着的圆顶。它的核心被一圈小礼拜堂环绕，就像我们的教堂一样，不过这些都是我们推测出来的，因为基督徒不准入内，想要进入，他要么会面临死亡威胁，要么就得把自己变成（穆斯林）。[110]

威尼斯大使则认为，苏莱曼在执政末期依然和刚开始一样"伟大"，只是方式稍有不同而已。他现在不再展示自己的个人魅力，而变得虔诚而清醒，对于一个期望成为正义化身的苏丹，这个形象是更加合适的。他的伟大变得更加不具有个人色彩，展现在建筑活动与道德活动中。苏莱曼的统治时期很快就被认定为帝国的黄金时代（这个说法在不久之前还能被现代历史学家无异议地接受），毫无疑问，接下来的时代不过是从顶端衰落的过程：在苏莱曼之后的世纪中，奥斯曼文人常常十分怀念苏莱曼给这片土地带来的正义，他们认为当年的正义如今已被贪腐的大臣和官吏破坏。虽然他们将他的统治时期理想化成一个有秩序的时代，但是仍然有人看出，他的政府政策中隐藏着纷争的种子。批评他的人中包括路特斐帕夏，苏莱曼还在位时，他已出声指责普遍的贿赂行为、军费的过度支出，以及农民渗透入军人阶级等乱象。[111] 身为苏莱曼的大维齐尔，路特斐帕夏一定目睹了苏丹逐渐疏于朝政的过程，并对此十分不满。他建议苏丹勿让侍臣干扰国事，他认为国家治理乃苏丹与他的大维齐尔的职责。土耳其禁卫军预见到了苏丹不理朝政的一个无可避免的后果，他们在 1588 年抱怨苏莱曼："他把自己封闭于房间内，没法了解任何人、任何事。他全心全意信任一群暴政者……他不知道自己的人民生活的情况。"[112]

*　　　*　　　*

1558 年查理五世去世后，他的弟弟匈牙利国王费迪南成为神圣罗马帝国的皇帝。1564 年，费迪南去世，他的儿子、充满活力的马克西米利安二世即位，再次点燃了奥斯曼帝国与哈布斯堡王朝之间的战火。开战的最直接的托词就是马克西米利安没能缴纳积欠苏丹的贡金。苏莱曼已经60 多岁了，也已经 11 年没有打过仗，但他还是决定亲自率军出征。他坚持出征可能是因为受到女儿米利玛赫苏丹的刺激，她责怪他疏忽教义赋予他的率军发动圣战攻打异教徒的责任。[113]1566 年春天，他在大维齐尔索库鲁·穆罕默德帕夏的陪同下出征，这是他 23 年来第一次向西进军。9 月7 日破晓前 4 小时，苏莱曼死于匈牙利南方的锡盖特堡的城墙下，他的军队在此已围攻了一个月之久。锡盖特堡在次日即被攻下，从此地起南至巴拉顿湖的土地都被奥斯曼人占领。

　　苏莱曼一世死于远离首都的地方，这似乎是率军出征的苏丹们的宿命。他的儿子中只有一个人比他活得久，但塞利姆此时尚在安纳托利亚的屈塔西亚担任王子总督，因而索库鲁·穆罕默德帕夏并不担心会出现兄弟间王位继承争夺战。然而，政府核心突然出现的权力真空有可能会引起奥斯曼帝国之外的觊觎者的野心，这更令他惊心。因此，索库鲁·穆罕默德只好无视伊斯兰教下葬及相关仪式必须尽快完成的严格规定，精心安排了一系列欺敌之计，要在塞利姆宣告继承苏丹之位前严守苏莱曼已逝世的秘密。他一边请求塞利姆尽快由屈塔西亚赶到伊斯坦布尔，一边仍以苏莱曼的名义继续管理国事，并照常例将匈牙利城堡被攻下的胜利公告发给奥斯曼军队，就像他的主子依然活着一样。他向军队宣布，苏丹要在一个匆忙建起来的清真寺按惯例进行周五礼拜，之后又将痛风当作苏丹未出席的借口，但这并没有引起什么怀疑。等到文武百官从伊斯坦布尔成群赶来，齐聚锡盖特堡时，驻扎在匈牙利的部队和军官终于发现有什么不对劲，但是索库鲁·穆罕默德总有办法暂时搪塞过去。[114]

6

守成苏丹

　　直到苏丹苏莱曼去世三周后，塞利姆才从屈塔西亚赶到伊斯坦布尔。而索库鲁·穆罕默德帕夏也机敏地把苏丹的死讯严密封锁了那么久，等到苏丹之子于 9 月 29 日出现在京城时，许多人惊讶不已。他随即宣告继任苏丹之位，成为塞利姆二世，并于三天后整军出发前往匈牙利。但是索库鲁·穆罕默德提出忠告，请求塞利姆到达贝尔格莱德后勿继续前进，因为照惯例，继任新苏丹要犒赏部队，而远征军的经费已经不足以承担这笔支出了。索库鲁·穆罕默德以维修堡垒为借口将军队扣留在锡盖特堡，直到他可以宣布寒冬将至不宜出击，10 月 20 日，他命令全军开始艰难的回国之路。[1]

　　直到 10 月 21 日部队启程返回伊斯坦布尔，他们都没有公开向部队宣布苏莱曼的死讯和塞利姆的继任。苏莱曼死后，他的遗体在被清洗后暂时埋在他的帐篷之下，现在他被重新挖出以带回国。一个前任苏丹的随侍被挑选出来，端坐在苏丹的马车上，打扮成苏丹的模样向部队致意。萨洛尼卡的编年史家穆斯塔法埃芬迪年轻时曾参与锡盖特堡战役，他和另外 5 个人一起被选中，一路在马车旁颂咏《古兰经》选段。他说，被选出来当苏莱曼替身的随侍脸色苍白，鹰钩鼻，留着稀疏的胡须，脖子上缠绕着绷带，看起来健康状况不良。穆斯塔法埃芬迪记载，虽然那时候每个人都知道苏莱曼已经过世，但是这个消息直到苏莱曼去世 48 天后才正式宣布，此时，大军接近贝尔格莱德，新任苏丹已在此等候多时。[2]他们在塞利姆二世面前于贝尔格莱德为苏莱曼进行了葬礼，之后又在伊斯坦布尔苏莱曼新建的清真寺前为他再次举办了葬礼，给首都的人民最后一次怀念苏丹苏莱曼和其功绩的机会。苏丹苏莱曼随后被葬在他选定的地方——不是像其他苏丹一样，葬在以他的名字命名的清真寺内的圣龛前，而是在他清真寺的花园的陵墓里，永远躺在他妻子许蕾姆苏丹的墓旁。[3]

奥斯曼苏丹继位的仪式一般都办得比较低调。新苏丹坐上宝座，百官宣誓效忠。不过塞利姆却不经意地开创了一个先例。跟他的父亲和祖父一样，在继任典礼后，他要在上前线之前，前往阿尤卜·安撒里的陵墓（他是先知穆罕默德的追随者，他的坟墓于 1453 年攻下君士坦丁堡后被神奇地再次发现）寻求圣人的祝福。塞利姆是在仪式结束后立刻进行他的朝圣的，所以从此以后，每一位新苏丹前往这个圣地祈福成为继任大典的标准程序。[4] 如此朝圣的好处是，它给了新任苏丹一个机会，让他在他的子民注目下耀武扬威地穿越城市。

到贝尔格莱德时，索库鲁·穆罕默德帕夏已经几乎控制不住军队，一见到新苏丹，他们立刻索要赏赐。他只好先发放一小笔足以安抚他们的金额，并提高了军队、官僚与随军人员的酬劳，不过增长的部分要在之后才能补足。返回国内的路相对顺利，但是部队抵达伊斯坦布尔时，禁卫军开始骚动。塞利姆和随从由埃迪尔内门进城，行进于塞利姆的姐姐米利玛赫苏丹捐赠的清真寺的阴影中，但是当他们到了泽扎德清真寺附近的练兵场时，禁卫军拒绝继续朝托普卡帕皇宫前进。他们在这里站了一个小时，之后又往前移动，走了一段时间又停了下来，这次停在苏丹巴耶济德二世兴建的浴室前。塞利姆的一位维齐尔和海军元帅皮雅利帕夏上前劝导，竟然双双被打下马。苏丹分发了一些金币才打破僵局。派往皇宫值守的禁卫军得令前往，但是他们一进宫就挡住大门不让苏丹入内。索库鲁·穆罕默德帕夏建议塞利姆，在如此危险的情况下，唯一的解决办法就是赶快付清继任犒赏金。塞利姆二世听从了他的建议，解除了危机。[5]

禁卫军以前也造反过，最重要的一次发生于 15 世纪 40 年代穆罕默德二世第一次掌政时期。塞利姆受到的屈辱显示，仅仅成为唯一继承人是无法顺利登上宝座的，得到禁卫军和军队里的精英的支持也十分重要。理论上，这些军队都是苏丹的仆人，但是在现实中，苏丹只是执行他们意志的傀儡，没有他们的支持，他根本无法执政。奥斯曼苏丹们必须确保军队的效忠，欧洲的国王们亦然。奥斯曼历史中有甚多例证说明，一旦丧失军队的忠心，被废黜或谋杀是这些君主的宿命。

跟他的兄弟一样，塞利姆接受过一个战士应受的训练，他也经历过战争的严酷考验。20岁的时候，在科尼亚待过一段时间后，他被派到马尼萨，接替他过世的哥哥穆罕默德担任萨鲁汗的王子总督——这个职务通常由最被看好的苏丹继承人来担任。他在这里待到1558年，直至跟兄弟巴耶济德起冲突被派回科尼亚为止。巴耶济德在王位争夺战中失败后，塞利姆被派到屈塔西亚，他一直留在那里直到他父亲过世。苏莱曼在1548年曾经表示过他对塞利姆有多信赖，那时他亲自率军攻打伊朗，特命塞利姆留守伊斯坦布尔担任摄政。[6]那一次，塞利姆看来表现不错，但是在全面承担苏丹的责任时，他却未能以更大的能量拥抱新的角色。他既害怕军队随时可能发生叛乱，又担心他离开首都时会发生政变。因此，在他成为苏丹之后，塞利姆从不远离伊斯坦布尔，最远不过到埃迪尔内的皇家猎场而已。[7]

索库鲁·穆罕默德帕夏作为奥斯曼统治者的代表，治理着塞利姆二世的帝国，苏丹则远远躲着决策事务中的勾心斗角。这位卓越的人士连续担任了14年大维齐尔，历经了三任苏丹。他来自塞尔维亚小贵族索科洛维奇（"驯鹰者之子"）家族，在少年征募制度下长大。苏莱曼时代，他在宫廷等级制度中平稳上升。他第一个重要职位是海军元帅，是在巴巴罗萨死后从他手中接下的。之后，他又在帝国西方和东方担任过几个重要的总督，以及军队统师职务，直到1565年被苏莱曼任命为大维齐尔。在苏莱曼试图防止众子之间爆发冲突的危险环境中，索库鲁·穆罕默德帕夏得以展现出他对奥斯曼帝国的价值。1555年，苏莱曼把镇压"假穆斯塔法"叛乱的任务交给了他。1559年，苏莱曼派他率领一支军队支持塞利姆抵抗他的哥哥巴耶济德，他证明了自己对未来苏丹是不可或缺的。塞利姆把他的胜利归功于索库鲁·穆罕默德，虽然这位王子也给了他奖赏，但苏莱曼通过婚姻进一步拉拢了他，在1562年，他把塞利姆的女儿埃斯玛涵苏丹嫁给了索库鲁（为此，索库鲁·穆罕默德休掉了先前的两位妻子，让自己恢复单身，以接受苏丹赐予的殊荣）。这位能干的大臣及军队统帅同他主人的关系与苏莱曼同他倒霉的宠臣易卜拉欣帕夏十分相似。跟易卜拉欣一样，索库鲁·穆罕默德宅邸的位置突出地显示了他的特殊地位 —— 就在竞技场边上，紧邻苏莱曼的宫殿。[8]

* * *

塞利姆执政的前几年中，奥斯曼在遥远的边境打过几场规模不大但重要的战役。当苏莱曼逝世的消息于 1567 年传到也门省时，栽德派有权势的领袖伊玛目穆塔哈尔·伊本·谢拉夫·丁联合他的什叶派追随者公然发动叛乱。奥斯曼在也门省的权威一向较弱。在这个地势险恶、人口稀少的地区，要想镇压当地独立的阿拉伯首领是不可能的，哪怕是伊斯兰教的共同信仰也无法使他们接受一个突然强加给他们的外族政府。

奥斯曼人要镇压当地的反抗分子，必须在这里建造城堡并派兵守卫它们，所以控制也门省的成本很高，虽然勤奋积极的总督厄兹代米尔帕夏在 1549 至 1554 年间让奥斯曼治理变得更为有效，[9] 他的继任者却软弱无能多了。1565 年，也门被分为两个省，但是南方以萨那为首府的省份的奥斯曼总督被谋杀，奥斯曼以前获得的许多据点也被伊玛目穆塔哈尔夺走。[10]

也门的重要性在于它控制着香料贸易的商路，它给奥斯曼帝国的金库带进可观的关税收入。1568 年，奥斯曼派出一支强大的远征军稳定形势，统帅是苏丹塞利姆以前的导师、现在的亲信拉拉·穆斯塔法帕夏，这显示塞利姆并不完全是他大维齐尔的傀儡，因为索库鲁·穆罕默德很怨恨塞利姆对拉拉·穆斯塔法的喜爱。为了平息也门的叛乱，拉拉·穆斯塔法需要埃及提供兵员和补给，但是那里的总督是他的政敌"伟大的"希南帕夏，他拒绝了拉拉·穆斯塔法的请求，让他无法继续军事行动。两个人在大量送给苏丹的奏折中维护自己的立场。结果"伟大的"希南占了上风，拉拉·穆斯塔法被解除了也门军事行动统帅的职位。为了表示对他的重视，塞利姆为他创立了一个新职务 —— 帝国会议中的第六维齐尔。"伟大的"希南接任也门军事行动统帅，但是在也门作战的后勤补给困难重重，他不得不和栽德派谈判解决。也门的两个省再次合并为一个，到 1571 年，"伟大的"希南终于返回开罗。[11] 这个地区的不稳定让奥斯曼再度考虑挖掘一条运河，连通地中海与红海的可能性。帝国下了一道命令给埃及总督：

> ……由于万恶的葡萄牙人对印度不怀好意四处滋事，穆斯林前往圣地之路阻碍重重，更重要的是，伊斯兰教徒生活在卑鄙的异教徒统治之下是不合法的……你要召集那里所有的建筑专家和工程师……勘察地中海与红海之间的土地……报告在大漠之中哪里可以挖掘一条运河，它应当有多长，多少船只可以并排航行通过。[12]

一如往例，这个建议再度不了了之。

16 世纪 50 年代，莫斯科大公国占领了穆斯林统治的喀山鞑靼汗国和阿斯特拉罕鞑靼汗国，伤害了它和奥斯曼的友好关系，也改变了这个地区的战略平衡。外高加索的统治者在奥斯曼与萨法维之间的摇摆激化了他们在这里的敌对关系，莫斯科大公国逐渐渗透入这个地区，成为这个地区统治者第三个可以选择的效忠对象。来自大草原上鞑靼人的压力促使人们向莫斯科大公国寻求保护，使情况更加复杂。1567 年，一个首领向莫斯科大公国求助，伊凡四世答应了，并在捷列克河上建了一座堡垒（这条河发源于高加索山脉中部，流入里海）。[13] 乌兹别克汗国和希瓦汗国向奥斯曼求助，控诉莫斯科大公国控制了阿斯特拉罕汗国，阻挡商旅和前往麦加的朝圣者南下的道路。[14]

这片地区比奥斯曼与萨法维王朝的边界还要荒凉，苏丹苏莱曼和他的众位维齐尔对于在这里出兵作战兴致缺缺，但是塞利姆继任后政策有了改变。受到这个地区穆斯林统治者的鼓舞，索库鲁·穆罕默德帕夏向当地人征询了对于在顿河和伏尔加河之间开凿一条运河的可行性的建议，他收到的反馈意见让他相信可行性不低。在苏莱曼时期，莫斯科曾接获报告，说伊斯坦布尔正在讨论在亚速海和里海之间修一条水道的可能性，但奥斯曼人并未采取行动实现这个规划。塞利姆掌权的第二年，即莫斯科大公国在捷列克河边修建堡垒的次年，奥斯曼人开始筹备一支收复阿斯特拉罕的远征军。他们在费奥多西亚的造船厂建造能够航行于顿河的船舶，必要的材料和补给从伊斯坦布尔运送到亚速。军队在鲁米利亚和安纳托利亚北部集结。克里米亚鞑靼可汗怀疑修建这条运河的可行性，也害怕奥斯曼大批人马如此靠近自己的国境，他实在不想参与这次行动，却又不能拒绝。莫斯科大公国想为萨法维王朝提供大炮和枪支，让他们在高加索山脉牵制奥斯曼人，但是好意没被接受。[15]

　　1569 年阿斯特拉罕的战役是由卡法总督卡瑟姆帕夏领导的。顿河夏日水浅，连在费奥多西亚特别建造的专用船只要从亚速海溯河而上都困难重重。预定开凿的运河地点在今日的伏尔加格勒市南方，在这里，顿河和伏尔加河仍然相距 65 公里之远。两河之间丘陵起伏，一望即知运河无法穿过这样的地形。他决定仿效顿河畔的哥萨克人，将船队和给养经陆路运到另一条河上。他们只需要把路线上的地面整平即可，但是花费心力铺平 65 公里长的丘陵地也太不值得，卡瑟姆帕夏决定让重装备顺顿河而下回到亚速，部队再从那里接手这些装备，穿过草原到阿斯特拉罕，他的人马会沿着伏尔加河南下与他们会合。苦于装备不足与粮食短缺，奥斯曼军队无法对阿斯特拉罕造成多大冲击。他们在 9 月撤离，在退到亚速的陆路上，他们又损失了一些人员与物资。在回到伊斯坦布尔的海路上，因为季节性的暴风雨，他们再度蒙受了损失。[16]

　　开凿运河以连接两条大河的计划符合索库鲁·穆罕默德对雄心勃勃的工程建设及军事后勤补给的兴趣。不过，虽然他发现卡瑟姆帕夏是一个意志坚定绝不退缩的军官，但是卡瑟姆第二年想要继续行动时，却被伊斯坦布尔拒绝了。尽管大胆的运河计划以失败收场，却产生了重大的影响。跟奥斯曼一样，伊凡四世也不希望卷进大草原上的战争里，在 1569 年的远征结束后，他派出特使到伊斯坦布尔恭贺塞利姆继任苏丹之位。俄罗斯人放弃了捷列克河上的堡垒，但是伊凡拒绝交出阿斯特拉罕。[17]

　　然而，沙皇与苏丹间达成的友好协议并没有考虑到克里米亚鞑靼人。在 1571 年，克里米亚鞑靼人要求莫斯科大公国交出喀山和阿斯特拉罕，侵入并焚烧了其首都莫斯科。塞利姆利用了这个新出现的情况，致函沙皇伊凡，重申他们的要求，也同意支持克里米亚鞑靼可汗派出新远征军夺回这两个城市。1572 年夏天，克里米亚鞑靼军队再度进军莫斯科，这次，他们在逼近城市时吃了大败仗，克里米亚和奥斯曼放弃了再次征服下伏尔加河流域。[1][18]

*　　*　　*

虽然奥斯曼仍未对在遥远陆地征战开疆辟土失去兴趣，但苏丹塞利姆二世统治时代的海军行动更加知名。在地中海西部，他继续执行苏莱曼反对西班牙哈布斯堡王朝的积极前进政策。但西班牙也不是唯一在对抗奥斯曼人的国家：对马格里布地区的穆斯林来说，奥斯曼人远在天边，他们保卫北非领土的能力依赖于他们对海上航线的控制，摩洛哥的萨迪王朝和突尼斯的哈夫斯王朝让这些穆斯林有了别的选项。马耳他、西西里（受西班牙总督统治）与在突尼斯的西班牙据点拉格雷塔的医院骑士团切断了奥斯曼进军地中海西部的航路。

1568 年，海盗船长"利剑"阿里（又被称为"野蛮人"阿里，因为他不是出生在穆斯林家庭，而是意大利裔）受奥斯曼人雇佣，派一小支军队从阿尔及尔出发，在争夺突尼斯领土的战役中打败了哈夫斯王朝——虽然他们没能占领重要的拉格雷塔堡垒。与此同时，奥斯曼人在萨迪家族里埋下了动乱的种子，企图破坏这个王朝在摩洛哥的统治。"利剑"阿里精心挑选了派出远征军攻打这些西班牙附庸国的时机，因为此时西班牙的军队要么正忙于尼德兰的战争，要么就是在西班牙本土镇压摩里斯科人的起义。摩里斯科人向苏丹求援，但是他们的起义被国王菲利普二世的军队镇压了，[19] 这导致摩里斯科人后来都移民到了奥斯曼国土。[20]

这几年发生的重大事件有，1571 年，奥斯曼人从威尼斯手中夺得塞浦路斯，以及同一年在勒班陀战役中惨败。威尼斯从 1489 年起统治塞浦路斯，他们被吕西尼昂王朝最后几任软弱的国王请来，以保护塞浦路斯不受奥斯曼侵略。在那个时候，马穆鲁克王朝统治的埃及是个不可忽视的强

---

[1] 衔接顿河和伏尔加河的运河工程终于在 1952 年竣工，它就是沿着奥斯曼 4 个世纪前规划的路线开凿的。

国，威尼斯每年都要为最东部的领土向开罗送上贡金。如今，他们同样需要向奥斯曼支付贡金。奥斯曼和威尼斯之间从不缺少摩擦，但他们一直都避免直接发动战争。根据当时的奥斯曼历史学家记载，一些海盗经常骚扰驶往埃及的奥斯曼船只，威尼斯却为这些海盗提供保护，这使塞利姆准备出兵攻下塞浦路斯。[21]1569 年，海军整军备武，这也是奥斯曼在阿斯特拉罕打了败仗的那一年。索库鲁·穆罕默德帕夏警告他们不应出兵，因为此时距 1565 年奥斯曼在马耳他惨败还没有过去几年，但是他的政敌说服了苏丹去获取一份支持远征的教谕。然而，这有违他继位时与威尼斯续订的和平条约。教长艾卜苏乌德适时地宣布了自己的意见，称如果宣战背后的目的是收复曾经被穆斯林统治过的土地，那么攻打塞浦路斯就是合法的 —— 在伊斯兰教早期，塞浦路斯曾短暂地被穆斯林统治过。关于这个问题的记录如下：

> 这原本是伊斯兰大地上的一块领土。无耻的异教徒却侵占了它，破坏了学校和清真寺，任凭它们荒废。讲坛上和画廊中充满了异教徒的标志和谬误，他们特意以各种卑鄙的手段侮辱伊斯兰教，并将他们丑陋的行为散播到大地每个角落……但我们以前和上述这些异教徒就他们占领的其他土地签过和约，其中也包括前述的土地。苏丹破坏和约是否会违反伊斯兰教法？请求您的解答。
>
> 回答：
>
> 这不会违背伊斯兰教法。伊斯兰世界人民的苏丹（愿真神赞美他的胜利！）与异教徒签订和约的行为只有在它对穆斯林有好处时才合法。没有好处时，和平绝不合法。在我们看到和平的好处后，又观察到破坏和平的益处更大时，我们就有义务破坏这种和平。[22]

在整个 16 世纪里，这是奥斯曼唯一撕毁的和约。[23]

奥斯曼攻打塞浦路斯所需的大量金钱，部分来自出售帝国欧洲省份东正教会的修道院和教堂所得。作为抵挡拉丁人的壁垒，东正教有着值得尊敬的过去，它先是挡住了威尼斯和教廷，现在则是信奉天主教的哈布斯堡王朝。而且东正教会在奥斯曼帝国的运行总体说来也不会带来什么问题：只要教会不要逾越与帝国关系的界限，就没有什么机会被指责。苏丹塞利姆在1568年没收教会土地并不是为了毁灭东正教会，而是为了配合教长艾卜苏乌德（在1574年去世前，他是塞利姆和苏莱曼的两朝重臣）改造奥斯曼土地制度的努力。被没收的教堂和修道院仍可被赎回，获得的钱用来充实国库。但是没收土地的效果并不稳定，财力充沛的修道院得以幸存，而贫穷的修道院则被出得起钱的新业主买走。[24]

奥斯曼的国库因此充盈起来，拉拉·穆斯塔法帕夏被任命为出征塞浦路斯的陆军总指挥，舰队则由帝国海军元帅"宣礼员之子"阿里帕夏统领——用现代一位历史学家的话来说，"他在此之前连条小艇都没指挥过"，[25] 但是他运气很好，他身边的是曾经担任过14年帝国海军元帅的皮雅利帕夏。虽然欧洲强国早已知道奥斯曼已经准备好一支装备精良规模庞大的舰队，但不确定这支舰队要驶往何处。传言偏向于认为它剑指塞浦路斯，不过威尼斯在1568至1569年间早已忧心忡忡，因为他们认为岛上的管理阶层腐败赢弱，经不起奥斯曼任何攻击。等到传言被证实的时候，威尼斯人已经加强了这里的防卫和补给。1570年3月，苏丹的特使带着最后通牒抵达威尼斯：塞浦路斯必须投降，否则奥斯曼将大举进攻。到9月，他们已经占领了岛内城市尼科西亚。

威尼斯受到强大压力，四处寻找保卫塞浦路斯的盟友。奥地利哈布斯堡王朝于1568年在匈牙利与奥斯曼签了和约；西班牙哈布斯堡王朝看不出这个岛有什么战略价值，它也不欠威尼斯什么，因为在1565年奥斯曼攻打马耳他时，威尼斯也没向西班牙提供支持。其实，过去多年，威尼斯一直倾向于与奥斯曼保持良好关系，而不是与别的国家结盟对抗奥斯曼。在这个情况下，几经波折，特别是在教宗出面后，1571年5月，威尼斯、教廷和西班牙终于签署了一份协议，西班牙会支援威尼斯，条件是今后西班牙若在北非有难，威尼斯要鼎力相助。

1571年9月，奥地利的唐·胡安率领一支舰队，从墨西拿出发向东航行。他是前神圣罗马皇帝查理五世的私生子，是西班牙国王菲利普二世的同父异母兄弟。这支舰队在抵达爱奥尼亚海上的凯法利尼亚岛时才知道，威尼斯人在塞浦路斯的最后一个据点马奥萨（法马古斯塔）在被围攻11个月后，已于8月1日落入奥斯曼人手中。现在，基督教联盟的目标不再是保卫，而是重新夺回塞浦路斯。但是，在科林斯海湾入口处的佩特雷湾，奥地利的唐·胡安的舰队发现了一支奥斯曼舰队，这支舰队整个夏天都在四处侵扰，甚至占领了威尼斯人的岛屿与亚得里亚海沿岸地区的领土。奥地利的唐·胡安抓住这个机会，两支舰队于10月7日在纳夫帕克托斯（勒班陀）交火。

跟奥斯曼于1529年与1683年在维也纳的失败一样，勒班陀海战在西方的认知中是难以磨灭的记忆，它拯救了基督教世界，使其免受"异教土耳其人"的侵略。当时的目击者和后来的历史学家大量描述了这场战役，却没有当时的奥斯曼人想要为后代子孙保留他们的这段记忆[26]——当然，没有多少奥斯曼海员生还或许也是原因之一。奥地利的唐·胡安有200多艘加利船（装备大炮的划桨战舰）以及6艘加莱赛船（实际上就是装备更大火炮的大加利船）。虽然奥斯曼舰队的船只数量更多，但是没有加莱赛船。战斗中，风向转变，风力变小，这让双方可以在平静的海面上作战，基督教舰队的重炮在此时可以发挥其最大的作用。在更短距离内，炮火无情地射向奥斯曼舰队，这对基督教国家是具有决定性作用的。奥斯曼舰队大部分的船舰被烧毁或击沉，伤员和尸体把这里变成一片"血海"。持续4个小时的战斗结束后，海上刮起剧烈的风暴，即便原本尚存一丝获救希望的人也没能逃过一死。[27]

1572年，奥地利的唐·胡安再度出海，但是基督徒在未来攻打奥斯曼的不切实际的计划很快就被放弃了。奥斯曼利用这个冬天重建了一支舰队，取代了在勒班陀战败沉没的舰队。"宣礼员之子"阿里帕夏已经在那场海战中战死，舰队指挥权被交给新任海军元帅"利剑"阿里帕夏。[28] 两支舰队在伯罗奔尼撒外海不痛不痒地打了一仗，但是基督徒并未获得期盼中的胜利。联盟开始分崩离析，原本在1573年再次出航攻打奥斯曼的计划不了了之。威尼斯再次透过它在伊斯坦布尔的代表求和，这位代表从1570年开战开始就遭到软禁。[29] 威尼斯接受了塞浦路斯已经归属奥斯曼的事实，还要支付30万枚杜卡特金币给奥斯曼。双方交换了俘虏，并将亚得里亚海沿岸边界恢复到 1570 年之前的状态。[30]

胜利方中至少有一个人没能从和约中得到他想要的好处，那就是苏丹塞利姆的亲密知己，塞法迪犹太银行家与商人约瑟夫·纳西。为了感谢他在塞利姆和哥哥巴耶济德斗争时给予塞利姆的支持，纳西被赐予了纳克索斯公爵的头衔，以及这个群岛上酒类贸易的关税。据说，他现在又希望被封为塞浦路斯国王——当时欧洲的历史学家坚称，就是他鼓动塞利姆于 1569 年向威尼斯宣战的，谣传他甚至已经绣制了一面旗帜，上面用金线绣着"塞浦路斯国王约瑟夫·纳西"字样。[31]但是，苏丹选择将塞浦路斯岛上的税收充入国库，纳西自是大失所望。

当奥斯曼要将本国居民安置到塞浦路斯时，他们发现很难在安纳托利亚找到自愿移民的人。因为这个岛缺乏像鲁米利亚那样的新征服领土的吸引力，或像穆罕默德二世在 1453 年打下伊斯坦布尔后提供的鼓励政策。更糟的是，这里夏天天气异常炎热，牧草地又十分缺乏。这里多少有一些自愿移民，但是大多数人是被强迫移民的：单身女子被送去给岛上堡垒的驻军当新娘，送去那里的有技术的农民被许诺土地并免除税捐。许多被选定送去定居的人躲藏起来，也有许多移民被送去后自己又跑回大陆，这成为政府关注的事务，最终导致这里成为不受欢迎人物的流放地——类似英国后来把罪名较轻的罪犯遣送到澳大利亚的政策。16 世纪末，奥斯曼再次开始警惕奇兹巴什乱潮，[32]那些被怀疑支持奇兹巴什的人也被送到那里，还有其他被认定对社会安定有威胁的人，包括不服劝导的宗教学生、土匪强盗，以及失宠的下级官员。[33]

奥地利的唐·胡安在勒班陀战役后，期待再接再厉一举毁灭奥斯曼的海军力量，但是在 1572 年出征后却毫无收获，空手而归。1573 年，他率领一支西班牙舰队夺回突尼斯，并在拉格雷塔建立了一座新堡垒。1574年，奥斯曼舰队（比在勒班陀战败的舰队规模更大）联合阿尔及尔、的黎波里和突尼斯各省的陆军再度占领突尼斯。舰队出航前，外交折冲已经展开：奥斯曼寻求西班牙的摩里斯科人协助，建议他们与尼德兰的新教徒结成联盟；奥斯曼还派出另外一位代表直接前往尼德兰，建议两国结盟并组织联军攻击西班牙，但最终无功而返。[34]奥斯曼的密探和间谍遍布欧洲，这让奥斯曼大臣熟知欧洲的政治结盟关系，约瑟夫·纳西的商业关系也为苏丹提供了另一个涵盖各行各业的有效的情报搜集网。

对北非的长期控制是哈布斯堡与奥斯曼威望的重要来源，且对两者来说都是严峻的挑战。奥斯曼有保护教友的任务，但是他们不断遭遇西班牙海军的攻击，实在是步步危机。另一方面，虽然菲利普二世无法忍受奥斯曼出现在离王国心脏地区这么近的地方，他却选择先镇压尼德兰的新教徒叛乱——那可是复杂且需要花费巨额后勤支出的任务。1575 年，西班牙宣布破产。[35]

*　　*　　*

1574 年，奥斯曼重新夺回突尼斯的那一年，苏丹塞利姆二世在浴室里摔倒后死亡，享年 50 岁。他效法先祖，建造了一个亮眼的纪念性清真寺建筑群，但也打破惯例，将其建在奥斯曼旧都、色雷斯的埃迪尔内，这个可以让他纵情于狩猎的地方。他父亲的苏莱曼清真寺在帝国首都象征着伊斯兰教与奥斯曼王朝的强大力量，塞利姆将同样的信息传达到了伊斯坦布尔之外。埃迪尔内在奥斯曼攻打欧洲的必经之路上，也是欧洲王国的外交特使走陆路前往伊斯坦布尔的必经之地，而塞利姆清真寺位于埃迪尔内城心脏地区的一块高地上，这里原是苏丹穆拉德一世于 14 世纪 60 年代建造的皇宫的旧址，[36] 站在城市的任何地方可以远远望见它。清真寺的四座宣礼塔高高矗立，伸向 70 多米的云端，令过往行人久久难以忘怀。一个半世纪后，英格兰驻伊斯坦布尔大使的妻子玛丽·沃特利·蒙塔古女士说，塞利姆清真寺是"我这辈子见过最富丽堂皇的建筑"[37]。17 世纪的旅行家艾弗里雅切莱比提出了一个塞利姆选择埃迪尔内的理由，非常具有奥斯曼的特点：因为先知穆罕默德进入塞利姆的梦中，并指引他建在那里。[38] 先知入梦的事甚至远在苏莱曼尚未过世前就发生了，因为塞利姆清真寺地基上的纪年铭写的是 1564 至 1565 年，[①][39] 但是直到塞利姆过世后

① 纪年铭是一段文字，常为一段碑铭或一首诗篇等，其中某些字母——以奥斯曼为例，通常为最后一行——都被赋予一个特定数字值，把这些数字加在一起，即构成一个日期。

它才完工。它依靠塞浦路斯战役获得的战利品建成，就像苏莱曼清真寺的建造依靠贝尔格莱德、罗得岛及马耳他大捷的大量战利品一样。[40] 这座清真寺一改往例，没有采用中央一座大圆顶，旁边再围绕着半圆顶的形制，塞利姆清真寺只有一座圆顶，而且比阿亚索非亚清真寺的圆顶更大，它被认为是帝国建筑师希南的大师级经典作品，希南希望通过这个建筑显示他精湛的建筑技巧已经压倒了拜占庭人留下的典范。[41]

虽说塞利姆的清真寺建筑群被建造在埃迪尔内，但是他也在伊斯坦布尔的天际线用建筑物留下了自己的印记：1572 年，他开始大规模整修阿亚索非亚清真寺，这是穆罕默德二世将其从教堂改为清真寺以来的第一次。君士坦丁堡陷落后的一个世纪内，这座清真寺逐渐被成群房舍和其他民居包围，塞利姆下令将其全数拆除。之后的检查发现，支墩的岩块已经开始剥落，需要立刻修理。萨洛尼卡的历史学家穆斯塔法埃芬迪记载，建筑物已经开始倾斜。塞利姆在希南的陪同下检查清真寺，并下令进行大翻修。君士坦丁堡陷落后加建的两座宣礼塔中的一个是木质结构的，需要用砖头重建，此外要加盖两座宣礼塔。一些人认为改建工程并不必要，因为圣索非亚大教堂原是非穆斯林所建的，但这些人受到塞利姆的严厉责备。[42]

在阿亚索非亚清真寺的范围内，塞利姆下令建立两所神学院，并预建他自己的陵墓。但是陵墓还没建好他就已逝世，所以他先被埋在一顶帐篷下，他也是第一位在伊斯坦布尔逝世的苏丹。神学院最终也没有建成，宣礼塔和陵墓是他的长子兼继承人穆拉德三世建造完成的。[43] 塞利姆选择阿亚索非亚作为自己的埋身之处并不令人惊讶。除了帝国首都，他也不太可能埋在别的城市或是他的先祖建造的清真寺，何况阿亚索非亚清真寺因为和"征服者"穆罕默德二世的关系而变得神圣起来。不过，塞利姆整修阿亚索非亚清真寺不完全是因为他有计划要埋葬在此处，但也不完全是意外。在奥斯曼占领塞浦路斯后，塞利姆很快就把注意力转移到这座前基督教的巴西利卡式教堂，他要借着战胜基督教势力的时机强调伊斯兰国家的国力优势，也反击奥斯曼可能因在勒班陀之役被击败而从此一蹶不振的说法。在塞利姆过世的时候，人们已经可以很明显地看出，基督教国家在勒班陀取得的胜利是得不偿失的。

苏丹塞利姆也延续了父母亲对麦加的投入，他使麦加大清真寺拥有了极具奥斯曼风格的外貌，这种外貌一直保留到今天。因为内部空间有限，人们很难将它改变成伊斯坦布尔城内那样有纪念性的清真寺建筑群，所以围绕着中庭的回廊被改建为奥斯曼风格，原本的平面屋顶也改成典型的圆顶。这些工程进行到穆拉德三世时代，目的是让来自全世界的朝圣者惊艳于穆斯林圣地新守护人的强盛国势和慷慨大方。[44]

塞利姆的逝世非常突然，新苏丹的权力交接仍然由索库鲁·穆罕默德帕夏处理，他派人秘密地赶到马尼萨通知王子穆拉德他父亲的死讯。为维持帝国延续的措施导致新苏丹要在一段时间后才能赶到首都继承苏丹之位，同时，苏丹塞利姆的遗体暂时用冰块保存在宫中。[45] 与惯例不同的是，葬礼在托普卡帕宫内举行，而不是在清真寺里公开举行。无论是生前还是死后，各种仅限亲近人士参与的私密仪式显示出苏丹和臣民间的日渐疏离。更重要的是，塞利姆葬礼仪式的主持人是教长，这显示出苏莱曼时期给予这个职位的定位愈来愈正式清晰，成了未来参考的先例。[46]

*　　　*　　　*

塞利姆的长子此时约20岁，刚好也是家族里还活着的最年长的男性。为了防止可能影响他继承权的任何挑战，穆拉德三世显然注定要追随他的父亲，采取预防措施，在继位时下令处死他的弟弟们：他们被葬在父亲塞利姆的墓旁。[47] 穆拉德的犹太"第三御医"多梅尼科·希罗索里米塔诺记载，他主人在面对即将发生的谋杀时，显露出焦躁不安：

> 但是苏丹穆拉德非常富有同情心，实在不忍看到流血屠杀，犹豫了18个小时，一直不愿意坐上帝国宝座，也不愿公布他已进城的消息，而是试图寻找出一个可以让现在被留在皇宫中的9个弟弟免于溅血的方法……而又不违反奥斯曼帝国的法律……最后，他一面哭泣，一面派出哑巴刽子手去勒毙他们，并亲手将9条手帕交给首席哑巴刽子手。[48]

穆拉德的继任者是他的长子穆罕默德三世，这时年约 9 岁，在他于 1595 年继位时，他下令处死了全部的弟弟，其中年纪最大的也比他年轻 20 多岁。穆拉德的弟弟和穆罕默德的弟弟们的一个个精致的小石棺显示，谋杀是为避免苏丹继承时经常会发生的内斗所要付出的代价，它让大众深感震惊。让人感到安慰的是，后来的苏丹都没有生出那么多孩子，也就没有那么多小王子为了确保哥哥继位顺利而被处死。

塞利姆二世在位的 8 年中，大维齐尔一直由索库鲁·穆罕默德帕夏担任。穆拉德三世掌权时，他继续任职，直到 1579 年，他在帝国议事厅里被一名愤怒的请愿者刺杀。他死后，大维齐尔的权势衰落：在穆拉德三世掌权的 21 年中，共有 7 人担任过这个职务，因为他们时而得宠时而失宠，所以这个职位在他们之间轮换过 11 次。大维齐尔的任命开始由苏丹的情绪决定，只要他们没有达成苏丹的要求，就会立刻被换掉。穆拉德三世和他儿子穆罕默德三世并不想亲自管理这个帝国，但这并不是说他们不做决策。恰好相反：大维齐尔的独立决策权被剥夺了，即便在日常事务中，他们都做不了主。苏丹和大维齐尔之间的直接联系变少了，取而代之的是笔墨文书，苏丹开始用书信传达他对大小国事的决定，包括官职任命、官员薪水与官僚事务等。决策的依据是奏章中相关问题的简报。[49]

穆拉德三世和穆罕默德三世比塞利姆二世更愿意待在自己的私人寝宫打发时间，也不愿意到议事厅参与国事讨论。在他们的私人空间里，他们更容易受到宠臣的影响，而政府的官僚规程对这些宠臣几乎没有控制力。虽然索库鲁·穆罕默德帕夏受到宫廷官员与宠臣的限制，不过他总是能在苏丹权威衰弱的时期愈演愈烈的派系斗争中控制局面，并为自己的党羽和家族保留许多有影响力的职位。[50] 在他死后，苏丹周围的竞争变得更加激烈。

苏莱曼曾公开地偏爱自己的妻子许蕾姆苏丹，排斥后宫中的其他妃嫔。从那时起，皇室内部重要女性的地位开始发生变化。她们延续了许蕾姆苏丹引起的风潮，越来越多地出现在奥斯曼历史中，又通过修建各种公共建筑而将这种存在变成一种常态。有些人甚至获得了一个新的权力更大的身份——苏丹皇太后，即现任苏丹的母亲。许蕾姆在她儿子塞利姆坐上宝座前已去世，但是塞利姆的宠妃努尔巴努苏丹却在她的亲生儿子穆拉德三世即位后掌控了他的一生，直到近 10 年后她过世。努尔巴努彻底展现了皇太后的权势 —— 她是第一个正式冠上这个头衔的女人。[51] 一直以来，人们认为她出身威尼斯贵族家庭，孩童时期被奥斯曼海军元帅巴巴罗萨抓走，送进皇家后宫，但实际上，她更有可能是来自科孚岛的希腊女子。[52] 许蕾姆在外交事务中扮演的角色比较低调，仅仅是以苏莱曼的名义与波兰国王以及萨法维沙赫的姊妹通信，但是努尔巴努对奥斯曼帝国国际事务的影响力则是公开的。外国特使都知道先讨得她欢心的重要性。随威尼斯大使前往伊斯坦布尔的旅行者雅各布·索兰佐在 1582 年受邀参加穆罕默德王子的割礼，他注意到，"皇后……与苏丹皇太后管理着一切……每个人都得依赖她们，至少不要成为她们的敌人"。[53]

在穆拉德三世时，皇室变得更加像是"皇室"。在即位前，他作为王子总督与伴侣萨菲耶苏丹和他们的孩子住在马尼萨，即位时，他举家搬至伊斯坦布尔。在伊斯坦布尔，努尔巴努再次来到儿子身边，从旧宫搬到托普卡帕宫里的后宫 —— 在塞利姆逝世后，她曾退居旧宫。身为皇太后，她监督着后宫的日常运转，自己则站在后宫等级制度的顶端。她的每日津贴雄踞帝国之首，是苏丹本人的三倍。努尔巴努苏丹由旧宫搬迁至托普卡帕宫时，曾率队伍穿过伊斯坦布尔以示庆祝。[54] 穆拉德在位 10 年之间，托普卡帕皇宫后宫里的女人（妻妾及女仆）的数量增加了一倍，达到 100 多位。后宫的房间进行了重建，这给苏丹的母亲提供了更多豪华的居处，也给数量不断增加的女人提供居所。穆拉德为自己建造了一栋带有圆顶卧室的两层楼房，内墙上贴的是最精美的伊兹尼克瓷砖，卧室旁还有浴室和圆顶的宝座厅。[55]

塞利姆跟苏莱曼一样，居住在皇宫第三庭院的独立建筑中，只是偶尔去后宫，穆拉德却沉迷于家庭生活 —— 这是苏丹行事风格和帝国特色改变的有力证据。穆拉德并非致力于四处征战开疆辟土的尚武苏丹，而是一位喜欢女人陪伴的统治者。在马尼萨的 10 年左右的时间里，穆拉德和他唯一的性伴侣萨菲耶苏丹以及三个孩子生活在一起，构成了一个核心家庭（日后的穆罕默德三世就是其中的长子）。但是，他姐姐埃斯玛涵和母亲却觉得一夫一妻的婚姻关系不足以保证在穆拉德死后有一位候选人可以继承苏丹之位，所以很可能在 16 世纪 80 年代初，她们鼓动穆拉德纳妾。在他逝世时，他一共留下了 49 名子女。[56]

后宫的规模和重要性日益增长，皇太后的权势和知名度也日益增大，这也提高了后宫管理者的地位，其中地位最高的是监督后宫女性的非洲黑人宦官。① 苏丹穆拉德三世即位后不久就创立（即使不算创立，至少也算强化）了黑人大太监这个职位，并赋予他监管用于穆斯林圣地捐款的职责。在此之前，这都是宫中的白人大太监的责任，他们是后宫的另一类重要成员。[57] 苏丹穆罕默德二世、巴耶济德二世、塞利姆一世和苏莱曼一世的大量捐赠也都由黑人大太监管理，并且他每周都要开会处理相关事务。他控制着大量资金的流动——并享受由此带来的权力。[58] 大维齐尔和政府其他大臣都成为权力再分配的受害者，而后宫及其高级官员却因此获得更多的权势。在学者兼官僚盖利博卢的穆斯塔法·阿里关于穆拉德三世统治时期的记载中，他指出，这种正不断发展的做法是有害的，妃嫔与太监能够接近苏丹，这使他们能够通过对政治进程施加压力影响官员任命，他们甚至开始买卖官职。[59] 这本没有使苏丹担心，因为毫无疑问，他已经尝到为皇宫扩权的初步成果，并因此十分开心。萨洛尼卡的穆斯塔法埃芬迪告诉我们，就在索库鲁·穆罕默德帕夏于 1579 年被刺杀后不久（至少到穆拉德三世时期，他都是全能大维齐尔的范例），穆拉德甚至考虑干脆废除大维齐尔这个职位。[60]

穆拉德三世比他的先祖更常流连于后宫，同时，他还有许多男性宠臣。其中包括在马尼萨时期就跟随他的人：他的老师霍贾萨德丁埃芬迪、他的财务管理人卡拉·于韦斯切莱比和他的精神导师哈尔瓦提谢赫苏贾。[61] 霍贾萨德丁的父亲是塞利姆一世的密友，他自己则当过苏莱曼以及塞利姆的教长艾卜苏乌德的助理。现在，他因为献给穆拉德三世的一本奥斯曼历史而为人所知。[62] 他的儿子埃萨德埃芬迪也顺利取得教长职位，

---

① 跟马穆鲁克苏丹一样，奥斯曼苏丹也让宦官守卫他们的私人家庭。除苏丹本人之外，他们（与哑巴和侏儒）是唯一被许可进入后宫的男性成人。至于他们是如何被招募并训练的，我们不得而知。

并使他的家族一直处于帝国的核心地位。穆拉德继位后不久，索库鲁·穆罕默德开始攻击这个核心集团，指控卡拉·于韦斯财政违规。索库鲁·穆罕默德的计划适得其反，他的声望受到的影响显而易见：卡拉·于韦斯被赋予帝国财务管理的重责，并在帝国会议中占有一席，凡是索库鲁·穆罕默德任命的人员全被免职，他们的财产也被没收。其中最有针对性的是，他的表亲、干练的布达总督索库鲁·穆斯塔法帕夏也被处死，他的职位由卡拉·于韦斯接任。卡拉·于韦斯虽然觉得这个职位远离权力中心不愿接任，但也没有选择的余地。[63] 后来，他又被任命为埃及总督。在他任内，因为他严厉控制军队财政，一场动乱爆发。暴乱分子闯进他的会议厅，劫掠了他的私人住宅，他个人也遭到袭击，大量随从被杀。[64]

谢赫苏贾是一个不学无术的人，却引起了穆拉德对神秘主义的兴趣。苏丹依赖谢赫解梦并预测他的未来。这并不是什么不同寻常的事，在官方推广逊尼派正统思想的同时，人们仍然渴望追寻奥秘，哈尔瓦提成为神秘主义教派中最"正统"的教团，因为它在奥斯曼帝国被广泛接受。索库鲁·穆罕默德帕夏当然也为他的哈尔瓦提精神导师提供了住所，就在伊斯坦布尔的卡德尔加区他为妻子埃斯玛涵建造的清真寺建筑群旁。[65]

＊　　　＊　　　＊

穆拉德三世于 1574 年继位后，延续了塞利姆二世在北非和地中海西部的进攻性政策。在索库鲁·穆罕默德担任大维齐尔一职时，人们并不觉得这个方针会有什么迅速激烈的变化。但这些年来世事快速变化着。在奥斯曼的军事支持下，萨迪统治者被赶下台，他的家族中的一位不满分子在摩洛哥接任，成为奥斯曼的傀儡。这个胜利让奥斯曼控制了整个北非沿海地区，也导致帝国在疆界的西方和东方都开始与葡萄牙角力。虽然西班牙的特使已经到伊斯坦布尔向苏丹求和，葡萄牙国王塞巴斯蒂安仍然向他的表叔西班牙国王菲利普求援以对抗奥斯曼。菲利普支吾以对，不过最后还是提供了人员与战舰。1578 年，葡萄牙入侵摩洛哥。国王塞巴斯蒂安在阿尔卡扎战役中战死，奥斯曼的傀儡统治者也战死沙场，不过奥斯曼协助他的弟弟继位。1580 年，奥斯曼和哈布斯堡之间在地中海西部的战争终于结束，双方签署和约后，西班牙得以抽身专注对付北方的敌人。[66]

的黎波里、突尼斯和阿尔及尔各省此时名义上均由奥斯曼总督管辖，奥斯曼中央政府也一直致力于将地方政府纳入帝国官僚体制，但是地方领袖仍继续将自己的地方利益摆在第一位，并且暗中破坏奥斯曼中央政府的一切努力。奥斯曼和马格里布地区诸省的关系是一种"权宜婚姻"，双方都不对另一方抱有什么期望：伊斯坦布尔并不指望从马格里布得到多少税收，只希望在对抗地中海的共同敌人时能获得他们的帮助；而奥斯曼在马格里布的名义上的臣民并不希望"奥斯曼化"或融入帝国之中，也不指望中央政府在此投资或进行基础设施建设。[67]

奥斯曼和哈布斯堡在 1580 年签订的和约显示，两个帝国的海军力量不相上下。与此同时，奥斯曼在印度洋与葡萄牙的积极对抗也逐渐减弱。1585 年和 1589 年，他们试图破坏葡萄牙对莫桑比克海岸的控制，这是奥斯曼最后两次在印度洋针对葡萄牙的军事行动。[68]

奥斯曼对地中海形势的缓和喜在心中，因为在 1578 年，他们被卷入了一场全面的国际危机 —— 与伊朗在高加索地区的战争。这场战争是穆拉德统治时期最重要的事件，让两个国家进入长期的交战状态，直到 1639 年双方达成长久的和平协议，战争才结束。这块边疆地区从 1555 年签署《阿马西亚和约》之后就一直平静无事，但是 1576 年沙塔赫玛斯普死后，伊朗爆发派系斗争，奇兹巴什再度活跃。索库鲁·穆罕默德帕夏极力反对与伊朗重启战端。其实他非常支持奥斯曼在高加索驻军以防莫斯科大公国扩张，但也深知为偏远山区提供后勤补给困难重重，而且在这个地区进行军事行动需要大量的军费。在穆拉德身边的小圈子出现之前，在皇太后努尔巴努苏丹和后宫获得空前的权力之前，索库鲁·穆罕默德早已树敌甚多。他的老政敌拉拉·穆斯塔法帕夏随时准备利用这个情况，并成为痛恨索库鲁·穆罕默德的侍臣们的领袖。他们估计，如果塞浦路斯战役的英雄拉拉·穆斯塔法可以在伊朗战役中再次取得胜利，这可以使人们认为索库鲁·穆罕默德应该被解职，让位给拉拉·穆斯塔法。奥斯曼决定出兵攻打萨法维王朝后，任命拉拉·穆斯塔法和冷酷无情且野心勃勃的"伟大的"

希南帕夏共同率领军队，后者从也门战役开始就是拉拉·穆斯塔法的政敌。但是两人实在难以共事，这导致"伟大的"希南很快被解除职务，拉拉·穆斯塔法单独指挥军队，他已准备好收获预期中的战果。[69]

由于高加索地区成为战争的舞台，安纳托利亚东部的边界城市埃尔祖鲁姆成了奥斯曼大军攻打伊朗的前进基地。拉拉·穆斯塔法率领大军先乘船到特拉布宗，再向南前进，穿越山区，于 1578 年夏天在埃尔祖鲁姆集结。萨法维和它在高加索地区的附庸国正处于混乱之中，奥斯曼军队顺利穿越格鲁吉亚，沿途占领了第比利斯（现在是格鲁吉亚共和国首都），直抵北方的公国。到了夏末，此处已有数位君主向奥斯曼投降，奥斯曼已占领了里海西岸的希尔凡部分地区。厄兹代米尔奥卢·奥斯曼帕夏（前任哈贝什总督厄兹代米尔帕夏的儿子）被任命为这个没人想来的遥远脆弱的新省的总督。在鞑靼人协助下，他击溃了当地人和萨法维军队，但是他从奥斯曼占领地第比利斯获取补给的线路却被切断，他只好从希尔凡省的重要城市舍马哈撤退，到里海沿岸的城堡杰尔宾特过冬。[70]

拉拉·穆斯塔法帕夏将宿敌"伟大的"希南帕夏留在伊斯坦布尔，这对拉拉·穆斯塔法帕夏来说是致命的。1579 年，索库鲁·穆罕默德帕夏被刺杀后，第二维齐尔"胖子"艾哈迈德帕夏取代他成为大维齐尔（"胖子"艾哈迈德帕夏是米利玛赫苏丹与吕斯泰姆帕夏的女儿许玛沙赫苏丹的丈夫）。"伟大的"希南也得到晋升，成为第三维齐尔，这使希南能更好地利用自己的职务谋取利益。"胖子"艾哈迈德把拉拉·穆斯塔法从前线召回，令"伟大的"希南接替他的职务。拉拉·穆斯塔法的党羽被指控贪污（其中几个证据确凿），并被解除政府公职。他自己设法保住了第二维齐尔的职务。但"胖子"艾哈迈德在仅仅任职几个月后就去世了，此时，大维齐尔一职似乎终将成为他的囊中物。[71]

然而，拉拉·穆斯塔法最终也没有得到他日思夜想的升迁：虽然他代行大维齐尔的职责，"伟大的"希南总是有办法阻止他获得真正的任命。在三个月的职位空悬后，"伟大的"希南于 1580 年 8 月被任命为大维齐尔。没多久，拉拉·穆斯塔法去世了。索库鲁·穆罕默德帕夏、拉拉·穆斯塔法帕夏和"胖子"艾哈迈德帕夏相继去世，这代表着一个时代的结束，因为他们是与苏莱曼时代的最后一丝联系。"伟大的"希南是较年轻的一代，在苏丹塞利姆二世时期变得成熟，开始获得权力。他很轻易就适应了派系林立的政府，并以敏锐的洞察力五次成为大维齐尔。[72]

1580 年 11 月，仍身兼陆军总司令的"伟大的"希南抵达埃尔祖鲁姆不久，萨法维求和。[73]"伟大的"希南认为战争有望结束，所以回到伊斯坦布尔，但是格鲁吉亚的战事仍在继续，奥斯曼和伊朗无法签订和约。几个月后，他被解职，由第二维齐尔西亚乌什帕夏接任。接下来的几年里，奥斯曼都在努力控制高加索地区。与以往奥斯曼在此处与萨法维进行的战争不同，这一次，奥斯曼想要永久占领这个地区。希尔凡只是这个时期创立的 4 个新省里的一个。[74]奥斯曼在高加索面临的困境与在也门的困境类似：当地的统治者反复无常，而且气候恶劣，地形险恶。帝国在如此边远地区扩张，依靠的是建造并严守堡垒，除此之外，他们也并没有什么控制权。位于今日土耳其东北部的卡尔斯堡被重建为前进基地，奥斯曼人从这里为新近攻克的领土上的守军提供补给；埃里温也被重建，其他的小堡垒也被加固。

厄兹代米尔奥卢·奥斯曼帕夏继续留守杰尔宾特，直到 1582 年从鲁米利亚派出的援军穿过克里米亚赶到后，才率军将萨法维驱逐出高加索东部。他在这个地区维持着微弱的控制，而克里米亚鞑靼骑兵对他控制这片区域极端重要，但是穆罕默德·格莱二世可汗轻忽身为苏丹附庸的职责，拒派足够的兵力支持奥斯曼。厄兹代米尔奥卢·奥斯曼遂进军克里米亚，在伊斯坦布尔派出的由"利剑"阿里帕夏率领的舰队协助下，扶植了新的可汗。厄兹代米尔奥卢·奥斯曼驻守高加索前线 5 年，远离宫廷的是是非非。当他回到伊斯坦布尔时，受到了英雄式的欢迎，并于 1584 年夏天被任命为大维齐尔，这也引起了围绕在穆拉德身边的小圈子的嫉妒与愤怒，因为这一次他们没能够左右苏丹。厄兹代米尔奥卢·奥斯曼在一年后过世。在他去世前，他在东方的一场战役中夺下了大不里士——这一次，他得到了克里米亚鞑靼人的鼎力相助。奥斯曼第一次实实在在地将大不里士掌握在手中。[75]

厄兹代米尔奥卢·奥斯曼帕夏于 1585 年征服前萨法维首都大不里士，

也开启了奥斯曼对伊朗战争的新时代。奥斯曼因此信心大增，在某段时间，大臣们甚至看好乌兹别克可汗的建议，即让他的军队继续向北进攻，从莫斯科大公国手中再次夺回阿斯特拉罕（他在河中地区的疆域与伊朗东北部仅隔着一条乌浒河）。[76] 新任巴格达总督基加拉扎德·希南帕夏在伊朗南方开辟了另一条战线——他是热那亚奇卡拉家族的后裔，孩童时期在海上被抓走并改信伊斯兰教。他为奥斯曼打下伊朗西南部的一片土地，并分割成两个新省份。[77]

沙赫塔赫玛斯普死后引发的伊朗内乱直到 1587 年才终于结束，因为他的孙子经过坚定不移的努力在那年登基。在沙赫阿巴斯漫长的统治岁月中，他逐渐被人们看作萨法维王朝显赫地位与伟大功绩的代表，但是在 1588 和 1589 年，他还非常软弱：乌兹别克人越过乌浒河攻打伊朗，夺走了赫拉特、马什哈德和尼沙布尔 3 座城市。沙赫阿巴斯向奥斯曼求和，和约条款迫使他接受版图现状。对萨法维而言，和平的代价极为高昂，因为奥斯曼现在占领了高加索和库尔德斯坦的大部分土地——当然他们也付出了巨大的代价。对奥斯曼人来说，这是自塞利姆一世 1514 年恰尔德兰大捷后，他们对萨法维王朝取得的最具决定性的胜利。签订的和约让领土向东方和北方进行了前所未有的扩张，看起来，萨法维和奥斯曼间一个世纪之久的战争终于结束了。

与此同时，莫斯科大公国在高加索地区站稳脚跟后，继续快速扩张：这个更加自信的国家开始在这里殖民。他们要求当地的领袖（不管是信奉基督教的格鲁吉亚人，还是穆斯林）都要宣誓向沙皇效忠，并威胁那些不愿效忠的人会立刻进行军事进攻。达吉斯坦统治者在 1589 年写给奥斯曼苏丹的一封信中，用戏剧性的语言表达了形势的严峻性：

> ……你从波斯人手中夺来的这些城市……没有能力自卫；俄罗斯人会联合波斯的沙赫和格鲁吉亚的国王，他们会从这里向伊斯坦布尔进军，法兰西和西班牙的国王则会从另一边（进军），到时候你自己也无法在伊斯坦布尔活下去。你会被抓走，穆斯林都会变成基督徒，如果你不出来调解，我们的信仰即将遭到毁灭。[78]

这个恳求似乎石沉大海，但是莫斯科大公国伊凡四世对高加索地区蚕食鲸吞的阴影引发了恐惧，让奥斯曼无法忽视这个地区：它就像本世纪初的安纳托利亚东南部地区一样，已然引起了周边三个大国的战略兴趣。

＊　　　＊　　　＊

有了东方边境的胜利，奥斯曼自信心大增，很少再有人反对在帝国的欧洲边境攻打哈布斯堡王朝。虽然奥斯曼与哈布斯堡在 1568 年正式签订了和约，并在 1574 年和 1583 年更新了和约，但是在漫长的克罗地亚 - 波斯尼亚边境线上，地方战争和小规模冲突总是持续发生。哈布斯堡政权不停抗议当地奥斯曼武装的突袭，也重新调整了边境防卫部队，以保护人民，但是仍迫切地想要维持和平，并根据 1568 年签署和约的内容，坚持送上贡金或礼物（奥斯曼认为是贡金，而哈布斯堡王朝认为是礼物），以免让奥斯曼找到借口正式出兵攻击。在哈布斯堡和奥斯曼的上一次战事后，双方都深切认识到谁都无法获得真正决定性的胜利。[79]

1591 年，波斯尼亚总督哈珊帕夏攻下了哈布斯堡和奥斯曼边境上克罗地亚地区的几个堡垒（表面上看来，那是一次独立行动，但背后很可能有伊斯坦布尔在撑腰），并在库尔帕河边的彼得里尼亚建造了一座奥斯曼堡垒。哈布斯堡深知自己的边境防御长期以来被忽视，将奥斯曼的这次攻击看作是敌对行动，但仍希望用外交手段避免冲突升级。1593 年，哈珊帕夏越过库尔帕河，占领锡萨克堡垒。谁控制了锡萨克，也就控制住了顺着萨瓦河到达萨格勒布，进入奥地利的道路。一支匆忙集结的支援部队击溃了奥斯曼入侵者，包括哈珊帕夏在内的许多奥斯曼人战死。[80]

如此一来，再次当上大维齐尔的"伟大的"希南帕夏有了发动全面战争的理由，这是他一直在等待的时机。1593 年 7 月，他亲率大军朝西进发。奥斯曼在没能守住锡萨克后迅速做出反应，由此可以清楚看出，就像奥斯曼海军在勒班陀惨败后迅速重建那样，奥斯曼的战争机器在近日的伊朗战事后迅速重建。奥斯曼即将在中欧发动重大战争，其他的事务只得被暂时搁置，其中包括新教势力游说久矣的针对西班牙的海上军事行动，尽管奥斯曼人在 1590 至 1591 年就已经开始准备这场战役了。放弃这次海上行动并没有使奥斯曼政府感到遗憾，因为他们在地中海西部的战略目标已经实现，1580 年与西班牙的停战协定标志着他们已经从这个战场退出，这个协定后来也得到更新。不管怎么说，威尼斯大使和"伟大的"希南都心知肚明，因为最近数年对海军舰队的忽视，奥斯曼海军已无法在海上与远方的敌对势力相抗衡。[81] "伟大的"希南帕夏观察到，与海军行动不同的是，陆地作战更加直接，"只要下了命令，人们就可以在陆地上立即发动攻击：每个战士骑上战马就可以出发。海军远征就没有那么简单……无论投入多大的人力和物力，人们都要花费 7 到 8 个月时间才能完成准备"[82]。中欧的战争于 1593 年匆忙开始，直到 1606 年结束。双方都没有多少收获，但是军费支出造成了财政上的巨大负担，战争对国家的结构也造成了严重的破坏。

到 16 世纪末，战争的特点在东方和西方都发生了改变。在过去，尤其是在伊朗，敌军可以靠躲进乡村避免阵地战，这常使奥斯曼没有机会获得决定性的胜利，但是最近几年，相对静态的战争模式变成了常态，如果想要占领一片领土，就需要通过长期围攻拿下这里的堡垒。从 1568 年停战后，在哈布斯堡和奥斯曼的边境上，哈布斯堡和他们的支持者就为保护腹地不被敌人入侵，建立了一系列堡垒，并躲在堡垒里面，他们的对手奥斯曼也采取了类似的措施。在这条国界线的中间部分，哈布斯堡这边有瑙吉考尼饶、杰尔（拉布）、科马罗姆、新扎姆基（诺伊豪塞尔）和埃格尔；与之遥遥相对的是奥斯曼的锡盖特堡、塞克什白堡（斯图维森堡）、布达和埃斯泰尔戈姆，后面是从贝尔格莱德到蒂米什瓦拉的第二道弧形堡垒防线。[83]

奥斯曼、哈布斯堡和匈牙利在 13 年漫长战争中的得与失显示，这是一场消耗性的没有结果的战争。战争在前两年毫无进展。1595 年初，苏丹穆拉德三世去世，他 29 岁的儿子顺利继位。穆罕默德三世继承的是个混乱不堪的国家，而且很明显，他迫切需要制定新的战略以提升苏丹和帝国的声威。在一次由大维齐尔"伟大的"希南帕夏主持的会议中，与会者决定，虽然新任苏丹毫无军事经验，但是他必须率军亲征。[84] 这与最近几十年的做法完全不同，从 1566 年苏莱曼亲征后，再也没有任何一位苏丹上过战场。"伟大的"希南帕夏在 1596 年 4 月去世。6 月，奥斯曼的帝国陆军出发，支援守在前线的部队。他们的目标是夺下埃格尔城堡，它位于奥地利到特兰西瓦尼亚的必经之路上，后者与摩尔达维亚和瓦拉几亚都要依靠哈布斯堡王朝的保护。埃格尔城堡最终沦陷，奥斯曼和它的克里米亚鞑靼援军在 10 月 25 日在迈泽凯赖斯泰什附近的平原上遭遇特兰西瓦尼亚军和哈布斯堡王朝的主力部队。这是一场非常激烈的野战，也是这次战争中的唯一一次，奥斯曼依靠它最终获得了战役的胜利。最初，他们看似要战败了，在哈布斯堡军队劫掠奥斯曼营帐时，奥斯曼的猛烈攻击逆转了局势。但是，苏丹并不喜欢军队总司令这个身份，他和他的新任大维齐尔达马德·易卜拉欣帕夏说，他应该回到伊斯坦布尔。人们不得不敦促他坚守阵地。[85] 穆罕默德还带着英国驻奥斯曼宫廷大使爱德华·巴顿爵士一起来到战场，让他陪着哈布斯堡大使一起面见苏丹，并且要确保他和随从被安全护送回自己的领土。巴顿的秘书托马斯·格罗弗记述了奥斯曼在损失最惨重的一场小规模战斗后的情景：

> 大家想象一下，在看到奥斯曼的军队溃逃后，苏丹受到了多大的惊吓；但他受到他的大臣的鼓舞，让他的军队举着帝国的旗帜冲向基督教徒。他拿起他的弓和箭射了三次，有些人说，他射死了三个基督徒。[86]

接下来的几年里，和谈在持续进行，奥斯曼和哈布斯堡也在来回争夺边境的堡垒。瓦拉几亚再度选择成为奥斯曼的附庸国。1600 年，奥斯曼攻破哈布斯堡的防线向南进攻，占领了战略上极为重要的瑙吉卡尼饶堡垒。维也纳担心再度被攻击。[87]1601 年，哈布斯堡试图夺回瑙吉卡尼饶，但是最终失败了。佩斯落入奥斯曼人手中，不过在战争打打停停的最后几年中又被夺回，而特兰西瓦尼亚也再次选择与奥斯曼结盟。战争的最后一年，即 1605 年，埃斯泰尔戈姆（1595 年被哈布斯堡占领）再度落入奥斯曼手中。此时，所有参战国皆已疲惫不堪，渴望和平。1606 年，双方签订了停战协议，不过签署地不在往常会选定的伊斯坦布尔，而是在边境地区的小村子吉托瓦托洛克。从这个安排可以看出，苏丹让步了，他的前任往往会强迫被打败的敌人接受他们开出的条件。在洋洋洒洒的条款中，有一条是双方各自保有目前占领的土地 —— 如此一来，奥斯曼只得到一点点回报，即埃格尔和瑙吉卡尼饶两个新的据点。神圣罗马帝国皇帝鲁道夫还得到额外的好处，就是他和他的继承人此后可以和苏丹平起平坐。在一次性支付 20 万弗罗林银币后，神圣罗马帝国皇帝不再向苏丹缴纳贡金。[88]

哈布斯堡王朝进行的反宗教改革使他们失去了新教徒的潜在支持，这阻碍了他们的军事行动。与此同时，伊朗的沙赫阿巴斯企图夺回他在 1590 年割让的领土，奥斯曼不得不同时在两线作战。更糟糕的是，在帝国内部，从 16 世纪 80 年代起开始累积的各式各样的问题已经发展到了紧急关头。1599 年，奥斯曼出动军队镇压安纳托利亚地区的叛乱，这是后来一系列镇压活动的第一次。而且帝国的其他地区也出现动荡。苏丹穆罕默德三世在 1603 年去世，他 13 岁的儿子艾哈迈德继任，这似乎没给奥斯曼局势带来什么影响。

*　　　*　　　*

在 16 世纪的最后 20 多年里，欧洲各国和奥斯曼都面临着困境。各国连年征战使他们预算紧张，他们也都费尽心思寻觅各自的缓解方案。西班牙、法国、英国和奥地利等国的经济都遭到过度破坏与过度利用，年度支出超过了财政收入，各国都在设法控制财政危机。这些问题无可避免地给各国带来了社会和政治动荡 —— 奥斯曼也未能幸免，不过奥斯曼的危机有其独特的表现方式。

我们尚未了解 16 世纪奥斯曼帝国危机的具体原因，还需要详细分析其中的因果关系。直到 16 世纪，奥斯曼的经济发展和人口增长都是靠从新征服省份的税收支撑的，但是当征服新领土的速度减缓后，奥斯曼高度货币化的经济运行所能获得的钱币越来越少。1585 至 1586 年间的冬天，为了增加现金以供伊朗战事所需，奥斯曼政府将阿斯皮尔银币（阿克切银币）贬值，将其含银量减到只剩原本的一半。在奥斯曼，钱币中的金银含量决定了它的价值，所以这个措施给奥斯曼造成了剧烈的金融动荡。[89]

奥斯曼的经济一向容易受到外部因素的影响。从 16 世纪初起，美洲银矿区的钱币随着贸易开始往东流通，使各地铸造的低含银量的钱币难以流通。在 1585 至 1586 年的贬值后，那些以阿斯皮尔银币为单位领取固定薪水的人（如政府机构和军队的成员）大受冲击，因为他们手上的钱能买到的物品只有过去的一半。如此急剧的物价上涨激化了人们的不满，以至于政府已经无法强迫人民接受以贬值钱币发放的薪资。因为税金大部分也是以阿斯皮尔银币支付，所以实质上的财政收入也减少了一半。为了填补国家收入和支出间的差距，政府只好向农业人口开征新税，并扩大实行包税制度——个人或团体预先向国库缴纳一笔金额等同于已知税源的税款，然后再从应纳税人那里将这笔钱收回来（其中包含一定的利润）。国库也向统治阶层内富有的人士借钱。这种国内借贷的方式与欧洲国家的财政管理方式截然不同——奥斯曼在 19 世纪才开始向国外募集资金。[①] 相比之下，如果哈布斯堡未得到他们天主教联盟的财政支持，1593 至 1606 年的战争很可能会有不一样的结局：神圣罗马帝国的德意志君主们在 1594 年为了攻打奥斯曼贡献了大量金钱，比他们在查理五世对抗奥斯曼的战争期间提供的总额还要多。[90]

到了 1589 年，阿斯皮尔银币贬值的负面效应引发了禁卫军叛乱，就像 15 世纪 40 年代穆罕默德二世第一次任苏丹时操控货币后引起的动乱。禁卫军在教长支持下，指责鲁米利亚总督及国库总管用贬值钱币支付他们的薪资。于是苏丹穆拉德三世牺牲了这两位官员以平息暴乱者的怒气——这位饱受惊吓的苏丹发现自己彻底被围绕在他身边的竞争派系支配，而这只是类似诸多事件里的第一桩。（苏莱曼认为伊斯兰教历千禧年是不祥的，但塞利姆二世和穆拉德三世似乎不认同这个看法。不过，当时的知识分子认为这场暴乱象征着此前奥斯曼权威的崩溃。）这个世纪的最

① 虽然伊斯兰教禁止高利贷，奥斯曼放债人仍然收取利息——至少在巴尔干和安纳托利亚如此，因此他们用尽手段掩饰。到了 19 世纪末，帝国已积欠欧洲国家大笔债务，欧洲统治者讨债时，奥斯曼政府不得不放弃了需遵循教法这个借口。

后几年，皇宫骑兵认为，财政持续不稳是苏丹穆罕默德的母亲萨菲耶苏丹的宫廷侍女埃斯佩兰萨·马尔齐的责任，她是专门负责皇太后和外界联系的人。1600 年，她被他们中的几位谋害。[91]17 世纪的许多大臣变成帝国核心持续上演的危机的替罪羔羊，没有苏丹敢得罪军队。令事态进一步复杂化的是，他的精英部队的两个主力军团——禁卫军步兵团和皇宫骑兵竟然也常常支持与他敌对的派系。1582 年，这两个部队发生了冲突，造成数人死亡。当时，人们正在竞技场上为还是王子的穆罕默德举行奢侈的公开割礼，这场冲突也让活动戛然而止。[92]

货币贬值带来了社会和财政上的压力，作战方式的改变也让军费高涨至前所未有的水平。为免去上战场的责任而缴纳的农业税支撑着地方骑兵，但在战争发展到以防守和围城为主要形式的时代，地方骑兵的作用不如以前大。而且，随着帝国的扩张，地方骑兵也失去作战的热情，他们几乎一直没能从 1578 至 1590 年间费尽心力的伊朗战事中恢复过来，因为他们在那场战争中，先赴哈布斯堡前线作战，随后又立即赶往伊朗。如同萨洛尼卡的穆斯塔法埃芬迪在 1597 年写的那样，他们已经有 20 年没见过和平了。[93]步兵（在奥斯曼，主要指配备步枪的禁卫军）在近代战争中比骑兵更加有用，他们的人数也随之增长，1527 年为 8000 人，1574 年苏丹塞利姆逝世时，已增加到 1.35 万人，1609 年达到了近 4 万人。[94]跟帝国内其他领薪水的公务人员（他们的数量也飞速增长）一样，他们的薪水都要用现金支付——而且要准时，如果奥斯曼不想惹祸上身的话。

政府陷入了困境。领薪军队的数量迅速增长，但是不可能无限制继续增长下去，奥斯曼需要寻找其他增加人力的方法。有个解决办法因为花费较少引起了大家的兴趣，就是从农民中招募军人。最主要的条件是被招募者应为穆斯林，并能熟练操作步枪，服役的时间为这次军事行动持续的时间，等到战争结束时他们就会被遣散。这个革新公开嘲弄了过去的谣言，即农民不能在战斗部队中服役，只能在苏丹的精英部队与地方骑兵中从事各种辅助性工作。但是，很快人们就发现，哪怕这些人在当兵前从未惹过麻烦，也已经因过度征税和入不敷出而心有不满，在复员后，他们就变成主要的破坏分子。他们保留着自己的枪支，没有再从事原本的职业。

任何肯花钱的人都可以轻易买到这些人的忠诚，无论他是强盗头目，还是结党营私的官僚。在交通不便利的时代，地方关系通常比人们对远在伊斯坦布尔的政府和官员的忠诚要稳固，对地方的人来说，接受政府强制的税收和募兵并不比落入与他们生活在一起的所谓叛军手中好。在农民中征兵的革新主要在安纳托利亚实施，但安纳托利亚也是受随之而来的抢劫掠夺与叛乱影响最深的地方。奥斯曼政府发现地方骑兵已不再适应新形态的战争，同时，为了筹集资金，它下令许多骑兵此后不必再参与战斗，不过要缴纳一笔税款。因此，这些人也成了潜在的叛乱参与者。

＊　　　　＊　　　　＊

在最初几个世纪里，奥斯曼帝国经历过许多对它政权的挑战：安纳托利亚君主对奥斯曼征服的反抗，奥斯曼王子间的继位斗争，奇兹巴什对抗逊尼派正统的叛乱，各个教士和传道人公开宣扬自己对教义的解释，以及伊斯坦布尔精英部队为决定苏丹人选发动的叛乱。第二个伊斯兰教历千年的最初几年发生了一系列深度危机，整个帝国暴动四起，挑战着奥斯曼的统治。

当奥斯曼陆军同时在东西方作战的时候，叙利亚北部的世袭统治者、库尔德族的詹布拉特部落抓住了这个机会宣布独立。詹布拉特奥卢·阿里帕夏曾在1606年被任命为奥斯曼阿勒颇省的总督，为了宣告他的君主地位，他要求以他的名义主持周五礼拜——他可能还铸造了他自己的钱币。詹布拉特奥卢·阿里得到了安纳托利亚反政府军的支持，也受到托斯卡纳公爵费迪南一世的鼓励，后者非常看重阿勒颇的商业重要性，因为阿勒颇是伊朗丝绸和其他运往欧洲的商品的集散地，他还希望能共享詹布拉特奥卢·阿里的好运气。1607年，大维齐尔"掘井人"穆拉德帕夏受命率领大军攻打詹布拉特奥卢·阿里。詹布拉特奥卢·阿里宣称他仍是苏丹的忠实奴仆，"掘井人"穆拉德帕夏却忽视了他的抗议，率军南下与詹布拉特奥卢·阿里对战。詹布拉特奥卢·阿里狼狈逃命，随后被赦免，并被任命为偏远的匈牙利蒂米什瓦拉省（泰梅什堡省）总督。1610年，"掘井人"穆拉德帕夏还是报了仇，下令处死了在贝尔格莱德的詹布拉特奥卢·阿里。[95]

一度与詹布拉特奥卢·阿里结盟的德鲁兹首领法赫尔·丁·马安控制了今天黎巴嫩和以色列北部的大部分土地，他也具有同样的野心。1608年，法赫尔·丁和托斯卡纳公爵签署了一项协议。1611年，"掘井人"穆拉德的继任者、大维齐尔纳苏赫帕夏动员了一支军队镇压他逐渐成长的势力。法赫尔·丁在1613年逃到托斯卡纳，5年后又回到奥斯曼，这时他的弟弟尤努斯早已和奥斯曼统治者和解。法赫尔·丁继续和伊斯坦布尔政府对抗，并且不断扩大在他控制下的领土，直到1635年被处死。[96]

奥斯曼中央政府还要处理许多小规模反抗政权的势力。埃及是个屡屡发生叛乱的地方：1589年，总督卡拉·于韦斯帕夏叛乱；接着在1598年，那时的总督谢里夫·穆罕默德帕夏被袭击；1601年，军队冲进谢里夫·穆罕默德的议事厅，杀害了数名官吏。1604年，哈吉·易卜拉欣帕夏被谋害，他是第一个以此为结局的埃及总督。第三维齐尔"太监"穆罕默德帕夏率军由伊斯坦布尔赶来，终止了这几年的军事叛乱，他的铁腕为自己赢得了"军队之锤"的绰号。[97] 在欧洲诸省，布达总督在1590年被人以饥荒为借口谋害。[98] 在北非，的黎波里和突尼斯也陷入叛乱。若非埃及军队在1592年进入并重建秩序，的黎波里几乎就要脱离奥斯曼。[99] 突尼斯总督则被一群围绕在自称"马赫迪"的人身边的暴民杀害。[100]

虽然在财力和人力皆被运用到极限的时刻，这些事件已经足够令中央政府担忧，但在这些年来撼动安纳托利亚的一系列叛乱面前，它们却显得不那么重要了。这些叛乱被称为杰拉里叛乱，以16世纪初领导了一场叛乱的谢赫杰拉勒的名字命名。官方文件对一次杰拉里袭击进行了很生动的描述：

> ……好几百骑兵和步枪兵，其中包括（24个名字）像强盗一样来到这里，抢劫贫穷人家的财产，焚烧他们的房舍，杀死了200多个男人，抢走了男孩和处女，偷走了5万只绵羊、山羊、马和好骆驼，拿走了大麦、小麦、油、蜂蜜及其他货品，最后他们抓走了300多个男人，日夜折磨他们。[101]

走过 16 世纪，萨法维王朝已不再有沙赫伊斯玛仪时代的那种千禧年狂热，在沙赫阿巴斯治下与奥斯曼人达成了妥协。宗教上，奥斯曼和萨法维的敌对已趋缓和，对奥斯曼帝国内危机重重的生活不满的人不再用宗教修辞，开始用另一种方式反抗奥斯曼权威。虽然"杰拉里"一词源自一次由宗教激发的反抗运动，但在整个 16 世纪中，它却被奥斯曼官方广泛用于形容与帝国敌对的叛乱活动[102]——即使是那些没有明显宗教动机的反抗活动也被称为杰拉里叛乱。按照现代一位历史学家的看法，"杰拉里叛乱者和之前的滋事分子并不追求更高的社会价值，反而对这种社会价值表现出愤世嫉俗的蔑视"[103]。今日的学者们倾向于认为，16 世纪末至 17 世纪初的杰拉里叛乱是世俗叛乱，叛乱分子是各行各业心怀不满的人——强盗、宗教学生、地方总督、被遣散的军人、开小差的逃兵、没有田地的农民等。然而，虽然杰拉里叛乱者并不用宗教语言表达他们的诉求，但是，帝国的巴尔干地区并没有发生类似的叛乱，这说明他们并不是与之前安纳托利亚的宗教和政治叛乱无关的单纯的武装者。

当然，因为宗教而引发的问题并未消失：还是有个别人被指控为异端——被指控者受到了奇兹巴什的同情，这显示他其实属于什叶派，效忠于萨法维王朝的沙赫，而非奥斯曼的苏丹。1578 年伊朗战争爆发前，巴格达省仍有颇多奇兹巴什支持者，总督报告说，这里有"无数的异端和异教徒"，奥斯曼遂下令清除这里的奇兹巴什。[104] 伊斯坦布尔政府害怕这个什叶派教徒聚集的地区会出现内奸。16 世纪后 50 年中，唯一一次严重的奇兹巴什叛乱发生在 1578 年，当时，一个自称是沙赫伊斯玛仪的男子出现在安纳托利亚东南部的土库曼人中间。[105]

在第一波"新形态"叛乱分子中，第一个引起奥斯曼当局注意的是"黑文书"阿卜杜勒哈利姆。他曾经是帝国的受薪军人，也做过桑贾克贝伊的随从。他的领导被解职后，他也丢了工作。之后，他加入反抗组织，且很快就变成领袖。此时，奥斯曼的军队主要在匈牙利，他的名字则与在安纳托利亚引发不安的一系列叛乱联系在一起，也使许多人决定搬到伊斯坦布尔去，无论是基督徒还是穆斯林。"黑文书"像苏丹般发号施令，任命官员，并令一名追随者当他的大维齐尔。他还像中央政府那样重组他的武装力量。和其他试图巩固自己地位的领袖一样，他宣称自己是沙赫的后裔，并且说先知穆罕默德进入过他的梦境，赐予他统治权。卡拉曼省总督于 1599 年受命消灭"黑文书"叛军，却加入了他们。伊斯坦布尔遂派出一支军队，由希南帕夏扎德·穆罕默德帕夏率领。他是已逝的大维齐尔、令人敬畏的"伟大的"希南帕夏的儿子。叛军躲进安纳托利亚东南部的乌尔法城（埃德萨）。在围攻乌尔法两个月后，希南帕夏扎德·穆罕默德与"黑文书"达成协议，停止围城，后者交出了他倒霉的盟友卡拉曼总督。总督被带回伊斯坦布尔，痛苦地死去。1600 年春天，希南帕夏扎德·穆罕默德追着"黑文书"横跨安纳托利亚，直到阿马西亚城。这位叛乱者似乎被奥斯曼人收买，成为阿马西亚桑贾克的桑贾克贝伊。[106]

"黑文书"很快又被调到乔鲁姆。1601 年，一支军队在索库鲁·穆罕默德帕夏的儿子索库鲁扎德·哈珊帕夏的率领下，于开塞利东南方的埃尔比斯坦打败了"黑文书"的军队，杰拉里叛乱者的士气受到沉重打击。"黑文书"不久后去世，叛军的领导权落入了他弟弟"疯子"哈珊的手中。1602 年春天，一支杰拉里叛军攻打安纳托利亚中北部的城镇，并将索库鲁扎德·哈珊围困在托卡特。威尼斯驻叙利亚领事温琴佐·丹多洛从阿勒颇发来报告，索库鲁扎德·哈珊的 500 万枚金币、行李车队和他的女眷落入杰拉里叛军手中，后来他连命也丢了。"疯子"哈珊和他的人马继续前进，围攻安卡拉城和其他城镇，东方诸省在杰拉里叛乱中受到的破坏最严重。然而，奥斯曼各阶层的臣民都支持他们，连克里米亚鞑靼可汗的兄弟也支持杰拉里叛乱，希望叛军能支持他赢得可汗的宝座。在走投无路的情况下，奥斯曼再次试图通过收买解决问题，政府赐予"疯子"哈珊"帕夏"的头衔，以及偏远的波斯尼亚总督的职务。[107]

如果奥斯曼政府回顾 14 世纪的历史，他们就会发现，任命叛军进入帝国的领导阶层，担任总督或军队统帅职务的政策，并不是消解他们的活力的完美方式。奥斯曼政府似乎已经忘记了失去王位的艾登埃米尔居内伊德，他被任命为多瑙河旁尼科堡的总督，在巴耶济德一世诸子争夺继承权的战争中扮演了积极的角色，并造成了巨大破坏。"疯子"哈珊果真让政府大失所望，他证明了自己完全不是个忠心的仆人。在奥斯曼与哈布斯堡交战的几个季节里，他被怀疑与敌人勾结，因而被判死刑。[108] 历史学家佩奇的易卜拉欣当时正在匈牙利前线，他严厉批判了"疯子"哈珊军队的行动，尤其是他们抗命不从的行为。在与匈牙利交战的后几年，奥斯曼命令他们构筑工事以便在战事中使用。他们的回话是："我们在安纳托利亚征战多年，从来没有挖过壕沟，也不建栅栏①，现在我们也不打算这么做。"[109]

把"疯子"哈珊送出安纳托利亚地区没有改变任何事情。奥斯曼无法调动足够兵力彻底解决杰拉里叛乱，因为与强大的外国敌对势力分别在相隔甚远的两条前线作战耗尽了帝国的所有战略创造力。如今的普遍动荡也干扰了商路的通行，军队的行军破坏了农业用地，纳税人因此缴不出税金，而这些税金又是地方骑兵装备自己和随从以备参与军事行动的基础。杰拉里叛乱在安纳托利亚造成的破坏迫使成千上万农民离开土地，这场大规模迁徙又被称为"大逃亡"。有钱人跑到了伊斯坦布尔，没那么富裕的人则逃到安纳托利亚相对安全的城池里。由于干旱从 1603 年起已影响到大部分安纳托利亚土地，冬天又是罕见的严寒，村子和农地被废弃。物价也随之飞涨。[110]

另一个地区也出现了反抗奥斯曼统治的军事行动。黑海北方大草原来的哥萨克人可以缠住正规军几个月，他们和杰拉里叛军一起烧杀掳掠。最开始这还只是局部活动，后来变得越来越使奥斯曼政府担忧。哥萨克人在 14 世纪第一次出现在历史记录中，是生活在中央政府控制力微弱的草原"真空地带"的流浪强盗或探险家。他们在那里可以追求一种与定居人口截然不同的生活：打鱼，狩猎，攻击那些来回穿梭于黑海和北方城市之间的商旅，或与克里米亚鞑靼人结伙在大草原上攻击或劫掠波兰立陶宛联邦和莫斯科大公国。

15 世纪末，奥斯曼统治了黑海北方沿岸，这个庞然巨兽与克里米亚鞑靼人的共生很快改变了草原上的政治形势，边境地区的波兰和乌克兰（"乌克兰"的意思是"边境之地"）的贵族几乎不承认中央政府，他们开始雇佣哥萨克战士，以保卫他们的土地不受克里米亚鞑靼人入侵。1538 年

---

① 即一排紧紧捆在一起的尖木桩，构成了一个防卫盾或防卫圈。

后，苏丹苏莱曼就率领军队成功击败了不顺从的附庸国摩尔达维亚，并将黑海北方从德涅斯特河到布格河的沿海地区划定为新省份。哥萨克人随后开始攻击据点、牧人和行旅，这使奥斯曼越来越担忧，因为数千俘虏、牲畜、武器与各种财物都被抢走，而苏丹的法令本应给这个地区带来安全保障。[111]

16 世纪 50 年代与 60 年代初，乌克兰贵族德米特罗·维什涅夫茨基领导着哥萨克人。他把他们组织起来攻打克里米亚鞑靼人，并且监督他们在第聂伯河急流下的一座小岛上建造了一座堡垒，它大约在距河口 375 公里处，成为他们在此地区的总部。建立这个行政中心是哥萨克人建立集体认同的第一步。维什涅夫茨基向莫斯科大公国提供服务，攻打摩尔达维亚和奥斯曼新成立的省。1556 年，他攻打了奥斯曼新省的要塞首府黑城，但是在大肆破坏这个堡垒和周边地区后就离开了。1563 年，他被俘虏，在被送到伊斯坦布尔后被处死。奥斯曼人认为这些入侵破坏了苏丹和波兰立陶宛联邦之间的正式和平状态。甚至 1569 年在波兰立陶宛联邦成立之前，在哥萨克人作为波兰守护者的地位逐渐正式化的时候，苏丹常常写信给哥萨克名义上的主人波兰国王，指责哥萨克人侵犯奥斯曼自己认定的势力范围。

哥萨克人逐渐扩大了他们蹂躏的范围，攻击活动不再局限于草原地区。奥斯曼人一直将黑海以及沿岸地区看作"我们的海"，这里处于近乎绝对安全的状态，但这种安全在 16 世纪末的最后 20 多年里遭到第聂伯河区域的哥萨克人的粗暴破坏，他们乘着灵活度高的长船攻击鲁米利亚沿岸的定居点，直到博斯普鲁斯海峡口。1614 年，他们出现在安纳托利亚北部沿岸，侵入锡诺普港，所有人都说他们在这里大肆破坏。当时的知识分子卡蒂卜切莱比写道：

> 在逃离伊斯兰土地的叛徒的指引下，(哥萨克人)来到安纳托利亚海岸的锡诺普堡，冲进了这座老堡垒，造成了严重破坏……他们带走了掠夺来的财物和家庭，再度回到海上。[112]

对这些鬼鬼祟祟、来无踪去无影的敌人，奥斯曼一点办法都没有。

*　　　*　　　*

1603年苏丹艾哈迈德一世在他父亲穆罕默德三世过世后登上苏丹之位。两年后，负责镇压杰拉里叛乱的纳苏赫帕夏使他相信，只有苏丹亲率帝国军队出征才能够使叛党放弃挣扎——毕竟，他的父亲就曾在1596年参加了在匈牙利的迈泽凯赖斯泰什战役，使奥斯曼大获全胜。但是艾哈迈德的参战岁月几乎才一开始就结束了。当他在1605年11月抵达布尔萨时，他因为喝了从乌鲁达山流下来的水生病了。当时的英国大使亨利·莱洛这样记载道：

> ……皇帝自己跑进他不熟悉的区域，喝了从雪山上流下来的水，伤了胃病倒了。他只希望赶快回家，实在没有意愿再往前走。[113]

一份威尼斯的报告也记载了年轻苏丹的敏感：

> 艾哈迈德在自己的花园比在安纳托利亚开心，因为安纳托利亚狼群潜行，人们吃草维生，在饥荒时甚至吃已经发臭的死去的马和骆驼的肉，在路边向路过的人们乞讨。[114]

苏丹的糟糕经历让他倾向于和解而不是对抗，他允许一些最出名的杰拉里领袖和他们的追随者加入奥斯曼的军队（此时他们就驻扎在布尔萨附近）。[115]但是，第二年，匈牙利的战事结束后，奥斯曼政府终于可以把注意力从帝国西方边界转移过来，集中所有精力解决东方的问题，即安纳托利亚的叛乱与伊朗持续不断的战事。

另一位知名的杰拉里领袖是卡兰德尔奥卢·穆罕默德。1605年，他在安纳托利亚发动了第一次重要反叛活动。1607年，大维齐尔"掘井人"穆拉德帕夏率大军穿越安纳托利亚，镇压叙利亚的詹布拉特奥卢·阿里帕夏，他许诺让卡兰德尔奥卢担任安卡拉桑贾克的总督，卡兰德尔奥卢欣然同意，但是安卡拉城却大门紧闭，不许他进入。他围攻城池两周仍未能拿下安卡拉，这让他十分沮丧，所以他再度向西进军攻打布尔萨，攻下了除了城内堡垒之外的全部区域。"掘井人"穆拉德大败詹布拉特奥卢·阿里的消息并未能平息伊斯坦布尔的恐慌，因为城里的人预计卡兰德尔奥卢很快就要来到伊斯坦布尔城下了。[116] 亚美尼亚教士凯马赫的格里戈尔认真地观察了当时的事件，他写道，伊斯坦布尔的人担心神不知鬼不觉混入城中的杰拉里叛军会放火烧城。苏丹下令拘留所有行迹可疑的人，若是没有人为其担保，就逮捕他们。[117] 他们到处招募人手以抵御杰拉里叛军——他甚至开始招募伊斯坦布尔的市民，但当时的法国大使萨里尼亚克先生认为，他们"还没有开始战斗就会被吓死了"。[118]

在布尔萨西边停留了一段时间后，卡兰德尔奥卢率领他的人马向南行进到安纳托利亚中西部，1608 年夏天，又向东继续他们的抢劫活动。在"掘井人"穆拉德帕夏大败詹布拉特奥卢·阿里后，由阿勒颇返回伊斯坦布尔的路上，他们再次试图用政府职位收买杰拉里领袖，对方却置之不理。所以，"掘井人"穆拉德希望能够让他的军队和一支从伊斯坦布尔派出的军队夹击杰拉里叛军。虽有严重的补给困难，但"掘井人"穆拉德有丰富的军事指挥技巧与经验，仍能获得军队的忠诚，这使他在 1608 年 8 月 5 日在托罗斯山脉深处的一个山口将卡兰德尔奥卢打得丢盔弃甲。[119]

卡兰德尔奥卢的军队在政府军的追击下向东北方逃窜。到了锡瓦斯东北方的谢宾卡拉希萨尔附近时，叛军看来即将被击溃。但他们成功逃脱了，并在巴伊布尔特东部与追击者进行了一场战役。卡兰德尔奥卢率领的杰拉里残余部队大约还有 1 万名"步枪兵与全副武装的骑士"，以及他们的仆人和马夫，他们终于在 1608 年晚秋抵达伊朗境内的安全之地。虽然萨法维在开始接待这群狂暴亡命之徒时难免心存焦虑，事后证明这全属多虑。萨法维宫廷的首席秘书之一伊斯坎德尔·蒙希目睹了沙赫的特使迎接他们，以及 500 名杰拉里叛军进入首都伊斯法罕的情景。根据他的记载，不管走到哪里，萨法维人总是用盛宴和庆祝活动迎接他们，[120] 借此羞辱奥斯曼苏丹。

伊朗和奥斯曼仍处于战争状态，但在 1609 年春天，双方签订了和约——哪怕藏身在伊朗的卡兰德尔奥卢和其他杰拉里叛军损害了苏丹和沙赫的关系。奥斯曼决心铲除安纳托利亚所有残存的叛党，在 1609 年的军事行动季节里，"掘井人"穆拉德帕夏没有对伊朗发动大规模攻击，而是指派麾下将领攻打杰拉里叛军，安纳托利亚境内最后的杰拉里领袖被杀。卡兰德尔奥卢则死于 1610 年 5 月，跟随他到伊朗的人也回到安纳托利亚，受到纳苏赫帕夏的保护——现在他已经是迪亚巴克尔的总督，他把这些战场经验丰富的战士编为一支精英步枪队。[121]

"掘井人"穆拉德帕夏获得了最近几年奥斯曼最大的一场胜利。回到伊斯坦布尔时，他受到英雄式的欢迎。为了安全，许多人逃离家园躲进首都，还有人进而跑到色雷斯，这些人都被要求在 3 个月内回到家园。为了安抚他的基督徒子民，苏丹下令修复被杰拉里叛党破坏的教堂和修道院，并减免 3 年税捐。凯马赫的格里戈尔的家乡在安纳托利亚中北部，他也受到返乡命令的影响。他如此形容危险的归乡旅途，以及他们面临的不确定的未来：

> ……我们像一群没有牧羊人照料的羊群一样上路了……我们这群共有 7000 多人，既有亚美尼亚人，也有土耳其人。一路上，我们缺乏足够的食物和牲口的饲料……我们安然到达托斯亚，但是鉴于附近有杰拉里叛军出没，我们被迫扎营。（一名杰拉里头目）带领许多士兵在哈齐－哈姆扎平原上扎营，所有的城市和堡垒都大门紧闭。稍后，我们全数迅速撤离，妇女、小孩和行动不便的男人走较高处的一条路，其余的人带着弓与箭顺着大路前进。杰拉里叛军看到我们人数众多有点害怕，躲进了帐篷里，有些人还在帐篷门口跟我们打招呼。我们平安地到达梅尔济丰，最终到了尼克萨尔。[122]

奥斯曼此时的资源已经紧张到了极限。1603 年伊朗战事重起给它造成了严重破坏，尤其是奥斯曼已经没有多余的人力来守卫最近占领的东方土地。沙赫阿巴斯能够利用奥斯曼的过度扩张，是因为他改革了自己的军队，招募了一支只听令于自己的精英部队，这实质上是一个军奴阶级制度，类似奥斯曼的制度。他的目的在于减少从部落招募来的士兵，降低对他们飘忽不定的忠诚的依赖，他们在一个世纪前曾支持萨法维王朝崛起，但也要为阿巴斯即位后的许多混乱负责。[123] 跟之前的沙赫伊斯玛仪相似，在太平岁月里，阿巴斯仍然致力于寻求西方外交和财政上的支持，但他的努力皆以失败告终。[124] 边界的一连串事件重新引发了敌对行动。1603年9月，沙赫阿巴斯亲自领军由伊斯法罕出发，在12天内到达大不里士。他发现城池内已经没有奥斯曼守卫部队。萨法维军队在夺回大不里士后，接着重新占领了纳希切万，并在长达6个月的围城后占领埃里温。

在这段时间，奥斯曼虽然在西方边境受到巨大的压力，但是伊斯坦布尔政府非常明白，他们不能让东方边境省份的军队单独攻打沙赫阿巴斯。1604年，维齐尔吉贾拉扎德·希南帕夏受命率领一支军队从伊斯坦布尔出发。他发现前线地区人口减少，粮草缺乏，这是因为敌人再度使用了曾阻碍奥斯曼进军的焦土战术。沙赫重现了他先祖的战术，始终走在追兵前方不远处。吉贾拉扎德·希南和部队正在迪亚巴克尔和凡城过冬，他们受到萨法维攻击，只好撤退到埃尔祖鲁姆。1605年5月，两军在大不里士交战。奥斯曼军突然一反常态，逃离战场，留下大部分的装备和粮草。[125]

接下来的几年中，奥斯曼专注于在安纳托利亚解决国内问题，萨法维王朝将奥斯曼守军赶出了他们在高加索和阿塞拜疆的堡垒。奥斯曼尚未增强防卫力，战斗就已经结束了。1610年，大维齐尔"掘井人"穆拉德帕夏率军出发攻打沙赫阿巴斯，但并未在战场上与其交手，于1611年8月死在迪亚巴克尔。第二年，双方进行了停战谈判，奥斯曼和萨法维的国界线回到1555年《阿马西亚和约》规定的状态，奥斯曼因此失去了所有在1578至1590年间获得的土地。[126]

然而在和约正式签署前，两名格鲁吉亚王子到奥斯曼寻求庇护。这引来了沙赫阿巴斯的攻击，而奥斯曼则认为阿巴斯的攻击违反了停战协定。沙赫更是将奥斯曼的特使扣留在他的宫廷。[127] 赞成与伊朗和解的纳苏赫帕夏于1614年被处决，更加具有侵略性的"公牛"穆罕默德帕夏取代他成为大维齐尔（他和苏丹艾哈迈德的女儿订婚了）。他的就职是政策改变的前兆。1616 年 8 月，他亲率大军抵达埃里温堡垒。不过，他的围城行动以失败告终，他自己也被撤职。在连续不断的小型战斗后，奥斯曼军队于 1618 年 9 月 10 日在大不里士附近落入埋伏。根据沙赫阿巴斯的秘书伊斯坎德尔·蒙希的记载，他们总共损失了 1.5 万名战士。[128] 战争结束了 —— 至少是暂时结束了。纳苏赫帕夏之前孜孜不倦追求多年的和平终于得以实现。

*　　*　　*

　　这些年 —— 以及接下来的几年对奥斯曼帝国而言真是多事之秋。当时的作家的文字也都反映出他们因为看到危机而产生的焦虑，而且这种焦虑似乎都难以化解。他们预测，过去 3 个世纪以来建立的基业即将崩溃。盖利博卢的穆斯塔法·阿里就是其中之一，他对伊斯兰教历千禧年之后奥斯曼政体所发生的变化进行了详细分析。他列出当时存在的 4 个主要伊斯兰国家，即奥斯曼、萨法维、莫卧儿和乌兹别克这 4 个区域性帝国，它们都是 13 世纪蒙古人入侵之后逐渐形成，并且源自突厥和草原游牧民族。他认为，莫卧儿人自称是帖木儿的后裔，乌兹别克人说他们是成吉思汗的后裔，奥斯曼不像这两个国家，它缺少基于祖先的合法性。它也不像萨法维那样，拥有可以追溯到先知穆罕默德的宗教意识形态。他注意到，奥斯曼早期的合法性来自他们是中亚乌古斯部落的后裔，或是塞尔柱帝国的继承人，又或是唯一真正的伊斯兰战士，但这些理由都不够充分。他认为，带给奥斯曼无可置疑的合法性的第一个也是最重要的依据，是一个强大的中央政府下符合普世正义的帝国秩序，然而，从塞利姆二世时期起，甚至从苏莱曼允许他的宠臣干涉帝国事务起，这种切实的秩序就被破坏了。[129]

　　伊斯兰教历千禧年不仅催生了许多悲观的分析，也让人们产生了对有序世界的渴望。在奥斯曼知识分子的想象中，这种有序世界曾经存在过。事实上，苏莱曼曾成功使人们相信奥斯曼拥有一个公正的政体，如今，这种幻觉却给奥斯曼政府带来重重困难。得以开疆辟土的胜利现在越来越不容易获得，而苏丹也不再积极参与政府事务。有些人不择手段地想从权贵手中分得一些奖赏，这一定让那些在旧秩序中长大的人深感惊讶。然而，这些乱象也并不是只为奥斯曼帝国独有。在 1598 年菲利普二世去世后，西班牙的宠臣政府成为人们批评的对象；1610 年亨利四世去世后，法国也面临同样的问题。当时一部专著的作家指责菲利普二世的儿子菲利普三世，认为一名真正的国王"不应该满足于单纯拥有无上的权力……而饱食终日，享乐纵欲，他应该成为政府、会议与所有国家部门的领导"。[130]

领导帝国不断扩张的战士苏丹形象越来越难维持。穆罕默德三世是最后一位在还是王子的时候，为即位做准备，治理过行省的苏丹。奥斯曼如今卷入的战场都远离伊斯坦布尔，苏丹若是要亲率大军征战，一去就要几个月，甚至几年。由于漫长的围城战取代短暂的阵地战成为帝国军事行动的典型方式，胜负变得越来越难预测。如果战争失败的责任被推给一位不重要的国家官员，而不是苏丹，它给帝国威望带来的打击就能更轻易消解。与此同时，有些大维齐尔也急于避免成为军事失败的替罪羊，在领军打仗时都小心翼翼，生怕出了差错丢了差事。因此，率领帝国军队出征的重责逐渐被交给低阶维齐尔，或是政府任命指挥官领导特定的一场战役。[131] 刚开始，一些人仍认定苏丹的首要也是最重要的角色就是战士，这种破坏过去惯例的行为是非常危险的。但是到了 17 世纪初，对苏丹角色的看法已经更适应新的现实，人们认为苏丹留在首都才是明智之举。[132]

不过，并非所有的评论家都能与时俱进。有些人只看到苏丹角色改变的不良后果，遂认定苏丹已然变成一位边缘人物。[133] 奥斯曼文人写就的建议被称为《君主之鉴》，有着悠久的历史传统，可以追溯至 14 世纪末。这些建议里面分门别类记载了帝国遭遇过的灾难，也写下了他们祈求的福祉，这些内容几乎没怎么变过。他们希望拥有一位强大公正的苏丹；希望苏丹的领薪水的常备骑兵和步兵能与地方骑兵保持平衡；祈求生产阶层生活得和平安定，让他们有能力纳税，以支付帝国顺利运作之所需；祈求能够维持 16 世纪苏丹所立法律中的社会结构。[134] 但是最近一再发生的事件清楚显示，人们已经严重违背了这些理想规范 —— 如果说他们曾接近这些规范的话。人们认为苏丹已经不再掌管国事。在世纪交替时的战争中，对人力的需求迫使政府开始征募生产阶层的人——实际上，是任何"拥有一匹马并能武装自己的人"[135]。这些人进入了苏丹的精英部队，而这支部队的人员原本几乎都是通过少年征召制度征募的。作为火枪兵的民兵已成为现代化军队的骨干，支付他们薪水给预算带来的压力已经掏空了帝国的国库。各种《君主之鉴》长篇累牍地详述为什么需要防止未经"授权"的外人挤进免税阶层，也列举了没有资格服务苏丹的人，即土耳其裔穆斯林、游牧民族、亚美尼亚人、犹太人、库尔德人、吉卜赛人和黑海地区的民族。[136]这些小册子的编撰者难以接受他们理想但虚幻的国度竟然与新的现实之间存在无法逾越的鸿沟，即他们哀悼的明显分层的传统制度已经终结——如果说它曾存在过的话。

伊斯坦布尔建造天文台的事显示，在这个时代，即便个人大权在握，也可能是黄粱一梦瞬间成空。索库鲁·穆罕默德帕夏是位富于进取心且善于说服人的大维齐尔。他在任内曾经大胆提出开凿衔接顿河与伏尔加河的运河，以及红海运河。在1574年，他说服刚继承宝座的新任苏丹穆拉德三世，让他下令在与伊斯坦布尔隔金角湾相望的加拉塔建造一座天文台。这座天文台不仅能促进对宇宙科学（天文学）的研究，也能提升占星术的精准度，有助于为苏丹的各项工作预测吉时。但是索库鲁·穆罕默德在1579年10月遇刺身亡。1580年1月，这座天文台就被拆除了，因为当时的教长艾卜苏乌德埃芬迪的儿子艾哈迈德·舍姆塞丁埃芬迪告诉穆拉德，观测星空会带来厄运，过去几年降临奥斯曼帝国灾难可以证明这一点。[137]

伊斯坦布尔天文台的命运也显示，在大维齐尔的权威被削弱后，教长成了权威增长的官员之一。由于宗教阶层失去了他们与世俗事务之间的距离，教长和他的咨询顾问变成了政治圈里神职人员利益的代表。他们在公开场合毫不退缩地争取赞助，这让像盖利博卢的穆斯塔法·阿里这样的传统人士非常忧虑。他为过去的时光感到惋惜，在他看来，那时宗教阶层高于政治，是公正无私的道德权威。[138]在艾哈迈德一世统治时期，教长的教谕成为法律的来源，尤其在土地相关的事宜上，大家开始依赖他的决议，而这过去是御前大臣的职权。[139]当时的数据显示，在1550年至1650

年之间，担任宗教阶层最高阶的三个职务的人里，几乎有一半都来自 11 个家族。穆罕默德三世的前任导师萨德丁埃芬迪在 1596 年迈泽凯赖斯泰什战役时就在胆小的苏丹身边，后来又当上了教长，他的家族势力仅次于奥斯曼皇室。[140]

进入伊斯兰教历新的千年，也是新的世纪后，奥斯曼的国教亦变得更道德严苛，甚至更教条化。天文台的事件只不过是宗教趋向僵化的一个信号。当时还出现了其他的信号：奥斯曼制定了法律，对基督徒和犹太人的穿着进行限制，并禁止饮酒——虽然这个规定只执行了很短一段时间。[141] 虽然伊斯兰教越来越不能容忍自由主义，也准备惩罚那些在表达伊斯兰信仰时越过了可接受的界限的人，但是奥斯曼帝国仍然容忍非穆斯林少数族裔，只要他们缴纳人头税，法律就维护他们隔离（但不平等）的状态。犹太人以善于经商闻名，许多都是成功的包税商。16 世纪大部分时间里，他们都与奥斯曼皇室保持良好关系，成为苏丹的医生或是外交官。犹太银行家约瑟夫·纳西就是苏莱曼和塞利姆二世的顾问。在 16 世纪 80 年代的财政危机后，社会和经济动荡接踵而来，这些卓越的犹太人的地位也随之改变。例如，他们累积的大量财富招人嫉妒，奥斯曼开始向他们征收额外的税捐，哪怕这破坏了他们之前享有的免税权利。穆罕默德三世的母亲萨菲耶苏丹的侍女埃斯佩兰萨·马尔齐在 1600 年被皇宫骑兵谋害，他们认为她应为 16 世纪 80 年代中期操纵货币的事件负责，她的犹太人身份可能更加重了他们的愤怒，他们还指控她干扰税金征收工作。穆罕默德的反应是立即进一步限制犹太人的传统权利，以讨好皇家骑兵。不过两年后，他又把这些限制取消了。[142]

穆拉德三世执政时，他依照惯例继续依赖犹太亲信。他的犹太亲信是拉古萨商人大卫·帕西，这个人曾担任过约瑟夫·纳西的翻译。帕西在 16 世纪 80 年代中期就已进入宫廷。他在财政事务上提供建议，也参与国内及外交事务的政策制定。但是后一项职责使他走向毁灭，他变成 5 次担任大维齐尔的"伟大的"希南帕夏的眼中钉，因为对谁是奥斯曼帝国的敌人一事，两人意见相左。"伟大的"希南遂对帕西进行了猛烈的人身攻击。他不仅上书苏丹，编织帕西的莫须有罪名，并且疾声谴责所有的犹太人，宣称他们不适合在伊斯兰国家中担任有影响力的职务。他把眼前遭遇的经济困境的责任全推到帕西头上，处心积虑想让苏丹处死他。1591 年，穆拉德下令将帕西放逐到罗得岛。那里已经变成公认的勉强躲过一死的人被放逐的地方。[143]

世纪交替之时，伊斯坦布尔最热闹的犹太人社区之一被遣散了，以腾出位置为皇太后萨菲耶苏丹建造清真寺。这个区域位于金角湾边的港口设施和山丘上的市集之间，是伊斯坦布尔城的商业中心，吕斯泰姆帕夏也在此处建造了自己的清真寺和商店。一座犹太会堂和许多犹太人房舍都被强制收购，为建造萨菲耶苏丹清真寺提供土地。这是一件充满争议的事，而且因为工程本身造价高昂而广受批评。[144] 1598 年 8 月 20 日，人们开始修建清真寺，[145] 如果当时工程能够继续下去，这将是伊斯坦布尔城墙内第一座为皇太后建造的清真寺。但是因为穆拉德三世在 1603 年过世，接着萨菲耶苏丹于 1605 年逝世，人们停止了施工。①

在这些年里，帝国的东正教臣民同样也受到打压。1587 年，他们失去了伊斯坦布尔的帕玛卡里思托斯教堂，那是奥斯曼征服之后普世牧首的座堂。为了庆祝奥斯曼在高加索大胜伊朗，教堂改为"胜利清真寺"（即费特希耶清真寺），普世牧首的座堂搬到了金角湾芬内尔区的圣乔治教堂（今天仍是普世牧首的座堂）。[146] 有些总督也想按照这个模式将教堂转变成清真寺，不过被禁止了。[147] "伟大的"希南帕夏建立了许多为穆斯林社群利益服务的机构，他在 1590 至 1591 年之间，即伊斯兰教历 999 年，为建立一个慈善基金会提供了所需的物资和金钱，并且将萨洛尼卡的圣乔治圆顶教堂改为清真寺。教堂之前的马赛克镶嵌画在 1591 年还没有被遮盖掉。当时，威尼斯特使洛伦佐·贝尔纳多途经该地时还能看到。[148]

在穆拉德三世时，苏丹的图书馆里还保有 100 多份希腊语手抄本，游客在伊斯坦布尔也能轻易买到希腊语手抄本，例如在 16 世纪中期来到这里的费迪南一世的大使奥吉尔·吉斯兰·德·比斯贝克男爵就曾买到过。希腊学者约翰·马拉克索斯在家乡纳夫普利奥于 1540 年被奥斯曼征服后

---

①　如今我们看到的清真寺在 1665 年建造完成，依然俯瞰着艾米诺努广场，只是名字变成了"新清真寺"或"皇太后清真寺"。

迁居至伊斯坦布尔，在塞利姆二世执政时整理编撰了 8 个私人图书馆的图书目录，找到 555 份希腊语手抄本。虽然无人知晓它们后来流落何方，至少我们清楚知道奥斯曼对拜占庭传统的兴趣在 16 世纪的最后几年走向终结。[149]

在君士坦丁堡被征服后，人们仍然能在阿亚索非亚清真寺中央礼拜大厅看到马赛克镶嵌的圣经人物。但艾哈迈德一世对阿亚索非亚清真寺进行了大规模整修，其中多处马赛克被他遮盖掉了，取舍的依据是《古兰经》。例如，圆顶上的全能耶稣像描绘的是作为神的耶稣，在伊斯兰的观点中，这是不能被接受的，但是圣母玛利亚（麦尔彦）在伊斯兰的教义里是位值得尊敬的人物，所以教堂东端半圆顶上的《圣母与圣子》就被保留了下来。[150] 这个除旧布新的冲动显示，这位新苏丹正在寻找新时代自己最适合扮演的新角色。

塞利姆二世、穆拉德三世和穆罕默德三世都未曾在伊斯坦布尔建造过帝国清真寺。塞利姆在埃迪尔内建造了一座清真寺，穆拉德在还是王子总督时在马尼萨建造过一座，穆罕默德则根本没有建过清真寺。这三位苏丹都葬在阿亚索非亚清真寺周边花园里的陵墓中。艾哈迈德一世或许没有他父亲统领大军的能力，但是他依循战功彪炳先祖的前例，在伊斯坦布尔建造了一座纪念清真寺。他是 18 世纪中期以前最后一位在伊斯坦布尔建造清真寺的苏丹。工程于 1609 年开始。有人反对建造这座清真寺，指责这破坏了传统，因为只有在征战胜利后才能建造帝国清真寺。[151] 过去也有人用类似理由反对建造其他清真寺。盖利博卢的穆斯塔法·阿里认为，如此奢侈浪费有违教义。[152] 在国内外战争不断的时代，帝国面临严重的财政困难，如此大兴土木必然引发激烈的反对。

苏丹艾哈迈德清真寺开始建造的那天是个重要日子。1606 年与哈布斯堡签署的《维也纳条约》让奥斯曼人损失了颜面，与萨法维持续不断的战争让奥斯曼丧失了大片领土，奥斯曼人还没从这些伤痛中缓过来，但是大维齐尔"掘井人"穆拉德帕夏刚刚成功镇压了杰拉里叛乱。在老派人士眼中，虽然这根本算不上胜利的征服活动，但它是那段时间奥斯曼唯一的军事胜利，建造苏丹艾哈迈德清真寺就是为了庆祝这次胜利。这座庞大的清真寺建成于苏丹艾哈迈德一世去世的 1617 年，因为其内部瓷砖的主色调被人们称为"蓝色清真寺"。它矗立在竞技场南端的醒目位置上。索库鲁·穆罕默德帕夏的宅邸原来就建在这里拜占庭宫殿的废墟上，在苏莱曼曾经宠信的易卜拉欣帕夏的宅邸对面。为了给建造清真寺提供地方，这座宅邸也被拆除了。

　　艾哈迈德选择这块宝地建造自己的纪念清真寺并不是他模仿苏莱曼苏丹的唯一方式。当时的奥斯曼人和外国人都曾记载他对他的高祖父功绩的执迷。他像苏莱曼一样也颁布了一套自己制定的法典；在多尔玛巴赫切建造了一座花园，而苏莱曼也曾经在那里建造过花园；他下令修订以前苏莱曼编撰的文学作品；他还像苏莱曼那样，骑着一匹戴满珠宝、盛装打扮的骏马穿过伊斯坦布尔。[153] 然而，虽然年轻的苏丹处处模仿着他功绩显赫的先祖，却丝毫不能改变时代的现实，当时的作者在文学和艺术作品中开始用新的主题和风格描绘皇室成员。16 世纪中期，以赞美苏丹军事胜利为主题的颂扬作品，变成了通过宫廷生活与帝国生活的各种事件描绘守成苏丹生活的叙事作品。作者们开始根据"资料"写作，这些资料既有他们自己或旁人的亲身经历，也有正在不断成长的官僚机构发布的真实文件。他们写就的历史关注的是整个帝国，而非仅仅是他们生活其中的那个时代，他们日复一日详实记录下帝国治理的细节，着重记录人员任免与政治事件。艾哈迈德继位之后，曾经负责赞美苏丹的史官成了尴尬的无关紧要的职务，因此被取消了。[154]

　　塞利姆二世对历史手抄本毫无兴趣。与此相反，他儿子穆拉德三世倒是位极富热忱的书籍艺术的支持者，一些最精美的奥斯曼手抄本就是在他统治期间制作出来的。这些手抄本中既有传统的细密画，也有穆拉德和他的先祖们的精致画像——他是第一位下令在历史文件中绘制一系列苏丹肖像的苏丹。这一系列画像在 1579 年索库鲁·穆罕默德帕夏被刺杀之前完成，是根据大维齐尔委托威尼斯的画师绘制的肖像画制作的，原作可能来自保罗·委罗内塞的工作室。与此同时，坐在宝座上的苏丹已经取代了骑在马背上的苏丹，成为苏丹最常见的形象。这种形象的转换也反映了当时的现实。[155]

不过从艾哈迈德一世编制的苏丹肖像集里我们仍能看出，开疆辟土的野心并未消失。这本画集给"红苹果"这个意象赋予了"征服世界"的新内涵。之前，它曾先后代表过君士坦丁堡、罗马、布达和维也纳。[156] 在艾哈迈德去世几个月后，他的儿子继承苏丹之位，成为奥斯曼二世。他率军攻打波兰立陶宛联邦，据说他身上穿着的就是苏丹苏莱曼使用过的盔甲，[157] 仿佛这个护身符可以庇佑他多灾多难的帝国重现往日的光辉与荣耀。

7

派系当权

奥斯曼的政治与行政体制是建立在奥斯曼不断扩张的意识形态之上的，但是随着 16 世纪奥斯曼扩张速度的减慢，它开始无法适应此时出现的各种困难。当苏丹们不再统帅军队御驾亲征，王子们也不再学习带兵打仗。我们如今已经难以推断，过去通过让王子管理一个行省学习如何治理国家的传统是作为一个政策被废止的，还是仅仅因为穆拉德三世去世时，穆罕默德三世的 19 个弟弟都还没到能当总督的年纪。穆拉德三世和穆罕默德三世通过杀死所有兄弟除掉了所有可能争夺王位的对手，但这种做法已经变得不得人心，统治者寻找到了其他的解决方案：从穆罕默德三世统治时期开始，年轻的王子们已不再被授予任何公开职衔，而是被限制在托普卡帕宫的后宫之内。① 这些王子的津贴并不比他们未婚的姑姑多，这也反映了他们被降低的地位。1

这种让王子隔离居住的做法没能避免历史上屡见不鲜的苏丹驾崩权力转移时的纷扰。以前，皇室中有继承权的王子总是亲自公开表态将争夺苏丹之王位，如今，他们不过是统治圈内各政治派系手中任人摆布的棋子而已。由于王子们缺少在帝国政治与军事生涯里的历练与熏陶，所以肆无忌惮的斗争都是在这些派系间发生的。苏丹们登基初期不知所措的头几年也让身边那些好争好辩的谋臣有了充分的自由。

1617 年，艾哈迈德一世逝世，年仅 27 岁。根据当时的学者卡蒂卜切

---

① 在西方作家的想象中，这些王子是真的被关在笼子里，但是在土耳其语中，类似的字眼后来才出现。

莱比的记述，政治领袖一致认为艾哈迈德一世众多儿子都太年幼，实在不宜继承苏丹之位，因此，王位传给了艾哈迈德一世 26 岁的弟弟穆斯塔法。[2] 事实上，艾哈迈德一世的长子奥斯曼那时已经 14 岁，而当年艾哈迈德一世继位时连 14 岁都不到。奥斯曼对他祖父和曾祖父那个时代发生的大规模兄弟谋杀往事记忆犹新，而且，奥斯曼侥幸存活下来了。艾哈迈德一世最宠爱的妃嫔玛赫佩克尔是个希腊人，被人们称为柯塞姆苏丹，她可能是让他难以登上宝座的关键因素：虽然奥斯曼与她的关系亲密，但是他却是艾哈迈德一世的另一个妃嫔玛赫菲鲁兹所生，而且柯塞姆和苏丹苏莱曼的妻子许蕾姆苏丹一样，都有自己亲生的儿子，自然也希望自己的儿子能够登上苏丹之位。[3] 穆斯塔法的登基，算是为奥斯曼帝国延续 3 个世纪之久的父子相传的王位继承传统画下了休止符。

　　穆斯塔法继承王位的幕后推手似乎是教长埃萨德埃芬迪。苏丹艾哈迈德一世去世时，他是首都地位最高的大臣。[4] 但事实证明，埃萨德埃芬迪当时的选择并不明智，因为穆斯塔法不受人民爱戴，在他短暂的统治时期一开始就被认定是一个头脑迟钝的人 —— 根据当时的历史学家佩奇的易卜拉欣的记述，苏丹穆斯塔法在他的口袋里装了金币和银币，再把这些金币银币扔出他所搭乘的船外，或是随兴把它们分给他刚巧碰到的穷人，而这被认定是极不适当的行为。[5] 穆斯塔法仅仅做了 3 个月的苏丹，就被黑人大太监穆斯塔法阿迦所策划的政变给推翻了：某天，帝国会议正讨论薪水分配事宜，他将苏丹穆斯塔法反锁在自己的房间，再将穆斯塔法的侄儿奥斯曼推上了苏丹之位。[6] 穆斯塔法一世成为奥斯曼王朝第一个被宫廷政变废黜，而不是被王室成员政变推翻的苏丹。在奥斯曼统治时期，他像即位之前一样，再次被软禁在后宫中。

　　由于苏丹奥斯曼二世曾丢脸地丧失了继承权，他更致力于重新夺回主动权，并重建苏丹统治的威信。苏丹奥斯曼二世一上任就解除大维齐尔凯什利耶里·哈利勒帕夏的职务，因为在苏丹穆斯塔法统治的那几个月里，他一直在东部前线作战，却败给了萨法维王朝。另外，奥斯曼也解除了第二维齐尔"虔诚的"穆罕默德帕夏的职位，并限制了教长埃萨德埃芬迪的职权，因为他们把穆斯塔法推上宝座。宗教阶层中的任命权之前是教长的特权，现在被赐给奥斯曼的导师奥马尔埃芬迪，他还跟年轻的苏丹保持密切的关系。黑人大太监穆斯塔法阿迦虽然在政变中幸存，但不过没多久，他就在1619年底被奥斯曼新任命的大维齐尔"美男子"阿里帕夏流放到埃及——在那个时代，这是被解职的黑人大太监的宿命。"美男子"阿里帕夏曾是海军元帅，他对苏丹的影响力远大于穆斯塔法阿迦。奥马尔埃芬迪此时也与苏丹日渐疏远，后来被贬谪到麦加，一直到"美男子"阿里帕夏于1621年3月死后才得以返回。[7]

* * *

1618年，一场波及全欧的战争爆发，后来被称为"三十年战争"。奥斯曼人被当时特兰西瓦尼亚的新教总督加拜特伦·加博尔说服，在一开始加入了这场战争，承担起匈牙利人保护者的角色，对抗天主教的哈布斯堡王朝。但是1620年11月8日，波希米亚国王腓特烈五世率领的新教徒军队却在布拉格外的白山战役中被击败。同一年早些时候，一支军队从波兰统治下的乌克兰攻入摩尔达维亚，支持被奥斯曼罢免的一位总督——这是入侵奥斯曼帝国的附庸国领土的行为。虽然这次冲突的结局是入侵者被击败，但是第二年春天，苏丹奥斯曼仍然下令帝国军队全面动员[8]——攻击波兰立陶宛联邦，将为从另一个方向攻击天主教势力提供机会。有些当时的评论家将1621年爆发战争的原因归咎于哥萨克人不断跨过黑海四处骚扰劫掠。[9]奥斯曼和波兰立陶宛联邦关系的指导原则是双方各自控制好自己不守规矩的草原附庸国。奥斯曼的附庸克里米亚鞑靼人和波兰的附庸乌克兰的哥萨克人①都是各自所属宗主国的一支重要的辅助军事力量，但是他们的宗主国并不能有效阻止他们肆无忌惮地四处劫掠。

自从1596年穆罕默德三世勉强亲自领军参加迈泽凯赖斯泰什战役后，再也没有苏丹亲自率军出征过。奥斯曼抓住了这个机会来证明，苏丹仍然是战士苏丹。为了防止他出征时伊斯坦布尔出现权力真空，奥斯曼在出发

---

① 他们是一个重要的武装团体，在斯拉夫语档案中被称为"扎波罗热的哥萨克人"或"急流对岸的哥萨克人"，奥斯曼人则称之为"第聂伯河的哥萨克人"。

前采取预防措施，谋杀了年纪最大的弟弟穆罕默德。为了报复奥斯曼二世对他的轻慢，教长埃萨德埃芬迪拒绝找出有利的法律解释让谋杀变得合法。由于奥斯曼没有办法让帝国最高的法律权威按他的意愿行事，他找到了宗教界第二权威为其提供支持。[10] 此时，他的叔叔穆斯塔法一世仍然活着，他的几个弟弟也受到他们的母亲柯塞姆苏丹的保护。

奥斯曼二世于 1621 年 5 月出发，那是奥斯曼出征的传统时节。但是有两件事困扰着他：第一是军队缺乏战斗的热忱，第二是持续的恶劣天气。前一年冬天，博斯普鲁斯海峡都结冰了，伊斯坦布尔的人已经能够直接从结冰的海面跨越金角湾。[11] 奥斯曼的军队行军北上，在利用船架的浮桥跨过多瑙河前往伊萨克恰时，损耗了大量驮畜和装备。哥萨克人已经加入了波兰立陶宛联邦这一方，事实上，他们提供了至少一半的人马。[12] 凯什利耶里·哈利勒帕夏已经当上海军元帅，他留下来守卫浮桥，以防哥萨克人突如其来的袭击跟破坏。[13] 奥斯曼二世率领主力部队来到德涅斯特河上游的霍京堡垒，这里之前曾属于摩尔达维亚，直到几年之前才被割让给波兰立陶宛联邦。奥斯曼花了一个月时间围城，而堡垒挺住了 6 次奥斯曼人的攻击。起初，奥斯曼二世拒绝承认自己的失败，但很明显，他难以带着他无法驾驭的军队在此撑过这个冬天，最终，他还是听从劝告放弃围城，返回奥斯曼。根据之后所签的和平条约，哥萨克人不得再袭击奥斯曼领土，克里米亚鞑靼人和摩尔达维亚也不得入侵波兰立陶宛联邦，同时，波兰立陶宛联邦也同意不干涉奥斯曼的附庸匈牙利、特兰西瓦尼亚、摩尔达维亚和瓦拉几亚的事务。如果说奥斯曼是处于防守状态，波兰立陶宛邦联也同样不愿意进一步刺激他们。[14]

奥斯曼军队在 1622 年 1 月回到伊斯坦布尔，虽然他们从霍京丢脸地撤退了，但是国家还是像迎接胜利归来的军队一样庆祝了他们的回归。苏丹奥斯曼的文书们编写了过去用来宣告奥斯曼军事胜利那样的"胜利文告"，各种文学作品也颂扬了这次战役。[15] 但是，霍京战役让苏丹与他的精英部队的关系紧张到了极限，并且不服从的心态在土耳其禁卫军和骑兵间不停滋长。从前线回来没多久，苏丹奥斯曼就宣布他打算去麦加朝圣，并且准备带着少量部队穿过博斯普鲁斯海峡前往于斯屈达尔。这个决定的真正原因我们不得而知，苏丹们鲜少不带军队远离伊斯坦布尔，狩猎是苏丹出游最常见的原因，而且苏丹也从未朝圣过。奥斯曼二世身边的人认为，奥斯曼的宣告是为了掩饰他的计划，即从安纳托利亚及附近地区招募农民和部落民组成军队，取代现有的结党营私的部队，作为对 16 世纪末招募的火枪民兵的补充。教长埃萨德埃芬迪力劝奥斯曼不要离开伊斯坦布尔，认为苏丹并无责任前去朝圣，实际上，他应该留在伊斯坦布尔。[16] 奥斯曼、大维齐尔和奥马尔艾芬迪等人的顾问都不赞同，甚至有谣言说，奥斯曼有意将开罗设为帝国的新首都。[17]

1622 年 5 月 18 日，苏丹奥斯曼准备踏上穿越安纳托利亚的旅途，但是，首都突然爆发军事叛乱。佩奇的易卜拉欣目击了之后发生的事件，并记录下了令人不寒而栗的细节。佩奇的易卜拉欣记录道，随着城市里越来越多人聚集起来，禁卫军和苏丹的骑兵开始向古罗马竞技场进军，并要求奥斯曼砍下大维齐尔、黑人大太监苏莱曼阿迦（穆斯塔法阿迦的继任者）和奥马尔埃芬迪的人头。当时苏丹人尚在皇宫，人们警告他外面情况紧急，但苏丹还是拒绝牺牲他的高阶顾问们。同时，皇宫内一些同情抗议分子的工作人员竟然打开了宫门，叛军立刻涌入宫中，搜索前任苏丹穆斯塔法的踪影。[18]

一位前禁卫军绘声绘色地记录了其中 6 名士兵的功绩：

> ……当大批人马正在试图钻破（穆斯塔法被藏匿的后宫房间的）圆顶时，一些官中仆役开始向人群射箭，用利箭将他们撕成了碎片。圆顶上的一些人打破了圆顶，但是无法垂降（进入下方的房间）。因为找不到绳索，他们便把维齐尔议事厅内绑幕帘的绳子割了下来，3 个禁卫军和 3 个骑兵把绳子系在身上降入屋内，之后他们拜倒在苏丹穆斯塔法的脚下。

这些士兵带着穆斯塔法顺原路逃离，大维齐尔和黑人大太监则被乱刀砍死。[19]

佩奇的易卜拉欣就在泽扎德清真寺附近的有利位置，他看到一大群人簇拥着一辆载着穆斯塔法和他母亲的马车，走到了禁卫军的军营，之后又到了他们的清真寺，在那里，禁卫军推举穆斯塔法为苏丹。在距这里一公里远的地方，奥斯曼二世尚不知发生了什么事，还在皇宫里任命新人员，并希望可以用黄金收买这些禁卫军。但新任命的禁卫军司令官在第二天受命去平息叛乱，却被叛军杀害，奥斯曼的新大维齐尔也被杀。奥斯曼自己偷偷跑去禁卫军司令官的官邸，希望能找到一些能被收买的禁卫军军官支持自己，却被叛军发现。易卜拉欣从他的窗口看到，这些叛军给奥斯曼穿上破烂衣裳，丢上马背，押到了禁卫军的清真寺。[20]

佩奇的易卜拉欣的一位熟人当时正在这座清真寺，他告诉佩奇的易卜拉欣，奥斯曼恳求俘虏他的人，希望他们能认识到让穆斯塔法复位是多么大的错误，但这一切都无济于事。而穆斯塔法则不停从神龛前他坐着的地方起身，看外面街道上吵吵闹闹的到底发生了什么事。穆斯塔法的内弟达乌德帕夏手中拿着一条绞索现身。奥斯曼抓住这个机会提醒在场的人，达乌德帕夏曾多次犯罪并被判死刑，但是奥斯曼赦免了他。穆斯塔法的母亲干脆取代了达乌德帕夏的角色，幸好易卜拉欣的熟人在场不停劝阻，那条绞索才没有套上它的目标。当天下午，穆斯塔法以苏丹的身份进入皇宫，而奥斯曼则被装在一个商贩用的手推车上送到七塔堡，在那里被勒毙，他的鼻子和一只耳朵被送到穆斯塔法的母亲手上。苏丹奥斯曼就这样被埋在"蓝色清真寺"的皇家陵墓中，他的父亲苏丹艾哈迈德的陵墓下方。[21]

那位记录了将穆斯塔法从后宫解救出来的行动的禁卫军，费尽心力证明他的长官的命令是正义的，并且写下了他们的一些不满。首先，他们对苏丹奥斯曼的导师奥马尔埃芬迪的显赫地位表达了强烈的憎恶：他来自地方，出身卑微，与禁卫军的精神气质不符。然而，他们起义政变的最直接原因是，奥斯曼显然要用安纳托利亚招募来的火枪兵取代禁卫军，并以叙利亚和埃及来的骑兵取代苏丹的骑兵。他们指责黑人大太监苏莱曼阿迦，认为他拼命将这个想法灌输给奥斯曼，让奥斯曼认为军队换血的计划可行。如果奥斯曼按照建议在地方招募一支穆斯林出身的军队作为奥斯曼陆军的骨干，势将严重威胁到禁卫军的地位，而且他们指出，这也是对奥斯曼帝国更严重的侮辱，因为招募来的这些人就是当初破坏社会秩序、几乎动摇苏丹艾哈迈德统治的乱党。同时，精英禁卫军觉得自己在霍京战役里付出的努力并未受到适当的奖励，在回国后，他们还要受到长官羞辱性的惩罚，这些长官便衣出行，将他们发现的醉酒或扰乱治安的禁卫军士兵派去运石头的船上服役。[22]

一位颇具说服力的禁卫军这样解释苏丹的部队感到的不安。在他们心中，他们小心翼翼维护的特权，甚至是他们的存在本身，受到了奥斯曼要从他处招募新军队的激进计划的严重威胁——如果这真是奥斯曼打算施行的规划。当时对奥斯曼血腥下场的一些纪录，反映出作者们的派系属性。大部分人的地位得自于他们和政客及高阶官僚的关系，他们坚称这是奥斯曼咎由自取，因为他轻信无耻顾问的建议。苏丹私人家庭中的官员，如他的导师和黑人大太监在奥斯曼的决策制定过程中产生了越来越大的影响，而这些作者和他们的庇护人一样，只能对此表示不满。

苏丹奥斯曼二世是奥斯曼帝国历史上第一个被杀害的苏丹。他被处死后，他的叔叔穆斯塔法和他的弟弟们成了奥斯曼皇室中仅存的男性。穆斯塔法又统治了短短 16 个月后，再度被废黜，这一次推翻他的就是曾经帮他复辟的精英部队。这个模式一直延续到世纪末。穆斯塔法被柯塞姆苏丹的长子穆拉德（四世）取代，穆拉德在 1640 年去世，当时还不到 30 岁，也没有留下任何男性子嗣。人称"疯子"的弟弟易卜拉欣随后继承了苏丹之位，他也是柯塞姆苏丹的儿子。8 年后，"疯子"易卜拉欣被赶下台，苏丹之位由他年仅 7 岁的长子穆罕默德（四世）继承。到了这个时候，已经没人在意是否王子年纪太小不适合登上宝座的问题，因为此时，穆罕默德是奥斯曼皇室最年长的男性血脉。在这段时间内，苏丹们或被强制推翻，或英年早逝且身后无成年继承人，王朝能否延续令人担忧。穆罕默德四世在 1687 年被废黜，与奥斯曼、穆斯塔法和易卜拉欣一样，他也是被军队叛乱推翻的。现在，穆罕默德四世的儿子和弟弟都是可能的继承人。最终，穆罕默德的弟弟、苏丹易卜拉欣的第二个儿子继承了苏丹之位，被称为苏莱曼二世。他死后，他的弟弟艾哈迈德二世继位。艾哈迈德二世之后，则是由穆罕默德四世的儿子穆斯塔法二世和艾哈迈德三世继位。穆斯塔法二世和艾哈迈德三世再次确立了年长者优先即位的原则，[23] 这两人后来也都因为禁卫军叛乱被迫让位。

*　　　*　　　*

　　奥斯曼帝国早年的政治斗争中的一个关键部分，就是随着奥斯曼政府越来越官僚化和中央集权化，它的宗教越来越要求正统，安纳托利亚大部分地区则对奥斯曼政府强制推行的统一化表现出抗拒。在以穆斯林人口为主的安纳托利亚，针对奥斯曼中央政府的叛乱竟然比以基督教人口为主的巴尔干地区更强烈。乍看之下，这似乎令人惊讶。这种不协调性的原因之一，毫无疑问就是穆斯林对于一个伊斯兰国家的期望远高于基督徒，却甚少有穆斯林认为自己得到了应得的待遇。杰拉里叛乱只是安纳托利亚诸省和伊斯坦布尔之间斗争的最新阶段。长久以来，安纳托利亚的部队一直反对那些可以直接接触伊斯坦布尔核心势力的人享有的特权，如今这里又出现了新的变数——伊斯坦布尔的权力争夺者们之间的关系紧张，其中苏丹的部队在这些争夺者中居上风。奥斯曼被谋杀就是这种权力斗争的征兆，这种斗争造成未来多年奥斯曼国内政治动荡不安，也成为各省在发泄不满与表达愤怒时的完美借口。

　　为苏丹奥斯曼被谋杀而采取的复仇行动竟然来自一个让人意想不到的地方，即安纳托利亚东部的埃尔祖鲁姆省，该省总督阿布哈兹的穆罕默德帕夏领导了一场叛乱。他与当时的大维齐尔"太监"穆罕默德帕夏（也被称为格鲁吉亚的穆罕默德）有姻亲关系，阿布哈兹的穆罕默德在他担任多个职务时一直都是奥斯曼政权的模范公仆。不过佩奇的易卜拉欣已感觉到山雨欲来：1622 年，易卜拉欣在迪亚巴克尔省担任财政官员时，他观察到信差频频来往于阿布哈兹的穆罕默德和他自己的顶头上司迪亚巴克尔省总督"哈菲兹"（"能全文背诵《古兰经》的人"）艾哈迈德帕夏之间，因而得知"哈菲兹"艾哈迈德计划率领地方将领和军队攻打于斯屈达尔省，跟那些谋杀苏丹奥斯曼的凶手们算账。[24] 消息传到伊斯坦布尔，说阿布哈兹的穆罕默德已经将他管辖权力内的埃尔祖鲁姆及其他堡垒的禁卫军守备部队调离，他立即被撤职。阿布哈兹的穆罕默德和他的支持者认为这些禁卫军与苏丹骑兵参与了奥斯曼的谋杀，因此这些军人在地方处理政府事务时寸步难行。[25] 亚美尼亚传教士凯马赫的格里戈尔在奥斯曼被杀后的动荡中藏身于伊斯坦布尔（靠着陆地一侧城墙下）的托普卡帕区，他听到从埃尔祖鲁姆传来的消息：任何侥幸躲过了阿布哈兹的穆罕默德愤恨的禁卫军都换掉了衣服，给自己取了个亚美尼亚名字，以确保他们能逃到伊斯坦布尔而不被发现。[26]

当然，苏丹穆斯塔法和禁卫军都拒绝承担谋杀苏丹奥斯曼的责任。苏丹奥斯曼死后，穆斯塔法的内弟达乌德帕夏曾经短暂担任过苏丹穆斯塔法的大维齐尔。但这一次，不管是他的裙带关系，或是他担任的职务，都没有办法让他免于成为替罪羔羊。为了平息安纳托利亚日渐升高的不满浪潮，他被判处死刑。积极参与苏丹奥斯曼被废黜事件的其他官员都走向了相同命运。禁卫军仍控制着伊斯坦布尔，1623 年 2 月，他们迫使大维齐尔"太监"穆罕默德帕夏解职，并且重新任命了之前曾担任大维齐尔的侯赛因帕夏，因为他曾散尽国库，以获得禁卫军的支持。宗教高层人物聚集在苏丹穆罕默德二世的清真寺，要求新任大维齐尔下台，因为他攻击了他们的一位成员。纵使大维齐尔和他的禁卫军拥护者一再威胁，也未能撼动他们的决议。随后这些宗教人物受到了大维齐尔派去的暴徒攻击，许多人被谋害，尸体被扔进大海。[27]

与此同时，阿布哈兹的穆罕默德帕夏对自己被免除埃尔祖鲁姆的总督职务一事异常愤怒，而且他也充分了解到伊斯坦布尔目前的紧张局势和中央的权力真空状况，他开始招募军队。一些人仍对忠于苏丹的部队在杰拉里叛乱中于安纳托利亚和叙利亚镇压地方叛军时的无情手段记忆犹新，一些人则感到被加入安纳托利亚－阿拉伯联军的虚假希望欺骗，阿布哈兹的穆罕默德成了这些人效忠的对象。招募乐于对付苏丹部队的兵员并不困难。

通报送抵伊斯坦布尔，报告阿布哈兹的穆罕默德帕夏率领 4 万人马进军安卡拉。首都派遣的使者没能让他放弃进军，1623 年 5 月，政府派出苏丹的军队迎战。不过，政府军指挥官很快就发现，苏丹的军队不足以抗衡阿布哈兹的穆罕默德帕夏的军队，他撤退到了布尔萨，而不是直面必然的战败。[28] 阿布哈兹的穆罕默德围攻安卡拉 7 个月。[29] 帝国国库没有足够的钱支撑部队打一场胜仗，征税官也无法穿越他和他的部队控制的大片

土地。索拉克扎德·穆罕默德·哈姆德米切莱比当时在宫廷中工作，目
睹了那个时候首都发生的事件。他记载道，禁卫军总司令巴伊拉姆阿迦
密谋除去了大维齐尔，因他掏空了国库以安抚支持他的禁卫军。[30]

受到这件事鼓励，曾经被已下台的大维齐尔折磨过的教士向苏丹穆
斯塔法的母亲请愿，说她的儿子已经难以胜任治理帝国的重任，强硬地
说，如果他继续待在苏丹宝座上，那么，如今遭遇的风雨飘摇和惊涛骇浪
只会进一步加剧。有人说，为了维护帝国及其仆人的最大利益，穆斯塔法
应该退位，让 11 岁的王子穆拉德继位 —— 他是苏丹艾哈迈德一世仍活着
的年纪最大的儿子。穆斯塔法的母亲恳求让他免去一死，这个要求得到了
尊重 —— 反正他也没有党羽，不至于构成威胁。所以他再度消失，归隐
后宫。1639 年，他终于辞世，却没人能决定该在哪里埋葬他。他的遗体
在停放 17 个小时后，才被草草埋葬在阿亚索菲亚清真寺庭园中一个废弃
的橄榄油坊里。[31]

*　　*　　*

艾哈迈德一世过世后动荡的 5 年中，苏丹周围的权力平衡再次发生变
化。苏丹仍被认为是最高和合法的权力核心，但是他的仆人和身边其他人
物却抛弃了自己原本对君主的顺从，转而肆无忌惮地追求个人的利益，苏
丹喜好幽居深宫更是加强了这种倾向。这又导致一些人更加大张旗鼓地以
苏丹的名义谋权，这些人可能包括苏丹自己的母亲、大维齐尔、黑人大太
监、宫里的工作人员、禁卫军军官和其他人。奥斯曼皇室虽然经历了如此
变动，却仍能激起人们的奉献精神和热情，并没有受到太严重的挑战。18
世纪初的官僚穆斯塔法·纳伊玛是奥斯曼帝国一部重要编年史的作者，他
却也记录了当时的传言，说奥斯曼帝国的主要附庸国克里米亚鞑靼的
格莱王朝计划趁 1624 年奥斯曼的混乱时期，推翻奥斯曼统治并取而代
之。[32] 那个时候地方的叛乱所在多有，例如阿布哈兹的穆罕默德帕夏领导
的叛乱，但是都不是革命性的。他们并没有想要推翻苏丹的统治，而是要
在这个体制内改善叛乱领导者及其追随者的生存状况。因此，奥斯曼帝国

仍在进行痛苦的转型：在过去，苏丹首先是一位战士苏丹；现在，他被要求统治一个边界逐渐固定下来的帝国。

* * *

1623 年 9 月，年幼的苏丹穆拉德四世继承苏丹之位后，伊斯坦布尔实现了相对的平静，与其他地区的混乱形成鲜明对比。在安纳托利亚，阿布哈兹的穆罕默德帕夏和他的军队仍然未被镇压。在巴格达，总督最近才被当地招募来的守卫部队杀害，虽然他们名义上为奥斯曼帝国的苏丹服务，但是对他没有多少忠心。[33] 迪亚巴克尔的总督"哈菲兹"艾哈迈德帕夏奉命处理叛乱分子。佩奇的易卜拉欣曾经跟着"哈菲兹"艾哈迈德，计划进军伊斯坦布尔，为苏丹奥斯曼的死复仇，现在依旧跟随着他。他曾警告过"哈菲兹"艾哈迈德，说叛乱分子的同情心是向着萨法维的，他们或许已经准备好要献上巴格达城。[34] 事情果然如易卜拉欣所料：1624 年 1 月 14 日，这座要塞被先前篡夺了总督权位的奥斯曼官员转交给萨法维王朝。巴格达被奥斯曼帝国统治了 90 年左右，这座要塞的丢失预示与伊朗持续至 1639 年的战争即将来临。

虽然苏丹穆斯塔法和那些他认定要对谋害苏丹奥斯曼负责的人已经失去了权势，阿布哈兹的穆罕默德帕夏仍与伊斯坦布尔的统治政权存在分歧。不过当他在开塞利附近被伊斯坦布尔派来的远征军打败后，他向东撤退到了埃尔祖鲁姆，并乞求苏丹的宽恕。[35] "哈菲兹"艾哈迈德帕夏失去巴格达的罪责也被赦免，并在 1626 年初被任命为大维齐尔，兼任对伊朗战场的总司令，但后来因围城 9 个月还是无法夺回巴格达而被撤职。[36] 奥斯曼军队奋勇作战，却遭到沙赫雇佣的部落军队的背后袭击。由于无望获得支援，他们被部落军队打败。[37] 在更靠北的地方，萨法维军队攻下了奥斯曼的重要据点，并剿平了附庸国格鲁吉亚的叛军，展示了他们强大的军事实力。[38]

结束这场与伊朗之间漫长战争的重任落到凯什利耶里·哈利勒帕夏的肩上。他本是苏丹艾哈迈德的最后一任大维齐尔，现在再次得到任命。哈利勒帕夏还得到了镇压阿布哈兹的穆罕默德帕夏的任务，后者虽然获得了苏丹的宽恕，却继续在安纳托利亚兴风作浪。[39] 新上任的大维齐尔与阿布哈兹的穆罕默德情同父子。然而，尽管他们有着多年的情谊，阿布哈兹的穆罕默德还是拒绝凯什利耶里·哈利勒让他去为被萨法维围困的要塞解围的请求。不止如此，当凯什利耶里·哈利勒派出解围军队抵达阿布哈兹的穆罕默德在埃尔祖鲁姆的大本营时，后者竟然杀死带兵将领，掠夺他们的物资和装备。[40] 1628 年 4 月，凯什利耶里·哈利勒因未能剿平阿布哈兹的穆罕默德被撤职。[41] 埃尔祖鲁姆总督是个高度敏感的职位，因为省界紧邻萨法维领土，所以苏丹必须完全信任总督的忠诚。伊斯坎德尔·蒙希是沙赫阿巴斯的传记作者与首席宫廷秘书，他记载道，阿布哈兹的穆罕默德曾两次向萨法维沙赫提议合作，然而，沙赫却认定他是个机会主义者。[42]

1628 年夏天，阿布哈兹的穆罕默德帕夏的叛乱被镇压 —— 至少暂时被镇压了。镇压者是凯什利耶里·哈利勒帕夏的继任者大维齐尔波斯尼亚的许斯雷夫帕夏，他是第一个担任大维齐尔职务的禁卫军总司令。波斯尼亚的许斯雷夫奉命完成凯什利耶里·哈利勒的任务，夺回巴格达。在他向巴格达前进的路上，于边界地区多次遭遇萨法维部队的袭击。部队在 1630 年 9 月抵达巴格达城外，欲以围城方式夺回这城市。但奥斯曼军队在花费巨大的军事行动中再次遭遇灾难性的惨败，撤退回马尔丁过冬，一路遭受萨法维军猛烈的骚扰。奥斯曼为第二年设计的作战计划不得不被放弃，波斯尼亚的许斯雷夫帕夏被解职，"哈菲兹"艾哈迈德帕夏再次获得权力，成为大维齐尔。[43]

学者卡蒂卜切莱比于巴格达战役期间在波斯尼亚的许斯雷夫帕夏部队里担任行政职务，依他的记载，虽然战役失败，且部队仍对前线困难记忆犹新，但他们仍然希望波斯尼亚的许斯雷夫继续当他们的总指挥，对他被撤职一事愤怒不已。[44] "哈菲兹"艾哈迈德帕夏刚好相反，他是苏丹穆拉德四世的母亲柯塞姆苏丹周围的小圈子和她的盟友黑人大太监属意的人选。在苏丹艾哈迈德统治下，"哈菲兹"艾哈迈德担任过许多高级职务，他与柯塞姆苏丹的过去有着密切的联系，还娶了苏丹穆拉德的妹妹艾谢。由于苏丹穆拉德继承王位时年纪尚小，柯塞姆苏丹作为摄政在治理国家方面享有前所未有的权力，一直到穆拉德执政晚期。[45]

1632 年初，波斯尼亚的许斯雷夫帕夏的解职使首都陷入混乱——就像当年穆斯塔法退位后的乱局。编年史家佩奇的易卜拉欣将政局之混乱比喻为马蜂窝。[46]卡蒂卜切莱比则将混乱的状况归咎于雷杰普帕夏，他是波斯尼亚的许斯雷夫帕夏在伊斯坦布尔的代理人，而且他自己也有当上大维齐尔的野心。最后，苏丹穆拉德屈服于叛军部队发出的最后通牒，亲自来到部队面前。他们则要求苏丹交出"哈菲兹"艾哈迈德帕夏，并当着苏丹的面将他砍死。雷杰普帕夏接替"哈菲兹"艾哈迈德成为大维齐尔。[47]

"哈菲兹"艾哈迈德帕夏再次担任大维齐尔时，帝国司库和禁卫军总司令亦随之换人。人们认为新接任者在波斯尼亚的许斯雷夫帕夏被解职一事上有罪，因为他们两人与皇宫里的小圈子关系密切。苏丹穆拉德的宠臣穆萨切莱比亦为同党。暴徒们聚集在大维齐尔于古罗马竞技场边的宅邸，要求将这三人交出来。雷杰普帕夏坚定地表示苏丹并没有藏匿这些人，但佩奇的易卜拉欣记载，他随即就看到穆萨切莱比的尸体躺在古罗马竞技场上。第二天，在苏丹的参与下，禁卫军总司令和帝国司库也被处决。佩奇的易卜拉欣写道，不管这些恐怖事件听起来有多么可怕，现实情况只会更为血腥。[48]穆拉德不信任雷杰普帕夏，这导致他很快就被处决。至于波斯尼亚的许斯雷夫，不管他在军队中多受欢迎，穆拉德都认为他应对叛乱负责。政府密探被派往安纳托利亚的托卡特城寻找波斯尼亚的许斯雷夫：他在离开前线后就留在那里，迟迟没有回到伊斯坦布尔。托卡特的人民试图阻挡这些密探进城，却被打败，波斯尼亚的许斯雷夫最终还是被处死。[49]

阿布哈兹的穆罕默德帕夏的故事尚未结束。他已经有了第二个机会，却再次未能完成使命。不过在 1628 年，他还是被任命为波斯尼亚省总督——远离他的权力核心，也远离他的支持者。阿布哈兹的穆罕默德帕夏参与了巴尔干地区的战事，在 1632 年成为厄齐省的总督——这是位于多瑙河畔黑海北部的省份，奥斯曼在这里监管着这块富有战略价值的地区。1633 年，在规划一个新的军事行动时，他就在苏丹穆拉德的身边，但是 1634 年，苏丹穆拉德已经无力抗拒他政敌的强烈要求，将他处死。

他从靠叛乱起家的总督到皇室亲密伙伴的政治生涯走到了尽头。穆拉德下令赐予阿布哈兹的穆罕默德庄重的葬礼，苏丹亲自骑马行进在吊唁队伍中。他被葬在"掘井人"穆拉德帕夏的陵园里，后者于 1608 年戡平第一波杰拉里叛乱。这是一种荣誉，它显示，在盖棺定论时，他没有被看作是一个叛乱者，在苏丹眼中，他仍然是帝国统治阶级的忠贞成员。[50]

　　奥斯曼旅行家兼作家艾弗里雅切莱比和阿布哈兹的穆罕默德帕夏一样，都有高加索人血统。1646 年，他正在埃尔祖鲁姆工作。在他著名的《旅行之书》里，他记录了在那里出现的一名自称是阿布哈兹的穆罕默德的男子。这名男子说，在苏丹的默许下，他在 1634 年躲过一死，潜逃至达达尼尔海峡边的盖利博卢；之后他在阿尔及尔当了 7 年海盗，在战斗中被捕后又在丹麦待了 7 年多，接下来的 3 年跟着葡萄牙海军到印度洋，然后旅行到印度和中国，最后途经中亚和伊朗终于回到埃尔祖鲁姆。艾弗里雅切莱比的直属长官埃尔祖鲁姆总督把这个故事报到伊斯坦布尔，当局迅速对故事展开调查，要发掘事情的真相（首先，这些年份就与事实不符！）。一名官员受命即刻启程前往埃尔祖鲁姆，要处死那名男子，埃尔祖鲁姆总督因为热情招待过那名男子被解职。[51] 苏丹曾参加阿布哈兹的穆罕默德葬礼的事此时又让人们怀疑，棺木里装着的尸体是否真是他本人——人们难以相信苏丹穆拉德会对曾经的叛乱之徒公开表达他的感情。传言说，棺木里装着的一定是穆拉德刚刚处死的一个弟弟，要不然里面躺着的就是他叔叔穆斯塔法，他用这种方式把他从皇宫里的监禁处运出去。但是亚美尼亚教士凯马赫的格里戈尔认识一些裁缝，他们会在工作中和皇宫中的人交流小道消息。其中一个裁缝声称曾和绞死阿布哈兹的穆罕默德的刽子手说过话。对格里戈尔来说，这足够说明问题了。不过阿布哈兹的穆罕默德的死特别触动了很多亚美尼亚人，因为根据格里戈尔的说法，阿布哈兹的穆罕默德很长一段时间曾经在埃尔祖鲁姆，和亚美尼亚人生活在一起，并且很关心他们的生活疾苦。这位传教士说阿布哈兹的穆罕默德是"一个真心爱基督徒，尤其是被压迫的亚美尼亚族群的人；他是一个为自己的国家尽心尽力的人，也是不带歧视地热情关心所有（宗教）弱势群体的人"。[52]

＊　　　＊　　　＊

在 1632 年初震撼伊斯坦布尔的诸多事件中，苏丹穆拉德已经被磨砺得更成熟，更智慧。他那时才刚满 20 岁，就已经能够成熟圆融地处理那些危机。从他母亲柯塞姆苏丹大约在 1628 年写给大维齐尔的信里可以看出，她儿子虽然还只是个十几岁的青少年，她就不得不放手，由他独自做决定。[53] 她的女婿"哈菲兹"艾哈迈德帕夏被处死，她的党羽被牺牲以平息禁卫军的叛乱，这使得柯塞姆苏丹颜面尽失，也让她在作为苏丹的母亲运用权力的时候更加谨慎。在 1640 年穆拉德英年早逝，柯塞姆苏丹头脑简单的二儿子易卜拉欣继位之前，柯塞姆苏丹退出了伊斯坦布尔的政治舞台。

穆拉德开始扮演一个更积极的角色。在展现出他个人的权威后，他试图重新树立苏丹在行政和军事等事务上的权威。在军事事务上，他决定效法杰出的先祖们，亲自率军攻打萨法维。他看到安纳托利亚混乱的局势带来的灾难，决定采取胡萝卜加大棒的策略解决凶险局面，调动军队打击叛乱势力，同时采取措施平息会导致帝国公仆和地方要人拿起武器对抗政府的不满情绪。他也关注到强盗横行的问题。他新任命的大维齐尔、前埃及总督"扁平足"穆罕默德帕夏连续任职四年半，这让伊斯坦布尔的派系斗争也得到了控制。

奥斯曼的知识分子继续对国家政策提出他们的看法与建议。从残存的文件书籍中可以看出，当时的作者们认为他们所处的乱局是国家与社会崩溃的必然结果。和在世纪交替时写就的建议一样，他们的目的是引导苏丹扭转乾坤，恢复作者们脑海中帝国往日的光辉。因此，他们提出的建议总是保守多于创新，施政方针的目标是重现那个他们相信曾出现过的中央集权的政府，作为魅力领袖的苏丹的仆人，诸位维齐尔可以在其中和睦相处。这些人被卷入了剧烈变革的浪潮，他们希望时光倒转，回到他们社会地位稳固的时代，这种想法或许是可以理解的。正如苏丹奥斯曼从安纳托利亚和东方招募部队的打算使苏丹的禁卫军感受到强烈的威胁，随着新的派系获得了权力，开始支持之前不重要的团体，这些知识分子亦遭受冲击。这些在 17 世纪初激烈争夺权力的派系有理由这么做，因为现有的政府制度已经不能有效运作，他们也要阻止能够与苏丹抗衡的势力继续壮大。这些派系的野心以前尚能受到抑制，但是他们现在已壮大到足以为了成为军队和官僚体系中的特权者而拥立或推翻一个统治者，因为这些职务能够给他们带来财政或其他方面的特权。[54]

这些年里，最有名的建言是苏丹内宫官员科丘贝伊所写的一份，他在 1631 年将作品呈给苏丹穆拉德四世。（在易卜拉欣继承苏丹之位后，科丘贝伊重新整理了著作，将修订版本呈给了新苏丹。）在他涉及的帝国组织的诸多方面中，科丘贝伊在帝国弊病核心方面的观点和早期的作者一致。在他看来，苏丹置身帝国事务之外，刚好给了后宫成员施加影响力的机会；地方骑兵陷入混乱，原本赐给他们用于谋生，使他们在战争期间能带着仆人从军的土地，落入了宫廷官员、后宫妇女及其附属阶级的手中。由此带来的军事力量的欠缺意味着，苏丹的精英兵团必须开放招募"局外人"，而不再是完全通过少年征召制度招募，并接受奥斯曼帝国的核心价值长期培训的部队。科丘贝伊强调，这个变化削弱了禁卫军共有的精神气质，明显给所有人带来了混乱。[55]

苏丹穆拉德认同作者们提出的许多意见，为了维护帝国内政稳定，他准备依照他们的严厉批评和建议进行革新。但是，经历过波斯尼亚的许斯雷夫帕夏被撤职而引发的危机后，他和那些被他带上权力舞台的人都明白，在他们所处的动荡时代里，曲高和寡的理想主义不如实用主义措施更能解决紧要关头的迫切问题。苏丹穆拉德的首要目标就是结束行省的动乱，并且加强军事实力，以再度夺回巴格达。他认为这场战役可以让他的精英禁卫军部队发泄他们的挫折感。

编年史家佩奇的易卜拉欣和卡蒂卜切莱比此时都在伊斯坦布尔的政府任职，也都见证了穆拉德的改革计划。穆拉德限制苏丹骑兵部队的规模，并限制他们的征税行为，导致他们于 1632 年 6 月 8 日在竞技场举行了一场严重的示威抗议。[56]鲁米利亚和安纳托利亚的地方骑兵改革也在 1632 年展开。政府下令核查土地，确保国家分配用于换取军事义务的土地在应得的人手中。[57]过去军队分配土地的父子继承传统被废除，现在，受薪军队的成员只要愿意也可以领受空闲的军队土地。根据卡蒂卜切莱比的说法，一些禁卫军为了领受土地离开了他们的部队。在地方驻守的苏丹骑兵和农民（"地方展现出战斗能力的年轻人"）也可以领受土地。小片不足以养活士兵及其随从的土地被并入较大的地块。[58] 苏丹强调，任何持有国有土地的军人都不得免除作战的义务。在苏丹和官员的通信中，他经常表达出对官员是否诚实履行自己职责的担忧——担心这会减少国库的收入。[59]

尽管施行了这些改革，安纳托利亚仍处于持续的骚乱中。被政府认定的叛军和强盗横行乡间，他们所到之处必然被洗劫一空，这破坏了这个农业帝国的税收根基。政府制定的用以充实国库、装备部队的计划，却使农民更加恼怒，为了躲避狂妄凶蛮的游牧民族，他们已经逃离家园，政府居然还来添乱。如果穆拉德的改革想要获得成功，当初在 1632 年推动国有土地重新分配时，就应该同时重新安置农民，因为他们的劳动是税收的基础，而骑兵和他们的随从的生存与战斗都要依靠税收。充裕国库成为穆拉德面临的最大考验——没有钱，国家即将停摆。凯马赫的格里戈尔认为，1635 年穿越安纳托利亚前往高加索地区作战的经历，让穆拉德能够深刻认识到乡村存在的危机。锡瓦斯的人告诉他，大量的乡亲已经逃到伊斯坦布尔，而他们自己也无力按照纳税规定缴足税款。穆拉德立即下令遣返所有逃难的人。在伊斯坦布尔，公告传报员穿梭街头，要求那些逃难过来的人在 20 日内离开，否则将被判处死刑：

> 土耳其人的妻子和孩子，以及娶了当地（伊斯坦布尔）女子的亚美尼亚人知道，他们即将在一个陌生的地方面临悲惨的命运，因而不愿跟亲人离开……穆斯林立刻就跟他们的妻子离婚了，这是他们法律许可的，但是现在孩子不愿意跟自己的妈妈、爸爸分离的哭声此起彼落。这个城市处处都是被迫与亲人分离的人以及老弱病残之人的冤气。

皇太后柯塞姆苏丹非常反对这个政策，她认为在战事连连的时代，不应该再给人民带来更多的痛苦。想到这些人在被迫离开他们的土地后，又要被迫抛下他们在首都创造出的新生活，到遥远又满目疮痍的乡村去面对未知的未来，穆拉德态度软化了。他恩准老人、体弱多病的人、孤儿和寡妇，以及在伊斯坦布尔出生的人和任何能证明自己在这里已经居住超过 40 年的人不受该政策约束。[60] 苏丹穆拉德对乡村逃亡的直接反应或许过于情绪化，但是，如果要解决问题，他必须有深思熟虑的政策。1636 年，他下令官员提交一份有关安纳托利亚财政来源的详尽报告，目的是在现在成千上万的纳税人因地方动荡而流离失所时，鉴定出哪些人尚有能力纳税。[61]

在比安纳托利亚更远的帝国边缘地带，在中央政府权力薄弱的时候，地方大家族正摩拳擦掌跃跃欲试。在现今黎巴嫩地区，德鲁兹人的领袖法赫尔·丁·马安长期担任奥斯曼的军事总督。安纳托利亚的叛乱使他远离帝国中心，使他能够加强对自己地区及其税收的控制——他在商业方面非常活跃，以个人名义和欧洲的商人签署了各种商业协议。他的准独立地位也受到中央政府的尊重，只要他保持效忠，且尽责送上该地区的蚕丝和棉花的税收即可。但是在 1633 年，考虑到法赫尔·丁·马安已经太过强大，大维齐尔下令奥斯曼帝国的大马士革总督拘捕他，并把他和他的儿子押解至伊斯坦布尔。后来他在那里被处死。[62] 试图争夺他留下的位置的小家族没有任何一个有足够的力量挑战奥斯曼政权。法赫尔·丁·马安的儿子侯赛因被培养为一个奥斯曼人送进皇宫，他在 1656 年以苏丹穆罕默德四世特使的身份被派往印度。他作为穆斯塔法·纳伊玛的口述材料提供者而被历史铭记。[63]

奥斯曼努力了将近一个世纪之久，试图把帝国势力伸进富裕的也门省，却不可思议地未能如愿。他们终于决定要撤出对那里的软弱控制——要离开的时候，他们控制的区域只剩下沿海岸线一片狭窄的土地。世纪之初，当地栽德派的"圣战"号召激发了一系列对抗奥斯曼帝国的行动。经过一段短暂的休战期后，地方的反抗活动在 1635 年达到高潮，奥斯曼撤出也门。奥斯曼苦苦守着这块遥远的荒凉土地，于己于人皆是所费不赏的烦心事。[64] 奥斯曼帝国统治者信仰的正统宗教对也门的地方家族没有任何吸引力，奥斯曼不再愿意也没有能力在这里维持军事存在——由于奥斯曼与葡萄牙在印度洋的敌对已经结束，这里已经不再具有战略价值。

＊　　＊　　＊

　　派军征剿和行政改革是穆拉德四世手中平息动乱的两大武器。另外，他还推行一个道德重建运动，目标是重塑这个世纪影响奥斯曼政治与社会生活的他的臣民的品质。苏丹艾哈迈德在1609年禁止种植和吸用刚刚由英国人引进的烟草，他的理由是人们开始不务正业，只会日日夜夜泡在咖啡馆里抽烟。但烟草大受欢迎，禁令没有收到效果。到了1614年，政府只能再次重申禁令，但是那个时候烟草已经是一种利润丰厚的作物，它抢夺了传统养蜂业的土地，导致蜂蜜的价格随之上涨。苏丹奥斯曼二世也曾多次重复禁令，甚至利用教谕增加禁令的效力。苏丹穆拉德四世在1630年再次重申禁令。[65]

　　1631年3月，苏丹下令强制施行针对非穆斯林的衣食节制法。事实上，这是个政治问题，虽然其灵感来自法律（非穆斯林是二等臣民，要"受到轻视，顺从谦恭，穿着打扮要简朴"）。而且艾哈迈德一世希望被人们看作正统信仰的典范，他亲自明确规定哪些服饰只有穆斯林才能穿着。穆拉德四世用准确无疑的话语重申禁令：

> 我们应根据伊斯兰教法和帝国法律在衣料、衣物和穿着方式上贬低和羞辱异教徒。今后，他们不许骑马，不许穿貂皮衣物、戴貂皮帽，不许穿着绸缎和丝绒衣物。不许他们的女人戴裹着"巴黎布"的马海毛帽子。不许异教徒和犹太人学穆斯林的行为举止和衣着打扮。要阻止并禁绝前述行为。时时刻刻都要认真执行我于此颁布的命令。[66]

　　穆拉德推动的社会改革运动有一个魅力十足的支持者，那就是传道人卡迪扎德·穆罕默德，他是安纳托利亚西北部小镇巴勒克埃西尔人。卡迪扎德·穆罕默德在 1631 年被任命为阿亚索菲亚清真寺的传道人，这是此类职务中在帝国里名望最高的。1633 年 9 月 16 日是先知穆罕默德的诞辰日，苏丹艾哈迈德清真寺举行了两场讲道，穆拉德四世也在场。第一场由清真寺周五礼拜的传道人、被尊称为锡瓦斯埃芬迪的哈尔瓦提谢赫埃卜勒哈亚尔·麦吉德丁·阿卜杜勒迈吉德主持，第二场则由卡迪扎德·穆罕默德主持。根据卡蒂卜切莱比的记载，锡瓦斯埃芬迪打算推测对手讲道重点并进行嘲弄，不过卡迪扎德·穆罕默德却出人意料地谴责所有在宗教事务和信仰方面的改革，以及社会行为上的创新，戳到了所有在近年来的动乱中疲惫不堪的与会者的痛处。[67]

先知的礼拜仪式结束后，散场的会众开始攻击城里的酒馆，苏丹并未采取行动阻止他们。大约也在这次关键的对抗期间，他下令关闭且拆除帝国所有的咖啡馆，只有那些在埃及、麦加和麦地那的咖啡馆幸免于难。这场比以往都要严重的冲突在伊斯坦布尔爆发，弄得城里人心惶惶，民众聚集在咖啡馆里表达他们的焦虑，这导致政府人员开始担心另一场骚乱或许将在不久的未来发生，穆拉德又下令关闭酒馆。烟草与酒馆和咖啡馆联系密切，除了经济方面的考虑，几个月前穆拉德对烟草发出的禁令不仅是对这种毒草本身的打击，也是对酒馆与咖啡馆中混乱生活的打击，只是他现在采取了更加直接的措施。苏丹穆罕默德三世曾鼓励在伊斯坦布尔之外的城市里开咖啡馆，让人们有地方可以放松身心。艾哈迈德一世却下令关闭它们，但禁令却难以得到实际执行。[68]

创新改革派和基要主义者之间的争论长久以来一直是伊斯兰知识分子生活的重要组成部分，以卡迪扎德·穆罕默德命名的卡迪扎德运动塑造了 17 世纪严苛的道德环境，它源自以穆罕默德·比尔吉维为代表的保守派。后者是苏丹苏莱曼时期的学者，他在一系列涉及公德与私德问题的著作中，极力推动极端保守拘谨的宗教思想。在追求建立一个未被先知之后的各种创新污染的伊斯兰教时，卡迪扎德里运动一直以穆罕默德·比尔吉维的著作为行动准则。[69]

卡迪扎德里运动支持者强烈批评了托钵僧，但苏丹穆拉德似乎并没有被他们说服，只是希望可以找出一条中庸之道。他一直公平对待卡迪扎德·穆罕默德和锡瓦斯埃芬迪。[70] 更加"不食人间烟火"的托钵僧教团当年在奥斯曼征服巴尔干半岛时曾是它的左膀右臂，早已发现自己在公众领域的角色有若明日黄花，但是奥斯曼帝国的苏丹和政府却仍对主流神秘教派睁一只眼闭一只眼。以哈尔瓦提教派为例，它在巴耶济德二世继位时于伊斯坦布尔建立了总部，在塞利姆一世和苏莱曼一世治下仍然维持着较高的地位。[71] 穆拉德四世公开支持杰尔瓦提教派（哈尔瓦提教团的一个分支）的谢赫阿齐兹·马哈茂德·许达伊：他曾是穆拉德父亲的心灵导师，并于穆拉德继位时，在艾郁普的继任仪式上为他佩上宝剑。[72] 众人皆知穆拉德非常欣赏梅乌拉那教团的旋舞，还请他们在皇宫为他表演，[73] 在他执政的17年中，有13年的教长都是法学家兼神秘主义诗人泽克里亚扎德·叶海亚，此人因其对托钵僧的同情而知名。[74]

卡迪扎德运动支持者既反对神秘主义和托钵僧仪式，也反对正统伊斯兰教，认为他们的神职人员因和帝国政治圈内人士交往而被玷污。卡迪扎德·穆罕默德代表了另一类神职人员，他们既不神秘，亦非受过伊斯兰思想、法律与宗教训练的国家宗教统治阶层的成员，而认定自己只应在清真寺里过着日复一日单纯的宗教生活。毫无疑问，"卡迪扎德运动"支持者的言辞怂恿促使当时的教长"宗教兄弟之子"侯赛因埃芬迪在1634年被处死。"宗教兄弟之子"侯赛因抗议苏丹穆拉德仅仅因为当地人的抱怨就下令将伊兹尼克的卡迪处死。苏丹前往布尔萨的时候，"宗教兄弟之子"侯赛因埃芬迪写信给柯塞姆苏丹，表达对穆拉德处置的不满，希望她能认识到宗教统治阶层在传统上拥有的特权与尊重，并且提醒她儿子一下。谣言传播开来，说"宗教兄弟之子"侯赛因打算推翻穆拉德的统治。等苏丹收到他母亲的信回到伊斯坦布尔后，做的第一件事便是下令把"宗教兄弟之子"侯赛因和他的儿子伊斯坦布尔的卡迪放逐到塞浦路斯，之后他又改变主意，直接派出刽子手去追赶他们。[75] 这是一桩令人震惊且史无前例的事件：对帝国军事和行政人员而言，死刑与没收财物或房产的处罚是职业风险，但是宗教统治阶层传统上不会受到此类刑罚，这是宗教统治阶层远离派系斗争的假象决定的。"宗教兄弟之子"侯赛因被判死刑，反映出宗教统治阶层在当时政治上所扮演的真实角色，并且提醒他们要获得为国服务应得的酬劳需要付出什么样的代价。这同时也赤裸裸地显示，宗教统治阶层的不可侵犯性不过是个原则罢了，政治上的权宜之策往往会不顾看上去不可变的传统。但如果说"宗教兄弟之子"侯赛因是第一个被处死的教长，在整个帝国历史中大约 130 个教长里，他也是仅有的三个被判死刑中的一个。[76]

＊　　　＊　　　＊

穆拉德四世在位的最后几年，他的大部分时间用于征讨伊朗，奥斯曼仿佛回复到帝国的最初几个世纪，那时帝国统一的最大威胁并非来自西方，而是东方——从卡拉曼王朝、白羊王朝到萨法维王朝。尽管苏莱曼一世早期曾重现过塞利姆一世针对沙赫伊斯玛仪的战争，但是 1555 年签订的《阿马西亚和约》确认了奥斯曼和萨法维各自的势力范围，这成为后来双方关系的指导原则。双方都不再追求征服世界，也都接受了对方的存在。在那之后，奥斯曼与萨法维间纵有战事，亦不过是局部的边界争端，除了各自夺得或丧失几个堡垒外，并没有太大影响。

不管奥斯曼帝国和萨法维王朝之间战争的本质发生了怎样的改变，苏丹穆拉德再现帝国往日伟大光辉的尝试需要他成为传统的战士苏丹。他决心效法一个世纪前的苏丹苏莱曼率领他的军队攻打萨法维。苏丹奥斯曼二世在这方面的努力很快就失败了。穆拉德四世对国家机器的控制远强于奥斯曼，他判断，和在东方边境的胜利带来的政治利益相比，他不在首都时发生政变的威胁不算什么。

1629 年，沙赫阿巴斯一世去世，他的孙子萨非继承了沙赫之位。在伊斯坦布尔和安纳托利亚的动乱中，他煽动格鲁吉亚君主们，并趁机派出一支部队围攻奥斯曼的凡城。[77] 苏丹穆拉德直到 1635 年春天才出兵对付沙赫萨非。耽搁这么久的部分原因是他原计划于 1634 年夏天率领陆军攻击波兰立陶宛联邦，他甚至为此行军到埃迪尔内；[78] 另一个原因是部队无心作战，这迫使他同意暂时休息一段时间再向东前进。[79] 与波兰立陶宛联邦之间的和平让苏丹穆拉德得以空出手来对伊朗入侵边界一事做出果断的回应，一支大军终于在大维齐尔"扁平足"穆罕默德帕夏率领下出发，前往安纳托利亚，支持那里的军队抵御萨法维，苏丹亦随后跟上。这是苏丹穆拉德第一次远离伊斯坦布尔冒险率军出征，他们穿越安纳托利亚，经过埃尔祖鲁姆和卡尔斯堡，攻打萨法维占领的埃里温堡。他也趁着这个机会，顺道报复性地简易审判了那些在他统治初期造成混乱的叛乱者和土匪，处决了一些屡遭控诉的人，其中包括好几个滥用权力的总督。[80] 在东部边境艰难的战事中，这种严厉的惩罚非常有效，抑制了过去破坏苏丹军事行动的暴乱。

埃里温堡在 1583 到 1604 年之间处于奥斯曼人控制下。经过 8 天的围攻，当地驻军终于在 1635 年 8 月 8 日缴械投降。穆拉德的军队从埃里温出发，继续南下挺进大不里士。但是和过去一样，他们无法守住这座城市，在冬季来临时只好撤退至凡城。苏丹和被他击败的埃里温总督米尔古恩·塔赫玛斯普·库里汗（奥斯曼人称之为埃米尔居恩）结下了深厚的友谊。埃米尔居恩随后被召到伊斯坦布尔，在那里，他拥有了一份固定的薪水，以及博斯普鲁斯海峡边村庄里的一座花园，这座村庄现今被称为埃米尔干，在那里，他建造了一座"波斯风格的"宅邸。[81] 穆拉德常常与埃米尔居恩共度时光，根据 17 世纪在伊斯坦布尔的法国旅行者让·巴蒂斯特·达夫尼尔描述，他们纵情于酒宴欢乐。[82]

1635 年 12 月，苏丹穆拉德作为重建其祖父辈传统的战士在伊斯坦布尔举行了盛大的入城仪式，并在托普卡帕皇宫的庭园里建立了埃里温宫以纪念这次胜利。埃里温宫建于一块平台上，可以俯瞰整个金角湾。在埃米尔居恩投降不到 8 个月后，也就是穆拉德返回伊斯坦布尔 3 个月后，埃里温就被萨法维再度夺回，但这个事实也并未使奥斯曼的胜利失色。或许，失去埃里温被奥斯曼人认为不过是一个暂时的挫败。萨法维发起反攻的消息使奥斯曼派出一支军队支援埃里温的守军，可惜军队的规模实在太小了，冬天天气又极端严寒。大维齐尔"扁平足"穆罕默德帕夏留在迪亚巴克尔的冬季营地过冬，他因为失去埃里温而被解职，穆拉德四世的姐夫、前禁卫军总司令及埃及总督巴伊拉姆帕夏接任。[83]

虽然萨法维已夺回埃里温，并在战斗中击败了奥斯曼军队，但是一听说苏丹穆拉德正准备再次向东方边境进军，萨法维就差遣一名特使向奥斯曼帝国求和，[84] 但是他们并不能阻止穆拉德。在离开伊斯坦布尔之前，穆拉德下令城市里所有的行业公会都要列队游行，由他检阅。艾弗里雅切莱比对这次多彩多姿的庆祝活动进行了生动的记载，这显示他可能也在场，但是他说，《旅行之书》中大段描写抄自一份被称为"君士坦丁堡概览"的手抄本，手抄本的拥有者是他的赞助人与亲戚、政府官员"天使"艾哈迈德帕夏（如今这份手抄本下落不明）。在皇宫外墙西南角的检阅阁上，苏丹检阅了共 735 个行业公会的游行队伍。艾弗里雅切莱比抄录的记载里还包括了他们的历史与习俗。根据他的说法，穆拉德下令举办大游行的目的在于工商业统计。"君士坦丁堡概览"还列出帝国都城里从清真寺到监狱在内的所有建筑物，目标就是用这份清单取代大约半个世纪前，苏丹塞利姆二世下令整理的另一份。[85]

1638 年 5 月 8 日，奥斯曼帝国的大军在苏丹亲自率领下，从于斯屈达尔出发，途经科尼亚、阿勒颇、迪亚巴克尔和摩苏尔等城，最后在 11 月抵达巴格达。巴格达被奥斯曼军围攻 39 天后投降。在拿下这个最重要的什叶派城市后，穆拉德下令修复神学家兼神秘主义者阿卜杜·卡迪尔·吉拉尼的陵墓，这是苏丹苏莱曼一世于 1634 年征服巴格达后建立的。此外，他也重建了著名法学家艾卜·哈尼法的圣祠。苏丹穆拉德对阿卜杜·卡迪尔·吉拉尼的陵墓的关注是为了强调，奥斯曼的伊斯兰信仰远优于被打败的萨法维的伊斯兰信仰。泽克里亚扎德·叶海亚埃芬迪也跟随穆拉德到达巴格达，这是奥斯曼历史上第一次有教长跟着军队征战。[86] 回到伊斯坦布尔后，为了庆祝胜利，苏丹在皇宫庭园一块俯瞰金角湾的草坪上建造了巴格达宫，与埃里温战事后盖的埃里温宫相邻。

苏丹穆拉德四世还参与了帝国另一个重要建筑的建设：在伊斯兰教最神圣的所在克尔白的一段碑文中，他的名字排在历任苏丹中的最后。穆拉德的父亲苏丹艾哈迈德在位期间曾经试图加固过克尔白的墙壁，但是1630 年，一场毁灭性的大洪水使克尔白几乎坍塌。重建并不是一个简单的工程：在实践上，人们必须怀抱虔敬的心先将石头一块接一块慢慢地拆开，因为圣殿被认定是真主建造的；在理论上，一些宗教权威认为任何现代重建活动都是不可接受的，而另外一些权威则认为克尔白重建应该是圣地麦加的谢里夫的传统职责，而不是遥远的奥斯曼苏丹的职责。咨询了教法意见后，人们终于达成如下妥协：国家提供所需材料以及专业技术人员（很可能在当地找不到），麦加的显贵将收到纪念圣殿重建各阶段的礼袍，并为苏丹以及奥斯曼帝国的万世基业祈祷，以表达对重建圣殿的认同。克尔白的碑文中大量记载了穆拉德在重建工程中的作用，这是为了提醒伊斯兰教徒，奥斯曼苏丹作为圣地的保护者做了很多善行。[87]

*　　*　　*

在苏丹艾哈迈德死后不久，欧洲深陷漫长的三十年战争的泥淖，这让奥斯曼能放开手，专心追求国境东方的战略利益。但西方边境一些从世纪之初就存在的小问题在这几年又再次出现，分散了奥斯曼的精力。其中一个是特兰西瓦尼亚的君主问题。1629年加拜特伦·加博尔死后，这个附庸国出现了王位继承斗争，1636年，奥斯曼派兵镇压过于独立的新任统治者拉科齐·乔治，却吃了败仗。[88]尽管如此，在1642年，奥斯曼与哈布斯堡更新了1593至1606年战后签订的《吉托瓦托洛克和约》。三十年战争于1648年结束，主要参战国哈布斯堡十分急切地在1649年再次与奥斯曼更新了和约。[89]奥斯曼帝国和威尼斯签订的联合对付共同敌人的协约确实让奥斯曼帝国多少卷入了欧洲的三十年战争。从意大利北方穿过阿尔卑斯山脉的瓦尔泰利纳山口的控制权，是哈布斯堡与北方的意大利和荷兰属地保持联络的关键。1624到1625年间，威尼斯请求在奥斯曼控制的波斯尼亚、阿尔巴尼亚和伯罗奔尼撒半岛等地区招募雇佣兵，以对抗哈布斯堡，保护自己的利益，并得到了苏丹穆拉德的许可。[90]

1623年，奥斯曼二世在霍京战败后，与波兰立陶宛联邦签订了和平条约。这份合约并没有解决他们的附庸克里米亚鞑靼汗国与乌克兰哥萨克人之间的问题。但是这几年，两个王国亦无暇发动大战：双方仍勉强维持着1623年的和约，甚至在1634年的假战争后亦然；同时，奥斯曼的陆军、海军和当地部队忙着在黑海前线巡逻沿岸和海道，并守卫着所有海岸线上的据点，因为哥萨克人对安纳托利亚和鲁米利亚沿岸的袭击仍未停歇。不同于克里米亚鞑靼人，哥萨克人无论在海上或是陆上都一样行动自如，奥斯曼在黑海上的桨帆船完全不是他们操纵自如的小船的对手。奥斯曼特别成立了一支由小船组建的小舰队，专门用于在草原河流汇入黑海的浅水区打击他们，但是哥萨克人也是隐藏高手，精于避免跟奥斯曼船舰对战。[91] 在他们于 1475 年第一次现身黑海北方沿岸之后的四分之三个世纪，帝国的军队没有花费太大力气就"控制"了这片区域，能够将军事资源调度到帝国比较动荡的地区。随后，德米特罗·维什涅夫茨基领导了哥萨克人，给草原地区带来了动荡。但这不过是 17 世纪初哥萨克人入侵"奥斯曼湖"的序曲，像费奥多西亚、别尔哥罗德、康斯坦察、瓦尔纳、萨姆松和特拉布宗这样的大城市都被一再攻击和劫掠。多瑙河下游的殖民地，例如基利亚、伊兹梅尔、布勒伊拉和伊萨克恰也无一幸免。这一连串的袭扰有极其重大的意义和影响——它破坏了伊斯坦布尔以及帝国经济赖以生存的原物料和食物供应。[92] 这些年中，哥萨克人还屡屡深入博斯普鲁斯海峡展开攻击：1627 年，哥萨克人掠夺并烧毁沿岸村庄，向南至少打到耶尼柯伊。英国大使托马斯·罗伊爵士见证了 1624 年 7 月 19 日的袭击：

> ……差不多有 70 到 80 艘哥萨克船只，每船各有 50 名桨手和士兵，他们趁奥斯曼海军元帅与鞑靼人交战的时机，在破晓时分进入博斯普鲁斯海峡。他们兵分几路沿着河流两岸掠夺财物，焚烧村庄和度假房舍（即海边别墅），最远曾打到堡垒（即如梅利堡和安纳托利亚堡），离城市（即伊斯坦布尔）不到 4 英里。被袭击的主要地方是拜乌克德里（比于德克莱）、杰尼柯伊（耶尼柯伊）和位于亚洲大陆海岸的斯坦尼亚（欧洲一侧的伊斯提尼耶？）。在劫夺大量值钱的战利品后，他们一直待到上午 9 点钟；此时，整个城市和周边郊区都收到了警报，苏丹来到海边……由于没有一艘随时可以参战的舰只，他们将所有的帆船、驳船和其他一些舢板都配上人手和武器，船只数量总计在 400 至 500 艘之间，有了这些人手，他们可以摇桨操船或

者作战。他们还派出城市里所有的骑兵和步兵，总计约一万人，守卫沿岸免受进一步劫掠。如此恐慌与混乱前所未见。[93]

罗伊爵士记载，哥萨克人突袭博斯普鲁斯一事震惊了奥斯曼政府，在哥萨克人入侵的消息传来时，帝国会议正在召开会议，与会者"愤而结束会议，迅速传令防止进一步入侵"。[94]

霍京战役后，穆罕默德·格莱三世于 1623 年成为克里米亚鞑靼可汗。第二年，他 10 年前因继承斗争逃亡至沙赫阿巴斯宫廷的弟弟沙欣返国。沙欣与沙赫阿巴斯的密切关系促使奥斯曼政府试图将这对兄弟的敌人、前任可汗坎贝格·格莱再度推上可汗之位。坎贝格从伊斯坦布尔走海路返国，但他需要奥斯曼协助他取得王位，而奥斯曼的海陆两军正忙于征战，分身乏术。穆罕默德和沙欣有史以来第一次跟昔日死对头 —— 第聂伯河畔的鞑靼人结成政治联盟，一起对抗坎贝格，到了 7 月，奥斯曼海军元帅率舰队驶向克里米亚协助坎贝格。但是他们的联军无法抵挡鞑靼人与哥萨克人的攻击，甚至被鞑靼人团团包围，坎贝格和他的手下窜逃，奥斯曼步兵遭到屠杀，他们携带的军费亦被鞑靼人劫走。[95]而穆罕默德·格莱可汗之位依然稳坐，沙欣则是继承人。1625 年，哥萨克人袭击特拉布宗，造成了毁灭性的破坏，[96]而这只是这些年可怕的攻击中的一次。8 月初，奥斯曼舰队和哥萨克人在多瑙河三角洲外进行了一场大规模海战：奥斯曼海军将领因及时刮来的一阵顺风才得以逃命。[97]

克里米亚鞑靼人与哥萨克联军不仅刺激了奥斯曼帝国，同时也令波兰政府深感担忧，因此波兰人采取措施镇压哥萨克人，以免哥萨克他日挑起波兰和强大邻国之间的战争。托马斯·罗伊爵士在送回英国的通报上提到鞑靼－哥萨克军事联盟给这个区域情势带来的变化。他说，"任何有关这两个游牧民族间的情报……都会被证明是这座城市以及国家的大麻烦"。[98]欧洲各国驻伊斯坦布尔的外交官敏锐地观察到，黑海局势变化可能会影响到奥斯曼在地中海与中欧的势力。他们密切关注形势的变化，并尽力影响事情发展的方向，以求有利于自己的国家。因此，对哈布斯堡而言，黑海战云密布表示奥斯曼势必要转移对中欧的注意力和精力；而对他们的对手英国与法国来说，黑海平静无事，奥斯曼军队就有余裕对付哈布斯堡及其盟友。[99]

为了减轻哥萨克人的威胁，奥斯曼决定加强在黑海北部地区的防御，希望能阻止哥萨克人入侵，至少能随时扰乱哥萨克人偷偷顺着第聂伯河驶入大海的活动。在 1627 年与 1628 年的两次远征中，奥斯曼在奥恰基夫河口的要塞增建了几座堡垒。此外，在 1628 年，纵然对方有哥萨克人的支持，奥斯曼仍将穆罕默德和沙欣·格莱两兄弟赶下台。[100]克里米亚鞑靼可汗家族接连不断的继位斗争（通常一名成员会寻求邻国协助对抗另一个继承人）到最后经常引来奥斯曼的干预，后者要确保他们合意的人选坐上宝座。

第聂伯河的哥萨克人若想穿过河口驶入黑海，必须先和奥恰基夫堡垒交涉，而顿河的哥萨克人若想自由航行进入黑海，也会受到亚速这个港口城市的阻碍，早在 1475 年这里就已经归属奥斯曼。1636 年，顿河哥萨克人在乌克兰哥萨克人的支持下围攻亚速城，并于次年夺下该城，这让他们的保护者莫斯科大公国陷入两面为难的窘境——是否该冒着惹怒奥斯曼帝国的风险支持他们。在随后几年，奥斯曼花费了极大心力要收复亚速城，担心他们在亚速海出口的其他堡垒要塞会受到攻击，而如果哥萨克人成功占领这些堡垒，他们将获得另一个进入黑海的通道。[101]奥斯曼收复亚速城的远征舰队于 1641 年启程，他们联合鞑靼人围攻亚速城堡数周之久，纵使守军挖掘隧道的行动夺走了许多生命亦不停歇。直到冬季来临，他们仍未能驱离哥萨克人，只得被迫撤退。[102]但是莫斯科大公国拒绝向亚速城守军提供任何支持，第二年，哥萨克人只得弃守城堡，使奥斯曼人松了一口气。

17 世纪的大部分时间，莫斯科大公国仍旧不愿与奥斯曼为敌——因为瑞典和波兰立陶宛联邦更令他们担心。在 17 世纪 80 年代奥斯曼与神圣同盟的战争期间，莫斯科远征军越过大草原向南进军，却遭遇失败，之后，彼得大帝于 1696 年攻打亚速城时，这个政策才发生改变。1632 至1633 年间，莫斯科大公国围攻莫斯科西南方被波兰立陶宛联邦占领的斯摩棱斯克，这场战役暴露了它军力衰弱的窘况：这支军队连这么小的目标都无法实现，直接对抗地区中最强大的军事力量无异于自寻死路。[103] 莫斯科大公国继续向克里米亚鞑靼可汗进贡 —— 就像在中世纪时向他们的先祖钦察汗国的可汗进贡一般。这是对它所处地位的提醒，不过，它现在敢把贡金称之为"礼金"，这显示他们的关系在明显发生变化。[104] 总体而言，15 世纪钦察汗国分裂后，大草原上开始的权力斗争与一个世纪之前安纳托利亚东南部的马穆鲁克、萨法维与奥斯曼之间的斗争没有什么区别。奥斯曼长久以来一直把草原地带视为缓冲地带，由克里米亚鞑靼人代为看守，如今，莫斯科与波兰立陶宛联邦也开始采取措施向这个地区扩张。

正像奥斯曼帝国的黑海沿岸经常成为哥萨克人的入侵目标，帝国地中海和亚得里亚海沿岸的地区与航运线也常受到北非滨海区和亚得里亚海的海盗骚扰 —— 亚得里亚海的海盗又被称为乌斯科斯人，背后受到哈布斯堡王朝的支持。这些北非与亚得里亚海的海盗也攻击来往于马耳他岛、威尼斯及其他意大利共和国之间的贸易船舶，以及那些载着朝圣者前往麦加，或是从非洲运载奴隶到伊斯坦布尔的船只。有时，当商业损失过于严重并且海盗行事太过嚣张时，奥斯曼就会进行报复。但是，奥斯曼和哈布斯堡王朝之间仍维持着基本上和谐的关系，除非地方冲动之下单独出手处置这些海盗。[105] 1638 年（当时巴格达战役仍在进行），威尼斯惩治亚得里亚海域海盗的一次活动却引发了爆炸性的事件。一支拥有 16 艘舰艇的北非海盗舰队攻击卡拉布里亚的海岸。这使威尼斯人十分恐慌，他们派出自己的舰队追击。当北非海盗船躲进奥斯曼在亚得里亚海的发罗拉港时，威尼斯人封锁了港口，对着堡垒发射炮弹，并攻击海盗的船只，击沉其中 15 艘，仅留下一艘当作战利品送回威尼斯。奥斯曼帝国威胁要报复威尼斯人，并切断两国之间的贸易。不过更加明智的建议占了上风，事件最终通过外交管道得到解决：拜洛（威尼斯驻伊斯坦布尔外交官）在被监禁 10 个月后获释，威尼斯像 1573 年一样向奥斯曼支付了赔偿金。[106]

在帝国东方，1639 年与萨法维签署的《祖哈布和约》结束了奥斯曼与萨法维之间从 1514 年恰尔德兰战役开始的漫长战争。在那之后，奥斯曼得以专注于其他地区的事务，和平一直维持到 18 世纪 20 年代萨法维王朝灭亡。根据和约，萨法维王朝保留高加索的埃里温及其周边地区，奥斯曼则占领伊拉克和巴格达。它重新建立起 1555 年《阿马西亚和约》后失去的战略平衡，这是穆拉德四世最伟大的成就之一。

8

帕夏复仇

1639 年 2 月，苏丹穆拉德四世从萨法维人手中再度夺回巴格达，在返回伊斯坦布尔的途中先抵达了迪亚巴克尔。他病了，因此在当地多逗留了两个月才继续返回伊斯坦布尔的旅程。不到一年，穆拉德四世过世，年仅 29 岁，被安葬于他父亲艾哈迈德一世拥挤的皇室陵墓里。他两次被废的无能叔叔苏丹穆斯塔法一世稍早前亦已过世。穆拉德一反最近几年的做法，等到多次征战结束回到国内，才处死了他的兄弟：穆拉德同父异母的兄弟，也是奥斯曼二世的同父同母的兄弟巴耶济德和苏莱曼在 1635 年庆祝埃里温战役胜利时被处死，而穆拉德同父同母的兄弟卡瑟姆则在穆拉德从巴格达战场返回后被处死。

穆拉德仅饶了一个兄弟的命 —— 可能是因为他的母亲柯塞姆苏丹求情。他这个兄弟被大家称作"疯子"易卜拉欣，最终得以继位成为苏丹。这是自从苏莱曼一世继承他父亲塞利姆一世的苏丹之位以来，皇室里第一次没有其他继承者争夺王位：穆拉德四世没有一个儿子在世，其他直系男性亲属又全被清除了。易卜拉欣精神方面的问题或许令人担忧，但是奥斯曼王朝的血脉一旦完全断绝，后果难以想象。当易卜拉欣一世从宫中的隐居处被召唤出来的时候，他难以相信穆拉德已经死了，还以为自己大概会面临和他那些不幸兄弟们同样的命运。

苏丹易卜拉欣继续接受穆拉德四世任命的教长与大维齐尔的服务。泽克里亚扎德·叶海亚埃芬迪仍旧担任教长，直到 1644 年过世，他总共服务了 18 年，连续服侍过三位苏丹。穆拉德最后一任大维齐尔是"黑色弓箭手"穆斯塔法帕夏，他曾经代表奥斯曼参与了成功结束与伊朗战争的和平谈判，且在职时间相对较长（大约 5 年），直到 1644 年他变成派系纷争的受害者被处决。苏丹易卜拉欣对参与国事没有什么兴趣，他的母亲柯塞姆苏丹再度来到幕前，行使她在 1632 年血腥事件后放弃的皇太后权力。皇太后与大维齐尔之间的权力角逐在所难免，不过在易卜拉欣统治期的前几年，最高层的权力斗争尚在可控范围内。[1]

"黑色弓箭手"穆斯塔法帕夏继续进行着穆拉德四世和前任大维齐尔"扁平足"穆罕默德帕夏的改革运动。"扁平足"穆罕默德任职的四年半后，"黑色弓箭手"穆斯塔法帕夏延续了政治的稳定，使派系斗争趋于缓和，从而让他们得以继续推动改革。财政部门被迫承认，要将农民重新安置回原有土地的过程充满了无法解决的恼人问题，因而已经下令重新启动税务调查，要求农民在现在的居住地登记。[2]"黑色弓箭手"穆斯塔法将禁卫军与骑兵人数分别降到 1.7 万人和 1.2 万人。他稳定货币，要求账目进出国库必须用现金支付，不再接受原来的期票，[3]并颁布了详尽的物价标准。[4]他也试图采取措施解决当时最棘手的问题，就是那些日渐增加的对国家没有什么贡献，却从国库提领薪水的人。

一位如此果决的大维齐尔无可避免地会遭到反对，1642 到 1643 年，奥斯曼再次发生叛乱。阿勒颇总督纳苏赫帕夏扎德·侯赛因帕夏是艾哈迈德一世时大维齐尔纳苏赫帕夏的儿子，他与"黑色弓箭手"穆斯塔法帕夏交恶。[5]纳苏赫帕夏扎德·侯赛因帕夏庇护了一名政府正在追捕的闹事者，忽视来自伊斯坦布尔的命令；并且在他的信头上非法使用苏丹的花押，而在地方任职的维齐尔被禁止使用此密记；[6]他还抱怨担任阿勒颇总督一职让他多花费了许多金钱，他从这个职位获得的收入根本无法填补高额的债务——卡蒂卜切莱比记载说，大约在这个时期，高级官职开始被授予能够买得起这些职务的人。"黑色弓箭手"穆斯塔法于是将纳苏赫帕夏扎德·侯赛因转调到锡瓦斯省担任总督，但是又密令现任总督派军队与他对抗——倒霉的现任总督在混乱中被杀，纳苏赫帕夏扎德·侯赛因则前往伊斯坦布尔大肆宣传自己的冤屈。他的军队在一路穿过安纳托利亚时逐渐壮大。在距伊斯坦布尔几百公里远的伊兹米特，他击溃了一支从首都派来攻打他的军队，并向于斯屈达尔挺进。关于他的下场，当时的记载众说纷纭。有人说，纳苏赫帕夏扎德·侯赛因搭船逃到黑海，后来政府密探在多瑙河上的鲁塞城外将其逮捕杀害。[7]另有人说，大维齐尔穆斯塔法假意原谅他，并许诺让他担任鲁米利亚总督，随后派出刽子手渡过博斯普鲁斯海峡将他处死。[8]

纳苏赫帕夏扎德·侯赛因帕夏曾渴望成为大维齐尔。"黑色弓箭手"穆斯塔法帕夏的另一位竞争对手则是"年轻的守门人"苏丹扎德·穆罕默德帕夏，1642 年，当他在黑海北岸的厄齐省担任总督时，从哥萨克人手中收复了亚速城，这是他相对成功的军事与行政生涯的顶点。"黑色弓箭手"穆斯塔法的改革威胁到许多既得利益者，导致他的处境岌岌可危。1643 年底，大维齐尔指派"年轻的守门人"苏丹扎德·穆罕默德帕夏到大马士革担任总督，让他远离宫廷。但是"黑色弓箭手"穆斯塔法不能指望永远压制得住合谋对付自己的派系，纳苏赫帕夏扎德·侯赛因的叛乱只是他的改革引起的不满的其中一个表现，1644 年 2 月，苏丹易卜拉欣下令将他处决。"年轻的守门人"苏丹扎德·穆罕默德被从大马士革召回，接替他担任大维齐尔。[9]

苏丹易卜拉欣把每天的例行事务交到维齐尔手上，但就像他哥哥穆拉德一样，他喜欢听他的宠臣的鼓动。当年穆拉德就是受到卡迪扎德传道人的鼓动，下令关闭所有咖啡馆并强制执行奢侈法。如今，易卜拉欣因为健康状况不佳，成为各种庸医的猎物。他觉得"魔鬼猎人"侯赛因霍贾是个能满足自己需求的心灵导师。"魔鬼猎人"侯赛因职业生涯中的最高峰就是被正式任命为安纳托利亚的首席法官，但他在当时政治事务上扮演的角色远超出他职务上的权限。[10]苏丹对于"魔鬼猎人"侯赛因的偏重，显示教长的地位势将不保，但幸运的是，泽克里亚扎德·叶海亚埃芬迪在苏丹易卜拉欣有意解决他之前已过世。

*　　*　　*

1638 年在发罗拉发生的海盗事件看上去很可能恶化，不过冲突终得化解。1644年夏天所发生的事情看起来也可以化解。然而，它却引发了奥斯曼人与威尼斯人之间断断续续持续到1669年的漫长战争。包括卡蒂卜切莱比的记载在内的当时的奥斯曼史料显示，那个夏天，马耳他的海盗攻击了位于罗得岛与克里特岛之间的卡尔帕索斯小岛附近的一支小船队，黑人大太监孙比勒阿迦就在船上，正要被流放至埃及，那里是许多黑人大太监的归宿。此外。船上还有一些前往麦加的显赫朝圣者。孙比勒阿迦在冲突中被杀，抢来的财宝则被搬到另一艘短暂停泊于克里特岛港口的船上。为了表达对港口提供协助的谢意，海盗们将抢夺来的一部分财宝送给了克里特岛的威尼斯总督。孙比勒阿迦马群中的一匹被当成礼物从船上卸下来送给甘地亚的总督，但是马蹄却在搬运过程中碰到了地面。根据卡蒂卜切莱比的说法，这是个不祥的兆头。果真，几天后，海盗们向西航行，但还没走多远，他们竟凿沉了从奥斯曼掳获来的船只，还留在船上的补给品与牲畜也跟着沉入大海。[11]

海盗滋事的消息传来，在伊斯坦布尔城内引发了极大愤怒。人们认为克里特岛的威尼斯人蓄意藐视双方的协议（它规定双方不可为任何对企图或已经攻击对方船只的海盗提供庇护）。根据威尼斯派驻伊斯坦布尔的拜洛乔万尼·索兰佐的纪录，所有驻伊斯坦布尔的外国使节全被召唤到颇具影响力的苏丹宠臣"魔鬼猎人"侯赛因霍贾面前，他们全都受到交叉盘问，要交代他们各自的政府是否参与了这次海盗事件，他还要求每个人分别写下书面报告。这些使节先是拒绝，后来还是同意配合，但是要求奥斯曼派人前往克里特岛了解实情。一些在攻击中存活下来的奥斯曼水手最后终于回到了伊斯坦布尔，他们揭露马耳他海盗实际上在克里特岛待了20天，贩卖夺来的战利品，也采购了补给。对奥斯曼人来说，这不是微小到可以忽略的违约行为，而是威尼斯人与信仰相同的马耳他岛人之间深思熟虑后的结盟活动。[12]

另一方的解释则与奥斯曼的版本大相径庭。威尼斯的克里特总督回报给威尼斯总督的内容是，马耳他船只只是短暂停靠，他们让一些跟着他们的希腊人下船后，它就继续向马耳他行进，实际上，马耳他人登陆的那一段海岸线的官员已经因擅离职守被处死。两种不同版本的说辞相互矛盾。维持和平明显更符合威尼斯人的利益，因为若遭受奥斯曼攻击，他们无法保卫自己及属地，而克里特岛的希腊人显然不会挺身而出保卫他们讨厌的威尼斯主子。关于是否因为这个事件而开战及其效益，奥斯曼帝国会议似乎没有做过太多探讨，"魔鬼猎人"侯赛因霍贾的主战派立场得到了"持剑人"优素福阿迦的支持。他是苏丹易卜拉欣的另外一位宠臣，也是他的女婿，之前从达尔马提亚叛降过来的。[13] "持剑人"优素福被提拔为帕夏，并被任命为此次陆海两军联合行动的总司令。[14] 由于"黑色弓箭手"穆斯塔法帕夏死后，以他为代表的温和派的声音消失，主战派占得优势。

奥斯曼舰队已经在帝国造船厂整军待发，大家都认为他们的目标就是马耳他。威尼斯人仍然坚持自己是无辜的，他们也坚信奥斯曼的目标是马耳他。所以，1645 年 6 月 26 日奥斯曼舰队突然兵临克里特岛时，威尼斯人被打得措手不及。[15] 开战的第一个夏天，奥斯曼花了将近两个月的时间攻下了甘尼亚城堡，按照伊斯兰教的战争准则与奥斯曼惯例，他们饶过了守卫军人的性命，允许他们带着身家财产离开。城市被征服的重要象征就是奥斯曼人将城内的主教座堂改造为清真寺，并以苏丹的名字命名。另外还有两座教堂也被改造，其中一座还以获得胜利的统帅"持剑人"优素福帕夏的名字重新命名。[16]

然而，"持剑人"优素福帕夏未能让自己的职业生涯也受到这次大有可为的胜利庇佑。回到伊斯坦布尔后，他受到大维齐尔"年轻的守门人"苏丹扎德·穆罕默德帕夏的指责，后者不满意他围城的安排，特别是他只带回极少量战利品。尽管苏丹易卜拉欣在听完两方意见后，决定革除"年轻的守门人"苏丹扎德·穆罕默德帕夏的大维齐尔职位，"持剑人"优素福仍发现苏丹的一时偏爱是不可靠的：当他以冬天的气候不宜作战，且舰队也还未准备好为由，拒绝回到克里特战场时，易卜拉欣以他违抗命令为由下令将他处死。[17]

1646 年，当奥斯曼占领威尼斯在达尔马提亚海岸的重要领土后，战争扩散到威尼斯与奥斯曼帝国间破碎边界的另一片区域。不过在第二年，奥斯曼又失去了这片领土的其中一块。[18] 但克里特岛的战役进行得很顺利。雷希姆诺在年初时沦陷，不久后，岛上的小军事要塞也连续失守。

1647 年 10 月，奥斯曼开始围攻岛上最大的城市伊拉克利翁（即甘地亚）（在接下来的 22 年中，围攻一直持续着）。到了 1648 年，除了两三个小要塞之外，整个岛屿都已落入奥斯曼手中，奥斯曼甚至可以在这里建立基本的行政机构，只是这个岛没有什么生产活动，能征得的税款实在不多。[19] 但奥斯曼帝国的好运也差不多走到了尽头。威尼斯的军队于 1646 年登陆博兹贾阿达岛（忒涅多斯岛），尽管被击退，但他们能在离奥斯曼本土如此近的地方，在通往克里特的航线的战略要地骚扰奥斯曼的海上运输，对奥斯曼的未来并不是个好兆头。1648 年，一支威尼斯舰队封锁了达达尼尔海峡，使奥斯曼人在长达一年的时间里无法驶入爱琴海，给克里特岛上的驻军运送补给，送往伊斯坦布尔的补给也因此受到影响。奥斯曼的海军经陆路将他们的基地迁移到安纳托利亚西部防御坚固的切什梅港，以便在一定程度上解决船队出入受制于人的窘境。[20]1649 年 4 月，一支强大的新舰队从伊斯坦布尔出发，成功突破了威尼斯人的封锁。[21]

奥斯曼帝国与威尼斯之间爆发的战争在远离克里特战场的地方也产生了影响。波兰人对克里米亚鞑靼人的愤怒在这几年已大到一个新的高峰，为了保卫波兰立陶宛联邦不受鞑靼人的入侵，他们只好挪用原本可以更好地运用在其他地方的资源。国王瓦迪斯瓦夫四世自从于 1632 年登基起，就已酝酿着一个"土耳其战争"计划，这个计划在威尼斯大使乔万尼·蒂耶波罗造访时得到了支持。大使建议，当奥斯曼人的注意力集中在克里特岛上时，瓦迪斯瓦夫名义上的臣民哥萨克人应该趁机攻击奥斯曼黑海海岸，这个战术在过去曾给伊斯坦布尔带来极大的恐慌。蒂耶波罗还愿意为此提供经济帮助。瓦迪斯瓦夫认为正面挑战奥斯曼人太过危险，还是坚持认为更明智的做法是先攻击鞑靼人，这个小冲突势必会升级成与其宗主国奥斯曼的战争。这个意见吸引了蒂耶波罗，他在 1646 年 3 月得到了威尼斯政府为这个计划提供资助的许诺。[22]

瓦迪斯瓦夫未能得到自己政府的支持，反而是波兰立陶宛联邦的邻国——莫斯科大公国，以及奥斯曼的附庸国瓦拉几亚、摩尔达维亚公国与特兰西瓦尼亚都暗示会支持瓦迪斯瓦夫的计划。他认为可以通过让哥萨克军队听从他的命令作战，使用极少的经费完成计划。不过，鞑靼人入侵波兰立陶宛联邦领土的行动就在这个时候缓和下来，奥斯曼政府也深知两线作战的困难，因而与瓦迪斯瓦夫沟通时表现出和解的意愿。但更重要的是，波兰的宪法不允许发起侵略战争，政府也拒绝改变不支持的立场，国王没有其他的选择，只能屈服。[23]

*　　*　　*

　　与威尼斯开战的同时，奥斯曼政府也陷入内部混乱。在穆拉德四世时期的资深政治家们离开政治舞台后，宫廷与政府的不稳定状态也成为苏丹易卜拉欣执政期时期的特点。尽管苏丹脆弱的精神状况让他母亲有机会干涉政策制定，但是她无法阻止易卜拉欣听取他的宠臣的建议。他长时间待在后宫，对国际与国内政务漠不关心。政府官员随着他们所属派系的得势与失势争夺权位。各种阴谋诡计是当时的常态，但是密谋之人仍要承担巨大的风险：1645 年起担任大维齐尔的萨利赫帕夏经常抱怨，认为苏丹易卜拉欣应该被废黜，让他的儿子继承苏丹之位，结果他在 1647 年迅速遭到惩罚。[24] 虽然穆拉德四世进行了改革，试图让政府更容易征到它赖以生存的税收，但是国库再次空虚。

　　各省持续的动荡也是不满蔓延至整个社会的表现。安纳托利亚陷入一团混乱。农民的生活经常受到当地土匪的骚扰，还受到因为政治原因爆发的叛乱（如阿布哈兹的穆罕默德帕夏与纳苏赫帕夏扎德·侯赛因帕夏的叛乱）的影响。农民因此放弃了传统的生活方式，也有许多人放弃的原因是经济状况的恶化。他们加入了某个帕夏的部队，或者成群结队去乡下打家劫舍维生。官方话语明确划分了叛乱与土匪行为的界限。帕夏首先被认为是奥斯曼人，而叛乱的帕夏则被认为是通过教育培养出来的统治阶层中偏离正路的人，除非他们证明自己非比寻常地顽冥不化，他们总是至少暂时能被拉回帝国的怀抱。另一方面，土匪在政府眼中则是社会下层人，他们是应当纳税的农民阶级的成员，竟然违法抛弃他们在社会中被赋予的责任，因此要根据刑法受到惩罚。很少有土匪能够进入奥斯曼帝国的精英阶层。叛乱的帕夏与土匪一样，会抢夺商队、压迫农民、反抗中央政府派来收税的官员，他们是当地人民又爱又恨的人物。他们给失业的人一个消耗精力的途径，也招募了许多有武器的年轻人。他们也是当时歌谣中的主题，这些歌谣或是规劝他们放弃无法无天的生活，或是鼓励他们要勇于跟权威碰撞。[25]

这些年，土匪头目里的代表是卡拉海达尔奥卢·穆罕默德。他趁着奥斯曼军队前往克里特，在 17 世纪 40 年代中期跟着父亲卡拉·（卡拉）海达尔成为土匪。他经常在安纳托利亚西部的主要干道上抢劫商队，同时还索要某个桑贾克的统治权。这个要求当然被拒绝，卡拉曼总督伊普希尔·穆斯塔法帕夏（他在要为苏丹奥斯曼复仇的阿布哈兹的穆罕默德帕夏家中长大，后来也成为大维齐尔[26]）率领一支军队在 1647 到 1648 年间的冬天追捕卡拉海达尔奥卢·穆罕默德，但是没有抓到，此后几次尝试仍告失败。卡拉海达尔奥卢·穆罕默德最后还是被捕获，并于 1648 年底被绞死。[27] 和其他土匪一样，有人写了一首歌谣纪念他：

> 海达尔奥卢，你还有理智吗？
> 你怎么能背叛崇高的奥斯曼帝国？
> 无论你在世上做了多少残忍之事，
> 到最后，一件一件你都得偿还。
> ……
> 为什么你就不能平平静静过日子？
> 现在正是你，每个人都不停数落你；
> 小心，你将落在卡拉阿里（刽子手）手里，
> 受尽折磨痛苦至死。
> ……
> 卡蒂卜·阿里（作者）说：做好你自己的事吧，
> 某天，你将被吊死在绞刑架上，
> 乌鸦会从天而降，落在你的尸体上。
> 别以为你能嚣张到永远。[28]

1623 年，阿布哈兹的穆罕默德帕夏发动叛乱，是为了替苏丹奥斯曼被谋杀报仇，纳苏赫帕夏扎德·侯赛因帕夏叛乱的原因是他的总督权力受到诸多限制。锡瓦斯总督瓦尔瓦尔·阿里帕夏在安纳托利亚领导了另外一起暴动，在周边诸省引发了混乱，可能进一步加剧了伊斯坦布尔的混乱。历史学家兼政府官员穆斯塔法·纳伊玛在半个世纪后编纂的历史中记载，1647 年，伊斯坦布尔要求锡瓦斯省为斋月规划好的庆祝活动捐献 3 万阿斯皮尔银币，但是跟城里的士绅商议后，瓦尔瓦尔·阿里拒绝向当地纳税人征收这项额外的税费。随后，伊斯坦布尔又提出了其他要求，包括把伊普希尔·穆斯塔法帕夏的一位妻子送到伊斯坦布尔，这项要求被瓦尔瓦尔·阿里拒绝了，理由是一位穆斯林的妻子不应该被交给她的合法丈夫之外的其他人。最后，他不断累积的怒火促使他公开指责那些他认为要为破坏乡村生活负责的人。他甚至指责苏丹不参与国事，抱怨苏丹大权已落入他身边的女人手中，并准确指出总督和桑贾克贝伊的短暂任职时间就是一切混乱的罪魁祸首，因为在他看来，各省高级官员在任职满三年之前获得的收入都不足以抵消买官的费用，因此每个新上任的官员都在卸任前尽力搜刮，倒霉的是当地老百姓。瓦尔瓦尔·阿里帕夏宣称，为了国家的顺利运作，他要亲自去伊斯坦布尔表达自己的观点。[29]

艾弗里雅切莱比当时在埃尔祖鲁姆。他记录道，这个省的总督、他当时的资助人"司库之子"穆罕默德帕夏收到了萨利赫帕夏被处死的消息，以及一个警告：在萨利赫帕夏去世 5 天后继任的新任大维齐尔"碎尸万段"艾哈迈德帕夏想要他的命，并且决心除去许多他认为不顺从的总督。"司库之子"穆罕默德跟他手下的官员认真讨论了这封信，并询问，如果他强取地方金库，然后躲进埃尔祖鲁姆堡垒里，"像阿布哈西兹的帕夏一样当杰拉里"，他们会如何反应。但是，他没能把守卫堡垒的禁卫军赶出堡垒。[30] 此后没多久，艾弗里雅切莱比在埃尔津詹写道，瓦尔瓦尔·阿里帕夏寄来一封信，在信里他提到，因为伊普希尔·穆斯塔法帕夏妻子的事件，自己已经被免除锡瓦斯总督职务，他已经和大批有权势的人在前往伊斯坦布尔的路上，其中包括另外 7 个省的总督和 11 个桑贾克贝伊。瓦尔瓦尔·阿里帕夏认为"碎尸万段"艾哈迈德是个恐怖的统治者，建议"司库之子"穆罕默德带着手下和他一起去伊斯坦布尔。"司库之子"穆罕默德欣然同意,并开始积极地准备。艾弗里雅切莱比却陷入犹豫不决的混乱当中,但他最关心的是随身携带的物品。[31]

瓦尔瓦尔·阿里帕夏的计划是与包括伊普希尔·穆斯塔法帕夏在内的叛乱帕夏分割奥斯曼帝国的东方省份,但是他提议的联盟计划并未实现。"司库之子"穆罕默德帕夏派艾弗里雅切莱比递送了一封信给正在阿马西亚东南边扎营的瓦尔瓦尔·阿里,警告他伊普希尔·穆斯塔法是不能被信任的。接替伊普希尔·穆斯塔法担任卡拉曼省总督的是柯普律吕·穆罕默德帕夏,他当时受命率领保皇派部队攻打瓦尔瓦尔·阿里帕夏的军队,但是在他们动员部队之前,柯普律吕·穆罕默德被瓦尔瓦尔·阿里生擒。没多久,伊普希尔·穆斯塔法就率军赶到瓦尔瓦尔·阿里驻留在安卡拉北方的营地,救出了柯普律吕·穆罕默德,并处死了瓦尔瓦尔·阿里帕夏——艾弗里雅切莱比还来不及警告他伊斯坦布尔正在酝酿的阴谋,即他们命令"司库之子"穆罕默德帕夏前去追捕瓦尔瓦尔·阿里,就像他们曾命令瓦尔瓦尔·阿里杀死"司库之子"穆罕默德一样。艾弗里雅切莱比受到伊普希尔·穆斯塔法的尖锐审问,不过他坚决否认跟"司库之子"穆罕默德有任何密切关系,说自己只是刚巧通过这条路,被卷进这场混战中而已。[32]

瓦尔瓦尔·阿里帕夏写了一份诗歌形式的自传,详述自己的公仆生涯,包括自幼被少年征召制度招募的经历(这个制度在17世纪中叶几乎废止,因为禁卫军人数已经过多,何况奥斯曼也不再需要基督教改宗的人口进入统治阶级)。瓦尔瓦尔·阿里帕夏的双行诗是一份重要的材料,是极少数关于在奥斯曼帝国军队与政府阶层中任职的个人记录。1600年左右,他被苏丹艾哈迈德的官员征募——"他们把惊慌中哭泣的我带走,我不知道我将面对什么",接着被送到伊斯坦布尔,接受训练以便日后进宫做仆人,在4年的准备后,他又进宫接受了10年的训练,后来成为苏丹艾哈迈德的驯鹰人。在这个职位上,他有机会让苏丹对他印象深刻:

　　……一日外出狩猎时,苏丹恰巧向我走来,亲自从我手上接过猎鹰。

他瞥见一只秃鹫翱翔天空，立刻放出猎鹰追杀，猎物被击中，落到平原。

他在那时问我："请告诉我，向我说你心里的愿望，你的祈许，我负责达成。"

我恳求道："作为您身边的一位资深侍从，若您恩准，请许我随您上战场。"

这是人们和之后继任的苏丹们变得亲近的开端，也是每一个被招进奥斯曼统治阶层的人的目标。霍京战役时，瓦尔瓦尔·阿里帕夏随苏丹奥斯曼二世一同上战场，他得到的奖励是被任命为苏丹的骑兵。他也获得在大马士革省的土地，但是他十分不齿苏丹的部队在推翻奥斯曼时所起的作用，遂离开了骑兵部队。没多久，他被任命为驻埃及的禁卫军指挥官，一年后返回伊斯坦布尔，成为两个猎鹰训练部队的负责人。大约到1625年，他随侍年轻的苏丹穆拉德四世狩猎时获得苏丹的青睐，成为一名骑兵指挥官，参加了1629到1630年间失败的巴格达战役。在那之后，他被任命为塞浦路斯省总督，这是他的第一个重要职位。令他遗憾的是，才半年他就被召回伊斯坦布尔。其后，他先后被任命为阿达纳、塞浦路斯、迪亚巴克尔和马拉什总督。1635年，他随同苏丹出征夺回巴格达，因为英勇作战获得了金钱和一件土耳其长袍为奖励：

> ……在前后三次战役中，沙赫伊斯玛仪的人（即萨法维军队）被我以神的旨意打败，我把赢得的战利品献给我们的苏丹；
>
> 为了表彰我的英勇壮举，沙赫穆拉德可汗赐予我四包阿斯皮尔银币和一件荣誉长袍。

瓦尔瓦尔·阿里在埃里温战役及随后的大不里士战役中获得了卓越的功绩，再次被任命为塞浦路斯总督。一年后，他又被调到在安纳托利亚西部的阿纳多卢省。1638年，他在率军攻击巴格达时受伤，并因此退役，被任命为鲁米利亚省总督。苏丹易卜拉欣继位后，他曾短暂失宠，但随后被派往各省担任总督，依序是凡省、阿纳多卢省、阿达纳省以及介于伊斯坦布尔和安卡拉市之间的博卢桑贾克。由于自己和同僚必须忍受的频繁调动，他非常强烈地感受到理想已然破灭之 —— 毫无疑问，这是他后来建议此类职务任期必须三年以上的原因。随后他被派往波斯尼亚省担任总督，这是他离开约 40 年的故乡：

> ……经过 43 年，我最终获得了（波斯尼亚的总督职位）—— 我梦寐以求的目标；
>
> 得到这至高无上的奖赏，我忘却了这个世界，整个宇宙；
>
> 真主若将他的恩典赐予他的仆人，一个牧羊人或许将（被带到）苏丹的国土。[33]

不幸的是，瓦尔瓦尔·阿里帕夏的自传在这里就结束了，定格在他死前 3 年的 1645 年。因此，我们只能猜测让他奋力挑战政府权威的原动力到底为何。作为奥斯曼帝国总督回到少小离开的故乡使他十分骄傲，他光辉亮丽的从政生涯也充分显示，机会是开放给每个像他这样出身贫穷的农家男孩的。毫无疑问，这些男孩被迫与家人别离时，双方都很悲伤，但是少年征召制度似乎没有引起基督徒臣民太大的抗拒 —— 看上去它几乎被视为臣民对合法君主应尽的义务，而不是暴君的非分苛求。但是到了 17 世纪中叶，视需要而进行征募的特性，或许让它更加类似于强制征召男子服兵役的制度 —— 当时许多西方国家都是用这种征兵制度。

*　　*　　*

终结苏丹易卜拉欣统治期的是个血腥的事件：当时在伊斯坦布尔工作的编年史作家哈珊·韦吉希宣称，这个事件的细节能够填满一整套书。[34] 1648 年，所有政治派系一致认为必须废黜苏丹。即使是易卜拉欣的母亲柯塞姆苏丹也认识到他的行径已经危害到国家与对外关系的未来。柯塞姆讨厌易卜拉欣的奢华无度和暴躁易怒，他周遭的人亦莫不如此。柯塞姆还担心自身地位难保，她在写给大维齐尔"碎尸万段"艾哈迈德帕夏的信上说："到最后，他不会让你我活命。我们会失去对政府的控制。整个社会已经成为废墟。立即把他从王位上拉下来吧！"[35]

"碎尸万段"艾哈迈德帕夏也是个非常不受欢迎的人，伊斯坦布尔的人与许多省份的总督都十分憎恶他，而国家的顺利运转依赖这些总督。他过分热爱权势带来的奢侈生活，对苏丹的胡作非为漠不关心，遑论稍加劝导。身处事件周边的卡蒂卜切莱比写道，军队指挥官率军在克里特岛战役后回国时，大维齐尔穿着黑貂皮长袍现身，这引起了一场暴动，为日后推翻易卜拉欣的暴乱再添一股动力。[36] 如此炫耀的姿态虽在习俗中是被允许的，但是在饱受国内外艰苦辛酸折磨的人眼中，这是莫大的冒犯和刺激，而威尼斯人年初封锁了达达尼尔海峡，这意味着城里早已物资匮乏。

不满情绪首先在禁卫军的清真寺里爆发。1623 年，在推翻苏丹奥斯曼，以及让他叔叔穆斯塔法复位的过程中，禁卫军清真寺就扮演了关键性角色，这次事件再度展现出禁卫军在苏丹上下台关键时刻的决定性作用。1648 年 8 月 7 日，他们从这里传话到皇宫，要宫内的人务必保护下一代的年轻王子们免受伤害。"碎尸万段"艾哈迈德帕夏潜逃，但很快就被逮捕，并依苏丹的命令被处决。就像 1623 年一样，禁卫军与以教长和其他高级人员为代表的宗教机构结盟，并邀请后者到禁卫军清真寺。第二日，他们聚集于古罗马竞技场。[37]

禁卫军与他们邀请来支持他们的苏丹骑兵团抛弃了过去服从的表象，一致将国家的动荡不安归咎于苏丹本人。不过，他们虽然拥有伊斯坦布尔所有的武装力量，却认为在废黜苏丹这样重要的行动中不能够单靠武力。他们难以想象，在没有举国心照不宣的共识的情况下，他们的行动会有怎样的后果。他们认为，他们需要教长颁布教谕，认定他们的行动是符合伊斯兰教法的。否则社会可能会陷入混乱的无政府状态。他们最初存在的目的是成为保护苏丹的精锐部队，但那已是遥远的过去，禁卫军和骑兵现在认定自己应是国家的守护者——这种角色并不必然与他们苏丹仆人的身份相互矛盾，只是在实践中，两者的冲突却逐渐增多。在各政治派系十分嚣张、苏丹权势因此被削弱的时代，他们认为自己有责任维持现有政府机制永续长存，并维护他们在其中的立足之地。个别苏丹是可以牺牲的，但是维护奥斯曼王朝核心的血脉相传则是他们的信仰。

在废黜易卜拉欣这件事上，教长尊重柯塞姆苏丹的意见。和其他政治人物一样，他知道他一定要先咨询过她，才可以做最后决定。他们通知柯塞姆苏丹，大家一致认为苏丹易卜拉欣必须让位，并且已准备好向年纪最大的王子、他的儿子穆罕默德宣誓效忠。柯塞姆苏丹同意在宫中接见他们，并假意反驳他们：

> 长久以来，你们都容忍了我儿子的所做所为，（并且）也证明了你们对他的忠诚，（此外）你们没有任何一个人劝阻过他或是诅咒他。现在，你们想扭转局势，批评一个如此无辜的人。这是邪恶的行径。

他们讨论了两个小时，到最后，她似乎绝望了：

> 你们一致认为苏丹一定要被废黜，没别的选择。你们告诉我如果我不把王子交出来，他们就会闯进皇宫，强行把他带走。[38]

这是苏丹的母亲，特别是当今皇太后逐渐拥有的权威的证明。人们认为一定要先获得她的支持，教长才能表达他的意见。虽然她可以私下写信给大维齐尔，表达她内心的真实看法，但有政客在场的会议里，依照惯例，她必须出面反对。人们担心以后又有人试图让易卜拉欣复位，所以要求教长颁布教谕，允许将他处死。[39] 没多久，"疯子"苏丹被处决，埋葬在阿亚索菲亚清真寺周边，他的叔公、也被废黜的穆斯塔法的陵墓里。[40]

如果有任何人期待无能的苏丹易卜拉欣被推翻，7 岁的穆罕默德四世继位，就能平息伊斯坦布尔的派系斗争以及各省的骚乱，他的幻想很快就会破灭。一个新任苏丹，特别是如此年轻的苏丹，只会让他们结成新的联盟。按照惯例，穆罕默德的母亲应该在他成年之前担任摄政——柯塞姆苏丹曾是穆拉德四世的摄政，直到执政后期他才摆脱掉她的掌控。然而，近年来发生了许多纷争动乱，加上穆罕默德的母亲图尔汗苏丹不过 20 岁出头，这着实无助于使政权顺利过渡到摄政时期；政客们认为她太缺乏经验，难以承担任何权力。因此，皇太后的概念被重新界定（就像之前的 1617 年，过世的艾哈迈德一世的兄弟而不是他的儿子取得王位继承权时一样）。"后宫"年纪最长的女性柯塞姆苏丹继续留在皇宫，图尔汗苏丹只能在旁边等待机会。[41]

接替"碎尸万段"艾哈迈德帕夏担任大维齐尔的是索富·穆罕默德帕夏，他是设计废黜苏丹易卜拉欣的那些竞争派系间妥协出来的人选，他在职的 9 个月中不过是斗争不断的各派系的傀儡。后来他被免职并处死，以便空出位子给禁卫军总司令卡拉·穆拉德帕夏。后者的任职显示，在穆罕默德四世未成年时，禁卫军在国家大政上仍拥有举足轻重的影响力。[42] 事实上，这些年当中，好几任禁卫军总司令都成了大维齐尔。

易卜拉欣被废黜既没能让伊斯坦布尔街头的骚乱平息，也未能杜绝派系间不停的斗争。现在，街道上的抗议者是那些受过教育，期待日后能在宫中或在苏丹骑兵团里谋得一职的年轻人。因为政府没有钱支付许多合格的骑兵人选的薪水，这几年骑兵团也常常被忽视，尤其是最近在苏丹更替后。而在过去，新苏丹即位会提拔很多人进入骑兵团。受到在职骑兵的支持，失望的骑兵候选人宣称苏丹易卜拉欣是被非法处死的。但是同意废黜苏丹的禁卫军和神职人员依然联合在一起：宗教权威宣布这些青年的行动是非法暴乱，以此为依据，禁卫军在几天内血腥地扑灭了由骑兵和怀抱骑兵梦的青年们在竞技场举行的抗议行动。[43] 至此，由于各军团都有各自的利益需求，禁卫军与骑兵团昨日的团结变成今日动荡的另一个牺牲品。

* * *

对苏丹易卜拉欣被废黜后出现的骑兵暴动的镇压引发了地方剧烈的反应。前苏丹骑兵团成员格鲁吉亚的阿卜杜勒奈比阿迦从他在安纳托利亚中部尼代的大本营出发，前往伊斯坦布尔，要为那些最近被屠杀的老战友抗议。当时的编年史家们被眼前的危机震慑，详细记录了这一系列事件。

后来成为帕夏的阿卜杜拉赫曼·阿卜迪是穆罕默德四世跟前的红人，在古罗马竞技场大屠杀发生的那个时候，他刚从加拉塔萨雷皇宫学校毕业，进入托普卡帕皇宫工作。他在关于这件事的摘要中说，格鲁吉亚的阿卜杜勒奈比也怨恨政府，因为他曾被剥夺了一份有利可图的政府工作。格鲁吉亚的阿卜杜勒奈比要求政府砍下教长的项上人头，因为教长批准了屠杀行动。他还要求亲自向苏丹提出自己的观点。[44] 根据编年史作者穆斯塔法·纳伊玛的记录，格鲁吉亚的阿卜杜勒奈比非常沮丧，因为这些抗议示威者的尸体都被草率地丢到海里，没有获得应有的葬礼：根据替他们讨公道的人描述，他们像基督教战俘一样被杀。[45]

格鲁吉亚的阿卜杜勒奈比阿迦招募了一支庞大的武装部队，其中包括一名叫"赶骡人之子"穆罕默德的强盗以及他的一批手下。1649 年夏天，他们穿过安纳托利亚到达伊兹尼克。政府派出一支由埃尔祖鲁姆总督率领的军队讨伐他们，这位总督"养鸡人"穆斯塔法帕夏当时正在伊斯坦布尔。不过，当政府部队抵达伊兹米特，距南方的伊兹尼克仅两个驿站之遥时，他发现政府军力显然不足以抵挡叛军，只好退回首都。他们采取的替代方案是在与伊斯坦布尔隔博斯普鲁斯海峡相望的于斯屈达尔以及附近的恰姆勒贾山丘上布置一支大军。政府大军就位后，大维齐尔卡拉·穆拉德帕夏要求将皇宫里先知穆罕默德的圣旗送到他在恰姆勒贾的营帐里。[①][46] 但是根据阿卜杜拉赫曼·阿卜迪的记载，苏丹——也很可能是他身为摄政的祖母柯塞姆苏丹拒绝将圣旗用于激励部队攻击格鲁吉亚的阿卜杜勒奈比，因为他们希望不流血地消除危机，而请出这个极具权威的象征可能适得其反。虽说如此，大维齐尔强硬中带有安抚性质的立场显然是合理的，在和格鲁吉亚的阿卜杜勒奈比的后续沟通中，后者的要求降低为将教长免职，在这个要求也被拒绝后，他又将要求降低为给他和他的支持者（包括"赶骡人之子"穆罕默德）提供地方的高级职位。此时，叛军部队扎营于

---

① 这面旗帜显然是在 1593 年到 1594 年间从大马士革被带到伊斯坦布尔，用于在对抗哈布斯堡的战争中激励部队士气。这面旗帜也曾随同苏丹穆罕默德三世到过匈牙利迈泽凯赖斯泰什的战场，但是从 1596 年的战争结束之后，它就再也没有被送回大马士革。Necipoğlu, Architecture, Ceremonial and Power 151.

布尔古尔卢，距离大维齐尔部队的营区并不远，大维齐尔认为是时候向叛军打了折扣的要求让步了。[47] 在 50 多年后穆斯塔法·纳伊玛对动乱的记录中，我们能感受到博斯普鲁斯海峡对岸的可怕事件带给伊斯坦布尔的恐惧。他详细地记载道，政府匆忙征募新禁卫军以对抗叛军，并下令面包坊全力烘焙增加产量，将牧羊人和社会底层的人全都武装起来以保卫这座没有军队的城池。[48]

大维齐尔卡拉·穆拉德帕夏对叛军的有限让步并没有起到作用。双方的散兵发生了多次遭遇战，在一场残酷的战斗后，叛军获得了胜利。大维齐尔随即派出大军攻击格鲁吉亚的阿卜杜勒奈比的部队，后者逃回了安纳托利亚。格鲁吉亚的阿卜杜勒奈比后来在安卡拉以东的克尔谢希尔被捕，他的头颅随后被悬挂在托普卡帕宫外，用以警告任何妄想挑战苏丹的人。[49]"赶骡人之子"穆罕默德则被赦免，获准进入奥斯曼帝国的军事行政机构，还做过一段时间的总督，最后在克里特岛战死。[50] 这是罕有的强盗首领变成高阶帝国公仆的例子。

穆斯塔法·纳伊玛留下了关于这个事件的另一个惊人细节，即在伊斯坦布尔派出由大维齐尔率领的更大规模的军队之前，"养鸡人"穆斯塔法帕夏从伊兹米特撤军时发生的情况。根据纳伊玛的描述，"养鸡人"穆斯塔法和他的军队在伊兹米特遭遇"赶骡人之子"穆罕默德和他的手下，但是当"养鸡人"穆斯塔法的禁卫军瞄准他们时，"赶骡人之子"穆罕默德喊话要他们不要开火，因为他与他们并无过节。因此，禁卫军纷纷由壕沟里走出来，与他们所谓的敌人坐在一起喝咖啡。有些禁卫军甚至越过战线到格鲁吉亚的阿卜杜勒奈比的营地，在那里，他们受到同样的友善招待。"养鸡人"穆斯塔法的部队认为他们没有理由打仗，还说服搭船赶到这里的增援部队放下武器。在这个版本里，面对部队的不服从，也看到伊兹米特的居民在支持叛军，"养鸡人"穆斯塔法别无选择，只得退回伊斯坦布尔。[51]

格鲁吉亚的阿卜杜勒奈比的叛乱显示出自命为奥斯曼守卫者的人与统治阶级之间的分歧有多深。苏丹的骑兵们一开始与禁卫军不和，准备支持据说要为古罗马竞技场屠杀事件复仇的叛军。然而，禁卫军基层士兵也比较容易和叛军友善交往。有些官员批评皇太后，认为她身为苏丹的摄政，居然拒绝批准使用圣旗攻打格鲁吉亚的阿卜杜勒奈比的部队。但是她得到了盟友黑人大太监的支持，跟她一样，他坚认圣旗只能用于攻打非穆斯林。现在人们知道，将圣旗带出宫中的许可是由圣裔登记官下达的，他显然忘记了，在传统上，只有苏丹有权做这个决定。另一方面，另一位高级神职人员担心，教谕裁定攻击叛军具有合法性，这个结论可能会带来恶果，因为叛军的不满是建立在大量事实之上的，最近在古罗马竞技场的大屠杀显示，不满情绪可能会导致更多的暴力。[52] 所以，政治家们认为，格鲁吉亚的阿卜杜勒奈比能迅速武装自己和支持者，到伊斯坦布尔申诉，这是对他们手上权力的严重威胁，考虑到苏丹的骑兵看上去随时可能叛乱，这更加令他们担忧。然而，叛军想不到除政府职务之外的任何补偿。

虽然格鲁吉亚的阿卜杜勒奈比把安纳托利亚的动荡不安带到了奥斯曼帝国的核心地区，但是他的叛乱被镇压后，安纳托利亚人民的生活并没有得到改善。1650 年，那些拥有国有土地的人被勒令缴纳收入的一半作为特别税。[53] 这个措施加剧了各省原已存在的动荡。在动乱中得势的"叛乱帕夏"的职业生涯通常符合一种模式：他们在为国服务与反抗中央之间摇摆，在他们受命攻打其他"叛乱帕夏"时，他们就变成中央政权手下不情愿的官员。他们希望伊斯坦布尔的政客们能了解各省关切的事务，并且在他们目睹的混乱中建立他们设想的政府。当伊斯坦布尔的各个派系选择合作，力量足以约束帕夏们的活动时，帕夏们就能实现以上目标，但是各派系很少会联合起来，成千上万的武装分子涌向首都的可怕景象让他们没有别的选择，只能屈服于帕夏们要进入或再次进入政权的要求 —— 只是屈服的程度略有不同。出于对禁卫军掌控中央政权的深深不满，地方势力在首都周边领导了多次暴力行动，格鲁吉亚的阿卜杜勒奈比的叛乱只是其中一次。（7 年前，在英格兰，一支敌军向首都进军，与议会军在特纳姆格林对峙，这里离伦敦心脏地区的距离和布尔古尔卢离伊斯坦布尔市中心的距离一样远。但是这一次，"叛乱者"是国王查理一世，他想要收回他的王权，而掌握权力的是长期议会的成员。）

1623 年苏丹奥斯曼被谋杀后，地方叛乱四起，到 1656 年，曾是瓦尔瓦尔·阿里帕夏阶下囚的柯普律吕·穆罕默德帕夏被任命为大维齐尔，地方动荡暂趋缓和。在此期间几位崭露头角的叛乱帕夏还有另一个重要的共同点，那就是他们都来自高加索地区。阿布哈兹的穆罕默德帕夏跟伊普希尔·穆斯塔法帕夏一样，都来自高加索黑海沿岸的阿布哈兹；格鲁吉亚的阿卜杜勒奈比则是格鲁吉亚人。1653 到 1654 年间担任大维齐尔的德尔维什·穆罕默德帕夏也来自高加索。[54] 艾弗里雅切莱比的亲戚与赞助人"天使"艾哈迈德帕夏也是阿布哈兹人，但是他发现大家都认为阿布哈兹人很吝啬，艾弗里雅觉得伊斯坦布尔出生的"天使"艾哈迈德不应该算是那里的人。[55] 这些人都不是通过少年征召制度进入统治阶层的，他们生于穆斯林家庭，来自传统上统治阶级不会招募人手的地区。高加索地区的少年在16 世纪后期获得了进入政府工作的机会。艾弗里雅切莱比在描述加拉塔大炮铸造厂附近区域时指出，生活在那里的人大多数来自黑海、格鲁吉亚和阿布哈兹。他写道，阿布哈兹人会把他们才一两岁大的孩子送回家乡，让他们在那里长大，到 15 岁时再带回伊斯坦布尔，他们会被送给苏丹的宠臣，或被卖给帝国里的政要权贵。艾弗里雅写道，"天使"艾哈迈德就是在这种背景下进入帝国政府的。[56]

其他叛乱帕夏则来自帝国西部地区，并且是通过传统的少年征召制度被征募，例如，瓦尔瓦尔·阿里帕夏来自波斯尼亚[①]，曾经赞助过艾弗里雅切莱比的"司库之子"穆罕默德帕夏来自黑塞哥维那。从当时的记载中我们可以发现，波斯尼亚或阿尔巴尼亚人，与阿布哈兹、格鲁吉亚甚至高加索更北部的人之间明显关系紧张；从巴尔干半岛进入奥斯曼政府的人，会认为那些出生在高加索地区的人都是外来者[57]。例如，"司库之子"穆罕默德帕夏在警告倒霉的瓦尔瓦尔·阿里帕夏，提醒他伊普希尔·穆斯塔法帕夏不可信时，专门指出伊普希尔·穆斯塔法是阿布哈兹人。

---

① 此处引用的是穆斯塔法·纳伊玛编年史的印刷版本，他把瓦尔瓦尔·阿里称为瓦尔达尔·阿里帕夏，暗示他可能来自马其顿的瓦尔达尔河流域，或至少和那里有些关联。

*　　*　　*

1650 年 8 月，"天使"艾哈迈德帕夏被任命为大维齐尔，但是他在处理伊斯坦布尔商人暴动时表现不佳，任职才一年就突然下台。这些年来国库空虚，在 1651 年夏天要支付禁卫军薪水的时候，财政官员与部队军官私下勾结，到处收集那些贝尔格莱德铸币厂铸造的贬值硬币和任何他们能找到的缺角钱币，然后强迫伊斯坦布尔的商店老板将他们的劣币兑换为金币，害他们和官价比损失了 30%。他们又到货币兑换店将金币兑换成银币，损失由商店承担。如此一来，他们就取得了足够现金以支付薪水，也让禁卫军军官赚了一大笔。[58] 恰巧此时航路不安全，奥斯曼无法将积欠亚速驻军的薪水运给他们，财政官员和禁卫军军官有更多的贬值货币可以用于操控财政。[59]

行会领袖向"天使"艾哈迈德帕夏投诉，指出除了最近这次令人愤慨的劣币事件外，今年他们已经负担了其他 14 种税捐。结果他们的恳求却未被理睬。"天使"艾哈迈德甚至还侮辱他们，称他们为"异教猫"，并把他们赶了出去。[60] 劣币事件酝酿到最后，引发了 8 月 21 日伊斯坦布尔市场的骚乱。商家关闭了店铺，他们的领袖聚集在教长卡拉切莱比扎德·阿卜杜勒阿齐兹埃芬迪的住宅外 —— 他原是鲁米利亚省和安纳托利亚的首席法官，因为参与废黜苏丹易卜拉欣一事与柯塞姆苏丹关系不睦。[61] 他写了一部那个时代的历史，记录了他在这次商人暴动中的活动。商家领袖恳请教长代表他们与苏丹协调，但是他答复说自己帮不上忙，建议他们再去找大维齐尔商量。这时候他们的语气变得凶狠起来，他被迫同意为这件事写信给"天使"艾哈迈德。卡拉切莱比扎德·阿卜杜勒阿齐兹没有提到，但穆斯塔法·纳伊玛记录下的一个事实是，在那些商家领袖坚持要他先去皇宫时，他借口要沐浴，跑到了另一个房间，想趁他们不注意时逃走。[62] 不过他的马已佩好鞍，卡拉切莱比扎德·阿卜杜勒阿齐兹在严密监视下被带到阿亚索菲亚清真寺，那里已经聚集大批人群，他估计约有 2 万人。[63]

苏丹同意接见卡拉切莱比扎德·阿卜杜勒阿齐兹等人，但是在小苏丹赶到阿亚索菲亚清真寺之前，柯塞姆苏丹看到教长在等待，问他怎么会被准许进来。在惊恐下，卡拉切莱比扎德·阿卜杜勒阿齐兹说明来意，经过长谈，他终于使皇太后相信他会把大维齐尔的官印交给她，以示他被免职。[64] 苏丹穆罕默德召见吓坏了的大维齐尔，并责令他写一封备忘录以平息骚乱，但是群众只接受苏丹亲手写的谕令。于是他下令取消所有最近开征的税赋，不再征收苏丹苏莱曼一世法典规定之外的额外税赋。众人准备散去，看来麻烦就要结束了。但是突然有人提出了一个新的要求，要将被商人检举侵吞帝国公款的 16 个人处死 —— 他们主要是禁卫军军官，包括总司令"黑色信差"穆斯塔法阿迦。此外，群众还要求将"天使"艾哈迈德帕夏一并解职。为了平息骚乱，柯塞姆苏丹天真地建议让"黑色信差"穆斯塔法接替"天使"艾哈迈德帕夏的职务，但是"黑色信差"穆斯塔法拒绝去皇宫，反而要求把大维齐尔的官印送给他，所以年长的维齐尔西亚乌什帕夏遂被任命为大维齐尔。[65] 艾弗里雅切莱比自然指责"天使"艾哈迈德的下台是由别人造成的，并称卡拉切莱比扎德·阿卜杜勒阿齐兹煽动群众和皇宫来对付自己的赞助人。[66]

夜幕低垂。新上任的大维齐尔和教长试图缓和紧张的气氛。他们去禁卫军清真寺会见部队军官，总司令"黑色信差"穆斯塔法阿迦提醒西亚乌什帕夏，要是没有禁卫军的支持，他会诸事不顺难有建树。第二天早上，街道上挤满了人，禁卫军气势汹汹地站在每一个街角，手持利剑以拦截前往皇宫的人群。很多示威者受伤，甚至有人被杀害。恐惧终于驱散了人群，但是商家拒绝开门营业。[67]

禁卫军军官们决定让皇宫内所有的反对者闭嘴，听从他们的支配。他们要对付的是图尔汗苏丹的党羽，柯塞姆苏丹出于自己的原因也同意了，他们的计划里还有一项就是要推翻苏丹穆罕默德四世，让他弟弟苏莱曼继承，因为苏莱曼的母亲不像柯塞姆那么具威胁性。柯塞姆的一个仆人将他们要毒害年轻苏丹的阴谋透露给图尔汗的党羽，于是图尔汗和她的支持者决定刺杀柯塞姆。1651 年 9 月 2 日晚上，柯塞姆被图尔汗收买的皇宫官员谋杀。[68] 柯塞姆一死，图尔汗的支持者就站到了幕前，其中地位最高的是她的黑人大太监苏莱曼阿迦。新任大维齐尔西亚乌什帕夏是这一派的天然盟友，因为他在几天前刚上任，就受过这些禁卫军的粗暴对待。

禁卫军军官们在民众如潮的反感中也撑不了多久了：穆罕默德四世就任后发生的诸多事件显示，社会各阶层都敌视他们。就是因为有禁卫军的行动，垂垂老矣的皇太后柯塞姆苏丹才能紧握权柄不放。但是对于她是主动和禁卫军结盟，还是她认为勉强迎合他们才能维持帝国的完整性才选择结盟，评论家尚有分歧。对一些人而言，相较于向老百姓的一切想法让步，让禁卫军掌权似乎并不是多么可怕的事。[69]

柯塞姆苏丹被谋杀时已年近 70，从 50 多年前成为艾哈迈德一世的宠妃开始，她就一直身处权力核心。她摄政的时期涵盖儿子穆拉德四世、易卜拉欣，以及孙子穆罕默德四世的统治期，并扮演着皇室和帝国守护者的角色，在政治决策上曾获得了史无前例的影响力。对于她支持禁卫军的动机，观察家看法不一，对她其他的举措也各有判定。有人认为，她最应该受到严厉谴责的行为是以不合法的手段聚敛大量财富，同时，她参与国事的行为也应受到指责。但是对穆斯塔法·纳伊玛而言，柯塞姆苏丹是个伟大的捐助者，她妥善运用了分配给她的土地和财政收入，积极参与慈善活动与建筑工程，以示帝国对百姓的关心。[70]柯塞姆苏丹在于斯屈达尔的清真寺并不大，也远不如前任皇太后努尔巴努苏丹的清真寺那么金碧辉煌——后者在一片区域内建造了一座清真寺、一所神学院、一座僧院、一个济贫院、一所学校、一家商队旅馆、一间公共浴室，以及其他建筑。但是柯塞姆在伊斯坦布尔大巴扎附近修建的商队旅馆（叫瓦利德·汉）至今仍然屹立，只是已近荒废。

柯塞姆苏丹被谋杀后的那个清晨，苏丹召集官员和宫里工作人员开会。首先发言的是两位高阶神职人员，哈内菲埃芬迪和霍贾扎德·梅苏德埃芬迪，他们认为，由于奥斯曼的苏丹是伊斯兰教的哈里发，任何反对苏丹的人都算是叛乱者，他们应当处死这些人。他们建议将圣旗请出，再派公告传报员到大街小巷召唤所有虔诚的信徒，任何不去皇宫的人都应当受罚。苏丹似乎被这些论点说服，圣旗被从安全收藏处取出——虽然所有造成混乱的人都是穆斯林。教长卡拉切莱比扎德·阿卜杜勒阿齐兹埃芬迪却因为不在宫中而引起人们的注意：他不听建议，在犹豫多时后决定不理会苏丹的召集。他宁可相信自己深深畏惧的禁卫军军官，他判断他们会在混乱中取得胜利。他带着一群高阶神职人员到禁卫军总司令的住处寻求庇护，但是当神职人员和禁卫军军官决定转移到附近的禁卫军清真寺时，发现去路已经被普通禁卫军士兵挡住，他们人数众多，全副武装，并将试图转移的人团团包围，质问这些人为什么拒绝面见苏丹。这个时候，公告传报员也已激起城市里人民的愤怒，人们抗议那些篡夺政府权力的人已经越过可以接受的界限。民众十分愤怒，指责禁卫军谋杀柯塞姆并誓言报复。[71]

在他缺席的情况下，教长卡拉切莱比扎德·阿卜杜勒阿齐兹埃芬迪被解职。随即人们热烈讨论了合适的接班人选，最终，图尔汗苏丹的派系支持的人选、阿卜杜勒阿齐兹的副手艾卜萨义德埃芬迪接任。他采取的第一个措施就是颁布教谕，处死拒绝在圣旗下集结的人。那些禁卫军军官被围困在禁卫军清真寺里无法逃脱，这让他们被彻底隔离了。很快，街上挤满了向皇宫集合的人群，每个人都武装起来以保护自己，对抗禁卫军。一开始，不知所措的群众只好屏息以待，看局面如何发展。没多久，普通禁卫军士兵开始加入聚向圣旗的人潮，与群众混为一体。艾布萨义德埃芬迪给禁卫军清真寺内的高阶军官送去一封信，命令他们到自己这里报到。但这个命令被置之不理。总司令"黑色信差"穆斯塔法阿迦认为低阶官兵会来救他们，还告诉他的同伙，如果效忠新政府的军队要打进来的话，他们必须坚定抵抗——不过，除了最高阶几位军官外，其他的人都溜走了。狂妄自大的"黑色信差"穆斯塔法阿迦还给皇宫发了一份最后通牒，要求他们将4位图尔汗派的阿迦流放到埃及（之前他要求砍下这些人的头颅）并处死10名官员。[72]

伊斯坦布尔人民随时愿意聚集在圣旗的号召下，这证明了他们的忠诚，随后，为数众多的群众还有夹杂其中的低阶禁卫军官兵都散去了。但是最终结束这场惊心动魄事件的谈判一定使禁卫军的将领相信，他们最终会幸存下来，虽然会被放逐，但是他们还拥有在职务上搜刮来的财富："黑色信差"穆斯塔法阿迦被任命为蒂米什瓦拉总督，他的副手穆斯塔法担任波斯尼亚总督，前任禁卫军总司令贝克塔什阿迦则是布尔萨的桑贾克贝伊。但是没有多久，这些人仍被苏丹下令全部处死，他们的巨额财富则被没收，用于缓解帝国严峻的财政危机。[73]卡拉切莱比扎德·阿卜杜勒阿齐兹埃芬迪受到他与禁卫军密切关系的拖累，被流放到希俄斯岛，[74] 因为他的行为已经明显损害了大家对宗教阶层成员应超然于政治之上的幻想。历时三周的动荡至此终于结束。人们认为，围绕在苏丹和他年轻母亲身旁的大臣们在处理这次爆炸性事件时表现得很好。

在禁卫军控制伊斯坦布政局的时期结束后，另一个派系登上了顶峰，那就是帮助图尔汗苏丹成为皇太后的宫廷阿迦们。虽然苏丹未成年之前，她是苏丹表面上的代表，但是最终代理她执行事务的人是黑人大太监苏莱曼阿迦，他曾参与恢复秩序以及消灭禁卫军指挥官的重要决策。大维齐尔西亚乌什帕夏并无实权，上任没有几周就被撤职，接替他的是年事已高、同样无能的格鲁吉亚的穆罕默德帕夏，他是叛军领导格鲁吉亚的阿卜杜勒奈比的兄弟。[75] 几个月后，格鲁吉亚的穆罕默德又被"卖龙蒿的人"（又译"吃龙蒿的人"）艾哈迈德帕夏取代，他在 1649 到 1651 年间担任过埃及总督，后来被关到伊斯坦布尔大陆侧城墙下的七塔堡，财产也被没收，之后被贬到巴尔干半岛的一个桑贾克当桑贾克贝伊。[76] 他的复职是由霍贾扎德·梅苏德埃芬迪推动的，后者是安纳托利亚的首席法官，积极参与国家事务，是宫中颇有权势的存在。但是若没有苏丹和国家高官们的参与，他也不可能独自使其复位。苏丹穆罕默德属意的人选是他的导师德里·侯赛因帕夏，他那时正在克里特岛管理军队，但是霍贾扎德·梅苏德却控制了会议的风向，令人信服地指出了目前国家面临的 3 个困境——舰队的现况、克里特岛的战事和如何筹集足够的钱支付这场战争的花费。他进而说服苏丹，能够使埃及财政始终有盈余的"卖龙蒿的人"艾哈迈德是担任这个职务的唯一人选。[77]

"卖龙蒿的人"艾哈迈德帕夏接受了苏丹、维齐尔和教长等人提出的他接任大维齐尔的前提条件，即解决霍贾扎德·梅苏德埃芬迪指出的国家现存的 3 个困境。这三人威胁他，如果不能完成使命，他就会掉脑袋，所以"卖龙蒿的人"艾哈迈德提出了自己的两个要求。第一，任何人，无论其地位高低，在他全力追讨拖欠国家的欠款时都不能被豁免，在处理这件事时，他要有完全的独立自主权；第二，他要被赋予取消他前任不当任命和晋升的权力。[78]

之前的改革主要致力于重建人们想象中过去盛行的规范。现在，人们似乎开始意识到，他们需要适应现状的解决办法，而不是试图重现过去。[79]"卖龙蒿的人"艾哈迈德帕夏的任命似乎显示，最近的骚乱已经大大震撼了奥斯曼的政客，迫使他们把避免国家陷入破产当作首要目标，采取更有建设性的态度，但是这种罕见的合作态度仍不足以保证他们能够找到可行的解决办法。例如，"卖龙蒿的人"艾哈迈德帕夏试图圆满结束克里特岛战争，这与国家财政恢复正常的需要有冲突。他很快就发现，在需要多少钱才能使舰队随时准备好作战的问题上，他与海军元帅德尔维什·穆罕默德帕夏存在分歧。[80]此外，奥斯曼还遇上了连年瘟疫和农作物歉收。[81]"卖龙蒿的人"艾哈迈德最终没能让预算达到平衡，或许这是无可避免的事。他在这个职位上做了不到一年，依照任职前的条件，他最终付出了生命的代价。他严格的财政措施并不受欢迎，艾弗里雅切莱比观察到，在德尔维什·穆罕默德帕夏继任大维齐尔之后，"人们如释重负……他们天天庆祝，仿佛每天都是新年前夜……每个人都欢欣鼓舞"。[82]但是，当时的一名巴格达人写道，德尔维什·穆罕默德帕夏在1638年奥斯曼收复巴格达后就担任那里的总督，那时候，德尔维什采取的创新性经济措施非常不受欢迎，他是个残暴的统治者。[83]在对1651年伊斯坦布尔暴乱失败的处理后失宠的前任大维齐尔"天使"艾哈迈德帕夏很快得到平反，到1653年，他已成第二维齐尔。艾弗里雅切莱比真诚地记录道，他的地位让他能够在博斯普鲁斯海峡岸边的12座豪宅里享受人生。[84]

1648年，伊普希尔·穆斯塔法帕夏从瓦尔瓦尔·阿里帕夏的手中救出了未来的大维齐尔柯普律吕·穆罕默德帕夏（瓦尔瓦尔·阿里也曾短暂地担任过大维齐尔）。早年，柯普律吕·穆罕默德曾做过阿布哈兹的穆罕默德帕夏的随从，在1623年随后者向伊斯坦布尔进军，之后又随后者到巴尔干任职。他在1639年赢得促成与伊朗的和平协议的大维齐尔"黑色弓箭手"穆斯塔法帕夏支持，并随同苏丹穆拉德攻打埃里温，还担任过几个省份的总督。他的暴力政策让他很不受欢迎，却让他获得了"唯一可以平息叛乱的人"的名声。他曾拒绝代表国家攻打叛乱帕夏们，因为他们是他的盟友——例如1646年担任阿纳多卢省总督的德尔维什·穆罕默德帕夏，以及 1648 年的瓦尔瓦尔·阿里帕夏（虽然到最后，他还是站在国家这一边打击瓦尔瓦尔·阿里帕夏）。[85]

1651 年，时任锡瓦斯总督的伊普希尔·穆斯塔法帕夏占领了安卡拉，他企图在这个地区建立自己的统治，把自己塑造为苏丹骑兵团里对抗禁卫军的先锋。他向政府提出的要求之一是镇压黎巴嫩的德鲁兹人，因为他之前未能削弱他们对这里的包税区的控制。不久后，他被任命为阿勒颇总督，负责镇压德鲁兹人。他获得了成功，同时又得知伊斯坦布尔的戏剧性政治事件，这促使他推动自己的计划，拯救受诸多弊病困扰的政府的规划 —— 就像在他之前不幸的瓦尔瓦尔·阿里帕夏所做的那样。伊普希尔·穆斯塔法把自己的计划发给安纳托利亚各省总督，却没收到什么回应。对他在阿勒颇严酷统治的不满传到了伊斯坦布尔，此外还有人报告说他计划进军首都并对现在的大臣采取报复行动。惊慌的大臣们试图通过任命他为大维齐尔转移他的愤怒。伊普希尔·穆斯塔法最初拒绝了，不过在 1654 年 12 月，他还是从阿勒颇启程前往伊斯坦布尔上任，为他的亲信夺取包税区的控制权，并沿途简易裁决了许多事务。为了将他与皇室绑在一起，艾谢苏丹被许配给他，她是艾哈迈德一世中年守寡的女儿。[①] 伊普希尔·穆斯塔法只做了短短几个月的大维齐尔，其间就连曾支持他的骑兵团也疏远了他，他们甚至和禁卫军联合举行叛乱，最终导致伊普希尔被处死。[86] 他是一系列利用统治地远离伊斯坦布尔的优势，想要摆脱中央控制的总督之一。在地方任职时，这些人能够建立自己的权力基础，还自以为可以以此和当时的政府开条件谈判。他们中很少有人能够在行政体系里达到像伊普希尔·穆斯塔法一样的地位 —— 但是他的狂妄自大很快就得到报应。

---

① 在她的前 6 任丈夫里，有两位当过大维齐尔：纳苏赫帕夏在 1611 到 1614 年间担任大维齐尔；另一位是"哈菲兹"艾哈迈德帕夏，他曾在 1625 到 1626 年间，以及 1631 年分别担任过大维齐尔。

* * *

克里特的战争还在继续。由于统治集团仍在进行激烈的权力斗争，奥斯曼没有机会维持稳定的政府政策。军队指挥官努力完成他们认定的目标，却永远不知道他们能否得到增援部队和经费，更担心兵变会重演——例如 1649 年 8 月，禁卫军在伊拉克利翁的战壕里服务两年后，突然起哄要回家[87]。他们不仅需要更多的战舰，还需要高标准的人员和物资后勤补给，缺少这些他们无法继续运作。1651 年 7 月，也就是商人起义以及柯塞姆苏丹被谋害的夏天，第一场重要海战爆发。一支庞大的奥斯曼舰队从伊斯坦布尔出发向南航行，在圣托里尼岛附近遭遇威尼斯舰队。他们先是进行了一场小规模海战，后来在基克拉迪群岛的纳克索斯岛附近展开了一场大战，奥斯曼舰队溃散，有将近 1000 人被威尼斯人俘虏。[88]

在"卖龙蒿的人"艾哈迈德帕夏担任大维齐尔的几个月期间，奥斯曼在克里特岛无甚军事活动。但是接替他的新任大维齐尔、前任海军元帅德尔维什·穆罕默德帕夏则给予克里特战争更多重视。在他任职期间的 1654 年 5 月，奥斯曼与威尼斯在达达尼尔海峡进行了一场海战，这是这里发生的四次海战中的第一次。奥斯曼最终获胜，不过让威尼斯人稍感欣慰的是，奥斯曼舰队损失了 6000 人。新上任的海军元帅卡拉·穆拉德帕夏在希俄斯岛重整舰队，然后袭击了蒂诺斯岛，在米洛斯岛遭遇威尼斯舰队后，驶向伊兹密尔北部的福恰，之后回到达达尼尔海峡，再从那里向南驶往克里特岛，最后在秋天时重返伊斯坦布尔。在 1654 年，威尼斯人可能躲过了奥斯曼舰队的第二次经过精心策划的进攻，不过在 1655 年 6 月，威尼斯－马耳他联合舰队在达达尼尔海峡遭遇宿敌奥斯曼舰队，这一次，奥斯曼鏖战 6 小时后撤退。同年 7 月，威尼斯人围攻在伯罗奔尼撒的莫奈姆瓦夏，耗时 5 周却无功而返。[89]

有时候，风向的变化可以决定 17 世纪海战的胜败。在 1656 年 6 月的达达尼尔海峡之战中，不仅海流对威尼斯舰队有利，连风向都适时转变，帮助了威尼斯人，强风吹得整个奥斯曼舰队失控冲上海岸，使他们无法躲过威尼斯人的舰炮轰击。海军元帅凯南帕夏的沮丧心情在战况报告里

清晰可见。战争尚未开始前，他对人员不足一事早已心知肚明：苏丹部队
里的士兵拒绝在海上服役，他只好依靠素质较差的士兵。当威尼斯人拉开
战斗帷幕时，逃兵又使他损失了很多战斗力，因为一些士兵跳进大海游向
最近的海岸。他只能无助地眼看着强风使他的舰只撞成一团。[90] 威尼斯人
之前曾尝试封锁海峡，以防止奥斯曼海军将物资和人力从伊斯坦布尔送到
克里特岛，增援奥斯曼对伊拉克利翁的攻击，但是这些尝试却被挫败。然
而，这次灾难性的遭遇战使奥斯曼失去了具有重要战略价值的博兹贾阿达
和利姆诺斯两座岛屿。拥有了这两座岛屿，威尼斯人可以控制海峡与奥斯
曼通往爱琴海和更远地方的出口。穆斯塔法·纳伊玛写道，如果说奥斯曼
在 1655 年的海战中损失有限，那么在 1656 年，他们遭遇了自勒班陀之后
最严重的海上惨败。[91]

　　和威尼斯的战争并不是奥斯曼帝国在 17 世纪中叶面临的唯一国际危
机。在多年的和平共存后，他们与波兰立陶宛联邦的关系在 1648 年因为
帝国西北边疆发生的状况而被撼动 —— 乌克兰哥萨克人在干练的海特曼
博赫丹·赫梅利尼茨基指挥下，开始反抗波兰统治者。波兰国王瓦迪斯瓦
夫计划，趁着奥斯曼为占领克里特岛跟威尼斯打得不可开交之际，挑拨奥
斯曼在黑海开辟第二条战线。他曾秘密咨询哥萨克的领袖们（赫梅利尼茨
基亦是其中一员）是否愿意参与他的计划。虽然他的希望落空，但是这个
讨论却改变了现状，使哥萨克人产生了改变自己在联邦内被压迫现状的期
待。但是赫梅利尼茨基反抗的最直接原因，是他的土地被一个波兰贵族强
占了。不像其他哥萨克人，赫梅利尼茨基拒绝接受这种霸道欺压行为。事
件持续发展，最终导致哥萨克人和波兰立陶宛联邦之间爆发了全面战争。

　　赫梅利尼茨基和克里米亚鞑靼可汗伊斯兰·格莱三世将过去曾有的分
歧抛在一旁，协商建立了联盟，要将哥萨克的步兵和鞑靼的骑兵联合起
来，组成一支无敌的军队。这是有前例可循的，1624 年，哥萨克人曾经
支持穆罕默德和沙欣·格莱，阻止奥斯曼推动坎贝格·格莱重新成为克里
米亚可汗。赫梅利尼茨基与伊斯兰·格莱三世结盟的一个条件是，哥萨克
人要烧掉他们黑海舰队中曾肆虐奥斯曼海岸的 3000 艘船，以免日后哥萨
克人将其用于骚扰汗国的海岸。波兰立陶宛联邦的军队根本抵挡不住哥萨

克人与鞑靼人的联军，联邦军队已经经历了好几场败仗，华沙亦岌岌可危。但是，哥萨克人跟克里米亚鞑靼人之间并不存在天然的联盟，他们在地缘政治上的利益非常不同，而可汗也在努力确保哥萨克人不至于强大到在起义中获得全面性胜利。赫梅利尼茨基仍在寻找其他盟友，奥斯曼苏丹也是目标之一，冗长的谈判接踵而至。莫斯科大公国在1634年和波兰立陶宛联邦曾签署协约，因此莫斯科大公国不能同意赫梅利尼茨基的求助。但是在1654年，昔日盟友克里米亚鞑靼人却与波兰国王建立良好关系，赫梅利尼茨基遂宣誓效忠沙皇，促使莫斯科大公国和波兰立陶宛联邦为了乌克兰而开战。赫梅利尼茨基的反抗行动及其所造成的血腥后果，是促成未来大草原上波兰立陶宛联邦、莫斯科大公国和奥斯曼帝国之间强权角力的一个重要因素，这种角力在一个世纪后，随着波兰被瓜分、克里米亚汗国灭亡和奥斯曼帝国撤离黑海北部地区达到高潮。[92]

* * *

1656年，伊斯坦布尔发生了另一场持续几个月的极其惊心动魄的叛乱，它也出现在当时的许多史料记录中。根据当时只是个青少年的亚美尼亚裔奥斯曼人叶列米亚·切莱比·科米尔居扬记录，动乱于1656年3月1日周五中午左右爆发：他正坐在一家商店里，一声巨响传来，店主们纷纷关闭店铺。连重要的周五午间礼拜都被取消，因为苏丹部队的军官与士兵聚集在校阅场，抱怨他们的薪水是用劣质钱币支付的——这种事原本已不算新鲜，但这次发下来的劣币纯度实在太低，1000枚阿斯皮尔币还不值市场上的100枚。部队士兵游行到古罗马竞技场，大声要求将那些欺骗苏丹穆罕默德，拿劣币充数的人处死。两天后，苏丹同意兵变领袖晋见。他们发誓自己是效忠苏丹的，且把责任推到"有些黑人和白人阿迦，还有女人"身上，要他们为曲解苏丹的旨意负责。后宫里的阿迦们则说士兵们反对的是苏丹本人，把年幼的苏丹吓得发抖，他甚至开始哭了起来。他一边擦着眼泪，一边问这些兵变领袖到底想要什么，后者给出了一张列有31个名字的名单，其中包括他母亲和黑人大太监。穆罕默德哭着问，可不可以放过自己的母亲——这个要求被主谋者接受了，没过多久，黑人大太监和白人大太监的尸体双双被扔过皇宫城墙，落入下面的暴徒中间，他们残缺的尸体被绑起来，脚朝上悬吊在古罗马竞技场里的一棵法国梧桐树上。[93]

第二天，军队士兵又游行到皇宫。苏丹无法拒绝他们的要求：更多皇宫官员被舍弃了，他们的尸体被扔过宫墙，挂在法国梧桐树上。士兵还迫使苏丹任命他们自己的人选为帝国官员，其中，西亚乌什帕夏第二次被任命为大维齐尔，而霍贾扎德·梅苏德埃芬迪成为教长。有些他们计划中的受害者逃走了，士兵们开始在城内搜捕他们，公告传报员四处喊话，许诺任何人只要找到这些潜逃者，就能在苏丹的骑兵团或步兵团里获得一个职务，并且获得一块国有土地。动乱持续 5 天后，公告传报员要求商店开门营业。叶列米亚切莱比回忆，他看到了苏丹的保姆梅莱奇可敦（就是她将柯塞姆苏丹的谋杀计划透露给了图尔汗苏丹）。她被带走处死，吊在一棵树上。3 天后，被挂在法国梧桐树上的人的亲属才受命前来收尸。接下来的几周里，恐怖统治仍在继续。[94]

4 月下旬，年近 90 的大马士革总督、人称"歪脖子"穆罕默德（又被称为"脖子受伤的"穆罕默德）帕夏被从大马士革招来，接替西亚乌什帕夏成为大维齐尔，因为后者上任一个月后就死了。"歪脖子"穆罕默德曾被派往叙利亚平定赛义迪·艾哈迈德帕夏的叛乱。赛义迪·艾哈迈德是"天使"艾哈迈德帕夏的盟友，也是阿布哈兹人，他随后从阿勒颇总督的位置上被撤下来（他和手下在那里大肆掠夺，造成极大的破坏），被调去了锡瓦斯。由于禁卫军与骑兵沆瀣一气，眼前这场危机比以往的叛乱更加危险，苏丹穆罕默德的顾问们在处理时展现了一点手腕。5 月 9 日，苏丹命令他的部队准备作战，禁卫军和骑兵都希望这是为了对付赛义迪·艾哈迈德帕夏。战争胜利后可能获得的奖赏显然是十分诱人的：叶列米亚切莱比记录道，任何没有资格参加作战的人若假冒自己是禁卫军或是骑兵，都会被强制脱下制服。他没有解释为什么会发生这种事情，但他以当时带有轻蔑意味的"土耳其人"来称呼这些狂热的普通百姓，这暗示有免税权的军队很不情愿和那些该纳税的老百姓分享特权。还有一些"土耳其人"把自己打扮成亚美尼亚人，后者穿着打扮的特点是黄色靴子、染色毛皮帽子和有夹层的头巾、他们多彩的外套以及丝绸腰带。与冒充士兵的人不同，这些"土耳其人"也许只是不惜任何代价只求逃避兵役，因为非穆斯林不可以当战斗人员。[95]

叶列米亚切莱比有好几次看到苏丹在城市微服出巡（就像苏丹们经常做的那样）。一次，苏丹走过市场，距离他的店仅有一箭之遥。还有一次，苏丹下令斩首一位被发现偷窃烟草的人。大约在两个月的无序状态后，穆罕默德四世终于能够去皇宫外的清真寺参加公开的周五礼拜。为了表示对他的尊敬，商家和城里居民在他所走的道路上铺满了沙子，从而使他坐骑的马蹄无须接触到地面。[96]

伊斯坦布尔的凶险形势得到了控制，统治者通过分而治之的传统策略恢复了一定的稳定——他们让禁卫军和骑兵团彼此怀疑对方对他们共同目标的忠诚度。当穆罕默德首次在周五中午礼拜仪式公开亮相时，消息在禁卫军中传开，说日前抵达首都的赛义迪·艾哈迈德帕夏获准在苏丹骑兵团的军官陪同下前往皇宫面见苏丹。一周后，禁卫军总司令被处决，赛义迪·艾哈迈德帕夏被特赦——叶列米亚切莱比描述，赛义迪·艾哈迈德的追随者来到伊斯坦布尔，满载着穿越安纳托利亚时一路抢夺来的物资和武器，甚至还有大炮。他们没有久待，就启程前往多瑙河边的锡利斯特拉，那是不久前刚独立的省份（结果，它只独立了很短的一段时间），赛义迪·艾哈迈德帕夏被任命为该省总督。[97]由于失去了骑兵的支持，他们的总司令又被处决，禁卫军逐渐安静下来。

教长霍贾扎德·梅苏德埃芬迪也成为暴力的受害者。1623年，"宗教兄弟之子"侯赛因埃芬迪因插手政治被穆拉德四世判处死刑，他是第一个被处死的教长。22年之后，霍贾扎德·梅苏德埃芬迪成为第二个。明知他贪财成性唯利是图，并且和"宗教兄弟之子"侯赛因埃芬迪一样喜好插手政治，苏丹在最混乱的时刻仍被迫任命他为教长。对叶列米亚切莱比而言，霍贾扎德·梅苏德埃芬迪是布尔萨的亚美尼亚社群苦难的根源——他在职业生涯早期曾做过那里的卡迪，在任职期间，他拆毁了一座亚美尼亚教堂，这促使当时的大维齐尔派遣调查人员到城里彻查这个事件。[98]根据叶列米亚切莱比的记录，霍贾扎德·梅苏德埃芬迪因为在布尔萨的作为被判鞭打脚部 500 下，并且被禁止未来在政府中任职——但是这个禁令显然没有起作用。[99]

＊　　　＊　　　＊

在 1656 年动荡的夏天中的好几周（就在 4 月底，年迈的西亚乌什帕夏过世，与 7 月初"歪脖子"穆罕默德帕夏从大马士革赶来之间），大维齐尔一职一直空悬。达达尼尔海峡灾难性的海战发生于 6 月 26 日，博兹贾阿达城于 7 月 8 日落入威尼斯人手中，而利姆诺斯岛则于 8 月 20 日沦陷。[100]接着，达达尼尔海峡遭到封锁，这不仅影响到克里特岛的战争，连伊斯坦布尔也出现食物及其他物资短缺，物价随之上涨。很多人向苏丹请愿，希望他采取行动。[101]

在 9 月 4 日的一次会议中，苏丹穆罕默德和最高阶的政府官员与军官们讨论即将发动的针对威尼斯的海陆军事行动的具体准备情况与策略。虽然最近大量金钱充入国库（其中包括在叛乱中被杀的人的财产，与被熔的曾引发冲突的劣币），[102]但是国库仍不充裕。此外，"歪脖子"穆罕默德帕夏注意到，传统上，有些税收是专用于支付军事费用的，现在它们却不在国家掌控中，而是落入私人手中。他警告人们，如果这个问题不能尽快得到解决，今年攻打威尼斯战争费用的负担必将落在国家高阶政府官员和军事长官个人的身上，他们可能就要自己掏腰包了。当然，这种可能性不会得到与会者的支持，但在重新分配这笔税额时，"歪脖子"穆罕默德将它分配给了自己的支持者们。[103]

苏丹对新任大维齐尔并不满意，抱怨他自从上任以来一事无成，却引起许多恼人的纷争。一周后，另一场会议召开。出乎所有人的意料，穆罕默德四世宣布有意亲自率领陆军出征。"歪脖子"穆罕默德帕夏仍然维持他一贯的看法，认为这次战役本来就是不明智的，苏丹亲征会大大增加军事费用，但他的反对被无视了。[104]几天后，他因为坦率直言被解职，9 月 15 日，柯普律吕·穆罕默德帕夏接任。在这之前，他并无公职，在他不顾一切加入伊普希尔·穆斯塔法一派（而他的这个决定被证明是不明智的）后，他就生活在阿马西亚附近他的第二故乡柯普律小镇里。7月，他和"歪脖子"穆罕默德一同回到伊斯坦布尔，暌违多年后再度回到中央政府的政治圈内。"歪脖子"穆罕默德突然被解职，柯普律吕·穆罕默德意外地接替他成为大维齐尔，这标志着一个即将独占这个职位直到下个世纪的家族的崛起。

9

权贵统治

　　17世纪后50年的奥斯曼是柯普律吕家族①的天下。1656年9月，柯普律吕·穆罕默德帕夏被任命为大维齐尔，这标志着一个时期的开始，在此期间，他的许多家人及门客先后成为大维齐尔。柯普律吕·穆罕默德一直担任大维齐尔，直到1661年死于任上。他的儿子"智慧的"艾哈迈德接任大维齐尔，直到1676年去世，他任职的时间之长为前所未有。接下来任职的是柯普律吕·穆罕默德的女婿梅尔济丰的卡拉·穆斯塔法，他在1683年因维也纳之围兵败被处决。1687年，柯普律吕的另一位女婿西亚乌什担任了几个月的大维齐尔。从1689年起，柯普律吕·穆罕默德的幼子"智慧的"穆斯塔法接任大维齐尔，直到1691年死于对哈布斯堡王朝的战争。1692年，卡拉·穆斯塔法的门客"狡猾的"阿里任职一年。1697至1702年间，柯普律吕·穆罕默德的兄弟之子，亦即"智慧的"艾哈迈德与"智慧的"穆斯塔法之堂兄弟，"侄子"侯赛因帕夏成为大维齐尔。这个统治集团的最后一位大维齐尔是努曼，他是"智慧的"穆斯塔法的长子，在1710年担任过大维齐尔。成功孕育了新的成功，随着家族成员掌握了帝国管理权，荫庇养仕的机会大增，他们建立的忠实的追随者网络使他们能更牢固地掌握大权。在此期间，虽然也有其他政治人物短期出任大维齐尔，但一直要到世纪之交，柯普律吕家族遭遇教长费伊祖拉埃芬迪的教士家族，他们才趋于没落。[1]

---

① "柯普律吕"的意思为"来自柯普律的"，此处按惯例音译。——译者注

柯普律吕·穆罕默德出生于阿尔巴尼亚，通过少年征召制度进入统治阶层，在安纳托利亚中北部的克普吕城长大。1656 年，他已经 70 多岁了，尽管他已经工作了很长时间且表现足够优秀，但相较于其他的可能人选，其经历并不足以使其脱颖而出。然而，他也有一个无可争议的优势，那就是他并没有参与近年来把首都闹得天翻地覆的长期派系斗争。此外，尽管获得晋升时他住在伊斯坦布尔，但他在这里并不拥有一官半职 —— 在获得大维齐尔的任命书时，他才刚要动身前往偏远的叙利亚的黎波里省就任总督。那段时间内其他的大维齐尔也都是宫廷圈子之外的人，譬如柯普律吕·穆罕默德的前任、80 多岁的"歪脖子"穆罕默德帕夏，就是自大马士革总督任上奉召回朝的，[2] 在此之前，年迈的西亚乌什帕夏接到大维齐尔的任命时，他正在多瑙河地区的锡利斯特拉任职 —— 具体是担任锡利斯特拉省的总督还是黑海北岸厄齐省的总督，我们不得而知。[3] 1656 年 2 月，苏丹决定召回在克里特岛工作长达 13 年的德里·侯赛因帕夏，[4] 但最终，德里·侯赛因帕夏还没来得及走马上任，动乱就爆发了，柯普律吕·穆罕默德因此成为大维齐尔。

半个世纪后，历史学家穆斯塔法·纳伊玛写道，事实上，统治阶级在讨论德里·侯赛因帕夏的任命时，皇太后图尔汗苏丹和她的派系推荐柯普律吕·穆罕默德帕夏担任大维齐尔，而且可以确定的是，他最终能被召回宫廷，是因为他与皇太后家族素有渊源，后者支持他对抗其他可能的人选。[5] 纳伊玛对图尔汗苏丹之前的皇太后柯塞姆苏丹的评价说明，他可以接受苏丹的母亲担任摄政并干预国家事务。[6] 此外，他自己很清楚，一个统治集团的成员与一个能为大家所接受的未成年苏丹的代表，而不是一个因参与乱局而无法保持公正的官员，在进行人事任命时更能发挥重要作用，确保被任命的人能无情高效地解决之前的乱局。

柯普律吕·穆罕默德为满足图尔汗苏丹的期望所需要的行政基础已经打好。很可能就是在 1654 那一年，有可能是在图尔汗苏丹的恩惠下，大维齐尔的办公室搬出了皇宫区。人们希望，大维齐尔远离宫廷内复杂的是是非非，或许有助于恢复过去半个世纪来这个职位丧失的威望。[7] 图尔汗及其党羽被证明颇有眼光。但也有很多人和"天使"艾哈迈德帕夏的印章保管人持同样的看法，他们认为，柯普律吕·穆罕默德只不过是"一个悲惨的可怜虫……要伺候两头牛，但手里连一根草都没有"。[8] 不过他的支持者足够强大，能够抵挡既得利益者对他的任命的反对，而且在多年的混乱之后，他成为政府的首脑，受到了很多人的欢迎。

内政方面，柯普律吕·穆罕默德帕夏的第一个措施就是针对正在复兴的卡迪扎德运动的。穆罕默德四世在位早期，派系斗争激烈，他们的禁欲教义再度掳获不少人心，对公共秩序造成极大威胁，而恢复公共秩序正是新任大维齐尔的首要目标，他无法忽视他们带来的威胁。他们的精神领袖于斯蒂瓦尼·穆罕默德埃芬迪是一个传道者，因为受到宫廷中一些官员的欢迎而得以进入皇宫。卡迪扎德派批评整个宗教统治阶级，但其激烈言论却仍是针对托钵僧的。于斯蒂瓦尼在 1651 年崭露头角，他说服当时的大维齐尔"天使"艾哈迈德帕夏下令摧毁了伊斯坦布尔一处哈尔瓦提僧院。在攻击第二处僧院时，他的党羽被击退，于是他们劫持了教长（卡拉切莱比扎德·阿卜杜勒阿齐兹埃芬迪的前任）巴哈依·穆罕默德埃芬迪，并从他那里得到了一份谴责托钵僧的教谕——但后来这份教谕被撤销了。[9]

在柯普律吕·穆罕默德帕夏上任一周后，卡迪扎德派就发起挑战，提出一项多点方案，要求回归基本教义。[10] 他们在穆罕默德二世清真寺集结，筹划如何落实这个方案。柯普律吕·穆罕默德展示了他依靠国家"官方"宗教组织的决心，寻求宗教机构的意见，而后者身为国家统治机构的宗教部分，也因为卡迪扎德派在高层的影响力而饱受威胁。但或许是畏于公众的情绪，新任大维齐尔虽将卡迪扎德派的领袖们一网打尽，却并未予以处决，而是将他们放逐到塞浦路斯，强大的于斯蒂瓦尼·穆罕默德也包括在内。[11]

其他的清算对象，包括柯普律吕害怕的人，以及他认为应为制造动荡负责的人可就没那么幸运了。东正教牧首因为鼓励瓦拉几亚基督教徒反抗奥斯曼统治而被处以绞刑，这可是前所未有的。[12] 德里·侯赛因帕夏被控挪用本应用于克里特岛战争的经费，但柯普律吕·穆罕默德的后台皇太后派系里面有人认为，这样一个素有政绩的人不应该得到这样的结局，时任教长也拒绝建议判处死刑，德里·侯赛因逃过一劫。但他也只逃得一时，两年后，柯普律吕·穆罕默德瞒着德里·侯赛因的靠山，邀请他来到伊斯坦布尔，并说服了苏丹判处他死刑。[13]

但没有人可以确定柯普律吕·穆罕默德在死神带走他之前能牢牢把权力握在手中。他的对头们无不虎视眈眈，相信如果他们能够聚集足够的力量，就能有朝一日取而代之。任何熬过了最近激烈的斗争的奥斯曼高官都是幸运的，仅仅是他存活下来这个事实就足以助长他的野心，使他希望自己某天也能成为大维齐尔。旧的不满仍在累积，受到侵害的人都希望表达他们的不满并得到补偿。1656 年夏末在达达尼尔海峡击退威尼斯进攻而升任海军元帅的赛义迪·艾哈迈德帕夏是柯普律吕·穆罕默德帕夏的另一个对手，[14] 为了将这个人赶出伊斯坦布尔，柯普律吕·穆罕默德一上任，就下令解除赛义迪·艾哈迈德的海军元帅职务，将其外调到波斯尼亚担任总督。支持赛义迪·艾哈迈德的苏丹骑兵团四处奔走抗议。柯普律吕说服了禁卫军倒向自己这一边，并使出浑身解数，试图建立一条联合阵线，将政府所有部门的首长召集至他的官邸。苏丹授权他惩处不守规矩的人，同时实施宵禁。许多骑兵军官被处决，骑兵四处躲藏，有的隐匿于城里的商队旅馆，有的则在于斯屈达尔渡过博斯普鲁斯海峡，被发现的人都身首异处。为了斩草除根，所有为了共同目标与骑兵联合起来的人都遭到追捕，[15] 根据苏丹穆罕默德四世的亲信兼编年史家阿卜杜拉赫曼的记载，他们的尸体全都被"丢到海里喂鱼"。[16]

*　　　*　　　*

奥斯曼人仍未拿下克里特岛。威尼斯人对达达尼尔海峡的封锁为时甚短，1657 年，奥斯曼的船只已经如常出现在爱琴海。为了控制靠近安纳托利亚大陆，但远离威尼斯本土港口的博兹贾阿达岛和利姆诺斯岛，威尼斯人过度扩张。奥斯曼与威尼斯在达达尼尔海峡进行了长达几个月的激烈海战，在此期间，柯普律吕·穆罕默德亲自率领陆军进驻安纳托利亚的海峡沿岸。最终，奥斯曼重新夺回了两座岛屿，战役中凡是有玩忽职守嫌疑的人都被处决[17]——这是柯普律吕·穆罕默德帕夏与过去的大维齐尔完全不同的一个早期表现。另一方面，威尼斯人发现，与奥斯曼的战争使他们财政枯竭，有些元老院的议员也明白，奥斯曼是威尼斯商人收入的主要来源，但要打进这个市场，就要恢复双方的正常关系，只不过这种务实的看法并未得到多数认同。当匈牙利诸侯拉科齐·乔治二世采取独立外交政策，迫使奥斯曼远征特兰西瓦尼亚时，奥斯曼也曾考虑过与威尼斯恢复和平，但他们要求获得整个克里特岛，这是威尼斯人无法接受的。[18]

拉科齐一向以匈牙利基督教新教的捍卫者自居，1656 年 12 月他与瑞典国王卡尔十世·古斯塔夫签署的协议给了他勇气，他决定向北进军波兰。他还说服了邻近的奥斯曼附庸国瓦拉几亚和摩尔达维亚与他联手。此举惊动了伊斯坦布尔政府，因为他们认为这将会威胁到哈布斯堡与奥斯曼之间目前存在的且都想维持的势力平衡。对奥斯曼来说，西北边境软弱的波兰立陶宛联邦总好过一个有瑞典支持的充满活力的附庸国。结果，拉科齐远征波兰的行动没给他带来任何好处。1657 年春，厄齐省总督"天使"艾哈迈德帕夏奉命收服拉科齐及其盟友。同年夏天，克里米亚鞑靼可汗率军加入了奥斯曼军。1658 年，柯普律吕亲自率军远征特兰西瓦尼亚，波兰立陶宛联邦出兵数千相助。拉科齐望风而逃，他与瓦拉几亚和摩尔达维亚的附庸君主很快被比较没主见或不容易被说服的人取代。[19]

1657 年冬天，就在收复博兹贾阿达和利姆诺斯岛后，1658 年春天远征特兰西瓦尼亚之前，为免闹事者在军事行动中制造麻烦，柯普律吕在埃迪尔内营地大开杀戒，清除了许多奉命在这里集结的骑兵。穆斯塔法·纳伊玛记述此事时，甚至无法平静落笔。他写道，埃迪尔内的通贾河岸尸体遍布。[20] 阿卜杜拉赫曼·阿卜迪帕夏则写道，那年冬天格外寒冷，给人们带来很多困难 —— 积雪甚厚，以致道路被阻，补给困难，人们找不到取暖的木柴，只得砍伐果树充当燃料。[21]

柯普律吕·穆罕默德帕夏安内攘外，既恢复了伊斯坦布尔秩序，又打败了威尼斯及拉科齐，但安纳托利亚各省的总督却仍对他心存不服。1658 年末，在他自特兰西瓦尼亚回国途中，他遭遇了这些总督的叛乱。如果这场叛乱未被成功镇压，势将终结他的任期，并动摇整个统治阶层。结果，动乱被镇压，30 多名帕夏被处死（其中大部分人都有着长期为国服务的经历），这也暂时终结了安纳托利亚过去几十年中频繁的叛乱。

安纳托利亚的主要人物是阿布哈兹的穆罕默德帕夏的同乡阿布哈兹的哈珊帕夏，此人早在柯普律吕进入奥斯曼政治核心前就已是一位活跃的异议者。他支持之前的叛臣、前任大维齐尔伊普希·穆斯塔法帕夏，一如安纳托利亚的许多帕夏，此人拒绝承认柯普律吕·穆罕默德担任大维齐尔的合法性。大维齐尔在埃迪尔内大肆屠杀苏丹的骑兵团的行为只收到反效果，许多躲过他愤怒的人不顾严寒天气纷纷出走，而各省尚未响应命令的地方骑兵也群起抗命，拒绝集结。1658 年仲夏，大约 3 万人以阿布哈兹的哈珊为首，聚集在安纳托利亚中部的科尼亚，其中包括大马士革总督和阿纳多卢总督，以及另外 15 名前任或现任总督。叛军抗议中央的动员令，宣称："我们将继续集结于此，直至柯普律吕·穆罕默德下台。"[22] 他们还建议由大马士革总督塔亚尔扎德·艾哈迈德帕夏取代他成为大维齐尔。塔亚尔扎德·艾哈迈德之父曾在穆拉德四世在位时短暂出任过大维齐尔，他的兄弟为叙利亚的拉卡省总督。苏丹命令叛军立即开往特兰西瓦尼亚前线，但没人服从他的命令，因为他们一再重申，他们害怕柯普律吕·穆罕默德，并且他们拒绝战斗，除非他下台。因此，1658 年仲夏，柯普律吕不得不在不带安纳托利亚大部分士兵的情况下离开埃迪尔内赶往前线。苏丹警觉到他们可能酿成大乱，决定不让他们在巴尔干接受大维齐尔的指挥，而是令他们前往防卫巴格达前线。但阿布哈兹的哈珊抗命，反而往西朝布尔萨进军。为了给自己的叛乱增加合法的光环，他还命令他的追随者沿途不得擅取农民的食粮与金钱，并且要说明他们所收集的物资的来源。[23]

叛军接近布尔萨的消息使政府意识到他们的要求是认真的，而官员们仍对之前的叛乱记忆犹新，譬如格鲁吉亚的阿卜杜勒奈比的叛乱。柯普律吕·穆罕默德出征期间的代理人前海军元帅凯南帕夏奉苏丹之命守卫布尔萨。[24] 阿布哈兹的哈珊（信使称他为"苏丹的仆人"）传来的新消息激怒了穆罕默德四世。他的回忆录作者阿卜杜拉赫曼·阿卜迪帕夏这样记述他的反应：

纵使深感遗憾，但我不得不说，这些人不是我的仆人，他们可

能是魔鬼的奴仆。我已经命令他们放弃徒劳无益且不正当的念头，
到我面前来，但他们不敢来。他们也可以去加强巴格达的防卫，要
不然就解散，回到自己的工作岗位上去。他们这样继续抗命，还算
得上是穆斯林吗？如果真主许可的话，我要杀的可不止一个人，我
会把他们全都给宰了。[25]

大维齐尔在前线的营地也发出了最后通牒：如果叛军拒绝加入他们，
他会在战事结束后跟他们算总账。[26]

在阿布哈兹的哈珊的兵变中，安纳托利亚骑兵的角色与以往有一点
不同。在他之前，叛变者都是用传统话语表达不满，坚称自己仍然忠于苏
丹，同时表达对他的仆人的不满，声称帝国的弊病的责任全在于那些官
员。而穆罕默德四世一口回绝了他的要求，阿布哈兹的哈珊也就不再支持
政府。他想要建立自己的国家："从现在开始，请把我们看成一个和伊朗
沙赫一样绝不妥协的敌人。他们（苏丹）可以拥有鲁米利亚，我们将拥有
安纳托利亚。"[27] 新任苏丹既年轻又没有经验，大维齐尔及绝大多数效忠
帝国的军队又远在他方，这份激进的声明显然变得更具威胁性了。

阿布哈兹的哈珊及其部队在布尔萨城外扎营。他成立了一个类似地
方政府的机构，并像政府首脑一样任命自己的同党取代随柯普律吕·穆罕
默德出征的总督，他还以供应军需之名向当地百姓征集粮食。布尔萨的居
民向凯南帕夏上交他征收的粮食与武器，但也与阿布哈兹的哈珊的人保持
联系，供应其军队所需。这愈加激怒了苏丹穆罕默德，于是他要求宗教人
士颁布教谕，判定拒绝前去征剿异教徒与煽动暴乱的人的罪恶更甚于异教
徒。但神职人员拒绝做出这样的判定，苏丹只好放弃，转而号召人们拿起
武器对抗叛军。迪亚巴克尔总督穆尔特察帕夏奉命指挥部队征剿叛军，这
些部队调自仍然忠于苏丹的部队——包括迪亚巴克尔、埃尔祖鲁姆、阿
勒颇及厄吉伊勒（由奇里乞亚及塞浦路斯合并组成）等东部省份的部队，
以及库尔德部落领袖的部队。政府发布公告，向安纳托利亚人民保证秩序
将会恢复，并禁止人们在苏丹面前批评大维齐尔。当凯南帕夏被说服转投
阿布哈兹的哈珊的阵营后，政府对抗叛军的能力进一步下降。伊斯坦布尔

派出部队，守卫通往布尔萨路上的海岸城镇盖姆利克。他们在抵达穆达尼亚时，杀死了一些阿布哈兹的哈珊的人，但他立刻派出更多部队还击，政府军于是撤退，渡过马尔马拉海，退回伊斯坦布尔。就像 9 年前格鲁吉亚的阿卜杜勒奈比叛乱时那样，人们在于斯屈达尔挖掘壕沟以保卫首都，大炮也已部署就位。[28]

叛军即将兵临城下，整个地区一片混乱。人们在住宅周围设置障碍，将自己围在家中，马尔马拉海沿岸的居民纷纷把家当搬至伊斯坦布尔，并在收获季节来临前提前收割了田里的农作物。盗贼活跃，谣言四起。越来越多的人开始憎恨柯普律吕·穆罕默德帕夏，按照穆斯塔法·纳伊玛的说法，多数人都希望阿布哈兹的哈珊能够获得胜利，特别是神职人员，因为他们的领袖于斯蒂瓦尼·穆罕默德埃芬迪被流放到了塞浦路斯。他们中间的一些人甚至把阿布哈兹的哈珊视为"（伊斯兰教历）11 世纪信仰的复兴者"，一个将基本教义恢复至先知传统的马赫迪式的人物。[29]

苏丹命令柯普律吕·穆罕默德帕夏即刻自特兰西瓦尼亚返回。阿卜杜拉赫曼·阿卜迪帕夏此时很可能就在他的主人身边。他记载道，苏丹穆罕默德、太后及随从早在远征之前就已经前往埃迪尔内，因此，柯普律吕·穆罕默德帕夏也要赶往埃迪尔内，他在 1658 年 10 月 12 日到达，3 天后又与苏丹等人、教长及军事首长会面。然后，他们由此转往伊斯坦布尔。抵达伊斯坦布尔后，苏丹向仍然忠心的精英部队发放了大笔薪水。部队集结在城外金角湾最北端的卡伊赫塔内草地，正在练兵，准备拿叛军试刀。而苏丹兵团的成员如果未在 5 天之内领钱，将被终身除名。[30] 政府似乎又重新取得了主动权。

叛军与政府军在安纳托利亚中西部的屈塔西亚交战了两个月，叛军大败，损失惨重，虽然他们对伊兹尼克的进攻获得成功，击败了政府军，但显然已经于事无补。分发军饷的消息传到了投效阿布哈兹的哈珊的原苏丹兵团成员中，许多人跑回伊斯坦布尔，希望能够归队。然而，约 7000 名拒绝参加特兰西瓦尼亚战役的精英骑兵早已被除名，柯普律吕·穆罕默德下令，这些人一经逮捕，格杀勿论。数天之内，在安纳托利亚，1000 人失去生命，其他没赶上点名的人也被处死，但柯普律吕·穆罕默德仍然没有信心能获得胜利，他派遣5000名禁卫军增援伊兹尼克。然而，对骑兵的持续屠杀导致禁卫军中开始出现兵变的想法，尽管到目前为止他们始终都团结在政府的领导下之下——哪怕让他们服从的是恐惧。现在，他们抗议道，他们不要成为杀害穆斯林同胞的凶手，并将大维齐尔当作他们的敌人，扬言要将他交给阿布哈兹的哈珊。这个威胁十分严重，它迫使柯普律吕·穆罕默德不再继续领导对叛军的征剿，于是穆尔特察帕夏受命代替他出征。但柯普律吕很快就抓到机会，对穆尔特察的领导提出质疑，因为穆尔特察未能在安纳托利亚中部的一次大好战机中先发制人，反让阿布哈兹的哈珊大获全胜，双方阵亡人数高达8000人。[31]

冬天来临，政府与叛军的间谍都渗透入对方阵营。当柯普律吕考虑与叛军进行秘密谈判时，阿布哈兹的哈珊的地位也已经开始动摇。关键在于阿布哈兹的哈珊向东南部转移，到了加济安泰普（安塔普）才发现，由于大雪天气，且当地居民仍支持政府，对他们充满敌意，他们的军队得不到足够的补给，遂决定转进叙利亚，但还没走多远，他们便在幼发拉底河畔的比雷吉克遇伏，损失了1000多人。同时，在阿勒颇的穆尔特察从他的冬季营地派出间谍，混进阿布哈兹的哈珊的营区，向叛军士兵保证苏丹会既往不咎，劝说他们背离主帅。阿布哈兹的哈珊获悉此事，恳切地告诉动摇者，自己是为了他们的理想而战，但对饥肠辘辘的人来说，穆尔特察的甜言蜜语实在难以抗拒。眼见自己的支持者逐渐流失，阿布哈兹的哈珊接受加济安泰普高级神职人员的提议，同意让神职人员代表他向苏丹求情。穆尔特察送去一名人质，以证明自己和解的诚意，阿布哈兹的哈珊连同追随者（包括多名曾任重要职务的人）受邀前往阿勒颇的营地，等候赦免令送达。穆尔特察发誓将保证他们的安全。[32]

在阿勒颇数日，他们受到了盛情招待。阿布哈兹的哈珊被安顿在穆尔特察的官邸，31名随员及从仆则被安排了其他住处。但是，伊斯坦布尔方面对他们的请求却并无回应，而叛军在阿勒颇的存在也令穆尔特察十分不安。最后，他下达命令，1659年2月24日夜晚，以阿勒颇营区的炮声为号，政府军官格杀住宿在各自家中的叛军宾客。当天晚上，阿布哈兹的哈珊帕夏、塔亚尔扎德·艾哈迈德帕夏、凯南帕夏及其他一些人在穆尔

特察帕夏府中用餐 —— 在纳伊玛的想象，大家尽享美酒佳肴，觥筹交错，同意尽释前嫌。但在他们去穆尔特察的卫生间，准备进行晚间礼拜前的例行沐浴时，20名（或30名）"龙一样的勇士"一拥而入，将他们全部刺死。屠杀的消息立即传到了总督的堡垒，炮声响起，表示杀死低阶叛军的时间已到。所有叛军的头颅被塞满了稻草，送至伊斯坦布尔示众，尸体则被悬挂于阿勒颇的一个城门外。[33]

没有直接证据显示柯普律吕·穆罕默德帕夏参与了结束阿布哈兹的哈珊叛乱的阴谋，但结果肯定是令他满意的。整个事件的结局也使奥斯曼其他另有异心之辈不敢造次，以免步其后尘。只有安塔利亚的桑贾克贝伊"盲眼的"穆斯塔法帕夏却利用阿布哈兹的哈珊叛乱带来的混乱在自己地盘上煽风点火。结果，政府在海上和陆上发起强烈反击，"盲眼的"穆斯塔法又轻易相信了苏丹赦免的许诺，不久后便被处决。大马士革与开罗胆敢挑战柯普律吕·穆罕默德的人也被处死。[34]

大维齐尔并未就此放下戒心。安纳托利亚叛乱刚刚尘埃落定，他马上派遣他在伊斯坦布尔的代理人伊斯玛仪帕夏（他接替凯南帕夏担任这一要职）赶往东部边境，寻找任何被认为可能威胁国家秩序的人。无人可以例外，无论他是总督、禁卫军或骑兵，还是司法或宗教领袖。他们都将面临死刑（教长的教谕批准了死刑的判定）。为了实现柯普律吕·穆罕默德建立一共同目标的目的，伊斯玛仪的侦查队的成员包括军方及宗教司法官员，而且为了让人民牢牢记住一切都在苏丹及其大臣的掌握之中的，他们大张旗鼓地穿越了安纳托利亚地区。扩大税收是奥斯曼政府的既定政策，在这个需求与政府对军队的需求之间实现平衡是必要的妥协。有些农民为了逃税，常常自称为军人。侦查队的任务之一就是核查那些自称军人者的身份，以确定他们确实不是农民。侦查队就曾经发现了8万支枪，全都由农民非法拥有，它们一律被送缴军械库。在科尼亚，一些梅乌拉那教团的托钵僧遭到逮捕，其中一些人在验明身份之后又被释放，但另外4人却是身穿僧服的冒牌货。进一步侦查发现他们竟是阿布哈兹的哈珊帕夏的余党，于是这4人一律被依法究办。[35]

安纳托利亚与阿拉伯地区各省的局势总算稳定了，克里特岛的战局进入了僵持阶段，瓦拉几亚和摩尔达维亚更换了统治者之后恢复了平静，但特兰西瓦尼亚的拉科齐·乔治仍然拒绝接受苏丹废黜他的决定，在哈布斯堡的支持下继续跟苏丹选择的统治者进行斗争。

＊　　　＊　　　＊

年轻的苏丹和他的母亲肯定与柯普律吕·穆罕默德帕夏共同谋划了对国内异议者的残酷镇压：穆罕默德四世是站在大维齐尔这边的，哪怕仅仅是因为他没有别的选择。柯普律吕·穆罕默德认为，向人民展示苏丹的伟大与太后的关心的时机已经成熟。穆罕默德四世最大的爱好就是狩猎，并获得了"猎人"的绰号，他最中意的地方是埃迪尔内，他的行宫远离城镇，在那里，他可以摆脱首都的争斗，自由自在地追逐猎物。他在位已经 11 年了，只到过伊斯坦布尔和埃迪尔内，以及其他的皇室旅行，但他的出行都不够大张旗鼓，不足以产生柯普律吕·穆罕默德希望的万民仰望的宣传效果。深谙皇家威望强有力的象征意义，他为苏丹精心设计了一场与苏丹权威相称的展示活动。

1659 年 5 月 26 日，帝国的旗帜被从托普卡帕宫的内部庭院取出，竖立在标志皇宫公共与私人区域分界的吉兆之门外。次月，苏丹与太后在群臣与军队簇拥下穿越博斯普鲁斯海峡到达斯屈达尔，于 6 月 30 日启程前往帝王陵寝所在的城市布尔萨，队伍极尽奢侈华丽之能事，优哉游哉而行，沿途长期停留，直到 7 月 29 日才抵达。布尔萨在阿布哈兹的哈珊革命期间曾经遭到严重破坏，在苏丹穆罕默德停留期间，人们进行了公开的庆祝与阿谀奉承。政务如常进行：他们进行了新的人事任命，判决法律案件，凡与反柯普律吕的人合作过的都被撤职，苏丹下令处死所有在阿布哈兹的哈珊向伊斯坦布尔进军时为他们提供援助的人。展现俗世权威之余，苏丹拜访了祖先陵寝，在一场晚间仪式中，先知神圣的斗篷被展示出来，以此显示他的伟大与合法性都是真主赐给他的。[36]

皇室在布尔萨的逗留只是大维齐尔为苏丹陛下设计的威仪万民之旅的开端。下一站是达达尼尔。最近与威尼斯人进行的海战显示，穆罕默德二世 15 世纪中叶在两岸所建的堡垒并不足以阻止现代军舰通行。根据穆斯塔法·纳伊玛记载，每年总有三四十艘威尼斯的船舰在越过这些堡垒后锚泊，封锁海峡；其他自爱琴海驶入海峡的船只不知道它们的存在，便会遭到伏击。前皇太后柯塞姆苏丹在遇害前就曾经注意到这个问题，也曾指派一名建筑设计师考察在更西边海峡的爱琴海出口两侧建立炮台的可行性。图尔汗苏丹摄政期间，柯塞姆的新要塞计划得到继续推进，1659 年 9 月，图尔汗苏丹前往视察时，除朝海的那一边，要塞已经完工。皇室自达达尼尔返回埃迪尔内。[37] 将近两年之后，城堡落成，苏丹与皇太后再度来到海峡边，举行了盛大的视察典礼——苏丹的亲信阿卜杜拉赫曼·阿卜迪帕夏写了一首诗，纪念"圣战者苏丹穆罕默德可汗的母亲"的"珍贵的礼物"：

> 海峡两岸筑双堡，信徒之民免敌侵。
> ……
> 何等恩典溢两岸，并扼海峡气象新。[38]

1661 年 9 月 30 日，柯普律吕·穆罕默德帕夏在卧病数月之后逝于埃迪尔内。和图尔汗苏丹一样，他也是个乐善好施的人。他的捐赠活动与他的生活轨迹一致，也与奥斯曼为新征服土地打上烙印的轨迹一致。其中建筑最丰富的首推任大维齐尔早期在从威尼斯人手上夺来的博兹贾阿达岛上建造的建筑群。在这里，他盖了两座清真寺、一所学校、一间商队旅馆、一座公共浴室、一个咖啡屋、一个马厩、九座磨坊、一座水车、一间烘焙房及八十四间商店。然而，这个建筑群中能够产生收入的部分，并不能获得足够的收益覆盖支出与慈善工作，因此，许多村庄及农村方面的税收被给予柯普律吕以补足缺额，其中包括利姆诺斯岛（这是他在拿下博兹贾阿达岛不久后从威尼斯手上夺回来的）两个村庄的税赋。[39]

在 1658 年的特兰西瓦尼亚战役中，原属拉科齐的伊内乌要塞也被纳入奥斯曼的版图，柯普律吕·穆罕默德在此建了一座清真寺、两所学校、九座磨坊及三十间商店。在他的故乡阿尔巴尼亚的鲁德尼克，他建了一座清真寺及一所学校。阿马西亚地区是他的第二故乡，在他未任大维齐尔之前，在没有官职在身的时候，他经常会到那里去，他在那里也建立了一系列建筑，包括阿马西亚市西北方居米哈斯吉柯伊的一间商队旅馆，此处位于安纳托利亚中北部商路上，他希望借此刺激商业。他在叙利亚任职期间的经历促使他重视朝圣道路的安全，因此，在安塔基亚（安条克）南部奥隆特斯河的吉斯尔舒古尔，他建了一座堡垒、两座清真寺、一间商队旅馆及一所学校——这是他所修造的建筑中维持费用最昂贵的，因为它要保护商旅及朝圣者免受沙漠民族的攻击。[40]

*　　　*　　　*

在奥斯曼帝国的仕途上，有权势者的恩惠是晋升的重要途径，儿子继承父亲国家重要职位的情形存在了超过半个世纪——正如许多维齐尔被称为"A之子"B帕夏或"X帕夏之子"Y帕夏。在奥斯曼人名中，"奥卢"来自突厥语中"儿子"，"扎德"则是波斯语中的儿子，因此厄兹代米尔奥卢·奥斯曼帕夏这个名字说明这位奥斯曼是厄兹代米尔的儿子，而纳苏赫帕夏扎德·侯赛因这个名字则说明这位侯赛因是纳苏赫帕夏的儿子。柯普律吕·穆罕默德帕夏去世后，其子"智慧的"艾哈迈德帕夏接任大维齐尔，时年26岁，对担任这个职位的人来说他异乎寻常地年轻。依照前述的称呼规则，他被称为柯普律吕家族的"智慧的"艾哈迈德帕夏。他也是第一个接替父亲的大维齐尔职位的人。他最初在神学院接受教育，毕业后立即在伊斯坦布尔进入宗教管理机构，但在他的父亲成为大维齐尔后，他立即放弃宗教转而从政，受命出任埃尔祖鲁姆省总督，该省处于敏感的边境地区，需要可靠的人来管理。让他接任大维齐尔的决定是在他的父亲去世前做出的。柯普律吕·穆罕默德知道自己将不久于人世，便将当时在大马士革担任总督的"智慧的"艾哈迈德召回，让他担任自己的代理人。[41] 把继承者放在身边的想法，令人想起过去的苏丹们的策略。15至16世纪的奥斯曼苏丹为皇族打算与柯普律吕·穆罕默德为自己家族的设想之间的相似之处，充分暴露了这位国之重臣的勃勃野心。

　　"智慧的"艾哈迈德帕夏担任大维齐尔共计 15 年 —— 因他于 1676 年英年早逝而结束。他最重要的功绩就是一连串的军事征伐，特别是在西北边疆使奥斯曼再次进入一个扩张时期。"智慧的"艾哈迈德的第一个目标是要重新尝试打破奥斯曼人与威尼斯人在克里特岛的僵局，并且，他于 1662 年 9 月 25 日下达帝国军队动员令。他的想法是，在 1663 年挥军进入达尔马提亚地区，并获取当地奥斯曼部队的支持 —— 该地区的部队对该地区的几个威尼斯要塞（如希贝尼克、斯普利特及科托尔）的骚扰令威尼斯不胜其烦。奥斯曼希望可以拿下这些堡垒。但到了 11 月，军队要去的地方却并不是达尔马提亚，而是匈牙利。[42]

　　1660 年，奥斯曼大军一举拿下特兰西瓦尼亚的许多要塞［包括 1658 年几乎逃过一劫的奥拉迪亚，如今它成为一个新的小小同名省份的核心（土耳其语称为法拉德省）］，除掉了之前制造问题的附庸，重新恢复权威之后，拉科齐·格奥尔格所制造的动乱似乎已经解决。[43]奥拉迪亚围城战的一个古怪的细节使人们想起了两个世纪前奥斯曼征服君士坦丁堡的战事：就像查士丁尼大帝骑马的雕像"保护"着君士坦丁堡，奥拉迪亚也受到一样法宝的"保护" —— 四尊可以追溯到 14 世纪末的中世纪匈牙利圣王铜雕。根据当时特兰西瓦尼亚史家的记载，匈牙利人相信，只要这四尊雕像还在，奥拉迪亚就不会被别的国家占领。因此，奥斯曼人把火炮对准了这些雕像，成功地予以摧毁，并拿下了这座要塞。他们将其残骸移往贝尔格莱德，融化后制成枪炮 —— 奥斯曼人讽刺地将其称为"匈牙利诸神"。[44]

　　奥斯曼直接介入特兰西瓦尼亚事务，使哈布斯堡大感威胁。他们选择的继承拉科齐之位的凯梅尼·亚诺什不久后就被奥斯曼军队驱逐，1661 年，一名地方重量级人物澳保菲·米哈伊继任。凯梅尼虽然做过短暂反抗，但在 1662 年的一场战役中阵亡。[45]1662 年，奥斯曼与哈布斯堡和谈失败。1663 年 4 月 14 日，"智慧的"艾哈迈德亲自率领帝国军队从埃迪尔内出发，6 月 7 日抵达贝尔格莱德。大维齐尔无心和解，在与神圣罗马帝国皇帝利奥波德一世的特使团会面时，他提醒道，他们在特兰西瓦尼亚及其他共同边界违反了和约，而且奥斯曼此时非常自信，他要求恢复从苏丹苏莱曼统治时期的匈牙利战争直到 1593 至 1606 年的战争结束之间，神圣罗马帝国每年对奥斯曼苏丹的进贡。[46] 但双方无法达成共识，特使团被囚禁。

"智慧的"艾哈迈德帕夏显然原本打算进军杰尔，那是扼守通往维也纳道路的要塞之一，1594 至 1598 年之间，奥斯曼曾短暂占领这里。但到达布达后，他们与哈布斯堡代表的进一步谈判始终没有结果，他改变了计划，奥斯曼大军转而北上，在埃斯泰尔戈姆渡过多瑙河，1663 年 8 月 17 日抵达新扎姆基堡垒城下。这个决定使哈布斯堡的统帅雷蒙多·蒙泰库科利既惊且惧，他根本连维也纳的防卫策略都还没准备妥当，遑论防备其他地方遭到攻击。"智慧的"艾哈迈德的策略既大胆又主动，因为新扎姆基位居维也纳与特兰西瓦尼亚之间的要津，为哈布斯堡防卫体系的关键点之一。守军最初拒绝投降，但"智慧的"艾哈迈德的部队（包括哥萨克人与克里米亚鞑靼人，以及摩尔达维亚与瓦拉几亚的部队）持续围城 5 周。守军最终投降，所有降军被允许毫发无伤地离开，"智慧的"艾哈迈德则率军回到贝尔格莱德过冬。1663 年的战役以一次扫尾行动结束，他们又占领了这个地区的一些小堡垒，将它们纳入了以新扎姆基为首府的新成立的乌伊瓦尔省。[47]

对同时代的西方人来说，新扎姆基的沦陷让人想起了过去的时代，它似乎标志着奥斯曼的军事力量与能量卷土重来了。但效忠哈布斯堡的军队利用"智慧的"艾哈迈德围城的几周及接下来冬休，在 1664 年 1 月于匈牙利南部发起攻势，包围并短暂占领许多奥斯曼堡垒。尽管如此，形势依然很严峻，维也纳显然再度受到威胁，情况十分严重。西欧纷纷伸出援手，其中包括教宗、西班牙、一些德国诸侯，甚至包括目前与神圣罗马帝国和平相处的法国。但哈布斯堡并不急着夺回新扎姆基，他们在 1664 年的重点反而是瑙吉考尼饶，此地是贝尔格莱德与维也纳之间的关键点，1601 年以来即为奥斯曼所据。"智慧的"艾哈迈德及其部队赶来解围，并继续挺进，攻占了许多其他要塞，其中包括一处乌伊瓦尔战役之前失败的和谈中他们要求拆毁的堡垒。接下来，他们准备围攻杰尔。[48]

1664 年 8 月 1 日，在拉包河畔、瑙吉考尼饶西北的圣戈特哈德，奥斯曼的所有希望都破灭了，他们在一场野战中遭到蒙泰库科利的痛击。旅行家兼作家艾弗里雅切莱比就在军中，他描述了"智慧的"艾哈迈德的部队从瑙吉考尼饶朝拉包河前进时所遭遇的困难：部队行进中，他们一直受到河西岸哈布斯堡部队的威胁，补给严重短缺，泥泞和沼泽使他们行进极度缓慢，以往一个小时可以走完的距离用了五倍的时间。[49] 等部队到达与圣戈特哈德相对的河东岸时，太阳升起了，他们却见不到一个敌人。根据艾弗里雅切莱比的叙述，河水水位很低，深度仅及马镫，"智慧的"艾哈迈德派突袭部队渡河掠夺西岸村庄。尽管错过时机，补给不足，但围攻维也纳的决定已经做出，疲惫的部队也无法拒绝命令。部队受命紧急架设渡河桥梁，并准备在两日之内出动。艾弗里雅切莱比十分厌恶这个愚蠢的决策，将之归咎于"智慧的"艾哈迈德的两员大将——阿勒颇总督格鲁吉亚的穆罕默德帕夏（1651 至 1652 年曾短暂出任大维齐尔）及伊斯玛仪帕夏（数年前因安纳托利亚侦查队而恶名昭彰）。部队的状况就像没有水的水车，艾弗里雅切莱比写道。他还溜到克里米亚鞑靼人的营区，为自己及其他 11 个人和 6 匹马找吃的。

第二天是周五，是开战前的休息日。数千名奥斯曼士兵渡河探路，从被掳获的人那里得知，一万名敌人正藏匿在附近森林之中。格鲁吉亚的穆罕默德与伊斯玛仪想要说服"智慧的"艾哈迈德立即攻击。但比较谨慎的人指出，许多奥斯曼士兵外出牧马，而且哈布斯堡出现的部队并不是很多，其中可能有诈。三位帕夏却不以为然，奥斯曼的主力部队遂奉命渡河，这比计划提早了一天，桥梁架设尚未完全到位。

刚开始，战斗进行得很顺利。树林中仅多出现了数千敌兵，奥斯曼部队带回了数百俘虏及战利品，并按照习惯割下他们杀死的人的头颅带回来领赏。宣称自己亲临战场的艾弗里雅切莱比记述道，哈布斯堡部队阵亡 9760 人，奥斯曼仅阵亡 760 人。"智慧的"艾哈迈德帕夏被胜利冲昏了头脑，他率军继续向更远的地方追击。但接下来，在多数奥斯曼部队尚未过桥之前，哈布斯堡大军突然出现，沿河岸集结，而且还有新的部队不断赶来——甚至在 6 个小时的肉搏战后还有新的援军。艾弗里雅切莱比说，奥斯曼的士兵"有如落入敌军海洋的水滴"，然而，"智慧的"艾哈迈德却未命令鞑靼部队增援，原因竟然是他与鞑靼部队的指挥官（鞑靼可汗之子）不和。战斗进行中，艾弗里雅切莱比的坐骑被击毙，他过河回头另寻马匹时，惊慌地发现奥斯曼溃不成军，战斗却无丝毫停止的迹象。正在此时，"智慧的"艾哈迈德命令禁卫军转移到壕沟中保卫桥头堡，其他部队看到这次调动，以为他们要逃离战场。很快，奥斯曼部队整个溃散，所有能逃跑的人都逃了，试图过河逃回大营。艾弗里雅切莱比写下了他亲眼所见的场景：

> 由于桥梁仓促修建，有些地方是用固定大炮的绳子绑扎在一起的，当大批部队有如蚂蚁般一拥而上，试图跑到桥的另一端时，桥梁无法承受而崩塌。所有禁卫军都落入水中，但有些人抓住了树木或造桥所用的绳索……河的两岸陡峭且多裂隙，无论人马均难以爬上岸奔逃。数千人牵着马前进，马匹落入河中，它们的鞍辔蹬具缠在一起，士兵也被困在马匹和骡子之间。[50]

然而，一些足够幸运的人逃出了混乱，他们或踩着战友的尸体上岸，或从桥上过了河。有人虽然找到了水浅的地方，但那里又正好是敌军集结之处，他们也面临了不少的风险。艾弗里雅切莱比说，这一切简直就"有如末日审判"。

在海上，风向的转变可能决定胜败。同样地，相较于奥斯曼部队从伊斯坦布尔至埃迪尔内长途跋涉带来的不利，糟糕的地形及恶劣的天候更能够左右胜负。多瑙河及其众多的支流虽然有助于人员与物资的运送，但在匈牙利的这一部分却容易泛滥，周围平原动辄成涝，这是编年史记载的这些年中，夏末豪雨后的常见现象。这种情况极端不利于军队中数以万计的人员马匹、补给辎重及大炮的移动，尤其严重妨碍部队修筑与穿过桥梁。

拉包河畔的失败迫使奥斯曼陷入守势。几天内，双方达成一项为期20年的《沃什堡和约》——哈布斯堡的军队也没有能力使他们得到更加有利的条约了。特兰西瓦尼亚仍然在奥斯曼影响下维持其独立，奥地利皇帝

（奥斯曼版本的《沃什堡和约》称为"罗马"皇帝）再度同意每年向苏丹送一份"礼物"，新占领的新扎姆基则归奥斯曼所有。[51]"智慧的"艾哈迈德帕夏认真地确保了条约的条款被执行。奥斯曼需要在此处边界维持一段和平时期，以便解决威尼斯人，毕竟克里特战争已经打了 19 年了。

奥斯曼派出的特使鲁米利亚总督卡拉·穆罕默德帕夏出使哈布斯堡宫廷签署条约，艾弗里雅切莱比随行，他为后世留下了奥斯曼使节出访外国最早的纪录。[52] 卡拉·穆罕默德的行装与随员极为低调，"智慧的"艾哈迈德对此显然大为不满，他告诉卡拉·穆罕默德，身为苏丹的特使，他要向皇帝展现出与身份相称的气势与奢华。艾弗里雅切莱比声情并茂地描述了在维也纳的见闻，并透露出他对利奥波德一世的着迷——1658 年，年仅 18 岁的他就登基成为神圣罗马帝国皇帝：

> ……他身高中等，细腰，不肥不壮也不瘦，年纪轻轻，像一个自我牺牲的少年勇士一样体毛稀疏。真主让他的脑袋状若梅乌拉那教团托钵僧的圆帽，又似葫芦或水瓶。他额平如板，眉毛浓黑，眉间距倒是得体。他的眼睛像猫头鹰一样圆，且微红；睫毛长而黑，脸长似狐狸，双耳像婴儿的便鞋一样大。鼻子若干皱的葡萄……又像伯罗奔尼撒的茄子似的又大又红，每个鼻孔可容三指，黑色鼻毛突出，有像 30 岁大汉一样与胡须俨然一体的黑髭。他浓密的黑须直达耳际，双唇有如骆驼（他的嘴里塞得进整片面包），他的牙齿也像骆驼一样又大又白。每次他开口讲话，唾沫……自其驼唇般的嘴唇间喷出，身旁的侍臣用红巾随手擦拭留下的唾沫，他自己则时不时梳理胡须。他的手指有如兰加（伊斯坦布尔一处果菜市场）的黄瓜……他的家族都像他一样丑，而皇帝陛下的丑像到处可见，无论是在教堂、房屋还是钱币上……[53]

大维齐尔在匈牙利苦战时，穆罕默德四世却将两年时光消磨于埃迪尔内行宫与色雷斯和马其顿的游猎之中，并鼓励宠臣阿卜杜拉赫曼·阿卜迪详细记录自己的宫廷生活，以传给后代，从每日所猎之豹、狐、狍子的数量，到大力士将大象与骑象人举起来的壮举，无所不录。哪怕在阿卜杜拉赫曼·阿卜迪卧病的时候，苏丹仍然责令他记载不辍。[54] "智慧的"艾哈迈德帕夏于 1665 年 7 月返抵埃迪尔内，皇室则从容不迫地返回伊斯坦布尔，途中他们经过达达尼尔，巡视当地要塞。奥斯曼的下一个要务就是完成对克里特的征伐。

*　　　*　　　*

这段时间，海盗横行，朝圣者与商船饱受劫掠与抓苦力之苦。苏丹召集群臣商议，任命大维齐尔领导计划中的克里特岛军事行动，准备工作在 1665 至 1666 年之交的冬季展开。威尼斯特使在过去 12 年中一直都被扣押在埃迪尔内，奥斯曼这时给他提供了最后一次和谈的机会。"智慧的"艾哈迈德提出，威尼斯可以保留伊拉克利翁，但必须一次性支付奥斯曼 10 万金币，此后每年再付 1 万。威尼斯特使拒绝了这个以及其他条件，奥斯曼也在飞快地动员部队。[55]

出征部队奉命于伯罗奔尼撒的萨洛尼卡、尤比亚岛及莫奈姆瓦夏集结，乘船向克里特岛进发；禁卫军自伊斯坦布尔出发走海路；"智慧的"艾哈迈德及其扈从则于 1666 年 5 月 25 日自埃迪尔内启程，走陆路经马其顿及色萨利前往尤比亚登船。然而行军过程并不顺利。很多士兵患病，在途中死亡，"智慧的"艾哈迈德不得不让部队在锡瓦（底比斯）停下休息两个月，他们抵达克里特岛时已经入冬。[56] 大维齐尔离开埃迪尔内时，苏丹就要求阿卜杜拉赫曼·阿卜迪向他讲述祖先的丰功伟业，包括 1514 年塞利姆一世在恰尔德兰大败伊朗沙赫伊斯玛仪、1521 年苏莱曼一世征服罗得岛以及次年征服贝尔格莱德的事迹。[57]

伊拉克利翁仍在坚守，奥斯曼于 1667 至 1668 年加紧围城。守军疲惫不堪，士气低落。法国援军尚未赶到，其他盟友则因基督教舰队各舰指挥官谁地位较高的问题而无法同心 —— 舰队由萨伏依、威尼斯、罗马教廷、马耳他医院骑士团、那不勒斯及西西里的船只组成。[58] 威尼斯虽于 1668 年提出议和，但战斗并未停止。[59] 然而，到 1669 年春，法王路易十四终于决定发兵克里特。[60] 奥斯曼的围城大军于海上奋力抵抗，双方损失惨重。在一个半月没有结果的战斗后，负责主攻奥斯曼的法国不愿再继续战斗，他们明知自己的存在使苏丹更愿意和解，但还是一走了之。威尼斯守军指挥官弗朗切斯科·莫洛西尼别无选择，只能投降。[61] 威尼斯人占据四个半世纪之久的克里特岛，在 24 年的战争后落入奥斯曼手中，威尼斯仅保留了东边的斯皮纳龙格岛的堡垒与西边的苏达和格拉姆武萨群岛。

就像《沃什堡和约》签订之后那样，"智慧的"艾哈迈德帕夏留守克里特，监督和约落实的情况。由于远离战场，本岛受损并不严重，主要农作物的产物橄榄油及红酒很快就能恢复出口。[62] 伊拉克利翁城化为一片废墟，由于威尼斯人撤离，成了废城。[63] 奥斯曼接手一周之后，艾弗里雅切莱比请胜利的大军举行周五礼拜。奥斯曼人下令重建城市的建筑物，并举行了盛大的庆祝活动。[64]

就像苏丹穆罕默德二世将拜占庭的君士坦丁堡改建成为一个奥斯曼的伊斯兰城市，"智慧的"艾哈迈德帕夏也把威尼斯的克里特岛奥斯曼化与伊斯兰化了。他将美轮美奂的圣方济教堂转变成为伊拉克利翁大清真寺，并以苏丹之名命名。威尼斯总督府则由奥斯曼总督接收使用，新行省的财政官员就在总督府的凉廊上工作。其他教堂也被改成清真寺，其外观最明显的变更就是将钟楼改成宣礼塔 —— 通过挑选伊拉克利翁最醒目的教堂改为苏丹的清真寺，并加盖宣礼塔以吸引目光，"智慧的"艾哈迈德帕夏确保了人们远远就能看见奥斯曼统治的象征，无论自海上或陆上。他们必须确保人们清楚知道现在统治这里的人是谁，干尼亚（1645 年占领）及雷西姆诺（1646 年占领）的主要城市的重要教堂也都改成了清真寺。[65]

逃离伊拉克利翁的威尼斯居民所遗留的财产，或被拨到"智慧的"艾哈迈德及其指挥官们名下的慈善机构，或公开拍卖给出价最高者（不管他是禁卫军、犹太人还是东正教徒）私用。慈善机构不再像之前那样为托钵僧起建僧院，而是促进穆斯林的定居、商业活动及奥斯曼与伊斯兰文化的推广。旧的强迫移民以充实新占领区人口的政策如今也被放弃：居民皆来自伊拉克利翁的克里特乡间，岛上的伊斯兰化过程也更加缓慢，人们不再沿用一个世纪之前塞浦路斯岛的失败做法，将本土穆斯林带到克里特，而是采取了改宗的方式。此外，来到伊拉克利翁的大部分人都是军人，纵使实质上不是，名义上也是，他们主要是克里特地区的人，能受到当地人民的认同。[66]

这一次的奥斯曼化还有一个不同于以往的特点，它反映出，到了这个时期，奥斯曼皇室的一部分荣耀与权威已经落入了柯普律吕与其他贵族世家手中。在克里特的城镇中，有的清真寺虽然是以苏丹之名命名，但它们并不一定是最重要的。虽然在奥斯曼征服干尼亚之后，主教座堂所改造的清真寺是以当时在位的苏丹易卜拉欣之名命名的，但在伊拉克利翁，一如在雷西姆诺，会众最多的清真寺却是由参加岛屿征战的奥斯曼将领与皇太后图尔汗苏丹赞助，而最重要的赞助人当然非大维齐尔莫属。根据艾弗里雅切莱比的记载，有一座清真寺就是以在位期间开始跟威尼斯打仗的苏丹易卜拉欣之名命名，但最后却成了弹药库，这也更加凸显了这种权力的转移。还有另一个迹象也可以看出苏丹权势的衰落，那就是不同于之前苏丹的清真寺，克里特岛的清真寺都只有一座宣礼塔。[67]

*　　*　　*

虽然伊拉克利翁围城战终于结束了漫长的克里特岛战争，但平静的日子却不长久。1670 年夏天，"智慧的"艾哈迈德帕夏回到伊斯坦布尔，两年后，他再度出发，挥师乌克兰。波兰立陶宛联邦这时候已经被大大削弱了，因为 1648 年开始的哥萨克人起义到 1654 年时已经演变成为围绕乌克兰主权问题的波兰与莫斯科的战争。波兰立陶宛联邦遭到来自四面八方的攻击，瑞典也参与其中，战争断断续续打了多年，至 1667 年底才结束，乌克兰沿着第聂伯河分裂，河右岸（西岸）归波兰立陶宛联邦所有，河左岸（东岸）归莫斯科。乌克兰的哥萨克人则希望独立，不愿意归属任何一方，右岸哥萨克人的领袖海特曼彼得罗·多罗申科希望奥斯曼支持他的抵抗。[68] 经过数月谈判，奥斯曼确定多罗申科是真心服从奥斯曼宗主。1669年 6 月，按照奥斯曼接受附庸的惯例，苏丹给多罗申科送去多项信物——一面马尾秃克、一面鼓、一面旗帜及一份授权公文，承认这位海特曼在全乌克兰的权威。在博赫丹·赫梅利尼茨基首次表示愿为"苏丹的奴仆"将近 20 年之后，[69] 大部分的乌克兰再度被纳入奥斯曼帝国版图。

对右岸哥萨克人的直接支持使奥斯曼在草原地区除了克里米亚鞑靼人又多了一个盟友。但奥斯曼选择支持哥萨克人对抗波兰立陶宛联邦，其实是放弃了在该地区的传统政策，即维持波兰立陶宛联邦与莫斯科之间的平衡。波兰立陶宛联邦在 1671 年做出反应，派遣海特曼扬·索别斯基率军出兵右岸乌克兰，向奥斯曼发起挑战，奥斯曼则向波兰立陶宛联邦宣战，称开战的原因是波兰袭击了他们新附庸国的领土。[70] 奥斯曼的目标是拿下波多利亚省的战略性要塞卡缅涅茨－波多利斯基，作为更加密切控制他们北方边境的堡垒——它位于一处绝壁之上，德涅斯特河的一条支流环绕，形成了陡峭的峡谷，以固若金汤著称。另一个潜在的好处是，波多利亚是一个奥斯曼省，奥斯曼可以在此更加密切地监视常有二心的附庸摩尔达维亚及瓦拉几亚。[71]

从这个世纪初开始，奥斯曼的王子一向都幽居在托普卡帕宫里，但穆罕默德四世认为自己的长子兼皇储必须懂得一个苏丹的治国之道。这次征伐正好提供了一次机会，让奥斯曼帝国在一个战士苏丹的领导下进行一场开疆辟土的战争，所以苏丹决定亲征，随行的包括王子穆斯塔法及自己的宠妾、穆斯塔法的母亲拉比耶·居尔努什·艾梅图拉，但皇太后图尔汗苏丹不在其列。[①][72]

北向前往波兰的路途多雨且艰难。拉比耶·居尔努什·艾梅图拉的银色銮驾在路上深深陷入泥淖，她在大维齐尔的帮助下才被解救。穆斯塔法王子与母亲留在了多瑙河南边的巴巴达格，苏丹则继续前行，率军抵达伊萨克恰。他在多瑙河上建桥，[73] 并于渡河之前短暂回到巴巴达格探视家人。[74] 39 天之后，他们距离目标卡缅涅茨仅剩四五个小时的路程，军队渡过德涅斯特河进入波兰领土。城堡防卫薄弱，经过 9 天的狂轰滥炸，奥斯

① 这并非没有先例：当时的编年史称 1668 年出征克里特的行动是"皇家"行动。苏丹确实从埃迪尔内出发，打算到色萨利的拉里萨，但他的参与顶多只是象征性的，他在拉里萨游猎长达数月，1669 年 9 月才到尤比亚岛，启程前往克里特岛，一抵达就接获奥斯曼攻破伊拉克里翁的消息，然后就起驾回朝。Abdurrahman Abdi Paşa, 'Abdurrahman Abdi Paşa Vekâyi'nâme'si' 256–95.

曼于 1672 年 8 月 27 日将其攻下。"智慧的"艾哈迈德帕夏接收了要塞的钥匙，苏丹驾临奥斯曼最新征服的土地。阿卜杜拉赫曼·阿卜迪帕夏在战斗期间陪在他身边，在不会受到袭击的地方，苏丹命令阿卜杜拉赫曼·阿卜迪作了一首包含 24 节的对句及一段纪年铭的诗歌以资纪念。按照惯例，此诗被刻在大理石上，展示于要塞大门上方。[75]

卡缅涅茨的守军获得了生命和财产的安全，如果愿意仍可居住在堡垒中，他们也可以继续保留自己的信仰，无论天主教或东正教，他们还能按意愿保留尽可能多的教堂。但按照惯例，许多教堂还是改成了清真寺，天主教的圣彼得与圣保罗大教堂成为苏丹穆罕默德四世清真寺，其他则以皇太后图尔汗、拉比耶·居尔努什·艾梅图拉、大维齐尔"智慧的"艾哈迈德、第二维齐尔"志同道合者"穆斯塔法帕夏和第三维齐尔梅尔济丰的卡拉·穆斯塔法帕夏之名命名。没多久时间，新统治的其他象征便开始出现，譬如穆斯林城镇特有的慈善机构。在征服之后的第一个周五，战士苏丹于自己的清真寺举行了胜利礼拜。[76]

奥斯曼的新行省卡缅涅茨（奥斯曼称之为卡缅涅吉）主要是由前波兰立陶宛联邦的波多利亚省组成的。在奥斯曼早期领土征服时期，占领一块完整的土地相对比较容易，所以那时所建的行省面积也较大。而柯普律吕时代所建的行省面积相对要小很多。在 1672 年结束之前，卡缅涅茨以税收为目的进行了调查，新的行政长官则想要引入奥斯曼的土地持有制度，将土地赐给骑兵，让他们在需要时为奥斯曼提供军事服务 [77]——这个制度曾在帝国中部实施过，但已被废除。17 世纪后期，战争更多地采取堑壕战形式，虽然骑兵仍未完全丧失其功能，但现在已是步兵的时代。在卡缅涅茨及其他此次征服的省份采用这个神圣的旧制度，与其说是要应付现有的挑战，不如说是想要重新创造帝国的黄金时代。[78]

波兰立陶宛联邦将波多利亚割让给了苏丹，承认苏丹对右岸乌克兰拥有宗主权，还要每年进贡——按照奥斯曼法律，这意味着波兰王将沦为奥斯曼的附庸。波兰立陶宛联邦可以说是损失惨重，但奥斯曼在卡缅涅茨建立自己的土地制度的时机显然不够成熟。波兰国王签署了和约，受到了人民的蔑视，波兰贵族决心挽回颓势。他们抛弃了过去的分歧，联邦的军力也迅速恢复，因此，1673 年，他们能够在"智慧的"艾哈迈德的援军未抵达前，一举拿下奥斯曼的要塞霍京。[79] 但在 1675 年，奥斯曼部队越界突袭波兰境内，造成了更多的恐慌。[80] 此时，波兰立陶宛联邦希望休养生息，于是他们在 1676 年同意修订和约，使波兰国王免受向苏丹岁贡的羞辱。此外，他们还获得了两个乌克兰要塞。奥斯曼人使波兰人相信，他们一定能从这项和约中获利，但他们的实际收获（免除税贡与两座堡垒）却比设想的少很多。[81]

奥斯曼对右岸乌克兰的支持为他们带来了与波兰立陶宛联邦的战争，以及令人满意的领土。但这个地区势力平衡的改变却导致莫斯科大公国采取行动，大军开入奥斯曼的受保护国，海特曼彼得罗·多罗申科被围困在第聂伯河西部支流上的首都奇希林的一座堡垒。1674 年，苏丹穆罕默德四世派军队从埃迪尔内出发，向北进军，为彼得罗解围。克里米亚鞑靼人替奥斯曼人解决了危机，奥斯曼大军则在梅尔济丰的卡拉·穆斯塔法帕夏的指挥下，继续挥军横扫认莫斯科大公国为宗主的要塞与领地。[82]

*　　　*　　　*

与波兰立陶宛联邦及莫斯科的战争意味着，直到 1675 年，穆罕默德四世才能以重振军威的战士苏丹的身份庆祝最近的军事胜利。当年春天，苏丹穆罕默德四世下诏，为两个王子——11 岁的穆斯塔法及 2 岁的艾哈迈德的割礼在埃迪尔内举行为期 15 天的庆典，为 17 岁的公主哈迪奇苏丹与第二维齐尔"志同道合者"穆斯塔法帕夏的婚礼举行为期 18 天的庆典。接下来，在 6 个月的筹备后，割礼庆典在 5 月 14 日至 29 日举行，婚礼庆典则在 6 月 9 日至 27 日。在 1524 年苏丹苏莱曼一世的妹妹哈迪奇苏丹与宠臣大维齐尔易卜拉欣帕夏的婚礼，1562 年他的 3 个孙女与 3 位高官的婚礼，与 1582 年未来的穆罕默德三世的割礼之后，这样的盛况已近百年未见。

前政府官员赫扎尔芬·侯赛因埃芬迪很可能目睹了这次庆典，逐日详细记载了盛典的情况。宴会、厚礼、戏剧表演、烟火、小丑戏、马术表演与其他活动组成了一次精心策划的对帝国荣耀与慷慨的展示。奥斯曼官员、显贵及埃迪尔内的平民都受到了邀请，他们按照等级赴宴，向苏丹与王子呈献贡品，祷文、颂词、银器、华服占了绝大部分。哈迪奇苏丹结婚时，苏丹送上了丰厚的嫁妆，驸马则被要求在宴席间招待国之重臣，并慷慨赏赐平民。[83] 庆典的场所设在皇宫前面的广场上：

> ……一边是 22 艘巨舰高耸的桅杆，每艘船上都创造性地点燃了 1000 盏灯。（苏丹）下旨，自庆典开始直至结束，所有的灯饰都必须保持明亮。苏丹搭建了 7 座皇室帐篷，除供苏丹与王子歇息外，也供大维齐尔、教长、鲁米利亚和安纳托利亚的司法大臣，以及帝国会议的成员使用，每座帐篷前均架设了木质看台，以供他们欣赏音乐、会谈及其他娱乐表演。[84]

黎凡特公司的牧师英国人约翰·科威尔博士在 1675 年游历了埃迪尔内及其周边地区，他也出席了庆典。许多平民与王子们同时接受了割礼，科威尔博士围观了割礼——实际上，他写道："土耳其人不但不拒绝别人观看，反而会为你腾出地方。"他说：

> 我看到成百上千的人（总共 13 天，约有 2000 人）接受了割礼……人群中有许多年纪较大的人，特别是一些成为土耳其人的变节者。一般成为土耳其人的方式（据我所看到的几个个案）是求见苏丹及维齐尔，在他们面前摘掉帽子，或者举起右手或食指，他们马上就会被（刻意安排在旁的）官员领走，和其他人一起接受割礼。我看到一个 20 岁左右的俄罗斯人，他在见过维齐尔之后来到帐篷，手舞足蹈，但行割礼的时候，他却皱起了眉头（一如许多年纪较大者）。一天晚上，我们碰到一个年轻人，他问我们维齐尔在哪里。我们看他是一个乡下孩子，就问他找维齐尔做什么，他说他兄弟成了土耳其人，他要去找他的兄弟，自己也要接受割礼。两天之后，他果然做到了……在这 13 天中，至少有 200 人改宗。[85]

"智慧的"艾哈迈德虽然早年就放弃了神学训练，但仍深受其影响。在他担任大维齐尔期间，他父亲厌恶的禁欲教派卡迪扎德又开始复兴。在他出任埃尔祖鲁姆总督时，他深受库尔德传道者穆罕默德·伊本·比斯坦的影响，后者出身凡城，因此被称为"凡城埃芬迪"，是当地宗教界极有魅力的领袖人物。对弃教从政的"智慧的"艾哈迈德来说，年长很多的凡城埃芬迪有如精神上的亲人。两人成为朋友，在"智慧的"艾哈迈德当上大维齐尔之后，他便邀请凡城埃芬迪前往伊斯坦布尔当自己的精神导师。后者在 1665 年受命出任一个有影响力的职位，即新建的图尔汗苏丹皇家清真寺周五礼拜的讲道者，并继续扮演大维齐尔精神导师的角色。[86]

凡城埃芬迪与"智慧的"艾哈迈德的交情使他无可避免地接近了穆罕默德四世，在穆罕默德的宠臣阿卜杜拉赫曼·阿卜迪的编年史中，他的名字出现的频率不下于苏丹最重要的大臣。苏丹驻跸埃迪尔内期间，他就在苏丹身边，阿卜杜拉赫曼·阿卜迪有极多的机会对他做近距离观察。虽然教长过去在精神领域拥有无上的权威，但现在凡城埃芬迪与他在此类问题上拥有相同的地位，这一点令人震惊。有趣的是，凡城埃芬迪与以教长"鹰钩鼻人之子"叶海亚埃芬迪为代表的宗教机构之间在观念上并没有重大冲突。凡城埃芬迪陪同苏丹进行了半途而废的克里特亲征，也参加了卡缅涅茨战役，城中的一座加尔默罗修会的教堂改为清真寺后，就是以他的名字命名的，同时他还获准成立一个慈善机构。[87]

苏丹与大维齐尔都还年轻，很容易受到像凡城埃芬迪这样的人的影响，而对他的下层追随者来说，他的显赫地位是一个天赐良机，他们的声音在 1656 年于斯蒂瓦尼·穆罕默德埃芬迪及其党羽被放逐到塞浦路斯时曾一度被减弱。柯普律吕之前的事件中，神职人员卷入首都的政治及派系斗争，早已声名狼藉。如今正是像卡迪扎德这样的教团卷土重来的大好时机，他们可以合法地要求参与道德重建。凡城埃芬迪势力最大的时候，神秘教派再度成为卡迪扎德运动攻击的目标。他下令扫摧毁了迪尔内附近一处拜克塔什教团的僧院，他甚至迫使加拉塔富有且有影响力的梅乌拉那教团的僧院停止公开表演苏菲派的音乐与舞蹈，认为那是有违正统教义的。和苏丹穆拉德四世重视卡迪扎德·穆罕默德意见的时期一样，咖啡馆被夷为平地，吸烟也再度被禁止。[88]

托钵僧无论如何都还是穆斯林，真正令凡城埃芬迪及其追随者难以忍受的是帝国之内居然有非穆斯林存在，他们还拥有特权。例如，传统上，穆斯林禁止生产和消费酒，但基督徒及犹太人则可以进行此类活动——国库因可以对此收取什一税而获益。1670年，奥斯曼颁布帝国法令，废除酒类管理行政官署，关闭大伊斯坦布尔地区的所有酒馆，禁止酒类贩卖，这不仅导致奥斯曼财政上的损失，还惩罚了那些以此营利的基督徒及犹太人。然而，和之前禁止酒类交易的尝试的结果一样，各种地下买卖及走私活动横行，禁令形同虚设。[89]埃迪尔内附近卡拉阿吉村的酒馆每天有"上百"人光顾，或许正是这幅景象激怒了凡城埃芬迪。对于"土耳其人"的好酒成癖，以及禁卫军总司令对卡拉阿吉村的纵欲活动睁一只眼闭一只眼，并因此收取保护费的行为，约翰·卡维尔博士都有第一手的观察。他说，宫廷里面，除了苏丹本人、梅尔济丰的卡拉·穆斯塔法帕夏与"志同道合者"穆斯塔法帕夏之外，大家都喝酒。[90]

在穆罕默德二世登基之前，对非穆斯林的包容态度已经被写入了奥斯曼法律中，人头税则象征着他们的法定地位。但奥斯曼的基督徒与犹太人只要有机会，就会跟外国商人与外国政府代理人建立联系，这使如凡城埃芬迪这样的禁欲派仔细考虑了一番，他们最终决定，这些少数族裔的成员必须被纳入统一管理范围，不再如此特殊。对非穆斯林的礼拜场所，只要不超过某些尺度，奥斯曼传统上都采取包容态度，必要时允许他们进行修缮，但原建筑若完全毁坏，就不准进行重建。受到凡城埃芬迪的影响，17世纪60年代，伊斯坦布尔与加拉塔的25处教堂中的18处被大火焚毁，土地虽然一开始仍归基督徒所有，后来还是被没收并出售给穆斯林。[91]

1664年，教长曾建议苏丹，在出征之前，全国不同宗教的信徒都应该为胜利举行礼拜，但凡城埃芬迪却成功地禁止了这个共同礼拜活动。凡城埃芬迪宣称单凭穆斯林的祈祷就足以保证出征胜利，结果，奥斯曼在圣戈德哈特败于哈布斯堡之手，这显示凡城埃芬迪的说法显然是不可靠的。[92]早期卡迪扎德运动只不过是想要把误入歧途的穆斯林导入正途。与此相对，凡城埃芬迪则是要处理穆斯林社会中的非穆斯林的地位问题，他放弃了奥斯曼传统上的温和做法，而且由于有苏丹与大维齐尔的支持，他能够将自己的计划付诸实践。

图尔汗在达达尼尔建立的要塞已经足够壮观，但这里更醒目的却是"新皇太后清真寺"，如今被简称为"新清真寺"。这座清真寺矗立于伊斯坦布尔艾米诺努区的金角湾海岸，其附属设施极多，包括一座皇家行宫、一所基础学校、一处公共喷泉、一家图书馆及一座市场（被称为埃及市场或香料市场），外加图尔汗苏丹的庞大陵墓。这是第一座足以和许多苏丹所建的清真寺媲美的皇室女性的清真寺，不逊于穆罕默德二世清真寺、巴耶济德二世清真寺、塞利姆一世清真寺、苏莱曼一世清真寺、苏莱曼为亡子穆罕默德王子所建的泽扎德清真寺、艾哈迈德一世清真寺，当然，还有阿亚索菲亚清真寺。[93] 整个项目的首倡者是穆罕默德三世的母亲萨菲耶苏丹，但因穆罕默德三世去世，太后退位而被放弃。穆拉德四世显然曾经考虑将这个项目投入建设，但还是放弃了。图尔汗苏丹决定在现址 —— 伊斯坦布尔的商业区兴建，意外地为打压犹太人提供了机会。

1660 年的大火烧毁了伊斯坦布尔的大部分地区，艾米诺努港区的犹太人区也未能幸免。统治阶层指责犹太人是这场大火的罪魁祸首，没收其财产并将他们逐出该区。此举被视为大功一件，清真寺内皇家行宫的碑文与捐献册充分说明了这一点：皇家行宫的一片瓷砖上镌刻着一段《古兰经》经文，讲述了先知穆罕默德驱逐麦地那的一个犹太人部落并没收他们土地的故事，而图尔汗苏丹的捐献册则提到"伊斯兰的敌人犹太人"。[94] 因此，伊斯兰教被强制推广到这个商业区，是穆斯林与异教徒战争的国内对应。绝大部分犹太人移出了人们的视线，沿金角湾向北，迁往另一个犹太人区哈斯科伊，[95] 后来虽又回流到艾米诺努，但再度遭到驱离。[96] 凡城埃芬迪在此次驱逐犹太人行动中的角色令人想起穆罕默德三世的大维齐尔"伟大的"希南帕夏：当时，"伟大的"希南帕夏煽动了 16 世纪 90 年代的反犹意识，随后，萨菲耶苏丹决定在此地修建自己的清真寺。和她的儿子与大维齐尔一样，图尔汗苏丹欣赏凡城埃芬迪的作为，特别在自己的清真寺建筑群内为他盖了一所女修院。[97]

1665 年，来自外国人聚集的商业港口伊兹密尔的拉比萨瓦塔伊·兹维宣称自己是弥赛亚，帝国内的犹太人再度成为人们关注的对象。在伊兹密尔及伊斯坦布尔，相信他的人纷纷放弃自己的生意，希望"重返"耶路撒冷，其他不抱此类愿望的犹太教徒与他们产生了分歧。在凡城埃芬迪的影响下，政府介入扑灭了兹维的活动。起初，他被囚禁于达达尼尔的一座城堡，但当他的信徒的抗议影响到地方的公共秩序时，他又被转移到埃迪尔内，受到苏丹近臣梅尔济丰的卡拉·穆斯塔法帕夏、教长"鹰钩鼻人之子"埃芬迪及凡城埃芬迪的审讯。其中，教长曾经颁发一项教谕，奥斯曼可以命令基督徒或犹太人改信伊斯兰教。[98] 在改宗与死亡之间做出抉择时，兹维选择了前者。苏丹则在幕后注视着整个过程。[99] 萨瓦塔伊·兹维改宗后，成了名叫阿齐兹·穆罕默德埃芬迪的"新穆斯林"，他开始劝诱其他人改信伊斯兰教，在其追随者心中造成极大困惑，成了凡城埃芬迪削弱非穆斯林在帝国公共生活中分量的圣战中的意外帮手。苏莱曼一世时代，不遵从官方信仰的人会被处以极刑，而不同于苏莱曼时代，此时奥斯曼当局可以吸收一个悔改的宗教麻烦制造者，就像早期接受悔改的安纳托利亚叛军一样轻易。然而，萨瓦塔伊·兹维对新信仰的热情维持得并不久，最终他还是被放逐到阿尔巴尼亚，1676 年逝于当地。但他发起的运动却在整个欧洲与中东引起回响，导致整个帝国出现了一股犹太人与基督徒改信伊斯兰教的热潮。[①][100]

对于苏丹穆罕默德四世在位时期所发生的改宗风潮，欧洲观察家多困惑不解，无论是萨瓦塔伊·兹维之前，还是在其后，许多基督徒与犹太人前往埃迪尔内的宫廷，或在苏丹经常游猎的路上求见苏丹要求改宗。[101] 改宗的人数如此之多，以至于苏丹的秘书阿卜杜拉赫曼·阿卜迪在 1676 至 1677 年间汇编了一系列法律，其中有一部《新穆斯林法》，专门规定了符合伊斯兰教义的改宗过程，改宗者可以收到的现金奖励和他们应该穿着的衣服，如果他曾是基督徒的话，还包括他应接受的割礼。改宗可使犹太人及基督徒享有国内绝大多数穆斯林共享的利益，并消除他们在处于"被包容的"地位时在政治与经济上的障碍。"新穆斯林"中的男性和老穆斯林

---

① 兹维追随者的后裔被称为东马派，他们的名字源于土耳其语"改宗"的动词，他们今天仍为土耳其明确存在的一个族群。

一样，可以成为国家的最高级官员。他们可以选择结婚对象，而非穆斯林则只能娶非穆斯林女性。女性与儿童也有人改宗了，女人改宗后可以和非穆斯林丈夫离婚，若她们为非穆斯林的家奴，则可以获得自由。[102]

＊　　　＊　　　＊

　　皇室可以大部分时间待在埃迪尔内，让穆罕默德四世耽溺于他最爱的游猎，置国事于不顾。这显示，已经去世的大维齐尔柯普律吕·穆罕默德帕夏的高压政策奏效，安纳托利亚终于平静下来。柯普律吕·穆罕默德也结束了世纪初以来危害朝政的派系斗争及宫廷阴谋，为儿子"智慧的"艾哈迈德的统治打下了坚实的基础。"智慧的"艾哈迈德出任大维齐尔的15年期间，国家最高机关的掌控者基本上没变。梅尔济丰的卡拉·穆斯塔法帕夏曾在柯普律吕·穆罕默德手下担任高级职务，在"智慧的"艾哈迈德当权之后，他继续辅佐苏丹，维齐尔"志同道合者"穆斯塔法帕夏亦然。1662 年出任财政大臣的"武器制造者"艾哈迈德帕夏担任该职务长达 14年。教长"鹰钩鼻人之子"叶海亚埃芬迪也在柯普律吕·穆罕默德去世后才上任，他在任职 11 年后才于 1674 年被罢免。

　　1676 年 11 月 3 日，"智慧的"艾哈迈德因"饮酒导致的急性水肿"，逝于从伊斯坦布尔前往埃迪尔内的路上，享年 41 岁，他被葬于伊斯坦布尔大巴扎附近他父亲的墓园里。[103] 他去世时，弟弟"智慧的"穆斯塔法帕夏就在一旁，他将大维齐尔官印上呈苏丹，苏丹则让梅尔济丰的卡拉·穆斯塔法帕夏接任大维齐尔。梅尔济丰的卡拉·穆斯塔法帕夏作为柯普律吕·穆罕默德的家臣崭露头角。"智慧的"艾哈迈德是他的童年玩伴，也是他的妹夫，在"智慧的"艾哈迈德任内，他与苏丹建立了密切的关系，因此得以平步青云。身为"智慧的"艾哈迈德的代理人，他很少离开宫廷，一些西方外交官怀疑是他在算计"智慧的"艾哈迈德。[104]

　　梅尔济丰的卡拉·穆斯塔法就任大维齐尔后的第一件大事就是再度维护奥斯曼在右岸乌克兰的利益，反抗莫斯科大公国与左岸乌克兰的入侵。1674 年，奥斯曼平定右岸乌克兰之后，梅尔济丰的卡拉·穆斯塔法残酷报复当地百姓，并抓紧了奥斯曼对当地的统治，导致人们对海特曼彼得罗·多罗申科的领导地位产生广泛不满，同时也使后者对苏丹感到失望，并对自己夹在两强之间的危险处境深感不安。1676 年，多罗申科将苏丹颁发的勋章交给了沙皇，并交出自己的首府奇希林，获得了莫斯科的庇护。苏丹任命了一位新的哥萨克领导人，即 1648 年哥萨克反抗波兰立陶宛联邦的英雄波赫丹·赫梅利尼茨基的儿子，但这位新领导人远不如他的父亲以及他的前任多罗申科。奥斯曼无法忍受莫斯科人在他们认定属于自己的土地上进行军事活动，两国很快兵戎相见。1677 年，梅尔济丰的卡拉·穆斯塔法没能通过围城拿下奇希林，但在 1678 年成功将守军赶出城。[105] 穆罕默德四世抓住了这个证明自己军事能力的大好机会，大张旗鼓地出发，行进到多瑙河畔的锡利斯特拉要塞，在那里一直停留到战事结束。[106]

奇希林是个孤立的城市，难以抵御莫斯科不断的新攻势，最终被奥斯曼人摧毁。他们在更东边的第聂伯河与布格河畔同时建了三座更利于防卫的新堡垒。[107] 当莫斯科正在准备新攻势的消息传来，苏丹再次准备亲自领军作战，但克里米亚鞑靼可汗居间调停，莫斯科于是求和，1681 年，一份结束第聂伯河流域紧张局势的和约在克里米亚的首府巴赫奇萨赖签署。这是莫斯科与奥斯曼之间正式签订的第一份条约，它承诺休战 20 年，承认奥斯曼对右岸乌克兰的宗主权，但基辅城除外（基辅与左岸乌克兰自 1667 年以来就已经是莫斯科大公国的附庸）。最终，奥斯曼并未改变黑海北部的政策，即只采取必要行动，以免核心地区受到攻击；他们对乌克兰的干涉（除对波多利亚的征服）因为莫斯科与波兰立陶宛联邦关系的变化而变得必要，而这种变化不是他们能够控制的。到了 1681 年，奥斯曼已经过度扩张，乐得休养生息，而且似乎也已经解决了北方边境的战略问题。[108]

*　　*　　*

奥斯曼与哈布斯堡交界的西北边境自 1664 年《沃什堡和约》签订以来一直平静，中欧太平无事，条约使奥斯曼能够获得多瑙河北边的乌伊瓦尔省，"智慧的"艾哈迈德帕夏已经心满意足。然而，蒙泰库科利与利奥波德皇帝似乎有意以绝对主义统治取代"皇家匈牙利"的宪政统治，匈牙利的贵族对此大感失望。一些人甚至被指控意图勾结法国或奥斯曼，在1671年因叛国罪被处死。17世纪，反动改革多次在多地得到不同程度的实施，但利奥波德一世时期的反动改革特别残暴：尽管密谋是基于民族的，根本无关乎宗教（无论天主教或基督新教都卷了进去），但匈牙利各个阶层的新教徒都受到了迫害，匈牙利也愈来愈被看成是直接由维也纳统治的被征服之地。[109]

在匈牙利的新教异议分子心目中，奥斯曼的包容政策要好于哈布斯堡的偏狭政策，许多人都跑到奥斯曼的附庸国特兰西瓦尼亚寻求庇护。"智慧的"艾哈迈德帕夏却不太愿意卷入这类异议分子的斗争，命令特兰西瓦尼亚君主澳保菲·米哈伊也避免涉入。然而，在1678年，反抗哈布斯堡霸权与天主教统治的加尔文宗贵族特克伊·伊姆雷被推选为不满的新教徒的领袖，他多次在与哈布斯堡的冲突中获得胜利，使他在上匈牙利地区获得了大片土地，声势日隆。到这时，利奥波德一世才明白，自己的匈牙利政策适得其反。1680年，他向特克伊提出休战，并于1681年召集议会，重新建立一定程度的地方自治与宗教包容。但特克伊拒绝与会。[110]当时的编年史家"持剑者"芬德克勒的穆罕默德阿迦是当时宫廷中的侍者，他记载，特克伊的特使团在当年7月抵达宫廷，呈书请求与苏丹合作。[111]1682年初，特克伊获得一纸条约，内含14个条款，它承认他为奥斯曼的附庸。[112]在梅尔济丰的卡拉·穆斯塔法的心目中，他正好可以做一个对付哈布斯堡的工具。因此，当利奥波德派遣特使提议为将在1684年到期的《沃什堡和约》续约时，却发现奥斯曼已无此意，他们已经同意支持号称"中匈牙利之王"的特克伊——这是他因自己的新地位获得的称号。[113]既有特克伊制造的机会，又有法国特使带来的鼓励（法国对哈布斯堡帝国也有所图，暗示不会介入哈布斯堡与奥斯曼之间的任何纷争），哈布斯堡特使团在续约一事上无功而返也就不令人意外了。[114]

苏丹或许无意扩大匈牙利境内的紧张局势，但大维齐尔心意已决，他还获得了禁卫军总司令泰基尔达的"酒鬼"穆斯塔法帕夏的支持，后者上书，说他的士兵皆愿出征。根据"持剑者"芬德克勒的穆罕默德阿迦的记载，梅尔济丰的卡拉·穆斯塔法甚至不惜捏造假情报，夸大边境上的麻烦。他要求教长发布教谕，还忽视了一些认为开战并不合法的呼声，将不惜任何代价求和的哈布斯堡特使软禁。[115]

对奥斯曼来说，此时正是跟哈布斯堡开战的大好时机：前线有特克伊的支持，哈布斯堡在匈牙利失势，法国已经暗示不会介入，莫斯科大公国则渴求和平，[116]波兰立陶宛联邦又弱到不足以构成威胁。1683 年 5 月 3 日，提早出发的奥斯曼帝国军队在苏丹穆罕默德的率领下到达贝尔格莱德。在大军沿多瑙河而行时，特克伊与克里米亚可汗率军前来会合。[117]"持剑者"芬德克勒的穆罕默德阿迦也参加了此次军事行动，他大吐苦水说，大军 3 月 30 日自埃迪尔内出发，淫雨不断，导致路途泥泞难行，特别是行至普罗夫迪夫附近时，他们要让苏丹宠妾拉比耶·居尔努什·艾梅图拉与载满后宫莺莺燕燕的 80 辆车安全过桥，更是面临了严重的困难。[118]

按照原来的计划，梅尔济丰的卡拉·穆斯塔法应该占领杰尔，就像 1664 年"智慧的"艾哈迈德帕夏计划的那样。（在开战前的谈判中，哈布斯堡特使团拒绝交出该城。）但在大军兵临杰尔城下后的一次会议中，梅尔济丰的卡拉·穆斯塔法宣布，由于该城防御坚固程度超过预期，为免围城造成军力损失，他们应当进军维也纳。虽然有人反对该提议，他却一意孤行，大军于是继续前进。[119]这个决定其实是明智的，因为哈布斯堡军队指挥部门由于个人与官僚的纷争呈现出分裂状态，无法及时制定出可行的防御策略，也没能及时动员部队。7 月初，当奥斯曼大军逼近维也纳之际，维也纳陷入一片恐慌，皇帝与整个宫廷于 7 月 7 日弃城，带着金银财宝撤往帕绍，并于 7 月 18 日抵达。他们在撤退的时候，还受到鞑靼骑兵的追击，后者在 7 月 16 日袭击了维也纳西部约 100 公里的一个地方。[120]

根据"持剑者"芬德克勒的穆罕默德阿迦的记载，梅尔济丰的卡拉·穆斯塔法未经授权采取行动的消息传到在贝尔格莱德的穆罕默德四世耳中，他对于大维齐尔公然抗命的行为大为惊讶，但他也无力改变事态的发展方向。[121]无论如何，幸运之神似乎站在奥斯曼及其盟军这一边，他们的军队在数量上远多于对方，虽然放过了杰尔，却一路挺进，拿下了许多战略要地。[122]

　　抵达维也纳城外不数日，梅尔济丰的卡拉·穆斯塔法帕夏就将整座城池团团包围，使援军几乎无法进入。奥斯曼人按照惯例在围城开始时许诺，若守军投降，就可以安全离开，但是守军也按照惯例拒绝了。奥斯曼部队迅速而专业地构筑阵地，并于 7 月 14 日开始炮击维也纳。梅尔济丰的卡拉·穆斯塔法帕夏不打算放过任何能确保战果的细节，快速而有条不紊地行动着，但战斗剧烈，胜负难决。围城一个月后，奥斯曼通过挖攻城隧道在城墙上制造出一道缺口，进入中间的三角堡。[123]

　　奥斯曼获胜的后果如万钧重担压在欧洲的君主与政客心头，更让他们沮丧的是，过去几个世纪中，联手对付共同敌人的呼吁鲜少获得回应，即使有也都是三心二意，难以持久。今天的盟友可能就是明天的敌人，相互猜疑与旧恨的余烬都会阻碍他们的合作。法国信守承诺，没有派兵援救维也纳。唯一倾向于保卫哈布斯堡的力量只有波兰立陶宛联邦。1672 年与 1676 年所签的条约，使波兰立陶宛联邦丧失了对右岸乌克兰哥萨克人的影响，又将波多利亚的大片领土拱手让与奥斯曼，波兰仍未从这些损失中恢复。虽然表面上，地方议会的独立性与特权使他们无法确定这里的人会援助他们，但多数波多利亚贵族却因为希望收复失土而倾向于对哈布斯堡伸出援手，影响了他们的同伴，[124] 于是，为了对付共同的敌人，哈布斯堡与波兰立陶宛联邦组成了一个不怎么牢靠的同盟，他们在 1683 年 3 月签订了一项共同防御条约，使波兰立陶宛联邦与奥斯曼所签的条约全都变成了废纸。

　　既要防备特克伊自特兰西瓦尼亚入侵，又要担心来自布达城的奥斯曼部队，所以早在 6 月，波兰军队就已经在南部边界警戒。7 月中旬，当索别斯基第一次收到维也纳绝望的请求时，他将宫廷从华沙迁到了克拉科夫，但并未表现得特别紧急。然而，当围城的详细讯息不断传来，他开始充分动员部队。此战若败，奥斯曼只会在波兰立陶宛联邦得寸进尺，但对索别斯基来说，这更将是个人雄心的重大挫折。8 月 15 日，索别斯基的部队自克拉科夫开拔，月底到达维也纳东北方的霍拉布伦，神圣罗马帝国皇帝的妹夫洛林的查理和他在一起。查理是哈布斯堡一支小部队的统帅，一直在骚扰奥斯曼的补给路线。西南方的巴伐利亚人与西北方的萨克森新教徒也都派出部队，但哈布斯堡并未与包括勃兰登堡选帝侯在内的其他可能的盟友达成任何协定。[125]

　　围城持续了将近两个月，尽管守军情势危殆，但双方都没有获得什么决定性的优势。援军缓慢前进，在图尔恩渡过多瑙河于南岸集结，以穿过维也纳森林，从西边向维也纳挺近。奥斯曼以为，再怎么有决心的救援部队都无法跨越高山峻岭加上浓密的森林，因此他们未在这条路线上部署足够兵力，但就算他们并未忽略这支 6 万多人正在逼近的部队，在经过那么多周的奋战，眼看胜利在望之际，他们也不可能就此停止围城。索别斯基花了三天部署部队：奥地利人在左翼，最靠近河流；德国人在中央；波兰立陶宛联邦的部队进入阵地较慢，则在右翼高地。梅尔济丰的卡拉·穆斯塔法的军队远少于对手，大约有 3 万多人，另外还有人数不明的摩尔达维亚人、瓦拉几亚人及克里米亚鞑靼人。激烈的战斗在 9 月 12 日展开，一直持续到夜晚。上午的时候，大多数战斗均在近河的低地进行，但等到索别斯基与波兰立陶宛联邦的骑兵赶上其他部队时，他们终于可以开始联合进攻。这一天快结束时，敌军步步进逼，奥斯曼人溃不成军，眼看大势已去，还未战死的人无不望风而逃。[126] 围城最终失败，奥斯曼弃守的阵地惨遭劫掠，索别斯基的部队获得的战利品最多，其中包括奥斯曼统帅们的刺绣营帐，今天仍可见于克拉科夫与波兰其他地区的博物馆。

　　未战死或被俘虏的奥斯曼士兵落荒而逃，他们饥寒交迫，一路直奔杰尔，在那里渡过拉包河。奥斯曼在维也纳战败的消息传至贝尔格莱德，苏丹闻讯大怒，扬言要处死卡拉·穆斯塔法帕夏，并令其速来觐见，但大维齐尔称病不至。[127] 然而，很明显，他们必须尽快开始准备明年的战斗。不等梅尔济丰的卡拉·穆斯塔法来到贝尔格莱德，穆罕默德四世及其随员就返回了埃迪尔内。[128] 若要将除索别斯基介入之外的战败的原因归咎于卡拉·穆斯塔法，那么在他所犯的错误中，比起决定直驱维也纳，他的一些技术失误显然更重要，譬如围城之时他竟然未带大炮随行，而是以轻型火器主攻，轻型火器虽然机动性更强也更易运输，但显然难以攻破坚固的维也纳城墙。此外，他也未能成功处理守军采取的"反攻城隧道"措施，致使奥斯曼的围城行动难有进展。[129]

在退回到冬季营地之前，梅尔济丰的卡拉·穆斯塔法重新部署了匈牙利前线的防御。他将溃败的责任推给布达总督，因为后者不赞成绕过杰尔直攻维也纳的策略，之后他的统帅才能也未能使大维齐尔满意。最终，布达总督被处决，财产没收充公。[130]

梅尔济丰的卡拉·穆斯塔法帕夏一直都是苏丹的亲密顾问，但就在他率军出征期间，密谋者趁机编造帝国内乱的消息，穆罕默德四世对他的疑虑因此加深了。当维也纳之败的消息传来，按照"持剑者"芬德克勒的穆罕默德阿迦的说法，密谋者之一、苏丹的马官波斯尼亚的"浅肤色的"苏莱曼阿迦宣称："我们的敌人（指梅尔济丰的卡拉·穆斯塔法）完蛋了，复仇的时候到了。"其他的密谋者还包括黑人大太监优素福阿迦及第三维齐尔卡拉·易卜拉欣帕夏。政敌对卡拉·穆斯塔法的攻讦形成了极大的压力，苏丹不得不让步：1683 年圣诞节，正在为次年春天的新攻势拟定计划的大维齐尔在贝尔格莱德被处决。[131] 卡拉·易卜拉欣取代他成为大维齐尔。他的遗体被葬于贝尔格莱德皇宫对面的清真寺墓园。[132] 尽管按照"持剑者"芬德克勒的穆罕默德阿迦的记载，苏丹下令将其头颅送回伊斯坦布尔，葬于大巴扎附近他本人的墓园，[133] 但现在人们普遍相信，现存于维也纳博物馆的头骨才是本尊。[134]

"持剑者"芬德克勒的穆罕默德阿迦深信，大维齐尔要为维也纳之役的指挥及其所导致的灾难负全部的责任。对于这一点，他毫不讳言，甚至还记载了一个意味深长的梦：

> 当时（即出征前的商议阶段），大维齐尔做了一个梦，梦到自己穿上了一双新靴子，一条七头龙出现在他眼前，攀在他身上咬他。次日，他找占卜师哈珊埃芬迪解梦。"靴子代表你即将出征。龙则是哈布斯堡的皇帝，因为他所戴的是努希尔万（即萨珊王朝的国王霍斯劳一世）的王冠，要听命于 7 个国王的指挥。你最好退出这次出征，否则必将后悔莫及。"[135]

尽管深信梅尔济丰的卡拉·穆斯塔法帕夏要为维也纳之败负责，芬德克勒的"持剑者"穆罕默德阿迦仍然觉得大维齐尔在外出征时，宫廷内的阴谋令人发指。他后来声称，他早就预见到卡拉·穆斯塔法的命运。在记录了 12 月 13 日的一场暴风雨之后，他写道："12 月若有雷电，那预示着统治者将会秘密谋害一名重要的大臣并没收其财产。"[136] 维也纳之围还有其他的受害者，其中包括卡迪扎德教派的传道者凡城埃芬迪。跟卡拉·穆斯塔法一样，凡城埃芬迪也想要拿下维也纳，并随军同行。[137] 苏丹穆罕默德却不同意，并将之解送出宫，送到他在布尔萨的庄园，1685 年，他在那里逝世。[138]

　　梅尔济丰的卡拉·穆斯塔法帕夏在历史上的地位因为失败的第二次维也纳之围而受损。奥斯曼的惨败对哈布斯堡及整个欧洲具有重大的心理意义。对西方观察家来说，奥斯曼的征服狂潮就此结束。当时的文学作品就反映出过度的期望，认为在几个世纪的斗争之后，基督教大军终将获胜。维也纳的溃败对奥斯曼来说，确实是重大的打击，只不过，当时他们还不知道，这只是开端，接下来的一连串失败要到 1699 年才结束，并以丧权辱国的和平收尾。

10

帝国松动

1684 年 2 月初，惊人的消息自贝尔格莱德传到埃迪尔内宫廷，匈牙利前线的指挥官泰基尔达的"酒鬼"穆斯塔法帕夏报告苏丹穆罕默德四世，基督教国家组成了一个对抗奥斯曼的联盟。他写道，莫斯科大公国计划对克里米亚发动攻击，而波兰立陶宛联邦想要收复波多利亚并拿下瓦拉几亚，威尼斯则会在波斯尼亚发动攻击，在地中海攻击克里特岛，并攻击鲁米利亚沿海与爱琴海诸群岛，瑞典、法国、西班牙、英国、尼德兰联省共和国、热那亚与教皇也都是联盟成员。奥斯曼的大臣群集埃迪尔内，对于多线齐发的战事表达了自己的忧虑。他们决定，每一条战线均需任命一名指挥官，苏丹或大维齐尔卡拉·易卜拉欣帕夏则坐镇后方，监督未来战事的准备。泰基尔达的"酒鬼"穆斯塔法本人健康状况不佳，迪亚巴克尔总督"魔鬼－天使"易卜拉欣帕夏奉命前往布达代替他。[1] 1684 年 3 月，神圣同盟正式形成，成员包括奥地利哈布斯堡王朝、波兰立陶宛联邦、威尼斯与教皇国。1684 年夏天，法国与奥地利签署停战协定，这对奥斯曼来说是个更糟的预兆。[2] 但就在次年，奥斯曼和法国之间再度签订和约，[3] 才消除了法国加入神圣同盟的可能性。

* * *

在梅尔济丰的卡拉·穆斯塔法死后，柯普律吕家族杰出的新生代是柯普律吕·穆罕默德的次子，"智慧的"艾哈迈德的弟弟"智慧的"穆斯塔法帕夏。他跟随"智慧的"艾哈迈德攻下了伊拉克利翁，然后在梅尔济丰的卡拉·穆斯塔法的举荐下出任第七维齐尔，但苏丹让他担任皇太后及年幼王子们的侍卫，所以他后来没有再参与军事行动。这显示他与苏丹关系良好，他也因此受到更大的重用。但维也纳战败之后，一波反柯普律吕的浪潮兴起，梅尔济丰的卡拉·穆斯塔法帕夏被处死，卡拉·易卜拉欣升任大维齐尔，"智慧的"穆斯塔法此时也丢掉了黑海北方厄齐省的总督这一要职（他在姐夫丢掉脑袋之前获得了这个职位）。这个前线要职落入了新任大维齐尔的同党"浅肤色的"苏莱曼手中，此人因此成了一名帕夏，而"智慧的"穆斯塔法则丧失了积极涉入战争危险的下一个阶段的机会。[4]

此时当权的反柯普律吕派的无能为奥斯曼带来了灾难。从维也纳撤退途中，他们丢掉了布达北边多瑙河畔的埃斯泰尔戈姆，这个地方自1543 年以来就是奥斯曼的领土，其间只有 10 年被哈布斯堡占领。1684年，哈布斯堡在匈牙利取得了重大进展，一举拿下了埃斯泰尔戈姆附近两个重要的要塞维谢格拉德与瓦茨，他们绕过了被包围的布达，在距城南一日路程的地方大败奥斯曼。1685 年，奥斯曼虽然夺回瓦茨，但收回埃斯泰尔戈姆的尝试却失败了，他们还丢掉了 20 年前"智慧的"艾哈迈德拿下的乌伊瓦尔省。西方为此欢欣鼓舞。[5]威尼斯这些年也很活跃，围攻并拿下了希腊爱奥尼亚海岸的圣塔莫拉、普雷韦扎及皮洛斯，外加许多其他地方的要塞，以及达尔马提亚的奥斯曼堡垒。[6]

在 1685 年的战事后，"浅肤色的"苏莱曼奉诏至埃迪尔内，受命接任大维齐尔，取代因怠忽军队后勤需求而被罢免的卡拉·易卜拉欣。苏丹虽然批准卡拉·易卜拉欣去圣地朝圣的请求，但他的政敌之间流言不止，说他真正的意图是在安纳托利亚非法组织一支军队，于是他的财产被没收，人被发配到罗得岛。[7]此外，这些谣言引起了政府的兴趣，因为伊斯坦布尔收到报告，称安纳托利亚的民兵不安分，到处打家劫舍，他们中的一些人洗劫了城市和乡村，在镇压他们的行动失败后，当局决定，唯一的解决办法就是调他们去打仗。[8]

当战争的影响开始显现出来时，政府评估了人员及物资的损失，以及随之而来的财政负担。1686 年初，苏丹亲自参与了教士及文武大臣的作战会议。与会者普遍认为，此战非同小可，定要由大维齐尔或苏丹挂帅；如果大维齐尔指挥，苏丹就不需要留在埃迪尔内，因此他应该返回伊斯坦布尔，省掉宫廷继续滞留埃迪尔内给当地带来的不必要的财务负担。4月，穆罕默德四世回到伊斯坦布尔，发现首都正陷于饥荒之中——事实上，几乎整个帝国都是同样情况，部分原因正是战争所带来的破坏。基本粮食的价格飞涨，在安纳托利亚部分地区，老百姓惨到以树根及核桃果的绿色外皮为食。为了表示多年之后宫廷重返首都的重要性，苏丹访问了金角湾阿尤卜·安撒里的陵墓。然后，为了避开托普卡帕宫的沉闷生活，他选择住到博斯普鲁斯海边的园林中。[9]

因此，"浅肤色的"苏莱曼奉命率军开赴匈牙利前线，奥斯曼再次下达动员令。穆罕默德特别召见了大维齐尔，授予他先知的圣旗，将大维齐尔与部队交给真主护佑。他打破先例，敞开了先知的斗篷（据说早在1517年苏丹塞利姆一世征服埃及之后，它就已经被带到伊斯坦布尔，在时间上更早于先知的圣旗[10]），仿佛以此召唤先知穆罕默德神圣遗物的力量。当时，"持剑者"芬德克勒的穆罕默德阿迦正在托普卡帕宫服务，即使没亲身参与仪式，至少他也会有所耳闻。根据他的记载，仪式气氛感人至深，在场的人无不为之涕下。[11]

1686年的战争对奥斯曼的命运至关重要。9月2日，1526年苏丹苏莱曼一世征服绝大部分匈牙利时就占领的布达落入哈布斯堡围城军之手。布达省在奥斯曼与哈布斯堡的边界已经屹立了将近150年，不同于维也纳，布达市是一个奥斯曼城市，对奥斯曼人来说，其陷落无论在军事上或心理上都是沉重的打击。随着一个又一个堡垒的陷落，奥斯曼失去了对匈牙利的控制。当冬天来临，奥斯曼退却到贝尔格莱德的营地时，奥地利已经进驻特兰西瓦尼亚的某些要塞。[12]

1686年的惨败如此严重，以至于有史以来第一次，奥斯曼帝国主动寻求议和，但大维齐尔"浅肤色的"苏莱曼因为丢了布达而提出的求和意向已经引不起对方任何兴趣。前一年，新扎姆基陷落之后，在匈牙利前线的指挥官"恶魔－天使"易卜拉欣曾向哈布斯堡指挥官洛林的查理提议休战，但并未跟伊斯坦布尔方面进行商议，结果，他虽未得到任何答复，却因为擅作主张而被处决。时序进入冬天，为 1687 年战争所做的准备已经在进行中，但军队在出发前，"浅肤色的"苏莱曼却再度致函哈布斯堡，只不过，这一次他直接写给皇帝利奥波德一世。此时，哈布斯堡不再是恳求的一方，他们显示自己和奥斯曼人一样，同样关注外交礼节：他们拒绝了他的信，理由是这种书函根本没有价值，除非苏丹亲自致函皇帝；此外，作为一封需要对方慎重考虑的信，它还要由大维齐尔与其他政府重臣联署才行。这些外交礼节只是一方面。神圣同盟的成员都曾承诺，不会单独与奥斯曼媾和，这给进一步谈判带来了难以跨越的障碍，因为他们的要求包括波多利亚归还波兰立陶宛联邦，克里特岛归还威尼斯，以及奥斯曼退出匈牙利并将其交给哈布斯堡。威尼斯获悉，奥斯曼希望与伊朗结盟，但伊朗的沙赫拒绝了。沙赫承诺，奥斯曼在欧洲用兵时，伊朗绝不攻其东方边境，但他发誓，只要奥斯曼与基督徒的战争结束，他就会出兵收复巴格达。[13]

　　战争已经掏空了国库，但更令高层担心的是，他们没有足够的现金用于支付军队薪水，就算可以拖欠，但大家都明白，领不到薪水的士兵是什么事情都干得出来的。1686 年，奥斯曼新开征了一项"战争贡献税"，征税对象是一向免于此类杂税的宗教界人士。尽管它名义上是借款，在情况许可时会归还纳税人，但此举还是引起人们的强烈反感。一名高级神职人员讲出了他与同伴们的担忧，他担心这些钱会被拿去建造像埃迪尔内那样享乐的宫室。结果他因为胆敢挑战苏丹的命令被放逐到塞浦路斯。然而，税赋最终被转移到了帝国各市镇居民的肩头，至少在伊斯坦布尔，人们要在武装护卫的监督下缴纳税款。然后税款被送进大维齐尔代理人的官邸，其中绝大部分不知去向。但不管怎么说，政府急需用钱，甚至连皇室成员都要从自家资产的收入中拿钱出来资助战争活动。"持剑者"芬德克勒的穆罕默德就目睹了关于战争贡献税的紧张交涉，并记录了那一年异常的严寒给人们增加的痛苦——由于苦寒，老百姓一连 50 天出不了家门，而他自己划船渡过金角湾时，还要用桨击碎冰才得以前行。[14]

　　当神圣同盟大军正对流经匈牙利的德拉瓦河上的桥头堡奥西耶克展开攻击的消息传来时，大维齐尔仍在贝尔格莱德。神圣同盟的军队被击退，奥斯曼乘胜向北追击，但"浅肤色的"苏莱曼实在不是一个好将领，1687年8月12日，在莫哈奇南方，即1526年苏丹苏莱曼痛击匈牙利国王的地方，他的部队遭遇惨败。其他前线传来的消息同样不利。威尼斯海军攻占了伯罗奔尼撒，指挥官是弗朗切斯科·莫洛西尼，正是1669年干地亚的守城指挥官，他在9月挥师雅典，在驱逐奥斯曼驻军时炸毁了帕特农神庙的屋顶。[15]此外，鞑靼可汗那一年并未参战，托称扬·索别斯基已经与莫斯科大公国签订协议，将联手进攻克里米亚。[16]同年，索别斯基之子包围卡缅涅茨，但为奥斯曼及鞑靼援军所击退。[17]

莫哈奇兵败之后，"浅肤色的"苏莱曼率军沿多瑙河南撤贝尔格莱德，8月27日抵达彼得罗瓦拉丁。他们在此地停止前进，大维齐尔企图派一支军队攻击向北距此地8小时路程的敌军据点进行报复，军队却于过桥时遇暴风雨，河宽水急，前锋部队受困于泥泞的北岸，没有食物，没有掩蔽。后来的发展证明，这件事点燃了行伍中弥漫的不满情绪。部队在混乱中撤回了桥的另一端。大维齐尔企图加以安抚，军士兵们却反过来要他交出大维齐尔的官符印信及苏丹交付于他的先知圣旗。[18]

"浅肤色的"苏莱曼弃军而逃，他收妥圣旗，乘船顺流而下直奔贝尔格莱德。士兵们联合起来，聚集在他的营帐中，在他不在的情况下，将所有个人与集体遭遇的困境都推到他的头上，就像本世纪前半期反叛的安纳托利亚帕夏们一样，他们推举了自己的指挥官率领他们回到伊斯坦布尔，被选中的人是年长而又经验老到的阿勒颇总督、柯普律吕·穆罕默德的女婿西亚乌什帕夏。兵变者准备了一份报告，希望呈给苏丹，抱怨过去两年来对军队的许诺屡屡遭到背弃，包括许诺的粮食始终供应不足，许诺的薪水与财政奖赏从未兑现。同时，他们写下了他们的愤怒：在部队已经过桥后，"浅肤色的"苏莱曼却配给他们12天的粮食，要他们从彼得罗瓦拉丁长途跋涉前往埃格尔，而不是对抗向北据此只有数小时路程的敌人。他们说，这是压垮他们的最后一根稻草，豪雨如注，毫无掩蔽，他们不得不抗命。[19]"浅肤色的"苏莱曼逃往贝尔格莱德，途中有数名大员随同，包括再度出任禁卫军总司令的泰基尔达的"酒鬼"穆斯塔法帕夏，但后来，大部分人都决定回到驻扎在彼得罗瓦拉丁的部队。继续随同他从贝尔格莱德顺流直下鲁塞，走陆路前往伊斯坦布尔的只有一人——帝国财政大臣赛义德·穆斯塔法帕夏。[20]

面对一场同时在三条战线上进行的战争，以及一场严重的兵变，苏丹穆罕默德四世命令西亚乌什帕夏就帝国的防卫进行整顿，将其列为最紧急的事务。他命令军队在贝尔格莱德过冬，禁止任何部队返回伊斯坦布尔。士兵群情激愤，提高了他们的条件，要求处死"浅肤色的"苏莱曼并任命西亚乌什接任大维齐尔，同时也拒绝留在贝尔格莱德。苏丹向伊斯坦布尔的退休军官请教，他们建议苏丹清理军方高层。他们说，首先要任命新的大维齐尔，泰基尔达的"酒鬼"穆斯塔法也要被替换，还要加上前线各部队的军官，当然，欠饷的问题也要一并解决。然而，在他们尚未确定这是否是结束兵变的最佳政策时，叛乱者又送来信函，要求处死"浅肤色的"苏莱曼。苏丹要求他们立即将大维齐尔官印及先知圣旗交给西亚乌什帕夏，在西亚乌什帕夏回伊斯坦布尔的途中，他们在尼什将官印与先知圣旗交给了他。[21]

兵变的领袖包括苏丹步兵及骑兵兵团的军官，安纳托利亚民兵指挥官也加入其中。大维齐尔的撤换并未能平息他们的愤怒。西亚乌什在尼什开会时，他们包围了大帐，要求对方交出赛义德·穆斯塔法的项上人头，他们认为他应为欠饷负起责任。西亚乌什派人安抚，他们却朝大帐开枪。西亚乌什于是告诉赛义德·穆斯塔法，说自己压不住这些武夫，他得自己去面对。赛义德·穆斯塔法才一出帐，就被乱刀砍死。西亚乌什虽死里逃生，在场的其他政府高官却无一幸免。[22]

"浅肤色的"苏莱曼出征期间，有一个名叫雷杰卜的帕夏受命担任代理人。此人也是波斯尼亚人，因为在处决"浅肤色的"苏莱曼的前任卡拉·易卜拉欣一事上有功而受赏识，获得这个职位。雷杰卜觊觎大维齐尔之位，希望穆罕默德四世的长子、现年23岁的穆斯塔法王子能够登基。自艾哈迈德一世于1617年驾崩以来，苏丹既有儿子又有兄弟可以继位的情形还是第一次出现。预见到叛军抵达伊斯坦布尔可能带来的混乱，雷杰卜向教长安卡拉维·穆罕默德埃芬迪建议，由于叛军的意图可能是推翻苏丹，拥立其兄弟苏莱曼王子，因此，苏丹最好先发制人，立即让穆斯塔法登基。但或许教长比较中意人近中年的苏莱曼王子，因为他拒绝签发教谕批准这一叛国行动。雷杰卜亟欲将之撤职，但此举却超出了他的权限。结果事迹败露，传到苏丹耳朵里，苏丹下令逮捕不得人望的大维齐尔及其图谋不轨的代理人。反柯普律吕派至此陷入混乱。此时，"智慧的"穆斯塔法正外放达达尼尔，苏丹立即将其召回：对军队来说，他的话比苏丹更有分量。苏丹指派他出任大维齐尔代理人，取代雷杰卜。面对即将抵达首都的军队，苏丹做出了他能力范围内最果断的决策，希望借此安抚军队，结束眼前危险的乱局。[23]

雷杰卜闻风而逃，暂时免于被捕。易容躲藏在博斯普鲁斯的园林的"浅肤色的"苏莱曼不久也被逮捕，并被处决，其首级则被送给自匈牙利回国途中的部队，以安抚人心。新任大维齐尔西亚乌什及部队自尼什开拔，抵达普罗夫迪夫扎营，首级在 1687 年 10 月 17 日送到这里。在大维齐尔大帐中，他们向集合的军官宣读了一同送达的苏丹的信。苏丹写道，军队可以亲自检视"浅肤色的"苏莱曼的人头，而且他们正日夜搜捕雷杰卜，一旦他落网便将就地正法。苏丹承诺，他会全额供应薪饷及物资，并尽一切努力改变军队在"浅肤色的"苏莱曼手上所受到的不公正待遇。但苏丹的信又说，如今烽烟四起，军队不宜开赴伊斯坦布尔，应当在普罗夫迪夫及索非亚过冬整备，新的部队已在动员，继续战斗所需的财政来源也在寻找中。但军队还是不满意，认为苏丹所言了无新意。他们想要苏丹在修缮占领的城堡、薪饷及营舍的条件等方面做出进一步保证。最特别的是，他们要求苏丹放弃日常的游猎。叛军情绪火爆，他们割断了大维齐尔大帐的绳索，把帝国旗帜送至伊斯坦布尔方向的下一个驿站。[24]

叛军的首领是安纳托利亚人"侄子"奥斯曼，他曾在"魔鬼－天使"易卜拉欣麾下服役于匈牙利前线。1685 年，"魔鬼－天使"易卜拉欣因丢了乌伊瓦尔省而被处决，"侄子"奥斯曼带着大批不满的士兵东逃，随后在安纳托利亚中部洗劫了城镇和乡村。政府像过去一样试图收买他，任命他为安纳托利亚民兵司令。在匈牙利前线，"侄子"奥斯曼把部队打造成为一支骁勇的队伍，而此时正是精良兵源极度缺乏的时期。因此，他获得的政府职位使他在大动乱的年代成为一个核心人物。[25]

　　10月18日，奥斯曼军队离开普罗夫迪夫，8天后抵达埃迪尔内。"侄子"奥斯曼（如今已经是一名帕夏）建议同僚，他们应在此停留，而不是继续向伊斯坦布尔进发。大维齐尔西亚乌什附议，但包括禁卫军在内的苏丹兵团反对，坚持继续前往伊斯坦布尔迫使苏丹摊牌。他们恶狠狠的语言获得了"侄子"奥斯曼的支持：很明显，唯有苏丹逊位才能满足他手下的民兵与一干跟随他的人。[26]伊斯兰新年的第一天，一封由苏丹兵团提出，要求苏丹逊位的通牒送达伊斯坦布尔。大维齐尔已经告知"智慧的"穆斯塔法帕夏军队的要求，苏丹同意让位给自己的儿子穆斯塔法王子。[27]穆罕默德四世在阿亚索非亚清真寺召开会议，[28]召集帝国的最高司法权威与苏丹兵团的指挥官，以及城中的政治人物与贵族，聆听正向首都挺进的部队所提的要求。然而，与会者决定，苏丹穆罕默德四世应该让位于他的兄弟苏莱曼。"持剑者"芬德克勒的穆罕默德当时是内宫的侍者，他自称"目睹了一切"：

　　　　黑人大太监来到（托普卡帕宫）苏莱曼王子被软禁的黄杨木区，敦请他出宫。王子认为他将被处死，起初怕得要命，不肯出来。"陛下，我的苏丹，不要害怕！我对真主发誓，我不会害您的。满朝大臣、宗教学者与军队将领已经推举您为（下一任）苏丹，正等着您驾临。我们都听候您的差遣。"心神犹未定，王子饮泣答道："如果消灭（即处决）我的命令已经下达，请告诉我，好让我在死前可以按照规矩做完礼拜。我已经被软禁了40年，从孩提时就开始了。与其每日死千回，我宁可立刻就此死去……"

　　　　再度躬身亲吻王子的脚后，大太监回答道："千万不要这样，别再说这样的话，我求您了，您将要面对的不是死亡而是苏丹之位。"（黑人大太监说王子的随从仍将继续照顾他时，）王子的弟弟艾哈迈德也在一旁鼓励道："请听我说，别怕，阿迦（指黑人大太监）说的都是实话。"听了这话，王子走了出来。由于他只穿了一件红色缎袍，足踏一双笨重的短马靴（多年来，他只有几件既寒酸又粗陋的衣物），阿迦带来了一套自己的袍子，这是一件镶黑貂皮的深蓝褐色的丝绒长袍，阿迦将它披在王子的缎袍外，然后躬身向王子伸手，毕恭毕敬地将他引至内宫的吉兆殿，让他坐在水池边的宝座上。内宫的持剑者与侍者上前，随同他走向觐见大殿。王子问道："你们是要到狮房①去，给我蒙上头，在那里处决我吗？""啊，我的主人，"持剑者回答道，"您怎么会这样想呢？快别这么说，您要知道，您离开（黄杨木区）是为了登上苏丹的宝座。您看，您的仆人白人大太监，还有皇家传讯员正从内宫赶来见您呢。"白人大太监向苏莱曼致意，伸出手挽着王子的左臂，一路将他护送至觐见大殿，安顿在皇座上。按照古老的习惯，先知优素福神圣的头巾被从皇家宝库中请了出来，②裹到了王子的头上，并饰以三支镶有珠宝的垂羽。此时，太阳的高度仅仅有 1.5 矛，时间是 3 点钟。

苏莱曼王子登上了苏丹之位。第一个宣誓效忠的是圣裔登记官，接着是大维齐尔代理人、大法官、鲁米利亚与阿纳多卢的首席法官，然后是教长（亦即接替安卡拉维·穆罕默德埃芬迪的"鞣皮匠之子"穆罕默德埃芬迪）与许多宗教学者，还有民兵、苏丹兵团及叛军的高阶军官，以及皇家门卫长、皇家掌瓶官，全都向苏丹效忠。苏丹向觐见大殿内的人回礼，然后驾临内宫，坐上了水池边的宝座。这时候，库房、膳房及乐房的仆从也前来宣示效忠。黑人大太监阿里阿迦带着一份诏令进来，诏令要求拘禁新任苏丹的兄弟艾哈迈德可汗、被废黜的苏丹（即穆罕默德四世），以及两位王子……穆斯塔法可汗及……艾哈迈德可汗（即穆罕默德四世的儿子）。3 人随后被带上来，扣留在黄杨木区。这份诏令对宫内的人和（伊斯坦布尔）城内居民来说是个秘密，但它被交到苏丹穆罕默德手上，他说："谨遵真主所愿。被囚禁后，我等就将被处决了吗？"阿迦回道："快别这样说，陛下，愿这天永远不会降临。命令只是要求把你关起来而已。"同一天，宫廷传令官将这个好消息告诉了皇太后，并获得了数不清的礼物，公

---

① 狮房为前朝拜占庭的一座教堂，位于皇宫外阿亚索菲亚清真寺南边，奥斯曼苏丹在其地窖中畜养野兽。

② 优素福的头巾迄今仍见于托普卡帕宫的圣物典藏。

告传报员向公众宣布新苏丹登基的喜讯。周五的布道以新登基苏丹的名义举行，钱币也铸上新苏丹的名讳。[29]

穆罕默德四世与他的儿子在托普卡帕宫中度过的日子并不多。在他统治的大部分时期，他的宫廷都在埃迪尔内，即使是在伊斯坦布尔，他也多半喜欢冶游于皇家庭园中的行宫，不喜欢沉闷的托普卡帕宫。然而，在他被废黜后，穆罕默德一定获准离开伊斯坦布尔，因为他在1692年逝于埃迪尔内，被葬在他母亲图尔汗苏丹的陵墓中，就在伊斯坦布尔商业区图尔汗清真寺附近。[30]

穆罕默德被废黜符合叛军的要求。"侄子"奥斯曼帕夏与他的民兵仍然留在城外，大维齐尔则在苏丹兵团及派往前线的督军的陪同下进入伊斯坦布尔。然而，11月14日，禁卫军及骑兵团分别在练兵场及古罗马竞技场集合，又提出了新的要求，呼吁当局交出逃亡月余，于色雷斯的恰塔尔贾被捕入狱的雷杰卜帕夏。4天后，当局决定支付之前拖欠的9个月的薪水，希望这能说服他们回到军营，但在骑兵们领取欠薪的时候，禁卫军练兵场那边传来消息，说禁卫军拒绝接受欠薪，除非新苏丹按照传统给他们额外赏赐，结果骑兵也加入了抗议。没多久，全城陷入混乱。手头既没有现金，又急于结束乱局，束手无策的当局被迫赐给乱军领袖他们想要的包税权。"侄子"奥斯曼被任命为鲁米利亚省总督，这总算打消了他进城的念头。"浅肤色的司库"穆罕默德帕夏估计，军队为数至少9万，其中禁卫军7万人，苏丹骑兵约5000人。支付这些军队索取的赏赐所需的钱则是从东部各省搜刮来的，雷杰卜帕夏也被处死，但这一切似乎仍安抚不了军队。[31]

在被从宫内软禁处带出来20天后，苏丹苏莱曼二世身佩长剑，参加了艾郁普已经成为传统的仪式，然后经由伊斯坦布尔的埃迪尔内门进入城中，这象征他正式拥有了奥斯曼帝国。叛乱仍在继续。大维齐尔西亚乌什下令罢免禁卫军总司令，任命新人接替，但叛军首领被谋杀的消息传来，进一步刺激了禁卫军与骑兵，于是他们展开报复，刺杀了新任总司令。他们知道大维齐尔无法采取任何大胆措施，想找另一个替罪羔羊来发泄自己

►大维齐尔易卜拉欣帕夏
的棺材被抬出托普卡帕宫

▲苏莱曼一世时期发行的金币

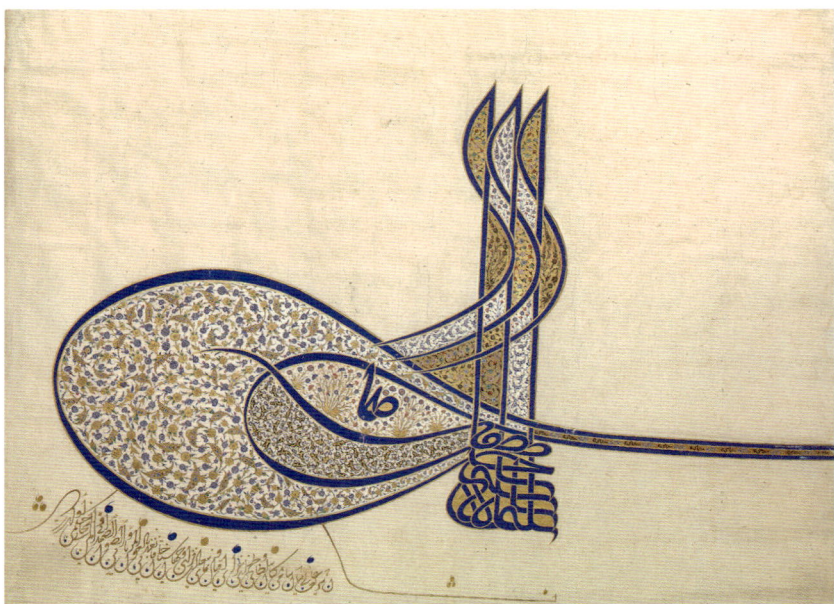

▲苏莱曼的花押。苏丹们的花押由设计师们在苏丹登基时专门设计，会出现在官方文件、苏丹信件以及苏丹的印鉴上。这里苏莱曼的花押还被添上了装饰

◀头戴七重冠的苏莱曼。图为 16 世纪中期的威尼斯木刻画

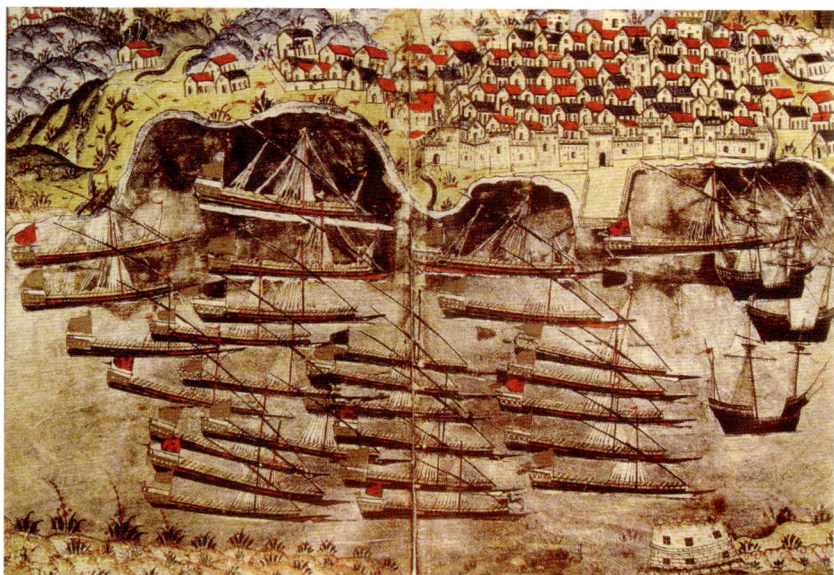

▲ 1543 年，巴巴罗萨率领奥斯曼舰队在土伦港过冬。这幅图也由马克拉克齐·纳苏赫绘制

▶ 吕斯泰姆帕夏定制的《古兰经》手抄本插图

▲苏丹皇太后和法国大使团的吉拉尔丹夫人在君士坦丁堡聚会。最左侧的是黑人大太监

▲ 19世纪的人们看到的新清真寺与艾米诺努巴扎

◀外貌令艾弗里雅切莱比印象深刻的神圣罗马帝国皇帝利奥波德一世

▲ 1683 年，奥斯曼军队兵临维也纳

Wie die Arbeit/ so der Lohn

Disegno, Come il Gran Visir de Turchi Cara Mustafa Bassa fu Strangolato et con 36 Principali Bassa Trucidato nel Mese di Febraro nell Anno 1684.

▲ 维也纳围城战失败后，穆罕默德四世下令勒毙了梅尔济丰的卡拉·穆斯塔法

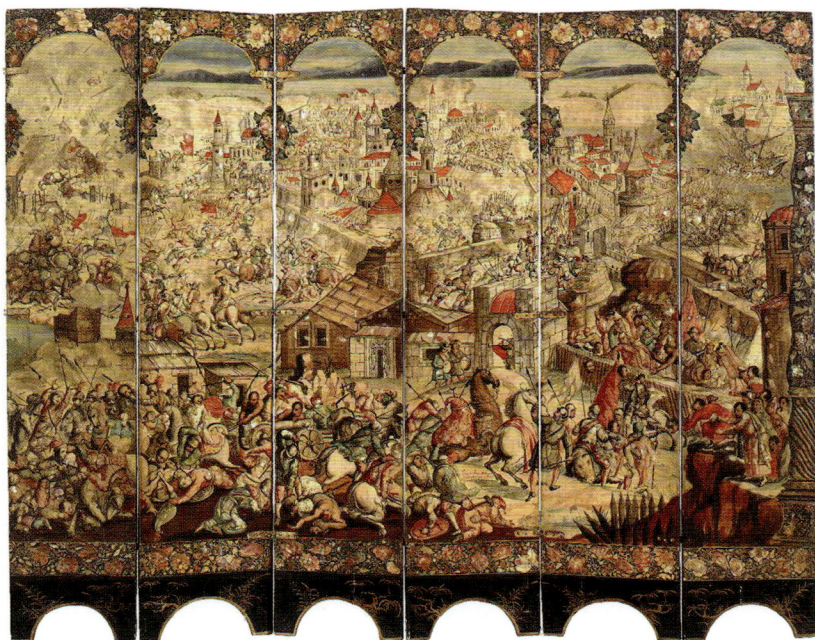

▲ 17世纪末的墨西哥总督委托冈萨雷斯家族制作的关于1688年贝尔格莱德战役的六叠屏风

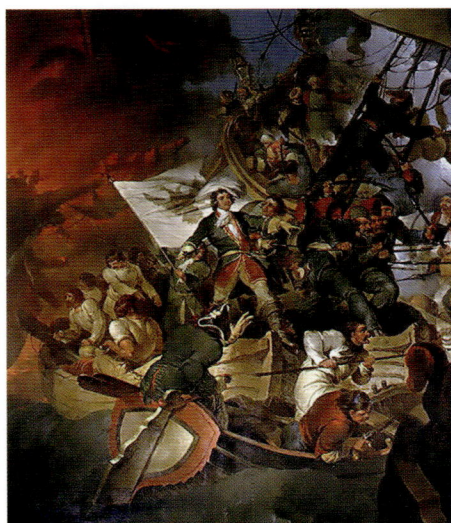

◀俄罗斯的彼得大帝率领军队进攻亚速港

● 在《波扎雷瓦茨条约》签订后至"帕特罗讷"哈利勒叛乱之间的郁金香时代，奥斯曼宫廷与社会陷入对郁金香花的狂热，郁金香成为奥斯曼花园与宫室必不可少的花卉，郁金香花纹也成为奥斯曼建筑、瓷器、服饰中常见的装饰

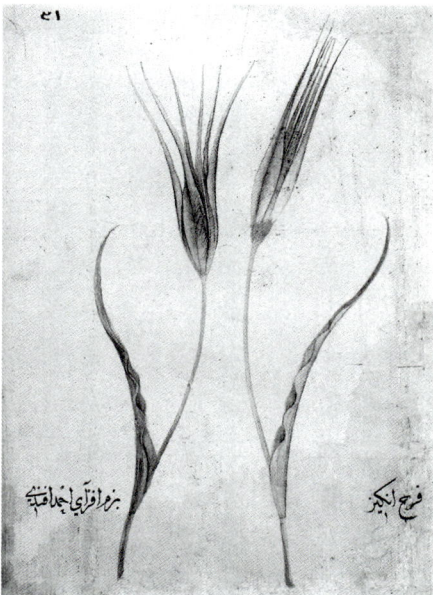

▲荷兰驻奥斯曼大使科纳里斯·卡尔科恩在 1727 年 9 月 14 日面见了苏丹艾哈迈德三世。图中，他正穿过苏丹皇宫中的第二庭院，禁卫军正在这里进行宴会。领着使团前行的是两个头戴白色高帽、手持银杖的官员，他们身后是两名译员、大使和他的随员

▲塞利姆三世在托普卡帕宫的吉兆门前接见奥斯曼显贵

的不满。这一次，他们锁定的目标是"智慧的"穆斯塔法帕夏，他们指责他企图进行整顿，恢复秩序。西亚乌什最终同意把自己的代理人遣去守卫达达尼尔。叛军试图迫使教长."鞣皮匠之子"穆罕默德埃芬迪颁发教谕，同意处决"智慧的"穆斯塔法，但他们失败了，叛军便设法使教长被解职。新任命的教长艾斯－赛义德·费伊祖拉埃芬迪为先知的后裔，凡城埃芬迪的弟子。此人善于钻营，迅速进入宗教高层。[32]

漫长而又危险的军事叛变达到了高潮。在大维齐尔西亚乌什帕夏与费伊祖拉埃芬迪及其他人在西亚乌什的官邸开会时，叛军与一群希望通过暴乱与抢劫获利的暴民包围了这里，砸墙开枪。费伊祖拉觉得大事不妙，揣着大维齐尔的官印偷溜出来，将它交给了叛军首领。几个小时之后，暴民冲进年迈的大维齐尔的官邸。眼见暴民要进入内室，他自己也可能躲不过他们的愤怒，西亚乌什大怒，极力设法挡住通往内室的门户，却被当场杀害。暴民无所不抢，连内室的妇人都被当作"战利品"一同劫走。[33]

对于这场动乱，伊斯坦布尔的人民反应不一。在旧巴扎一家商店遭到洗劫后，其他商人纷纷关上店门。当一名店主用杆子举起一块白布，号召所有真正的穆斯林聚集起来时，谣言马上传遍城里及郊区，说先知的圣旗已经被带出皇宫。渐渐地，人群开始在托普卡帕宫聚集，圣旗在宫墙上飘扬，人民呼吁结束叛军制造的无政府状态。不少叛军的领导者在宫外被民众私刑处死，其他赶来加入同僚的叛军也遭遇相同命运。当局任命原掌玺大臣伊斯玛仪帕夏为新大维齐尔，他在"智慧的"穆斯塔法返回达达尼尔后担任大维齐尔代理人；教长费伊祖拉埃芬迪及其他与叛军勾结的高级神职人员全都被撤换。[34] 因此，在 1688 年 4 月中旬，1687 年 9 月开始于多瑙河的兵变就此告终。1687 年 11 月，叛军曾进入伊斯坦布尔城内，在长达 5 个月的恐怖统治后，新苏丹登基，公共秩序终于恢复。

* * *

在遥远的匈牙利，战争仍在进行。在奥斯曼野战部队回到伊斯坦布尔后，被团团围困的要塞驻军只能独力应付神圣同盟的军队。1687 年冬天及 1688 年的头几个月，哈布斯堡在奥斯曼防卫薄弱的边界获得了大片土地，包括 1596 年以来就被奥斯曼占据的埃格尔。在更西边的波斯尼亚边境，哈布斯堡也取得显著成功，奥斯曼虽在当地募兵支持驻地守军，结果却不理想，招募来的杂牌军根本不堪一击，听到一点风声就逃，许多人甚至向奥地利人寻求庇护。[35]

在伊斯坦布尔，整个冬天的危机导致军队忽视了为 1688 年军事行动所做的准备工作。大维齐尔伊斯玛仪帕夏没有指挥在匈牙利的部队，反倒是反复无常的"侄子"奥斯曼帕夏被委以挥师反击哈布斯堡的重任——他因为带着自己的人马留在伊斯坦布尔城外，免于被卷入整个冬天的暴力事件。他任命了许多自己人担任军事职务，但效果并不太好，他们似乎很难改掉自己的旧习惯，因为他们骚扰农村的报告不断传进伊斯坦布尔，而这里的老百姓饱经多年战争蹂躏，饥贫度日。"侄子"奥斯曼显然不能或者不愿约束自己的部队。许多人呼吁政府动员军队镇压他，因此，他被撤除了匈牙利前线指挥官的职务。[36]

大维齐尔伊斯玛仪帕夏任职仅两个月，就成了宫廷内斗的牺牲品。1688 年 5 月 2 日，他被解职，取而代之的是前禁卫军总司令及维也纳兵败后担任匈牙利前线指挥官的泰基尔达的"酒鬼"穆斯塔法，现在他的身体已经恢复健康。兵变刚发生时，奥斯曼部队退往彼得罗瓦拉丁，泰基尔达的穆斯塔法先是随着"浅肤色的"苏莱曼抛弃了部队，后来却又返回，在远离伊斯坦布尔的达达尼尔要塞躲过了那个动乱的冬天。[37]为了不让准备不足的奥斯曼军队直面哈布斯堡军队及其他前线的敌人，泰基尔达的"酒鬼"穆斯塔法开始紧急组织军备。

奥斯曼的战备情况一塌糊涂：1688 年适合军事行动的时间即将结束，和平的希望依旧渺茫，奥斯曼兵员短缺，战线太广，政府根本拿不出万全的解决办法。在之前的兵变中，野战部队违抗命令，大军从前线返回，直逼伊斯坦布尔。此时，苏丹的部队又多次威胁现存秩序的存在，把伊斯坦布尔拖入长达数周的骚乱，这显示军纪明显已荡然无存。此外，赏田封地以保证地方骑士带着扈从参战的制度，显然也已经无法满足帝国防卫的需要——事实上，从实用性的角度来说，这套制度早已失效。如今看来，想要保证足够的可用兵力，最大希望还是在于再度启用"侄子"奥斯曼帕夏及其同伙，让他们参与帝国边境防御，尽管他们对乡村及农民的骚扰显示他们不愿放弃打家劫舍的旧习。因此，为镇压他们进行的动员被终止，奥斯曼将这批人再次整合进入国家体制，他们被封为行省总督或桑贾克贝伊，条件是他们要带领自己的部下上战场。传统上，将桀骜不驯的个人拉入帝国体制范围内是让他们重新效忠奥斯曼的重要手段。这一次，比较新奇的一点是，奥斯曼将如此多的叛军改造为帝国军队的骨干。这支军队的成员首先效忠的不是苏丹，而是他们的领袖，依靠这样一支军队保卫帝国明显会带来更多的灾难。1687 至 1689 年之间，伊拉克利翁、卡缅涅茨及蒂米什瓦拉的奥斯曼驻军指挥官先后被刺杀，更充分证明了中央权威的衰落。[38]

为军事行动提供资金与为其提供人员一样困难。国库空虚，奥斯曼人只得熔化金银盘子以筹集足够的资金。[39] 在 17 世纪，奥斯曼想尽办法也没有筹到足够的白银铸造自己的钱币，所以他们允许欧洲各国及新征服地区的银币在帝国内自由流通。铜的取得虽然更为容易，但基于不明原因，奥斯曼从 17 世纪 30 年代后期就几乎停止了铜币的铸造。受到 1688 年冬季兵变的影响，奥斯曼才重新开始大量铸造铜币，以供苏丹发放登基后的赏赐，并满足支领人员（特别是苏丹兵团的部队）要求，还要应付战争不断的开销。但是，由于这种铜币容易仿造，一些供应伊斯坦布尔及军队所需物资的商人不接受铜币，因此奥斯曼又于 1691 年放弃了铜币。[40]

苏莱曼二世与其官员们并没有忽视形势的严重性。然而，到了 1688 年 6 月，尼德兰联省共和国出使奥斯曼宫廷的使节求见大维齐尔，带来了神圣罗马帝国皇帝利奥波德及其盟友的求和意愿。这个为结束战争而进行调停的提议是由奥兰治的威廉（不久后登基为英格兰、苏格兰及爱尔兰的威廉三世）提出的，他的目的在于使目前陷在匈牙利的奥地利军队脱身，以调往莱茵兰及普法尔茨，加入他正在组织的对抗路易十四的同盟。这个行动的消息也经由贝尔格莱德的军队指挥官传到伊斯坦布尔，尽管苏莱曼在登基时信誓旦旦地宣布要不计代价亲率大军光复先人征服的领土，[41] 但他还是决定派出特使，向利奥波德重提两人祖辈之间的友谊——即费迪南三世与穆拉德四世本世纪初在哈布斯堡与奥斯曼之间的和平条约。按照惯例，新苏丹会向其他国家统治者致函宣告他的登基，这一次收到信件的包括莫卧儿苏丹奥朗则布，以及伊朗、乌兹别克、也门、法国、英国及尼德兰联省共和国的统治者。1688 年 7 月 11 日，高级文书官员佐勒菲卡尔埃芬迪携带苏莱曼致皇帝利奥波德的信函，率领一支谋求和平的代表团出发前往维也纳，其成员包括首席翻译官（但实际上他是苏丹与外国统治者之间的中介者）希腊裔奥斯曼人亚历山大·伊斯克尔莱特扎德，西方人称之为马夫罗克达多。[42]

只不过这些和平序曲并未使战争结束，作战准备仍在继续进行。由于缺乏强有力的人指导战争活动，镇压兵变与新苏丹登基并未改善奥斯曼军队在匈牙利前线的表现，奥斯曼人在这里仅能控制几个较小的堡垒。1688 年，对奥斯曼最严重的打击是贝尔格莱德的陷落，经过一个月围攻，它于 9 月 8 日落入哈布斯堡之手。"侄子"奥斯曼没做出任何防御努力，而是放任手下劫掠城内的市场，然后带着人脱离前线，转进到安全的尼什，把贝尔格莱德的防御工作全都丢给鲁米利亚省总督。哈布斯堡大军在巴伐利亚选帝侯马克西米利安·伊曼纽尔的领导下，在城外的一战中轻易击败特克伊·伊姆雷及其他奥斯曼部队。贝尔格莱德能够抵抗一个月其实已经相当不容易了，因为驻军明显不足，而且他们根本没有援军可以指望。佐勒菲卡尔埃芬迪及其代表团抵达哈布斯堡大营时，围城之战恰好结束。他估计，哈布斯堡军队的武器虽然令人印象深刻，但他们仍处于危险的境地，一旦巩固了领土的防御，就准备撤退。[43]一个半世纪以来，这个战略上的关键要塞一直易守难攻，是奥斯曼对哈布斯堡进行军事打击的前进基地，一旦陷落，通往伊斯坦布尔的道路也就随之敞开。贝尔格莱德的居民顺多瑙河而下逃亡，以躲避挺进的哈布斯堡部队，奥斯曼在多瑙河畔所掌握的要塞的守军也逃跑了。[44]10 月，佐勒菲卡尔埃芬迪及马夫罗克达多被逮捕，监禁在维也纳城外。[45]

对于哈布斯堡军队轻而易举杀入奥斯曼的核心地带，"侄子"奥斯曼要负主要责任。但在贝尔格莱德陷落后，前线岌岌可危，他反而受命成为 1689 年军事行动的总指挥。奥斯曼找不到其他有经验的指挥官，任何认同中央政府的人都无法确保他的手下的忠诚度。帝国的整个前线风雨飘摇，"侄子"奥斯曼似乎成了唯一的选择。政府下达召集令，征召所有适于战斗的穆斯林男子入伍；同时政府又宣布，面对即将来临的战斗，非战斗人员也有参与的义务，身为纳税人，他们必须提供金钱物资支持战争的进行，政府甚至要求人们预缴某些税款——为了充实国库，这种做法还真是破天荒头一遭。[46]

尽管"侄子"奥斯曼是奥斯曼帝国匈牙利战略中的关键，但抵御外侮的准备带来的新的动力也使奥斯曼大臣们希望他可以被除掉。多数高级官员，包括大维齐尔、教长"鞣皮匠之子"穆罕默德埃芬迪（他在费伊祖拉埃芬迪被解职后再次获得任命）及苏丹兵团的指挥官们一致认为，如果能除掉"侄子"奥斯曼及其同伙，胜利也会随之降临。同时，奥斯曼政府也打算撤销他民兵首领的职务，削弱他作为心怀不满者的魅力领袖的地位。不出几个月，他就被取消了军职。自世纪初起为抗击伊朗和奥地利提供人力而建立的非正规部队也被解散。虽然奥斯曼仍然需要这些人提供的战力，因此强制将他们编入未受叛军影响的部队，但政府仍希望借此降低他们对各种反政府势力的吸引力。[47]于是，教长发布了教谕，允许追剿叛乱分子（其中包括"侄子"奥斯曼），鲁米利亚及安纳托利亚总督也都接到了相应命令。尤其重要的是，政府加强了从安纳托利亚经达达尼尔到鲁米利亚的道路的防卫，阻止叛乱部队进军伊斯坦布尔，以免过去敌方动荡时乱军入京的旧事重演。"侄子"奥斯曼及其同伙对匈牙利前线防卫的疏忽造成了负面影响，他们到了安纳托利亚后，又像过去一样敲诈勒索，拦路劫财，洗劫城镇与乡村。[48]

贝尔格莱德陷落之后，"侄子"奥斯曼帕夏在索非亚度过了冬天。入春后，他发现自己成了围剿对象，行动大受限制，于是往西逃入阿尔巴尼亚。到了佩奇附近，他与13名同伙被当地人待为宾客迎入家中，却被杀害。另两名最密切的盟友易容逃往埃及，但在抵达后旋即被捕，被送回埃迪尔内处决。逃往伊朗的人也面对同样的命运，他们在抵达埃尔祖鲁姆时落网并被处死。[49]奥斯曼政府终于战胜了在与神圣同盟的对抗中破坏重要军事行动的叛军。

此时，在远离奥斯曼本土的地方发生的事件影响了战争的局势。由威廉三世发起的和谈能否成功，关键在于参与各方及潜在参与者不断变化的实力。奥地利在贝尔格莱德大胜之后不久，法王路易十四悍然撕毁 1684 年与利奥波德皇帝签订的 20 年和平协议，入侵普法尔茨。1688 年 10 月，西欧再次爆发了反法战争，这场战争史称奥格斯堡同盟战争，或大同盟战争，又称 9 年战争，或威廉国王战争。它分散了哈布斯堡对抗奥斯曼的资源，他们发现自己陷入了东西两头难以兼顾的作战。[50]

*　　　*　　　*

1689 年 4 月 10 日，苏丹在埃迪尔内平原扎营。佐勒菲卡尔埃芬迪的和谈几乎毫无进展，而苏莱曼二世履行了他的誓言，在当年的军事行动中收获颇多，为自己赢得了"圣战者"的称号。国库的状况得到了一定改善，政府发布了严苛的动员令，"侄子"奥斯曼帕夏及其党羽一败涂地，安纳托利亚的动乱平息。苏丹亲临前线是为了显示帝国重获了复兴的信心，但这也是奥斯曼面对隐隐浮现的灾难，为拯救帝国荣耀与领土采取的绝望的措施。苏丹随军远行至索非亚，任命当地总督阿拉伯人雷杰卜帕夏接替"侄子"奥斯曼出任总指挥官。[51] 阿拉伯人升至如此高位，哪怕不是没有前例，也是极为罕见的。这种对阿拉伯人的偏见体现在"浅肤色的司库"穆罕默德那些年的编年史中。在记述中，他轻蔑地提到了雷杰卜的出身，但还是强调了他是以勇气过人知名的。在"浅肤色的司库"穆罕默德看来，问题的核心在于，在这样一个亟需智勇双全的总指挥官的时期，这个职位被交给了一个和军队没有良好关系的人，他既不在行动前与军队磋商，事后也不反省决策的后果。[52]

随着 1689 年局势的发展，尽管人们把苏丹的"亲征"捧上了天，却也掩盖不了一个事实，那就是哈布斯堡虽然两头作战，奥斯曼在巴尔干的边防状况却逐渐恶化。为对抗法兰西，一个新的西欧同盟于 5 月 12 日结成，参与国包括奥地利、英国与尼德兰联省共和国。随着英国国王威廉三世决定性地涉入欧洲的政治舞台，这个"大同盟"取代了 1686 年利奥波德与许多德意志君主所组成的奥格斯堡同盟。佐勒菲卡尔埃芬迪请苏丹对新的局面做出新的指示，并派了一名特使前往埃迪尔内。[53] 奥斯曼此时倾向于接受哈布斯堡的和平条件，佐勒菲卡尔奉命说服利奥波德皇帝归还贝尔格莱德，并使他同意将萨瓦河与多瑙河作为奥斯曼与哈布斯堡的新边界。考虑到神圣同盟决定任何签字国不得单独与奥斯曼议和，奥斯曼也准备接受威尼斯对爱奥尼亚海岸及达尔马提亚的占领，以及波兰立陶宛联邦夷平卡缅涅茨要塞的要求。然而，1689 年 9 月，新任法国驻奥斯曼宫廷大使沙托讷夫侯爵皮埃尔 – 安托万·德·卡斯塔涅雷积极地破坏了奥斯曼与神圣同盟之间议和的可能性，倡议组成奥斯曼 – 法兰西同盟，[54] 因此，奥斯曼看到了翻身的机会，通往和平的窗户又啪的一声关上了。

同时，新任总指挥官率军北上。8 月底，他们在接近贝尔格莱德时收到消息，前方有敌军出没。阿拉伯人雷杰卜下令追击，但敌军却掉过头来，追击者反而遭到夜袭，被困在一片橡树林中，无法战斗，于是他们沿路逃回尼什，把辎重都丢下了。阿拉伯人雷杰卜既没有能力协调部队作战，又不会搜集有用的军事情报，甚至连士兵的纪律都管不好：部队拒绝在尼什重整，并开始返回索非亚，向大维齐尔泰基尔达的"酒鬼"穆斯塔法帕夏诉苦。9 月底，奥斯曼未能守住湍急的尼沙瓦河上的一座桥梁，哈布斯堡一支部队抓住机会做出最后的一击，尼什陷落。[55]1688 年贝尔格莱德陷落后，大批穆斯林开始经巴尔干南迁入安纳托利亚，尼什的挫败加速了穆斯林的南迁，[56] 也推动了奥斯曼帝国内部战争与叛乱导致的迁徙。

尼什失陷导致阿拉伯人雷杰卜帕夏被处死。贝尔格莱德得到了这座新前进基地的保护，奥地利又拿下了奥斯曼在多瑙河上的数处要塞，距此最远的是西边的彼得罗瓦拉丁。奥地利人在瓦拉几亚又开辟了一条新战线，没有遭遇什么抵抗，随后直取布加勒斯特，直到遇上了总督康士坦丁·布兰科维努才被击退。苏丹的谋士建议苏莱曼从索非亚退到普罗夫迪夫，然后回到埃迪尔内。受到当地信仰东正教的农民的激励，哈布斯堡大军横扫奥斯曼领土，往南最远至马其顿的城镇斯科普里与丘斯滕迪尔。在巴尔干，穆斯林会退到苏丹的领地内避难；同样，东正教徒也退到了奥地利军队的防线后。这些基督徒臣民并不忠于奥斯曼，根本无意防守阵地，成了奥斯曼政府关心的一大问题。[57]

1689 年 10 月 25 日，高级神职人员集会商讨，最终达成了一个共识：正在希俄斯任职的"智慧的"穆斯塔法帕夏应当被召回首都，并被任命为大维齐尔。[58] 在导致穆罕默德四世被废黜的叛乱时期，教长"鞣皮匠之子"穆罕默德埃芬迪曾极力维护"智慧的"穆斯塔法，拒绝签发教谕以批准处决他——毕竟，和他的哥哥"智慧的"艾哈迈德一样，"智慧的"穆斯塔法年轻时也是一名神职人员，后来才进入军事管理阶层。[59]1656 年，内乱几乎导致帝国分裂，奥斯曼重臣重用了一位柯普律吕家族的成员才保住奥斯曼的统治，因此，此时朝臣群聚埃迪尔内的苏丹大帐，一致同意了这项任命。[60]这一次，大维齐尔职务的交接顺利进行，泰基尔达的"酒鬼"穆斯塔法在哈布斯堡前线表现称职，获准退休还乡。但不同于泰基尔达的"酒鬼"穆斯塔法，"智慧的"穆斯塔法帕夏并不为荷兰及英国所安排的和平所动，相反，他开始为下一年的战事做准备，想要扭转奥斯曼在战争中的命运。

一如其父柯普律吕·穆罕默德帕夏，在掌权后，"智慧的"穆斯塔法采取了严厉的措施，对于无法满足新要求的前朝官员不予宽贷，或撤职或下狱处死，并启用自己人接任其职位。奥地利前线的军事指挥权则被授予禁卫军总司令"伟大的"穆罕默德阿迦，希望他能够激励他的人马重获其传奇的战斗潜力。按照过去纪律严明的做法，部队严格执行点名制度，禁卫军阵亡后，他的名字就被从点名册中划掉，避免同僚冒名领取他们的薪水。[61] 为了更有效更充分地动员，其他部队的成员也重新核实登记，交代下落。奥斯曼从埃及和北非各省调来部队，海军也发出召集令，准备舰队对抗威尼斯。并且如同前一年，奥斯曼发布了针对所有穆斯林的动员令。[62]

为了应付军队人力的需求，1690 年，奥斯曼采取了一项激进的做法，在安纳托利亚及鲁米利亚征募定居与游牧的部落民。在安纳托利亚东南部，奥斯曼人征募了 5000 名土库曼人及库尔德人，为了确保他们会到奥地利前线尽义务，奥斯曼人设计了一种保证人制度，凡是士兵未能到埃迪尔内练兵场报到的，其保证人要负责缴纳罚款。在鲁米利亚，他们采取了另一种办法，凡游牧民服兵役，可以免其部分应缴的税捐。[63] 巴尔干各省的部落民在早期都要作为后备部队服役，从穆罕默德二世时起开始成为战斗人员；如今他们则被编入比较正规的部队，被人们称为"征服者之子"，以此彰显他们的先人在奥斯曼开拓巴尔干过程中所扮演的角色。[64]

1690年，奥斯曼尝到了久违的成功的滋味。他们在3天的围攻后成功夺回了奥地利所占据的最前端的要塞——在尼什东南方通往索非亚的路上的皮罗特。[65]尼什虽然比较容易防守，但也在9月被夺回，这要归功于禁卫军与其他部队挖掘攻城隧道的能力，以及后援部队的及时抵达。守军出来交涉，希望围城军能允许他们前往贝尔格莱德，而不致因为拒降被处决，奥斯曼接受了他们为此前拒降行为编造的借口，即虽然他们收到了围城的奥斯曼人的公文，但没有人看得懂，因此不知道那是奥斯曼按惯例所发的通行证。[66]

从奥斯曼前线前往贝尔格莱德的其中一条路线是皮罗特及尼什要塞防卫的尼沙瓦河谷地，另外一条则是多瑙河谷地，沿线也有多处要塞防守。在多瑙河谷地，奥斯曼人重新夺回了维丁，以及更西边的斯梅代雷沃和格鲁拜克，1690年10月初，一支由苏丹兵团、地方骑兵队、埃及火枪兵、鞑靼人及其他部队组成的大军抵达贝尔格莱德。周边土地已经被全数夷平，奥斯曼军队沿多瑙河与萨瓦河包围了城市。7日，守军军械库被炸弹击中起火。10月8日，贝尔格莱德被夺回。大维齐尔及主力部队本来要沿多瑙河继续向西边及北边推进，与正在围困德拉瓦河与多瑙河交汇处的奥西耶克的波斯尼亚总督会合，但因紧接而来的大雨及冬季恶劣的天气不得不放弃，奥斯曼也放弃了围困奥西耶克。[67]法国大使沙托讷夫令法国的工程师与炮兵离开停在伊斯坦布尔的法国船只，协助奥斯曼维修贝尔格莱德堡垒，这是他为促进两国关系修复所做出的合算的决定。[68]城堡下方的多瑙河上有座岛，被驱逐出岛的居民被强征为劳力。[69]在1690年，奥斯曼重大的损失之一是瑙吉考尼饶的失陷，该城位于匈牙利巴拉顿湖之南，素有"德意志的钥匙"之称。[70]

在攻下贝尔格莱德，确定前线防御及第二年军事行动的补给均准备无虞之后，"智慧的"穆斯塔法帕夏返回伊斯坦布尔。整个冬天，地方军队仍在继续战斗：在波斯尼亚，从贝尔格莱德及其他要塞取得的臼炮得到了充分利用，奥斯曼人包围并攻占了克宁；在亚得里亚海，因为援军来得太迟，威尼斯则丢了发罗拉。[71]

*　　*　　*

在 1689 年灾难性的战事，以及阿拉伯人雷杰卜因领导无方导致军队兵变后，1690 年的胜利确实甜美。人们将胜利归功于一个由柯普律吕家族领导的政府，看上去也是自然的事情。纵使他的注意力主要集中在军事问题上，"智慧的"穆斯塔法也一直都在监督着帝国行政上的许多改革，有的是当务之急，有的则是着眼于长远效果。接任大维齐尔后，他的第一项行动就是废止针对非穆斯林制造葡萄酒及其他酒类（如以大茴香为原料的亚力酒）的税目，该税于 1688 年开征，目的在于增加国家现金收入。[72] 在远离前线戎马倥偬的爱琴海地区担任地方总督时，"智慧的"穆斯塔法帕夏没有处于政府的核心圈子，不像他的同僚一样满脑子斗争与危机意识，反而得以更加超然地观察事情。他看到，酒税直接影响到爱琴海地区农民的生计，使他们更愿意与敌人合作。如今，他反其道而行，不抽生产税，而是试图禁止消费，这样一来，国内生产的酒类就不得不出口，因此变成了出口税的征收对象，继续为国库提供税收。[73] 烟草的生产在 1646 年合法化，到了 17 世纪 90 年代，烟草已经在帝国境内任何气候适宜的地区大范围种植。与酒类不同，烟草的生产与出口皆须交税。[74] 从帝国前行省也门经埃及进口的咖啡是另一个尽管令人皱眉却能带来关税收入的作物，针对它的进口税开征于苏莱曼二世时期。此时，为了给国库增加收入，奥斯曼进一步开征了销售税。[75]

除了匆促应付 1690 年战事的迫切需要，"智慧的"穆斯塔法还解决了奥斯曼政府 17 世纪时不时要面对的问题，那就是安置因战争或盗匪而离乡背井的难民。在这方面，政府过去的做法一成不变，有时候甚至在人们离家 40 年后还要求他们返回原居住地。[76] 虽然他们也给无地的农民提供荒地以诱使他们返乡，但这个政策也只获得了部分成功。[77]"智慧的"穆斯塔法针对两个特定族群采取了他认为更有效的安置办法，一个是游牧部落（政府希望他们定居下来），另一个则是帝国的基督徒。

在早期，传统游牧部落的安置一直是奥斯曼征服的一部分，但在势无可挡的扩张时期转为防御优先的时期后，安置的政策也就被废弃了。如今，为了要在远离前线的地方"通过（强制的）部落安置，重新开垦荒废及无人的地区"，[78]"智慧的"穆斯塔法采取了一个过去的政策以应对现实的需要。从 1691 年初起，安置定居的命令就已下达，对象包括安纳托利亚及更东边的库尔德人、土库曼人部落，这些部落传统上在低地及高山草原之间放牧，因此，在季节性的迁徙中已经具有某些定居生活的经验。只要他们放弃迁徙生活，恢复分配所得地区的农业生产潜力，同时，只有牧羊人（而非全部落的人）随羊群至夏季草原，他们就可以免缴部分税款。[79]

接下来的数年，各个部落被强制迁移，迁往诸如乌尔法 – 哈兰地区的幼发拉底河河湾、阿达纳与伊斯肯德伦之间地区、安卡拉与托卡特之间的克孜勒河河湾地区，以及安纳托利亚西南部厄斯帕尔塔与代尼兹利之间的地区。[80]安纳托利亚中部许多被控杀人抢劫的部落则迁往塞浦路斯，以及叙利亚的拉卡，政府希望迁往后者的人成为抵御贝都因人攻击的第一条战线。[81]奥斯曼并不喜欢贝都因人，认为他们比不信教者好不到哪里去，因为他们会攻击商队路线，尤其是前往麦加的朝圣路线。但这个计划并不成功，部落的反抗演变成叛乱，在 1697 年尤其严重，[82]而且虽然很快就有人在这些土地上定居，但不久后又放弃。对于习惯了自由与季节性迁徙节奏的人来说，定居在一个地方不仅难以接受，而且这个作法几乎没有考虑到实际的可行性：有些指定安置的地区气候太过于恶劣，或者水源不足，要不然就是土壤不适合全年农耕。[83]总而言之，这是一个欠缺考虑的计划，并没有实现它的目标，而且这种强行介入部落生活所导致的失败，更加显示了 16 世纪中期一些人的先见之明，他们在那时告诫那些在巴格达做土地调查的人，要尊重部落的传统权力。[84]

安置离乡背井的基督徒就比较简单。政府准许他们修建与修缮教堂。"智慧的"穆罕默德帕夏快速积极响应安纳托利亚与鲁米利亚的此类请求，也是刺激人们接受安置的因素之一。[85]对于帝国内基督徒重建教堂的意愿，奥斯曼当局表现得这样大方，这既不是第一次，也不是最后一次。尽管要弄清楚这件事还需要更进一步的研究，但很显然，在战争或叛乱的时代，老百姓为了活下去不得不离乡背井时，奥斯曼政府通常会同意这类要求。[86]政府的想法其实很简单，在教堂被修复后，基督徒社群能够重新稳定下来，农耕生产可以得到恢复 —— 政府也就可以对此收税了。

一项在 1688 年制定，1691 年实施的法律改变了帝国非穆斯林要缴纳的人头税的税基。传统上，人头税的征收对象时是成年男子个人，但政府也可以按整个村庄或城镇来评估，税率则取决于地方的生产力，各地不同。但集体征收渐渐取代了个人征收，虽然税率有时候会变化，但不可避免地，税率的变化往往赶不上实际情形的变化，之前人口较多、收成较好时所评估的集体分担的税额，对饱受战争破坏的时期来说就成了沉重的负担。这明显使巴尔干地区的奥斯曼基督徒农民产生巨大不满，导致他们背弃帝国，投奔到哈布斯堡控制的领土去。例如，黑海西部的瓦尔纳港原有 1300 户非穆斯林家庭，战争结束后，数量少了三分之一，如果 1685 年没有重新调查，原本应由 1300 户人家缴纳的税赋就要由剩下的人背负 —— 只不过，税务人员可能会发现，他们根本无法从饱受蹂躏的地方收到该收的税额。[87]

奥斯曼政府发现收税从未这样困难过，于是在 1688 年决定改革税制。"智慧的"穆斯塔法一上任就积极实施税改。从 1691 年起，人头税再度以单个成年男子为单位征收，而不再以整个社群为单位；税率随纳税人的财产多少而变化，全帝国设立统一标准。由于处于战时，改革税制必然造成困扰，无法顺利推动，又由于纳税人（可以理解地）都希望拿手上现有的钱币来缴税，但政府规定只接受奥斯曼金币或纯银币，于是问题变得更加复杂了。新税开征，弊端当然不少，但接下来的几年，政府多次调整了收缴税款的具体措施，它在之后贡献了国库收入的相当一部分。[88] 改革之后，征税的效率逐渐提高，这使国家可以从基督徒及犹太臣民手中收到更多的税款。穆斯林男性肩负守卫疆域的责任，从这个角度来看，这种税收制度也是合理的，穆斯林男性承受了死伤之痛，而让非穆斯林在防卫奥斯曼领土时做出更多的财政贡献看来也是公平的。

*　　　*　　　*

1691 年，"智慧的"穆斯塔法帕夏忧心忡忡地赶往前线 —— 苏莱曼二世罹患水肿，预计活不过一个月了。不过，他已经任命自己的堂弟"侄子"侯赛因帕夏为代理人，而且最近人们又揭发了高层神职人员企图推翻苏莱曼让穆罕默德四世复辟的阴谋，[89] 这应该也使他颇为放心。此外，在他于 6 月 15 日离开埃迪尔内之前，他召集高级大臣开会，与会者同意，只有苏莱曼的中年弟弟艾哈迈德有资格继位，穆罕默德与他的两个儿子穆斯塔法和艾哈迈德均不列入考虑，因为前者在位 40 年，除了糟蹋帝国一无所成，而后者在他们的父亲在位期间，只学会了"像不受束缚的狮子一样和他一起骑行，有如出笼的狮子，跟着他吃吃喝喝，打仗奏乐"。[90]

"智慧的"穆斯塔法离开埃迪尔内仅一周后，苏莱曼二世在那里驾崩，年长的艾哈迈德（像苏莱曼一样，他也曾度过数十年的幽禁生活）佩上宝剑，宣布登基，登基大典在埃迪尔内的苏丹穆罕默德（一世）清真寺（俗称"老清真寺"）举行。[91] 苏莱曼在位的最后一役使未来看起来颇为光明：维也纳之围以来的黯淡岁月成为过去，"智慧的"穆斯塔法似乎正在扭转奥斯曼的命运。相较于他的大维齐尔的果决与军事上的成功，苏莱曼的政绩不免失色不少，但在这场长期战争期间，大举整顿奥斯曼行政机构却是他们共同的目标。[92] 这位苏丹不朽贡献的记录（他命人为其短暂的统治时期编纂了长达 1000 多页的编年史）得以保存下来，成为他在政府事务中的关注点与参与情况的证据。[93]

这时，哈布斯堡又想要夺回贝尔格莱德，"智慧的"穆斯塔法打算先发制人，在他们赶到要塞前截断他们前进的道路。鞑靼人尚未赶来加入主力部队，但他明知冒险，仍决定自己的部队应先行出击，以免错失机会。1691 年 8 月 19 日，两军在贝尔格莱德北方多瑙河上的斯兰卡曼遭遇，奥斯曼大败，"智慧的"穆斯塔法身中流弹毙命，部队溃退到贝尔格莱德，大炮与粮草全都被抛弃。"智慧的"穆斯塔法的阵亡可能引发了部队军纪的崩溃，就像 1688 年贝尔格莱德的陷落后发生的那样，许多部队脱离前线逃往索非亚，途中，许多土匪与强盗加入了他们。[94]

前线的军人与神职人员推举"伟大的"哈利勒帕夏为总指挥官，（至少暂时）填补"智慧的"穆斯塔法的空缺。"伟大的"哈利勒帕夏之前在伯罗奔尼撒及达尔马提亚任指挥官对抗威尼斯。[95] 然而，新任大维齐尔却是平庸的前第二维齐尔"修车匠"阿里（又被称为"卡迪"阿里或"伟大的"阿里）帕夏。在埃迪尔内的一次帝国会议中，鲁米利亚首席法官提议，"修车匠"阿里应该立即前往贝尔格莱德，监督为 1692 年战事所做的准备。他勉强同意了，但他需要三四个月才能抵达，他出发的时间也因为冬天的到来而推迟。因此，埃迪尔内成了军队的冬季营地。[96]

新的苏丹与新的大维齐尔也带来了改变。"智慧的"穆斯塔法决心赢得这场战争，根本无意议和（尽管他可能曾经短暂接受过在贝尔格莱德和谈的想法[97]），但"修车匠"阿里根本无意领军，就算匈牙利失守他也会沉默接受。随着奥斯曼在那里的军事存在减弱，奥斯曼对特兰西瓦尼亚的宗主权也变得更加有名无实，就在奥斯曼丢掉布达的 1686 年，特兰西瓦尼亚议会表示，如果宗教自由能够得到尊重，澳保菲·米哈伊仍是他们的君主，他们愿意投效哈布斯堡王朝。1688 年 3 月，他们的这些条件都已实现。[98]1690 年 4 月，澳保菲去世，议会拥立其子继位，但奥斯曼却支持在战争中始终站在己方的特克伊·伊姆雷。由于分散了哈布斯堡的注意力，此举间接促成了奥斯曼 1690 年的军事胜利。但在 1691 年，哈布斯堡派兵驱逐了特克伊，至年底，奥斯曼大势已去，特兰西瓦尼亚再度沦为哈布斯堡的附庸。特兰西瓦尼亚倒向哈布斯堡，使得已经无暇分心的奥斯曼又多了一条需要守卫的战线。

这些年来，奥斯曼与哈布斯堡交手时之所以能够占上风，是因为"智慧的"穆斯塔法的领导，以及西欧的反法战争形成牵制，分散了哈布斯堡东边的兵力。但不管怎么说，有利的国际局势与一个能干的大维齐尔的恰好同时出现，使奥斯曼以为自己终于有机会可以赢得这场战争。但如果"智慧的"穆斯塔法不那么好战，这场使奥斯曼付出惨重代价的战争也许能更早结束。

*　　　*　　　*

"智慧的"穆斯塔法帕夏去世后，随之而来的是一段不确定时期，到1692 年初，奥斯曼任命了许多大臣与军事将领，统治阶级高层的大洗牌反映了朝廷内部正在上演的激烈的权力斗争，其受害者包括大维齐尔"修车匠"阿里帕夏（他被流放到罗得岛，家产被没收），以及"侄子"侯赛因（他被调往达达尼尔）。奥地利多瑙河前线的前进基地此时是彼得罗瓦拉丁，距贝尔格莱德仅有几个驿站的距离，而且奥斯曼的统帅部清楚地知道，他们现在根本不可能北进，而应集中精力守住多瑙河战线。到了11月，他们决定暂时放弃修缮与加固贝尔格莱德的要塞，军队返回埃迪尔内。[99]

　　同时，英荷的联合调停仍在继续。就在奥斯曼部队南撤之前不久，威廉三世手下的荷兰驻哈布斯堡宫廷特使昆拉德·凡·海姆斯凯克（他暂时被任命为威廉三世的"英国"驻苏丹宫廷的特使，而荷兰驻苏丹宫廷特使为雅各布斯·科利尔）从维也纳前往贝尔格莱德，将奥地利以自身及其盟友的名义发出的和平提议交给马夫罗克达多。由于这个提议有关领土让步的条款过于庞杂，奥斯曼方面无法接受，凡·海姆斯凯克又受命前往埃迪尔内，并于12月初抵达，大维齐尔却拒绝见他，直至威廉之前的英国驻维也纳特使（当时已经被调到波尔特）佩吉特勋爵从英格兰赶来。佩吉特抵达埃迪尔内时已经是1693年2月，特使们之间却又为谁地位更高的问题发生激烈争执。加上奥地利的议和条款语焉不详，和平的机会更加渺茫。在两名特使间数周的角力后，他们晋见苏丹的希望都破灭时，1693年3月24日，佩吉特、凡·海姆斯凯克及科利尔终于获得苏丹的维齐尔及将领的召见，令他们惊讶的是，奥斯曼人宣读了数个月前凡·海姆斯凯克在贝尔格莱德向马夫罗克达多提出的和平提议以折磨他们。这份提议的根基是占领地保有原则，简言之，各方仍保有各自在谈判期间所占领的土地。这个戏剧性事件摆明了奥斯曼事到如今仍然不考虑和平。[100]佩吉特记录了他与在埃迪尔内的大维齐尔代理人进行的一次会议：

　　　　在与此人的讨论中，我发现，他连什么是占领地保有原则，什么是调停，以及调停者的作用都不清楚，因此依我的判断，他们之前并没有认真听取这份提议。[101]

　　尽管特使们尽力争取，但是很明显，要想实现威廉国王极力想要促成的停战，他们已经没有什么可以做的了。很明显，凡·海姆斯凯克（1694 年 4 月返国）与佩吉特之间有关位次的争议（两名特使虽然听命于同一位统治者却代表不同的国家）也部分导致了和谈的失败。[102]

　　1692 至 1693 年间的冬季，奥地利军队威胁进攻奥斯曼在特兰西瓦尼亚公国仅存的几个据点，因此，到了 1693 年，战事转移到了这条前线。新任大维齐尔博佐克的穆斯塔法帕夏率军从埃迪尔内至鲁塞，渡过多瑙河进入瓦拉几亚，与克里米亚鞑靼军队会师，奥斯曼人却收到了奥地利大军正围攻贝尔格莱德的消息。奥斯曼指挥高层讨论这个困境后，发现军队无法兼顾防卫特兰西瓦尼亚与救援贝尔格莱德，于是他们决定先发兵贝尔格莱德，连同克里米亚鞑靼人在内的所有部队沿多瑙河向西撤退，大炮则交由船运。奥斯曼大军前来的消息传至贝尔格莱德，奥地利人放弃了围城；守备不足的要塞饱受炮火轰击，所受损害必须得到及时修护以防奥地利人进一步的攻击。令人感到慰藉的是，克里米亚鞑靼人追击回师攻击彼得罗瓦拉丁的奥地利军，掳获了甚多战利品及战俘。到 1694 年 9 月初，奥斯曼兵临彼得罗瓦拉丁城下，军队由新任大维齐尔"画眼线的"阿里帕夏统领。要塞依河而据，坚不可破，大军掘壕沟围攻 22 日，直至多瑙河泛滥，战壕为水所淹，他们才不得不撤回了贝尔格莱德。两个重要据点之间的攻防至此陷入僵局。按照当时的编年史家"浅肤色的司库"穆罕默德帕夏的记述，哈布斯堡军队虽已势弱，但仍属劲旅，不可小觑。[103]

＊　　　＊　　　＊

　　1691 年，苏丹艾哈迈德二世继其兄登基时已经 48 岁。他在 1695 年 2 月 7 日逝于伊斯坦布尔，葬于其祖父苏丹艾哈迈德一世所建的陵寝，到当时为止，已有 36 名奥斯曼皇室的成员葬于该处。继位的穆斯塔法二世是"猎手"穆罕默德四世之子，年约 30 岁，他的生活较为自由，不似两个叔叔苏莱曼与艾哈迈德那样几乎与世隔绝。虽然在他父亲被废黜后，他被幽禁于埃迪尔内长达 12 年，但比较起来，如果他是被囚禁在托普卡帕宫，情形会悲惨得多。而且过去他还曾随同父亲出征过。和之前的苏丹一样，在他的心目中，苏丹亲征是胜利的关键，因此，在第一份布告中，他宣布，他将像先祖苏莱曼一世一样亲自领军出征。大臣为此事辩论了3天，最后决定：苏丹亲征虽然代价极高，但定然可以有效扭转战争局势。[104]

不同于只是摆摆样子的两个叔叔，他是真的指挥军队。1695年7月1日，他从埃迪尔内出发，8月9日抵达贝尔格莱德。随同的有教长费伊祖拉埃芬迪（他曾为穆斯塔法的业师，在穆斯塔法继位后再次被任命为神职人员的领袖）及现任大维齐尔"钻石"穆罕默德帕夏（他曾在宫廷的文书部门担任礼仪性职务，后来受到提拔）。奥斯曼人在贝尔格莱德召开作战会议，思考是应该再度围攻彼得罗瓦拉丁，还是北进蒂米什瓦拉，收复特兰西瓦尼亚地区之前被哈布斯堡所攻占的要塞。奥地利则将蒂米什瓦拉东北方的利波瓦作为攻击这个关键要塞的前进基地。在这一条战线上，蒂米什瓦拉的整备补给始终都是奥斯曼指挥官的重要工作，因为奥地利军队总是从更西边的基地出发骚扰他们。奥斯曼最终决定收复利波瓦，夺其粮草物资。[105]

苏丹微服巡视了贝尔格莱德的要塞及城堡，发现它状态极佳，超出了他的预料。[106]苏丹下令多修建了几座棱堡，增加了守军人数，使要塞更为坚固，随后他继续前进。他们顺利夺回了利波瓦，将掳获的大量物资转送至蒂米什瓦拉。冬天来临，苏丹率军南下，经瓦拉几亚，在尼科堡与女眷会合（他们为免遭奥地利攻击自贝尔格莱德撤离至此），并渡过多瑙河，南下伊斯坦布尔。这是多年以来穆斯塔法第一次未在埃迪尔内过冬，其目的则是更密切地监督1696年的作战准备。[107]

苏丹亲临前线看来确实收到了预期效果。根据"持剑者"芬德克勒的穆罕默德阿迦的说法，来年甚至可望取得更辉煌的战果。根据苏丹指示，他写了一本编年史，歌颂苏丹的统治——苏丹傲慢地称之为"胜利之书"。其中记录了苏丹1696年1月发现的一件稀世珍宝：一柄宝剑及一块说明其出处的青铜片，青铜片的一面镌以"叙利亚文"（希伯来文），另一面则为阿拉伯文。按照青铜片上的说明，此剑为大卫王所铸，他以之杀死了巨人歌利亚；此剑传到了耶稣手中，最后落入埃及的马穆鲁克人之手

（我们可以推测，它后来被送到伊斯坦布尔的时间，应是在塞利姆一世于1516 至 1517 年间征服马穆鲁克领土之后）。此剑的发现被认为是真主的旨意，象征真主对苏丹穆斯塔法定将完成伟大功业的赞许。因此，苏丹发誓，他将把宝剑当作护身符，佩带它出征。[①][108]

虽然有了神剑，1696 年的战事却不尽如人意。苏丹穆斯塔法原本打算进军贝尔格莱德，但奥地利正围攻蒂米什瓦拉的消息促使他改变计划，转而北上渡过多瑙河，前去解蒂米什瓦拉之围。[109]在 1697 年的第三次军事行动中，穆斯塔法从埃迪尔内出发，8 月 10 日抵达贝尔格莱德，时值夏末，关于此战的目的，奥斯曼人内部出现了意见严重分歧的两派，一方主张巩固对特兰西瓦尼亚的控制，一方主张沿多瑙河北上，攻击被哈布斯堡占领的彼得罗瓦拉丁。蒂米什瓦拉要塞的守军负责人强烈支持第一方案，这或许可以理解。[110]而贝尔格莱德的守军负责人"侄子"侯赛因帕夏却力主攻打彼得罗瓦拉丁。过去几年中，在与神圣同盟的对抗中，陆战之外，海战也同时进行，面对爱琴海上的强敌威尼斯，"侄子"侯赛因就曾经屡建战功。[111]这一次，他强力反对在特兰西瓦尼亚用兵。他强调，夏末的大雨定会使沼泽变得泥泞不堪，增加拖运重兵器的困难，他们还必须多建几座桥梁。他提醒大家吸取 1664 年拉包河惨败的教训，当年，他的堂兄"智慧的"艾哈迈德就是在挥军渡河时死于混乱之中的。[112]这一次，纵使他们拿不下彼得罗瓦拉丁，也可以将之围困；如果不能把彼得罗瓦拉丁从哈布斯堡手上夺来，奥斯曼根本无法进一步进行征服活动。但他的建议被忽视了，部队向特兰西瓦尼亚进发。[113]

大维齐尔"钻石"穆罕默德帕夏选择进攻蒂米什瓦拉，但他人缘不佳，负责记述穆斯塔法二世功绩的"持剑者"芬德克勒的穆罕默德阿迦非常不信任他，指控他过去两年来通过夸大部队的规模故意误导苏丹，他宣称战斗人员有 10.4 万人，但实际上却仅有不到 5 万。[114]乍看之下，"侄子"侯赛因的观点显然过于谨慎，因为奥斯曼部队已经顺利渡过了 3 条河流，

---

① 青铜片与剑现均展出于托普卡帕宫的圣物珍藏。我无法确定"持剑者"芬德克勒的穆罕默德阿迦提到的镌文是希伯来文还是古叙利亚文，也无法确定是否有人翻译过这段文字。

还在蒂萨河击溃了一支哈布斯堡部队，拿下了蒂泰尔，并因没有多余军力防守而选择夷平了这座堡垒。[115] 苏丹穆斯塔法安全渡过蒂萨河，来到蒂米什瓦拉的岸边，但部分由大维齐尔指挥的部队却在渡河前遭到后方攻击。奥地利部队指挥官萨伏依亲王欧根常被认为是哈布斯堡史上最善于用兵的将领，他率军摧毁了大维齐尔部队在森塔唯一可用的桥梁。一场恶战下来，"钻石"穆罕默德帕夏及多名奥斯曼军方高级人员阵亡。当时已经随苏丹部队渡河的"持剑者"芬德克勒的穆罕默德阿迦记述，苏丹遥望彼岸的情形，惊恐莫名，却还不知大灾难尚在后头。[116]

苏丹穆斯塔法下令尚存的部队守卫桥梁，士兵却望风逃逸，藏身芦苇之中。苏丹仅带着马匹能运输的东西及少数随员（包括业师费伊祖拉埃芬迪）赶往蒂米什瓦拉寻求庇护，他一刻不停，最终于两天后抵达。苏丹御帐被留在战场上，所幸先知的圣旗与斗篷未失。混战中，"持剑者"芬德克勒的穆罕默德阿迦痛失存满自己所有物的一只箱子。[117]

*　　　*　　　*

因为不听"侄子"侯赛因之言，奥斯曼人付出了代价。留守贝尔格莱德以防敌人攻击的"侄子"侯赛因奉命接替"钻石"穆罕默德帕夏担任大维齐尔。随着国际情势的变化，神圣同盟与法国之间的战争在 1697 年结束，哈布斯堡摆脱了法国在西方的军事牵制，奥地利能再度以全军之力对抗奥斯曼，森塔一役成为结束为期 14 年的战争的催化剂。1688 年，佐勒菲卡尔埃芬迪抵达维也纳（他在此停留 4 年，部分时间且处于囚禁状态）后，双方和谈时断时续，到此刻总算有了结果。这是因为神圣同盟诸国非常清楚，西班牙国王卡洛斯二世之死随时会把大家都拉入与法兰西的冲突中，他们要确保奥地利东部边境无战事，并保证在与路易十四重启冲突时，哈布斯堡军队能够随时行动。

17 世纪末，欧洲国家之间，以及欧洲国家与奥斯曼之间的复杂关系，全都反映在这次的和平谈判中。森塔之败后接任大维齐尔的"侄子"侯赛因并不倾向于停战，他明白，军事上的无作为会被对方看成示弱，减弱奥斯曼在谈判中讨价还价的力量。因此，苏丹穆斯塔法下令，1698 年的战争准备如常进行，他自己将在埃迪尔内等待军备完成。同时，"侄子"侯赛因则率军出发，前往贝尔格莱德前线。在他抵达索非亚时，哈布斯堡皇帝的特使也带着同意奥斯曼所提议和条件的书面文件赶到。威廉三世驻奥斯曼宫廷的英格兰及荷兰特使佩吉特勋爵与雅各布斯·科利尔，偕同奥斯曼特使、掌玺大臣"弓箭手"穆罕默德埃芬迪及首席翻译亚历山大·伊斯科尔莱特扎德（马夫罗克达多），先于军队抵达贝尔格莱德。与此同时，敌对仍在继续：鞑靼军自东北方赶来，成功攻掠奥地利据点并侵入波兰。[118]

调停特使及随员在贝尔格莱德等候大维齐尔率军抵达。和谈举行的地点成为争论焦点。奥斯曼宣称，他们不可能接受奥地利的邀请到沦陷的匈牙利领土会谈，而奥地利也拒绝在奥斯曼领土上开会。最后双方妥协，决定选在各自的前进基地彼得罗瓦拉丁与贝尔格莱德之间的多瑙河畔村庄斯雷姆斯基·卡尔洛夫奇（卡尔洛维茨）举行和谈——可能比较重要的一点是，相较于贝尔格莱德，这里距离彼得罗瓦拉丁比较近。住处及马厩在匆忙中建好，以安顿和谈代表团。两名奥斯曼特使、佩吉特和科利尔，以及陪伴他们的 2000 名士兵，于 1698 年 10 月 20 日抵达。与此同时，随着冬天的临近，大维齐尔率军返回伊斯坦布尔，留下谈判者去敲定和约。[119]

起初，奥斯曼并不想和神圣同盟所有的成员国媾和，只愿意跟奥地利签订和约，但在佩吉特的坚持下，他们才同意集体议和。[120]谈判最终由 9 名负责人进行，包括两个奥斯曼人、两个奥地利人，以及波兰、莫斯科、威尼斯、荷兰及英国各一人，此外还有各代表团的随员。在富丽堂皇的奥斯曼大帐中，他们连续进行了 4 个月的谈判。莫斯科及威尼斯的拖延战术尤其使奥斯曼特使备感挫折，甚至连昔日宿敌所递交文书的外形这样的小事也可以搞得他们心情大坏。奥斯曼特使"弓箭手"穆罕默德埃芬迪的委任状为一整张纸，上盖有苏丹金印，配以银色封套，置于织锦绣囊之中，其外再裹以方巾，被极其郑重地递交给哈布斯堡大使；与此相对，奥地利的文书却由随随便便几张纸凑成，仅以寻常的蜡油封印。[121]

《卡尔洛维茨和约》的条款使奥斯曼损失了许多最近他们才号称属于奥斯曼的欧洲领土。谈判的基本前提是占领地保有原则，因此，人们谈判的重点是不同方面提出的超出这个原则的要求。最后，奥斯曼分别与对手签订了条约。他们将匈牙利与特兰西瓦尼亚割让给奥地利，只留下了巴纳特地区，这是一块位于蒂萨河、蒂米什河、多瑙河与穆列什河之间的楔形区域，其中包括蒂米什瓦拉要塞，当初防守此处曾经是奥斯曼后勤的沉重负担。[122]

波兰立陶宛联邦加入神圣同盟的最主要目的是收回 1672 年为奥斯曼所占领的波多利亚。过去，波兰曾经多次尝试收回坚固的卡缅涅茨要塞，但都失败了，这很大一部分是因为克里米亚可汗的鞑靼部队支持奥斯曼，并经常劫掠要塞周围，侵入联邦领土。奥地利占尽奥斯曼的便宜，取得大片领土，波兰立陶宛联邦却一无所获，甚至还损失惨重。根据奥斯曼与波兰之间所签条约，他们调整了占领地保有原则，波多利亚被归还波兰，但交换条件却是波兰保证不介入摩尔达维亚。[123]

在对抗威尼斯的多年战争中，奥斯曼舰队已经耗尽了他们的人力物力。1688 年，尤比亚岛上的尤比亚要塞抵挡住了威尼斯人的围攻，[124] 而且，尽管威尼斯总指挥官多米尼科·摩切尼哥在 1691 年曾经表示，对他们来说，更现实的目标是伯罗奔尼撒（他说过，在可见的未来，奥斯曼海军不可能出现于该处）的防御，而非收复克里特岛及爱琴海诸岛。[125] 但在1692 年，格拉姆武萨群岛（1669 年之后一直为威尼斯所据）的守军向奥斯曼人投降后，一支联合舰队围攻了克里特岛的甘尼亚。后来，克里特岛中心派出援军，甘尼亚才获得解围。[126]1691 年，威尼斯曾经考虑攻击希俄斯岛，并在 1694 至 1695 年间的冬季短暂占领这里，但"侄子"侯赛因指挥舰队收复了它。[127]1697 年及 1698 年，威尼斯又分别攻击了博兹贾阿达岛与莱斯博斯岛，但都没成功。[128] 同时，在达尔马提亚的奥斯曼与威尼斯边境，双方都曾经围攻对方要塞并成功占领。奥地利军不时在北边及东北边施压，迫使奥斯曼所属的波斯尼亚两面防卫，疲于奔命。而根据《卡尔洛维茨和约》，威尼斯人确定拥有伯罗奔尼撒及其在达尔马提亚所占有的堡垒。[129]

莫斯科大公国迟至 1686 年才加入神圣同盟，这标志着其一贯不与奥斯曼帝国为敌的政策发生了变化。同年，它通过条约解决了促使它与波兰立陶宛联邦之间相互敌对的问题，特别是确认了莫斯科在 1667 年获得的对左岸乌克兰及基辅的宗主权，而波兰最初仅把基辅割让给莫斯科两年。为获得这个所谓的《永久和平条约》，莫斯科做出的承诺之一就是对克里米亚用兵，[130] 因为克里米亚鞑靼人对两者都是难以预料的威胁。莫斯科的首要目标是一劳永逸地终结鞑靼人的攻击，并实现对右岸乌克兰无可置疑的控制。在 1687 年，他们挑起了与克里米亚鞑靼人的战争，挑衅般地要求鞑靼人割让克里米亚半岛，所有鞑靼人移居安纳托利亚，并赔偿 200 万金币。紧接着，瓦西里·戈利岑亲王领军出击，1689 年，他们又发动了另一波攻势。但在这两次攻击中，鞑靼人都纵火焚烧了草原，使莫斯科部队断粮，而莫斯科人又不熟悉地形，后勤补给出现了严重问题。所以他们两次都遭遇了惨败。[131]

1682 年，年仅 10 岁的彼得（即彼得大帝）成为共治沙皇，与其同父异母的低能兄长伊凡并立。1689 年，他同父异母的姐姐摄政索菲娅被推翻，这部分是因为她的宠臣戈利岑兵败克里米亚。1695 年，彼得率军围攻顿河河口的奥斯曼要塞亚速长达两个月时间，结果无功而返，但他在随后的冬天雇用外国工程师及各方面专家，建立了一支舰队，以阻挡奥斯曼黑海舰队的援军，并于 1696 年重返亚速。[132] 这一次，他成功了。沙皇彼得心不甘情不愿地参与了卡尔洛维茨和谈，他总觉得他们还可以继续打下去。但奥斯曼已经与奥地利有约在先，处于强势地位，他们至少在某种程度上可以影响条约的条款。于是双方在卡尔洛维茨签订了为期两年的停战协议，并同意日后再谈判永久和平。[133] 到 1700 年，彼得的关注点已经从南边转移到北边疆域。为继续其对抗瑞典的"大北方战争"，[134] 他转而与奥斯曼寻求和解，双方理所当然地签订了一项条约。[135] 这是一项两个对等国家之间签订的条约，它打破了奥斯曼苏丹视沙皇为附庸的外交惯例，显示莫斯科已经是一个强权国家，为奥斯曼外交不可忽视的一环。莫斯科大公国第一次开始派遣大使常驻伊斯坦布尔。

* * *

与 1683 年相比，1699 年的奥斯曼帝国已经大为不同了。如果说条约所导致的领土丧失是最显著的改变，那么，这种领土丧失的方式也就预示了奥斯曼的外交进入了一个新的时代。按照在卡尔洛维茨通过的和约，所有签署国都宣称尊重彼此领土的完整：奥斯曼与哈布斯堡之间的条约为期 25 年，与波兰及威尼斯签订的为无限期条约，1700 年与莫斯科所达成的条约则为期 30 年。[136] 这不仅意味着与非伊斯兰国家名义上的永久战争状态的暂停，而且对一个以持续战争为意识形态基础的国家来说，遵守新兴的国际法原则是怪异的。根据"和平是通过其他手段继续战争"的原则，[137] 奥斯曼的谈判代表试图将自己的让步正当化，视之为"圣战"的另一种延续，其理由是，面对强大的对抗奥斯曼的联盟，在这个关键时刻寻求和平才有利于国家。条约的履行要按照严格的时间表进行。举例来说，奉苏丹之命，卡缅涅茨的驻军必须于 1695 年 5 月之前 ——《卡尔洛维茨和约》签订仅仅 4 个月后撤出要塞，到夏末时，他们已经被调到了别处。[138]

奥斯曼与邻邦之间的实体边界线有着悠久的历史。根据 1676 年奥斯曼与波兰立陶宛联邦签订的条约，双方边界发生了小变动，波兰的一位标界人员记述了 1680 年他们的奥斯曼同行工作时的情形：

> 到了要立界桩时，土耳其人拿起马鞍上的铲子，在中央一根大橡树树干周围挖了一圈之后，转眼间就立起了一个土堆界桩。等完工后，他们的首领便爬上界桩，仰面朝天，如犬般嚎叫起来，颂赞他们的真主，他们仗剑征服了如此多土地。

这位波兰官员说，在每个界桩上，奥斯曼人用木头堆出一个裹着头巾的头颅的形状，而波兰人则在上面加十字架。[139]

哈布斯堡将军鲁马尔西利伯爵路易吉是个博学多识的博洛尼亚人，曾经花费 10 年时间绘制巴尔干地图，他向参加卡尔洛维茨和谈的哈布斯堡代表团建言，并被皇帝利奥波德任命为边界委员会主席。由于马尔西利热爱并精通制图与地理，在卡尔洛维斯和谈后，人们在划定边界时不仅利用了人造的界桩，也整合了地形要素，其精确度是前所未有的。[140] 奥斯曼黑海北部的厄齐省的总督负责 1699 年与波兰立陶宛联邦边界的确定，他的一份报告揭示了这个体系的原理：

> 于是我们出发前往雅霍利克河（德涅斯特河支流）发源的地方，在河的两岸恰当的位置立起了界桩。我们一路竖立边界标志……到了河的源头。我们也在河的两边建立起两个对应的巨大界桩，沿着雅霍利克河河谷，边界土墩都已经按照所描述的方式建立在两边恰当的位置上。在一个名叫"草耙"的地方附近，前述的雅霍利克河到了尽头，河谷的右边有一个分岔……接着沿右边的河谷走约一小时，我们在库雅尔尼克河的源头处穿越"牧道"，那里有一座大山丘，名叫"羔羊山"，由于这一带没有跟这座山丘类似的山丘，因此它被定为界标。[141]

新的边界建立后，受到影响的农民向奥斯曼边界内转移，避免来自另一边的骚扰，并希望借此减缓整个地区因战争所导致的人口减少。自奥斯曼帝国早期以来，这里的许多族群就将掠夺当作一种生存方式。在帝国北部的草原边界地带，特别是鞑靼人，长期以来越界进入波兰立陶宛联邦与莫斯科大公国进行劫掠，将其作为重要的生活来源。《卡尔洛维茨和约》严格禁止这种行为。波兰立陶宛联邦与奥斯曼之间早年的停战协议曾经呼吁各国约束各自的附庸哥萨克人及鞑靼人的劫掠活动，但成效不彰。奥斯曼为落实 1699 年的条款，决心采取比较彻底的措施，中央政府命令鞑靼人停止劫掠行为，却在克里米亚激起了叛乱。当时的可汗宣布放弃奥斯曼附庸的地位，面对这种常见的反抗方式，奥斯曼只得另立一位比较听话的可汗。此前，在奥斯曼的眼里，鞑靼人的战术一直都是他们的军事资本，在《卡尔洛维茨和约》签订后，他们反而成了一个负累。[142]

关于耶路撒冷及其他基督教圣地的问题，卡尔洛维斯和谈影响深远：到 19 世纪，奥斯曼帝国境内非穆斯林的地位不仅是强权政治的议题，也是"东方问题"的主要成分，基督教强权甚至可以将其当成借口，干预帝国内政。非穆斯林的地位属于法律问题，而对于耶路撒冷及其他地方的基督教圣地，奥斯曼的态度长久以来则是实用主义的。他们用诡辩来证明他们占领这些圣地的正当性，其中唯一似乎有道理的地方就是这些地方曾为穆斯林所有。但不管怎么说，还是有两个地方保留了下来，即耶路撒冷的圣墓教堂及伯利恒的圣诞教堂。对基督教世界来说，这两个地方的意义实在重大，奥斯曼倒也小心谨慎，不去触碰它们。[143]

因此，这两个地方的管辖权之争，并不出现在奥斯曼当局与其基督教子民之间，反倒出现在天主教（尤其是方济会）与东正教之间。传统上，方济会一直扮演着包括圣墓教堂与圣诞教堂在内的多处圣迹的监护者的角色，但奥斯曼征服这些地区后，古代拜占庭教会的君士坦丁堡、安条克、耶路撒冷和亚历山大四个宗主教区再次成为同一统治者治下的领土，东正教会就再次要求恢复其对圣地的管辖权。他们在 1637 年获得了穆拉德四世的支持，最重要的是，又在 1675 年得到了穆罕默德四世的首肯，但在 1683 年维也纳之围惨败之后，奥斯曼当局成立了一个委员会调查圣地的管理，试图争取法国支持他们对抗神圣同盟。尽管当时并未造成任何改变，但在 1690 年，"智慧的"穆斯塔法帕夏准备自奥地利手中夺回贝尔格莱德，为争取到法国的支持，遂恢复了方济会的管辖权。通过这个为讨好外国势力而介入，将管辖权交给特定对象的举动，奥斯曼无意间立下了一个原则，即允许外来势力干预原属于内政的事务，也为其他欧洲强权为信奉同一宗教的奥斯曼臣民提出要求开了一个先例。[144]

在卡尔洛维茨和谈中，莫斯科大公国特使要求恢复东正教会在 1675 至 1690 年之间享有的圣地管辖权，但奥斯曼方面予以拒绝。根据最近的一项研究，当时如果奥斯曼人向莫斯科让步的话，事情将会更为严重：

……天主教势力……是代表（在奥斯曼帝国居住的）本国臣民介入这些事务的，而俄罗斯人反对天主教、支持东正教会在这些圣地的利益，都是针对整个东正教会的……而且这个教会的主要信众仍是奥斯曼臣民。[145]

1656 年，内乱平息，柯普律吕·穆罕默德帕夏出任大维齐尔，给国内外都带来了安定。在他任职的 6 年内，他大权在握，在国家事务方面，穆罕默德四世及其母后都乐于听其安排。1661 至 1667 年间，其子"智慧的"艾哈迈德帕夏出任大维齐尔，再次掌握同样的大权，当时大臣们同心协力，并能长期担任同一职务。"智慧的"穆斯塔法帕夏执政虽然不到两年，但他以奥斯曼赢得战争为目标，进行了财政及其他改革，卓有成效。然而，梅尔济丰的卡拉·穆斯塔法帕夏在 1683 年惨败之后，执政的大维齐尔多非军方人士，而那些不乏指挥作战之将才的人也对帝国战斗部队军纪涣散的老问题束手无策。

1683 至 1699 年之间，为防卫远离埃迪尔内与伊斯坦布尔的边疆，奥斯曼的国力消耗已经达到极限。17 世纪最后几年，为战争提供所需的物力与人力的工作超越了其他一切需要考虑的事务，因此，世纪中期以来的一些影响深远的变化反而被掩盖了。在柯普律吕·穆罕默德帕夏及其儿子主导的时代过去后，特别是 1687 年穆罕默德四世被废黜之后，后继的苏丹都加倍着力于帝国的治理，至少是活在号令天下的错觉当中，在战争岁月中推动复杂的官僚改革。虽然这些行为的出发点是当时迫切的需要，但从长远来看，它们对奥斯曼社会的权利与义务分配有着其重大的影响。在战争的多数时间内，他们可能一直缺乏有效的军事领导，但高级官僚却挖空心思寻求可行政策，想要解决困扰国家的财政问题。

在世纪末，奥斯曼进行了一项确立未来发展模式的改革：结束公益捐赠免税的传统。[146]1686 年开征的"战争贡献税"在整个战争期间都在征收，战后曾经停征，直至战事再起。这是一项具有争议性的税赋，最初的构想是向巨富人家要求"一次性"的借款，后来他们很快开始向苏丹尤其是重臣的慈善机构征收，并随着时间推移及财政长期赤字，它变成了一种富人税，即使是全国最高地位的人亦不得免缴。[147]有钱有势者为公共利益掏私人腰包是常有的事，诸如大臣借款给国家以应军饷临时短缺之急，[148]或克里特岛战争期间图尔汗苏丹为达达尼尔海峡构筑防御工事提供资助等等，不一而足。愈是到了世纪末，征用私人财富的情形愈加常见。先例既开，要求个人为国库做贡献也就成了常态，尤其是在 1683 至 1699 年战争的后几年，被贬谪官员的财产遭到没收更是司空见惯，而且这种趋势一直持续了下去。[149] 战争税的另一种形式则是招募军队的义务，举例来说，1696 年，包括"智慧的"穆斯塔法帕夏的长子柯普律吕扎德·努曼贝伊在内的 3 名奥斯曼政府官员被要求每个人自费提供 500 名步兵。[150]

后来的事实证明，对奥斯曼社会产生最深远影响的改革，是赐予一些人终身包税权。它长期将此项国家收入来源转移到私人的手里，增加了国内巨富的数量。在以前，包税权每 3 年要再次拍卖，因此，理论上它会转让到不同的人及团体手里，如此一来，便可以保证不会有人变得太富有及太具影响力。1695 年 1 月，一份法令宣布开始实施终身包税权。政府对现行税制不满，认为拥有包税权的人往往眼光浅短，不愿意投资自己的"资源"，这样一来，农民不得不靠借贷买种子及其他必需品，以致积欠放债者大笔债务，根本没有能力去种田，而这些田地正是税收的主要来源。此外，包税商的贪得无厌有时候会逼走村民，更加恶化了我们已经相当熟悉的土地荒废及人口流失的问题。[151]

终身包税权的得标者所享有的保障，高于原有制度下的包税商。包税商竞拍包税权所要付给国库的钱相当于该包税区每年预期净利的 2 至8 倍，因此，国库能够从每次包税权拍卖中获益——事实上，这是一种国家向有钱人借钱的内部借贷，对战争期间国库的严重赤字有帮助。[152]然而，这套制度的确立需要时间，它的效果也是逐渐显现出来的。终身包税制最初实施于安纳托利亚的东南部及阿拉伯各省，[153] 然后才扩展到其他地方。而且选择以穆斯林人口为主的省份实施，也可以使整个帝国的赋税负担分布得比较平均，因为另一项重要国家收入来源人头税，主要是落在基督徒臣民（他们巴尔干地区的主要人口）及安纳托利亚西部与中部的身上。[154]

令人绝望的战争年代显示，无论统治阶层还是边远省份对中央政府的效忠，全都不能再被视为是天经地义的。新的包税制度改变了人们能够参与分享国家红利的基础。通过赐予人们进入统治阶层，成为国家制度受益者的机会，任何有足够能力挑战奥斯曼皇室的人都能被同化了。

柯普律吕家族虽然也是新税制最大的受益者，但在终身包税权制实施之前，他们就已经累积了足够的财富，成立了慷慨的慈善机构，使其声望足以媲美奥斯曼皇室。自艾哈迈德一世登基后，到 18 世纪中叶，奥斯曼皇室已经不若早期那样大量资助修建大型清真寺以宣扬其权势，其成员所建的大清真寺仅三四座而已。柯普律吕家族在慈善方面的活动也越加突出，伊斯坦布尔也不再是他们偏爱的地方。例如，1658 至 1659 年间，柯普律吕·穆罕默德帕夏就在金角湾出口处建立了一座堡垒，保卫爱琴地区的伊兹密尔城，在克里特岛战争期间抵挡威尼斯的攻击。伊兹密尔从 16 世纪的一个小村庄发展成为一个全球性的商业中心，将安纳托利亚西部内地的农产品出口至欧洲，有了这个城堡，当局也能够更有效率地监视海关需要征收关税的商船。在"智慧的"艾哈迈德帕夏为帝国新征服的省份及帝国中心，他既关心商业的发展也重视税收。譬如 17 世纪 70 年代，他资助建设了将伊兹密尔转变成为一个转运港所需要的基础设施，包括一个市场、一间商队旅馆、公共浴室及宽敞的海关机构，同时，他还修建水道引水入城，并铺设了城内主要干道。[155]

虽然慈善捐助必须用于虔诚的事业，但有关管理的规定却很松散，大部分设施都是任由负责经营的人处置。此外，尽管政府规定捐赠人不得干涉捐出去的产业或金钱的使用，但这个规定常常被人们视若无物。多年来，现金照样从慈善机构"回流"到柯普律吕家族这样的显贵手中，使他们可以保护庞大的家产免于充公，将之传给后代子孙。[156] 柯普律吕家族的权势之大的一个表现是，自从柯普律吕·穆罕默德帕夏于 1656 年当权以来，在 47 年当中，有 38 年都是他或他的亲戚的家族成员出任大维齐尔。[157] 这种问题还有待我们进一步研究，但有证据显示，17 世纪末，地位不像柯普律吕家族那样高的家族也在伊斯坦布尔及整个帝国范围内成立慈善机构，目的就是要保持他们对金融资产的控制 —— 因为这类的机构可以免税。[158] 中央行政官员及行省总督中子承父业的潮流越来越盛，使小家族只要攀上了权力的阶梯，便可以巩固自家的权势，飞黄腾达。[159]

后世对柯普律吕·穆罕默德帕夏的认知主要受到穆斯塔法·纳伊玛的编年史的影响，他的派系属性具有迷惑性。然而，我们必须记住，他的保护人"司库之子"侯赛因帕夏也是柯普律吕家族的成员，1697 年，"司库之子"侯赛因出任大维齐尔后，任命他为史官，他所写的《历史》则是在柯普律吕·穆罕默德开始掌权约 40 年之后才开始动笔的。纳伊玛把柯普律吕·穆罕默德接受出任大维齐尔看成是苏丹与大维齐尔之间的一项"契约"，大维齐尔要求当时年仅 8 岁的穆罕默德四世接受各种条件。第一，他要求在国家事务方面拥有绝对的权力，甚至能超越苏丹的意志；第二，他决定所有政府的人事任命；第三，他的决定不受他人意见的影响；第四，忽视任何试图打压他的人。[160] 这个柯普律吕·穆罕默德接受大维齐尔任命的情景，应当是建立在当时的记录的基础上的，却充满了任何当时的记载中都没有的细节。后世历史学家认为它是杜撰的，他们认为这些情景比较接近 17 世纪末纳伊玛写作的那个时期，在柯普律吕·穆罕默德接受任命几十年后，这个写法符合他的资助者的利益。君主政治已经制度化与非个人化，而且奥斯曼皇室本身当时已经无足轻重，[161] 苏丹不过是个象征性的人物，一个在下个世纪才开始发展出来的权力与财富核心体系中的代表。熬过了 1683 至 1699 年的战争，以及随后《卡尔洛维茨和约》带来的领土丧失，奥斯曼帝国虽然历经痛苦，但重新站了起来，适应了新的环境。

11

安逸之患

尽管 1710 年，又有一个柯普律吕家族的成员短暂出任大维齐尔，但《卡尔洛维茨和约》之后，这个家族的黄金时期很快走到了尾声。健康问题迫使"司库之子"侯赛因帕夏上任 5 年之后于 1702 年辞职，[1] 自此以后，柯普律吕家族的重要成员多数都在行省而非中央任职。"司库之子"侯赛因其实是栽在教长费伊祖拉埃芬迪的手上的。费伊祖拉是凡城穆罕默德埃芬迪的弟子及女婿，而凡城埃芬迪则是由费伊祖拉的父亲（埃尔祖鲁姆最高阶的神职人员）提拔上来的。[2] 从苏丹穆斯塔法童年时代起，费伊祖拉埃芬迪就是其业师与指导者，他第一次受到重用是在 1687 至 1688 年间的叛乱时期，他在苏丹苏莱曼二世登基后曾短暂出任教长。穆斯塔法即位后不久，他再度受到拔擢，成为宗教界的首脑。如果说费伊祖拉埃芬迪接受任命的方式不同寻常，他对权力与恩惠的运用更是空前且全面：他的长子担任了圣裔登记官，次子是安纳托利亚的首席法官，三子一度出任布尔萨的法官，四子担任一位皇子的业师，妹夫则是鲁米利亚的首席法官。[3] 在国家的治理上，如"司库之子"侯赛因帕夏这样的政府大臣的重要性也减弱了。即使柯普律吕家族与费伊祖拉埃芬迪家族都与奥斯曼皇室联姻，这也不能缓解他们与皇室之间的紧张关系。费伊祖拉埃芬迪在自传中写到 1702 年以前他的家族的命运，说他是苏丹最信任的亲信，苏丹凡事都会问他的意见。[4] 但这种独享影响力的时日却没有持续很久：他公然拒绝限制自己权力的行为与自我膨胀使压抑的不满最终爆发，1703 年，他在一场暴力抗争中被杀害，穆斯塔法也被废黜。

＊　　　＊　　　＊

自穆斯塔法的父亲穆罕默德四世在位以来，埃迪尔内一直都是奥斯曼皇室最喜爱的地方。1703 年的叛乱史称"埃迪尔内事变"，其原因可能是刚刚结束的战争中逐渐积累起来的挫折感。梅尔济丰的卡拉·穆斯塔法维也纳之围的失败已经过去了 20 年，虽然战争后期奥斯曼颇有斩获，穆斯塔法二世却接受了《卡尔洛维茨和约》的条件，许多人看在眼里，无不认为这有辱穆斯林之荣耀。由于划定帝国在欧洲退缩的新边界的工作需要相当时日，且直至 1703 年仍在进行，条约所代表的意义是逐渐浮现出来的，但它已经显示了穆斯塔法的军事失败。

7 月 17 日周二，奉命远征奥斯曼附庸格鲁吉亚西部，平息一场叛变的部队在伊斯坦布尔发生兵变，并迅速获得广泛支持。[5] 同时，一名高级神职人员公布紧急教谕，取消周五礼拜。此举可谓大逆不道，象征苏丹不仅失去军队的支持，连教会的效忠也已无法掌握。[6] 新的领导人取代了所有因与穆斯塔法二世及费伊祖拉埃芬迪有联系而被连累的人，"司库之子"侯赛因帕夏的一个妹夫成为伊斯坦布尔叛军看守政府的领袖，与埃迪尔内的宫廷对立。[7] 叛军要求交出费伊祖拉埃芬迪，以及苏丹与朝廷返回并常驻首都，当这些要求传到苏丹穆斯塔法那里时，苏丹将提交请愿的代表团逮捕了，并在把费伊祖拉及其家人送到伊斯坦布尔城外一处隐秘地点后，准备与叛乱者周旋。[8] 当时的大维齐尔为"顺从的"穆罕默德帕夏，是卡尔洛维茨和谈的 2 名奥斯曼代表之一，曾为费伊祖拉埃芬迪的党羽，但他们的关系后来恶化了，他是叛乱者中的温和派。[9]

叛乱者在伊斯坦布尔成立了新的政府，事件演变成了革命，但这种革命却是奥斯曼式的，主要模式是原有的苏丹被废黜，奥斯曼皇室成员中的一人作为新苏丹登基，而不是推翻整个现行的政府体系。最近的血腥叛乱仍让人们记忆犹新，例如 1687 至 1688 年间的那几个月，叛军在伊斯坦布尔制造了巨大的混乱。这种记忆多少使叛乱集团心生警惕，它表现为他们在行动的每个阶段都要先争取到伊斯兰教会的许可。又一批代表从伊斯坦布尔前往埃迪尔内，但依然没有收到苏丹的回应，叛乱集团怀疑，苏丹准备要摊牌了。叛军的实力远大于苏丹所能召集的部队。8 月 19 日，双方在埃迪尔内与伊斯坦布尔中间的哈夫萨附近遭遇，苏丹的军队溃退，苏丹逃回埃迪尔内。很明显，他已经是众叛亲离。[10]8 月 24 日，穆斯塔法二世的弟弟艾哈迈德登基，苏丹穆斯塔法则步其父亲穆罕默德四世的后尘，被幽禁在托普卡帕宫黄杨木区，度过了仅剩 6 个月的余生。[11] 穆斯塔法的回忆录作者"持剑者"芬德克勒的穆罕默德阿迦认为，苏丹的高级官员们都是叛徒，他指控他们已经和未来新政府的准维齐尔们谈妥，然后全都躲了起来，在被推翻的苏丹最需要他们的时候弃他而去。[12]

眼见大势底定，叛变者将他们的注意力从他们的目标转向了自己的前途，奥斯曼陷入了无政府状态。甚至在艾哈迈德三世登基之后，由于政府及宫廷官员纷纷自埃迪尔内出走，谁的权威才是合法的成为了一个问题，整个政权的交接一塌糊涂。按照"持剑者"芬德克勒的穆罕默德的记述，费伊祖拉埃芬迪带着家人自埃迪尔内前往黑海西岸的瓦尔纳，他们在那里找船，想要前往特拉布宗然后转往故乡埃尔祖鲁姆时，遭到叛军派出的密探的阻截逮捕，被囚禁于瓦尔纳的城堡。费伊祖拉埃芬迪秘密传一书信给"顺从的"穆罕默德埃芬迪，后者说服新苏丹同意将这位前任教长流放到尤比亚岛。费伊祖拉出发了，但没走多远，危机再次出现，叛军取得被废黜的苏丹穆斯塔法的命令，想要逮捕他。然而，地方当局接受了苏丹艾哈迈德的命令，费伊祖拉埃芬迪及家人得以回到埃迪尔内。在距埃迪尔内还有一日路程时，他们夜宿商队旅馆，负责记录费伊祖拉埃芬迪资产的官员前来。他们的领导是"浅肤色的司库"穆罕默德帕夏，负责记录 1683 至 1699 年战争的编年史家，这是他 7 次担任帝国财政大臣中的第一次，不久后他就在这次混乱中丢了职务。[13] 这个行为的意义很明显。这些官员们指责他是个奇兹巴什（即异端），并脱光了他、他的儿子及一干人等的衣服，仅留下内衣底裤，将他们装进简陋的牛车，交给一队禁卫军看守。禁卫军一路上咒骂不止，费伊祖拉埃芬迪等人抵达埃迪尔内后被打入大牢。他们经历了三天三夜的折磨，但费伊祖拉埃芬迪及几个儿子拒绝吐露财产藏匿何处，加倍的折磨仍未让他们吐露秘密。这个情况被上告苏丹后，教谕批准处死这位前教长。费伊祖拉埃芬迪被从囚室中带出来，放在一匹役马的背上，接受一群暴民的指责。这些暴民中有宗教人士、禁卫军、叛军，也有地痞流氓。他被迫骑行到跳蚤市场，在那里被斩首示众。砍下来的头颅被绑在他尸体的双脚上，包括基督教神父在内的 300 名非穆斯林（当然都是强制招来的）拖着他被肢解的尸体步行穿城而过。一个半小时后，尸体被丢入流经城市的通贾河，头颅则被插在一根杆子上，绕行禁卫军营区一周，然后也被丢入河中。我们不要忘记，"持剑者"芬德克勒的穆罕默德阿迦是穆斯塔法二世的忠臣，也是费伊祖拉埃芬迪的支持者。他说，他记录这个事件只是为了展现帝国深重的灾难。在这一幕可怕的场景中，他看到最惊人的细节之一是，当前教长的尸体被拖行过街市时，人们点燃了香炉中的香，以示这人在死时已不被看作是穆斯林。[14] 宗教界对此事甚少同情，认为他在权力上的急速蹿升及无视于教长职位之权威的限度，使他自绝于人。一位显然与事件关系密切的无名作者说，费伊祖拉埃芬迪可以确认的财产全部充公，部分用来偿付军中的欠饷及该发的奖金以平息众怒。至于不足的巨大差额则取自埃及的税收，以及新苏丹、皇太后、大维齐尔及其他人的土地收入。[15] 穆斯塔法二世曾经指定费伊祖拉埃芬迪的长子为费伊祖拉埃芬迪的继承者，[16] 他在伊斯坦布尔被处决，尸体被抛入海中。卡迪扎德派传道者凡城穆罕默德埃芬迪的两个儿子也在这次清算中被杀害。[17]

自己另行组织政府的叛乱者很快就遭到流放或被处死，但 1703 年的这次爆炸性事件的影响仍在继续：1706 年，有一些曾经参与叛变并被开除的中级官员策划推翻苏丹，并让其儿子继位，但他们被告发，其中，军人都被处以绞刑，尸体丢入海中——此举相当危险，因为在 1649 年，不准为一些人举行穆斯林葬礼的行为激起了格鲁吉亚的阿卜杜勒奈比的叛乱。几个月之后，一个觊觎奥斯曼皇位的人出现，他自称苏丹穆罕默德四世之子，即穆斯塔法二世及艾哈迈德的兄弟，他自北非乘船至希俄斯，携带着宣称可以证明自己身世的文件。谣言传至伊斯坦布尔，说他将召集安纳托利亚的不满分子，并在布尔萨正式宣布登基为苏丹。结果，苏丹艾哈迈德下令将之逮捕并予斩首，他的首级在托普卡帕宫外示众。[18]

《卡尔洛维茨和约》不仅带来了国内的动乱，也改变了奥斯曼与外部世界的关系。这种关系变化的一个早期迹象是，条约的谈判都是由最高阶的奥斯曼官僚出马，而不是之前的帕夏（即军人），其后，由文书官员负责谈判就成了惯例。[19] 欧洲国家也开始意识到，奥斯曼帝国的威胁已经不复从前，随着 18 世纪渐渐过去，决定奥斯曼与其欧洲邻国关系的因素中，外交逐渐重于军事，因为在国际争端的解决上，谈判已经开始取代使用武力。在 1739 年与 1768 年之间，奥斯曼积极主动的外交政策为他们在帝国西部边境赢得了和平 —— 不过在此之前，他们被卷入了一系列并不完全由他们挑起的冲突中。

*　　*　　*

彼得大帝统治下的莫斯科大公国此时开始被人们习惯性称为俄罗斯。尽管此时它充分维持远距离军事行动所需的资源尚有所不足，但它已经成为一股向外扩张的力量。其开疆辟土的计划有两个关键点，一是获得向西进入波罗的海的通道，二是获得向南进入黑海与更温暖海域的出口。然而在西方，其强大的对手瑞典堵死了他们进入波罗的海的通道。1699 年，彼得与丹麦及波兰立陶宛联邦结盟，目的就是要打开一条通往波罗的海的道路。1700 年 8 月，他获悉莫斯科与苏丹终于达成和约，便联合盟国向瑞典宣战，这场战争史称"大北方战争"。奥斯曼尽管与瑞典维持着长久的亲善关系，这时却拒绝伸出援手。在没有盟军帮助的情况下，一支装备较差、人数也较少的俄罗斯军包围了芬兰湾的纳尔瓦，瑞典国王查理十二世（时年 23 岁，奥斯曼人称之为"铁头"查理）发兵解围，并南进攻打波兰的奥古斯都二世。[20] 俄罗斯趁其分身乏术，于 1701 年及 1702 年屡屡侵入利沃尼亚（今天的爱沙尼亚南部及拉脱维亚北部）并于 1703 年 5 月拿下涅瓦河河口的一个小堡垒。彼得终于在波罗的海取得了立足点，建立起一个小小的木头村落。一位现代史家称："查理十二世在战场上虽然未尝败绩，但彼得堡之建立……却等同于宣布……他的败战。"[21]

1706 年春，克里米亚可汗很可能在大维齐尔"戳兵"穆罕默德帕夏的怂恿下向伊斯坦布尔报告，俄罗斯威胁着奥斯曼的黑海边境，奥斯曼遂派出舰队进行支援。[22] 奥斯曼与俄罗斯的关系开始紧张，而 1708 年查理十二世挥兵进入俄罗斯后，俄罗斯与瑞典的敌对状态对奥斯曼也产生影响。1708 年 5 月，查理率大军穿过立陶宛，在撤退的俄军引诱下继续向东行进。彼得下令坚壁清野，摧毁一切有利于瑞典军队的物资。瑞典军遂渡过第聂伯河，转而南入乌克兰，希望能够获得较为充裕的补给。11 月初，左岸乌克兰（即 1700 年右岸乌克兰废黜海特曼制度后，哥萨克人控制的乌克兰）的哥萨克海特曼伊凡·马泽帕投靠查理十二世，但其设在基辅东北方 150 公里处的巴图林的指挥部却被俄罗斯无情地洗劫，瑞典获得补给的希望随之落空。[23]

1708 至 1709 年间的冬天极其寒冷，查理被困在乌克兰的大草原上动弹不得，眼睁睁看着数千兵士被冻死。1709 年 3 月，第聂伯河下游的扎波罗热哥萨克人虽然宣布支持查理，但他们的总部在 5 月遭到俄罗斯军队的痛击，靠他们加入以扭转战局的希望也随之破灭。最后到了 7 月，应马泽帕的要求，查理围攻基辅东南方的波尔塔瓦。沙皇亲率大军前来解围，并在月底彻底击溃了瑞典。[24] 查理先是前往第聂伯河口的奥斯曼要塞奥恰基夫寻求庇护，后来转往德涅斯特河的蒂吉纳，并在城外屯驻。虽然身陷异邦，查理仍然统治着瑞典，但波尔塔瓦之败已经宣告了瑞典"大国"地位的终结。[25] 由于俄罗斯人加强了对第聂伯河左岸哥萨克人的控制，波尔塔瓦之战也决定了乌克兰的命运。

俄罗斯抗议奥斯曼收留瑞典国王的行为违反了 1700 年两国所签订的条约，但苏丹艾哈迈德与大维齐尔乔尔卢的阿里帕夏却意图将查理当作筹码，改善与俄罗斯所签条约的条件。一开始，外交上的折冲对查理非常不利，1710 年，奥斯曼与俄罗斯重新签订了和约，并商定了查理返回瑞典的条件。但查理拒绝离开蒂吉纳，并设计谋害乔尔卢的阿里，因为他认为阿里是奥斯曼政策倒向俄罗斯的罪魁祸首。[26] 与查理及其支持者在奥斯曼领土驻军有关的密谋导致许多奥斯曼高级官员被解职，其中包括随后被处死的大维齐尔。

查理及其他"北方人"托庇于奥斯曼，一定程度上促使奥斯曼对俄罗斯采取较为激进的政策。1708 年查理向南进入乌克兰时，就希望奥斯曼的援助能够及时出现。[27] 很明显，查理及其追随者自认是俄罗斯手下的受害者，促使奥斯曼相信阻止俄罗斯的军事扩张对他们有利，显然符合查理等人的利益。虽然奥斯曼政府总体上并不愿意和俄罗斯作对，但也有人赞成采取行动，其中最有力的支持者是克里米亚可汗杰夫列特·格莱二世，他独立拟定的反俄政策与瑞典政策一样强硬。[28] 历代克里米亚可汗一直愿意通过挑动奥斯曼政府的敏感神经为自己的臣民谋取利益，奥斯曼政府也常常根据他们对奥斯曼整体战略的贡献判断是否需要拥立新的可汗。在这个节骨眼上，奥斯曼的宗教阶层倾向于采纳杰夫列特·格莱的建议，防备俄罗斯向南扩张，禁卫军也急于报 1696 年亚速陷落之仇 —— 彼得在亚速投入的精力绝不少于他对彼得格勒（即他的"西方之窗"圣彼得堡）的关注。[29]

奥斯曼北疆传来的报告确实显示彼得的威胁迫在眉睫。[30] 1710 年 11 月，奥斯曼向俄罗斯宣战。经过一个冬天的准备，1711 年 7 月 19 日，双方前锋部队在多瑙河支流普鲁特河上遭遇，俄罗斯前锋由沙皇彼得亲自率领。入夜，鞑靼部队游泳渡河袭击俄罗斯人，同时，奥斯曼工程师整修渡河桥梁以供优势的兵力过河。彼得的军队后撤了一段距离，以远离河边的战斗。尽管他发现自己深陷包围且缺少补给，他的部队最初还是抵挡住了奥斯曼的猛烈攻势。7 月 22 日，大维齐尔兼总指挥官"戟兵"穆罕默德帕夏率领部队对俄罗斯进行了攻击后，彼得立即提出休战条件，"戟兵"穆罕默德帕夏马上同意了。[31] 然而对于是否再战，俄罗斯支支吾吾，奥斯曼犹豫不决，[32]《阿德利安堡条约》一直拖到 1713 年才签订。按照条约内容，俄罗斯 1700 年之所得全都化为乌有。[33] 但"戟兵"穆罕默德帕夏为什么未能乘胜追击却留下了让人猜测的空间，如果奥斯曼立场坚定些，是否会改变历史进程的疑问也随之产生。有人辩称，奥斯曼既缺乏资源又没有意愿卷入另一场可能没完没了的战争，但这个理由无法说服苏丹，"戟兵"穆罕默德帕夏因此被罢免下狱。多年之后的 1763 年，腓特烈大帝就普鲁特河之役请教完美的政治家、奥斯曼驻柏林的特使艾哈迈德·雷斯米埃芬迪，所得到的答案是，奥斯曼做出退出战斗的决策是出于苏丹的宽宏大量。[34]

查理十二世及追随他的吵闹的"北方人"（马泽帕已经死于蒂吉纳，此时这批人包括继他为哥萨克海特曼的皮利浦·奥尔利克，及查理派到伊斯坦布尔的波兰特使斯坦尼斯沃夫·波尼亚托斯基）最终于 1714 年 10 月离开了奥斯曼领土，他们的争议也被带离了奥斯曼，但他们的主人已经失去耐性。早在 1713 年，查理设在蒂吉纳城外的宫廷就遭到当地奥斯曼人及克里米亚军队的攻击，查理及许多随员被俘虏。苏丹对这样的粗暴行为大为光火，但查理还是先被带往色雷斯的季季莫蒂霍，然后又到了埃迪尔内，并在那里被当作谈判筹码拘禁，直到奥斯曼与俄罗斯签订协议才被释放。大北方战争一直到 1721 年才结束。查理于 1718 年在挪威和丹麦人作战时阵亡，彼得则死于 1725 年，两人的继承者在能力上都相形见绌。[35]

然而，查理十二世与奥斯曼的关系并没有随着他的离开甚至死亡而结束。离开奥斯曼的领土时，他还欠苏丹与私人放贷者的钱。在 1727 至 1728 年及 1733 年，为收回他欠苏丹总数高达 300 万泰勒银币的债务，奥斯曼还派特使前往斯德哥尔摩。1738 年，双方终于商定了计划：未偿债务的三分之一以现金充入奥斯曼国库，其余代之以实物，包括一艘装备齐全的战舰、一艘配备 70 门炮的护卫舰及 3 万支火枪。战舰在驶往伊斯坦布尔途中于加的斯外海失事，但另一艘瑞典船只安全抵达目的地，它所载运的货物（炸药及一万支火枪）全部移交奥斯曼。另有未清偿部分则以 6000 支火枪抵偿。[36]

＊　　　＊　　　＊

1715 至 1717 年间，奥斯曼与威尼斯在伯罗奔尼撒开战，其导火索是黑山人反抗奥斯曼统治的叛乱，而这场叛乱的起因是 1711 年初，彼得大帝向巴尔干半岛的基督教教友寻求援助（1690 年，哈布斯堡的利奥波德皇帝在他与苏丹漫长的战争中也曾向这些人求援）。[37]彼得在普鲁特河战役失败后，参与叛乱的黑山人前往威尼斯所辖的达尔马提亚境内寻求庇护。[38]波斯尼亚总督努曼帕夏（他是前大维齐尔柯普律吕家族的"智慧的"穆斯塔法帕夏之子，在乔尔卢的阿里帕夏下台之后，也曾短暂担任大维齐尔）奉命镇压黑山，他向伊斯坦布尔报告，威尼斯违反了《卡尔洛维茨和约》的条款。1715 年 1 月，奥斯曼宣战。由于这是一场主要依靠海上力量的战役，舰队的准备成为当务之急。[39]

为了应对这些不满，弥补奥斯曼在《卡尔洛维茨和约》中损失的伯罗奔尼撒领土，奥斯曼通过接受投降与占领，获得了半岛上几个重要的战略要塞。[40] 然而，威尼斯早已和奥地利签有共同防御协议，后者担心奥斯曼的胜利将会威胁到自己的克罗地亚边界，因此，初步的胜利之后，奥斯曼非但无法占领威尼斯以遂苏丹的梦想，[41] 反而发现自己陷入了两面作战的境地——这是政府始料未及的。谈判毫无结果，1716 年，大维齐尔"持剑者"阿里帕夏率军前往贝尔格莱德，舰队则对科孚岛展开围攻。[42]

在奥斯曼政府内，有人认为跟奥地利开战根本愚不可及，但他们的意见被忽略了。[43] 奥斯曼动员速度缓慢，军队数量也不足，8 月 5 日，两军在彼得罗瓦拉丁（1683 至 1699 年战争后期在奥地利的前进基地）遭遇，奥地利军由萨伏依的欧根亲王统领，只花了 5 个小时就将奥斯曼打得溃不成军，大维齐尔"持剑者"阿里阵亡。科孚岛的情况也很糟。奥斯曼在彼得罗瓦拉丁战败的消息传来，奥斯曼士气大受影响，放弃了围攻。[44] 欧根亲王自彼得罗瓦拉丁出发，进军巴纳特，蒂米什瓦拉要塞在几周后就签订了城下之盟。1717 年，他又率军对抗有优势的奥斯曼军队，取得大胜，再一次将奥斯曼逐出贝尔格莱德，并沿巴尔干的河谷继续南进，深入奥斯曼领土，沿途的老百姓离乡背井逃往伊斯坦布尔。[45]

特兰西瓦尼亚大公拉科奇·费伦茨二世 8 年来想方设法要保住哈布斯堡对其加尔文宗支持者的包容，并保证它承认特兰西瓦尼亚的独立，但到了 1711 年 2 月，他却被迫逃亡波兰，并在 1713 年之后一直住在法国。1718 年初，他受邀访问埃迪尔内，他与苏丹的会面使他产生了一项计划，即他应该尝试夺回特兰西瓦尼亚——但奥斯曼与奥地利先签订了和约，此事只能作罢。[46] 尽管在匈牙利问题上没能帮助奥斯曼，但从 1718 年 8 月到 1735 年逝世为止，他一直都带着随从客居奥斯曼小镇泰基尔达（罗多斯托，就在伊斯坦布尔西边，马尔马拉海北岸），专注于他的反哈布斯堡大业。[47]

1718 年，新大维齐尔内夫谢希尔的达马德·易卜拉欣帕夏上任，奥斯曼政府开始考虑停战。谈判在贝尔格莱德东南方的波扎雷瓦茨举行，和卡尔洛维茨和谈一样，英国及荷兰驻伊斯坦布尔大使居间调解。奥斯曼要付出的代价是，奥地利保有贝尔格莱德及蒂米什瓦拉，并将边界往前推至尼什。这个条约将匈牙利与克罗地亚的边界恢复到苏丹苏莱曼一世出征之前的情况，[48] 条约附录则改善了奥地利进入奥斯曼领土内进行贸易的条件。[49] 奥地利的同盟威尼斯所承受的不利条件更甚于奥斯曼：奥斯曼保留伯罗奔尼撒，而威尼斯则保有它在达尔马提亚征服的土地。

*   *   *

奥斯曼的军队可能仍然忙于边疆的战事，但是奥斯曼帝国的日常政府事务并没有陷入停滞。1703 年的叛乱被镇压后，宫廷也回到伊斯坦布尔，政府内部与公共生活的新秩序都逐渐建立。一些维齐尔被免职，一些人获得任命，外国特使也像往常一样赶来，向新苏丹表达祝贺。伊朗沙赫送来的则是"一头巨象"。[50]

《卡尔洛维茨和约》带来的震动与"埃迪尔内事变"的危机虽然毁掉了旧有的安定，但也逐渐从人们记忆中消退。费伊祖拉家族还是无法取代柯普律吕家族的权威，只要对奥斯曼统治阶级与苏丹子民的世界观没有发生急剧的转变，将大维齐尔这样重要的政府职务交给宗教家族就仍是难以接受的。在 17 世纪中叶那一段痛苦的岁月中，柯普律吕家族成员陆续当政，这证明他们确有能力处理因禁卫军、宫廷阿迦及地方军人夺权分权而造成的动荡，在这个过程中，权贵世家在政府中占有一席之地的原则已经确立。到了 18 世纪初叶，以前靠与奥斯曼家族关系紧密而大权独揽的状况也已经不再，柯普律吕家族成为最有权势的权贵世家之一。

苏丹艾哈迈德试图制衡权贵世家的权力，也想要将他们的利益与奥斯曼家族的利益融为一体。除了几个儿子外，艾哈迈德三世有 30 个女儿，在这个时代的编年史中，记述她们的篇幅不在少数，包括出生与结婚——以及死亡，因为早夭的不在少数。不同于王子（他们仅在过去一个世纪中要在皇宫中忍受一生幽禁），奥斯曼的公主有史以来第一次获准享有公共角色。[51] 让政治人物和公主结婚以确保他们对奥斯曼皇室的忠诚，这种由来已久的习惯获得了新的延伸，即公主的丈夫死去后，她可再一次下嫁新权贵世家的重要成员。艾哈迈德的 6 个女儿共结了 17 次婚：结婚最多次的是莎莉赫苏丹，她嫁过 5 个丈夫。[52] 卡尔洛维茨和谈后逐渐形成的国际形势，迫使奥斯曼政权的特点与组成不得不进行对内与对外的调整。在对内方面，艾哈迈德三世的多子扩大了对公主与政治人物联姻的惯例的利用，这增加了分享奥斯曼家族权力的权贵世家的稳定性。

根据苏丹与权贵之间不成文的协议，后者以自己的忠诚交换与皇室联姻带来的奖赏，使他们得以满足自己不断壮大的家族的需要。如此一来，除了传统上国家财政最大的消耗——战争的支出，国家如今又增加了一项支出：维持并永续许多由苏丹女儿的婚姻所制造出来的家族。维持他们的奢华生活固然需要现金，而他们把出手阔绰视为自己的权利，把公益捐赠视为义务，所有这些也都要国家绞尽脑汁找出新的财源来供应。17世纪 90 年代开始的为解决战争的消耗问题进行的税制重建已经上路——最成效显著的改革措施就是人头税及终身包税权制，同时发生的还有 18世纪上半叶区域贸易的显著增加，这不仅有助于奥斯曼恢复国力，也进一步养肥了国内那些较为富有的成员。

艾哈迈德登基时，1695 年实施的终身包税权制仍处于实验阶段。理论上，任何男性都可以竞拍包税权，但谁才是这个新财政措施的长期受益人很快就显现出来。由于想要竞拍的人需要有可动用的资产才能在终身包税权的拍卖会上进行标购，手头宽裕的人（譬如高阶的军官及宗教人士）显然更容易最终拍得包税权。个人财力不足无法独立竞拍的人，便需要其他家族成员或商业伙伴投资，或向非穆斯林金融家借贷——这些人多在伊斯坦布尔及亚美尼亚，也正是这些能够获得欧洲资本的金融家支撑着奥斯曼经济。事实上，他们的参与是这个体制极为重要的部分。[53]

包税权的潜在获利极丰，不愁没有买家，加上竞争推高了拍卖价格，这对国库大为有利。[54] 制度实施两年内，由于要给持续的战争提供经费，当局决定扩大终身包税权的实施范围。包税制度最初的本意只是要重新规划皇家不动产的财政管理，并且契约都是短期的（一般是 3 年）。此刻，连维齐尔的财产和原本用来供养驻军或骑兵部队的不动产也纳入了新制度的管理范围。[55]

买到了终身包税权的人，对于可能到手的可靠收入无不感到满意，但他们很快就了解到，这样优惠的条款其实是大方得过头了，果然到了1715 年，奥斯曼对威尼斯宣战后不久，多数终身包税权被取消。1717 年，在内夫谢希尔的达马德·易卜拉欣帕夏受命出任大维齐尔之前不久，政策又变了，在付出最初取得权益所需费用的一半后，政府将终身包税权又还给了原持有者。[56] 投资者特别感兴趣的是流动资产，即从非农业包税区所得的税收，诸如随着贸易扩大而增加的各种关税及消费税。然而，在艾哈迈德登基时，这种原本要用来重振安纳托利亚东部及阿拉伯各省农业发展的制度，却在地理上倾向了另一边：终身包税权制在巴尔干，而不是在东部，成了最有价值也最受欢迎的制度。[57]

这项税制的另一个改变是，1714 年之后，传统的缴税阶层失去了竞拍终身包税权的资格，即使他们有足够的金钱也不行。[58] 这样一来，穆斯林精英阶层的成员就成了这个制度的主要受惠者，他们包括约 1000 名官员、军人与神职人员，大部分都住在伊斯坦布尔，远离其收入的来源地。[59] 艾哈迈德三世众多女儿及其继承人也都是主要受惠者（公主是唯一可以拥有终身包税权的妇女[60]），他们通常在巴尔干拥有土地所有权，且有资格收取关税。[61] 行省包税权的管理由深谙地方情况的人士进行，他们从税收中抽取的份额使他们在这个制度中拥有极大的经济利益。[62] 在终身包税权被引入除伊斯坦布尔外的区域核心时，极富有的地方居民获得终身包税权的记录得到了略微提高，因为这些拍卖仅限于农村及农业收税权，没有把诸如市场税这类商业及都市的收税权包括在内。[63] 不过，它仍容许小投资者入场，如果运气好，他们也可以累积相当的财富，这鼓励他们对这项新财政措施，也对国家的活动持正面的态度。艾哈迈德在位期间得到了王公大臣的支持，这显示这种由国家主导的新财富分配方式满足了一些有心人的野心，否则他们早就跳出来挑战政府的威权了。

原材料（主要是谷物、羊毛、棉花及干果）被出口给西欧刚起步的加工业，是奥斯曼帝国开始进入新的经济相互依存关系的标志之一。从 17世纪初叶起，出口贸易主要是以伊兹密尔为起点，萨洛尼卡则逐渐成为第二大出口中心。在 18 世纪，棉花取代羊毛成为奥斯曼最主要的出口商品。[64] 奥斯曼的小工场生产简单便宜的纺织品以供国内消费，但到了 18 世纪初叶，也开始尝试仿制较精致复杂的欧洲布料，既减少了对进口的依赖，又弥补了短缺。"顺从的"穆罕默德埃芬迪曾扶助毛呢布料生产，1703 年的叛乱导致其生产陷入停顿，但 1709 年毛呢生产恢复，并持续至 1732 年，终因质量不佳、价格又无法与进口货竞争而最终被放弃。国家于 1709 年开始为海军生产帆布，直至 19 世纪，其间，该产业有盛有衰。从 1720 年起，国家也开始生产富人偏爱的丝绸，但 18 世纪中期以后，国家制造的货物竞争不过民间生产的丝绸。[65]

奥斯曼与英国的关系在传统上很热络，但 18 世纪初起，法国取代了英国，成为奥斯曼的主要贸易伙伴，这个发展反映在奥斯曼与法国外交关系的进一步加强上。法国与奥斯曼在对抗哈布斯堡上有着长久的共同利益，1670 年之后，法王路易十四的能臣让 – 巴蒂斯特·科贝尔整顿了法国的贸易，使法国商人得以在 1699 年的敌对状态结束时取得优势。

*　　　*　　　*

在神圣同盟战争、西班牙王位继承战、大北方战争、卡尔洛维茨和谈、1703 年的叛乱，以及与俄罗斯、奥地利和威尼斯的战争之后，西欧与奥斯曼西部边疆沿线实现了和平。如今，苏丹不只是为了战争才派遣特使团访问欧洲诸国。1702 年，"二十八"切莱比穆罕默德（他的绰号源自他曾在禁卫军第二十八军团服役）埃芬迪出发前往巴黎，带去苏丹同意法国修复耶路撒冷圣墓教堂的消息。这样一个信息本可以通过不那么夸张的方式传到，甚至可由法国驻伊斯坦布尔特使传达，但同时，大维齐尔内夫谢希尔的达马德·易卜拉欣帕夏还有更重要的指令，"二十八"切莱比穆罕默德此去"定要考察要塞及工场，并彻底研究文明与教育的方法，对适合在奥斯曼帝国应用的措施提出报告"。[66] 事实上，他可以说是第一个奥斯曼官方的文化特使。他也不辱使命，返国后根据自己所见所闻提出了扎实的报告。前一年，达马德·易卜拉欣已经走访过维也纳，以签署《波扎雷瓦茨条约》，他充分注意到奥斯曼边境之外可学之事甚多。[67]

　　"二十八"切莱比穆罕默德埃芬迪此行之观察，对当时国内逐渐获得权势的人造成极大影响，使他们理解与西方和平接触之可贵。事实上，在机械的创新上，只要符合实际需要，又无违于现行的人文风俗，奥斯曼人的接受度往往极高。一个较早的例子是，早在君士坦丁堡之围前他们就已经使用大炮，手持火器的使用也早在 16 世纪就已经开始。当时曾令政府惊惶莫名的是，后者的广泛使用甚至颠覆了帝国内的权力平衡，武装分子到处游走，带来严重的社会动荡，在安纳托利亚尤其严重。相对地，欧洲的钟表、瓷器与时装是有钱人才买得起的玩物，新奇好玩而已，明显不会对社会秩序造成不利影响。帝国与西方之间这类商品的交换由来已久，可以追溯到文艺复兴时期，在内夫谢希尔的达马德·易卜拉欣帕夏任内，由于贸易情况的好转，这类商品变得尤为丰富。

　　买得起的人对此类消费品的迅速接受，不过是社会生活恢复活力的表现之一。苏丹艾哈迈德三世利用公开展示及招摇的赞助来振兴奥斯曼皇室。1709 年，他 5 岁的长女法特玛苏丹嫁给年近 40 的"持剑者"阿里帕夏（后来又嫁给内夫谢希尔的达马德·易卜拉欣帕夏），婚礼场面富丽奢华。[68]1718 年成为大维齐尔的达马德·易卜拉欣则怂恿苏丹举办盛大的典礼及活动，将之当成使统治阶级与百姓敬畏的工具。1720 年，奥斯曼举办了为期 15 天的盛大活动，庆祝苏丹 4 个儿子的割礼，人们写了辞藻华丽的散文纪念这件事，将散文制成两本插图华丽的手抄本，一本献给苏丹，一份献给大维齐尔。文章由赛义德·侯赛因·韦赫比执笔，并搭配当时最杰出宫廷画家列夫尼所绘的插图。这种为皇家庆典所做的手抄本，在奥斯曼历史上是第二次出现，也是最后一次。第一次则出现在 1582 年，它是为庆祝未来的穆罕默德三世行割礼而作。1720 年的这次庆典带着过去 200 年中庆典的痕迹，这类庆典包括 1523 年苏丹苏莱曼倒霉的大维齐尔易卜拉欣帕夏的婚礼，1530 年苏丹儿子的割礼，以及 1638 年苏丹穆拉德四世离开伊斯坦布尔以从萨法维帝国手中收复巴格达时的仪式。1720 年这次活动的盛大场面之一是行会组成的游行，类似上一个世纪艾弗里雅切莱比所描述的那次，商人纷纷将自己的商品（包括一般的及奢侈的商品）展示给前来观赏的潜在顾客，无论其为奥斯曼的权贵、欧洲使节或伊斯坦布尔的普通民众。[69]

拉比耶·居尔努什·艾梅图拉苏丹的清真寺则是在隐隐强调皇太后这个角色复兴，以重申奥斯曼皇室的合法性。身为穆斯塔法二世及艾哈迈德三世的母亲，拉比耶·居尔努什·艾梅图拉于 1695 年随着穆斯塔法的继位而成为皇太后，后于 1715 年逝世。根据一份时间可以推至 1702 年的清单，她死前所拥有的资产价值几乎是大维齐尔财产的 3 倍（大维齐尔之后是皇室的公主们，随后是维齐尔们、奥斯曼皇室成员以及克里米亚可汗的家族成员）。[70] 1708 年，她在于斯屈达尔的码头挑了一个绝佳位置，面对苏莱曼一世的女儿米利玛赫苏丹的清真寺，开始起造自己的清真寺建筑群，两年半后清真寺落成时，正好是大军出征俄罗斯的前夕。[71] 1722 年，即她去世 7 年后，该寺获准于各宣礼塔之间悬灯，以示神圣斋月的展开，因此它成为伊斯坦布尔地位最崇高的清真寺之一 —— 其他几座为苏莱曼清真寺、苏丹艾哈迈德清真寺及新皇太后清真寺。[72]

*　　　*　　　*

奥斯曼开国以来，王公大臣的权势从未如今日这样强大，很快地，对新秩序的渴望就不再限于托普卡帕宫周围。艾哈迈德三世成长于埃迪尔内比较自由的环境中，在宫廷回到伊斯坦布尔后，他便恨死了宫廷的种种拘束。一个世纪之后的 1837 年，根据拜访伊斯坦布尔的英格兰女士茱莉亚·帕多小姐的记述，苏丹马哈茂德二世的首席建筑师力陈，托普卡帕宫富丽堂皇，在欧洲无有出其右者，苏丹就大发雷霆说："只有白痴或骗子才这样说，这宫殿……困于高墙之内，隐于重树之下，难见天日，好像连日光都怕……而欧洲的宫殿明亮，充满欢笑，可以享受自由的空气及纯净的天光，它们根本无法相提并论。"[73] 苏丹马哈茂德的话是否这样地感性，后人难以查证，但艾哈迈德三世似乎真有这样的感受。沿着博斯普鲁斯海岸，苏丹及大臣历来都建有猎场及庭园，其间有私用的低调的木质或石砌别墅亭台。但到了 18 世纪，一切都变了，他们建造了许多多层的海滨建筑，沿岸尽是气派堂皇的宫室。[74] 英国大使的夫人玛丽·沃特利·蒙塔古在 1717 至 1718 年间住在伊斯坦布尔，她的一封信就提到，光是博斯普鲁斯海峡沿岸就已经有"数百座豪华的宫殿"。[75] 即使她的话夸张了点，我们也不难由此看出，早在 18 世纪 20 年代之前，奥斯曼人就已经开始在此大兴土木了。博斯普鲁斯海岸最早的水畔宫殿为木造，是 1699 年柯普律吕家族的大维齐尔"司库之子"侯赛因帕夏建在安纳托利亚堡垒村中的，其中一部分（公共房舍的一小部分）至今仍然存在。

18 世纪 20 年代，奥斯曼王公大臣中的暴发户掀起了一股挥金如土的享乐之风。"上流社会"的社交活动频繁且招摇，而且不再局限于伊斯坦布尔老城的城墙内。艾哈迈德、他的家族成员与其他显贵的私人宫殿中经常组织长达几天的宴会与娱乐活动。按照一位现代建筑史家的说法，"一个封闭的社会"有史以来第一次领教了"都会式的开放生活方式"。[76] 社交生活的兴盛前所未有，对国内经济也造成了影响，饮食、衣饰及家具的消费模式大为改变。以饮食为例，橄榄油、海鲜及蔬菜的用量大增。菜肴推陈出新，对享受的追求开始改变消费模式，咖啡及甜点（用量急剧增加的糖取代了原先的蜂蜜，使甜点消费成为现实）的消费衍生出了在"餐厅"以外的新社交形式，它们发生在专门享用这些食物的地方。[77]

按照过去的传统，苏丹往往深居简出，隐于深宫内苑，以营造皇室的神秘性，艾哈迈德则舍此不为，选择到子民中间抛头露面。一如一个半世纪前英格兰的伊丽莎白，他也放舟巡游。西蒙·沙玛引述当时一位史官的记载说，伊丽莎白"把（泰晤士）河当成舞台，以拥抱她的民众"，她"完全放下身段，降尊纡贵，使自己亲近百姓"。[78]

然而，苏丹却无法轻易放弃托普卡帕宫，毕竟那才是传统的统治中心。半个世纪以来，这座宫殿并非苏丹常驻之地，因此，对艾哈迈德来说，纵使他希望尽量少住在那儿，有些内殿也需要大规模翻修。他在后宫的卧室是整修的重点，这里的每一面墙都饰以花果壁画，这些充满活力的图画是那个时代建筑装饰的特点。这类自然的主题无所不在，有的雕刻于大理石上，有的绘于手抄本中。肖像的绘制形式也在改变，穆斯塔法二世及艾哈迈德三世统治时期最具影响力的画家列夫尼所画的，都是苏丹的近身特写。他的画像因其逼真的特点而令人吃惊,他加强了画中人物的个性特点,使他们看起来更像普通人——苏丹与观察者之间的距离似乎缩短了。[79]

后来成为宫廷编年史家的穆罕默德·拉希德埃芬迪此时是伊斯坦布尔的神职人员,[80]对帝国的财政情况了如指掌。他指出,1720年左右,国库的收支多年来第一次出现盈余:财政改革显然有效。[81]第二年,苏丹艾哈迈德下令在卡伊塔恩溪上游的草地建造史上最富丽堂皇的萨达巴德宫(即"幸福之地"),卡伊塔恩溪有"欧洲蜜泉"之称,在艾郁普附近注入金角湾。王公大臣喜欢起造豪邸的地方有二,一个是博斯普鲁斯海峡,另一个就是金角湾,卡伊塔恩草地一向是躲避伊斯坦布尔的喧嚣的地方,是娱乐与欢聚之地。艾哈迈德三世的萨达巴德宫将"园林"这个概念推到一个新的高度。卡伊塔恩溪经由大理石砌成的渠道(遗迹迄今可见)缓缓流过庭园,沿着纵轴一路往下,两岸是绵密对称的王公大臣豪邸,苏丹自己的宫殿则立于30块巨大的大理石上,前有一池活水。[82]宫邸都取了意象十足的名称,诸如象桥、第一瀑布、银河、乐园堂等。[83]

一如16世纪苏丹苏莱曼一世统治时期,艾哈迈德三世的统治在许多方面都与欧洲当时(或差不多时代)的君主有相似之处,因此,刚去世的路易十四的凡尔赛宫,彼得大帝在圣彼得堡的夏宫,或彼得大帝在莫斯科近郊的宫殿群,都不可避免地成了萨达巴德宫比较的对象。彼得1716至1717年访问西欧之后,带回一册路易十四凡尔赛宫及枫丹白露宫的宫殿园林图本,回到圣彼得堡后宣称也要建一座"媲美凡尔赛宫"的新宫殿。[84]"二十八"切莱比穆罕默德埃芬迪返国时也带回了访法的纪念品——12幅凡尔赛宫的雕版画,这些画迄今仍保存在托普卡帕宫中。[85]和彼得大帝一样,苏丹艾哈迈德对建设规划有自己的想法。[86]早年的生长环境为萨达巴德宫的建设提供了灵感,它一定要和埃迪尔内一样是个不受打扰的地方,能够让他像最近远离伊斯坦布尔的苏丹一样享受无忧无虑的生活。从卡伊塔恩的宫殿带有伊朗色彩的名称就可以看出萨法维王朝对萨达巴德宫的影响,它在萨达巴德宫和那个时代的艺术代表凡尔赛宫也随处可见。

一般老百姓也从富人的奢侈浪费中受益,而且不仅是从食物与服务的需求增加中获益。慈善捐赠,特别是苏丹及大维齐尔的捐赠,提供了许多公共设施，诸如为数众多遍及整个大伊斯坦布尔地区的精雕细琢的大型喷泉。[87] 相较于过去，皇室与大臣捐建的清真寺入夜后灯火更为辉煌，扩大并重塑了公共空间，提高了人的活动性，甚至让以往天黑后只能窝在家里的穷人也可在城中活动。用 20 世纪的话来说，这种新自由正是"郁金香时代"的关键景观。[88]

郁金香不只是有而已，而且还很多。这种东方球茎植物据说是 16 世纪中叶透过哈布斯堡驻苏莱曼一世宫廷的大使奥吉尔·吉斯兰·德·比斯贝克引进欧洲，另有较新的说法则说是更早于此。[89] 但无论如何，它在伊斯坦布尔的显贵中颇受欢迎，一如后来受到欧洲显贵的喜爱。从 16 世纪起，郁金香图案就可见于编织品，也出现在陶罐及瓷砖上，又被绘在手抄本上，也有镌刻在喷泉池上的，艾弗里雅切莱比就写过 17 世纪 30 年代博斯普鲁斯的郁金香花园，甚至提到当时有一种郁金香名字就叫卡伊塔恩。[90] 此时，几乎 100 年过去了，郁金香再度成为抚慰饱受战乱之苦的奥斯曼人的玩物 —— 但艾哈迈德三世进口的成百上千的球茎，却都来自郁金香的贸易中心尼德兰。奥斯曼最爱的、心目中最完美的是一种"状如杏仁，瓣如匕首"的郁金香。奥斯曼人都注意到，未加规范的市场会造成混乱，销售形形色色的品种必须经过官方定价管制，才能遏阻对这种广受欢迎的商品的投机 [91] —— 尼德兰就在 17 世纪 20 和 30 年代经历过这种郁金香狂热，[92] 它因大仲马的小说《黑色郁金香》流传后世。1762 年，法国驻伊斯坦布尔大使写到大维齐尔内夫谢希尔的达马德·易卜拉欣帕夏对郁金香的狂热时，这样描述道：

　　大维齐尔的花园里有 50 万株球茎，当郁金香盛放时，大维齐尔想要将它们展示给苏丹，他们小心翼翼地把从别处花园摘来的郁金香插在瓶子里，放满每一个空间，每隔四朵花便在地上放一枝与郁金香花同高的蜡烛，过道上则饰以内装各种鸟类的笼子。所有的格架都摆满瓶花，用各种颜色的水晶灯点亮……灯的色与光映在镜子里，制造出神奇的效果。喧闹的乐声伴随着灯光，乐声响彻所有郁金香绽放的夜晚。整个郁金香花季，一切开销都由大维齐尔承担，包括苏丹及其随员的食宿。[93]

但"郁金香时代"并非只有欢乐而已。在艾哈迈德三世的统治之下，在飨宴、觐见与出巡之外，苏丹还率领朝臣显贵拜访存放先知的斗篷的礼堂。18世纪之前，参拜先知的斗篷的仪式仅在新苏丹即位时才举行，到了苏丹艾哈迈德统治时期，它成为一项隆重的国家典礼，于每年斋月十五日举行，亦即伊斯兰教历中最神圣月份的满月那天。行礼前一天，苏丹亲自参与先知斗篷室的清洁仪式，为迎出斗篷做好准备。当时的《仪典之书》详细记载了仪式的细节，包括参加的人员及其排序，他们穿什么服装，以及所要做的礼拜。[94]

1720年后，在苏丹艾哈迈德的儿子们行割礼后，他又为他们举行了象征宗教教育的仪式。这场仪式成了另一个提醒其子民虔诚信仰在奥斯曼帝国生活中重要性的机会。年幼的王子们——穆罕默德、穆斯塔法与巴耶济德都还只是三四岁的孩子，苏丹与国家最高阶的宗教和世俗官员齐聚托普卡帕宫下方海岸上的珍珠阁。[95] 5000名穷人家的男孩与王子们同时进行了割礼，以此展现苏丹的爱民之心。[96]

为了凸显权贵们对伊斯兰教历的信守，达马德·易卜拉欣把传统中标志斋月结束的宴飨变得特别夸张。1721年，在他就任大维齐尔后不久，他就在艾郁普办了一场宴会，事后，他与随从风风光光地返回伊斯坦布尔。随着时间的流逝，这样的宴会越来越盛大，[97] 在这个世纪中，马哈茂德一世及其继承者无不借此机会向朝臣与百姓宣示苏丹的虔诚及他身为国家元首的地位。①

虽然神职人员不怎么信任宫廷中人，但他们仍然很容易被收服。斋月期间，达马德·易卜拉欣帕夏亲临论坛，与高阶神职人员就《古兰经》经文或先知的教示进行论辩。论辩的相关文本都经过审慎挑选，18世纪20年代，论辩的《古兰经》经文就都与"胜利"有关——鉴于1722年奥斯曼开始与伊朗交战，这个主题再适合不过。[98]

---

① 直至今日，斋月的夜宴照常举行，政治人物以此吸引选票，商人则借此宣示他们的慷慨。

随着宗教阶层越来越认同帝国的目标，它被用来加强苏丹合法地位与发展同盟关系。随着教士阶层逐渐变成一个"封闭社群"，其角色也发生了微妙的变化。过去，有的家族不止一人出任教长，到此时，宗教门阀已经开始垄断这个职位，及其他高阶教士职务，顶级职务的家族传承原则也逐渐巩固。教长费伊祖拉埃芬迪或许死于非命，但在新的苏丹继艾哈迈德三世之位登基后，他的后代还是会再次登上顶峰。从 1703 年教长费伊祖拉埃芬迪被杀及艾哈迈德登基，到 1839 年的 100 多年间，奥斯曼出现了 58 位共 76 任教长，其中有 13 位出自包括费伊祖拉家族在内的 3 个家族，又因为教长往往会遭到罢免然后又复职，有 20 任是这 3 个家族的人。[99] 在军队及文官中也有类似的门阀，同时，军人及文官的孩子也有许多跻身高阶神职人员。1715 年的法规限制了进入神职人员阶层的条件，给裙带关系提供了官方许可。而且正如伊斯坦布尔的权贵差不多垄断了终身包税权，在非世俗事务方面，帝国的首都也获得了培养未来神职人员的垄断权。[100] "新的裙带关系"打破传统的国家"阶层"，制造了一个特权阶级——一个名副其实的贵族阶级。他们在共同利益之下结合起来，共同应对那些像 17 世纪摧毁政府的人那样挑战他们及苏丹权力的人。

大维齐尔内夫谢希尔的达马德·易卜拉欣帕夏与苏丹艾哈迈德的关系，令人想起世纪之初教长费伊祖拉埃芬迪与苏丹穆斯塔法二世的关系。他能够以同样的手腕为自己的家族谋利。达马德·易卜拉欣所在的内夫谢希尔勒（"内夫谢希尔的"）家族运用强大的影响力，垄断了帝国会议中的职位：他的一个女婿是大维齐尔代理，另一个是海军元帅，他自己则娶了苏丹艾哈迈德的长女法蒂玛苏丹，另 3 个家庭成员也与排行紧随其后的 3 个公主成亲。甚至在尚未接任大维齐尔前，他就安排家庭成员与奥斯曼皇室之间的婚事，建立自己的荫庇网络。他对竞争对手绝不心软：柯普律吕家族的阿卜杜拉帕夏和埃萨德帕夏（"智慧的"穆斯塔法帕夏之子），以及前大维齐尔努曼帕夏全都被派到帝国遥远的角落，与他们在费伊祖拉埃芬迪当权的年代所面对的命运相差无几。[101]

内夫谢希尔的达马德·易卜拉欣帕夏任大维齐尔 12 年，在此期间，政府机构罕见地稳定，足可媲美"智慧的"艾哈迈德帕夏出任大维齐尔期间的状况。教长耶尼谢希尔的阿卜杜拉埃芬迪也在任 12 年，达马德·易卜拉欣的女婿担任海军元帅 9 年，财政大臣哈吉·易卜拉欣埃芬迪任职 10 年，大法官"三间仓库"穆罕默德埃芬迪也工作了 12 年。但在苏丹周围工作最久的则是黑人大太监哈吉·贝什尔阿迦，尽管（或许也正因为）他是个唯利是图之辈，从 1717 年起，他一共做了 29 年，这是前所未有的。

虽然内夫谢希尔的达马德·易卜拉欣帕夏颇受欧洲访客（以及许多现代作家）好评，他们视他为一个开明的改革者，认为他想要把奥斯曼拉进现代世界，但奥斯曼的评论家对他就没有那么客气了。他致力于和平事业，的确让社会上的部分人士很不满，对他们来说，奥斯曼国家采取比较防御性立场就是背叛其立国精神。对多数奥斯曼 18 及 19 世纪的编年史家来说，达马德·易卜拉欣是个引介异邦思想的贩子，一个抽重税的家伙，一个搞门阀关系的人。在他们的眼里，他肆意挥霍国家的资源，放纵权贵耽溺于放松的庭园楼阁生活，最严重的是他特许了性的享乐，颠覆了男人与女人之间的关系。寻常百姓乐得分享这类娱乐，模仿上流社会，史家却都深表遗憾。[102]

1699 年的卡尔洛维茨和谈及 1719 年波扎雷瓦茨的外交努力为奥斯曼帝国的西部及北部边境带来了和平，为他们赢得了一个富强的时代，使他们能够享受"郁金香时代"萨达巴德的夜夜笙歌及博斯普鲁斯的新豪宅。苏丹艾哈迈德似乎赢得了民心，他与内夫谢希尔的达马德·易卜拉欣帕夏都以为，满足公众对皇家及权贵生活的好奇心大体来说有益于伊斯坦布尔的社会，这个观点看来也是对的。[103] 然而，时间很快就证明他们错了。神圣同盟战争期间，哈布斯堡向前挺进奥斯曼领土，并在《卡尔洛维茨和约》和《波扎雷瓦茨和约》后修订了新的边界，地缘政治情况发生了很大变化，迫使奥斯曼的穆斯林离乡背井，不得不朝东南方迁徙，经巴尔干直奔首都。奥斯曼虽然在《卡尔洛维茨和约》中拿回了伯罗奔尼撒，但多年来的战乱使许多人离开这里，奥斯曼彻底丧失匈牙利、特兰西瓦尼亚及波多利亚后的流民问题也因此变得更复杂。以前，奥斯曼人是在别国的土地上打仗，1683 年之后，战争却发生在他们自己的边界内，奥斯曼百姓无家可归的情况更普遍。即使是在最好的时期，连在伊斯坦布尔维持基本的公共秩序都很困难，新来的人在这里更不受欢迎。他们形成了一个新的社会底层，直接威胁到伊斯坦布尔的商人及工匠——新住民需要找工作，生活了好几个世代的原住民则抱怨自己的特权受到侵犯。[104] 整个 18 世纪 20 年代，政府三令五申，要求伊斯坦布尔的新居民返回原居住地，并命令鲁米利亚地方当局限制他们迁徙，但无论怎么恫吓，收效都很小。[105]

　　丧失财产、流离失所的底层人口愈来愈多，原住民的怨气随之滋长，社会差异益趋明显。对愤怒的公开表达显示，奢侈浪费的富人与市井小民之间的鸿沟已经扩大到危险的程度。1726 年，一群人连续十多天朝苏丹艾哈迈德在贝西克塔什的宫殿投掷石头，迫使他移居金角湾的一处行宫。[106] 在 1727 年及 1728 年，禁卫军与伊兹密尔当地的政府驻军为争夺势力范围发生冲突，它最后演变成一场长期叛乱，吸引了各行各业不满分子加入，迫使伊斯坦布尔介入，但为首的叛乱者还是逃逸了。[107] 虽然终身包税权给那些有钱竞拍的富人带来了更多的财富，也有利于中间的经纪人以及提供商品与服务赚取酬劳的零售商和工匠，但对要缴税的人来说，这项制度不仅带来前所未有的过度要求，同时引发了许多收税权法律纠纷，而他们永远是纠纷的输家。事实上，奥斯曼宫廷及权贵家族满不在乎的态度越来越不得人心，等到政治家们了解到这一点并想要扭转局面时，为时已晚。

*　　　*　　　*

　　1639 年奥斯曼与伊朗萨法维王朝在祖哈卜签订条约以来，除了 1696 年彼得大帝占领亚速曾掀起一阵军事恐慌外，奥斯曼东部前线的和平基本上未受打扰。18 世纪的第一个 10 年，伊朗内部也出现了混乱，1720 年，苏丹急欲了解当地情况，派遣使节艾哈迈德·杜里埃芬迪晋见伊朗沙赫侯赛因。[108] 此行的官方目的是要与萨法维磋商有关奥斯曼与哈布斯堡 1718 年所签之贸易协议，因为其中有一条款涉及伊朗商人通过奥斯曼领土的规定。[109] 1721 年，逊尼派的阿富汗部族自东边入侵伊朗，次年攻占萨法维首都伊斯法罕，什叶派的萨法维王朝垮台。俄罗斯同意支持残存的萨法维政府对抗阿富汗，条件是萨法维割让部分领土给俄罗斯。奥斯曼深恐动荡局面会波及自己在高加索与俄罗斯交界的边境，再次指责什叶派的萨法维并非真正的穆斯林，趁机重新占领了 1639 年以前奥斯曼曾多次占领的伊朗西北省份。奥斯曼与俄罗斯眼看就要兵戎相见，但外交手段最终解决了问题。1724 年，在法兰西的调解下，奥斯曼与俄罗斯达成了瓜分伊朗西北部的协议，[110] 俄罗斯承认奥斯曼所占的领土。奥斯曼与俄罗斯所签的这个协议有一吊诡之处：尽管奥斯曼以宗教的名义出兵伊朗，但实际上支持的是恢复萨法维王朝的统治，而非阿富汗。[111]

但伊朗的和平并未持续很久。面对阿富汗的步步进逼，萨法维根本已无招架之力。阿富汗反将奥斯曼一军，利用奥斯曼的宗教要求，称什叶派是异端，早已为奥斯曼所唾弃，呼吁苏丹承认他们才是合法的伊朗统治者。但伊斯坦布尔充耳不闻，将阿富汗视为叛乱者，接下来两年的战争[112] 最终于 1728 年结束，曾于 1714 至 1723 年担任宫廷史官、目前已经退休的穆罕默德·拉希德埃芬迪被艾哈迈德三世派往伊朗，以确认奥斯曼与阿富汗合约。[113] 不久，阿富汗人被纳迪尔可汗打败。纳迪尔可汗又称塔赫玛斯普·戈利，出身土库曼的阿夫沙尔部落，是一个骁勇善战的军事领袖，他悍然对抗奥斯曼，并在 1730 年 8 月 12 日从奥斯曼手中夺下他们在 1725 年赢得的大不里士。[114] 和之前西部的战争一样，这场与伊朗的战争也增加了赶往伊斯坦布尔的农村移民。

警觉到奥斯曼必将与伊朗进入一个全新的战争时期，内夫谢希尔的达马德·易卜拉欣帕夏建议，为了鼓动民众的士气，苏丹艾哈迈德应该身先士卒，投入 1730 年的军事行动。苏丹已经不是第一次随军出征：1715年，他发兵与威尼斯争夺伯罗奔尼撒；1717 年，即失去贝尔格莱德的那一年，他也随军出征，但一直待在前线后方。[115]1730 年 7 月底，军队开始在于斯屈达尔校场集合，8 月 3 日，部队集合完成，等待苏丹从伊斯坦布尔渡过博斯普鲁斯海峡。但他却毫无动静，达马德·易卜拉欣只得假设他已经决定不率军东征，立刻赶到御前，恳求他勿再拖延，并提醒他如果不露面，几乎可以肯定会引发禁卫军叛乱。在东部边境模仿他的先祖在巴尔干的行为显然是不明智的。达马德·易卜拉欣经过百般苦求，在与禁卫军司令商讨之后，总算说服了艾哈迈德在于斯屈达尔露面——他为此举行了大张旗鼓的仪式，还在艾郁普举行了游行，其中参观者包括外国使节，他在仪式中佩剑登坛，仿若参加加冕典礼。[116]

事不凑巧，就在这个节骨眼上，纳迪尔可汗攻陷大不里士的消息传到了伊斯坦布尔。奥斯曼的哈马丹要塞指挥官弃职而逃才不过是一个月前的事，如今政府接到报告，大不里士的指挥官也步其后尘。出征即将取消的谣言传遍了首都，大军仍然停留在于斯屈达尔，苏丹与大维齐尔似乎都不急于出面下达命令，两人均撤离校场，遁入博斯普鲁斯畔的行宫和豪邸。舆论的不满达到沸腾的状态，两人都不敢离城，因为如此一来叛乱势将随之而起。神职人员与禁卫军早就对内夫谢希尔的达马德·易卜拉欣心怀怨怼，前者是因为他的裙带关系，禁卫军则因为他们不止一次发现自己难以适应改变，无法接受新的外交风格，不愿意跟宿敌妥协。[117]

大军仍在于斯屈达尔等待，军心愈来愈浮动。此外，关键的后勤补给却得不到充分保证。商人与工匠尤其愤恨难平。从奥斯曼建国开始，奥斯曼的商人就会随军出征，带着商品卖给军队。但这一年，一项繁重的新税冲着他们而来，他们在行军途中赚来的钱现在都得缴税，而且税率高得吓人。由于没有人购买他们的商品，商人的损失更加惨重，因为他们已经购入了要卖给士兵的货，最后却连顾客都没有。[118]9 月 8 日，苏丹总算勉强现身，宣布大维齐尔将率领军队出征。[119]

伊斯坦布尔有太多的人有理由对现状不满，但 1730 年 9 月 28 日揭竿而起的人却是一支由商人和退伍军人组成的杂牌军，总共不过 25 至 30人。其中有些人参加过先前的叛乱，譬如 1727 至 1728 年在伊兹密尔的那一次——它可以被视为伊斯坦布尔这一次叛乱的先声。刚开始，他们只是在市场争取支持并希望禁卫军响应，但效果有限。当时城里的欧洲观察家一致认为，只要一有动作，他们马上就会遭到镇压。消息传到苏丹那里，他召集朝臣到于斯屈达尔的宫廷里，到了晚上，胆战心惊的苏丹及权贵趁着夜色渡过博斯普鲁斯海峡，躲进了比较安全的托普卡帕宫，但下一步该怎么走，他们却拿不定主意。[120]

次日周五是个圣日，习惯上，人们在中午礼拜后可以表达对政治的不满。叛乱者现在更加大胆了，首先，城里那些一无所有的游民加入了他们，很快，低阶的禁卫军一经煽动也站到他们那边。然而，和过去的叛乱者一样，叛军认为自己的行动需要得到教谕的支持，他们很快就从一个顺从的低阶教士那儿弄到了教谕。苏丹无法信任自己的军队，派遣宫中的官员去找叛军，问他们有哪些不满，并命令他们解散。但叛军拒绝了，并要求苏丹交出 37 名官员接受他们的审问，其中包括大维齐尔及他的一个女婿——大维齐尔担任海军元帅的另一个女婿则对叛军的苦衷表示同情。[121]跟以往一样，这次的叛军也说不出什么清楚的要求，只知道要求把苏丹的人交给他们处置。

苏丹请出先知的圣旗，号召所有敬畏真主的穆斯林护驾，1651 年伊斯坦布尔发生叛乱时，他的祖父穆罕默德四世就曾以这个策略获得成功。但这一次，它却毫无作用，叛乱分子再三要求苏丹交出内夫谢希尔的达马德·易卜拉欣帕夏与教长耶尼谢希尔的阿卜杜拉埃芬迪。艾哈迈德不愿放弃达马德·易卜拉欣，但他周围的人都认为，唯有大维齐尔下台，其他人才能解脱。叛乱爆发的第三天，叛军切断了托普卡帕宫的水源，阻断了食物供给。黑人大太监哈吉·贝什尔阿迦强迫大维齐尔交出官印，苏丹别无选择，只得下令处决达马德·易卜拉欣及他的两个女婿——这两人都成为叛军目标的原因不明。达马德·易卜拉欣在宫廷里得罪过不少人，这次面临危机才发现自己完全被孤立，连最亲密的盟友都靠不住。得知叛军正对皇宫发动攻击，宫廷内的人迅速组织了一份 3 人的财产清单，死刑也立即执行。三具尸体被交给了暴民，在城里示众，但人们却搞不清楚其中一具尸体是否真的是达马德·易卜拉欣，还是说他还躲藏在宫里某处。[122]

尽管达马德·易卜拉欣及两个女婿都已被处决，但人群仍未散去。他们要求苏丹艾哈迈德逊位。在收到最后通牒后，苏丹平静地把马哈茂德（他的兄弟穆斯塔法二世的儿子）请了出来，带着马哈茂德及自己最年长的两个儿子苏莱曼与穆罕默德走出后宫，命令宫内的官员宣誓效忠他的继承人马哈茂德。苏丹大位顺利交接，伊斯坦布尔城内也没有遭受什么物质损失，又因为苏丹艾哈迈德没有可信任的部队奉召前来镇压叛乱，生命的损失也极少。[123] 受牵连者中，地位最高的就是出使凡尔赛宫的奥斯曼特使"二十八"切莱比穆罕默德埃芬迪。和其他与艾哈迈德统治有关系的人一样，他也遭到贬谪，被放逐至塞浦路斯，于 1732 年去世。[124]

　　叛军组成了一个平行政府，自己提名人选，分别占了艾哈迈德近臣留下的职位。新苏丹丝毫不敢大意，邀请叛军首领"帕特罗讷"哈利勒（一位阿尔巴尼亚人，这场叛乱后来就以他的名字命名，他的绰号"帕特罗讷"来自他曾经服役的一艘船的名字）前来皇宫陈述他们的要求。苏丹立刻废除了内夫谢希尔的达马德·易卜拉欣所实施的一些税赋，但这并不足以带来平静的生活。在达马德·易卜拉欣的经济政策中，有一项是裁掉国家军队的冗员，叛军却欢迎任何人前来加入军队，结果成千上万的人跑来登记，糟蹋了达马德·易卜拉欣的良苦用心。一个只知道名叫阿卜迪的人目睹了这一切，并记录道："不管家里有多少人 —— 女人、男人、肚子里的私生子全都来报名，成为国家的军队成员，他们掏空了国库。"相较于艾哈迈德被废黜前的那几天，此时情况更加危殆，因为伊斯坦布尔及国家核心的真正权力全都掌握在"帕特罗讷"哈利勒及他那一帮人的手上。[125]

　　"帕特罗讷"哈利勒以人民的代表及他们的保护者自居，他粗野的作风使奥斯曼官员感到被深深地冒犯了。按照惯例在艾郁普举行的新苏丹的佩剑典礼上，他身着朴素的衣服，光着两脚在苏丹马哈茂德面前骑马而过。苏丹的母亲被他那种"拉斯普京式"①的魅力所惑，说他是她的"第二个儿子"，并在他入宫晋见时赐予极大恩宠。街上都是他的拥护者和他任命的人员，政府不得不用国库的资金收买他们。登基 8 日之后，马哈茂德觉得恢复秩序的时候到了。政府与叛军达成协议：后者的叛乱之罪得到赦免，人群同意散去，同时，叛军获准拥有一支小的武装部队。但他们的平行政府已经成功介入本应该专属于新苏丹的国家人事任命，之前，为首的叛乱分子没想过获得国家最高的职务，但现在，他们将正式进入国家机器看作获得救赎的唯一方式，要求获得人事任免的权力。"帕特罗讷"哈利

---

① 拉斯普京为西伯利亚农民僧侣，深为俄罗斯沙皇尼古拉二世宠信，后被贵族谋害。——译者注

勒明显更想回到海上，成为海军元帅。[126]

叛乱开始一个月后，叛军与禁卫军之间的紧张关系变得越来越明显。11 月 5 日，一名禁卫军军官被刺杀，他们的关系彻底恶化。宫廷内的人发现禁卫军所想的与自己一致，叛军的统治应该尽早结束。舆情也开始转向。政府举行秘密会议，认为不宜公开镇压"帕特罗讷"哈利勒及其党羽，因为那只会增加他们的追随者。意识到阴谋正在形成，叛军首领宣称，政府若对伊朗或俄罗斯宣战，他们就离开伊斯坦布尔开赴前线。但马哈茂德政府不接受这个建议，反而安排了一个更周密的解决方案："帕特罗讷"哈利勒及其他首领，总共约 30 人，受邀出席一项会议，他们被告知政府将给予他们要求的政府官职。抵达皇宫后，"帕特罗讷"哈利勒等人立刻被分成几小群，他们在等候时，还一心想着苏丹将赏赐官服，赐给他们他应许的职务。结果，叛军首领先被杀害，其余的跟着也成为苏丹下属的手下亡魂。由于许久不见人出来，等候的人群开始起疑，最终，他们看见自己首领血淋淋的尸体被抬出来，这足够使期望他们的事业获得成功的人的希望破灭了。许多人纷纷逃出城，要不就是躲了起来。苏丹发布通缉令，无论叛军藏身何处，一经发现要立即逮捕。法兰西大使维勒讷沃侯爵估计，继皇宫屠杀之后，4 天之内有 1000 多人被杀。[127]

这个事件发生时，编年史家"烛台制造者之子"芬德克勒的苏莱曼阿迦不过是个孩子，他对于事件的了解多半来自他当时在政府任职的父亲。他特别提到一个名叫"肿耳朵的"易卜拉欣帕夏的人，此人在埃及任职多年，以冷酷无情知名，在扑灭"帕特罗讷"哈利勒叛乱中扮演了重要角色。他将之与两个先前的大维齐尔相提并论：其一是"掘井人"穆拉德帕夏，[128] 曾平定 1607 年詹布拉特奥卢·阿里帕夏在叙利亚的叛变，及 1609 年的杰拉里叛乱；其次是镇压 1632 年伊斯坦布尔之乱的"扁平足"穆罕默德帕夏。"肿耳朵的"易卜拉欣帕夏于 1731 年 1 月出任大维齐尔，任职仅数月，同年秋季去职。

许多叛军躲过了一劫，1731 年 3 月，脱逃的叛军集结，为死难的同党复仇，劫掠京城，然后向禁卫军及苏丹其他兵团的营区进发，最后直指皇宫。目击者阿卜迪记述，当时成群加入伊斯坦布尔抗争的人中不乏他眼中的社会底层，包括拉兹人（来自黑海东部）、吉卜赛人、亚美尼亚人、奥斯曼希腊人、犹太人、库尔德人、波斯尼亚人、安纳托利亚穆斯林（土耳其人），以及单纯的巴尔干穆斯林。[129] 不过，先知的圣旗这一次却发挥了神奇的作用，在苏丹的号召之下，老百姓群起向圣旗效忠，乱民未能在京城中获得任何支持。有人向圣旗开了一枪，引发了公愤，群众开始攻击乱民。凡带着乱党首级到皇宫的人，一律都受到重赏。[130]

*　　　*　　　*

　　除非是在政府指导下进行的安置，奥斯曼的政策一直是不鼓励移民的，因为土地上无人工作不利于国家的财政收入。"帕特罗讷"哈利勒的叛乱显然进一步凸显了不受控制的人口流动的弊端——移民进入伊斯坦布尔会带来严重后果。1730 年之乱被归咎于阿尔巴尼亚来的流动人口，他们所扮演的角色甚至被写进正式命令送达巴尔干西部，以提醒军政与民政当局注意；1731 年 9 月，伊斯坦布尔又一次小规模变乱之后，地方当局奉令禁止任何人口流动。"帕特罗讷"哈利勒是阿尔巴尼亚人，虽然我们无从知晓他的党羽中有多少同乡，但阿尔巴尼亚人很自然地成了代罪羔羊。1734 年，政府进行进一步镇压，严令马尔马拉海北岸各村严格管制阿尔巴尼亚人——无论其为穆斯林或非穆斯林，任何想要非法乘船前往伊斯坦布尔的人都无法获得船只，并被绑到伊斯坦布尔。[131] 伊斯坦布尔的需求随着时间发生了变化：苏丹穆罕默德二世曾鼓励（事实上是要求）地方人口移往伊斯坦布尔，借此充实帝国的首都；苏丹马哈茂德一世则严格管制首都以外各省人口流入，只不过执行的效果不佳罢了。

　　这一时期，安纳托利亚也无法免于战争带来的人为灾难。巴尔干地区人口向伊斯坦布尔移动是帝国边界退缩的结果，安纳托利亚则饱受无序的军队蹂躏之苦。1718 年与奥地利及威尼斯的战争结束后，军纪最差的非正规军部队全都解散，[132] 但 18 世纪 20 年代的伊朗战争却又给了他们重新集结的机会。"持剑者"芬德克勒的穆罕默德阿迦把安纳托利亚各省描述成"土匪窝"时，还特别强调了统治圈内盛行的观点。[133] 安纳托利亚并没有出现给某些地区带来财富的经济成长，农村地区的苦难倒是在不断增加。当初在帝国东部实施终身包税权制时，政府的部分目标就是要振兴农业，但安纳托利亚的绝大部分却都未被纳入这个制度中，之所以如此，很可能就是因为没有人认为这些省份能够吸引竞标者。在安纳托利亚西部，1703 年，虽然有些人投资竞拍一些终身包税区，但农村土地所占比例仅及 5%。[134] 无法吸引投资者竞拍农村土地的包税权利，正好也说明了农村当时的情况。

其实，内夫谢希尔的达马德·易卜拉欣帕夏政府已经注意到安纳托利亚各省百姓所承受的苦难，而且也并未置之不理。为了减缓农村的困苦，他们设置了许多新屯垦区，并改善了原有屯垦区的条件，它们主要集中在长期以来安全堪忧的安纳托利亚东南部的朝圣路线上。人们新建或重建了一些商队旅馆，周围环以村落，安置特别贫困地区的部落或农民，这个政策也一直延续到马哈茂德一世时期，甚至更久。[135] 在达马德·易卜拉欣的计划中，最具魄力的就是将安纳托利亚中部他的故乡木什卡拉村转型成为内夫谢希尔城（意为"新城"）——现今的卡帕多西亚观光区的行政中心。在这里，他建了两座清真寺、一座神学院、一处赈济所、一所学校、一座图书馆、一处室内市场、两间公共浴室以及八处喷泉，这片区域迄今仍为这座现代城市的商业核心。[136]

*　　　*　　　*

远离伊斯坦布尔的东方与南方，在安纳托利亚核心之外的，是帝国的阿拉伯各省。这些省份在 16 世纪不同时期被纳入奥斯曼版图。一开始，人们多按照当地风俗民情制定法律，并由总督以苏丹之名行使治理权。一般来说，土地持有制分成两种：在摩苏尔省，及叙利亚的各省如阿勒颇、大马士革及的黎波里，一如在安纳托利亚与巴尔干大部分地区，土地都是用于交换军事服务的；在巴士拉、巴格达、埃及和哈贝什这些地方，以及北非沿海如阿尔及尔、突尼斯与的黎波里，这些与中央关系较不密切的行省，包税土地则占多数。这两种制度之外，仍然有大量由部族首领（例如库尔德首领）控制的领土，虽然也受中央管辖，但他们较其他土地持有人享有较大的自主权。随着时间的变迁，和因领土扩张和行政优先事项变化而建立的行省一样，这些省份的治理方式也渐渐发生了巨大变化，不同于最初领土征服强加给它的治理模式。但有一点却是相同的，那就是中央对其控制的程度往往随地方势力的消长而有所增减。

埃及是帝国最大的行省，且位居主要贸易路线上的战略位置，也是最富裕的。又因为它负有确保朝圣者安全并为穆斯林圣地提供谷粮及补给的责任，在帝国内享有特殊的地位。埃及财政收入的主要来源是关税，在奥斯曼的统治下，其农业与城镇都发展兴旺；在支付地方开销（包括每年前往麦加朝圣之所需）之后，剩余的收入每年都上缴伊斯坦布尔的中央国库。尽管奥斯曼统治取代了过去马穆鲁克人的统治，不可避免地带来了一些问题，但伊斯坦布尔在埃及的统治却相当稳定，直到 16 世纪下半叶才出现一连串反对总督威权的变乱。[137]17 世纪期间，中央与地方利益冲突带来的紧张关系，演变成一连串争夺行省司库与朝圣指挥官这两个职务的派系斗争，伊斯坦布尔所任命的总督沦为调解派系冲突的人。柯普律吕家族虽然为强化中央对埃及的掌控做过许多努力，但很快就都失败了，[138]至 18 世纪初叶，禁卫军（部分临时调派自苏丹兵团，部分来自地方）成为省内最强大的势力，与包税制度及通往财富和权力的家族政治网络融为一体。1711 年，一场根源于禁卫军斗争的血腥叛乱爆发，两个主要家族菲加利和卡西米均卷入其中，争夺利润丰厚的上埃及谷物贸易的控制权。奥斯曼分而治之的常用政策无法恢复原有的平衡。1730 年，这些派系之间再次发生公开冲突，1736 年，奥斯曼总督才出手除去了菲加利家族的多名领袖。[139]

切尔克斯的穆罕默德贝伊在 18 世纪 20 年代成为卡西米家族的领袖，但被菲加利家族的领袖逐出开罗。他视伊斯坦布尔的政令如无物，乘船渡过地中海至的里雅斯特，向哈布斯堡寻求庇护，但因苏丹向维也纳发出措辞强硬的信函而遭到拒绝，便又逃回北非沿海的的黎波里。切尔克斯的穆罕默德胆敢向苏丹的敌国寻求庇护，单此一项就足以给他冠上叛国的罪名，因此，要求逮捕处决他的命令被传至整个伊斯兰世界。其措辞之严厉适足以显示，在奥斯曼的眼里，这等向外国势力求助的行为是多么恶劣。最终，切尔克斯的穆罕默德贝伊得以返回埃及，据说他在试图逃脱其对头菲加利家族的追杀时溺毙于尼罗河中。[140]

只要地方政府尽了军事及财政上的义务，地方上的纷乱又不致失控，中央政府通常也会给予叙利亚的显赫家族高度自由。每年穿越叙利亚的朝圣者动辄数以万计，他们的安全便是苏丹在该地区权威的象征。17世纪90年代期间，地方没有足够能力负起这方面的责任，行省的重组因此不可避免。1708年，一位名叫纳苏赫帕夏的人奉命出任大马士革总督兼朝圣总指挥，从此，朝圣直接受伊斯坦布尔督导。但纳苏赫帕夏虽然身负统治长才，却过于自命不凡，到了1713年，其家族成员已经占据了多数大马士革省内的桑贾克贝伊之位，这对伊斯坦布尔来说是难以接受的，于是它自阿勒颇发兵剿灭了他。在18世纪剩余的时间里，阿泽姆家族数度入主总督府，借此职位谋得巨额财富。[141]其他著名的家族还有黎巴嫩山的马恩家族与谢哈布家族，[142]及加利利的扎伊达尼家族。[143]谢赫查希尔·奥马尔为扎伊达尼家族的一个重要包税商，他们的势力遍及海岸行省西顿，财富随着该世纪上半叶的贸易增长不断累积，进而垄断棉花市场。在18世纪40年代，阿卡的关税又进其囊中，使其成为该地区最有权势之人。[144]

1720年，苏丹艾哈迈德二世下诏整修耶路撒冷的圆顶清真寺和阿克萨清真寺，以及该地区几处自苏莱曼一世以来即甚少被人注意的穆斯林圣地。在1699年《卡尔洛维茨和约》谈判过程中，欧洲国家一直都在争取耶路撒冷及伯利恒基督教圣地的管辖权，尽管此时这些圣迹的管辖权严格来说仍为苏丹所有，但相较于过去，他现在却受到更多外交考虑的约束。艾哈迈德的整修计划或许只是想要凸显奥斯曼对穆斯林圣迹的重视，借此回应外国强权对基督教圣迹的重视。对穆斯林圣迹的整修和政府改善叙利亚统治的尝试一样，其作用是强化当地穆斯林对中央的效忠，在马哈茂德一世治下的1742年及1753至1754年，奥斯曼人又进行了进一步的圣迹修复。[145]和埃及与其他地方一样，大马士革的军队也包括中央与地方的禁卫军。两支部队在省内一直关系不睦，1740年，由于双方关系极度紧张，中央部队退出大马士革城长达6年之久。另一个中央必须面对的第三势力是贝都因人。中央希望贝都因人能够定居，并试图通过将他们组织起来，为朝圣车队提供补给和保护，使他们融入地方政府。[146]

　　奥斯曼的北非行省阿尔及尔、突尼斯与的黎波里，通常比埃及与叙利亚更少受到中央政府的注意。16 世纪，这些地方扮演重了要角色，为奥斯曼海军对抗西班牙哈布斯堡王朝提供了基地。在 17 世纪，奥斯曼大体上放任这些行省各行其是，但从 18 世纪初叶起，三个行省都是由地方强人的后裔统治，而且他们各自建立了伊斯坦布尔承认的家族——奥斯曼只会偶尔提醒他们三省仍是帝国的行省。对外交日益增长的依赖成为 18 世纪的特征，这对三个行省的生活也有影响，这是因为他们的主要财务来源是在海上劫掠商船，而苏丹穆斯塔法二世要保证基督徒的船运免受海盗攻击，禁止了这种行为。但在整个 18 世纪，海盗与西班牙船只之间的冲突仍不间断，这些我行我素的海上强人理论上虽为苏丹子民，奥斯曼政府却也无可奈何。有时迫于情势，苏丹可能会强迫这些行省接受他的意志，但那也不是轻易可行的事。1727 年，奥地利与奥斯曼举行航海会议。双方达成协议，奥斯曼保证哈布斯堡的船运不受奥斯曼北非各省海盗的攻击。因此，1727 年与 1731 年之间，当阿尔及尔统治者放任自己的船只在地中海攻击奥地利的船运时，便遭到了制裁，措施包括拒绝给予该省军事及财务的协助，对阿尔及尔船只关闭地中海东部的奥斯曼港口，以及断绝阿尔及尔陆军与海军在安纳托利亚的兵源。[147]

＊　　　＊　　　＊

　　17 世纪的俄罗斯政治家阿法纳西·奥尔金－纳晓金曾经为莫斯科大公国提出领土扩张的三大战略目标：其一，抵达波罗的海；其二，并吞白俄罗斯及乌克兰，将二者置于莫斯科统治之下；其三，打开通往黑海的门户。[148] 前进波罗的海的大业，彼得大帝已经完成，白俄罗斯与乌克兰的吞并则要到 1795 年第三次瓜分波兰才实现。但不管怎么说，小小的莫斯科大公国已经开始朝俄罗斯帝国迈进，奥斯曼也发现，自己必须尽快阻止俄罗斯实现第三个目标：扩张至黑海及更遥远的温暖水域。1726 年，俄罗斯与奥地利签订共同防御条约，俄罗斯需要奥地利支援对抗奥斯曼，而奥地利防的是宿敌法兰西及新敌人普鲁士王国。1733 年，这个条约给双方都带来了好处，当时，俄罗斯为支持自己中意的人选，介入波兰的王位争夺，发动战争，这场战争在随后的两年中持续震动西欧。由于波兰立陶宛联邦衰弱，根本无力攻击俄罗斯的西部边境，俄罗斯向南扩张的新时机显然已经成熟。1735 年 5 月，俄罗斯向奥斯曼宣战。1736 年 7 月，他们攻克克里米亚首府巴赫奇萨赖，同时也拿下了与奥恰基夫隔第聂伯河河口相望的黑海要塞金巴伦，并将之夷为平地。1737 年 7 月，他们又拿下了奥恰基夫。10 月，奥斯曼企图反攻，但因豪雨、逃兵，及奥斯曼舰队的作战不力而宣告失败。俄罗斯虽想进一步扩大战果，但因无法持续解决草原作战的后勤需求，计划受阻。除此之外，俄罗斯的唯一战果则是收复了 1713 年因《阿德里安堡条约》丢掉的亚速。和谈于 1737 至 1738 年举行，但没有得到任何结果。俄罗斯的要求反映出其长远目标：他们要求拥有克里米亚、库班草原，以及第聂伯河西岸至多瑙河的黑海海岸；他们又进一步要求，许多基督教东正教教徒生活地区脱离奥斯曼独立，归入俄罗斯的保护之下，范围包括摩尔达维亚、瓦拉几亚，以及沿多瑙河及黑海北岸一带 —— 这是俄罗斯第一次以居民的宗教信仰向奥斯曼提出领土主张。战事继续到 1738 年，扩大至黑海西部地区，但不久便陷入僵局。

与俄罗斯签订的共同防御条约在 1737 年将奥地利卷入战争。奥斯曼面对两大强敌，为求自保乃于 1737 和 1739 年与瑞典签订防御协议，后者规定双方共同对抗俄罗斯。[149] 对奥地利来说，此战无异于灾难，到 1739 年时，他们已经急于休兵。同年，在法兰西的调停下，双方签订了《贝尔格莱德条约》，奥地利丧失了贝尔格莱德及 20 年前在《波扎雷瓦茨条约》中所得到的多数领土。俄罗斯则丧失了除亚速以外所有在战争期间占领的土地。战争期间，俄罗斯损失约 10 万人，多数都是因为部队口粮不足，苦撑作战，疾病恶化致死。[150] 在有关贝尔格莱德归属的问题上，苏丹谈判代表坚持不退让的决心，是结束战争的和谈的结果有利于奥斯曼的关键。[151] 法兰西调停有功，奥斯曼帝国自要还其人情，这是法国第一次不必接受苏丹"恩赐"的贸易特权，而是抓住机会主动提出要求。他们于 1740 年签订了新的条约。但奥斯曼的市场既不稳定又秩序凌乱，根本无法掌握，这表示法国即使获得新的特权也无法真正享受到好处，但无论如何，外国强权到底不必再在商业事务上看奥斯曼苏丹的眼色了。[152]

虽然中欧因普鲁士腓特烈大帝的扩张主义陷入两场惨烈的冲突 ——奥地利王位继承战争（1740 至 1748 年）及七年战争（1756 至 1763 年），但在与奥地利及俄罗斯的战争结束后，奥斯曼的西疆及北疆却得到了长期的和平。然而在东边，情形可就大不同了。拜萨法维王朝后期的稳定之赐，奥斯曼与伊朗之间几乎享有长达一个世纪的和平，直到纳迪尔可汗出现，情况才有了变化。继 1730 年拿下大不里士之后，纳迪尔又在 1733 年围攻巴格达长达数月之久，迫使奥斯曼进入和谈。由于纳迪尔与俄罗斯在 1735 年订有盟约，加上奥斯曼本身还有防备俄罗斯南进的顾虑，奥斯曼谈判的筹码有限，他们认为，最好的自保之道就是恢复 1639 年的边界。1736 年，正当奥斯曼努力阻止俄罗斯挺进黑海之际，纳迪尔可汗自立为阿夫沙尔王朝第一任沙赫，随即提议重新为伊朗的伊斯兰教定位，宣布 1500 年左右由萨法维王朝第一任沙赫伊斯玛仪列为国教的什叶派的十二伊玛目派，从此列为逊尼派伊斯兰教的第五学派，与逊尼派的四个学派 ——哈乃斐学派、汉百勒学派、沙斐仪学派及玛利克学派并列。奥斯曼的谈判特使满腹狐疑：如此激进的一项提议是史无前例的，尽管纳迪尔可汗的态度极为恳切，但奥斯曼人还是拒绝了他的请求。对奥斯曼来说，幸运的是，纳迪尔很快又将注意力转向东方的征服活动，试图占领阿富汗、印度的莫卧儿王朝及河中地区的乌兹别克。他的行事作风令人想起三个半世纪之前的帖木儿。[153]

1740 年纳迪尔沙赫重返伊朗，直接影响到了奥斯曼在这个地区的战略利益。这一次，纳迪尔的态度益趋强硬，并重提改组宗教的提议 ——但同样不为奥斯曼所接受。他首先进兵高加索，1743 年又在伊拉克动武，围攻摩苏尔要塞，奥斯曼费尽心力才守住这座城。1745 年，他们又挥军埃里温。[154] 伊斯坦布尔却担心会爆发另一次叛乱，并针对公众集会采取了新的管制措施，直到 1746 年奥斯曼与伊朗签订和议后，管制才再次放松。[155] 双方此时都渴望获得和平：奥斯曼与俄罗斯在战争中死伤惨重，纳迪尔沙赫如今也放弃了有关宗教的提议。不过，纳迪尔的提议真的产生了效果：1746 年的条约建立了奥斯曼与伊朗之间的关系的新基础，其精髓在于伊朗不再被视为一个低贱的什叶派异端国家（这种地位只要一日不改变，奥斯曼就可以此为借口找茬），而是一个与所有伊斯兰国家立足于平等地位的穆斯林兄弟之国，这个让步明显使双方互蒙其利。[156]

* * *

在马哈茂德在位的第一个十年，他试图解决带来 1730 年暴动的困境，但并不太成功。奥斯曼政府充分明白物资匮乏可能带来的后果，因此，竭力确保伊斯坦布尔百姓有足够的食粮供应成为首要之务。17 世纪 50 年代，威尼斯封锁伊斯坦布尔固然引起极大的恐慌，但 18 世纪流民不断涌入首都，使问题进一步复杂化了。1730 年暴动的直接后果迫使苏丹写信给伊兹密尔官员，讨论首都的粮食短缺与疫病问题。[157]

解决外来人口问题，既可以从其源头入手，也可以在其目的地伊斯坦布尔采取措施。1740 年，奥斯曼与奥地利及俄罗斯的战争结束，与伊朗的敌对时期刚开始，遭到遣散的非正规军再度在安纳托利亚作乱。政府部队接到命令，他们若是闹事则格杀勿论。[158]同年，一道命令下达给世俗官员，令其不可过度课税，或非法勒索安纳托利亚的纳税人。这些命令的根本目的是避免外来人口进一步移往伊斯坦布尔，[159]以消除苏丹与维齐尔们心中最大的忧惧。1740 年 6 月 6 日，伊斯坦布尔发生了一个事件，起初，一群人在城中劫掠商店，但很快，抢劫活动就滚雪球一般演变成暴乱。和 1730 年暴动发生时的情况一样，苏丹与大维齐尔都不知情，最先采取行动的是禁卫军军官，他们抑制了骚乱的扩散，但手段却是血腥的。他们开始在城中搜捕参与者，阿尔巴尼亚人再度成为主要嫌疑人，所有在伊斯坦布尔居住不足 10 年者均被勒令返回原居住地。根据英国大使的估计，这一事件导致的死亡人数高达 3000 人。[160]1748 年 5 月，伊斯坦布尔再度发生骚乱，政府又暴力镇压；这次驱逐的人更多，政府还几乎全面禁止人口迁入。但不论对违法迁入者的处罚多么严厉，[161]充分的证据显示，时至世纪中叶，包括阿尔巴尼亚人在内的伊斯坦布尔的外来人口都安分守己。[162]

　　这个时期的战争与动乱，尽管带来的社会问题不少，却挫伤不了奥斯曼人的信心。18 世纪中叶，国内虽然少有安宁，但打从世纪之初建立起来的社会秩序倒也得到了加固。从艾哈迈德三世在位期间起，苏丹及其家族又开始捐建各种建筑，维齐尔们也加入进来，歌台楼榭、图书馆及喷泉仍然是主要形式，艾哈迈德在托普卡帕宫墙外及于斯屈达尔码头所建的喷泉，都是伊斯坦布尔最壮观的地标。马哈茂德在继位之初就象征性地与"郁金香时代"进行了切割：登基三天内，他就下令将"郁金香时代"最具代表性的象征 —— 皇家权贵位于萨达巴德的豪邸夷平。[163] 然而，萨达巴德并未就此走入历史：1740 年，维也纳大使前来签署 1739 年的《贝尔格莱德条约》，大使随员接受苏丹及大臣招待，一名官员将其所见的许多豪邸宫室画成了图画，从这些图画明显可以看出，建筑群的大部分在 1730 的事件后幸存下来。迄今犹存的文字记载显示，豪邸宫室大多得以复其原貌，富丽堂皇，萨达巴德壮丽依旧。[164]1743 年，苏丹下旨修复艾哈迈德三世游乐场独特的流水瀑布的大理石池底。[165]

　　上一个大兴土木、捐建壮丽的清真寺院的苏丹是 17 世纪初的艾哈迈德一世，屈指算来，这已经是 150 年前的事了。马哈茂德捐建的清真寺名叫奴鲁奥斯玛尼耶清真寺，意为"奥斯曼之光"，由 1755 年完成这座清真寺的继任者命名。它坐落于大巴扎的入口处。[166] 18 世纪中叶也是大肆兴建清真寺的时期，艾登和埃尔祖鲁姆的城市进行了新清真寺的修建。[167]马哈茂德一世继续其前任已经着手的工程，为伊斯坦布尔不断增长的人口兴建新的水闸系统，并在伊斯坦布尔西北的贝尔格莱德森林中兴建水坝与沟渠，[168] 为遍布各个角落的喷泉提供水源。马哈茂德所建最壮观的喷泉在伊斯坦布尔的塔克希姆广场的西南角。"塔克西姆"（Taksim）的意思是"分流"，此时，水从乡下经由管渠引入城内，分流给奥斯曼首都的居民，管渠分布之广前所未有，塔克西姆广场的西墙为分流管埋藏之处。

　　清真寺往往都有图书馆，但 18 世纪期间的图书馆逐渐成为独立建筑，作用是专门收集存放手抄本 —— "智慧的"艾哈迈德帕夏首开此风。[169]苏丹艾哈迈德三世及其近臣建立了许多图书馆，马哈茂德及其大臣在各行省及伊斯坦布尔延续了这个传统。艾哈迈德在托普卡帕宫第三庭院为图书馆破土所用的黄金鹤嘴锄，据说是他曾祖父苏丹艾哈迈德一世 1609 年为他的清真寺破土时用的那把。[170] 此锄在不久前仍展出于这间图书馆，[171] 艾哈迈德三世及其继任者的珍贵手抄本现在则藏于附近穆罕默德二世任内建起的清真寺，并开放供学者使用。

在"郁金香时代"，奥斯曼的读书人得以享有一种崭新的经历：1727 年，帝国的第一家阿拉伯文印刷厂建立。奥斯曼帝国的印刷有一段曲折的历史。1492 年，来自西班牙及葡萄牙的流亡犹太人在伊斯坦布尔及其他地方定居，带来了这项相当新的技术。但根据当时犹太人的说法，没有多久，苏丹巴耶济德二世就禁止了一切的印刷物，1515 年，苏丹塞利姆一世再度重申此令，处罚之重最高可至死刑。从此以后，帝国内亚美尼亚人、希腊人及犹太人社群要出版印刷书籍都成了问题。16 世纪的某一段时间，伊斯坦布尔的耶稣会传教士就禁止凯法利尼亚主教在伊斯坦布尔经营的一个印刷厂工作，1698 年，禁卫军则捣毁了一间亚美尼亚人开的印刷所。[172]17 世纪奥斯曼编年史家、匈牙利裔的佩奇的易卜欣对于读者找不到阿拉伯文及奥斯曼土耳其文的印刷书籍表示不解。他的同乡易卜拉欣·穆特弗里卡（他初至伊斯坦布尔时尚为奴隶，后来被流放至泰基尔达，被指定为拉科奇·费伦茨的译员）率先采取行动，开了第一家印刷所，以印刷地图起家，并在 1726 年提交了一篇详述自己计划的论文给大维齐尔内夫谢希尔的达马德·易卜拉欣帕夏。教长的教谕赞同了他的计划，苏丹的批准随之而至。[173]

苏丹艾哈迈德给易卜拉欣·穆特弗里卡及其事业合伙人、"二十八"切莱比穆罕默德埃芬迪之子穆罕默德·赛义德埃芬迪（1720 年曾随其父出使法兰西）的旨意明白显示，苏丹并不以为印刷术的使用有何不当。他写道，从伊斯兰教的黎明时代起，宗教的博学之士就写出了各式各样的书籍，从《古兰经》到字典，不一而足，但是，

> 随着时间的流逝与岁月的磨蚀，在麻烦制造者成吉思汗与不明
> 是非者旭烈兀（此处指的是 1258 年攻陷巴格达的成吉思汗孙子）的

动乱中，在荒淫的法兰克人窃取安达鲁西亚（这里指的是 15 世纪末叶穆斯林被逐出西班牙南部）时，以及其他的战争、杀戮及冲突中，多数文献被毁坏或失落，辞书、姓名学作品（利用名字占卜的书）、阿拉伯语法与字典、史册、大量先知的经卷及宏论，如今在伊斯兰教的土地上都已经难得一见。此外，教士与抄写员既昏沉又粗心，所书所写难免缺漏失误。[174]

在一个良好的开端后，阿拉伯文的印刷再次遭遇了曲折的命运。易卜拉欣·穆特弗里卡与穆罕默德·赛义德埃芬迪（他在 1720 年随父访问法国后，又在 1733 年造访瑞典，追讨查理十二世亏欠奥斯曼国库的钱）合作，在前者 1745 年去世之前，一共印了 17 本书，多数是奥斯曼编年史，另有一本阿拉伯－奥斯曼字典，一本波斯－奥斯曼字典，一本奥斯曼－法语语法，以及一部阿富汗史（苏丹不准印宗教书籍，以免抄写员无事可做）。[175] 创办人过世后，穆特弗里卡印刷厂时做时停，最后在 1796 至 1797 年间歇业，64 年之间所印不过 24 种（大部分印数只有 500）。之所以关门大吉，显然不是政府反对阿拉伯文印刷的结果，而在于少数能够阅读之人兴趣缺缺。[176] 大部分人还是喜爱手抄本的美感。①

＊　　　＊　　　＊

奥斯曼掌权者应对 18 世纪变化的方式，被现代作家眼中的变革代理人记录在各种文本中。"二十八"切莱比穆罕默德埃芬迪和其他大使是其中一群人的代表，印刷商易卜拉欣·穆特弗里卡则是另一群人的代表。而将西方最新军事方法带到奥斯曼的顾问则是第三类人，其代表是变节的法国博纳瓦尔伯爵克劳德－亚历山大。他过去曾经追随萨伏依的欧根亲王于

---

① 在彼得大帝治下的俄罗斯，印刷书籍的市场同样死气沉沉，尽管他本人热衷于印刷，同时也了解印刷对教育与改革的力量。他鼓励各种书籍出版，从历史到指导手册，从法典到纯文学。这种情况与他之前的时代形成强烈对比，在莫斯科印刷业刚起步的 16 世纪 60 年代与他统治初期之间，"非宗教"的书仅出版过 3 本。Hughes, Russia in the Age of Peter the Great 316—25.

1716 年及 1729 年在彼得罗瓦拉丁击败奥斯曼，后来两人闹翻，他叛逃至奥斯曼寻求庇护。奥斯曼人意识到，战争方式的改变颠覆了自己的优势。1730 年苏丹马哈茂德一世登基后，易卜拉欣·穆特弗里卡印刷出版的第一本书就是一本论军事组织的小册子，作者是穆特弗里卡本人。[177]次年，马哈茂德邀请博纳瓦尔至伊斯坦布尔，鼓励他带头进行军队现代化。"炮手"艾哈迈德帕夏（博纳瓦尔皈依伊斯兰教后的名字与身份）写了一篇论文，推荐军队采用西方的方法，特别强调改善训练方式的必要性。他的努力虽因法国大使（视其为卖国贼）与维齐尔的作梗功亏一篑，却也促成了炮兵部队改组，以及皇家大炮和武器铸造厂与火药生产的现代化。然而，由于宗教阶层的压力，1734 年他所建立的军事工程学校还是在 1750 年关闭，禁卫军的反对也使他扩大炮兵兵团的努力付诸东流。[178]

18 世纪上半叶奥斯曼帝国发生的改变极为复杂，精英人士善用现代世界所提供的资源并不能完全解释这些改变。18 世纪中叶，帝国与其他国家的相对和平也为这段时间掌权的政治人物提供了一展才能的机会。这个时期，国际误解与争端大抵上都可以通过外交解决，而无须诉诸战争，这为帝国带来了从未有过的机会，一个军方力量式微文官抬头的趋势形成，就长远来说，它不可避免地将帝国从一个黩武国家转变为更注重防守的国家。如今，在行政部门拥有高级职务比在军队任职更能给一个人带来荣耀。军事英雄主义更表现为对被围困堡垒的坚守，而不是占领新的土地。

外交逐渐成为解决分歧的手段，这使掌玺大臣的地位更加重要，其责任已经包括外交事务所有重要的领域。奥斯曼的卡尔洛维茨谈判特使"顺从的"穆罕默德帕夏出任掌玺大臣几近 8 年，百般不愿才转任大维齐尔，不久便去职。"伟大的"拉吉卜帕夏的职业生涯也几乎如出一辙。"伟大的"拉吉卜曾参加与伊朗纳迪尔沙赫的谈判，及 1739 年《贝尔格莱德条约》的谈判，1741 年出任掌玺大臣，[179] 1757 年起任大维齐尔，在职 7 年，死于任上。同时，"伟大的"拉吉卜身为苏丹女婿，他也是高阶文官受重视的趋势的受益人，这个趋势一直延续至世纪结束。在 1768 年与俄罗斯之间爆发新的战争之前，又有 5 位掌玺大臣相继出任大维齐尔——军方的背景不再被偏爱。[180]

　　不同于战争，外交鼓励关注并了解对手，因为负责外交关系的人需要保持信息畅通，以此作为外交决策的基础。以奥斯曼帝国为例，1720至 1721 年，"二十八"切莱比穆罕默德埃芬迪以使节身份出使法兰西，就利用这次机会向掌玺大臣提交了有关陌生而遥远的世界的情报汇总。之后，奥斯曼出使俄罗斯、奥地利、波兰、瑞典及伊朗的使节也都提交了这类报告。按照惯例，奥斯曼与印度莫卧儿帝国不定期交换使节，18 世纪40 年代，纳迪尔沙赫动作频频，也为这种外交活动提供了动力。[181] 新苏丹即位要向各国元首传达问候，这也可以成为派遣使团的理由，这样的使团往往有跟苏丹相配的排场。奥斯曼使节模仿之前几个世纪威尼斯特使出使伊斯坦布尔返国时所提出的报告，特别留心出使国的政治与文化，而且文化的交流是双向的——事实上，这期间欧洲人也比以前更好奇，会到伊斯坦布尔来旅行，并深入奥斯曼领土，对帝国做亲身的观察。

　　许多人有钱有地位，对于令他们心动的观念及流行趋势无不跃跃欲试，但奥斯曼的统治阶层这一时期尚未开始认真学习模仿，每个社会的适应力与弹性都有限度，奥斯曼与欧洲接触之密切虽属前所未有，却未能带来有深度的文化转型。奥斯曼史家常常批评奥斯曼人过于保守，拒绝拥抱西方模式，仿佛沿着西方的道路进入现代化世界是大势所趋，拒绝这条道路的人会被冠上拒绝改革与启蒙的罪名。禁卫军就抗拒改组与现代化，理由是那将会威胁到他们的特权地位，至于教士阶级，当时刚刚萌发的改变已经威胁到了他们在教育上的垄断，譬如军事科技这类知识的教学根本不需要教师接受传统教育，因此威胁到了教士的"独门生意"。彼得大帝善于操控旧秩序以达到将国家拉入现代世界的目的，但这在奥斯曼却行不通。18 世纪的奥斯曼或许已充分参与欧洲的贸易，但由于看世界的角度与其欧洲邻邦截然不同，不是所有使节与商人从异邦西方引进的新奇事物（无论其为人造物品或观念想法）都能够落地生根。17 世纪末，奥斯曼在军事上屡遇惨败，国家自尊心深受打击，他们需要心理补偿，这或许是他们反复强调苏丹及其帝国的伊斯兰特性的理由，这种强调与不断增长的消费主义和面对西方思想的开放态度是 18 世纪的重要特点。虽然这种新形象既是对内的，也是对外的，但 18 世纪众苏丹统治下突出的新形象其实非常符合当时的时代精神——在整个欧洲的其他国家，尊崇信奉单一国定宗教仍然是忠诚的试金石，无论是在天主教的法国及奥地利、新教的不列颠及普鲁士，还是东正教的俄罗斯。

在 18 世纪，奥斯曼已经无法选择拒绝还是接受外国的影响，充其量只能用尽一切手段抗拒其可能带来的伤害。为应对消费增长时代的来临，回归固有传统，政府所采取的一个措施是重新强调戒奢法，试图借此维持社会的稳定。人们从衣着上就可分辨出来一个人是军人、官僚、神职人员还是农民，最醒目的则属非穆斯林的衣着（形式与颜色都有要求），它能让他们本分地守着自己的次等地位。和非穆斯林一样，女人在行为及衣着上也受到限制，特别是在公共场合——行为固然要中规中矩，不能涉及任何丑闻，外表也必须要藏头覆面。艾哈迈德三世在位的最后 10 年间，伊斯坦布尔的百姓——特别是各个阶级的女性享有比以前更大的行动自由，有机会到自家以外的地方活动，当局对这种情形睁一只眼闭一只眼。1726 年，"郁金香时代"鼎盛时期，眼看社会风气败坏即将一发不可收拾，内夫谢希尔的达马德·易卜拉欣帕夏试图恢复道德秩序，颁发了一套规定，禁止时髦的妇女过度追求时尚，再度要求人们严守规范：

> 正当政府在埃迪尔内为即将来临的军事行动积极准备，忙于重大国事之际，某些无所事事的妇女却打扮得花枝招展，在街上卖弄风情。她们模仿异教妇人，戴奇形怪状的头饰，式样丝毫不加检点，有违体面观瞻。她们不应掀开荣誉的面纱，以这种可耻的行为破坏她们的穿着，又向丈夫花言巧语，争奇斗艳以惑乱男人。此后，妇女罩袍衣领宽逾一掌，或者所戴方头巾由超过三种布组成（这是庄重与否的界限），且发带宽逾一指，皆不得外出，若有违反，则剪其衣领。[182]

然而，所有这些规定显然并未落实执行，但后继的政府却未放弃限制妇女活动场所的努力。马哈茂德一世与他的兄弟奥斯曼三世（1754 至 1757 年在位）意图扭转妇女行为愈加不得体的风气，而这种风气却是他们叔父艾哈迈德三世所能包容的。[183]

　　在一位现代史家看来，除了加诸妇女公共生活的限制，以及影响到妇女和非穆斯林的禁奢法外，奥斯曼三世的政绩乏善可陈。这无疑是他重新定义王朝，以使之符合普遍的宗教虔诚的必要措施之一。非穆斯林在公共领域的成就虽然不若从前，但致富者仍不在少数，大多是通过与欧洲进行贸易。眼看同样经商致富的穆斯林享有极高地位，他们心向往之，不免试图打破当时的服饰限制，当时的编年史家就记载了许多因此而受绞刑、鞭刑、溺刑的案例。[184]奥斯曼的继任者穆斯塔法三世又增加了禁奢法，同样地，1774 至 1789 年在位的苏丹阿卜杜勒哈米德一世也采取了同样的措施，[185]所有这些措施隐隐与禁欲教派卡迪扎德的主张相呼应。为了保护政治上及文化上的奥斯曼特质，特别是其所立足的宗教，外交与贸易促成的许多层面的交流都遭到了挑战甚至抵消，因为，随着帝国与欧洲的纠葛日深，奥斯曼特质与王朝的世俗权力一样，都陷入了危殆。

12

行省坐大

18 世纪后半叶，从苏丹奥斯曼三世 1754 年继位，至其堂兄弟苏丹阿卜杜勒哈密德一世统治结束的 1789 年止，堪称奥斯曼史上人们了解最少的时期之一。奥斯曼在位时间甚短，统治时期内最重大的事件或许就是 1756 年 7 月 5 至 6 日的大火，为 18 世纪多次回禄之灾中的一次。大火起于金角湾附近的吉巴里，蔓延至伊斯坦布尔城墙内，据当时的编年史家"烛台制造者之子"芬德克勒的苏莱曼埃芬迪记述，大火燃烧了 48 小时，160 座神学院、335 座磨坊、115 座清真寺、7.74 万所住宅、3.42 万间店铺及 36 间浴场化为灰烬。[1] 继任的苏丹、奥斯曼的堂兄弟穆斯塔法为苏丹艾哈迈德三世仅存的两个儿子中的次子，直到 1757 年登基前，人们并未预料到会由他继承奥斯曼苏丹之位。但在 1756 年，穆斯塔法之兄穆罕默德（此时还不到 40 岁，仅长其数日）被奥斯曼下药毒杀，穆斯塔法时时保持警觉，才逃过同样的命运。苏丹谋害兄弟之举已经有一个世纪未曾上演。奥斯曼的一位大维齐尔因反对谋害穆罕默德而遭罢免，另一个则在事情公之于世时去职。[2]

有关 18 世纪后半叶的资料极为丰富，但奥斯曼编年史多数只能见到手抄本，丰富的档案资料绝大多数仍然未经阅读与评估。不过，重臣艾哈迈德·雷斯米埃芬迪的生平倒是可以为当时统治情形的变化提供些许线索。[3] 艾哈迈德·雷斯米多次担任高级文书职务，曾任穆斯塔法的特使，于 1757 至 1758 年出使玛丽娅·特雷莎在位时的维也纳，以及 1763 至 1764 年出使腓特烈大帝治下的柏林。他的报告既广泛又敏锐，举例来说，首次出使时，七年战争正在欧洲进行得如火如荼，他就分析了个中原因，并详述维也纳及他沿途经过的其他城市。他出使柏林则是由于奥斯曼与普鲁士之间有可能结盟，在与腓特烈的会晤中，他对腓特烈人格之钦慕溢于言表：

> 他日夜阅读过往的伟大统治者如亚历山大及帖木儿之言行事迹。他从不过问家事，也不涉入宗教及信仰之事。他全副心思及作为皆在于开疆辟土及名垂青史。[4]

对于最近几代苏丹，他绝不吝于批评，对奥斯曼的军事机器之不满与对普鲁士步兵之认同，同样毫不避讳：

> 腓特烈的军官派普通士兵逐个碉堡、逐个哨站巡视，日夜不辍，定时在柏林城里或特定的校场内操练士兵。士兵每 300 人为一批，进行持枪、填弹、卸弹的训练，练习并排整齐行进，无论畏惧与否，绝不破坏队列。无论日夜，长官对士兵丝毫不放松。士兵枪不离手，弹带在腰，一切都保持最佳状态。他们所受待遇之悲惨甚于奴隶，仅得面包一块，使其不死而已。[5]

1739 年以来，奥斯曼与其欧洲邻邦并无战事。时至 18 世纪 60 年代中期，奥地利积弱不振，厌战惧战，活在腓特烈大帝的阴影下；在巴尔干方面，奥地利若想对奥斯曼的领土动脑筋，连一个帮手都不会有。[6] 至于俄罗斯，彼得大帝把国家搞得国库空虚，直到 1762 年不屈不挠的叶卡捷琳娜二世登基，俄罗斯才再度取得主动权。奥斯曼与俄罗斯再次发生冲突时，情势完全不同于以往。俄罗斯从以往的弱点中吸取了教训，经过军事改革，部队已经能够在黑海北部的大草原上作战并取得胜利。18 世纪后半叶，奥斯曼与俄罗斯发生了两次大战，艾哈迈德·雷斯米埃芬迪参与了1768 至 1774 年之间的第一次，它与 1787 至 1792 年间的那一次一起，导致了奥斯曼与俄罗斯 19 世纪的敌对关系。

* * *

　　俄罗斯与奥斯曼再次开战的根源是俄罗斯对波兰立陶宛联邦的政策。1737 年《贝尔格莱德条约》签订后，波兰立陶宛联邦多次请求奥斯曼出手对抗俄罗斯，尽管法国也不断为此施压，伊斯坦布尔却始终不予理会。艾哈迈德·雷斯米 1763 年出使柏林时途经波兰，恰逢奥古斯特三世去世。次年，俄罗斯的叶卡捷琳娜大帝成功举荐她的旧情人斯坦尼斯瓦夫·波尼亚托夫斯基入主波兰。普鲁士与奥地利虽然都对俄罗斯介入波兰立陶宛事务深感不安，却指望另一个国家——奥斯曼跳出来以武力解决这个问题。[7] 1768 年初，在靠近奥斯曼边界的波多利亚省（之前是奥斯曼的卡缅涅茨省）的巴尔镇，波兰的一些贵族为了反对外国（即俄罗斯）介入联邦事务，组成了联盟。[8] 但他们既无人领导又没有清楚的计划（基本上，其势单力薄与组织散漫的程度一如早年请求奥斯曼出兵对抗哈布斯堡的特兰西瓦尼亚贵族特克伊·伊姆雷或拉科奇·费伦茨二世），其挑起的战争反而壮大了俄罗斯。联盟向苏丹以及法国请求援助。奥斯曼发出最后通牒，要求俄罗斯自联邦撤军，圣彼得堡却置之不理，苏丹遂于 1768 年 10 月宣战。

　　奥斯曼固然在乎俄罗斯染指波兰的企图，但他们也担心克里米亚。在 1736 至 1739 年的战争中，俄罗斯曾在该地小有斩获，迄今仍对其垂涎不已。1763 年，俄罗斯说服可汗在其首府巴赫奇萨赖建立领事馆，但领事却缺乏自主裁量权。当可汗意识到领事只是圣彼得堡的情报来源后，领事就被驱逐了，此时领事馆建立才不过两年。除了普鲁士与奥地利之外，法国也鼓励奥斯曼与俄罗斯开战。1767 年，托特男爵（匈牙利人，法国炮兵军官，1755 至 1763 年曾寓居伊斯坦布尔，之后返回西方）奉命出使克里米亚，担任特别领事。此事立刻引起叶卡捷琳娜的疑心，在她看来，法国与克里米亚之间并无贸易往来，托特男爵的真正意图再明显不过。[9] 按照艾哈迈德·雷斯米埃芬迪的看法，俄罗斯与奥斯曼在多年和平之后又面临战争，克里米亚鞑靼人要负完全责任。他指出，俄罗斯不尊重与奥斯曼所签订合约的主要原因是，鞑靼人经常入侵劫掠俄罗斯领土。[10]

　　俄罗斯的战略经过精心策划：开战之初，一支俄罗斯部队穿越右岸乌克兰，同时，另一支部队则掩护其向南挺进。[11] 在 1774 年停战之前的 6 年中间，奥斯曼在多瑙河前线曾数度惨败于俄罗斯之手，最著名的当属 1769 年德涅斯特河畔卡缅涅茨南方的霍京的围城与陷落，以及次年在普鲁特河畔卡胡尔的野战。[12]

1770 年，有史以来第一次，同时也令奥斯曼大惊失色的是，一支俄罗斯舰队自波罗的海的喀琅施塔得出发，经英吉利海峡与比斯开湾，堂而皇之进入地中海及爱琴海。喀琅施塔得舰队包括一支分遣舰队，指挥官为新近加入俄罗斯海军的英国海军少将埃尔芬斯顿，他们的目的是援助在巴尔干地区对抗奥斯曼的东正教教友。在黑山、波斯尼亚、黑塞哥维那及阿尔巴尼亚，以及防卫单薄且长期遭到忽略的地区 —— 伯罗奔尼撒半岛，都出现了地方性叛乱。俄罗斯希望在伯罗奔尼撒半岛登陆并会合地方领袖（以及多年来煽动不满情绪的俄罗斯密使）。[13] 到 6 月，奥斯曼海军元帅许萨姆丁帕夏率领舰队航向伯罗奔尼撒，准备与当地军事总督、前大维齐尔"恩人之子"穆罕默德帕夏所率领的陆上部队展开联合行动，但行动却未能按照计划进行，许萨姆丁帕夏遂撤退至安纳托利亚海岸边，伊兹密尔附近的切什梅，俄罗斯舰队追踪而至。7 月 5 日，两军交战。奥斯曼的船舰被迫退入切什梅港停泊，俄罗斯人封锁港口，并于两天后焚毁了所有奥斯曼船只。5000 名奥斯曼水兵阵亡，仅海军元帅的船只逃脱了，但他立即被免职。切什梅之败中诞生的英雄是他手下的一名指挥官"阿尔及尔人"哈珊帕夏。俄罗斯舰队占领北爱琴海的利姆诺斯岛为基地，准备封锁达达尼尔海峡，"阿尔及尔人"哈珊帕夏将之驱退，获升为大维齐尔。[14] 与此同时，伯罗奔尼撒的穆斯林开始更主动地应对问题。"恩人之子"穆罕默德帕夏的部队与自马其顿和色萨利奉召赶来的地方显贵造成的混乱使俄罗斯的计划最终破灭。[15] 对奥斯曼来说，这至少也算是一次可贵的成功。

俄罗斯海军进攻切什梅所造成的震撼让奥斯曼意识到，他们忽略了海军战力准备，最终自食苦果，同时也再次意识到，在帝国核心受到这类严重威胁时，北非偏远省份在国防上也可以发挥作用。然而，1787 年，奥斯曼与俄罗斯爆发另一阶段的冲突时，他们派出使节团寻求摩洛哥与西班牙援助，但是这些人无功而返 —— 摩洛哥根本无船可用，西班牙更没有理由援助一个一直以来的敌人。[16]

从 1769 年起直至战争结束，艾哈迈德·雷斯米埃芬迪都在前线对抗俄罗斯人，多数时候担任大维齐尔（也是军队统帅）的副手。任命艾哈迈德·雷斯米这样的高级文官指挥军队的情形十分少见。他因此成为一名帕夏，参与战略的决策，以免奥斯曼荣光再在类似危机中受损。1770 年底，俄罗斯提出议和，但奥斯曼拒绝了。和另一名高级文官、这些年的编年史家艾哈迈德·瓦瑟夫埃芬迪（1771 年在克里米亚前线被俘，囚禁于圣彼得堡）一样，艾哈迈德·雷斯米发现自己和政府意见不合。从 1771 年起，他开始担任"恩人之子"穆罕默德帕夏（二度出任大维齐尔）的副手，对于这位长官，他始终尊敬有加。两个人都明白，帝国为这场战争付出了沉重的代价，并希望尽快以有利的条件结束战争。[17]

在切什梅之战摧毁奥斯曼舰队之后，俄罗斯在另一个战争舞台上也获得了辉煌胜利。1771 年，俄罗斯军队攻入奥斯曼长久以来的附庸国克里米亚，俄罗斯祭出了"胡萝卜加大棒"策略，于 1772 年与沙希布·格莱可汗达成协议。克里米亚从此被视为一个独立国家，领土包括德涅斯特河与布格河之间的草原、第聂伯河与亚速海之间的草原、克里米亚半岛以及库班草原。[18]在克里米亚悠久的历史中，奥斯曼非常看重这个与俄罗斯边界上的前哨，克里米亚历任可汗也都懂得利用这份感情，同时毫不犹豫地在外交上追求自己的利益。

1771 年，奥地利与奥斯曼达成协议，后者同意割让土地，以换取前者在军事上协助他们对抗俄罗斯。但在第二年，当奥地利与普鲁士居间协调，俄罗斯与奥斯曼进行和谈时，奥地利却撕毁与奥斯曼的盟约，于 1772 年 7 月，与俄罗斯和普鲁士一起完成了史上"第一次瓜分波兰"活动（另外两次在 1793 年与 1795 年）。沙希布·格莱与叶卡捷琳娜的条约于 4 个月后签署，但关于"克里米亚问题"的谈判却没有成功。艾哈迈德·雷斯米曾警告道，奥斯曼政府应该在确定边界时实际一点。伊斯坦布尔最初忽视了他的建议。但在 1773 年多瑙河畔一场没有结果的战争后，奥斯曼在 1774 年多瑙河南岸的苏沃罗沃和舒门的战役中均遭遇惨败，这迫使奥斯曼回到谈判桌前。[19]1774 年 1 月，苏丹穆斯塔法去世，死前仍表达了对眼前局势的忧心：

> 世界已经腐朽，别指望它会善待我们
> 国家已堕入卑鄙与粗俗，
> 宫廷内人人关心享乐；
> 我们已经一无所有，只能期待真主的仁慈。[20]

　　穆斯塔法死后，其弟阿卜杜勒哈米德继任苏丹。艾哈迈德·雷斯米受命代表奥斯曼的利益出席 1774 年 7 月举行的和谈，结果发现自己面对的条件比 1699 年的《卡尔洛维茨和约》更为耻辱，身为《库楚克开纳吉条约》（因签约地点位于多瑙河锡利斯特拉东南 25 公里的开纳吉村而命名）的签约人，他为之身败名裂。

　　艾哈迈德·雷斯米对 1768 至 1774 年间奥斯曼与俄罗斯的战争的评论，可见于他的 3 份报告，他在其中对比了两国的做法。叶卡捷琳娜的战争内阁深度辩论战略，研究之前的战役，吸取了过去失败的教训。举例来说，1768 年战争爆发之前，圣彼得堡已经制定了为期 3 年的作战计划，第一年的战役就包括 4 个方案，分别应付奥斯曼可能的行动。[21] 奥斯曼的做法完全不同。他们不接受前线指挥官的建言，缺乏协调的行动也导致战争旷日持久——艾哈迈德·雷斯米对伊斯坦布尔的这些缺点都有亲身体会。第一年的战役惨败后，他就严厉批评军方的作战计划，然后又将注意力放到两国关系这个更宏大的问题上，认为奥斯曼应该确定两国的边界，并以外交及谈判为工具争取持久的和平。他的第三份报告写于 1781 年，他再度强调和平优于战争，并详细列举从伊斯兰早期到最近的战争中的事实以证明自己的观点。而在最近的战争中，叶卡捷琳娜的大将彼得·鲁缅采夫在 1771 年提出议和，当时俄罗斯完全处于优势，奥斯曼却断然拒绝了。[22]

　　1765 年，鲁缅采夫就数度重申几个深受俄罗斯扩张主义青睐的战略目标，其中两项特别重要：其一，将克里米亚汗国并入俄罗斯；其二，将俄罗斯边界延伸至黑海海岸。[23] 他们在《库楚克开纳吉条约》中几乎实现了这个目标。克里米亚可汗抛弃奥斯曼附庸国地位，整个地区成为俄罗斯的势力范围。同时随着俄罗斯占有第聂伯河河口的金巴伦及亚速海出口的刻赤与耶尼柯尔，奥斯曼3个世纪以来对黑海的控制画下了句点。此外，俄罗斯也获得了黑海航行权，其商船可以自由航行于黑海，进入地中海。他们还在奥斯曼领土内建立领事馆，大使常驻伊斯坦布尔。[24] 按照秘密条款，奥斯曼有史以来第一次同意连续3年赔款。[25] 唯一值得欣慰的是，俄罗斯归还了在多瑙河占领的土地。

当时，一个来自伯罗奔尼撒的奥斯曼作家记述了在俄罗斯大使抵达苏丹宫廷安排和约细节时他做的一个梦，以及他是怎样自梦中得到极为强大的力量的——当然，最后事实证明，这种力量是他的想象：

> 梦里，我在贝伊奥卢，看到人们搭建了一顶大帐以接待俄罗斯大使。从他花白的头发判断，他应是年过八十之人，在高大宽敞的大帐中，他坐在椅子上，苏丹的高官们站着伺候着他。现场有许多乐器表演、游戏及消遣活动，它们就在显眼的地方陆续登场，此外，这里还有熊及猴子表演。过没多久，大使的脸出现了非人的特征，渐渐变成了一只巨大的狮子，他猩红的色泽比屋瓦的颜色还深。为了四下巡视，他来到大帐边缘，说："当特使的脸变得有如狮子时，他代表莫斯科的力量。"在上国受辱的这一刻，我在梦中大哭，一个人走到了我坐着的那棵树底下，说："不要烦恼，你看到的不是真的狮子，而是纸板，是纸做的，喷点水在上面它就软了垮了。"[26]

《库楚克开纳吉条约》能够落实到何种程度，其实一直值得怀疑，一些条款的用词遣字有许多地方模棱两可，而且这个条约使奥斯曼损失巨大，不是奥斯曼所能接受的。苏丹虽然放弃了对克里米亚的政治影响力，条约却规定，对于过去的附庸子民，苏丹仍为其精神权威，承认他是"普天下穆斯林的哈里发"——奥斯曼此前只有一个苏丹用过这个头衔，它更符合西方人而非穆斯林的宗教权威的概念，意思是在穆斯林所有君主之中苏丹乃其至尊，这种地位在塞利姆一世1517年征服马穆鲁克王朝后成为现实。条约是否允许俄罗斯对苏丹的东正教子民拥有同样精神权威的特权，这个问题一直是人们讨论和争执的对象。一些人认为，条约赋予俄罗斯介入的权利——说得更精确一点，那就是"代表"奥斯曼帝国内所有的东正教基督徒的权利。这个观点大有讨论的空间，因为条约臭名昭著的第7条及第14条仅仅承认了一个教会，即位于伊斯坦布尔、过去热那亚人居住的加拉塔郊区主要道路上的贝伊奥卢的俄罗斯（意大利及奥斯曼文的条约是俄罗斯 – 希腊，俄罗斯文版本则是希腊 – 俄罗斯）东正教教会——但事实上它从来没能建立。[27] 保护贝伊奥卢教区教友的特权已经被让渡给法国及奥地利的天主教势力，但还没给新教的英格兰及普鲁士。对新的东正教教会的"保护"则比照天主教的模式进行。[28]

除了拟议中的贝伊奥卢俄罗斯教会，根据条约中的多项条款，奥斯曼不得压迫爱琴海群岛、摩尔达维亚与瓦拉几亚等多瑙河公国，及格鲁吉亚西部的基督徒。和谈期间代表哈布斯堡利益进驻伊斯坦布尔的奥地利外交官弗朗茨·图古特在谈到俄罗斯宣称要保护奥斯曼所有东正教基督徒的条款时说，从这里就可以看出"俄罗斯人的老练"及"土耳其人的驽钝"。但图古特其实只是猜想条约的内容，说这些话时根本还没有机会看到它的最终版本。而俄罗斯把奥斯曼玩弄于股掌之上的说法，或许是民族主义高峰时期，亦即 19 世纪末反奥斯曼之风正盛之时一位历史学家的手笔，他故意不提图古特评论的环境，仅引述了他的话来当作无懈可击的权威。这种解读俨然认为俄罗斯确实在 1744 年赢得了干预奥斯曼帝国内政的权利，到了 19 世纪后半叶克里米亚战争后，这种说法更是甚嚣尘上。

其实，条约本身就会造成误解，它有 3 个不一致的版本——俄罗斯文、奥斯曼土耳其文及意大利文。而 1775 年，叶卡捷琳娜将俄罗斯版本翻译成了法文，这个版本后来成了欧洲的外交工具。[①] 文本的混乱，再加上叶卡捷琳娜宣称自己是奥斯曼东正教子民的保护人，进一步导致了更多有利于俄罗斯的暧昧诠释的出现。图古特另一个近乎歇斯底里的说法是，俄罗斯支持东正教的"分离主义"，很快就会终结天主教信仰在中东的传播。随着俄罗斯在巴尔干扩张自己的影响力，此说法在他的教友中流传颇

---

① 很显然，《库楚克开纳吉条约》直到 1854 年克里米亚战争时才有英文的翻译。Treaties (Political and Territorial) 131ff.

广。但 1812 年希腊反抗奥斯曼统治时的奥地利外交大臣梅特涅在详读条约之后，却认为它没有为俄罗斯保护奥斯曼境内东正教基督徒提供基础。[29] 总之，《库楚克开纳吉条约》的文字本身不是问题，后续的解读才是关键——事实证明，在利用其中暧昧与矛盾的部分方面，俄罗斯还真称得上是个中高手。

*　　　*　　　*

战后数年间，克里米亚始终不得平静，俄罗斯与奥斯曼竞相支持自己的可汗人选。1777 年 4 月，叶卡捷琳娜支持的人选沙欣·格莱成为可汗。此人在 1772 年代表其兄沙希布·格莱可汗前往圣彼得堡洽谈独立条约时，因相貌英俊及其威尼斯的教育背景，深受叶卡捷琳娜器重。沙欣胸怀大志，想要建立一个不再处于帝国阴影下的国家所需的军事及行政体制，但他明显偏向于以克里米亚的非穆斯林少数族裔为先锋推动现代化，结果却引发了一场叛乱，俄罗斯立即派兵驰援。大军既来，便不急着回去了，更何况沙欣·格莱完全失去了其穆斯林子民的支持。对基督徒来说，俄罗斯人一走，他们可能马上遭到穆斯林报复，为此而移居俄罗斯领土的不在少数。在流亡伊斯坦布尔的鞑靼人怂恿下，1778 年，苏丹派遣一支由安纳托利亚中北部人贾尼克家族的哈吉·阿里帕夏率领的舰队，企图逼沙欣·格莱下台，他们但无功而返，苏丹不得已乃承认沙欣为可汗。[30]

1779 年，按照与奥斯曼达成的协约，俄罗斯自克里米亚撤军。沙欣·格莱继续其断断续续的改革，但他的领土野心损害了奥斯曼的利益，他的统治威望低落，甚至逊于与其竞争之兄弟，这导致 1782 年库班地区再次发生叛乱。叶卡捷琳娜再度派军平乱，但这次，俄国军队不再撤离——她深知克里米亚无法实现稳定和独立，遂于 1783 年 4 月 8 日宣布兼并克里米亚鞑靼汗国。[31] 沙欣·格莱沦为俄罗斯的阶下囚，被拘禁 4 年，其间曾经计划逃亡伊斯坦布尔。他曾向苏丹与俄罗斯女皇求助，却发现自己只是他们的政治筹码。1787 年，叶卡捷琳娜同意放人。按照克里米亚可汗惯有的特权，沙欣在色雷斯得到一份产业，于夏初出发前往埃迪尔内。苏丹阿卜杜勒哈米德听说沙欣·格莱将抵达，认为报他不忠不义之仇的时机终于来到，下令将其流放罗得岛，并秘密下令从速处死"这个异教混蛋，这个骗子"。然而，这位前可汗还是多活了两个月，因为催促执行处决的命令未能送达，负责监管的官员不敢下手。登上罗得岛后，他便向法国领事馆寻求庇护，但最后还是被移交给奥斯曼人并处以死刑 —— 这为克里米亚可汗与奥斯曼苏丹之间 300 年的合作历史画下可耻的句点。[32]

从此，俄罗斯加紧在草原上殖民屯垦，并成立了一支黑海舰队，以第聂伯河河口的赫尔松为基地，这里距伊斯坦布尔只有两天半的航程。叶卡捷琳娜女皇还不急于吞并克里米亚：1770 年，俄罗斯国家议会发出声明："鞑靼人永远不会成为女皇陛下有用的子民……在对抗他们的教友土耳其人时，他们也只能组成一条脆弱的防线。"几年过去，她的态度仍然没什么改变。纵使在 1778 年第二次反对沙欣·格莱的叛乱期间，她还是倾向于让克里米亚保持独立 —— 尽管顾问们给她的压力不小。但时代不同了，人们相信，她的情夫兼爱将格里戈利·波将金说服她改变心意，于 1783 年吞并克里米亚，理由居然是这本就是俄罗斯在《库楚克开纳吉条约》中该得而未得之物。[33]

克里米亚之失对奥斯曼来说实在是非常大的打击，若是早些年，它定然会马上宣战。这一次他们忍气吞声，也说明他们现在军力不振，国库空虚，满朝文武不计代价全都力主和平。统治阶层内部存在分歧 —— 是应该发兵夺回失土，还是为国家更大福祉平静接受现实？这充分反映出奥斯曼适应新世界，承认"疆域不断扩张论"的理念已经不再符合奥斯曼的利益的痛苦过程。违反《库楚克开纳吉条约》及其附带条款的行为在俄罗斯与奥斯曼都有发生，但艾哈迈德·雷斯米埃芬迪为自己主张非战的立场找到了另一个支持者：大维齐尔哈利勒·哈米德帕夏（1782 至 1785 年任职）。他下令整顿帝国北疆边防，同时忍痛接受克里米亚的丧失。[34] 1784 年，俄罗斯迫使苏丹阿卜杜勒哈米德签署同意书，承认新的局面 —— 此举一旦公开，势将引发极大不满。于是，苏丹、维齐尔们、高阶神职人员等人秘密签署了这份文件，而且在俄罗斯的要求下，储君、苏丹的侄儿塞利姆（后来的塞利姆三世）也签了字。[35]

1785 年，宫廷爆发权力斗争，政敌指控哈利勒·哈米德帕夏阴谋支持塞利姆，意图推翻苏丹阿卜杜勒哈米德一世。哈利勒·哈米德帕夏因此失去了他的官位（以及项上人头），其最亲近的同僚伯罗奔尼撒总督，以及一名前禁卫军总指挥同时遭到处决，教长被放逐。如今，大权完全落入久任海军元帅的"阿尔及尔人"哈珊帕夏及其派系手中。在哈利勒·哈米德帕夏负责整顿陆军的同时，"阿尔及尔人"哈珊则负责改良海军，但两人关系不密切，两人的共同利益也没有延伸至废黜苏丹这件事。[36]

关于叶卡捷琳娜大帝及其朝臣是否认真思考过分裂奥斯曼帝国这个问题，长久以来一直众说纷纭。俄罗斯与奥地利已经占领了部分波兰，人们也都相信，叶卡捷琳娜已经与奥地利的约瑟夫二世达成秘密协议，意图进一步推动叶卡捷琳娜所谓的"希腊计划"，即在"君士坦丁堡"复辟"拜占庭帝国"。这个梦想最有力的象征，就是俄罗斯在 1779 年以圣索非亚大教堂的图像铸造硬币，以纪念叶卡捷琳娜的孙子康士坦丁·帕夫洛维奇的诞生。[37]1782 年，关于俄罗斯野心的谣言传到了伊斯坦布尔，[38]1787 年，其可信度变得更高，因为当年春天，叶卡捷琳娜与约瑟夫二世会于赫尔松城外，女皇与皇帝一同穿过一道用希腊文刻有"通往拜占庭之路"的凯旋门。无论叶卡捷琳娜是否当真致力于她的"希腊计划"，苏丹阿卜杜勒哈米德都是严肃看待它的，他担心俄罗斯的下一步就是攻占安纳托利亚。因此，他极力加强安纳托利亚北部沿海的锡诺普及萨姆松要塞的防御，[39]并为了保卫伊斯坦布尔，在 1774 年之后所建的五座堡垒之外，又在上博斯普鲁斯海峡加建另外两座堡垒。[40]

1786 年之后的三年中，决策权掌握在鹰派的大维齐尔"伟大的"优素福帕夏手中。在叶卡捷琳娜巡行新占领的克里米亚时，奥斯曼为解决与俄罗斯争端的一切外交手段已经用尽，此后她又要求奥斯曼撤出格鲁吉亚，伊斯坦布尔才强硬起来，坚持要求俄罗斯承认东格鲁吉亚为奥斯曼的附庸国，获得搜查黑海上的俄罗斯船只的权利，关闭几处敏感的俄罗斯领事馆（包括雅西、布加勒斯特及亚历山大），以及最重要的，要求归还克里米亚。最后一项是凯瑟琳尤其不会接受的。[41] 于是，1787 年 8 月，奥斯曼向俄罗斯宣战。

奥斯曼舆论虽然视克里米亚之失为灾难，民意却不支持战争，伊斯坦布尔民众有史以来第一次用海报表达反对意见，他们在公共建筑（譬如皇宫）张贴海报，或在清真寺散发传单。在卡拉柯伊广场靠近舰队常驻基地的海军元帅喷泉，一张用词辛辣的海报是这样起头的：

> 苏丹阿卜杜勒哈米德，我们的耐心就快用完了。你还不知道自己犯了多严重的错误。你已经看到了，优素福帕夏（一位格鲁吉亚人，改宗者）根本无法完成自己的职责。你为什么还要被他耍得团团转，把帝国交到异教徒手上？

教长与大维齐尔代理也被指责不是真正的穆斯林。恶骂还在继续：

> 你最好冒险微服外出，走到你的子民里面，感受一下群众的情绪，并启动和谈。召回战场的旌旗，让军队回家——不然，真主在上，你会后悔莫及。优素福无能，你将承受他带来的恶果。你已经使自己大出洋相。朝廷的管家（优素福也是其中之一）无力完成帝国赋予他们的责任。

和许多苏丹一样，阿卜杜勒哈米德也经常微服出巡，可以亲眼看到那些海报。但他的第一个反应却是咒骂散播这些海报的人"是异教徒"，同时怀疑是海军元帅"阿尔及尔人"哈珊帕夏在背后搞鬼。[42]

* * *

艾哈迈德·雷斯米埃芬迪将1768至1774年的战争归咎于克里米亚的鞑靼人。他的这个观点或许有讨论的空间，但1787年战端起于克里米亚则是毫无疑问的。战争爆发的时机对奥地利（1788年初宣战）及俄罗斯来说都非常尴尬：约瑟夫理解俄罗斯的目标，但普鲁士及行政改革带来的内部动荡却让他分身乏术；[43]叶卡捷琳娜1788年还在处理瑞典对其边界的攻击。但奥斯曼的对手还是不好惹,他们可以从达尔马提亚及高加索搬来救兵。在 1787 年底及 1788 年针对俄罗斯的战役中,奥斯曼的主战场在奥斯曼的要塞奥恰基夫及俄罗斯的金巴伦附近(位于第聂伯河河口,也是 1736 至 1739 年的主战场)。瑞典的战力太弱,俄罗斯没有花太久时间就击败了他们,俄罗斯的黑海部队也获得增援,奥恰基夫遭到围攻后陷落。在奥地利前线,"伟大的"优素福帕夏渡过多瑙河进入匈牙利,但冬天的到来使他们无法继续这次充满希望的进攻,而且奥地利攻占了霍京。

　　战争爆发不久,苏丹下令铸造新币,上铸"伊斯坦布尔铸"而非"君士坦丁堡铸"字样,这或许是在回应叶卡捷琳娜在铸币上的挑衅。他同时要求今后提到奥斯曼首都皆用这个名称。[①][44] "伟大的"优素福帕夏及苏丹阿卜杜勒哈米德非常好战,阿卜杜勒哈米德甚至因此得到一个所有苏丹做梦都想要得到的一个封号 —— "信仰战士"[45]。但这并不符合当时的民愿:当时无论是人民或大臣都把和平看成是国家福祉的基本条件。然而,叶卡捷琳娜也好战成性,在奥恰基夫还没陷落之前,1788 年 8 月,她拒绝考虑三国联盟 —— 英国、普鲁士及尼德兰提出的调停意向。[46]

　　1789 年春,苏丹阿卜杜勒哈米德去世,侄儿塞利姆(穆斯塔法三世之子,时年 28 岁)继位。在塞利姆的心目中,奥斯曼的第一要务就是胜利结束这场战争。尽管政府圈子希望重新评估那些经过试验的奥斯曼传统做法,他还是偏向于传统中通过慷慨地赏赐军队来赢得他们忠诚的做法。此外,他或许想模仿约瑟夫二世的短暂挂帅亲征的做法[47],他也曾经思考过亲征的提议。他决心洗刷国耻,目标是重新夺回克里米亚 —— 这个梦想在未来的一个世纪中仍将萦绕于奥斯曼人心间。在这样一个关键时期登基,塞利姆明白维持重臣忠心的重要性,起初仍继续任用"伟大的"优素福为大维齐尔,并任命了一位能力虽然稍逊但广受神职人员阶层拥护的教长。

---

① 　仔细研究奥斯曼钱币的清单就能发现,在苏丹阿卜杜勒哈米德及其继承者塞利姆三世时期所铸的钱币上,"君士坦丁堡"确实被"伊斯坦布尔"所取代,写作"Islambol",只不过后来再度改用"君士坦丁堡"。马哈茂德一世 1730 年登基时下过同样命令,当时钱币上铸的也是"Islambol"。Pere, *Osmanlılarda Madenî Paralar*; Refik, *Onikinci Asr-i Hicride* 185.

但苏丹最终也没有御驾亲征。提出亲征建议的是大维齐尔代理。在一封写给他的信中，塞利姆直言，亲征仿佛成了他自己的使命，这使他相当不安：

> 先前我们讨论这事时，你说领军出征是我的责任，我也说我会去。但这并不是我最初的想法：这想法是你的，你还拟好了一道诏令。也正因为如此，现在它已经成为世人谈论的对象。瑞典大使对此就表示欣慰。我可不能被这些欧洲国家以及奥斯曼的军队和人民看成一个空口说白话或打诳语的人。一个说谎的苏丹会是什么下场你是知道的。我很清楚，你这样做已经打乱了我的作战布局。但堂堂一国之主不能不带足够补给出行，所以我们要马上开始准备——但你什么准备都没做。君无戏言，无论和战，我都会在春天时前往埃迪尔内或往更远的地方。我不能让不知情的人嘲笑我，骂我。如果你阻拦我，不让我做，并让我因此在整个世界及欧洲面前丢脸，你要知道，我发誓我也会让你们所有在会议中讨论过这事的人丢脸。[48]

1789 年的战争对奥斯曼来说是一场灾难。虽然如大维齐尔这样的高阶军事指挥官都没有发生变化，但塞利姆的继任难免造成一阵混乱，严重削弱了原本经费及补给都不足的战斗部队所拥有的动力。奥地利大军挺进波斯尼亚及塞尔维亚，事隔 50 年后再度拿下贝尔格莱德。俄罗斯则占领了瓦拉几亚，这个小国在 1774 年之后虽然恢复为奥斯曼的附庸，但自此以后却也愈来愈不可靠。同年冬天，苏丹拒绝了议和的请求。更大的战略利益把俄罗斯的注意力转移到了西边：它需要俄土边境的和平以便与瑞典作战（而塞利姆继位之后不久便与瑞典缔结了盟约）[49]，并利用法国大革命致使其邻邦注意力分散之际，抓紧一切机会获利。

占领贝尔格莱德使奥地利军队得以循着一个世纪前的老路穿过巴尔干，朝东南挺进直抵尼什。伊斯坦布尔方面预计，敌军有可能会再向前推进至索非亚。奥斯曼发现，普鲁士迫切想要取代法国，成为奥斯曼的盟友。半个世纪以来，自腓特烈大帝 1740 年即位起，普鲁士一直想与奥斯曼修好。1761 年，两国签订贸易与友好条约，但直到 1790 年才结为盟邦。[50] 这使苏丹更加讨厌谈和的想法，他因此与新近任命的大维齐尔"阿尔及尔人"哈珊帕夏失和。后者老成持重，值得信任，仍然是个坚定的主和派，他大胆地忽视苏丹的意见，利用自己的权威开始和谈。

1790 年，俄罗斯虽未成功完成协同奥地利渡过多瑙河进行攻击的计划，但仍然占领了奥斯曼在多瑙河下游的主要要塞。[51] 同年，奥斯曼与波兰谈判共同防御条约，以应对俄罗斯可能的攻击，但它始终未获得正式签署。[52] 同样也是在 1790 年，约瑟夫二世去世，利奥波德二世继位后，奥地利搁置了与普鲁士之间的分歧。[53] 奥斯曼原希望与普鲁士的结盟可以帮助他们收复克里米亚，但普鲁士面对更加迫切需要解决的问题，单方面毁约了。同年，俄罗斯对"阿尔及尔人"哈珊帕夏的谈和请求做出正面回应，提出更有利的停战条件，但苏丹塞利姆拒绝了——他仍然指望普鲁士介入攻击奥地利，完全没有意识到他的新盟友正在为自己的利益跟奥地利进行交易。更不幸的是，同年年底，俄罗斯与瑞典签订和约，瑞典与奥斯曼的盟约遂作废。[54] 有利的方面是，哈布斯堡的政策发生了变化，奥地利与奥斯曼在 1791 年签订了《锡斯托夫条约》，奥地利归还其占领的奥斯曼领土（包括贝尔格莱德）。[55] 这个时期，国际外交网络的复杂性前所未有。俄罗斯已经取代了哈布斯堡，成为奥斯曼的主要敌国，并在 1791 年巩固了它前一年在多瑙河地区所取得的成果。

东边的高加索地区传统上是伊朗与奥斯曼争夺影响力与控制权的地区，俄罗斯此时迅速侵占了几个小国的地盘。奥斯曼本来打算动员库班的部族，让他们在流亡的鞑靼可汗领导下收复克里米亚的失土，但因后勤补给问题难以解决，加上部族不认同奥斯曼在当地的目标，该计划最终宣告失败。此外，高加索南部的地方领袖也发挥不了太大的作用。[56] 和俄罗斯在东边及南边前线寻找盟友时遇到的状况一样，奥斯曼发现，这些群体在选择支持对象时基本上都是机会主义的，其战略利益和优先考虑与奥斯曼显著有别，唯有以厚利诱之才能获得他们的支持。

为准备 1789 年的战争，奥斯曼曾经从安纳托利亚动员军队，征用物资，以对抗俄罗斯对黑海东北岸亚速海出口东边的奥斯曼要塞阿纳帕的进攻。随着俄罗斯在库班河沿线强化工事及驻军，整条战线的局势更加紧张。阿纳帕遭到的攻击使奥斯曼别无选择，他们只得收买"笨拙的"侯赛因帕夏（安纳托利亚显贵贾尼克家族的哈吉·阿里帕夏之子），授予他特拉布宗省总督职位，让他加入抵抗阵营。"笨拙的"侯赛因帕夏发誓要把俄罗斯人赶出高加索，收复克里米亚，但他的部队却在 1790 年秋遭到俄罗斯痛击，自库班往南退至黑海海岸，并向俄罗斯投降，弃追随他作战的高加索人于不顾，他与儿子"机智的"马哈茂德贝伊沦为俄罗斯人的阶下囚，被囚禁了 9 年。奥斯曼新任命的高加索前线指挥官同样也出自贾尼克家族。1791 年 7 月，俄罗斯包围阿纳帕，不到两周就占领了该城，这位指挥官因此被处决 —— 他当时甚至都没离开过特拉布宗。[57]

奥斯曼准备和谈。1792 年 1 月，奥斯曼与俄罗斯签订《雅西和约》，规定奥斯曼与俄罗斯之间的国境线西起德涅斯特河东至库班河，奥斯曼因《库楚克开纳吉条约》所承受的损失变得倍加沉重。阿纳帕被归还给奥斯曼，但他们要负责管好库班河南部的居民，如果他们强行渡河，给对岸俄罗斯人带来生命或财产损失，奥斯曼应负责赔偿。然而，和哥萨克人一样，高加索人不认为这份条约对他们有约束力，照样打家劫舍，反正有他们的宗主国善后。例如在 1798 年，此一条款就发挥了效力，奥斯曼国库掏腰包进行了赔偿。[58]

阿纳帕堡垒得到了修整和加固，但在 1792 年之后，收复克里米亚的愿望显然变得不再那么迫切，奥斯曼也不再那样强调对高加索的影响力 —— 直到 1795 年，伊朗卡扎尔王朝的阿迦·穆罕默德可汗再度开始对该地区表示兴趣，发动攻击，以夺回阿拉斯河与库拉河之间原属于前萨法维王朝的领土，奥斯曼才再次重视这个地方。东边的格鲁吉亚虽然自 1783 年以来就是俄罗斯的受保护国，而且双方针对伊朗与奥斯曼签署的共同防御协议在理论上仍有效力，但俄罗斯对于格鲁吉亚的一位统治者的求援的反应奇慢。[59]事实上，1796 年 11 月 6 日叶卡捷琳娜大帝去世，沙皇保罗一世继位后，俄罗斯立即就和伊朗媾和了。[60]

阿迦·穆罕默德可汗入侵高加索后，奥斯曼也无法置身事外：高加索地区的阿塞拜疆与达吉斯坦濒临里海，都在奥斯曼的势力范围内，所以高加索地区的统治者们纷纷请求伊斯坦布尔对抗卡扎尔王朝（他们称之为奇兹巴什）。最初奥斯曼拒绝了这些请求，但在阿迦·穆罕默德可汗 1795 年 9 月洗劫第比利斯后，埃尔祖鲁姆总督被任命为高加索前线指挥官。苏丹塞利姆起初不愿出手援助高加索的百姓，这突出显示了奥斯曼政策的前后不一致性，因为就在几年前，前苏丹阿卜杜勒哈米德曾经考虑向另一些北非的伊斯兰教国家寻求财政支持，而这些国家之所以会对奥斯曼效忠并有所期待，全是因为阿卜杜勒哈米德于 1774 年接受了哈里发的头衔。[61]

* * *

战争和过去一样，给奥斯曼的财政带来重大负担。18 世纪 60 年代的贸易衰退使国库只能勉强应付世纪末的国防需求。随着帝国的边界后退，奥斯曼失去的不只是领土，还有重要的生产地及俄罗斯市场。一些意外事件更是雪上加霜，如 1768 至 1774 年间战争之后紧随而来对俄罗斯赔款（其金额或许相当于国库年收入的半数），[62] 以及战争带来的时疫。大革命中的法国卷入了反法同盟战争，给法国造成了大量损失，奥斯曼帝国与这个主要商业伙伴的贸易也随之崩溃。这成为给奥斯曼经济的最后一击。[63]

由于大部分税收都落入了拥有终身包税权的人手中，中央国库极度缺钱，政府甚至无法行使一些基本职能，特别是无法为战争募集足够的军队。到了 18 世纪的最后 10 年，奥斯曼政府对各省权贵的依赖到了前所未有的地步（有些地方权贵本身就拥有终身包税权），他们的资源就足以负担得起作战所需。[64] 在 1768 至 1774 年的战争中，各省总督及显贵承担了提供军需的大部分责任——并因为控制军需市场而获利丰厚。在这场战争中，为征调地方部队，大维齐尔兼总指挥"恩人之子"穆罕默德帕夏深入参与了与巴尔干及安纳托利亚权贵艰难的谈判，以在他们控制的地区征兵。[65] 如此一来，中央保卫疆土的基本职能逐渐退化，转移到了有财有势的新崛起的地方门阀手中，国家大开方便之门，允许他们为自己谋利，以致政令不彰，权贵为所欲为。为战争提供资源的工作，即"战争管理"如今可能已成为奥斯曼帝国改革最重要的催化剂之一。

当然，为了应付财政危机，奥斯曼也采取了传统的措施，包括加税、贬值货币、熔化贵重物品，以及没收遭到罢免的高级官员的资产，最后这项措施自 18 世纪 80 年代起开始得到更广泛的实施，一般的富豪也成为没收财产的对象，他们动辄得咎。[66] 1775 年，也就是《库楚克开纳吉条约》签订后的那一年，奥斯曼设计了一套公众借贷办法，将财力较弱的人也纳入金融市场，但因为国库经常在支付利息方面遇到困难，这套制度需要时时调整。[67]

1784 年，奥斯曼帝国的有钱人已经要么再也没有意愿，要么没有能力掏钱出来，政府开始第一次讨论向国外借贷的可能。欧洲国家碰到国内预算赤字时，早就习惯向国际放债者或银行借款，但奥斯曼一直以来都在绞尽脑汁榨取国内的税收。他们没有任何机构能够为这种贷款的新途径做担保，于是有人建议，不妨由 5000 到 1 万名个人出面担保，且政府将分期偿还。法国、尼德兰及西班牙都被列为可能的借贷者，但摩洛哥提出了最具吸引力的条件。当时，摩洛哥刚好派了一名大使来到伊斯坦布尔，为了赢得与奥斯曼的友好关系，他暗示会为奥斯曼提供财政上的援助，虽是口头承诺，但这给一部分人带来了希望，取悦了那些认为只能向伊斯兰国家借款的人，因为对他们来说，摩洛哥有资格借钱给奥斯曼。[68]

这段时间有关向外国借贷的讨论并未有所突破，但 1787 年之后，奥斯曼再度与俄罗斯开战，对资金的需求变得更加迫切，而且这不仅仅是为了他们自己的战役：尽管财政吃紧，奥斯曼却承诺给瑞典高额补偿金，以换取瑞典进攻俄罗斯的西部边界（1790 年，瑞典与俄罗斯议和，奥斯曼才不再需要履行这项义务）。[69]意识到他们不能指望从摩洛哥得到任何援助后，奥斯曼政府又转向阿尔及尔和突尼斯咨询借贷，他们希望用"圣战援助"的名义打动这些伊斯兰国家，但同样无功而返。于是，教长发布教谕，宣称鉴于危机迫在眉睫，与非伊斯兰国家谈判是合法的，奥斯曼遂向尼德兰提出了借款请求。然而，尼德兰大使指出，奥斯曼寻求私人贷款较为合适，也就是向商人而非政府借贷。[70]法国大革命后，从尼德兰借款的路走不通了，他们向西班牙借款的请求也被拒绝了。[71]

＊　　　＊　　　＊

在塞利姆的童年及青少年时期，其父穆斯塔法三世仍然在世的时候，他在生活上所受的拘束相对不大，也形成了比较开放的心态，不似之前两个世纪中的多数王子，他们即位前完全生活于深宫内院，有时候甚至长达数十年。虽然他在苏丹阿卜杜勒哈米德登基后失去自由，但在此之前，他还参加过帝国会议的集会，在军事改革成为奥斯曼政坛当务之急的那段时间，他曾经检阅过他父亲的部队。虽然在1785年推翻阿卜杜勒哈米德的计划败露后他又遭幽禁，塞利姆仍然与外界保持联系，这使他明白改变乃大势所趋，而且他们最好主动引导变革，而不是面对变革退缩或顽抗。自第一次俄土战争起至其即位，塞利姆曾断断续续与路易十六通信，讨论军事改革，他毫不讳言，法国是他敬重的模范国家，但对法国1768年把奥斯曼推入战争却又袖手旁观表示不满，并毫不掩饰对俄罗斯的报复之心，他写信希望路易十六伸出援手，协助他收复之前的失土。

塞利姆三世在一场使奥斯曼元气大伤的战争中途登基，他按照老规矩给军队大颁登基赏赐，但仅仅一个月后，他便召集200多名国家大员（包括军人、官僚与神职人员）召开会议，讨论摇摇欲坠的帝国的未来。塞利姆在会议中谈及国家的生死存亡，而非任何独立问题，从国家治理的程序来说，他的这种主动倒是令人耳目一新。1792年雅西和谈之后，他阅读了他委托官员所做的有关帝国现况的各种报告（现存20多份），这些报告的主要议题为如何改善奥斯曼军队对抗欧洲的能力——特别是对抗俄罗斯的能力。报告的执笔者们承认，他们必须对传统价值观进行适当调整，方便奥斯曼接受现代方法与技术。之前数年，艾哈迈德·雷斯米埃芬迪（及其他人）就已经提出同样观点，为后续的发展铺平了道路，如今，论辩范围更加广阔，后继者能够在更包容的氛围中提出自己的看法。大臣和官僚一直会向苏丹提出各种建议，但现在苏丹开始主动咨询他们的意见——所以他也能获得更加广泛的建议。苏丹身边最具影响力的顾问之二是宗教领袖"小鞑靼人"阿卜杜拉埃芬迪，以及艾卜贝基尔·拉蒂卜埃芬迪，后者在1792年曾任驻维也纳特使，后任掌玺大臣，他所提交的报告最为广泛，除军事之外，还涉及许多其他的治理领域。

但也有人发出回归传统的保守呼声，特别是有人要求回到奥斯曼独有的基础机构（主要是禁卫军）彻底腐化（至少大臣们是这么认为的）之前的时代。但除了这些建言，报告中也不乏新的观点，有人呼吁建立新的军事组织，或对本世纪才建立的制度进行升级。从报告的内容可以清楚看出，统治圈子已经有意识地承认，有必要师法异教徒之所长，同时他们也坚持认为，他们必须在熟悉的伊斯兰教话语体系内学习这些方法。[72]

俄罗斯很可能对奥斯曼统治机构带来了巨大冲击，奥斯曼的军事改革就在此时开始。西方的协助主要来自法国，回顾这段历史时我们会发现，与之关系最密切的人物是托特男爵。1767 年，他被解除了克里米亚特别领事之职，1770 年，奥斯曼海军在切什梅败于俄罗斯后，他受命为苏丹穆斯塔法三世提供服务。他几乎提供了一整套的技术协助，组织了一系列活动，强化达达尼尔海峡要塞，防备俄罗斯对伊斯坦布尔的攻击，并建议成立各种军事专业学校及速射火炮兵团。由于托特善于自我推销，且他离开伊斯坦布尔后所写的回忆录极受欢迎，人们注意到的往往是外国人指导下进行的改革，而奥斯曼人自己发动的，特别是那些影响地方而非中央的改革措施却被忽视。[73]

后一类改革的其中一项是，阿卜杜勒哈米德废除了地方自组的非正规军（Levend）。这类地方部队是与禁卫军平行的步兵，人数在 10 万至 15 万之间 —— 他们在 1768 至 1774 年的战争中毫无表现。[74]艾哈迈德·雷斯米埃芬迪在 1769 年目睹了他们的行动，对之痛下针砭，说他们根本就是毫无纪律的乌合之众，最好待在家里。[75] "levend" 一词中暗含的轻蔑之意，至少可以追溯到两个世纪以前，它最初指的是 16 世纪末在安纳托利亚制造骚乱的非正规军。① 和之前的苏丹一样，阿卜杜勒哈米德在 1775 年战争结束后下令禁止使用 "levend" 一词，这是一项具有象征意义的措施，标志着一个新的开始。[76]

塞利姆麾下的兵团也是整顿的焦点。世纪中叶，普鲁士的腓特烈大

---

① 这个词也可以指水手的一个级别。

帝厉行改革，成为各国效法的标杆，欧洲君主无不以建立一支纪律严明、训练有素的部队为目标，塞利姆及其大臣也希望重组禁卫军及苏丹兵团的其他部队，并建立一支能够自给自足的全新队伍。这个军事现代化实验的目标是要建立一支拥有先进火力与训练水平的守纪律的专业部队。

在早期，禁卫军是从基督徒家庭出身的孩子中招募而来的，他们改信伊斯兰教，受训成为苏丹麾下最精英的部队。但几个世纪过去，这种"纯洁性"已经逐渐消失，少年征召制度也被放弃，奥斯曼部队开始招募穆斯林男性。在和平时期，这支部队越来越像是一支民兵，而非兵营中的正规部队，训练与纪律也远不如从前。军队规模随着时间的流逝而膨胀，其中还有许多"纸上禁卫军"——早已战死或失踪的人员，或从来就未真正在部队中服役的人。编年史家"烛台制造者之子"芬德克勒的苏莱曼埃芬迪在 1768 至 1774 年奉命招募军队，他指出，任何人只要声称自己是禁卫军，就会被接纳入部队。[77]自马哈茂德一世在位时期起，入伍委任状就已经可以售卖，服役人员名册的管理松懈到形成一个兴旺的市场，一个人只要取得证明自己部队成员身份的文件，就可以领取薪水及福利，并享受军人的免税特权。制度的滥用随后达到最高峰：1779 年，一个曾任禁卫军司令的大维齐尔下台，他被没收的财产内包括价值相当于 1600 名禁卫军一日薪资的入伍委任状。1782 至 1785 年，大维齐尔哈利勒·哈米德试图整顿军队，确定真正服役的人数，并禁止入伍委任状的售卖，却遭到了强烈反对。[78]

和传统的禁卫军部队一样，塞利姆建立的"新秩序"军一律招募新手，入伍者全都是穆斯林出身，不再有基督徒，他们接受特别训练，以具备他心目中现代军队应有的能力。然而，在招募军队前，资金要先到位，于是他在 1793 年 3 月 1 日颁布一道法令，设立了一个新的国库，并从伊斯坦布尔的失业青年中招募第一批部队。一直到 1794 年 9 月 18 日，塞利姆才公开宣布"新秩序"军队的规章。[①]之后，奥斯曼开始在安纳托利亚招募军队，6 年后，90% 的"新秩序"军成员都是这个地区的农民及部落

---

① "新秩序"一词此时仅用于军队的重组，以后才用于其他改革。Shaw, 'The Origins of Ottoman Military Reform' 292.

民。这支新军有自己的规章与标志（营舍、制服等），与当时其他部队完全不同，也与过去的军队有所不同，但他们没有传统，没有禁卫军那样辉煌的历史，而且毫不令人意外的是，禁卫军拒绝与之配合。其实，对禁卫军来说，在军事改革运动中，禁卫军拒绝接纳之前政府未曾利用过的人群并不是什么新鲜事，早在 1622 年，奥斯曼二世被杀害的原因就是禁卫军担心他要成立一支与其平等的军队。与此同时，促使政府改革或扩编禁卫军的动因并不一定是战力不足：阿卜杜勒哈米德一世在位时，也曾经考虑过另组一支部队，因为当时的人认为，伊斯坦布尔经常发生火灾的原因就是禁卫军在纵火，他们并没有成为维持法律与秩序的力量[79]——这是 19世纪消防与警察组织建立起来之前，人们在和平时期对他们的期望。根据当时的资料，阿卜杜勒哈米德在位时曾微服前往伊斯坦布尔的许多火灾现场，经常花整个晚上在附近屋子里观察灾情，并奖赏救火的人员。[80]

苏丹塞利姆及他的顾问都十分明白，既得利益者一定会出来作梗，阻止政府撤销禁卫军编制。"小鞑靼人"阿卜杜拉埃芬迪就用心良苦，在提出的改革计划中，提到了苏丹苏莱曼一世治下禁卫军的全盛时期的荣耀[81]（遥想当年，禁卫军还没有在欧洲战场上被时代抛弃，也没有成为对国内治安的威胁），但他野心勃勃的方案还是被打了折扣。唯一可能的解决办法似乎是不改变禁卫军的组织，只训练他们使用比较现代的欧式步枪——但每当他们需要训练时，他们就会举行叛乱，而禁卫军的规模仍在不断扩大。

相比之下，"新秩序"军似乎注定会获得成功。1799 年，他们中的 500人第一次活动，就参加了叙利亚的阿卡之役，击败了法国的拿破仑·波拿巴。1802 年，奥斯曼在安纳托利亚实施新的征兵制度，行省的官员及权贵必须为"新秩序"军提供一定数量的人员。1805 年该制度又推广到巴尔干，但征兵人员遭到强烈抵抗。到了 1806 年，在伊斯坦布尔、安纳托利亚与巴尔干，这支部队一共有 2.5 万多名士兵及 1500 名军官。

海军的改革同样缓慢且问题重重。1784 年，法国人博纳瓦尔（与世纪初另一个后来成为"炮手"艾哈迈德帕夏的博纳瓦尔并非同一人）针对海军写了一篇言辞尖刻的报告，只对"阿尔及尔人"哈珊帕夏为改进舰队作业的努力保留了几句好话（其中包括他自掏腰包贴补经费的行为）。博纳瓦尔特别指出，舰长训练不足且被动消极，舰上纪律涣散，船只及重要设备的状况极差，根本不适宜出海。1770 年，奥斯曼在切什梅遭遇惨败，且他们清楚，若要收复克里米亚，就要大幅强化黑海舰队，这促使阿卜杜勒哈米德拼命催促他们做好与俄罗斯再度一战的准备。18 世纪 80 年代中期，奥斯曼建造了西班牙大帆船、双桅帆船、单桅帆船，还从瑞典购买了一艘战舰，从英国购买了一艘"铜底"战船。1788 年 4 月 23 日，奥斯曼舰队浩浩荡荡驶入黑海与地中海，这支舰队共有船舰 28 艘，军官 263 人，水兵约 1.25 万人。[82] 但战争爆发后不久，当地部队就陷入激战，舰队抵达太迟，无法削弱金巴伦的战力，而俄罗斯已扼住这个关键的战略前哨。舰队根本无法在奥恰基夫城的防守中发挥作用，只不过使奥恰基夫晚了几周投降而已，还赔上了 15 艘船舰。[83] 奥斯曼政府吸取了这个教训，在 1789 至 1798 年间，奥斯曼有 45 艘大型现代战舰服役。但拥有新的战舰并非一切：和陆军一样，人才是关键问题。为了解决博纳瓦尔所指出的舰长素质太差的问题，奥斯曼建立了一套新的军官训练制度，成立了专门学府，传授造船工程知识与航海的基本原则。[84]

苏丹塞利姆不仅是个感情丰富、灵魂厚重的人，而且是个现代化主义者：在即位之前，他会写音乐写诗歌，表达他对帝国状况的悲观，他信奉梅乌拉那教团，自其中寻求精神上的纾解。身为苏丹，他和之前的苏丹一样，很快就重用了自己的精神导师，使其影响力能够覆盖统治阶层乃至所有平民百姓。他为自己的改革理念找到了支持者与宣传者 —— 神秘主义诗人谢赫迦里布。1791 年，迦里布被任命为梅乌拉那教团加拉塔分会的谢赫，塞利姆成了那里的常客，他不仅提高了梅乌拉那教团的知名度和影响力，支持教团在整个帝国的活动，并整修 13 世纪教团创始人贾拉勒·阿尔丁·鲁米在安纳托利亚中部科尼亚的陵墓。谢赫迦里布则写了许多诗，颂扬苏丹在军事改革上的成就。[85]"小鞑靼人"阿卜杜拉埃芬迪曾在改革报告中引述苏莱曼一世时代的禁卫军精神，谢赫迦里布写到这些改革时，也引用了奥斯曼传统中耳熟能详的观念，以降低人们心中改革的威胁性。有一首诗的开头这样写道：

> 塞利姆陛下塑造了时代的正义，
>
> 重新为我们的信仰与国家带来繁荣；
>
> 真主的启示照耀下，他的悟心
>
> 为国家创造了独特的韵律和理性概念。
>
> 他的努力和思想都是为了恢复世界的秩序，
>
> 他认为战争和呼唤真主之名一样是必要的；
>
> 他以金银满足军队的一切所需，
>
> 真主的宠爱为他的许多事业带来功勋与名声。

收尾的诗节则描述了他为炮兵团新建的军营。无疑，在塞利姆的心目中，他偏爱的梅乌拉那教团传道者正好可以抗衡禁卫军的盟友拜克塔什教团，[86] 而且随着梅乌拉那教团的成长，拜克塔什的影响力也减弱了。然而，苏丹并不仅仅依赖梅乌拉那教团。他还在改革中引用伊斯兰教法，以淡化改革偏离旧制的色彩。[87]

* * *

苏丹塞利姆明白，奥斯曼在世界上的地位已然改变，改革不应被限制在帝国海陆军的现代化范围内，他设想的新秩序就是建立在这个认知基础上的。1699 年，《卡尔洛维茨和约》迫使奥斯曼放弃了帝国边界可以无限扩张的妄想：领土大面积丧失的现实迫使帝国寻找一个能够跟上时代的存在的理由。奥斯曼接受了自身在欧洲秩序中的新地位，其中一个象征就是在和谈中，他们开始接受第三方的调停。对奥斯曼来说，1768 至 1792 年与俄罗斯之间的战争带来的冲击，尤甚于 17 世纪末与哈布斯堡王朝的冲突的冲击，它进一步迫使其检讨与他国的外交关系，使奥斯曼的当政者明白，基于互惠精神，他们必须要遵守双方的协议与条约义务 —— 至少他们认为欧洲各国是这么做的。

传统上，奥斯曼的苏丹往往自视为赐予乞和者和平的仁慈的施舍者，然而最近一段时间，奥斯曼一直处于守势，这显示以上想法不过是奥斯曼的妄想。同样在传统上，和平的基础是"暂时的共存"，它是苏丹可以按意愿在任何适当时间终止的状态。[88] 在欧洲外交史上，互惠的概念始于1648年三十年战争结束时所签订的《威斯特伐利亚和约》。尽管和约的条款并没有完全落实，而且诚如一位现代史家所言，这份和约是国家之间"贪婪与恐惧的冲撞"，而非利益的协调，但和约所订的各种安排却认可了神圣罗马帝国内各国的主权与独立，各国相互冲突的要求在一个框架内得到规范，它还默认了欧洲均势的变化。"均势"一词首见于1713年西班牙王位继承战争结束时所签订的《乌特勒支条约》。[89] 将近一个世纪之后，为了与欧洲国家在可预知的基础上建立关系，苏丹塞利姆三世才接受了这个概念，据此规范彼此间的事务并行之有年。

在塞利姆的心目中，既然奥斯曼帝国按照欧洲国家的规则与他们打交道，便应该得到平等的条件及对待，因此，1790年普鲁士和瑞典撕毁他们与奥斯曼签订的条约时，伊斯坦布尔政府大感震惊——他们十分怀疑这个行为的真实性，以至于在1793年之前，奥斯曼仍然视他们与普鲁士的盟约为有效的。[90] 但不幸的是，时间不站在塞利姆这一边：正当奥斯曼帝国好不容易出现一个想要全面变革的苏丹时，欧洲国家却发生了巨大的变化，先后发生的法国大革命和拿破仑战争，迫使他们不得不重新评估长久以来的优先事项与生活方式。奥斯曼将会明白，在现阶段，欧洲的外交反映了欧洲一直以来的立场：当现实政治需要时，条约是可以毁弃的。这真是一个惨痛的教训！

1792年，俄土战争结束。随后，法国君主制度的崩溃点燃了有史以来第一次泛欧战争。1793年，战争爆发，英国、奥地利、普鲁士及许多较小的国家联合起来对抗共和制的法国。不同于以往的做法，奥斯曼这次宣布中立。普鲁士驻伊斯坦布尔大使试图说服掌玺大臣穆罕默德·拉希德埃芬迪，禁止法国人在帝国内佩戴象征同情革命的帽徽，他得到的回答是：

> 他们（指法国）和其他与上国订有条约的欧洲国家都是友邦，居住在伊斯坦布尔的人则都是客人。上国与法国的友谊并非附属于其

政府，无论其政体为共和制或君主制，友谊是属于法国人民的。你把住在伊斯坦布尔的法国人称为雅各宾党人，但我们只知道他们是法国人。他们穿戴什么对我们不并重要，如果连这些事都管，那就是在否定他们的行为。否定他们的行为就是与他们敌对，这违反了中立的原则。[91]

掌玺大臣的说法是，干涉法国人的穿戴是条约禁止的，这意味着奥斯曼与法国的关系仍未改变（无论其为王朝或共和国），也不是所谓"第一次反法同盟"的力量所能改变的。[92]奥斯曼完全不以伊斯兰律法的立场（甚至不是根据奥斯曼的法律）而是用当时欧洲国际法的概念陈述自己的立场，这是第一次。[93]

1798 年，拿破仑·波拿巴入侵奥斯曼的埃及。奥斯曼对于这种冒犯当然不能无动于衷，但对这样一个长期盟友宣战的决定并不是轻易就能做出的。为了合理化他们对法国的挑衅所做的反应，奥斯曼在宣战声明中充分表达了他们遵守欧洲规范的愿望：

他们（指法国）如海盗般突然攻占埃及——这片上国最为珍贵的领土。他们的手段前所未见，也违反了国际法以及普遍行之于各国的法律规范。[94]

为了获得支持反抗的教谕，人们必须推翻包括大维齐尔和教长在内的亲法派。法国入侵埃及的影响之一是，奥斯曼发现，在"第二次反法同盟"中，自己不仅和英国，以及短暂地和奥地利结成了同盟，也和他们的世仇俄罗斯搭上了同一条船。这也是奥斯曼第一次与其他国家加入一个同盟。[95]

塞利姆在位期间，奥斯曼外交还发生了另一个变化。自早期以来，奥斯曼宫廷一直以来都会接待来自西方与东方的外国使节，但很少派人出使。然而在 18 世纪，奥斯曼派往欧洲各国首都的使节团至少就有 20 个，其中有 5 次发生在最后 10 年。塞利姆明白互惠互利的好处，甚至建立了常驻大使馆，其中第一个是 1793 年设立的驻伦敦大使馆，随后在 1794 及 1795 年，奥斯曼分别在维也纳及柏林建立大使馆，1797 年，奥斯曼派出驻巴黎大使。[96] 1793 至 1795 年之间，很明显，塞利姆颇想向圣彼得堡派一位常驻大使，但终究没有做出任命。[97] 然而，欧洲这段时期的动荡并不利于塞利姆的这项实验性的做法。另外，对派驻在外的使节来说，全面参与派驻国家的社会生活是外交活动的必要部分，伊斯兰教的文化特点往往只会造成种种限制 —— 譬如禁止喝酒。拿破仑严格要求大臣们 "不得怠慢饮食，不得怠慢女士"，这与奥斯曼的行为准则可说是天差地别。对于这一点，塞利姆也有自知之明：

> 伊斯兰教所激发的虔诚，与奥斯曼对国家荣耀的重视，其实使穆斯林使节与派驻国大臣之间难以进行社交活动。因此，大使的主要任务（如探听机密与为国家获取利益）往往无法完成。[98]

但无论如何，塞利姆迫切希望成为一位具有欧洲风格的君主。和穆斯塔法三世及阿卜杜勒哈米德一世一样，他也会委托本地及欧洲的艺术家为自己绘制肖像，并赠送给家庭成员悬挂于宅邸。此外，在 1794 及 1795 年，他还命令驻伦敦大使优素福阿迦埃芬迪用他的画像找人制作了 70 幅版画，这些画有彩色的，有黑白的，成为赠送达官贵人的礼物。他是第一个意识到帝王肖像具有外交功能的苏丹：他委托一名伦敦画家制作了一整本历代苏丹版画画像的画册，并于 1806 年赠送一幅自己的画像给拿破仑。在给大维齐尔的书信中，他这样写道：

> 我极喜爱法国皇帝赠送的礼物，特别是画像。送画像是极大友谊及真诚的表现，因为，与朋友交换画像在欧洲是极为重要的传统。这为我带来莫大喜乐。我也特别为他准备了一幅我自己的画像，一幅很大的画像。我得立刻送给我的皇帝朋友。[99]

*　　　*　　　*

18世纪期间，中央对行省的威权崩溃，这不仅是中央与地方利益冲突无法找到平衡点不可避免的结果。世纪末的10年间，塞利姆的某些改革倾向于中央集权化，违背了以前行之有年的习惯，也使上述问题恶化。举例来说，"新秩序"军的征募与资金筹措就令地方大感不悦，因为这剥夺了行省自行募兵的责任及其所带来利益：负责支付"新秩序"军开销的"新制税"国库所收的税的一部分来自在竞拍人空缺时收归国有的地方的包税权。[100] 而这是地方权贵不愿放弃的投资，因为金融资源是他们建立政治影响力的财源。这种对金融资产的占用也打击到中等阶层，因为终身包税权制的实施已经使地方与此制度利害相关的各阶层人士大幅增加。一旦接触到地方权力阶梯的最底层，人们就可以通过扩大投资的地理范围发迹，或以多元方式融入与中央政府危险的金融体系关系较疏远的经济部门，如借贷或地区（甚至国际）贸易。[101] 这些既得利益者都不理会中央政府——而且还有更多的人准备加入他们。

在地方自治的大趋势中发挥影响力的地方势力，也使帝国欧洲行省的情况大不同于安纳托利亚，特别是阿拉伯地区的行省——事实上，每个省的情况都有许多独特之处。由于地理位置的特点，帝国的巴尔干地区很容易成为欧洲大国染指的目标。到18世纪末，奥斯曼政府已经丧失许多巴尔干基督教臣民的效忠。烽火经年不断，使许多人转而到哈布斯堡王朝的领土寻求庇护，即使是留在巴尔干的那些人，也无法免受奥斯曼边界以外的吸引。但威胁巴尔干稳定的不仅是基督教徒，当地的穆斯林家族（包括巴尔干与安纳托利亚西部的家族）在外部势力的怂恿下也无不蠢蠢欲动，安纳托利亚东部的情况也大同小异，在奥斯曼与伊朗接壤的省份，对地方的忠诚仍然大大影响着什叶派居民。

阿拉伯世界也在变化当中。这里距奥斯曼核心地区十分遥远，文化差异巨大，奥斯曼最初让这里紧随中央的企图都失败了。此后，奥斯曼对阿拉伯诸省的政策转变为妥协性政策，这种妥协的基础是阿拉伯臣民对奥斯曼家族与国家某种程度的效忠，以及共同信仰的强大吸引力。它有效制止了阿拉伯的分离主义倾向。但到了18世纪末，波斯尼亚冒险家"屠夫"

艾哈迈德帕夏在叙利亚已经实现了相当程度的独立，独立程度唯一超过叙利亚的，就是在 1798 年法国入侵埃及之后阿尔巴尼亚人穆罕默德·阿里帕夏统治的埃及。同一时期，18 世纪 70 年代中期在汉志崛起的瓦哈比伊斯兰复兴运动也颇有自立门户之势，其威胁绝不亚于巴尔干基督教徒的分离主义倾向。

在安纳托利亚，到了 18 世纪末，伊斯坦布尔派去的官员已经失去了长久以来拥有的权力，许多家族在一个世纪的经营后已经有钱有势，在伊斯坦布尔政府及地方的代理人之间扮演起调解者角色，其中最有名的当推安纳托利亚中部的恰潘家族、安纳托利亚西部的卡拉奥斯曼家族及安纳托利亚中北部的贾尼克家族。恰潘家族起于微末，在 1768 至 1774 年的战争中，他们已经独揽安纳托利亚中部的金融及行政大权，1782 年起的 30 年中，家族长老苏莱曼贝伊与中央政府合作，提供军队与补给，以换取更大的奖赏。他支持苏丹塞利姆建立"新秩序"军，在塞利姆继承者穆斯塔法四世在位期间，他曾经短暂失宠，之后又与政府合作，直到 1813 年逝世。此时，他的家族利益已经覆盖了整个安纳托利亚中部，以及阿拉伯的拉卡省及阿勒颇省。[102] 支持塞利姆改革的行为明显为他们带来了奖励，因为在塞利姆在位期间，苏莱曼贝伊及其兄弟穆斯塔法获准在安卡拉东边的约兹加特兴建了一座清真寺，后来苏莱曼贝伊之子又予以扩建。[103]

恰潘家族与贾尼克家族相邻，两家素有冲突，后者的领地在前者的领地与黑海之间，两家的财富数量随着政府青睐对象的变化而有所起伏。但对政府来说，贾尼克家族并不可靠，他们的失宠使恰潘家族得利。该家族的"机智的"马哈茂德贝伊曾被俄罗斯俘虏，获释后不再支持"新秩序"军队，1806 年，他逃往 1783 年以后已经成为俄罗斯帝国一部分的克里米亚。[104]

卡拉奥斯曼家族的历史则可以追溯到 17 世纪，其在 18 世纪的影响力大体上是来自于家族控制的萨鲁汗桑贾克贝伊代理的职位。他们拥有庞大的农业地产，以及伊兹密尔部分收入最丰厚的包税区，并掌握着一个以对外贸易为命脉的地区的治安。和恰潘家族一样，他们支持政府，在 1787 至 1792 年的俄土战争期间，在人力及后勤上为政府提供关键的协助。逝世于 1829 年的卡拉奥斯曼家族的哈吉·厄梅尔阿迦据说是当时各省中最富有的权贵。[105] 在其扎根的马尼萨地区，卡拉奥斯曼家族留下了许多重要建筑，包括清真寺、商队旅馆、图书馆及神学院，这实实在在地证明了其财富之盛及人脉之广。[106]

东部的迪亚巴克尔位于底格里斯河重要的贸易路线上，18 世纪末，这里的政治与经济权力皆由谢赫扎德家族掌控；谢赫扎德家族在这个时期垄断了纳合西班迪教团的领袖职务，而在此之前，这个职务通常由政府的代理人或地方显贵担任。塞利姆改革之前，谢赫扎德家族的利益大体上与中央政府一致，但在 1802 年，一支"新秩序"军进驻迪亚巴克尔，引发了一连串的恶性事件。这支军队是在外省招募的，但他们的薪水却是以"新制税"之名用夺自地方既得利益者的地方税收来支付的。18 世纪下半叶，奥斯曼整体经济已经开始下滑，如今政府又强制推行这个措施，无异于雪上加霜，这最终引发了一场叛乱。驱逐是奥斯曼政府镇压叛乱的重要手段，在这场叛乱后所有的被驱逐者中，谢赫扎德家族就占了 71 人。[107]

安纳托利亚虽然没有"典型"的世家，但到了 18 世纪，安纳托利亚的地方豪族却一改 17 世纪动辄叛乱的毛病（政府往往称之为"暴动和骚乱"），不再和政府作对。巴尔干的情况却正好相反，17 世纪时，当地显贵不像安纳托利亚那样好作乱，18 世纪，叛乱却变得频繁起来。17 世纪末，奥斯曼与奥地利爆发了战争，兵连祸结，到 18 世纪，又与俄罗斯冲突不断，使巴尔干民不聊生。小部分人抓住机会大发横财，而绝大多数人处于难以生存的困境，遑论得到获利的机会。由于大部分的战斗都发生在奥斯曼境内，难民潮变得一发不可收拾，疫病的流行也带来了大量死亡。

因此，和 17 世纪的安纳托利亚一样，18 世纪的巴尔干也明确划分了土匪与叛乱显贵的界限。除了地位低微的混乱制造者外，重要参与者都可以归于第二类，他们包括维丁的帕斯旺家族的奥斯曼帕夏，以及鲁塞的提尔西尼克里家族的伊斯玛仪阿迦，两者都生活在多瑙河地区；另外还有爱奥尼亚的台佩莱纳的阿里帕夏及阿尔巴尼亚北部的豪族布沙蒂家族，两者都据有庞大地产。这些巨头们在地方上扎根很深，从终身包税权上获得了巨大的利益，在 1787 至 1792 年的战争期间，他们为军队提供人员和粮饷。和安纳托利亚的大家族一样，这些强大家族之间不可避免地会产生摩擦：布沙蒂家族就与台佩莱纳的阿里势同水火，在阿尔巴尼亚争夺地盘；在多瑙河地区，帕斯旺家族的奥斯曼与提尔西尼克里家族的伊斯玛仪也在抢夺资源与影响力。伊斯坦布尔迫切需要这些豪族在战争中扮演关键角色，虽然政府愿意给予他们当地的经济权力为奖赏，但试图拒绝分给他们贪图的政治权力，这种做法最终引发了这些家族的叛乱。当这些人的利益与中央政府冲突时，政府便征兵围剿他们，但这些行动都不太成功。

以帕斯旺家族的奥斯曼帕夏为例，1788 年，其父厄梅尔鼓动维丁地区的人民反抗政府，因此遭到处决，财产被没收。但奥斯曼在 1787 至1791 年对奥地利的战争中表现优异，其父的部分土地被归还给他，他遂以此为基础累积财富，招纳散兵游勇及游手好闲之辈组成民兵，入侵塞尔维亚及瓦拉几亚。这引起苏丹震怒，但他承诺愿为国家忠仆后得到赦免。然而在 1792 年，他又攻占了奥斯曼总督手中的维丁要塞，苏丹为此下令要处死他。但因地方上人民的支持，他再度被赦免，继续吸引新的追随者，并从与奥地利的区域贸易中获利。到 1794 年时，他已经是鲁米利亚首屈一指的豪强，控制着从贝尔格莱德直至埃迪尔内的广阔土地。政府一再想笼络他，却都失败了。他与贝尔格莱德要塞的指挥官哈吉·穆斯塔法帕夏始终不和。1796 至 1797 年，他又夺取了对头鲁塞的提尔西尼克里家族的伊斯玛仪阿迦在多瑙河地区的土地。1797 年，台佩莱纳的阿里帕夏击败了帕斯旺家族的奥斯曼纠集的 1.2 万多名民兵（其中包括土耳其人、阿尔巴尼亚人、保加利亚人及波斯尼亚人）。此后，塞利姆发兵 8 万，由保皇派的鲁米利亚地方权贵及中央政府官员联合指挥，进击阿里帕夏所在的维丁。在围攻维丁 8 个月后，政府军放弃了围城，又因为苏丹需要专注别的事务，他再度赦免了帕斯旺家族的奥斯曼。[108]

政府毫不犹豫地促使地方势力互相残杀，或是利用他们打击伊斯坦布尔眼中的"土匪"——贪官污吏、散兵游勇、地痞流氓。但他们所使用的手段有时与"土匪"并没有什么不同。巴尔干较小的地方势力则被伊斯坦布尔看作"山贼"，在 1791 年，对俄罗斯的战争接近尾声时，政府第一次对他们进行了清剿。政府几次清剿尝试的失败显示，他们可以把政府玩弄于股掌之中，而赐予他们总督头衔的老策略对他们的安抚作用也是短暂的。[109] 巴尔干大家族并不像安纳托利亚的大家族那样会对中央政府效忠，所有人都抵制"新秩序"军，就连政府试图招募入军队的人也不例外。有人回忆当时的情形，当征兵的命令下达至巴尔干各省时，他们一口回绝道："我们是禁卫军，我们的先人是禁卫军，我们不会接受'新秩序'。"[110]

*　　　*　　　*

塞利姆三世在位时，国际局势瞬息万变，法国大革命与拿破仑战争改变了欧洲的均势，外国强权发现了从外围干涉奥斯曼内政的空间，这存在着前所未有的潜在危险性。俄罗斯以及奥地利不断在西部及北部各省施展其影响力，只是后者的影响力略小。英国为保护通往东方的贸易航线，更深入地涉入中东事务，对奥斯曼来说，他们也开始成为一股必须注意的力量。巴尔干的地方豪族（特别是在黑山及阿尔巴尼亚，这些地方从来就不曾充分认同过奥斯曼中央政府）与中央政府的关系正在发生变化，他们都想与某个欧洲国家结盟，为自己谋取更多的利益。特别是领土在亚德里亚海及多瑙河畔的豪族，他们最容易接受外界提供的协助以达到自己的目的（通常是要求更强的独立性），在强权政治的游戏中换取对他们的纵容。

其至在拿破仑还没入侵埃及之前，法国就已经不怀好意，想要介入奥斯曼事务。1797 年，奥地利与法国签订《坎波福米奥条约》（拿破仑在意大利的军事征服达到巅峰），把爱奥尼亚群岛与阿尔巴尼亚南部和伊庇鲁斯的港口城市割让给法国，再加上法国已经占领了威尼斯的达尔马提亚殖民地，法国因此与奥斯曼帝国接壤。法国外交部长塔列朗计划利用爱奥尼亚的台佩莱纳的阿里及帕斯旺家族的奥斯曼推翻苏丹。台佩莱纳的阿里显然没有足够信心背叛塞利姆，[111] 塞利姆为确保他的效忠，不仅提升了他的职位，还承诺给予奖赏。而帕斯旺家族的奥斯曼据说不仅与法国展开讨论，还在 1798 年与俄罗斯和奥地利领事于布加勒斯特建立了联系。

拿破仑入侵埃及之后，奥斯曼大部分的巴尔干军队都投入埃及，帕斯旺家族的奥斯曼遂支持禁卫军（此举并非第一次），背叛贝尔格莱德的哈吉·穆斯塔法帕夏，而后者领导的只是一支纪律涣散、机会主义的民兵，根本说不上是一支效忠苏丹的可靠部队。禁卫军肆虐巴尔干。为筹措防卫经费，哈吉·穆斯塔法额外加税，激起了当地塞尔维亚人的反抗，因为与奥地利的战争结束之后，塞利姆为安抚塞尔维亚人，已经给予了他们相当程度的自治。[112] 哈吉·穆斯塔法直接采取最有效的解决办法，允许塞尔维亚人拿起武器自卫，此举使局势更加混乱，不久之后，贝尔格莱德的高阶神职人员颁布了一项教谕，迫使哈吉·穆斯塔法允许禁卫军及之前遭到驱逐的破坏分子返回贝尔格莱德。这些曾加入帕斯旺家族的奥斯曼阵营中的人，在1801年再度控制贝尔格莱德要塞，并将哈吉·穆斯塔法处死。[113] 1804年，饱受民兵肆虐之苦的老百姓（基督徒与穆斯林皆然）忍无可忍，宗教人士只得发布教谕，宣布抵抗民兵暴行的反抗活动属于合法行为。奥斯曼的尼什总督为他们提供军火，塞尔维亚人组成一支3万人的部队，在乔治·彼得洛维奇（亦名卡拉·乔治）的指挥下，成功攻占贝尔格莱德。驻守其他要塞的禁卫军及民兵也遭到同样的攻击。塞尔维亚人向俄罗斯人求援，得到了一些秘密协助，但奥地利政府仍保持中立。俄罗斯与奥地利各自在别处都有更急迫的事务。然而，奥地利边界的塞尔维亚人还是会对遭到围困的同胞伸出援手。[114]

尽管当地的基督徒与穆斯林同心协力对抗禁卫军兵团，但伊斯坦布尔政府还是很快就对塞尔维亚人的成功感到警觉，他们采用往常对待野心勃勃的地方势力的手段，派出军队加以清剿。卡拉·乔治所率领的塞尔维亚人迎头痛击政府军并占领全省，最后，在1807年1月6日占领贝尔格莱德要塞。信仰东正教的塞尔维亚人如今反抗的对象，不再只是腐败的地方民兵，也包括奥斯曼帝国的军队。对俄罗斯来说，此时正是介入巴尔干事务，援助巴尔干教友的前所未有的大好机会。1806年底，俄罗斯对奥斯曼帝国开战，争夺摩尔达维亚及瓦拉几亚的控制权。1807年6月，俄罗斯派遣特使至贝尔格莱德，与塞尔维亚人的领袖进行会议：塞尔维亚人同意将自己的命运交给自己的东正教保护者，接受俄罗斯的军事顾问，允许俄罗斯在省内驻军，俄罗斯还承诺会赐予他们一部宪法。俄罗斯的介入眼看已经箭在弦上，却没有实现：1807年，俄罗斯与拿破仑在提尔西特签订和约，其中包括由法国出面调解俄罗斯与奥斯曼关系的条款，这使俄罗斯不能再支持苏丹的东正教臣民。[115]

塞尔维亚人的叛乱令奥地利十分紧张，因为奥地利与奥斯曼接壤的巴尔干边界地区的居民大多是斯拉夫人及东正教徒。奥地利是个天主教帝国，对维也纳来说，确保这些教会眼中的宗教分离分子对政府的忠诚是个十分重要的问题，奥地利要防止"他们的信仰使他们向俄罗斯的沙皇寻求保护"。天主教政府与东正教臣民之间长久以来达成的妥协体现为所谓的东仪天主教会，它承认教皇为其精神权威，但仍维持东正教的礼拜及仪式。此时，东仪天主教会在理论上仍然存在，但每次奥斯曼的威胁减弱（譬如1718年的《波扎雷瓦茨条约》签订后）时，天主教都会获得更大的自主权：当时，东正教徒遭到打压，信仰自由受到更大限制，许多在战争结束后向北越过边界的难民，又返回了奥斯曼境内以前的家。这种情形一再重演：在1737至1739年的战争期间，奥地利糟糕的表现导致另一个东正教压迫时期（这一次，还牵涉到耶稣会[116]）以及强迫改宗的出现，谣言不胫而走，引发边界一带的动荡，许多人再一次逃入奥斯曼领土，或者在俄罗斯特工的煽动下逃往俄罗斯领土。[117]到了18世纪70年代，奥地利与奥斯曼在巴尔干的边界，形成了一条从亚得里亚海直至喀尔巴阡山的管制严密、防御坚强的界线，在俄罗斯在这个地区的内部事务上扮演积极的角色的时候，管理这条边界成了奥地利面临的重要挑战。神圣罗马帝国皇帝约瑟夫二世希望，包容的宗教政策与奥地利和俄罗斯1788年以来的结盟，可以赢得东正教臣民的效忠；他的继承者利奥波德二世在其统治的1790至1792年间，更是撤销了所有具歧视性的法律规定。[118]

塞尔维亚人的叛乱，不仅使奥地利开始怀疑境内东正教子民的忠诚，也把斯拉夫民族主义的幽灵召唤了出来，匈牙利南部、斯洛文尼亚及克罗地亚信奉天主教的斯拉夫人埋怨奥地利未能干预这场叛乱，反而和信仰东正教的斯拉夫同胞联合起来，尽其所能给予协助。奥地利政府担心，南部斯拉夫人这种突破信仰藩篱的结合，甚至会对哈布斯堡南边与奥斯曼接壤地区的天主教徒造成威胁。[119]奥斯曼也一样，对这种斯拉夫人的身份认同深表忧虑。

整个18世纪，由于奥斯曼、俄罗斯与奥地利之间的战争逐渐削弱了奥斯曼在它与俄罗斯帝国之间的下多瑙河地区的权威,多瑙河畔的几个东正教公国已经成为俄罗斯利益关注的焦点。这些公国的当地统治阶层通常会推举候选人出任大公,但摩尔达维亚大公迪米特里·坎特米尔在 1711 年背叛苏丹艾哈迈德三世,倒向彼得大帝,希望俄罗斯会在 1710 至 1712 年的战争中击败坎特米尔的宗主,此后,这个制度便被废除。瓦拉几亚的最后一任本土大公康士坦丁·布朗柯维努在普鲁特河一役中没和彼得站在同一阵线,而是将自己的物资转供给奥斯曼军队,[120] 结果却被坎特米尔的继承人尼古拉斯·马夫罗克达多(亚历山大·马夫罗克达多的儿子,曾经参与过《卡尔洛维茨和约》的谈判)阴谋陷害,于 1714 年和他的 4 个儿子及顾问被伊斯坦布尔处决,首级悬在托普卡帕宫外示众。[121] 从此,各公国出现了历史上长达一个世纪的"法纳尔"时期:出生于伊斯坦布尔法纳尔区(1587 年以来普世牧首座堂所在地)的有钱有势的希腊裔商人或银行家家庭的人成为奥斯曼人偏爱的大公人选,他们在摩尔达维亚的雅西或瓦拉几亚的布加勒斯特奢华的宫廷中实行统治。

和他们的前任一样,"法纳尔"大公也对伊斯坦布尔负责,但他们效忠的主要对象是苏丹而非地方利益。奥斯曼对这个缓冲区的忧虑来自战略方面,因为俄罗斯的力量正在抬头。没有人会管大公及其追随者是如何牺牲地方百姓的利益累积自己的财富的,但只要沾上一点与俄罗斯勾结的嫌疑,他就会被罢免,很少有大公能长期统治。[122] 在法纳尔时代,苏丹命令的执行力度得到了空前的加强。

在 1768 至 1774 年的俄土战争期间,雅西与布加勒斯特被叶卡捷琳娜的部队占领,但《库楚克开纳吉条约》却将摩尔达维亚与瓦拉几亚归还给了奥斯曼,只不过其附带条件为俄罗斯影响这两个地区的内政大开方便之门。1787 至 1792 年的战争进一步削弱了奥斯曼对各公国的影响力:按照《雅西条约》,俄罗斯与摩尔达维亚之间的边界定在德涅斯特河 —— 之前两国则是以第聂伯河为界。到了 1802 年,摩尔达维亚与瓦拉几亚的大公人选虽由奥斯曼提出,却须由俄罗斯批准,他们的任期均为 7 年。对奥斯曼来说,这种俄罗斯权威大增的情形已经严重威胁到他们在欧洲领土的完整。

苏丹塞利姆不愿疏远法国及俄罗斯,对两国驻伊斯坦布尔使节的外交活动保持着密切关注。在别无选择的情况下，奥斯曼承认了革命的法国，但 1804 年拿破仑加冕时未向奥斯曼递交国书，以致两国之间的外交关系暂停。俄罗斯遂趁隙而入：塞利姆同意俄罗斯船只可以通过博斯普鲁斯海峡进入地中海，并将任命亲俄罗斯的人出任多瑙河地区公国的大公的权力让渡给俄罗斯。但到了 1805 年底，拿破仑分别在乌尔姆及奥斯特里茨击败奥地利及俄罗斯，促使塞利姆改变策略，于 1806 年 2 月承认拿破仑为皇帝，地位等同于俄罗斯及奥地利皇帝。1806 年，奥斯曼向法国让步，单方面罢免了摩尔达维亚与瓦拉几亚大公，因而激怒了俄罗斯，导致它出兵两个公国，12 月，奥斯曼宣战。1807 年 5 月，拿破仑与伊朗沙赫缔约，同意协助伊朗收复 1801 年被俄罗斯并吞的格鲁吉亚，[123] 但同年 7 月，他又与俄罗斯沙皇签订《提尔西特条约》。拿破仑在东方的意图明显是制造分歧，威胁英国在印度的利益，同时在俄罗斯南方边界制造问题使其分心，或者制造进一步扩张的机会，将俄罗斯拉进法国的联盟。

*　　*　　*

尽管远离欧洲，但奥斯曼帝国的阿拉伯诸省仍然不可避免地感受到强权政治造成的改变。奥斯曼帝国与伊朗接壤的巴格达 – 巴士拉边陲地带处于半自治状态，在 1723 至 1831 年之间，其行政权大部分时期都由逊尼派的达乌德家族掌握。伊斯坦布尔可以通过总督的任命维护在这里的权威，在这样一个与伊朗摩擦不断的地方，中央的控制常常受到欢迎，但这里人口多样而复杂，包括定居的农民、阿拉伯人及库尔德人、伊朗什叶派、生意人与贸易商，以及前往汉志的朝圣者，管理这片区域也变得更加困难。1774 年，正当《库楚克开纳吉条约》使奥斯曼不得不承认自己在西边的军事地位已经被削弱之际，它的东部边界也爆发了战争。伊朗西部当时处在设拉子活力充沛的什叶派赞德王朝手中，高加索西南部则为格鲁吉亚所控制，这里名义上是奥斯曼的附庸国，却于 1783 年与俄罗斯结盟。因此，在奥斯曼帝国部队自顾不暇，无法援助地方军队的情况下，底格里斯 – 幼发拉底盆地成为地方部队抵挡赞德王朝扩张的最后防线。[124]

达乌德家族的厄梅尔帕夏在 1764 至 1775 年间任巴格达总督，其人私心极重，只顾巩固自己的权力，奥斯曼苏丹交付他的责任并不被他放在心上。伊朗沙赫向苏丹阿卜杜勒哈米德抱怨他的我行我素，但伊斯坦布尔没有能力也不准备惩罚他。1775 年，赞德王朝发兵围攻波斯湾富有的港口巴士拉，厄梅尔帕夏担心他们接下来会进攻巴格达，遂按兵不予救援。一年后，巴士拉守军弹尽援绝，最终无条件投降。但在巴士拉被攻破前，一支效忠苏丹的奥斯曼部队却攻击了巴格达，迫使厄梅尔帕夏下台并处死了他，至巴士拉陷落，奥斯曼才向赞德王朝宣战。教谕称巴士拉被攻击是奥斯曼开战的原因，并痛斥赞德王朝的自大与奸诈，这显示，奥斯曼不再背离 1746 年与纳迪尔沙赫签订的条约，放弃了过去将什叶派穆斯林视为伊斯兰教的分裂者并依此为借口开战的做法。[125] 然而，敌对状态持续的时间并不长，1777 年，双方就开始了和谈。

达乌德家族最著名的后代为"伟大的"苏莱曼帕夏，他是巴士拉围城战役的总指挥，1780 至 1802 年间的巴格达总督。令苏丹安心的是，他在任职期间忠实践行"新秩序"。[126] 这个地区的其他人却不支持这个政策，尤其是贾利勒家族及控制巴格达以北领土的摩苏尔的其他大家族。他们垄断了这个地区的农业生产，并将苏丹宣称拥有的资源据为己有。他们早就失去了对中央权威的迷信，特别是在 1768 年奥斯曼在俄罗斯边境上的糟糕表现之后。先后出任基尔库克及摩苏尔总督的贾利勒家族的苏莱曼帕夏无视了巴士拉之围期间中央下达的补给命令，后来政府又试图让他负责提供补给，但同样失败了。到了世纪之交，随着巴格达总督的权力不断增加，以及"新秩序"的实施，摩苏尔地方豪族的野心才得到限制。[127]

18 世纪末的叙利亚也是掌握在地方豪族手上的，但各省情况有所不同。例如，阿勒颇就从没产生过一个特别杰出的家族，不同家族在这里合纵连横，争夺地方上的资源和税收作为政治及经济的资本。在这里，"纸上禁卫军"（禁卫军名册上吃空饷的人）与地方上拥有特权的豪族之间流血冲突不断。18 世纪的大部分时间里，大马士革都掌握在阿兹姆家族手中，其家族成员坐享总督大位带来的利益。[128] 但随着伊朗丝绸贸易的萎缩，大马士革的重要性被西顿省及其商业港口阿卡取代。西顿自 18 世纪

40 年代起即为谢赫查希尔·奥马尔所统治，他的势力无可动摇，中央权威多次插手想要抑制他的活动都失败了。[129] 在 1768 至 1774 年俄土战争期间的 1771 年，查希尔·奥马尔与当时实际掌握埃及的统治者"捕云者"阿里贝伊合作，以自卫为借口发兵征服叙利亚。[130] 在奥斯曼舰队在安纳托利亚西部的切什梅外海惨败，且俄罗斯攻击爱琴海北部的奥斯曼的船只及陆上据点后，[131]"捕云者"阿里贝伊承诺将交出耶路撒冷及基督教圣地，俄罗斯的舰队部分船舰遂前往援助叛军，他们的借口被戳穿了。不料祸起萧墙，"捕云者"阿里贝伊的妹夫兼继承人穆罕默德贝伊·阿布·扎巴赫背叛了他，成功化为泡影。但到了 1772 年，"捕云者"阿里与谢赫查希尔在叙利亚会合，并在俄罗斯海军炮火支持下对贝鲁特展开围攻（贝鲁特当时是反对独立的德鲁兹教派谢哈布家族的地盘）。[132] 奥斯曼中央政府身陷西疆和北疆与俄罗斯的战争，面对这里危险的叛乱，他们只能设法安抚，同意让谢赫查希尔掌握西顿省的金融资产。但战事甫一结束，穆罕默德贝伊（如今已是埃及总督）便迅速于 1775 年对查希尔开战。穆罕默德贝伊虽在战役中因病去世，谢赫查希尔的统治还是被推翻。[133]

在谢赫查希尔·奥马尔之后崛起的叙利亚北部豪族的出身完全不同。"屠夫"艾哈迈德帕夏是波斯尼亚人，1756 年随意大利叛徒"医生之子"阿里帕夏来到开罗——后者曾三任大维齐尔，当时为埃及总督。[134]"屠夫"艾哈迈德帕夏后来进入"捕云者"阿里贝伊的家庭服务，但于 1769 年离开，后来在谢赫查希尔围攻贝鲁特时，因协助谢哈布表现突出而受到重用。他在 1775 年出任西顿总督，直至 1804 年去世。其间，他掌握了叙利亚的大部分地区（他在 1785 年又被任命为大马士革总督），控制了该地区以棉花及谷物贸易为主的财政收入。中央政府试图限制他的影响力，数度任命他出掌诸如波斯尼亚之类的省份，使他远离自己的财政基地叙利亚，却都没有得逞。但无论伊斯坦布尔如何不放心他的半自治状态，他始终谨小慎微地遵守各种与苏丹交往的规矩，包括每年定时向中央上缴税款，并打压地方上不顺从的势力，确保朝圣者的安全。[135] 在"屠夫"艾哈迈德帕夏的治理下，叙利亚的经济生活十分繁荣，商业税收促进了城镇的发展（特别是阿卡、贝鲁特及西顿）。他在大本营阿卡大搞建设，建造了 6 座清真寺、2座市场，以及许多商队旅馆、喷泉、浴室及水车磨坊。[136]

随着强大的卡兹达勒家族逐渐成为埃及的统治家族，埃及在18世纪中叶实现了和平与繁荣。也是在这一时期，当地统治者对自己在奥斯曼帝国内的自主地位踌躇满志，在开罗及其他城市兴建了许多新的建筑。从1760年起，这个家族的领袖就是"捕云者"阿里贝伊，他在1771年入侵叙利亚，以争夺更大的自主权，这显示了他所能掌握的资源，以及伊斯坦布尔政府的无能——哪怕他因为穆罕默德贝伊·阿布·扎巴赫的背叛而失败了。[137]

"捕云者"阿里贝伊于1773年去世，两年后，穆罕默德贝伊·阿布·扎巴赫也去世了。此后，埃及陷入激烈的派系之争，四分五裂，治安遭到严重败坏。1786年，中央政府决定介入以恢复秩序。当时，卡兹达勒家族的另外两个成员——易卜拉欣贝伊及穆拉德贝伊分享权力但彼此不合。两人最近才刚把两个奥斯曼的总督赶下台，拒绝向中央上缴税款，而且涉嫌与俄罗斯勾结。[138]此外，当地的法国商人饱受欺凌，向苏丹上诉，要求保护他们的教堂不受穆拉德贝伊的攻击，并扬言，如果苏丹不接手，他们便将要求法国政府介入。[139]伊斯坦布尔政府责成"屠夫"艾哈迈德帕夏就埃及的情况提交一份报告。报告中，他提到开罗和埃及的农村，以及行省的军队，建议苏丹派遣远征军重新建立中央政府的权威，并整顿埃及的地方政府：

> 一支1.2万人的部队足够应对从加沙出发进行的远征……这支部队抵达（开罗）所需的时间为83小时。行军途中……埃及新总督必须以各种理由不断赠送士兵礼物，借此取得他们的支持，因为自古以来，埃及人就善于欺骗及背叛。他们设计欺骗君主的策略形形色色，为众人所知……新总督还必须做到一件事，就是他必须先行前往埃及，常驻数年，并参与当地重要事务。[140]

1786年，一支海军在海军元帅"阿尔及尔人"哈珊帕夏的指挥下出发，但由于派出的登陆部队未能拦截撤往内地的叛军，军队不得不战略性撤退，元帅本人则在次年向俄罗斯宣战之后再度奉召至伊斯坦布尔。易卜拉欣贝伊及穆拉德贝伊得到苏丹的赦免，继续将行省的税入中饱私囊。18世纪70年代及90年代不确定的状况对埃及法国商人的利益也产生了不利的影响。[141]

1798年，拿破仑入侵埃及。这个行为和俄罗斯舰队1770年突然出现于爱琴海一样，使奥斯曼朝野为之震动。法国利用奥斯曼的外交辞令，对他们入侵名义上为友好国家的领土的行为进行辩护，宣称他们是"（苏丹）敌人的敌人"，也就是说，他们是埃及那些争斗不休的豪族的敌人。拿破仑的如意算盘是，只要把腐败的军事头目除掉，人们就会拥抱法国将建立的新政权。[142]"屠夫"艾哈迈德帕夏也是同样意见，只不过他的目标是恢复伊斯坦布尔政府的权威，而不是建立巴黎的政权。[143]

1799年，拿破仑进攻叙利亚，"屠夫"艾哈迈德帕夏继续证明了他对奥斯曼的忠心与价值。1798年11月，拿破仑向"屠夫"艾哈迈德帕夏发出自己的和平意向，[144]但随即向叙利亚出兵，企图先发制人阻止"屠夫"艾哈迈德的部队与任何奥斯曼派往埃及救援的远征军会合，并在1799年3月中旬抵达阿卡。当地一些反对"屠夫"艾哈迈德的势力加入围攻阿卡的法军，但艾哈迈德得到英国海军的支持（其中包括两艘战舰）。围城之战中，双方相持不下，但奥斯曼一支舰队及护航队抵达，且疫病在法军中蔓延，两者交逼，迫使拿破仑于5月20至21日夜间撤退。[145]

1799年7月，奥斯曼陆军在阿布基尔湾登陆时败于法军之手。但次月，拿破仑却离开了其新征服之地秘密返回法国。在他离开后，守住法国在埃及的征服成果成了难事。法国虽然保证会尊重伊斯兰教，低阶教士却不放心，煽动民众反对法国，法军也几乎要开始闹兵变。以开罗为例，1800年春天，法国在围城几周后终于恢复了秩序。但到1801年3月，英国及奥斯曼军队在阿布基尔湾登陆，同时，一支由大维齐尔率领的奥斯曼军也由叙利亚抵达埃及（1517年塞利姆一世征服埃及马穆鲁克王朝即是经由这条路线）。开罗被包围，法军投降，英国占领了埃及，直到1802年《亚眠条约》签订才将其归还奥斯曼。[146]

只要是不支持法国的派系，英国都加以笼络，但他们却和奥斯曼人与法国人一样，发现要在埃及建立统治权的目标实在难以实现。派系斗争与连年烽火使老百姓早已疲惫不堪，条件恶劣到了极点。1803年英国军队撤出埃及后，情况仍没改善。伊斯坦布尔任命的总督企图以法国为师，建立一支现代化军队，但这次尝试以失败收场。1803年，一支两年前随奥斯曼大军进入埃及驱逐法军的阿尔巴尼亚兵团发生兵变，总督逃出埃及。重建秩序的尝试屡屡失败，导致这支兵团的年轻指挥官、来自爱琴海北岸卡瓦拉的穆罕默德·阿里趁乱击败众多竞争者取得权力。伊斯坦布尔别无选择，于1805年任命他为总督。[147]

后来的事实证明，这不是短效的权宜之计。没过多久，穆罕默德·阿里就成功地痛击了那些反对他的管理、拼命想要恢复1798年之前优势的派系，建立了自己的家族，从自己家乡邀请家族成员和忠实的同盟加入。不论是出于真心或私心，他尊重苏丹独有的铸币权力，而且在周五的礼拜仪式中称他的名。此外，还把埃及财政的余钱上缴伊斯坦布尔。[148]穆罕默德·阿里很快就摇身一变，成为奥斯曼的模范仆人。

从18世纪最后几十年起，伊斯坦布尔在阿拉伯地区的利益就变得复杂起来，其主要原因是，在奥斯曼权力鞭长莫及的阿拉半岛中部偏僻地方出现了一个禁欲的伊斯兰教派——瓦哈比派。瓦哈比派以创立人穆罕默德·本·阿卜杜勒·瓦哈卜的名字命名，他打着复兴运动的旗号，大肆反对过去一个世纪中冒出来的非伊斯兰习俗，包括圣人崇拜、迷信、献祭牲礼等，既吸引了政治及宗教上的支持，同样也惹来不少骂名。到18世纪70年代，瓦哈比派还将他们与奥斯曼帝国核心区域大不相同的宗教习俗推广到麦加谢里夫的权威覆盖的地区，没多久又推行到了伊拉克。到1792年，即穆罕默德·本·阿卜杜勒·瓦哈卜去世的那一年，一个名叫阿卜杜勒·阿齐兹·本·穆罕默德·本·沙特的部落领袖开始建立起一个以前者的教义为基础的国家。

不久，领土与宗教的野心就把新的沙特-瓦哈比国家带入了与奥斯曼的冲突，但伊斯坦布尔很慢才意识到应该严肃对待这些帝国遥远地带传来的报告。18世纪90年代的麦加谢里夫加利卜组织了一支远征军攻打瓦哈比派及其部落同盟，但他的行动并不顺利，于是他向叙利亚及伊拉克的总督求援，然后又向伊斯坦布尔求助，但这些请求全都石沉大海。1798 年，谢里夫加利卜被击败，被迫割让了大片土地。[149] 1798 年，"异教的"拿破仑在埃及的成功，进一步削弱了奥斯曼的苏丹 – 哈里发作为圣地保护者及伊斯兰世界领袖的威望（而他们曾小心翼翼地用几个世纪的时间积累威望），并使瓦哈比派更加确信只有他们才能够拯救伊斯兰教。1802 年，瓦哈比派攻占伊拉克的什叶派圣城卡尔巴拉，但伊斯坦布尔政府深陷埃及的危机，直到 1803 年才得以发兵征讨他们。然而，奥斯曼的军队与补给都准备不足，沙特人得以继续挺进。1803 年，沙特人占领麦加，但被谢里夫加利卜击退。1805 年，他们攻占麦地那，次年再度占领麦加。[150] 沙里夫加利卜明白自己处于严重的弱势地位，希望在传统秩序与这个野心勃勃的新教派之间至少能够维持一个共存的局面，但沙特人对他妥协的尝试嗤之以鼻，并在 1807 年禁止奥斯曼的朝圣车队通过汉志。阿卜杜勒·阿齐兹·本·穆罕默德·本·沙特的继承人沙特·本·阿卜杜勒·阿齐兹，在周五的礼拜中用自己的名字取代了苏丹，篡夺了伊斯兰世界中最重要的统治特权。对苏丹塞利姆来说，这简直是奇耻大辱，他的伊斯兰教最高统治者的地位摇摇欲坠。

13

从"新秩序"到"秩序重整"

世纪之交帝国巴尔干诸省的混乱和当时强权的结盟有着密切关系。1806 年 2 月，奥斯曼承认拿破仑的帝位之后，法国马上派遣特使塞巴斯蒂亚尼将军前往伊斯坦布尔，谈判有关两国联合抵抗俄罗斯的事宜。拿破仑的希望是，塞利姆的军队形成一股缓冲的力量，好让法国更深入巴尔干，巩固前一年年底在乌尔姆及奥斯特里茨的胜利——他更大的梦想则是让伊朗成为这个联盟的第三方，帮他打开通往印度的道路，这在次年春天得以实现。

1806 年，靠近伊斯坦布尔的地方发生变乱。当时，一支在安纳托利亚招募的"新秩序"军自首都向埃迪尔内进发，目的是要吓阻当地禁卫军支持一个反对塞利姆军队改革的人士。在当地权贵"移山者之子"穆罕默德阿迦的指使下，这个地区的人民拒绝提供军队补给。地方的豪族都支持他，要他反对苏丹塞利姆的新军及其在巴尔干地区的征兵计划。在埃迪尔内，宣布苏丹征兵计划的官员被私刑处死，整个地区的周五礼拜不再提到苏丹的名。大维齐尔伊斯玛仪帕夏和叛乱集团秘密接触，并试图说服苏丹不要在巴尔干推行"新秩序"，但都失败了。"移山者之子"穆罕默德召集追随者（包括鲁塞地方豪族提尔西尼克里家族的伊斯玛仪阿迦）来到埃迪尔内。位于伊斯坦布尔与埃迪尔内途中的乔尔卢的百姓封闭道路，阻挡来自首都的"新秩序"军，[1] 后者则炮轰乔尔卢，双方都蒙受巨大损失。[2] 塞利姆虽然命令军队停止前进，阻止了流血事件的发生，但这个事件已经为"新秩序"计划敲响了丧钟。[3]

　　塞利姆亟欲和法国恢复良好关系，但这却使英国感到极大不安。1807 年 2 月，不顾奥斯曼岸炮的猛烈轰击，数艘英国船支强行通过达达尼尔海峡，最远达到伊斯坦布尔外海的王子群岛。但由于海浪滔天，仅有一艘船行抵托普卡帕宫外下锚，并计划于 2 月 22 日炮击市区，却在最后一刻放弃。在恶劣天候与英国的坚定的外交措施影响下，舰队最终撤退，空手而去——这更加强了塞利姆与法国结盟的决心。

　　1806 年，奥斯曼再次和俄罗斯开战。1807 年 4 月，奥斯曼政府再度派兵进入巴尔干，顺利抵达多瑙河畔的锡利斯特拉，与强敌对峙。在这几个月当中，塞利姆又采取了一些提高军队士气、改善军队表现的新办法，进一步激化了埃迪尔内反"新秩序"的动乱。随着征兵的推行，地方豪族也看到自己积累的权力如此轻易地被剥夺，动乱遂蔓延至鲁米利亚。同时，苏丹在伊斯坦布尔宣布，他希望穿着"新秩序"军的欧式制服参加周五礼拜及阅兵；此外，他又表示，希望防御黑海至伊斯坦布尔的上博斯普鲁斯要塞的民兵也穿新制服。有些顾问提醒他这种想法有问题，但负责博斯普鲁斯安全的主管却说，只要苏丹愿意，让士兵们戴古怪的帽子都可以，这个说法最后占了上风。5 月 24 日周一，要塞指挥官、前掌玺大臣马哈茂德·拉伊夫埃芬迪（人称"英国人"，因其曾于 1793 至 1797 年出任奥斯曼首任驻英大使馆一等秘书）向集合的属下宣读苏丹的命令，让他们接受"新秩序"及其制服（样式参见他自己及副指挥官的穿着）。[4]

　　"新秩序"在当时人中引发了强烈的情绪，甚至影响了他们对事件的记录，因此他们对后续事件记录的细节也有差别。但有一件事毫无疑问，那就是驻扎在上博斯普鲁斯要塞的民兵并不是塞利姆"新秩序"军想要征募的对象，他们在本质上和发动塞尔维亚革命的那些非正规军比较相近。于是，一场事变在上博斯普鲁斯亚洲海岸的"匈牙利堡"[5]爆发。据目击者叙述，驻军的首领拔枪朝马哈茂德·拉伊夫埃芬迪的副手开枪，击中了他的腹部。叛军知道闯下大祸，一不做二不休，决定干脆连马哈茂德·拉伊夫也一并杀了。在他们眼中，他就是要强行推动新制的祸首。他们多半知道他强烈支持"新秩序"改革，可能也知道他已经出版了一本有奥斯曼文、法文及德文版本的著作，向世界详细说明塞利姆的陆军及海军改革。[6]人在博斯普鲁斯对岸鲁米利亚卡瓦伊堡垒的马哈茂德·拉伊夫听到消息便逃走了，但民兵渡海而至，抓到他一并杀了。[7]噩耗传到苏丹耳里时，叛军已经取得了禁卫军的支持，后者宣布他们和前者目标一致。唯一能镇压叛变的是已经历过减员的"新秩序"军，他们驻扎在博斯普鲁斯海峡鲁米利亚一侧山上的莱文特农场及于斯屈达尔的哈列姆，但大维齐尔易卜拉欣·希尔米帕夏（伊斯玛仪帕夏的继任者）随其他军队出征，留守首都的大维齐尔代理人"无须的"穆萨帕夏是个保守的人，不让"新秩序"军离开营区。到周三夜晚，叛军毫无阻拦地沿着博斯普鲁斯海岸直驱托普哈内，那里是加拉塔南方的铸炮厂，距离皇宫乘船也只需很短时间。[8]

在这样的危急时刻，苏丹塞利姆却显出了优柔胆怯的一面。在托普卡帕宫召见为首的禁卫军军官时，他否认自己要将博斯普鲁斯民兵纳入"新秩序"军，并同意放弃自己梦寐以求的军队改革。这话传到普通士兵耳朵里时，大家都不敢相信，因为在此之前，尽管"新秩序"军已经把整个鲁米利亚及安纳托利亚搞得乌烟瘴气，他还是拒绝解散他们。博斯普鲁斯民兵在整个城里流窜，吸引了各种不满的人加入。乱民进入城里的禁卫军营区时，政府官员纷纷逃走，苏丹命令想在皇宫寻求庇护的神职人员留在他们现在所处的位置，即大维齐尔的办公区。苏丹要求退役的禁卫军长官命令他们的手下停止叛乱，他们为此在苏莱曼清真寺中庭集会，但大家都举棋不定，提议教长"谢里夫之子"赛义德·穆罕默德·阿塔乌拉埃芬迪与鲁米利亚及安纳托利亚的首席法官到禁卫军营区与他们会谈。[9]

大维齐尔及禁卫军总司令都随军出征，处理民兵以及和他们沆瀣一气的禁卫军的重任就落到了教长、大维齐尔代理人"无须的"穆萨帕夏及禁卫军副司令穆罕默德·阿里夫的肩头。一年前，赛义德·穆罕默德·阿塔乌拉埃芬迪和"无须的"穆萨帕夏都同情埃迪尔内反对"新秩序"军的叛乱者，[10]之后，苏丹认为身为保守派的阿塔乌拉埃芬迪可能会使改革变得比较容易接受，才任命他为教长。"无须的"穆萨帕夏拒绝命令"新秩序"军将博斯普鲁斯兵变扼杀在萌芽中，这虽然避免了一场流血冲突，但也等于否定了苏丹的军事决策。

叛乱的模式和过去没有什么不同。禁卫军校场上满是呐喊的禁卫军、军械士部队的人和民兵。禁卫军烧饭煮菜的锅被人搬到广场上来，倒扣在地——这个动作通常表示他们不再听命于苏丹。经过商议，禁卫军提出了一份名单，包括 12 名应为他们所受委屈负责的高级官员。一部分人前往古罗马竞技场要求苏丹把这些人交出来，走到半途，一个禁卫军兵团的教士鲁莽地要大家冷静下来，却为此丢了性命。禁卫军的高级长官试图安抚乱民，但他们坚持要求苏丹交出名单上的人，废除"新秩序"，取消所有相关措施。恐惧的苏丹塞利姆完全屈服，同意了所有要求，承诺恢复苏丹苏莱曼一世时代盛行的步兵及骑兵制度。[11]

"新秩序"即将被废除的说法传至哈列姆及莱文特农场的营区时，塞利姆宠信有加的"新秩序"军队竟然一哄而散。叛军名单上的政府官员躲的躲，藏的藏，有些被找到并在禁卫军校场上被处死，而苏丹为了自保，把躲在宫里的几个处决了，首级则送给禁卫军。当天晚上，叛军宣布，必须确保苏丹继承人（包括塞利姆的堂兄弟、苏丹阿卜杜勒哈米德一世的儿子穆斯塔法与马哈茂德，此时都 20 多岁）的安全，暗指塞利姆有可能会加害他们。苏丹分别在大维齐尔府及禁卫军校场宣读了一份声明，据目击者转述，甚至连叛军都为之动容：

> 我没有子嗣。两位王子都是我的孩子，是我眼中的光芒。真主不会允许我成为毁掉奥斯曼王朝的国家与统治，以及奥斯曼的纯正血脉的罪魁。那种念头我永远不可能有。求真主护佑，永远不会有那样的一天。愿真主保佑他们长命百岁！[12]

5 月 28 日周四，神职人员及禁卫军的领袖（在整个事件期间，他们都无法与下级取得联系）都认为，苏丹前一晚充满感性的请求应该已经结束了这场叛乱：不管怎么说，苏丹已经同意了叛军的要求，"新秩序"军已经解散，许多名单上的政府官员也被杀。他们认为，博斯普鲁斯民兵可以用钱收买，他们的长官则可以贿之以高官厚爵。然而，当他们的建议被交给民兵后，民兵的长官"南瓜贩"穆斯塔法却不答应，并进一步提出一项要求：苏丹塞利姆下台，穆斯塔法王子继位，也就是说，他们不再接受塞利姆为世俗的或精神的领袖。问到塞利姆将会面对的下场时，民兵的代表明告教长，他们无意伤害他，苏丹艾哈迈德三世在1730年被废黜之后，一直都在宫中过他的太平日子。教长念过了《古兰经》中有关登基的经文，也举行了应有的礼拜，下面的校场上响起一片"阿米乃"之声。[13] 教长阿塔乌拉埃芬迪不敢独自前去皇宫转达塞利姆下台的消息，影响到了登基的仪典，但他同意在2000人的陪同下，前呼后拥来到皇宫。但宫门紧闭，他只能递上一封信，交给黑人大太监，转告塞利姆若不下台，叛军便不散去，而且他们已经宣誓效忠新苏丹穆斯塔法四世。[14]

皇宫外面及阿亚索非亚清真寺附近挤满了5万群众，高喊着"我们要苏丹穆斯塔法"。教长与大维齐尔代理及一干随员静候于宫门之外，黑人大太监将废黜苏丹的最后通牒交给待在悬园（今之第四庭院）割礼殿中的塞利姆。塞利姆虽然绝望，却明白自己应做的事。他前往后宫，找到他的堂兄弟穆斯塔法，后者被幽禁多年，踌躇许久才露面。新苏丹在吉兆之门前登上宝座，文武百官向他宣誓效忠。[15]

苏丹穆斯塔法四世是在塞利姆下台那天的日落之后登基的。次日，即5月29日周五，阿亚索非亚清真寺举行了礼拜活动。博斯普鲁斯民兵拥立了他们的新苏丹，却提出更多要求。长官要求并获得了升官加爵，士兵则为加薪欢呼：民兵队长"南瓜贩"穆斯塔法晋升为欧洲海岸博斯普鲁斯要塞的监管者。新苏丹颁发命令，确认"新秩序"军解散，要求民兵永远不再叛乱，并赦免他们所犯之罪。到6月初，兵变平息，禁卫军及民兵都收到一份登基津贴，军人全部回归军营。[16]

与苏丹奥斯曼二世1622年被废黜时一样，苏丹塞利姆三世被废黜的原因是他们改组军队的计划——但我们并不确定奥斯曼二世是否真的要改组军队。在公众的想象中，两位苏丹都以悲剧收场，但至少塞利姆在位期间并非全是辛苦日子。他的私人秘书写下他在位期间的详细记录，逐日记载了无关国事的宫廷生活、沿城中水道的皇家游行、野餐和狩猎、音乐晚会和皇家觐见，以及阅兵式。[17] 尽管要面对诸多严肃的日常事务，塞利姆（本人还是个颇有才华的作曲家）和他的圈子与艾哈迈德三世及其朝臣一样，比较喜欢追求享乐。

他和艾哈迈德三世还有其他的相似之处。1807年的叛乱和1730年的叛乱一样，也是以第一个要求苏丹下台的人命名的：1730年，出名的是"帕特罗讷"哈利勒，1807年则是"南瓜贩"穆斯塔法。和"帕特罗讷"哈利勒一样，"南瓜贩"穆斯塔法也出身奥斯曼社会下层，来自安纳托利亚中北部的卡斯塔莫努，与他交往最密切的都是格鲁吉亚人及阿尔巴尼亚人。他和民兵战友原本就不是经过训练可供国家所用的军人，只是一群配备武器的乌合之众。虽然他们得到了国家的让步，这却没有使他们成为一支服从的队伍。他们借口巡逻博斯普鲁斯喝酒闹事，抢劫掠夺，打架惹事，还把妓女带回要塞赚黑钱。[18]

登基一周后，苏丹穆斯塔法在艾米诺努沿岸的新清真寺举行了周五礼拜，并到附近拜谒其父苏丹阿卜杜勒哈米德一世的陵墓。6天后，他到金角湾最北端，拜谒苏丹穆罕默德二世及阿尤卜·安撒里之墓，被佩上了据信为开国苏丹奥斯曼所有的宝剑，并于接下来的周五在苏丹巴耶济德二世清真寺参加礼拜并晋谒其陵墓。然而，这样中规中矩地参与这些行之久远的仪式，并没有为穆斯塔法带来他想要得到的道德权威及合法性。即位后的几周内，为了巩固自己的地位，他下令流放及处死了许多塞利姆的官员，但他却无法顺利除掉几个使"新秩序"终结的关键人物。"无须的"穆萨帕夏虽已去职，但两周后又短暂复职，而禁卫军不满意教长的任命，也让阿塔乌拉埃芬迪得以复职。但有的人就没有那么幸运了。禁卫军副司令穆罕默德·阿里夫阿迦在安抚叛军的协商中扮演了重要角色，并结束了这场兵变，却被控贪污而去职，被逐出伊斯坦布尔，财产也被发放给禁卫军。他前往麦加朝圣，在途经布尔萨时被害，首级被送回伊斯坦布尔。禁卫军也强迫当时人在多瑙河前线的大维齐尔易卜拉欣·希尔米下台，并保荐自己的人选出任禁卫军司令。[19]

1807年10月18日，安纳托利亚北部的权贵、"新秩序"的反对者贾尼克家族的塔亚尔·马哈茂德帕夏（1806年逃往克里米亚）重返伊斯坦布尔，[20] 立即被任命为新任大维齐尔切莱比·穆斯塔法帕夏的代理，但不到几个月就得罪当朝人物而去职，据说是因为禁卫军不喜欢他。1808年3月，他遭到放逐，带着大批随员前往色雷斯西部的季季莫蒂霍，但是，不仅他的财产未遭没收，苏丹穆斯塔法还赏赐给他一份退休金。[21]

在塔亚尔·马哈茂德帕夏试图在后"新秩序"时期扮演要角失败后，另外一个地方豪族也跳出来，企图把国家掌握在自己手中。1806年，权倾一时的提尔西尼克里家族的伊斯玛仪阿迦被杀，在多瑙河前线担任"新秩序"军副指挥官的"旗手"穆斯塔法帕夏开始崭露头角。提尔西尼克里家族的伊斯玛仪在锡利斯特拉地区的权力转移到了"旗手"穆斯塔法手中，"新秩序"军指挥官受命限制其势力，但和其他帝国的地方强人出现时一样，苏丹根本没有其他选择，只能接受他在该地区的强大权力，[22]因为，当时与俄罗斯的战争刚开始，他的服务对帝国的防卫极为关键。1807年2月3日，他接手多瑙河前线的军事指挥权，同时担任锡利斯特拉省总督。[23]

由于他掌握着奥斯曼的战略要地，"旗手"穆斯塔法帕夏不仅手握大权而且深受器重，1807年的战争季节结束时，塞利姆下台时正好在多瑙河前线的几位高级官员就宁愿跟着他留在鲁塞，不愿意回伊斯坦布尔。这些人都支持"新秩序"，计划让塞利姆复辟。大维齐尔切莱比·穆斯塔法帕夏自前线返回伊斯坦布尔途中，邀请多瑙河地区与"旗手"穆斯塔法不和的人士前往埃迪尔内会商大计，"旗手"穆斯塔法听到消息，率兵一万开赴该城展现实力，不仅震动当地，甚至惊动了伊斯坦布尔。透过中间人的协调，他与大维齐尔和解，希望解除一触即发的危机的大维齐尔于是遣返了与"旗手"穆斯塔法敌对的人士，并以商谈军队情况为由邀请他入城。苏丹穆斯塔法根本没料到也没批准切莱比·穆斯塔法的行动，而且不明白"旗手"穆斯塔法为何会丢下前线与俄罗斯作战的责任[24]——尽管1807年8月签订《提尔西特条约》之后，双方已经同意停战。

事实上，关于多瑙河地区的军事情况，"旗手"穆斯塔法还真有许多东西要抱怨。1808年7月4日，他送了一份令人震惊的报告给伊斯坦布尔的大维齐尔代理，抱怨补给与兵员的不足——只有一小部分人应政府要求发回了关于职责的报告，前一年也是同样情形。他说，在当地及从巴尔干更远地区来的补给消耗殆尽后，他们面临着严重的短缺，在1807年，他不得不用自己的资产来养兵，而且还得花大钱向多瑙河以北的农民购买粮食。他指出，奥斯曼的农民饱受征粮征物之苦，都学塞尔维亚人（当时正闹起义），拒绝供应粮草给军队。他说，由于既没有军队又没有补给和粮饷，他们根本无力跟俄罗斯再战。他严厉批评军队中的大量非战斗人员，对于动用 3 万至 4 万部队护卫圣旗"以收震慑人心之效"的行为，他尤其不满，因为这些人都需要粮饷。之前一年，他曾建议，圣旗根本不需要跟着军队走，不然留在埃迪尔内也可以，但没人听取他的意见。他说，他们更需要士兵去战斗。[25]

"旗手"穆斯塔法帕夏言语中的愤怒是明显的。他强调，正是因为他觉得有必要和大维齐尔谈这些事情才会去埃迪尔内，他还说，他耗费的任何时间都在浪费自己的钱。他一心所想的无非是国家福祉，效忠苏丹。他需要补给和军队（包括民兵，在他心目中，这是战争部队重要的成分）以充实俄罗斯前线或塞尔维亚前线，而且现在就需要他们。在他看来，把奥斯曼战力拖垮的主要问题是纪律，他建议任命值得信任的维齐尔到多瑙河的每个据点，在他全盘指挥下协调人员行动。他需要的是一支可靠的战斗部队，而不是成千上万的办事人员。"旗手"穆斯塔法帕夏说，另外一个严重问题是逃兵，这个问题在安纳托利亚的士兵中尤其严重。[26]

和之前许多不满意现状的人一样，"旗手"穆斯塔法帕夏表达了想要面谒苏丹的想法。大维齐尔虽有心阻止，却力有未逮，于是他写信给苏丹穆斯塔法最信任的人之一，后宫的一个黑人太监，谈到"旗手"穆斯塔法的意向，但此时"旗手"穆斯塔法已在前往伊斯坦布尔的路上。教长阿塔乌拉埃芬迪及大维齐尔代理设法推后"旗手"穆斯塔法抵达伊斯坦布尔的时间，建议苏丹写信给大维齐尔，提醒他圣旗随军返回伊斯坦布尔时必须举行传统仪式。然而，不论多么担心最后的结果，他们都决定不要激起冲突，以免造成流血，因此，他们最终告诉大维齐尔，表明苏丹同意"旗手"穆斯塔法前来伊斯坦布尔。[27]

"旗手"穆斯塔法抵达伊斯坦布尔时，"南瓜贩"穆斯塔法被逮捕并处死——至于是谁下的命令，是"旗手"穆斯塔法或是苏丹，我们不得而知。1808 年 7 月 19 日，教长与大维齐尔代理带着随从自伊斯坦布尔出发，参加迎接圣旗返都的仪式，苏丹穆斯塔法则前往伊斯坦布尔西边的达乌德帕夏校场附近的传统地点，自大维齐尔切莱比·穆斯塔法手中接过了圣旗。在将圣旗交给护旗官后,他在大维齐尔之前返回皇宫。虽然"旗手"穆斯塔法也到了这里,但他待在了自己的帐篷里,没有参加仪式。[28]

迎接圣旗仪式耽搁的时间并不足以让苏丹及其顾问筹划出应付"旗手"穆斯塔法的计策。两天之后,"旗手"穆斯塔法进入伊斯坦布尔,城内的人都恐惧地关注着会发生什么。他先去了大维齐尔的办公地,在那儿免了切莱比·穆斯塔法帕夏的职位——因为他破坏了他们在埃迪尔内达成的让苏丹塞利姆复辟的协议。切莱比·穆斯塔法一直被"旗手"穆斯塔法玩弄于股掌之上,最终被他取代。"旗手"穆斯塔法又下令免去了教长阿塔乌拉埃芬迪及其他高阶神职人员的职位并予以流放,接下来便带着自己的人到皇宫,要求宫内的人交出前任苏丹。苏丹穆斯塔法的侍臣们很清楚这意味着什么,便告诉苏丹,只要塞利姆活着,他自己的地位就不稳固,而苏丹本人也十分清楚这一点。于是,穆斯塔法的人以要将塞利姆带到苏丹穆斯塔法面前为借口,进入逊位苏丹居住的内宫,在塞利姆拒绝出门时将之杀害。"旗手"穆斯塔法来到皇宫,发现自己已经来迟。于是他询问新任教长,苏丹穆斯塔法滥杀无辜,是否还能算是合法的统治者。一得到早已成竹在胸的答案,他便差人将穆斯塔法的弟弟马哈茂德从宫里带来。"旗手"穆斯塔法与重臣们向新苏丹马哈茂德二世宣誓效忠,后者则将大维齐尔官印授予"旗手"穆斯塔法,后者推辞再三后终于接受。所有参与杀害塞利姆的官员一律被处死,首级悬于宫门之外示众,并各附一板述明他们"杀害苏丹塞利姆,是教会与国家的叛徒"。[29]"旗手"穆斯塔法崛起的另一个受害者是塔亚尔·马哈茂德帕夏。穆斯塔法在位期间,他短暂得势。苏丹穆斯塔法曾将他放逐到色雷斯,未久复任命他为瓦尔纳(黑海海岸多瑙河之南)要塞司令,但苏丹穆斯塔法下台后不久他就被处决。[30]

*   *   *

1808 年 7 月 28 日,穆斯塔法四世突然退位,23 岁的马哈茂德王子即位,震惊各界。马哈茂德全然孤立,没有任何天然同盟,纯粹是来到伊斯坦布尔企图复辟塞利姆的"旗手"穆斯塔法手中的一颗棋子。马哈茂德即位两个月后，"旗手"穆斯塔法参加了一次不寻常的会议，中央政府大员齐聚，参与者包括苏丹各兵团指挥官、教长，以及某些行省的显贵（"旗手"穆斯塔法过去的同僚），总共 25 人。[31]

这 25 人通过商议，达成了一份有 7 项条款的协议，规定所有与会者必须效忠新苏丹，并承认大维齐尔为苏丹全权代表，只要他公正行使权力，与会者就会服从他。会议建议整顿禁卫军或伊斯坦布尔其他混乱源头，同意为军队提供兵源，满足国家财政需求。所有人宣誓将正当行事，保证约束未出席的同僚遵守规定，违者绝不宽贷。在这些庄严的承诺之后，地方显贵们奖赏了自己一项权利：可以将自己的领土永远传给继承人。这是地方豪族公然试图正式摆脱伊斯坦布尔统治的表现，苏丹马哈茂德只能接受这个既成事实。[32] 签署协议的 25 个人当中，只有 4 个是地方显贵，他们本应是政府的伙伴，是权力的分享者；其他人都是中央政府的官员。马哈茂德根本无力阻止这些的发生。帝国现在还在跟俄罗斯打仗，本来应该和他站在同一阵线对抗地方豪族的政治人物现在都签署了这份协议——他最终也只能在协议上加上自己的签名。然而，协议的原件已经不存在了，看来苏丹马哈茂德在第一时间已经把它毁了。[33]

协议的文本仅存于当时的历史文献中。在签署协议的四个地方显贵中，有两个分别代表杰巴尔扎德（恰潘家族）及卡拉奥斯曼家族，这两人都是塞利姆"新秩序"的支持者。[34] 未参与签名的地方显贵包括爱奥尼亚的台佩莱纳的阿里帕夏，他向来爱和伊斯坦布尔的权威唱反调，他也不愿意"旗手"穆斯塔法帕夏确定未来他们与苏丹及彼此之间关系的基调。最终，协定并没有生效。仅仅几周后的 1 月 15 日，"旗手"穆斯塔法在一次禁卫军叛乱中被杀。叛乱的起因是他准备建立一支新兵团，同时改组禁卫军，大幅减少他们的特权。禁卫军又试图使穆斯塔法四世复辟，但最终失败了。在纵火烧了重臣们的官邸之后，禁卫军向皇宫进发。马哈茂德遂先发制人，除掉了穆斯塔法四世。[35] 马哈茂德因此成了奥斯曼皇室唯一的男性。

"旗手"穆斯塔法死后，伊斯坦布尔再度陷入血腥的斗争，政府花了好几天时间，总算摆平了禁卫军。阿亚索非亚清真寺受到攻击，皇宫的供水也被切断。效忠马哈茂德的军队试图控制局面，大肆搜捕到处作乱的禁卫军，一旦抓捕格杀勿论，据说禁卫军死亡 5000 人，皇家部队损失 600 人。海军从金角湾炮轰禁卫军营区，造成重大损失，大火吞噬了大片市区。[36]"旗手"穆斯塔法曾组织了一支新军队，几乎不加掩饰地仿制了苏丹塞利姆的"新秩序"军，为了使禁卫军屈服，这支军队不得不解散。政府还杀掉了许多"旗手"穆斯塔法的亲信，另一些人则被流放至偏远地区。[37]尽管伤亡惨重，禁卫军仍然苟延残喘，直到 1826 年才被废除，人们普遍认为这是马哈茂德在位时期最重大的决定。然而，他在位期间的法律与官僚改革开始得则要更早一些，后来奥斯曼公共生活的"秩序重整"就是这些改革的逻辑结果与延续，其影响比塞利姆二世的改革更深远，这是一次以提升奥斯曼军事力量为主的改革。

在塞利姆三世在位早期及之前，统治者试图零碎地接受异教徒的军备与训练方法进行改革，但这些改革根本不曾为奥斯曼带来他们想要的胜利。塞利姆"新秩序"的措施比较彻底，他认为这是创造一支现代化的纪律严明的军队的第一步，之所以失败，关键在于它触及了奥斯曼认同的核心观点。军队，特别是禁卫军对国家的持续存在极重要，这是这种认同感的基础之一，因为，在破碎的领土中成就逊尼派伊斯兰广土众民的利器正是军队。现在政府要创立一支新的军队，其受重视的程度又胜过奥斯曼的传统部队，这对传统部队在社会上的特权地位构成了威胁，人多势众、喧闹的部队及民兵一直渴望分享禁卫军的特权，如今也深恐自己不可或缺的功能被取代。此外，由于这个时期奥斯曼经济下滑，和一般百姓一样，士兵的生计也受到影响，因此他们对塞利姆改革的痛恨也就变本加厉。

在有权参与决策及权力在握的人中，支持塞利姆的改革的人少于反对者也不令人意外。为了实现特定的目的，西方的武器无论对奥斯曼或他们的对手无疑都是有用的利器。但有些人很赞成 1768 至 1774 年俄土战争末期一个匿名作家所写的评论。他问道，异教徒们总说，奥斯曼的宗教热情使他们所向无敌，所以奥斯曼为什么非要求助于西方的军事方法不可。[38]甚至许多了解科技优点、支持技术革新的人也不愿接受西方技术带来的文化转型。改革要成功，动力必须来自奥斯曼社会的内部——至少要看起来

是如此 —— 否则它只能局限于少数政治人物及知识分子的圈子，不太可能被广泛接受。整个 18 世纪，"常胜帝国开疆拓土"的观念已经让位，"宗教与国家的福祉"才是比较实际的存在目的。到了世纪末，奥斯曼已经和欧洲国家一样，外交与战争的事务都由官僚执行，这种行政与文化风貌的改变进一步凸显了包括禁卫军在内的传统组织的落伍。

这个时期，赞成改革的文人则致力于将国家与社会的改变合理化，并将之放入伊斯兰教的话语体系中。"宗教与国家的福祉意味着和平而非战争"的观念才渐渐地被人接受，在这个过渡时期，统治阶层与暴力机关控制者中的许多人却对此嗤之以鼻。[39] 很少有人能从改革中获得物质利益，塞利姆也操之过急：人们可接受的强制改革和无法接受的强制改革之间的界限十分微妙。过去 100 年来，为了增加国库收入，也为了扩大既得利益阶级以延续帝国生命，中央政府放弃了一些行政上及财政上的权力，这在内政上产生了无法预料的结果。在某些情况下，分权给地方权贵足可保有他们的效忠，但特别是在帝国的边疆，以及有列强介入或干涉的地方，分权反而使问题恶化。塞利姆有太多的利益集团需要满足，以致进退失据。他之所以失败，或许是因为他误判了界限所在。

* * *

时至 1808 年夏天，奥斯曼已经饱受"西方问题"的折磨，而这个问题最终使它走上了毁灭之途：列强不再尊重 17 世纪以来国际关系赖以运作的均势架构，甚至连样子都不装了，对他们百孔千疮的对手毫不留情，在奥斯曼的领土上予取予求。拿破仑时代的新战略布局，意味着奥斯曼过去与法国之间的任何特殊关系都不能再被看作理所当然。1798 年法国入侵之后，埃及与伊斯坦布尔之间的从属关系被削弱，此时，法国甚至不反对跟俄罗斯商讨瓜分奥斯曼。1806 年开始的俄土战争还在继续，奥斯曼求和的尝试已经失败，摩尔达维亚与瓦拉几亚的地位仍在争论之中。塞尔维亚起义也仍在继续。俄罗斯沙皇亚历山大企图跟拿破仑达成暂时妥协，并就欧洲未来的格局展望达成一致，所以战争一度暂停。但两个皇帝也渐渐明白，由于双方各有各的战略考虑，这使他们无法建立可行的关系，因此，《提尔西特条约》实际上制造的问题多于解决的问题。但不管怎么说，法国与俄罗斯之间的关系解冻，暂时给俄罗斯带来了希望，使他们认为他们可以得到一个支持他们对巴尔干各公国的领土要求的盟国。

　　英国也开始参与近东政治，虽然还没有什么影响力。英国与法国、俄罗斯及奥地利的关系的重要性远大于与奥斯曼的关系。1807年，英国与奥斯曼之间爆发了一场"假战争"，英国海军在伊斯坦布尔外海展示军力，抗议法国大使所受的外交礼遇，但一次意图阻止法国重返埃及的远征却使问题复杂化了。这次战争最终促成了英国与奥斯曼之间1809年1月的一项和约。[40]到1808年，俄罗斯占领了摩尔达维亚及大部分的瓦拉几亚，1810年，俄军又南进渡过多瑙河，拿下奥斯曼防线上至关紧要的几处要塞。到1811年年底，苏丹马哈茂德寻求议和。这时俄罗斯本身也受到拿破仑入侵的威胁，同意停战，并于1812年签订《布加勒斯特条约》。根据条约，俄罗斯仅得到摩尔达维亚境内位于德涅斯特河与普鲁特河之间的比萨拉比亚，以及之前在高加索赢得的某些土地，后者成为两国间持续冲突的来源。[41]和18世纪的战争一样，奥斯曼再度向俄罗斯赔款，共分三期付款，第一期虽然被免除，第二及第三期却必须要靠跟当地及国内钱庄谈判高息贷款来支付。[42]

　　俄罗斯在巴尔干影响力的增加，也反映在它对高加索伊斯兰国家的进攻上，而奥斯曼既无心也无能力保护这里受到俄罗斯攻击的穆斯林，以致在这个地区威信尽失。[43]而在阿拉伯诸省，挑战来自穆斯林而非基督徒，它们严重打击了苏丹身为圣地保护者的威望，麦加与麦地那都已经不再受奥斯曼统治。埃及则由总督穆罕默德·阿里帕夏一手掌控，他在埃及建立的权威将彻底改变埃及与伊斯坦布尔的关系。奥斯曼四面楚歌，感觉他们的帝国在强权政治中俨然沦为一枚棋子。和列强扩张主义的其他受害者，譬如波兰立陶宛联邦、瑞典、匈牙利及威尼斯一样，伊斯坦布尔身受其苦，并为同样受苦的人提供庇护：1795年，俄罗斯、奥地利与普鲁士第三次瓜分波兰，许多波兰人移民奥斯曼，而他们只是这类难民的第一批而已。[44]而在此之前，奥斯曼也早有庇护他人的先例：1709年，瑞典的查理十二世在俄罗斯人的逼迫下到蒂吉纳寻求庇护，以及 1710 年，特兰西瓦尼亚被哈布斯堡并吞后，拉科奇·费伦茨大公也流亡伊斯坦布尔。

奥斯曼与俄罗斯议和，对塞尔维亚反抗奥斯曼的斗争有重大影响。和其他公国一样，俄罗斯与法国之争使塞尔维亚得享一段休息时期，但奥斯曼却于 1809 年夺回许多失土。外部事件决定了叛军的命运，因为对俄罗斯人来说，当与拿破仑的一战无法避免时，塞尔维亚的重要性就降低了。《布加勒斯特条约》中有针对塞尔维亚的条款，规定奥斯曼有权收回这片领土，条件是允许塞尔维亚自治。[45] 但塞尔维亚的抗争仍在继续，之后才渐渐被镇压，这部分是因为当地的奥斯曼权贵拒绝与伊斯坦布尔合作。1813 年秋，奥斯曼虽然夺回了贝尔格莱德．但塞尔维亚的平定却遥遥无期：1815 年，为抗议奥斯曼贝尔格莱德总督的暴政，另一次暴动爆发。

在俄军面前的无力与登基时的种种事故让苏丹看清两件事：其一，无可扭转的事实是，禁卫军没有防卫奥斯曼领土的能力，任他们在伊斯坦布尔无所事事也同样危险；其二，行省显贵的力量已经超过了合理的界限。1809 至 1811 年，伊斯坦布尔每年都经历了禁卫军带来的混乱。1811 年受命出征的人甚至连伊斯坦布尔的城门都没有出就做了逃兵。为此，马哈茂德断然采取措施，改善部队纪律状况。[46] 和禁卫军一样，在 1806 至 1812 年的战争中，巴尔干的地方显贵已经不受指挥，虽然有些人还会响应政府的要求，但多瑙河前线的显贵不仅拒绝配合，甚至未经抵抗就向俄罗斯降土让地。[47]

埃及的穆罕默德·阿里是个狠角色，挫败了伊斯坦布尔试图重建中央权威的一切尝试。马哈茂德即位后，他也就接下了一个棘手的烂摊子。在奥斯曼帝国内所有半自治的地方政府中，穆罕默德·阿里在完全自治的道路上走得更远。这位前阿尔巴尼亚士兵清除异己的手段十分无情，马哈茂德看在眼里想必是既惊且羡。在众多恶名昭彰的劣迹中，处理他来埃及前支配这块土地的军事阶层的手段尤其令人触目惊心：1811 年，450 名集合参与庆典的人被就地屠杀，另外 1000 人则是在他的儿子易卜拉欣帕夏率领的一次上埃及军事行动中遭到杀害，他们的包税区全都没收充公。[48]

穆罕默德·阿里的例子充分说明，中央集权有助于国家的强大。始于 17 世纪末叶的奥斯曼财政重建，以及终身包税权制的实施，在伊斯坦布尔以及地方行省养出了大批权贵阶级。从 18 世纪末的俄土战争起，国家要靠行省的豪族权贵提供军队及补给，这尤其使伊斯坦布尔的权威受到打击，权贵我行我素，为奥斯曼的政治秩序带来了难以预料的后果。苏丹塞利姆迈出了重建中央权威的第一步，马哈茂德则打算采取更果断的措施，夺走显贵们累积力量的资源，同时减轻包税权制加给农民的负担，将地方的税收从显贵的口袋里转移到国库，强化政府的财政基础。因此，从 1813 年起，包税权的竞拍者只能是中央政府派驻地方的高官。[49] 安纳托利亚中部豪族恰潘家族就是被中央政府以这种方式收服的：1813 年，该家族的首脑苏莱曼贝伊去世，他的领地就转移给了政府派驻当地的官员。[50] 然而，当时虽然也有其他几个地方豪族遭到打压，[51] 但总体来说，这种试图剥夺地方强人财源的做法并非十分成功。[52] 埃及的模式并不适用于这个庞大的帝国。

穆罕默德·阿里在埃及的统治稳如泰山，马哈茂德根本撼动不了他分毫。1816 年，奥斯曼政府任命他为萨洛尼卡总督，但这显然还满足不了他。[53] 事实上，奥斯曼在汉志的荣耀还需要靠他来恢复，瓦哈比派在那里的大肆扩张，是中央政府及穆罕默德·阿里都不乐见的事。1811 年，伊斯坦布尔派兵讨伐瓦哈比派，穆罕默德·阿里被委以重任——虽然他们不免担心他是否能独立收复麦加及麦地那。战役一直进行到 1813 年，此时他们已经从瓦哈比派手上夺回了麦加及麦地那。穆罕默德·阿里之子在汉志就任总指挥官，到 1818 年时，他已经占领了沙特都城老利雅得（现今利雅得的郊区）并将之夷为平地，沙特埃米尔阿卜杜拉·本·沙特被解送至伊斯坦布尔斩首。易卜拉欣被任命为汉志总督作为奖赏。[54]

*   *   *

每论及 19 世纪的奥斯曼历史，人们都会谈到巴尔干民族主义的崛起，将其当作奥斯曼在该地区施行"暴政"无可避免的结果——仿佛巴尔干的基督徒几个世纪以来都在英勇反抗奥斯曼的统治，等待解放时机的到来。但这种说法显然忽略了导致帝国解体的复杂历史进程，特别是 19 世纪及 20 世纪初塑造每个新国家的重大事件。就这个时代的历史来说，奥斯曼巴尔干基督教臣民的分离主义民族运动只是其中的一环而已，只不过，这些国家的历史叙述中过分强调这方面，以至于人们对帝国后期历史的理解过于简化。

举例来说，导致今日希腊诞生的过程，与独立的塞尔维亚断断续续的形成过程相比，其实是十分不同的。毫无疑问，伯罗奔尼撒人民不会忘记 1770 年该地区的暴动，但时至 19 世纪初，俄罗斯专注于别的重要事务，并不十分愿意像援助塞尔维亚那样，在帝国偏远的角落鼓动东正教的教友制造麻烦。从 18 世纪 80 年代末期就控制了爱奥尼亚地区的台佩莱纳的阿里帕夏，一直以半独立的状态统治着他的土地，其权力顶峰时期所支配的土地包括今天的希腊大陆与阿尔巴尼亚。在他所辖地区内，经济情况良好，海盗与匪帮之患都受到控制。他虽然在贸易及外交上都建立了相对独立的关系，[55] 但和伊斯坦布尔之间通常还是维持着友善的来往。虽然苏丹马哈茂德的政策是打压地方权贵，但政府总是避免攻击他：1819 年，奥斯曼政界讨论到这事，就有人察觉伯罗奔尼撒及尤比亚有发生动乱的可能，认为不可为了对付台佩莱纳的阿里而对他们掉以轻心。然而，1820 年，经过国务会议的深入讨论，苏丹还是宣布台佩莱纳的阿里为叛乱分子，派兵进行征剿，迫使后者不得不在希腊及阿尔巴尼亚号召反抗奥斯曼。苏丹的部队陷入困境，但当地政府不接受地区指挥官艾哈迈德·胡尔希德帕夏的建议，坚持要他进攻台佩莱纳的阿里，而不派兵去处理伯罗奔尼撒的动乱 —— 当时那里的人在攻击穆斯林社区及奥斯曼权威的象征，盗贼的数量也有所增加。[56]

伊斯坦布尔政府一心要打压巴尔干的豪族，似乎没有注意到地方层面权力真空的危险；同时，它也没意识到，他们倾全力去打击台佩莱纳的阿里，也就没有多余的人力可以去平定别处的动乱。现今希腊在每年 3 月 25 日庆祝独立，以纪念老帕特雷都主教耶尔马诺斯，他于 1821 年那一天在伯罗奔尼撒北部的卡拉夫里塔高举十字架反抗奥斯曼的权威。马哈茂德十分不满大臣们对这场革命的反应，在 3 月底撤换了大维齐尔及教长。政府要求东正教普世牧首格里高利五世将叛徒逐出教会，命令教会运用影响力恢复秩序。[57] 然而，伯罗奔尼撒暴动的规模明朗化后，在 1821 年 4 月 22 日周六复活节，政府在伊斯坦布尔普世牧首区的大门口草草吊死了他。他辜负了帝国东正教臣民的领袖苏丹对他的信任 —— 破坏了可以追溯到征服者穆罕默德时期的普世牧首们与苏丹建立的默契。[58]

1821 年 3 月，台佩莱纳的阿里帕夏在巴尔干西部对抗奥斯曼军时，沙皇的一名侍从武官亚历山大·伊普西兰提斯将军（自称拜占庭科穆宁王朝的后裔）率领一小支部队南下渡过普鲁特河，希望在摩尔达维亚及瓦拉几亚境内寻求反奥斯曼势力的支援。这个鲁莽行径的消息传抵伊斯坦布尔，普世牧首谴责他和他的追随者为"不虔诚的领导人、亡命之徒、无恶不作的叛徒"，革除了他们的教籍 [59] —— 但这还是没能让他逃过绞刑。奥斯曼大惊失色，他们对伊斯坦布尔、埃迪尔内及其他大城市人数可观的希腊东正教徒采取行动，没收武器，清查户口 —— 不过，苏丹同时发布命令，禁止穆斯林暴民攻击他们。[60] 伊普西兰提斯虽然短暂接管了摩尔达维亚政府，但瓦拉几亚仍处于混乱中，因为民兵首领图多尔·弗拉迪米雷斯库领导了一场反特权贵族运动。到 6 月底，图多尔还是寡不敌众被奥斯曼军击败。俄罗斯政府没有支持他，塞尔维亚大公米洛斯·奥布雷诺维奇（卡拉·乔治的继承者）对他联合对抗奥斯曼的提议也未做出回应。[61] 事实上，伊普西兰提斯的行动并不一定是在呼应伯罗奔尼撒的动乱，也或许只是他个人的突发奇想，他梦想在奥斯曼巴尔干恢复拜占庭帝国，以东正教取代伊斯兰教。

1822 年 2 月，台佩莱纳的阿里帕夏遇害。他在希腊革命的发轫中所扮演的角色仍无定论，但他的首级被放在盘子里于托普卡帕宫第一庭院示众时，附带了一篇详细的罪状，说他是"我教的叛徒……提供巨额金钱给摩里亚（即伯罗奔尼撒）的异教徒……鼓动他们反对穆斯林"。[62] 他之所以落得如此下场，关键在于他的宿敌、维齐尔哈雷特埃芬迪（正是因为他坚称台佩莱纳的阿里是叛徒，才会有 1820 年对阿里的征讨 [63]）违背了总指挥官艾哈迈德·胡尔希德的承诺：只要台佩莱纳的阿里投降就可以免于一死。[64] 讽刺的是，哈雷特的命运竟也如出一辙：按照附在他首级旁的罪状，他的罪名是他生性狡诈，不服从命令。[65] 哈雷特埃芬迪是马哈茂德的宠臣，在苏丹即位初期与地方权贵斗争过程中赢得了苏丹的信任。他运用自己的影响力累积了大量财富，暗中试图阻止马哈茂德对禁卫军的改革，警告他那样会引发动乱，将他的注意力转移到其他国事上。哈雷特埃芬迪的影响力之大可见于一事：1821 年，他大胆提议发给禁卫军更多武器装备，而这居然被政府接受了。但到了次年，奥斯曼在伯罗奔尼撒的失败引起广泛不满，促使苏丹对他的信任动摇 —— 这位维齐尔过去出卖官职以收买禁卫军支持的系统开始崩溃。禁卫军长官联名要求马哈茂德处置哈雷特埃芬迪，苏丹认真地听取了这个意见，解除了他的职务，并处死了他。[66]

虽然 1770 年的伯罗奔尼撒暴动与俄罗斯的介入并非后来希腊反奥斯曼革命的先声，但因为有 1774 年的《库楚克开纳吉条约》，俄罗斯一直自居为奥斯曼境内东正教徒及克里米亚的保护者，这为进一步对抗奥斯曼提供了基地（1774 年之后，克里米亚在俄罗斯的保护下已经半独立，到了 1783 年被俄罗斯兼并）。在伯罗奔尼撒惨败之后，俄罗斯紧急命令希腊难民前往克里米亚避难，他们在叶卡捷琳娜手下大将奥尔洛夫的带领下入境，充作亚速海出口各要塞的兵员。[67] 同时，18 世纪最后 25 年，在黑海及爱琴海、亚得里亚海的港口，希腊商人的数量也大幅增加。希腊知识分子乐于接受 18 世纪 70 年代及 90 年代源自美国及法国的革命思想，以及拿破仑战争前后风靡欧洲的自由主义及民族国家观念。随着各地的商人社群繁荣起来，他们出资建教堂，盖学校及图书馆，办印刷厂，比以前在奥斯曼的统治下来得更自由。希腊知识分子自由运动的发源地是敖德萨，1814 年，秘密结社"友谊社"在此成立，旨在推动希腊爱国主义的传播。他们受到两个人的作品影响，其一是出生于伊兹密尔、半生在法国度过的学者阿扎曼蒂奥斯·科拉伊斯，另一个是希腊化的瓦拉几亚人里加斯·韦莱斯汀利斯。科拉伊斯将古希腊经典翻成更加通俗的语言，将一个激励人心的古希腊带给读者，而里加斯则以共和的法国为典范，追求建立一个崭新的拜占庭。[68]

在接下来的几年中，发生在伯罗奔尼撒的冲突是血腥的，但它们并

没有对奥斯曼领土产生什么影响。希腊第一部共和宪法于 1822 年 1 月在
埃皮扎夫罗斯公布，但次年公布修正案之后，革命领袖争夺权力的行为导
致内战爆发，上演于伯罗奔尼撒及周边群岛社会团体间的杀戮变得更加可
怖。[69] 反对建立新国家的人希望通过维持现状守住自己的最佳利益，这些
人包括在奥斯曼统治下享有特权及地位的希腊教会上层阶级，以及在伊斯
坦布尔及各省拥有财富和地位的希腊人。无知无识、信仰虔诚的社会底层
则不抱任何指望。[70] 面对希腊革命，俄罗斯保持审慎立场，[71] 他们可以选
择鼓动教友反抗奥斯曼，但可能是意识到这种情形也有可能成为俄罗斯境
内受欺压的穆斯林的榜样，他们没有选择这种做法。其他欧洲强权都不愿
意见到俄罗斯在巴尔干得利，拒绝参与任何可能造成奥斯曼帝国分裂的阴
谋。奥斯曼则因为东部边境陷入敌对状态而束手束脚：卡扎尔王朝不时骚
扰边界，导致奥斯曼在 1820 至 1823 年间与伊朗开战，进一步限制了能用
于镇压希腊动乱的兵力。1824 年，马哈茂德下了一步险棋，敦请埃及的
穆罕默德·阿里出动现代化的陆军及海军进行支援，并令其子易卜拉欣帕
夏出任伯罗奔尼撒总督为回报。易卜拉欣 7 月自亚历山大出航，但由于希
腊人在海上占优势，直到 1825 年 2 月他才在迈索尼登陆。埃及远征军首
先在马尼夺下几处重要沿海阵地，很快就控制了伯罗奔尼撒大部分地区。
而在希腊本土，科林斯湾口的迈索隆吉在 15 个月的围攻后，于 1826 年
陷落，一年后，雅典也被占领——叛军手上的领土所剩无几。然而，易
卜拉欣帕夏的成功引起了欧洲强权的侧目，英国、法国及俄罗斯放下了分
歧，他们与奥斯曼进行了两年的外交谈判，最终苏丹拒绝停战，欧洲强权
遂决定封锁伯罗奔尼撒。[72] 1827 年 10 月 20 日，英、法、俄联合海军在皮
洛斯附近的纳瓦里诺海战中摧毁了奥斯曼 – 埃及舰队，易卜拉欣帕夏的部
队全数撤退。奥斯曼的战败不可避免地让强权介入了希腊的建国。

*　　*　　*

1826 年 5 月，苏丹马哈茂德下诏组织一支为数 7500 人的新军，从伊
斯坦布尔 51 个禁卫军团中各抽调 150 人——相当于现役禁卫军总数的五

分之一。不同于塞利姆的"新秩序"军，他的目的并非是建立一支平行的部队，而是希望从内部改革禁卫军，对他们进行重组，提供他们极度缺乏的训练与其他军事技巧，务使其具备对抗俄罗斯的战力。就在诏令下达之前，所有高阶教士、禁卫军军官及宫廷和后备部队其他高阶官员，全都要签署一份承诺书，承诺支持马哈茂德的改革计划，绝不放弃任何成功的机会。[73]

"新秩序"所引发的激情，以及塞利姆改革失败的下场，对马哈茂德来说都是极为可贵的教训，因此，在启动自己的革新之前，他一定要步步为营。1822 年除掉哈雷特埃芬迪之后，他立刻拔擢自己信得过的人到身边，并拉拢所有可能对自己军队改革有威胁的集团，但等到他觉得一切都以准备就绪时，4 年已经过去了。1826 年 4 月，易卜拉欣帕夏在迈索隆吉大胜，局势似乎开始对奥斯曼有利，这也使苏丹的信心大增。[74]

马哈茂德决心在塞利姆遭遇失败的方面获得成功，他沿用高阶教士御前论辩宗教事务的传统，借此掌握宫外的思潮。[75]总体来说，18 世纪末，高阶教士已经倾向于支持多数改革措施，比较保守的反而是他们的下级，而且这些人对一般老百姓的影响力也比较大——例如，禁卫军反对改革的声音往往得到低阶教士的支持[76]。总体而言，苏丹不得不安抚这些下级官员及百姓，主要方式是让大家都看到他虔敬信仰宗教，并把宗教视为国家的基石，绝不会因为心存改革而有所违背。为此，他参加宗教聚会，命人监督礼拜仪式，支持宗教慈善机构，在伊斯坦布尔及地方行省兴建清真寺。[77]执行禁卫军改组的诏令成了宗教使命，每一个新成立的连队都配置一名伊玛目，监督宗教仪式的执行情况。[78]

宗教统治阶层比禁卫军本身要更容易说服。奥斯曼的邻国俄罗斯与奥地利也运用宗教象征提振军队士气——沙皇亚历山大一世给上战场当炮灰的士兵灌输宗教乌托邦思想，而在哈布斯堡与奥斯曼边境，天主教徒和东正教徒一样，高举圣母玛利亚的大旗作战。马哈茂德也想搬出伊斯兰的符号如法炮制。[79]前一年，奥斯曼皇家出版社出版了一篇 9 世纪论伊斯兰战争律法的著名文章，原文为阿拉伯语，这时被翻译成了奥斯曼土耳其语。这是奥斯曼人第一次引用先知穆罕默德的例子鼓励禁卫军奋勇作战，但受到了禁卫军的反对。[80] 不过，马哈茂德锲而不舍，不断设法以人们熟悉的话语包装改革：为使经过改造的禁卫军在精神上仍是个穆斯林而非西方人，奥斯曼采用的训练完全是穆罕默德·阿里军队那一套，据说，后者在汉志及伯罗奔尼撒就表现得非常优秀。[81]（有趣的是，1822 年，穆罕默德·阿里却命令易卜拉欣采用塞利姆三世的"新秩序"模式。[82]）为刻意迎合传统，马哈茂德将新军命名为"埃什金吉"，这曾是苏丹穆罕默德二世时代一支重要的部队的名字。[83]

从改革的诏令宣布以来，禁卫军底层的不满声音就很明显，他们对苏丹要在他们的队伍内训练出一支新军来的提议一点都不感兴趣。不过，1826 年 6 月 12 日埃什金吉兵团第一次受训时，尽管气氛相当尴尬，但期间并没有出什么乱子：由于制服及装备都不足，虽然已经有 5000 人在册，只有数百人能来参加训练。第二天的训练同样平安无事地结束了。[84]

第二天晚上，也就是苏丹马哈茂德宣布禁卫军改革仅仅两周后，一场兵变爆发。6 月 14 日，一小股禁卫军开始在校场聚集，其中一部分来到伊斯坦布尔街头，开枪纵火，要找出卖了他们的总司令算账。禁卫军总司令虽然脱逃，[85] 但到天将亮时，校场上已经聚集了好几百人（目击者说他们如"猖狂恶犬"[86]），他们采用传统的抗命方式，当场把大锅翻倒。他们一如往例蜂拥上街，一路掠夺抢劫。其中一群人侵入了大维齐尔塞利姆·穆罕默德帕夏官邸，家眷妇女都躲进了庭院的地下洞穴才逃过一劫。[87] 兵变爆发时，苏丹正在贝西克塔什的行宫里。之前的一些苏丹一听到禁卫军作乱就只知道躲，缩在原地不动，马哈茂德却不同，他乘一小舟顺博斯普鲁斯海峡前往托普卡帕宫。禁卫军之前逢改革必反，苏丹为了保证改革的成功，也已经未雨绸缪，做好了准备。[88] 在情势尚未失控之前，政府官员已经齐聚皇宫，召开紧急会议。他们遣人去找带头作乱的禁卫军，问禁卫军因何事不满，得到的答复是：

> 我们不要接受这种训练。在过去的作战操演和训练中，我们都是拿枪射击陶罐，挥刀劈砍毛毡。我们要处理那些负责这项改革的人。[89]

当时的材料显示，宫中的政客与官员身边共有 1.3 万名忠诚的士兵，也有说 2.3 万人的，甚至有人说超过 6 万人。苏丹抵达后，立即发表了一席激励人心的谈话。教长颁发教谕，宣称伊斯兰律法允许以武力平定这样的暴乱，随后，马哈茂德进入宝库，取出先知的圣旗。圣旗被及时请出皇宫，在古罗马竞技场的苏丹艾哈迈德清真寺的讲道台升起。这一举动达到了苏丹想要的效果，在公告传报员满城呼喊，召唤真正的穆斯林至圣旗下集合时，民众果然急忙响应。政府官员们聚集在清真寺商讨大计，决定拒绝谈判。一支勤王部队（炮兵、工兵及炮手）向禁卫军营区进发，但营区大门已经紧闭，禁卫军修筑街垒将自己关在营区内。皇家炮兵开火，营区马上陷入火海，能逃出来的人与守候在营外的勤王部队展开肉搏战，其余的人均被烧死在内。[90]

马哈茂德并未打算用这样暴力的方式一举歼灭禁卫军，但他细心筹备军队改革，并实事求是地防患于未然，这已经说明一旦别无选择时，他绝对会大开杀戒。奥斯曼目击者及英国大使斯特拉福德·坎宁都说，死亡人数将近 6000。[91] 除了对禁卫军营区的进攻（另一个奥斯曼目击者说，这次进攻仅仅持续了 21 分钟 [92]）所造成的死亡外，接下来几天又有好几千人被捕。道路及港口受到严密控管，以确保在地方总督收到如何行动的指示之前，所谓"吉利事件"以及正式废除禁卫军的新诏令不会传出伊斯坦布尔。按照指示，地方总督可以放手没收禁卫军所有装备，将所有要塞内的禁卫军驱逐，以他们自己的部队代之。"禁卫军"一词从此自词汇中被剔除——这是典型的奥斯曼式妥协。数年来，自称禁卫军的人在帝国境内各省制造动乱，各地的人都抓住了这个机会进行报复：许多地方的禁卫军长官被处决，但很多基层兵士则重返他们并未真正脱离过的平民生活。驻扎在博斯普鲁斯要塞的民兵虽未参与禁卫军的叛乱，但在反对苏丹塞利姆"新秩序"的叛乱中，他们已经被证明不值得信任，因而遭到解散。政府借此机会大举清除伊斯坦布尔内不受欢迎的人物，尤其是城中龙蛇杂处的下层阶级，这些人无须鼓动都会加入闹事。禁卫军大清算之后的两个半月内，两万人被驱逐出城并遣送原籍，永远禁止返回。[93]

马哈茂德迅速建立起一支新军——"穆罕默德常胜军"。在建军之初，它由伊斯坦布尔的 1.2 万名步兵及 1550 名骑兵组成，在地方也有一些部队。服役条件皆有详细规定，服役年限至少 12 年，每年有一次休假机会，服装则全为欧式。

在接受任命时，少校都会分到由国库配发的一件饰以金线纽扣的厚重夹克，以及一条长裤，裤子紧贴小腿，深红呢绒质料，及一件宽松长袍，一顶内衬棉絮的亚美尼亚风格的饰有金线的黑羊皮帽，外加一条拉合尔围巾（即上等羊毛围巾）。在领薪水时，他们必须穿着这套服装。每年的 5 月 6 日，少校副官会分到一件厚重的短夹克、一件宽松短袍及一顶内衬棉絮饰有金线的黑羊皮帽，外加一条有花卉纹样的巴格达围巾（可能由丝或棉织成）。上尉、中尉、掌旗及士官也能获得一套前述服装，独缺围巾。每个基层士兵及文书则分到一件全身长外套，质料为呢绒与生丝混纺。基层士兵的制服也包括一顶衬棉絮但无装饰的黑羊皮帽，以及一件粗羊毛质料的训练斗篷、一件宽松短袍和一条小腿处贴身的羊毛手织长裤，外加内裤及一双轻短靴。[94]

传统上，禁卫军都是由基督徒改宗的穆斯林组成的，即使在穆斯林出身者成为禁卫军骨干之后，改宗者仍然可以加入。新"穆罕默德常胜军"的组织法规定，改宗者不得加入。在伊斯坦布尔，人们在死亡的禁卫军中发现了非穆斯林，他们的身份可从死者手臂上的十字架刺青判断。苏丹认为，他们都是卧底，是基督徒伪装的穆斯林。[95]

伊斯坦布尔的禁卫军营区被铲平，新军驻扎在城外的莱文特农场、于斯屈达尔及达乌德帕夏，三处都是苏丹塞利姆三世为他的"新秩序"军所建的营区。他还扩建了陆军与海军工程学校、医学院和类似机构，以支持新军队的建设。不同于他的前辈，在建立新军方面，马哈茂德用的外国顾问不多，奥斯曼当时的盟友也不多。而精明的埃及总督穆罕默德·阿里帕夏在碰到苏丹有求于他的时候，总是说自己负责训练的军官都还准备不足。与此同时，他的外国教官"习惯了埃及的高薪及高档制服，他们出现在伊斯坦布尔反而会影响新军队”。[96]

在参与新军队训练的少数几个外国人当中，有位卡洛索先生，他曾为皮埃蒙特骑兵的军官，在伊斯坦布尔已经居住了很多年，曾教苏丹马哈茂德欧式骑术。1828 年，苏格兰旅行家查理·麦克法兰来到伊斯坦布尔，有如下的记述：

> 这和土耳其式的骑术大不相同，对一个习惯于后者（摇篮般的巨型马鞍，马镫短而且几乎无法移动，镫在上面，膝盖几乎贴近腹部）的人来说，学习欧洲骑术的困难还真不小。事实上，正因为它如此困难，皇家卫队的正规军碰到长镫时，能够骑得稳当的没有几个……马哈茂德在他的军队里面无疑算得上是数一数二的欧式骑士；这种本事，加上另一项他很快就上手的本领，也就是马群的指挥及调度，使他自豪又得意。[97]

废除禁卫军不到一个月后，政府就把手伸向拜克塔什教团。他们是与禁卫军关系最密切的托钵僧团，教派创立者拜克塔什就是禁卫军的守护圣徒，因此禁卫军也常常被称为“拜克塔什兵团”。政府能够接受的托钵僧团纳合西班迪、卡迪里、哈尔瓦提、梅乌拉那及萨迪教团奉命为镇压拜克塔什教团的行动提供依据。不论多么不情愿为他们的同行的命运发声，他们别无选择，只得以宗教之名为这项政治决策背书。拜克塔什教团的罪名再传统不过，就是异端罪，历史上，对任何被怀疑偏离正统逊尼派信仰的穆斯林进行政治清算时，政府都会高举这面大旗。教团中的重要人物全被处决，他们在伊斯坦布尔的教产也被摧毁、没收、出售或移作他用。裁决的结果不仅适用于首都，整个鲁米利亚及安纳托利亚也都和过去一刀两断，拜克塔什的土地收入成为马哈茂德新军的财政来源。[98]

谣言及错误消息推动了清算的进行：许多与拜克塔什教团毫无瓜葛的人也被逐出伊斯兰教，无论其为统治阶层成员还是普通民众。大维齐尔塞利姆·穆罕默德帕夏负责铲除伊斯坦布尔拜克塔什教团的一切信众——但当时的宫廷史家艾哈迈德·路特斐埃芬迪耳闻，塞利姆·穆罕默德帕夏本人就是一个拜克塔什派。[99]出身伊斯兰教上等阶层的沙尼扎德·阿塔乌拉埃芬迪曾任宫廷史家，是重要医学作品的作者，他在1826年被控同情拜克塔什教团，被逐出伊斯坦布尔，据说还没收到苏丹所下的放逐令，他就已悲伤而逝。[100]与不止一个托钵僧团建立友好关系是很平常的事，对拜克塔什教团的清算是如此激进，很多其他教团的谢赫也成为追捕的对象，并因此被流放。然而，由于拜克塔什教团成员经常也会加入其他教团，特别是受到官方喜欢的纳合西班迪教团（拜克塔什的资产也转给了他们），拜克塔什仍秘密存在，到了19世纪中叶，他们在精英阶层中再度得宠。[101]

与禁卫军的关系也使伊斯坦布尔具有政治影响力的三个最富有的犹太家族——阿吉曼、卡莫纳及加拜伊的首领遭到处决。以赛亚·阿吉曼继承了先人的事业，当时是禁卫军的银行家；另外两个人据说也和禁卫军有财务方面的关系。他们的财产被没收，这种给国库带来意外之财的机会无疑也决定了他们的命运。[102]然而，为奥斯曼辩护的人也针对犹太人遭遇的祸事提出不同看法，将他们之死归咎于亚美尼亚人与犹太人之间为竞争有利可图的职位而引发的斗争。[103]（富有的亚美尼亚银行家这时也遭遇杀身之祸或被剥夺了财产，18世纪中叶，为马哈茂德一世的黑人大太监哈吉·贝什尔处理财务的雅库布·霍瓦尼西安就是一个著名的个案。[104]）

对犹太银行家的草率处决与对拜克塔什教团的镇压引发了广泛的不满（虽然马哈茂德最终没有完全禁止拜克塔什教团活动），他为改革付出的代价也不小：协助他改革军队的所有官员都获得了慷慨的赏赐，为此，他不得不向城里的工匠开征新税以应对赤字。面对连月来的杀戮，伊斯坦布尔的老百姓已经麻木了，他们朝不保夕，受到当局的威吓，只能满怀恐惧地看着"许多被扯碎、被狗咬的"尸体被海水冲上托普卡帕宫下方的海岸。随着尸体的堆积，7月底，城中爆发疫病。1826年8月31日，苏丹觉得他已经完全战胜了禁卫军，将圣旗收回宫中。几乎同一时间，一场大火吞噬了全城，时当炎夏，城中屋舍干燥有如火绒。许多人都认为，纵火的是逃过了清算的前禁卫军。[105]

＊　　　＊　　　＊

奥斯曼与埃及舰队败于纳瓦里诺之后没几个月，俄罗斯向奥斯曼宣战。1828 年 4 月，俄罗斯军队进入摩尔达维亚，到 1829 年 7 月，他们已经抵达埃迪尔内（距离伊斯坦布尔仅 200 公里）。同时，他们的高加索部队则拿下了安纳托利亚东北部，最远至埃尔祖鲁姆及特拉布宗，沿途还占领了许多要塞。奥斯曼求和，与俄罗斯签订了《阿德里安堡（埃迪尔内）条约》。和约的条款之一是奥斯曼同意希腊独立建国，其领土包括伯罗奔尼撒半岛、希腊大陆及一些群岛。1832 年 5 月，在英国、法国、俄罗斯及巴伐利亚的"保护"下，新生的希腊共和国正式成为王国，推举巴伐利亚国王路德维希一世之子、时年 17 岁的天主教王子奥托为国王。对这个新国家的承认，开启了欧洲对希腊持续整个 19 世纪的干涉活动。根据《阿德里安堡条约》，俄罗斯得到了奥斯曼境内的贸易权，其对格鲁吉亚及亚美尼亚部分地区的占领也获得承认，特别重要的是，俄罗斯对多瑙河地区几个公国的影响也得到了确认。[106] 俄罗斯对巴尔干与奥斯曼帝国的控制得到加强，英国并不乐见这一发展，它开始将俄罗斯看作对英国在东方逐渐增长的利益的重要潜在威胁。在接下来的岁月中，强权政治经历了重新组合，其核心则是英国为避免奥斯曼崩溃导致俄罗斯获利而付出的努力。[107]

尽管和约带来的负担极为沉重，奥斯曼为此更是威望尽失，苏丹马哈茂德毕竟没有被俄罗斯打垮。对他来说，一切的问题在于战争来得太快，他的军事改革还不足以初显成效。但对那些低阶神职人员来说，它再度证明了西方的创造对伊斯兰教义是有害的。他们不仅收回了他们的支持，而且鼓动各地人民加入抗争。1829 与 1830 年，民变横扫安纳托利亚，对前禁卫军来说，这是个展现自己制造混乱能力的大好机会。[108] 在这种外辱内乱的背景下，马哈茂德怀着新的迫切感追求他的改革。不同于前人，他的改革雄心绝不只限于军事方面，他看得很明白，仅加强军事力量并不足以维持奥斯曼的领土完整，并让奥斯曼帝国在国际决策上扮演积极的角色。因此，他的目的是社会转型——一次秩序重整（"坦泽马特"），

或如他在死前的一项诏令中所说的"吉利的重整"。¹⁰⁹

因此，马哈茂德将注意力转到帝国的行政上，和他在军事及财政上进行的改革一样，他的目标在于重新实现中央集权。但首先，他需要清楚了解帝国有哪些资源。于是，1830 至 1831 年，鲁米利亚、安纳托利亚及爱琴海诸岛屿进行了第一次现代的人口普查，以计算并分类奥斯曼的子民，从而确定他们的军事与赋税义务。整个普查在一年内完成，为了使人民无法逃避人口普查员的统计，政府计划每 6 个月重复一次。¹¹⁰

马哈茂德也是帝国第一个为了解民情而巡视全国的苏丹。从 1830 年起至 1839 年逝世之间，他总共出巡 5 次：1830 年 1 月，他巡行至马尔马拉海北岸的泰基尔达；1831 年 6 月，他巡行至达达尼尔及埃迪尔内，这次，他一整个月不在伊斯坦布尔；1833 年 9 月，他前往盖姆里克及伊兹米特巡视海军造船厂，在那里待了一周；1836 年 11 月，他第二次巡视伊兹米特，主持一艘新船的下水仪式；1837 年 4 月，他花了一个多月时间巡视鲁米利亚，走访黑海岸的瓦尔纳，多瑙河畔的锡利斯特拉及鲁塞，以及保加利亚的舒门、大特尔诺沃、卡赞勒克及旧扎戈拉。每次出巡，他都会造访圣迹及军事设施，视察公共工程，承诺国家将补助更多工程建设，会见地方显贵，听取平民百姓的问题，无论他们是穆斯林还是非穆斯林。¹¹¹

奥斯曼的行政机构已经逐渐变化，以满足不断改变的政府功能提出的需求。它在传统上分成三大部分——军事、民政与司法－宗教，但这三部分之间存在流动性，许多重要政治人物的生涯都是从司法－宗教起步，然后才进入军事或民政机构。在统治的最后两年中，从 1837 年开始，马哈茂德建立了三个部，尽管存在时间都不长，它们却为未来开了重要的先例：内政部，以大维齐尔（此后，有时候也称为总理大臣）为首；外交部，一个 17 世纪末叶就已经独立出来的政府部门；以及司法部。公务员的科层制度建立起来了，每年任命官员的旧制被废除，薪水取代了被滥用的赏酬旧制。1838 年，马哈茂德政府成立了负责筹备与推动立法的最高司法委员会，它后来扩大为帝国首要的立法机构。¹¹²

奥斯曼的历史充斥着高级官员被没收财产及处决的篇章——17 世纪时，就有许多本以为具有豁免权的宗教界人士受到处罚，这些人受罚往往都是因为苏丹的一时兴起，或者苏丹是受到了政敌的煽动。受害者往往认为流放是相对较轻的处罚，却不知道行刑人往往紧追其后。1837 年，最后一个遭遇此等命运的官员是时任民政部（不久即改成内政部）大臣的伯特弗帕夏。事情起于一场派系摩擦，其间纠缠着外交事务与决策冲突，伯特弗的政敌、时任外交部门领导的阿基夫帕夏向苏丹进谗言，指控他不忠于国家，跟英国走得太近。穆斯塔法·雷西德帕夏（通常被人们称为雷西德帕夏）是马哈茂德最杰出的大使、伯特弗帕夏的门客，在伯特弗帕夏死时已经出任外交部大臣，但还是救不了他。但他大力推动废除这类法外死刑及财产没收，这在 1838 年的关于官员及法官的刑法中获得采纳。[113]

不满足于行政程序的合理化，马哈茂德还试图消除人与人之间可见的区隔——这可是一项极不寻常的措施，因为在奥斯曼帝国，外表一直都很重要，禁奢令规定每个人都应根据社会地位穿着打扮，随着政治环境的变化，这些规定有的时候加强，有的时候放松，有的时候改写。最近的一次是在 1814 年，马哈茂德自己就曾警告伊斯坦布尔人民，说他们必须穿着得体，"因为阶级与阶级之间的区别都分辨不出来了"：

> 苏丹所居宝地（指伊斯坦布尔）的人民分成许多阶级，每个阶级都有各自的装束。人民应该各取其衣，每个人都应遵守既定的风俗，知道自己的分寸，尊重上位者及军事长官并服从他们……帕夏的随员、皇家卫队成员、治安人员及商人就不应该像大帆船水手那样围裹披肩并用丝棉混纺的头巾包头，无论其身份及对服装的偏好，皆须穿着得体。因为这段时间以来……大家都对此视而不见，各个阶层都奢华无度，忘了本来的服饰及各自特有的装束，随自己脑中的想法胡乱穿着……多数朝臣、军人及商人都换掉了传统的装束，改变了该有的样子。[114]

1925 年，土耳其毡帽被土耳其共和国第一任总统穆斯塔法·凯末尔（阿塔图克）贬为奥斯曼帝国的老古董，而它的第一个推广者就是马哈茂德二世。一个世纪前，他强制要求他的新军佩戴这种新式帽子，但这显然

没造成什么问题 —— 和麦加谢里夫的扈从部队一样，北非各省和埃及的军队也都已经在戴这种帽子，由此可见，它并未遭遇权威的反对。事实上，毡帽早就出现在奥斯曼军中，巴尔干维丁的显贵帕斯旺家族的奥斯曼帕夏叛乱时，奥斯曼步枪兵戴的就是这种帽子。1829 年，政府工作人员也开始佩戴土耳其毡帽。政府为此寻求宗教界的支持，要求清真寺的讲道人负责宣传，以使人们相信毡帽是可以接受的。[115]

禁奢令不仅以宗教区分人群，也以阶级区分人群，那些仅仅因为是穆斯林就高人一等的人强烈反对马哈茂德的同一性政策，因为宗教信仰带来的差别就此消失了。另一方面，非穆斯林则热切拥抱这个新时代的象征，甚至非官僚都希望由此可以与穆斯林平等共存。[116]尽管苏丹示好，宗教统治阶层却不吃他那一套，马哈茂德要他们接受新式帽子以取代原有的头巾的要求被一口拒绝。[117]马哈茂德接受了欧洲君主穿着的长裤及礼服长大衣 —— 这是一种经过调整的款式，被称为伊斯坦布尔装，以充分显示他和过去划清界限的决心。

在穆斯林与非穆斯林混合的上流阶层，西方风格更是风靡。马哈茂德邀请作曲家朱塞佩·多尼采蒂（其兄葛塔诺·多尼采蒂名声更盛）前来伊斯坦布尔，担任苏丹的宫廷音乐总监，训练军乐队。这支军乐队最早是塞利姆三世为其"新秩序"军所设，取代了其声称曾使异教徒敌人闻之丧胆的禁卫军乐队。意大利的当代音乐很快就在宫廷中风行开来。[118]约从 18 世纪中叶起，奥斯曼宗教建筑已经展现出西化的巴洛克风格倾向，较早的例子是 18 世纪 50 年代的奴鲁奥斯玛尼耶清真寺，而最近的例子或许则是胜利清真寺（努斯瑞蒂耶清真寺），它建于 1823 至 1826 年间，为纪念马哈茂德战胜禁卫军而命名。马哈茂德还延续了请人绘制肖像这种既非伊斯兰又非奥斯曼传统的行为，还将肖像制成宝石浮雕送给他的大臣们以及外国要人。然而，他比塞利姆更加大胆，他模仿当时欧洲君主的做法，下令将他的肖像公开悬挂在例如军营及政府办公室等场所。宗教机构极端反对展示皇室人物肖像，但在 1832 年，他却将自己的一个宝石浮雕肖像送给当时的教长。[119]1836 年，在于斯屈达尔哈列姆的塞利米耶营区，人们为悬挂苏丹肖像举行了隆重的仪式，为了反驳可能存在的宗教反对意见，宫廷史家艾哈迈德·路特斐埃芬迪为之辩护，称此举有利于保存真伟人（如马哈茂德）的形象，且符合古代风俗。然而，他又指出，马哈茂德在将肖像送给阿拉伯权贵时，为了避免进一步激怒那些他希望获得对方支持的人，以及那些认为单纯的人像都是不敬的人，他省去了所有宗教仪式。

＊　　　＊　　　＊

　　在埃及，穆罕默德·阿里在国家改革的路上走得比马哈茂德更远，但他为改革的成功付出了巨大的代价，且改革的结果也并不总是十分理想。他强力推动军事、财政和农业改革（农业改革的一个有机组成部分是一项广泛的灌溉计划），反而危害了农民的利益；他的新军也未能在 1827 年的纳瓦里诺海战中获得令人满意的成果。但他立即又采取进一步措施，改良他的陆军及海军。[121]

　　法国深信自己的利益是在地中海东部而非地中海西部，[122] 它觊觎苏丹的北非诸省，并想利用穆罕默德·阿里来达到目的，却大失所望。于是法国人自行采取行动，从 19 世纪 30 年代起逐渐占领了奥斯曼的卫星省份阿尔及尔。为了弥补他在伯罗奔尼撒败于欧洲强权后的损失，穆罕默德·阿里向苏丹马哈茂德索取自然及人力资源丰富的叙利亚诸省。苏丹赏给他的却是克里特岛总督的职位，但他明白，维持岛上秩序会成为严重的财政负担，于是他断然拒绝了。1831 年，他对叙利亚发动海陆联合进攻。在他的儿子易卜拉欣统帅下，经过重整的埃及军队痛击奥斯曼部队，长驱直入安纳托利亚，在那里收到当地民众的热切回应。伊斯坦布尔不会容忍这种公然叛乱的行为。和此前那些怀有二心的总督一样（爱奥尼亚的台佩莱纳的阿里帕夏就是最近的例子），穆罕默德·阿里父子被看做了叛乱者，大维齐尔雷西德帕夏率军征讨他们。两军在科尼亚城外遭遇，奥斯曼军战败，大维齐尔被俘。[123]

　　穆罕默德·阿里当时可能尚无宣布脱离苏丹独立的意愿[124]——他虽然不甘屈居人下，屡屡试探奥斯曼帝国的底线，但应该还没想到要脱离帝国架构自立门户。说到底，他还是个奥斯曼臣民。易卜拉欣帕夏的想法就不同了。尽管穆罕默德·阿里写信给马哈茂德，请求宽恕，同时要求苏丹允许他保留赢得的土地，易卜拉欣却坚持要求父亲以自己之名铸造钱币，并在周五聚礼中使用自己的名字。[125] 这再次显示，帝国统一的最大威胁还是来自帝国内部。1833 年 1 月，易卜拉欣进军屈塔西亚，直逼布尔萨。因埃及大军挺进，伊斯坦布尔的部分供应被切断，城中再次面临饥荒。苏丹马哈茂德向英、法求援，未得到最终答复，不得不向沙皇尼古拉求救。1833 年 2 月，俄罗斯在伊斯坦布尔北部的博斯普鲁斯海峡上建立基地。[126] 为打击帝国内作乱的总督，把一个不怀好意的宿敌请进家门，这可是前所未有的举措，充分暴露了帝国的脆弱。

穆罕默德·阿里趁机大捞好处。到 1833 年 4 月，政府不断安抚他的尝试让他得到了好几个地方的总督职位，包括埃及、阿勒颇、大马士革、的黎波里（叙利亚境内）、阿卡、克里特、贝鲁特、采法特、耶路撒冷及纳布卢斯；易卜拉欣则受命统治吉达、哈比斯及麦加，5 月初，又成了安纳托利亚省阿达纳的收税官，并希望在此处的森林伐木建造自己的舰队。7 月，俄罗斯与奥斯曼签订了一项共同防御协议，即《洪卡尔伊斯凯莱斯条约》，它以 1833 年夏季俄罗斯舰队在上博斯普鲁斯的基地为名。最可恶的是其中一项秘密条款：在俄罗斯需要的时候，奥斯曼同意对其他国家战舰封锁达达尼尔海峡。[127]

为和平做出的让步代价太大，马哈茂德痛心疾首。尽管穆罕默德·阿里获得了丰厚的利益，也觉得没能实现目的，易卜拉欣管理的区域要接受年度检查，埃及仍然要向奥斯曼国库上缴收入，且因为地方抗拒易卜拉欣的统治，占领叙利亚的利益远不如预期。棉花价格的下滑严重打击了埃及经济，受压迫的埃及人民也开始对穆罕默德·阿里的改革发出反抗信号，拒绝接受军队征召。[128]

对自己成就的不满与随后数年间遭遇的挫折，反而助长了穆罕默德·阿里的野心。1838 年 5 月，他表达了独立的愿望，使苏丹及西方强权均为之震惊——因为如此一来，苏丹甚至会丧失对圣地名义上的控制。1839 年，奥斯曼再度派出大军镇压易卜拉欣帕夏，尽管马哈茂德对军队进行了改良，奥斯曼大军仍然遭到失败。6 月 24 日，易卜拉欣在加济安泰普东南方的尼济普获得决定性的胜利。不到一周后，马哈茂德去世，其子阿卜杜勒迈吉德继位。奥斯曼海军元帅选择在这个时候叛逃，投奔穆罕默德·阿里，带着皇家舰队驶向亚历山大。新苏丹的政府准备屈服了。[129]

与穆罕默德·阿里的战争是奥斯曼的内部事务，但它却是通过欧洲的仲裁解决的。英国、法国、俄罗斯、奥地利及普鲁士经过折冲，放下了彼此间的歧见组成一条联合阵线，警告大维齐尔不可贸然与那位贪得无厌的总督达成任何协议。8 月 22 日，伊斯坦布尔做出回应，授权欧洲强权代表帝国与穆罕默德·阿里谈判，随后的外交运作充分暴露了所谓"东方问题"的症结所在：每个强权都怀疑其他国家能对奥斯曼施加的影响力，特别担心其他强权会不当得利，无论他们获得的利益是战略上的、领土上的还是贸易上的。在希腊独立战争中，欧洲的利益与奥斯曼利益相悖，而且是欧洲强权最终促成了希腊的独立。但在 1839 年，奥斯曼对俄罗斯的忌惮控制着外交的走向：1833 年的《洪卡尔伊斯凯莱斯条约》之后，俄罗斯在奥斯曼事务中所占的优势地位得到巩固，这种优势地位与条约预示的未来成为英国最担忧的事。[130]

在多次复杂而微妙的谈判后，与会各方在 1840 年 7 月终于达成了《黎凡特和解协定》(《英埃协定》)。英国、奥地利、普鲁士、俄罗斯及奥斯曼帝国签署了该协定；法国拒绝参与，不愿成为强制穆罕默德·阿里接受不利条件的共谋者。根据协定的条款，穆罕默德所占领的除埃及外的各省不再为其所有，但协定承认埃及总督一职可由其家族世袭，这也是他一直渴望的。而从奥斯曼的角度来看，埃及仍为帝国的一部分。穆罕默德·阿里最初拒绝撤出不再容许他控制的领土，希望法国的居中调解可以让他得到比较有利的条件。但叙利亚爆发了反易卜拉欣统治的暴乱，这让列强有机会介入并将易卜拉欣驱离。穆罕默德·阿里最终同意归还奥斯曼的舰队，苏丹试图为埃及总督世袭附加严格的条件，但为与会各国所劝阻。不到一年，穆罕默德·阿里就接受了这个条件。在重新界定埃及地位的皇家诏令中有一项附带条件，即埃及应遵守所有奥斯曼政府与其他国家签订的条约，这抑制了穆罕默德·阿里未来任何图谋不轨的可能。这是因为穆罕默德·阿里的权力的经济基础是政府垄断，但根据英国与苏丹马哈茂德

1838 年签订的《巴尔塔李曼条约》(这个条约是以签订条约时人们所在的博斯普鲁斯海峡畔的乡村的名字命名的),政府垄断是被禁止的。[131] 1841年 7 月,法国、英国、俄罗斯、奥地利、普鲁士与奥斯曼签订《海峡公约》,规定在和平时期,博斯普鲁斯海峡与达达尼尔海峡仍应对其他国家的战舰关闭。[132]

自此以后,英国在近东的影响与干预开始萌芽。虽然不久以后,其他欧洲国家也得到了相同的贸易特权,但英国因其先进的工业化及金融体系,能从这些贸易机遇中获得最大的利益。贸易自由化带来的长期影响是复杂的:外国商人比奥斯曼商人占优势,因为后者仍要继续缴纳国内关税;贸易量增加,但奥斯曼的国内生产却减少了,由于奥斯曼关税收入缩减,帝国财政被进一步削弱。如一位历史家之所见:"奥斯曼帝国实质上成了英国的受保护国。"[133]

14

认同危机

    1839 年 11 月 3 日，在托普卡帕宫外层花园的花厅，亦即"玫瑰亭"，苏丹阿卜杜勒迈吉德颁布了所谓的《花厅御诏》，正式开启了所谓的"坦泽马特"时代，亦即"秩序重整"时代。马哈茂德的改革是在环境许可的范围内进行的。《花厅御诏》则公开宣布，旧有的方式已经使帝国无法适应新的时代，同时也清楚阐释了主导最近司法与行政变革、指引未来方向的意识形态框架。虽然《花厅御诏》是苏丹由上而下强加给人民的，但它显示苏丹及其政府承诺与其子民建立一种契约伙伴关系。它将影响所有奥斯曼人，而政府认为它会获得所有人的赞同。政府采用了新的媒体传播这份诏书，它的文本被印在了政府的公报《记事报》上，还以传统方式由行省总督及桑贾克贝伊在帝国各乡镇城市的公共广场举行公开宣读仪式。[1]

    《花厅御诏》由外交大臣穆斯塔法·雷西德帕夏宣读，苏丹及众大臣、神职人员与外交使节皆在场。它的序言认为，奥斯曼人在过去 150 年中因未能守住圣律国法导致奥斯曼帝国由盛而衰。它随后写道，这种境况是可以得到改变的，他们需要建立良好的行政机构，以保障人身安全、保护荣誉与财产为原则，采取新的税收与军事措施。对生命与财产安全的保障有助于增强人们对国家的忠诚度。而政府也在寻找新的税收来源，以取代过去的包税区和"国家刚刚摆脱的受诅咒的垄断"收入；[2] 政府将建立公平的税制，立法规定这些收入的用途，其中陆军与海军军费将占去最大部分；还将规范军队的动员制度，力求公平分配征兵负担，服役年限则定为 4 至 5 年。有史以来第一次，所有这些原则普施于所有奥斯曼臣民，不分穆斯林与非穆斯林。危害官僚结构的受贿行为将成为违法行为，刑法将惩罚一切违法人员，不论出身与阶级。《花厅御诏》结尾承诺将进行彻底的行政改革，并欢迎所有奥斯曼臣民与友邦监督。《花厅御诏》由严谨的伊斯兰教话语写成，它承诺将制订的法案也不会与伊斯兰教法发生冲突。苏丹选择在圣斗篷殿当着高阶神职人员及官员的面宣誓将严格实行它的规定，更是象征性地表明了它的宗教特点。[3]

＊　　　＊　　　＊

按照惯例，新苏丹都会发表诏书，承诺他会公平执政。阿卜杜勒迈吉德自不例外，并且他在 4 个月前即位时就已做过。像这样短短几个月内再次发布执政纲领的文件是极不寻常的，而且时机绝非巧合。苏丹马哈茂德虽然进行了广泛的改革，但 19 世纪 30 年代末期的内外交逼 —— 特别是穆罕默德·阿里的威胁与列强在奥斯曼事务方面不断变化的利益，使奥斯曼陷于完全的被动。如果说 1838 年的《巴尔塔李曼条约》是奥斯曼为英国协助解决穆罕默德·阿里问题必须付出的代价，那么《花厅御诏》就是为更长期保住这种利己主义的支持所付出的代价。事实上，"秩序重整"是马哈茂德在位的最后几年发动，但阿卜杜勒迈吉德的《花厅御诏》则是向欧洲列强表态，显示他实现奥斯曼现代化的诚心。他把帝国内在的再生力量展现给列强，希望他们感到帝国平等参与的决心与能力，邀请他们表现出支持奥斯曼改革努力的善意，同时，表示奥斯曼愿意接受他们对苏丹非穆斯林臣民高调的关心。

苏丹阿卜杜勒迈吉德即位时年仅 16 岁，一般认为，具体呈现在《花厅御诏》中的改革方向（十分不同于他父亲的）出于雷西德帕夏之手。雷西德帕夏出身神学院，后来转任民政官员，对国际政治也颇有经验。穆罕默德·阿里父子的扩张政策危及帝国时，他曾经参与和他们的谈判，也曾出任巴黎及伦敦大使。他在伦敦任职期间，争取到了英国镇压穆罕默德·阿里的协助，这次成功在与他关系最密切的改革派中促成一种亲英观点。[4]

英国的思想通过雷西德影响了奥斯曼的立法，他的这种重要作用通常会掩盖《花厅御诏》中的奥斯曼本土思想，但实际上，宗教高层也参与了《花厅御诏》的制定，他们的参与似乎使《花厅御诏》不需要再专门获取教谕，也显示它并不与伊斯兰教法冲突。苏丹本人由其母亲及导师教养，成长于正统的伊斯兰环境，在登基诏书中不仅自称是"虔诚者的领袖，大地上的哈里发"，而且宣称，对不遵守教规、每日不进行5次礼拜的人绝不宽贷。他写信给大维齐尔："哈里发的地位既属祖传亦属天命……我们皆望至高的伊斯兰律法遍行于地上。"和他的先辈一样，他也是一个托钵僧教团的信徒，属于纳合西班迪教团的哈里迪派，他的顾问中的一些人也属于这个教派。不同于拜克塔什教团，哈里迪派以信守伊斯兰教律法知名，得到了统治阶层中保守派的支持；和纳合西班迪教团与梅乌拉那教团一样，它因1826年拜克塔什教团被镇压而受惠。19世纪40年代初期，在大马士革哈里迪派创派人哈里德·巴格达迪陵墓旁，阿卜杜勒迈吉德建造了一座陵寝及一座托钵僧修院。他的言行都极其虔诚。1851年，他下令在伊斯坦布尔的法提赫区建立一座清真寺，以安厝先知穆罕默德的另一件圣斗篷（第一件安厝于托普卡帕宫）。[5] 而且他在《花厅御诏》中传达了这样一种理念：为追求更具活力的国家，改革必须不断进行，但应以伊斯兰律法的架构为基础。[6]

奥斯曼帝国历史上每次改革的努力都曾引发反对，但压制反对力量的活动一向是纯粹的内政问题，《花厅御诏》却把奥斯曼的内部紧张关系带上了国际舞台。为了回应外界对《花厅御诏》发布时机与所用话语的压力，政府请外国监督改革的进程，这凸显了基督教欧洲与伊斯兰奥斯曼之间巨大的观念差异。关于改革的本质与速度的辩论被复杂化了，由于欧洲各国的要求相互矛盾，内部矛盾的解决也就变得更加困难。

乍读之下，《花厅御诏》有关行政与财政的改革并没有什么特别。但换一个角度来看，它强调要在法律上提供一个行政改革推行的框架。这是对马哈茂德的目标的一个发展：客观的、理性的决策应该取代真主或苏丹的无规则可循的旨意。1840年，奥斯曼通过了一部通用刑法典。同年，包税权制度被废止——至少理论上如此，但实际上，立法者的目标并无法得到充分实现，20世纪初叶，包税制仍然盛行。[7]但"坦泽马特"在整个帝国的推行并非十分顺利。政府缺乏训练有素的人员执行改革，财政破产，行政惰性与下层对上层政策的抗拒，基础建设的不足，普遍未受过教育的民众，以及广土众民造成的价值传播的困难：所有这些因素都不利于改革。

《花厅御诏》所引发的不安，大部分的症结在于它对奥斯曼社会传统上赖以运作的层叠的社会分类的改变，以及个人因其所处的特定团体而应当或渴望拥有的权利和义务的改变。[8]《花厅御诏》承诺法律面前人人平等，但这个观念并不容易被奥斯曼社会接受，因为伊斯兰教本身就把三种不平等奉为神圣不可侵犯的，即信徒与非信徒、主人与奴隶及男人与女人之间的不平等。[9]信徒与非信徒的不平等是所有伊斯兰社会基本架构的基础，此外，在奥斯曼社会中，统治者与被统治者（免税者和纳税者）之间的区隔现在虽然已经模糊，但过去也曾盛行一时。尽管在奥斯曼，许多领域都重视务实与妥协，因此，这些区别并不见得随时随地都在被强制执行，但这样公开地宣扬平等原则，多数人还是难以心平气和面对——更何况，改革的任何失败甚至倒退还会受到外国的谴责，这样的新政策实在令人很不舒服。

在奥斯曼社会中，穆斯林与非穆斯林之间最明显的不平等的表现就是后者要缴纳人头税。这个重大的区隔并非一下就能彻底废除的，但行政上的普通改革也需要教长颁布教谕批准。[10]要使非穆斯林获得平等地位，即免除非穆斯林的人头税，势将造成国库收入的重大损失，何况这是与伊斯兰国家非穆斯林的"次等阶级"的原则相违背的，因此，要实现平等，只能是把穆斯林降到与非穆斯林相同的地位。穆斯林农民和非穆斯林农民现在都要按照他们所拥有土地的价值缴纳累进税了。[11]有些新的旨在将税收中央化及制度化的规定在马哈茂德二世末年就已经存在，它们的目的是减少人民所受的剥削，但比较贫穷的穆斯林却不喜欢这种定期以现金缴纳的税制，以前，他们虽然要缴纳多种不同的税，有些人使用上述方式缴税，另一些穆斯林群体长期以来则是通过为国家提供服务享受免税，但如今他们都要缴税了。[12]

正如人们所料，奥斯曼的基督徒及他们的欧洲保护者，无不热望早日废除标志非穆斯林次等阶级地位的社会与财政规定，他们认为人头税的存在违反了"坦泽马特"的平等原则。欧洲的媒体完全不顾奥斯曼和任何国家一样需要税收才能运作的事实，在每次讨论秩序重整的缺点的时候，都会主要针对令人不满的税收制度。[13] 相较于基督徒，帝国的犹太人的抱怨比较不容易被听到，因为，在奥斯曼的内政事务上，他们背后没有列强撑腰 —— 尽管 19 世纪 30 年代，英国曾经想充当奥斯曼犹太人的保护者，就像俄罗斯之于东正教徒及法国之于天主教徒；还曾想把犹太人安置在巴勒斯坦及叙利亚。相较于奥斯曼境内的基督徒群体，犹太人数量较少，分布太广，奥斯曼当局并不把他们视为对国家的威胁。然而，为了表现奥斯曼的多元化，比照对待东正教牧首及亚美尼亚人的政策，政府在 1835 年首次任命了一位犹太长老。但这项任命反而引起了犹太人的不安，因为犹太教不愿意承认这样一个凌驾一切的角色，犹太人起初对他抱持怀疑态度，之后才逐渐接受。[14]

19 世纪 30 年代，奥斯曼西边与塞尔维亚相邻的尼什地区爆发了一连串暴乱。塞尔维亚领袖米洛斯·奥布雷诺维奇不但不支持暴乱团体，反而技巧性地与奥斯曼当局联合推动行政改革。然而，他在 1839 年退位，他年仅 16 岁的弟弟米哈伊洛继位。两年后，塞尔维亚开始实行税制改革，麻烦跟着出现，因为虽然地主阶级都是基督徒，农民中既有穆斯林，又有基督徒，但所有人都对新的税率不满意，更痛恨他们仍要缴纳许多理论上已经取消的税种。尼什地区的基督教农民派代表去见米哈伊洛·奥布雷诺维奇，并没有表达强烈的独立意愿，只想改善自己的生活条件。一份请愿书这样说："人民并不是要反抗苏丹的合法政府，只是希望《花厅御诏》的善政能够早日充分付诸实施。"[15] 然而，地方上不同族群组成了联合反抗阵线，奥斯曼的地方政府遂调动阿尔巴尼亚部队（穆斯林）前来平乱。暴力镇压直至伊斯坦布尔介入才结束。奥斯曼东正教徒的保护者注意到了这场冲突的隐含意义，俄罗斯于是出面抗议，伊斯坦布尔遂派出一个委员会，调查问题的症结。奥斯曼政府认为，是塞尔维亚的领袖在鼓动骚乱，但他们又担心这类和税有关的抗议在这样敏感的地区会产生连锁效应，扩大混乱，所以政府决定安抚基督徒，将他们被阿尔巴尼亚非正规军逮捕的同胞赎回，补偿他们被抢走的牲口及其他动产，资助受到暴乱波及的人。渐渐地，逃难的人返回家园。[16]

这个事件公开显示，改革虽然尚未完全落实，对多数高层官员和普通百姓来说却已经走得太远太快，这导致外交大臣雷西德在 1841 年 3 月被解职，但他被解职背后的主谋是穆罕默德·阿里，后者认为前一年签订《黎凡特和解协定》的责任在雷西德帕夏，于是贿赂他的政敌拉他下台。[17] 政府当时掌握在保守派手中，内阁一致决定许多新措施应该被取消[18]——这反而增加了混乱。造成雷西德下台的另一个原因是，教士阶层不赞同他实行的一项商业法。这项法案以法国模式为基础，完全不符合伊斯兰律法，它处理合伙及破产等问题，不久之后就被废止。

马哈茂德二世发现，改革需要资金的支持。他采取的政策是货币贬值，却导致奥斯曼出现史上通货膨胀最剧烈的时期。1789 年至他即位的 1808 年，使用广泛的银币库吕什的币值从未变动过，但在他在位的 30 年间却贬值了 80%；金币中的贵金属含量减少了不到 20%。贬值分两个时期，第一次为 1808 至 1822 年间，第二次在 1828 至 1831 年间。第二次贬值速度较快，深受 1828 至 1829 年俄土战争与随后的战争赔款的影响。1826 年，禁卫军被镇压后，奥斯曼除掉了最反对货币贬值的势力，因此，第二次贬值整体上是成功的，使国库能较好地履行其职责。[19]

但贬值并不足以应付长期的财政短缺，而且政府积欠加拉塔货币经纪商大笔债务。1840 年，一项从未尝试过的金融票据出现 —— 奥斯曼开始使用纸币。但在性质上它类似长期国库券 —— 8 年后可以赎回，期间的年利率为 12.5%。它仅在伊斯坦布尔流通，而且很容易伪造。这种纸币逐渐被大众接受，成为相当于硬币的交易媒介，实现了政府的目标，对国库收入的增加也颇有帮助。[20]1844 年，奥斯曼引入了复本位制，固定了金银交换的比值，这也有助于稳定币值。这些年中，奥斯曼类似创新做法的灵感均来自埃及。[21]

1841 年被解职后，雷西德帕夏重返巴黎担任大使。1845 年，他奉召返国，再度出任外交大臣，次年出任大维齐尔。他之后一直断断续续担任大维齐尔，直至 1858 年去世，在当时可以算是任职时间极长的，而且改变了马哈茂德二世时期大维齐尔地位下降的情况。年轻的苏丹阿卜杜勒迈吉德花了不少些时间才建立起自己的权威，"坦泽马特"带来的问题更是延长了这个时间。1841 年，保守派上台后，"坦泽马特"一度停滞，但雷西德的辅佐使他得以确立地位，推动改革计划。

雷西德帕夏外放期间，1843 年，政府采取了一项行政措施，调查帝国的农村资源，以了解中央政府在各省的潜能。再度受到重用之后，他展开更多的改革，特别是在法律及教育领域的改革：1847 年，建立同时服务穆斯林与非穆斯林的商业法庭；1850 年，重修以法国为范本的商业法，取代 9 年前造成雷西德帕夏下台的旧法；成立教育部，设立世俗学校，供 10 至 15 岁男童就学。[22] 这些建设长期看来虽然有利于国家的现代化，但不是以伊斯兰的规范为基础的，不可避免地会与仍然在运作且无法轻易打破的传统制度有抵触及冲突。更重要的是，创新之举仍属少数。

尽管改革在持续进行，但农村地区的改变缓慢。拥有庞大家产的地主绝不会在一夜之间消失，他们仍在以自身利益为出发点安排各种事务，并发现要破坏改革大业易如反掌。1850 年多瑙河畔的维丁爆发的一场反抗活动的动因非常典型。这里穆斯林地主对于 1838 年强制劳役制度（穆斯林地主有权驱使基督徒佃户服劳役）的废止十分愤怒。但这个制度在事实上仍然存在，农民仍要从事包括强制劳役在内繁多的无偿苦役。农民因此发起武装反抗，地主遂向政府求助，政府却回应道，强制劳役的确已经废止，事情应由地方自行解决。然而，这类争端通常会由地方议会讨论解决，但参与请愿的地主占议会多数，所以问题解决的结果往往更有利于地主，情况并不会有太大改变。[23] 有证据显示，俄罗斯及塞尔维亚对维丁事件的态度谨慎到克制，而且毫无疑问，维丁的动乱实际上是保加利亚脱离奥斯曼帝国独立要求的体现。[24] 奥斯曼统治阶层曾乐观地以为秩序重整调整了国家的意识形态，基督徒少数族群的骚乱会就此平息，但在此时看来，他们显然错估了形势。

令人惊讶的是，甚至在雷西德帕夏尚未担任大维齐尔之前，政府已经开始实施《花厅御诏》中最引人争议，但也是奥斯曼新平等政策最关键

的一项主张 —— 征召非穆斯林加入帝国战斗部队（虽然无甚成效）。教长指出，圣典并不禁止非穆斯林服役，政府征召他们入伍的理由十分充分 —— 帝国缺乏兵源，且基于各种原因（包括战场捐躯在内），穆斯林的人口正在相对减少。内阁认为，也许仅允许陆军征召非穆斯林服役比较合适，他们不应在封闭的战舰上服役，在那里他们很容易与穆斯林水手混在一起。但不管怎么说，1834 年，必要的规章制度都已确定，在 1845 年及 1847 年，政府两次征召基督徒入海军服役 —— 即使当时当权的并非改革派。政府严格规定军官不得苛待服役者，但英国仍提出了抱怨，并担心奥斯曼政府下一步就会征召基督徒入陆军服役。在 1848 至 1851 年间，奥斯曼未再征召基督徒水兵。1851 年，许多马其顿基督徒为逃避进入海军，逃往伯罗奔尼撒，特拉布宗的基督徒则设法弄到文件甚至外国护照，以表明他们受到希腊及俄罗斯领馆的保护。奥斯曼只得做出让步，例如让入伍海军的基督徒至皇家造船厂服役而不必在海上服役，但这也无法打破僵局。[25]

为改革而实施的新法虽然屡遭挫折，支持《花厅御诏》的奥斯曼改革派却愈挫愈勇。在他们心目中，自己也是世界新秩序的一分子，是和欧洲列强平等的伙伴，他们与欧洲列强共同参与 19 世纪世界博览会这类重大活动，正象征着这种平等。奥斯曼与英国关系密切，雷西德帕夏更是与两度出使伊斯坦布尔（分别在 1825 至 1827 年及 1842 至 1858 年）的英国大使斯特拉福德·坎宁结交，这无疑鼓励奥斯曼抓住机会第一次参与这类活动：1851 年在伦敦举行的世界博览会（他们参加的世界博览会还包括 1855 与 1867 年的巴黎世界博览会，1862 年的伦敦世博会，1863 年的伊斯坦布尔世博会，以及 19 世纪后来的几次）。根据一份官方声明，他们参加世博会的目的是展现奥斯曼土地的生产力及奥斯曼人民在农业、工业、艺术及工艺方面的能力。大约有 700 名制造者展示了他们的产品，来自半独立的埃及和突尼斯的产品还获得了大奖。[26]

对帝国来说，从 1839 年起至 1853 年克里米亚战争爆发之间的这些年，是一段热切拥抱外在世界的国际和平岁月。在制造业及农业方面，奥斯曼不断引进先进技术，提升了国内及国外市场的产值。在国际贸易方面，外国商人获得了在帝国内的自由贸易权，加上国家垄断的结束，奥斯曼成为世界上最自由的国家之一。[27]

* * *

19 世纪 40 年代，由于俄罗斯在奥斯曼帝国事务方面被迫采取守势，英国成为列强中的首位。但种种迹象显示，俄罗斯仍野心勃勃，意图以保护东正教教徒为借口，制造不安来瓜分奥斯曼帝国。[28]数个世纪以来，天主教与东正教在巴勒斯坦圣地的斗争，给外国的介入制造了许多机会——1690 年，方济会占了上风，1740 年，法国在《贝尔格莱德条约》中支持奥斯曼，方济会的地位进一步得到巩固；但至 1757 年，因得到俄罗斯的支持，东正教取得优势。[29]到了 19 世纪 40 年代，圣地问题成为法俄之间更广泛对峙的要素之一。由于俄罗斯的朝圣者在数量上远超过奥斯曼的东正教教友及天主教徒，沙皇尼古拉一世对圣地展现出极大的兴趣。法俄两国也连年因此向奥斯曼施压，企图借此赢得国际声望及国内民意的支持。

这一时期，另一个具有宗教意义的建筑也开始受到瞩目，即由前拜占庭的东正教圣索非亚大教堂改建的阿亚索非亚清真寺。1847 年，阿卜杜勒迈吉德下令修复阿亚索非亚清真寺时，整座清真寺明显早已年久失修，伊斯坦布尔的游客详述了它的结构与装饰破败不堪的状况。[30]18 世纪中叶的马哈茂德一世是此前整修过阿亚索非亚清真寺的最后一位苏丹。从 18 世纪后半期起，为向当时被俄罗斯统治的克里米亚教友宣示宗教权威，接连几位苏丹都强调自己身为伊斯兰教哈里发的地位，阿亚索非亚清真寺也成了"奥斯曼哈里发的象征性宝座"，奥斯曼还创造了一套神话附会这个新的说法。[31]修复工程在 1847 年被交给瑞士人福萨提兄弟。1837 年，福萨提兄弟来到伊斯坦布尔建造俄罗斯大使馆，完工后继续居留于此，修建了各式各样的建筑，既有乡村别墅，又有政府机构，还包括天主教堂。苏丹有点担心教士对修复清真寺的计划的反应，但还是在修复过程中去阿亚索非亚清真寺巡视了几回。就连修复清真寺的命令都是在最反动的神职人员前往麦加朝圣时颁布的。[32]

1849 年，阿卜杜勒迈吉德为庆祝阿亚索非亚清真寺的整修完成，特意在巴黎铸造了一枚纪念章，一面是自己的徽记，另一面是清真寺的图案，[33] 增加了这座建筑的知名度与声望，加强了它的象征意义。奥斯曼人深知，此时他们必须积极打造自己在其他国家心目中的形象。阿卜杜勒迈吉德修复阿亚索非亚清真寺的工作既在向自己的支持者表态，同时也在用一种基督徒理解的语言向基督教世界传达善意。俄罗斯一直对伊斯坦布尔垂涎不已。苏丹对这个城市里的这座清真寺另眼相待，固然使俄罗斯心生不悦，但另一项刻意讨好盟邦英国的动作更得罪了独裁者沙皇尼古拉一世：在波兰及匈牙利 1848 年的反专制革命失败后，伊斯坦布尔为失败的流亡人士提供了庇护。这给奥斯曼带来了一定好处，因为许多流亡人士加入了奥斯曼军队及政府官僚体系，有些人甚至改宗伊斯兰教，虽然未改宗者仍属多数。

1850 年，为争取国内天主教人士的支持，法兰西第二共和国总统路易－拿破仑重申他对圣地的监管权。经过冗长的谈判，1852 年，伯利恒的圣诞教堂被交给天主教会，但为了使俄罗斯满意，天主教在使用这座教堂时还是受到限制。但到了 1853 年初，愤怒的沙皇却与英国驻圣彼得堡大使会面，讨论瓜分奥斯曼帝国的计划 —— 沙皇首次将奥斯曼称为"欧洲病夫"。沙皇尼古拉希望取得多瑙河地区的公国、保加利亚及塞尔维亚，英国获得埃及和克里特岛，伊斯坦布尔则成为自由港。英国对此并未做出反应，俄罗斯却认为英国默认了这个计划。1853 年 2 月底，俄罗斯特使亚历山大·缅希科夫向苏丹发出最后通牒，要求俄罗斯继续在圣地享有优先地位，并有权保护奥斯曼境内的东正教臣民。沙皇的要求遭到拒绝。7 月初，俄罗斯军队渡过普鲁特河，进入摩尔达维亚。9 月，英国与法国派遣 4 艘战舰通过达达尼尔海峡直驱伊斯坦布尔，奥斯曼外交斡旋未果，于 10 月 27 日挥兵渡过多瑙河，这就是后来所称的克里米亚战争的前奏。但正式宣战却是 1854 年 3 月的事。前一年 11 月，俄罗斯炮击了锡诺普的奥斯曼舰队，英法担心俄罗斯对奥斯曼帝国居心不良，紧急驰援。奥斯曼为自己与北方邻邦的冲突找到了盟友，克里米亚战争爆发。[34]

俄罗斯占领多瑙河地区的公国后，奥地利所受影响几乎和奥斯曼一样多，它在交战四国之间扮演了仲裁者的角色。1854 年 6 月，俄罗斯军队被迫撤退，奥地利人与苏丹签订一项协议，在战争期间，奥斯曼将多瑙河畔公国的宗主权转交给奥地利，奥地利军队随即占领多瑙河诸公国。因此，交战国军队无法再通过各公国领土，战争重心遂移至克里米亚，英国与法国认为这是一举摧毁俄罗斯舰队及其海军设施，彻底解决纠缠不休的"海峡问题"的机会。三国联军的目标是占领塞瓦斯托波尔港，但他们却花了一年时间，直到 1855 年 9 月才攻克这座城市。但到 11 月，俄罗斯部队已经由高加索地区拿下安纳托利亚东北部的卡尔斯要塞。12 月，奥地利扬言，如果俄罗斯拒绝议和，它便将加入三国同盟。没多久，和谈有了结果，1856 年 3 月，参战各国签订了《巴黎和约》。[35]

《巴黎和约》承认奥斯曼帝国为欧洲协调的成员，地位与其他成员国平等，为保证其领土完整，奥斯曼不再任俄罗斯——或其他任何国家宰割。奥斯曼终于赢得了塞利姆三世以来所追求的地位。俄罗斯低估了英国在这个地区的影响力，它企图控制黑海的野心受挫：黑海必须在贸易上对所有国家开放，任何国家不得将其军事化。奥斯曼再次成为多瑙河诸公国和塞尔维亚名义上的宗主国，并由欧洲为其担保。[36]条约签署之后，俄罗斯的将军中流传着一句预言般的话——"我们以后再也不能躲在官方自夸的背后自以为是，沾沾自喜了。"11 年之后的俄罗斯外交大臣亚历山大·戈恰尔科夫承认，克里米亚战争期间，俄罗斯帝国已经身陷濒临崩溃的危机之中。[37]

《巴黎和约》中提到了所谓的《改革御诏》，即苏丹于 1856 年 2 月 18 日发布的诏书，它详述了列强极度关切的奥斯曼帝国境内非穆斯林人口的状况问题。在这份诏书中，《花厅御诏》所做的含糊承诺全都成了详细的条文。苏丹阿卜杜勒迈吉德保证他的人民拥有宗教信仰自由，一切基于"宗教、语言或种族的区别"均应"自政府制度中永远消失"。无论宗教信仰，所有人都可以就读新的平民学校及军事学校，进入国家机关就业，而这些机构以前由穆斯林主导。《改革御诏》重申，直接征税将取代包税制。新的法律程序将保证司法更为公平。《改革御诏》也承诺成立银行，改革金融机制，改善交通状况，建设公共工程，以实现基础设施的现代化。在最后一部分，《改革御诏》明确指出，他们必须设法从"科学、艺术或者欧洲的资助中获利"。[38]《巴黎和约》明确否认了外国干预奥斯曼帝国内政的权利，但《改革御诏》的措辞实实在在暗示着列强干涉的可能。

　　所有承诺的改革，明显都是从马哈茂德二世在位时期就已进行的方案发展而来的，但其发表却受到帝国的欧洲盟邦的极大压力及强大影响，这些改革显示，列强决心破坏俄罗斯保护奥斯曼东正教徒的主张，以及可能随之而起的巴尔干动乱。雷西德帕夏 1855 年便已去职，未曾参与御诏的拟定或巴黎的谈判，对这些改革极端恼怒。他明白帝国有必要适应时代的改变，需要调整非穆斯林的地位，但他反对改革应一气呵成，也不认同应该听命于外国势力的论调。但他最担心的却是，帝国的穆斯林人口会觉得自己被这份御诏忽视了，数百年来共有的历史这样被强制颠覆，势将对穆斯林与非穆斯林的关系造成巨大影响，他警告政府要对无可避免的紧张局势做好准备[39]

　　《巴黎和约》虽然可能为帝国解除了俄罗斯领土野心的威胁，但外来的压力却以另外一副面貌继续作祟，如英国强烈要求苏丹按照其承诺行事。学者兼政治家艾哈迈德·杰夫代特帕夏谈及御诏公布时许多穆斯林的反应时这样说："今天，我们失去了祖先以鲜血为我们赢得的神圣的公共权利。穆斯林社群本是统治群体，但今天，他们却失去了自己的神圣权利。对穆斯林人民来说，这是一个悲伤痛苦的日子。"[40]虽然从理论上来说，两份御诏都是要为全体奥斯曼臣民（穆斯林与非穆斯林）提供更好的生活，但两个群体对它们的理解却截然不同。各种信仰的普通奥斯曼人民的生活条件都不值得羡慕，但每当非穆斯林抓住机会追求新的权利，设法将自己族群的利益最大化时，穆斯林心中的怒火便随之增加。同样的行政改革，只要对一方有利，必然会损害另一方的利益。《改革御诏》发布后的岁月中，穆斯林与非穆斯林之间的暴乱及骚动蔓延全国，政府必须派出军队才能平乱，许多人因此丧命。[41]

　　对改革不满的早期迹象之一是 1859 年出现于伊斯坦布尔的叛乱。一批军官与教士结合起来（后者包括纳合西班迪 – 哈里德教派的忠实信徒，[42]苏丹也是这个教派的一员），反对会影响到自身的法律改革。我们并不清楚他们的目的是推翻政府还是令苏丹退位。最终，谋反者遭到逮捕，在博斯普鲁斯的库勒里军校受审，这个事件也因此被称为"库勒里事件"。大维齐尔穆罕默德·艾敏·阿里下令将这些谋反者放逐或囚禁。[43]

1856 年《改革御诏》中关于宗教信仰自由的许诺中，包含"不得强迫任何人改变信仰"的说法。[44]不同于各种形式的基督教，伊斯兰教鲜少劝诱他人改宗，奥斯曼人对改宗的态度往往是不干涉。一些人认为，这主要是因为在"坦泽马特"之前，奥斯曼需要大量非穆斯林人口缴纳人头税。在那个时代，只要改宗的个人不是被强迫的，脱离伊斯兰教改信其他"天启宗教"（基督教或犹太教）甚至都是被容许的。真正会遭到奥斯曼官方谴责的，反而是那些转信什叶派的逊尼派穆斯林——俄罗斯的尼古拉一世也采取过类似的态度，他蔑视境内的"旧礼仪派"，这些人像奥斯曼的什叶派信徒一样，被打上了"分裂主义者"的标签，遭到迫害。[45]然而，《花厅御诏》中第一次提出的法律面前人人平等的原则，已经颠覆了奥斯曼的这些传统，在接下来的岁月中，外国力量介入改宗及劝诱改宗，无疑更进一步加强了一些人对 1856 年《改革御诏》中宗教改革条款的反对声音。[46]

1856 年御诏带来的后果之一是，基督教传教士在帝国内益趋活跃。所有宗教团体都有权利办学校，这成了西方教会（无论天主教或新教）手中的利器，对帝国内的东正教徒乃至穆斯林都构成了威胁。天主教试图吸引巴尔干、亚美尼亚或叙利亚的奥斯曼东正教徒改宗，这长期以来就引人关注，18 世纪初叶，帝国诏书就常提到亚美尼亚的东正教徒"改变"了惯常的礼拜仪式。[47]19 世纪 40 年代，巴尔干东正教徒就曾掀起一股反新教的风潮，这迫使新教传教活动更加集中在东方。但在东方，新教徒毫不掩饰内心对东正教教会的不屑，想方设法要把"更崇高更完美的基督教"传给他们，他们的活动激怒了马龙派及亚美尼亚派牧首，却没获得什么成果。[48]对奥斯曼当局来说，新教徒的活跃未尝不是隐忧，因为 1856 年之后，新教徒觉得自己有权利劝其他基督徒乃至穆斯林改宗，凡是反对他们的声音都违背了御诏的承诺。[49]1839 年《花厅御诏》公布之后，人们意识到穆斯林改信基督教的可能性，1856 年之后，这种可能性已经成真。由于穆斯林人口可能因为改宗基督教而减少，加上奥斯曼因保卫帝国的战争又损失了不少信徒，政府不得不一改过去的务实作风，颁布了一项"政策"禁止改宗行为。更严重的是，许多人改宗后竟然寻求外国势力保护。虽然列强对每一件改宗个案都要进行官方的认定，企图以此影响苏丹，但奥斯曼为要改宗伊斯兰的人制定了一套程序，借此维护自己的尊严及国家主权，在有人质疑改宗是出于自愿或强迫时，当局也就事论事。而脱离伊斯兰改信基督教的人却可能遭到逮捕及处罚。对一切脱教及改宗的事，奥斯曼的态度是那是本国事务，与外界无关。[50]

克里米亚战争使奥斯曼损兵折将，军事人力严重缺乏，士兵的征募成了当务之急。当此危急时刻，奥斯曼的基督徒社群领袖反倒放下分歧，表达了对战争所需的坚定支持——1853 年 10 月，甚至在宣战之前，亚美尼亚社群就宣布已经准备好为国服务，"哪怕是从军"。身为盟邦的英国与法国明白他们需要奥斯曼作为继续对俄作战的战力，并乐见人头税的废除，于是放弃了原有的顾虑，转而支持基督徒服兵役。但在 1855 年，就在战争期间，尼什地区成千上万的基督徒役龄男性逃往塞尔维亚，政府不得不修改募兵政策，不再在奥斯曼边陲地区征兵。战争结束后，政府认识到穆斯林与非穆斯林同样不欢迎所有人都要服役的政策，才采取了折中的作法。之前政府就有规定，允许非穆斯林找人替代服役。1856 年，《改革御诏》正式将替代服役列为普遍原则，只要出钱就可以免役。于是《花厅御诏》废除了的人头税实际上以新的名义重新出现，适龄非穆斯林男性只要缴纳该税即可免除军事义务。[51] 这种区别既满足了穆斯林的优越感，而非穆斯林也不必被迫接受自己不愿意承受的负担，尽管在逻辑上，这种负担是为平等而付出的代价。当然，这种做法无异于掩耳盗铃，但这不仅被直接相关的人接受，而且保证了奥斯曼国库的收入，将国家不可或缺但又常常被西方指责不平等的人头税换个名目。

雷西德帕夏对《改革御诏》的担心被证明是有道理的。奥斯曼帝国信仰复杂、地理破碎、经济落后，其制度与法律架构是为满足其特殊的文化与环境而建立的，尽管在最好的情况下，在有限时间内，它都无法指望于外国势力的高压下实现它的承诺。

雷西德帕夏的改革重责被交给了穆罕默德·艾敏·阿里帕夏（一般仅以阿里帕夏称呼）及"毡工之子"福阿德帕夏，后者自19世纪中叶起先后出任大维齐尔及外交大臣。除中间中断46个月外，从1855年5月至1871年9月，两人轮流担任大维齐尔，和他们的小圈子一起垄断了行政权力。在1856年，阿里帕夏为大维齐尔，福阿德帕夏为外交大臣。

两人都曾在翻译办公室任职，这是一个希腊独立之后应运而生的政府部门。从前，重要政府机构的翻译人员都是奥斯曼希腊人。但1821年的希腊起义结束了这种状况，许多人投笔从戎参加了独立战争，有些人因叛国罪锒铛入狱，伊斯坦布尔几乎找不到翻译人才。到19世纪30年代，外国开始密切介入奥斯曼内政，奥斯曼建立了新的翻译部门，翻译人员几乎清一色为穆斯林。这个不断扩张的部门培养了许多年轻官吏，很多人后来在这个世纪中都成了热切推动改革的主力。翻译人员的工作多数属于外交领域，这让他们获得了政府其他机构人员接触不到的通向世界的窗口。[52]阿里与福阿德的职业生涯使他们不甘于接受传统社会价值。身受理想官僚的理性价值的熏陶，他们心怀大志，认为好的政府应当解决束缚帝国的列强所关注的问题。他们承认宗教作为"文化之锚"的重要性，但认为教育与贸易带来的利益将降低宗教社会角色的重要性。[53]

新的立法工作如火如荼展开。1856年的《改革御诏》中相当大的篇幅涉及希腊、亚美尼亚及犹太族群的内部改革。长期以来，每个族群中都有许多人希望放松教士对他们的管制，减少教士贪腐的机会。尽管未经奥斯曼当局进一步推动，改革尚未启动，但在族群内部事务中，世俗人士的声音变得越来越重要。[54]《改革御诏》带来的其他改革还包括基础建设的改善：根据1843年开始的帝国农村资源调查，政府于1858年公布了《农耕法典》，它主要涉及农村的私人财产，某些政府鼓励的特定作物如烟草及棉花的税捐的减免，以及农村地区交通状况的改善。1863年的《海事法》是将现行法律合理化的法典的代表（此类法典还有《商法典》），为奥斯曼此前完全陌生的各式新活动提供了法律框架。1868年，国务院获得了马哈茂德二世时期建立的最高司法会议的立法功能，设立了五个委员会，分别掌管内政和军事，财政，司法，公共建设、商业与农业，以及教育事务。各委员会都有非穆斯林代表、地方代表及商业代表。当时，奥斯曼政府正在列强压力下改善经济及贸易基础设施，国内的政治领袖也全力推动改革的进行，以为如此便能保全帝国并使之现代化。1871 年，阿里帕夏在写给阿卜杜勒迈吉德的继承人阿卜杜勒阿齐兹的政治遗嘱中这样写道：

> 我们当时必须与欧洲建立更密切的关系，必须将欧洲的物质利益看作我们自己的物质利益。唯其如此，整个帝国才能成为一个完整实体，而不只是一个外交臆想。为使欧洲国家直接在物质上愿意维护帝国的存续与防卫，我们为帝国的重生与繁荣发展建立了许多必要的伙伴关系。[55]

1839 年《花厅御诏》中预告的地方行政制度改革的速度一直很缓慢。最认同地方改革的政治人物是密德哈特帕夏，他后来在奥斯曼历史中赢得了一个特殊地位，即 1876 年宪法的制定者。在"坦泽马特"初期，密德哈特曾担任多个委员会及会议的职务，但在 1855 年，他向当时的大维齐尔提出地方改革的看法，这才崭露头角。在 1855 年至推行新的地方行政区划制度的 1864 年之间，他出任与塞尔维亚比邻的尼什省的总督（1861 至 1864 年），策划能力与执行效率展现无遗，他关于帝国边境生活的第一手经验，为他与大维齐尔福阿德起草的方案提供了灵感。[56]

1864 年各项法律的实验场是新成立的多瑙河省，这是一个由尼什、维丁与锡利斯特拉等 3 个小行省组成的"超级省"，密德哈特出任该省首任总督。他推动了一项雄心勃勃的公共建设计划，改善治安状况，兴建工厂，成立农业信用合作社，为农民提供低息贷款。最后这项措施尤其激进，这种机构在当时的欧洲也几乎不存在，它们的记录显示，它们平等对待穆斯林与非穆斯林。密德哈特也成立了地方行政会议，成员由选举产生，所有的宗教团体及族群都有代表——只不过穆斯林仍占多数。帝国内的第一份官方省报也被命名为《多瑙河》，它从 1865 年开始发行，为双语报，使用奥斯曼土耳其语和保加利亚语，刊登官方法令、密德哈特向省级议会发表的谈话，以及详细的改革进度及展望。[57] 但当密德哈特要设立穆斯林与非穆斯林混合学校时，却遭到各方反对。伊斯坦布尔的保加利亚语媒体对其政绩颇有好评，但当保加利亚民族主义浪潮兴起时，他心生警觉开始镇压，遭到地方上的强烈抨击。[58] 1867 年，他奉召返回伊斯坦布尔，商讨许多新法案的制定，但他与阿里帕夏（时任大维齐尔）不合，又被转调为巴格达省总督。在任 5 年期间，他大力推行曾在多瑙河省所实施的改革。1870 年，苏丹阿卜杜勒阿齐兹（1861 年继其兄阿卜杜勒迈吉德之后即位）任命密德哈特为大维齐尔，但他因公开批评朝政及朝臣，一心追求自己的改革理念，树敌无数，很快就被解职。[59]

　　奥斯曼政府向非穆斯林让步，尽量拉近他们与穆斯林之间的距离，鼓励他们将奥斯曼人的身份放在第一位，将基督徒及犹太教徒的身份放在第二位，提高他们对奥斯曼的国家忠诚度，但这些措施明显未能达到预期的效果。另一方面，行省治理的新法规制度也无法满足他们。例如，克里特岛人发动了周期性的反抗活动，以表明他们与希腊合并的愿望，其中最重要的就是 1866 至 1868 年间的反抗活动。另外，在塞尔维亚，1862 年，贝尔格莱德的奥斯曼边界要塞驻军与当地民众发生冲突，导致奥斯曼军队于 1867 年撤出。几个世纪以来，这个战略要塞堪称奥斯曼的心理重镇，但在永远的务实派阿里帕夏的心目中，这次撤出其实只是放掉一个既棘手又昂贵的飞地而已。[60]

　　宗派斗争不只在巴尔干带来了血腥的后果。在黎巴嫩，马龙派与德鲁兹派的冲突在 1840 年易卜拉欣帕夏撤出叙利亚时就已经浮出水面，1860 年再度爆发，成千上万人因此死亡。虽然中央政府随后介入，带来了一段长期和平，就某种程度来说相当成功，但镇压动乱的手段却是冷酷无情的。[61]

　　马哈茂德二世在位时期，政府的力量就已经无法到达安纳托利亚东南部的奇里乞亚，当地最有势力的屈曲卡利家族及科赞家族直至世纪中叶都没把中央放在眼里，仍然试图维持相当程度的独立。世纪初，政府派遣忠于中央的钱达尔家族出兵围剿，屈曲卡利家族成功击败了他们，但在 1817 年，该家族又曾短暂败给阿达纳总督的部队，锐气大挫。由于地处奥斯曼与埃及势力范围的交会点，地方豪族和之前一样，拒不服从两方的命令。他们利用穆罕默德·阿里帕夏和易卜拉欣帕夏与苏丹之间的宿怨扩张领土，干些土匪强盗的勾当（作为主要财务来源），打劫行旅车队——特别是从伊斯坦布尔前往麦加的富人朝圣队伍。1840 年，阿卜杜勒迈吉德承认穆罕默德·阿里为埃及的世袭总督，这个地区的敌对态势随之缓和，在易卜拉欣离开叙利亚后，奥斯曼的注意力转移，奇里乞亚经历了一段善意的忽视时期。但到了 1865 年，改革正如火如荼进行，当时的人认为，好的政府应该能够解决困扰帝国的各种问题，这要求中央政府控制这片法外之地。政府采取了怀柔政策——但是也专门征募了一支庞大的部队，威胁将采用武力，这也保证政府在极少冲突的情况下实现了目标。反政府活动及逃税行为一律被赦免，身为盗匪罪犯的部族首领则被纳入奥斯曼的控制中，有些人被软禁在伊斯坦布尔，有些人则被授予官职，遣至帝国偏远地区。他们的追随者审时度势，看到了服从中央的益处，即使服从意味着他们需要就此定居。[62] 数个世纪以来，奥斯曼的政策一向偏重于收服地方的麻烦制造者或重新将其纳入帝国统治阶层，只有碰到冥顽不灵的人时才会动用铁拳。

＊　　　＊　　　＊

在其他触及伊斯兰教规的议题上，奥斯曼的务实主义同样表现无遗。人头税已经被转变为免役税；两性平等既不被"坦泽马特"支持者关注，也不被欧洲人重视。由于奴隶解放成为英国的当务之急，教规上的第三种不平等——主人与奴隶之间的不平等一时之间也成了热门议题。1807 年，英国（追随丹麦及美国）禁止了奴隶贸易，1833 年废除了奴隶制度。1840年，刚成立的英国与外国反奴协会宣布全面废止奴隶贸易及蓄奴为其主要目标。但根据伊斯兰教规，废除奴隶制在奥斯曼帝国是行不通的，在帝国崩溃之前，奴隶制一直是合法的，奴隶制也显示了在改革中，什么事在文化上是可行的，什么又是不可行的。

奥斯曼政府提出的解决方法多少可以满足外国势力，但难以被奥斯曼人接受。奥斯曼的第一步是限制奴隶的买卖，1846年，奥斯曼关闭了有数百年历史的伊斯坦布尔奴隶市场——这明显是苏丹阿卜杜勒迈吉德的命令，但我们并不清楚苏丹下达这项命令的原因。英国人对此是满意的。1847年，奥斯曼打击了波斯湾的黑人奴隶贸易，1849年，北非的黎波里的奴隶贸易也被打压，在克里米亚战争期间，奥斯曼开始打击来自格鲁吉亚及切尔克斯的白人奴隶交易——此举一方面是因为英国的压力，另一方面，奥斯曼本身想要"截断流入帝国的奴隶贸易"。[63] 这些消息传到吉达后引起了极大的骚动。担心利润丰厚的黑奴生意就此变成非法活动，一些商人找上了麦加的谢里夫及高级神职人员，坚称这些改革违反了伊斯兰教法。麦加神职人员的首脑发布了一项教谕，痛批这项政策和其他被认为违反伊斯兰教法的其他"坦泽马特"措施，宣布对"土耳其人"发动圣战，直指其为"多神论者"及"叛教者"。"我们唯有与他们及其支持者一战。加入我们的，将上天堂；与他们为伍的，必下地狱。他们的血将白流，他们的财产都将成为我们合法的战利品。"[64] 奥斯曼政府全力镇压了这场暴乱，遏止了局势进一步地紧张化。[65]

1857年，禁止黑奴贸易的政策全面实施，汉志反抗者最担心的事情终于变成了现实。在这项禁令还在讨论范围内时，奥斯曼内阁决定，由于切尔克斯人才"走出野蛮进入文明"，并幸运地来到奥斯曼世界，摆脱"贫穷与匮乏"获得"幸福与快乐"，切尔克斯奴隶的买卖不能与黑奴贸易相提并论。禁止黑奴贸易令英国满意，因此他们对于切尔克斯奴隶的贸易也就睁一只眼闭一只眼。为了安抚汉志人，全面禁止黑奴贸易的命令并未在此地实施。而在这项政策落实的地方，实施的效果也并不好。奥斯曼政府不得不在1877年及其后又数度重申这项政策。[66]

克里米亚战争之后，俄罗斯加紧了对高加索的控制，大量切尔克斯穆斯林涌入奥斯曼领土，也有许多当地居民被驱逐，他们渡过黑海至安纳托利亚北部各港口及巴尔干的康斯坦察和瓦尔纳。当局除了要安置成千上万难民，还要面对一个棘手的问题，那就是这中间有许多奴隶。虽然奥斯曼扛住了英国在切尔克斯奴隶贸易方面施加的压力，但这些本身已经是奴隶的人来到奥斯曼领土，却带来一个完全不同的问题。据估计，在为数

60 余万的切尔克斯难民当中，有四分之一是奴隶身份，这些人多数是农奴，而奥斯曼人并不使用农奴。这些人进入奥斯曼领土后，许多奴隶便要求获得自由，但主人却拒绝了。当局对随之而来的暴乱完全没有准备，公共秩序受到威胁。无论是对难民来说，还是对宗教法律捍卫者来说，这个问题都相当敏感，当局为此步步为营，在 1860 年成立了一个难民委员会，主要处理三个问题：安置难民，为他们分配住所及土地；解决主人与奴隶之间的争端；解决切尔克斯人中较为强势的族群出售弱势族群为奴隶的问题。政府在把这些问题推给难民委员会与法庭后，终于可以开始处理与伊斯兰教法无关的问题。1867 年，奥斯曼政府终于就切尔克斯人的奴隶问题形成了一个清楚的政策，该政策的基础原则是，基于以下两个条件，切尔克斯奴隶应该被解放：其一，"坦泽马特"改革已经把自由扩及奥斯曼全体臣民；其二，穆斯林生而自由，他们被奴役是律法所不许的。在实际操作中，切尔克斯奴隶并未被立即解放，而是逐渐获得自由，主人的损失以国有土地为补偿。这个政策并没有得到普遍实施，但就长期而言却十分成功。它最明显的缺失之一，就是切尔克斯难民中的女孩仍然是那些养得起她们的人的闺中奴隶 —— 奥斯曼人从不将这种行为视为奴役。[67]

　　传统上，奥斯曼的官僚及法官在伊斯兰律法的执行上都表现出灵活性，犯罪的人很少会受到伊斯兰教法所规定的所有处罚，人们也很少遇到在伊斯兰教法范围内无法妥协的事情。彻底禁止奴隶买卖，而非彻底禁止奴隶制就是一个例子，改宗或脱教的人不会面对最严苛的宗教法律则是另一个例子。然而到了 19 世纪，政府拼命争取人们支持改革，这种在伊斯兰律法上倾向于折中的习惯却离间了这些人与政府的关系，因为，奥斯曼的穆斯林越来越担心，欧洲模式的改革计划显然会颠覆他们的宗教及文化认同。与此同时，改革的步调太慢，列强都不满意，巴尔干地区的非穆斯林尤其对改革的缓慢速度不满，因为他们已经尝过了民族自决的甜美滋味。

＊　　　＊　　　＊

按照伊斯兰的社会等级观，非穆斯林的法律地位本就不同于穆斯林，这种观点本身已经暗含了摧毁奥斯曼帝国的种子，当然，准备强调这种"区隔"的外在力量的介入是导致这种内在逻辑暴露出来的原因。数百年来，大多数东正教徒都很珍惜奥斯曼帝国给予他们的信仰自由的保证，而且由于西欧的统治者比较缺乏包容，他们反而很少认同同属基督教的这些君主。但这样的时代早在19世纪来临前就结束了，主要原因是东正教强国俄罗斯登上了世界舞台。然而，在"坦泽马特"之前，奥斯曼帝国内唯一实现独立的地区只有希腊，而且当时的希腊是个小国，在整个19世纪，现代希腊的大部分领土都还在奥斯曼的统治之下。在一个通信不发达、识字率偏低的世界，奥斯曼境内的多数基督徒并不在意他们的君主的身份，对生活区域以外的世界也一无所知。

从奥斯曼帝国早期起，它与外部世界的关系就是建立在一系列被称为"特许令"的苏丹赐给友好国家的特权基础上的。起初，奥斯曼做出这些外交与商业让步的目的是实现政治互惠，并确保奥斯曼市场中稀有但必要的物资不致缺乏。到了18世纪，这种把外国人视为恳求者的幻想破灭了，西方国家利用自己的外交与商业力量强迫奥斯曼接受对西方有利的条款，而这些条款完全不符合过去"特许令"的精神。

在整个18世纪，拜居住及工作于奥斯曼帝国内的友好国家的外交官及商人之赐，有越来越多的非穆斯林奥斯曼人获得了治外法权，然而按照17世纪末"特许令"协议的条款，奥斯曼帝国臣民中也只有服务于外国领事馆及大使馆的译员才享有这种受保护地位（包括免于纳税和其他帝国义务的权利）。渐渐地，外国的保护扩大到为外国工作的其他奥斯曼人——他们通常都是非穆斯林，因为这类工作通常需要语言能力，穆斯林很难得到学习其他语言的机会。这方面最详尽的相关研究是关于叙利亚的，特别是阿勒颇：在这里，英国一开始还小心翼翼，然而，法国在内的其他一些国家认识到"特许令"带来的诸多好处，从17世纪初开始，就开始为许多放弃东正教改宗天主教的奥斯曼人提供保护。[68] 随着帝国谈判筹码减少，西方国家滥用特权的情况越来越普遍。

　　我们无法得知具体有多少奥斯曼人享有外国的保护，但统计数据显示，越来越多的非穆斯林对奥斯曼帝国失去了信心。例如在 18 世纪末，据说奥地利在摩尔达维亚及瓦拉几亚就有 26 万受保护人。[69] 另据估计，到了 1808 年，接受俄罗斯保护的奥斯曼希腊人多达 12 万，[70] 而这个数据可能并未被夸张。寻求外国保护的人通常都是社会的上层人士，不仅国家失去了他们应缴纳的税款，而且他们与外国使臣接触的机会也使人们质疑他们对苏丹的忠诚。塞利姆二世及马哈茂德二世都十分注意这个问题，也分别采取措施限制受外国保护者的数量。18 世纪以来，随着东方贸易的衰落及西方贸易的兴盛，在帝国的商场上，奥斯曼的穆斯林不再占有优势，[71] 非穆斯林却融入了当时的远距外交与商业网络，特别是对那些受到外国保护的人来说，离开帝国到别处发展变得轻而易举 —— 而且许多人都离开了。

　　因此，到 19 世纪，非穆斯林或是从国际贸易中获利，或是做西方与奥斯曼的中间人赚取商业利益，穆斯林的经济地位相对降低了。但在政治舞台上，和过去一样，非穆斯林成功的机会远没有穆斯林多 —— 尽管人们可以通过改宗成为穆斯林获得晋升的机会，而且也不乏非穆斯林飞黄腾达的例外。但不管怎么说，两个群体各有各的不如意：穆斯林虽然主宰着国内贸易，但在财富上永远赢不过与国际商业拥有联系的非穆斯林；非穆斯林被排除在真正的权力之外，纵使有商业的成就做后盾，也无法满足政治野心。[72] 这种各专其能的状态有如楔子，楔入穆斯林与非穆斯林之间，扩大了两者的分歧，而这些分歧是暗含在非穆斯林于伊斯兰国家中低人一等的地位中的。

　　"坦泽马特"明显扩大了穆斯林与非穆斯林之间的裂痕，增加了双方的不满。非穆斯林很容易就会想象，只要出了奥斯曼的国门前途一片大好，列强捍卫其事业的决心也使这个梦想看上去触手可及。与改革者的意愿恰恰相反，为了追求"善政"所采取的措施常常会带来完全相反的结果，许多省份为反对马哈茂德二世的中央集权而武装起来，而允许这些地区拥有某种程度的自治，或者给予非穆斯林占主导的地区自治权，只会增加当地人另立门户的希望。而希腊的独立说明这种希望是可能成为现实的。

当时的政治人物都看到了"坦泽马特"指出的许多积重难返的问题，但他们提出的解决方案都不足以解决问题。阿里帕夏在呈给苏丹阿卜杜勒阿齐兹的政治报告中陈述了他的观察：

> 不同群体所享有的（不平等的）特权皆起于其所司职责之不平等。这是一个大难题。穆斯林几乎全都进入了政府部门，其他人则献身赚钱的行业。如此一来，后者相对于陛下的穆斯林臣民拥有了致命的优势。此外，（只有穆斯林才服兵役）。在这种情况下，正以惊人的速度减少的穆斯林人口很快就会被稀释，变成无足轻重的少数族群，愈趋衰微……当一个人把自己最有活力的岁月都耗在军营中，有朝一日返乡，他还能做些什么？……穆斯林必须和基督徒一样，献身（商业）农耕、贸易、工业及工艺。劳动才是唯一耐久的资产。陛下，我们全都要开始劳动，那才是我们获得安全的唯一途径。现在把穆斯林从造福基督徒的责任中解放出来还来得及……让基督徒按照他们的人口比例去服役或进入政府部门工作。[73]

不平等的兵役制度，以及1858年引入西方私人财产观念所实施的土地法的恶果很快就显现出来。例如，19世纪60年代，英国的报告指出，穆斯林的土地都被有钱的基督徒买走了[74]——而且，这些穆斯林并不在前线，而是好好地待在家里。

*　　　*　　　*

不同于许多欧洲君主，除了御驾亲征之外，奥斯曼的苏丹很少会去离帝国首都很远的地方。1863年，就在易卜拉欣帕夏之子伊斯玛仪继任埃及总督之后，苏丹阿卜杜勒阿齐兹例外地于和平时期巡视该省，意在对伊斯玛仪施压，要他安分收敛些。[75]（但这次巡视效果不大：仅仅三年之后，伊斯玛仪就从苏丹那里获得了一份御诏，批准他这一系后代按长子继承制原则继承，打破了此前沿用的年长者继任原则。同时，他也获得了另一项穆罕默德·阿里帕夏与易卜拉欣帕夏都没获得了的特权——他可以自行签订条约及发行国债或借外债。另外，他还获得"赫迪夫"[①]的头衔，赢得了高于帝国其他行省总督的地位。[76]赫迪夫伊斯玛仪表现得野心勃勃，摆明了就是要继续走穆罕默德·阿里的独立之路，和他祖父一样，他和朝廷分庭抗礼之心丝毫不减。）阿卜杜勒阿齐兹明显深受埃及之行的影响，返回之后便对他在博斯普鲁斯海峡畔新建的贝勒贝伊宫进行了摩尔式、东方风格与仿马穆鲁克风格的折中主义装饰，这些风格应该都是他在开罗见到的。相对于他哥哥所建的阴沉的多尔玛巴赫切宫，这里生机勃勃的景象倒不失为一种平衡，这种北非的影响一直延续至 1871 年落成的他为自己修建的彻拉安宫。

除御驾亲征之外，奥斯曼的苏丹固然甚少离开首都，但他们踏出帝国边界的情形就更为罕见了。阿卜杜勒阿齐兹是第一个也是最后一个出访海外的奥斯曼苏丹。1867 年，应拿破仑三世之邀，阿卜杜勒阿齐兹访问法国 6 周，参加了巴黎博览会，然后又应英国维多利亚女王之邀，前往伦敦做客 11 天，参观了军事设施、议会、皇家亚洲协会与皇家医师学院等机构，最后，他途经比利时、德国、奥地利及匈牙利返国。[77]埃及总督伊斯玛仪也出席了巴黎博览会，受到了同样高规格的接待。阿卜杜勒阿齐兹很清楚，他的风头险些被伊斯玛仪盖住了。事实上，伊斯玛仪比苏丹更熟悉欧洲，他于 1846 至 1848 年间在巴黎学习，1855 年曾带领外交使团出访巴黎。[78]和阿卜杜勒阿齐兹一样，伊斯玛仪也希望让西方知道，他统治的地区正在迅速现代化，并希望加强与法国的关系。他的努力也没有白费，次年，法国即给予埃及巨额贷款。[79]

1859 年，苏伊士运河项目开工，1869 年，运河通航，英法利益的焦点从以伊斯坦布尔为核心的奥斯曼帝国，转移到近东以外拥有更多可能性的地区。运河也使奥斯曼人能方便地前往也门，为了收复这个曾属于奥斯

---

① "赫迪夫"（Khedive）为埃及总督专用的头衔。

曼的地区，奥斯曼从世纪中期开始就在打一场不受欢迎的战争。[80] 运河工程为伊斯玛仪带来了极大声望，通航典礼隆重盛大。这一次，欧洲贵族来到东方访问，并且深受震撼。全程免费且长达三周的庆祝活动包括庆典、宴会及娱乐活动，无论是乘船游河（通过运河的船队由拿破仑三世的王后欧仁妮搭乘的法国皇家游艇领航），或在新建城市伊斯梅利亚举行的典礼，无不豪华铺张。[81] 赫迪夫伊斯玛仪的嚣张浮夸引得苏丹大为不悦，伊斯玛仪不得不向苏丹送去大量奢华的礼物，才使苏丹再次承认曾赐给他的权利。[82]

19 世纪 50 年代中期至 60 代中期，由于美国内战导致美国棉花从市场上消失，埃及棉花为埃及带来一段繁荣时期。赫迪夫伊斯玛仪大肆投资铁路、运河及其他公共工程。但繁荣时期一过，赫迪夫和埃及农民便债务缠身，在西方友邦的怂恿下，埃及四处借贷，到了 1875 年时，埃及已经濒临破产。[83]

在穆罕默德·阿里的后代里面，让阿卜杜勒阿齐兹及其大臣恼怒的还不止伊斯玛仪一人，与此同时，被伊斯玛仪弄得火冒三丈的也不止阿卜杜勒阿齐兹一人。赫迪夫伊斯玛仪有一个弟弟，被称为穆斯塔法·法泽尔帕夏，是奥斯曼高级官员。苏丹阿卜杜勒阿齐兹同意埃及总督以后由伊斯玛仪的嫡长子继承，打破了法泽尔继任的希望。兄弟阅墙的情景在伊斯坦布尔上演，时任财政大臣（1863 至 1864 年）的穆斯塔法·法泽尔疏远了大维齐尔福阿德帕夏，成了统治圈内不受欢迎的人物。1866 年，法泽尔离开伊斯坦布尔前往巴黎，在流亡的异议分子中扮演领导角色，资助他们的活动，并在致苏丹的公开信中痛批奥斯曼政府。[84]

和他的祖父一样，伊斯玛仪野心勃勃，一心想要在南方扩土辟疆。部分由于伊斯玛仪的反奴隶制运动，欧洲奴隶贩子离开上尼罗河地区，留下一片权力真空地区，他希望能够控制此地。趁国际上对他推动的埃及现代化大加赞誉之际，1867 至 1885 年，为他服务的英国密探试图将此地纳入埃及政府管理范围内，但地方人士的反抗活动迫使伊斯玛仪的远征军撤退。1879 年，在英法两国的坚持下，苏丹不得不罢免伊斯玛仪，两年后，马赫迪起义爆发，埃及军队被全歼，埃及被迫放弃非洲内陆地区的领土，即今天的苏丹、索马里、厄立特里亚及埃塞俄比亚，这里也是伊斯玛仪曾经想要建立他自己的帝国之地。[85]

赫迪夫伊斯玛仪与阿卜杜勒阿齐兹之间的恩怨有一个耐人寻味的注脚，即 1872 年所铸的苏丹骑马铜雕像的故事。在此之前，为纪念《花厅御诏》与《改革御诏》的公布，奥斯曼曾经设想在伊斯坦布尔树立非人像类的雕像，甚至提出了设计方案，但最终都没有付诸实践。1867 年，阿卜杜勒阿齐兹在访问伦敦及巴黎时，必定在这两个首都看到过公共雕像，以及巴黎博览会各个场馆中的装饰性雕塑，而伊斯玛仪也参加了巴黎博览会。返回埃及后，伊斯玛仪委托人制作了一座他的父亲易卜拉欣帕夏的大型骑马像，这座雕像至今仍矗立在开罗的阿兹贝奇亚广场上，易卜拉欣威胁般地手指西北。这座雕像树立于 1872 年，在此之前的 1868 年，伊斯坦布尔的报纸就已经报道过雕像的制作及形象。1869 年，苏丹阿卜杜勒阿齐兹委托当时正在伊斯坦布尔的英国雕塑家查尔斯·富勒为自己雕一座胸像。但他的母亲表示反对，富勒只能暗中工作，等他在公共场合出现时从旁观察，苏丹也予以配合，常常假装偶然路过富勒的工作室，以便艺术家能够更精确地塑造其形象。雕塑结果令富勒深感满意，他决定不再雕不起眼的胸像，而是塑造一座半人大小的骑马像，并为苏丹的爱马量身，以铜制作雕像。苏丹对此十分满意，下令骑马像将用青铜铸成。雕像最终在慕尼黑完工，但运送的船抵达博斯普鲁斯时，太后将这令人不快的东西抛入海中。然而，这座雕像终究还是被捞了回来，树立在贝勒贝伊宫中，与庭院中豢养的牛、鹿及其他牲畜同处。但事情至此还没结束，赫迪夫又一次给了苏丹难堪：易卜拉欣的雕像不仅是等身大小，而且是公开展示，伊斯玛仪甚至还委托在伊斯坦布尔的富勒制作了另一座穆罕默德·阿里的宏伟骑马雕像，它在 1873 年在亚历山大揭幕。[86]

除与赫迪夫伊斯玛仪的不和外，苏丹阿卜杜勒阿齐兹在其他方面跟欧洲的君主保持了一致，甚至在苏丹阿卜杜勒哈米德将瑟于特改造为奥斯曼一世及其战士的圣地之前，阿卜杜勒阿齐兹就已经"发明了"符合当时潮流的奥斯曼家族传统。举凡君王，无不热衷于颁发或接受勋章与奖章，早在 19 世纪初，随着传统服饰改变，胸前平整的衣物提供了佩戴勋章的空间，奥斯曼就采用了西方的勋章模式。阿卜杜勒迈吉德自创了梅吉迪勋

章，阿卜杜勒阿齐兹则将自己的勋章命名为奥斯曼勋章。他的意图再明白
不过：勋章背面饰以鼓及交叉旗帜的图案，加上伊斯兰教历 699 年（公元
1299 至 1300 年）的字样，明示这年是奥斯曼的建国时间。1862 年 4 月，
苏丹前往布尔萨，将一枚镶满珠宝的奥斯曼一等勋章放在他功勋盖世的祖
先、王朝建立者的石棺上。此举明显要昭告天下诸君王，奥斯曼家族和他
们一样有着悠久的历史，其源头并未失落于时间的迷雾中，而是可以追溯
到一个确切的萌芽时间。[87]

＊　　　＊　　　＊

1865 年，一个名叫爱国联盟的秘密社团出现，虽然规模不大，组织
松散，它却是一个有影响力的异议分子团体，其成员后来被称为"奥斯曼
青年党"，奥斯曼就此有了一种新的经验，出现了有史以来第一种观念政
治，这种观念逐渐在公共领域内转变成行动。他们不同于过去的不满分
子，诸如 17 世纪安纳托利亚的不满的帕夏，或各个时代的禁卫军，或像
"帕特罗讷"哈利勒及"南瓜贩"穆斯塔法等草莽人物。该社团成员都是知
识分子，一些人还曾服务于翻译部门，他们性格各不相同，具有代表性的
奥斯曼青年党人包括诗人兼新闻记者纳米克·凯末尔、赫迪夫伊斯玛仪之
弟穆斯塔法·法泽尔帕夏、新闻记者希纳西贝伊和阿里·苏亚维、诗人齐
亚贝伊（后成为帕夏）。这些人希望建立一种爱国的奥斯曼认同，如同他
们在欧洲所见到的那种民族认同，正是这种希望将他们联合在一起。尽管
他们在共同纲领的最基本问题上有分歧，政治理念也不一致，但奥斯曼青
年党有一个共识：改革必须在伊斯兰教的框架中进行。[88]

在他们一心要消弭传统所衍生的社会区隔的同时，1856 年的政治家
们也深知，人们对帝国的效忠必须要有一个新的基础。以阿里帕夏为例，
他明白，如果帝国不能满足人民的需求（他尤其关注非穆斯林），他们就会
另寻出路。[89]和奥斯曼青年党的设想类似，在他和同僚的心目中，爱国主
义能够化解穆斯林与非穆斯林间之紧张关系，这种爱国主义的根基的灵感
来自欧洲，后来被称为"奥斯曼主义"。它也希望建立以平等的公民权为基

础的对国家的忠诚，取代种族与宗教的忠诚[90]——但他们同奥斯曼青年党所强调的重点却不同，对奥斯曼青年党来说，这些官员现在的作为只是在抛弃奥斯曼帝国的伊斯兰成分，拼命讨好列强，向奥斯曼的基督徒让步。

奥斯曼青年党主张，"奥斯曼主义"并不能够保证帝国的统一，阿里帕夏的处方——开明专制与善政并不足以遏止基督教人口的分离主义倾向。他们认为，政府最理想的形式是参与式的宪政自由主义，但它不应是对欧洲启蒙思想的直接引进，他们强烈主张继续以伊斯兰教核心价值作为奥斯曼政治文化的基础。新的新闻媒体是奥斯曼青年党宣扬政治理念、肆无忌惮批评政府及欧洲列强的论坛，他们为此所付出的代价则是被审查和驱逐。1869 年，福阿德帕夏去世，1871 年阿里帕夏去世后，被驱逐的人获准返回伊斯坦布尔。[91]

奥斯曼青年党对伊斯兰意识形态的重视，让影响力被削弱的神职人员阶层再度抬头。世纪之初，高阶神职人员是塞利姆三世改革的顺从的合作者，到了 1826 年，在镇压禁卫军及组建新军的过程中，他们又成了马哈茂德二世的助手。但在同一年，一个新的政府部门成立，将有利于神职人员阶层的虔诚力量集合了起来，随着马哈茂德在位后期的进一步官僚化，1837 年教长分署办公，政府用之前建立的宗教机构来限制他的权力。[92]此外，随着本世纪时间的推移，一系列新的法典先后推出，譬如 1840 年的《刑法典》及 1850 年的《商法典》，特别是在 1868 年开始筹备的《民法典》，更限制了伊斯兰律法在家庭、继承及婚姻上的权责范围。教育在传统上是神职人员阶层垄断的另一个领域，18 世纪，奥斯曼首次出现神学院以外的教育机构，一所专门培养海军、陆军人才的技术取向的专业学校成立。19世纪当中，这类学校的数量与类别持续增加，1859 年成立的行政学校与1868 年成立的加拉塔萨雷高中都兼收穆斯林与非穆斯林，为奥斯曼培养官僚人才，后者原是训练皇宫事务人员的学校，成立于 16 世纪。[93]

但这只是为少数人提供的教育，"坦泽马特"时期的改革者一开始并没有想要提供大众教育。1839 年后仅仅成立了几所衔接小学与专业学校之间空档的学校，只有少数人受惠，旨在"将人民打造为公民"[94]的普及教育计划要到 1869 年才出现。整个计划包含一整套小学、中学及高等教

▶穆罕默德·阿里

▼ 1798 年，开罗发生反法国入侵的起义

▲ 1804 年，塞尔维亚人发动了第一次塞尔维亚起义，在卡拉·乔治的率领下攻占贝尔格莱德。这场起义一直持续到 1813 年。图为 1806 年的米沙尔战役

▲希腊独立战争中的一场海战里燃烧的希腊船只

▲ 1821 年 4 月，在希腊独立战争爆发的消息传到伊斯坦布尔后，城里发生了针对东正教徒的清查户口、没收武器等行为，普世牧首甚至也被处死

▲ 1826 年，马哈茂德二世在解散禁卫军后建立了穆罕默德常胜军。这支军队不再接受改宗者服役，并采用欧洲军服与训练方式。图为 1901 年，这支军队中的埃尔图鲁尔骑兵团骑行通过加拉塔桥

▲苏丹在博斯普鲁斯海峡畔建造的多尔玛巴赫切宫，在帝国末期，它一度是奥斯曼的行政中心。这座宫殿将欧洲的巴洛克、洛可可和新古典主义元素与传统奥斯曼风格融合在一起，是"坦泽马特"时期奥斯曼建筑的代表

▲ 19世纪奥斯曼帝国不同人群的穿着打扮，第一排从左至右依次为拜克塔什教团僧侣、搬运工、厨师、伊斯坦布尔市民、运水工、船夫，第二排从左至右依次为犹太女人、外出装扮的土耳其贵妇、着室内服装的土耳其贵妇、已婚的亚美尼亚妇女

▲ 1847 年，在苏丹阿卜杜勒迈吉德的命令下，建筑师弗萨蒂兄弟对阿亚索菲亚清真寺进行了修整，并绘制了这幅清真寺内部图

▲在奥斯曼统治时期，阿亚索菲亚清真寺许多基督教的镶嵌画都被覆盖了。19世纪中期修复清真寺时，弗萨蒂兄弟在纸上复原了他们发现的一部分镶嵌画，其中一些在19世纪末的地震中毁掉了。20世纪30年代以后，许多镶嵌画被重新发现并修复。上图为穹顶下方北侧的圣人金口约翰，它的绘制年代大约距今在1000年前

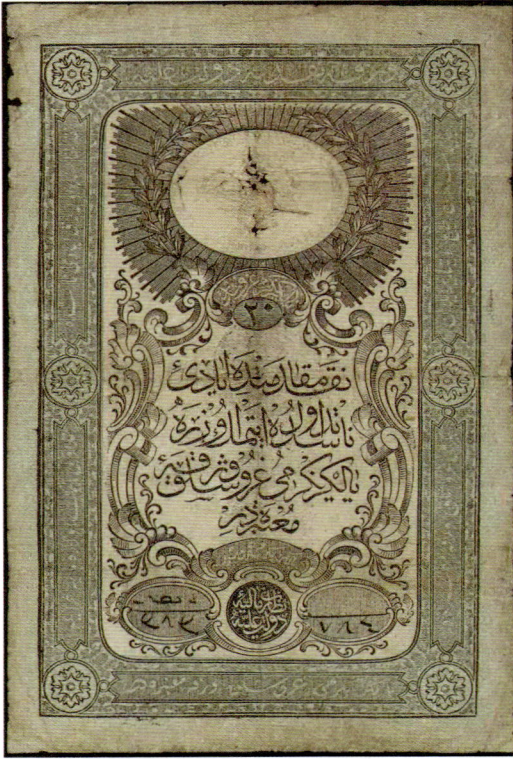

◀图为奥斯曼在 1852 年发行的一张纸币

▼这是奥斯曼在 1880 年正式发行的一张带有"奥斯曼主义"印记的 1 里拉纸币。后者上面标记的时间为 1875 年（格里高利历），并带有阿卜杜勒阿齐兹的花押，而这位苏丹在 1876 年已被废黜，1880 年时在位的是阿卜杜勒迈吉德二世。同时，这张纸币上共有五种文字：奥斯曼土耳其语、法语、希腊语、亚美尼亚语和阿拉伯语

▲ 1853年锡诺普战役中燃烧的战船。这是克里米亚战争的开端

▶ 1856年苏丹阿卜杜勒迈吉德给法国人和英国人颁发的克里米亚战争勋章，以表彰他们在战争中作出的贡献

▲ 1876 年，奥斯曼召开第一次议会

▲ 关于 1876 年奥斯曼宪法的宣传画。图中，苏丹阿卜杜勒哈米德二世、大维齐尔
与法律官员将自由赐给了"土耳其"化身的一个女性，她身上的锁链正在被砸断，
空中飞舞的天使手中拿着的横幅用阿拉伯语和希腊语写着"自由、平等、博爱"。
这幅图作为明信片在 1908 年发行，以庆祝青年土耳其党再次引入宪法

▲土耳其后宫中的黑人大太监

▲ 19 世纪西方摄影师拍摄的正在抽水烟的后宫妇女

▲ 20 世纪初奥斯曼军校中身着制服的学生

▲ 1908 年青年土耳其党的明信片，上面用奥斯曼土耳其语和法语写着"祖国万岁，自由万岁"

Le Petit Journal

Le Petit Journal 5 CENTIMES **SUPPLÉMENT ILLUSTRÉ** 5 CENTIMES **ABONNEMENTS**

CHAQUE JOUR — 6 PAGES — 5 CENTIMES

Administration : 61, rue Lafayette

Les manuscrits ne sont pas rendus

Le Petit Journal agricole, 5 cent. ~~ La Mode du Petit Journal, 10 cent.

Le Petit Journal illustré de la Jeunesse, 10 cent.

On s'abonne sans frais dans tous les bureaux de poste

SIX MOIS UN AN

SEINE et SEINE-ET-OISE.. 2 fr. 3 fr. 50

DÉPARTEMENTS .... 2 fr. 4 fr. »

ÉTRANGER .... 2 80 5 fr. »

Dix-neuvième Année DIMANCHE 18 OCTOBRE 1908 Numéro 935

LE REVEIL DE LA QUESTION D'ORIENT
La Bulgarie proclame son indépendance. — L'Autriche prend la Bosnie et l'Herzégovine

▲法国画报《小报》在 1908 年 10 月 18 日发行的关于巴尔干危机的封面，封面文章为《东方问题的再起——保加利亚独立，奥地利瓜分波斯尼亚与黑塞哥维那》

CONSEIL DE LA DETTE PUBLIQUE RÉPARTIE DE L'ANCIEN EMPIRE OTTOMAN

RÉCÉPISSÉ PROVISOIRE AU PORTEUR N° 0,230,281

délivré contre retrait d'une obligation unitaire d'un capital nominal de Frs. 500 ou £ 20 ou Ltqs. 22

DE L'EMPRUNT OTTOMAN 4 % 1909.

Conformément à la décision en date du 9 Juin 1933 de la Commission pour la répartition du capital nominal de la Dette Publique Ottomane, instituée par l'Article 49 du Traité de Lausanne, le présent récépissé a été délivré, contre retrait de l'obligation susvisée, par l'entremise de la Banque.

a) que la quote-part de la Turquie a fait l'objet d'une émission spéciale; que les quotes-parts de l'Italie (Dodécanèse), de la Palestine, de l'Irak et des États du Levant sous Mandat français ont été entièrement amorties;

b) et que, par suite de ces règlements, à la date d'émission du présent récépissé, le capital nominal non amorti de l'emprunt susvisé se trouve réduit aux montants indiqués dans le tableau ci-dessous, incombant aux États qui en sont les débiteurs à raison des montants énoncés en regard de chacun d'eux.

ÉTATS DÉBITEURS	Proportions %	Capital amorti sur les 552,798 titres unitaires de l'emprunt susvisé retirés de la circulation à la date d'émission du présent récépissé.			Capital non amorti de chaque titre unitaire de l'emprunt susvisé.		
		Frs.	ou £	ou Ltqs.	Frs.	ou £	ou Ltqs.
GRÈCE	48,44	15.534.025	621.361	683.497	61,21	2,45	2,69
BULGARIE	8,05	2.581.432	103.257	113.583	10,17	0,41	0,45
YOUGOSLAVIE	24,38	7.784.977	311.399	342.539	30,67	1,22	1,35
ALBANIE	7,35	2.351.386	94.055	103.461	9,26	0,37	0,41
TRANSJORDANIE (y compris le Caza de Maan)	4,43	889.786	35.592	39.151	3,51	0,14	0,15
HEDJAZ	4,43	1.547.350	61.890	67.890	6,10	0,24	0,27
ASSYR	0,08	26.977	1.079	1.187	0,11	0,01	0,01
NEDJ	3,80	1.219.750	48.790	53.669	4,81	0,19	0,21
YEMEN	0,42	133.250	5.330	5.863	0,52	0,02	0,02
NEDJD							
TOTAL	100,-	32.068.941	1.282.753	1.411.929	126,36	5,05	5,56

Le présent récépissé provisoire est exclusivement émis pour constater les droits des porteurs des titres retirés de la circulation sur les États débiteurs indiqués ci-dessus. Ces États ne pourront procéder, par le rachat de ces récépissés, à l'amortissement du capital nominal à leur charge dans la Dette Ottomane. Le Conseil de la Dette, détenteur des titres ottomans retirés de la circulation, aura seul qualité pour procéder aux paiements ou autres opérations qui pourront être effectués au moyen du présent récépissé provisoire, en vue de l'application des Accords conclus avec les États pour le règlement de leurs quotes-parts dans la Dette Ottomane. Les coupons n° 1 à 12 attachés au présent récépissé serviront à constater les dits paiements ou opérations, dont les modalités seront portées, en temps utile, à la connaissance des porteurs, par des avis publiés par le Conseil de la Dette.

POUR CONTRÔLE,
Par Délégation du Conseil :

POUR LE CONSEIL DE LA DETTE PUBLIQUE RÉPARTIE DE L'ANCIEN EMPIRE OTTOMAN,
Le Président :

Paris, le 1er Octobre 1933.

IMPRIMERIE SPÉCIALE DE BANQUE PARIS

CONSEIL DE LA DETTE PUBLIQUE RÉPARTIE DE L'ANCIEN EMPIRE OTTOMAN	CONSEIL DE LA DETTE PUBLIQUE RÉPARTIE DE L'ANCIEN EMPIRE OTTOMAN	CONSEIL DE LA DETTE PUBLIQUE RÉPARTIE DE L'ANCIEN EMPIRE OTTOMAN
RÉCÉPISSÉ PROVISOIRE AU PORTEUR	RÉCÉPISSÉ PROVISOIRE AU PORTEUR	RÉCÉPISSÉ PROVISOIRE AU PORTEUR
N° 0,230,281	N° 0,230,281	N° 0,230,281
délivré contre retrait d'une obligation unitaire d'un capital nominal de Frs. 500 ou £ 20 ou Ltqs. 22 de l'EMPRUNT OTTOMAN 4% 1909.	délivré contre retrait d'une obligation unitaire d'un capital nominal de Frs. 500 ou £ 20 ou Ltqs. 22 de l'EMPRUNT OTTOMAN 4% 1909.	délivré contre retrait d'une obligation unitaire d'un capital nominal de Frs. 500 ou £ 20 ou Ltqs. 22 de l'EMPRUNT OTTOMAN 4% 1909.
DOUZIÈME COUPON 12	ONZIÈME COUPON 11	DIXIÈME COUPON 10

▲奥斯曼帝国在末期借了大量公债与外债，并在帝国崩溃时尚未还清。上图为1933年旧奥斯曼帝国公债委员会颁发给1909年发行的奥斯曼国债的债权人的临时证书。根据第一次世界大战后的《洛桑条约》，奥斯曼帝国分裂后形成的国家要承担领土相应比例的债务

▶热爱颁发各类勋章的穆罕默德五世。他胸前佩戴的就是他给自己颁发的勋章

▲第一次世界大战中的奥斯曼骑兵

▲德国皇帝威廉二世在 1917 年秋天访问伊斯坦布尔以及达达尼尔海峡畔的战场。图中，威廉二世（船上左三）正在博斯普鲁斯海峡泛舟，坐在他身边的很可能是奥斯曼海军元帅冯·勒伯－帕什维茨

▲ 1922 年，土耳其独立
战争中获胜的土耳其军
队进入伊兹密尔

◀扮成禁卫军士兵的土
耳其之父——穆斯塔
法·凯末尔

育的体制，进一步限制了神职人员的职能，但直到 1876 年阿卜杜勒哈米德二世即位，这个计划才成功实施。[95] 然而，由于能够推动改革的人才不足，加上针对神职人员本身的改革并不多，神职人员继续掌握着各个等级的司法职位，维持了传统中的教育者地位，即使在平行的现代化体制中，他们也还有着稳固的地位，举凡宗教、律法、阿拉伯语及奥斯曼土耳其语这类课程，都是由他们授课。只要神职人员继续在政府里扮演角色，改革就要受到伊斯兰教的牵制。神职人员对现代化的进程跃跃欲试，而且时至 19 世纪，重大创新较少受到质疑，相较于前几个世纪，反对改革的阻力已经大幅减少。[96]

奥斯曼编纂《民法典》的工程持续了很多年。其主要起草者是知识分子、政治家兼历史学家艾哈迈德·杰夫代特帕夏，既是高级神职人员，又是"坦泽马特"改革者。他一心想要登上神职人员阶层的顶峰，成为教长，但受到对手的阻碍。1866 年，已经四十多岁的他不得不转而从政，进入行政机关，这反而使他长期浸淫伊斯兰律法及文化所获得的经验有所发挥，成为继续为奥斯曼秩序重整服务的坚实基础。在他的心目中，改革是一个将西方科学及技术观念整合入伊斯兰文化的过程。[97] 这在过去是改革者心向往之的目标，如今不同的是，改革的要求已经被统治阶层广泛接受。但仍有人认为轻率模仿西方模式是危险的。艾哈迈德·杰夫代特的改革纲领本质上是保守的，主要就是要让这些人放心。但困境仍然存在：奥斯曼要接受何种程度的西化，又要接受哪些方面的西化？

艾哈迈德·杰夫代特帕夏师承雷西德帕夏，这一层关系使他的作品充满西方理念与风俗。当时有人建议推行法国的《民法典》，但批评者说，这份法典与奥斯曼国情格格不入，不适合直接移植，他们的观点最终占了上风，人们最终决定，新的民法典应以人们熟悉的伊斯兰律法为基础。新的《民法典》与以前所用的伊斯兰律法不同之处在于：它是一项国家的法律，因此它适用于全民，无论是穆斯林还是非穆斯林。[98] 事实上，非穆斯林对伊斯兰教法庭并不陌生。他们拥有自己的法庭，但若预知伊斯兰律法的判决比较有利，就会诉诸伊斯兰教法庭——譬如在继承纠纷上，伊斯兰律法会把死者的财产定额分给特定的子孙，而不是按照死者的意愿分配财产。《民法典》的起草者汇编了伊斯兰教法的判例，整理出一份拥有 1851 项条款、分门别类、容易检索的法典。新民法一改伊斯兰律法的做法，明文规定不得以个人的诠释及评断为裁决基础。法案起草者将伊斯兰律法描述为"无际无涯之汪洋"，侧面反映了这项工程之浩大，因这份涵盖悠久的奥斯曼历史的汇编看起来是没有规则且深不可测的，它与奥斯曼统治阶层中的现代化之风之间的分歧无法调和。[99] 尽管艾哈迈德·杰夫代特帕夏苦心孤诣，仍然不能说服其中一些人。1870 年，保守的教长哈珊·费赫米埃芬迪（尽管他任职时间很短）将整个计划纳入自己的权责范围，促使艾哈迈德·杰夫代特帕夏去职，教长固执地反对引进西方文化价值，充分反映了当时其他神职人员的看法。

在坦泽马特未能落实到政府制度中，充分发挥效果之前，伊斯兰教始终都是公共生活与私人生活的一个有机组成部分。"坦泽马特"逐渐地限制了神职人员在行政机构中的作用，威胁到了整个神职人员阶层存在的意义，更加突出了他们的宗教职能。一个现代作家说，伊斯兰教"不再是绝不容置疑的生活方式，世俗化改革只会使伊斯兰教更为'伊斯兰化'……如今，在人们心目中，这种假设性的文化核心和伊斯兰宗教仪式一样是重要的且伊斯兰化的"。[100] 当旧秩序成为过去，人们才意识到人们在"坦泽马特"几十年间失去了什么，觉得陷入了一片陌生的地带，自己的文化价值观已经不再被人们接受。[101] 使他们感到迷失的一个原因是，随着工业革命以各种方式冲击着他们的生活，他们周边的物质环境也在飞速地发生变化。奥斯曼文化核心的伊斯兰"精髓"，才是奥斯曼青年党所要捍卫及强化的。

阿里帕夏死后，归国的奥斯曼青年党发现，首都并不是如他们所想的自由天堂。阿里与福阿德架空了苏丹，以他的名义统治国家：1863 年苏丹继位不久，他们打算实施一项平衡预算的财政措施，阿卜杜勒阿齐兹不同意，他们便联合其他维齐尔递交了辞呈，这场意志力的战争起初导致福阿德被迫下台，但之后福阿德复职，此后，阿里帕夏也再度担任大维齐尔。[102] 然而，他们的专权导致他们没有明确的继任者。两人去职后，在长期以来拥护君权至上的新任大维齐尔马哈茂德·纳迪姆支持下，阿卜杜勒阿齐兹收回国家治理大权。马哈茂德·纳迪姆与奥斯曼青年党一样，坚持将伊斯兰教作为奥斯曼的国家精神，但他们的共同点也仅止于此。[103]

尽管福阿德帕夏与阿里帕夏用心良苦，但是到 1871 年，奥斯曼帝国的财政已经病入膏肓。随着 19 世纪 30 年代末期商业条约的签订，奥斯曼与欧洲的贸易增加，19 世纪 40 年代，帝国的第一家银行成立，在克里米亚战争期间，政府第一次寻求外国贷款。实施改革、经济建设以及偿还贷款所需的资金量巨大，政府负债急遽增加。苏丹阿卜杜勒阿齐兹在位期间，尤其注重海军的建设，一心希望奥斯曼海军能与法国及英国海军并驾齐驱，到其在位的最后一年，即 1876 年，奥斯曼舰队总共拥有 20 艘战列舰、4 艘风帆战列舰、5 艘护卫舰、7 艘轻型巡洋舰及 43 艘货船。奥斯曼最初的几条短程铁路（即伊兹密尔地区的铁路，以及多瑙河畔的切尔纳沃德与黑海地区的康斯坦察之间的铁路）铺设于阿卜杜勒迈吉德在位期间。阿卜杜勒阿齐兹扩展了铁路网，特许一家奥地利公司兴建拟议中的伊斯坦布尔—巴黎线，其中的伊斯坦布尔至索非亚段于 1873 年落成，同时落成的还有伊斯坦布尔至伊兹米特的一段。随着安纳托利亚、鲁米利亚及叙利亚的道路状况改善及新道路兴建，国内交流进一步加强；商船沿帝国漫长的海岸线及底格里斯河与幼发拉底河等大河运输货物；电报系统最早于克里米亚战争期间出现，随后在各省得到充分运用。[104] 随着交通网络的快速发展，欧洲商人急需的货物，如农产及矿产，都可以轻易地从产地运往工业化西方的资本主义市场。

受到"坦泽马特"的冲击，加上奥斯曼人前所未有的与世界其他地区及它们带来的变化接触，很多过去确定的事情现在都被质疑。人们对奥斯曼的认同感也开始动摇。从奥斯曼青年党的知识分子及神职人员阶层到穆斯林农民（政府向非穆斯林农民做出的未经他们允许的让步，显然也没有给他们带来任何好处），整个穆斯林社会都隐隐有了危机感，严重的财政危机更是给这种危机感增加了养料，而 1873 年国际股票市场崩盘使奥斯曼政府无法再从国外获得贷款，这更是雪上加霜。整个安纳托利亚地区水涝与旱灾肆虐，由此带来的人口减少使奥斯曼国库减收。1875 年，政府无力偿还贷款，只能延期偿付。[105]

*　　*　　*

1870 至 1871 年的普法战争中，法国失败，英国成了保卫奥斯曼帝国，特别是维护博斯普鲁斯海峡及达达尼尔海峡的中立的唯一力量。俄罗斯抓住机会，宣称 1856 年的《巴黎和约》遭到破坏，一举废止了不准俄罗斯战舰进入黑海的条款。列强中的保守力量抬头：1872 年，奥匈帝国皇帝与俄罗斯沙皇前往柏林，祝贺德意志第二帝国首位皇帝登基，三个专制国家达成非正式谅解，在欧洲其他国家眼里，这是要和正在兴起的自由主义浪潮对抗。但这三个国家中的两个在巴尔干有利益冲突：俄罗斯意图将所有斯拉夫人拉入它的势力范围，甚至包括奥匈帝国境内的斯拉夫人，而奥匈帝国则担心境内这些斯拉夫人制造民族主义运动。克里米亚战争以来，奥匈帝国就面临一个两难困境——究竟是与英国及法国结盟，还是与俄罗斯建立友好关系：前者的自由主义鼓励少数民族自决，而后者的国力及东正教则威胁着奥斯曼，它随时可能煽动斯拉夫人引发混乱。

19 世纪 70 年代初期，洪水、干旱及饥馑肆虐安纳托利亚农村，其影响也波及巴尔干地区：从受灾地区到伊斯坦布尔以东，由于农村经济崩溃，税收大幅减少，为了弥补不足，政府增加了巴尔干的税赋。1875 年 7 月，为抗拒加税，一场起义在奥斯曼边界行省黑塞哥维那爆发，并很快蔓延到波斯尼亚，而这里一直是奥匈帝国关注的重点。俄罗斯与奥匈帝国进行外交干预，提出在两省采取多项行政改革措施，虽然阿卜杜勒阿齐兹被迫接受，但这些改革并未能平息动乱，反而再度使其臣民明白，奥斯曼苏丹无力抗拒外来的压力。[106]

面对严重的文化错乱及羞辱感，多数的奥斯曼穆斯林开始尖锐批评政府面对外国时卑躬屈膝的态度。1876 年 3 月，伊斯坦布尔出现了一本秘密发行的小册子，名为《穆斯林爱国者宣言》，它要求召开咨询性代表大会。立宪改革最有力的推动者密德哈特帕夏似乎参与了这本小册子的发行。[107]

奥斯曼青年党的立宪主张在神学生里的"穆斯林爱国者"那里得到了支持，5 月初，数以千计的人走上伊斯坦布尔街头，一如之前不满的禁卫军及工匠。他们在大清真寺举行慷慨激昂的集会，批评政府并大声要求亲俄的大维齐尔马哈茂德·纳迪姆帕夏及教长哈珊·费赫米埃芬迪下台。皇宫几经犹豫后同意了他们的要求，但这并未平息群众的不满，苏丹本人也遭到抨击。各种消息及谣言使情况进一步恶化，为遏止其扩散，苏丹下令强制新闻审查并停止电报通讯，但这都没有用。在这个月里，伊斯坦布尔的紧张局势一触即发，到了月底，苏丹阿卜杜勒阿齐兹被废黜。[108]

几位主要政府官员在废黜阿卜杜勒阿齐兹的阴谋中沆瀣一气，其中介入最深的是保守的国防大臣侯赛因·阿夫尼帕夏、军事委员会议主席雷迪夫帕夏及军事学院院长苏莱曼·许斯尼帕夏。权力中心所感觉到的挫折与忧心是很明显的，在侯赛因·阿夫尼与苏莱曼·许斯尼讨论废黜阿卜杜勒阿齐兹的可能性时，前者表达了他的担忧：

> 马哈茂德·纳迪姆将再任大维齐尔的传言甚嚣尘上。毫无疑问，国家势将受到俄罗斯的压迫与侵略。苏丹阿卜杜勒阿齐兹是个亲俄派。国家即将崩溃的预兆已变得难以忽视。[109]

他在事后记录下这些事情及自己在这中间扮演的角色，上述谈话便出自此处。根据记载，苏莱曼·许斯尼帕夏说，教长哈珊·费赫米埃芬迪的继任者哈伊鲁拉埃芬迪做了一个梦，他认为这个梦预示着真主准许他们废黜阿卜杜勒阿齐兹，认为参与同谋的人事后不应遭到违法乱纪的指控。就凭着这个梦，哈伊鲁拉发布了一项教谕，支持废黜阿卜杜勒阿齐兹，这使苏莱曼·许斯尼可以坚称："我们的目的完全合法，可以轻易实现，不会遭到攻击。"[110]

政变计划十分周详。当时，阿卜杜勒阿齐兹在海边的多尔玛巴赫切宫，继承顺序紧随其后的阿卜杜勒迈吉德的长子穆拉德正好也在此地。但问题是怎么样才能把穆拉德王子带出宫且不致引起怀疑，以便让他宣布登基。5月30日破晓前，苏莱曼·许斯尼帕夏率领侍卫队进入皇宫找到穆拉德王子，后者已经事先知情，正在等待他们。穆拉德随来人藏身马车，之后又登上小舟，渡海来到锡尔凯吉，又上了另一马车，来到城中巴耶济德区的国防部（即今日伊斯坦布尔大学校长办公处），接受了政变者的宣誓效忠，其中包括大维齐尔穆罕默德·吕什图帕夏、侯赛因·阿夫尼帕夏、哈伊鲁拉埃芬迪、密德哈特帕夏、麦加的谢里夫阿卜杜勒·穆塔利布。接下来，他们要做的则是在苏丹穆拉德回宫前将阿卜杜勒阿齐兹赶出多尔玛巴赫切宫。在夜色掩护下，皇宫面向大陆的一边已被军队包围，一支海军警卫队控制了博斯普鲁斯海峡，按照政变者周详的计划，这些船只炮击了皇宫。炮声惊醒了阿卜杜勒阿齐兹，他随后就收到了自己已被废黜的消息。阿卜杜勒阿齐兹和家人，包括他的两个儿子、母亲及副总管法赫利贝伊，搭上小船，冒着大雨渡海，在托普卡帕宫下方的海岸上登岸，等着他们的是一辆小车和一只驮兽，它们载着一行人进了宫中的新住处。[111] 与此同时，苏丹穆拉德五世渡海回到多尔玛巴赫切宫。[112]

这些人的行动没被发现实属他们运气好。就在离开皇宫前，穆拉德给他的弟弟阿卜杜勒哈米德留了一张便条："他们要来带我走，我不知道他们为什么要带我走，也不知道要怎么离开。我将我的孩子及家人首先托付给真主，其次就托付给你。"阿卜杜勒哈米德大惊失色，害怕同样的事情会临到自己身上，令人备好武器自卫。穆拉德一行成功离开了多尔玛巴赫切宫，但阿卜杜勒阿齐兹的仆人从窗户看到了他们离开时的身影，只不过，他们认为王子之所以被带走，是因为他犯了罪，他们还以为他会受到处罚或处决。[113]

新苏丹的登基使许多人开始期待新时代的开始。诚如苏莱曼·许斯尼帕夏在回忆录中所述，就在穆拉德即位那一天，时为不管部大臣的密德哈特帕夏向同僚提出一份他准备的登基演说草稿，这份演说稿将由穆拉德五世宣读，承诺奥斯曼将建立宪政统治及内阁责任制。然而，大维齐尔及侯赛因·阿夫尼帕夏都认为这份草稿在国家政策上的转向过于大胆，因此定稿在这个敏感问题上仅仅进行了模糊的表述。此后，为首的重臣围绕国家的前途发生了激烈的交锋，但国家的未来甚至比阿卜杜勒阿齐兹被废黜前更不明朗。[114]

随后又发生了更戏剧性的事情。阿卜杜勒阿齐兹不喜欢托普卡帕宫，在这里居住了 4 天后，他及家人全都被移到了博斯普鲁斯海滨彻拉安宫北边的费里耶宫（他拒绝苏丹穆拉德提供的贝勒贝伊宫，这使侯赛因·阿夫尼感到欣慰，因为他觉得那里很难监管）。[115]艾哈迈德·杰夫代特帕夏在他的回忆录中语带嘲弄地写道，阿卜杜勒阿齐兹住的地方本来是他盖给穆拉德的，牢固有如堡垒，仿佛他为自己准备了一座监狱。他认为另外还有一事也讽刺意味十足：阿卜杜勒阿齐兹花了大把钞票建立了一支现代化舰队，到头来他却受到海上封锁。[116]但博斯普鲁斯海峡畔的生活也是令他难以忍受的。副总管法赫利贝伊记录了他目睹的主人所受的屈辱，被废黜的苏丹有如重因，看守他们的人常常嘲弄他，并拒绝向他及家人提供基本的生活所需——譬如干净的饮用水。[117]不数日，阿卜杜勒阿齐兹被人发现暴毙，19位名医验尸后一致认为他是自杀的。[118]

6月15日，诸位大臣在密德哈特家中召开了一次会议，阿卜杜勒阿齐兹已经去世的一位妃妾的哥哥冲了进来，当场枪杀了侯赛因·阿夫尼帕夏及外交大臣穆罕默德·拉西德帕夏。这位军官名叫切尔克斯的哈珊，曾任阿卜杜勒阿齐兹长子优素福·伊兹丁王子的副官，穆拉德的即位就此毁了优素福继任苏丹的希望。[119]刺杀事件震动了奥斯曼的政治圈，政治人物人人自危，他们及家人开始随时携带手枪或匕首。切尔克斯的哈珊被处以绞刑，吊死于巴耶济德广场的一棵树上。[120]

由于侯赛因·阿夫尼被刺，倾向于引入自由立宪的人占了上风，其中为首的则是密德哈特帕夏。虽然密德哈特的知识分子背景与奥斯曼青年党人的背景大不相同，两者关系甚至偶尔不和，但他们却都深信制宪会议是改革不可或缺的组成部分。同时，他也坚称废黜阿卜杜勒阿齐兹，不再将他当作宪政改革先驱的做法其实是符合民意的。[121]只不过，新苏丹似乎没有行动能力。他在武装挟持下意外登基，阿卜杜勒阿齐兹及两位大臣暴毙，整个状况显然已经使他的心理受到巨大冲击。政治家们开始意识到，新苏丹根本没有能力在这个危急时刻统领帝国。[122]

苏丹穆拉德五世在位仅3个月。医生诊断，苏丹不适合继续统治帝国，教谕也以精神失常为由宣布废黜苏丹的行为合法。就像当时的歌谣所唱的那样："九三年（伊斯兰教历）称王世界，九十三天君临天下，苏丹穆拉德，黯然辞宫去。"在卷入奥斯曼继承问题的政治乱局之前，他的精神状态毫无问题。他和任何一个欧洲王位继承人一样过得自由自在，在 19 世纪 60 年代还跟着阿卜杜勒阿齐兹出访埃及和欧洲，平日出入伊斯坦布尔时髦的沙龙，结交知识分子、社会名媛及外国宾客。他热爱音乐，本身也是颇有造诣的作曲家，同时擅长木工及家具制作。19 世纪 70 年代初期，阿里帕夏去世，奥斯曼青年党的知识分子们纷纷自巴黎返回奥斯曼，穆拉德还热切地听取过他们的一个思想领袖纳米克·凯末尔的建议。[①]1876 年 8 月 31 日，穆拉德的弟弟继位，史称苏丹阿卜杜勒哈米德二世，穆拉德则被软禁于彻拉安宫。

*　　　*　　　*

就在这几个月当中，受到这些事件的影响，奥斯曼几乎要失去一个世纪初以来就十分依赖的盟邦。长期以来，英国都被视为帝国的忠实盟友，它将克里米亚战争之后的安排看作是限制俄罗斯扩张的最大希望。但奥斯曼国家财政破产，民族主义起义爆发，两个苏丹接连被废黜，加强了英国国内反对英国长期政策的人改弦更张的呼声。英国与奥斯曼帝国的关系并非完全不计利益的。然而，1876 年 4 月，埃迪尔内与索非亚之间的普罗夫迪夫地区的保加利亚人民起义遭到由切尔克斯人组成的非正规部队暴力镇压，消息传至英国，舆论哗然，这成为使英国政策转变的最后一根稻草。切尔克斯人是原本住在高加索地区的穆斯林，1864 年俄罗斯人占领他们的家乡之后，被奥斯曼政府安置到普罗夫迪夫来。当时的英国媒体将普罗夫迪夫这次针对基督徒的屠杀称为"保加利亚暴行"，虽然其规模前所未有，但其死亡数字其实是在俄罗斯驻伊斯坦布尔大使尼古拉·伊格纳季耶夫伯爵的默许下被刻意夸大了——格拉斯顿[②]还火上添油，完全没有考虑切尔克斯人流落巴尔干的历史背景。诚如一位现代史家所说：

---

① 　穆拉德登基时，纳米克·凯末尔刚结束 3 年的国内流放，自塞浦路斯返回，此时，他的《祖国》改编的戏剧正广受欢迎。《祖国》写的是穆斯林与土耳其民族拥抱爱国主义的故事，而阿卜杜勒阿齐兹视这种思想为眼中钉，尤其是在观众开始呼唤穆拉德时 Sakaoğlu, art. Murad V, *İst. Ansik*, 5.510—512.

② 　此处指英国政治家威廉·格拉斯顿，1868 至 1894 年曾四度出任英国首相。——译者注

　　（切尔克斯人）在高加索战争中被迫离乡背井，对于基督徒，自
　是心怀疑忌甚至怨恨。在与塞尔维亚及波斯尼亚的保加利亚人的战
　斗中，他们也曾吃尽苦头，遭到残暴对待。对他们来说，俄罗斯人
　固然是世仇，保加利亚人显然也没什么区别。[123]

　　更何况，基督徒起义者同样屠杀了无数穆斯林，义愤填膺的英国与
其他欧洲人却忽视了这一点，这种情形也不是第一次了。[124]

　　屠杀尤其令俄罗斯愤怒。尽管俄罗斯做出了武力维护奥斯曼境内的
东正教基督徒及斯拉夫人的姿态，但对支持民族主义运动仍有所顾忌，生
怕这样做会鼓励自己国境内大量的非俄罗斯人口也起而争取独立[125]——
但到了1876年7月，塞尔维亚及黑山的部队从西边进入保加利亚，为奥
斯曼军所败时，俄罗斯开始动员。这时候，在英国看来，继续支持奥斯曼
帝国已无大用，于是它召集列强开会商讨如何解决问题。会议所提方案
将奥斯曼在欧洲的统治范围限制于阿尔巴尼亚、爱琴海北岸及色雷斯东
部。尽管列强后来降低了他们的要求，暗示奥斯曼只要在保加利亚及波斯
尼亚－黑塞哥维那进行改革即可，奥斯曼政府仍断然拒绝了这个方案。俄
罗斯拒绝解散已经动员的军队，并于1877年4月24日宣战，挥军进入奥
斯曼境内，直取埃迪尔内，仅在保加利亚北部的普列文遭遇强烈抵抗，同
时，俄罗斯大军在东部战线挺进埃尔祖鲁姆。1878年1月31日，战争结
束，双方在埃迪尔内达成停战协定。克里米亚战争结束以来，奥斯曼已经
享受了将近20年的国际和平，此番与俄罗斯重启战端，奥斯曼付出了惨
重的代价。

　　但奥地利和英国都不乐见俄罗斯的成功。俄罗斯与奥斯曼停战之后
不久，一支英国舰队到达伊斯坦布尔外海的王子群岛待命，促使巴尔干境
内的俄罗斯部队挺进至滨海城镇耶希尔柯伊（圣斯特凡诺，位于今日这座
城市的机场附近），只要英国船只进入博斯普鲁斯海峡，他们便会攻占首
都。英俄之间的战争一触即发，但终究没有变成现实。在结束俄土战争的
《圣斯特凡诺条约》中，俄罗斯向奥斯曼提出了很苛刻的条件：保加利亚
（从黑海到爱琴海的一大片地区）自治，波斯尼亚及黑塞哥维那亦同；罗

马尼亚（1861 年由奥斯曼的附庸瓦拉几亚及摩尔达维亚组成）、塞尔维亚及黑山全都接收奥斯曼的领土并独立；东边的行省卡尔斯、阿尔达汉、巴统及多乌巴亚泽特则归俄罗斯所有。俄罗斯的单边行动令希腊十分震惊，因为，他们认为马其顿及其他一些地区应该都是"希腊人"的而非斯拉夫人的领土，它们却全都被纳入了俄罗斯想要建立的新保加利亚之中。英国与奥地利也表达了他们的愤怒。然而，必须进行外交活动的反而是俄罗斯，因为俄罗斯对巴尔干地区领土进行的大规模重组，明显偏离了《巴黎和约》，有必要与其他签字国进行协商。1878 年 6 月 13 日至 7 月 13 日，英国、奥匈帝国、俄罗斯、奥斯曼帝国、德国、意大利及法国在柏林举行会议，一定程度上调整了俄罗斯在《圣斯特凡诺条约》中对奥斯曼的要求。会议签订了《柏林条约》，为奥斯曼在巴尔干为期数百年的统治画下了句点。

按照《柏林条约》，保加利亚被分成三个部分：北边的新自治区被纳入俄罗斯的势力范围，中央地区成立一个半自治的东鲁米利亚省，南边仍归奥斯曼统治。同时，俄罗斯取得了比萨拉比亚南部，外加巴统、卡尔斯及阿尔达汉。由于俄罗斯进行了军备及军事管理上的改进，并在克里米亚战争期间扩大了征兵规模，俄罗斯击败奥斯曼部队或许不成问题，但仍没有能力扛住英国及奥地利的压力。在柏林，俄罗斯不得不向他们让步，按照现代历史学家的说法，俄罗斯的柏林和谈是失败的。[126] 然而，俄罗斯向奥斯曼索取了总额高达 8.025 亿法郎的战争赔款，以换取被俄罗斯占领的土地，并依约撤退。由于俄罗斯从未在奥斯曼帝国投资，无法在奥斯曼的债务上分到好处，因此，它将赔款视为一个从宿敌身上分享其他列强所得到的财政收益的机会。俄罗斯宣称对奥斯曼任何可用资金都有首先提出要求的权利，因此阻止了列强与奥斯曼政府的投资计划，而这些计划本可能为奥斯曼带来一定的繁荣。[127]

奥匈帝国并未涉入 1877 至 1878 年的战争，但在巴尔干的稳定中却具有制衡俄罗斯的作用，因此获得了波斯尼亚及黑塞哥维那。虽然塞尔维亚、罗马尼亚及黑山的独立在柏林获得了正式的承认，但在边界的确定上，这些国家难免都不满意。柏林会议举行前，苏丹已经把塞浦路斯割让给英国，以换取英国每年向奥斯曼支付一笔款项，并取得一个含糊的承诺，未来俄罗斯若侵略安纳托利亚东部，英国将出兵援助。同时，他们也想以此为代价，争取英国在柏林会议上的支持。[128]因此，英国在近东获得了一处"前进基地"，以对抗俄罗斯在东方对奥斯曼的任何潜在威胁——俄罗斯在巴尔干的领土野心就此遭到打压，他们遂将战略焦点转移至中亚。如此一来，相较于之前，奥斯曼帝国的命运和英国前往印度航路的安全绑得更为紧密。

* * *

1877 至 1878 年的战争及《柏林条约》，把 17 世纪末奥斯曼败于哈布斯堡后开始的奥斯曼失土失民的过程推向高峰：帝国丧失了超过三分之一的领土及大部分的非穆斯林人口。剩下来的非穆斯林族群为希腊人与亚美尼亚人，相较于塞尔维亚人、保加利亚人及其他族群，他们的人口集中度较低，在领土分裂上所构成的进一步威胁也没有那么严重。奥斯曼承诺将在安纳托利亚东部和东北部的亚美尼亚各省进行改革，这个问题他们已经与英国在《塞浦路斯协定》的谈判上进行过讨论，在亚美尼亚人对欧洲政客的游说后在《柏林条约》中得到确定。然而，尽管所谓改革与独立或自治相比是小巫见大巫，这些改革仍然是个凶兆。[129]1839 及 1856 年的改革御诏已经使许多希腊人在经济上受惠，但仍然有不少人为了独立而离开奥斯曼帝国。但有些出走的人到头来却发现，在"祖国"的生活实际上比不上他们所抛弃的生活——相较于在伊斯坦布尔、萨洛尼卡及伊兹密尔这些城市中他们在文化及经济上所能获得的好处，刚刚独立的雅典只是一个破败的省级城镇，对世故的奥斯曼希腊人来说，这里根本就一无所有。于是，他们后来又重新投入奥斯曼的怀抱。[130]

《柏林条约》之后，奥匈帝国虽然占有了波斯尼亚及黑塞哥维那，却并不满意，对维也纳而言，这些地区只是一项负累，它为奥地利带来的人口大多是塞尔维亚人及东正教徒，随时有可能倒向俄罗斯的泛斯拉夫主义的新教条，反而打破了哈布斯堡帝国内部微妙的平衡。匈牙利人在 1867

年后一直在试图将境内的斯拉夫人"马扎尔化",他们的经历使其领导阶层对接受更强的政治及行政控制的前景非常不安。问题还不止于此,波斯尼亚及黑塞哥维那境内的许多穆斯林也被纳入了维也纳的控制之下,于是,奥斯曼头痛的民族主义问题也在奥匈帝国境内扩散开来。[131] 和奥斯曼帝国一样,奥匈帝国如今也成为一个多民族多信仰国家;另一方面,它也和奥斯曼一样,由于国力积弱,虽与俄罗斯有结盟关系,却丝毫无力与之抗衡。英国之所以对奥斯曼失去耐心,部分原因在于《柏林条约》之后,奥斯曼在巴尔干的领土丧失殆尽,几乎无法抵抗俄罗斯及奥地利的野心。此时,所有关注这个地区的列强都面临一个难题:巴尔干地区新独立或半自治的国家往往无法独自生存,如何找出一个新架构以确保其稳定才是真正的问题所在。

15

伊斯兰帝国

历史对阿卜杜勒哈米德二世评价之严苛甚于其他苏丹。他的一生和苏莱曼一世（西方人称之为苏莱曼大帝）一样充满谜团。但苏莱曼赢得了普世敬重，被誉为苏丹的典范，阿卜杜勒哈米德却是西方人诟病的所有奥斯曼帝国特点的形象体现。人们常常将他塑造为"受诅咒的阿卜杜勒"或"血腥苏丹"，即气数将尽的王朝所出的残暴乖戾的孽子，这附和了那些觊觎苏丹的领土的欧洲政治人物的观点，这种观点至今仍然存在。1876年，保加利亚爆发社群间屠杀之后的那一年，威廉·格拉斯顿谴责苏丹及其人民："从他们进入欧洲的第一个黑暗日子起，他们始终都是最反人类的一个族群。"[1]

在现代土耳其，关于阿卜杜勒哈米德存在两种互相矛盾的看法，一位历史学家最近写道，政治人物应当"摆脱信奉凯末尔主义的诋毁者的评价，以及来自极端疯狂的土耳其右翼的'信徒'的评价"，也要摆脱阿卜杜勒哈米德的西方批评者的批评。[2]在"信奉凯末尔主义的诋毁者"看来，奥斯曼帝国的最后几年是反启蒙主义者的天下，是国家一段耻辱的过去，土耳其在穆斯塔法·凯末尔·阿塔图克的带领下摆脱了这段过去。对这些凯末尔主义者来说，阿卜杜勒哈米德在位的时期与帝国崩溃即1923年共和国建立后的新时代形成了鲜明对比。与此形成对比的是，对"极端疯狂的土耳其右翼"来说，阿卜杜勒哈米德却是一个英雄，在"坦泽马特"的实验之后，他回到了一条比较保守的道路，重新强化奥斯曼国家的伊斯兰精神，抬高穆斯林相对于帝国其他民族的地位，在他们看来，非穆斯林是将帝国推向崩溃的危机根源。

　　如果说西方对阿卜杜勒哈米德及其时代的评价是出于他们对奥斯曼帝国晚期的定性——"懒惰"[1]，那么，土耳其国内对这个时期相反的评价则是出于现代政治目的。无论如何，这些互相矛盾的评断都可以看作一些重大现象的指标，诸如所谓"东方问题"的终结、阿卜杜勒哈米德将伊斯兰教当作黏合剂凝聚他正在解体的帝国、四处弥漫的亡国之痛，以及为新生的民族国家寻找可靠的新模式的努力等。然而，这些现象都应放在时代的脉络里检视，而不是用于强调某一项现代化议程。

　　我们仍不清楚阿卜杜勒哈米德多疑个性的成因。然而，不论是什么力量塑造了他登基之前的人生，他即位时碰到的暴力环境都能令最沉稳的人惊慌不已。一位现代的专家这样说：

> 他是一个怪异的混合体，集决心与怯懦、洞察与幻想于一体，既谨慎务实，又对权力的基础拥有直觉。他经常遭到低估。从相关的记载来看，在内政上，他是一个强硬的政治家，在外交上，他则是一个有效率的外交官。[3]

　　阿卜杜勒哈米德喜爱戏剧及欧洲音乐，他的叶尔德兹宫里建有一座迷人的剧院。他和穆拉德五世一样擅长木工，他所造的家具今天仍可见于贝勒贝伊宫及叶尔德兹宫。他最享受的事莫过于睡前听人为他读福尔摩斯侦探小说。身兼英国特工的匈牙利学者万贝里·阿尔明对他了解甚深，说他是"典型的资产阶级君王"。[4]

＊　　＊　　＊

　　在苏丹阿卜杜勒阿齐兹遭到废黜之前的混乱中，王储穆拉德宣称，一旦即位定当立宪。等到穆拉德无法长久在位的情势明朗化，虽然心里不

---

① 埃里克·霍布斯鲍姆曾讽刺地说，根据 19 世纪自由主义的标准，奥斯曼是"人类进化史上的化石"。

愿，阿卜杜勒哈米德也被迫做出相同承诺。尽管他在即位演说中根本没提立宪之事，[5] 新苏丹还是信守承诺，召集会议讨论立宪的种种优点。看起来，奥斯曼青年党（虽然人数寥寥）追求的理想俨然实现在望。他们的方法或者目标虽不尽相同，但他们的理念都是"以伊斯兰为论据，捍卫自由的价值"，有别于"坦泽马特"支持者一味模仿西方，致使奥斯曼的政治文化脱离伊斯兰根源的做法。1876 年 12 月 23 日，阿卜杜勒哈米德二世即位 3 个月之后，正值西方列强全力解决波斯尼亚 – 黑塞哥维那及保加利亚危机之际，苏丹公布了一部奥斯曼宪法，成立了奥斯曼议会。

密德哈特帕夏主持制宪委员会，负责宪法之制定，他殚精竭虑，务求新的政治安排能够有效。他在宪法公布前 4 天受命接任大维齐尔。但仅仅 6 周后，他便被从伊斯坦布尔流放至意大利的布尔迪西，这种被流放海外而非国内偏远地方的事情极为罕见。阿卜杜勒哈米德其实从未信任过密德哈特，这个曾经废黜过两任苏丹的人。[6] 此外，1876 年的宪法不同于 1839 年与 1856 年的御诏，未能满足手握帝国命运的列强，而且俄罗斯仍然在动员备战。随着英国舰队驶入马尔马拉海，并与俄罗斯举行和谈，1878 年 2 月 14 日，阿卜杜勒哈米德二世宣布暂停执行 1876 年宪法，密德哈特的宪法走入历史，距其公布之日 1877 年 3 月 19 日不到一年，奥斯曼第一届议会也休会。在他看来，一个既未经测试又未被充分理解的政府形式根本不足以拯救帝国于当前的危机。他认为，唯有逆转密德哈特帕夏及其党羽所代表的自由及立宪潮流，将"坦泽马特"改革中下放给政府及官僚的权力收归苏丹，帝国才能获得救赎。阿卜杜勒哈米德的当务之急就是维护奥斯曼仅剩的版图，此后的所有政策无不以此为目标。

1878 年 5 月，奥斯曼青年党一个成员以一种惊人的方式登上了历史舞台：激进的新闻记者阿里·苏阿维策划了一场推动穆拉德五世复辟的阴谋。这是阿卜杜勒哈米德在位期间，复辟前任苏丹的第三次尝试，也是最戏剧性的一次。阿卜杜勒哈米德即位时，被驱逐至巴黎的阿里·苏阿维返回伊斯坦布尔，出任政府官职，但不久便失宠。他开始公开谈论并在报章上撰文讨论帝国的危殆状况，并于 1878 年 5 月 20 日率领约 250 名暴民冲击彻拉安宫——这些人都是俄土战争中被迫从保加利亚迁移至伊斯坦布尔的不满人士。穆拉德已经获悉这个计划，特意盛装等待他们，但阿里·苏阿维及 23 名跟随者为宫中卫士所杀，30 多人受伤，还有许多人被捕。穆拉德先是被移往叶尔德兹宫的一处宫殿（位于彻拉安宫后山上），然后又被监禁于费里耶宫，受到严密监视（阿卜杜勒阿齐兹最终在此毙命）。在随后对这个事件调查的中，涉案的知识分子及政治人物或被判三年劳役，或接受罚款，或入狱，或被流放。[7]

对阿卜杜勒哈米德来说，《柏林条约》根本是针对奥斯曼帝国及伊斯兰教的一项大阴谋。[8] 根据条约，帝国丧失了 8% 的领土 —— 大部分是富庶多产之地，及 20% 的人口。大约 450 万人不再是奥斯曼的臣民，其中多数为基督徒。[9] 如此一来，帝国人口中穆斯林所占比例大幅提高，而且1877 至 1878 年战争后大量穆斯林难民涌入（分别来自高加索、克里米亚、喀山及阿塞拜疆），这个比例更是有增无减。对许多人来说，无论其为当权者或反对派，情势已经很清楚，维护国家统一的先决条件是有效防止列强及其巴尔干附庸进一步分割国土，同时，随着《柏林条约》签订后帝国人口结构的改变，对国家的忠诚也必须有一个新的基础 —— 过去"坦泽马特"推动者的"奥斯曼主义"旨在对抗帝国内部的多元信仰及民族自决的愿望，但对一个穆斯林占四分之三的国家来说，它显然已经不再适用。

近来的情势再次显示，与欧洲的友好关系是多么短暂，特别是与英国的友好关系，奥斯曼在对俄战争中曾经指望它伸出援手，然而希望最终成为泡影。[10] 但另一方面，奥斯曼却又信心十足：和他们的前辈一样，阿卜杜勒哈米德及他手下的政客仍然以为自己能与欧洲其他国家的政治家们平起平坐，奥斯曼作为一个国家，它的地位是与列强平等的。君主立宪制的英国与法国的自由民主精神似乎都放任分离主义发展，因此，阿卜杜勒哈米德自视为高高在上的专制君主，如德国或奥地利的皇帝 —— 尽管他瞧不起同样专制的俄罗斯沙皇亚历山大二世。最能说明问题的一点是，苏丹及其朝臣宣称他们的世界是"现代"的，应当受到现代世界应有的尊重，在公共场合（如世界博览会的展台），任何可能被误解为异域或不开化的"奥斯曼特质"都应当被避免，因为它们会让帝国面临公开的羞辱。[11] 奥斯曼明显有别于欧洲国家的特征就是宗教信仰，但在这方面，奥斯曼绝不会自认为低人一等。但阿卜杜勒哈米德却对他大部分臣民的伊斯兰信仰进行了一定的歪曲，将其塑造成欧洲正在盛行的种族和语言民族主义的对应物。

"坦齐马特"的一个重点在于让奥斯曼帝国境内各种民族都建立"奥斯曼公民"的身份认同。但阿卜杜勒哈米德二世认识到，在他登基之前，这种尝试就已经失败了。根据俄罗斯推行的大斯拉夫主义，乃至泛希腊主义与大日耳曼主义，阿卜杜勒哈米德支持建立一种新的更贴合奥斯曼的意识形态原则。他搬出奥斯曼的苏丹即哈里发的潜在概念，并进行重新包装，使他不仅成为所有穆斯林的效忠对象，而且是所有奥斯曼臣民的效忠对象，他不断强调他作为哈里发所拥有的权势，以及伊斯兰教作为帝国忠诚焦点的正当性，其态度之坚定，胜过之前所有的奥斯曼苏丹。诚如1877至1880年间英国大使亨利·雷亚德爵士所言，阿卜杜勒哈米德把哈里发的身份看得比苏丹更高更重。[12] 如果确如雷亚德所言，那是因为他已无其他保住帝国的良策。

按照传统，苏丹登基时都会强调自己对伊斯兰教的虔诚。此外，从1566年塞利姆二世起，佩剑登基就已经是奥斯曼即位仪式的一部分，选择佩带什么剑的重要性始终不减。1808年，苏丹马哈茂德二世便是佩双剑登基，一把是先知穆罕默德的，另一把则是开国苏丹奥斯曼一世的，以此强调他在王朝及信仰上的权力。他选择被后世称为"战士"的奥斯曼的剑而非其他苏丹的，这或许象征着他要恢复帝国武力的雄心。但在1839年，阿卜杜勒哈米德虔诚的父亲阿卜杜勒迈吉德即位时，却仅佩带哈里发欧麦尔的剑。后者是伊斯兰教第二任哈里发，自称"笃信者的首领"，意在彰显他作为崛起的穆斯林社群的精神权威的地位。苏丹阿卜杜勒阿齐兹在1861年也选择了这把剑，但阿卜杜勒哈米德却和马哈茂德一样，同时佩带了奥斯曼之剑与哈里发欧麦尔之剑。阿卜杜勒迈吉德在即位后不久公布的《花厅御诏》中强调了伊斯兰特质，阿卜杜勒哈米德公布的宪法则提到奥斯曼为"至高无上的伊斯兰哈里发国"。[13]

奥斯曼苏丹使用哈里发的头衔的历史始自塞利姆一世，但其定义不明，且不具有强烈的政治色彩。奥斯曼宣称他们继承了哈里发的精神领袖地位，统领一切穆斯林，其信心来源有二，其一是 1517 至 1518 年塞利姆征服埃及时带回了先知穆罕默德的遗物，其二则是阿巴斯帝国最后一任哈里发授予了他这个头衔。[14] 奥斯曼苏丹即哈里发 ——"真主在地上的代表"的观念在艾哈迈德·杰夫代特帕夏的推动下曾得到传播，他描述苏丹阿卜杜勒阿齐兹佩剑登基仪式时，这样写道：

> 塞利姆一世征服了埃及，带着阿巴斯的哈里发返回伊斯坦布尔。阿巴斯哈里发为苏丹塞利姆佩上此剑（欧麦尔之剑），因此也将伊斯兰教哈里发的头衔传给了奥斯曼皇室。[15]

艾哈迈德·杰夫代特帕夏对这段传说的叙述是中规中矩的。他是苏丹阿卜杜勒哈米德在伊斯兰政治方面的导师，他有关哈里发议题的丰富著作也都反映在苏丹的政策上。[16]

自塞利姆征服埃及以来，尤其是在苏莱曼一世及穆罕默德四世在位期间，苏丹作为哈里发应承担的政治法律角色就不时被拿出来做文章。但促使奥斯曼强调身为哈里发的苏丹的宗教权威及于普天下穆斯林的，则是 18 世纪下半叶奥地利与俄罗斯对奥斯曼领土的侵略。[17] 从克里米亚成为俄罗斯的势力范围起，奥斯曼苏丹即哈里发的意识便开始抬头。1774 年的《库楚克开纳吉条约》清清楚楚地写道，由于苏丹是"普天下穆斯林的哈里发"，所以他也是鞑靼人的精神领袖。1783 年，叶卡捷琳娜女皇宣布吞并克里米亚，穆斯林领土丧失的事实令穆斯林震惊不已，这促使奥斯曼坚称苏丹为所有穆斯林的保护者，不论受保护的穆斯林目前的统治者是谁。没多久，这个理念便开始出现于印刷品中。1774 年，第一次出现了哈里发头衔已经正式传给塞利姆一世的说法。1787 年，这种说法也见于伊格纳休斯·穆拉吉亚·道森著名的《奥斯曼帝国总览》，他是出生在伊斯坦布尔的亚美尼亚人，曾在瑞典特派公使团中担任译员，后来升任全权大使及使节团团长。

尽管两国之间的敌对仍在持续，但在克里米亚的伊斯兰教事务上，俄罗斯沙皇仍然对苏丹 – 哈里发维持着象征性的尊重，从 1863 年起 ——

或许更早些，至1914年，每逢沙皇前往雅尔塔附近的里瓦达夏宫①、塞瓦斯托波尔或敖德萨，苏丹都会派遣一个高级特使团，欢迎他光临苏丹身为精神领袖的土地。[18] 只要在符合他们利益的情况下，欧洲列强也会尊称苏丹为哈里发，但更常见的情况是，已经成为欧洲殖民地的亚洲伊斯兰国家的领袖会尊称他为哈里发，以获得奥斯曼苏丹的保护。[19]

苏丹阿卜杜勒哈米德建立正统地位的一个潜在障碍是，传统上，哈里发必须是汉志的古莱什部落的后裔，穆罕默德就出身这个部落。但奥斯曼支持的伊斯兰法理学的哈乃斐学派没有深究这个问题，其他学派——马利克学派、沙斐仪学派及罕百勒学派也早已不再干涉。[20]艾哈迈德·杰夫代特帕夏辩称，过去，哈里发之所以出身古莱什部落，是因为该部落人口居多数。[21] 整个阿拉伯世界不时冒出不满的杂音，这使阿卜杜勒哈米德对两件事情特别忧心：他担心阿拉伯人会以他不是阿拉伯人后裔为由反对他的哈里发地位；更令他烦恼的是，英国可能会利用任何可能存在一个阿拉伯哈里发的暗示，在帝国内挑起分离运动。1881至1882年埃及的一场兵变得到了渴望推翻欧洲对埃及经济控制的平民的广泛支持，导致英国占领了这个奥斯曼名义上的行省，这件事令他担心英国可能会在别处也点火。[22]

阿卜杜勒哈米德担心英国与另一个自称"哈里发"的阿拉伯人勾结，这种担忧不是没有道理的：几乎才刚即位，阿卜杜勒哈米德就发现，他在汉志的代表谢里夫侯赛因野心勃勃，表面上效忠苏丹，实际上却和英国人勾结。[23]虽然19世纪初，奥斯曼才在埃及穆罕默德·阿里的协助下从瓦哈比手上保住了圣地麦加和麦地那，但阿卜杜勒哈米德明白，奥斯曼必须掌握这片领土，以强调它在伊斯兰世界的优越地位，他现在必须加强对这里的掌握。因为每年都有千千万万的朝圣者来到圣地，圣地的归属对整个伊斯兰世界来说意义重大。奥斯曼苏丹及其部属有责任保证朝圣者的安全及福祉。很明显，奥斯曼给予了朝圣者与阿拉伯臣民更多的重视，后者长期以来一直被奥斯曼政府忽视。

① 里瓦达夏宫即1945年丘吉尔、罗斯福及斯大林举行雅尔塔会议重划欧洲版图之地。

　　因此，19 世纪 80 年代初期，在积极热情的总督奥斯曼·努里帕夏主政下，汉志地区的物质条件及基础建设得到了极大改善，奥斯曼政府增强了在这片遥远而敏感地区的影响力。奥斯曼·努里在各地建立了政府建筑，军营和军事医院也建立起来。奥斯曼·努里推动了公共建设，出版行省年鉴，修缮麦加的圣坛，整建水利系统。[24] 奥斯曼对英国的疑虑和当地贝都因人的不安分交织在一起。贝都因人除了自己的部族首领，谁的话都不听。奥斯曼政府在汉志及其他阿拉伯地区采取了"胡萝卜加大棒"的政策，"大棒"就是中央政府对这片地区越来越严密的控制，"胡萝卜"则是奥斯曼在官方文件中，开始把阿拉伯各省列在巴尔干各省之前，阿拉伯各省总督的薪资待遇也高得多 [25]——这是奥斯曼过去诱使地方领袖合作的政策的变种，这些人的忠诚往往是不稳定的。

　　由于"伊斯兰主义"取代了"奥斯曼主义"，奥斯曼苏丹身为穆斯林圣地主要保护者的角色也变得更重要，阿卜杜勒哈米德在圣地事务上面的猜忌，使任何其他伊斯兰领袖向圣地捐赠礼物的行为都会令他感到威胁，他禁止其他伊斯兰领袖对圣坛奉献，也不准许他们在汉志购置地产。[26] 1900 至 1908 年，奥斯曼在汉志修建了从大马士革到麦地那的铁路，它代表奥斯曼对伊斯兰世界进一步的承诺，使朝圣之路变得更为方便。

　　阿卜杜勒哈米德将他的叶尔德兹宫建成了"伊斯兰的梵蒂冈"。为了为他僭称哈里发以及扩大中央政府在阿拉伯地区的权力争取阿拉伯支持，他邀请阿拉伯的宗教领袖住到伊斯坦布尔，担任他的顾问，并派他们到阿拉伯各省执行任务。和从前宫廷中的"人质"一样，他们也要为他们的支持者的良好行为负责。但在批评者眼中，他们无非是预言家或占星者。其中一人是叙利亚人谢赫穆罕默德·阿布·胡达·赛亚迪，他除了为阿卜杜勒哈米德的政治目的写作（例如宣称绝对政府起源于伊斯兰教崛起的时期），还利用自己的地位帮他自己在叙利亚的跟随者编造族谱，让他们靠着先知的血统抬高地位。阿卜杜勒哈米德承认这类杜撰的族谱，使阿布·胡达·赛亚迪的客户得以免除兵役 —— 这是先知后裔所享的权利。此外，苏丹与阿拉伯宗教领袖密切接触，也使某些托钵僧教团得到国家的大力支持，丰厚的赏赐使阿布·胡达·赛亚迪在小册子里传达的苏丹 – 哈里发理念在各省赢得尊重。[27]

1856 年，奥斯曼公布了承诺穆斯林与非穆斯林拥有平等权利的《改革御诏》。19 世纪 60 年代，奥斯曼开始地方分权改革。然而，在这 30 年中，叙利亚逐渐出现了以地理和语言（而非宗教支派）为基础的叙利亚认同。此外，叙利亚地区的三个行省大马士革、西顿和的黎波里合并成为一个"超级行省"，将叙利亚整合成为一个地理行政单位，这进一步加强了叙利亚认同意识。同样，相较于许多其他地方，叙利亚的"坦泽马特"在整合不同信仰方面也比较成功，因为所有的人都使用同一种语言，当地知识分子也鼓励民众认同自己为阿拉伯人，而非信仰不同的各个族群。在这种背景下，阿卜杜勒哈米德坚持以伊斯兰教为效忠奥斯曼国家的基础的作法，遭受了挫折，特别是密德哈特帕夏 1878 至 1880 年间担任总督之后，苏丹在"伊斯兰主义"政策的落实上，都要依靠如阿布·胡达·赛亚迪这样有影响力的宣传家。此外，"伊斯兰主义"宣传的散播也得到了叙利亚的新闻检查及当地出版业管制的支持，出版品都要送到伊斯坦布尔审查。阿卜杜勒哈米德操纵行省的边界，也有助于他切断人民对身为叙利亚人的认同。[28]

阿卜杜勒哈米德处心积虑要获取哈里发的政治权威，使他终止了前几任苏丹经常进行的一项活动：苏丹们看重的华服香车、万民瞻仰，炫耀苏丹俗世权威的盛大场面从此不再。这部分是为了营造苏丹即哈里发的神圣性，但阿卜杜勒哈米德的性格本就孤僻。他深居于叶尔德兹宫，极少在公共场合露面，例如，他要在周五聚礼时前往清真寺，为了减少露面时长，他还在宫殿附近专门造了一座清真寺。人们仅能瞥见他的身影，此举意在营造神秘感。他对被推翻的恐惧是有道理的：除即位之初流产的政变外，反对团体分别在 1895、1896 及 1902、1903 年试图推翻他，1899 及 1905 年也有人谋刺。[29]

虽然此时穆斯林在帝国内占压倒性的优势，但奥斯曼帝国此时仍说不上是同质的。它的官方信仰必须被所有群体接受，无论是土耳其人、阿拉伯人、库尔德人还是阿尔巴尼亚人，无论是逊尼派还是什叶派，以及不属于以上任何群体的人。对以逊尼派为正统的奥斯曼帝国来说，什叶派的教义和巴尔干的基督教民族主义一样具有颠覆性。而安纳托利亚东部土库曼人的信仰从一开始就是政府头痛的问题：长期以来，奥斯曼试图收服那些涉嫌同情什叶派的人，而奥斯曼与伊朗的关系严重受到这种行为的影响；此外，巴士拉、巴格达及摩苏尔等奥斯曼行省的人口主要是什叶派，也门则主要是载德派。为了争取人们对苏丹－哈里发的效忠，奥斯曼用荣誉和赏赐收买什叶派和其他与逊尼派有分歧教派的信徒；同时，政府还通过教育与传教在这里传播官方版本的伊斯兰教。[30] 奥斯曼政府也尝试使一些人直接改信逊尼派，但是什叶派圣地卡巴拉和纳杰夫试图让这些名义上的逊尼派部落回归什叶派。[31] 在比较靠近首都的地方，安纳托利亚的心脏地带，穆斯林人口的无知迫使政府派出神职人员"教导教义及纠正信仰"。[32] 1906 至 1907 年，埃尔祖鲁姆爆发反政府动乱，政府决定在当地办一所小学，"矫正阿拉维教派① 信徒的信仰观点，遏止他们造反"。[33] 由于 1856 年《改革御诏》承诺宗教自由，基督教的传道活动更加广泛活跃，这使挽留逊尼派穆斯林成了当务之急。

对非奥斯曼土耳其族的穆斯林来说，接受阿卜杜勒哈米德为他们的哈里发及保护者就是向他献上忠诚，这样的忠诚显然是在挑战欧洲的殖民帝国。16 世纪时，印度洋周边国家的穆斯林统治者向苏丹求援对抗葡萄牙人，此时，各个国家的穆斯林再次求援以抵抗帝国主义，即阿尔及利亚和突尼斯（这里用的都是现代名称）的法国、印度尼西亚和马来西亚的荷兰、印度和被占领的埃及的英国，以及中亚的俄罗斯。以前的苏丹并不一定会把穆斯林的希望摆在第一位：就在《改革御诏》公布一年后，印度的穆斯林反抗英国殖民统治期间，英国向苏丹阿卜杜勒迈吉德求助，他非常合作地写了一封信在印度的清真寺宣读，要求穆斯林保持平静。[34]

非洲的穆斯林百姓如今几乎全都不属于奥斯曼帝国：1830 及 1881 年，法国先后把阿尔及利亚及突尼斯纳为受保护国，英国又于 1882 年占领埃及，此后，的黎波里② 便成为北非唯一名义上仍属奥斯曼统治的领

---

① 阿拉维派的教义与什叶派类似，也尊崇先知的孙子阿里。

② 奥斯曼的的黎波里省名义上向东延伸，越过广阔的沙漠直抵埃及。19 世纪，欧洲人习惯称呼该省西部为的黎波里塔尼亚，东部为昔兰尼加。"利比亚"本为古地名，12 世纪初的意大利人将其作为地理名词称呼这个地区。1911 年，意大利从奥斯曼手中夺得了的黎波里塔尼亚和昔兰尼加，从此将这两个地区联合称为利比亚。

土。奥斯曼与中非和东非穆斯林领袖的关系则变得特别重要，原因之一在于，已经在北非站稳脚跟的欧洲列强最近也开始染指这个地区。因此，把伊斯兰教当成工具以建立对苏丹－哈里发效忠的政策随之扩展，形成了一个新的外交政策，以强化奥斯曼在这片大陆上仍然保有的影响力。奥斯曼并不需要做什么说明：一位作家受宫廷委托，说非洲是一个"黑暗大陆"，"文明的"强国已经开始在这里殖民，然后又说，让"伊斯兰之光"扩散到这些"野蛮地区"是有利的。[35] 1884 至 1885 年的柏林会议专门讨论了有关非洲未来的问题，奥斯曼最初并未受邀与会，它强调自己有参会的权利才得以参加，与会代表奉命全力捍卫奥斯曼的历史权利、物质与精神利益，以及"伟大哈里发的神圣权利"。然而，奥斯曼从来不想直接控制他们的这些穆斯林同胞，后者也十分感激奥斯曼的节制。[36] 奥斯曼给许多外国穆斯林领袖颁发了勋章与荣衔，从桑给巴尔苏丹到非洲的小部落酋长都曾荣誉加身，前者于 1880 年接受苏丹阿卜杜勒迈吉德颁发的梅吉迪勋章，[37] 后者则在 1894 年收到伊斯坦布尔访问团特使颁发的奥斯曼徽旗。这位特使还建议，应授予这些首领荣誉长袍、诏书及一本《古兰经》，以此期望他们在周五礼拜中纳入苏丹的名号。[38] 俄罗斯与中国的穆斯林也是他们的目标。随着俄罗斯的势力不断进入中亚，奥斯曼希望能加强对中亚穆斯林的吸引力，以破坏俄罗斯的活动。1910 年，后来被称为恶名昭彰恩维尔帕夏的年轻军官来到上海，离开时留下了两名随行的神职人员。1907 年，苏丹派出另一个代表团来到中国，北京出现了一所提供高等教育的哈米迪耶学院。[39]

1903 年，奥斯曼政府收到一项提案，它建议在适当时机为哈里发头衔从阿巴斯帝国移交至奥斯曼帝国 400 周年举行纪念大会："这种神圣的时刻我们显然已经错失了三次，如果再次错过，就要再等 100 年才有机会了。"这份议案建议邀请全球穆斯林领袖与会，甚至包括"澳大利亚的穆斯林领袖"。[40] 但大会从未召开，因为 1917 年的欧洲仍一片混乱，奥斯曼世界也在快速消失中。而哈里发头衔的移转过去从未被庆祝过，原因无他，这在过去并不重要而已。

*　　　*　　　*

苏丹阿卜杜勒哈米德为维持奥斯曼帝国残存部分所采取的方法，无论在政府或意识形态方面，都是保守的。奥斯曼之前的改革多集中于对各种官僚组织的创新，他虽然避免进行类似改革，但他仍然会采取他认为能给帝国带来繁荣的措施。他明白，若要达成自己的理想，强大的经济不可或缺，而没有现代化的基础建设及交通设施，奥斯曼潜在的农业及工业资源便无法开发。但他在位期间，军事及行政支出大增——平均占政府总支出的 60%，而国家用在公共建设、教育、卫生、农业及贸易上的支出，仅占年度预算的 5%。阿卜杜勒哈米德实现梦想的另一个致命障碍，则是几乎 30% 的年度支出都用于偿还公债了。[41]

"坦泽马特"期间，大维齐尔一职的任职者变化不大，这个职位一直由福阿德帕夏与阿里帕夏交替出任，但在 1871 年阿里帕夏死后，这种稳定状态不复存在。在 1871 年至阿卜杜勒阿齐兹被废黜之间将近 5 年的时间内，大维齐尔换过 9 次，派系斗争与苏丹的喜怒一再破坏政府体制。阿卜杜勒哈米德经常更换大维齐尔：在位的头 6 年，坐上这个位置的多达16 人，任期超过一年的只有一位。从 1882 年起，至 1909 年阿卜杜勒哈米德被废黜之间，大维齐尔的任期再次变得比较稳定，任期较长的分别为穆罕默德·赛义德帕夏、穆罕默德·卡米勒帕夏、艾哈迈德·杰瓦德帕夏、哈利勒·利法特帕夏及穆罕默德·费利德帕夏。阿卜杜勒阿齐兹在位期间大多把政务交给两位维齐尔，阿卜杜勒哈米德却喜欢事事躬亲，凡事深入详查，经常为政策与大维齐尔激烈辩论，即使他辩赢了，他最杰出的维齐尔也会觉得能够畅所欲言——若还有人质疑他的最后决策，这些人要付出的代价就是下台。[42] 据一位史家说，能让他将自己的意志强加于他最亲近的顾问的原因是：

> ……政府在有关"权威结构"的事情上未能达成共识，或者说在西方的挑战所制造的新情势中，政府未能建立在为互为冲突的利益加以协调的组织框架上。[43]

　　苏丹要求臣下无条件忠诚，这一直是奥斯曼传统的一部分，在阿卜杜勒哈米德的统治下更是如此。在过去，无法达到这个理想状态的人不是被处死就是被流放，而知道悔改的便可获得宽恕。举例来说，17世纪安纳托利亚那些叛乱的总督，不管他们当时多么激烈地反抗统治当局，都会得到帝国偏远地区的新的任命，但不知悔改的则会被追杀到底。19世纪时，奥斯曼政府往往会给在政治上唱反调的人一官半职，譬如奥斯曼青年党的领袖纳米克·凯末尔，他和密德哈特一样涉入了立宪的筹备，1877年被捕下狱，然后被流放到爱琴海诸岛任职，从一个岛又调到另一个岛，先是莱斯博斯岛，然后是罗得岛，最后是希俄斯岛，并最终死在那里。

　　阿卜杜勒哈米德对权力下放的忌惮最彻底的表现就是他试图集大权于自己一身，在他看来，权力下放是巴尔干各省有机会脱离帝国的原因。这一帖是求帝国继续生存的药方，和密德哈特帕夏的主张南辕北辙。后者是"坦泽马特"乐观主义的代表，在密德哈特看来，展现"好政府"的福利才是对抗分离主义倾向的最佳良方。

　　阿卜杜勒哈米德对密德哈特帕夏的处置，是他在位期间最令人遗憾的情节之一。在被驱逐至布林迪西后，密德哈特帕夏曾周游欧洲，但1878年，他又获准返国，被流放至国内的克里特岛。没有多久，他重新受邀加入政府机构，奉命出任叙利亚总督，到任后致力于改革，一如他在多瑙河地区各省及15年前在巴格达之作为。阿卜杜勒哈米德接获报告，称密德哈特僭越职权，试图获得超过总督应有的权力，阿卜杜勒哈米德将他调离叙利亚，任命为安纳托利亚西部艾登省总督，以便就近监督，减轻他的威胁性。1881年5月17日，在他就任新职仅几个月之时，密德哈特被捕。时任司法大臣的艾哈迈德·杰夫代特帕夏专程至伊兹密尔将他带回伊斯坦布尔。他和另外13名涉嫌人一同接受了审判，罪名是谋杀苏丹阿卜杜勒阿齐兹[44]——这实在是一个令人震惊的转折，因为之前政府裁定阿卜杜勒阿齐兹为自杀，且这个裁定早已被大家接受，其中包括艾哈迈德·杰夫代特，[45]而如今他却成了起诉者之一。

　　讯问及审判都在叶尔德兹宫进行。有些被告在遭到严刑拷打后才交出供词——阿卜杜勒阿齐兹的副总管法赫利贝伊的描述令人不寒而栗，他说，阿卜杜勒哈米德也参与了这件事。[46] 最终，11 人被判有罪，其中包括密德哈特帕夏、法赫利贝伊，以及阿卜杜勒哈米德的两个妹夫达马德·马哈茂德·杰拉雷丁及达马德·穆罕默德·努瑞。上述 4 人及另外 5 人被判死刑，剩下的 2 人被判 10 年劳役。政府对判决进行了评估，虽然包括艾哈迈德·杰夫代特帕夏在内的多数人都赞成裁决，但苏丹担心引起反弹，将死刑减为无期徒刑。[47] 这些犯人被解送至汉志的塔伊夫，囚禁在一座城堡中，这里环境极端恶劣，并完全与外界隔绝。[48] 教长哈珊·哈伊鲁拉埃芬迪（废黜阿卜杜勒阿齐兹的教谕就是出自他）当时已经被囚禁在那里。1884 年，苏丹下令杀害了密德哈特与达马德·马哈茂德·杰拉雷丁。[49] 到 1908 年阿卜杜勒哈米德被推翻时，只有 3 个人还有性命回到伊斯坦布尔，其中包括法赫利贝伊。[50]

密德哈特之死充分暴露了阿卜杜勒哈米德的不安全感。在他眼中，推动立宪就是在限制自己的权力，而密德哈特正是立宪的核心人物，苏丹自是除之而后快。但他未尝不明白，这样做是无法被人接受的 —— 因此，一切皆被掩盖起来。1837 年，马哈茂德二世的大维齐尔伯特弗帕夏被处决引起人们极大反感，有人起而推动立法，废除了苏丹处死大臣的特权。密德哈特成为这之后第一个死于非命的重臣。"坦泽马特"的影响不是苏丹凭自己的好恶就能抹杀的，1876 年宪法的命运就充分说明了这一点：无论如何，它只是被搁置，并未被废除，它还是列在国家的法典中，每一年的国家年鉴都会提到它。

*　　　*　　　*

帝国在巴尔干以基督徒为主的大部分领土在 1878 年的《柏林条约》中都已经丢失，如果这可以证明密德哈特帕夏的行省改革计划只是理想而已，那么，70% 人口都是穆斯林的阿尔巴尼亚居然也出现了分离运动，就更加证明了这种说法。对奥斯曼人来说，阿拉伯经不起英国的煽惑固然令人震惊，阿尔巴尼亚的动乱就更是如此了，因为，阿尔巴尼亚人一向是奥斯曼最忠诚的臣民。谢里夫侯赛因明白帝国的分裂已经为期不远，所以才向英国示好，阿尔巴尼亚的分离运动的情感原因与此并没有什么不同。[51]

自 1432 年奥斯曼建立阿尔巴尼亚桑贾克以来，其划定的行政边界曾经数度变迁，到了 1878 年，"阿尔巴尼亚"指的是一个阿尔巴尼亚人居住的地区，人口以穆斯林为主，但也有天主教徒及东正教徒，包括斯库台省、科索沃省、莫纳斯提尔省及爱奥尼亚省。这片地区北部住的是盖格人，南部则以定居的托斯克人为主。[52] 阿尔巴尼亚人的忠诚一向被认为是理所应当的，因此，在 19 世纪初，奥斯曼应希腊人、塞尔维亚人及保加利亚人的民族运动而进行行政调整时，很少考虑到他们的"民族"倾向。

1878 年，柏林会议召开的 3 天前，激进分子在普利兹伦集会，成立了"阿尔巴尼亚联盟"，抗议阿尔巴尼亚人所居住的土地为外国强权所占领的可能性。刚开始，阿尔巴尼亚联盟还受到伊斯坦布尔鼓励，但在奥地利占领波斯尼亚 – 黑塞哥维那已成定局，以及奥斯曼的领土也被割让给希腊与黑山后，阿尔巴尼亚联盟与政府之间出现了矛盾，英国还在一旁煽动阿尔巴尼亚联盟争取民族自决。等奥斯曼要按照《柏林条约》割让包括阿尔巴尼亚各省在内的领土时，武装起义瞬间在各地爆发，到 1881 年 9 月才被苏丹派兵平定。仅仅活动 3 年后，阿尔巴尼亚联盟就被解散。[53]

19 世纪 90 年代中叶，安纳托利亚东部的暴力问题再度使阿卜杜勒哈米德政府广受抨击。随着《柏林条约》带来的失望，许多以民族主义为要求的亚美尼亚组织形成。其中有两个主要的组织，一个为匈切克党，1887 年由流亡人士在日内瓦建立，另一个为倾向于反俄罗斯的亚美尼亚革命联盟，1890 年成立于第比利斯。两者皆试图用暴力方式争取亚美尼亚的独立，为了吸引外国注意，不惜挑起穆斯林的报复。[54]1891 年，阿卜杜勒哈米德担心俄罗斯染指政局不稳的安纳托利亚东部偏远省份，以库尔德人组织了一支"哈米迪耶"非正规军骑兵团，驻守该地区，作为首选的防卫部队。库尔德人的独立性极强，他希望将他们拉入正式组织，既约束其无法无天的行为，又增强他们对伊斯坦布尔政府的忠诚度。[55] 但这次介入行动的时机却无比糟糕，不仅刚好碰上逐渐高涨的亚美尼亚的革命活动，而且破坏了该地区虽不完美仍能勉强维持的势力平衡。哈米迪耶兵团也被卷入动乱。1894 年，在比特利斯省的萨松，哈米迪耶兵团与亚美尼亚人之间爆发了一场残酷的血战，促使英国、法国及俄罗斯介入并呼吁政治改革。但这些国家之间本身又意见不一，而苏丹居然连参与协议的权利都没有。苦于事情毫无进展，匈切克党人决定在伊斯坦布尔采取行动，希望影响正在进行的谈判，他们在 1895 年 9 月 30 日企图冲至政府部门呈递请愿书，途中与军队发生冲突，随之引发巨大混乱，许多亚美尼亚人为穆斯林暴民所杀。[56]

国际上对这个事件的反应迫使阿卜杜勒哈米德让步，承诺在东部各省展开改革，承认非穆斯林在地方政治上的地位，并同意哈米迪耶兵团只有在执行勤务时才能武装。但他的让步并非心甘情愿，而且他拖了一年都没有发布敕令，他认为自己对情况以及对未来当地穆斯林反抗的可能性的认知要优于列强，而且后来的事实也证明他是对的。从 1895 年最后几个月一直到 1896 年，政府当局、亚美尼亚人、库尔德人与土耳其人之间爆发了一系列暴力冲突，由于驻守当地的领事（多数为英国人）及传教士（多数为美国人）发出的书信记述了他们目睹的惨况，人们才能记住像哈尔普特及泽屯（仅举最有名的）这样的城镇发生的种族屠杀。1896 年 8 月，亚美尼亚革命联盟发动反击，攻击奥斯曼银行在伊斯坦布尔的总部，试图再次引起外界的注意，并在城中制造炸弹袭击。伊斯坦布尔的亚美尼亚人又一次遭到报复，死亡人数即使不以千计也是以百计。阿卜杜勒哈米德担心外国介入，发布了前一年同意的敕令，并将实施范围拓展至除汉志外他所统治的所有地区，[57]进一步失去了他最迫切需要的穆斯林臣民的效忠。事情的发展令许多奥斯曼的亚美尼亚人寝食难安，19 世纪 90 年代，许多俄罗斯的亚美尼亚人来到安纳托利亚及伊斯坦布尔制造骚乱，若奥斯曼的亚美尼亚人不提供财务支持或继续对奥斯曼政府表示效忠，都会遭到威胁甚至被杀害，这令许多奥斯曼的亚美尼亚人寝食难安。[58]

19 世纪最后几年中，用暴力方式表达对苏丹不满的并不只是亚美尼亚人及阿尔巴尼亚人。克里特仍为奥斯曼的一个省，这里起义不断。希腊的乔治国王是个希腊民族主义者，颇想并吞此岛，并在 1897 年派遣了一支特遣舰队及陆军前往。受到列强的压力，阿卜杜勒哈米德不得不容许克里特岛在奥斯曼领导下自治，但没过多久，希腊军队就在希腊北部与帝国接壤的色萨利展开行动。德国虽为大国，但在近东素来没有利益，在饱受《柏林条约》之辱后，阿卜杜勒哈米德看准了这一点，转而请柏林帮忙抗衡其他列强。此后，德国文武顾问在奥斯曼走动频繁，德国取代英国成为苏丹最信任的大国。[59]希腊军队根本不是经过德国训练和武装的奥斯曼部队的对手，很快就吃了败仗。更严重的是，根据和约，希腊必须付出巨额赔款，赎回奥斯曼在色萨利所占领的土地，并在国际金融委员会监督下偿付所欠的债务利息。列强也接受了阿卜杜勒哈米德给予克里特岛的自治权。[60]

＊　　　＊　　　＊

阿卜杜勒哈米德一心保疆卫土，唯恐再失寸地。知识分子也充分理解其用心，但并不同情他所付出的心力，对他的守土无方感到不满，更沮丧于他的独裁专制。在位初期，他便受到各方责难，浪漫的自由派、立宪派、神职人员、共济会会员，乃至各级官僚与宫廷人员，无不离心离德。但和奥斯曼青年党一样，这些反对力量既没有组织也不团结，因此一开始并不成功。但我们也应注意到，1880年，奥斯曼成立巡警部，还得到了一个向宫廷负责的非正式间谍网络的协助，这个间谍网揭发了许多异议分子。

1889年，另一种反对阿卜杜勒哈米德及其政策的形式开始有组织地出现——就长远来看，其破坏性可等同于亚美尼亚反抗运动的暴力活动。那一年，一群军医学院的学生成立了一个地下组织，致力于恢复宪法及议会。但这个组织被政府发现，躲过追捕的成员逃往巴黎，继续从事反苏丹运动。1894年，反阿卜杜勒哈米德的力量开始集结，各个地下派系都以"统一与进步委员会"的名义活动，通称为"青年土耳其党"。[61]

接下来数年，青年土耳其党的反对活动从知识分子活动转变为务实的政治活动。充满活力的时期和内斗与阴谋的时期在青年土耳其党活跃时交替出现，也有越来越多的成员被流放。可以想象，在极端政治狂热的时期，这些人拥有各种各样相互冲突的政治理想，唯一的共同点就是要推翻阿卜杜勒哈米德的统治。青年土耳其党成员的民族与宗教背景复杂，组织很快就在各地建立了分部，遍布奥斯曼帝国及欧洲，但它仍是一个极端精英化的团体，并未考虑动员普通群众。[62]

阿卜杜勒哈米德成功地压制了青年土耳其党在国内的活动，也想在海外限制他们。1899 年，透过盟邦德国有效率的官方系统，他要求欧洲国家采取措施打击青年土耳其党在欧洲各国内的活动——瑞士同意发起调查，法国则兴趣缺缺。同年 12 月，苏丹的妹夫达马德·马哈茂德·杰拉雷丁帕夏（与 1884 年于塔伊夫遭到谋害的另一妹夫同名）离开伊斯坦布尔赴欧，他的两个儿子萨巴赫丁王子及卢特富拉王子随同，他们在这里都加入反对运动。[63] 眼看青年土耳其党处境艰难，萨巴赫丁及卢特富拉提议，集结反政府人士召开会议。在两位王子与支持青年土耳其党的法国代表、记者及政治人物大力游说下，法国政府谴责了奥斯曼政府并给予了他们召开会议的特许令。会议于 1902 年在巴黎举行。与会者皆受萨巴赫丁王子（更常被人们称为萨巴赫丁贝伊）严密控制。他们中的一些人是与萨巴赫丁派结盟的亚美尼亚反对组织成员，这些人与萨巴赫丁贝伊都相信，外国的介入是治帝国之病的药方。与之对立的则是以学者及卸任官员艾哈迈德·里萨为首的一派，他们坚决反对外国介入奥斯曼事务。艾哈迈德·里萨及其支持者在会议中虽居少数，但自青年土耳其党成立以来便在其中居支配地位，而萨巴赫丁贝伊一派虽占多数，却是最近才与青年土耳其党结盟的。可以想象，欧洲媒体当然支持介入派，但事实证明，艾哈迈德·里萨派的适应能力更强。[64]

巴黎会议之后，萨巴赫丁贝伊派主张密切联系亚美尼亚乃至阿尔巴尼亚及马其顿的反对团体，但其寻求外部援助推翻阿卜杜勒哈米德的策略却为其反对者所不齿。为反击苏丹对他们的清剿，萨巴赫丁贝伊派在英国的支持下策划政变。与此同时，艾哈迈德·里萨派的理念却完全不同，他们在努力为组织的未来奠定良好基础。这要求他们争取到帝国各个民族所有民众的参与——至少要赢得那些认为自己可以代表民众的革命团体的认同。艾哈迈德·里萨派更倾向于把苏丹的臣民称为"土耳其人"而非"奥斯曼人"，他们宣称，一切与非土耳其人（他们实际上指的是非穆斯林）反对派建立共同目标的努力都只是异想天开。在他们心目中，伊斯兰教不仅是信仰而已，也是集中初生的民族意识的载体。[65]

艾哈迈德·里萨的措施是渐进的，在他的盟友中，凡是比较激进的人最初都没有什么影响力。1905 年，情形发生了变化。苏丹第二顺位继承人优素福·伊兹丁王子的医师巴赫伊丁·沙基尔因与青年土耳其党有接触而被流放至埃尔津詹，他随即出走巴黎加入该组织。他的目标是放弃渐进式的改革，转而进行革命，跟亚美尼亚革命团体走相同的路线，但亚美尼亚人拒绝了他的接触。[66] 1906 年 1 月，他将自己的派系命名为"进步与统一委员会"，这个组织不久便做出一项激进的决策，邀请军队加入反对运动。这个构想来自普鲁士军官兼作家科尔玛·冯·德·戈尔茨男爵。[67] 在19 世纪 80 至 90 年代，冯·德·戈尔茨花了十余年时间重整奥斯曼陆军（在此期间获得校级军衔），并与其维持了密切关系。数百年来，奥斯曼一向军政不分，在 18 及 19 世纪，尽管改革派尝试解开这种关系，但效果并不佳，所以军队加入政治活动并非无法接受。然而，它还是让反对军队参与的青年土耳其党陷入被动。

国外局势的发展也为试图废黜阿卜杜勒哈米德的斗争者带来了乐观情绪。1905 年，俄罗斯的第一次革命动摇了沙皇尼古拉二世的统治，迫使他进行了一定程度的宪政改革。这也显示，俄国的渐进改革派已经跟不上农民与工人的期望，在后者看来，罢工、示威以及袭警已经收到了某种效果，但还不足够。1905 至 1906 年以德黑兰为核心的伊朗革命几乎滴血未流，也从卡扎尔王朝统治者手中赢得了一部宪法及民选议会。而这项运动的灵感来自青年土耳其党反对阿卜杜勒哈米德的活动，其成功也促使青年土耳其党认为，他们应该加速奥斯曼国内的活动。

*　　*　　*

1905 至 1907 年间，民间对政府的不满在奥斯曼的心脏地带安纳托利亚引发了广泛的起义。1872 年，奥斯曼再次占领也门，但占领军却不断遭到当地阿拉伯人的攻击，奥斯曼不得不要求安纳托利亚及其他地区身体健全的男性入伍服役，动员不仅在民间招致广泛不满，也门的战役也成了奥斯曼财政预算的沉重负担。[68] 这些起义充分显示，阿卜杜勒哈米德精心策划的巩固自己作为哈里发的神圣性的运动在普通民众这里并没有什么效果。为了偿还外债，推动基础设施与军队装备的现代化，奥斯曼面临的财政负担越来越重，安纳托利亚的农村及城市居民再度饱受苛捐杂税之苦。[69]

登基以来，阿卜杜勒哈米德深知民间疾苦，他需要减轻他们的负担，他的第一个行动就是成立一个财政委员会，重建农村税制。但由于行政制度的沉疴以及官僚对农村经济的认识不足，新政根本无法按部就班落实，导致收税者（既有政府官员又有包税商）中饱私囊。传统上，奥斯曼农民需要交什一税，即理论上，他们需要上交农业收成的 10%，这是奥斯曼帝国最重要的单项税收。20 世纪初，奥斯曼又开征了两项新税。可以想见，两者导致民怨四起：新的人头税既加重了穷人的负担，也拖垮了情况较佳的人家；牲口税的征收更是漫无章法，完全背离市场价格。雪上加霜的是，奥斯曼的生产者发现，自己的农产品价格越来越难在世界市场上参与竞争，更严重的是，谷类价格下跌反而遏阻了进一步的投资。[70]

安纳托利亚东部民生凋敝，民众积怨日深，骚乱随之四起，但各地起义的原因是复杂的。1905 年 8 月，由于一名库尔德族领袖贪得无厌的掠夺，第一起民变在迪亚巴克尔爆发，随后两年，内战频仍，埃尔祖鲁姆、锡诺普、卡斯塔莫努、特拉布宗、萨姆松、吉雷松、锡瓦斯、开塞利、凡城都不得安宁。[71]

埃尔祖鲁姆 1906 至 1907 年的起义尤其使当局震动。在这里，亚美尼亚人和穆斯林都加入示威，抗议人头税及牲口税。1906 年 3 月 31 日，起义爆发三周后，抗议群众剪断了连接埃尔祖鲁姆与埃尔津詹军事总部的电报线。军方派人前往埃尔祖鲁姆调查，最终，原总督下台，新开征的牲口税也被取消。但民怨依然未能平息，虽然新总督承诺人头税也将被废除，但政府并不支持新总督的口头保证，坚持无论如何都要想办法开征两税。总督逮捕三名地方领袖的消息传开，示威者控制了他并将其作为人质，以交换被逮捕的三人。政府宣布进行特赦，1907 年 3 月，两项税目在帝国范围内被取消。失去了抗争的理由，群众很快找到了新的反抗方式：农村的亚美尼亚人集体改宗成为穆斯林，使国家收不到特别规定非穆斯林要缴的税，同时，埃尔祖鲁姆的驻军也因为欠饷举行兵变。破产的财政部门根本满足不了士兵的要求，更多的暴力事件接踵而至，但在中央政府派来的官员悄悄撤离，地方人士接管政府后，动乱完全平息。数个月后，粮食短缺再度引发新的骚乱，政府派兵镇压，终止了为期 18 个月的动乱，涉嫌挑起骚乱的一干人等均被起诉判刑。[72]

　　青年土耳其党并未涉入安纳托利亚的动乱，参与其事的是"个人主动与地方分权联盟"。在青年土耳其党行将解体时，这个组织由萨巴赫丁王子建立，总部设在巴黎。前者的目标是官僚、知识分子与军官，后者则与安纳托利亚的地方领袖建立联系，并有工作人员在地方设点。萨巴赫丁贝伊与亚美尼亚革命联盟合作，确保了亚美尼亚人与穆斯林不仅在埃尔祖鲁姆能够联合反抗政府，在 1905 至 1907 年陷入动乱的地区也能合作。[73] 最近的一位权威人士说："我们可以很自信地说，在海外的与安纳托利亚东部的青年土耳其党策动下，地方性的起义已经成长为羽毛丰满的宪政运动。"[74]

　　1907 年，奥斯曼反对势力在巴黎举行第二次会议，会议由艾哈迈德·里萨、萨巴赫丁贝伊及亚美尼亚革命联盟的哈恰图尔·马卢米安共同主持。大会的气氛相当紧张，青年土耳其党完全无法信任与之联盟的这个亚美尼亚人组织 —— 事实上，从一开始就怀疑他们合作的诚意。后来，青年土耳其党领导者在他们的著作中也直白地表达了这种不信任。[75] 青年土耳其党重要组织之间的合作虽然失败，但海外组织所传递的抗议火炬还是透过文字传给了帝国内部的激进分子。青年土耳其党涉入 1905 至 1907 年的安纳托利亚起义，只是未来发展的一个预示。

　　1906 年，秘密组织奥斯曼自由协会在萨洛尼卡成立，使进步与统一委员会在国内增加了一个新基地。自由协会的领导人之一（穆罕默德）塔拉特伊是一名邮政官员，其他创会成员大多是原来的统一与进步委员会的成员，包括一个地主、一个会计及一名少尉军官。驻扎在萨洛尼卡的第三军的一些军官接受了自由协会的理念，其中一人为少校（伊斯玛仪）恩维尔。1907 年 9 月，自由协会和进步与统一委员会合并，虽然它放弃了

"自由协会"组织名称，但仍然维持自主运作。两会合并的文件明确指出，其"核心目标"为"致力于实施密德哈特帕夏（1876 年）公布的宪法"。[76]

合并之后，以自由协会原有组织为基础，进步与统一委员会得以在萨洛尼卡建立一个坚强据点，并获得了新的方向与紧迫性，即推翻阿卜杜勒哈米德并恢复宪政政府。恢复活力的进步与统一委员会开始仿照亚美尼亚革命联盟和马其顿内部革命组织等激进组织建立规范。马其顿内部革命组织 1893 年成立于萨洛尼卡，其宗旨是建立一个马其顿国家，它将位于多民族的奥斯曼科索沃省、莫纳斯提尔省及萨洛尼卡省之间的楔形地带，横跨巴尔干南部，从今天的阿尔巴尼亚延伸至色雷斯。[77]1895 年，马其顿内部革命组织的一个派系分裂出来，其目标是使马其顿脱离奥斯曼，并入一个大保加利亚国家，而这与马其顿接壤的新成立国家保加利亚、塞尔维亚及希腊提出的新领土主张相互冲突，和马其顿内部革命组织的主张也是矛盾的。这些邻国都试图在马其顿主张其民族权利，他们之间争夺的手段是宗教及文化的，斗争的先锋则是掌握宗教虔诚的机构。1870 年，保加利亚成立了一个东正教主教区；希腊的利益则受到伊斯坦布尔普世牧首的支持；塞尔维亚的力量最弱，1902 年，斯科普里主教区建立，它才脱离普世牧首，在宗教上宣布独立。这些为争取基督徒效忠而发动的宣传攻势，成为阿卜杜勒哈米德政府极大的隐忧，因为他们明白，列强的介入已经近在眼前。[78]

同时，进步与统一委员会已经成为一个真正的革命组织，广招愿为理想牺牲的志士，鼓励暗杀行动，授权行刺任何"危险"人物。但他们的仪式有点滑稽：新人入会要蒙住眼睛进场，一手按着所信宗教的典籍，另一手则放在匕首或手枪上，或一面奥斯曼旗帜上。进步与统一委员会也有正式的徽章，最近的历史学家这样描述：

> 最上面是宪法，以灿烂的太阳下的一本书的形式呈现。左侧和右侧分别有一长枪，各悬一面三角旗，分别写着"笔"与"武器"。长枪下可有一尊大炮。不同于奥斯曼皇家徽章①，这里的两尊炮是在开

---

① 奥斯曼皇室徽章为阿卜杜勒哈米德即位之初设计，进步与统一委员会的徽章也以此为蓝本。

火状态，象征理念的爆发喷涌。中央是一枚上弯的巨大新月，上书"博爱、自由、平等"。新月上方的中央悬着的是"正义"一词。新月下方是写在彩带上的"奥斯曼进步与统一委员会"的字样，彩带下方即徽章底部，为两只紧握的手，象征奥斯曼人民的相互理解。[79]

马其顿内部革命组织的游击战策略为进步与统一委员会提供了武力打击的范本，同时，为了对付反马其顿内部革命组织的部队，穆斯林也组织了游击队，部署在马其顿境内——反内部革命组织的部队听从进步与统一委员会的命令，其目标是确保帝国仅存的欧洲省份不再分裂。在自由协会和进步与统一委员会合并后的一年内，进步与统一委员会就已经在75个巴尔干城镇及伊斯坦布尔和安纳托利亚建立了分部，但他们在安纳托利亚的活动不怎么顺利。进步与统一委员会经过这一番重整，深知没有军队加入的革命不可能成功，而它对军队有绝对信心。委员会明白，只要革命一起，部署在安纳托利亚西部的正规军就会受命出动，因此，他们精心设计了以这些部队为目标的宣传活动。[80]

在奥斯曼政府面对的领土问题中，"马其顿问题"是其中最棘手的麻烦之一。马其顿的三个行省情况十分特殊，我们找不到与之相似的其他例子，奥斯曼的治安部队根本无力应对不同族群与宗教团体之间的暴力斗争。1897年，俄罗斯沙皇尼古拉二世与奥地利皇帝弗兰兹·约瑟夫在奥斯曼的巴尔干划定了各自的势力范围，1903年，马其顿内部革命组织发动的一次起义促使沙皇与奥地利皇帝再度携手。双方在英国的建议下进行了协商，达成一项协议：俄罗斯与奥地利分别为马其顿三个省份的总督各派一名顾问；马其顿境内的治安部队听命于欧洲人；治安部队由基督徒及穆斯林共同组成，人数按总人口数的比例分配；马其顿境内的治安由俄罗斯与奥地利负责维护。奥斯曼不得不在原则上接受这项协议，但依靠顽强的外交与推诿，阻碍了它的落实。[81]1905年4月，马其顿爆发反人头税与牲口税的起义，其激烈程度不亚于安纳托利亚的起义。[82]

对阿卜杜勒哈米德会被迫接受欧洲的压力的担忧，激发了进步与统一委员会内部追求改变的动能。进步与统一委员会在巴黎发行的刊物集中火力讨论马其顿问题，所有的宣传都促使穆斯林与非穆斯林相信，革命已经势在必行。进步与统一委员会不仅努力吸引穆斯林，他们也关注其他民众，因为他们清楚，如果他们仅针对穆斯林或土耳其人，只会适得其反，失去马其顿大量基督徒的民心。[①] 到1908年年初，进步与统一委员会不仅要求以"土耳其人"为保卫帝国的先驱，还要求建立"奥斯曼主义"与"伊斯兰主义"认同，这个变化帮助进步与统一委员会和马其顿境内不同的革命团体建立联系。[83]

随着其势力进入萨洛尼卡后的快速发展及宣传上的成功，进步与统一委员会已经不再能够完全保持地下运行状态。奥斯曼早已注意到各类秘密组织的存在，并于1908年前几个月大肆逮捕其成员。5月13日，进步与统一委员会展现出真正的雄心与力量，向政府提出最后通牒，警告苏丹如果不恢复行宪，"势将发生流血事件，危及王朝"。他们还要求国防大臣下台，否则他将面临暗杀。1908年6月9日至12日，在爱沙尼亚首府塔林（列威利），沙皇尼古拉二世与英王爱德华七世针对马其顿的严峻情势，进一步讨论"马其顿问题"。由于担心俄罗斯与英国随时可能介入，进步与统一委员会进入行动阶段，针对三省的政府人员展开暗杀及游击战，但他们仍继续坚持自己自由主义的理想。[84]

兵变的部队和武装的平民采取了巴尔干战士们反抗政府的方式，在7月初进入山区，行进途中沿路传播建立宪政的要求。在政府权威瓦解时，一些中级军官通过游击策略崭露头角，第三军的恩维尔少校就是其中之一。在第三军的协助下，进步与统一委员会控制了马其顿。进步与统一委员会的莫纳斯提尔支部负责革命的细节。历经两日激战，进步与统一委员会完全控制城镇，莫纳斯提尔支部要求其分支组织于7月23日完成革命，通知总督及高级地方官员，他们将在那天强制恢复宪政。他们同时向政府发出恢复行宪的最后通牒，扬言若不服从，将于7月26日进军伊斯坦布

---

① 人们很难获得可靠的人口统计数字。1906至1907年的奥斯曼人口普查显示，穆斯林与基督徒人口几乎相同，各约有100万，基督徒可能略多一些。然而，1878年柏林会议前，英国外交部得到的统计数字中，基督徒的人口数量被出于政治原因认为增加了，约为穆斯林人口的两倍。Karpat, Ottoman Population 45—46, 166.

尔。阿卜杜勒哈米德表示妥协，罢免了大维齐尔及陆军统帅，但这显然不够。经过与谋臣紧急集会，他发布了一项法令，并将它登在 7 月 24 日的报纸上，下令恢复宪政并举行选举。[85] 革命的消息逐渐传至帝国各省，有人充满热情，有人表示难以置信，反应各不相同。

这项法令揭开了现代土耳其史家所称的"第二宪政时期"的序幕：阿卜杜勒哈米德仍然在位，但成为立宪君主。等兴奋过后，统一与进步委员会（革命后进步与统一委员又会改回了原来的名字）才明白，要阻止奥斯曼帝国的崩溃，还需要有一个新的策略，利用激发革命的理想激情达到自己想要的目的。他们现在面对的困难在于，要求行宪意味着重开议会，也就是要有一个机制来限制掌握权力者，防止他们滥用职权，但按照当代多数史家的看法，统一与进步委员会"并无意于建立一个多元的政治体系，让不同的政党及社团追求各自的理想。相反，它的领导阶层想要的是一个联盟组织，把所有的族群、宗教及社会团体纳入其中，在统一与进步委员会精心构思的规范中共同运作"。[86] 在发动政变前的那几周中，尽管统一与进步委员会的领袖准备限制群众的激动情绪，但他们认为，议会只不过是"开明统治精英阶级控制下现代官僚体制的延续而已"。[87]

1908 年夏末的几个月里，统一与进步委员会提出了多项政治要求：完成现代化，改革财政与教育，促进公共建设与农业发展。1908 年 10 月与 11 月议会选举之前，他们发表一项宣言，重申全体奥斯曼人民（不论族群与宗教）的义务与权利一律平等，这显示他们拥护公平与正义的原则。这些政治目标并没有什么特别。然而，仍然留在奥斯曼巴尔干的基督徒族群却觉得，统一与进步委员会不再是巴尔干基督徒的意愿代言人，他们所要的是充分落实"坦泽马特"曾经许诺给他们的权利。[88] 改革的先驱借用了奥斯曼主义的大旗，殊不知，要实现这个理念，他们必须说服所有穆斯林与非穆斯林，享有权利之外也要接受义务，才可望达成他们之间真正的平等，而这其实有内在的矛盾，成为他们的主要问题。

1908 年 10 月，新政权遭到严重打击，奥斯曼无可挽回地永远丧失了三处名义上仍然属于奥斯曼统治的领土。当月的第一周，奥斯曼所属的保加利亚宣布脱离帝国独立，并与独立的保加利亚合并（半自治的东鲁米利亚在 1885 至 1886 年的一次政变中已经成为保加利亚的一部分); 奥匈帝国正式并吞波斯尼亚 – 黑塞哥维那; 希腊已经统治了 10 年的克里特岛也宣布并入希腊。奥斯曼人唯一的安慰是, 奥斯曼可以从这些国家获得补偿, 这些失土上的穆斯林继续承认苏丹 – 哈里发为宗教权威。

议会选举依据审慎规划、条例周详的法律继续举行, 竞争激烈, 气氛高涨。与统一与进步委员会支持的候选人对立的, 是新成立的自由联盟, 其中不乏统一与进步委员会的老对头。萨巴赫丁贝伊在 1908 年 9 月结束长期流亡返国, 虽然他不是自由联盟的创始成员, 却是联盟背后有影响力的参谋, 联盟也支持其主张, 即在多民族多宗教的省份, 地方分权才是最好的解决方案。然而, 自由联盟在各省的组织松散, 无法劝服许多少数族群候选人加入其竞选阵营, 在较落后地区又无法争取到对旧政体的继续支持。[89] 结果, 统一与进步委员会赢得多数席位。1908 年 12 月 17 日, 两院制的议会在苏丹阿卜杜勒哈米德的主持下召开。[90]

议会重开时, 与会人员对苏丹的开幕演讲反应冷淡, 苏丹阿卜杜勒哈米德与他的近臣希望这并不是大众的普遍反应。然而, 自由阶层对苏丹重开议会的勉强态度十分不满, 苏丹不得不在多尔玛巴赫切宫宴请议会代表, 希望更清楚地表达苏丹的善意。苏丹的秘书长阿里·杰瓦德贝伊说服苏丹接受致辞的内容。按照他事后为 1908 至 1909 年所做的纪录, 当天他赢得了代表们毫无保留的满堂喝彩。然而, 新闻界却不买账, 继续抨击苏丹。苏丹自认已经尽了责任, 拒绝从叶尔德兹宫移至下方海滩上的彻拉安宫参加宴会, 也拒绝在必要场合出席议会。[91]

*　　*　　*

与 1908 年夏天的戏剧性事件相伴而至的是社会与经济的自由化, 特别是在城市中, 尤以伊斯坦布尔为最。1901 年, 妇女曾经再度成为禁奢法令限制的对象, 政府详细规定了她们穿戴的全覆式面罩的长度及厚度 —— 对于有幸乘坐汽车的女性来说, 在车内也要戴面罩。禁令解除后, 受过教育的女性迫不及待地行使她们数百年来无法获得的自由, 按喜好打扮自己，出入公共场合，参加集会，成立慈善和教育团体。1908 年，著名的激进知识分子哈里德·埃迪普成立了"妇女促进会"，它与英国的妇女参政运动有联系。但旧思想依旧顽固，加上 1908 年帝国的无能导致失地之辱，群众走上街头，要求关闭剧院和酒馆，禁止摄影，妇女重新蒙面（尽管许多人已经丢掉面罩）。大声疾呼重新实施伊斯兰教法者不乏其人。

另一个跳出来为自己的生存条件抗争的群体是工人。奥斯曼臣民一向都有向当局提出请愿，要求纠正他们认为错误的事情的权利，经济的工业化带来了新的雇佣形式与情况，工人为维护自己利益也找到了新的抗议形式。但在 1845 年，奥斯曼移植了法国 1800 年的一项法律，禁止组织工会与罢工。传统的请愿形式则得以保留下来。然而，法律并没有成功阻止暴力事件的发生，1908 年，抗议群众为了表达无处宣泄的悲愤，甚至不惜面对军警的报复。为争取加薪及工作条件的改善，矿场、工厂及铁路工人发动罢工，抗议活动不断增多。1908 年 10 月安纳托利亚铁路的一场罢工之后，政府通过了 1845 年以来的第一项反罢工立法，此时议会都还没有召开。在这次革命后的 3 个月内，一共发生了超过 100 次罢工，主要集中在伊斯坦布尔及萨洛尼卡，但帝国其他地区也受到了影响。据估计，在当时的 20 万至 25 万劳工（包括男性与女性）中，四分之三的人参加了罢工。[92] 1908 年的罢工潮显示，受苦的劳工不愿再像过去那样逆来顺受，阿卜杜勒哈米德的高压政策的改变，对他们来说，无疑是一次改善生活及工作条件的机会，尽管成功的可能性不高。然而，根据一位最近研究这个时段的历史学家的分析，奥斯曼罢工者"惨遭炮艇、军队及反罢工法打压，行动处处受阻，国家的强权重新抬头"。[93] 和阿卜杜勒哈米德及前几代苏丹一样，统一与进步委员会也很少倾听"人民"的声音，并将任何公共骚乱都看成是对国家安定的威胁，任其手下镇压一切骚乱。

对许多苏丹子民来说，阿卜杜勒哈米德仍然是一个高高在上，不能批评的人物，是"真主在地上的影子"。例如，在 1905 至 1907 年，安纳托利亚因赋税爆发民变，每当他罢免民众心目中的贪官污吏时，老百姓莫不欢欣鼓舞，祈祷他长命百岁。老百姓的这种尊重崇敬，使政治活动家不得不寻找其他煽动反政府思想的理由。[94] 1909 年 2 月及 3 月，反对新秩序的势力兴起，这使奥斯曼政府十分苦恼。议会中的自由主义反对派猛烈抨击统一与进步委员会独裁，3 月底，一个名叫"穆斯林联盟"的团体成立，他们透过其喉舌《火山报》鼓动穆斯林反对统一与进步委员会。

在土耳其历史学家记载中的 1909 年 3 月 31 日，即公历 4 月 13 日，一场反政变（"三三一事件"）爆发。参与者以不满的神职人员及军人为主，后者主要是驻扎在伊斯坦布尔的第一军及萨洛尼卡第三军的轻装步兵团。第三军的轻装步兵早在半年前就已经恶名昭彰，当时，其驻扎伊斯坦布尔的人员扑灭了一起因拒绝出征也门而引发的兵变。1909 年 3 月中旬，他们再度接到出征命令，这一次的任务是镇压驻叶尔德兹宫的阿尔巴尼亚部队的兵变，后者拒绝与安纳托利亚部队一同执勤。当天，后宫的妇人们看到第三军的轻装步兵来到，心想定会发生流血事件，于是惊叫奔逃，导致部队下令撤销开火的命令，事件在千钧一发之际被化解。[95] 然而，在 4 月 13 日这天，不满的军人从营区涌入旧城，渡过金角湾，与其他抗议者汇集到古罗马竞技场——过去这里曾经发生多次叛乱。他们的目标不再是托普卡帕宫，而是附近的议会。渐渐有消息传出，说第一军及第三军步兵俘虏了领导他们的军官。军队在城中行进时，要求恢复伊斯兰律法的呼喊声使他们十分亢奋。[96] 叛军宣称，在他们为之服务的现代化政权之下，他们根本没有时间参与宗教仪式。阿卜杜勒哈米德一向喜欢普通士兵出身的军官，认为这种人比较保守，不太会有自由主义思想。1908 年革命之后，统一与进步委员会掌权，此时为首的都是军事院校毕业生，普通士兵出身的军官大多被解职。失去一切的军人和加入抗争的中低阶神职人员有着类似的背景，帝国进行变革后，两者都迅速丧失了原有的社会地位，于是他们一拍即合。此外，由于政府将在气候极端恶劣地区（如伊拉克及也门）服役的期限减为两年，于是谣言纷传，说为了补充更多的兵力，神学院学生可能首次成为征兵对象，这更是火上添油。[97]

抗议者要求政府交出统一与进步委员会的高级人物。扮演中间人角色的教长收到了 5 项要求：大维齐尔、国防大臣及议会议长下台；撤销某些统一与进步委员会重要成员的职务；重新彻底实施伊斯兰教法；免除军校毕业军官的职务，重新任用普通士兵出身者；苏丹承诺不惩罚抗议者。[98]苏丹迅速做出了处置 4 月 13 日事件的决策：政府辞职，叛乱者被赦免，苏丹承诺更加重视伊斯兰教法。某些历史学家认为，这次反政变完全出自阿卜杜勒哈米德及宫廷之手，奥斯曼家族成员（包括苏丹的一个儿子及一个侄儿）以及高阶宫廷人员明显是"三三一事件"的幕后黑手，同时也是主要负责善后处理的人。[99]这次反政变显然十分成功。

统一与进步委员会迅速对人们眼中阿卜杜勒哈米德与叛乱团体之间的勾结做出回应。政府确实已经递交了辞呈（虽然是被迫），但苏丹的独裁行为完全违宪而且蔑视议会。10 天之后，苏丹及其幕僚发现自己完全被孤立于叶尔德兹宫中，遭到所谓的"行动部队"包围。这支部队的成员多数抽调自第三军主力，他们由指挥官马哈茂德·谢夫凯特帕夏率领，迅速自萨洛尼卡赶来。根据阿里·杰瓦德贝伊的说法，到 4 月 27 日，除了后宫之外，带刺刀的士兵占据了宫内的每一个角落，所有人都被隔离，忍饥挨饿。马哈茂德·谢夫凯特抗议道，他的部队并不是来推翻苏丹的。但到了次日，经过议会激烈讨论，议会议员组成了一个代表团，其中包括亚美尼亚人阿拉姆埃芬迪、萨洛尼卡犹太人卡拉苏埃芬迪，以及穆斯林阿利夫·希克梅特帕夏与埃萨德帕夏。一行人进入皇宫，宣布"人民"已经废黜苏丹。阿卜杜勒哈米德要求代表团准许他到彻拉安宫退隐。他难以接受自己的作为导致了自己下台，痛责阿里·杰瓦德不该出席向他兄弟、新任苏丹穆罕默德·雷沙德宣示效忠的典礼。据阿里·杰瓦德说，他痛哭流涕，向阿卜杜勒哈米德表明自己对他及对国家的忠心。阿里·杰瓦德以为阿卜杜勒哈米德会在第二天搬到彻拉安宫去，没想到当天晚上，马哈茂德·谢夫凯特属下的军官就到叶尔德兹宫，要求他通知苏丹立即启程，"为了自身安全"前往萨洛尼卡——第三军的驻地及统一与进步委员会总部的所在地。阿卜杜勒哈米德带着一个小包及最亲的家人——幺子穆罕默德·阿比德埃芬迪、五子阿卜杜拉西姆·哈伊里埃芬迪及一众妻妾登上四辆马车前往火车站，踏上国内流放的旅程。根据报纸报道，退位的苏丹在车站喝了一杯水，赏了不少的小费给送水的人。痛心于主人的众叛亲离，阿里·杰瓦德贝伊目送他们离去，并在早晨搬回自己在博斯普鲁斯海峡畔贝贝克村的家里。[100]

宪法既没有规定废黜苏丹的条款，也没有明定主权在民的原则，因此，议会根本无权独立批准阿卜杜勒哈米德下台。统一与进步委员会将自己看做人民意愿的代表，有功于恢复宪法，还权于民，并在反政变之后恢复秩序，但根据上述观点，他们的行为完全缺乏法理依据。然而，宪法却规定伊斯兰教为国教 —— 因此，伊斯兰教仍是认可主政者作为的依据。废黜阿卜杜勒哈米德的决定通过伊斯兰教法规定的手段获得了合法性：教长的教谕。[101] 前往叶尔德兹宫通知苏丹被废黜的代表团就带着这样一份文件。[102]

反政变"三三一事件"几乎没有流一滴血，统一与进步委员会随后的报复却毫不留情。将近 80 人接受了军事法庭审判并被处以绞刑，其中 50 多人为军人，还有两个帕夏、《火山报》发行人德尔维什·瓦赫德提，以及阿卜杜勒哈米德的家人。许多人下狱，参与兵变的底层士兵则被调至巴尔干修筑道路。[103]"三三一事件"在行省也产生了一些影响。4 月 13 日，由于政府要重新实施伊斯兰教法的谣言流传，埃尔津詹爆发兵变，当地的统一与进步委员会办公室被摧毁。4 月 14 至 16 日，在整个情况依旧不明朗之际，阿达纳及其他地方的数千名亚美尼亚人被屠杀，城市的大部分则被焚毁。据当时的可靠消息，苏丹亲自下令屠杀亚美尼亚人并摧毁了当地的统一与进步委员会，并派出煽动者挑拨穆斯林群众。而统一与进步委员会当时仍然抱着奥斯曼主义的理想，对基督徒与穆斯林一视同仁，同时争取两者的支持。至少在阿达纳城里，穆斯林宗教领袖谴责屠杀的行为，并表示他们与亚美尼亚教会相处和谐。[104]

*　　　*　　　*

阿卜杜勒哈米德的兄弟雷沙德登基，被称为苏丹穆罕默德五世。议会承认奥斯曼宪法已经过时，在吸取最近事件的教训后，于 1909 年夏天推出修正版宪法，使宪法成为帝国最高的权力来源。苏丹的权力受到限制，成为统而不治的君主，他在政府中的功能只限于认可议会或内阁的决策。[105] 此举彻底打破了过去的传统。"三三一事件"中出现了一位强人 —— 马哈茂德·谢夫凯特，如今他担任第一军、第二军及第三军总监，这三支部队分别驻扎在伊斯坦布尔、埃迪尔内及萨洛尼卡，这一职务使其地位实际上高于议会，也高于统一与进步委员会，而在谋划推翻阿卜杜勒哈米德时，他是统一团结委员会的工具。事实上，议会的新统治尚未建立就已经被边缘化：马哈茂德·谢夫凯特进军伊斯坦布尔废黜阿卜杜勒哈米德时，奥斯曼开始实施戒严令，此后数年间该法令一直有效。[106]

随着苏丹在政府中完全被架空，接下来数年，其他人进行了激烈的权力争夺。马哈茂德·谢夫凯特帕夏从未加入统一与进步委员会，坚持认为政治不应影响军队，他很快就表露出他希望不受宪法约束的野心。统一与进步委员会在 1908 的议会选举中赢得多数，他们自视为"代表公共利益的团体"，推举了许多候选人，但委员会中政治成员与军事成员间的界限并不明确，那些靠统一与进步委员会支持取得资格的代表，与议会外、地下委员会中的"幕后"人物之间也混在一起。1909 年，为了解决其内部的各种矛盾，统一与进步委员会放弃其保密性，成为一个正式政党 —— 统一进步党，通称统一党。[107]

统一与进步委员会的领袖们认为，维持帝国完整需要严酷的措施，1909 年底通过的措施包括一部更严厉的反罢工法及限制自由集会的法律，这有效阻断了人们向政府表达反对意见的途径。[108] 最重要的是，非穆斯林必须服役的兵役法通过。一如过去，此举再度引起少数族群领袖的抗议，他们要求非穆斯林与穆斯林分开服役 —— 同时，有钱的人仍然可以通过交钱免役。[109]

议会正在逐渐适应它的角色，但 1910 年议会在审核国家预算时出现的歧见显示出权力在谁的手上。政府任命马哈茂德·谢夫凯特入阁出任陆军大臣，希望借此限制他独断专行的态度，但由于财政资源匮乏，其他阁员希望削减军费开支，将其挪作他用，马哈茂德·谢夫凯特强力抗争，并最终阻止了这次削减军费的企图。此外，阿卜杜勒哈米德下台时，人们指控占领皇宫的军队侵占皇宫财物，但马哈茂德·谢夫凯特成功阻止了调查。[110]

如果说议会中的平民议员无法完全控制马哈茂德·谢夫凯特帕夏代表的军方势力，统一与进步党也完全掌控不了政治议程。统一与进步委员会成为政党后不久，一个团体脱离议会中的统一与进步党另立门户，自称人民党。在议会以外，统一进步党的强势导致反对势力蜂起，各种政治团体尽管各有所图，却一致厌恶统一进步党的集权高压政策。1910 年 6 月，一名自由派记者被杀害，这象征着新一波压制反对派的活动已经箭在弦上。这令人想起"三三一事件"前几天就曾发生同样的案件，当局提高了警觉。逮捕行动随之展开，推翻政府的阴谋正在酝酿的流言不胫而走。[111]

1911 年 11 月，一个自称"自由联盟"的政党（成立于 1908 年，解散后经历了改组）成为反对派的核心，在伊斯坦布尔的补选中获胜。适逢也门与利比亚发生了战事，为了更进一步控制议会，统一进步党利用其在议会多数的地位迫使议会解散。通过威吓与选举舞弊，统一进步党在 1912 年初的选举中再次成为议会多数。[112]反对派已经通过统一进步党的行为悉知，比起等待议会积累足够的信心在没有外部干涉的情况下维护自己的利益，采取违宪措施能够更快得到效果。1912 年 7 月，在一个反对统一进步党的官员秘密组织运作下，议会再次被迫解散。[113]苏丹宣布进行新的选举，但选举尚未结束，帝国又在巴尔干陷入战争。选举活动取消，重开选举已是一年多后的事。[114]

*   *   *

适应苏丹立宪制带来的新统治观念需要经历一个痛苦的过程，而各地紧张局势及外国给奥斯曼领土带来的压力更加剧了这种痛苦。早在 1908 年革命前，统一与进步委员会还是地下组织的那些年，和其他族群或宗教团体一样，阿尔巴尼亚人就已经是秘密的统一与进步委员会的成员。事实上，人们都认为革命在当年的 7 月 3 日就已经开始 —— 比伊斯坦布尔事件还早两周。当天，阿尔巴尼亚人艾哈迈德·尼亚齐带着 200 人占领了奥赫里德及莫纳斯提尔之间的山区，并在这里以自己的名义要求恢复宪政。[①]革命后，审查制度取消，阿尔巴尼亚人和帝国其他臣民一样获得了言论自由，

---

① 1908 年的革命被称为"青年土耳其革命"，土耳其民族的历史学家通常只会勉强提及非土耳其人（如阿尔巴尼亚人）在革命中所起的作用。

因此活跃的新闻界抓住机会刺激民族意识的成长。不同信仰与政治派别的阿尔巴尼亚人都大声要求获得更大的自治权，但 1909 年的反政变之后，情势丕变，统一进步党领导阶层对阿尔巴尼亚民族运动充满怀疑，断然拒绝了这些要求，他们认为，若是向这些条件让步，无异于承认本该团结的穆斯林族群也内部不和。更何况，基于战略原因，让步也是不可接受的：阿尔巴尼亚乃是保护帝国心脏地带免受贪婪的欧洲强国侵犯的缓冲带。一个忠诚不再的阿尔巴尼亚无疑将成为政府的一大隐忧。统一进步党禁止在公共场所使用拉丁字母拼写的阿尔巴尼亚语，这个强硬的举措使原本团结的基督徒与穆斯林族群产生了嫌隙，也使双方开始武装反抗政府。[115]

阿尔巴尼亚在过去几个世纪中为奥斯曼提供了许多最重要的政治人物与英勇的战士，统一进步党决定利用苏丹－哈里发本人来维持这片麻烦之地的忠诚。1911 年 6 月 5 日，苏丹穆罕默德五世从伊斯坦布尔出发，经海路抵达萨洛尼卡，派秘书探望流放中的阿卜杜勒哈米德，并多次召集地方权贵与官员讲话。他也在这里接见了"光荣战士"艾哈迈德·尼亚齐，然后乘火车前往内陆的斯科普里及普里什蒂纳。6 月 15 日，适逢苏丹穆拉德一世 1389 年在科索沃波尔耶战役击败塞尔维亚国王拉扎尔周年纪念，穆罕默德五世亲率穆斯林赴古战场进行礼拜。他一路穿过巴尔干，所到之处民众夹道欢迎，但在科索沃波尔耶，参加礼拜的人数却比预想的少很多。欢迎他返回伊斯坦布尔的报纸社论认为，他"带回了打开鲁米利亚民心的钥匙"，[116] 但事实上，无论他的到访或他向地方做出的让步（譬如特赦犯杀人罪以外所有的罪犯）都没能阻止未来的动荡。

和阿尔巴尼亚的情形一样，在阿拉伯各省，地方与宗教双认同的凝聚力胜过了单纯的宗教认同。"坦泽马特"以来，阿拉伯文化的意识及自信有了表达的途径，特别是在阿卜杜勒哈米德在位时期。传统上，阿拉伯人无法担任中央政府的高官要职，阿卜杜勒哈米德却向他们献殷勤，期望他们可以为他们的伊斯兰主义提供合法性支持，同时阻止阿拉伯的独立运动。在他被推翻之后，阿拉伯人对遥远的伊斯坦布尔发生的改变是矛盾的。1908 年的议会共有超过 280 名议员，其中四分之一为阿拉伯人。[117]和亚美尼亚人一样，对在地方和伊斯坦布尔从政的阿拉伯人来说，自由主义比统一进步党的激进和暴力更容易接受。统一进步党更加咄咄逼人地推进他们的中央集权政策，努力塑造一种"奥斯曼"忠诚，并拒绝承认代议制的基础应是地方的多样性，这伤害了阿拉伯人的感情。统一进步党规定中学及法院都必须使用奥斯曼土耳其语，在某些阿拉伯人的心目中，这不仅毁坏了阿拉伯的根基，也打击了本来可以团结土耳其人与阿拉伯人的神圣信仰，这种观点又使阿拉伯各省更加警惕统一进步党政策给阿拉伯传统自治权力的威胁。[118] 艾哈迈德·杰夫代特帕夏就曾提醒过阿卜杜勒哈米德，要尊重阿拉伯人的重要性，因为他们的语言是伊斯兰教的语言，他也曾指出国家官员侮辱阿拉伯人是"乡巴佬"所造成的危害。[119]

统一进步党与政府试图将他们的权力拓展至原本由阿拉伯部落首领控制的领域，却于 1910 和 1911 年在叙利亚和阿拉伯半岛引发严重的骚乱。对于伊斯坦布尔正在上演的事件，阿拉伯人反应不一。例如，埃及知识分子为对抗英国人，把伊斯坦布尔看成是他们的精神堡垒，强调他们对苏丹－哈里发的效忠，而叙利亚知识分子离乡背井前往开罗，要逃离奥斯曼中央政府对他们传统的自由进行的侵害，他们的感受自是大不相同。[120]

阿卜杜勒哈米德想要阻止欧洲人殖民北非的希望落空了。1870 年，意大利实现独立，1881 年法国占领突尼斯后，意大利政府开始强调自己在该地区拥有利益，媒体则宣扬占领的黎波里。整个 19 世纪 90 年代，意大利再三重申其主张，1902 年，当地的代表会见意大利驻开罗领事，试探若意大利占领该省后的意向。领事的回答是，意大利别无所图，只是要防止其他欧洲列强染指这里而已，即使有必要占领，他们也会尊重伊斯兰教。不久，意大利便开始武装当地百姓对抗法国。最令统一进步党懊恼的是，意大利的商业势力很快就在的黎波里建立了据点，意大利开始与奥斯曼帝国争夺影响力。1910 年，奥斯曼帝国指派一名新总督赴该省上任，意大利人却抱怨他妨碍了他们的利益。1911 年年底，为了不在日趋激烈的殖民利益竞争中落后，意大利发兵入侵的黎波里。[121] 当时，驻扎该省的奥斯曼军队刚好被派往也门镇压另一场叛乱，的黎波里的防卫（国防部长马哈茂德·谢夫凯特帕夏承认，该城根本守不住）只得由统一进步党抽调的军官负责，其中包括一个名叫穆斯塔法·凯末尔的年轻官员及恩维尔少校，后者鼓励地方上的萨努西部落在该省东部从事游击战。[122] 恩维尔一直把这个省份想象成自己的"王国",领导周五聚礼,发行印有自己肖像与签名的纸币,并且他一直撑到 1912 年秋天。[123] 1912 年 4 月,意大利战舰炮轰达达尼尔海峡,5 月占领多德卡尼斯群岛。[124] 1912 年 10 月的《乌契条约》(乌契位于洛桑附近)正式宣告奥斯曼的黎波里落入意大利手中。从此以后,奥斯曼一直在进行自卫战争 —— 几乎没停过,直至 1923 年帝国崩溃。

1911 年,帝国在也门的战争都还没有得出结果,与意大利的和谈也才刚开始,一场更残酷的斗争已在巴尔干展开,这个敏感地区的新建小国即使在假装合作的时期,也在为各自的民族主张针锋相对。在与意大利的战争爆发后,1912 年初,塞尔维亚、黑山、希腊与保加利亚之间的各种联盟化为行动,他们在要求奥斯曼的巴尔干各省进行广泛的行政改革后,便动员兵力进攻毫无准备的奥斯曼人。第一次巴尔干战争爆发。[125] 对奥斯曼帝国来说,巴尔干的残余领土的重要性远远胜过的黎波里,1912 年末,恩维尔离开北非前往巴尔干,对于保卫此处领土信心十足。但等到他和随员抵达伊斯坦布尔时,奥斯曼部队已经退至伊斯坦布尔西边 50 公里处的恰塔尔贾防线。这条防线建于 1877 至 1878 年,用于保卫首都免受俄罗斯的攻击。奥斯曼人最终守住了这条防线,12 月,巴尔干同盟同意停火。和谈随后在伦敦举行,但因巴尔干各国的主张之间存在不可调和的矛盾,和谈迟迟无法结束。[126]

然而,筹备中的条约的一些条款在初期就已经很清楚,其中一条规定,仍被保加利亚人围困的埃迪尔内应归保加利亚所有。当时以大维齐尔卡米尔帕夏(因其与英国超过 20 年的密切关系而被称为"英国人")的政府居然同意让步,此举太过于不可思议,再度促使作为"国家守卫者"的军方采取行动,弥补议会无能导致的失败。1913 年 1 月 23 日,恩维尔带领的一小队人马冲进内阁办公室,击毙国防大臣纳吉姆帕夏,用枪逼着卡米尔辞职。恩维尔和他的盟友随后征用教长的座驾,开到皇宫,逼迫苏丹用马哈茂德·谢夫凯特帕夏取代卡米尔出任大维齐尔。马哈茂德·谢夫凯特还成了国防大臣,而他几个月前才刚刚被免去这一职务。[127] 这个突然的违宪行为把整个内政及抵抗外敌的责任都交到了马哈茂德·谢夫凯特的手里：他的政府拒绝伦敦会议得出的和平条款，保加利亚人于是再次开始炮击埃迪尔内。恩维尔向马哈茂德·谢夫凯特提议由他领兵从西边进攻保加利亚人，但这次行动以惨败收场，埃迪尔内于 1913 年 3 月 24 日向保加利亚投降。和约于 5 月 30 日在伦敦签署。[128]

恩维尔的政变推翻了政府，却未能加强奥斯曼军队守土卫国的能力，统一进步党看起来也失去了民心。一世英名毁于第一次巴尔干战争的马哈茂德·谢夫凯特在 1913 年 6 月 11 日遭到暗杀，涉嫌行刺的 12 个人全被处以绞刑 —— 统一进步党正好借此机会清除异己。不久之后，保加利亚、塞尔维亚及希腊因领土的分配产生争执，保加利亚把部队从东边的新边界色雷斯调往马其顿，第二次巴尔干战争爆发。奥斯曼部队于是西进，填补了保加利亚留下来的空间，这给了统一进步党一个展示勇气的大好机会。奥斯曼收复了埃迪尔内（恩维尔耀武扬威地率领部队进城，这令解放埃迪尔内的部队十分懊恼），部队继续向西越过马里查 – 通贾河防线。帝国与保加利亚之间接下来的和谈使埃迪尔内继续处在奥斯曼的控制之下，也确定了今天土耳其西部的边界。[129]

1913 年 1 月的政变使统一进步党高层紧紧扼住了政府的脖子，但统一进步党也在巴尔干战争中失去了自己的根据地马其顿。与此同时，英国则以埃及为基地，大肆发动谴责土耳其的宣传攻势，明目张胆地挑拨奥斯曼帝国与阿拉伯人之间的关系。对伊斯坦布尔政府来说，很明显，帝国内最大的非土耳其族群必须得到安抚。《埃及公报》1913 年 4 月 22 日的一篇文章说，这才是最为迫切之事：

> 这是闪族的伊斯兰教徒与土耳其的伊斯兰教徒之间的斗争。种族才是问题之所在。土耳其人与阿拉伯人在体质上的不同，就和运输用马和冠军级赛马之间的差别一样巨大。两者更大的差异在于心智与性情，土耳其人迟钝、温和、稳定、独断、现实、少虑、缺乏美感，而阿拉伯人则伶俐、不易满足、民主、圆熟、浪漫、细致、多才艺。[130]

伊斯坦布尔政府努力地配合阿拉伯的要求（考虑到他们之前的立场，

他们还保持了令人惊讶的敏感性），在地方治理上尽量采取能够接受的方式。奥斯曼在中学与法庭、请愿与官方文件中恢复使用阿拉伯语，获得了极为正面的反响。就在几年前，奥斯曼人还将推广土耳其语作为帝国通用语言视为一种帝国整合的工具，但对苏丹的阿拉伯臣民来说，推广的措施带来了极大的痛苦。另外一个奥斯曼仍在考虑的建议是，放弃战略上太过脆弱的伊斯坦布尔，在帝国中部地区（如阿拉伯地区）建都。马哈茂德·谢夫凯特来自巴格达，他十分赞成这个提议。他曾认为选址在阿勒颇可以挽回阿拉伯的民心。另外一些人担心阿拉伯地区未来可能脱离奥斯曼帝国，建议在安纳托利亚找个地方建都。[131]

但按照1913年的整个情势，统一进步党政府不得不做出的最大妥协，就是它必须把伊斯兰教当成政治工具，以维护阿拉伯人对奥斯曼国家及哈里发的忠诚，借此遏制分离主义的倾向。这也反映在阿卜杜勒哈米德对宗教的战略性应用上：由于领土的丧失导致"奥斯曼主义"成了不合时宜的概念，适应时代的"伊斯兰主义"成为唯一可行的维护阿拉伯人对帝国忠诚的手段。于是，在1914年的选举后，议会中的阿拉伯代表的数量空前增加。[132] 和许多因为中央政府过度集权而疏远的族群一样，奥斯曼的阿拉伯人想象不出其他的生活图景：纵使利比亚战争暴露了奥斯曼军队极其无能，根本不足以保护伊斯兰教的阿拉伯土地免于外国侵略的现实，仍然难以动摇阿拉伯人对帝国的忠诚。

＊　　　＊　　　＊

巴尔干战争之后，奥斯曼失去了色雷斯西部、马其顿及阿尔巴尼亚，对从14世纪起就控制这些领土的奥斯曼帝国来说，这无疑是致命的一击。巴尔干的穆斯林离乡背井逃往伊斯坦布尔，19世纪的难民危机再次上演。被废黜的苏丹阿卜杜勒哈米德先他的臣民一步安全离开，1912年10月，他在萨洛尼卡被带上一艘德国船前往伊斯坦布尔，转至博斯普鲁斯海峡畔的贝勒贝伊宫，在那儿走完一生。贝勒贝伊宫没有叶尔德兹宫那么避世，在贝勒贝伊宫，他只能眼睁睁地看着世界在他的眼前剧烈改变。

16

暴风雨前的平静

经过 19 世纪的经济危机，与欧洲工业化国家的严重剥削和监管，奥斯曼帝国已经沦为半殖民地。阿卜杜勒哈米德在位时期，许多新的经济及基础设施，诸如保险公司及银行、港口及铁路为外国所有，有一些是政府与奥斯曼的非穆斯林合伙经营。偿还公债的巨额支出耗尽了国家收入，此外，处理公债的 7 人委员会中，有 5 名是外国人。通过将帝国之痛的责任推给替罪羊，奥斯曼所受的这些羞辱反而使统一进步党受益。因帝国病入膏肓，这些羞辱无可避免，但它们对统一与进步委员会有利。更加积极的一点是，由于 1913 年初奥斯曼收复埃迪尔内，各国开始修正 1912 年 12 月在伦敦签订的灾难性和平条款，统一进步党再次受益。1912 年解散议会，展现实力的自由派反对派成员在 1913 年 6 月马哈茂德·谢夫凯特帕夏被刺杀后相继被处死。19 世纪 40 年代以来，处死官员的事情变得罕见，一般认为，流放的处罚已经足够——而且被流放者往往都能获准返回。75 年之后，在奥斯曼帝国的第二及第三宪政时期，从政者的命运反而较之前悲惨得多。1914 年 1 月，恩维尔已经成为帕夏，担任国防大臣。伊斯坦布尔的军事长官（艾哈迈德）杰马尔帕夏在马哈茂德·谢夫凯特遇刺后发动了对自由派的报复活动，他在此时成为海军大臣。前邮政官员塔拉特长期以来是统一进步党中非军方代表的重要一员，他此时出任内政大臣。1914 年选举产生的议会比以往更好地反映了奥斯曼人口的民族构成比例，阿拉伯的代表增多，其中不乏统一进步党成员。[1] 统一进步党作为多数党，政治挑战很难影响到它，它经常假"议会的意志"强行施政，极权政治就此形成。[2]接下来的四年，由于第一次世界大战爆发，任何其他力量想要参与政治活动都遭到更严格的限制。最近一位作家以这样的问答总结了当时的情况："1914 年的奥斯曼政府可以用恩维尔个人独裁、统一进步党一党专政，或者直接的军事统治来形容吗？答案或许是三者皆是。"[3]

＊　　　＊　　　＊

1914 年 6 月 28 日，哈布斯堡王朝王位继承人弗朗茨·费迪南大公在萨拉热窝遭到一名塞尔维亚民族主义分子暗杀。7 月 28 日，奥地利向塞尔维亚宣战，7 月 31 日，俄罗斯下达动员令，促使德国于 8 月 1 日向俄罗斯宣战。8 月 2 日，德国入侵卢森堡，并于 8 月 3 日向法国宣战。8 月 4 日，德国进军比利时，同一天，英国向德国宣战。

奥斯曼卷入第一次世界大战的原因是统一进步党一贯的秘密外交。7 月 22 日，战争的爆发看上去还不是无法避免的，恩维尔帕夏就向德国驻伊斯坦布尔大使冯·旺根海姆男爵提出建立奥斯曼 - 德意志同盟，大维齐尔赛义德·哈利姆帕夏则向奥匈帝国大使提出类似建议。两位外交官对此都不甚热情，直到情势的演变使战争一触即发，奥斯曼帝国在谈判后承诺将支援德国（如果俄罗斯介入奥匈帝国与塞尔维亚的斗争，德国又将支援其盟邦奥匈帝国），他们才改变态度。经苏丹批准，三国在 8 月 2 日签署了一项盟约。但奥斯曼政府的官方立场是武装中立，让其他列强无法确定奥斯曼的意向。[4]

巴尔干战争之后，统一进步党试图与英国、法国和俄罗斯建立更密切的关系，但并未得到正面回应，[5]但这并不意味着奥斯曼就一定要与德国结盟，哪怕德国长期以来在军事及经济上对奥斯曼的确有着巨大的影响。恩维尔 1909 至 1911 年曾在柏林担任驻外武官，但他和德国驻伊斯坦布尔军事代表团的关系并不融洽，和其团长奥托·李曼·冯·桑德斯的关系尤其差。他忠贞爱国，对土耳其士兵与军队充满信心，对德国的颐指气使深恶痛绝。[6]

早在 19 世纪 30 年代，普鲁士的军事专家就开始指导奥斯曼军队进行现代化。1880 年,《柏林条约》之后,奥斯曼处于动荡时期,苏丹阿卜杜勒哈米德要求德国首相奥托·冯·俾斯麦提供军事及文官顾问。对苏丹来说,俾斯麦的德国既不与英国交好也不与俄罗斯结盟,以中立态度对待奥斯曼帝国——虽然这并不是事实,但这种假象使双方受益。两方的军事交流未曾间断过,奥斯曼军官也会前往德国接受训练,例如,马哈茂德·谢夫凯特就曾在德国待过 10 年。这些交流对奥斯曼的军力提升确实很有效,对一个生存极度依赖陆军的国家来说,它的重要性绝非英国对奥斯曼海军及法国对奥斯曼宪兵部队的协助所能相提并论的。与此同时,德国对奥斯曼的协助也促进了德国工业的发展,特别是军火及钢铁行业。德国在奥斯曼帝国最著名的投资就是柏林至巴格达的铁路,所使用的车辆和铁轨几乎由德国工业包办。德国分别在 1888 和 1903 年获得了科尼亚至巴格达和巴格达至波斯湾两段的修建铁路租让权,乐得协助奥斯曼抵挡英国在波斯湾的侵蚀并在帝国最偏远省份实施伊斯坦布尔的政令。德国皇帝威廉二世是阿卜杜勒哈米德唯一信任的欧洲元首,他在 1889 年访问伊斯坦布尔,1898 年再访伊斯坦布尔及叙利亚。[7]

英国的横行霸道也是促使奥斯曼倒向德国的因素之一。眼看开战在即,温斯顿·丘吉尔发觉伊斯坦布尔政府并无意愿与英国结盟,在 1914 年 7 月 28 日下令扣留奥斯曼海军委托英国建造的两艘战舰。两艘战舰的款项都以奥斯曼发行的公债付清,它们已经是属于奥斯曼的财产,奥斯曼自是举国愤慨。8 月 10 日,两艘德国战舰"布雷斯劳"号及"戈本"号获准进入达达尼尔海峡,躲避英国船只的追逐,并于不久后被移交给奥斯曼海军,补偿英国扣留船只的损失。[8]

在奥斯曼政治人物眼里,欧洲迫在眉睫的战事无疑是帝国采取行动摆脱列强经济奴役的大好机会。在与德国签订盟约的同一天,政府就宣布停止外债的偿付。[9]德国驻伊斯坦布尔大使提议与奥斯曼帝国其他债权国发布一份联合抗议,强调国际规则不应被单方面废止,但各国在抗议书的文字陈述上并没有达成一致。奥斯曼政府拒绝让步,这使奥斯曼与德国的关系在整个战争期间都不太好。[10]另一个可以刺激穆斯林对抗西方利益的议题是奥斯曼特许令,长期以来,它都是国家积弱不振的替罪羊。1908

年以来，政府不断要求废除特许令，但列强不肯放弃既得利益。1914 年 9
月，奥斯曼政府单方面废除了特许令，赢得了民众自发的以及由统一进步
党引导的支持。[11]

　　"布雷斯劳"号及"戈本"号分别被重新命名为"米迪里"（即莱斯博
斯岛的奥斯曼名称）号及"'坚定的'苏丹塞利姆"号，其指挥为原德国海
军少将威廉·苏雄，他从 9 月 9 日起出任奥斯曼海军司令。在他的指挥下，
10 月 29 日，两艘战舰炮击俄罗斯的港口敖德萨、尼古拉耶夫及塞瓦斯托
波尔，击沉多艘俄罗斯战舰。这个行动注定了奥斯曼帝国的命运 ——11
月 2 日，俄罗斯向奥斯曼宣战，英国与法国随即也在 5 日宣战。1914 年
11 月 11 日，苏丹穆罕默德五世向英国、法国及俄罗斯宣战。两天后，在
托普卡帕宫圣物殿中，苏丹亲自参加仪式，宣布发动"圣战"。[12]五道教
谕有史以来第一次号召全体穆斯林 —— 特别是在被列强英国、法国及俄
罗斯殖民统治的领土居住的穆斯林起而反抗异教徒。这个号召获得了阿拉
伯穆斯林神职人员的普遍欢迎，但关键人物麦加的谢里夫侯赛因却拒绝配
合苏丹，理由是如果他鼓动当地的穆斯林采取行动，有可能激怒占据埃及
并控制红海航运的英国，促使它封锁并炮击汉志港。伊斯兰世界其他地区
则沉默以对 —— 例如在埃及与印度，教谕则要求人们唯英国之命是从。[13]

　　奥斯曼的军事指挥中心在伊斯坦布尔，它与军队的各个作战地点隔
着广阔的安纳托利亚土地。交通状况在过去 50 年中已经大幅改善，但公
路与铁路网仍然不能满足战时的需要，军队的动员与补给遇到了难以克服
的困难。例如，从伊斯坦布尔到叙利亚要花一个多月的时间，到美索不达
米亚则要两个月。铁路建设正在飞速进行，但铁路系统总有不可避免的缺
口，军队及补给不得不依赖船、卡车及骆驼。毗邻俄罗斯的边界情况也很
糟糕：铁路只到安卡拉东边 60 公里处，从这里到埃尔祖鲁姆行军要 35
天。[14]陆路情况很糟，海路则因地中海有英国海军、黑海有俄罗斯海军而
充满危险。奥斯曼帝国是个农业国家，却把自己丢入了一场工业化的战
争。组织一支军队固然不成问题，但它却缺乏支持其行动的能力。[15]

　　奥斯曼帝国对抗敌人的活动在不同的时间分别集中在四条战线上：
安纳托利亚东部与高加索地区、达达尼尔海峡、伊拉克，以及叙利亚与

巴勒斯坦。战争最初几个月的情况对奥斯曼来说并不是个好兆头，因为德国的支持显然无法保证他们获得胜利。1914 年 11 月，英国占领了巴士拉，向北进入伊拉克。第四军统帅杰马尔的部队的目标是将英国逐出埃及，但 1915 年 2 月，他们在苏伊士运河受阻，第二年夏季再度无功而返。在 1915 年 1 月安纳托利亚东北的大雪中，欲报 1877 至 1878 年丧土之仇的恩维尔帕夏在萨勒卡默什与俄罗斯军队交战，奥斯曼部队损失将近 8 万人；1916 与 1917 年之交的冬天，在穆什 – 比特利斯前线，6 万奥斯曼士兵阵亡。奥斯曼获得的胜利极少，且往往后面会遇到更大的失败：1917 年春，奥斯曼军将英军赶出巴勒斯坦，但同年 12 月，他们又丢了耶路撒冷；虽然 1915 年 12 月与 1916 年 4 月之间，奥斯曼军包围并占领了伊拉克南部的库特，但 6 个月后却丢了巴格达。在土耳其人心目中，库特之役固然是奥斯曼的胜利，但真正名留青史的一战则是 1915 至 1916 年的达达尼尔战役，又称“加里波利之战”。此役不仅是一次重大的战略胜利，而且具有提振民心士气的作用，同时也令他们的盟邦德国对奥斯曼刮目相看。但奥斯曼在加里波利之战的损失极为惨重，死亡者约有 9 万人，伤者约 16.5 万 —— 而且这显然还是十分保守的估算。[16]

奥斯曼在四年战争期间损失的人口数量同样令人震惊，死于疾病的人多于因伤死亡的人。据估计，阵亡的战士约有 32.5 万，伤者约 40 至 70 万，其中 6 万不治身亡。另有 40 万人死于疾病。因此，战斗人员死亡总数将近 80 万。1917 年 3 月与 1918 年 3 月之间，实际可作战部队从 40 万降至 20 万。到 1918 年 10 月停战时，人数又再次减半，此时武装部队人数仅及 1916 年最大数目 80 万人的 15%。数万士兵逃役。战斗人员的主要来源是安纳托利亚的土耳其农民，战争刚开始时，他们约占奥斯曼总人口数的 40%。[17] 人口大量减少的结果之一是土地劳动力短缺。每当军队要求优先于民间需求时，留在后方的人通常需要与赶往前线的人经历同样多的苦难。

战争也考验了帝国与阿拉伯人民之间关系的底线。虽然奥斯曼的阿拉伯人大体上仍维持传统的忠诚 —— 他们最根深蒂固的忠诚属于作为伊斯兰教哈里发的苏丹，但战争所导致的紧急状况催生了新的态度。杰马尔帕夏出征埃及失败，1915 年 2 月灰头土脸地回到叙利亚，开始在军事及内政上实行专制，他深信当地的阿拉伯人怀有二心，即将发动起义，于是进行高压统治。他处死了当地的阿拉伯领袖，并将显赫家族迁往安纳托利亚，借此消除任何可能对统一进步党不利的势力；同时他又违反统一进步党的现行政策，再次强制推行土耳其语。杰马尔的政策没能减轻当时肆虐叙利亚的饥荒，相反，英法封锁海岸港口，政府征用交通工具，商人投机倒把，以及杰马尔倒行逆施，把本来已经捉襟见肘的财政资金用来从事公共建设，修复古迹，这些使情形更加糟糕。早在 1914 年之前，由于帝国丧失了巴尔干的领土及税收，为帝国的政府及行政提供资金的重担更多地落到了阿拉伯（与安纳托利亚省份）的肩上。[18] 杰马尔在叙利亚的苛政激起了阿拉伯人的怨愤，不过他们的怨愤还没有转化成欧洲人眼中的民族主义情绪。

在此之前，英国对埃及与阿拉伯半岛之间的阿拉伯土地（控制通往印度路线的关键地区）的兴趣并不大，但伊斯坦布尔的连年动乱让他们开始重新思考自己在近东的角色，并思考如何利用阿拉伯人的反奥斯曼情绪为自己谋利。同时，他们也无法忽视法国人对这个地区表现出的兴趣。阿拉伯人中的基督徒虽然普遍认同法国，但在叙利亚占多数的穆斯林却偏向英国，因此，当一些阿拉伯人建议可以选出一个阿拉伯哈里发，借此疏远奥斯曼时，英国的政策制定者认为这个建议是可以接受的。1916 年 6 月，所谓的"阿拉伯大起义"在汉志爆发，起因是谢里夫侯赛因借机扩张自己的势力。8 月，侯赛因被谢里夫海达尔取代，但到 10 月，侯赛因又宣布自己为阿拉伯王，12 月，英国承认其独立统治地位。伊斯坦布尔对此完全无能为力，唯一能做的就是封锁起义消息的扩散，以免打击军队士气，刺激反土耳其的阿拉伯派系。[19] 奥斯曼会和异教强权德国结盟，发动一场圣战，已经足够不可思议，邀请德国出兵保卫穆斯林圣地则是绝对不可能的事。

第一次世界大战期间发生在阿拉伯土地上的事件仍然有待我们厘清，也不是本书所要讨论的范围。长久以来，英国把阿拉伯人浪漫化，把土耳其人恶魔化，使世人先入为主地相信托马斯·爱德华·劳伦斯（即"阿拉伯的劳伦斯"）的虚构事迹，而无视历史学家以事实为根据的分析。19 世纪，列强互不信任，尽管他们认为战争是进一步剥削奥斯曼的大好机会，但也知道必须警惕欧洲对手的行动，所以激烈的外交斗争在整个战争期间与战斗同时进行。英国这段时间的战略考虑可以概括为以下语句：

> 在英国规划人员眼里，战后近东将会由奥斯曼－德国联盟支配，德国人也持这种观点。英国的计划就是要限制这个联盟可能对英国利益造成的损害，而最简单的一条道路就是限制奥斯曼在帝国部分领土上的权威。[20]

既然列强各有主张，各种计划与协议随之产生，将在战后的和平会议上签署。经过一连串的外交折冲，英法俄于 1915 年 3 至 4 月签订了《君士坦丁堡秘密协定》，英法同意在胜利后将伊斯坦布尔和海峡交给俄国，次月的《伦敦条约》则承认安纳托利亚西南部为意大利的势力范围。法国与英国都希望获得叙利亚，而在相关的协议及有关阿拉伯各省的协议讨论中，俄罗斯要求得到与其边界毗邻的安纳托利亚东北部。战后对叙利亚的安排因巴勒斯坦问题而复杂化，英国担心奥斯曼的苏丹－哈里发会影响到英国统治下的数百万穆斯林，于是又和谢里夫侯赛因展开谈判，讨论设置阿拉伯的哈里发及独立的阿拉伯国家。有关奥斯曼的瓜分及阿拉伯国家的相关议题的细节可见于侯赛因与英国驻埃及高级专员亨利·麦克马洪爵士 1915 年期间的来往书函，以及英国谈判代表马克·塞克斯与法国代表弗朗索瓦·乔治－皮柯所达成的协议。两份档案的一致性虽然相当高，但在有关巴勒斯坦地位与阿拉伯国的范围及独立程度等关键问题上有分歧。当然，战争初期的安排很难经得起时间考验：战争的进程及国家优先事项的改变（包括 1917 年，奥斯曼的军事力量开始崩溃，俄罗斯也开始了布尔什维克革命）导致了这些安排部分落空（虽然不是全部）。1917 年，美国参战，总统伍德罗·威尔逊的民族自决原则缓慢但不可逆转地影响了列强的殖民心态，在此之前，他们从未注意过这些命运掌握在他们手中的人的愿望。[21]

*　　*　　*

　　第一次世界大战对奥斯曼社会所造成的改变绝不是任何政治或意识形态活动所能做到的，而且从长期来说，它导致了帝国的解体。列强在每个阶段对奥斯曼领土的瓜分都对奥斯曼的民族和宗教信仰构成产生了影响，许多希腊人、保加利亚人和塞尔维亚人看到了在自己的民族国家的美好未来，离开了奥斯曼，同时，一波又一波人离开被割让的奥斯曼领土，进入奥斯曼有限的剩余领土，填补了非土耳其裔基督徒留下的空缺。

　　奥斯曼的犹太人对"奥斯曼主义"的支持又维持了一段时间，甚至在1908年革命之后，这个理念仍然在统一进步党中占据要津。[22]20世纪初，奥斯曼犹太人几乎有半数生活在萨洛尼卡——许多人在15世纪末遭西班牙及葡萄牙驱离后就定居在这里。在阿卜杜勒哈米德统治期间，他们对重回故土巴勒斯坦建立新国家的犹太复国主义并不感兴趣，1912年希腊占领萨洛尼卡时，选择前往巴勒斯坦的人也不多，很多人反而移民到法国、英国、埃及、巴西、南非及美国。[23]1908年革命之后，世界犹太复国主义组织在伊斯坦布尔成立分部，第一次世界大战之前，其活动多集中在文化方面，尽管他们从未忽视自己的政治目的。[24]犹太复国主义对奥斯曼帝国的支持一直维持到大战初期，1912至1913年巴尔干战争期间，他们还曾经组织了一个支持团体，为奥斯曼军队提供医疗援助，1914年之后也曾为战争出过力，还曾为汉志铁路的建造贡献过资金。许多犹太复国主义者都把在奥斯曼帝国内建立家园看作他们最佳的安全保障。[25]

　　无论亚美尼亚人是否欢迎渐进的或剧烈的改变，他们和统一进步党保持着密切的关系，尽管这种关系是不稳定的。和其他非穆斯林群体一样，他们先是支持统一与进步委员会的自由派，1911年后又倒向反对派。但很多人都看出，若俄罗斯赢得战争，他们有可能建立一个独立的国家，俄罗斯的宣传攻势更是增加了他们的希望。但后来，安纳托利亚的亚美尼亚人却连活下去都不容易。战争的第一年，俄罗斯人武装亚美尼亚人在安纳托利亚东北部反抗政府，这些人因此被伊斯坦布尔视为叛徒。面对俄罗斯进攻的威胁，恩维尔帕夏在萨勒卡默什的奥斯曼前线采取了自负的防御措施：1915 年 2 月 25 日，政府命令正规部队里面的亚美尼亚人解除武装，以防止他们叛逃俄军。亚美尼亚人转调为后备部队，负责为作战人员提供后勤补给及其他勤务，却发现自己只能任凭负责监管他们的穆斯林摆布。[26] 在战争初期的安纳托利亚东部，政府机构、政府代表及穆斯林平民纷纷遭到攻击，加上各个前线的战况不利，1915 年 4 月 24 日，政府决定将亚美尼亚部队外调至叙利亚及伊拉克，远离奥斯曼 – 俄罗斯前线。更令奥斯曼吃惊的是，5 月中旬，一支俄罗斯的亚美尼亚部队抵达凡城，驱逐了当地守军，滥杀平民，着手建立一个亚美尼亚"国家"。[27]5 月 27 日，政府通过了"驱逐法"，授权地方军事组织将凡湖周围及凡城省的亚美尼亚人往南迁徙至安纳托利亚东南部，打散聚集在这个反奥斯曼政府活动温床的亚美尼亚人。政府的命令包括确保亚美尼亚人安全的严格规定，[28] 但据安纳托利亚东部的外国领事、传教士及军事人员的目击记录，迁徙途中，数千人因伤病等死亡，更多的人被屠杀。同时，保护这些人财产的规定也很周详，[29] 但到 1915 年秋，奥斯曼议会通过立法，没收遭驱离的亚美尼亚人的资财。[30]

在奥斯曼历史上的诸多纷争中，"亚美尼亚人问题"是最少受到历史学家与公众客观讨论的问题。如今，这个"问题"的核心是当时的屠杀是否构成种族灭绝 —— 尽管 1948 年联合国大会已经提出了"种族灭绝"一词，但它的定义仍存在大量争议。对于这个极端敏感事件的其他方面，人们也会讨论它们对研究"种族灭绝"这个问题的价值。这种关注，以及由此引来的辩论，反而影响了人们对奥斯曼亚美尼亚人历史的理解。今天，亚美尼亚人生活在高加索地区贫穷的内陆国家，或成为他们中东故土上的少数族裔，或散居于全球的各个角落，他们中的大多数坚信战时的奥斯曼政府决心消灭亚美尼亚人。他们述说数百万人因此丧命，指出远离前线与世无争的亚美尼亚人也遭到杀害或被迫离乡背井，并指责历届土耳其政府拒绝向研究人员全面开放当时的档案甚至摧毁证据。土耳其人的论点则包括以下几点：政府下令屠杀的说法根本是胡说八道；死于战争的土耳其人（这里实际上说的是穆斯林）比亚美尼亚人多；某些亚美尼亚人成为内奸，迫使政府不得不驱逐亚美尼亚人；如今伊斯坦布尔仍然存在亚美尼亚社群，政府无意消灭亚美尼亚人，种族灭绝之说更是无稽之谈；由于后来协约国占领了伊斯坦布尔，为审判战犯设立的军事法庭是非法的；战争初期的几年，安纳托利亚东部兵荒马乱，民不聊生，为争夺稀少的资源，库尔德人与亚美尼亚人之间爆发了一场内战，导致了亚美尼亚人口的减少。

1948 年召开的关于种族灭绝的联合国大会宣布，消灭"全部或部分"民族、部族、种族或宗教等群体的行为违法。土耳其人与亚美尼亚人都遭遇了残忍的大屠杀，这是毫无疑问的；问题出在细节，只有真正公正的历史研究才能搞清楚奥斯曼对安纳托利亚美尼亚人的驱逐和屠杀是否构成种族灭绝——如果真的有必要搞清楚这个问题的话。人们没有在奥斯曼档案中找到确凿的证据，但这并不能证明奥斯曼政府没有下令，因为档案可能会无意遗失，也可能被销毁。一些认为奥斯曼有罪的人说，下达命令的是"特别组织"，一个统一进步党内部的军人秘密社团，它在战争初期由恩维尔帕夏建立，但其记录目前已经不复存在。当时一名反统一进步党的新闻记者兼知名史家艾哈迈德·雷斐克在 1915 年凡城的穆斯林大屠杀之后所写的话，给这个说法提供了一些依据：

> 战争初期，大队人马就被从伊斯坦布尔派往安纳托利亚，他们主要由狱中放出来的杀人犯及强盗组成。在特别组织的安排下，这批人在国防部的广场上接受训练，然后被派往前线。正是这些队伍，在对亚美尼亚人的暴行中犯下令人发指的罪行。[31]

艾哈迈德·雷斐克的证词似乎把一切罪行都归于一个秘密团体，但政府并不能因此就免除罪责，它与这个特别组织的关系还有待厘清。然而，间接证据并不能证明一切，最后的判决还有待于完整的调查：第一次世界大战期间，安纳托利亚和叙利亚的种族间暴力的历史主要是从亚美尼亚人角度叙述的，这种"奥斯曼亚美尼亚人史中的叙述断层"[32]需要得到纠正。但很明显的是，"亚美尼亚人种族灭绝"的问题不仅不断影响着土耳其与世界各国的外交关系，而且使亚美尼亚——一个与土耳其为邻，且与另一个邻国、土耳其盟邦阿塞拜疆争战不断的国家始终笼罩在无尽的悲惨之中。

　　同样明显的是，战争使原本已经衰弱的经济状况进一步恶化。战争一开始时所采取的经济政策，亦即所谓"民族经济"完全背离了维持了好几个世纪的自由制度，它主要可以分为两部分：废除不平等条约及停止偿付外债的直接目的是减少外部势力对奥斯曼经济的控制；鼓励穆斯林享受政府的合同与补助的目的是将非穆斯林的资产转移至穆斯林土耳其人手中，借此剥夺前者的经济地位，这个措施颇具政治意义。第二部分政策催生了一个新的穆斯林商人阶级，他们利用战争带来的非常需求大发其财，并借此投机倒把获取暴利。有些人获得了没收自亚美尼亚人及希腊人的土地及事业。当然，多数人并未受惠，奥斯曼经济花了许多年才得以恢复。[33]

＊　　　＊　　　＊

　　第一次世界大战结束时，强权政治已经发生无可逆转的变化。俄罗斯帝国、奥匈帝国及奥斯曼帝国不是崩溃就是衰弱到毫无战略地位，协约国（英国、法国及1915年才参战的意大利）则占据了支配地位。然而，所有国家都因战争疲惫不堪，比起奥斯曼事务，战胜国在本土及周边有着更加重要的问题，所以各国不会用军事手段推动战后安排的实施。另一方面，多年以来，多民族帝国明显无法满足大多数人的愿望，民族国家俨然成为未来的大趋势。在民族国家内进行委任统治与划分势力范围似乎成为解决方案，这让协约国可以继续攫取经济与政治利益，就像他们19世纪在巴尔干所做的那样。另一个影响奥斯曼帝国战后安排的关键要素是：这个伊斯兰国家长久以来一直跟欧洲唱反调，欧洲正好借此机会对其进行惩罚。例如在英国，"土耳其人"已经成为"侵略主义"的代名词，特指奥斯曼的穆斯林。在这种情况下，他们必须永久摧毁"土耳其人"，而帝国内剩余的基督徒及犹太人也走上了民族自决的道路。

　　战争结束后，奥斯曼的盟邦保加利亚在1918年9月就崩溃了，伊斯坦布尔就此门户大开，只能听任协约国的宰割。奥斯曼内阁寻求议和。1918年10月30日，奥斯曼在停泊于爱琴海北部利姆诺斯群岛穆兹罗斯岛外的英国舰上签订了停战协议。在刻意含糊其词的协议中，最令人惊慌的是第七条，它规定在协约国安全受到威胁的情况下，他们有权占领"任何战略要地"，而第二十四条则允许他们在混乱时占领安纳托利亚东部的6个亚美尼亚省份，[34] 即锡瓦斯、埃拉泽（马穆雷特阿齐兹）、迪亚巴克尔、比特利斯、埃尔祖鲁姆和凡城省。两天后，包括塔拉特、杰马尔和恩维尔在内的统一进步党领导成员离开伊斯坦布尔，逃往克里米亚，再转往柏林。[35] 11 月 13 日，协约国占领伊斯坦布尔，[36] 此举明显违反了英国皇家海军元帅卡尔索普暗示的承诺，作为皇家海军地中海指挥官及英国两名谈判负责人之一，卡尔索普曾保证，他将告知英国政府，只要奥斯曼政府能够确保协约国人在伊斯坦布尔的生命及财产安全，占领便不会发生。[37]

　　协约国迅速完成了对伊斯坦布尔的占领，英国率先进入，法国与意大利紧跟其后。没过多久，每个国家都分配到一片区域负责治安，英国占领了佩拉、加拉塔及希什利，法国占领了伊斯坦布尔市区及其西边郊区，意大利占领了博斯普鲁海峡亚洲沿岸，但三国彼此间都有矛盾。[38] 有一件事最能表明他们连友善处理行政事务的能力都付诸阙如：协约国占领了之前由土耳其军队控制的阿亚索菲亚清真寺，并立即试图将这座作为清真寺存在 450 多年的建筑重新改造为教堂。鹰派基督徒将占领视为改造这座拜占庭式建筑的大好机会，在英国的亲希腊冲动下将这座教堂归还普世牧首的计划，则被视为与希腊建立战略关系的手段。但东正教与天主教之间的分歧仍然有着庞大的力量，有人提出了出人意料的意见，认为这个教堂不应成为东正教教堂，而应成为希腊东仪天主教的教堂，归罗马管理。这个意见的根据是，有人断言，1453 年苏丹穆罕默德二世征服君士坦丁堡时，君士坦丁堡受罗马管理，更重要的是，由于东西教会在 11 世纪才分裂，所以这座教堂属于天主教的时间比它属于东正教的时间更长。支持东正教的新教极端派察觉了天主教的阴谋，政治嗅觉更加灵敏的一些人发现，他们的意大利或法国盟邦试图占据有利地位，于是英国展开了一场宣传战。有人甚至使用了具有强烈反穆斯林色彩的十字军式修辞 —— 外交部态度小心谨慎，空想社会改良者则大声疾呼。最谨慎恐惧的则是英国的印度办公室，这里的官员深知，英国若驱逐苏丹－哈里发，有可能会得罪印度的穆斯林。另外一个相关团体很快也插手：亲奥斯曼的压力组织英国—奥斯曼协会赞成印度办公室的观点，认为英国应该成为穆斯林的保护者。[39]

当时的奥斯曼政府认为，唯有驱逐安纳托利亚东部的亚美尼亚人，才能够消弭国内阻碍国际斗争的动乱。1915 年 5 月 24 日，协约国扬言，要追查"所有与屠杀（亚美尼亚人）有牵连的奥斯曼政府人员及相关人等"。1918 年 7 月 3 日，苏丹穆罕默德五世逝世，年底前，其弟瓦赫德丁即位为新苏丹，是为穆罕默德六世。他随即授权成立军事法庭，审理涉嫌经济犯罪的人及"驱逐并屠杀"亚美尼亚人的人。战败的奥斯曼政府担心，若未能惩治战犯，可能会导致协约国占领军引用和约条款进行严厉报复。1919 年 1 月，初步调查展开，揭开了史上第一次战犯审判的序幕，审判过程不定时地由政府公报报道。审判于 1919 年 4 月 28 日开始，受审者包括约 120 名战时内阁大臣及统一进步党高级干部，起诉的根据包括奥斯曼穆斯林的证词及文件证据。起诉书声称，屠杀是在官方的共谋下完成的，主脑人物为塔拉特帕夏；驱逐及杀害则由统一进步党各省干部负责执行，尤其是秘密的法外社团特别组织 —— 正如艾哈迈德·雷斐克所报道的那样。起诉书指出，任何政府官员若敢抗命便遭罢免，普通穆斯林若隐藏亚美尼亚人，就会遭到生命威胁。一周后，法庭被告知，在伊斯坦布尔及各行省，另有其他施加于亚美尼亚人的罪行，其中包括强暴、虐待及杀害。法庭判决指出，驱逐是由统一进步党的中央委员会策划的。1919 年 5 月，67 名收押人犯被转送至英国殖民地马耳他，因为有人担心囚禁他们的伊斯坦布尔监狱会遭到攻击，被告会脱逃，另外 41 名嫌犯则获释。7 月初，塔拉特、杰马尔、恩维尔及另外 4 名逃离伊斯坦布尔的统一进步党高级干部在缺席的情况下被定有罪，并被判处死刑。一些与屠杀有关的其他审判随后分别在各省进行，包括特拉布宗、哈尔普特、摩苏尔。但至 1919 年 10 月，军事法庭的活动减少，一年后它们彻底停止活动。[40]

各国在巴黎和会签订和约时，协约国军队仍旧占领着伊斯坦布尔及周边地区，这表面上看起来是个临时措施。但事实上，帝国已经四分五裂，多数的土耳其百姓可能将失去他们的土地。到 1919 年 5 月，法国占领了阿达纳，英国得到了基利斯、乌尔法、马拉什及加济安泰普（到年底时，这些地方都落入法国手中），意大利则占领了安塔利亚。[41]5 月 15 日，在英国的鼓动下，来自希腊大陆的部队于伊兹密尔登陆，以防意大利的进一步侵略。这里是安纳托利亚濒临爱琴海的主要城市，居住着大量的奥斯曼希腊人。[42]希腊人登陆完全出乎奥斯曼的意料，因为，海军元帅卡尔索普除了一再重申不会军事占领伊斯坦布尔之外，同时也在穆兹罗斯岛告诉奥斯曼谈判代表，他们希望希腊军队不得登陆伊斯坦布尔或伊兹密尔的要求已经上报伦敦。[43]希腊人的登陆使涉及阿亚索非亚清真寺之争的各方都为之震惊，大家都担心，如果希腊人向伊斯坦布尔进发，据守清真寺的土耳其军队宁愿将之摧毁也不会让它落入希腊人之手。如此一来，清真寺改回教堂的提议也就被人们否决了。[44]

面对战后的危机以及协约国对安纳托利亚大部分地区的占领，奥斯曼政府没有采取任何积极行动，大维齐尔、穆罕默德六世的姐夫达马德·费利德将秩序重建视为自己唯一的任务。1918 年 11 月，高阶官员兼战斗英雄穆斯塔法·凯末尔曾经透过自己在议会中的关系，试图影响协约国占领伊斯坦布尔的政治进程，但未能成功。尽管他一直都是统一进步党成员，却洁身自好，不曾参与党内领袖人物的战时劣行，与秘密组织也毫无瓜葛，且是恩维尔帕夏众所周知的死对头。与他志同道合的阿里·福阿特、雷斐特（贝利）、劳夫（奥尔贝）及东线英雄卡泽姆·卡拉贝基尔，全都反对政府的政策，或者对政府的无为感到不满。穆斯塔法·凯末尔和他们一起拟订了秘密的军事计划。[45]

和安纳托利亚地区的爱琴海沿岸一样，其黑海沿岸地区也有规模颇大的希腊人社群，加上俄罗斯爆发了布尔什维克革命，1917 年之后，成千上万希腊人逃难至此，他们与当地穆斯林民众之间的关系日益紧张。1919 年 3 月，英国军队进驻恢复秩序，但他们既没有足够的人力，也没有行动的意愿。奥斯曼内政大臣提名穆斯塔法·凯末尔前往调查，获得了内阁同意，随后，凯末尔被任命为第九军（驻地在埃尔祖鲁姆）督察长，这使他实际上成为安卡拉以东整个安纳托利亚东部的行政长官。1919 年 5 月 16 日，凯末尔在伊斯坦布尔登上一艘汽船，三天后抵达安纳托利亚黑海滨的萨姆松。[46]

　　战争期间，安纳托利亚也曾在特别组织的指导下成立武装组织，1918 年 11 月之后，这个任务由同样秘密的前哨社接管，这个社团的领导也是统一进步党的重要成员。[47] 除了要平息东部黑海沿岸的骚乱，穆斯塔法·凯末尔的任务还包括解除当地民众的武装，并依照穆兹罗斯岛停火协议的要求解除第九军武装。但出发前往萨姆松之后不久，英国怀疑穆斯塔法·凯末尔此行并不单纯，另有不足为外人道的任务，在他们的催促下，奥斯曼政府命其返回。就在这几周中，希腊部队获得协约国的首肯，自伊兹密尔及爱琴海沿岸向内陆推进，占领了他们心目中本该属于他们的领土。尽管安纳托利亚西部的穆斯林民众已经饱受战争摧残，他们还是再度动员起来，下定决心寸土不让。[48]

　　穆斯塔法·凯末尔却没有服从政府的命令。他的亲信卡泽姆·卡拉贝基尔和雷斐特本应协助他完成解除武装的任务，已经先他一步来到东部，分别驻扎在埃尔祖鲁姆及锡瓦斯。三个人一不做二不休，切断了反占领活动与奥斯曼政府之间的关系。其中很重要的一步棋就是他们发起了一个独立的抵抗运动，为达成这个目标，穆斯塔法·凯末尔及其亲信多方利用电报，与安纳托利亚和色雷斯的军官联系，散播相关信息。[49] 各行各业的人响应了他们的号召，他们自称为"民族主义者"，在安纳托利亚各个地方召开大会，其中尤以 1919 年夏天在埃尔祖鲁姆与锡瓦斯举行的会议最为重要。他们根据众所认同的原则制订了未来的行动纲领：以停战协议为底线，奥斯曼的领土必须实现独立与统一；不容许存在少数特权，坚决反对希腊人与亚美尼亚人的领土主张；接受外国援助，但前提是援助必须是无偿的。他们仍打算以苏丹 – 哈里发之名号召人民效忠 —— 但人民的意志高于一切。[50]

　　1918 年 11 月，统一进步党自行宣告解散，许多成员因持续进行的战犯审判锒铛入狱。1920 年 1 月在伊斯坦布尔展开的新议会选举中，只有民族权利保卫协会认可的候选人才有机会赢得席位 —— 自 1918 年底起，在帝国仍然保有的版图内，以奥斯曼民族自决原则为要求的这类穆斯林团体纷纷在各地成立，声势浩大，而民族权利保卫协会是这类团体的上级组织。埃尔祖鲁姆与锡瓦斯大会的抵抗精神在 2 月 17 日的新议会上得到重申，并成为一项《国民宣言》，它坚决主张奥斯曼穆斯林占有的领土独立自主，神圣不可侵犯，其中还特别提到伊斯坦布尔与马尔马拉海；而在阿拉伯人占多数的地区、色雷斯西部及《柏林条约》割让给俄罗斯的区域，它则要求举行公民投票。《国民宣言》还要求少数民族的权利应依照条约的安排。[51] 抵抗占领的理念逐渐在伊斯坦布尔的权力上层获得支持。

《国民宣言》所设想的未来有两个特点。几个世纪以来，欧洲人就用"土耳其"称呼奥斯曼这个国家，如今，《国民宣言》用土耳其指代帝国战后仍然拥有的领土。然而，与此同时，尽管非穆斯林威胁着奥斯曼帝国的存在已经是无可否认的事实，奥斯曼主义也不再是政权合法性的原则，但取代奥斯曼主义的并不是"土耳其主义"，而是穆斯林情感的真诚诉求。穆斯塔法·凯末尔 1919 年 12 月在一次谈话中也已经讲得很明白，阿拉伯的未来显然已经另有所属，所以这个诉求针对的是土耳其人与库尔德人的情感。[52] 就这个时期的抵抗运动来说，民族主义意味着，只有土耳其及库尔德的穆斯林才是奥斯曼帝国的继承人。

*　　　*　　　*

英国强烈谴责民族主义者，密切注意他们不断扩大的诉求与伊斯坦布尔和安纳托利亚的秘密抵抗活动。议会对《国民宣言》的认可使其拥有了宪法地位，这促使英国加强控制伊斯坦布尔，希望借此控制奥斯曼政府。虽然得到了其他协约国的同意，但英国的计划却被法国和意大利的同情者泄漏给了民族主义者。然而，1920 年 3 月 15 及 16 日，五名重要的民族主义议员在议会大厦被英军逮捕，其中包括劳夫及前哨社领袖卡拉·瓦瑟夫。和前一年的战犯一样，他们与另外 6 名民族主义者都被遣送至马耳他。议会自行解散以示抗议，84 名议会议员逃离伊斯坦布尔，前往安纳托利亚高原中部的小城安卡拉，[53] 这里也是一个由民族主义者组成的委员会的总部，他们希望在越来越多余的伊斯坦布尔政府无法运作后取而代之。

4 月 23 日，大国民议会在安卡拉召开第一次会议，与会者主要是来自伊斯坦布尔的议会代表。这个未来议会推选穆斯塔法·凯末尔为主席，确立了他在民族主义者当中的领袖地位，英国也默认了这一发展。然而，阿卜杜勒哈米德二世所推广的政治化的伊斯兰教余威仍在。安卡拉的民族主义者宣称他们效忠苏丹－哈里发（他们尚未推出一个新的效忠对象），并在大国民议会的开幕典礼上充分利用这种效忠。他们宰羊献祭，朗诵《古兰经》，并请出先知的圣物举行游行。[54]

　　大国民议会的召开非同小可：就在 12 天前，教长发布了一项教谕，斥责民族主义派为不信教者，呼吁信徒群起而攻之。5 月 1 日，穆斯塔法·凯末尔及其同党在缺席审判的情况下被判处死刑。但协约国也身处困境，束手无策。随着安卡拉大国民议会获得的支持越来越多，人们开始认为它可以取代伊斯坦布尔的议会。1920 年夏，希腊人挺进安纳托利亚的攻势已无法抵挡，埃迪尔内与布尔萨已被占领。7 月 2 日，穆斯塔法·凯末尔号召人民加入"圣战"。[55] 在伊斯坦布尔，协约国、苏丹及政府的喉舌都发动宣传，希望通过强调国家的伊斯兰教合法性号召人民攻击民族主义者，但这些努力都打了水漂。

　　尽管土耳其的情势发展迅速，协约国及意图在帝国分裂时分一杯羹的奥斯曼境内非土耳其政党却还在好整以暇地辩论帝国的未来。和谈于 1919 年在巴黎展开，然后又继续在伦敦和圣雷莫举行。战败国奥斯曼的观点几乎不被考虑：经参与国的几番折冲樽俎，奥斯曼代表团被召至巴黎城外的色佛尔，签署了一份由战胜国拟定的条约。1920 年 8 月 10 日的签署仪式上，奥斯曼签署人代表其人民同意将色雷斯割让给希腊，伊兹密尔地区由希腊统治 5 年，5 年之后再由国际联盟决定伊兹密尔是否成为希腊领土；独立的亚美尼亚的边界则由美国总统威尔逊决定；安纳托利亚东南部的库尔德人地区仍归奥斯曼统治，库尔德人是否独立的问题留给国际联盟决定；等等。帝国版图缩小至仅剩伊斯坦布尔及安纳托利亚北部——其他一大片全处于被占领状态。所有因战争爆发而被废除的不平等条约全都恢复，协约国准备将强加于战败国的一切条款付诸实施。

　　《色佛尔条约》必须由奥斯曼议会批准才能生效，但议会已经被解散。很明显，没有民族主义者的同意，奥斯曼政府做不成任何事，但民族主义者决定要让条约的实施寸步难行。苟延残喘的帝国再度面临军事威胁：英国驻军是唯一阻止希腊人继续向伊斯坦布尔推进的力量，布尔什维克的俄罗斯则要把安纳托利亚东部的省份凡城及比特利斯纳入独立的亚美尼亚国（之前这两省均有大量的亚美尼亚人）。

　　设计土耳其防卫计划的功劳属于身为大国民议会主席的穆斯塔法·凯末尔，而负责实现这个计划的是疲惫的穆斯林士兵和安纳托利亚的人民。穆斯塔法·凯末尔拒绝了俄罗斯的要求，命令卡泽姆·卡拉贝基尔带兵攻打安纳托利亚东北部的亚美尼亚部队。1920 年 10 月 30 日，卡拉贝基尔及其军队夺回了 1878 年落入俄罗斯手中的卡尔斯，并继续挺进，迫使亚美尼亚人投降。这场胜利 4 天后，美国总统威尔逊决定了亚美尼亚国的疆域，它包括土耳其东北及东部的大片区域，一直到特拉布宗、埃尔祖鲁姆、凡城及比特利斯。但事实的发展再次使协约国的计划胎死腹中，这个令人尴尬的决定从未公布。12 月 2 日，苏俄宣布，亚美尼亚的剩余领土将组成一个社会主义共和国。新成立的亚美尼亚国搁置了它与土耳其大国民议会的争议，在 1921 年 3 月签订友好条约，同意土耳其与亚美尼亚之间的边界不变，仍以前一年亚美尼亚战败后的边界为准。[56]

　　对民族主义抵抗者来说，英国支持希腊入侵安纳托利亚的行为尤其令人恼火：希腊人已经建立了自己的民族国家，土耳其却还未成功，而这个侵略者作为平等的一员参与了和谈，这在土耳其人看来是很不公平的。更重要的是，亚美尼亚人在他们想要建国的地区没有可靠的支持，希腊却有当地势力的强力支持，因此，对安纳托利亚的防卫来说，他们更具危险性。不同肤色的非正规军与游击队混战不休，加上盗匪猖獗，当地的穆斯林百姓都抛弃了家园逃往伊斯坦布尔。民族主义者利用支持他们的军队和武装组织攻击任何不认同他们的人，无论他们是保皇派还是国外占领军。然而在英国看来，1920 年希腊的入侵孤立了安纳托利亚的民族主义者，使英国可以不受阻碍地指导伊斯坦布尔的奥斯曼政府。但各协约国对自己在安纳托利亚的未来利益也各有盘算，这加深了他们在伊斯坦布尔占领区管理上的歧见。对于英国全面落实《色佛尔条约的决心》，法国与意大利心存顾忌，并把希腊视为英国企图控制东地中海的爪牙，因而表示愿意与安卡拉的民族主义者谈判：1921 年 6 月，意大利撤出其在安纳托利亚的最后一个基地安塔利亚，同年秋天，民族主义者持续对奇里乞亚发动攻势，法国遂完全退出安纳托利亚，仅仅保留了毫无争议的对叙利亚的委任统治。

希腊人坚持维护《色佛尔条约》中赋予他们的在安纳多利亚的权利。1921 至 1922 年土耳其人与希腊人的战争被土耳其人称为独立战争，是 1919 年 5 月以来的血腥游击战的延续。1921 年 3 月，希腊军队在埃斯基谢希尔的北部首次受挫，但他们很快重新部署，到了 9 月已经推进至距离安卡拉不到 80 公里处，却在沿一条长达 100 公里的战线激战 21 天后再度挫败，退至萨卡里亚河西岸。在这片希腊人十分陌生的土地上，土耳其人顽强抵抗，神出鬼没，希腊人吃尽了苦头。[57]

希腊是唯一成功依靠武力获得《色佛尔条约》承诺的领土的国家，而且它所获得的远超条约的许诺。一直以来，英国都是站在苏丹及其政府的一边，他们认为民族主义者太过反复无常，这些政治人物很难发挥足够的外交想象力，放弃"合法的"奥斯曼政权，但他们渐渐意识到，《色佛尔条约》根本难以强制执行，土耳其民族主义者也绝不能等闲视之。于是英国在政策上开始倾向于妥协。1921 年 4 月，英国、法国和意大利宣布在希腊人与土耳其民族主义者之间的斗争中保持中立。[58]1922 年 8 月，希腊人再次被击败，退至伊兹密尔。9 月 9 日，土耳其民族主义者胜利进入伊兹密尔，并放火焚城。1912 至 1913 年巴尔干战争期间，20 多万奥斯曼希腊人离开安纳托利亚西部，但在 1919 年希腊占领这个地区后，四分之三的人返回这里；此外，还有约 100 万奥斯曼希腊人始终留在这里。此时，这些返回的希腊人，还有约 25 万始终留在这里的希腊人永远地离开了这里，前往希腊。[59]土耳其军队抵达伊兹密尔 10 日后，希腊军队全数撤出安纳托利亚。[60]

民族主义者大获全胜，令英国大惊失色：由于安纳托利亚的抵抗者节节进逼，通往伊斯坦布尔的门户已经敞开。民族主义者军队的指挥官伊斯梅特（伊纳尼）与协约国驻伊斯坦布尔总司令哈林顿将军（而非伦敦政府）的明智决定，为断断续续困扰奥斯曼帝国多年的战争划下了句点。

1922 年 10 月 11 日，双方在马尔马拉海南岸的穆达尼亚（距伊斯坦布尔仅一舟之遥）签署停战协议。奥斯曼帝国的代表不是帝国特使，而是伊斯梅特（伊纳尼），他是西线指挥官，也是穆斯塔法·凯末尔的忠诚盟友，这充分显示苏丹已经形同虚设。一个月后，安卡拉的大国民议会投票决定废除苏丹制，苏丹穆罕默德六世下台。经大国民会议推选，奥斯曼家族中第二年长的堂弟阿卜杜勒迈吉德继任哈里发。经过与列强漫长而艰难的谈判，1923 年 7 月 24 日，土耳其与列强签署了《洛桑条约》，土耳其得到其现有的国土（后来个别地方有细微调整），并获得与长期围困其国土的列强平等的地位。所有因亚美尼亚大屠杀被拘留等待审判的人均被释放[61]——而这在之前是不可想象的。1920 年《国民宣言》所表达的愿望在洛桑几乎全都实现，得到维护的不仅仅是民族主义者。1923 年 8 月 23 日，大国民议会批准《洛桑条约》。10 月 2 日，协约国撤出伊斯坦布尔。10 月 13 日，土耳其宣布定都安卡拉。10 月 29 日，土耳其共和国成立，穆斯塔法·凯末尔出任总统，伊斯梅特（伊纳尼）为总理。

相较于 1913 年奥斯曼军队克服万难夺回埃迪尔内的决心，拒绝接受《色佛尔条约》为土耳其人规划的羞耻未来的决心更为坚定，时间持续得也更久。《色佛尔条约》的阴影至今笼罩土耳其，人们唯恐拼死捍卫的国家再度遭到外敌与内贼的联手瓜分。《色佛尔条约》的幽灵甚至使一些人对土耳其加入欧盟充满疑虑，他们密切关注着欧洲是否别有居心。

*　　　*　　　*

1924 年 3 月 3 日，土耳其共和国成立 6 个月后，大国民会议投票废除了哈里发制，下令放逐奥斯曼皇室成员（共约 120 人）。[62] 这个决定导致大国民议会分裂。一些人仍然尊重哈里发，对穆斯塔法·凯末尔一派推动宪法通过的方式表示不满。劳夫及卡泽姆·卡拉贝基尔等温和派在哈里发被废除前还拜访过阿卜杜勒迈吉德。废除哈里发制的决定破坏了温和派与凯末尔代表的民族主义者之间的关系。穆斯塔法·凯末尔及其派系对大国民议会的牢牢控制，于此亦可见一斑。[63]

哈里发制的废除引发了包括印度、埃及和远东在内整个伊斯兰世界的反对。印度穆斯林的反应尤其激烈，土耳其民族主义者中的激进派甚至视其为对土耳其内政的干涉。[64] 有人提议穆斯塔法·凯末尔接受哈里发的头衔，但这个建议未被采纳；也有人甚至建议，将也门的伊玛目及阿富汗国王列为接任人选。阿卜杜勒迈吉德退位后流亡瑞士，以哈里发的身份邀请伊斯兰领袖举行大会，虽然大会未能顺利召开，但他的莽撞行为仍饱受土耳其人抨击。[65] 大多数穆斯林都真诚地信仰他们的宗教，并忠诚于哈里发。废除哈里发制一举使土耳其公民失去了一个习以为常的效忠对象，而此时大国民议会对宗教狂热的厌恶正进一步使人们疏远了安卡拉主导的激进现代化（等同于西化）。事实上，和奥斯曼帝国的改革一样，土耳其最初的现代化也是由精英阶层主导的，无法获得一般民众的认同：纵使他们承认自己再次拥有了安全的家园，他们也很容易厌恶改革。

巴尔干战争惨败造成的严重创伤使土耳其人相信，必须不计任何代价保卫安纳托利亚，否则他们将面临的就是亡国。这个信念对人口的变化造成深远影响：随着安纳托利亚的亚美尼亚人被迫放弃家园，同样离乡背井一无所有的巴尔干穆斯林难民随即在这里定居。《洛桑条约》之后，希腊与土耳其之间的人口交换成为穆斯林人口大规模离开原属奥斯曼的基督教领土和无神论者领土（如苏俄）的风潮的最后一波。到1923年，奥斯曼帝国仅剩的国土——土耳其共和国的人口总数约为1300万，其中98%为穆斯林。而在第一次世界大战前，穆斯林人口占比则为80%。随着城市化程度较高的基督教社群消失，农村人口的比例增加：大战前，23%的人口生活在人口数量超过1万的城市，战后，这个数字则为17%。[66]

官方的奥斯曼及土耳其人口普查显示，1900至1927年间，大城市中的非穆斯林人口大幅减少。其中，埃尔祖鲁姆的人口数据变化最为惊人，其非穆斯林人口比例从32%剧降至0.1%。锡瓦斯的非穆斯林人口从33%降至5%。在传统上希腊人极多的特布拉宗，非穆斯林人口比例从43%降至1%。1900至1927年间，伊兹密尔的非穆斯林人口从62%降至14%。伊斯坦布尔的变化相对没那么惊人，非穆斯林从1900年的56%降至1927年的35%。[67] 新成立的民族国家显然成功报复了他们眼中曾经背叛穆斯林同胞的亚美尼亚人与希腊人。

　　土耳其的穆斯林虽然包括人数众多的库尔德人、阿拉伯人、切尔克斯人、格鲁吉亚人、阿布哈兹人、拉兹人及阿尔巴尼亚人等，但从帝国变成共和国后，占支配地位的是土耳其人。在哈里发制被强硬地废除后，伊斯兰主义也不再适用，帝国未来的规划是世俗化的，宗教也成了个人生活的私人方面。另一种观念也在缓慢形成，即土耳其人是新共和国的选民，但与此同时，这个最终继承奥斯曼帝国遗产的新共和国并未建立一种所有民族都接纳的身份认同，而是要所有民族都认同它的观念。这个新共和国的最终形态乃是政治与社会运作的结果，这项运作利用了在奥斯曼土耳其文化中长存的部分，以及当时西方的思想和顺应时代的实用主义。

　　从法律与行政管理的目的来说，传统上，奥斯曼臣民的宗教身份比民族身份重要。例如，奥斯曼官僚系统的支柱税务登记中，唯一显示民族属性的条目就是姓名，在假设他们的姓名能够真实反映他们的民族出身的前提下，我们可以猜测纳税人是斯拉夫人、希腊人、亚美尼亚人还是土耳其人。然而，那些拥有斯拉夫、希腊、亚美尼亚名字的人更明显是基督徒，而那些拥有土耳其名字的人是穆斯林。奥斯曼皇室确实曾宣称他们是突厥乌古斯部落的后裔，他们从最初就认为自己有突厥血统，但从 16 世纪起，他们就不再强调奥斯曼身份认同的这个方面，因为声称拥有中亚先祖的敌对王朝已经灭亡。奥斯曼人在书写时也会用到民族分类，但是与"库尔德人"和"阿拉伯人"一样，"土耳其人"（Turks）这个词是个蔑称，通常带有"无知"和"不诚实"的意思。有的时候，"土耳其人"指的是离经叛道者，即违抗国家法令的人，诸如 16 世纪萨法维王朝沙赫伊斯玛仪的信徒，或是 17 世纪那些揭竿起事反抗中央政府的人。例如，17 世纪旅行家艾弗里雅切莱比讲到他在旅途中碰到土耳其农民时，就称之为"无知的土耳其人"。[68]

　　1900 年左右，一些学者深入探讨了土耳其的过去，他们的见解使人们有途径了解到土耳其的文化根基，也让人们能够更加正面地看待土耳其人。西方的东方学家耗费时间研究了"异域"民族的历史、种族渊源和语言，他们的研究对此也有助益。土耳其的出版界试图推广一种更加"土耳其化"的语言，剥离其中波斯语及阿拉伯语的成分，并出版了土耳其语的字典、语法书、地理书以及土耳其人的历史。青年土耳其党成员纳米克·凯末尔的爱国著作显然启发了穆斯塔法·凯末尔，[69] 前者把土耳其人看成是一段辉煌历史的继承者，而不是一个新生国家的先驱。[70] 而苏丹阿卜杜勒哈米德二世也喜欢那些有着"纯正土耳其血统"的人，大力尊崇扎根在阿达纳地区的拉马赞家族，这个家族的历史与奥斯曼扎根安纳托利亚的历史一样久远。[71] 同时代的政治人物艾哈迈德·杰夫代特帕夏就认为："伟大祖国的力量根源是土耳其人。他们的民族属性与信仰赋予了他们为奥斯曼家族献身直至其灭亡的责任。因此，对伟大的祖国来说，他们比其他民族更加重要。"[72]

1908 年革命的目标是拯救奥斯曼帝国，而不是建立一个民族国家。20 世纪初期，统一与进步委员会大肆宣扬"土耳其特性"，将其作为一种政治组织的基础，而不只是一种空泛的理念。但后来这个概念又被淡化，[73] 直到 1908 年后，知识分子才开始更开放地探讨这个概念。各类名称冠以"土耳其"的文化组织和爱国组织不断涌现。将"土耳其"概念从奥斯曼背景中剥离出来的想法出自海外的知识分子，他们是俄罗斯有突厥血统的穆斯林（而不是土耳其共和国的公民），试图在俄罗斯帝国最后的动乱中定义他们身份认同的基础。其中一些人住在伊斯坦布尔，他们向奥斯曼的土耳其知识分子传递了土耳其认同可以超越奥斯曼帝国架构的理念，影响极大。这种新的身份认同对奥斯曼帝国之外也在反抗帝国主义的突厥人颇具吸引力，特别是对伊朗、伊拉克和俄罗斯的突厥人。[74] 在奥斯曼帝国内，这种泛突厥主义的政治纲领却并不很受重视，并被视为一种带有浪漫倾向的想象及企望，它随着奥斯曼帝国的崩溃而没落，穆斯塔法·凯末尔在 1921 年就曾经予以公开谴责。[75] 在奥斯曼统治阶层中，最热衷于这个政治纲领的是恩维尔帕夏。在这个理念的推动下，1922 年，他甚至率领一支穆斯林部队对抗苏俄红军，战死于今天的塔吉克斯坦。

第一次世界大战之后，奥斯曼国内其他民族 —— 至少是奥斯曼的基督徒的"叛意"已经表露无遗，这使"土耳其特质"在塑造新的民族意识中的作用凸显出来。相较于泛突厥主义，奥斯曼帝国仅剩的领土（土耳其）

才使土耳其人祖国的观念更经得起时间考验。作为政治力量的土耳其民族主义渐渐强大起来，通过一种外柔内刚的方式推广至普通民众 —— 政府用大众教育与征兵制的天鹅绒手套包裹住了摧毁反对派与政治异见的铁拳。共和国成立初期，民族主义知识分子竭尽心力确立价值观念，以期能将其灌输给人民，为新的土耳其国家提供效忠的对象，并努力使土耳其共和国的建立合法化。

把库尔德人纳入土耳其身份认同的方式，可以说是将土耳其共和国所有人口重新定义为土耳其人的一个极端范例。1920 年的《色佛尔条约》提出了建立一个库尔德人国家的可能性，但三年后签订的《洛桑条约》却没有再提到这回事。同样地，1924 年共和国公布的新宪法也未提到之前的库尔德人自治计划。《色佛尔条约》的谈判过程中，代表战败国奥斯曼帝国利益的代表团并未受邀出席，但共和国外交部长伊斯梅特（伊纳尼）率领土耳其民族主义者的代表团出席了洛桑的和谈。帝国的崩溃使土耳其人与库尔德人之间的纽带 —— 苏丹制、伊斯兰教法及哈里发化为乌有，穆斯塔法·凯末尔想要建立的是一个现代化的世俗国家，不可能容忍一个固执传统的民族自治，他们必须被拉入新的时代。公民一律平等的原则为建立一个单一民族国家的政策提供了意识形态的正当性，因此依照法律，库尔德人也就成了土耳其人。[76]

所谓的"土耳其特质"是现代土耳其国家的奠基石，却经常遭到误解，事实上，它并不是一种民族特点，而是对一个"想象的"土耳其国家的国民所做的一种承诺，在这个国家中，所有的人都是生而平等的。由于历史上，奥斯曼只承认非穆斯林为少数族群，身为穆斯林和土耳其公民的库尔德人被视为土耳其人，他们和任何血统纯正的土耳其人一样。因此，许多土耳其人不能理解为何欧盟把库尔德人看成少数民族。

1925 年 2 月，在迪亚巴克尔北方爆发了所谓的谢赫赛义德叛乱，这只是 1930 年以前库尔德省份一系列反抗活动的第一起。这导致政府迅速通过了一项维护公共秩序的严苛法律，这部法律后来被用于压制反对穆斯塔法·凯末尔及其派系的声音。早在 1923 年，库尔德人的地下组织就已经开始讨论组织起义的可能性。1924 年，被英国人审问的反抗者表达的不满不只有废黜哈里发制，他们也不满最近政府禁止在公共场合使用库尔德语的行为。在教学中使用土耳其语，剥夺了库尔德人接受教育的机会。地理书籍禁止使用"库尔德斯坦"一词，土耳其军队还侵入库尔德人村庄，掠夺牲畜及粮食。2月13日，政府派出宪兵，试图以"强盗"的罪名逮捕纳合西班迪派的帕卢的赛义德谢赫的10名族人，但他们拒绝向宪兵投降，发动了起义。双方僵持了三周，许多库尔德人加入起义，至3月7日，他们包围了迪亚巴克尔。起义蔓延至安纳托利亚东部的广大地区，一直到凡湖以西。地方部队武力镇压起义者，政府不得不实施戒严，但当戒严仍然无法实现理想效果时，政府又自其他地方抽调军队增援，才在大量流血冲突后镇压了起义。4月15日，包围迪亚巴克尔的起义军投降，5月底，起义彻底被扑灭。这场起义体现出明显的库尔德人与伊斯兰教的特征，它是人们应对变化做出的反应，许多伊斯兰教领袖地主害怕自己成为进行中的共和革命的受害者。许多库尔德人被处以绞刑，另有许多人被流放西部地区。据说，土耳其陆军在镇压此次起义的战役中死亡的人数甚至超过独立战争。[77]

暴动之后，反对穆斯塔法·凯末尔及伊斯梅特的声音彻底平息。过去两年内所采取的紧急措施全都被纳入大国民议会通过的《秩序维护法》：多家报纸被关闭，东部继续戒严，负责审理1920年反对民族主义运动者的"独立法庭"再度开始运作，许多异议分子被绞死——有人估计，2500多名被捕者当中，有240人死亡，[78]还有人认为，有7500人被捕，660人死亡。[79]1924年，进步共和党脱离穆斯塔法·凯末尔的人民党（1923年9月成立），其中包括多名他过去的亲密战友，如卡泽姆·卡拉贝基尔和劳夫，他们对政治的强硬转向感到幻灭，在大国民议会中扮演唯一的反对派。1925年6月，内阁决定取缔该党。[80]

伴随镇压而至的，还有重整土耳其社会的基本变革措施，新的措施在东部再次激起民间的激烈反抗。即使只是强制推行将土耳其毡帽改为宽边礼帽，也会有人为反对而牺牲，因为对许多人来说，这和19世纪20年代末苏丹马哈茂德用土耳其毡帽取代头巾一样是一种冒犯。1925年11月，帽子法生效的同一周，另一项法令关闭了所有托钵僧僧院，以及圣徒和苏丹的陵墓与圣地，而这些地点在一般百姓日常生活中扮演着重要的角色。[①] 同年 12 月，土耳其放弃了伊斯兰教的阴历，改用国际通用的公元纪年，24 小时的计时方式取代了过去的日落计时。1926 年，土耳其推行了许多重大法律改革，许多外国法典被引入。新的民法典以瑞士民法为原本，尤其重要的是，妇女的地位发生巨大变化，她们在家庭及工作场所的地位得到显著提高。因此，今天的土耳其妇女还对穆斯塔法·凯末尔心存感激。[81]

　　1925 年之后的两年期间，《秩序维护法》得到强力执行，新闻界都为之胆寒，无论是自由派的或保守派的，宗教的或共产党的，大量报社关闭，这令人想起阿卜杜勒哈米德二世时代的新闻检查，只有对政府歌功颂德的刊物才能出版。[82] 1926 年，一次暗杀行动给了穆斯塔法·凯末尔一个借口，终于让他彻底扫除了统一进步党的残余。这个组织虽然已经正式解体，但从抵抗协约国占领时期起，部分成员仍在继续活动。其最后一次的大规模活动是在 1923 年，该党前任领袖召开会议，向穆斯塔法·凯末尔提出一项合作声明，但遭到拒绝。由于所有的政治反对活动事实上都在1925 年成为违法行为，因此他们很容易就将这次刺杀行动化为审判或处死统一进步党成员的借口。审判他们的法庭宣称 1923 年的会议就是这次暗杀的源头。[83]

＊　　　　＊　　　　＊

　　在 1927 年 10 月 15 至 20 日，共和人民党（其前身为人民党，他们的一党专政直至第二次世界大战后才结束）举行的第一次大会中，穆斯塔法·凯末尔发表了一篇长达 36 个小时的演说，文辞优美，雄辩滔滔，陈述了他心目中奥斯曼帝国崩溃与土耳其共和国的诞生。当然，整个故事的第一主角自然是凯末尔本人。演说内容并非是对 1919 年至 1927 年间历史事件的平铺直叙，而是自 1919 年 5 月 19 日，他从伊斯坦布尔抵达萨姆松

---

① 事实上，政府这一举措和马哈茂德二世期一样失败——这些教团今日依然活跃于土耳其人的生活中。

的那一天开始讲起。这篇演讲最可靠的英文版本共计 724 页，前面 657 页讲的是 1923 年 10 月 29 日之前的故事，以及共和国宣布成立的情形。[84]在剩下来的篇幅里，穆斯塔法·凯末尔痛斥那些对新秩序不够热情的人，其中包括新闻界（因为他们为表达反对意见提供了空间），特别是一度曾为他亲密战友的劳夫。[85]在演讲的其中一段，他这样开头："现在……且容我讲一个大阴谋。"——他严词谴责卡泽姆·卡拉贝基尔和劳夫（奥尔贝）在 1924 年另立门户，成立进步共和党挑战他的权威。言下之意，强制解散进步共和党，以及他拥有"秉持民意"为政治辩论定下基调的不可分割的权利这件事，全都是正当的。[86]

土耳其共和国的历史，无论是土耳其人或是外国人所写，全都忽略了伴随后奥斯曼国家诞生所带来的镇压活动，强调穆斯塔法·凯末尔的功劳，却忽视了其他同样功不可没的人物，从农夫到妇女到军事指挥官，他们抵抗《色佛尔条约》对帝国的瓜分，拯救残山剩水，建立土耳其人的新家园。凯末尔因为领导 1921 至 1922 年在安纳托利亚西部抵抗希腊人的活动，获得了毫无保留的颂扬，在此之后，他才不可避免地成为土耳其独一无二的政治领袖，拥有了处置与他政见不同的领袖的权力。根据最近的历史研究，第一次世界大战之后的抵抗活动是由统一进步党策划组织的，凯末尔和他的支持者当时并不是统一进步党的领袖。此外，为了突出穆斯塔法·凯末尔的形象，人们还夸张了帝国向共和国转变过程中与过去割裂的程度。虽然共和国在许多方面大不同于帝国（譬如幅员与人口），但从青年土耳其党时期起，在政治领导、官僚体系及军队上，两者之间还是有着很大的延续性。意识形态等其他方面就比较难以分析：共和国偏爱土耳其人的崇高地位，抛弃了奥斯曼主义与伊斯兰主义；国家的地位是至高无上的，个人与团体的声音因此被削弱了；精英主义和随之产生的人之间的不信任十分突出；奥斯曼末期对教育的强调和对进步的信仰在共和时期的核心理念中得以保留。[87]

现代土耳其人的公共生活完全是所谓"凯末尔主义"意识形态的产物。这是民族主义在土耳其的特殊表现，它体现在穆斯塔法·凯末尔的言行中，解读者则是土耳其的军事"守卫者"。要把凯末尔从各种神话中剥离出来不是件容易的事。穆斯塔法·凯末尔推动一种以他自己为中心的个人崇拜，鼓动人民在全国各地建立纪念他的雕像，特别是纪念共和国建立的重要事件。[88] 他的继承者又继续建立了大量雕塑，但这些雕塑几乎都是凯末尔的，其他参与抵抗运动的英雄都被他们忽视了——实际上，他们忽视了一切知名的人物。穆斯塔法·凯末尔在世时，在共和国建立中贡献巨大的才华横溢的军事指挥官卡泽姆·卡拉贝基尔想要出版一本回忆录，记述自己在战后斗争中的贡献，但这本书很快被禁；1960 年（同年，共和国建立以来的首次政变爆发，另外两次分别在 1971 及 1980 年），这本回忆录的增订版出版，出版人却遭到起诉，书籍被没收，直到 9 年后官司结束，这本书才得以发行。[89] 1953 年以来，穆斯塔法·凯末尔的遗体一直停厝于俯瞰安卡拉市的纪念馆，许多国家重要仪式都在这里举行。但很少有人知道他的战友的长眠之地，他的忠实追随者伊斯梅特算是例外。然而，土耳其共和国的这种坚定的凯末尔主义倾向并不是一个持续存在的现象，1980 年 9 月 12 日的军事政变后，它才在公共生活中获得独一无二的普遍性。

穆斯塔法·凯末尔明白，废除哈里发制的做法仍颇具争议，因此 1927 年的演讲中有一段专门谈论这个问题。在一个更短的章节中，他谈到禁戴土耳其毡帽与取缔托钵僧教团是为了打击愚昧，同时也重申"独立法庭"和《维持秩序法》等严刑峻法的正当性。[90] 在接连军事政变后的岁月中，人们常引用穆斯塔法·凯末尔的一种论调：

> 尽管有法可依，我们从来不会采用非常措施将自己置于法律之上。相反地，我们采用非常措施以恢复国内的安定与平静……只要采用非常措施的必要性不再存在，我们会毫不犹豫地予以放弃。[91]

军方及其民间的支持者以保卫土耳其、推广凯末尔主义为己任，努力保持并诠释穆斯塔法·凯末尔的遗产，以说服现代土耳其的公民顺应凯末尔主义的价值观——不只是他的世俗主义和在公共生活中有前瞻性的现代化，还有镇压反对声音的极权主义倾向和对言论自由的限制。穆斯塔法·凯末尔的行动是根据他掌权时期的困难量身定制的；但时代已经变了，20世纪20年代理想与恐惧激发出来的解决方案显然并不适合21世纪的问题与挑战。但过去深深影响着人们，许多土耳其人无法认同西方人不屑地将凯末尔主义等同于"军国主义、极权主义及种族民族主义"的看法；对他们来说，凯末尔主义是"进步的同义词，因此也是自由的同义词"。[92] 无论如何，今天已经出现令人鼓舞的迹象，人们越来越能接受多元的看法，军队也在逐渐退出土耳其公共生活。

＊　　　＊　　　＊

奥斯曼梦中未来的愿景为奥斯曼帝国提供了合法性证明，也提供了正当性，同样地，年轻的土耳其共和国也需要一个建国神话，凯末尔在1927年的演讲满足了他们的需求。他与他那些无名的盟友在绝望的深渊中打了一场漂亮的胜仗，为土耳其共和国确立了无懈可击的合法性。穆斯塔法·凯末尔演讲中讲述的令人信服的历史在土耳其熬过了重大的政治变革，得以保留下来。未来的历史学家回顾今天，可能会发现，土耳其共和国最终已经不再需要强调穆斯塔法·凯末尔的梦想，让它与奥斯曼的梦想及过去支撑奥斯曼帝国的神话一样汇入历史的洪流，随波而去。

奥斯曼帝国历任苏丹

奥斯曼一世	？—约 1324
奥尔汗一世	约 1324—1362
穆拉德一世	1362—1389
"雷霆"巴耶济德一世	1389—1402
大空位时期	1402—1413
穆罕默德一世	1413—1421
穆拉德二世（逊位）	1421—1444
穆罕默德二世	1444—1446
穆拉德二世	1446—1451
"征服者"穆罕默德二世	1451—1481
巴耶济德二世（被推翻）	1481—1512
塞利姆一世	1512—1520
"立法者"苏莱曼大帝，一世	1520—1566
塞利姆二世	1566—1574
穆拉德三世	1574—1595
穆罕默德三世	1595—1603
艾哈迈德一世	1603—1617
穆斯塔法一世（被推翻）	1617—1618
奥斯曼二世（被杀）	1618—1622
穆斯塔法一世（被推翻）	1622—1623
穆拉德四世	1623—1640
"疯狂的"易卜拉欣一世（被处死）	1640—1648

"猎手"穆罕默德四世（被推翻）	1648—1687
苏莱曼二世	1687—1691
艾哈迈德二世	1691—1695
穆斯塔法二世（被推翻）	1695—1703
艾哈迈德三世（被推翻）	1703—1730
马哈茂德一世	1730—1754
奥斯曼三世	1754—1757
穆斯塔法三世	1757—1774
阿卜杜勒哈米德一世	1774—1789
塞利姆三世（被推翻）	1789—1807
穆斯塔法四世（被推翻）	1807—1808
马哈茂德二世	1808—1839
阿卜杜勒迈吉德一世	1839—1861
阿卜杜勒阿齐兹一世（被推翻）	1861—1876
穆拉德五世（被推翻）	1876
阿卜杜勒哈米德二世（被推翻）	1876—1909
穆罕默德五世·雷西德	1909—1918
穆罕默德六世·瓦赫德丁（逊位）	1918—1922
阿卜杜勒迈吉德二世（仅为哈里发）	1922—1924

大事年表

黑体字为奥斯曼帝国以外发生的事件。

统治苏丹		事件
	1054	教宗宣布拜占庭为分裂教会者
	1071	曼齐刻尔特战役：塞尔柱突厥人击败拜占庭军队
	1176	密列奥塞法隆战役：塞尔柱突厥人击拜败占庭军队
	1187	萨拉丁攻陷耶路撒冷
	1204—1261	拉丁人占领君士坦丁堡
	1243	蒙古人在克塞山战胜塞尔柱突厥人
	1258	蒙古攻陷哈里发驻地巴格达
？—约 1324 奥斯曼一世	1301	巴菲乌斯战役：奥斯曼军队击败拜占庭人
	1306	**医院骑士团在罗得岛建立根据地**
约 1324—1362 奥尔汗一世	1326	奥斯曼人占领布尔萨
	1326—1327	现存最早的奥斯曼钱币出现
	1329	贝勒卡依战役：奥尔汗率军击败拜占庭人
	14 世纪 30 年代	卡雷西突厥人渡过达达尼尔海峡进入色雷斯
	1331	奥斯曼人占领伊兹尼克
	1337	奥斯曼人占领伊兹密特
	约 1345	奥斯曼吞并卡雷西埃米尔国
	1346	奥尔汗迎娶约翰六世·坎塔泽努斯之女狄奥多拉
	1352	奥尔汗与热那亚人签署条约
	1352	奥斯曼人进入色雷斯
	1354	地震，奥斯曼人攻陷盖利博卢
	14 世纪 60 年代	奥斯曼占领埃迪尔内
	1361	"勇士"埃弗雷诺斯占领科莫蒂尼
1362—1389 穆拉德一世	1366	拉丁海军包围盖利博卢
	1369	**拜占庭皇帝约翰五世·帕里奥洛格斯向教宗求援**
	1371	齐尔门战役：奥斯曼大败塞尔维亚和保加利亚君主
	1373	萨伏基和安德洛尼卡叛乱
	14 世纪 80 年代	奥斯曼吞并哈米德埃米尔国
	1386	奥斯曼自塞尔维亚人手中夺得尼什

	1386	奥斯曼第一次与卡拉曼发生冲突
	1387	拜占庭的萨洛尼卡接受奥斯曼统治
	1388	比莱恰战役：奥斯曼军被波斯尼亚军击败
	1389	科索沃波尔耶战役：穆拉德战死
1389—1402 巴耶济德一世	14 世纪 90 年代	奥斯曼吞并了安纳托利亚西部其他埃米尔国
	1391	塞尔维亚成为奥斯曼附庸国
	1393—1394	巴耶济德召集其拜占庭附庸至塞雷
	1393	奥斯曼占领保加利亚伊凡·希什曼的领土
	1394—1402	奥斯曼围攻君士坦丁堡
	1394	"勇士"埃弗雷诺斯挺进希腊
	1394	奥斯曼占领萨洛尼卡
	1395	奥斯曼击溃瓦拉几亚的米尔恰
	1396	尼科堡战役：奥斯曼击溃十字军部队
	1397—1403	**拜占庭皇帝曼努埃尔二世向欧洲求救**
	1397	卡拉曼王朝丧失独立地位
	1398	奥斯曼在锡瓦斯攻击卡迪布罕·阿尔丁·艾哈迈德
	1402	安卡拉战役：帖木儿大败奥斯曼；安纳托利亚的埃米尔国再次获得独立地位
1402—1413 大空位时期	1402—1413	巴耶济德诸子争夺王位
1413—1421 穆罕默德一世	1416	谢赫贝德雷丁起义
	1417	"勇士"埃弗雷诺斯逝世
1421—1444 穆拉德二世	1421—1422	"假"穆斯塔法叛乱
	1422	奥斯曼围攻萨洛尼卡
	1423	**拜占庭将萨洛尼卡割让给威尼斯**
	1425	奥斯曼再次吞并安纳托利亚西部的埃米尔国
	1427	**匈牙利自塞尔维亚手中夺得贝尔格莱德**
	1427	奥斯曼夺得格鲁拜克
	1430	萨洛尼卡落入奥斯曼手中
	1437—1439	**费拉拉－佛罗伦萨公会议，东正教与天主教联合**
	1438—1439	奥斯曼攻打塞尔维亚
	1440	奥斯曼未能夺取贝尔格莱德
	1444	瓦尔纳十字军战役：奥斯曼击败十字军
1444—46 穆罕默德二世	1444	奥斯曼阿斯柏银币贬值
1446—1451 穆拉德二世	1448	第二次科索沃波尔耶战役：奥斯曼击溃匈牙利及瓦拉几亚
	1449	**君士坦丁十一世加冕为拜占庭皇帝**

1451—1481 穆罕默德二世	1451—1452	奥斯曼在博斯普鲁斯海峡畔建造如梅利堡垒
	1453	奥斯曼征服君士坦丁堡
	1454—1455	奥斯曼人攻打塞尔维亚
	1455	奥斯曼开始夺取热那亚的殖民地
	1456	奥斯曼再次围攻贝尔格莱德失败
	1456—1468	马哈茂德帕夏·安格洛维奇就任大维齐尔
	1457—1458	建造耶蒂库勒堡及旧皇宫
	1458	**马加什·科维努斯继承匈牙利王座**
	1458—1460	奥斯曼征服伯罗奔尼撒半岛
	1459	塞尔维亚完全并入奥斯曼帝国
	1459	兴建托普卡帕皇宫
	1460—1461	兴建大巴扎
	1461	奥斯曼征服科穆宁王朝（拜占庭）特拉布宗王国
	1462	奥斯曼在达达尼尔海峡两岸建造堡垒
	1463—1479	奥斯曼 – 威尼斯战争
	1463	穆罕默德二世开始兴建清真寺建筑群
	1463	奥斯曼吞并波斯尼亚及黑塞哥维那
	1466	奥斯曼攻打斯坎德贝格
	1467	白羊王朝乌宗·哈桑吞并黑羊王朝国土
	1468	卡拉曼军事行动：众多百姓被驱逐至伊斯坦布尔
	1472—1474	马哈茂德帕夏·安格洛维奇再任大维齐尔
	1472—1473	奥斯曼与白羊王朝大战，争夺卡拉曼
	1474	奥斯曼再次吞并卡拉曼
	1475	热那亚殖民地卡法被奥斯曼吞并
	1478	克里米亚鞑靼汗国接受奥斯曼为宗主国
	1480	奥斯曼攻占奥特朗托
	1480	奥斯曼围攻罗得岛失败
1485—1512 巴耶济德二世	1481	奥斯曼交出奥特朗托
	1481	杰姆苏丹到马穆鲁克避难
	1482	杰姆苏丹乘船前往罗得岛，并转往法兰西
	1485—1491	奥斯曼 – 马穆鲁克战争
	1489	杰姆苏丹赴罗马
	1492	**费迪南与伊莎贝拉消灭信仰伊斯兰教的格拉纳达王国**
	1492	西班牙犹太人获奥斯曼帝国庇护
	1495	杰姆苏丹逝世
	1497	**瓦斯科·达·伽马绕过好望角**
	1499	杰姆苏丹的尸体被运回伊斯坦布尔
	1499—1502	奥斯曼 – 威尼斯战争
	1501	**沙赫伊斯玛仪建立萨法维王朝**

	1502	巴耶济德对奇兹巴什采取初步措施
	1510—1512	巴耶济德诸子争夺苏丹之位继承权
	1510	奥斯曼海军帮助马穆鲁克对抗葡萄牙
	1511	"沙赫的奴仆"叛乱
1512—1520 塞利姆一世	1514	恰尔德兰战役：奥斯曼击溃萨法维军队
	1515	奥斯曼消灭杜尔卡迪尔埃米尔国
	1516—1517	奥斯曼由马穆鲁克苏丹国手上夺得叙利亚和埃及
	16 世纪 20 年代	奥斯曼与葡萄牙角力印度洋
	1520	沙赫韦利叛乱
1520—1566 苏莱曼一世	1521	奥斯曼征服贝尔格莱德
	1522	奥斯曼征服罗得岛
	1523—1536	易卜拉欣帕夏任大维齐尔
	1526—1527	奇里乞亚税收起义爆发，并蔓延至安纳托利亚东部
	1526	莫哈奇战役爆发，终结了匈牙利的中世纪王国；奥斯曼与哈布斯堡逐鹿于匈牙利
	1529	奥斯曼围攻维也纳失败
	1530	**查理五世加冕为神圣罗马帝国皇帝**
	16 世纪 30 年代	奥斯曼与哈布斯堡王朝开始在北非角力
	1534	苏莱曼迎娶许蕾姆苏丹
	1534	奥斯曼占领大不里士，且夺得巴格达
	1535	奥斯曼尝试设置也门省政府
	1538	奥斯曼进军摩尔达维亚，并占领黑海西北海岸
	1541	匈牙利大半领土被纳入奥斯曼管辖范围内
	1544—1553	鲁斯泰姆帕夏担任大维齐尔
	1546	巴士拉成为奥斯曼的一个省
	1547	**伊凡四世加冕为全俄罗斯沙皇**
	1548	与萨法维敌对状况改变（尤其在高加索地区）
	16 世纪 50 年代	哥萨克人攻击奥斯曼及乌克兰的克里米亚鞑靼汗国
	1550—1559	建造苏莱曼清真寺综合建筑群
	1552	**伊凡四世夺取喀山汗国**
	1552	外特兰西瓦尼亚部分地区被奥斯曼统治
	1552	皮里雷斯远征霍尔木兹和巴林失败
	1555	奥斯曼与萨法维签订《阿马西亚和约》
	1555	哈贝什成为奥斯曼的一个省
	1555—1561	吕斯泰姆帕夏再任大维齐尔
	1556	**伊凡四世占领阿斯特拉罕汗国**
	1558	许蕾姆苏丹去世
	1558	苏莱曼之子巴耶济德与塞利姆开始争夺继承权
	1565—1579	索库鲁·穆罕默德帕夏任大维齐尔

	1565	奥斯曼围攻马耳他医院骑士团失败
1566—1574 塞利姆二世	1568—1571	奥斯曼镇压也门叛乱
	1568	奥斯曼—哈布斯堡和约
	1569	顿河—伏尔加河运河计划失败
	1571	奥斯曼自威尼斯手中夺下塞浦路斯
	1571	勒班陀之战：奥斯曼败于神圣同盟
	1572	阿亚索非亚清真寺大整修
1574—1595 穆拉德三世	1574	兴建加拉塔天文台
	1575	埃迪尔内的塞利姆清真寺建筑群竣工
	1575	**西班牙宣布破产**
	1578—1590	奥斯曼在高加索对萨法维王朝开战
	1578	索库鲁·穆罕默德帕夏向威尼斯订制苏丹系列肖像
	16 世纪 80 年代	穆拉德大幅扩建苏丹私人宅邸——托普卡帕宫后宫， 提升黑人大太监角色
	1580	奥斯曼人夷平加拉塔天文台
	1580	奥斯曼与西班牙和哈布斯堡王朝在地中海西部的战争 结束
	1585—1586	奥斯曼阿斯柏币贬值
	1588	建筑师希南去世
	1589	禁卫军因钱币贬值发动兵变
	约 1590	奥斯曼开始自农村征兵，组建非正规步兵部队
	16 世纪 90 年代	地方抵制奥斯曼中央政府的权威，安纳托利亚爆发杰 拉里叛乱
	1591—1592	伊斯兰千禧年
	1593—1606	奥斯曼与哈布斯堡开战
1595—1603 穆罕默德三世	1603—1618	奥斯曼对萨法维王朝开战
1603—1617 阿哈迈德一世	1606—1607	叙利亚詹布拉特奥卢·阿里帕夏叛乱
	1609—1617	兴建艾哈迈德一世清真寺建筑群
	1609	杰拉里叛乱第一阶段结束
1617—1618 穆斯塔法一世		
1618—1622 奥斯曼二世	**1618—1648**	**欧洲三十年战争**
	1621—1622	奥斯曼征伐波兰立陶宛联邦
1622—1623 穆斯塔法一世	1622—1628	阿布哈兹的穆罕默德帕夏叛变

1623—1640 穆拉德四世	1623—1632	穆拉德之母柯塞姆苏丹摄政
	1624—1639	奥斯曼对萨法维开战
	1624	萨法维占领巴格达
	1624	乌克兰哥萨克人劫掠博斯普鲁斯的村庄，侵袭塔拉布宗省
	1627—1628	奥斯曼介入克里米亚鞑靼汗国的权力斗争
	1630	奥斯曼反攻巴格达失败
	1631	禁欲派卡迪扎德运动兴起
	1632	穆拉德开始改革
	1633	卡迪扎德在伊斯坦布尔煽动混乱
	1635	奥斯曼人撤出也门
	1636—1641	顿河哥萨克人占领亚速
	1638	奥斯曼收复巴格达
1640—1648 易卜拉欣一世	1640—1644	大维齐尔"黑色弓箭手"穆斯塔法进行财政改革
	1640—1648	柯塞姆苏丹再度摄政
	1642—1643	阿勒颇总督纳苏赫帕夏扎德·侯赛因帕夏叛变
	1644—1669	奥斯曼与威尼斯战于克里特岛
	1647—1648	锡瓦斯总督瓦尔瓦尔·阿里帕夏叛变
	1648	苏丹兵团兵变迫使易卜拉欣下台
1648—1687 穆罕默德四世	**1648—1657**	**海特曼赫梅利尼茨基率领哥萨克人叛变**
	1649	格鲁吉亚的阿卜杜勒奈比阿迦叛变
	1651	伊斯坦布尔商人起义，柯塞姆苏丹遇刺
	1656	苏丹兵团因货币贬值在伊斯坦布尔发动叛乱
	1656—1661	柯普律吕·穆罕默德帕夏担任大维齐尔
	1657—1658	奥斯曼出兵平定奥斯曼附庸特兰西瓦尼亚的拉科奇
	1658—1659	阿布哈兹的哈珊帕夏叛乱，同时还存在反对柯普律吕·穆罕默德的叛乱
	1659	皇室出巡达达尼尔海峡，图尔汗苏丹捐建的堡垒落成
	1660	特兰西瓦尼亚的瓦拉德省建立
	1660	伊斯坦布尔艾米诺努区发生大火，图尔汗苏丹的新的清真寺落成
	1661—1676	柯普律吕家族"智慧的"艾哈迈德帕夏任大维齐尔
	1664	奥斯曼在布达东北部建立新扎姆基省
	1665	"凡城的"穆罕默德埃芬迪成为"智慧的"艾哈迈德的精神导师：卡迪扎德教派振兴
	1665	萨瓦塔伊·兹维宣称自己是马赫迪
	1667	**波兰立陶宛联邦及莫斯科大公国分裂乌克兰**
	1669	奥斯曼攻占克里特岛，并成立新省
	1669	右岸乌克兰的海特曼多罗申科接受奥斯曼统治

	1671—1672	奥斯曼对波兰立陶宛联邦开战
	1672	奥斯曼在原属波兰的波多里亚省成立卡缅涅茨省
	1674	奥斯曼发兵解救莫斯科大公国对赫特曼多罗申科的首府奇希林之围
	1676—1683	梅尔济丰的卡拉·穆斯塔法帕夏出任大维齐尔
	1676	赫特曼多罗申科背弃苏丹转投沙皇
	1677—1678	奥斯曼对莫斯科大公国开战
	1681	奥斯曼与莫斯科大公国签订《巴赫奇萨赖条约》，承认奥斯曼对右岸乌克兰的宗主权
	1683—1699	奥斯曼与奥地利的哈布斯堡王朝、威尼斯、莫斯科及波兰开战
	1683	奥斯曼二度围攻维也纳失败
	1684	**法国与奥地利的哈布斯堡王朝议和**
	1686	奥斯曼丢失布达及匈牙利大部分地区
	1687	莫斯科大公国军队南进克里米亚，但无功而返
	1687	奥斯曼败于莫哈奇，大维齐尔"浅肤色的"苏莱曼逃亡
1687—1691 苏莱曼二世	1687—1688	民兵兵变，苏丹的伊斯坦布尔兵团起事
	1688	奥兰治的威廉促使奥斯曼与哈布斯堡开始谈判
	1688	贝尔格莱德落入哈布斯堡之手
	1688—1697	**奥格斯堡同盟战争**
	1689	莫斯科大公国大军南进克里米亚，但无功而返
	1689—1691	柯普律吕家族"智慧的"穆斯塔法帕夏任大维齐尔
	1690	"智慧的"穆斯塔法开始财政改革
	1690	奥斯曼收复贝尔格莱德及其他要塞
1691—1695 艾哈迈德二世	1695	奥斯曼实施终身包税权制
1695—1703 穆斯塔法二世	1697	奥斯曼军队在森塔遭遇惨败
	1697—1702	"侄子"侯赛因任大维齐尔
	1699	奥斯曼与奥地利及其盟邦签署《卡尔洛维茨条约》
	1703	"埃迪尔内事件"导致穆斯塔法二世被废黜
1703—1730 艾哈迈德三世	**1703**	**彼得大帝建立圣彼得堡**
	1709—1714	瑞典查理十二世在波尔塔瓦战败后至奥斯曼寻求庇护
	1710—1711	奥斯曼对俄罗斯开战
	1715—1718	奥斯曼与威尼斯及奥地利开战
	1717	贝尔格莱德被奥地利攻陷；奥斯曼与哈布斯堡王朝议和，在尼斯重订边界
	1718—1730	内夫谢希尔的达马德·易卜拉欣任大维齐尔
	18世纪20年代	"郁金香时代"

	1720—1721	"二十八"切莱比穆罕默德埃芬迪以文化特使的身份访问巴黎
	1720	艾哈迈德三世为儿子举行铺张的割礼庆典
	1721	奥斯曼开始兴建萨巴德宫
	1722	萨法维王朝覆没，奥斯曼及俄罗斯军队进入伊朗北部
	1724	奥斯曼与俄罗斯协议瓜分伊朗西北部
	1724—1746	奥斯曼与伊朗开战
	1727	奥斯曼帝国内第一家阿拉伯文印刷所成立
	1730	"'帕特罗讷'哈利勒"起义
1730—1754 马哈茂德一世	1736	俄罗斯夺取克里米亚首府巴赫奇萨赖
	1737	俄罗斯攻陷黑海北岸要塞奥恰基夫，奥地利参战
	1739	《贝尔格莱德条约》：奥地利丧失贝尔格莱德
	1740—1775	谢赫查希尔·奥马尔控制阿卡港地区
	1740	奥斯曼—法国贸易条约
	1740	伊斯坦布尔动乱
	1748	伊斯坦布尔动乱
1754—1757 奥斯曼三世	1755	伊斯坦布尔奴鲁奥斯玛尼耶清真寺建筑群完工
	1756	伊斯坦布尔大火
1757—1774 穆斯塔法三世	**1762**	**俄罗斯女皇叶卡捷琳娜二世即位**
	1763—1765	俄罗斯在巴赫奇萨赖设立领事馆
	1768—1774	奥斯曼与俄罗斯开战
	18世纪70年代	阿拉伯禁欲的瓦哈比派开始骚动
	1770	俄罗斯舰队在切什梅周边海域击败奥斯曼舰队
	1771	俄罗斯入侵克里米亚
	1772	克里米亚鞑靼可汗沙希布·格莱宣布克里米亚独立
	1772	在俄罗斯海军援助下，"捕云者"阿里贝伊及查希尔·奥马尔包围贝鲁特
	1772	**俄罗斯、普鲁士及奥地利第一次瓜分波兰**
1774—1789 阿卜杜勒哈米德一世	1774	《库楚克开纳吉条约》结束了奥斯曼对俄罗斯的战争
	1775—1804	"屠夫"艾哈迈德帕夏统治叙利亚
	1783	俄罗斯并吞克里米亚汗国
	1786	奥斯曼海军镇压埃及叛乱
	1787—1792	奥斯曼对俄罗斯开战
	1787	台佩莱纳的阿里帕夏成为爱奥尼亚总督
	1788—1791	奥斯曼与奥地利开战
1789—1807 塞利姆三世	1789	塞利姆召集大臣商讨帝国未来
	1789	**法国大革命**
	1789—1791	奥地利占领贝尔格莱德

	1791	奥斯曼政府军开始征讨巴尔干规模较小的豪族
	1792	巴尔干豪族帕斯旺奥卢·奥斯曼帕夏占据维丁
	1792	塞利姆评估大臣提交的关于帝国情势的报告
	1793	奥斯曼首度在欧洲各国首都设立使馆
	1793	**俄罗斯及普鲁士第二次瓜分波兰**
	1793	在欧洲的反法战争中，奥斯曼宣布中立
	1793—1794	奥斯曼建立"新秩序"军并改革财政
	1795	**俄罗斯、普鲁士及奥地利第三次瓜分波兰**
	1798	拿破仑·波拿巴入侵埃及
	1798	瓦哈比部队击败谢里夫加利卜的军队
	1799	拿破仑返回法国
	1801—1802	英国占领埃及
	1802	"新秩序"军在安纳托利亚征兵
	1803	奥斯曼发兵征讨瓦哈比，瓦哈比派短暂占领麦加
	1804	奥斯曼政府与塞尔维亚部队将民兵逐出贝尔格莱德
	1805	"新秩序"军的征兵活动扩展到巴尔干
	1805	瓦哈比派攻陷麦地那
	1805	卡瓦拉的穆罕默德·阿里出任埃及总督
	1806—1812	奥斯曼对俄罗斯开战
	1806	塞利姆承认拿破仑帝位，赠送肖像
	1806	瓦哈比派占领麦加
	1806	埃迪尔内爆发了反"新秩序"军征兵的暴动
	1807	塞尔维亚军队占领贝尔格莱德
	1807	英国海军进逼达达尼尔
	1807	"新秩序"在暴乱中终结
	1807	**《提尔西特条约》：法国与俄罗斯协议瓜分奥斯曼的巴尔干领土**
	1807	瓦哈比派关闭奥斯曼朝圣路线
1807—1808 穆斯塔法四世	1808	"旗手"穆斯塔法帕夏来到伊斯坦布尔，不久后遇刺
	1808	塞利姆三世被杀害
1808—1839 马哈茂德二世	1811—1818	穆罕默德·阿里帕夏及易卜拉欣帕夏降服瓦哈比派
	1813	马哈茂德二世开始剥夺地方豪族的财富
	1814	"友谊社"在敖德萨成立
	1820—1823	奥斯曼对伊朗卡扎尔王朝开战
	1821	希腊独立运动开始
	1822	台佩莱纳的阿里帕夏遭刺
	1824—1827	奥斯曼镇压希腊独立运动
	1826	马哈茂德废除禁卫军，成立新军，展开改革
	1828—1829	奥斯曼对俄罗斯开战

	1829	奥斯曼规定政府员工配戴土耳其毡帽
	1830—1831	奥斯曼第一次人口普查
	1830	阿尔及尔成为法国的受保护国
	1831	穆罕默德·阿里帕夏攻击叙利亚
	1833	易卜拉欣进攻屈塔西亚，随后败退
	1838	《巴尔塔李曼条约》迫使奥斯曼放弃政府垄断
	1839	尼济普之战：易卜拉欣大败奥斯曼军
1839—1861 阿卜杜勒迈吉德一世	1839	《花厅御诏》宣告"坦泽乌特"的开始
	1840	穆罕默德·阿里帕夏成为埃及的世袭总督
	1846	伊斯坦布尔奴隶市场关闭
	1847—1849	整修阿亚索非亚清真寺
	1847	反奴隶交易措施实施
	1850	维丁起义
	1851	**伦敦世界博览会**
	1853—1856	克里米亚战争
	1855—1871	阿里帕夏及法德帕夏在大部分时间担任大维齐尔
	1856	《改革御诏》《巴黎条约》
	1859	"库勒里事变"
	1860	奥斯曼成立难民委员会
1861—1876 阿卜杜勒阿齐兹一世	1863	奥斯曼帝国银行成立
	1863	阿卜杜勒阿齐兹出巡埃及，贝勒贝伊宫动工
	1864	俄罗斯驱逐高加索穆斯林
	1865	爱国联盟成立，不久后就以"奥斯曼青年党"的名字闻名
	1867	阿卜杜勒阿齐兹出访法国及英国
	1869	苏伊士运河工程动工
	19世纪70年代	安纳托利亚发生洪水、干旱、饥馑
	1870—1871	**普法战争**
	1872	奥斯曼收复也门
	1873	伊斯坦布尔—巴黎铁路第一段通车
1876 穆拉德五世		
1876—1909 阿卜杜勒哈米德二世	1876	"保加利亚暴行"
	1876	奥斯曼《宪法》公布
	1877—1878	奥斯曼对俄罗斯开战
	1878	宪法被搁置
	1878	穆拉德五世复辟失败
	1878	柏林会议及《柏林条约》

1881	突尼斯成为法国的受保护国
1881	奥斯曼武力镇压阿尔巴尼亚叛乱
1881	奥斯曼公债署成立
1882	英国占领埃及
1884—1885	柏林会议讨论非洲未来
1884	前大维齐尔及"宪法之父"密德哈特帕夏于塔伊夫遇刺
1888	青年土耳其作家兼官员纳米克·凯末尔去世
1889	德意志皇帝威廉二世访问奥斯曼
1891	哈米迪耶兵团进驻安纳托利亚东部维持治安
1893	马其顿内部革命组织成立
1894	哈米迪耶兵团与当地的亚美尼亚人在比特利斯发生暴力冲突
1894	秘密党派组成统一与进步委员会，或称"青年土耳其党"
1895	知识分子兼大臣艾哈迈德·杰夫代特帕夏去世
1895	亚美尼亚革命组织"匈切克党"在伊斯坦布尔制造冲突
1896	安纳托利亚东部的暴力开始升级
1896	亚美尼亚革命联盟攻击伊斯坦布尔奥斯曼银行总行
1897	奥斯曼对希腊开战
1897	沙皇尼古拉二世与奥地利皇帝弗朗茨·约瑟夫在奥斯曼巴尔干划分势力范围
1897	克里特岛自治
1898	德意志皇帝威廉二世访问伊斯坦布尔与叙利亚
1902	反对派统一与进步委员会首次大会在巴黎召开
1905—1907	安纳托利亚爆发反政府起义
1905	马其顿爆发税收起义
1906	统一与进步委员会分裂，进步与统一委员会采取了更激烈的行动
1906	进步与统一委员会和萨洛尼卡的奥斯曼自由协会联合
1907	反对派第二次大会在巴黎举行
1908	沙皇尼古拉二世与英王爱德华七世在塔林讨论"马其顿问题"
1908	青年土耳其革命
1908	奥斯曼失去保加利亚、波斯尼亚－黑塞哥维那及克里特岛
1908	奥斯曼议会重开
1909	反政变"三三一事件"，阿卜杜勒哈米德被流放到萨洛尼卡

1909—1918 穆罕默德五世 雷西德	1910—1911	叙利亚及汉志的阿拉伯部落叛乱
	1911	穆罕默德巡视巴尔干
	1911	意大利入侵的黎波里
	1911	部分奥斯曼人撤出也门
	1912—1913	第一次巴尔干战争爆发，埃迪尔内陷落
	1912	阿卜杜勒哈米德返回伊斯坦布尔
	1913	统一与进步委员会政变：马哈茂德·谢夫凯特成为大 维齐尔，但随后就被刺杀
	1913	第二次巴尔干战争爆发，奥斯曼收复埃迪尔内
	1914	**奥匈帝国皇储费迪南大公在萨拉热窝遇刺**
	1914—1918	第一次世界大战爆发，奥斯曼与德国结盟
	1914	英国占领巴士拉，向北挺进伊拉克
	1915	俄罗斯军队在萨勒卡默什附近败恩维尔
	1915	奥斯曼的亚美尼亚军队被解除武装
	1915	政府下令驱逐安纳托利亚东部的亚美尼亚人
	1915—1916	奥斯曼在加里波利击败协约国军队
	1916	汉志爆发"阿拉伯革命"
1918—1922 穆罕默德六世 瓦赫德丁	1918	穆兹罗斯岛停火协议
	1918	协约国开始占领伊斯坦布尔
	1919	穆斯塔法·凯末尔与同伴展开民族解放运动
	1919	战犯审判在伊斯坦布尔及各省展开
	1920	大国民议会在安卡拉召开
	1920	希腊人进军安纳托利亚西部
	1920	《色佛尔条约》：奥斯曼领土所剩无几
	1921—1922	土耳其民族主义者击败希腊赢得独立战争
	1921	法国与意大利撤出安纳托利亚
	1922	穆达尼亚停火协议
	1922	大国民议会废黜奥斯曼苏丹
1922—1924 阿卜杜勒迈吉 德二世 （哈里发）	1923	《洛桑条约》几乎确定了今日土耳其的领土
	1923	协约国撤出伊斯坦布尔
	1923	土耳其共和国宣布成立
	1924	土耳其废除哈里发，驱逐奥斯曼王室
	1925—1930	安纳托利亚东部的库尔德人叛乱
	1925—1927	土耳其实施《秩序维护法》
	1925	土耳其实施《帽法》，关闭托钵僧院，采用西方纪 年法
	1926	土耳其采用了模仿瑞士的《民法》
	1927	穆斯塔法·凯末尔发表六日演讲

注　释

　　为了减少本书的尾注，我不会每次都注明一些多次引用的基础文献，如 R. 曼特兰编著的 *Histoire de l'empire ottoman* 和迈克尔·库克编著的 *A History of the Ottoman Empire to 1730*。在叙述奥斯曼帝国第一个半世纪的历史时，我很少会注明 D. 尼克尔的 *The Last Centuries of Byzantium, 1261—1453* 和科林·因波尔的 *The Ottoman Empire 1300—1481*，这两本书我都使用得很广泛。同样，还有两本关于当时的宗教潮流的不可或缺的书，我也很少注明：巴利韦特的 *Islam mystique et révolution armée dansles Balkans ottomans* 和 A. Y. 欧克的 *Zındıklar ve Mülhidler*。肯尼思·塞顿的 *The Papacy and the Levant*（*1204—1571*）提供了 1600 年之前欧洲与地中海地区事实背景，对安德鲁·海思的 "The Evolution of the OttomanSeaborne Empire" 和 "The Ottoman Conquest of Egypt" 进行了补充，塞顿的 *Venice, Austria, and the Turks* 则叙述了整个 17 世纪的情况。我经常提到莱斯利·皮尔斯的 *The Imperial Harem: Women and Sovereignty inthe Ottoman Empire* 中的观点，但很少注明。弗兰克·塞辛慷慨地让我使用了他关于 17 世纪中期哥萨克人历史的 "The Great Ukrainian Revolt" 一文的打印稿。斯坦福·肖的 *Between Old and New* 叙述了 18 世纪末 19 世纪初的历史。本书最后几章，我写作的基础文本是 M. S. 安德森的 *The Eastern Question, 1774—1923*，马尔科姆·亚普的 *The Making of theModern Near East, 1792—1923*，保罗·顿蒙特的 "La période des Tanzimât（*1839—1878*）"，以及 François 乔治昂的 "Le dernier sursaut"。除此以外，我都尽量清晰记录本书的文献来源，尽管现代土耳其语有很多拼写问题和音译，我也努力在尾注和参考文献中保留了原始的拼写方式。

1 同侪之首

1. *Lindner, Nomads and Ottomans 37*

2. Martinez, 'Bullionistic Imperialism' 173

3. İnalcık, 'Osman Ghazi's Siege' 77ff

4. *Wittek, The Rise of the Ottoman Empire*

5. Mélikoff, art. Germiyān-oghulları, *EI2* II.989

6. Uzunçarşılıoğlu, *Anadolu Beylikleri* 3

7. Yavaş, art. Eşrefoğlu Camii *İA2* 11.479–80

8. Varlık, *Germiyan-oğulları Tarihi* 31–2

9. *Konyalı, Âbideleri ve Kitâbeleri 706–8*

10. *Ayverdi,. . . Osmanlı Mi'mârîsinin İlk Devri 167*

11. Artuk, 'Osmanlı Beyliğinin Kurucusu' 27ff

12. *Pamuk, A Monetary History 30–31*

13. Lefort, 'Tableau de la Bithynie' 101ff

14. İnalcık, 'Osman Ghazi's Siege' 77ff

15. *Lindner, Nomads and Ottomans 26–7*

16. Oikonomides, 'The Turks in Europe' 159ff

17. *Kafadar, Between Two Worlds 61*

18. Uzunçarşılı, 'Gazi Orhan Bey vakfiyesi' 277ff

19. *Ayverdi,. . . Osmanlı Mi'mârîsinin İlk Devri 18–20*

20. *Lowry, The Nature of the Early Ottoman State 72–8*

21. Barkan, 'Osmanlı İmparatorluğunda Bir iskan' 279ff; Aktepe, '. . . Rumeli'nin türkler' 299ff

22. Beldiceanu-Steinherr, 'Le règne de Selīm Ier' 37; Eyice, '. . . Dinî – İçtimaî Bir Müessesesi' 3ff

23. Kiel, 'Observations on the History' 426–8; Kiel, 'The Oldest Monuments' 127–33, 138a

24. Uzunçarşılı, 'Gazi Orhan Bey vakfiyesi' 280–81

25. *Kafadar, Between Two Worlds 76*

26. Mantran, 'De la titulature' 208–9

27. Imber, 'What Does *Ghazi* Actually Mean?' 165ff

28. *Lowry, The Nature of the Early Ottoman State 43*

29. *Lowry, The Nature of the Early Ottoman State 57, 95–6, 102*

30. Kafadar, *Between Two Worlds* 67–71

31. Philippidis-Braat, 'La captivité de Palamas' 204–6

32. *Lowry, The Nature of the Early Ottoman State 115–30*

33. Imber, 'The Ottoman Dynastic Myth' 7ff

34. Flemming, 'Political Genealogies' 123ff

35. *Lowry, The Nature of the Early Ottoman State 78–9*

36. İnalcık, 'How to Read 'Ashik Pasha-Zāde's History' 148–9, 153

37. *Ayverdi,. . . Osmanlı Mi'mârîsinin İlk Devri 2–3, 14*

38. *Deringil, The Well-Protected Domains 31–2*

39. İnalcık, 'Osman Ghazi's Siege' 90–91; İnalcık, art. Bursa *EI2* I.1333–4

40. *ibn Battūta, The Travels of ibn Battūta 2.450*

41. Peirce, *The Imperial Harem* 51, 300

42. *ibn Battūta, The Travels of ibn Battūta 2.453*

43. Zachariadou, 'The Emirate of Karasi' 225ff

44. Luttrell, 'Latin Responses' 121

45. İnalcık, 'The Rise of the Turcoman' 316–19

46. Bryer, 'Greek Historians' 471ff

47. Zachariadou, 'Histoires et légendes' 53–4

48. Luttrell, 'Latin Responses' 122

49. Luttrell, 'Latin Responses' 122–3

50. Oikonomides, 'From Soldiers of Fortune' 239ff

51. Zachariadou, 'The Emirate of Karasi' 233–4

52. Zachariadou, 'Natural Disasters' 8–11

53. *Ayverdi,. . . Osmanlı Mi'mârîsinin İlk Devri 45–8*

54. Konyalı, *Ankara Camileri* 13–14

55. Mantran, 'De la titulature' 209–10

56. *Ayverdi,. . . Osmanlı Mi'mârîsinin İlk Devri 18–216*

57. *Lowry, The Nature of the Early Ottoman State 58–66*

58. Mélikoff, art. Ewrenos Oghulları, *EI2* II.720

59. Kiel, 'The Oldest Monuments' 117ff;

Kiel, 'Observations on the History' 426–8; Kiel, 'Yenice-i Vardar' 300ff

60. Charanis, 'The Strife among the Palaeologi and the Ottoman Turks' 294–305

61. Kiel, 'Observations on the History' 429–32

62. Ménage, art. Djandarlı *EI2* II.444

63. Reinert, 'From Niš to Kosovo Polje' 184, 191–4, 206, 209–11; Kiel, 'Mevlana Neşrī' 167–8

64. Reinert, 'From Niš to Kosovo Polje' 205–6

65. Reinert, 'A Byzantine Source' 252, 253

66. Luttrell, 'Latin Responses' 134

67. Reinert, 'A Byzantine Source' 269–72

2 王朝分裂

1. *Peirce, The Imperial Harem 29*

2. *Lowry, The Nature of the Early Ottoman State 141–2*

3. Zachariadou, 'From Avlonya to Antalya' 231

4. *Peirce, The Imperial Harem 40*

5. *Dennis, The Letters of Manuel II Palaeologus 44–6*

6. *Barker, Manuel II Palaeologus 112*

7. Chrysostomides, *Manuel II Palaeologus* 136

8. Zachariadou, 'Marginalia on the History of Epirus and Albania' 195ff; Loenertz, 'Pour l'histoire du Péloponnèse' 186–96

9. İnalcık, review of Barker, *Manuel II Palaeologus* 277–8

10. Fodor, 'The View of the Turk' 71–127

11. *Housley, The Later Crusades 74–7*

12. *Schiltberger, The Bondage and Travels 5–6*

13. *Setton, The Papacy and the Levant I.359–69*

14. *Schiltberger, The Bondage and Travels 8*

15. Rypka, art. Burhān al-Dīn, *EI2* I.1327

16. Zachariadou, 'Manuel II Palaeologos' 475–6

17. Nicol, 'A Byzantine Emperor in England' 214

18. Nicol, 'A Byzantine Emperor in England' 204ff

19. İnalcık, 'Periods in Ottoman History' 21

20. Alexandrescu-Dersca, *La campagne de Timur* 35–8, 41–7

21. *Schiltberger, The Bondage and Travels 21*

22. Alexandrescu-Dersca, *La campagne de Timur* viii, 36, 68, 70, 112–15; Ménage, art. Devshirme, *EI2* II.210–11; Imber, *The Ottoman Empire* 54

23. Alexandrescu-Dersca, *La campagne de Timur* 129–30

24. *Schiltberger, The Bondage and Travels 21*

25. Yınanç, art. Bayezid I (Yıldırım), *İA* 2.386

26. *Lowry, The Nature of the Early Ottoman State 26–9*

27. Imber, 'Paul Wittek's "De la défaite d'Ankara"' 73

28. Zachariadou, 'Süleyman çelebi in Rumili' 269

29. Köprülü, 'Yıldırım Beyazid'in esareti' 591ff

30. *Schiltberger, The Bondage and Travels 21*

31. Yinanç, art. Bayezid I (Yıldırım), *İA* 2.388–9

32. *Ayverdi,. . . Osmanlı Mi'mârîsinin İlk Devri 464–9*

33. *Doukas, Decline and Fall 115*

34. Denny et al., *Court and Conquest* 6–9

35. Uzunçarşılı, 'Çandarlı Zâde Ali Paşa Vakfiyesi' 559–60

36. Necipoğlu, 'Ottoman Merchants in Constantinople' 158–9

37. Zachariadou, 'Süleyman çelebi in Rumili' 274–83

38. *Lowry, The Nature of the Early Ottoman State 141*

39. Zachariadou, 'Süleyman çelebi in Rumili' 283–91

40. Imber, art. Mūsā Čelebi *EI2* VII.644–5

41. Imber, art. Mūsā Čelebi *EI2* VII.644–5

42. İnalcık, art. Mehemmed I, *EI2* VI.975

43. Heywood, art. Mustafā, *EI2* VII.710–11

44. İnalcık, art. Mehemmed I, *EI2* VII.976

45. İnalcık, 'The Ottoman Succession' 57

46. İnalcık, art. Mehemmed I, *EI2* VII.976

47. İnalcık, art. Mehemmed I, *EI2* VII.976

48. Balivet, 'Deux partisans' 376–7

49. Tietze, 'Sheykh Bali Efendi's Report' 115ff

50. Göksu and Timms, *Romantic Communist* 127–31

51. *Doukas, Decline and Fall 132*

52. Heywood, art. Mustafā, *EI2* VII.711; Heywood, '824/"8224" = 1421: the "False" (Düzme) Mustafa' 165

53. Heywood, art. Mustafā, *EI2* VII.711

54. Heywood, art. Mustafā, *EI2* VII.712–13

55. İnalcık, 'The Ottoman Succession' 60

56. Kafadar, 'Osmān Beg and his Uncle' 157ff

57. Ayverdi,. . . *Osmanlı Mi'mârîsinin İlk Devri* 49–56, 104, 110–11

58. *Kafadar, Between Two Worlds 136*

59. İnalcık, 'The Conquest of Edirne' 204–5

60. İnalcık, 'The Ottoman Succession', 40–41, 47

61. Heywood, '824/"8224" = 1421: the "False" (Düzme) Mustafa' 174

62. *Imber, The Ottoman Empire 98*

63. Vryonis, 'The Ottoman Conquest of Thessaloniki' 281ff; Kiel, 'Notes on the History' 124–7

64. *İnalcık, Hicrî 835 Tarihli*

65. *Kiel, Ottoman Architecture in Albania 18–19*

66. Sümer, art. Karāmān-oghulları *EI2* IV.624

67. İnalcık, 'The Ottoman Succession' 44–6

68. *Nicol, The Immortal Emperor 23–4*

69. *Setton, The Papacy and the Levant II.86*

70. İnalcık. '1444 Buhranı' 1ff

71. İnalcık, 'Fatih Sultan Mehmed'in' 55ff

72. *Kolodziejczyk, Ottoman–Polish Diplomatic Relations 100–109*

73. İnalcık, '1444 Buhranı' 37–8

74. İnalcık and Oğuz, *Gazavât-i Sultân Murâd* 37–9

75. Pamuk, *A Monetary History* 40, 47–58

76. İnalcık, 'İstanbul'un Fethinden Önce' 92–6

77. İnalcık, 'İstanbul'un Fethinden Önce' 90–93, 96

78. İnalcık, 'İstanbul'un Fethinden Önce' 105

3 帝国视野

1. İnalcık, 'İstanbul: an Islamic City' 249

2. İnalcık, 'İstanbul'un Fethinden Önce' 123

3. *Nicol, The Immortal Emperor 51–2*

4. İnalcık, 'İstanbul'un Fethinden Önce' 90–91

5. İnalcık, 'İstanbul: an Islamic City' 249

6. Özgüven, 'Barut ve Tabya' 60–77

7. *Nicol, The Immortal Emperor 57–61*

8. Tursun Bey, *Târîh-i Ebü'l-Feth* 55–6; Vatin, 'Tursun Beg assista-t-il au siège' 317ff

9. İnalcık, 'Eyüp Projesi' 1–2

10. *Nicol, The Immortal Emperor 82, 92–4*

11. *Doukas, Decline and Fall 232*

12. Köprülü and Uzun, art. Akşemseddin, *İA2* 2.300

13. Necipoğlu, 'The Life of an Imperial Monument' 197, 202–4

14. *Ahmed Lûtf î Efendi, Vak'anüvîs Ahmed Lûtf î Efendi Tarihi 5.883*

15. Necipoğlu, 'The Life of an Imperial Monument' 211–13, 217–18, 221

16. Malalas, *The Chronicle* 287

17. Yerasimos, 'Ağaçtan Elmaya' 304–12

18. Raby, 'Mehmed the Conqueror' 141ff, 142

19. İnalcık, 'Istanbul: an Islamic City' 252

20. Yerasimos, *La fondation de Constantinople;* İnalcık, 'Istanbul: an Islamic City' 249–50

21. Necipoğlu, 'Dynastic Imprints' 2.25

22. Yılmaz, art. Yedikule Hisarı ve Zindanı, *İst. Ansik.* 7.460–61

23. İnalcık, 'The Hub of the City' 4, 11

24. *Necipoğlu, Architecture, Ceremonial and Power 4–6*

25. *Necipoğlu, Architecture, Ceremonial and Power 242–50*

26. *Necipoğlu, Architecture, Ceremonial and Power 15–22, 251*

27. Özcan, 'Fâtih'in teşkilât kānûnnâmesi' 29–56

28. *Necipoğlu, Architecture, Ceremonial and Power 22*

29. *Necipoğlu, Architecture, Ceremonial and Power 212–17*

30. Kafescioğlu, 'Heavenly and Unblessed' 212

31. Lowry, '"From Lesser Wars"' 325

32. İnalcık, 'The Policy of Mehmed II' 237–8

33. İnalcık, art. Istanbul, *EI2* IV.238–9

34. İnalcık, 'The Policy of Mehmed II' 237

35. İnalcık, art. Istanbul, *EI2* IV.230–33

36. İnalcık, 'Ottoman Galata' 280–82

37. Mitler, 'The Genoese in Galata' 74

38. Words by Jimmy Kennedy; music by Nat Simon

39. *Housley, The Later Crusades 99ff*

40. Ostapchuk, 'The Ottoman Entry' 9

41. *Imber, The Ottoman Empire 162*

42. *Fisher, The Crimean Tatars 12–14*

43. Stavrides, *The Sultan of Vezirs* 73–98, 108, 121–8

44. İnalcık, 'Mehmed the Conqueror' 102–3

45. Stavrides, *The Sultan of Vezirs* 140–43

46. Stavrides, *The Sultan of Vezirs* 146–50, 157–60

47. *Babinger, Mehmed the Conqueror 222*

48. Šabanović, art. Hersek-zāde, *EI2* III.340–42

49. Peirce, *The Imperial Harem* 30, 294

50. *Mihalović, Memoirs of a Janissary 117–19*

51. *Peirce, The Imperial Harem 30*

52. Stavrides, *The Sultan of Vezirs* 86–90

53. Raby, 'Mehmed the Conqueror's Greek Scriptorium' 24

54. *Setton, The Papacy and the Levant II.249–52*

55. Stavrides, *The Sultan of Vezirs* 155–7, 212–13

56. İnalcık, art. Iskender Beg, *EI2* IV.138–40; Kiel, *Ottoman Architecture* 108–37

57. Woods, *The Aqquyunlu* 106

58. Woods, *The Aqquyunlu* 109–14

59. Woods, *The Aqquyunlu* 114

60. *Imber, The Ottoman Empire 198*

61. Woods, *The Aqquyunlu* 112–16, 124

62. İnalcık, art. Mehmed II, *İA* 7.514

63. Sourdel, art. Khalīfa, *EI2* IV.945

64. Woods, *The Aqquyunlu* 128

65. Imber, 'The Ottoman Dynastic Myth' 19

66. *Imber, The Ottoman Empire 209*

67. Woods, *The Aqquyunlu* 120, 130

68. Woods, *The Aqquyunlu* 131–4

69. Woods, *The Aqquyunlu* 134, 137

70. Kiel, art. Gedik Ahmed Paşa *İA2* 13.543

71. *Bostan, Osmanlı Bahriye Teşkilâtı 14*

72. İnalcık, 'Mehmed the Conqueror' 108

73. *Fisher, The Crimean Tatars 8–12*

74. *Fisher, The Crimean Tatars 11–12*

75. Ostapchuk, 'The Human Landscape' 27–31

76. *Murphey, Ottoman Warfare 35; Lowry, The Nature of the Early Ottoman State 51–4*

77. Tursun Bey, *Târîh-i Ebü'l-Feth* 180

78. *Setton, The Papacy and the Levant II.343–5*

79. Turan, 'Fatih'in İtalya Seferi' 140

80. Vatin and Veinstein, 'La mort de Mehmed II' 187–90

81. Özcan, 'Fâtih'in teşkilât kānûnnâmesi' 46

82. İnalcık, 'The Ottoman State' 218–28, 236–40

83. *İnalcık,. . . The Customs Registers of Caffa 121–4*

84. Berindei, 'Le role des fourrures' 89–92

85. Fisher, 'Muscovy and the Black Sea Slave Trade' 31–4

86. Ostapchuk, 'The Human Landscape' 23–37

87. İnalcık, 'The Ottoman State' 193–4

88. Vryonis, 'Laonicus Chalcocondyles' 423ff

89. İnalcık, 'The Ottoman State' 88

90. İnalcık, 'The Ottoman State' 120–31

91. İnalcık, 'The Ottoman State' 126–7

92. Özel, 'Limits of the Almighty' 242–3

93. *Pamuk, A Monetary History 48*

94. Özcan, art. Devşirme, *İA2* 9.255

95. Demetriades, 'Some Thoughts' 29

96. Mélikoff, art. Ewrenos Oghulları, *EI2* II.721

97. Kiel, 'Das türkische Thessalien' 150–51

98. Babinger, art. Mīkhāl-oghlu, *EI2* VII.34

99. *Lowry, The Nature of the Early Ottoman State 141*

100. İnalcık, 'İstanbul'un Fethinden Önce' 124–7

101. *Stavrides, The Sultan of Vezirs 63–7*

102. Babinger, '*Bajezid Osman*' 349ff

103. Kafescioğlu, 'Heavenly and Unblessed' 211–12, 217

104. Özcan, art. Cülûs, *İA2* 8.110

105. İnalcık, art. Mehmed II *İA* 7.512

106. de Groot, art. Mehmed Pasha Karamāni, *EI2* VI.995–6

107. İnalcık, 'Suleiman the Lawgiver' 109

108. Özel, 'Limits of the Almighty' 226–7

109. *Stavrides, The Sultan of Vezirs 63*

110. Stavrides, *The Sultan of Vezirs* 63, 101, 116ff

111. *Imber, The Ottoman Empire 199*

112. *Stavrides, The Sultan of Vezirs 329–33*

113. İnalcık, 'The Policy of Mehmed II' 240–47

114. *Stavrides, The Sultan of Vezirs 173–81; Lowry, The Nature of the Early Ottoman State 116*

115. Uzunçarşılı, 'Fatih Sultan Mehmed'in' 719ff; cf. Stavrides, *The Sultan of Vezirs* 344–52

116. Sagundino, 'Orazione al serenissimo principe' 131–3

117. *Kritovoulos, History of Mehmed the Conqueror 3*

118. *Kritovoulos, History of Mehmed the Conqueror 181*

119. Raby, 'Mehmed the Conqueror's Greek Scriptorium' 18, 21

4　信徒之王

1. *Kappert, Die osmanischen Prinzen 19–67*

2. Vatin and Veinstein, 'Les obsèques des sultans ottomans' 217

3. Vatin and Veinstein, 'La mort de Mehmed II' 193–9

4. Necipoğlu-Kafadar, 'Dynastic Imprints' 2.26–7

5. Kreiser, 'Istanbul, die wahre Stadt' 2.20

6. Vatin, *Sultan Djem* 18

7. *Tansel, Sultan II. Bâyezit'in Siyasî Hayatı 25, 30–34*

8. Vatin, *Sultan Djem* 128

9. *Tansel, Sultan II. Bâyezit'in Siyasî Hayatı 34–5*

10. *Peirce, The Imperial Harem 47*

11. Vatin, *Sultan Djem* 130–41

12. Uzunçarşılı, 'Otranto'nun zaptından sonra' 595ff

13. Tansel, 'Yeni vesikalar karşısında Sultan İkinci Bayezit' 189

14. Vatin, *Sultan Djem* 30–31, 142–3

15. *Vatin, L'Ordre de Saint-Jean-de-Jérusalem 161–3*

16. Vatin, *Sultan Djem* 19

17. *Gibb, A History of Ottoman Poetry 2.75*

18. *Vatin, L'Ordre de Saint-Jean-de Jérusalem 161–72, 174–8*

19. *Gibb, A History of Ottoman Poetry 2.77*

20. Uzunçarşılı, 'Değerli Vezir Gedik Ahmet Paşa' 495

21. Uzunçarşılı, 'Otranto'nun zaptından sonra' 595ff

22. Vatin, *Sultan Djem* 25–6

23. Vatin, 'Itinéraires d'agents de la Porte' 29ff

24. Ménage, 'The Mission of an Ottoman Secret Agent' 118

25. Ménage, 'The Mission of an Ottoman Secret Agent' 118–19, 127

26. *Vatin, L'Ordre de Saint-Jean-de-Jérusalem 209–10*

27. İnalcık, 'A Case Study in Renaissance Diplomacy' 211, 218–19

28. *Vatin, L'Ordre de Saint-Jean-de-Jérusalem 222*

29. Tansel, 'Yeni vesikalar karşısında Sultan İkinci Bayezit' 188

30. Vatin, *Sultan Djem* 38, 42

31. İnalcık, 'A Case Study in Renaissance Diplomacy' 212–16

32. Vatin, *Sultan Djem* 49

33. Tansel, 'Yeni vesikalar karşısında Sultan İkinci Bayezit' 220

34. Vatin, *Sultan Djem* 206–7

35. İnalcık, 'A Case Study in Renaissance Diplomacy' 223

36. *Setton, The Papacy and the Levant II.422–4*

37. İnalcık, 'Ottoman Galata' 325

38. Kiel, 'Notes on the History' 142

39. Housley, *The Later Crusades* 303–4

40. Benbassa and Rodrigue, *Sephardi Jewry* 7

41. *Levy, The Sephardim in the Ottoman Empire 4, 11*

42. *Setton, The Papacy and the Levant II.447–8*

43. *Setton, The Papacy and the Levant II.456*

44. Setton, *The Papacy and the Levant* II.454–7, 467–81

45. Imber, 'A Note on "Christian" Preachers' 60–64

46. Vatin, 'Macabre trafic' 231ff

47. Conway Morris, *Jem*

48. Fodor and Dávid, 'Hungarian-Ottoman Peace Negotiations' 13–14

49. Vatin, *Sultan Djem* 142

50. Sümer, art. Karāmān-oghulları *EI2* IV.624

51. *Har-El, Struggle for Domination 124–7*

52. Tekindag, 'II. Bayezid Devrinde Cukur-Ova'da Nüfuz Mücâdelesi' 348

53. *Tansel, Sultan II. Bâyezit'in Siyasî Hayatı 99–100*

54. *Har-El, Struggle for Domination 141–2*

55. *Tansel, Sultan II. Bâyezit'in Siyasî Hayatı 121–3*

56. Tekindağ, 'II. Bayezid Devrinde Çukur-Ova'da Nüfuz Mücâdelesi' 361–2

57. *Vatin, L'Ordre de Saint-Jean-de-Jérusalem 207–8*

58. Tekindag, 'II. Bayezid Devrinde Çukur-Ova'da Nüfuz Mücâdelesi' 361–8

59. *Tansel, Sultan II. Bâyezit'in Siyasî Hayatı 113–15*

60. *Setton, The Papacy and the Levant II.514–17*

61. Setton, *The Papacy and the Levant* II.514, 520–22

62. Setton, *The Papacy and the Levant* II.514, 524–32, 538

63. Tansel, 'Yeni vesikalar karşısında Sultan İkinci Bayezit' 204

64. Brummett, *Ottoman Seapower* 92–5

65. *Brummett, Ottoman Seapower 111–17; Vatin, L'Ordre de Saint-Jean-de-Jérusalem 294ff*

66. Nasr, art. Ithnā 'Asharriya, *EI2* IV.277

67. Morgan, *Medieval Persia* 108

68. Morgan, *Medieval Persia* 109

69. *Allouche, The Origins and Development 41–6*

70. *Tansel, Sultan II. Bâyezit'in Siyasî Hayatı 236*

71. Beldiceanu-Steinherr, 'Le règne de Selīm Ier' 41

72. *Tansel, Sultan II. Bâyezit'in Siyasî Hayatı 231, 235*

73. *Bacqué-Grammont, Les Ottomans, les Safavides 17*

74. Walsh, 'The Historiography of Ottoman-Safavid Relations' 208

75. Mélikoff, 'Le problème kızılbaş' 50

76. *Allouche, The Origins and Development 155–6*

77. Mélikoff, 'Le problème kızılbaş' 50, 51

78. *Bacqué-Grammont, Les Ottomans, les Safavides 18*

79. Martin, 'A Short History of the Khalwati' 277–82

80. *Allouche, The Origins and Development 86–8*

81. *Bacqué-Grammont, Les Ottomans, les Safavides 21–3*

82. *Allouche, The Origins and Development 80–81*

83. *Tansel, Sultan II. Bâyezit'in Siyasî Hayatı 245*

84. Zarinebaf-Shahr, 'Qızılbash "Heresy"' 7

85. *Bacqué-Grammont, Les Ottomans, les Safavides 24*

86. Uluçay, 'Yavuz Sultan Selim' VI/9.75

87. *Bacqué-Grammont, Les Ottomans, les Safavides 25*

88. *Tansel, Sultan II. Bâyezit'in Siyasî Hayatı 248*

89. Uluçay, 'Yavuz Sultan Selim' VI/9.61–3

90. *Bacqué-Grammont, Les Ottomans, les Safavides 25–6*

91. Uluçay, 'Yavuz Sultan Selim' VI/9.65

92. Tekindağ, 'Şah Kulu Baba Tekeli İsyanı' 1/3.34ff

93. Tekindağ, 'Şah Kulu Baba Tekeli İsyanı' 1/4.55

94. Tekindağ, 'Şah Kulu Baba Tekeli İsyanı' 1/4.55–6

95. Uluçay, 'Yavuz Sultan Selim' VI/9.68–74

96. Tekindağ, 'Şah Kulu Baba Tekeli İsyanı'

1/4.58

97. *Bacqué-Grammont, Les Ottomans, les Safavides 18*

98. Uluçay, 'Yavuz Sultan Selim' VI/9.77

99. Uluçay, 'Yavuz Sultan Selim' VI/9.85

100. Uluçay, 'Yavuz Sultan Selim' VI/9.82–6

101. Uluçay, 'Yavuz Sultan Selim' VI/9.86–90

102. Uluçay, 'Yavuz Sultan Selim' VII/10.117–20

103. İnalcık, 'A Case Study in Renaissance Diplomacy' 218; Sebastian, 'Ottoman Government Officials' 326

104. Uluçay, 'Yavuz Sultan Selim' VII/10.121–6

105. Uluçay, 'Yavuz Sultan Selim' VII/10.125–6, VIII/11–12.185–6

106. Ocak, 'Quelques remarques' 74–5

107. cf. Kiel, art. Dimetoka, *İA2* 9.305–8

108. Uluçay, 'Yavuz Sultan Selim' VII/10.131–7

109. Uluçay, 'Yavuz Sultan Selim' VII/10.137–42

110. *Bacqué-Grammont, Les Ottomans, les Safavides 36–7*

111. Uluçay, 'Yavuz Sultan Selim' VIII/11–12.191–7

112. Uluçay, 'Yavuz Sultan Selim' VIII/11–12.188–90

113. Uzunçarşılı, 'II nci Bayezid'in oğullarından Sultan Korkut' 585–90

114. Uluçay, 'Yavuz Sultan Selim' VII/10.142, VIII/11–12.191–200

115. Uluçay, 'Yavuz Sultan Selim' VII/10.123, 127–31

116. Bacqué-Grammont, *Les Ottomans, les Safavides* 45; Kolodziejczyk, *Ottoman–Polish Diplomatic Relations* 115; Fodor and Dávid, 'Hungarian–Ottoman Peace Negotiations' 37–8

117. Khadduri, art. Harb, *EI2* III.180

118. Bacqué-Grammont, *Les Ottomans, les Safavides* 51–2; cf. Tekindağ, '. . . Yavuz Sultan Selim'in İran Seferi' 54–5, docts I, I/a

119. Tekindağ, '. . . Yavuz Sultan Selim'in İran Seferi' 55, 77–8

120. Walsh, 'The Historiography of Ottoman–Safavid Relations' 204–5, 207

121. Zarinebaf-Shahr, 'Qızılbash "Heresy"' 7

122. Tekindağ, '. . . Yavuz Sultan Selim'in İran Seferi' 56

123. Bacqué-Grammont, '. . . Notes et documents sur la révolte' 5ff

124. Bacqué-Grammont, '. . . Notes sur le blocus' 68ff; Bacqué-Grammont, 'Notes sur une saisie de soie' 245

125. Tekindağ, '. . . Yavuz Sultan Selim'in İran Seferi' 63–9; Bacqué-Grammont, *Les Ottomans, les Safavides* 45–9, 146ff; Varlık, art. Çaldıran Savaşı, *İA2* 8.193–4

126. *Peirce, The Imperial Harem 37*

127. Tansel, *Yavuz Sultan Selim* 73–4, 80–81, 101–7

128. Beldiceanu-Steinherr and Bacqué-Grammont, 'A propos de quelques causes' 76–81

129. Beldiceanu-Steinherr and Bacqué-Grammont, 'A propos de quelques causes' 77

130. İnalcık, 'Suleiman the Lawgiver' 127

131. Bacqué-Grammont, *Les Ottomans, les Safavides* 75–6, 82–3, 87

132. Bacqué-Grammont, *Les Ottomans, les Safavides* 74, 128–45

133. *Bacqué-Grammont, Les Ottomans, les Safavides 189–93*

134. *Bacqué-Grammont, Les Ottomans, les Safavides 194–5*

135. Bacqué-Grammont, *Les Ottomans, les Safavides* 191, 195–7

136. *Repp, The Müfti of Istanbul 213–14*

137. *Tansel, Yavuz Sultan Selim 135–9; Bacqué-Grammont, Les Ottomans, les Safavides 195*

138. Tansel, *Yavuz Sultan Selim* 118, 145, 147ff

139. *Lowry, The Nature of the Early Ottoman State 96*

140. Sourdel, art. Khalīfa, *EI2* IV.945

141. Bacqué-Grammont, '. . . Notes sur le blocus' 79–84

142. Bacqué-Grammont, *Les Ottomans, les Safavides* 225–8, 231–4

143. *Setton, The Papacy and the Levant III.175–80*

144. *Setton, The Papacy and the Levant III.183ff*

145. *Jennings, Christians and Muslims 4*

146. Fodor and Dávid, 'Hungarian–Ottoman Peace Negotiations' 9

147. *Kolodziejczyk, Ottoman–Polish Diplomatic Relations 115*

148. Bacqué-Grammont, '. . . Notes et documents sur la révolte' 5ff, 26–7

149. *Gibb, Ottoman Poems 33*

150. *Allouche, The Origins and Development 86–7*

151. *Bacqué-Grammont, Les Ottomanes, les Safavides 274*

5 万国之主

1. Imber, *Ebu's-su'ud* 75

2. Fisher, 'The Life and Family' 2

3. İnalcık, 'Suleiman the Lawgiver' 110

4. Sourdel, art. Khalīfa, *EI2* IV.945

5. Kafadar, 'The Myth of the Golden Age' 40–41

6. Fisher, 'The Life and Family' 3

7. Fleischer, 'The Lawgiver as Messiah' 159ff

8. Housley, *The Later Crusades* 311

9. Khodarkovsky, *Russia's Steppe Frontier* 40, 103

10. Sen, 'East and West' 33

11. *Kolodziejczyk, Ottoman–Polish Diplomatic Relations 225*

12. Bacqué-Grammont, 'The Eastern Policy' 222–3

13. Emecen, 'The History of an Early Sixteenth Century Migration' 77ff

14. Vatin, 'La conquête de Rhodes' 447–8, 454

15. *Housley, The Later Crusades 230*

16. *Vatin, L'Ordre de Saint-Jean-de-Jérusalem 374*

17. Abou-el Haj, 'Aspects of the Legitimation' 371ff

18. *Bacqué-Grammont, Les Ottomans, les Safavides 292–3*

19. Behrens-Abouseif, *Egypt's Adjustment* 38–41

20. Murphey, 'Frontiers of Authority' 3

21. İnalcık, 'The Ottoman State' 319–25; Özbaran, 'A Turkish Report' 99ff

22. Soucek, art. Pīrī Re'is, *EI2* VIII.308–9

23. Özbaran, 'Ottoman Naval Policy' 61

24. Özbaran, 'The Ottomans in Confrontation' 96

25. *Ingrao, The Habsburg Monarchy 4–5*

26. Setton, *The Papacy and the Levant* III.238, 245–6

27. Fodor, 'Ottoman Policy towards Hungary' 285–93

28. Rogers, 'The Arts under Süleymân the Magnificent' 259–60; Rogers, *The Topkapı Saray Museum* 13

29. *Setton, The Papacy and the Levant III.314*

30. Fodor, 'Ottoman Policy towards Hungary' 296

31. Barta, 'A Forgotten Theatre of War' 105, 109, 122–3; Fodor, 'Ottoman Policy towards Hungary' 296–8

32. Fodor, 'Ottoman Policy towards Hungary' 299

33. Housley, *The Later Crusades* 131–2

34. Bacqué-Grammont, 'Ubaydu-llah han de Boukhara' 485ff

35. Bacqué-Grammont, 'The Eastern Policy' 227–8

36. Braune, art. 'Abd al-Kādir al-Djīlānī, *EI2* I.69–70

37. Streck and Dixon, art. Kāzimayn, *EI2* IV.855

38. Gökbilgin, 'Venedik Devlet Arşivindeki' 111–13

39. Murphey, 'Süleyman's Eastern Policy' 244

40. Housley, *The Later Crusades* 304–8

41. *Setton, The Papacy and the Levant III.359*

42. İnalcık, art. Imtiyāzāt, *EI2* III.1183; Matuz, 'À propos de la validité' 183ff

43. Theunissen, 'Ottoman–Venetian Diplomatics' 161

44. Setton, *The Papacy and the Levant* III.431; Necipoğlu, 'Süleymân the Magnificent' 175

45. Theunissen, 'Ottoman–Venetian Diplomatics' 163–8

46. Chaudhuri, *Trade and Civilisation* 72–3; Harrison, art. Diū, *EI2* II.322; Orhonlu, art. Khādım Süleymān Pasha, *EI2* IV.901

47. Özbaran, 'Osmanlı İmparatorluğu ve Hindistan yolu' 98–101; Özbaran, 'Ottoman Naval Policy' 61–3

48. İnalcık, *The Ottoman Empire 41*

49. Dávid, 'Administration in Ottoman Europe' 88–9

50. Peirce, *The Imperial Harem 74*

51. Necipoğlu, *Architecture, Ceremonial and Power 23, 79–84, 96–110*

52. Gilles, *The Antiquities of Constantinople 22*

53. Valensi, *The Birth of the Despot 37, 46*; Fodor, 'The View of the Turk' 83–4

54. Necipoğlu, 'Süleymân the Magnificent' 163ff

55. Gökbilgin, art. İbrahim Paşa, *İA* 5/II.909

56. İnalcık, 'Sultan Süleymân: the Man' 93

57. Peirce, *The Imperial Harem 74*; Necipoğlu, 'Süleymân the Magnificent' 182

58. Peirce, *The Imperial Harem 62*

59. Peirce, *The Imperial Harem 59*

60. Peirce, *The Imperial Harem 59–61*

61. Peirce, *The Imperial Harem 38–9, 42–3, 44*; Schick, 'Gynaeceum and Power' 151–3

62. Necipoğlu, *Architecture, Ceremonial and Power 162–3*

63. Peirce, *The Imperial Harem 64*

64. Hegyi, 'The Ottoman Military Force' 133; Veinstein, art. Sokullu Mehmed Pasha, *EI2* IX.707

65. Ágoston, 'Limits of Imperial Authority'; Ágoston, 'A Flexible Empire' 24–6

66. Walsh, 'The Revolt of Alqās Mīrzâ' 75–8; Savory, art. Alkās Mīrzā, *EI2* I.406; Murphey, 'Süleymân's Eastern Policy' 245

67. Hess, *The Forgotten Frontier 74–5*

68. Williams, 'Mediterranean Conflict' 49, 52–3

69. Özbaran, 'The Ottoman Turks and the Portuguese' 125–32

70. Özbaran, 'Bahrain in 1559' 179ff; Özbaran, 'The Ottoman Turks and the Portuguese' 138, 140

71. Alexander, 'The Turks on the Middle Nile' 15–16; Özbaran, 'A Turkish Report' 108–9; Ménage, 'The Ottomans and Nubia' 143–4; Özbaran, 'The Ottomans in East Africa' 193, 195

72. İnalcık, 'The Ottoman State' 327–31, 345–6

73. İnalcık, 'Power Relationships' 182–3

74. İnalcık, 'The Ottoman State' 278–80; Khodarkovsky, *Russia's Steppe Frontier* 40, 103

75. Khodarkovsky, *Russia's Steppe Frontier* 104–10, 191

76. Bostan, *Osmanlı Bahriye Teşkilâtı 18*

77. Necipoğlu, 'A Kânûn for the State' 198

78. Flemming, 'Public Opinion under Sultan Süleymân' 54; Turan, *Kanunî'nin Oğlu Şehzâde Bayezid* 24ff

79. Forster, *The Turkish Letters 81–3*; Kappert, *Die osmanischen Prinzen 115–16*

80. Kappert, *Die osmanischen Prinzen 118–22*

81. Repp, *The Müfti of Istanbul 284–6*

82. Kappert, *Die osmanischen Prinzen 123–5, 126–30*

83. Turan, *Kanunî'nin Oğlu Şehzâde Bayezid 205*

84. Kappert, *Die osmanischen Prinzen 140–49*; Turan, *Kanunî'nin Oğlu Şehzâde Bayezid 148–57*

85. Bacqué-Grammont, 'Un rapport inédit' 156ff; Ocak, 'Quelques remarques' 73–4

86. Imber, 'A Note on "Christian" Preachers' 65; Repp, *The Müfti of Istanbul 234–6*

87. Ocak, 'Kanûnî Sultan Süleyman devrinde' 49ff; Repp, *The Müfti of Istanbul 236–8*

88. Zarinebaf-Shahr, 'Qızılbash "Heresy"' 8; Imber, 'The Persecution of the Ottoman Shī'ites' 271; Repp, *The Müfti of Istanbul 237–8*

89. Gökbilgin, 'Rüstem Paşa' 10ff

90. Yerasimos, 'Sinan and his Patrons' 214, 215

91. Necipoğlu, 'A Kânûn for the State' 195ff

92. Necipoğlu-Kafadar, 'The Süleymaniye Complex' 92ff

93. Imber, *Ebu's-su'ud 103–6*; Imber, 'Süleymân as Caliph' 179ff

94. Imber, 'The Ottoman Dynastic Myth' 12, 23–4

95. Imber, *Ebu's-su'ud 24, 30–32, 35–6*

96. Fleischer, *Bureaucrat and Intellectual 199*

97. Zilfi, 'Sultan Süleymân' 109ff; Fodor, 'Sultan, Imperial Council, Grand Vizier' 77

98. Behrens-Abouseif, *Egypt's Adjustment 38*

99. Fleischer, *Bureaucrat and Intellectual 217–18*

100. Fleischer, 'The Lawgiver as Messiah' 173

101. Woodhead, 'An Experiment in Official Historiography' 159–60, 172

102. *Gibb, Ottoman Poems 43*

103. Fodor, 'Sultan, Imperial Council, Grand Vizier' 79–80; Necipoğlu, *Architecture, Ceremonial and Power* 102

104. Necipoğlu, 'The Süleymaniye Complex' 113

105. *Peirce, The Imperial Harem 199–200*

106. *Singer, Constructing Ottoman Beneficence 46–7*

107. St Laurent and Riedlmayer, 'Restorations of Jerusalem' 77

108. Faroqhi, *Pilgrims and Sultans* 28, 100–101, 103–5, 108

109. *Peri, Christianity under Islam 179*

110. *Chesnau, Le Voyage de Monsieur d'Aramon 118–19*

111. Fodor, 'State and Society' 223–4

112. Fodor, 'Sultan, Imperial Council, Grand Vizier' 80–81

113. Fisher, 'The Life and Family' 6

114. Selânikî Mustafa Efendi, *Tarih-i Selânikî* 1.35–9

6 守成苏丹

1. Selânikî Mustafa Efendi, *Tarih-i Selânikî* 1.40, 42, 43–4, 46

2. Selânikî Mustafa Efendi, *Tarih-i Selânikî* 1.39, 46–8

3. Vatin and Veinstein, 'Les obsèques' 222–5, 230, 233–42

4. Vatin, 'Aux origines du pèlerinage' 92, 95–9

5. Selânikî Mustafa Efendi, *Tarih-i Selânikî* 1.50–56

6. Woodhead, art. Selīm II, *EI2* IX.131

7. Selânikî Mustafa Efendi, *Tarih-i Selânikî* 1.84

8. Veinstein, art. Sokullu Mehmed Pasha, *EI2* IX.706–11

9. Blackburn, art. Özdemir Pasha, *EI2* VIII.235

10. Blackburn, 'Two Documents' 223ff

11. *Fleischer, Bureaucrat and Intellectual 45–54; Smith, Lightning over Yemen*

12. BOA/Mühimme Defteri vol. 7 no. 721

13. Khodarkovsky, 'Of Christianity, Enlightenment and Colonialism' 395

14. Kurat, 'The Turkish Expedition to Astrakhan' 13

15. Kurat, 'The Turkish Expedition to Astrakhan' 7ff

16. Kurat, 'The Turkish Expedition to Astrakhan' 7ff

17. Kurat, 'The Turkish Expedition to Astrakhan' 7ff

18. Bennigsen, 'L'expédition turque contre Astrakhan' 441–4

19. *Hess, The Forgotten Frontier 87–90*

20. İnalcık, 'Ottoman Galata' 326

21. *Jennings, Christians and Muslims 11–12*

22. Imber, *Ebu's-su'ud* 84–5; Fotić, 'The Official Explanations' 33ff

23. Imber, *Ebu's-su'ud* 85

24. Imber, *Ebu's-su'ud* 159–62; Fotić, 'The Official Explanations' 33ff

25. *Danişmend, İzahlı Osmanlı Tarihi Kronolojisi 2.439*

26. İnalcık, 'Lepanto in the Ottoman Documents' 185ff

27. *Setton, The Papacy and the Levant IV.1052–9*

28. Soucek, art. 'Ulūdj 'Ali, *EI2* X.811

29. Lesure, 'Notes et documents' 134ff

30. Theunissen, 'Ottoman–Venetian Diplomatics' 174, 490–95 (Ottoman text of treaty)

31. Roth, *The House of Nasi* 17, 41, 46–8, 142, 145

32. Zarinebaf-Shahr, 'Qızılbash "Heresy"' 9–13

33. *Jennings, Christians and Muslims 212–39*

34. Hess, 'The Moriscos' 17–21

35. *Hess, The Forgotten Frontier 95*

36. Osman, *Edirne Sarayı* 18

37. *Wortley Montagu, The Turkish Embassy Letters 96*

38. Evliyâ Çelebi, *Seyahatnâme* 3.246

39. Vatin and Veinstein, 'Les obsèques' 230–31

40. Necipoğlu-Kafadar, 'The Süleymaniye Complex' 113

41. Necipoğlu, 'Challenging the Past' 175–6

42. Necipoğlu, 'The Life of an Imperial Monument' 205–7

43. Necipoğlu, 'The Life of an Imperial Monument' 207–8

44. *Faroqhi, Pilgrims and Sultans 101–2*

45. *Peirce, The Imperial Harem 261*

46. Vatin and Veinstein, 'Les obsèques' 226

47. Necipoğlu, 'The Life of an Imperial Monument' 208

48. *Austin, Domenico's Istanbul 37*

49. Fodor, 'The Grand Vizieral *Telhis*' 137, 154–63

50. *Fleischer, Bureaucrat and Intellectual 46, 56*

51. *Necipoğlu, Architecture, Ceremonial and Power 164*

52. Arbel, 'Nur Banu' 241ff

53. Soranzo, 'Relazione e Diario' 237

54. Peirce, *The Imperial Harem* 126, 188

55. *Necipoğlu, Architecture, Ceremonial and Power 164–75*

56. Peirce, *The Imperial Harem* 121, 259

57. *Necipoğlu, Architecture, Ceremonial and Power 174*

58. Ahmed Resmî Efendi, *Hamîletü'l-Küberâ* 44–5

59. *Fleischer, Bureaucrat and Intellectual 295*

60. Tezcan, 'Searching for Osman' 156

61. de Groot, art. Murād III, *EI2* VII.596

62. Flemming, art. Khōdja Efendi, *EI2* V.27, 29

63. Gökbilgin, 'Kara Üveys Paşa'nın Budin Beylerbeyliği' 18ff

64. Winter, 'Ottoman Egypt' 17

65. *Clayer, Mystiques, état et société 84, 107–11*

66. *Hess, The Forgotten Frontier 95–9*

67. Murphey, 'Frontiers of Authority' 28

68. Özbaran, 'Ottoman Naval Policy' 69

69. *Fleischer, Bureaucrat and Intellectual 76–9*

70. Kortepeter, *Ottoman Imperialism* 51–61

71. *Fleischer, Bureaucrat and Intellectual 85–7*

72. *Fleischer, Bureaucrat and Intellectual 89*

73. *Kütükoğlu, Osmanlı-İran Siyâsî Münâsebetleri 113ff*

74. Kortepeter, *Ottoman Imperialism* 55, 68–70

75. Kortepeter, *Ottoman Imperialism* 85–90

76. Selânikî Mustafa Efendi, *Tarih-i Selânikî* 1.190–91

77. Parry, art. Čighāla-zāde (Yūsuf) Sinān Pasha, *EI2* II.33–4

78. Khodarkovsky, 'Of Christianity, Enlightenment and Colonialism' 406, 409

79. *Rothenburg, The Austrian Military Border 40–56*

80. *Rothenburg, The Austrian Military Border 56–8*

81. Fodor, 'Between Two Continental Wars' 90ff

82. Fodor, 'Between Two Continental Wars' 92

83. Ágoston, 'Habsburgs and Ottomans' 131–6; Hegyi, 'The Ottoman Military Force' 134–6

84. Selânikî Mustafa Efendi, *Tarih-i Selânikî* 2.548–9

85. Schmidt, 'The Egri Campaign' 125ff

86. Glover, 'The Journey of Edward Barton Esquire' 318

87. *Finkel, The Administration of Warfare 17*

88. Bayerle, 'The Compromise at Zsitvatorok' 5ff

89. Pamuk, *A Monetary History* 122–3, 131

90. Parrott, 'The Ottoman Conflict' 76

91. Kafadar, 'Les troubles monétaires' 386, 387

92. Terzioğlu, 'The Imperial Circumcision' 85, 88

93. Selânikî Mustafa Efendi, *Tarih-i Selânikî* 2.716

94. Murphey, *Ottoman Warfare* 45

95. Griswold, *The Great Anatolian Rebellion* 83–5, 122, 128–53

96. Salibi, art. Fakhr al-Dīn, *EI2* II.750–51

97. Winter, 'Ottoman Egypt' 17–20

98. Selânikî Mustafa Efendi, *Tarih-i Selânikî* 1.225

99. Fodor, 'Between Two Continental Wars' 96

100. Selânikî Mustafa Efendi, *Tarih-i Selânikî* 1.222

101. Griswold, *The Great Anatolian Rebellion* 49

102. Beldiceanu-Steinherr and Bacqué-Grammont, 'A propos de quelques causes' 82

103. Cook, *Population Pressure* 36

104. Imber, 'The Persecution' 245ff, 246

105. Imber, 'The Persecution' 251–4

106. Griswold, *The Great Anatolian Rebellion* 24–34; Tezcan, 'Searching for Osman' 124

107. Griswold, *The Great Anatolian Rebellion* 34–44

108. Griswold, *The Great Anatolian Rebellion* 44–6

109. Peçevî İbrahim Efendi, *Tarîh-i Peçevî* 2.275

110. Akdağ, *Celali İsyanları* 250–57

111. Veinstein, 'L'occupation ottomane d'Očakov' 128–55; Veinstein, 'Prélude au problème cosaque' 329ff

112. Ostapchuk, 'The Human Landscape' 45–9

113. Burian, *The Report of Lello* 23

114. Griswold, *The Great Anatolian Rebellion* 55

115. Griswold, *The Great Anatolian Rebellion* 54–6

116. Griswold, *The Great Anatolian Rebellion* 168–80

117. Andreasyan, 'Bir Ermeni kaynağına göre' 41

118. Griswold, *The Great Anatolian Rebellion* 182

119. Griswold, *The Great Anatolian Rebellion* 182–97

120. Eskandar Beg Monshi, *History of Shah 'Abbas* 2.969–73

121. Griswold, *The Great Anatolian Rebellion* 203–8

122. Andreasyan, 'Celâlilerden Kaçan Anadolu Halkının' 45–9

123. Morgan, *Medieval Persia* 134–7

124. Kütükoğlu, *Osmanlı-İran Siyâsî Münâsebetleri* 246–59

125. Kütükoğlu, *Osmanlı-İran Siyâsî Münâsebetleri* 259–74

126. Kütükoglu, *Osmanlı-İran Siyâsî Münâsebetleri* 276–8

127. Eskandar Beg Monshi, *History of Shah 'Abbas* 2.1081–3, 1087–94

128. Eskandar Beg Monshi, *History of Shah 'Abbas* 2.1155

129. Fleischer, 'Royal Authority' 206, 209–10, 212–13

130. Elliott, *Richelieu and Olivares* 34

131. Fodor, 'Sultan, Imperial Council' 78

132. Peirce, *The Imperial Harem 168–72*

133. Abou-El-Haj, *Formation of the Modern State* 38

134. Fodor, 'State and Society' 238

135. Finkel, *The Administration of Warfare 36–7*

136. Fodor, 'State and Society' 238

137. Sayılı, *The Observatory in Islam 289–305*

138. Fleischer, *Bureaucrat and Intellectual 160*

139. İnalcık, art. Kānūnnāme, *EI2* IV.566

140. Tezcan, 'Searching for Osman' 105–9, 116–24

141. Tezcan, 'Searching for Osman' 125–6, 349

142. Fodor, 'An Anti-Semite Grand Vizier?' 192

143. Fodor, 'An Anti-Semite Grand Vizier?' 196–9

144. Thys-Şenocak, 'The Yeni Valide Mosque Complex' 63–4

145. Selânikî Mustafa Efendi, *Tarih-i Selânikî* 2.761

146. Eyice, art. Fethiye Camii, *İst. Ansik.* 3.300

147. Heyd, *Ottoman Documents on Palestine 175*

148. Kiel, 'Notes on the History' 146–7, 148b

149. Schreiner, 'John Malaxos' 203ff

150. Necipoğlu, 'The Life of an Imperial Monument' 210–20

151. Necipoğlu-Kafadar, 'The Süleymaniye Complex' 113

152. Crane, 'The Ottoman Sultan's Mosques' 204

153. Avcıoğlu, 'Ahmed I and the Allegories of Tyranny' 218–23

154. Woodhead, 'An Experiment' 157ff

155. Raby, 'From Europe to Istanbul' 150–63;

Çağman, 'Portrait Series' 164–87; Necipoğlu, 'A Period' 202–7; Bağcı, 'The Spread' 216–19; Mahir, 'Portraits' 298–307

156. Mahir, 'Portraits' 299–301

157. Decei, art. Hotin, *İA* 5/1.568

7　派系当权

1. *Peirce, The Imperial Harem 99*

2. Kâtib Çelebi, *Fezleke* 1.385

3. *Peirce, The Imperial Harem 232*

4. Tezcan, 'Searching for Osman' 131–3

5. Peçevî İbrahim Efendi, *Tarîh-i Peçevî* 2.361

6. Tezcan, 'Searching for Osman' 172–4

7. Peçevî İbrahim Efendi, *Tarîh-i Peçevî* 2.371

8. *Kolodziejczyk, Ottoman–Polish Diplomatic Relations 129–31*

9. Ostapchuk, 'An Ottoman Gazānāme' 488

10. Peçevî İbrahim Efendi, *Tarîh-i Peçevî* 2.375

11. Peçevî İbrahim Efendi, *Tarîh-i Peçevî* 2.374–5

12. Ostapchuk, 'The Human Landscape' 35

13. Ostapchuk, 'An Ottoman Gazānāme' 490–91

14. *Kolodziejczyk, Ottoman–Polish Diplomatic Relations 376–87*

15. Yücel, 'Yeni Bulunan II. Osman Adına' 313ff

16. Kâtib Çelebi, *Fezleke* 2.9–12

17. Peçevî İbrahim Efendi, *Tarîh-i Peçevî* 2.380–81

18. Peçevî İbrahim Efendi, *Tarîh-i Peçevî* 2.381–2

19. Hüseyin Tuği, *Tuği Tarihi* 498

20. Peçevî İbrahim Efendi, *Tarîh-i Peçevî* 2.383–5

21. Peçevî İbrahim Efendi, *Tarîh-i Peçevî* 2.385–8

22. Hüseyin Tuği, *Tuği Tarihi* 493–4, 502

23. Peirce, *The Imperial Harem* 99–101

24. Peçevî İbrahim Efendi, *Tarîh-i Peçevî* 2.391

25. Solak-zâde, Mehmed Hemdemî Çelebî, *Solak-zâde Tarihi* 2.499–500

26. Andreasyan, 'Abaza Mehmed Paşa' 132–5

27. Peçevî İbrahim Efendi, *Tarîh-i Peçevî* 2.389–90

28. Kâtib Çelebi, *Fezleke* 2.35–6

29. Andreasyan, 'Abaza Mehmed Paşa' 135

30. Solak-zâde, Mehmed Hemdemî Çelebî, *Solak-zâde Tarihi* 2.511–12

31. Peirce, *The Imperial Harem* 191, 264

32. Mustafa Na'ima, *Ravzatu'l-Hüseyn* 2.229

33. Eskandar Beg Monshi, *History of Shah 'Abbas* 2.1208–9

34. Peçevî İbrahim Efendi, *Tarîh-i Peçevî* 2.391–3

35. Peçevî İbrahim Efendi, *Tarîh-i Peçevî* 2.401

36. Parry, art. Hāfiz Ahmed Pasha, *EI2* III.58

37. Eskandar Beg Monshi, *History of Shah 'Abbas* 2.1275–80

38. Eskandar Beg Monshi, *History of Shah 'Abbas* 2.1228–49

39. de Groot, art. Khalīl Pasha Kaysariyyeli, *EI2* IV.971

40. Solak-zâde, Mehmed Hemdemî Çelebî, *Solak-zâde Tarihi* 2.519–20

41. de Groot, art. Khalīl Pasha Kaysariyyeli, *EI2* IV.971

42. Eskandar Beg Monshi, *History of Shah 'Abbas* 2.1238–9, 1286–7, 1298–9

43. İnalcık and Repp, art. Khosrew Pasha, *EI2* V.33–4

44. Kâtib Çelebi, *Fezleke* 2.139

45. *Peirce, The Imperial Harem 244–5*

46. Peçevî İbrahim Efendi, *Tarîh-i Peçevî* 2.420

47. Kâtib Çelebi, *Fezleke* 2.139–40

48. Peçevî İbrahim Efendi, *Tarîh-i Peçevî* 2.422–3

49. İnalcık and Repp, art. Khosrew Pasha, *EI2* V.34

50. Andreasyan, 'Abaza Mehmed Paşa' 138–9, 140–41

51. Evliyâ Çelebi, *Seyahatnâme* 1.96–7

52. Andreasyan, 'Abaza Mehmed Paşa' 131, 142

53. *Peirce, The Imperial Harem 244–5*

54. *Abu-El-Haj, 'Fitnah, Huruc ala al-Sultan and Nasihat' 185ff*

55. Fodor, 'State and Society' 231–3

56. Peçevî İbrahim Efendi, *Tarîh-i Peçevî* 2.427–8; Kâtib Çelebi, *Fezleke* 2.144–7

57. Murphey, 'The Veliyuddin Telhis' 554–5

58. Howard, 'The Ottoman Timar System' 211, 214–15, 223

59. Murphey, 'An Ottoman View' 333–4

60. Andreasyan, 'Celâlilerden Kaçan Anadolu Halkının' 49–53

61. *Murphey, Regional Structure*

62. İnalcık, 'Tax Collection' 335–9; Salibi, art. Fakhr al-Dīn, *EI2*. II.751

63. Thomas, *A Study of Naima* 140–45

64. *Brouwer, 'A Stockless Anchor' 173–5*

65. Yılmaz, 'Osmanlı İmparatorluğunda Tütün Tarımı'

66. Baer, 'Honored by the Glory of Islam' 152–4

67. Kâtib Çelebi, *Fezleke* 2.155

68. Kâtib Çelebi, *Fezleke* 2.154–5

69. Zilfi, 'The Kadızadelis' 260–61

70. Zilfi, 'The Kadızadelis' 257–8

71. *Clayer, Mystiques, état et société 66*

72. Kafadar, 'Eyüp'te Kılıç Kuşanma Törenleri' 59

73. *Zilfi, The Politics of Piety 140*

74. Zilfi, 'The Kadızadelis' 258

75. İpşirli, art. Ahîzâde Hüseyin Efendi, *İA2* 1.548–9

76. *Zilfi, The Politics of Piety 114*

77. Kâtib Çelebi, *Fezleke* 2.151, 153–4

78. Kâtib Çelebi, *Fezleke* 2.160–61

79. Murphey, 'An Ottoman View' 331

80. Kâtib Çelebi, *Fezleke* 2.164–5

81. Evliyâ Çelebi, *Seyahatnâme* 1.208

82. Tavernier, *Les six voyages* 1.36

83. Kâtib Çelebi, *Fezleke* 2.186

84. Kâtib Çelebi, *Fezleke* 2.190–91

85. Evliyâ Çelebi, *Seyahatnâme* 1.217–317

86. Kâtib Çelebi, *Fezleke* 2.205

87. *Faroqhi, Pilgrims and Sultans 113–20*

88. Decei and Gökbilgin, art. Erdel, *EI2* II.704

89. *Setton, Venice, Austria, and the Turks 81, 157*

90. Faroqhi, 'The Venetian Presence' 321–2

91. Ostapchuk, 'An Ottoman Gazānāme' 492–3

92. Ostapchuk, 'The Human Landscape' 27ff

93. Ostapchuk, 'The Ottoman Black Sea Frontier' 79

94. Ostapchuk, 'The Human Landscape' 79

95. Ostapchuk, 'The Ottoman Black Sea Frontier' 62ff

96. Ostapchuk, 'The Human Landscape' 44, 50–58

97. Ostapchuk, 'The Ottoman Black Sea Frontier' 62, 68, 72–3, 113–16

98. Ostapchuk, 'The Ottoman Black Sea Frontier' 82

99. Ostapchuk, 'The Ottoman Black Sea Frontier' 28

100. Ostapchuk, 'The Ottoman Black Sea Frontier' 149–64

101. Ostapchuk, 'Five Documents' 90–91

102. Mustafa Na'ima, *Ravzatü'l-Hüseyn* 4.4, 5–6

103. *Fuller, Strategy and Power 1–14*

104. İnalcık, 'Power Relationships' 198–9

105. Faroqhi, 'The Venetian Presence' 320

106. Setton, *Venice, Austria, and the Turks* 108–10; Theunissen, 'Ottoman–Venetian Diplomatics' 183

8 帕夏复仇

1. *Peirce, The Imperial Harem 250*

2. *Darling, Revenue-Raising and Legitimacy 94–6*

3. Kâtib Çelebi, *Fezleke* 2.232

4. *Yücel, Es'ar Defteri*

5. Kâtib Çelebi, *Fezleke* 2.226

6. Hasan Vecîhî, 'Vecîhî Ta'rîhi' 19v

7. Kâtib Çelebi, *Fezleke* 2.226–8

8. Solak-zâde, Mehmed Hemdemî Çelebi, *Solak-zâde Tarihi* 2.556–8

9. Aktepe, art. Mehmed Paşa, *İA* 7.606

10. *Zilfi, The Politics of Piety 97–100*

11. Kâtib Çelebi, *Fezleke* 2.233–4

12. *Setton, Venice, Austria, and the Turks 112–17*

13. *Setton, Venice, Austria, and the Turks 116*

14. Kâtib Çelebi, *Fezleke* 2.239

15. *Setton, Venice, Austria, and the Turks 126*

16. Kâtib Çelebi, *Fezleke* 2.260

17. Gökbilgin, art. İbrahim, *İA* 5/II.883

18. *Setton, Venice, Austria, and the Turks 142–3, 148–9*

19. Kâtib Çelebi, *Fezleke* 2.357

20. *Setton, Venice, Austria, and the Turks 149–50*

21. *Goffman, Britons in the Ottoman Empire 152*

22. Hrushevsky, *History of Ukraine-Rus'* 8.263–6

23. Hrushevsky, *History of Ukraine-Rus'* 8.266–9

24. Hasan Vecîhî, 'Vecîhî Ta'rîhi' 27v

25. Uluçay, 'Üç Eşkiya Türküsü' 85ff

26. Aktepe, 'İpşir Mustafa Paşa' 45

27. İnalcık, art. Haydar-oghlu, *EI2* III.317–18

28. Uluçay, 'Üç Eşkiya Türküsü' 89–90

29. Mustafa Na'ima, *Ravzatü'l-Hüseyn* 4.239–40

30. Evliyâ Çelebi, *Seyahatnâme* 2.192

31. Evliyâ Çelebi, *Seyahatnâme* 2.198

32. Evliyâ Çelebi, *Seyahatnâme* 2.231–2, 235–6, 238–40

33. Soucek, review of M. Dukanović, *Rimovana autobiografija Varvari Ali-Paše* 290ff

34. Hasan Vecîhî, 'Vecîhî Ta'rîhi' 30v

35. *Peirce, The Imperial Harem 264*

36. Kâtib Çelebi, *Fezleke* 2.327

37. Hasan Vecîhî, 'Vecîhî Ta'rîhi' 30v–31r

38. Kâtib Çelebi, *Fezleke* 2.329

39. Kâtib Çelebi, *Fezleke* 2.330

40. Hasan Vecîhî, 'Vecîhî Ta'rîhi' 32r

41. *Peirce, The Imperial Harem 251*

42. *Peirce, The Imperial Harem 251*

43. Hasan Vecîhî, 'Vecîhî Ta'rîhi' 32v–34r

44. Abdurrahman Abdi Paşa, 'Abdurrahman Abdi Paşa Vekâyi'nâme'si' 7–8, 14–15

45. Mustafa Na'ima, *Ravzatü'l-Hüseyn* 4.408

46. Abdurrahman Abdi Paşa, 'Abdurrahman Abdi Paşa Vekâyi'nâme'si' 15–16

47. Abdurrahman Abdi Paşa, 'Abdurrahman Abdi Paşa Vekâyi'nâme'si' 16

48. Mustafa Na'ima, *Ravzatü'l-Hüseyn* 4.412–13

49. Abdurrahman Abdi Paşa, 'Abdurrahman Abdi Paşa Vekâyi'nâme'si' 16–17

50. Orhonlu, art. Kātırdjı-oghlı Mehmed Pasha, *EI2* IV.766

51. Mustafa Na'ima, *Ravzatü'l-Hüseyn* 4.413–14

52. Mustafa Na'ima, *Ravzatü'l-Hüseyn* 4.410, 415

53. Abdurrahman Abdi Paşa, 'Abdurrahman Abdi Paşa Vekâyi'nâme'si' 22

54. İpşirli, art. Derviş Mehmed Paşa, *İA2* 9.193–4

55. *Dankoff, The Intimate Life 9*

56. Evliyâ Çelebi, *Seyahatnâme* 1.190, 5.89

57. Kunt, 'Ethnic-Regional (*Cins*) Solidarity' 237–8

58. Kâtib Çelebi, *Fezleke* 2.373–4

59. Abdurrahman Abdi Paşa, 'Abdurrahman Abdi Paşa Vekâyi'nâme'si' 28

60. Mustafa Na'ima, *Ravzatü'l-Hüseyn* 5.98

61. Kaya, art. Karaçelebizâde Abdülaziz Efendi, *İA2* 24.382

62. Mustafa Na'ima, *Ravzatü'l-Hüseyn* 5.99

63. Karaçelebizâde Abdülaziz Efendi, 'Zeyl-i Ravzatü'l-Ebrâr' 41v–43r

64. Karaçelebizâde Abdülaziz Efendi, 'Zeyl-i Ravzatü'l-Ebrâr' 43r–44r

65. Mustafa Na'ima, *Ravzatü'l-Hüseyn* 5.99–102

66. *Dankoff, The Intimate Life 82*

67. Mustafa Na'ima, *Ravzatü'l-Hüseyn* 5.103–5

68. Mustafa Na'ima, *Ravzatü'l-Hüseyn* 5.107–11

69. Mustafa Na'ima, *Ravzatü'l-Hüseyn* 5.102; cf. Thomas, *A Study of Naima* 102

70. Mustafa Na'ima, *Ravzatü'l-Hüseyn* 5.114–15; cf. Thomas, *A Study of Naima* 101–2

71. Mustafa Na'ima, *Ravzatü'l-Hüseyn* 5.118–21

72. Mustafa Na'ima, *Ravzatü'l-Hüseyn* 5.122–7

73. Mustafa Na'ima, *Ravzatü'l-Hüseyn* 5.130–44

74. Abdurrahman Abdi Paşa, 'Abdurrahman Abdi Paşa Vekâyi'nâme'si' 32

75. Kâtib Çelebi, *Fezleke* 2.343

76. Abdurrahman Abdi Paşa, 'Abdurrahman Abdi Paşa Vekâyi'nâme'si' 36

77. Mustafa Na'ima, *Ravzatü'l-Hüseyn* 5.215–21

78. Mustafa Na'ima, *Ravzatü'l-Hüseyn* 5.221–2

79. Murphey, 'Solakzade's Treatise of 1652' 27ff

80. Mustafa Na'ima, *Ravzatü'l-Hüseyn* 5.271–2

81. Dankoff, *The Intimate Life 107*

82. Dankoff, *The Intimate Life 108*

83. Kunt, 'Derviş Mehmed Paşa' 202

84. Dankoff, *The Intimate Life 107*

85. Aktepe, 'İpşir Mustafa Paşa' 45–47

86. Aktepe, 'İpşir Mustafa Paşa' 47–52

87. Murphey, 'Forms of Differentiation' 161–2

88. *Setton, Venice, Austria, and the Turks 163–4*

89. *Setton, Venice, Austria, and the Turks 172–82*

90. Abdurrahman Abdi Paşa, 'Abdurrahman Abdi Paşa Vekâyi'nâme'si' 79–80

91. Mustafa Na'ima, *Ravzatü'l-Hüseyn* 6.182

92. Ostapchuk, 'Ukraine between' 8, 11–16

93. Andreasyan and Derin, 'Çınar Vak'ası' 58–60

94. Andreasyan and Derin, 'Çınar Vak'ası' 61–8

95. Andreasyan and Derin, 'Çınar Vak'ası' 70–71

96. Andreasyan and Derin, 'Çınar Vak'ası' 70–71

97. Andreasyan and Derin, 'Çınar Vak'ası' 71–3

98. Kâtib Çelebi, *Fezleke* 2.225

99. Andreasyan and Derin, 'Çınar Vak'ası' 73

100. *Setton, Venice, Austria, and the Turks 184*

101. Mustafa Na'ima, *Ravzatü'l-Hüseyn* 6.205

102. Andreasyan and Derin, 'Çınar Vak'asi' 65

103. Mustafa Na'ima, *Ravzatü'l-Hüseyn* 6.206–7

104. Mustafa Na'ima, *Ravzatü'l-Hüseyn* 6.207–8

9 权贵统治

1. Gökbilgin and Repp, art. Köprülü, *EI2* V.256–63; Heywood, art. Karā Mustafā Pasha, Merzifonlu *EI2* IV.589–92; Köprülü, art. ('Amūdjazāde) Husayn Pasha, *EI2* III.626–7

2. Abdurrahman Abdi Paşa, 'Abdurrahman Abdi Paşa Vekâyi'nâme'si' 80

3. Abdurrahman Abdi Paşa, 'Abdurrahman Abdi Paşa Vekâyi'nâme'si' 74

4. Mustafa Na'ima, *Ravzatu'l-Hüseyn* 6.138

5. Mustafa Na'ima, *Ravzatu'l-Hüseyn* 6.135, 209, 212

6. Thomas, *A Study of Naima* 101–2

7. Kunt, 'Naîmâ, Köprülü and the Grand Vezirate' 62

8. Dankoff, *The Intimate Life* 204

9. Zilfi, 'The Kadızadelis' 258, 259–60

10. Mustafa Na'ima, *Ravzatü'l-Hüseyn* 6.218–20

11. *Zilfi, The Politics of Piety* 147

12. Baer, 'Honored by the Glory of Islam' 157–8

13. İlgürel, art. Hüseyin Paşa (Deli), *İA2* 19.6

14. Abdurrahman Abdi Paşa, 'Abdurrahman Abdi Paşa Vekâyi'nâme'si' 81

15. Mustafa Na'ima, *Ravzatü'l-Hüseyn* 6.237–49

16. Abdurrahman Abdi Paşa, 'Abdurrahman Abdi Paşa Vekâyi'nâme'si' 87

17. Mustafa Na'ima, *Ravzatü'l-Hüseyn* 6.266ff

18. *Setton, Venice, Austria, and the Turks 188–9*

19. Kolodziejczyk, *Ottoman–Polish Diplomatic Relations* 142; Gökbilgin and Repp, art. Köprülü, *EI2* V.257–8

20. Mustafa Na'ima, *Ravzatü'l-Hüseyn* 6.329

21. Abdurrahman Abdi Paşa, 'Abdurrahman Abdi Paşa Vekâyi'nâme'si' 98

22. Abdurrahman Abdi Paşa, 'Abdurrahman Abdi Paşa Vekâyi'nâme'si' 104

23. Mustafa Na'ima, *Ravzatü'l-Hüseyn* 6.329–33, 379

24. Mustafa Na'ima, *Ravzatü'l-Hüseyn* 6.333

25. Abdurrahman Abdi Paşa, 'Abdurrahman Abdi Paşa Vekâyi'nâme'si' 105

26. Mustafa Na'ima, *Ravzatü'l-Hüseyn* 6.335

27. Mustafa Na'ima, *Ravzatü'l-Hüseyn* 6.336

28. Mustafa Na'ima, *Ravzatü'l-Hüseyn* 6.336–8

29. Mustafa Na'ima, *Ravzatü'l-Hüseyn* 6.338; cf. Woods, *The Aqquyunlu* 116–17

30. Abdurrahman Abdi Paşa, 'Abdurrahman Abdi Paşa Vekâyi'nâme'si' 110–11

31. Mustafa Na'ima, *Ravzatü'l-Hüseyn* 6.361–7

32. Mustafa Na'ima, *Ravzatü'l-Hüseyn* 6.368–75

33. Mustafa Na'ima, *Ravzatü'l-Hüseyn* 6.375–8

34. Abdurrahman Abdi Paşa, 'Abdurrahman Abdi Paşa Vekâyi'nâme'si' 114, 115–16

35. Mustafa Na'ima, *Ravzatü'l-Hüseyn* 6.402–5

36. Mustafa Na'ima, *Ravzatü'l-Hüseyn* 6.397–401; cf. Necipoğlu, *Architecture, Ceremonial and Power* 151–2

37. Mustafa Na'ima, *Ravzatü'l-Hüseyn* 6.407–8; Abdurrahman Abdi Paşa, 'Abdurrahman Abdi Paşa Vekâyi'nâme'si' 121

38. Peirce, *The Imperial Harem* 196

39. Kunt, 'The Waqf as an Instrument' 193–4

40. Kunt, 'The Waqf as an Instrument' 193, 195–6

41. Gökbilgin and Repp, art. Köprülü, *EI2* V.259

42. Kopčan, 'Einige Bemerkungen' 163

43. Decei and Gökbilgin, art. Erdel, *İA* 4.303

44. Fodor, 'The View of the Turk' 98–9

45. Decei and Gökbilgin, art. Erdel, *İA* 4.303–4

46. Kopčan, 'Ottoman Narrative Sources' 91

47. Kopčan, 'Ottoman Narrative Sources' 91–3

48. Gökbilgin and Repp, art. Köprülü, *EI2* V.259

49. Evliyâ Çelebi, *Seyahatnâme* 7.29ff

50. Evliyâ Çelebi, *Seyahatnâme* 7.36

51. Defterdar Sarı Mehmed Paşa, *Zübdei Vekayiât* 8–9

52. Evliyâ Çelebi, *Seyahatnâme* 7.53ff; cf. Unat, *Osmanlı Sefirleri* 47–9

53. Evliyâ Çelebi, *Seyahatnâme* 7.116

54. Abdurrahman Abdi Paşa, 'Abdurrahman Abdi Paşa Vekâyi'nâme'si' 134–70, 141, 152, 163–4, 172

55. Silâhdâr Fındıklılı Mehmed Ağa, *Silâhdâr Ta'rîhi* 1.393–5

56. Silâhdâr Fındıklılı Mehmed Ağa, *Silâhdâr Ta'rîhi* 1.411–12

57. Abdurrahman Abdi Paşa, 'Abdurrahman Abdi Paşa Vekâyi'nâme'si' 206–7

58. Silâhdâr Fındıklılı Mehmed Ağa, *Silâhdâr Ta'rîhi* 1.411–12; Setton, *Venice, Austria, and the Turks* 194–5

59. Setton, *Venice, Austria, and the Turks* 206ff

60. Setton, *Venice, Austria, and the Turks* 220–24

61. Setton, *Venice, Austria, and the Turks* 224–8; Silâhdâr Fındıklılı Mehmed Ağa, *Silâhdâr Ta'rîhi* 1.513–14

62. Greene, *A Shared World* 50, 54, 110ff

63. Greene, *A Shared World* 80–81

64. Evliyâ Çelebi, *Seyahatnâme* 8.460–61

65. Bierman, 'The Ottomanization of Crete' 53ff

66. Greene, *A Shared World* 78ff

67. Bierman, 'The Ottomanization of Crete' 61–3

68. Kolodziejczyk, *Ottoman–Polish Diplomatic Relations* 141–5

69. Ostapchuk, 'Ukraine between' 12–13, 19–20

70. Ostapchuk, 'Ukraine between' 21–2

71. Kolodziejczyk, *The Ottoman Survey Register* 6–7

72. Silâhdâr Fındıklılı Mehmed Ağa, *Silâhdâr Ta'rîhi* 1.574

73. Abdurrahman Abdi Paşa, 'Abdurrahman Abdi Paşa Vekâyi'nâme'si' 325–8

74. Silâhdâr Fındıklılı Mehmed Ağa, *Silâhdâr Ta'rîhi* 1.576

75. Abdurrahman Abdi Paşa, 'Abdurrahman Abdi Paşa Vekâyi'nâme'si' 329, 336, 340–44, 347–8

76. Kolodziejczyk, *The Ottoman Survey Register* 59–65

77. Kolodziejczyk, *The Ottoman Survey Register* 13, 16–17

78. Metin Kunt, oral communication

79. Kolodziejczyk, *Ottoman–Polish Diplomatic Relations* 148, 494–580

80. Silâhdâr Fındıklılı Mehmed Ağa, *Silâhdâr Ta'rîhi* 1.648–9, 653

81. Kolodziejczyk, *Ottoman–Polish Diplomatic Relations* 149

82. Ostapchuk, 'Ukraine between' 23–4

83. Hezarfen Hüseyin Efendi, *Telhîsü'l-Beyân* 207–46

84. Hezarfen Hüseyin Efendi, *Telhîsü'l-Beyân* 208

85. Baer, 'Honored by the Glory of Islam' 167

86. Baer, 'Honored by the Glory of Islam'

107–8

87. *Kolodziejczyk, The Ottoman Survey Register 60, 61*

88. Zilfi, 'The Kadızadelis' 263–4; Zilfi, *The Politics of Piety* 149

89. Baer, 'Honored by the Glory of Islam' 142–6

90. *Covel, Voyages en Turquie 88–90*

91. Baer, 'Honored by the Glory of Islam' 132–7

92. *Zilfi, The Politics of Piety 157*

93. *Peirce, The Imperial Harem 206–7*

94. Thys-Şenocak, 'The Yeni Valide' 66–8; Baer, 'Honored by the Glory of Islam' 125–7

95. Baer, 'Honored by the Glory of Islam' 85–7

96. *Refik, Onikinci Asr-i Hicrî'de 88–9*

97. Thys-Şenocak, 'The Yeni Valide' 67

98. Baer, 'Honored by the Glory of Islam' 296

99. Abdurrahman Abdi Paşa, 'Abdurrahman Abdi Paşa Vekâyi'nâme'si' 215–16

100. Baer, 'Honored by the Glory of Islam' 304–6

101. *Zilfi, The Politics of Piety 154–6*

102. Baer, 'Honored by the Glory of Islam' 168–75, 181–91, 205ff

103. Gökbilgin and Repp, art. Köprülü, *EI2* V.260–61

104. Heywood, art. Karā Mustafā Pasha, Merzifonlu, *EI2* IV.589–90

105. Ostapchuk, 'Ukraine between' 24–5

106. Defterdar Sarı Mehmed Paşa, *Zübde-i Vekayiât* 91

107. Defterdar Sarı Mehmed Paşa, *Zübde-i Vekayiât* 109

108. Defterdar Sarı Mehmed Paşa, *Zübde-i Vekayiât* 110, 119; Kolodziejczyk, *Ottoman–Polish Diplomatic Relations* 152; Ostapchuk, 'Ukraine between' 26

109. *Kann, A History of the Habsburg Empire 72–3*

110. *Stoye, The Siege of Vienna 43–4*

111. Silâhdâr Fındıklılı Mehmed Ağa, *Silâhdâr Ta'rîhi* 1.743

112. *Refik, Türk Hizmetinde Kiral Tököli İmre 8–10*

113. Silâhdâr Fındıklılı Mehmed Ağa, *Silâhdâr Ta'rîhi* 1.757–8

114. *Stoye, The Siege of Vienna 45*

115. Silâhdâr Fındıklılı Mehmed Ağa, *Silâhdâr Ta'rîhi* 1.757–8

116. Defterdar Sarı Mehmed Paşa, *Zübde-i Vekayiât* 137

117. Defterdar Sarı Mehmed Paşa, *Zübde-i Vekayiât* 139, 141–2

118. Silâhdâr Fındıklılı Mehmed Ağa, *Silâhdâr Ta'rîhi* 2.5–6

119. Defterdar Sarı Mehmed Paşa, *Zübde-i Vekayiât* 146–8

120. Stoye, *The Siege of Vienna* 120–49, 174–5

121. Silâhdâr Fındıklılı Mehmed Ağa, *Silâhdâr Ta'rîhi* 2.39

122. Defterdar Sarı Mehmed Paşa, *Zübde-i Vekayiât* 151

123. *Stoye, The Siege of Vienna 150–73*

124. *Kolodziejczyk, Ottoman–Polish Diplomatic Relations 153–4*

125. *Stoye, The Siege of Vienna 200–27*

126. *Stoye, The Siege of Vienna 243–64*

127. Silâhdâr Fındıklılı Mehmed Ağa, *Silâhdâr Ta'rîhi* 2.87–8

128. Defterdar Sarı Mehmed Paşa, *Zübde-i Vekayiât* 163

129. *Stoye, The Siege of Vienna 158–61*

130. Defterdar Sarı Mehmed Paşa, *Zübde-i Vekayiât* 159–60

131. Silâhdâr Fındıklılı Mehmed Ağa, *Silâhdâr Ta'rîhi* 2.119–21

132. Silâhdâr Fındıklılı Mehmed Ağa, *Silâhdâr Ta'rîhi* 2.124

133. Silâhdâr Fındıklılı Mehmed Ağa, *Silâhdâr Ta'rîhi* 2.123

134. Gabriel, 'Die Türkenbeute in Öster-reich' 101ff

135. Silâhdâr Fındıklılı Mehmed Ağa, *Silâhdâr Ta'rîhi* 1.757–8

136. Silâhdâr Fındıklılı Mehmed Ağa, *Silâhdâr Ta'rîhi* 2.120

137. *Zilfi, The Politics of Piety 157*

138. Defterdar Sarı Mehmed Paşa, *Zübde-i Vekayiât* 210

10 帝国松动

1. Silâhdâr Fındıklılı Mehmed Ağa, *Silâhdâr Ta'rîhi* 2.126–7

2. Setton, *Venice, Austria, and the Turks* 273–4

3. Silâhdâr Fındıklılı Mehmed Ağa, *Silâhdâr Ta'rîhi* 2.231–2

4. Gökbilgin and Repp, art. Köprülü, *EI2* V.261; Silâhdâr Fındıklılı Mehmed Ağa, *Silâhdâr Ta'rîhi* 2.127

5. Setton, *Venice, Austria, and the Turks* 273–6

6. Defterdar Sarı Mehmed Paşa, *Zübde-i Vekayiât* 166, 179–80, 206–7

7. Defterdar Sarı Mehmed Paşa, *Zübde-i Vekayiât* 211, 212, 213–14

8. Silâhdâr Fındıklılı Mehmed Ağa, *Silâhdâr Ta'rîhi* 2.228

9. Silâhdâr Fındıklılı Mehmed Ağa, *Silâhdâr Ta'rîhi* 2.236–7, 240–41, 243

10. Atasoy, art. Hırka-i Saâdet, *İA2* 17.375

11. Silâhdâr Fındıklılı Mehmed Ağa, *Silâhdâr Ta'rîhi* 2.238–9

12. Silâhdâr Fındıklılı Mehmed Ağa, *Silâhdâr Ta'rîhi* 2.249–53

13. Setton, *Venice, Austria, and the Turks* 277, 280–81, 282–3

14. Silâhdâr Fındıklılı Mehmed Ağa, *Silâhdâr Ta'rîhi* 2.262–4; cf. Defterdar Sarı Mehmed Paşa, *Zübde-i Vekayiât* 221

15. Setton, *Venice, Austria and the Turks* 287, 309–12

16. Defterdar Sarı Mehmed Paşa, *Zübde-i Vekayiât* 230–31

17. Silâhdâr Fındıklılı Mehmed Ağa, *Silâhdâr Ta'rîhi* 2.292

18. Defterdar Sarı Mehmed Paşa, *Zübde-i Vekayiât* 232–3

19. Defterdar Sarı Mehmed Paşa, *Zübde-i Vekayiât* 233–7

20. Defterdar Sarı Mehmed Paşa, *Zübde-i Vekayiât* 237–8

21. Defterdar Sarı Mehmed Paşa, *Zübde-i Vekayiât* 238–42

22. Defterdar Sarı Mehmed Paşa, *Zübde-i Vekayiât* 243–5

23. Defterdar Sarı Mehmed Paşa, *Zübde-i Vekayiât* 213, 214, 245–7

24. Defterdar Sarı Mehmed Paşa, *Zübde-i Vekayiât* 246, 247, 248–9

25. Defterdar Sarı Mehmed Paşa, *Zübde-i Vekayiât* 228–9, 232–5, 237

26. Defterdar Sarı Mehmed Paşa, *Zübde-i Vekayiât* 251–3

27. Silâhdâr Fındıklılı Mehmed Ağa, *Silâhdâr Ta'rîhi* 2.291, 295

28. Defterdar Sarı Mehmed Paşa, *Zübde-i Vekayiât* 254

29. Silâhdâr Fındıklılı Mehmed Ağa, *Silâhdâr Ta'rîhi* 2.296–8

30. Defterdar Sarı Mehmed Paşa, *Zübde-i Vekayiât* 438–9

31. Defterdar Sarı Mehmed Paşa, *Zübde-i Vekayiât* 265, 268–71

32. Defterdar Sarı Mehmed Paşa, *Zübde-i Vekayiât* 271, 272, 273–4, 275

33. Defterdar Sarı Mehmed Paşa, *Zübde-i Vekayiât* 275–7

34. Defterdar Sarı Mehmed Paşa, *Zübde-i Vekayiât* 280–81

35. Defterdar Sarı Mehmed Paşa, *Zübde-i Vekayiât* 282–5

36. Defterdar Sarı Mehmed Paşa, *Zübde-i Vekayiât* 285–6, 288–9

37. Defterdar Sarı Mehmed Paşa, *Zübde-i Vekayiât* 245, 288

38. Defterdar Sarı Mehmed Paşa, *Zübde-i Vekayiât* 288–9, 290, 293, 315

39. Defterdar Sarı Mehmed Paşa, *Zübde-i Vekayiât* 287

40. Pamuk, *A Monetary History* 145–6, 155–8

41. Silâhdâr Fındıklılı Mehmed Ağa, *Silâhdâr Ta'rîhi* 2.365

42. Silâhdâr Fındıklılı Mehmed Ağa, *Silâhdâr Ta'rîhi* 2.365–6; Defterdar Sarı Mehmed Paşa, *Zübde-i Vekayiât* 291–2

43. Defterdar Sarı Mehmed Paşa, *Zübde-i Vekayiât* 305

44. Silâhdâr Fındıklılı Mehmed Ağa, *Silâhdâr Ta'rîhi* 2.371–4

45. Heywood, 'English Diplomacy' 65

46. Defterdar Sarı Mehmed Paşa, *Zübde-i Vekayiât* 305, 308–10

47. Defterdar Sarı Mehmed Paşa, *Zübde-i Vekayiât* 312–13, 314

48. Defterdar Sarı Mehmed Paşa, *Zübde-i*

Vekayiât 312–13

49. Defterdar Sarı Mehmed Paşa, *Zübde-i Vekayiât* 320–21, 329–30, 338

50. *Setton, Venice, Austria, and the Turks 389–90*

51. Defterdar Sarı Mehmed Paşa, *Zübde-i Vekayiât* 322

52. Defterdar Sarı Mehmed Paşa, *Zübde-i Vekayiât* 330

53. Heywood, 'An Undiplomatic Anglo-Dutch Dispute' 64

54. Heywood, 'English Diplomacy' 78–80

55. Defterdar Sarı Mehmed Paşa, *Zübde-i Vekayiât* 330–33

56. Yılmaz, 'The Life of Köprülü Fazıl Mustafa Pasha' 35

57. Defterdar Sarı Mehmed Paşa, *Zübde-i Vekayiât* 333, 334, 336, 338, 339–40

58. Gökbilgin and Repp, art. Köprülü, *EI2* V.261

59. Gökbilgin and Repp, art. Köprülü, *EI2* V.261

60. Defterdar Sarı Mehmed Paşa, *Zübde-i Vekayiât* 339–40

61. Defterdar Sarı Mehmed Paşa, *Zübde-i Vekayiât* 341, 343ff

62. Yılmaz, 'The Life of Köprülü Fazıl Mustafa Pasha' 24–7

63. Yılmaz, 'The Life of Köprülü Fazıl Mustafa Pasha' 27–31

64. Halaçoğlu, art. Evlâd-i Fâtihan, *İA2* 11.524–5

65. Defterdar Sarı Mehmed Paşa, *Zübde-i Vekayiât* 366–7

66. Defterdar Sarı Mehmed Paşa, *Zübde-i Vekayiât* 367–8, 370–71

67. Defterdar Sarı Mehmed Paşa, *Zübde-i Vekayiât* 369, 371–3, 374–5, 376

68. Heywood, 'English Diplomacy' 117

69. Defterdar Sarı Mehmed Paşa, *Zübde-i Vekayiât* 379

70. *Finkel, The Administration of Warfare 17*

71. Defterdar Sarı Mehmed Paşa, *Zübde-i Vekayiât* 377–8

72. Defterdar Sarı Mehmed Paşa, *Zübde-i Vekayiât* 298–9, 343, 345

73. Yılmaz, 'The Life of Köprülü Fazıl Mustafa Pasha' 19–20

74. Yılmaz, 'Osmanlı İmparatorluğunda Tütün Tarımı'

75. Tabakoğlu, *Gerileme Dönemine Girerken Osmanlı Maliyesi* 274–5; Defterdar Sarı Mehmed Paşa, *Zübde-i Vekayiât* 632–3

76. Halaçoğlu, *XVIII. yüzyılda Osmanlı İmparatorluğu'nun iskan siyaseti* 4–6

77. Orhonlu, *Osmanlı İmparatorluğunda Aşiretleri İskân Teşebbüsü* 30

78. Halaçoğlu, *XVIII. yüzyılda Osmanlı İmparatorluğu'nun iskan siyaseti* 4–6

79. Orhonlu, *Osmanlı İmparatorluğunda Aşiretleri İskân Teşebbüsü* 43ff

80. Orhonlu, *Osmanlı İmparatorluğunda Aşiretleri İskân Teşebbüsü* map

81. Orhonlu, *Osmanlı İmparatorluğunda Aşiretleri İskân Teşebbüsü* 43ff

82. Silahdar Fındıklılı Mehmed Ağa, *Nusretnâme* 1.246–50; Defterdar Sarı Mehmed Paşa, *Zübde-i Vekayiât* 627–8

83. Orhonlu, *Osmanlı İmparatorluğunda Aşiretleri İskân Teşebbüsü* 89–90

84. Murphey, 'Ottoman Census Methods' 120

85. Yılmaz, 'The Life of Köprülü Fazıl Mustafa Pasha' 46–7

86. Rossitsa Gradeva, personal communication

87. Yılmaz, 'The Life of Köprülü Fazıl Mustafa Pasha' 48

88. Yılmaz, 'The Life of Köprülü Fazıl Mustafa Pasha' 48–53; Tabakoğlu, *Gerileme Dönemine Girerken Osmanlı Maliyesi* 136–49

89. Silâhdâr Fındıklılı Mehmed Ağa, *Silâhdâr Ta'rîhi* 2.567–9

90. Silâhdâr Fındıklılı Mehmed Ağa, *Silâhdâr Ta'rîhi* 2.569–70

91. Defterdar Sarı Mehmed Paşa, *Zübde-i Vekayiât* 398

92. Murphey, 'Continuity and Discontinuity' 419ff

93. Murphey, art. Süleyman II, *EI2* IX.842

94. Defterdar Sarı Mehmed Paşa, *Zübde-i Vekayiât* 399–400, 405

95. Defterdar Sarı Mehmed Paşa, *Zübde-i Vekayiât* 377, 403

96. Defterdar Sarı Mehmed Paşa, *Zübde-i Vekayiât* 404, 407

97. Heywood, 'An Undiplomatic Anglo-Dutch Dispute' 66

98. Ingrao, *The Habsburg Monarchy* 79

99. Defterdar Sarı Mehmed Paşa, *Zübde-i Vekayiât* 421–2, 424, 430–32, 438

100. Heywood, 'An Undiplomatic Anglo-Dutch Dispute' 73–91

101. Heywood, 'English Diplomacy' 216

102. Heywood, 'English Diplomacy' passim

103. Defterdar Sarı Mehmed Paşa, *Zübde-i Vekayiât* 440, 445, 450–54, 456–63, 465, 492–4

104. Defterdar Sarı Mehmed Paşa, *Zübde-i Vekayiât* 522–3

105. Defterdar Sarı Mehmed Paşa, *Zübde-i Vekayiât* 549, 553

106. Silahdar Fındıklılı Mehmed Ağa, *Nusretnâme* 1.57

107. Defterdar Sarı Mehmed Paşa, *Zübde-i Vekayiât* 554–5, 555–6, 558, 566, 570

108. Silahdar Fındıklılı Mehmed Ağa, *Nusretnâme* 1.133

109. Defterdar Sarı Mehmed Paşa, *Zübde-i Vekayiât* 588, 591–4

110. Silahdar Fındıklılı Mehmed Ağa, *Nusretnâme* 1.277–9

111. Köprülü, art. ('Amūdja-zāde) Husayn Pasha, *EI2* III.627

112. Defterdar Sarı Mehmed Paşa, *Zübde-i Vekayiât* 622

113. Silahdar Fındıklılı Mehmed Ağa, *Nusretnâme* 1.280

114. Silahdar Fındıklılı Mehmed Ağa, *Nusretnâme* 1.277–8

115. Defterdar Sarı Mehmed Paşa, *Zübde-i Vekayiât* 622–3

116. Silahdar Fındıklılı Mehmed Ağa, *Nusretnâme* 1.294–9

117. Silahdar Fındıklılı Mehmed Ağa, *Nusretnâme* 1.299–300

118. Defterdar Sarı Mehmed Paşa, *Zübde-i Vekayiât* 639–41, 643–5, 649–50

119. Defterdar Sarı Mehmed Paşa, *Zübde-i Vekayiât* 645, 650

120. Heywood, 'English Diplomacy' 257

121. Defterdar Sarı Mehmed Paşa, *Zübde-i Vekayiât* 653–4

122. Defterdar Sarı Mehmed Paşa, *Zübde-i Vekayiât* 654–62

123. Defterdar Sarı Mehmed Paşa, *Zübde-i Vekayiât* 662–7 (Ottoman text of treaty with Poland-Lithuania); Kolodziejczyk, *Ottoman–Polish Diplomatic Relations* 593–8 (English translation of Ottoman text of treaty with Poland-Lithuania)

124. Setton, *Venice, Austria, and the Turks* 354–8

125. Setton, *Venice, Austria, and the Turks* 380–86

126. Setton, *Venice, Austria, and the Turks* 386–7

127. Köprülü, art. ('Amūdja-zāde) Husayn Pasha, *EI2* III.627

128. Defterdar Sarı Mehmed Paşa, *Zübde-i Vekayiât* 620, 646–7

129. Defterdar Sarı Mehmed Paşa, *Zübde-i Vekayiât* 667–72 (Ottoman text of treaty with Venice)

130. Hughes, *Russia in the Age of Peter the Great* 10

131. Fuller, *Strategy and Power* 14ff

132. Hughes, *Russia in the Age of Peter the Great* 8–11, 17–18

133. Silahdar Fındıklılı Mehmed Ağa, *Nusretnâme* 1.375–7 (Ottoman text of truce with Muscovy)

134. Hughes, *Russia in the Age of Peter the Great* 26

135. Defterdar Sarı Mehmed Paşa, *Zübde-i Vekayiât* 692–8 (Ottoman text of treaty with Muscovy)

136. Abou-El-Haj, 'The Formal Closure' 467

137. Abou-El-Haj, 'The Narcissism of Mustafa II' 123

138. Abou-El-Haj, 'The Formal Closure' 467, 470–71

139. Kolodziejczyk, *Ottoman–Polish Diplomatic Relations* 61–2

140. Stoye, Marsigli's Europe 164ff; Kolodziejczyk, *Ottoman–Polish Diplomatic Relations* 57

141. Kolodziejczyk, *Ottoman–Polish Diplomatic Relations* 634

142. Abou-El-Haj, 'The Formal Closure' 471–5

143. Peri, 'Islamic Law and Christian Holy

618

Sites' 97–104

144. Peri, *Christianity under Islam* 98, 101, 105–9, 111–12, 153

145. Peri, *Christianity under Islam* 201

146. *Abou-El-Haj, Formation of the Modern State 126*

147. *Tabakoğlu, Gerileme Dönemine Girerken Osmanlı Maliyesi 266–7*

148. *Finkel, The Administration of Warfare 260–63*

149. *Tabakoğlu, Gerileme Dönemine Girerken Osmanlı Maliyesi 295–9*

150. Defterdar Sarı Mehmed Paşa, *Zübde-i Vekayiât* 581

151. Genç, 'Osmanlı Maliyesinde Malikane Sistemi' 285–8

152. Genç, 'A study of the feasibility' 348

153. Genç, 'Osmanlı Maliyesinde Malikane Sistemi' 285–8; Defterdar Sarı Mehmed Paşa, *Zübde-i Vekayiât* 512–13

154. Salzmann, 'Measures of Empire' 136

155. Goffman, 'İzmir: from village' 107–9

156. *Abou-El-Haj, Formation of the Modern State 122–3*

157. Abou-El-Haj, 'The Ottoman Vezir and Paşa Households' 443–4

158. *Abou-El-Haj, Formation of the Modern State 126–7*

159. Abou-El-Haj, 'The Ottoman Vezir and Paşa Households' 439–43

160. Kunt, 'Naîmâ, Köprülü and the Grand Vezirate' 58–9

161. Murphey, 'Continuity and Discontinuity' 425

11 安逸之患

1. Köprülü, art. ('Amūdja-zāde) Husayn Pasha, *EI2* III.626–7

2. Faroqhi, 'An Ulama Grandee' 199ff

3. Silahdar Fındıklılı Mehmed Ağa, *Nusretnâme* 2.162–3

4. Türek and Derin, 'Feyzullah Efendi'nin kendi kaleminden' 24.69ff, 89; cf. Türek and Derin, 'Feyzullah Efendi'nin kendi kaleminden' 23.205ff; Derin, 'Şeyhülislâm Feyzullah Efendi'nin nesebi' 97ff

5. Abou-El-Haj, *The 1703 Rebellion* 16ff,

115–17

6. Abou-El-Haj, *The 1703 Rebellion* 24

7. Abou-El-Haj, *The 1703 Rebellion* 30–1

8. Abou-El-Haj, *The 1703 Rebellion* 33ff, 62–3

9. Baykal, art. Râmî Mehmed Paşa, *İA* 9.623–4; Abou-El-Haj, *The 1703 Rebellion* 72–5

10. Abou-El-Haj, *The 1703 Rebellion* 65–74, 77–8

11. *(Anonymous), Anonim Osmanlı Tarihi 275*

12. Silahdar Fındıklılı Mehmed Ağa, *Nusretnâme* 2.184

13. Özcan, art. Defterdar Sarı Mehmed Paşa, *İA2* 9.98

14. Silahdar Fındıklılı Mehmed Ağa, *Nusretnâme* 2.193–5

15. (Anonymous) *Anonim Osmanlı Tarihi* 249–51

16. Tayşi, art. Feyzullah Efendi (Seyyid), *İA2* 12.527

17. Silahdar Fındıklılı Mehmed Ağa, *Nusretnâme* 2.181–97

18. Silahdar Fındıklılı Mehmed Ağa, *Nusretnâme* 2.235, 239–40

19. *Aksan, An Ottoman Statesman 18–19*

20. Frost, *The Northern Wars* 226ff, 263ff

21. *LeDonne, The Russian Empire 24*

22. Silahdar Fındıklılı Mehmed Ağa, *Nusretnâme* 2.229

23. Frost, *The Northern Wars* 286–8, 372–3

24. Frost, *The Northern Wars* 288–94

25. Theolin, *The Swedish Palace* 32, 33

26. Kurat, *Prut Seferi* 1.124, 133–5

27. *Frost, The Northern Wars 287*

28. Ortaylı, 'Une proclamation universelle' 105–9

29. *Hughes, Russia in the Age of Peter the Great 46*

30. Silahdar Fındıklılı Mehmed Ağa, *Nusretnâme* 2.265–6

31. Aksan, *Ottoman Warfare* ch. 3

32. Silahdar Fındıklılı Mehmed Ağa, *Nusretnâme* 2.276ff, 287ff

33. *LeDonne, The Russian Empire 91*

34. *Aksan, An Ottoman Statesman 89–90*

35. Theolin, *The Swedish Palace* 35–40

36. Theolin, *The Swedish Palace 41–4*

37. Hughes, *Russia in the Age of Peter the Great* 46–7, 352; cf. Aktepe, '1711 Prut seferi' 23–4

38. Darkot, art. Karadağ, *İA* 6.225

39. Silahdar Fındıklılı Mehmed Ağa, *Nusretnâme* 2.324–6

40. Aksan, *Ottoman Warfare* ch. 3

41. Silahdar Fındıklılı Mehmed Ağa, *Nusretnâme* 2.336–8

42. Kurat and Bromley, 'The Retreat of the Turks' 210–11

43. Silahdar Fındıklılı Mehmed Ağa, *Nusretnâme* 2.344–5

44. Kurat and Bromley, 'The Retreat of the Turks' 211–12

45. Silahdar Fındıklılı Mehmed Ağa, *Nusretnâme* 2.366–71

46. Silahdar Fındıklılı Mehmed Ağa, *Nusretnâme* 2.374–5

47. Gökbilgin, 'II. Rakoczi Ferencz' 595ff

48. *Rothenburg, The Austrian Military Border 103*

49. Ortaylı, 'Ottoman–Habsburg Relations' 290

50. Silahdar Fındıklılı Mehmed Ağa, *Nusretnâme* 2.227

51. Artan, 'From Charismatic Leadership' 53ff

52. *Öztuna, Devletler ve Hanedânlar 220–27*

53. Salzmann, 'Measures of Empire' 194ff

54. Genç, 'A study of the feasibility' 349

55. Salzmann, 'Measures of Empire' 170

56. Genç, 'Osmanlı Maliyesinde Malikane Sistemi' 245

57. Salzmann, 'Measures of Empire' 172–3

58. Genç, 'Osmanlı Maliyesinde Malikane Sistemi' 239

59. Genç, 'A study of the feasibility' 356

60. Genç, art. Esham, *İA2* 11.377

61. Artan, 'Periods and Problems' 22–5

62. Genç, 'A study of the feasibility' 356

63. Salzmann, 'Measures of Empire' 181

64. McGowan, 'The Age of the Ayans' 734–5

65. Genç, 'Ottoman Industry' 69–82

66. *Göçek, East Encounters West 4*

67. *Unat, Osmanli Sefirleri 52–3*

68. Silahdar Fındıklılı Mehmed Ağa, *Nusretnâme* 2.250–52; Uluçay, 'Fatma ve Safiye' 139–48

69. Atıl, 'The Story of an Eighteenth-Century Ottoman Festival' 181ff; İrepoğlu, *Levnî* 87ff

70. Artan, 'From Charismatic Leadership' 62

71. Silahdar Fındıklılı Mehmed Ağa, *Nusretnâme* 2.269–70

72. Mehmed Râşid *Râşid Ta'rîhi* 5.307–8

73. *Necipoğlu, Architecture, Ceremonial and Power 258*

74. Necipoğlu, 'The Suburban Landscape' 32ff

75. *Wortley Montagu, The Turkish Embassy Letters 140*

76. Kuban, *Istanbul* 336

77. Artan, 'Aspects of the Ottoman Elite's Food Consumption' 107ff

78. *Schama, Landscape and Memory 329*

79. İrepoğlu, 'Innovation and Change' 380–85, 408–11

80. Özergin, art. Râşid, Mehmed, *İA* 9.632

81. Mehmed Râşid, *Râşid Ta'rîhi* 5.185–6, 311–15

82. *Göçek, East Encounters West 76*

83. Aktepe, 'Kâğıdhâne'ye Dâir Bâzı Bilgiler' 339–43, 353

84. *Hughes, Russia in the Age of Peter the Great 218*

85. *Göçek, East Encounters West 75–7*

86. *Hughes, Russia in the Age of Peter the Great 217–18; Göçek, East Encounters West 75*

87. Hamadeh, 'Splash and Spectacle' 123ff

88. Zilfi, 'Women and Society' 295–6

89. Pavord, *The Tulip* 58–62

90. Evliyâ Çelebi, *Seyahatnâme*, 1.206

91. Aktepe, 'Damad İbrahim Paşa' 91–126

92. Pavord, *The Tulip* 137ff

93. Pavord, *The Tulip* 43–55, esp. 50

94. *Necipoğlu, Architecture, Ceremonial and Power 151–2*

95. Mehmed Râşid, *Râşid Ta'rîhi* 5.320–28

96. İrepoğlu, *Levnî* 87

97. Aktepe, *Patrona İsyanı* 62

98. Zilfi, 'A *Medrese* for the Palace' 186, 189

99. Zilfi, 'Elite Circulation' 320

100. Zilfi, 'Elite Circulation' 326, 340–41

101. Aktepe, *Patrona İsyanı* 104ff

102. Zilfi, 'İbrahim Pasha and the Women' 555ff

103. Zilfi, 'Women and Society' 294–8

104. Olson, 'The Esnaf' 336

105. Aktepe, 'XVIII. asrın ilk yarısında İstanbul'un' 2–9

106. Isma'il Âsım Efendi, *Âsım Ta'rîhi* 397–8

107. Aktepe, '1727–1728 İzmir isyanına dâir' 71ff

108. Unat, *Osmanlı Sefirleri 59–61*

109. Aktepe, 'Dürrî Ahmet Efendi'nin İran Sefareti' 1/1.58

110. Olson, 'The Ottoman–French Treaty' 349

111. Tucker, 'The Peace Negotiations' 21

112. Tucker, 'The Peace Negotiations' 21–2

113. Baysun, 'Müverrih Râşid Efendi'nin İran Elciliğine Dâir' 145ff; Aktepe, 'Vak'anüvis Raşid Mehmed Efendi'nin' 155ff

114. Tucker, 'The Peace Negotiations' 22

115. Silahdar Fındıklılı Mehmed Ağa, *Nusretnâme* 2.333, 334, 364

116. Aktepe, *Patrona İsyanı* 92–5

117. Aktepe, *Patrona İsyanı* 91, 96–7, 99–100, 118–21

118. Tabakoğlu, *Gerileme Dönemine Girerken Osmanlı Maliyesi* 275; Aktepe, 'Ahmed III. devrinde Şark seferine' 17ff

119. Aktepe, *Patrona İsyanı* 101

120. Aktepe, *Patrona İsyanı* 133–40

121. Aktepe, *Patrona İsyanı* 140–42, 143–5

122. Aktepe, *Patrona İsyanı* 145, 147–9, 150–54

123. Aktepe, *Patrona İsyanı* 155–7

124. Veinstein, art. Mehmed Yirmisekiz (Čelebi Efendi), *EI2* VI.1006

125. Aktepe, *Patrona İsyanı* 158–60

126. Aktepe, *Patrona İsyanı* 161–9

127. Aktepe, *Patrona İsyanı* 169–80

128. Şem'dânî-zâde Fındıklılı Süleyman Efendi, *Mur'i't-Tevârih* 1.16–21

129. *Abdi, Abdi Tarihi 62*

130. Sem'dânî-zâde Fındıklılı Süleyman Efendi, *Mur'i't-Tevârih* 1.17–19

131. Aktepe, 'XVIII. asrın ilk yarısında İstanbul'un' 10–16

132. Mehmed Râsid, *Râşid Ta'rîhi* 5.123

133. Silahdar Fındıklılı Mehmed Ağa, *Nusretnâme* 2.415

134. Salzmann, 'Measures of Empire' 175–6

135. *Halaçoğlu, XVIII. yüzyılda Osmanlı İmparatorluğu'nun iskan siyaseti 96–108*

136. Aktepe, 'Nevşehirli Damad İbrahim Paşa'ya âid iki vakfiye' 151

137. Winter, 'Ottoman Egypt' 17–20

138. Hathaway, 'Egypt in the seventeenth century' 42, 48, 49ff

139. Crecelius, 'Egypt in the eighteenth century' 70–73

140. Hathaway, 'Çerkes Mehmed Bey' 108ff

141. *Barbir, Ottoman Rule in Damascus xv, 44–55*

142. Tekindağ, 'XVIII. ve XIX. asırlarda Cebel Lübnan' 31ff

143. *Cohen, Palestine in the 18th Century 8–11*

144. *Cohen, Palestine in the 18th Century 30–42*

145. St Laurent and Riedlmayer, 'Restorations of Jerusalem' 77–9, 84

146. *Barbir, Ottoman Rule in Damascus 89–93, 97–107*

147. Hess, 'The Forgotten Frontier' 74ff; Ortaylı, 'Ottoman–Habsburg Relations' 290–92

148. *Kolodziejczyk, Ottoman–Polish Diplomatic Relations 162*

149. *Theolin, The Swedish Palace 55–8*

150. LeDonne, *The Russian Empire* 99–100, 233–4; Aksan, *Ottoman Warfare* ch. 3

151. *Aksan, Ottoman Warfare ch. 3*

152. Eldem, 'Istanbul: from imperial', 190–4

153. Tucker, 'The Peace Negotiations' 24–32

154. Olson, 'The Ottoman–French Treaty' 350

155. Aktepe, 'XVIII. asrın ilk yarısında İstanbul'un' 23–4

156. Tucker, 'The Peace Negotiations' 34–7

157. Aktepe, 'XVIII. asrın ilk yarısında İstanbul'un' 10

158. Özkaya, 'XVIII inci Yüzyılda Çıkarılan

Adalet-nâmelere göre' 461–2

159. Özkaya, 'XVIII inci Yüzyılda Çıkarılan Adalet-nâmelere göre' 459–60

160. Olson, 'Jews, Janissaries, Esnaf' 193–7

161. Aktepe, 'XVIII. asrın ilk yarısında İstanbul'un' 25–8

162. Faroqhi, 'Migration into Eighteenth-Century' 163ff

163. *Abdi, Abdi Tarihi 45*

164. Eldem, *Sa'dabad* 22ff

165. Aktepe, 'Kâgıdhâne'ye Dâir Bâzı Bilgiler' 358

166. Kuban, art. Nuruosmaniye Külliyesi, *İst. Ansik.* 6.100–103

167. *Goodwin, A History of Ottoman Architecture 377, 387, 400–402*

168. *Goodwin, A History of Ottoman Architecture 375*

169. *Erünsal, Türk Kütüphaneleri Tarihi 61ff*

170. Silahdar Fındıklılı Mehmed Ağa, *Nusretnâme* 2.384–5

171. İrepoğlu, *Levnî* 23

172. Mystakidis, 'Hukûmet-i 'Osmâniye' 324–5

173. Kut, art. Matba'a, *EI2* VI.800

174. *Refik, Onikinci Asr-i Hicrî'de İstanbul Hayatı 89–90*

175. *Refik, Onikinci Asr-i Hicrî'de İstanbul Hayatı 90*

176. Kut, art. Matba'a, *EI2* VI.801

177. Kut, art. Matba'a, *EI2* VI.800

178. Özcan, art. Humbaracı Ahmed Paşa, *İA2* 18.351; Levy, 'Military Reform' 232–3; Hitzel, 'Relations interculturelles et scientifiques' 1.304–5

179. *Aksan, An Ottoman Statesman 8–9*

180. Itzkovitz, 'Eighteenth Century Ottoman Realities' 86

181. *Unat, Osmanlı Sefirleri 62ff*

182. *Refik, Onikinci Asr-i Hicrî'de İstanbul Hayatı 87*

183. Zilfi, 'Women and Society' 298–301

184. Zilfi, 'Women and Society' 301

185. *Sarıcaoğlu, Kendi Kaleminden Bir Padişahın Portresi 254–5*

12 行省坐大

1. Şem'dânî-zâde Fındıklılı Süleyman Efendi, *Mur'i't-Tevârih* 2/A.9

2. Altundağ, art. Osman III, *İA* 9.449

3. *Aksan, An Ottoman Statesman*

4. *Atsız, Ahmed Resmî Efendi'nin 71*

5. *Atsız, Ahmed Resmî Efendi'nin 73*

6. *Ingrao, The Habsburg Monarchy 192–4*

7. Aksan, *An Ottoman Statesman* 78, 115–17

8. *Kolodziejczyk, Ottoman–Polish Diplomatic Relations 164*

9. Fisher, *The Russian Annexation* 27–8, 29–30

10. *Aksan, An Ottoman Statesman 119*

11. *LeDonne, The Russian Empire 104*

12. *Aksan, An Ottoman Statesman 144–69*

13. Nagata, 'Greek Rebellion of 1770' 103ff

14. Anderson, *Naval Wars* 278–91; Aktepe, art. Çeşme Vak'ası, *İA2* 8.288–9

15. Nagata, 'Greek Rebellion of 1770' 103ff

16. Hess, 'The Forgotten Frontier' 83–4

17. Aksan, *An Ottoman Statesman* 104–8, 111–14

18. Fisher, *The Russian Annexation* 40–51, 160

19. *Aksan, An Ottoman Statesman 153–66*

20. Gawrych, 'Şeyh Galib and Selim III' 94

21. Fuller, *Strategy and Power* 140–41

22. Aksan, *An Ottoman Statesman* 109–10, 188–99

23. *Fuller, Strategy and Power 137*

24. LeDonne, *The Russian Empire* 105–6; Hurewitz, *Diplomacy in the Near and Middle East* 1.54–61 (Engl. translation of treaty)

25. Heywood, art. Küçük Kaynardja, *EI2* V.313; Sarıcaoğlu, *Kendi Kaleminden Bir Padişahın Portresi* 163

26. Süleyman Penah Efendi, 'Mora İhtilali Tarihçesi' 156–7

27. Davison, 'The "Dosografa" Church' 51ff

28. Davison, '"Russian Skill and Turkish Imbecility"' 35

29. Davison, '"Russian Skill and Turkish Imbecility"' 28ff

30. Fisher, 'Şahin Giray, the Reformer Khan'

93ff

31. Fisher, 'Şahin Giray, the Reformer Khan' 93ff

32. Emecen, 'Son Kırım Hânı Şâhin Giray'ın' 315ff

33. Fisher, 'Şahin Giray, the Reformer Khan' 94–5, 109, 119

34. *Aksan, An Ottoman Statesman 180–84*

35. Beydilli, 'Bonnaval'in izinde' 74

36. Uzunçarşılı, 'Sadrâzam Halil Hamid Paşa' 239–55

37. *Bruess, Religion, Identity and Empire 238*

38. *Aksan, An Ottoman Statesman 179*

39. *Sarıcaoğlu, Kendi Kaleminden Bir Padişahın Portresi 175*

40. Uzunçarşılı, 'Kaynarca Muahedesinden Sonraki' 514–15

41. *LeDonne, The Russian Empire 110*

42. *Sarıcaoğlu, Kendi Kaleminden Bir Padişahın Portresi 249–50*

43. *Ingrao, The Habsburg Monarchy 207*

44. BOA/Hatt-i hümayun no. 8231

45. *Sarıcaoğlu, Kendi Kaleminden Bir Padişahın Portresi 260*

46. Aksan, *Ottoman Warfare* ch. 4

47. *Ingrao, The Habsburg Monarchy 207–8*

48. *Karal, Selim III'ün Hatt-i Hümayunları 28–9*

49. Naff, 'Ottoman Diplomatic Relations' 105–6

50. Aksan, 'An Ottoman Portrait' 205–6

51. Aksan, *Ottoman Warfare* ch. 4

52. *Kolodziejczyk, Ottoman–Polish Diplomatic Relations 167, 644–59*

53. *Ingrao, The Habsburg Monarchy 209–10*

54. Naff, 'Ottoman Diplomatic Relations' 105–6

55. *Ingrao, The Habsburg Monarchy 209–10*

56. Gökçe, '1787–1806 yılları arasında Kafkasya'da' 4–12

57. Gökçe, '1787–1806 yılları arasında Kafkasya'da' 19–33

58. Gökçe, '1787–1806 yılları arasında Kafkasya'da' 34–8, 52–3

59. LeDonne, *The Russian Empire* 108–9

60. Gökçe, '1787–1806 yılları arasında Kafkasya'da' 46–50

61. *Sarıcaoğlu, Kendi Kaleminden Bir Padişahın Portresi 168–9, 211–14*

62. Genç, art. Esham, *İA2* 11.377

63. Eldem, *French Trade* 59

64. Aksan, 'The One-eyed Fighting the Blind' 228–9

65. Aksan, 'Feeding the Ottoman Troops' 1ff

66. *Cezar, Osmanlı Maliyesinde Bunalım 110*

67. Genç, art. Esham, *İA2* 11.376ff

68. *Cezar, Osmanlı Maliyesinde Bunalım 89–92; cf. Sarıcaoğlu, Kendi Kaleminden Bir Padişahın Portresi 167–9, 211–14*

69. Eldem, *French Trade* 188–9

70. *Cezar, Osmanlı Maliyesinde Bunalım 137–8; cf. Sarıcaoğlu, Kendi Kaleminden Bir Padişahın Portresi 167–9, 211–14*

71. *Cezar, Osmanlı Maliyesinde Bunalım 137–8; cf. Sarıcaoglu, Kendi Kaleminden Bir Padisahın Portresi 167–9*

72. Aksan, 'Ottoman Political Writing' 63

73. Aksan, 'Breaking the Spell' 253ff

74. Aksan, 'Whatever happened to the Janissaries' 28–9

75. *Aksan, An Ottoman Statesman 189–90*

76. Aksan, 'Whatever happened to the Janissaries' 35–6

77. Aksan, 'Whatever happened to the Janissaries' 33

78. Özcan, art. Esame, *İA2* 11.356

79. *Sarıcaoğlu, Kendi Kaleminden Bir Padişlahın Portresi 191, 234–42*

80. Karal, 'Nizâm-i Cedid'e dair lâyihalar' 237

81. Karal, 'Nizâm-i Cedid'e dair lâyihalar' 418

82. *Sarıcaoğlu, Kendi Kaleminden Bir Padişahın Portresi 180–83*

83. Aksan, *Ottoman Warfare* ch. 4

84. Panzac, 'The Manning of the Ottoman Navy' 50–53

85. Gawrych, 'Şeyh Galib and Selim III' 102, 105–9

86. *Holbrook, The Unreadable Shores of Love 107–10*

87. *Beydilli, Türk Bilim ve Matbaacılık 223*

88. Kissling, *Rechtsproblematiken* 10

89. Gönen, 'The Integration of the Ottoman Empire' 16

90. Gönen, 'The Integration of the Ottoman Empire' 121–3

91. Gönen, 'The Integration of the Ottoman Empire' 67, 69

92. Gönen, 'The Integration of the Ottoman Empire' 63–75, 120

93. Khadduri, *War and Peace* 251–2

94. Gönen, 'The Integration of the Ottoman Empire' 79

95. Gönen, 'The Integration of the Ottoman Empire' 145

96. Unat, *Osmanlı Sefirleri;* Naff, 'Reform and the Conduct of Diplomacy' 303–4

97. Gönen, 'The Integration of the Ottoman Empire' 86

98. Gönen, 'The Integration of the Ottoman Empire' 88–9

99. Renda, 'Searching for New Media' 451ff; Karal, *Selim III'ün Hatt-i Hümayunları* 92–3

100. *Cezar, Osmanlı Maliyesinde Bunalım 155ff*

101. Salzmann, 'Measures of Empire' 408–9

102. Mert, art. Çapanoğulları, *İA2* 8.221–2

103. *Goodwin, A History of Ottoman Architecture 400–402*

104. Mert, art. Canikli Hacı Ali Paşa Ailesi, *İA2* 7.151–3

105. Orhonlu, art. Karā 'Othmān-oghlı, *EI2* IV 592–3; Nagata, art. Karaosmanoğulları, *İA2* 24.468–9

106. *Kuyulu, Kara Osman-oğlu Ailesine Ait Mimari Eserler*

107. Salzmann, 'Measures of Empire' 212, 428, 434ff, 453, 461

108. Zens, 'Pasvanoğlu Osman Paşa' 89–99

109. *Özkaya, Osmanlı İmparatorluğunda Dağlı İsyanları*

110. Derin, 'Yayla İmamı Risalesi' 217

111. *Fleming, The Muslim Bonaparte 82–94*

112. *Jelavich, History of the Balkans 195*

113. Zens, 'Pasvanoğlu Osman Paşa' 100–103

114. Rothenburg, *The Military Border* 102–4

115. *Jelavich, History of the Balkans 198–9*

116. *Rothenburg, The Austrian Military Border 105–7, 118–19*

117. *Rothenburg, The Military Border 31–2*

118. Rothenburg, *The Military Border* 7, 81–2

119. Rothenburg, *The Military Border* 103, 105, 106, 107

120. *Hughes, Russia in the Age of Peter the Great 48*

121. Cazacu, 'La "mort infâme"' 259–61

122. Cazacu, 'La "mort infâme"' 253ff

123. *Yapp, The Making of the Modern Near East 52*

124. Perry, 'The Mamluk Paşalik of Baghdad' 59, 62–3, 66

125. Perry, 'The Mamluk Paşalik of Baghdad' 65, 67, 68

126. Salzmann, 'Measures of Empire' 426–7

127. *Khoury, State and provincial society 69–72*

128. *Holt, Egypt and the Fertile Crescent 107–9, 132–3*

129. *Cohen, Palestine in the 18th Century 7–19*

130. *Cohen, Palestine in the 18th Century 52*

131. Anderson, *Naval Wars* 291–9

132. Tekindağ, 'XVIII. yuzyılda Akdeniz'de Rus donanması' 37ff

133. Cohen, *Palestine in the 18th Century* 45–53; Crecelius, 'Egypt in the eighteenth century' 82

134. Emecen, art. Cezzâr Ahmed Paşa, *İA2* 7.516

135. *Cohen, Palestine in the 18th Century 53–77*

136. Emecen, art. Cezzâr Ahmed Paşa, *İA2,* 7.518

137. Crecelius, 'Egypt in the eighteenth century' 73–82

138. *Hathaway, The politics of households 118*

139. Crecelius, 'Egypt in the eighteenth century' 84

140. *Shaw, Ottoman Egypt in the Eighteenth Century 11–13*

141. Crecelius, 'Egypt in the eighteenth century' 84–6

142. Dykstra, 'The French occupation of Egypt' 117–21

143. *Shaw, Ottoman Egypt in the Eighteenth Century 7*

144. Uzunçarşılı, 'Bonapart'ın Cezzar Ahmed Paşa'ya Mektubu' 451–4

145. Tekindağ, 'Yeni kaynak ve vesikarların ışığı' 1ff

146. Dykstra, 'The French occupation of Egypt' 131–2

147. Fahmy, 'The era of Muhammad 'Ali Pasha' 140–44

148. Fahmy, 'The era of Muhammad 'Ali Pasha' 144–6

149. Abir, 'The "Arab Rebellion" of Amir Ghalib' 188–9

150. Peskes, art. Wahhābiyya, *EI2* XI.42

13 从"新秩序"到"秩序重整"

1. Gökçe, 'Edirne Âyanı Dağdevirenoğlu Mehmed Ağa' 97ff

2. Derin, 'Yayla İmamı Risalesi' 218

3. Gökçe, 'Edirne Âyanı Dağdevirenoğlu Mehmed Ağa' 109

4. Derin, 'Yayla İmamı Risalesi' 221–3

5. Derin, 'Tüfengçi-başı Ârif Efendi Tarihçesi' 386

6. Beydilli and Şahin, *Mahmud Râif Efendi*

7. Derin, 'Tüfengçi-başı Ârif Efendi Tarihçesi' 386

8. Derin, 'Yayla İmamı Risalesi' 223–4

9. Derin, 'Tüfengçi-başı Ârif Efendi Tarihçesi' 389–92

10. Gökçe, 'Edirne Âyanı Dağdevirenoğlu Mehmed Ağa' 101

11. Derin, 'Tüfengçi-başı Ârif Efendi Tarihçesi' 393–5; Derin, 'Yayla İmamı Risalesi' 229

12. Derin, 'Tüfengçi-başı Ârif Efendi Tarihçesi' 395–9

13. Derin, 'Tüfengçi-başı Ârif Efendi Tarihçesi' 399–401

14. Derin, 'Tüfengçi-başı Ârif Efendi Tarihçesi' 402–3

15. Derin, 'Tüfengçi-başı Ârif Efendi Tarihçesi' 404–5

16. Derin, 'Tüfengçi-başı Ârif Efendi Tarihçesi' 406, 408–15

17. *Arıkan, III. Selim'in Sirkâtibi Ahmed Efendi*

18. Derin, 'Tüfengçi-başı Ârif Efendi Tarihçesi' 388, 438

19. Derin, 'Tüfengçi-başı Ârif Efendi Tarihçesi' 415–18, 423ff

20. Derin, 'Tüfengçi-başı Ârif Efendi Tarihçesi' 443

21. Uzunçarşılı, *Meşhur Rumeli Âyanlarından 92–4*

22. *Shaw, Between Old and New 347–8*

23. Uzunçarşılı, *Meşhur Rumeli Âyanlarından 57–8*

24. Uzunçarşılı, *Meşhur Rumeli Âyanlarından* 95–7, 101–2

25. Uzunçarşılı, *Meşhur Rumeli Âyanlarından 104–7*

26. Uzunçarşılı, *Meşhur Rumeli Âyanlarından 107–11*

27. Uzunçarşılı, *Meşhur Rumeli Âyanlarından* 112–16, 221–3

28. Uzunçarşılı, *Meşhur Rumeli Âyanlarından* 113–14, 116–17, 118–19

29. Derin, 'Yayla İmamı Risalesi' 242–7

30. Uzunçarşılı, *Meşhur Rumeli Âyanlarından 92–4*

31. İnalcık, 'Sened-i İttifak' 604–6; Lewis, art. Dustūr, *EI2* II.640–41

32. İnalcık, 'Sened-i İttifak' 604–6; Lewis, art. Dustūr, *EI2* II.640–41

33. Ortaylı, *İmparatorluğun En Uzun Yüzyılı* 29–30

34. Uzunçarşılı, *Meşhur Rumeli Âyanlarından 143–4*

35. Derin, 'Yayla İmamı Risalesi' 252–60

36. Sakaoğlu, art. Alemdar Olayı, *İst. Ansik.* 1.186

37. Derin, 'Yayla İmamı Risalesi' 260–63, 266

38. Aksan, 'Ottoman Political Writing' 60

39. Aksan, 'Ottoman Political Writing' 53ff

40. *Yapp, The Making of the Modern Near East 55*

41. LeDonne, *The Russian Empire* 114–15

42. Kazgan, '2. Sultan Mahmut Devrinde Enflasyon' 122–3

43. Gökçe, '1787–1806 yılları arasında

Kafkasya'da' 57ff

44. *Kolodziejczyk, Ottoman–Polish Diplomatic Relations 168*

45. *Anderson, The Eastern Question 46*

46. Reed, 'The Destruction of the Janissaries' 40–45

47. Levy, 'Ottoman Attitudes' 333–4

48. Fahmy, 'The era of Muhammad 'Ali Pasha' 146–9

49. *Cezar, Osmanlı Maliyesinde Bunalım 242–3*

50. *Mert, XVIII. ve XIX. Yüzyıllarda Çapanoğulları 66–8*

51. Reed, 'The Destruction of the Janissaries' 20–24

52. *Cezar, Osmanlı Maliyesinde Bunalım 242–3*

53. Fahmy, 'The era of Muhammad 'Ali Pasha' 145

54. Ibrahim, 'The Egyptian empire' 200–202

55. *Fleming, The Muslim Bonaparte 36–56*

56. Levy, 'Ottoman Attitudes' 336–9

57. Levy, 'Ottoman Attitudes' 338, 339

58. Cazacu, 'La "mort infâme"' 281–2

59. *Clogg, A Short History 54*

60. Levy, 'Ottoman Attitudes' 338

61. *Anderson, The Eastern Question 52–3*

62. Cazacu, 'La "mort infâme"' 282–5

63. Levy, 'Ottoman Attitudes' 337

64. Bowen, art. 'Alī Pasha Tepedelenli, *EI2* I.399

65. Cazacu, 'La "mort infâme"' 286–8

66. Reed, 'The Destruction of the Janissaries' 48, 53–61

67. *Fisher, The Russian Annexation 90–91*

68. *Clogg, A Concise History 23–32*

69. *Anderson, The Eastern Question 54–5*

70. *Clogg, A Concise History 29*

71. *Anderson, The Eastern Question 60–61*

72. *Kutluoğlu, The Egyptian Question 44–5*

73. Reed, 'The Destruction of the Janissaries' 122, 153, 155–8

74. Reed, 'The Destruction of the Janissaries' ch. II, 109–11

75. Zilfi, 'A *Medrese* for the Palace' 188

76. Levy, 'The Ottoman Ulema' 13–14

77. Heyd, 'The Ottoman 'Ulemā' 93

78. Reed, 'The Destruction of the Janissaries' 150; Levy, 'The Ottoman Ulema' 18–19

79. Aksan, 'Breaking the Spell' 277

80. Hagen, 'The Prophet Muhammad' 151–2

81. *Ahmed Lûtf î Efendi, Vak'anüvîs Ahmed Lûtfî Efendi Tarihi 1.94*

82. Fahmy, 'The era of Muhammad 'Ali Pasha' 154

83. Özcan, art. Eşkinci, *İA2* 11.470

84. Reed, 'The Destruction of the Janissaries' 169–76, 186

85. Reed, 'The Destruction of the Janissaries' 189–92

86. Şirvânlı Fatih Efendi, *Gülzâr-i Fütûhât* 10

87. *Ahmed Lûtf î Efendi, Vak'anüvîs Ahmed Lûtfî Efendi Tarihi 1.101*

88. Reed, 'The Destruction of the Janissaries' 196

89. Reed, 'The Destruction of the Janissaries' 199

90. Reed, 'The Destruction of the Janissaries' 202–8, 210ff

91. Reed, 'The Destruction of the Janissaries' 236–7

92. Şirvânlı Fatih Efendi, *Gülzâr-i Fütûhât* 13

93. Reed, 'The Destruction of the Janissaries' 249, 254ff, 279, 282

94. *Ahmed Lûtf î Efendï, Vak'anüvîs Ahmed Lûtfî Efendi Tarihi 1.140–41*

95. Erdem, 'Recruitment' 194

96. Levy, 'The Officer Corps' 22

97. *Macfarlane, Constantinople in 1828 1.504*

98. *Barnes, An Introduction to Religious Foundations 87–8, 90–91*

99. *Ahmed Lûtfî Efendi, Vak'anüvîs Ahmed Lûtfî Efendi Tarihi 1.125*

100. Reed, 'The Destruction of the Janissaries' 96, 238

101. *Zarcone, Mystiques, Philosophes et Francs-Maçons 90, 92–3, 96–7*

102. Levy, '*Millet* Politics' 427–8

103. *Shaw, The Jews of the Ottoman Empire 148–9*

104. Eldem, 'Istanbul: from imperial' 164–74

105. Reed, 'The Destruction of the Janissaries' 330, 335–41

106. *LeDonne, The Russian Empire 121–3*

107. *Yapp, The Making of the Modern Near East 70*

108. Levy, 'The Ottoman Ulema' 30

109. *Kaynar, Mustafa Reşit Paşa ve Tanzimat 191*

110. Aydın, 'Sultan II. Mahmud Döneminde' 81ff

111. Özcan, 'II. Mahmud Memleket Gezileri' 361ff

112. *Findley, Bureaucratic Reform 140–47*

113. *Findley, Ottoman Civil Officialdom 70–80; Findley, Bureaucratic Reform 145*

114. *Refik, Onüçüncü Asr-i Hicrî'de İstanbul Hayatı 11*

115. Uzunçarşılı, 'Asâkir-i Mansure-ye fes giydirilmesi' 224ff

116. Quataert, 'Clothing Laws, State' 412–21

117. Heyd, 'The Ottoman 'Ulemā' 70

118. Spatar, art. Muzika-i Hümayun, *İst. Ansik.* 6.11–12

119. Heyd, 'The Ottoman 'Ulemā' 70

120. Ahmed Lûtf î Efendi, *Vak'anüvîs Ahmed Lûtfî Efendi Tarihi* 5.882; Kreiser, 'Public Monuments' 104–5, 115

121. Fahmy, 'The era of Muhammad 'Ali Pasha' 159–65

122. Fahmy, 'The era of Muhammad 'Ali Pasha' 165–6

123. Kutluoğlu, *The Egyptian Question* 55–6, 61ff

124. *Kutluoğlu, The Egyptian Question 189–90*

125. Fahmy, 'The era of Muhammad 'Ali Pasha' 167

126. *Kutluoğlu, The Egyptian Question 93–4*

127. *Kutluoğlu, The Egyptian Question 101–7*

128. Fahmy, 'The era of Muhammad 'Ali Pasha' 168, 170–72

129. *Kutluoğlu, The Egyptian Question 125ff*

130. *Kutluoğlu, The Egyptian Question 146ff*

131. Hurewitz, *Diplomacy in the Near and Middle East* 1.110–11 (Engl. translation of Convention)

132. *Kutluoğlu, The Egyptian Question 161ff*

133. Akarlı, 'The Problems of External Pressures' 13

14 认同危机

1. İnalcık, 'Application of the *Tanzimat*' 97–8

2. *Kaynar, Mustafa Reşit Paşa ve Tanzimat 178*

3. Hurewitz, *Diplomacy in the Near and Middle East* 1.113–16 (Engl. translation of the Gülhane Edict); İnalcık, 'Sened-i İttifak' 611–14; Kaynar, *Mustafa Reşit Paşa ve Tanzimat* 174–85

4. Zürcher, art. Reshīd Pasha, Mustafa, *EI2* VIII.484–5

5. Atasoy, art. Hırka-i Saâdet, *İA2* 17.377; Tanman, art. Hırka-i Şerif Camii, *İA2* 17.378

6. Abu-Manneh, 'The Islamic Roots' 182–8, 189, 194; Algar, art. Nakshbandiyya, *EI2* VII.937

7. Quataert, 'The Age of Reforms' 854–5

8. İnalcık, 'Application of the *Tanzimat*' 98ff

9. Imber, *Ebu's-su'ud* 31–2

10. İnalcık, 'Application of the *Tanzimat*' 105

11. İnalcık, 'Application of the *Tanzimat*' 116

12. Shaw, 'The Nineteenth-Century' 421–4

13. İnalcık, 'Application of the *Tanzimat*' 106

14. Levy, '*Millet* Politics' 425ff

15. Pinson, 'Ottoman Bulgaria' 109

16. İnalcık, 'Application of the *Tanzimat*' 115–24; Pinson, 'Ottoman Bulgaria' 105–13

17. Zürcher, art. Reshīd Pasha, Mustafa, *EI2* VIII.485

18. İnalcık, 'Application of the *Tanzimat*' 113–14

19. Pamuk, *A Monetary History* 193–6, 198

20. Davison, 'The First Ottoman Experiment' 60ff

21. *Pamuk, A Monetary History 207–8*

22. Zürcher, art. Reshīd Pasha, Mustafa, *EI2* VIII.485

23. İnalcık, 'Application of the *Tanzimat*' 105, 124–7; Pinson, 'Ottoman Bulgaria' 113ff

24. Pinson, 'Ottoman Bulgaria' 119–21, 132, 145

25. *Gülsoy, Osmanlı Gayrimüslimlerinin Askerlik Serüveni 39–42, 46–55*

26. Önsoy, 'Osmanlı İmparatorluğu'nun

Katıldığı' 195–9

27. Quataert, 'The Age of Reforms' 826

28. LeDonne, *The Russian Empire* 125–6

29. *Peri, Christianity under Islam* 202

30. *Mango, Materials for the Study 10–11*

31. Necipoğlu, 'The Life of an Imperial Monument' 220–21

32. Mango, *Materials for the Study* 8, 12, 135–6

33. Necipoğlu, 'The Life of an Imperial Monument' 224–5

34. LeDonne, *The Russian Empire* 126–7

35. LeDonne, *The Russian Empire* 126–7

36. Hurewitz, *Diplomacy in the Near and Middle East* 1.153–6 (Engl. text of Treaty of Paris)

37. *Fuller, Strategy and Power 265–8*

38. Hurewitz, *Diplomacy in the Near and Middle East* 1.149–53 (Engl. translation of Reform Edict)

39. Gülsoy, '1856 Islâhât Fermanı'na Tepkiler' 446–7

40. (Ahmed) Cevdet Paşa, *Tezakir* 1.68

41. Bozkurt, *Alman-İngiliz Belgelerinin* 71–83; Gülsoy, '1856 Islâhât Fermanı'na Tepkiler' 448–58

42. *Zarcone, Mystiques, Philosophes et Francs-Maçons 94*

43. *Davison, Reform in the Ottoman Empire 100–102*

44. *Hurewitz, Diplomacy in the Near and Middle East 1.151*

45. *Hosking, Russia: People and Empire 236–8*

46. Deringil, '"There is no Compulsion in Religion"' 114–19

47. *Refik, Onikinci Asr-i Hicrî'de İstanbul Hayatı 21–2, 32–3, 35, 160–63*

48. *Salt, Imperialism, Evangelism 32–3*

49. *Salt, Imperialism, Evangelism 34–5*

50. Deringil, '"There is no Compulsion in Religion"' 119–30

51. *Gülsoy, Osmanlı Gayrimüslimlerinin Askerlik Serüveni 55ff*

52. *Findley, Bureaucratic Reform 132–5*

53. *Mardin, Religion and Social Change 113*

54. Davison, art. Tanzīmāt, *EI2* X.205

55. Akarlı, 'The Problems of External Pressures' 16

56. Davison, art. Midhat Pasha, *EI2* VI.1032

57. Todorova, 'Midhat Paşa's Governorship' 116, 120

58. Todorova, 'Midhat Paşa's Governorship' 119–26

59. Davison, art. Midhat Pasha, *EI2* VI.1032–3

60. Akarlı, 'The Problems of External Pressures' 15

61. Akarlı, *The Long Peace* 22–33

62. Dumont, 'La pacification du Sud-Est anatolien' 108ff; Gould, 'Lords or Bandits?' 485ff

63. *Erdem, Slavery in the Ottoman Empire 94–107*

64. (Ahmed) Cevdet Paşa, *Tezakir* 1.111–12

65. *Toledano, The Ottoman Slave Trade 129–35*

66. *Erdem, Slavery in the Ottoman Empire 107–13; Toledano, The Ottoman Slave Trade 135*

67. *Toledano, Slavery and Abolition 81ff*

68. Masters, 'The Sultan's Entrepreneurs' 586; Masters, *The Origins of Western Economic Dominance* 94, 96–7

69. Naff, 'Ottoman Diplomatic Relations' 103

70. Quataert, 'The Age of Reforms' 838

71. Masters, 'The Sultan's Entrepreneurs' 579, 594

72. Eldem, 'Istanbul: from imperial' 194

73. Akarlı, 'The Problems of External Pressures' 20

74. Issawi, 'Introduction' 8

75. Küçük, art. Abdülaziz, *İA2* 1.180

76. Hunter, 'Egypt under the successors' 193

77. Şehsuvaroğlu, 'Sultan Abdülaziz'in Avrupa Seyahatı' 41–51

78. Vatikiotis, art. Isma'il Pasha, *EI2* IV.192

79. *Çelik, Displaying the Orient 32–6*

80. *Yapp, The Making of the Modern Near East 175*

81. *Çelik, Displaying the Orient 145–51*

82. Vatikiotis, art. Isma'il Pasha, *EI2* IV.192

83. Hunter, 'Egypt under the successors' 186–94

84. Davison, *Reform in the Ottoman Empire* 197–217; Kuran, art. (Mustafā) Fādil Pasha (Misirli), *EI2* II.728

85. Ibrahim, 'The Egyptian empire' 210–15

86. Kreiser, 'Public Monuments' 103ff

87. Eldem, *Pride and Privilege* 216–22, 230–34

88. Mardin, *The Genesis* 10ff

89. Akarlı, 'The Problems of External Pressures' 21–2

90. Karpat, 'The Transformation' 261

91. Mardin, *The Genesis* 10ff, 115–16

92. *Mardin, Religion and Social Change 107*

93. Kuran, 'Répercussions sociales' 144–6

94. *Deringil, The Well-Protected Domains 93*

95. Kuran, 'Répercussions sociales' 146

96. Kushner, 'The Place of the Ulema' 63–6, 69–74

97. Halaçoğlu and Aydın, art. Cevdet Paşa, *İA2* 7.444, 445, 447

98. Mardin, *Religion and Social Change* 114–15; Findley, art. Medjelle, *EI2* VI.971–2

99. *Messick, The Calligraphic State 54*

100. *Mardin, Religion and Social Change 117–18*

101. *Mardin, Religion and Social Change 117–18*

102. Köprülü, art. Fuad Paşa, Keçecizâde, *İA2* 13.203

103. Abu-Manneh, 'The Sultan and the Bureaucracy' 257ff

104. Küçük, art. Abdülaziz, *İA2* 1.181

105. *Pamuk, A Monetary History 214*

106. *Yasamee, Ottoman Diplomacy 13–14*

107. Davison, art. Midhat Pasha, *EI2* VI.1033

108. *Davison, Reform in the Ottoman Empire 318ff*

109. Devereux, 'Süleyman Pasha's "The Feeling"' 3, 14

110. Devereux, 'Süleyman Pasha's "The Feeling"' 15–16

111. Baykal, *İbretnümâ* 4

112. Devereux, 'Süleyman Pasha's "The Feeling"' 16ff

113. Devereux, 'Süleyman Pasha's "The Feeling"' 26, 27

114. Devereux, 'Süleyman Pasha's "The Feeling"' 31–2

115. Baykal, *İbretnümâ* 5–6

116. (Ahmed) Cevdet Paşa, *Tezakir* 4.156

117. Baykal, *İbretnümâ* 6–14

118. Baykal, *İbretnümâ* 19

119. *Davison, Reform in the Ottoman Empire 346*

120. (Ahmed) Cevdet Paşa, *Tezakir* 4.160

121. *Uzunçarşılı, Midhat ve Rüstü Paşaların Tevkiflerine 54*

122. *Davison, Reform in the Ottoman Empire 342ff*

123. *McCarthy, Death and Exile 60*

124. McCarthy, *Death and Exile* 33–6, 59–61, 94–5

125. *Fuller, Strategy and Power 271*

126. *Fuller, Strategy and Power 323–7; LeDonne, The Russian Empire 141–2*

127. Noradounghian, *Recueil d'actes internationaux* 4.206–7; Milgrim, 'An Overlooked Problem' 519ff

128. *Yasamee, Ottoman Diplomacy 58–9*

129. *Salt, Imperialism, Evangelism 57–8*

130. Ortaylı, 'Greeks in the Ottoman Administration' 165

131. *Sked, The Decline and Fall 243–4*

15   伊斯兰帝国

1. Salt, 'The Narrative Gap' 34

2. *Deringil, The Well-Protected Domains 2*

3. Yasamee, *Ottoman Diplomacy* 20

4. Yasamee, *Ottoman Diplomacy* 20

5. *Davison, Reform in the Ottoman Empire 338ff; Yasamee, Ottoman Diplomacy 15*

6. Davison, art. Midhat Pasha, *EI2* VI.1033–4

7. Küçük, art. Çırağan Vak'ası, *İA2* 8.306–9

8. Yasamee, *Ottoman Diplomacy* 61–2

9. Akarlı, 'The Problems of External Pressures' 191; Karpat, *Ottoman Population* 28

10. Yasamee, *Ottoman Diplomacy* 16, 17

11. *Deringil, The Well-Protected Domains 139, 150ff*

12. Özcan, art. Hilâfet, *İA2* 17.548

13. Karateke, *Padişahım Çok Yaşa!* 52–6;

Lewis, 'The Ottoman Empire' 292–3

14. Özcan, art. Hilâfet, *İA2* 17.548

15. (Ahmed) Cevdet Paşa, *Tezakir* 2.152; cf. Lewis, 'The Ottoman Empire' 293

16. Özcan, 'Sultan II. Abdulhamid'in "Pan-Islâm"' 123ff

17. Ortaylı, *İmparatorluğun En Uzun Yüzyılı 63*

18. Aydın, 'Livadya Sef âretleri' 321ff; Ortaylı, 'Reforms of Petrine Russia' 47

19. Özcan, art. Hilâfet, *İA2* 17.547

20. Deringil, *The Well-Protected Domains 48; Haddad, review of Deringil, The Well-Protected Domains 209*

21. Özcan, art. Hilâfet, *İA2* 17.547

22. Yasamee, *Ottoman Diplomacy* 27, 87ff

23. Buzpınar, 'The Hijaz, Abdulhamid II' 99ff esp. 106, 114

24. Ochsenwald, *Religion, Society* 188–9

25. *Kayalı, Arabs and Young Turks 32*

26. Deringil, *The Well-Protected Domains 57–60*

27. Abu-Manneh, 'Sultan Abdulhamid II' 138–42

28. Abu-Manneh, 'Sultan Abdulhamid II' 143–8

29. Hanioğlu, *The Young Turks* 74–5, 63, 64, 84–6, 106–7, 130–31

30. Deringil, 'Legitimacy Structures' 347–9

31. Haddad, review of Deringil, *The Well-Protected Domains* 209

32. Deringil, *The Well-Protected Domains 77*

33. Hanioğlu, *Preparation for a Revolution 115*

34. Özcan, art. Hilâfet, *İA2* 17.548

35. Deringil, *The Well-Protected Domains 148*

36. Deringil, 'Les Ottomans et le partage' 43ff; Karpat, *The Politicization of Islam* 258ff

37. (Ahmed) Cevdet Paşa, *Tezakir* 4.195

38. Deringil, 'Legitimacy Structures' 352–3

39. Broomhall, *Islam in China* 291–3; Sırma, 'II. Abdülhamid'in Çin müslümanlarını' 559ff

40. Deringil, 'Legitimacy Structures' 350, 358

41. Akarlı, 'The Problems of External Pressures' 182, 202–3

42. Akarlı, 'The Problems of External Pressures' 96, 104–36

43. Akarlı, 'The Problems of External Pressures' 77

44. Davison, art. Midhat Pasha, *EI2* VI.1034

45. (Ahmed) Cevdet Paşa, *Tezakir* 4.156–7

46. Baykal, *İbretnümâ*

47. *Uzunçarşılı, Midhat Paşa ve Yıldız Mahkemesi 307–8, 321–9*

48. Baykal, *İbretnümâ* 63–7

49. *Uzunçarşılı, Midhat Paşa ve Tâif Mahkûmları 22–4, 56ff*

50. Baykal, *İbretnümâ* viii–ix

51. Buzpınar, 'The Hijaz, Abdulhamid II' 105–6

52. Gawrych, 'Ottoman Administration' 3

53. Gawrych, 'Ottoman Administration' 24ff; Yasamee, *Ottoman Diplomacy* 63–4, 76–8

54. *Salt, Imperialism, Evangelism 61–4*

55. Duguid, 'The Politics of Unity' 144–8

56. *Salt, Imperialism, Evangelism 72–93*

57. *Salt, Imperialism, Evangelism 93–110*

58. Fatma Müge Göçek, personal communication

59. Yasamee, *Ottoman Diplomacy* 73–5

60. Clogg, *A Short History* 93–4

61. Hanioğlu, *The Young Turks* 71–7

62. Hanioğlu, *The Young Turks* 78ff

63. Hanioğlu, *The Young Turks* 126–36, 142–6

64. Hanioğlu, *The Young Turks* 173ff

65. *Hanioğlu, Preparation for a Revolution 8ff, 39–46*

66. *Hanioğlu, Preparation for a Revolution 130–36*

67. *Hanioğlu, Preparation for a Revolution 136ff, 294*

68. Hanioğlu, *Preparation for a Revolution* 106ff, 121, 123

69. Kansu, *The Revolution of 1908* 36, 38; Akarlı, 'The Problems of External Pressures' 155–73

70. Kansu, *The Revolution of 1908* 36, 38; Akarlı, 'The Problems of External Pressures' 155–73

71. *Kansu, The Revolution of 1908 41–2; Hanioğlu, Preparation for a Revolution 104–9*

72. *Hanioğlu, Preparation for a Revolution*

109–14; Kansu, *The Revolution of 1908* 44–9

73. Hanioğlu, *Preparation for a Revolution* 91–5, 114–20

74. Hanioğlu, *Preparation for a Revolution* 120

75. Hanioğlu, *Preparation for a Revolution* 191ff

76. Zürcher, *The Unionist Factor* 37–41; Hanioğlu, *Preparation for a Revolution* 215–16

77. Hanioğlu, *Preparation for a Revolution* 217

78. Jelavich, *The Establishment* 207–13

79. Hanioğlu, *Preparation for a Revolution* 218

80. Hanioğlu, *Preparation for a Revolution* 217–32

81. Anderson, *The Eastern Question* 271–3

82. Kansu, *The Revolution of 1908* 41–2

83. Hanioğlu, *Preparation for a Revolution* 232–61, 296

84. Hanioğlu, *Preparation for a Revolution* 263–4, 266–71

85. Hanioğlu, *Preparation for a Revolution* 273–5

86. Hanioğlu, *Preparation for a Revolution* 283

87. Hanioğlu, *Preparation for a Revolution* 311

88. Kansu, *The Revolution of 1908* 160–62

89. Kansu, *The Revolution of 1908* 184–92

90. Kayalı, 'Elections and the Electoral Process' 267–73

91. Unat, *İkinci Meşrutiyetin İlânı* 25–30, 31–3, 35–6, 39–41, 42–3

92. Karakışla, 'The 1908 Strike Wave' 154–6, 168, 173–5

93. Quataert, 'Ottoman Workers' 37

94. Hanioğlu, *Preparation for a Revolution* 121

95. Unat, *İkinci Meşrutiyetin İlânı* 19, 44

96. Farhi, 'The Şeriat as a Political Slogan' 275

97. Zürcher, 'Ottoman Labour Battalions'

98. Farhi, 'The Şeriat as a Political Slogan' 276

99. Kansu, *Politics in Post-Revolutionary Turkey* 69, 77ff

100. Unat, *İkinci Meşrutiyetin İlânı* 68–75, 78, 80–87, 97–100, 145–6, 148–54

101. Farhi, 'The Şeriat as a Political Slogan' 291–4

102. Unat, *İkinci Meşrutiyetin İlânı* 82

103. Mango, *Atatürk* 89; Kansu, *Politics in Post-Revolutionary Turkey* 137–47

104. Kansu, *Politics in Post-Revolutionary Turkey* 118–25

105. Ahmad, *The Young Turks* 58–9

106. Hale, *Turkish Politics and the Military* 41; William Hale, personal communication

107. Ahmad, *The Young Turks* 48–9, 54

108. Ahmad, *The Young Turks* 61–3

109. Zürcher, 'The Ottoman Conscription System' 89–90

110. Ahmad, *The Young Turks* 73

111. Ahmad, *The Young Turks* 55, 82–3

112. Kayalı, 'Elections and the Electoral Process' 272–7

113. Kansu, *Politics in Post-Revolutionary Turkey* 398–408

114. Kayalı, 'Elections and the Electoral Process' 277–8

115. Gawrych, 'Ottoman Administration' 103–4, 287ff

116. Zürcher, 'Kosovo Revisited' 26ff, 36

117. Kayalı, *Arabs and Young Turks* 84; cf. Kansu, *The Revolution of 1908* 238, 239

118. Kayalı, *Arabs and Young Turks* 91–4, 96–100

119. Özcan, 'Sultan II. Abdulhamid'in "Pan-Islam"' 128, 139

120. Kayalı, *Arabs and Young Turks* 108–11, 124–5

121. Anderson, 'Nineteenth-century Reform' 338–9, 341–3

122. Mango, *Atatürk* 101

123. Haley, 'The Desperate Ottoman' 1–15

124. Anderson, *The Eastern Question* 290–91

125. Dumont and Georgeon, 'La mort d'un empire' 604–7

126. Anderson, *The Eastern Question* 293–6

127. Dumont and Georgeon, 'La mort d'un empire' 608

128. Mango, *Atatürk* 117–20

129. Mango, *Atatürk* 120–22

130. Kayalı, *Arabs and Young Turks* 130–34

131. Kayalı, *Arabs and Young Turks* 135–7, 139

132. *Kayalı, Arabs and Young Turks 176*

16 暴风雨前的平静

1. Kayalı, 'Elections and the Electoral Process' 279, 280

2. Tanilli, 'Le *tournant* de 1913' 348–51

3. *Hale, Turkish Politics and the Military 49*

4. Mango, *Atatürk* 133–4

5. Ahmad, 'The Late Ottoman Empire' 15

6. Haley, 'The Desperate Ottoman' 24–45

7. Yasamee, *Ottoman Diplomacy* 73 ff; Trumpener, 'Germany and the End' 111 ff

8. Mango, *Atatürk* 134–5

9. Mango, *Atatürk* 134

10. Tanilli, 'Le *tournant* de 1913' 352

11. Ahmad, 'The Late Ottoman Empire' 17

12. Mango, *Atatürk* 135, 136

13. *Peters, Islam and Colonialism 90–94*

14. Zürcher, 'Between Death and Desertion' 250–53

15. Zürcher, 'The Ottoman Empire and the Armistice of Moudros'

16. Zürcher, 'Between Death and Desertion' 242–4

17. Zürcher, 'Between Death and Desertion' 239–46; Zürcher, 'The Ottoman Empire and the Armistice of Moudros'

18. Kayalı, *Arabs and Young Turks* 126, 192–6, 198–200

19. Kayalı, *Arabs and Young Turks* 124–5, 128, 196–9

20. *Yapp, The Making of the Modern Near East 275*

21. *Yapp, The Making of the Modern Near East 266ff*

22. Hanioğlu, 'Jews in the Young Turk Movement' 519 ff

23. Olson, 'The Young Turks and the Jews' 233

24. Benbassa, 'Associational Strategies' 463–4

25. Ortaylı, 'Ottomanism and Zionism' 532–4

26. Zürcher, 'Ottoman Labour Battalions'

27. *Sonyel, The Ottoman Armenians 291–300*

28. Süslü, *Armenians and the 1915 Event* 100–106 (Engl. text)

29. *Süslü, Armenians and the 1915 Event 106–10*

30. Dadrian, 'The Documentation' 565

31. Mango, 'A Speaking Turkey' 161

32. Salt, 'The Narrative Gap' 19 ff

33. Keyder, 'Manufacturing in the Ottoman Empire' 128–30, 133–7

34. *Hurewitz, Diplomacy in the Near and Middle East 2.37*

35. Mango, *Atatürk* 190

36. *Criss, Istanbul under Allied Occupation 60ff*

37. Zürcher, 'The Ottoman Empire and the Armistice of Moudros'

38. *Criss, Istanbul under Allied Occupation 60ff*

39. Goldstein, 'Holy Wisdom and British Foreign Policy' 36 ff

40. Dadrian, 'The Documentation' 552, 554, 556–60, 561–2, 571 n.33

41. Andrew Mango, personal communication

42. Mango, *Atatürk* 217

43. Zürcher, 'The Ottoman Empire and the Armistice of Moudros'

44. Goldstein, 'Holy Wisdom and British Foreign Policy' 60–61

45. Mango, *Atatürk* 198–201, 207–9, 211

46. Mango, *Atatürk* 212–21

47. *Zürcher, Political Opposition 14–15; Criss, Istanbul under Allied Occupation 98ff*

48. Mango, *Atatürk* 195, 221, 225, 227, 228

49. Mango, *Atatürk* 221, 230

50. Mango, *Atatürk* 238–41, 244–9

51. Zürcher, *Turkey* 143, 144, 157–8

52. Mango, *Atatürk* 264, 269

53. Mango, *Atatürk* 269–73

54. Mango, *Atatürk* 276–7

55. Mango, *Atatürk* 275, 279, 282

56. Mango, *Atatürk* 287–97, 558

57. Mango, *Atatürk* 310–21

58. Andrew Mango, personal communication

59. Zürcher, 'From empire to republic'

60. Mango, *Atatürk* 344

61. Dadrian, 'The Naim-Andonian Documents' 336–8

62. Mango, *Atatürk* 406

63. *Zürcher, Political Opposition 32ff*

64. Zürcher, *Political Opposition* 32–8, esp. 36

65. Özcan, art. Hilâfet, IA2 17.551–2

66. Zürcher, 'From empire to republic'

67. McCarthy, 'Foundations of the Turkish Republic' 142

68. Matthews, 'The Ottoman Inheritance Inventory' 100–101

69. Mango, *Atatürk* 37, 109

70. Mardin, *The Genesis* 326–8, 331

71. *Deringil, The Well-Protected Domains 32*

72. *Deringil, The Well-Protected Domains 170*

73. *Hanioğlu, Preparation for a Revolution 295–9*

74. Eissenstadt, 'Turkic Immigrants/Turkish Nationalism' 25ff

75. Georgeon, 'Les Foyers Turcs' 197–202

76. Mango, 'Atatürk and the Kurds' 1ff

77. Tunçay, *Türkiye Cumhuriyeti'nde Tek-Parti* 134–44, 172–3, 178–9; van Bruinissen, *Agha, Shaikh and State* 265ff

78. *Tunçay, Türkiye Cumhuriyeti'nde Tek-Parti 173*

79. Zürcher, *Turkey* 181

80. *Zürcher, Political Opposition*

81. Mango, *Atatürk* 433–8

82. *Zürcher, Political Opposition 86*

83. Zürcher, 'The Last Phase' 371–7; Mango, *Atatürk* 445–53

84. Mustapha Kemal, *A Speech Delivered*

85. Mustapha Kemal, *A Speech Delivered* 658–80

86. Mustapha Kemal, *A Speech Delivered* 686–721

87. Zürcher, 'From empire to republic'

88. Gür, '*Atatürk* heykelleri' 147ff

89. Mango, *Atatürk* 462–3

90. Mustapha Kemal, *A Speech Delivered* 680–86, 721–3

91. Mustapha Kemal, *A Speech Delivered* 721

92. Mango, 'A Speaking Turkey' 157

参考文献

AAS	*Asian and African Studies*
AHR	*American Historical Review*
AO	*Archivum Ottomanicum*
AOASH	*Acta Orientalia Academiae Scientiarum Hungaricae*
BMGS	*Byzantine and Modern Greek Studies*
BTTD	*Belgelerle Türk Tarihi Dergisi*
BSOAS	*Bulletin of the School of Oriental and African Studies*
DOP	*Dumbarton Oaks Papers*
İED	*İstanbul Enstitüsü Dergisi*
IHR	*International History Review*
IJMES	*International Journal of Middle Eastern Studies*
IJTS	*International Journal of Turkish Studies*
JAOS	*Journal of the American Oriental Society*
JESHO	*Journal of the Economic and Social History of the Orient*
JMH	*Journal of Modern History*
JTS	*Journal of Turkish Studies*
MES	*Middle Eastern Studies*
NPT	*New Perspectives on Turkey*
OA	*Osmanlı Araştırmaları (also known as Journal of Ottoman Studies)*
SI	*Studia Islamica*
TB	*Toplum ve Bilim*
TD	*Tarih Dergisi*
TED	*Tarih Enstitüsü Dergisi*
TM	*Türkiyat Mecmuası*
TSAB	*Turkish Studies Association Bulletin*
TULP	*Turkology Update Leiden Project Working Papers Archive*
VD	*Vakıflar Dergisi*
WZKM	*Wiener Zeitschrift für die Kunde des Morgenlandes*
İA	*İslam Ansiklopedisi* (Istanbul 1965–88)
İA2	*Türkiye Diyanet Vakfı İslam Ansiklopedisi* (Istanbul 1988–)
EI2	*Encyclopedia of Islam,* 2nd edition (London 1960–)
İst.	*Ansik. İstanbul Ansiklopedisi* (Istanbul 1993–4)

art.	article
ch.	chapter
ed., eds	editor, editors
edn	edition
esp.	especially
n.p.	no place of publication listed

n.s.	new series
pbk	paperback
prep.	prepared for publication by
publ.	published
repr.	reprint
Univ.	University
unpubl.	unpublished
vol., vols	volume, volumes

Abdi, Abdi Tarihi (1730 Patrona İhtilâli Hakkında Bir Eser*), prep. F. R. Unat, Ankara (repr. 1999)*

Abir, M., 'The "Arab Rebellion" of Amir Ghalib of Mecca (1788–1813)', *MES* 7 (1971) 185–200

Abdurrahman Abdi Paşa, 'Abdurrahman Abdi Paşa Vekâyi'nâme'si', prep. Fahri Çetin Derin, Unpubl. Ph.D. thesis, Istanbul Univ. (1993)

Abou-El-Haj, Rifa'at A., 'Ottoman Diplomacy at Karlowitz', *JAOS* 87 (1967) 498–512

Abou-El-Haj, Rifa'at A., 'The Formal Closure of the Ottoman Frontier in Europe: 1699–1703', *JOAS* 89 (1969) 467–75

Abou-El-Haj, R. A., 'The Narcissism of Mustafa II (1695–1703): A Psychohistorical Study', *SI* 40 (1974) 115–31

Abou-El-Haj, Rifaat Ali, 'The Ottoman Vezir and Paşa Households, 1683–1703: a Preliminary Report', *JOAS* 94 (1974) 438–47

Abou-El-Haj, Rifa'at Ali, The 1703 Rebellion and the Structure of Ottoman Politics, *Istanbul (1984)*

Abou-El-Haj, Rifaat Ali, 'Aspects of the Legitimation of Ottoman Rule as Reflected in the Preambles to two Early *Liva Kanunnameler',* Turcica XXI–XXIII (1991) 371–83

Abou-El-Haj, Rifa'at 'Ali, Formation of the Modern State. The Ottoman Empire, Sixteenth to Eighteenth Centuries, *Albany (1991)*

Abu-El-Haj, Rifa'at Ali, *'Fitnah, Huruc ala al-Sultan and Nasihat*: Political Struggle and Social Conflict in Ottoman Society 1560s–1700s', in J.-L. Bacqué-Grammont and E. van Donzel (eds), Proceedings of Comité international d'études préottomanes et ottomanes, VIth Symposium, Cambridge 1–4 July 1984, Istanbul (1987) 185–91

Abu-Manneh, B., 'Sultan Abdulhamid II and Shaikh Al-Sayyadi', *MES* 15 (1979) 131–53

Abu-Manneh, Butrus, 'The Sultan and the Bureaucracy: the anti-Tanzimat Concepts of Grand Vizier Mahmud Nedim Paşa', *IJMES* 22 (1990) 257–74

Abu-Manneh, Butrus, 'The Islamic Roots of the Gülhane Rescript', *Die Welt des Islams* 34 (1994) 173–203

Ágoston, Gábor, 'Ottoman Artillery and European Military Technology in the Fifteenth and Seventeenth Centuries', *AOASH* XLVII/1–2 (1994) 15–48

Ágoston, Gábor, 'Habsburgs and Ottomans: Defense, Military Change and Shifts in Power', *TSAB* 22 (1998) 126–41

Ágoston, Gábor, 'Limits of Imperial Authority and the Impact of Frontier Defense: the Ottoman and Habsburg Frontiers in Hungary, 1541–1699', paper presented at 116th Annual Meeting of the American Historical Association, 3–6 January 2002, San Francisco (typescript)

Ágoston, Gábor, 'A Flexible Empire: Authority and its Limits on the Ottoman Frontiers', *IJTS* 9 (2003) 15–32

Ahmad, Feroz, The Young Turks. The Committee of Union and Progress in Turkish Politics, *1908–1914, Oxford (1969)*

Ahmad, Feroz, 'The Late Ottoman Empire', in Marian Kent (ed.), *The Great Powers and the End of the Ottoman Empire*, London (1984) 5–30

(Ahmed) Cevdet Paşa, *Tezakir*, 4 vols, Ankara (1953–67)

Ahmed Lûtfî Efendi, *Vak'anüvîs Ahmed Lûtfî Efendi Tarihi*, 8 vols, Istanbul (1999)

Ahmed Resmî Efendi, *Hamîletü'l-Küberâ*, prep. Ahmet Nezihî Turan, Istanbul (2000)

Akarlı, Engin Deniz, 'The Problems of External Pressures, Power Struggles, and Budgetary Deficits in Ottoman Politics under Abdülhamid II (1876–1909): Origins and Solutions', unpubl. Ph.D. thesis, Princeton Univ. (1976)

Akarlı, Engin Deniz, The Long Peace. Ottoman Lebanon, 1861–1920, *Berkeley (1993)*

Akdağ, Mustafa, Celali İsyanları (1550–1603), *Ankara (1963)*

Aksan, Virginia, 'The One-eyed Fighting the Blind: Mobilization, Supply and Command in the Russo-Turkish War of 1768–1774', *IHR* XV (1993) 221–38

Aksan, Virginia, 'Ottoman Political Writing, 1768–1808', *IJMES* 25 (1993) 53–69

Aksan, Virginia, An Ottoman Statesman in War and Peace. Ahmed Resmi Efendi, 1700–1783, *Leiden (1995)*

Aksan, Virginia, 'Feeding the Ottoman Troops on the Danube, 1768–1774', *War and Society* 13 (1995) 1–14

Aksan, Virginia, 'Whatever Happened to the Janissaries? Mobilization for the 1768–1774 Russo-Ottoman War', *War in History* 5/1 (1998) 23–36

Aksan, Virginia, 'An Ottoman Portrait of Frederick the Great', in *The Ottoman Empire in the Eighteenth Century*, Oriente Moderno XVIII (LXXIX) n.s. (1999) 203–15

Aksan, Virginia, 'Ottoman Military Recruitment Strategies in the Late Eighteenth Century', in Erik J. Zürcher (ed.), *Arming the State. Military Conscription in the Middle East and Central Asia 1775–1925*, London (1999) 21–39

Aksan, Virginia, 'Breaking the Spell of the Baron de Tott: Reframing the Question of Military Reform in the Ottoman Empire, 1760–1830', *IHR* XXIV (2002) 253–77.

Aksan, Virginia, An Empire Besieged: Ottoman Warfare, 1700–1870, *Harlow (2006)*

Aktepe, M. Münir, 'XIV. ve XV. asırlarda Rumeli'nin türkler tarafından iskânına dair', *TM* X (1951–53 [1953]) 299–312

Aktepe, M. Münir, 'Damad İbrahim Paşa devrinde lâle', *TD* IV/7 (1952 [1953]) 85–126; *TD* V/8 (1953) 85–104; *TD* VI/9 (1954) 23–38

Aktepe, M. Münir, 'Ahmed III. devrinde Şark seferine iştirak edecek ordu esnafı hakkında vesikalar', *TD* VII/10 (1954) 17–30

Aktepe, M. Münir, 'Vak'anüvis Raşid Mehmed Efendi'nin Eşref Şah Nezdindeki Elçiliği ve Buna Tekaddüm Eden Siyasî Muhabereler', *TM* XII (1955) 155–78

Aktepe, M. Münir, '1727–1728 İzmir isyanına dâir bâzı vesikalar', *TD* VIII/11–12 (1955 [1956]) 71–98

Aktepe, M. Münir, *Patrona İsyanı (1730)*, Istanbul (1958)

Aktepe, M. Münir, 'XVIII. asrın ilk yarısında İstanbul'un Nüfus Mes'elesine Dâir Bâzı Vesikalar', *TD* IX/13 (1958) 2–30

Aktepe, M. Münir, 'Nevşehirli Damad İbrahim Paşa'ya âid iki vakfiye', *TD* XI/15 (1960) 149–60

Aktepe, Münür, 'Dürrî Ahmet Efendi'nin Iran Sefareti', *BTTD* 1/1 57–60, 1/2 60–3, 1/3 64–6 (1967); 1/4 60–2, 1/5 63–56, 1/6 82–4 (1968)

Aktepe, M. Münir, 'İpşir Mustafa Paşa ve kendisile ilgili bâzı belgeler', *TD* 24 (1970) 45–58

Aktepe, M. Münir, 'Kâğıdhâne'ye Dâir Bâzı Bilgiler', in *Ord. Prof. İsmail Hakkı Uzunçarşılı'ya Armağan*, Ankara (1976) 335–63

Aktepe, M. Münir, '1711 Prut seferi ile ilgili ba'zi belgeler', *TD* 34 (1983–84 [1984]) 19–54

Aktepe, M. Münir, art. Mehmed Paşa (Sultan-zâde, Civan Kapıcı-Başı, Semîn), *İA* 7.605–7

Aktepe, M. Münir, art. Çeşme Vak'ası, *İA2* 8.288–9

Alexander, John, 'The Turks on the Middle Nile', *Archéologie du Nil Moyen* 7 (1996) 15–35

Alexandrescu-Dersca, M. M., *La campagne de Timur en Anatolie (1402)*, London (1977)

Algar, Hamid, art. Nakshbandiyya, *EI2* VII.934–7

Allouche, Adel, The Origins and Development of the Ottoman–Safavid Conflict (906–962/1500–1555), *Berlin (1983)*

Altundağ, Şinâsî, art. Osman III, *İA* 9.448–50

Anderson, Lisa, 'Nineteenth-century Reform in Ottoman Libya', *IJMES* 16 (1984) 325–48

Anderson, M. S., *The Eastern Question, 1774–1923*, London (1966)

Anderson, R. C., Naval Wars in the Levant, 1559–1853, *Liverpool (1952)*

Andreasyan, Hrand D., 'Bir Ermeni kaynağına göre Celâlî isyanları', *TD* XIII/17–18 (1962–63 [1963]) 27–42

Andreasyan, Hrand D., 'Abaza Mehmed Paşa', *TD* XVII (1967 [1968]) 131–42

Anderasyan, Hrand D., 'Celâlilerden Kaçan Anadolu Halkının Geri Gönderilmesi', in *Ord. Prof. İsmail Hakkı Uzunçarşılı'ya Armağan*, Ankara (1976) 45–53

Anderasyan, Hrand, and Derin, Fahri Ç., 'Çınar Vak'ası (Eremya Çelebi Kömürcüyan'a göre)', *İED* III (1957) 57–83

(Anonymous) *Anonim Osmanlı Tarihi (1099–1116/1688–1704)*, prep. Abdülkadir Özcan, Ankara (2000)

Arbel, Benjamin, 'Nur Banu (c.1530–1583): a Venetian Sultana?', *Turcica* XXIV (1992) 241–59

Arıkan, V. Sema (prep.), III. Selim'in Sirkâtibi Ahmed Efendi Tarafından Tutulan Rûznâme, *Ankara (1993)*

Artan, Tülay, 'From Charismatic Leadership to Collective Rule. Introducing Materials on the Wealth and Power of Ottoman Princesses in the Eighteenth Century', *Toplum ve Ekonomi* 4 (1993) 53–94

Artan, Tülay, 'Periods and Problems of Ottoman (Women's) Patronage on the Via Egnatia', in E. Zachariadou (ed.), *The Via Egnatia under Ottoman Rule (1380–1699)*, A Symposium held in Rethymnon, 9–11 January 1994, Institute for Mediterranean Studies, Halcyon Days in Crete II, Rethymnon (1996) 19–43

Artan, Tülay, 'Aspects of the Ottoman Elite's Food Consumption: Looking for "Staples", "Luxuries", and "Delicacies" in a Changing Century', in D. Quataert (ed.), *Consumption Studies and the History of the Ottoman Empire, 1550–1922, an Introduction*, Albany (2000) 107–200

Artuk, İbrahim, 'Osmanlı Beyliğinin Kurucusu Osman Gazi'ye Ait Sikke', in O. Okyar and H. İnalcık (eds), *Social and Economic History of Turkey (1071–1920)*, Papers presented to the First International Congress on the Social and Economic History of Turkey, Hacettepe University, July 11–13 1977, Ankara (1980) 27–31

Atasoy, Nurhan, art. Hırka-i Saâdet, *İA2* 17.374–7

Atıl, Esin, 'The Story of an Eighteenth-Century Ottoman Festival', *Muqarnas* 10 (1993) 181–211

Atsız, Bedriye (prep.), Ahmed Resmî Efendi'nin Viyana ve Berlin Sefaretnameleri, *İstanbul (1980)*

Austin, M., *Domenico's Istanbul*, London (2001)

Avcıoğlu, Nebahat, 'Ahmed I and the Allegories of Tyranny in the Frontispiece to George Sandys's *Relation of a Journey'*, *Muqarnas* 18 (2001) 203–26

Aydın, Mahir, 'Livadya Sefâretleri ve Sefâretnâmeleri', *Belgeler* XIV/18 (1989–92 [1992]) 321–57

Aydın, Mahir, 'Sultan II. Mahmud Döneminde Yapılan Nüfûs Tahrirleri', in Sultan II. Mahmud ve Reformları Semineri, 28–30 Haziran 1989, IUEF Tarih Araştırma Merkezi, Istanbul (1990) 81–106

Ayverdi, Ekrem Hakkı, İstanbul Mi'mârî Çağının Menşe'i: Osmanlı Mi'mârîsinin İlk Devri 630–805 (1230–1402), *Istanbul (1966)*

Babinger, Franz, 'Bajezid Osman (Calixtus Ottomanus), ein Vorläufer und Gegenspieler Dschem-Sultans', *La nouvelle Clio* 3 (1951) 349–88

Babinger, Franz, *Mehmed the Conqueror and his Time*, Princeton (1978)

Babinger, Fr., art. Mīkhāl-oghlu, *EI2* VII.34–5

Bacqué-Grammont, Jean-Louis, 'Etudes turco-safavides I. Notes sur le blocus de commerce iranien par Selîm Ier', *Turcica* VI (1975) 68–88

Bacqué-Grammont, Jean-Louis, 'Notes sur une saisie de soie d'Iran en 1518', *Turcica* VIII/2 (1976) 237–53

Bacqué-Grammont, J.-L., 'Etudes Turco-Safavides III. Notes et documents sur la révolte de Şah Velī b. Şeyh Celâl', *AO* 7 (1982) 5–69

Bacqué-Grammont, Jean-Louis, 'Un rapport inédit sur la révolte anatolienne de 1527', *SI* 62 (1985) 156–71

Bacqué-Grammont, Jean-Louis, *Les Ottomans, les Safavides et leurs voisins*, Istanbul (1987)

Bacqué-Grammont, Jean-Louis, 'Ubaydu-llah han de Boukhara et Soliman le Magnifique. Sur quelques pièces de correspondance', in G. Veinstein (ed.), *Soliman le magnifique et son temps,* Actes du Colloque de Paris, Galeries Nationales du Grand Palais, 7–10 mars 1990, Paris (1992) 485–504

Bacqué-Grammont Jean-Louis, 'The Eastern Policy of Süleymân the Magnificent 1520–1533', in H. İnalcık and C. Kafadar (eds), *Süleymân the Second and his Time*, Istanbul (1993) 219–28

Baer, Marc, 'Honored by the Glory of Islam: the Ottoman State, Non-Muslims, and Conversion to Islam in Late Seventeenth-Century Istanbul and Rumelia', unpubl. Ph.D. thesis, Univ. of Chicago (2001)

Bağcı, Serpil, 'The Spread and Liberation of the Royal Image', in *The Sultan's Portrait. Picturing the House of Osman*, Istanbul (2000) 216–19

Balivet, Michel, 'Deux partisans de la fusion religieuse des Chrétiens et des Musulmans au XVe siècle: Le turc Bedreddin de Samavna et le grec Georges de Trebizonde', *Byzantina* 10 (1980) 361–400

Balivet, Michel, Islam mystique et révolution armée dans les Balkans ottomans. Vie du Cheikh Bedreddîn le 'Hallaj des Turcs' *(1358/59–1416), Istanbul (1995)*

Barbir, Karl K., Ottoman Rule in Damascus, 1708–1758, *Princeton (1980)*

Barkan, Ömer Lutfi, 'Osmanlı İmparatorluğunda Bir iskan ve kolonizasyon metodu olarak Vakıflar ve Temlikler: I. İstilâ devirlerinin Kolonizator Türk dervişleri ve zâviyeleri', *VD* 2 (1942) 279–386

Barker, John W., Manuel II Palaeologus (1391–1425): *A Study in Late Byzantine Statesmanship*, New Brunswick (1969)

Barnes, John Robert, An Introduction to Religious Foundations in the Ottoman Empire, *Leiden (1986)*

Barta, Gábor, 'A Forgotten Theatre of War 1526–1528 (Historical Events preceding the Ottoman–Hungarian Alliance of 1528)' in G. Dávid and P. Fodor (eds), *Hungarian–Ottoman Military and Diplomatic Relations in the Age of Süleyman the Magnificent*, Budapest (1994) 93–130

Bayerle, Gustav, 'The Compromise at Zsitvatorok', *AO* 6 (1980) 5–53

Baykal, Bekir Sıtkı, (prep.), İbretnümâ. Mabeynci Fahri Bey'in Hatıraları ve İlgili Bazı Belgeler, *Ankara (repr. 1989)*

Baykal, Bekir Sıtkı, art. Râmî Mehmed Paşa, *İA* 9.623–4

Baysun, M. Cavid, 'Müverrih Râşid Efendi'nin Iran Elciliğine Dâir', *TM* IX (1946–51 [1951]) 145–50

Behrens-Abouseif, Doris, *Egypt's Adjustment to Ottoman Rule*, Leiden (1994)

Beldiceanu-Steinherr, Irène, 'Le règne de Selîm Ier: Tournant dans la vie politique et religieuse de l'Empire ottoman', *Turcica* VI (1975) 34–48

Beldiceanu-Steinherr, Irène, and Bacqué-Grammont, Jean-Louis, 'A propos de quelques causes de malaises sociaux en Anatolie Centrale', *AO* 7 (1982) 71–116

Benbassa, Esther, 'Associational Strategies in Ottoman Jewish Society in the Nineteenth and Twentieth Centuries', in A. Levy (ed.), *The Jews of the Ottoman Empire*, Princeton (1994) 457–84

Benbassa, Esther, and Rodrigue, Aron, *Sephardi Jewry*, Berkeley (2000)

Bennigsen, Alexandre, 'L'expédition turque contre Astrakhan en 1569 d'après les Registres des "Affaires importantes" des Archives ottomanes', *Cahiers du Monde russe et soviétique* VIII (1967) 427–46

Berindei, Mihnea, 'Le rôle des fourrures dans les relations commerciales entre la Russie et l'empire ottoman avant la conquête de la Sibérie', in Ch. Lemercier-Quelquejay et al. (eds), *Passé turco-tatar, présent soviétique, Études offertes à Alexandre Bennigsen*, Louvain (1986) 89–98

Beydilli, Kemal, 'Bonnaval'in izinde: Muhtedî Osman Bey veya Avusturyalı firârî General Karlo de Kotzi', *OA* 11 (1991) 73–104

Beydilli, Kemal, Türk Bilim ve Matbaacılık Tarihinde Mühendishâne Matbaası ve Kütüphânesi (1776–1826), *Istanbul (1995)*

Beydilli, Kemal, and Şahin, İlhan, Mahmud Râif Efendi ve Nizâm-i Cedîd'e Dâir Eseri, *Ankara (2001)*

Bierman, Irene, 'The Ottomanization of Crete', in I. Bierman et al. (eds), *The Ottoman City and its Parts, Urban Structure and Social Order*, New York (1991) 53–75

Blackburn, J. R., 'Two Documents on the Division of Ottoman Yemen into two *Beglerbegliks* (973/1565)', *Turcica* XXVII (1995) 223–36

Blackburn, J. R., art. Özdemir Pasha, *EI2* VIII.235–6

BOA/Hatt-i hümayun no. 8231: Başbakanlık Osmanlı Arşivi (Prime Minister's Ottoman Archives, Istanbul)

BOA/Mühimme Defteri vol.7 no.721: Başbakanlık Osmanlı Arşivi (Prime Minister's Ottoman Archives, Istanbul), publ. as 7 *Numaralı Mühimme Defteri (975–976/1567–1569)*, Ankara (1997–8)

Bostan İdris, Osmanlı Bahriye Teşkilâtı: XVII. Yüzyılda Tersâne-i Âmire, *Ankara (1992)*

Bowen, H., art. 'Alï Pasha Tepedelenli, *EI2* I.398–9

Bozkurt, Gülnihâl, Alman–İngiliz Belgelerinin ve Siyasi Gelismelerin Işığı Altında Gayrimüslim Osmanlı Vatandaşlarının Hukukî Durumu (1839–1914), *Ankara (repr. 1996)*

Braune, W., art. 'Abd al-Kādir al-Djīlānī, *EI2* I.69–70

Broomhall, Marshall, *Islam in China. A Neglected Problem*, London (1910)

Brouwer, C. G., *'A Stockless Anchor and An Unsaddled Horse*: Ottoman Letters Addressed to the Dutch in Yemen, First Quarter of the 17th Century', *Turcica* XX (1988) 173–242

Bruess, Gregory, Religion, Identity and Empire: a Greek Archbishop in the Russia of Catherine the Great, *Boulder (1997)*

Brummett, Palmira, Ottoman Seapower and Levantine Diplomacy in the Age of Discovery, *Albany (1994)*

Bryer, Anthony, 'Greek Historians on the Turks: the Case of the first Byzantine–Ottoman Marriage', in R. H. C. Davis and J. M. Wallace-Hadrill (eds), *The Writing of History in the Middle Ages*, Oxford (1981) 471–94

Burian, Orhan (prep.), The Report of Lello, Third English Ambassador to the Sublime Porte, *Ankara (1952)*

Buzpınar, Ş. Tufan, 'The Hijaz, Abdulhamid II and Amir Hussein's Secret Dealings with the British, 1877–80', *MES* 31 (1995) 99–123

Çağman, Filiz, 'Portrait Series of Nakkaş Osman', in *The Sultan's Portrait. Picturing the House of Osman*, Istanbul (2000) 164–87

Cazacu, Matei, 'La "mort infâme". Décapitation et exposition des têtes à Istanbul (XVe–XIXe siècles)', in G. Veinstein (ed.), *Les Ottomans et la mort*, Leiden (1996) 245–89

Çelik, Zeynep, Displaying the Orient. Architecture of Islam at Nineteenth-Century World's Fairs, *Berkeley (1992)*

Cezar, Yavuz, Osmanlı Maliyesinde Bunalım ve Değişim Dönemi (XVIII. yy dan Tanzimat'a Mali Tarih), *Istanbul (1986)*

640

Charanis, Peter, 'The Strife among the Palaeologi and the Ottoman Turks, 1370–1402', *Byzantion* 16/1 (1942 [1944]) 286–314

Chaudhuri, K. N., Trade and Civilisation in the Indian Ocean. An Economic History from the Rise of Islam to 1750, *Cambridge (1985)*

Chesnau, Jean, Le Voyage de Monsieur d'Aramon, *Paris (1887)*

Chrysostomides, J. (prep.), *Manuel II Palaeologus Funeral Oration on his Brother Theodore*, Corpus Fontum Historiae Byzantinae XXVI, Thessalonica (1985)

Clayer, Nathalie, Mystiques, état et société: les Halvetis dans l'aire balkanique de la fin du Xme siècle à nos jours, *Leiden (1994)*

Clogg, Richard, *A Short History of Modern Greece*, Cambridge (repr. 1987)

Clogg, Richard, *A Concise History of Greece*, Cambridge (repr. 1995)

Cohen, Amnon, *Palestine in the 18th Century*, Jerusalem (1973)

Conway Morris, Roderick, *Jem: Memoirs of an Ottoman Secret Agent*, London (1988)

Cook, Michael, Population Pressure in Rural Anatolia, 1450–1600, *London (1972)*

Cook, Michael (ed.), A History of the Ottoman Empire to 1730, *Cambridge (1976)*

Covel, Dr John, *Voyages en Turquie, 1675–1677*, prep. Jean-Pierre Grélois, Paris (1998)

Crane, Howard, 'The Ottoman Sultan's Mosques: Icons of Imperial Legitimacy', in I. Bierman et al. (eds), *The Ottoman City and its Parts, Urban Structure and Social Order*, New York (1991) 173–243

Crecelius, Daniel, 'Egypt in the eighteenth century', in M. W. Daly (ed.), *The Cambridge History of Egypt*, vol. 2: *Modern Egypt from 1517 to the end of the twentieth century*, Cambridge (1998) 59–86

Criss, Bilge, *Istanbul under Allied Occupation*, 1918–1923, Leiden (1999)

Dadrian, Vahakn, 'The Naim-Andonian Documents on the World War I Destruction of Armenians: the Anatomy of a Genocide', *IJMES* 18 (1986) 311–60, 550

Dadrian, Vahakn, 'The Documentation of the World War I Armenian Massacres in the Proceedings of the Turkish Military Tribunal', *IJMES* 23 (1991) 549–76

Danişmend, İsmail Hami, *İzahlı Osmanlı Tarihi Kronolojisi*, 4 vols, Istanbul (1947–55)

Dankoff, Robert, (prep., with a historical introduction by Rhoads Murphey), The Intimate Life of an Ottoman Statesman. Melek Ahmed Pasha (1588–92) as Portrayed in Evliya Çelebi's Book of Travels, *Albany (1991)*

Darkot, Besim, art. Karadağ, *İA* 6.221–30

Darling, Linda T., Revenue-Raising and Legitimacy. Tax Collection and Finance Administration in the Ottoman Empire 1560–1660, *Leiden (1996)*

Dávid, Géza, 'Administration in Ottoman Europe', in M. Kunt and C. Woodhead (eds), *Süleyman the Magnificent and his Age*, London and New York (1995) 71–90

Davison, Roderic, Reform in the Ottoman Empire, 1856–1876, *Princeton (1963)*

Davison, Roderic, '"Russian Skill and Turkish Imbecility": the Treaty of Kuchuk Kainardji Reconsidered', in R. Davison, *Essays in Ottoman and Turkish History, 1774–1923*, Austin (1990) 29–50. (First publ. in *Slavic Review* 35/3 (1976) 463–83)

Davison, Roderic, 'The "Dosografa" Church in the Treaty of Küçük Kaynarca', in R. Davison, *Essays in Ottoman and Turkish History, 1774–1923*, Austin (1990) 51–9. (First publ. in *BSOAS* 42/1 (1979) 46–52)

Davison, Roderic, 'The First Ottoman Experiment with Paper Money', in R. Davison, *Essays in Ottoman and Turkish History, 1774–1923*, Austin (1990) 60–72. (First publ. in O. Okyar and H. İnalcık (eds), *Social and Economic History of Turkey (1071–1920)*, Papers presented to the First International Congress on the Social and Economic History of Turkey, Hacettepe University July 11–13 1977, Ankara (1980) 243–51)

Davison, R. H., art. Midhat Pasha, *EI2* VI.1031–5

Davison, R. H., art. Tanzīmāt, *EI2* X.201–9

Decei, Aurel, art, Hotin, *İA* 5/1.567–71

Decei, Aurel, and Gökbilgin, M. Tayyib, art. Erdel, *İA* 4.293–306

Decei, Aurel, and Gökbilgin, M. Tayyib, art. Erdel, *EI2* II.703–5

Defterdar Sarı Mehmed Paşa, *Zübde-i Vekayiât*, prep. Abdülkadir Özcan, Ankara (1995)

de Groot, A. H., art. Khalīl Pasha Kaysariyyeli, *EI2* IV.970–2

de Groot, A. H., art. Mehmed Pasha Karamāni, *EI2* VI.995–6

de Groot, A. H., art. Murād III, *EI2* VII.595–7

Demetriades, Vassilis, 'Some Thoughts on the Origins of the Devşirme', in E. Zachariadou (ed.), *The Ottoman Emirate (1300–1389)*, A Symposium held in Rethymnon, 11–13 January 1991, Institute for Mediterranean Studies, Halcyon Days in Crete I, Rethymnon (1993) 23–31

Dennis, George T., (prep.), *The Letters of Manuel II Palaeologus*, Corpus Fontum Historiae Byzantinae VIII, Washington (1977)

Denny, Walter, et al., Court and Conquest. Ottoman Origins and the Design for Handel's Tamerlano at the Glimmerglass Opera, *Kent, Ohio (1998)*

Derin, Fahri Ç., 'Şeyhülislâm Feyzullah Efendi'nin nesebi hakkında bir risâle, *TD* X/14 (1959) 97–104

Derin, Fahri Ç., (prep.), 'Yayla İmamı Risalesi', *TED* 3 (1972 [1973]) 213–72

Derin, Fahri Ç., (prep.), 'Tüfengçi-başı Ârif Efendi Tarihçesi', *Belleten* XXXVIII (1974) 379–443

Deringil, Selim, 'Legitimacy Structures in the Ottoman State: the Reign of Abdülhamid II (1876–1909)', *IJMES* 23 (1991) 345–59

Deringil, Selim, The Well-Protected Domains; Ideology and the Legitimation of Power in the Ottoman Empire, 1876–1909, *London (1998)*

Deringil, Selim, 'Les Ottomans et le partage de l'Afrique, 1880–1900', in S. Deringil, *The Ottomans, the Turks, and World Power Politics*, Istanbul (2000) 43–55. (First publ. in S. Kuneralp (ed.), *Studies on Ottoman Diplomatic History* V (1990) 121–33)

Deringil, Selim, '"There is no Compulsion in Religion": on Conversion and Apostasy in the Late Ottoman Empire, 1839–1856' in S. Deringil, *The Ottomans, the Turks, and World Power Politics*, Istanbul (2000) 101–30. (First publ. in *Comparative Studies in Society and History* 42/3 (2000) 547–75)

Devereux, Robert, 'Süleyman Pasha's "The Feeling of the Revolution"', *MES* 15 (1979) 3–35

Doukas, Decline and Fall of Byzantium to the Ottoman Turks, *prep. Harry J. Magoulias, Detroit (1975)*

Duguid, Stephen, 'The Politics of Unity: Hamidian Policy in Eastern Anatolia', *MES* 9 (1973) 139–55

Dumont, Paul, 'La pacification du Sud-Est anatolien en 1865', *Turcica* V (1973) 108–30

Dumont, Paul, 'La période des *Tanzimât* (1839–1878)', in R. Mantran (ed.), *Histoire de l'empire ottoman*, Paris (1989) 459–522

Dumont, Paul, and Georgeon, François, 'La mort d'un empire', in R. Mantran (ed.), *Histoire de l'empire ottoman*, Paris (1989) 577–647

Dykstra, Darrell, 'The French occupation of Egypt, 1798–1801', in M. W. Daly (ed.), *The Cambridge History of Egypt*, vol. 2: *Modern Egypt from 1517 to the end of the twentieth century*, Cambridge (1998) 113–38

Eissenstadt, Howard, 'Turkic Immigrants/Turkish Nationalism: Opportunities and Limitations of a Nationalism in Exile', *TSAB* 25/26 (2001–2) 25–50

Eldem, Edhem, French Trade in Istanbul in the Eighteenth Century, *Leiden (1999)*

Eldem, Edhem, 'Istanbul: from imperial to peripheralized capital', in E. Eldem et al., *The Ottoman City between East and West*, Cambridge (1999) 135–206

Eldem, Edhem, Pride and Privilege. A History of Ottoman Orders, Medals and Decorations, *Istanbul (2004)*

Eldem, Sedat H., *Sa'dabad,* Ankara (1977)

Elliott, J. H., *Richelieu and Olivares,* Cambridge (repr. 1991)

Emecen, Feridun, 'Son Kırım Hânı Şâhin Giray'ın îdâmı mes'elesi ve buna dâir vesikalar', *TD* 34 (1983–84 [1984]) 315–46

Emecen, Feridun, 'The History of an Early Sixteenth Century Migration – Sirem Exiles in Gallipoli', in G. Dávid and P. Fodor (eds), *Hungarian–Ottoman Military and Diplomatic Relations in the Age of Süleyman the Magnificent,* Budapest (1994) 77–87

Emecen, Feridun, art. Cezzâr Ahmed Paşa, *İA2* 7.516–18

Erdem, Y. Hakan, Slavery in the Ottoman Empire and its Demise, 1800–1909, *Basingstoke (1996)*

Erdem, Hakan, 'Recruitment for the "Victorious Soldiers of Muhammad" in the Arab Provinces, 1826– 1828' in Israel Gershoni et al. (eds), *Histories of the Modern Middle East. New Directions,* Boulder (2002) 189–206

Erünsal, İsmail E., Türk Kütüphaneleri Tarihi II. Kuruluştan Tanzimat'a Kadar Osmanlı Vakıf Kütüphaneleri, *Ankara (1988)*

Eskandar Beg Monshi, *History of Shah 'Abbas the Great,* 2 vols, prep. R. M. Savory, Boulder (1978)

Evliyâ Çelebi, *Seyahatnâme,* 8 vols., prep. Y. Dağlı et al., Istanbul (1996–2004)

Eyice, Semavi, 'İlk Osmanlı Devrinin Dinî – İçtimaî Bir Müessesesi Zâviyeler ve Zâviyeli–Camiler', *İstanbul Üniversitesi İktisat Fakultesi Mecmuası* 23 (1962–3) 3–80

Eyice, Semavi, art. Fethiye Camii, *İst. Ansik.* 3.300–301

Fahmy, Khaled, 'The era of Muhammad 'Ali Pasha, 1805–1848', in M. W. Daly (ed.), *The Cambridge History of Egypt,* vol. 2: *Modern Egypt from 1517 to the end of the twentieth century,* Cambridge (1998) 139–79

Farhi, David, 'The Şeriat as a Political Slogan – or the "Incident of the 31st March"', *MES* 7 (1971) 275–99

Faroqhi, Suraiya, 'The Venetian Presence in the Ottoman Empire, 1600–30', in Huri İslamoğlu-İnan (ed.), *The Ottoman Empire and the World-Economy,* Cambridge (1987) 311–44

Faroqhi, Suraiya, 'An Ulama Grandee and his Household', *OA* IX (1989) 199–208

Faroqhi, Suraiya, Pilgrims and Sultans. The Hajj under the Ottomans 1517–1683, *London (1994)*

Faroqhi, Suraiya, 'Migration into Eighteenth-Century "Greater Istanbul" as Reflected in the Kadi Registers of Eyüp', *Turcica* XXX (1998) 163–83

Findley, Carter, Bureaucratic Reform in the Ottoman Empire. The Sublime Porte, *1789–1922, Princeton (1980)*

Findley, Carter, *Ottoman Civil Officialdom,* Princeton (1989)

Findley, Carter, art. Medjelle, *EI2* VI.971–2

Finkel, Caroline, The Administration of Warfare: the Ottoman Military Campaigns in Hungary, 1593– 1606, *Vienna (1988)*

Fisher, Alan W., The Russian Annexation of the Crimea, 1772–1783, *Cambridge (1970)*

Fisher, Alan, 'Muscovy and the Black Sea Slave Trade', in A. Fisher, *A Precarious Balance: Conflict, Trade and Diplomacy on the Russian–Ottoman Frontier,* Istanbul (1999) 27–46. (First publ. in *Canadian-American Slavic Studies* VI (1972) 575–94)

Fisher, Alan, *The Crimean Tatars,* Stanford (1987)

Fisher, Alan, 'The Life and Family of Süleyman I', in H. İnalcık and C. Kafadar (eds), *Süleymân the Second and his Time,* Istanbul (1993) 1–19

Fisher, Alan, 'Şahin Giray, the Reformer Khan, and the Russian Annexation of the Crimea', in A.

Fisher, *Between Russians, Ottomans and Turks: Crimea and Crimean Tatars,* Istanbul (1998) 93–121

Fleischer, Cornell, 'Royal Authority, Dynastic Cyclism, and "Ibn Khaldûnism" in Sixteenth-Century Ottoman Letters', *AAS* XVIII (1983) 198–220

Fleischer, Cornell, Bureaucrat and Intellectual in the Ottoman Empire. The Historian Mustafa Âli (1541–1600), *Princeton (1986)*

Fleischer, Cornell, 'The Lawgiver as Messiah: the Making of the Imperial Image in the Reign of Süleymân', in G. Veinstein (ed.), *Soliman le magnifique et son temps,* Actes du Colloque de Paris, Galeries Nationales du Grand Palais, 7–10 mars 1990, Paris (1992) 159–77

Fleming, K. E., The Muslim Bonaparte. Diplomacy and Orientalism in Ali Pasha's Greece, *Princeton (1999)*

Flemming, Barbara, 'Political Genealogies in the Sixteenth Century', *OA* VII–VIII (1988) 123–37

Flemming, Barbara, 'Public Opinion under Sultan Süleymân', in H. İnalcık and C. Kafadar (eds), *Süleymân the Second and his Time,* Istanbul (1993) 49–56

Flemming, B., art. Khōdja Efendi, *EI2* V.27–9

Fodor, Pál, 'State and Society, Crisis and Reform in 15th–17th Century Ottoman Mirror[s] for Princes', *AOASH* XL/2–3 (1986) 217–40

Fodor, Pál, 'Ottoman Policy towards Hungary, 1520–1541', *AOASH* XLV/2–3 (1991) 271–345

Fodor, Pál, 'Sultan, Imperial Council, Grand Vizier: Changes in the Ottoman Ruling Elite and the Formation of the Grand Vizierial Telhīs', *AOASH* XLVII/1–2 (1994) 67–84

Fodor, Pál, 'Between Two Continental Wars: the Ottoman Naval Preparations in 1590–1592', in Ingeborg Baldauf and Suraiya Faroqhi (eds) with the collaboration of Rudolf Veselý, *Armagan, Festschrift für Andreas Tietze,* Prague (1994) 90–111

Fodor, Pál, 'The Grand Vizierial Telhis. A Study in the Ottoman Central Administration 1566–1656', *AO* XV (1997) 137–88

Fodor, Pál, 'The View of the Turk in Hungary: the Apocalyptic Tradition and the Legend of the Red Apple in Ottoman–Hungarian Context', in P. Fodor, *In Quest of the Golden Apple,* Istanbul (2000) 71–103. (First publ. in B. Lelouche and S. Yerasimos (eds), *Les traditions apocalyptiques au tournant de la chute de Constantinople,* Actes de la Table Ronde d'Istanbul (13–14 avril 1996), Paris (1999) 99–131)

Fodor, Pál, 'An Anti-Semite Grand Vizier? The Crisis in Ottoman–Jewish Relations in 1591–1592 and its Consequences', in P. Fodor, *In Quest of the Golden Apple,* Istanbul (2000) 191–206

Fodor, Pál, and Dávid, Géza, 'Hungarian–Ottoman Peace Negotiations in 1512–1514', in G. Dávid and P. Fodor (eds), *Hungarian–Ottoman Military and Diplomatic Relations in the Age of Süleyman the Magnificent,* Budapest (1994) 9–45

Forster, E. S., (prep.), The Turkish Letters of Ogier Ghiselin de Busbecq, *Oxford (1927)*

Fotić, Aleksandar, 'The Official Explanations for the Confiscation and Sale of Monasteries (Churches) and their Estates at the Time of Selim II', *Turcica* XXVI (1994) 33–54

Frost, Robert, *The Northern Wars, 1558–1721,* Harlow (2002)

Fuller, William C., Strategy and Power in Russia, 1600–1914, *New York (1992)*

Gabriel, Erich, 'Die Türkenbeute in Österreich', in Christine Wessely (ed.), *Die Türken und was von ihnen bleib,* Vienna (1978) 101–6

Gawrych, George Walter, 'Ottoman Administration and the Albanians, 1908–1913', unpubl. Ph.D. thesis, Univ. of Michigan (1980)

Gawrych, George W., 'Şeyh Galib and Selim III: Mevlevism and the Nizam-i Cedid', *IJTS* 4 (1987) 91–114

Genç, Mehmet, 'Osmanlı Maliyesinde Malikane Sistemi', in O. Okyar (ed.), *Türkiye İktisat Tarihi Semineri,* Metinler/Tartışmalar, 8–10 Haziran 1973, Ankara (1975) 231–96

Genç, Mehmet, 'A study of the feasibility of using eighteenth-century Ottoman financial records as an indicator of economic activity', in Huri İslamoğlu-İnan (ed.), *The Ottoman Empire and the World-Economy*, Cambridge (1987) 345–73

Genç, Mehmet, 'Ottoman Industry in the Eighteenth Century: General Framework, Characteristics and Main Trends', in D. Quataert (ed.), *Manufacturing in the Ottoman Empire and Turkey, 1500–1950*, Albany (1994) 59–86

Genç, Mehmet, art. Esham, *İA2* 11.376–80

Georgeon, François, 'Les Foyers Turcs à l'époque kémaliste (1923–1931)', *Turcica* XIV (1982) 168–215

Georgeon, François, 'Le dernier sursaut', in R. Mantran (ed.), *Histoire de l'empire ottoman*, Paris (1989) 523–76

Gibb, E. J. W., Ottoman Poems Translated into English Verse in the Original Forms, London (1882)

Gibb, E. J. W., *A History of Ottoman Poetry*, 6 vols, London (repr. 1958–63)

Gilles, Pierre, *The Antiquities of Constantinople*, Ithaca (repr. 1988)

Glover, Thomas, 'The Journey of Edward Barton Esquire, her Majesties Ambassador with the Grand Signior otherwise called the Great Turke, in Constantinople, Sultan Mahumet Chan. Written by Sir Thomas Glover then Secretarie to the Ambassador, and since employed in that Honourable Function by his Majestie, to Sultan Achmet. . .', in S. Purchas (ed.), *Hakluytus Posthumus or Purchas his Pilgrimes etc.*, Glasgow (1905–7) VIII.304–20

Göçek, Fatma Müge, East Encounters West. France and the Ottoman Empire in the Eighteenth Century, New York (1987)

Goffman, Daniel, Britons in the Ottoman Empire, 1642–1660, Seattle (1998)

Goffman, Daniel, 'Izmir: from village to colonial port city', in E. Eldem et al., *The Ottoman City between East and West*, Cambridge (1999) 79–134

Gökbilgin, Tayyib, 'II. Rakoczi Ferencz ve Tevabiine Dair Yeni Vesikalar', *Belleten* V (1941) 577–95

Gökbilgin, M. Tayyib, 'Kara Üveys Paşa'nın Budin Beylerbeyliği (1578–80)', *TD* II/3–4 (1950–51 [1952]) 18–34

Gökbilgin, M. Tayyib, 'Rüstem Paşa ve hakkındaki ithamlar', *TD* VIII/11–12 (1955 [1956]) 10–50

Gökbilgin, M. Tayyib, 'Venedik Devlet Arşivindeki Türkçe Belgeler Kolleksiyonu ve Bizimle İlgili Diğer Belgeler', *Belgeler* V–VIII (1968–71 [1971]) 1–151

Gökbilgin, Tayyib, art. İbrahim, *İA* 5/II.880–5

Gökbilgin, M. Tayyib, art. İbrahim Paşa, *İA* 5/II.908–15

Gökbilgin, M. Tayyib, and Repp, R., art. Köprülü, *EI2* V.256–63

Gökçe, Cemal, 'Edirne Âyanı Dağdeviren-oğlu Mehmed Ağa', *TD* XVII/22 (1967 [1968]) 97–110

Gökçe, Cemal, '1787–1806 yılları arasında Kafkasya'da cereyan eden siyasi olaylar', *TD* 26 (1972) 1–66

Göksu, Saime, and Timms, Edward, Romantic Communist. The Life and Work of Nazım Hikmet, New York (1999)

Goldstein, Erik, 'Holy Wisdom and British foreign policy 1918–1922: the St Sophia redemption agitation', *BMGS* 15 (1991) 36–64

Gönen, Yasemin Saner, 'The Integration of the Ottoman Empire into the European State System during the Reign of Selim III', unpubl. MA thesis, Boğaziçi Univ. (1991)

Goodwin, Godfrey, *A History of Ottoman Architecture*, London (pbk 1987)

Gould, Andrew G., 'Lords or Bandits? The Derebeys of Cilicia', *IJMES* 7 (1976) 485–506

Greene, Molly, A Shared World. Christians and Muslims in the Early Modern Mediterranean, Princeton (2000)

Griswold, Thomas, The Great Anatolian Rebellion, 1000–1020/1591–1611, Berlin (1983)

Gülsoy, Ufuk, '1856 Islâhât Fermanı'na Tepkiler ve Maraş Olayları', in *Prof. Dr Bekir Kütükoğlu'na*

645

Armağan, Istanbul (1991) 443–58

Gülsoy, Ufuk, Osmanlı Gayrimüslimlerinin Askerlik Serüveni, *Istanbul (2000)*

Gür, Faik, 'Atatürk heykelleri ve Türkiye'de resmî tarihin görselleşmesi', *TB* 90 (2001) 147–65

Haddad, Mahmoud, review of S. Deringil, *The Well-Protected Domains* (London) 1998, *Middle East Studies Association Bulletin* 33 (1999) 208–10

Hagen, Gottfried, 'The Prophet Muhammad as an Exemplar in War: Ottoman Views on the Eve of World War I', *NPT* 22 (2000) 145–72

Halaçoğlu, Yusuf, XVIII. yüzyılda Osmanlı İmparatorluğunun iskan siyaseti ve aşiretlerin yerlestirilmeşi, *Ankara (repr. 1991)*

Halaçoğlu, Yusuf, art. Evlâd-i Fâtihan, *İA2* 11.524–5

Halaçoğlu, Yusuf, and Aydın, M. Akif, art. Cevdet Paşa, *İA2* 7.443–50

Hale, William, Turkish Politics and the Military, *London (1994)*

Haley, Charles D., 'The Desperate Ottoman: Enver Paşa and the German Empire – I', *MES* 30 (1994) 1–51

Hamadeh, Shirine, 'Splash and Spectacle: the Obsession with Fountains in Eighteenth-Century Istanbul', *Muqarnas* 19 (2002) 123–48

Hanioğlu, M. Şükrü, 'Jews in the Young Turk Movement to the 1908 Revolution', in A. Levy (ed.), *The Jews of the Ottoman Empire*, Princeton (1994) 519–26

Hanioğlu, M. Şükrü, *The Young Turks in Opposition*, New York (1995)

Hanioğlu, M. Şükrü, Preparation for a Revolution. The Young Turks, 1902–1908, *Oxford (2001)*

Har-El, Shai, Struggle for Domination in the Middle East. The Ottoman-Mamluk War, 1485–91, *Leiden (1995)*

Harrison, J. B., art. Diū, *EI2* II.322

Hasan Vecîhî, 'Vecîhî Ta'rîhi', MS, Topkapı Palace Library, Emanet Hazinesi 1425

Hathaway, Jane, The politics of households in Ottoman Egypt, *Cambridge (1997)*

Hathaway, Jane, 'Egypt in the seventeenth century', in M. W. Daly (ed.), *The Cambridge History of Egypt*, vol. 2: *Modern Egypt from 1517 to the end of the twentieth century*, Cambridge (1998) 34–58

Hathaway, Jane, 'Çerkes Mehmed Bey: Rebel, Traitor, Hero?', *TSAB* 22/1 (1998) 108–15

Hegyi, Klára, 'The Ottoman Military Force in Hungary', in G. Dávid and P. Fodor (eds), *Hungarian–Ottoman Military and Diplomatic Relations in the Age of Süleyman the Magnificent*, Budapest (1994) 131–48

Hess, Andrew, 'The Moriscos: an Ottoman Fifth Column in Sixteenth-Century Spain', *AHR* 74/1 (1968) 1–25

Hess, Andrew, 'The Evolution of the Ottoman Seaborne Empire in the Age of Oceanic Discoveries, 1423–1525', *AHR* 75/7 (1970) 1892–1919

Hess, Andrew, 'The Ottoman Conquest of Egypt (1517) and the Beginning of the Sixteenth-Century World War', *IJMES* 4 (1973) 55–76

Hess, Andrew, 'The Forgotten Frontier: the Ottoman North African Provinces during the Eighteenth Century', in T. Naff and R. Owen (eds), *Studies in Eighteenth Century Islamic History*, Carbondale (1977) 74–87

Hess, Andrew, *The Forgotten Frontier*, Chicago (1978)

Heyd, Uriel, *Ottoman Documents on Palestine*, 1552–1615, Oxford (1960)

Heyd, Uriel, 'The Ottoman 'Ulemā and Westernization in the Time of Selim III and Mahmūd II', *Scripta Hierosolymitana* IX (1961) 63–96

Heywood, Colin, 'English Diplomacy between Austria and the Ottoman Empire in the War of the Sacra Liga, 1684–1699, with special reference to the period 1689–1699', unpubl. Ph.D. thesis, London

Univ. (1970)

Heywood, Colin, '824/"8224" = 1421: the "False" (Düzme) Mustafa and his Ephemeral Coinage', *Arab Historical Review for Ottoman Studies* 15–16 (1997) Part 1 (= *Mélanges Halil Sahillioğlu*, ed. Abdeljelil Temimi), Zaghouan (1997) ii.159–75

Heywood, Colin, 'An Undiplomatic Anglo-Dutch Dispute at the Porte: the Quarrel between Coenraad Van Heemskerck and Lord Paget (1693)', in Alexander Hamilton et al. (eds) *Friends and Rivals in the East. Studies in Anglo-Dutch Relations in the Levant from the Seventeenth to the Early Nineteenth Century*, Leiden (2000) 59–94

Heywood, C. J., art. Karā Mustafā Pasha, Merzifonlu, *EI2* IV.589–92

Heywood, C. J., art. Küçük Kaynardja, *EI2* V.312–13

Heywood, C. J., art. Mustafā, *EI2* VII.710–13

Hezarfen Hüseyin Efendi, *Telhîsü'l-Beyân fî Kavânîn-i Âl-i Osmân*, prep. Sevim İlgürel, Ankara (1998)

Hitzel, Frédéric, 'Relations interculturelles et scientifiques entre l'empire ottoman et les pays de l'Europe occidentale, 1453–1839', 2 vols, unpubl. Ph.D. thesis, Univ. de Paris-Sorbonne (1994)

Holbrook, Victoria Rowe, The Unreadable Shores of Love. Turkish Modernity and Mystic Romance, *Austin (1994)*

Holt, Peter M., Egypt and the Fertile Crescent 1516–1922. A Political History, *London (1966)*

Hosking, Geoffrey, *Russia: People and Empire*, 1552–1917, London (1997)

Housley, Norman, *The Later Crusades. From Lyons to Alcazar* 1274–1580, Oxford (1992)

Howard, Douglas, 'The Ottoman Timar System and its Transformation, 1563–1656', unpubl. Ph.D. thesis, Indiana Univ. (1987)

Hrushevsky, Mykhailo, *History of Ukraine-Rus'*, vol. 8: *The Cossack Age*, 1626–1650, Edmonton (2002)

Hughes, Lindsey, *Russia in the Age of Peter the Great*, New Haven (pbk 2000)

Hunter, F. Robert, 'Egypt under the successors of Muhammad 'Ali', in M. W. Daly (ed.), *The Cambridge History of Egypt*, vol. 2: *Modern Egypt from 1517 to the end of the twentieth century*, Cambridge (1998) 180–97

Hurewitz, J. C., Diplomacy in the Near and Middle East. A Documentary Record: *1553–1914, 2 vols, Princeton (1956)*

Hüseyin Tuği, *Tuği Tarihi*, prep. M. Sertoğlu, *Belleten* XI (1947) 489–514

ibn Battūta, *The Travels of ibn Battūta, A.D.* 1325–1354, prep. H. A. R. Gibb, Cambridge (1962)

Ibrahim, Hassan Ahmed, 'The Egyptian empire, 1805–1885', in M. W. Daly (ed.), *The Cambridge History of Egypt*, vol. 2: *Modern Egypt from 1517 to the end of the twentieth century*, Cambridge (1998) 198–216

İlgürel, Mücteba, art. Hüseyin Paşa (Deli), *İA2* 19.5–6

Imber, Colin, 'The Persecution of the Ottoman Shī'ites according to the mühimme defterleri, 1565–1685', *Der Islam* 61 (1979) 245–73

Imber, Colin, 'Paul Wittek's "De la défaite d'Ankara à la prise de Constantinople"', *OA* 5 (1986) 65–81

Imber, Colin, 'The Ottoman Dynastic Myth', *Turcica* XIX (1987) 7–27

Imber, Colin, 'A Note on "Christian" Preachers in the Ottoman Empire', *OA* 10 (1990) 59–67

Imber, Colin, *The Ottoman Empire* 1300–1481, Istanbul (1990)

Imber, Colin, 'Süleymân as Caliph of the Muslims: Ebû's-Su'ûd's Formulation of Ottoman Dynastic Ideology', in G. Veinstein (ed.), *Soliman le magnifique et son temps*, Actes du Colloque de Paris, Galeries Nationales du Grand Palais, 7–10 mars 1990, Paris (1992) 179–84

Imber, Colin, Ebu's-su'ud. The Islamic Legal Tradition, *Stanford (1997)*

Imber, Colin, 'What Does *Ghazi* Actually Mean?', in Ç. Balım-Harding and C. Imber (eds), *The Balance of Truth: Essays in Honour of Professor Geoffrey Lewis*, Istanbul (2000) 165–78

877787877ни7

Imber, Colin, art. Mūsā Čelebi, *EI2* VII.644–5

İnalcık, Halil, '1444 Buhranı', in H. İnalcık, *Fatih Devri Üzerinde Tetkikler ve Vesikalar I*, Ankara (1954) 1–53

İnalcık, Halil, 'Fatih Sultan Mehmed'in İlk Culûsu', in H. İnalcık, *Fatih Devri Üzerinde Tetkikler ve Vesikalar I*, Ankara (1954) 55–67

İnalcık, Halil, 'İstanbul'un Fethinden Önce Fatih Sultan Mehmed', in H. İnalcık, *Fatih Devri Üzerinde Tetkikler ve Vesikalar I*, Ankara (1954) 69–136

İnalcık, Halil, Hicrî 835 Tarihli Sûret-i Defter-i Sancak-i Arnavid, *Ankara (1954)*

İnalcık, Halil, 'Sened-i İttifak ve Gülhane Hatt-i Hümayun', *Belleten* XXVIII (1964) 603–22

İnalcık, Halil, 'Suleiman the Lawgiver and Ottoman Law', *AO* 1 (1969) 105–38

İnalcık, Halil, 'The Policy of Mehmed II toward the Greek Population of Istanbul and the Byzantine Buildings of the City', *DOP* 23–24 (1969–70) 231–49

İnalcık, Halil, review of J. W. Barker, *Manuel II Palaeologus (1391–1425): A Study in Late Byzantine Statesmanship* (New Brunswick, 1969), *AO* 3 (1971) 272–85

İnalcık, Halil, 'The Conquest of Edirne (1361)', *AO* 3 (1971) 185–210

İnalcık, Halil, 'Application of the *Tanzimat* and its Social Effects', *AO* 5 (1973) 97–127

İnalcık, Halil, 'Lepanto in the Ottoman Documents' in Gino Benzoni (ed.), *Il Mediterraneo nella seconda metà del '500 alla luce di Lepanto*, Florence (1974) 185–92

İnalcık, Halil, The Ottoman Empire. The Classical Age 1300–1600, *London (repr. 1975)*

İnalcık, Halil, 'A Case Study in Renaissance Diplomacy. The Agreement between Innocent VIII and Bayezid II on Djem Sultan', *JTS* 3 (1979) 209–30

İnalcık, Halil, 'The Hub of the City: the Bedestan of Istanbul', *IJTS* 1 (1979–80) 1–17

İnalcık, Halil, 'Power Relationships between Russia, the Crimea and the Ottoman Empire as Reflected in Titulature', in Ch. Lemercier-Quelquejay et al. (eds), *Passé turco-tatar, présent soviétique, Études offertes à Alexandre Bennigsen*, Louvain (1986) 175–211

İnalcık, Halil, 'Tax Collection, Embezzlement and Bribery in Ottoman Finances', *TSAB* 15 (1991) 327–46

İnalcık, Halil, 'Sultan Süleymân: the Man and the Statesman', in G. Veinstein (ed.), *Soliman le magnifique et son temps*, Actes du Colloque de Paris, Galeries Nationales du Grand Palais, 7–10 mars 1990, Paris (1992) 89–103

İnalcık, Halil, 'Osman Ghazi's Siege of Nicaea and the Battle of Bapheus', in E. Zachariadou (ed.), *The Ottoman Emirate (1300–1389)*, A Symposium held in Rethymnon, 11–13 January 1991, Institute for Mediterranean Studies, Halcyon Days in Crete I, Rethymnon (1993) 77–99

İnalcık, Halil, 'The Rise of the Turcoman Maritime Principalities in Anatolia, Byzantium and the Crusades', in H. İnalcık, *The Middle East and the Balkans under the Ottoman Empire*, Bloomington (1993) 309–41. (First publ. in *Byzantinische Forschungen, Internationale Zeitschrift für Orientalistik* IX (1985) 179–217)

İnalcık, Halil, 'The Ottoman Succession and its Relation to the Turkish Concept of Sovereignty', in H. İnalcık, *The Middle East and the Balkans under the Ottoman Empire*, Bloomington (1993) 37–69. (First publ. as 'Osmanlılarda Saltanat Verâseti Usûlü ve Turk Hakimiyet Telâkkisiyle İlgisi', *Siyasal Bilgiler Fakültesi Dergisi* XIV (1959) 69–94)

İnalcık, Halil, 'The Ottoman State: Economy and Society, 1300–1600', in H. İnalcık with D. Quataert (eds), *An Economic and Social History of the Ottoman Empire, 1300–1914*, Cambridge (1994) 9–409

İnalcık, Halil, 'How to Read 'Ashik Pasha-Zāde's History', in C. Heywood and C. Imber (eds), *Studies in Ottoman History in Honour of Professor V. L. Ménage*, Istanbul (1994) 139–56

İnalcık, Halil, 'Eyüp Projesi', in Tülay Artan (ed.), *Eyüp: Dün/Bugün*, Sempozyum 11–12 Aralık 1993, Istanbul (1994) 1–23

İnalcık, Halil, Sources and Studies on the Ottoman Black Sea, vol. I: The Customs Registers of Caffa, 1487–1490, ed. V. Ostapchuk, Cambridge, MA (1996)

İnalcık, Halil, 'Mehmed the Conqueror (1432–1481) and his Time', in H. İnalcık, Essays in Ottoman History, Istanbul (1998) 87–109. (First publ. in Speculum XXXV (1960) 408–27)

İnalcık, Halil, 'Ottoman Galata, 1453–1553', in H. İnalcık, Essays in Ottoman History, Istanbul (1998) 275–376. (First publ. in Edhem Eldem (ed.), Première Rencontre Internationale sur l'Empire Ottoman et la Turquie Moderne, Institut National des Langues et Civilisations Orientales, Maison des Sciences de l'Homme, 18–22 janvier 1985, Istanbul (1991) 17–105)

İnalcık, Halil, 'Periods in Ottoman History', in H. İnalcık, Essays in Ottoman History, Istanbul (1998) 15–28

İnalcık, Halil, 'Istanbul: an Islamic City', in H. İnalcık, Essays in Ottoman History, Istanbul (1998) 249–71. (First publ. in Journal of Islamic Studies I (1990) 1–23)

İnalcık, H., art. Mehmed II, İA 7.506–35

İnalcık, H., art. Bursa, EI2 I.1333–6

İnalcık, Halil, art. Haydar-oghlu, Mehmed, EI2 III.317–18

İnalcık, Halil, art. Imtiyāzāt, EI2 III.1178–89

İnalcık, H., art. Iskender Beg, EI2 IV.138–40

İnalcık, H., art. Istanbul, EI2 IV.224–48

İnalcık, H., art. Kānūnnāme, EI2 IV.562–6

İnalcık, H., art. Mehemmed I, EI2 VI.973–8

İnalcık, Halil, and Oğuz, Mevlûd, (prep.), Gazavât-i Sultân Murâd b. Mehemmed Hân, Ankara (1978)

İnalcık, H., and Repp, R. C., art. Khosrew Pasha, EI2 V.32–5

İngrao, Charles, The Habsburg Monarchy, 1618–1815, Cambridge (1994)

İpşirli, Mehmet, art. Ahîzâde Hüseyin Efendi, İA2 1.548–9

İpşirli, Mehmet, art. Derviş Mehmed Paşa, İA2 9.193–4

İrepoğlu, Gül, Levnî. Painting, Poetry, Colour, Ankara (1999)

İrepoğlu, Gül, 'Innovation and Change', in The Sultan's Portrait. Picturing the House of Osman, Istanbul (2000) 378–439

İsma'il Âsım Efendi, Çelebizâde, Âsım Ta'rîhi, Istanbul (1282/1865–6)

Issawi, Charles, 'Introduction', in D. Gondicas and C. Issawi (eds), Ottoman Greeks in the Age of Nationalism: Politics, Economy and Society in the Nineteenth Century, Princeton (1999) 1–16

Itzkovitz, Norman, 'Eighteenth Century Ottoman Realities', SI XVI (1962) 72–94

Jelavich, Charles and Barbara, The Establishment of the Balkan National States, 1804–1920, Seattle (1977)

Jelavich, Barbara, History of the Balkans, Eighteenth and Nineteenth Centuries, Cambridge (repr. 1985)

Jennings, Ronald C., Christians and Muslims in Ottoman Cyprus and the Mediterranean World, 1571–1640, New York (1993)

Kafadar, Cemal, 'Les troubles monétaires de la fin du XVIe siècle et la prise de conscience ottoman du déclin', Annales ESC 46e année/1 (1991) 381–400

Kafadar, Cemal, 'The Myth of the Golden Age', in H. İnalcık and C. Kafadar (eds), Süleymân the Second and his Time, Istanbul (1993) 37–48

Kafadar, Cemal, 'Eyüp'te Kılıç Kuşanma Törenleri', in Tülay Artan (ed.), Eyüp: Dün/Bugün, Sempozyum 11–12 Aralık 1993, Istanbul (1994)

Kafadar, Cemal, 'Osmān Beg and his Uncle: Murder in the Family?' in C. Heywood and C. Imber (eds),

Studies in Ottoman History in Honour of Professor V. L. Ménage, Istanbul (1994) 155–63

Kafadar, Cemal, Between Two Worlds. The Construction of the Ottoman State, *Berkeley (1995)*

Kafescioğlu, Çiğdem, 'Heavenly and Unblessed, Splendid and Artless: Mehmed II's Mosque Complex in Istanbul in the Eyes of its Contemporaries', in C. Kafescioğlu and L. Thys-Şenocak (eds), *Essays in Honor of Aptullah Kuran*, Istanbul (1999) 211–22

Kann, Robert A., A History of the Habsburg Empire, 1526–1918, *Berkeley (1974)*

Kansu, Aykut, The Revolution of 1908 in Turkey, *Leiden (1997)*

Kansu, Aykut, Politics in Post-Revolutionary Turkey, 1908–1913, *Leiden (2000)*

Kappert, Petra, Die osmanischen Prinzen und ihre Residenz Amasya im 15. und 16. Jahrhundert, *Istanbul (1976)*

Karaçelebizâde Abdülaziz Efendi, 'Zeyl-i Ravzatü'l-Ebrâr', MS, Istanbul Univ. Library, İbnülemin 2986

Karakışla, Yavuz Selim, 'The 1908 Strike Wave in the Ottoman Empire' *TSAB* 16/2 (1992) 153–77

Karal, Enver Ziya, 'Nizâm-ı Cedid'e dair lâyihalar, 1792', *Tarih Vesikaları* (1941–2) 414–25

Karal, Enver Ziya, Selim III'ün Hatt-i Hümayunları, Nizam-ı Cedit, *Ankara (1942)*

Karateke, Hakan T., Padişahım Çok Yaşa! Osmanlı Develetinin Son Yüz Yılında Merasimler, *Istanbul (2004)*

Karpat, Kemal, 'The Transformation of the Ottoman State, 1789–1908', *IJMES* 3 (1972) 243–81

Karpat, Kemal H., Ottoman Population 1830–1914. Demographic and Social Characteristics, *Madison (1985)*

Karpat, Kemal H., The Politicization of Islam. Reconstructing Identity, State, Faith and Community in the Late Ottoman State, *Oxford (2001)*

Kâtib Çelebi, *Fezleke*, 2 vols, Istanbul (1286–7/1869–71)

Kaya, Nevzat, art. Karaçelebizâde Abdülaziz Efendi, *İA2* 24.381–3

Kayalı, Hasan, 'Elections and the Electoral Process', *IJMES* 27 (1995) 265–86

Kayalı, Hasan, Arabs and Young Turks. Ottomanism, Arabism, and Islamism in the Ottoman Empire, 1908–1918, *Berkeley (1997)*

Kaynar, Reşat, *Mustafa Reşit Paşa ve Tanzimat*, Ankara (1954)

Kazgan, Haydar, '2. Sultan Mahmut Devrinde Enflasyon ve Darphane Amiri *Kazaz* Artin', *TB* 11 (1980) 115–30

Keyder, Çağlar, 'Manufacturing in the Ottoman Empire and in Republican Turkey ca. 1900–1950', in D. Quataert (ed.), *Manufacturing in the Ottoman Empire and Turkey, 1500–1950*, Albany (1994)

Khadduri, Majid, *War and Peace in the Law of Islam*, Baltimore (1955)

Khadduri, Majid, art. Harb, *EI2* III.180–81

Khodarkovsky, Michael, 'Of Christianity, Enlightenment, and Colonialism: Russia in the North Caucasus, 1550–1800', *JMH* 71/2 (1999) 394–430

Khodarkovsky, Michael, Russia's Steppe Frontier. The Making of a Colonial Empire, 1500–1800, *Bloomington (2002)*

Khoury, Dina, State and provincial society in the Ottoman Empire. Mosul, 1540–1834, *Cambridge (1997)*

Kiel, Hedda Reindl, art. Gedik Ahmed Paşa, *İA2* 13.543–4

Kiel, Machiel, 'Observations on the History of Northern Greece during the Turkish Rule, Historical and Architectural Description of the Turkish Monuments of Komotini and Serres, their Place in the Development of Ottoman Turkish Architecture, and their Present Condition', in M. Kiel, *Studies on the Ottoman Architecture of the Balkans*, Hampshire, UK (1990) III. (First publ. in *Balkan Studies* 12 (1971) 415–44)

Kiel, Machiel, 'Yenice-i Vardar (Vardar Yenicesi–Giannitsa): a Forgotten Turkish Cultural Centre in Macedonia of the 15th and 16th Century', in M. Kiel, *Studies on the Ottoman Architecture of the Balkans*, Hampshire, UK (1990) IV. (First publ. in *Studia Byzantina et Neohellenica Nederlandica* 3 (1971) 300–29)

Kiel, Machiel, 'The Oldest Monuments of Ottoman–Turkish Architecture in the Balkans', in M. Kiel, *Studies on the Ottoman Architecture of the Balkans*, Hampshire, UK (1990) XIV. (First publ. in *Sanat Tarihi Yıllığı* 12 (1983) 117–38)

Kiel, Machiel, 'Notes on the History of some Turkish Monuments in Thessaloniki and their Founders', in M. Kiel, *Studies on the Ottoman Architecture of the Balkans*, Hampshire, UK (1990) I. (First publ. in *Balkan Studies* 11 (1970) 123–48)

Kiel, Machiel, Ottoman Architecture in Albania 1385–1912, Istanbul (1990)

Kiel, Machiel, 'Mevlana Neşrī and the Towns of Medieval Bulgaria', in C. Heywood and C. Imber (eds), *Studies in Ottoman History in Honour of Professor V. L. Ménage*, Istanbul (1994) 165–87

Kiel, Machiel, 'Das türkische Thessalien: Etabliertes Geschichtsbild versus Osmanische Quellen', in R. Lauer and P. Schreiner (eds), *Die Kultur Griechenlands in Mittelalter und Neuzeit*, Goettingen (1996) 109–96

Kiel, Machiel, art. Dimetoka, *İA2* 9.305–8

Kissling, Joachim, Rechtsproblematiken in den christlich-muslimischen Beziehungen vorab im Zeitalter der Türkenkriege, Graz (1974)

Kolodziejczyk, Dariusz, Ottoman–Polish Diplomatic Relations (15th–18th Century). An Annotated edition of 'Ahdnames and Other Documents, Leiden (2000)

Kolodziejczyk, Darius, (prep.), The Ottoman Survey Register of Podolia (ca. 1681). Defter-i Mufassal-i Eyalet-i-Kamaniçe, Cambridge, MA (2004)

Konyalı, İ. H., Âbideleri ve Kitâbeleri ile Karaman Tarihi. Ermenek ve Mut Âbideleri, Istanbul (1967)

Konyalı, İ. H., *Ankara Camileri*, Ankara (1978)

Kopčan, Vojtech, 'Ottoman Narrative Sources to the Uyvar Expedition 1663', *AAS* VII (1971) 89–100

Kopčan, Vojtech, 'Einige Bemerkungen zur Versorgung der osmanischen Armee während des "Uyvar Seferi" im Jahre 1663', in Hans Georg Majer and Raoul Motika (eds), *Türkische Wirtschafts- und Sozialgeschichte von 1071 bis 1920*, Akten des IV. Internationale Kongresses, Wiesbaden (1995) 163–9

Köprülü, M. F., 'Yıldırım Beyazid'in esareti ve intiharı hakkında', *Belleten* I (1937) 591–603

Köprülü, Orhan F., art. ('Amūdja-zāde) Husayn Pasha, *EI2* III.626–7

Köprülü, Orhan F., art. Fuad Paşa, Keçecizâde, *İA2* 13.202–5

Köprülü, Orhan F., and Mustafa Uzun, art. Akşemseddin, *İA2* 2.299–302

Kortepeter, C. Max, Ottoman Imperialism during the Reformation. Europe and the Caucasus, New York (1972)

Kreiser, Klaus, 'Istanbul, die wahre Stadt der Muslime', in Jean-Louis Bacqué-Grammont and Aksel Tibet (eds), *Cimetières et traditions funéraires dans le monde islamique*, 2 vols, Ankara (1996) 2.9–21

Kreiser, Klaus, 'Public Monuments in Turkey and Egypt, 1840–1916', *Muqarnas* 14 (1997) 103–17

Kritovoulos, *History of Mehmed the Conqueror*, prep. C. T. Riggs, Westport (1954)

Kuban, Doğan, *Istanbul. An Urban History*, Istanbul (1996)

Kuban, Doğan, art. Nuruosmaniye Külliyesi, *İst. Ansik.* 6.100–103

Küçük, Cevdet, art. Abdülaziz, *İA2* 1.179–85

Küçük, Cevdet, art. Çırağan Vak'ası, *İA2* 8.306–9

Kunt, Metin, 'Naîmâ, Köprülü and the Grand Vezirate', *Boğaziçi University Journal* I (1973) 57–64

Kunt, Metin İbrahim, 'Ethnic-Regional (*Cins*) Solidarity in the Seventeenth-Century Ottoman

Establishment', *IJMES* 5 (1974) 233–9

Kunt, İbrahim Metin, 'Derviş Mehmed Paşa, *Vezir* and Entrepreneur: A Study in Ottoman Political-Economic Theory and Practice', *Turcica* IX/1 (1977) 197–214

Kunt, İ. Metin, 'The Waqf as an Instrument of Public Policy: Notes on the Köprülü Family Endowments', in C. Heywood and C. Imber (eds), *Studies in Ottoman History in Honour of Professor V. L. Ménage*, Istanbul (1994) 189–98

Kuran, Ercümend, 'Répercussions sociales de la réforme de l'éducation dans l'Empire ottoman', in J.-L. Bacqué-Grammont and Paul Dumont (eds), *Économie et Sociétés dans l'empire ottoman (Fin du XVIIIe – Début du XXe siècle)*, Paris (1983) 144–6

Kuran, E., art. (Mustafā) Fādil Pasha (Mısırlı), *EI2* II.728

Kurat, Akdes Nimet, *Prut Seferi ve Barışı, 1123 (1711)*, 2 vols, Ankara (1951, 1953)

Kurat, A. N., 'The Turkish Expedition to Astrakhan in 1569 and the Problem of the Don–Volga Canal', *Slavonic and East European Review* 40 (1961–2) 7–24

Kurat, A. N., and Bromley, J. S., 'The Retreat of the Turks', in M. Cook (ed.), *A History of the Ottoman Empire to 1730*, Cambridge (1976) 178–219

Kushner, David, 'The Place of the Ulema in the Ottoman Empire in the Age of Reform (1839–1918)', *Turcica* XIX (1987) 51–74

Kut, Günay, Alpay, art. Matba'a (in Turkey), *EI2* VI.799–803

Kutluoğlu, Muhammed H., The Egyptian Question (1831–1841). The Expansionist Policy of Mehmed Ali Paşa in Syria and Asia Minor and the Reaction of the Sublime Porte, *Istanbul (1998)*

Kütükoğlu, Bekir, Osmanlı-İran Siyâsî Münâsebetleri (1578–1612), *Istanbul (repr. 1993)*

Kuyulu, İnci, Kara Osman-oğlu Ailesine Ait Mimari Eserler, *Ankara (1992)*

LeDonne, John P., The Russian Empire and the World, 1700–1917. The Geopolitics of Expansion and Containment, *New York (1997)*

Lefort, Jacques, 'Tableau de la Bithynie au XIIIe siècle', in E. Zachariadou (ed.), The *Ottoman Emirate (1300–1389)*, A Symposium held in Rethymnon, 11–13 January 1991, Institute for Mediterranean Studies, Halcyon Days in Crete I, Rethymnon (1993) 101–17

Lesure, Michel, 'Notes et documents sur les relations vénéto-ottomanes, 1570–1573, I', *Turcica* IV (1972) 134–64

Levy, Avigdor, 'The Ottoman Ulema and the Military Reforms of Sultan Mahmud II', *AAS* VII (1971) 13–39

Levy, Avigdor, 'The Officer Corps in Sultan Mahmud II's New Ottoman Army, 1826–39', *IJMES* 2 (1971) 21–39

Levy, Avigdor, 'Ottoman Attitudes to the Rise of Balkan Nationalism', in Béla Király and Gunther E. Rothenburg (eds), *War and Society in East Central Europe,* vol. 1: New York (1979) 325–45

Levy, Avigdor, 'Military Reform and the Problem of Centralization in the Ottoman Empire in the Eighteenth Century', *MES* 18/3 (1982) 227–49

Levy, Avigdor, The Sephardim in the Ottoman Empire, *Princeton (1992)*

Levy, Avigdor, *'Millet* Politics: the Appointment of a Chief Rabbi in 1835', in A. Levy (ed.), *The Jews of the Ottoman Empire,* Princeton (1994) 425–38

Lewis, Bernard, 'The Ottoman Empire in the Mid-Nineteenth Century: A Review', review of R. Davison, *Reform in the Ottoman Empire,* 1856–76 (Princeton, 1963), *MES* 1 (1964) 283–95

Lewis, B., art. Dustūr (Turkey), *EI2* II.640–47

Lindner, Rudi, Nomads and Ottomans in Medieval Anatolia, *Bloomington (1983)*

Loenertz, R., 'Pour l'histoire du Péloponnèse au XIVe siècle', *Etudes Byzantines* 1 (1943) 152–96

Lowry, Heath, '"From Lesser Wars to the Mightiest War": the Ottoman Conquest and the

Transformation of Byzantine Urban Centers in the Fifteenth Century', in A. Bryer and H. Lowry (eds), *Continuity and Change in Late Byzantine and Early Ottoman Society,* Papers given at a Symposium at Dumbarton Oaks in May 1982, Birmingham (1986) 323–38

Lowry, Heath W., The Nature of the Early Ottoman State, *Albany (2003)*

Luttrell, Anthony, 'Latin Responses to Ottoman Expansion before 1389', in E. Zachariadou (ed.), *The Ottoman Emirate (1300–1389),* A Symposium held in Rethymnon, 11–13 January 1991, Institute for Mediterranean Studies, Halcyon Days in Crete I, Rethymnon (1993) 119–34

McCarthy, Justin, 'Foundations of the Turkish Republic: Social and Economic Change', *MES* 19 (1983) 139–51

McCarthy, Justin, Death and Exile. The Ethnic Cleasing of Ottoman Muslims, 1821–1922, *Princeton (1995)*

Macfarlane, Charles, *Constantinople in 1828,* 2 vols, London (second edn 1829)

McGowan, Bruce, 'The Age of the Ayans, 1699–1812', in H. İnalcık with D. Quataert (eds), *An Economic and Social History of the Ottoman Empire, 1300–1914,* Cambridge (1994) 637–758

Mahir, Banu, 'Portraits in New Context', in *The Sultan's Portrait. Picturing the House of Osman,* Istanbul (2000) 298–312

Malalas, John, *The Chronicle of John Malalas,* prep. Eliz. Jeffreys et al., Melbourne (1986)

Mango, Andrew, 'A Speaking Turkey. A Review Article', *MES* 33 (1997) 152–70

Mango, Andrew, 'Ataturk and the Kurds', *MES* 35 (1999) 1–25

Mango, Andrew, *Atatürk,* London (1999)

Mango, Cyril, Materials for the Study of the Mosaics of St Sophia at Istanbul, *Washington (1962)*

Mantran, Robert, (ed.), *Histoire de l'empire ottoman,* Paris (1989)

Mantran, Robert, 'L'Etat ottoman au XVIIIe siècle: la pression européenne' in R. Mantran (ed.), *Histoire de l'empire ottoman,* Paris (1989) 265–86

Mantran, Robert, 'De la titulature des derniers seldjoukides à celle des premiers ottomans. Brèves remarques sur les données épigraphiques', *Mélanges offerts à Louis Bazin,* Paris (1992) 207–11

Mardin, Şerif, The Genesis of Young Ottoman Thought, *Princeton (1962)*

Mardin, Şerif, Religion and Social Change in Modern Turkey, The Case of Bediüzzaman Said Nursi, *Albany (1989)*

Mardin, B. G., 'A Short History of the Khalwati Order of Dervishes' in N. Keddie (ed.), *Scholars, Saints and Sufis,* Berkeley (1972) 275–305

Martinez, A. Peter, 'Bullionistic Imperialism: the Il-Xanid Mint's Exploitation of the Rum-Saljuqid Chancery, 654–695 H./1256–96 A.D.', *AO* 13 (1993–4) 169–276

Masters, Bruce, The Origins of Western Economic Dominance in the Middle East. Mercantilism and the Islamic Economy in Aleppo, 1600–1750, *New York (1988)*

Masters, Bruce, 'The Sultan's Entrepreneurs: the *Avrupa Tüccaris and the Hayriye Tüccaris* in Syria', *IJMES* 24 (1992) 579–97

Matthews, Joyce Hedda, 'The Ottoman Inheritance Inventory as an Exercise in Conceptual Reclamation (ca. 1600–1675)', unpubl. Ph.D. thesis, Binghamton Univ. (2001)

Matuz, Joseph, 'À propos de la validité des capitulations de 1536 entre l'Empire ottoman et la France', Turcica XXIV (1992) 183–92

Mehmed Râşid, *Râşid Ta'rîhi,* 5 vols, Istanbul (1282/1865–6)

Mélikoff, Irène, 'Le problème kızılbaş', *Turcica* VI (1975) 34–48

Mélikoff, I., art. Ewrenos Oghulları, *EI2* II.720–21

Mélikoff, I., art. Germiyān-oghulları, *EI2* II.989–90

Ménage, V. L., 'The Mission of an Ottoman Secret Agent in France in 1486', *Journal of the Royal*

Asiatic Society (1965) 112–32

Ménage, V. L., 'The Ottomans and Nubia in the Sixteenth Century', *Annales Islamologiques* 24 (1988) 137–54

Ménage, V. L., art. Devshirme, *EI2* II.210–13

Ménage, V. L., art. Djandarlı, *EI2* II.444–5

Meriwether, Margaret L., 'Urban Notables and Rural Resources in Aleppo, 1770–1830', *IJTS* 4 (1987) 55–73

Mert, Özcan, XVIII. ve XIX. Yüzyıllarda Çapanoğulları, *Ankara (1980)*

Mert, Özcan, art. Canikli Hacı Ali Paşa Ailesi, *İA2* 7.151–4

Mert, Özcan, art. Çapanoğulları, *İA2* 8.221–4

Messick, Brinkley, The Calligraphic State. Textual Domination and History in a Muslim Society, *Berkeley (1993)*

Mihalović, Konstantin, *Memoirs of a Janissary*, prep. S. Soucek and B. Stolz, Ann Arbor (1975)

Milgrim, Michael R., 'An Overlooked Problem in Turkish–Russian Relations: the 1878 War Indemnity', *IJMES* 9 (1978) 519–37

Mitler, Louis, 'The Genoese in Galata: 1453–1682', *IJMES* 10 (1979) 71–91

Morgan, David, *Medieval Persia, 1040–1797,* London (1988)

Murphey, Rhoads, 'The Veliyyuddin Telhis: Notes on the Sources and Interrelations between Koçi Bey and Contemporary Writers of Advice to Kings', *Belleten* XLIII (1979) 547–71

Murphey, Rhoads, Regional Structure in the Ottoman Economy. A Sultanic Memorandum of 1636 AD concerning the Sources and Uses of the Tax-Farm Revenues of Anatolia and the Coastal and Northern Portions of Syria, *Wiesbaden (1987)*

Murphey, Rhoads, 'Ottoman Census Methods in the Mid-Sixteenth Century', *SI* 71 (1990) 115–26

Murphey, Rhoads, 'Solakzade's Treatise of 1652: A Glimpse at Operational Principles Guiding the Ottoman State During Times of Crisis', Proceedings of V. Milletlerarası Türkiye Sosyal ve İktisat Tarihi Kongresi, Istanbul, 21–25 Ağustos 1989, Ankara (1990) 27–32

Murphey, Rhoads, 'Süleymân's Eastern Policy', in. H. İnalcık and C. Kafadar (eds), *Süleymân the Second and his Time,* Istanbul (1993) 229–48

Murphey, Rhoads, 'Continuity and Discontinuity in Ottoman Administrative Practice during the Late Seventeenth Century', *Poetics Today* 14/2 (1993) 419–43

Murphey, Rhoads, 'An Ottoman View from the Top and Rumblings from Below: the Sultanic Writs *(Hatt-i Humayün)* of Murad IV (r. 1623–40)', *Turcica* XXVIII (1996) 319–38

Murphey, Rhoads, *Ottoman Warfare, 1500–1700,* London (1999)

Murphey, Rhoads, 'Forms of Differentiation and Expression of Individuality in Ottoman Society', *Turcica* XXXIV (2002) 135–70

Murphey, Rhoads, 'Frontiers of Authority: the Interplay between Sultanic and Private Initiative in the Creation of New Ottoman Frontiers in the Mediterranean between 1515 and 1575', paper presented at 116th Annual Meeting of the American Historical Association, 3–6 January 2002, San Francisco (typescript)

Murphey, R., art. Süleymān II, *EI2* IX.842

Mustafa Na'ima, Ravzatü'l-Hüseyn fî Hulâsâti Ahbari'l-Hâfıkayn, *6 vols, Istanbul (1280/1863–4)*

Mustapha [Mustafa] Kemal, A Speech Delivered by Ghazi Mustapha Kemal *[Atatürk]* in October 1927, Nutuk, *Istanbul (repr. 1985)*

Mystakidis, B. A., 'Hukûmet-i 'Osmâniye tarafından ilk te'sîs olunan Matba'a ve bunun Sirâyeti', *Târîh-i Osmânî Encümeni Mecmuası* I (1911) 322–8

Naff, Thomas, 'Reform and the Conduct of Diplomacy in the Reign of Selim III, 1789–1807', *JAOS* 83

(1963) 295–315

Naff, Thomas, 'Ottoman Diplomatic Relations with Europe in the Eighteenth Century: Patterns and Trends', in T. Naff and R. Owen (eds), *Studies in Eighteenth Century Islamic History,* Carbondale (1977) 88–107

Nagata, Yuzo, 'Greek Rebellion of 1770 in the Morea Peninsula', in Y. Nagata, *Studies on the Social and Economic History of the Ottoman Empire,* İzmir (1995) 103–18

Nagata, Yuzo, art. Karaosmanoğulları, *İA2* 24.468–70

Nasr, S. H., art. Ithnā 'Asharriya, *EI2* IV.277–9

Necipoğlu-Kafadar, Gülru, 'The Süleymaniye Complex in Istanbul: an Interpretation', *Muqarnas* 3 (1985) 92–117

Necipoğlu, Gülru, Architecture, Ceremonial and Power; the Topkapı Palace in the Fifteenth and Sixteenth Centuries, *Cambridge, MA (1991)*

Necipoğlu, Gülru, 'The Life of an Imperial Monument: Hagia Sophia after Byzantium', in R. Mark and A. Çakmak (eds), *Hagia Sophia from the Age of Justinian to the Present Day,* Cambridge, MA (1992)

Necipoğlu, Gülrü, 'A Kânûn for the State, A Canon for the Arts: Conceptualizing the Classical Synthesis of Ottoman Art and Architecture', in G. Veinstein (ed.), *Soliman le magnifique et son temps,* Actes du Colloque de Paris, Galeries Nationales du Grand Palais, 7–10 mars 1990, Paris (1992) 195–216

Necipoğlu, Gülrû, 'Süleymân the Magnificent and the Representation of Power in the Context of Ottoman–Habsburg–Papal Rivalry', in H. İnalcık and C. Kafadar (eds), *Süleymân the Second and his Time,* Istanbul (1993) 163–94

Necipoğlu, Gülru, 'Challenging the Past: Sinan and the Competitive Discourse of Early-Modern Islamic Architecture', *Muqarnas* 10 (1993) 169–80

Necipoğlu-Kafadar, Gülru, 'Dynastic Imprints on the Cityscape: the Collective Message of Imperial Funerary Mosque Complexes in Istanbul', in Jean-Louis Bacqué-Grammont and Aksel Tibet (eds), *Cimetières et traditions funéraires dans le monde islamique,* 2 vols, Ankara (1996) 2.23–36

Necipoğlu, Gülru, 'The Suburban Landscape of Sixteenth-Century Istanbul as a Mirror of Classical Ottoman Garden Culture', in Attilio Petruccioli (ed.), *Gardens in the Time of the Great Muslim Empires,* Leiden (1997) 32–71

Necipoğlu, Gülru, 'A Period of Transition: Portraits of Selim II', in *The Sultan's Portrait. Picturing the House of Osman,* Istanbul (2000) 202–7

Necipoğlu, Nevra, 'Ottoman Merchants in Constantinople during the First Half of the Fifteenth Century', *BMGS* 16 (1992) 158–69

Nicol, D., 'A Byzantine Emperor in England. Manuel's Visit to London in 1400–1', *University of Birmingham Historical Journal* XII/2 (1971) 204–25

Nicol, Donald, The Last Centuries of Byzantium, 1261–1453, *Cambridge (2nd edn 1993)*

Nicol, Donald, The Immortal Emperor. The Life and Legend of Constantine Palaiologios, Last Emperor of the Romans. *Cambridge (1994)*

Noradounghian, Gabriel, Recueil d'actes internationaux de l'empire ottoman, *4 vols, Paris (1897–1903)*

Ocak, A. Yaşar, 'Quelques remarques sur le rôle des derviches kalenderis dans les mouvements populaires et les activités anarchiques aux XVe et XVIe siècles dans l'empire ottoman', *OA* 3 (1982) 69–80

Ocak, Ahmet Yaşar, 'Kanûnî Sultan Süleyman devrinde Osmanlı resmî düşüncesine karşı bir tepki hareketi: Oğlan Şeyh İsmail-i Mâsûkî', *OA* 10 (1990) 49–58

Ocak, Ahmet Yaşar, Zındıklar ve Mülhidler (15–17. Yüzyıllar), *Istanbul (1998)*

Ochsenwald, William, Religion, Society and the State in Arabia. The Hijaz under Ottoman Control, 1840–1908, *Columbus (1984)*

Oikonomides, Nicolas, 'The Turks in Europe (1305–13) and the Serbs in Asia Minor (1313)', in E. Zachariadou (ed.), *The Ottoman Emirate (1300–1389)*, A Symposium held in Rethymnon, 11–13 January 1991, Institute for Mediterranean Studies, Halcyon Days in Crete I, Rethymnon (1993) 159–68

Oikonomides, Nicolas, 'From Soldiers of Fortune to Gazi Warriors: the Tzympe Affair', in C. Heywood and C. Imber (eds), *Studies in Ottoman History in Honour of Professor V. L. Ménage*, Istanbul (1994) 239–47

Olson, Robert W., 'The Esnaf and the Patrona Halil Rebellion of 1730: a Realignment in Ottoman Politics', *JESHO* XVII (1974) 329–44

Olson, Robert W., 'Jews, Janissaries, Esnaf and the Revolt of 1740 in Istanbul', *JESHO* XX/2 (1977) 185–207

Olson, Robert, 'The Young Turks and the Jews: a Historiographical Revision', *Turcica* XVIII (1986) 219–35

Olson, Robert, 'The Ottoman–French Treaty of 1740: a Year to be Remembered?', *TSAB* 15/2 (1991) 347–55

Önsoy, Rifat, 'Osmanlı İmparatorluğu'nun Katıldığı İlk Uluslararası Sergiler ve Sergi-i Umumi-i Osmani (1863 İstanbul Sergisi)', *Belleten* XLVII (1984) 195–235

Orhonlu, Cengiz, Osmanlı İmparatorluğunda Aşiretleri İskân Teşebbüsü (1691–1696), Istanbul (1963)

Orhonlu, C., art. Karā 'Othmān-oghlı, *EI2* IV.592–4

Orhonlu, Cengiz, art. Kātırdjı-oghlı Mehmed Pasha, *EI2* IV.765–6

Orhonlu, C., art. Khādım Süleyman Pasha, *EI2* IV.901–2

Ortaylı, İlber, 'Ottoman–Habsburg Relations, 1740–70, and Structural Changes in the International Affairs of the Ottoman State', in Jean-Louis Bacqué-Grammont et al. (eds), *Türkische Miszellen, Festschrift Robert Anhegger,* Istanbul (1987) 287–98

Ortaylı, İlber, 'Reforms of Petrine Russia and the Ottoman Mind', in Bernard Lewis et al. (eds), Raiyyet Rüsûmu. Essays presented to Halil İnalcık on his Seventieth Birthday by his Colleagues and Students, *JTS 11 (1987) 45–8*

Ortaylı, İlber, 'Une proclamation universelle du khanat de Crimée de janvier 1711', *Studies on Ottoman Diplomatic History* I, Istanbul (1987) 105–9

Ortaylı, İlber, 'Ottomanism and Zionism during the Second Constitutional Period, 1908–1915', in A. Levy (ed.), *The Jews of the Ottoman Empire,* Princeton (1994) 527–46

Ortaylı, İlber, *İmparatorlugun En Uzun Yüzyılı,* Istanbul (repr. 1995)

Ortaylı, İlber, 'Greeks in the Ottoman Administration during the Tanzimat Period', in D. Gondicas and C. Issawi (eds), *Ottoman Greeks in the Age of Nationalism: Politics, Economy and Society in the Nineteenth Century,* Princeton (1999) 161–79

Osman, Rifat, *Edirne Sarayı,* prep. Süheyl Ünver, Ankara (1957)

Ostapchuk, Victor, 'Five Documents from the Topkapı Palace Archive on the Ottoman Defense of the Black Sea against the Cossacks (1639)', in Bernard Lewis et al. (eds), *Raiyyet Rüsûmu, Essays presented to Halil İnalcık on his Seventieth Birthday by his Colleagues and Students, JTS* 11 (1987) 49–104

Ostapchuk, Victor, 'The Ottoman Black Sea Frontier and the Relations of the Porte with the Polish-Lithuanian Commonwealth and Muscovy, 1622–1628', unpubl. Ph.D. thesis, Harvard Univ. (1989)

Ostapchuk, Victor, 'An Ottoman Gazānāme on Halīl Paša's Naval Campaign against the Cossacks (1621)', in *Adelphotes: a Tribute to Omeljan Pritsak by his Students,* Harvard Ukrainian Studies XIV/3–4 (1990) 481–521

Ostapchuk, Victor, 'The Human Landscape of the Ottoman Black Sea in the Face of the Cossack Naval Raids', in Kate Fleet (ed.), *The Ottomans and the Sea,* Oriente Moderno XX (LXXXI) n.s. (2001) 23–95

Ostapchuk, Victor, 'The Ottoman Entry into the Black Sea' (typescript)

Ostapchuk, Victor, 'Ukraine between the Polish-Lithuanian Commonwealth, Muscovy and the Ottoman Empire: the Struggle for a New Order in Eastern Europe, 1648–1681' (typescript)

Özbaran, Salih, 'Osmanlı İmparatorluğu ve Hindistan yolu', *TD* 31 (1977 [1978]) 65–146

Özbaran, Salih, *'The Ottoman Turks and the Portuguese in the Persian Gulf, 1534–1581'*, in S. Özbaran, The Ottoman Response to European Expansion. Studies on Ottoman–Portuguese Relations in the Indian Ocean and Ottoman Administration in the Arab Lands during the Sixteenth Century, *Istanbul (1994) 119–57. (First publ. in* Journal of Asian History *6/1 (1972) 45–87)*

Özbaran, Salih, *'A Turkish Report on the Red Sea and the Portuguese in the Indian Ocean (1525)'*, in S. Özbaran, The Ottoman Response to European Expansion. Studies on Ottoman–Portuguese Relations in the Indian Ocean and Ottoman Administration in the Arab Lands during the Sixteenth Century, *Istanbul (1994) 99–109. (First publ. in* Arabian Studies *IV (1978) 81–8)*

Özbaran, Salih, *'Bahrain in 1559. A Narrative of Turco-Portuguese Conflict in the Gulf'*, in S. Özbaran, The Ottoman Response to European Expansion. Studies on Ottoman–Portuguese Relations in the Indian Ocean and Ottoman Administration in the Arab Lands during the Sixteenth Century, *Istanbul (1994) 179–88. (First publ. in* OA *3 (1982) 91–104)*

Özbaran, Salih, *'The Ottomans in Confrontation with the Portuguese in the Red Sea after the Conquest of Egypt in 1517'*, in S. Özbaran, The Ottoman Response to European Expansion. Studies on Ottoman–Portuguese Relations in the Indian Ocean and Ottoman Administration in the Arab Lands during the Sixteenth Century, *Istanbul (1994) 89–97. (First publ. in* Studies on Turkish–Arab Relations *I (1986) 207–14)*

Özbaran, Salih, *'The Ottomans in East Africa'*, in S. Özbaran, The Ottoman Response to European Expansion. Studies on Ottoman–Portuguese Relations in the Indian Ocean and Ottoman Administration in the Arab Lands during the Sixteenth Century, *Istanbul (1994) 189–97. (First publ. in* Studies on Ottoman Diplomatic History *V (1990) 147–55)*

Özbaran, Salih, 'Ottoman Naval Policy in the South' in M. Kunt and C. Woodhead (eds), *Süleyman the Magnificent and his Age*, London (1995) 55–70

Özcan, Abdülkadir, 'Fâtih'in teşkilât kānûnnâmesi ve Nizâm-i âlem için kardeş katli meselesi', *TD* 33 (1980–81 [1982]) 7–56

Özcan, Abdülkadir, 'II. Mahmud Memleket Gezileri', in *Prof. Dr Bekir Kütükoğlu'na Armağan*, Istanbul (1991) 361–79

Özcan, Abdülkadir, art. Cülûs, *İA2* 8.108–14

Özcan, Abdülkadir, art. Defterdar Sarı Mehmed Paşa, *İA2* 9.98–100

Özcan, Abdülkadir, art. Devşirme, *İA2* 9.254–7

Özcan, Abdülkadir, art. Esame, *İA2* 11.355–6

Özcan, Abdülkadir, art. Eşkinci, *İA2* 11.469–71

Özcan, Abdülkadir, art. Humbaracı Ahmed Paşa, *İA2* 18.351–3

Özcan, Azmi, 'Sultan II. Abdulhamid'in "Pan-Islâm" Siyasetinde Cevdet Paşa'nin Tesiri', in *Ahmed Cevdet Paşa Vefatının 100. Yılına Armağan*, Ankara (1997) 123–31

Özcan, Azmi, art. Hilâfet, *İA2* 17.546–53

Özel, Oktay, 'Limits of the Almighty: Mehmed II's "Land Reform" Revisited', *JESHO* 42 (1999) 226–46

Özergin, M. Kemâl, art. Râşid, Mehmed, *İA* 9.632–4

Özgüven, H. Burcu, 'Barut ve Tabya: Rönesans Mimarisi Bağlamında Fatih Sultan Mehmed Kaleleri', unpubl. Ph.D. thesis, İstanbul Teknik Univ. (1997)

Özkaya, Yücel, 'XVIII inci Yüzyılda Çıkarılan Adalet-nâmelere göre Türkiye'nin İç Durumu', *Belleten* XXXVIII (1974) 446–90

Özkaya, Yücel, Osmanlı İmparatorluğunda Dağlı İsyanları (1791–1808), *Ankara (1983)*

Öztuna, Yılmaz, Devletler ve Hanedânlar *vol. 2:* Türkiye (1074–1990), *Ankara (1969)*

Pamuk, Şevket, A Monetary History of the Ottoman Empire, *Cambridge (2000)*

Panzac, Daniel, 'The Manning of the Ottoman Navy in the Heyday of Sail (1660–1850)', in Erik J. Zürcher (ed.), *Arming the State. Military Conscription in the Middle East and Central Asia 1775– 1925,* London (1999) 41–57

Parrott, David, 'The Ottoman Conflict in European History', review of Jan Paul Niederkorn, *Die europaischen Mächte und der "Lange Türkenkrieg" Kaiser Rudolfs II. (1593–1606)* (Vienna, 1993), in *Journal of Early Modern History* 1 (1999) 75–9

Parry, V. J., art. Čighālā-zāde (Yūsuf) Sinān Pasha, *EI2* II.33–4

Parry, V. J., art. Hāfiz Ahmed Pasha, *EI2* III.58–9

Pavord, Anna, *The Tulip,* London (1999)

Peçevî İbrahim Efendi, *Tarîh-i Peçevî,* 2 vols, Istanbul (1283/1866–7)

Peirce, Leslie, The Imperial Harem: Women and Sovereignty in the Ottoman Empire, *New York (1993)*

Pere, Nuri, *Osmanlılarda Madenî Paralar,* Istanbul (1968)

Peri, Oded, 'Islamic Law and Christian Holy Sites: Jerusalem and its Vicinity in Early Ottoman Times', *Islamic Law and Society* 6/1 (1999) 97–111

Peri, Oded, Christianity under Islam in Jerusalem. The Question of the Holy Sites in Early Ottoman Times, *Leiden (2001)*

Perry, John R., 'The Mamluk Paşalik of Baghdad and Ottoman–Iranian Relations in the Late-Eighteenth Century', in Sinan Kuneralp (ed.), *Studies on Ottoman Diplomatic History* I, Istanbul (1987) 59–70

Peskes, Esther, art. Wahhābiyya, *EI2* XI.39–45

Peters, Rudolph, Islam and Colonialism, The Doctrine of Jihad in History, *The Hague (1979)*

Philippidis-Braat, Anna, 'La captivité de Palamas chez les Turcs: dossier et commentaire', *Travaux et Mémoires* 7 (1979) 109–221

Pinson, Mark, 'Ottoman Bulgaria in the First Tanzimat Period – The Revolts in Nish (1841) and Vidin (1850)', *MES* 11 (1975) 103–46

Quataert, Donald, 'The Age of Reforms, 1812–1914', in H. İnalcık with D. Quataert (eds), *An Economic and Social History of the Ottoman Empire, 1300–1914,* Cambridge (1994) 759–943

Quataert, Donald, 'Ottoman Workers and the State, 1826–1914', in Zachary Lockman (ed.), *Workers and Working Classes in the Middle East,* Albany (1994) 21–37

Quataert, Donald, 'Clothing Laws, State, and Society in the Ottoman Empire' *IJMES* 29 (1997) 403–25

Raby, Julian, 'Mehmed the Conqueror's Greek Scriptorium', *DOP* 37 (1983) 15–34

Raby, Julian, 'Mehmed the Conqueror and the Byzantine Rider of the Augustaion', *Topkapı Sarayı Müzesi,* Yıllık 2 (1987) 141–52

Raby, Julian, 'From Europe to Istanbul', in *The Sultan's Portrait. Picturing the House of Osman,* Istanbul (2000) 136–63

Reed, Howard A., 'The Destruction of the Janissaries by Mahmud II in June 1826', unpubl. Ph.D. thesis, Princeton Univ. (1951)

Refik, Ahmet, Türk Hizmetinde Kiral Tököli İmre (1683–1705), *Istanbul (1932)*

Refik, Ahmed, Onikinci Asr-i Hicrî'de İstanbul Hayatı (1689–1785), *Istanbul (repr. 1988)*

Refik, Ahmed, Onüçüncü Asr-i Hicrî'de İstanbul Hayatı (1786–1882), *Istanbul (repr. 1988)*

Reinert, Stephen W., 'From Niš to Kosovo Polje. Reflections on Murad I's Final Years', in E. Zachariadou (ed.), *The Ottoman Emirate (1300–1389),* A Symposium held in Rethymnon, 11–13 January 1991, Institute for Mediterranean Studies, Halcyon Days in Crete I, Rethymnon (1993) 169– 211

Reinert, Stephen W., 'A Byzantine Source on the Battles of Bileća (?) and Kosovo Polje: Kydones' Letters 396 and 398 reconsidered', in C. Heywood and C. Imber (eds), *Studies in Ottoman History in Honour of Professor V. L. Ménage*, Istanbul (1994) 250–72

Renda, Günsel, 'Searching for New Media in Eighteenth Century Ottoman Painting', in Sabine Prätor and Christoph K. Neumann (eds), *Arts, Women and Scholars. Studies in Ottoman Society and Culture, Festschrift Hans Georg Majer* vol. 2, Istanbul (2002) 451–90.

Repp, R. C., The Müfti of Istanbul. A Study in the Development of the Learned Hierarchy, *London (1986)*

Rogers, Michael, The Topkapı Saray Museum. The Albums and Illuminated Manuscripts, *Boston (1986)*

Rogers, Michael, 'The Arts under Süleymân the Magnificent', in H. İnalcık and C. Kafadar (eds), *Süleymân the Second and his Time*, Istanbul (1993) 257–94

Roth, Cecil, The House of Nasi. The Duke of Naxos, *Philadelphia (1948)*

Rothenburg, Gunter Erich, The Austrian Military Border in Croatia, 1522–1747, *Urbana (1960)*

Rothenburg, Gunter Erich, The Military Border in Croatia, 1740–1881, *Chicago (1966)*

Rypka, J., art. Burhān al-Dīn, *EI2* I.1327–8

Šabanović, H., art. Hersek-zāde, *EI2* III.340–42

Sagundino, Nicola, 'Orazione al serenissimo principe e invitto re Alfonso', in Agostino Pertusi (prep.), *La Caduta di Constantinopoli*, 2 vols., n.p. (1976)

St Laurent, Beatrice, and Riedlmayer, András, 'Restorations of Jerusalem and the Dome of the Rock and their Political Significance, 1537–1928', *Muqarnas* 10 (1993) 76–84

Sakaoğlu, Necdet, art. Alemdar Olayı, *İst. Ansik.* 1.185–6

Sakaoğlu, Necdet, art. Murad V, *İst. Ansik.* 5.510–13

Salibi, Kamal, art. Fakhr al-Dīn, *EI2* II.749–51

Salt, Jeremy, Imperialism, Evangelism and the Ottoman Armenians, 1878–1896, *London (1993)*

Salt, Jeremy, 'The Narrative Gap in Ottoman Armenian History', *MES* 39 (2003) 19–36

Salzmann, Ariel, 'Measures of Empire: Tax Farmers and the Ottoman Ancien Regime, 1695–1807', unpubl. Ph.D. thesis, Columbia Univ. (1995)

Sarıcaoğlu, Fikret, Kendi Kaleminden Bir Padişahın Portresi, Sultan I. Abdülhamid (1774–1789), *Istanbul (2001)*

Savory, Roger, art. Alkās Mīrzā, *EI2* I.406

Sayılı, Adnan, *The Observatory in Islam*, Ankara (1960)

Schama, Simon, *Landscape and Memory*, London (pbk 1996)

Schick, Irwin Cemil, 'Gynaeceum and Power: the "Sultanate of Women" Reconsidered', review of Leslie Peirce, *The Imperial Harem* (New York, 1993), in *NPT* 12 (1995) 145–55

Schiltberger, Johann, The Bondage and Travels of Johann Schiltberger, a Native of Bavaria, in Europe, Asia and Africa, 1396–1427, *reprint of Hakluyt, London edn of 1879, Frankfurt (1995)*

Schmidt, Jan, 'The Egri Campaign of 1596: Military History and the Problem of Sources', in Andreas Tietze (ed.), *Habsburgisch-osmanische Beziehungen*, Colloque sous le patronage du Comité international des études pré-ottomanes et ottomanes, Wien, 26–30. September 1983, Vienna (1985) 125–44

Schreiner, Peter, 'John Malaxos (16th Century) and his Collection of *Antiquates Constantinopolitanae*', in Nevra Necipoğlu (ed.), *Byzantine Constantinople: Monuments, Topography and Everyday Life*, Leiden (2001) 203–14

Sebastian, Peter, 'Ottoman Government Officials and their Relations with the Republic of Venice in the Early Sixteenth Century', in C. Heywood and C. Imber (eds), *Studies in Ottoman History in Honour of Professor V. L. Ménage*, Istanbul (1994) 319–38

Şehsuvaroğlu, Bediî, 'Sultan Abdülaziz'in Avrupa Seyahatı', *BTTD* 1 (1967) 41–51

Selânikî Mustafa Efendi, *Tarih-i Selânikî,* prep. Mehmet İpşirli, 2 vols, Istanbul (1989)

Şem'dânî-zâde Fındıklılı Süleyman Efendi, *Mur'i't-Tevârih,* prep. M. Münir Aktepe, 2 vols/3 parts, Istanbul (1976, 1978, 1980)

Sen, Amartya, 'East and West: the Reach of Reason', *New York Review of Books* XLVII n.12 (20 July, 2000) 33–6

Setton, Kenneth M., The Papacy and the Levant (1204–1571), *I* The Thirteenth and Fourteenth Centuries, *Philadelphia (1976); II* The Fifteenth Century, *Philadelphia (1978); III* The Sixteenth Century to the Reign of Julius III, *Philadelphia (1984); IV* The Sixteenth Century from Julius II to Pius V, *Philadelphia (1984)*

Setton, Kenneth M., Venice, Austria, and the Turks in the Seventeenth Century, *Philadelphia (1991)*

Shaw, Stanford, (prep.), *Ottoman Egypt in the Eighteenth Century; the* Nizâmnâme-i Mısır *of Cezzâr Ahmed Pasha,* Cambridge, MA (1964)

Shaw, Stanford, 'The Origins of Ottoman Military Reform: the Nizam-i Cedid Army of Sultan Selim III', *JMH* 37 (1965) 291–306

Shaw, Stanford, *Between Old and New,* Cambridge, MA (1971)

Shaw, Stanford, 'The Nineteenth-Century Ottoman Tax Reforms and Revenue System', *IJMES* 6 (1975) 421–59

Shaw, Stanford, The Jews of the Ottoman Empire and the Turkish Republic, *London (1991)*

Silâhdâr Fındıklılı Mehmed Ağa, *Silâhdâr Ta'rîhi,* 2 vols, Istanbul (1928)

Silahdar Fındıklılı Mehmed Ağa, *Nusretnâme,* prep. İsmet Parmaksızoğlu, 2 vols, Istanbul (1962, 1966)

Singer, Amy, Constructing Ottoman Beneficence. An Imperial Soup Kitchen in Jerusalem, *Albany (2002)*

Sırma, İhsan Süreyya, 'II. Abdülhamid'in Çin müslümanlarını sünni mezhebine bağlama gayretlerine dâir bir belge', *TD* 32 (1979) 559–62

Şirvânlı Fatih Efendi, *Gülzâr-i Fütûhât,* prep. Mehmet Ali Beyhan, Istanbul (2001)

Sked, Alan, The Decline and Fall of the Habsburg Empire, 1815–1918, *London (1989)*

Smith, Clive, Lightning over Yemen. A History of the Ottoman Campaign (1569–71), *London (2002)*

Solak-zâde, Mehmed Hemdemî Çelebî, *Solak-zâde Tarihi,* prep. V. Çabuk, vol. 2, Istanbul (1989)

Sonyel, Salahi Ramsdan, The Ottoman Armenians. Victims of Great Power Diplomacy, *London (1987)*

Soranzo, Jacopo, 'Relazione e Diario del Viaggio di Jacopo Soranzo Ambasciatore della Repubblica di Venezia per il Ritaglio di Mehemet Figliuolo di Amurat Imperatore dei Turchi L'anno 1581', in E. Albèri (ed.), *Relazioni degli Ambasciatori Veneti al Senato,* Ser. III vol. 2, Florence (1844) 209–53

Soucek, S., review of M. Dukanović, *Rimovana autobiografija Varvari Ali-Paše* (Beograd, 1967), *AO* 3 (1971) 290–301

Soucek, S., art. Pīrī Re'is, *EI2* VIII.308–9

Soucek, S., art. 'Ulūdj 'Ali, *EI2* X.810–11

Sourdel, D., art. Khalīfa, *EI2* IV.937–47

Spatar, M. Halim, art. Muzika-i Hümayun, *İst. Ansik.* 6.11–12

Stavrides, Theoharis, The Sultan of Vezirs. The Life and Times of the Ottoman Grand Vezir Mahmud Pasha Angelović (1453–1474), *Leiden (2001)*

Stoye, John, *The Siege of Vienna,* London (1964)

Stoye, John, *Marsigli's Europe, 1680–1730,* New Haven (1994)

Streck, M., and Dixon, A. A., art. Kāzimayn, *EI2* IV.854–6

Süleyman Penah Efendi, 'Mora İhtilali Tarihçesi veya Penah Ef. Mecmuası, 1769', prep. Aziz Berker, *Türk Tarih Vesikaları* II (1942–3) 63–80, 153–160, 228–40, 309–320, 385–400, 473–80

Sümer, F., art. Karāmān-oghulları, *EI2* IV.619–25

Süslü, Azmi, Armenians and the 1915 Event of Displacement, *Ankara (1994)*

Sysyn, Frank, 'The Great Ukrainian Revolt: The Khmel'nyts'kyi Uprising, 1648–1658' (typescript)

Tabakoğlu, Ahmet, Gerileme Dönemine Girerken Osmanlı Maliyesi, *Istanbul (1985)*

Tanilli, Server, 'Le tournant de 1913 dans l'histoire de l' "Union et Progrès"', in Edhem Eldem (ed.), *Première Rencontre Internationale sur l'Empire Ottoman et la Turquie Moderne*, Institut National des Langues et Civilisations Orientales, Maison des Sciences de l'Homme, 18–22 janvier 1985, Istanbul (1991) 347–54

Tanman, Baha, art. Hırka-i şerif Camii, *İA2* 17.378–82

Tansel, Selâhattin, 'Yeni vesikalar karşısında Sultan İkinci Bayezit hakkında bazı mütalâlar', *Belleten* XXVII (1963) 185–236

Tansel, Selâhattin, *Sultan II. Bâyezit'in Siyasî Hayatı*, Istanbul (1966)

Tansel, Selâhattin, *Yavuz Sultan Selim*, Ankara (1969)

Tavernier, Jean Baptiste, Les six voyages de Jean Baptiste Tavernier, Ecuyer Baron d'Aubonne, en Turquie, en Perse, et aux l'Indes, *2 vols, [Paris] (1676)*

Tayşi, Mehmet Serhan, art. Feyzullah Efendi (Seyyid), *İA2* 12.527–8

Tekindağ, M. C. Şehabeddin, 'XVIII. ve XIX. asırlarda Cebel Lübnan Şihâb-oğulları', *TD* IX/13 (1958) 31–44

Tekindağ, M. C. Şahabeddin, 'Yeni kaynak ve vesikaların ışığı altında Bonaparte'ın Akkâ muhasarası', *TD* XV/20 (1965) 1–20

Tekindağ, M. C. Şehabeddin, 'Yeni kaynak ve vesikaların ışığı altında Yavuz Sultan Selim'in İran Seferi', *TD* XVII/22 (1967 [1968]) 49–78

Tekindağ, Şahabettin, 'Şah Kulu Baba Tekeli İsyanı', *BTTD* 1/3 (1967) 34–9; 1/4 (1968) 54–9

Tekindağ, Şehabettin, 'II. Bayezid Devrinde Çukur-Ova'da Nüfuz Mücâdelesi. İlk Osmanlı-Memlüklü Savaşları (1485–1491)', *Belleten* XXXI (1967) 345–73

Tekindağ, Şahabettin, 'XVIII. yüzyılda Akdeniz'de Rus donanması ve Cezzar Ahmed Bey'in Beyrut savunması', *BTTD* 1/5 (1967) 37–45

Terzioğlu, Derin, 'The Imperial Circumcision Festival of 1582: an Interpretation', *Muqarnas* 12 (1995) 84–100

Tezcan, Baki, 'Searching for Osman: A Reassessment of the Deposition of the Ottoman Sultan Osman II (1618–1622)', unpubl. Ph.D. thesis, Princeton Univ. (2001)

Theolin, Sture, *The Swedish Palace in Istanbul*, Istanbul (2000)

Theunissen, H., 'Ottoman–Venetian Diplomatics: the 'ahd-names. The Historical Background and the development of a Category of Political-Commercial Instruments together with an Annotated edition of a Corpus of relevant Documents', unpubl. Ph.D. thesis, Utrecht Univ. (1991)

Thomas, Lewis, *A Study of Naima*, New York (1972)

Thys-Şenocak, Lucienne, 'The Yeni Valide Mosque Complex at Eminönü', *Muqarnas* 15 (1998) 58–70

Tietze, Andreas, 'Sheykh Bali Efendi's Report on the Followers of Sheykh Bedreddīn', *OA* 7 (1988) 115–22

Todorova, Maria, 'Midhat Paşa's Governorship of the Danube Province', in Caesar E. Farah (ed.), *Decision-making in the Ottoman Empire*, Kirksville, MO (1993) 115–28

Toledano, Ehud, The Ottoman Slave Trade and its Suppression, *Princeton (1982)*

Toledano, Ehud, Slavery and Abolition in the Ottoman Middle East, *Seattle (1998)*

Treaties (Political and Territorial) Between Russia and Turkey, 1774–1849 (Great Britain, House of Commons, Sessional Papers, 1854, vol. 2) 131–211

Trumpener, Ulrich, 'Germany and the End of the Ottoman Empire', in Marian Kent (ed.), *The Great Powers and the End of the Ottoman Empire*, London (1984) 111–40

Tucker, Ernest, 'The Peace Negotiations of 1736: a Conceptual Turning Point in Ottoman–Iranian Relations', *TSAB* 20/1 (1996) 16–37

Tunçay, Mete, Türkiye Cumhuriyeti'nde Tek-Parti Yönetimi'nin Kurulması *(1923–1931), Istanbul (repr. 1999)*

Turan, Şerafeddin, 'Fatih'in İtalya Seferi', *VD* 4 (1958) 139–47

Turan, Şerafettin, Kanunî'nin Oğlu Şehzâde Bayezid Vak'ası, *Ankara (1961)*

Türek, Ahmed, and Derin, F. Çetin, 'Feyzullah Efendi'nin kendi kaleminden hâl tercümesi', *TD* 23 (1969) 205–19; 24 (1970) 69–92

Tursun Bey, *Târîh-i Ebü'l-Feth*, prep. Mertol Tulum, Istanbul (1977)

Uluçay, Çağatay, 'Yavuz Sultan Selim nasıl padişah oldu?', *TD* VI/9 (1954) 3–90; VII/10 (1954) 117–42; VIII/11–12 (1955 [1956]) 185–200

Uluçay, Çağatay, 'Fatma ve Safiye Sultanların Düğünlerine Ait Bir Araştırma', *İED* 4 (1958) 135–66

Uluçay, M. Çağatay, 'Üç Eşkiya Türküsü', *TM* XIII (1958) 85–100

Unat, Faik Reşit, (prep.), İkinci Meşrutiyetin İlânı ve Otuzbir Mart Hâdisesi, *Ankara (1960)*

Unat, Faik Reşit, Osmanlı Sefirleri ve Sefaretnameleri, *Ankara (1968)*

Uzunçarşılı, İsmail Hakkı, 'Sadrâzam Halil Hamid Paşa', *TM* V (1935 [1936]) 213–67

Uzunçarşılıoğlu, İ. Hakkı, Anadolu Beylikleri ve Akkoyunlu, Karakoyunlu Devletleri, *Ankara (1937)*

Uzunçarşılı, İ. Hakkı, 'Gazi Orhan Bey vakfıyesi, 724 Rebiülevvel–1324 Mart', *Belleten* V (1941) 277–88

Uzunçarşılı, İsmail Hakkı, 'Çandarlı Zâde Ali Paşa Vakfiyesi', *Belleten* V (1941) 549–76

Uzunçarşılı, İsmail Hakkı, Meşhur Rumeli Âyanlarından Tirsinikli İsmail, Yılık Oğlu Süleyman Ağalar ve Alemdar Mustafa Paşa, *Istanbul (1942)*

Uzunçarşılı, İ. Hakkı, 'Asâkir-i Mansure-ye fes giydirilmesi hakkında Sadr-i Âzamın Takriri ve II. Mahmud'un Hatt-i Hümâyunu', *Belleten* XVIII (1954) 224–30

Uzunçarşılı, İ. Hakkı, 'Otranto'nun zaptından sonra Napoli Kıralı ile dostluk görüşmeleri', *Belleten* XXV (1961) 595–608

Uzunçarşılı, İ. Hakkı, 'Fatih Sultan Mehmed'in Vezir-i Âzamlarından Mahmud Paşa ile Şehzade Mustafa'nın Araları Neden Açılmıştı?', *Belleten* XXVIII (1964) 719–28

Uzunçarşılı, İ. Hakkı, 'Bonapart'ın Cezzar Ahmed Paşa'ya Mektubu ve Akkâ Muhasarasına Dair Bir Deyiş', *Belleten* XXVIII (1964) 451–7

Uzunçarşılı, İ. H., 'Değerli Vezir Gedik Ahmet Paşa II. Bayezid Tarafından Niçin Katledildi?', *Belleten* XXVIV (1965) 491–7

Uzunçarşılı, İsmail Hakkı, 'II nci Bayezid'in oğullarından Sultan Korkut', *Belleten* XXX (1966) 539–601

Uzunçarşılı, İsmail Hakkı, 'Kaynarca Muahedesinden Sonraki Durum İcabı Karadeniz Boğazının Tahkimi', *Belleten* XLIV (1980) 511–33

Uzunçarşılı, İsmail Hakkı, Midhat ve Rüştü Paşaların Tevkiflerine Dâir Vesikalar, *Ankara (repr. 1987)*

Uzunçarşılı, İsmail Hakkı, *Midhat Paşa ve Tâif Mahkûmları*, Ankara (repr. 1992)

Uzunçarşılı, İ. Hakkı, *Midhat Paşa ve Yıldız Mahkemesi*, Ankara (repr. 2000)

Valensi, Lucette, The Birth of the Despot, Venice and the Sublime Porte, *Ithaca (1993)*

van Bruinissen, Martin, Agha, Shaikh and State. The Social and Political Structures of Kurdistan, *London (1992)*

Varlık, Mustafa Ç., *Germiyan-oğulları Tarihi (1300–1429)*, Ankara (1974)

Varlık, Mustafa Ç., art. Çaldıran Savaşı, *İA2* 8.193–4

Vatikiotis, P. J., art. Isma'il Pasha, *EI2* IV.192–3

Vatin, Nicolas, 'Itinéraires d'agents de la Porte en Italie (1483–1495): Réflexions sur l'organisation des missions ottomanes et sur la transcription turque des noms de lieux italiens', *Turcica* XIX (1987) 29–50

Vatin, Nicolas, 'La conquête de Rhodes', in G. Veinstein (ed.), *Soliman le magnifique et son temps*, Actes du Colloque de Paris, Galeries Nationales du Grand Palais, 7–10 mars 1990, Paris (1992) 435–54

Vatin, Nicolas, 'Macabre trafic: la destinée *post-mortem* du Prince Djem', *Mélanges offerts à Louis Bazin*, Paris (1992) 231–9

Vatin, Nicolas, *L'Ordre de Saint-Jean-de-Jérusalem, l'Empire ottoman et la Méditerranée orientale entre les deux sièges de Rhodes (1480–1522), Paris (1994)*

Vatin, Nicolas, 'Aux origines du pèlerinage à Eyup des sultans ottomans', *Turcica* XXVII (1995) 91–9

Vatin, Nicolas, *Sultan Djem. Un prince ottoman dans l'Europe du XVe siècle d'après deux sources contemporaines: Vâki'ât-i Sultan Cem, Oeuvres de Guillaume Caoursin, Ankara (1997)*

Vatin, Nicolas, 'Tursun Beg assista-t-il au siège de Constantinople en 1453?', *WZKM* 91 (2001) 317–29

Vatin, Nicolas, and Veinstein, Gilles, 'Les obsèques des sultans ottomans de Mehmed II à Ahmed Ier (1481–1616), in G. Veinstein (ed.), *Les Ottomans et la mort*, Leiden (1996) 207–44

Vatin, Nicolas, and Veinstein, Gilles, 'La mort de Mehmed II', in G. Veinstein (ed.), *Les Ottomans et la mort*, Leiden (1996) 187–206

Veinstein, Gilles, 'L'occupation ottomane d'Očakov et le problème de la frontière lituano-tatare, 1538–1544', in Ch. Lemercier-Quelquejay et al. (eds), *Passé turcotatar, présent soviétique, Études offertes à Alexandre Bennigsen*, Louvain (1986) 123–55

Veinstein, Gilles, 'Prélude au problème cosaque à travers les registres de dommages ottomans des années 1545–1555', *Cahiers du Monde russe et soviétique* XXX (1989) 329–62

Veinstein, G., art. Mehmed Yirmisekiz (Čelebi Efendi), *EI2* VI.1004–6

Veinstein, G., art. Sokullu Mehmed Pasha, *EI2* IX.706–11

Vryonis Jr., Speros, 'Laonicus Chalcocondyles and the Ottoman Budget', *IJMES* 7 (1976) 423–32

Vryonis Jr., Speros, 'The Ottoman Conquest of Thessaloniki in 1430', in A. Bryer and H. Lowry (eds), *Continuity and Change in Late Byzantine and Early Ottoman Society*, Papers given at a Symposium at Dumbarton Oaks in May 1982, Birmingham (1986) 281–321

Walsh, J. R., 'The Revolt of Alqãs Mĩrzâ', *WZKM* 68 (1976) 61–78

Walsh, J. R., 'The Historiography of Ottoman–Safavid Relations in the Sixteenth and Seventeenth Centuries', in B. Lewis and P. Holt (eds), *Historians of the Middle East*, Oxford (1982) 197–211

Williams, Ann, 'Mediterranean Conflict', in M. Kunt and C. Woodhead (eds), *Süleyman the Magnificent and his Age*, London (1995) 39–54

Winter, Michael, *'Ottoman Egypt, 1525–1609', in M. W. Daly (ed.), The Cambridge History of Egypt, vol. 2: Modern Egypt from 1517 to the end of the twentieth century, Cambridge (1998) 1–33*

Wittek, Paul, *The Rise of the Ottoman Empire, London (1938)*

Woodhead, Christine, 'An Experiment in Official Historiography: the Post of Şehnãmeci in the Ottoman Empire, c.1555–1605', *WZKM* 75 (1983) 157–82

Woodhead, Christine, art. Selĩm II, *EI2* IX.131–2

Woodhead, art. Silãhdãr Fındıklılı Mehmed Agha, *EI2* IX.610

Woods, John L., *The Aqquyunlu. Clan, Confederation, Empire, Minneapolis (1976)*

Wortley Montagu, (Lady) Mary, *The Turkish Embassy Letters*, London (1994)

Yapp, M. E., *The Making of the Modern Near East, 1792–1923, London (1987)*

Yasamee, F. A. K., *Ottoman Diplomacy. Abdülhamid II and the Great Powers, 1878–1888, Istanbul (1996)*

Yavas, Doğan, art. Eşrefoğlu Camii, *İA2* 11.479–80

Yerasimos, Stéphane, La fondation de Constantinople et de Sainte-Sophie dans les traditions turques, légendes d'Empire, *Paris (1990)*

Yerasimos, Stefanos, 'Sinan and his Patrons: Programme and Location', *Hommes et idées dans l'espace ottoman,* Analecta Isisiana XXIX, Istanbul (1997) 211–15. (First published in *Islamic Environmental Design* V (1987 [1990]) 124–31)

Yerasimos, Stefanos, 'Ağaçtan Elmaya: Apokaliptik Bir Temanın Soyağacı', *Cogito* 17 (1999) 291–332

Yılmaz, Fehmi, 'The Life of Köprülü Fazıl Mustafa Pasha and his Grand Vizierate', unpubl. MA thesis, Bilkent Univ., Ankara (1996)

Yılmaz, Fehmi, 'Osmanlı İmparatorluğunda Tütün Tarımı: Siyasi, Sosyal ve İktisadi Tahlili, 1600–1883', unpubl. Ph.D. thesis, Marmara Univ., Istanbul (2005)

Yılmaz, art. Yedikule Hisarı ve Zindanı, *İst. Ansik.* 7.460–62

Yınanç, Mükrimin H., art. Bayezid I (Yıldırım), *İA* 2.369–92

Yücel, Yaşar, 'Yeni Bulunan II. Osman Adına Yazılmış Bir "Zafer-name"', *Belleten* XLIII (1979) 313–64

Yücel, Yaşar, Es'ar Defteri (1640 Tarihli), *Ankara (1992)*

Zachariadou, Elizabeth A., 'Manuel II Palaeologos on the Strife between Bāyezid I and Kādī Burhan al-Dīn Ahmad', *BSOAS* 43 (1980) 471–81

Zachariadou, Elizabeth, 'Süleyman çelebi in Rumili and the Ottoman chronicles', *Der Islam* 60 (1983) 268–96

Zachariadou, Elizabeth, 'Marginalia on the History of Epirus and Albania (1380–1418)', *WZKM* 78 (1988) 195–210

Zachariadou, Elizabeth, 'The Emirate of Karasi and that of the Ottomans: Two Rival States', in E. Zachariadou (ed.), *The Ottoman Emirate (1300–1389),* A Symposium held in Rethymnon, 11–13 January 1991, Institute for Mediterranean Studies, Halcyon Days in Crete I, Rethymnon (1993) 225–36

Zachariadou, Elizabeth, 'Histoires et légendes des premiers Ottomans', *Turcica* XXVII (1995) 45–89

Zachariadou, Elizabeth, 'From Avlonya to Antalya: Reviewing the Ottoman Military Operations of the 1380s', in E. Zachariadou (ed.), *The Via Egnatia under Ottoman Rule (1380–1699),* Symposium held in Rethymnon, 9–11 January 1994, Institute for Mediterranean Studies, Halcyon Days in Crete II, Rethymnon (1996) 227–32

Zachariadou, Elizabeth, 'Natural Disasters: Moments of Opportunity', in E. Zachariadou (ed.), *Natural Disasters in the Ottoman Empire,* A Symposium held in Rethymnon, 10–12 January 1997, Institute for Mediterranean Studies, Halcyon Days in Crete III, Rethymnon (1999) 7–11

Zarcone, Thierry, Mystiques, Philosophes et Francs-Maçons en Islam, *Paris (1993)*

Zarinebaf-Shahr, Fariba, 'Qızılbash "Heresy" and Rebellion in Ottoman Anatolia during the Sixteenth Century', *Anatolia Moderna* VII (1997) 1–15

Zens, Robert, 'Pasvanoğlu Osman Paşa and the Paşalık of Belgrade', *IJTS* 8 (2002) 89–104

Zilfi, Madeline C., 'Elite Circulation in the Ottoman Empire: Great Mollas of the Eighteenth Century', *JESHO* XXVI/III (1983) 318–63

Zilfi, Madeline C. 'The Kadızadelis: Discordant Revivalism in Seventeenth-Century Istanbul', *Journal of Near Eastern Studies* 45/2 (1986) 251–69

Zilfi, Madeline C., The Politics of Piety: the Ottoman Ulema in the Postclassical Age (1600–1800), *Minneapolis (1988)*

Zilfi, Madeline C., 'Sultan Süleymân and the Ottoman Religious Establishment', in H. Inalcık and C. Kafadar (eds), *Süleymân the Second and his Time,* Istanbul (1993) 109–20

Zilfi, Madeline C., 'A *Medrese* for the Palace: Ottoman Dynastic Legitimation in the Eighteenth Century', *JAOS* 113 (1993) 184–91

Zilfi, Madeline C., 'İbrahim Pasha and the Women', in Daniel Panzac (ed.), *Histoire économique et sociale de l'Empire ottoman et de la Turquie (1326–1960),* Actes du sixième congrès international tenu à Aix-en-Provence du 1 er au 4 juillet 1992, Paris (1995) 555–9

Zilfi, Madeline C., 'Women and Society in the Tulip Era, 1718–1730', in Amira El Azhary Sonbol (ed.), *Women, the Family, and Divorce Laws in Islamic History*, Syracuse (1996) 290–303

Zürcher, Erik, Jan, The Unionist Factor: the Role of the Committee of Union and Progress in the Turkish Nationalist Movement 1905–1926, *Leiden (1984)*

Zürcher, Erik Jan, Political Opposition in the Early Turkish Republic. The Progressive Republican Party *1924–1925, Leiden (1991)*

Zürcher, Erik Jan, 'The Last Phase in the History of the Committee of Union and Progress (1923–1924)', in Edhem Eldem (ed.), *Première Rencontre Internationale sur l'Empire Ottoman et la Turquie Moderne,* Institut National des Langues et Civilisations Orientales, Maison des Sciences de l'Homme, 18–22 janvier 1985, Istanbul (1991) 369–77

Zürcher, Erik Jan, 'Between Death and Desertion. The Experience of the Ottoman Soldier in World War I', *Turcica* XXVIII (1996) 235–58

Zürcher, Erik Jan, 'The Ottoman Empire and the Armistice of Moudros', *TULP*, (www.let.leidenuniv. nl/tcimo/tulp/research/LIDDLE.htm). Publ. in Hugh Cecil and Peter H. Liddle (eds), *At the Eleventh Hour: Reflections, Hopes, and Anxieties at the Closing of the Great War, 1918*, London (1998) 266–75

Zürcher, Erik J., *Turkey. A Modern History*, London (revised edn, 1998)

Zürcher, Erik Jan, 'The Ottoman Conscription System in Theory and Practice', in Erik J. Zürcher (ed.), *Arming the State. Military Conscription in the Middle East and Central Asia* 1775–1925, London (1999) 79–94

Zürcher, Erik-Jan, 'Kosovo Revisited: Sultan Reşad's Macedonian Journey of June 1911', *MES* 35/4 (1999) 26–39

Zürcher, Erik J., 'Ottoman Labour Battalions in World War I', *TULP*, (www.let.leidenuniv.nl/tcimo/ tulp/research/ejz14.htm) (2002)

Zürcher, Erik-Jan, 'From empire to republic – problems of transition, continuity and change', *TULP*, (www.let.leidenuniv.nl/tcimo/tulp/research/Fromtorep.htm) (n.d.)

Zürcher, E. J., art. Reshīd Pasha, Mustafa, *EI2* VIII.484–6

出版后记

传说，奥斯曼帝国的第一任苏丹奥斯曼曾做过一个梦。在梦中，"一棵大树自他的肚脐长出，树荫笼罩全世界。树荫之下并有山岭，条条溪水自各山山脚流出。有人自潺潺溪流中取水而饮，有人径取溪水莳花弄草，亦有巧匠引水建造喷泉。"这个梦预示了奥斯曼帝国的崛起。它发展为一个横跨欧亚非三大洲的庞大帝国。在经历了600多年的兴衰荣辱后，奥斯曼帝国终究走向了崩溃。但它历史上存在的诸多问题仍在影响着当今的土耳其乃至世界政治与经济。

近年来，国内引进了不少讲述奥斯曼历史的图书，开始向中国读者展示这个国家的更多细节。但值得注意的是，这些书所根据的往往"既不是最近的历史新发现，亦非原始的史料"，参考文献中很少能看到奥斯曼土耳其语原始档案与文献的踪影，叙事的视角往往也是西方为主。本书的作者卡罗琳·芬克尔就希望能为读者提供一本以奥斯曼原始文献为基础的、涵盖整个奥斯曼历史进程的单卷本通史。她的这种努力也得到了诺贝尔文学奖得主奥尔罕·帕慕克、历史学家威廉·达尔林普尔等人的认可。达尔林普尔认为："这可能是英语世界中，有史以来第一本由奥斯曼史学者所写的，以奥斯曼土耳其材料（而非是含有敌意的西方记录）为基础叙事史。这本书带来的结果可能不只是一场革命。"

由于《奥斯曼帝国 1299—1923》是一本横跨七个世纪世纪时间，涉及欧亚非三大洲多国家的通史，译者和编者在处理本书时面临的一大困难就是书中出现的大量人名、地名与官职制度名称。编者再次特对本书译名的问题进行说明。

作者在处理欧洲人名时，将所有人名进行了英国化。译者和编者处于严谨的态度，对这些人名进行了还原，并按其原属文化的习惯进行了翻译。如匈牙利的人名人保持了姓在前名在后的译法。与此同时，阿拉伯人与奥斯曼人是没有姓的，但很多人有绰号或者家族名，作者在正文里对这些人绰号的含义进行了说明。过去很多译者将绰号当作名直接音译，这未能表达原有的意思。最常见的如柯普律吕家族，其意义为"来自柯普吕的家族"，但在长久的学术活动中，前者已经成为了定译，本书以"柯普律吕"为准。但对于过去不太常见的人名，本书均按作为绰号处理。还有一些人名后缀也有含义，如 A 扎德和 B 奥卢分别意味此人是 A 和 B 的儿子，本书大部分进行了意译。

书中涉及的一些地方可能存在三到五种名字：德语名、匈牙利语名、奥斯曼语名、希腊语名等。如勒班陀又叫纳夫帕克托斯、新扎姆基又叫乌伊瓦尔。译者和编者在翻译和编辑时尊重了作者的选择。

本书作者在书中很少使用奥斯曼官职术语，将很多不常见的官职和机构直接套用了英国类似概念，这些概念在英国史的不同时期也表达了不同的含义，但这些名称在奥斯曼史学界很多是有专门译名的。译者和编者对这些官职术语进行了最大程度的土耳其名还原。

尽管尽了多种努力，但编者水平有限，本书难免有各种疏漏，还请读者批评指正。

服务热线：133-6631-2326　188-1142-1266
读者信箱：reader@hinabook.com

后浪出版公司
2019 年 3 月

内容简介

在 16 世纪奥斯曼帝国鼎盛时期,它曾是一个横跨欧亚非三大洲的帝国。它的一举一动,对欧亚大陆都有着深远的影响。但它却渐渐衰落,沦为备受欧洲压迫、剥削的"欧洲病夫",并最终在第一次世界大战后崩溃。

本书主要讲述了奥斯曼土耳其帝国自 13 世纪末建国起,至 1927 年土耳其之父穆斯塔法·凯末尔发表伟大演说之间的悠久历史,用 16 个章节叙述了奥斯曼帝国历史发展的脉络,有早期奥斯曼苏丹为领土扩张、国家强盛所做的各种努力,奥斯曼人在面对西方国家的挑战时的各种反应,也有奥斯曼末期各种势力挽救国家于颓败的努力,并在其中展现了奥斯曼的成就与文明特色。

本书笔法生动,内容翔实,并是英语世界第一本大量运用奥斯曼土耳其语原始材料写成的奥斯曼通史。不同于过去西方学者的著作,它试图以一种更加中立的角度叙述这段长达 6 个世纪的历史,在土耳其颇受欢迎,得到了诺贝尔文学奖得主奥尔罕·帕慕克的大力推荐。

作者简介

卡罗琳·芬克尔是英国伦敦大学亚非学院奥斯曼史博士,奥斯曼研究专家,在伊斯坦布尔生活多年。其他著作包括土耳其语写作的《战争的管理:奥斯曼在匈牙利的军事行动 1593—1606》与《奥斯曼及其周边地区的地震 1500—1800》。

译者简介

邓伯宸,台湾成功大学外文系毕业,曾任报社翻译、主笔、副总编辑、总经理,译著有《哭泣的橄榄树》《印度:美丽与诅咒》《遥远的目击者:阿拉伯之春纪事》《日本新中产阶级》等。

徐大成,台湾海洋大学毕业,台湾中山大学管理硕士(EMBA),曾任商船和军舰官员、大学兼职讲师、科技公司董事长等职,译著有《印度:美丽与诅咒》《遥远的目击者:阿拉伯之春纪事》等。

于丽,南京大学历史学系硕士,主要研究方向为世界史。

© 民主与建设出版社，2019

图书在版编目（CIP）数据

　　奥斯曼帝国：1299—1923 /（英）卡罗琳·芬克尔
著；邓伯宸, 徐大成, 于丽译. -- 北京：民主与建设
出版社, 2019.6（2022.3重印）
　　书名原文：Osman's Dream
　　ISBN 978-7-5139-2428-3

　　Ⅰ. ①奥… Ⅱ. ①卡… ②邓… ③徐… ④于… Ⅲ.
①奥斯曼帝国—历史—1299–1923 Ⅳ. ①K374.3

　　中国版本图书馆CIP数据核字(2019)第057130号

OSMAN'S DREAM by Caroline Finkel

© Caroline Finkel 2005

First published in Great Britain in 2005 by John Murray, a division of Hachette UK

Simplified Chinese copyright © Ginkgo (Beijing) Book Co., Ltd. 2019

All rights reserved.

简体中文版由银杏树下（北京）图书有限责任公司出版

版权登记号：01-2018-9038

地图审图号：GS（2018）5878

奥斯曼帝国1299—1923
AOSIMAN DIGUO 1299—1923

著　　者	［英］卡罗琳·芬克尔
译　　者	邓伯宸　徐大成　于丽
责任编辑	王　颂
特约编辑	于馥华
封面设计	许晋维
出版发行	民主与建设出版社有限责任公司
电　　话	（010）59417747　59419778
社　　址	北京市海淀区西三环中路 10 号望海楼 E 座 7 层
邮　　编	100142
印　　刷	鸿博昊天科技有限公司
版　　次	2019 年 6 月第 1 版
印　　次	2022 年 3 月第 3 次印刷
开　　本	655 毫米 × 1000 毫米　1/16
印　　张	43.5
字　　数	700 千字
书　　号	ISBN 978-7-5139-2428-3
定　　价	150.00 元

注：如有印、装质量问题，请与出版社联系。